"이 책에 인용된 '환시'와 '받아쓰기'는 저자가 나름대로 예수의 생애를 이야기하기 위하여 사용한 문학적표현 양식일 뿐, 그것을 초작연적인 기원에서 오는 것으로 여겨서는 안 된다."

신앙교리성성 장관 라씽거 추기경
교황청 공식 문서 제 144/58 i호
1994년 6월 21일

마리아 발또르따 (1948년)

마리아 발또르따의 영신 지도자 (좌측)

학생제복을 입은 15세 때의 모습

마리아 발또르따 저

하느님이시요 사람이신 그리스도의 시 : 〈전 10 권〉

　　＊제1권 - 준　비
　　＊제2권 - 공생활 첫해
　　＊제3권 - 공생활 둘째 해(상)
　　＊제4권 - 공생활 둘째 해(하)
　　＊제5권　공생활 셋째 해(상)
　　＊제6권 - 공생활 셋째 해(중)
　　＊제7권 - 공생활 셋째 해(하)
　　＊제8권 - 수난 준비
　　＊제9권 - 수　　　난
　　＊제10권 - 영광스럽게 되심

이탈리아어 원제목 :

(Il Poema dell' Uomo-Dio) - 《하느님이시요 사람이신 그리스도의 시》

Centro Editoriale Valtortiano
　　　　Via Po, 95
03036　Isola del Liri (FR.) Italia에서 출판.

────────　　────────

이 책의 번역권과 출판권은 이탈리아의 "Centro Editoriale Valtortiano"(발또르따 출판사)가 파 레몬드(현우) 신부와 크리스챤 출판사에 독점적으로 주었음.

주 의

이 책에 대한 몇 마디 설명:

1947년에 비오 12세 교황이 예수의 생애에 관한 마리아 발또르따의 글을 직접 읽으셨다. 1948년 2월의 어느 특별 알현 중에 교황은 거기에 대하여 호의적인 의견을 말씀하셨다. 그러므로 이 저서에서 아무것도 삭제하지 말고, "환시"(幻視)와 "받아쓰기"에 대하여 설명하는 명백한 언명까지도 삭제하지 말고 출판하라고 권고하셨다.

그러나 동시에 초자연적 현상에 대하여 말하는 어떤 머리말의 글은 인정하지 않으셨다. 교황의 조언에 따르면, 해석은 일체 독자가 해야 할 것이다. "읽는 사람은 이해할 것이다"라고 교황은 덧붙이셨다.

파 레몬드 신부

-일본에서는 마리아 발또르따의 저서를 페데리꼬 바르바로(Federico Barbaro) 신부가 다섯 권으로 요약 번역해서 출판하였다. 이 책 다섯 권은 베스트셀러가 되었다.

마리아 발또르따 저

하느님이시요
사람이신
그리스도의 시

제 3 권
공생활 둘째 해 (상)

번역 안 응 렬
추천 파 레몬드(현우) 신부

도서 〈파티마의 성모〉
출판 크 리 스 챤

공생활 둘째 해(상)

(La Deuxieme Annee De La Vie Publique)

예수 애논 근처에서 세례자를 찾아보심
예수 사도들을 가르치심
예수 여자의 사도직에 대해 말씀하심
안나리아가 동정 서원을 함
열 두 사도의 선택
산상 설교. 진복팔단
씨뿌리는 사람의 비유
막달라 마리아와 두 번째 만나심
폭풍우가 가라앉음
두 번째 과월절 여행
예수 "주의 기도"를 가르치심
탕자의 비유
열 처녀의 비유
여러 곳에서 전도하시고 기적을 행하심
사도들과 제자들과 같이 베들레헴으로

〈이 책은 원문의 완역본이다〉

공생활 둘째 해(상)

차 례

머릿말 / 15

1. 아리마태아로 가시면서 제자들을 가르치시다 ·················· 21
2. 사마리아를 향하여 가시면서, 제자들을 가르치시다 ········· 24
3. 사마리아 여인 포띠나이 ··· 27
4. 시카르의 주민들과 함께 ··· 34
5. 시카르에서 전도하시다 ·· 37
6. 시카르 주민에 대한 작별인사 ······································· 42
7. 사도들을 가르치심. 시카르의 여인에 대한 기적 ············· 45
8. 예수께서 애논 근처에서 세례자를 찾아보신다 ················ 51
9. 예수께서 사도들을 가르치신다 ····································· 54
10. 예수께서 나자렛에 가신다.
    "아들아, 나도 너와 같이 가겠다" ································ 59
11. 가나에서. 수산나의 집에서. 왕의 조신 ························ 62
12. 제베대오의 집에서. 살로메를 제자로
    받아들이신다 ··· 65
13. 예수께서 제자들에게 여자의 사도직에
    대하여 말씀하신다 ··· 67
14. 예수께서 가이사리아 항구에 가셔서
    갤리선 노예들에게 말씀하신다 ·································· 70
15. 가이사리아에서 로마인 계집 아이를 고쳐 주시다 ········· 78
16. 안나리아가 동정 서원을 한다 ····································· 86
17. 나자렛에서 여자 제자들을 가르치시다 ························ 93
18. 예수께서 호수에서 쿠자의 요안나에게
    말씀하신다 ··· 101

19. 예수께서 게르게사에 계시다. 요한의 제자들 ················· 105
20. 네프탈리에서 지스칼라로. 가들리엘 선생과
    만나시다 ·· 111
21. 가파르나움의 바리사이파 사람 엘리의
    손자를 고쳐 주시다 ·· 117
22. 엘리세오에게 기적을 행하신 후 가파르나움의
    집에 계신 예수 ·· 121
23. 가파르나움의 바리사이파 사람 엘리의
    집에서 식사를 하시다 ·· 129
24. 사도들을 선택하시기 전에 산 속의 호젓한
    곳을 찾아가시다 ·· 133
25. 열 두 사도의 선택 ·· 137
26. 열성당원 시몬과 요한의 첫번째 전도 ···················· 144
27. 쿠자의 요안나의 집에서. 예수와
    로마 여자들 ·· 155
28. 나자렛의 성모님의 집에 온 아글라에 ···················· 167
29. 산상 설교. "너희들은 세상의 소금이다" ················· 180
30. 산상 설교. 진복팔단(제1부) ······································ 189
31. 산상 설교. 진복팔단(제2부) ······································ 201
32. 산상 설교. 진복팔단(제3부) ······································ 208
33. 산상 설교. 진복팔단(제4부) ······································ 221
34. 산상 설교. 진복팔단(제5부) ······································ 230
35. 산 밑에서. 문둥병자를 고치시다 ····························· 253
36. 산 밑에서. 설교 후의 안식일 ···································· 259
37. 백부장의 종을 고치시다 ·· 264
38. "죽은 사람들에게 죽은 사람들을
    장사지내라고 하시오" ··· 267
39. 씨뿌리는 사람의 비유 ·· 270

40. 베드로의 집 부엌에서. 교훈과 세례자가
    붙잡혔다는 기별 ································· 280
41. 좋은 씨와 가라지의 비유 ························· 291
42. 막달라를 향하여 가시는 예수께서
    목자들에게 말씀하신다 ························· 300
43. 막달라에 가신 예수. 막달라의 마리아와
    두 번째 만나시다 ····························· 305
44. 막달라의 베냐민의 어머니 집에서 ················· 310
45. 폭풍우가 가라앉다 ······························· 319
46. "불행은 너희들에게 너희가 무가치함을
    믿게 하는 데 소용된다" ························ 321
47. 게라센의 마귀들린 사람들 ························ 323
48. 다리케아에서 다볼산을 향하여.
    두 번째 과월절 여행 ··························· 330
49. 엔도르에서. 마녀의 동굴에서.
    요한이라는 이름을 받게되는 펠릭스의 회개 ········ 336
50. 나임에서 과부의 아들이 다시 살아나다 ············· 349
51. 에스드렐론에 도착하셔서 미케아의 집에
    머무르시다 ··································· 353
52. 에스드렐론에서 안식일을 지내심. 어린 야베 ········ 357
53. 에스드렐론에서 마젯도를 거쳐 엔간님으로 ········· 365
54. 엔간님에서 세겜까지 이틀 동안에 ················· 371
55. 세겜에서 베롯으로 ······························· 376
56. 베롯에서 예루살렘으로 ··························· 382
57. 게쎄마니에서 지낸 안식일 ························ 387
58. 봉헌하는 시간에 성전에서 ························ 397
59. 예수께서 베다니아에서 어머니를 만나시다 ········· 402
60. 성모님의 말씀의 힘 ······························· 411
61. 아글라에가 선생님께 온다 ························ 424

62. 마륵지암의 시험 ·· 432
63. 과월절 전날 성전에서 ·· 438
64. 예수께서 "주의 기도"를 가르치신다 ··················· 443
65. 베다니아에서 예수님과 이방인들 ························ 453
66. 탕자의 비유 ··· 463
67. 열 처녀의 비유 ·· 472
68. 아들의 혼인 잔치를 베푸는 왕의 비유 ··············· 478
69. 사도들과 제자들과 같이 베들레헴으로 ··············· 487
70. 벳수르의 엘리사의 집으로 가면서 ····················· 499
71. 엘리사의 집에서, "여러분의 고통이
    이익이 되게 하시오" ··· 512
72. 헤브론으로 가는 길. 세상의 이유와 하느님의 이유 ············ 519
73. 헤브론의 반가운 환영 ·· 525
74. 유타에서. 이사악의 집에서 전도하시다 ············· 536
75. 가리옷에서. 예수께서 회당에서 말씀하신다 ······ 544
76. 가리옷의 유다의 집에서 ···································· 549
77. 간질병에 걸린 벳기나의 소녀 ···························· 556
78. 아스칼론으로 가는 길에 평야에서 ···················· 564
79. 바리사이파 사람들과 다투심. 예수는 안식일의
    주인이기도 하시다 ··· 571
80. 예수님과 사도들이 아스칼론으로 ······················· 576
81. 아스칼론에서 전도하시고 기적을 행하신다 ········ 589
82. 예수께서 막달가드에서 이교도의 우상을
    잿더미로 만드신다 ··· 598
83. 얌니아로 가시면서 사도들을 가르치시다 ·········· 606
84. 예수께서 사도들과 같이 모딘을 향하여 가신다 ············ 614
85. 예수께서 산적들에게 말씀하신다 ······················· 619
86. 베델에 도착 ··· 626

머 릿 말

　마리아 발또르따는 1897년 3월 14일 까세르따(이탈리아)에서 태어났다. 마리아는 1862년 만뚜아에서 출생한 기병 하사관 요셉 발또르따와 1861년 크레모나에서 난 프랑스어 교사인 이시스 피오라반찌의 외딸이었다. 마리아가 겨우 18개월 되었을 때에 부모가 아이와 함께 북부 이탈리아로 가서 살게 되어, 처음에는 파엔짜에 자리 잡았다가 몇 해 후에는 밀라노에 정착하였고, 그곳에서 마리아를 우르술라회 수녀들이 경영하는 유치원에 다니게 하였다. 거기서 마리아가 그의 소명의 첫번째 표를 받았다. 그는 사랑으로 자진해서 받아들인 고통 속에서 그리스도와 동일화되기를 원하였다.
　역시 밀라노에서 일곱 살 때에 마르첼로회 수녀들이 경영하는 소학교에 다녔고, 그곳에서 1905년에 거룩한 안드레아 페라리 추기경에게서 견진성사를 받았다. 마리아는 그 후 1907년 가족이 이사해 가서 산 보게라의 공립학교에서 공부를 계속하였다. 1908년에 까스뗏지오에서 첫영성체를 하였다.

　매우 독선적인 여자인 어머니의 강요로 마리아는 1909년 몬자의 비앙꼬니 중학교에 들어가야 하였는데, 그 학교에서 매우 날카로운 지능과 대단히 강인한 성격으로 두각을 나타냈다. 마리아는 문예과목에는 매우 재능이 있었으나 수학에는 도무지 소질이 없었다. 꾸준히 노력한 결과로 그가 기술공부의 졸업증서를 받았는데, 이 공부도 어머니가 강요한 것이었다. 그런데도 그는 중학교에서 만족하고 있었는데, 그의 어머니가 4년 후에는 학교를 그만두게 하였다. 그 때에 마리아는 하느님께 열렬한 기도를 드렸는데, 이번에도 하느님께서는 잊지 않으시고 마리아에게 그의 장래를 알려 주셨다. 그동안 아버지는 건강상의 이유로 은퇴하였고 작은 가족이 피렌체로 가서 살았는데, 그곳에서 마리아가 어느 선량한 청년과 약혼하였다.

그러나 어머니의 좋지 못한 성격 때문에 그 젊은이와 헤어져야 하였다. 큰 위기의 시기가 있은 후, 1916년에 마리아는 주께로부터 또 다른 계시의 표를 받았고 1917년에는 "사마리아인" 간호원단에 들어가서 열 여덟 달 동안 피렌체의 육군 병원의 병사들에게 모든 간호를 아끼지 않고 베풀었다.

1920년 3월 17일, 어머니와 같이 거리를 지나가는데 어떤 과격주의자가 쇠막대기로 그의 허리를 때려 그로 인하여 그의 장래의 신체기능 불완전의 첫째 증상이 몸에 남게 되었다. 석 달 동안을 병상에서 지낸 다음 같은 해 10월에 부모와 같이 깔라브리아의 렛지오로 가서 호텔 주인인 어머니쪽 친척 벨판띠네 집에서 2년 가량을 살았다.

남부 이탈리아의 이 아름다운 해안 도시에서 지낸 긴 세월은 그의 정신을 튼튼하게 하는 많은 경험을 쌓게 하였다. 그러나 새로운 청혼들을 반대하는 어머니의 혐오의 흔적이 남기도 하였다. 그러자 마리아는 피렌체로 돌아가(그것은 1922년의 일이었다) 고통스러운 추억 속에서 또 2년을 보냈다.

1924년에는 비아렛지오로 마지막 이사를 하였는데, 이것이 끊임없이 하느님께로 올라가는 것을 온전히 지향하는 새로운 생활의 시초를 알리는 것이었다. 마리아는 몰래(어머니의 편협 때문에) 모든 교우 본분을 지켰고 이렇게 해서 가톨릭 액숀에 가입하는 데 성공하였다. 항상 자기를 바치고자 하는 소원으로 불타는 그는 1925년에 자비로우신 사랑에 자기를 바쳤고, 1931년에는 서원을 한 다음 더 결연한 의식(意識)을 가지고 하느님의 정의께로 자기를 바치고자 하였다.

점점 더 심해지는 고통에 짓눌려 마리아는 1934년 4월 1일부터는 병상을 떠나지 못하였다. 이 때부터 그는 하느님의 손 안에 든 말 잘 듣는 연장이 되었다. 다음 해에 마르따 디치오띠가 마리아의 집에 왔는데 마르따는 일생 동안 충실한 동반자로 있으면서 마리아를 떠나지 않았다. 이 무렵에 마리아는 그가 사랑하고 사람들 중에서 가장 훌륭한 분으로 생각하던 아버지의 죽음에서 오는 크나큰 고통을 맛보았다.

1942년에 마리아는 전에 선교사였던 독실한 신부로 마리아의 종복회(從僕會) 회원인 로무알도 M. 밀리오리니 신부의 방문을 받았는데, 이 신부는 4년 동안 그의 영신 지도자로 있었다. 1943년, 어머니가 세상을 떠난 그 해에 마리아 발또르따는 작가로서의 활동을 시작하였다. 마리아는 밀리오리니 신부의 권유로 자기의 능력껏 쓴 자서전에서 "받아쓰기"와 "환상 이야기"로 옮아갔는데, 이것들을 계시로 받는다고 언명하였다. 병석에 있으면서 심한 고통을 당하는데도 마리아는 직접, 단숨에, 어떤 시간에나 글을 썼고 밤에도 썼는데, 뜻밖에 중단을 하게 되어도 조금도 방해를 당한다는 느낌이 없이 항상 자연스러운 모습을 잃지 않고 있었다. 그가 참고할 수 있는 유일한 책은 성서와 비오 10세의 교리문답 뿐이었다.

1943년부터 1947년까지, 그러나 1953년까지는 좀 덜 빠른 속도로, 마리아는 공책 약 1만 5천 쪽을 썼다. 성서에 대한 주석, 초대 그리스도인들과 순교자들의 이야기, 신심에 관한 글들이었고 이밖에 여러 장의 영성 일기도 있다. 그러나 마리아 발또르따가 쓴 글의 약 3분의 2를 예수의 생애에 대한 엄청난 양의 작품이 차지한다.

자신의 지능에 이르기까지 모든 것을 하느님께 바친 다음 마리아는 여러 해 동안 정신에 관계되는 일종의 고독에 점진적으로 빠져들어가 마침내 임종하는 그의 머리맡에 불려와서 "Profissere, anima christiana, de hoc mundo"(그리스도인의 영혼아, 이 세상에서 떠나거라!) 하는 말로 기도하는 신부의 권고에 복종하는 듯이 꺼져가는 날에 이르렀다. 그것은 1961년 10월 12일이었다. 마리아는 회상의 글처럼 다음과 같은 글을 남겼었다.

"나의 고통은 끝났다. 그러나 나는 사랑하기를 계속하겠다."

그의 장례식은 10월 14일 아침 일찍 성 바울리노 본당에서 행하여

졌는데, 그의 유지(遺志)에 따라 매우 간소하게 치르졌고, 시체는 비아렛지오 공동묘지에 안장되었다. 그러나 1973년 7월 2일 마리아 발또르따의 유해는 피렌체의 "쌍띠시마 안눈찌아따" 대수도원 참사회 경당에 특전받은 묘소에 묻힐 수가 있었다.

마리아 발또르따의 가장 중요한 저서인 예수의 생애에 관한 책은 그 후 여러 해에 쓴 몇 장만 빼고는 1944년부터 1947년까지 쓴 것이다. 이 저서는 벌써 1956년에「Il poema dell'Uomo-Dio(사람이요 하느님이신 분의 시)」라는 제목으로 이탈리아에서 출판되었다. 초판은 부피가 큰 네 권으로 나왔는데, 마리아의 종복회 회원인 꼰라도 M. 베르띠 신부의 신학적 · 교리적 주석이 달린 열 권짜리 비평판(批評版)이 뒤따랐다. 끊임없이 중판되고 아무 광고없이 보급된 이 저서는 이제 이탈리아와 온 세계에 널리 알려졌다.

1971년에 프랑스인 교수 펠릭스 소바쥬씨가「Il poema dell'Uomo-Dio」를 읽고 자기 나라 말로 번역할 욕망을 느꼈다. 그가 사는 뽕또드매르에서 그는 우리에게 자기 일의 진척 상황을 끊임없이 알려 주고, 자기가 나이가 많기 때문에 출판에 대한 우리의 결정을 재촉하였다. 그는 철학과 신학을 공부하였고 일생을 교직에서 보냈다고 언명하면서, 자기 자신의 능력을 우리에게 보증하기를 원할 때를 빼고는 자기 자신에 대한 말을 결코 하지 않았다.

1976년에야 우리는 소바쥬씨가 직접 쓴 여섯 권의 프랑스어 번역을 가지러 노르망디에 갔었다. 그러나 얼마 지나서야 그것을 검토하기 시작하였다. 우리는 원고를 고쳐야 하리라는 것을 알아차렸다. 많이 고치기는 했지만 이 번역은 일할 때에 그를 젊게 하는 믿음의 후원을 받은 연세 높은 분이 이룩하였다는 점에서 공로가 있다.

불행히도 펠릭스 소바쥬씨는 번역한 작품의 출판을 보지 못하였다. 그분은 1978년 9월 16일 87세의 고령으로 세상을 떠났다. 우리는 마리아 발또르따의 글에 주해나 설명을 달지 않고 그 제목 자체에서 작품의 성격이 솟아 오르게 하려는 그분의 변하지 않은 소원을 존중하였다.
 그러나 독자들에게 알리고자 하는 것은 일체의 설명이나 깊은 연구를 위하여는 이탈리아어판의 주석들이 여전히 가치가 있다는 것이다. 저서의 성질에 대하여는 이것이 가장 큰 사적인 계시 중의 하나라는 확신을 우리는 가지고 있다. 뿐만 아니라, 사적인 계시들은 공적인 계시에 종속하고 인간적으로 믿을 만한 가능한 표시를 가톨릭 신학이 인정하며, 하느님께서 모든 사람의 영적 이익을 위하여 어떤 사람들에게 주시는 것으로 되어 있다.
 독자들은 이 프랑스어 초판의 몇 가지 결함을 양해하여 주기 바란다.

이솔라 델리리(이탈리아)
1979년 10월 12일

에밀리오 뻬사니, 출판인

1. 아리마태아로 가시면서 제자들을 가르치시다

"주님, 저 사람을 어떻게 할 것입니까?" 하고 베드로가 요셉이라는 사람을 가리키면서 예수께 묻는다. 그 사람은 일행이 엠마오를 떠난 때부터 그들을 따라오고, 지금은 그를 특별히 보살피는 알패오의 두 아들과 시몬의 말을 듣고 있다.

"내가 말했지. 우리와 함께 갈릴래아까지 가는 것이다."

"그 다음에는요?…"

"그 다음에는… 우리와 함께 있는 것이다. 그렇게 될 터이니 두고 보아라."

"저 사람도 제자가 됩니까? 그에게는 그런 일이 있었는데두요?"

"너도 바리사이파 사람이냐?"

"저는 아닙니다! 그렇지만… 바리사이파 사람들이 우리를 너무 엄중히 감시하는 것만 같습니다…."

"그래서 저 사람이 우리와 같이 있는 것을 보면 우리를 난처하게 할 것이다. 네 말은 이 말이지. 그러면 소란이 두려워서 비탄과 싸우고 있는 아브라함의 후손을 내버려두어야 한단 말이냐? 아니다, 시몬 베드로야. 저 사람은 그의 커다란 상처가 어떻게 치료되느냐에 따라서 파멸할 수도 구원을 받을 수도 있는 영혼이다."

"그러나 저희들은 벌써 선생님의 제자가 아닙니까?…"

예수께서는 베드로를 바라보시며 잔잔히 웃으신다. 그리고 말씀하신다. "몇 달 전 어느 날 나는 '다른 사람이 많이 올 것이다' 하고 네게 말하였다. 밭은 넓다, 넓어도 대단히 넓다. 그 넓이에 비해서는 일꾼이 항상 모자랄 것이다. …요나와 같이 일하던 중에 쓰러지는 사람이 많겠기 때문이기도 하고. 그러나 너희들은 언제나 내 마음에 드는 사람들일 것이다" 하고 말을 마치시며 슬퍼하는 베드로를 당신께로 끌어당기시니, 베드로는 이 약속의 말을 듣고 안심한다.

"그러면 저 사람도 우리와 같이 가는 겁니까?"

"그렇다. 마음이 가라앉을 때까지. 저 사람은 지금 그가 들여마셔야 한 그 많은 증오로 해독을 입고 있다. 중독이 된 것이다."

야고보와 요한도 안드레아와 같이 선생님께로 와서 듣고 있다.

"너희들은 비타협적인 증오로 사람이 사람에게 끼칠 수 있는 악이 얼마나 엄청난 지 어림잡을 수 없을 거다. 너희들의 선생이 영적으로 병든 사람들에 대해서 항상 친절하였다는 것을 기억하길 부탁한다. 너희들은 내 가장 큰 기적들과 내 가장 중요한 힘이 육체의 병을 고쳐 주는 것으로 나타난다고 생각하느냐? 벗들아, 그렇지 않다. …그래 내 앞에 있는 사람들도 뒤에 있는 사람들도 이리 오너라. 길이 넓으니 우리는 함께 모여서 걸어갈 수 있다."

모두가 예수께로 바싹 다가서니 예수께서는 계속하신다. "내 주요한 일, 즉 내 성질과 내 사명에 대하여 더 많이 증언해 주고, 내 아버지께서 기쁘게 바라보시는 일은 한 가지나 또는 여러 가지 주요한 악습을 고쳐 주거나, 하느님께 벌을 받거나 버림을 받았다는 확신으로 사람의 기를 꺾어놓는 고뇌 같은 마음의 병을 고쳐 주는 것이다.

하느님의 도움에 대한 이 확신을 잃은 영혼은 이제 어떻게 되겠느냐? 그것은 그의 힘이요 기쁨이었던 생각에 달라붙어 있지 못하기 때문에 먼지 속에서 질질 끌려 다니는 힘없는 메꽃 줄기와 같다. 희망을 가지지 못하고 산다는 것은 소름끼치는 일이다. 인생이 그 여러 가지 고통이 있는데도 아름다운 것은 다만 하느님이라는 태양의 빛을 받기 때문이다. 인생은 이 태양을 목적으로 하고 있다. 인간의 나날은 눈물에 젖고 피로 물들어 얼마나 어두우냐? 그렇다. 그러나 그 다음에는 태양이 있을 것이다. 고통과 이별과 냉혹과 증오와 비참과 찍어누르는 구름 아래 고독도 다 없어지고, 밝음과 노래, 고요와 평화가 있을 것이고, 하느님이 계실 것이다. 영원한 태양이신 하느님이! 일식이 갑자기 올 때에 땅이 얼마나 쓸쓸한 지 보아라. 만일 사람이 '해가 죽었다'고 생각해야 한다면, 그가 영원히 캄캄한 무덤 속에 갇히고 묻혀서 살아서, 죽기 전에 죽은 것같이 생각되지 않겠느냐? 그러나 사람은 해를 가려서 세상에 음산한 모습을 가지게 하는 저 천체 너머에는 항상 하느님의 태양이 있다는 것을 안다. 이 세상에서 하느님과 일치한다는 생각도 이와 같다. 사람들이 상처를 입히고, 도둑질을 하고, 중상을 한다고? 그러나 하느님께서는 고치시고, 되돌려주시고, 무죄를 증명하신다. 그리고 제한없이 그렇게 하신다. 사람들이 '하느님께서 너를 물리치셨다'고 말하느냐? 그러나 안심하는 영혼은 이렇게 생각한다. 아니 이렇게 생각해야 한다. '하느님은 공평하시고 인자하시다. 하느님께서는 원인들을 보시고 또 친절하시다. 그리고 아무리 친절한 사람이 그럴 수 있는 것보다도 훨씬 더 친절하시다. 무한히 친절하시다. 따라서 그렇지 않다. 만일 내가 눈물젖은 얼굴을 그분의 가슴에 갖다대고 〈아버지, 제게는 아버지만이 남아 계십니다. 당신 아들이 몹시 슬퍼하고 기가 죽었습니다. 제게 평화를 주십시오〉 하고 말씀드리면 나를 물리치지 않으실 것이다…' 하고.

하느님께서 보내신 사람인 나는 이제 사람이 흔들어놓고 사탄이 뒤엎어놓은 사람들을 모아서 구원한다. 이것이 내 사업이다. 참으로 내 사업이다. 육체에 대한 기적은 하느님의 능력이고, 정신의 구속(救贖)은 구세주 속죄자인 예수 그리스도의 일이다. 나는 이렇게 생각하는데, 내 생각은 틀림이 없다. 즉 하느님의 눈과 그들 자신의 눈으로 보아 내게서 그들의 복권(復權)을 얻어낸 사람들은 내 충실한 제자들일 것이고, 군중들에게 '여러분은 죄인이십니까? 나도 죄인입니다. 여러분의 품위가 떨어졌습니까? 내 품위도 떨어졌습니다. 여러분은 실망했습니까? 나도 실망했습니다. 그러나 여러분이 보시다시피 메시아께서 내 정신적인 비참을 불쌍히 여기셔서 나를 당신의 사제로 만들고자 하셨습니다. 그것은 그분이 자비 바로 그것이시기 때문인데, 세상 사람들이 그것을 믿게 되기를 원하십니다. 그런데 그 자비를 경험한 사람보다 그것을 믿게 하기에 더 알맞은 사람은 아무도 없습니다' 하고 말해서 그들을 더 힘있게 하느님께로 데려올 수 있을 사람들도 내 충실한 제자들일 것이다. 이제는 내 친구들과 나를 내가 태어날 때부터 경배한 사람들, 즉 너희들과 목자들에게 이 사람들을 결합시킨다. 나는 이 사람들을 목자들과 내가 병을 고쳐 준 사람들을 목자들과 내가 병을 고쳐 준 사람들과 너희 열 두 사람의 선택 같은 특별한 선택을 받지 않고도 내 길에 들어서서 죽을 때까지 그 길을 갈 사람들과 결합시킨다. 아리마태아 근처에는 이사악이 있다. 우리 친구 요셉이 이것을 내게 청하였다. 나는 이사악을 데리고 가서, 시몬이 우리에게 오게 되면 그와 합치도록 하겠다. 만일 네가 내게 평화와 온전한 생명이 있다는 것을 믿으면 너는 그들과 합쳐질 수 있을 것이다. 그들이 네게는 착한 형제들이 될 것이다."

"오, 제 위로! 바로 선생님의 말씀대로입니다. 인간과 믿는 사람으로서의 제 큰 상처들은 시시각각 나아갑니다. 저는 사흘 전부터 선생님과 같이 있는데, 사흘 전만 해도 제게는 격렬한 아픔이던 것이 이제는 멀어져 가는 꿈같이 생각됩니다. 제가 그 일을 했습니다. 그렇지만 시간이 흐르면 흐를수록 선생님이 실제로 계신 앞에서 꿈의 잔인한 세부 사항들이 사라져 갑니다. 지난 며칠 밤에 저는 생각을 많이 했습니다. 요빠에는 마음좋은 제 친척이 한 사람 있습니다. 바로 그 사람이 제 불행의 본의 아닌 원인… 이었습니다. 그 사람을 통해서 그 여자를 알게 되었으니까요. 그리고 이것으로 선생님은 그 여자가 어떤 사람의 딸인지 저희들이 알 수 있었는지 어떤지 아시게 될 것입니다. …그 여자, 즉 제 아버지의 첫째 부인이었던 여자의 딸이었습니다. 그러나 제 아버지의 딸은 아니었습니다. 다른 성을 가지고 있었고, 멀리서 왔었습니다. 그 여자를 상품 거래를 하느라고 제 친척임을 알게 되었습니다. 그리고 저도 그 여자를 그렇게 해서 알게 되었습니다. 제 친척은 제 상점을 몹시 가지고 싶어합니다. 저는 그에게 제 상점을 주겠습니다. 제 상점을 주인없이 놓아두면 망할 것입니다. 그런데 제 친척은 제 불행의 원인이 되었다는 모든 가책을 느끼지 않기 위해 틀림없이 제 상품들을 취득할 것입니다. 그러면 저는 자족(自足)할 수 있고, 안심하고 선생님을 따를 수 있을 것입니다. 다만 선생님이 말씀하시는 그 이사악을 제게 주시기만 부탁드립니다. 저는 제 생각만 가지고 혼자 있기가 겁이 납니다. 아직도 너무 슬픈 생각들을…"

"이사악을 네게 주마. 그는 마음씨가 착하다. 그는 고통으로 완전하게 되었다. 그는 30년 동안 그의 십자가를 졌다. 그는 고통을 당한다는 것이 어떤 것인지를 안다. …우리는 그 동안 길을 계속 갈 테니, 너희는 나자렛으로 나를 찾아 오너라."

"요셉한테는 들르지 않습니까? 그의 집에?"

"요셉은 아마 예루살렘에 있을 것이다. …최고회의는 할일이 많다. 그러나 우리는 이사악을 통해 사정을 알게 될 것이다. 만일 그가 집에 있으면, 그에게 우리의 평화를 가져 가기로 하자. 그렇지 않으면 하룻밤만 머무르면서 쉬어 가자. 나는 빨리 갈릴래아로 다시 가고 싶다. 거기에는 고통을 당하는 어머니가 한 분 계시다. 그분을 괴롭히려고 애쓰는 누군가가 있기 때문이라는 것을 기억하여라. 나는 그분을 안심시켜 드리고 싶다."

2. 사마리아로 향하여 가시면서, 제자들을 가르치시다

예수께서 열 두 제자와 같이 계시다. 그곳은 여전히 산이 많은 곳이다. 그러나 길은 넉넉히 다닐 만하다. 모두가 무리를 지어 가면서 이야기를 나눈다.

"하지만 지금은 우리끼리만 있으니까 말을 할 수 있는데, 왜 두 집단 사이에 그렇게 질투가 많은 거야?" 하고 필립보가 말한다.

"질투라고?" 하고 알패오의 유다가 대꾸한다. "아니야, 그건 교만이야!"
"아니야. 그건 말하자면 선생님께 대한 그들의 옳지 못한 행동을 변명하기 위한 핑계에 지나지 않는단 말이다. 세례자에 대한 열성을 구실로 해서 군중에게 과히 불만을 품지 않게 하면서 그들을 멀어지게 할 수 있게 되는 거야" 하고 시몬이 말한다.
"나는 그자들의 가면을 벗길 거야."
"여보게 베드로, 우리는 선생님이 안하시는 일을 대단히 많이 하게 될 걸세."
"선생님은 왜 그런 일들을 안하시지?"
"그건 그렇게 하지 않는 것이 좋은 일이라는 걸 아시기 때문이야. 우리는 선생님을 따라가기만 해야 해. 우리가 선생님을 인도해야 할 것이 아니야. 그리고 이걸 다행스럽게 생각해야 해. 순종만 하면 된다는 것은 대단히 위안이 되는 일이야…."
"시몬아, 잘 말했다." 그들을 앞서 가시면서 당신 생각에 잠겨 계신 것같이 보이시던 예수께서 말씀하신다. "네가 올바르게 말했다. 명령하는 것보다 복종하는 것이 더 쉽다. 그런 것 같아 보이지 않지만, 사실 그렇다. 정신이 올바를 때에는 확실히 쉬운 일이다. 올바른 정신을 가졌을 때에는 명령을 하기가 어렵다. 정신이 올바르지 않을 때에는 분별없는 명령을 내리고, 분별없는 것보다도 더한 명령들을 내린다. 그때에 명령하는 것이 쉽다. 그러나… 복종하기가 얼마나 어려워지느냐! 어떤 사람이 어떤 곳이나 어떤 모임의 우두머리가 되는 책임이 있을 때에는 머리에 항상 사랑과 정의, 조심성과 겸손, 절제와 인내, 완고하지는 않지만 단호함을 가지고 있어야 한다. 오! 이것은 어려운 일이다! …너희들은 지금 당장은 순종만 하면 된다. 하느님과 너희 선생에게. 너는, 또 너뿐이 아니지만, 내가 왜 어떤 일을 하는지 또는 안하는지 의아하게 생각하고, 하느님께서 왜 이러저러한 일을 허락하시는지 또는 허락하지 않으시는지 의아하게 생각한다. 베드로야 보아라, 그리고 너희들도 모두 보아라. 완전한 신자의 비결 중의 하나는 결코 하느님께 대한 질문자로 자처하지 않는 것이다. '왜 이렇게 하십니까?' 하고 하느님께 대한 소양이 별로 없는 사람은 묻는다. 그러면 그 사람은 소학생 앞에서 '그렇게 하면 안 돼. 그건 어리석은 짓이야. 그건 잘못이야' 하고 말하는 어른의 태도를 취하는 것과 같다. 누가 하느님보다 높단 말이냐?
이제 너희들은 요한에 대한 열성의 핑계로 내가 쫓겨난 것을 보게 되었다.

그리고 그것 때문에 분개하고 있다. 그래서 너희들은 내가 이러한 견해를 지지하는 사람들에 대하여 논전(論戰)의 태도를 취해서 잘못된 생각을 바로 잡았으면 한다. 아니다, 그런 일은 절대로 없을 것이다. 너희들은 세례자의 제자들의 입을 통해서 그의 말을 들었다. '그분은 더욱 커지셔야 하고 나는 더욱 작아져야 한다'고 그는 말하였다. 섭섭한 생각을 가지고 있지 않고, 그의 위치에 집착하지 않는다. 성인은 그런 일에 집착하지 않는다. 요한은 자기 자신의 신자의 수를 위해서 일하지 않는다. 그는 자기 자신의 신자를 가지고 있지 않다. 그는 하느님께 충실한 사람들의 수를 늘이기 위해서 일한다. 하느님께만 신자를 가질 권리가 있다. 따라서 나는 선의로든 악의로든 이러저러한 사람들이 그대로 요한의 제자로 있는 것을 애석하게 여기지 않고, 또 너희들도 들은 것처럼 이와 마찬가지로 요한도 그의 제자들 중에서 내게 오는 사람이 있는 것을 슬퍼하지 않는다. 요한은 이런 자질구레한 통계적 계산에는 관심이 없는 사람이다. 그는 하늘을 쳐다본다. 그리고 나도 하늘을 쳐다본다. 그러므로 내가 세례자의 제자들을 빼앗아온다고 유다인들이 나를 비난하는 것이 옳은지 옳지 않은지, 그런 말을 하는 것이 옳은지 아닌지 너희들끼리 서로 다투지 말아라. 그것은 샘가에서 하는 여자들의 말다툼과 같은 것이다. 성인들은 주님을 위하여 일한다는 생각에 웃으면서 서로 원조하고 서로 헌신하고, 아까워하지 않고 기분좋게 사람들을 서로 교환한다.

내가 세례를 베풀었고, 너희들에게도 세례를 주라고 하였다. 그것은 이제는 정신이 하도 우둔해져서 신앙심을 물질적인 형태로 제시하고, 기적도 물질적인 형태로, 가르침도 물질적인 형태로 제시해야 하게 되었기 때문이다. 이 정신의 우둔함 때문에 너희들을 기적 행하는 사람을 만들고자 할 때에 물질적인 실체의 힘을 빌어야 할 것이다. 그러나 거룩하게 하는 힘은 기름에 있는 것도 아니고, 물에 있는 것도 아니고, 다른 의식에 있는 것도 아니라는 것을 믿어라. 만질 수도 없고 볼 수도 없고, 물질주의자들로서는 생각할 수도 없는 것이 일체의 성화 안에서 작용하는 일체의 성화의 원인인 여왕이 되고 '다시 돌아온' 여왕이 될 때가 올 것이다. 이 여왕에 의하여 사람이 다시 '하느님의 아들'이 될 것이고, 그의 안에 하느님을 모시고 있을 것이므로 하느님께서 행하시는 것을 행할 것이다. 은총. 이것이 돌아온 여왕이다. 그때에는 세례가 하나의 성사가 될 것이다. 그때에는 사람이 하느님의 말을 하고 하느님의 말을 알아들을 것이다. 그리고 은총이 생명을 줄 것이고, 생명은 알고 행동하는 능력을 줄 것이다. 그러면 … 오! 그때에는! 그러나 너희들은 아직 은총이 너희들에게 어떤 것을 가져다 주겠는지 알 만큼 성숙하지 못하였다. 제발 부탁이다. 너희들 자신에 대한 끊임없는 훈련의 일로 은총이 오는 것을 도와라, 그리고 비속한 사람들의 쓸 데 없는 관심사는 상관하지 말고 내버려두어라….

이제 사마리아의 경계에 왔다. 너희들은 내가 이 사람들에게 가서 말하는 것이 좋으리라고 생각하느냐?"

"아이고!" 그들은 모두 많게든 적게든 분개하였다.

"정말 잘 들어두어라. 사마리아 사람은 어디에나 있다. 그러니까 사마리아 사람이 있는 곳에서는 내가 말해서는 안 된다면, 나는 아무 데서도 말을 해서는 안 될 것이다. 그러니까 오너라. 내가 먼저 말을 하려고 하지는 않겠다. 그러나 저 사람들이 하느님에 대해 말해 달라고 청하면 업신여기지 않고 하느님에 대해 말하겠다. 한 해가 끝나고, 둘째 해가 시작된다. 이 해는 처음과 마지막 사이에 걸쳐 있다. 처음에는 선생이 눈에 띄었다. 그런데 지금은 구세주가 나타난다. 마지막은 속죄자의 얼굴을 가질 것이다. 가자. 강은 하구(河口)에 가까워지면서 넓어진다. 나도 자비의 일을 확대한다. 하구가 가까워오기 때문이다."

"우리는 갈릴래아에 갔다가 어떤 큰 강 있는 데로 가는 건가? 혹 나일강으로, 아니면 유프라테스강으로?" 하고 어떤 제자들이 속삭인다.

"어쩌면 이방인들 있는 데로 가는지도 모르지…" 하고 다른 사람들이 대답한다.

"너희들끼리 말하지 말아라. 우리는 '내' 하구를 향해 가는 것이다. 즉 내 사명의 완수를 향하여 가는 것이다. 그 다음에는 내가 너희들을 떠날 것이고, 너희들이 내 이름으로 계속해야 할 것이니까 단단히 조심하여라."

3. 사마리아 여인 포띠나이

"나는 여기 있을 테니, 너희는 시내에 가서 식사에 필요한 것을 모두 사오너라. 여기서 식사하자."

"저희들 모두가 갑니까?"

"그렇다, 요한아. 너희들이 떼를 지어가는 것이 좋다."

"그러면 선생님은요? 선생님 혼자 남아 계시고… 저 사람들은 사마리아 사람들인데요….”
"그 사람들이 그리스도의 원수들 중에서 가장 나쁜 사람들은 아닐 것이다. 가거라, 가. 나는 너희를 기다리면서 너희들과 그들을 위해 기도하겠다."
 제자들은 마지못해 간다. 그러면서 낮고 넓은 우물전 가까이 있는 양지바른 낮은 당장에 앉아 계신 예수를 보려고 서너 번 돌아다본다. 매우 큰 우물이다. 어떻게나 넓은 지 거의 빗물받이 웅덩이 같다. 지금은 잎이 없는 큰 나무들로 여름에는 그늘이 질 것이 틀림없다. 물은 보이지 않는다. 그러나 우물 곁에 있는 땅에 작은 물웅덩이들과 젖은 물병들이 남긴 둥그런 자국들이 있어 물을 폈다는 것을 분명히 알 수 있다. 예수께서는 앉으셔서 늘 가지시는 자세로, 즉 팔꿈치를 무릎에 괴시고, 손은 앞으로 깍지끼시고, 몸을 약간 구부리시고, 머리는 땅 쪽으로 숙이시고 묵상을 하신다. 그리고 따뜻한 햇살이 몸을 따뜻하게 하는 것을 느끼시고, 겉옷이 머리와 어깨에서 미끄러져 내리게 그냥 두신다. 그러나 그것을 개켜서 아직 가슴에 안고 계시다.
 예수께서는 머리를 들어 누군가가 우물가에 떨어뜨린 커다란 빵부스러기를 빼앗으려고 서로 싸우는 한떼의 참새들을 보시고 빙그레 웃으신다. 그러나 참새들은 어떤 여인이 오는 바람에 도망친다. 여인은 왼손으로는 빈 물항아리를 손잡이로 들고, 오른손으로는 거기 앉아 있는 남자를 보려고 놀란 태도로 베일을 젖히면서 우물로 온다. 예수께서는 서른 다섯에서 마흔 사이로 보이는 키가 크고 윤곽이 몹시 뚜렷하며 아름다운 얼굴을 한 그 여인에게 미소를 지으신다. 그 여인은 올리브빛 살갗에 입술은 새빨갛고 꽤 두꺼우며, 대단히 숱이 많은 눈썹 아래 있는 검은 눈은 엄청나게 크고, 얇은 베일 속으로 보이는 많아 늘인 머리는 흑옥(黑玉)같이 새까만 것이, 말하자면 거의 스페인형이다. 뚱뚱한 편인 몸매도 분명히 아랍 여자의 유형같이 약간 부드러워진 동방 여자의 유형을 보여준다. 여러 가지 빛깔의 줄이 있는 천으로 만든 옷을 입었는데, 허리는 졸라맸고, 통통한 엉덩이와 가슴에서 팽팽하고, 그 다음에는 일종의 물결치는 밑자락 장식처럼 되어 땅에까지 내려온다. 오동통한 갈색손과 아마포 소매 밑으로 보이는 손목에는 반지와 팔찌를 많이 끼었다. 목에는 무거운 목걸이를 했는데, 메달들이 매달려 있다. 메달의 형태가 여러 가지인 것으로 보아 부적 같아 보인다. 무거운 귀걸이들이 목까지 늘어져서 베일속에서 반짝이고 있다.
 "당신에게 평화가 있기를. 물을 좀 주시겠소? 나는 길을 많이 걸어서 목이 마릅니다."

"그런데, 댁은 유다인이 아니십니까? 그런데 사마리아 여인인 저한테 물을 달라고 하시다니, 도대체 어떻게 된 일입니까? 우리가 복권이 된 겁니까, 그렇지 않으면 당신네들이 굴복을 한 겁니까? 유다인 남자가 사마리아 여자에게 친절하게 말하는 것을 보면 틀림없이 큰 일이 하나 생겼군요. 그렇지만 저는 댁에게 이렇게 말해야 하겠습니다. '유다인들이 수 백년 전부터 우리에게 주는 모든 모욕을 댁을 통해서 갚기 위해 댁에게 아무것도 주지 않겠다'고 말입니다."

"당신이 제대로 말했습니다. 큰 일이 생겼습니다. 그래서 많은 것이 변했고, 또 더 많은 것이 변할 것입니다. 하느님께서 세상에 큰 선물을 주셨습니다. 이 때문에 많은 변화가 일어났습니다. 만일 당신이 하느님의 선물을 알고 당신에게 '물을 좀 주시오' 하고 말하는 사람이 어떤 사람인지 알면, 당신이 그에게 물을 달라고 청했을 것이고, 그 사람은 당신에게 흐르는 맑은 물을 주었을 것입니다."

"흐르는 맑은 물은 지맥(地脈) 속에 있는데, 이 우물이 그걸 가지고 있습니다. 그렇지만 이건 우리의 것입니다" 하고 여인은 빈정거리는 투로 건방지게 말한다.

"물은 하느님의 것입니다. 친절이 하느님의 것인 것과 같이, 생명이 하느님의 것인 것과 같이. 부인, 모든 것은 오직 한 분뿐이신 하느님의 것입니다. 그리고 모든 사람은 사마리아인이건 유다인이건 모두 하느님에게서 옵니다. 이 우물은 야곱의 우물이 아닙니까? 그리고 야곱은 우리 민족의 시조가 아닙니까? 그후 어떤 잘못으로 우리가 갈라졌지만, 그렇다고 해서 우리의 혈통이 바뀌지는 않습니다."

"우리들의 잘못이지요?" 하고 여인이 공격적으로 묻는다.

"우리의 잘못도 당신들의 잘못도 아닙니다. 사랑과 정의를 잊어버렸던 어떤 사람의 잘못이었지요. 나는 당신을 공격하지 않고 당신 겨레도 공격하지 않습니다. 그런데 당신은 왜 공격적으로 나오려고 합니까?"

"유다인으로 그렇게 말하는 건 댁이 처음입니다. 다른 사람들은… 그렇지만 우물 이야기를 다시 하기로 하고, 맞습니다. 이 우물은 야곱의 우물입니다. 그리고 이 우물의 물은 하도 많고 맑아서 우리 시카르 사람들은 다른 샘물보다 이 우물을 더 좋아합니다. 그렇지만 아주 깊습니다. 댁은 동이도 가죽부대도 없는데, 어떻게 제게 흐르는 맑은 물을 퍼 줄 수 있습니까? 이 풍부한 수맥을 자기와 자식들과 가축떼들을 위해서 발견하고, 우리에게 그의 기념으로 선물처럼 남겨준 우리 성조 야곱보다 댁은 더 훌륭한 사람이십니까?"
 "당신이 바로 말했습니다. 그러나 이 물을 마시는 사람은 또 목이 마를 것입니다. 이와 반대로 나를 마시면 다시는 목이 마르지 않을 그런 물을 가지고 있습니다. 그러나 그것은 온전히 나만의 것이고, 나는 청하는 사람에게 줄 것입니다. 정말 잘 들어두시오. 내가 주는 물을 가질 사람은 항상 싱싱할 것이고 다시는 목이 마르지 않을 것입니다. 그것은 내 물이 그의 안에서 마르지 않는 영원한 샘이 될 것이기 때문입니다."
 "뭐라구요? 저는 알아듣지 못하겠습니다. 댁은 마술사입니까? 사람이 어떻게 우물이 될 수 있습니까? 낙타는 물을 마셔서 그 배의 공동(空洞)에 저장해 두지요. 그렇지만 그 다음에는 그걸 다 먹어서 일생 동안 가는 법이 없지요. 그런데 댁은 댁의 물은 일생동안 간다고 하십니까?"
 "그보다도 훨씬 오래 갑니다. 그 물을 마시는 사람에 있어서는 그 물이 영원한 생명에 이르기까지 솟아나서 영원한 생명의 싹을 나게 할 것입니다. 그것은 구원의 샘이니까요."
 "댁이 그런 물을 가지고 있다는 게 사실이면, 제게 그 물을 좀 주세요. 저는 여기까지 오느라고 피로합니다. 그 물이 있으면, 저는 목마르지 않고, 또 절대로 병도 들지 않고 늙지도 않을 것입니다."
 "그것만이 당신을 피로하게 합니까? 다른 것은 아무것도 없구요? 그러면 당신은 당신의 하찮은 육체를 위해 마실 물을 길을 필요성 말고 다른 필요성을 느끼지 않습니까? 생각해 보시오. 육체보다 더 나은 것이 있습니다. 그것은 영혼입니다. 야곱은 그와 그의 가족들을 위해서 땅에 솟는 물만을 주지 않았습니다. 야곱은 그를 위해서 하느님의 물인 성덕을 장만하고 가족들에게 그것을 주려고 마음을 다했습니다."
 "당신네들은 우리보고 이교도라고 말합니다. …당신네들이 말하는 것이 옳다면, 우리는 거룩하게 될 수가 없습니다…." 여인은 무례하고 빈정거리는 말투를 버리고 온순해지고 약간 부끄러워한다.
 "이교도도 덕을 닦을 수 있습니다. 그리고 정의로우신 하느님께서는 그 사람이 행한 선행을 갚아주실 것입니다. 그것이 완전한 상은 아닐 것입니다. 그러나 정말이지 큰 죄로 더러워진 신자와 죄가 없는 이교도 중에서 하느님께서는 이교도를 덜 엄하게 대하십니다. 그런데 당신들이 그런 사람들이 될 줄 안다면, 왜 참 하느님께로 오지 않습니까? 이름이 무엇입니까?"
 "포띠나이입니다."

"그러면, 포띠나이, 대답하시오. 당신은 당신이 말하는 것처럼 이교도이기 때문에, 또 내가 말하는 것과 같이 아주 오래된 잘못된 생각의 어두운 그림자속에 들어 있기 때문에 성덕을 갈망할 수 없는 것이 괴롭지 않습니까?"

"맞습니다. 그것이 괴롭습니다."

"그렇다면, 왜 적어도 덕있는 이교도로라도 살지 않습니까?"

"주님!"

"그렇지요, 그것은 아니라고 말할 수 있습니까? 가서 남편을 불러 가지고 다시 오시오."

"저는 남편이 없습니다…." 여인은 점점 더 부끄러워한다.

"바른 대로 말했습니다. 당신은 남편이 없습니다. 당신은 남자가 다섯이나 있었는데, 지금 같이 사는 남자도 남편이 아닌 사람입니다. 이것이 필요한 일이었습니까? 당신의 종교도 부도덕을 권장하지는 않습니다. 당신들도 십계명을 가지고 있지요. 그러면 왜 이렇게 삽니까, 포띠나이? 한 사람만의 정숙한 아내가 되지 않고 그 많은 남자의 육욕의 대상이 되는 것이 싫증이 나지 않습니까? 당신이 늙어서 추억만을 가지고 혼자 남았을 때가 겁나지 않습니까? 후회와 두려움을 가지고 말입니다. 그렇습니다. 하느님께 대한 두려움과 유령에 대한 두려움 같은 그런 두려움까지도 말입니다. 아이들이 어디 있습니까?"

여인은 고개를 푹 숙이고 말을 못한다.

"이 세상에는 당신 자식들이 없지요. 그러나 당신이 이 세상 빛을 보지 못하게 막은 그들의 작은 영혼들이 당신을 비난합니다. 항상. 보석… 아름다운 옷… 호화로운 집… 잘 차린 식탁… 그런 것은 있습니다. 그러나 공허감, 눈물, 내적인 빈곤도 있습니다. 포띠나이, 당신은 버림받은 여자입니다. 그리고 진정한 뉘우침과 하느님의 용서, 따라서 당신의 아이들의 용서를 통해서만 당신이 부자가 될 수 있습니다."

"주님, 저는 주님이 예언자시라는 걸 알겠습니다. 그래서 부끄럽습니다…."

"그런데 당신이 악을 행할 때에 하늘에 계신 아버지께 대해서는 그런 부끄러움을 느끼지 못했습니까? 사람 앞에서 낙망해서 울지 마시오. …포띠나이, 이리 내 가까이로 오시오. 하느님에 대해서 말해 주겠습니다. 당신은 아마 하느님을 잘 알지 못했었지요. 당신이 그처럼 방황한 것은 그 때문이었지요, 분명히 그 때문이었습니다. 만일 당신이 참 하느님을 잘 알았더라면, 그렇게 타락하지는 않았을 것입니다. 하느님께서 당신께 말씀하시고, 당신을 붙들어 주셨을 것입니다…."

"주님, 우리 조상들은 이 산 위에서 경배를 했습니다. 유다인들은 예루살렘에서만 하느님께 경배해야 한다고 말합니다. 그런데 선생님도 말씀하시듯이 하느님은 한 분만 계십니다. 제가 어디서 어떻게 경배해야 하는지를 알도록 도와주십시오…."

"부인, 내 말을 믿으시오. 멀지 않아 아버지께서 사마리아의 산에서도 예루살렘에서도 경배를 받으시게 될 때가 올 것입니다. 당신들은 알지 못하는 분에게 경배를 합니다. 우리는 우리가 아는 분에게 경배를 합니다. 그것은 구원이 유다인들에게서 오기 때문입니다. 예언자들을 기억하시오. 그러나 때가 올 것인데, 이제는 예전 의식에 의하지 않고, 불로 소멸되는 제물과 동물의 희생도 없는 의식을 가지고 영과 진리로 예배자들이 아버지께 경배를 할 때가 이미 시작되었습니다. 이제는 사랑의 불로 태워지는 티없는 희생제물의 영원한 제사가 있을 것입니다. 그것은 영적인 나라 안에서 행해지는 영적인 예배일 것입니다. 그리고 그 제사는 영과 진리로 경배할 줄을 아는 사람들에게 이해될 것입니다. 하느님은 영이십니다. 그러므로 하느님께 예배하는 사람들은 영적으로 예배해야 합니다."

"선생님은 거룩한 말씀을 하십니다. 우리들도 무엇을 좀 알고 있기 때문에 저도 메시아가 오실 때가 되었다는 걸 압니다. 메시아, 즉 '그리스도'라고도 부르는 그분 말입니다. 그분이 오시면 우리에게 모든 것을 가르쳐 주실 것입니다. 바로 이 근처에는 메시아의 선구자라고 하는 분도 있습니다. 그리고 많은 사람들이 그분의 말을 들으러 갑니다. 그러나 그분은 엄하십니다! …선생님은 친절하십니다. …그래서 보잘 것 없는 사람들이 선생님을 무서워하지 않습니다. 저는 그리스도가 친절하시리라고 생각합니다. 그분을 평화의 왕이라고 부릅니다. 많이 기다려야 오십니까?"

"그분의 때가 벌써 왔다고 내가 말했는데요."

"그걸 어떻게 아십니까? 혹 그분의 제자이십니까? 선구자는 제자가 많습니다. 그리스도도 제자를 많이 두시겠지요."

"당신과 말을 하고 있는 내가 그리스도 예수요."

"선생님이! …아이고!" 예수 곁에 앉아 있던 여인이 일어나서 도망치려고 한다.

"왜 도망합니까?"

"선생님 곁에 있는 것이 몹시 무서워서 그렇습니다. 선생님은 거룩하신데…"

3. 사마리아 여인 포따나이

"나는 구세주입니다. 내가 여기 온 것은 ─여기 올 필요가 있었던 것은 아닙니다─ 당신의 영혼이 방황하는 데 싫증이 났다는 것을 알았기 때문입니다. 당신은 당신이 먹는 음식에 구역질이 납니다. …그래서 나는 당신에게서 구역질과 피로를 없애 줄 새로운 음식을 주려고 왔습니다. …저기 내 제자들이 내가 먹을 빵을 가지고 돌아옵니다. 그러나 나는 당신에게 구속의 첫 조각들을 준 것으로 인해서 벌써 음식을 먹은 셈입니다."

제자들은 여인을 혹은 더 혹은 덜 조심스럽게 곁눈질해 본다. 그러나 아무도 말은 하지 않는다. 그 여자는 이제 물도 동이도 생각하지 않고 떠나간다.

"여기 있습니다, 선생님" 하고 베드로가 말한다. "그 사람들이 저희를 잘 대우했습니다. 치즈와 신선한 빵, 그리고 올리브와 사과가 있습니다. 마음대로 드십시오. 그 여자가 동이를 두고 가길 잘했습니다. 저희들이 작은 수통으로 하는 것보다 더 빨리 할 수 있을 것입니다. 저희들이 물을 마시고 저희들의 수통을 채우면서 사마리아인들에게 다른 것을 청할 필요도 없고, 그들의 샘에 가까이 가지 않아도 될 것입니다. 안 드십니까? 선생님을 위해서 생선을 구하려고 했지만 생선은 없었습니다. 아마 생선이 있었으면 선생님이 더 좋아하셨을 텐데요. 선생님은 피로하셔서 얼굴이 창백합니다."

"나는 너희들이 알지 못하는 음식을 가지고 있다. 그것이 내 식사가 될 것이다. 그러면 식사를 잘한 셈이 될 것이다."

제자들은 서로 바라보면서 눈으로 서로 물어본다.

예수께서는 그들의 말없는 질문에 대답하신다. "내 음식은 나를 보내신 분이 내가 하기를 바라시는 일을 완수하기 위하여 그분의 뜻을 행하는 것이다. 씨뿌리는 사람이 씨를 뿌릴 때에 혹 수확을 하게 되었다고 말할 만큼 벌써 모든 일을 다했다고 말할 수 있느냐? 아니다, 분명히 그렇지 않다. '이제 내 일이 다 끝났다' 하고 말하려면 아직 할 일이 얼마나 남았느냐? 그 시간까지 그는 쉴 수가 없다. 지금 정오의 맑은 햇빛을 받고 있는 저 밭들을 보아라. 한 달 전만 하더라도, 아니 그보다 더 늦게까지도 땅에는 아무것도 없고, 비가 휩쓸었기 때문에 우중충했었다. 그런데 지금은 보아라. 환하게 비추는 햇빛을 받아 한층 더 밝게 보이는 아주 파란 빛깔을 띤 갓 돋아난 밀포기들이 말하자면 거의 흰 가벼운 흰 휘장으로 땅을 덮어놓았다. 저것이 이 해의 수확물이다. 그래서 너희들은 그것을 보고 이렇게 말한다. '넉달 후면 추수를 하게 된다. 씨뿌린 농부는 추수하는 사람들을 고용할 것이다. 그것은 씨를 뿌리는 데에는 한 사람으로 넉넉하지만, 거두어들이는 데에는 많은 사람이 필요하기 때문이다. 씨뿌린 사람과 수확하는 사람들은 기뻐한다. 씨앗을 작은 자루로 하나 뿌렸는데, 지금은 수확물을 저장하기 위해 곡식광을 마련해야 하는 씨를 뿌린 사람도 기뻐하고, 며칠 동안에 몇 달 동안 먹고 살 만한 것을 버는 수확하는 사람들도 기뻐한다'고. 영의 밭에서도 내가 씨뿌린 것을 거두어들이는 사람들도 나와 함께 나처럼 기뻐한다. 그것은 내가 그들에게 품삯과 그들이 마땅히 받아야 할 것을 주겠기 때문이다. 나는 그들에게 내 영원한 나라에서 살 만한 것을 주겠다. 너희들은 거두어들이기만 하면 된다. 제일 힘든 일은 내가 하였다. 그렇지만 나는 너희들에게 이렇게 말한다. '내 밭에서 와서 추수를 하여라. 나는 너희들이 내 수확물의 곡식단을 안고 있는 것을 보는 것이 기쁘다. 내가 사랑에 내 모든 씨앗을 꾸준히 뿌리고, 너희들이 곡식을 거두어들이고 나면, 그때에는 하느님의 뜻이 이루어질 것이고, 나는 천상 예루살렘의 잔치상에 앉을 것이다' 저기 사마리아 사람들이 포띠나이와 같이 온다. 저 사람들에게 사랑을 베풀어라. 그들은 하느님께로 오는 영혼들이다."

4. 시카르의 주민들과 함께

사마리아의 유력자들이 포띠나이에게 인도되어 떼를 지어 예수께로 온다.
"하느님께서 선생님과 함께 계시기를 바랍니다. 선생님은 예언자이시고, 저희들을 업신여기지 않고 저희들과 말씀하신다고 이 여인이 말했습니다. 저희들과 같이 머무르시면서 저희들에게 선생님의 말씀을 거절하지 마시기를 청합니다. 저희들이 유다와 갈라져 있는 것은 사실이지만 유다만이 거룩하고 죄는 모두 사마리아에게 있다는 것은 사실이 아니니까요. 저희들 가운데에도 의인들이 있습니다."
"나도 이 여인에게 그런 생각을 말했습니다. 나는 나를 강요하지 않습니다. 그러나 누가 나를 찾으면 거부하지도 않습니다."
"선생님의 말씀이 옳습니다. 이 여인은 선생님이 그리스도시라고 말했습니다. 그것이 사실입니까? 하느님의 이름으로 대답해 주십시오."
"내가 그리스도입니다. 메시아의 시대가 왔습니다. 이스라엘을 그의 왕이 모았습니다. 그러나 이스라엘만이 아닙니다."
"그러나 선생님은 저희들과 같이 틀린 생각을 가지고 있지 않은… 사람들편이시겠지요." 하고 위엄있는 노인이 지적한다.
"노인장, 나는 노인장이 여기 있는 모든 사람의 지도자시라는 것을 알겠고, 진리를 성실하게 찾으신다는 것도 알겠습니다. 이제는 성서에 지식을 가지고 계신 노인장 들으십시오. 내게는 성령께서 에제키엘에게 예언자의 사명을 알리실 때 말씀하신 것과 같은 말을 하셨습니다. '사람의 아들아, 나는 너를 이스라엘의 자손들에게…내게서 멀리 떠나간 반역자들에게 보낸다. …그들은 머리가 굳고 길들일 수 없는 마음을 가진 아들들이다. …그들이 네 말을 듣고 나서는 내 말인 네 말을 참작하지 않게 될 수도 있을 것이다. 그 집은 반역하는 집이니까. 그러나 그들은 적어도 그들 가운데 예언자가 한 사람 있다는 것은 알 것이다. 그러므로 너는 그들을 무서워하지 말고 그들의 말을 듣고 불안해 하지 말아라. 그들은 불신하고 반항적인 사람들이기 때문이다. 그들이 네 말에 귀를 기울이든지 네 말을 거부하든지 그들에게 내 말을 전하여라. 너는 내가 하라는 것을 하여라. 저들과 같이 반역자가 되지 않기 위해 내게 말하는 것을 들어라. 따라서 내가 네게 줄 음식을 무엇이든지 먹어라.' 그래서 나는 왔습니다. 나는 착각하지 않습니다. 그래서 승리자로 받아들여지기를 바라지는 않습니다. 그러나 하느님의 뜻이 내 기분좋은 것이니, 나는 그것을 행합니다. 그리고 여러분이 원한다면, 성령께서 내게 넣어주신 말을 여러분에게 해주겠습니다."
"어떻게 영원하신 분께서 우리를 생각하실 수 있었을까요?"
"그것은 하느님이 사랑이시기 때문입니다."
"유다의 선생들은 그렇게 말하지 않습니다."
"그러나 이것은 주님의 메시아가 여러분에게 말하는 것입니다."
"메시아는 유다의 한 동정녀에게서 날 것이라고 되어 있습니다. 선생님은 누구에게서 어떻게 나셨습니까?"
"베들레헴 에프라타에서 다윗 가문의 마리아에게서 성령의 잉태 작용으로 태어났습니다. 이것을 믿으십시오." 예수께서 마리아의 동정을 선언하실 때에는 그분의 아름다운 목소리가 기쁜 승리의 나팔소리와도 같다.
"선생님의 얼굴이 찬란하게 빛납니다. 아니, 선생님은 거짓말을 하실 수가 없습니다. 어두움의 아들들은 얼굴이 어둡고 눈이 흐립니다. 그런데 선생님은 빛나시고, 선생님의 눈은 4월의 아침같이 맑고, 선생님의 말씀은 훌륭합니다. 제발 시카르에 들어오셔서 이 백성의 아들들을 가르쳐 주십시오. 그런 다음 떠나십시오. …그러면 저희들은 저희들의 하늘을 지나간 큰별을 기억할 것입니다…."

"그런데 여러분은 왜 그 별을 따르지 않습니까?"

"어떻게 그렇게 할 수가 있습니까?" 말을 하면서 그들은 시내를 향하여 들어간다. "저희들은 갈라진 사람들입니다. 적어도 그렇게 말들 해왔습니다. 그러나 저희들은 이 믿음을 가지고 태어났고, 그래서 이 믿음을 버리는 것이 옳은지 모릅니다. 그뿐 아니라… 그렇습니다. 선생님과는 저희들이 말을 할 수 있다고 느낍니다. 또 그리고 저희들도 눈이 있어 볼 수 있고, 머리가 있어 생각할 수가 있습니다. 여행으로나 장사로 선생님네 땅을 지나가면서 저희들이 보는 모든 것이 하느님께서 유다의 여러분이나 갈릴래아의 여러분과 함께 계시다고 저희들에게 믿게 할 정도로 거룩하지는 않습니다."

"정말 잘 들어두십시오. 모욕과 저주로 여러분을 설득하고 하느님께로 데려오지 못한 것이 아니라 모범과 사랑으로 그렇게 하지 못했다는 사실은 이스라엘의 나머지 부분에 대한 고소조항이 될 것입니다."

"선생님께서는 정말 지혜가 많습니다! 다들 들으시오!"

모두가 감탄하여 속삭임으로써 그들의 동의를 나타낸다. 그러는 동안, 시내로 들어갔고, 어떤 집을 향하여 갈 때에는 다른 많은 사람이 가까이 온다.

"이거 보십시오, 선생님. 지혜로우시고 인자하신 선생님이 우리 의심을 풀어 주십시오. 저희들의 장래의 많은 일이 여기에 달릴 수 있습니다. 선생님은 메시아이시고, 따라서 다윗 왕국을 재건하실 분이시니 갈라진 이 지체를 국가의 몸에 다시 합치는 것을 기뻐하실 것이 틀림없습니다. 그렇지요?"

"이 노쇠한 국가의 갈라진 지체들을 다시 모으는 것보다는 모든 사람을 하느님께로 다시 데려오는 것, 이것이 내 관심사이고, 어떤 마음 속에 진리를 회복시키는 것을 기뻐합니다. 그러나 의심나는 것을 말씀하세요."

"저희 조상들이 죄를 지었습니다. 그때부터 사마리아의 영혼들은 하느님께 밉게 보이게 되었습니다. 그러니 저희들이 선을 따른다고 해서 하느님에게서 무슨 이익을 얻어내겠습니까? 저희들은 하느님의 눈에는 언제까지나 문둥병자로 보일 것입니다."

"그것이 여러분들의 섭섭함이고, 모든 이교인(離敎人)들의 영원한 섭섭함이고 불만입니다. 그러나 나는 노인장에게 에제키엘과 함께 또 이렇게 대답하겠습니다. '모든 영혼은 내 것이다' 하고 주님이 말씀하십니다. 아버지의 영혼도 아들의 영혼도 주님의 것입니다. 그러나 죄를 지은 영혼만이 죽을 것입니다. 어떤 사람이 의롭고, 우상숭배자가 아니고, 음란한 죄를 짓지 않고, 도둑질을 하지 않고, 고리대금을 하지 않고, 남의 육체와 영에 대하여 자비를 베풀면,

내 눈에는 의인으로 보일 것이고 참 생명으로 살 것입니다. 또 있습니다. 어떤 의인이 모반하는 아들을 두었으면, 그 아들이 혹 아버지가 의인이기 때문에 생명을 얻겠습니까? 아닙니다, 얻지 못합니다. 또 있습니다. 어떤 죄인의 아들이 의인이면, 그가 죄인의 아들이기 때문에 아버지처럼 죽겠습니까? 아닙니다. 그는 의인이었기 때문에 영원한 생명으로 살 것입니다. 어떤 사람이 다른 사람의 죄를 짊어진다는 것은 공평하지 못할 것입니다. 죄를 지은 영혼이 벌을 받을 것입니다. 죄를 짓지 않은 영혼은 죽지 않을 것입니다. 그리고 만일 죄지은 사람이 뉘우치고 의덕으로 돌아오면, 그 사람도 생명을 얻을 것입니다. 유일한, 오직 한 분뿐이신 주님, 주 하느님께서 이렇게 말씀하십니다. '나는 죄인의 죽음을 원치 않고, 그가 회개하여 생명을 얻기를 원한다'고. 나는 이 때문에 보냄을 받았습니다. 방황하는 아들들이여. 여러분이 참 생명을 얻으라고 보냄을 받았습니다. 나는 생명입니다. 나와 나를 보내신 분을 믿는 사람은 비록 지금까지 죄인이었다 하더라도 영원한 생명을 얻을 것입니다."

"선생님, 제 집에 다 왔습니다. 제 집에 들어오시는 것이 싫지 않으십니까?"

"나는 죄만을 몹시 싫어합니다."

"그러면 들어와 머무르십시오. 함께 식사를 나누십시오. 그리고 그렇게 하시는 것이 괴롭게 여겨지지 않으시면, 하느님의 말씀을 저희들에게 나누어주십시오. 선생님에게서 오는 그 말씀은 맛이 다릅니다. …그런데 저희들은 여기 고민이 하나 있습니다. 저희들이 진리 안에 있다고 확신하지 못하는 고민입니다…."

"만일 여러분이 용기를 내서 공공연하게 진리를 찾아오면 모든 것이 가라앉을 것입니다. 시민 여러분, 하느님께서 여러분의 마음 속에서 말씀하십니다. 이제 곧 어두워집니다. 그러나 내일 아침 아홉시에 여러분이 원하시면 길게 말하겠습니다. 자비와 더불어 가십시오."

5. 시카르에서 전도하시다

그동안 나는 이 첫번째 고찰을 적어놓는다. 그렇지 않으면 잊어버리니까. 작년에 수난 제목 아래 넣었다가, 반복인 것 같아 쓸 데 없는 것으로 생각되었기 때문에 뺐던 "예수를 장사지냄"이라는 대목이 오히려 주님께 관계되는 모든 것을

(정직하게)알기를 바라는 사람들과 그리스도의 죽음의 사실을 부인하는 사람들에게도 어떤 일들을 설명하는 데 유익한 것이었다. 끝머리에 가서 예수의 시신에 어떻게 향유를 바르고 어떻게 염포로 쌌는지에 대한 말이 있었다. 그런데 이것이 여러 가지를 설명하는 것이었다. 좋다, 그후 일은 제대로 되었다. 그러나 내가 예수께 부축을 받지 않을 때에는 완전히 바보가 되어서 아무것도 보지 못하고 아무것도 이해하지 못한다는 것을 믿어 주기 바란다. 그러므로 내 일이 끝난 다음에 내게 와서 무엇을 묻는 것은 전혀 쓸 데 없는 짓이다. 나는 아무것도 알지 못하게 되었고, 어떤 대목이 왜 유익한지 이해하지 못하게 되었기 때문이다. 아무것도 이해하지 못한다. 완전한 제로(0) 상태이고 전적인 암흑이다. 오늘 아침 새벽녘에 왜 그 대목이 문제의 제목 아래 들어갔는지 그 이유가 내게 제시되었다. 그래서 나는 인간적인 판단의 오만에 대한 내… 약을 꿀꺽 삼켰다. 이제는 끼워넣은 종이에 가필(加筆)을 하나 해서 시신이 어떻게 다루어졌는지를 설명하고, 알기를 원하는 사람들과 부인하는 사람들을 위하여 유익하고 분명하라고 그것을 삽입하겠다.

그럼 이제는 앞으로 나아가자.

예수께서 어떤 광장 한가운데에서 많은 군중에게 말씀하신다. 예수께서는 샘 근처에 있는 돌로 된 작은 걸상에 올라가셨다. 사람들이 예수를 에워쌌다. 그리고 예수 둘레에는 열 두 제자도 있는데, 비탄에 잠기거나 지긋지긋해 하거나 또는 어떤 접촉에 대하여 분명히 혐오를 나타내기까지 하는 얼굴들을… 하고 있다. 특히 바르톨로메오와 가리옷 사람은 그들의 난처한 입장을 숨김없이 나타내서, 가리옷 사람은 그 광경을 내려다보려는 것처럼 어떤 나뭇가지에 걸터앉았고, 바르톨로메오는 광장 한모퉁이에 있는 대문에 기대어 서 있다. 선입관이 생생하고 강하게 모든 제자들에게서 나타난다. 이와는 반대로 예수께서는 평소와 다른 것이 아무것도 없다. 오히려 내 생각에는 예수께서 당신의 위엄으로 무섭게 하지 않으시려고 애쓰시고, 동시에 일체의 의심을 없애기 위하여 위엄을 나타내시려고 애쓰시기도 한다. 예수께서는 두세 명의 어린이를 쓰다듬어 주시고 이름을 물어보시며, 어떤 늙은 소경에게 관심을 보이시고 친히 동냥을 주신다. 그리고 일반적인 일이 아니고 개인적인 성질의 문제에 대하여 물어보는 두세 가지 질문에 대답하신다.

한 가지는 사랑 때문에 가출을 하였다가 지금은 용서를 청하는 딸을 둔 한 아버지의 질문이다.

"즉시 용서해 주시오."

"그렇지만 선생님, 저는 그것 때문에 고통을 받았고, 지금도 받고 있습니다. 1년도 못 되는 동안에 저는 10년이나 늙었습니다."

"용서하면 고통이 덜어질 것입니다."

"그렇게 될 수는 없습니다. 상처가 남아 있으니까요."

"맞습니다. 그러나 상처에는 괴롭게 하는 뾰족한 끝이 둘 있습니다. 하나는 당신이 딸에게서 받은 명백한 치욕이고, 또 하나는 당신이 딸에게 사랑을 거절하려고 하는 노력입니다. 이 후자(後者)만이라도 없애시오. 사랑의 가장 고결한 형태인 용서는 그것을 없앨 것입니다. 불쌍한 아버지, 그 딸이 당신에게서 났고, 그래서 당신의 사랑을 받을 권리를 항상 가지고 있다는 것을 생각하시오. 만일 그 딸이 육체의 병이 든 것을 보고, 당신이, 바로 당신이 치료해 주지 않으면 그 딸이 죽으리라는 것을 안다면, 그냥 죽으라고 놓아두겠습니까? 그러면 당신이, 바로 당신이 당신의 용서로 딸의 불행을 막고 딸이 사랑을 건전하게 평가하도록 이끌어 올 수도 있다는 것을 생각하시오. 그 딸에 있어서는 물질적인 면, 가장 천한 면이 우세했었기 때문입니다, 아시겠어요?"

"그러면 제가 용서해야 된다는 말씀입니까?"

"용서해야 합니다."

"그렇지만, 그애가 그런 일을 한 다음에 있는 것을 보고 어떻게 저주를 하지 않을 수가 있겠습니까?"

"그러나 그렇게 되면, 당신이 용서하지 않는 것이 될 것입니다. 용서는 집의 문을 열어주는 데 있는 것이 아니라, 마음의 문을 열어주는 데 있는 것입니다. 이거 보세요, 인자한 사람이 되시오. 아니, 우리가 변덕스러운 송아지에 대해서 가지는 참을성을 우리 아이에 대해서 가지지 못하겠습니까?"

이번에는 한 여자가 고아들인 자식들에게 아버지를 주기 위해서 시동생과 결혼하는 것이 좋겠느냐고 묻는다.

"그 사람이 정말 아버지 노릇을 할 것이라고 확신합니까?"

"예, 선생님. 저는 아들이 셋 있습니다. 그런데 그 애들을 지도하려면 남자가 필요합니다."

"그러면 그렇게 하시오. 그리고 첫번 남편에게 충실했던 것과 같이 그에게도 충실한 아내가 되시오."

셋째 사람은 안티오키아로 오라는 초청을 받았는데, 그 초청을 받아들이는 것이 좋은지 나쁜지를 묻는다.

"그런데 그곳에는 왜 가려고 하십니까?"

"이곳에는 저와 제 많은 자식들이 살아갈 생활수단이 없기 때문입니다. 제가 이방인을 한 사람 알았었는데, 그 사람은 제가 일을 잘 하는 것을 보았기 때문에 저를 쓰겠다고 하고, 제 아들들에게도 일거리를 주겠다고 합니다. 그러나 저는… 사마리아인으로서는 이런 소심증이 있다는 것이 선생님께 이상히 생각되겠지만, 저는 이런 소심증이 있습니다. 즉 저는 우리가 믿음을 잃기는 싫은 것입니다. 그 사람은 이교도이거든요, 아시겠습니까?"

"그러면요? 오염하기를 원치 않는 사람은 아무것도 오염시키지 못합니다. 그러니까 안티오키아로 가시오, 그리고 참 하느님께 충실하시오. 하느님께서 당신을 인도하실 것입니다. 그리고 당신은 주인에게 은인이 되기까지 할 것입니다. 그 사람이 당신의 성실을 통해서 하느님을 알게 될 것이니까요."

그런 다음 예수께서는 모든 사람에게 말씀하신다.

"나는 여러분 중에서 많은 사람의 말을 들었습니다. 그리고 모든 사람에게서 은밀한 고통과 걱정을 발견했습니다. 여러분은 그것을 깨닫지 못합니다만 그것이 여러분의 마음 속에서 울고 있습니다. 그 고통과 걱정이 여러 세기를 두고 커지는데, 여러분이 말하는 이유도 사람들이 여러분에게 던지는 욕설도 그것을 없애지는 못합니다. 오히려 그것이 점점 더 단단해져서, 눈이 얼음으로 변할 때처럼 무게가 나갑니다.

나는 여러분이 아니고, 또 여러분을 비난하는 사람들 축에도 끼지 않습니다. 나는 정의요 지혜입니다. 그래서 여러분의 문제를 해결하기 위하여 또 에제키엘의 말을 인용하겠습니다. 에제키엘은 예언자의 자격으로 사마리아와 예루살렘에 대해 말하는데, 그들이 같은 배에서 태어난 두 딸이라며 그 이름은 오홀라와 오홀리바라고 하였습니다. 먼저 우상숭배에 떨어진 것은 첫째 딸 오홀라였습니다. 그것은 그가 벌써 하늘에 계신 아버지와의 영적인 일치를 잃었었기 때문입니다. 하느님과의 일치는 항상 구원입니다. 그 여자는 참다운 재물과 참다운 능력과 참다운 지혜를 자기 자신보다도 하느님보다도 더 못한 어떤 사람의 보잘 것 없는 재물과 능력과 지혜와 바꾸었고, 그를 유혹한 사람의 생활방식의 노예가 될 정도로 농락당하였습니다. 강해진다고 하다가 약해졌고, 더 커진다고 하다가 더 작아졌습니다. 경솔한 짓을 하다가 분별없게 되었습니다. 어떤 사람이 무모하게 병에 감염하면, 그것을 고치기가 대단히 어렵습니다.

여러분은 이렇게 말하겠지요. '우리가 작아졌는가? 아니야, 우린 커졌어' 하고. 커졌지요, 그렇습니다. 그러나 어떻게, 어떤 댓가를 치르고 커졌습니까?

여러분도 그것을 압니다. 여자들 가운데에서도 얼마나 많은 사람이 그들의 정절이라는 끔찍한 댓가를 치르고 재산을 얻습니까! 그 여자들은 오래 갈 수 없는 것을 장만합니다. 그 여자들은 결코 끝이 없는 어떤 물건, 즉 그들의 좋은 평판을 잃습니다.

오홀리바는 오홀라가 무분별한 짓으로 재물을 얻은 것을 보고 오홀라를 본받으려고 하여 오홀라보다도 더 분별없게 되었고 죄를 이중으로 지은 댓가를 치렀습니다. 사실 오홀리바는 참 하느님을 모시고 있었고, 이 결합에서 그에게 오는 힘을 결코 짓밟지 말아야 했습니다. 그래서 이중으로 분별도 없고 부정한 오홀리바에게는 무자비하고 무서운 벌이 왔고, 또 한층 더 많이 올 것입니다. 하느님께서 그에게 등을 돌리실 것입니다. 하느님께서는 벌써 그렇게 하시고 유다의 사람들이 아닌 사람들에게로 가시는 중입니다. 그리고 하느님은 당신을 강요하지 않으시니까 그분을 불공평하시다고 비난할 수는 없을 것입니다. 하느님은 모든 사람에게 팔을 벌리시고 모든 사람을 초청하십니다. 그러나 누가 그분께 '가시오' 하고 말하면 그분은 가십니다. 그분은 사랑을 찾아가시고, '가겠습니다' 하고 말하는 어떤 사람을 만나실 때까지 다른 사람들을 권유하십니다.

이 때문에 내가 여러분의 고민에 위안을 받을 수 있다고, 이 일을 생각하고 위안을 받아야 한다고 말하는 것입니다. 오홀라여, 정신을 차리시오! 하느님이 당신을 부르십니다.

사람의 지혜는 뉘우치는 데 있고, 영의 지혜는 참된 하느님과 그분의 진리를 사랑하는 데 있습니다. 오홀리바도 페니키아도 에집트도 그리스도 바라다보지 말고, 하느님을 쳐다보시오. 모든 올바른 영의 고향은 하늘입니다. 여러 가지 법률이 있지 않고, 오직 하나, 즉 하느님의 율법이 있습니다. 이 법전으로 생명을 얻는 것입니다. '우리는 죄를 지었습니다' 하고 말하지 말고, '다시는 죄를 짓지 않기를 원합니다' 하고 말하시오. 하느님이 아직 여러분을 사랑하신다는 증거는 당신의 말씀을 당신들에게 보내셔서 '오시오' 하고 말하게 하였다는 사실에 있습니다. 나는 여러분에게 '오시오' 하고 말합니다. 여러분은 욕을 먹고 추방을 당했습니까? 그런데 누구에게서 그런 일을 당했습니까? 여러분과 비슷한 사람들에게 당했습니다. 그러나 하느님은 그들보다 나으신데, 하느님이 여러분에게 '오너라' 하고 말씀하십니다. 여러분이 성전에 가지 않은 것을 몹시 기뻐할 날이 올 것입니다. …여러분의 지성이 그것을 기뻐할 것입니다. 그러나 사마리아에 흩어져 있는 마음이 곧은 사람들 위에 벌써 하느님의 용서가 내려

왔을 것이니까 영들은 훨씬 더 기뻐할 것입니다. 하느님의 용서가 내려오도록 준비하시오. 길을 잃은 하느님의 아들들이여, 모든 사람의 구세주에게로 오시오."

"그야, 적어도 저희들 중의 몇 사람은 갈 것입니다. 저쪽에 있는 사람들이 저희들을 받아들이지 않는 것입니다."

"그래서 나는 사제와 예언자와 더불어 또 그렇게 말하겠습니다. '나는 에브라임과 그에게 합쳐진 이스라엘 지파들의 손에 들어 있는 요셉의 숲을 빼앗아 유다의 숲과 합쳐서 다만 하나의 숲을 만들겠다….' 그렇습니다. 성전에서가 아닙니다. 내게로 오시오. 나는 여러분을 물리치지 않습니다. 나는 사람들이 우주의 지배자라고 부르는 사람입니다. 나는 왕들의 왕입니다. 깨끗해지기를 원하는 백성들이여, 나는 여러분 모두를 깨끗하게 하겠습니다. 목자가 없거나 우상숭배자인 목자와 같이 있는 양떼들이여, 내가 여러분을 모으겠습니다. 나는 착한 목자이기 때문입니다. 나는 여러분에게 오직 하나밖에 없는 장막을 주고 그것을 내 신자들 가운데 놓아두겠습니다. 이 장막은 생명의 샘, 생명의 빵일 것이고, 빛일 것이고 구원과 보호와 지혜일 것입니다. 이 장막은 모든 것일 것입니다. 그것은 죽은 사람들을 살리기 위하여 양식으로 준 살아 있는 분이고, 거룩하게 하기 위하여 당신의 거룩하심으로 전파되시는 하느님이시겠기 때문입니다. 내가 이런 것이고 또 이렇게 될 것입니다. 증오와 이해 거부와 공포의 시대는 지나갔습니다. 오시오! 이스라엘 민족! 갈라진 민족! 고민하는 민족! 물리쳐진 민족! 애지중지하는 민족, 몹시 애지중지하는 민족, 병들고 약해졌기 때문에, 영혼의 핏줄을 뚫은 화살로 인해 창백해지도록 피를 흘리고, 그 영혼에서 너의 하느님과의 생명을 주는 결합이 달아나게 되었기 때문에 무한히 소중한 민족, 오너라! 네가 태어난 태중으로 오너라, 네게 생명을 보내준 가슴으로 오너라. 거기에는 아직도 네게 대한 다정스러움과 따뜻한 기운이 남아 있다. 항상 오너라! 생명과 구원을 찾아 오너라."

6. 시카르 주민에 대한 작별인사

예수께서 시카르의 사마리아인들에게 말씀하신다. "복음을 전해야 할 다른 아들들도 있기 때문에 여러분을 떠나지만, 여러분을 떠나기 전에 여러분에게 바람의 밝은 길을 내주고, 목적지에 도달하리라는 것을 분명히 알고 길을 떠나시오 하고 말하면서 여러분을 그 길로 들여보내고자 합니다. 그런데 오늘은 위대한 에제키엘의 말을 인용하지 않고, 지극히 위대한 예언자인 예레미야의 마음에 들었던 제자의 말을 인용하겠습니다.

바룩이 여러분을 위해서 말합니다. 오! 그는 실제로 여러분의 영혼을 붙들고, 하늘에 계신 숭고하신 하느님께 그 영혼 모두를 위해 말씀드립니다. 사마리아 사람들의 영혼만을 말하는 것이 아니라, 수많은 죄에 떨어진 선택받은 민족의 후손 모두의 영혼을 말하는 것입니다. 그래서 바룩은 여러분이 숭배하는 많은 신들 가운데에 알지 못하는 하느님의 존재를 예감하는 이교도 백성인 여러분의 영혼도 붙들고 말하는 것입니다. 그 하느님을 여러분의 영혼은 유일한 참 하느님이라는 것을 예감하지만, 여러분의 우둔함으로 인해서 여러분의 영혼이 바라는 것처럼 그 하느님을 알기 위하여 찾지 못하도록 방해받습니다. 이교도이며, 우상숭배자들인 여러분, 여러분은 사람들이기 때문에 적어도 하나의 도덕률을 받았습니다. 그리고 사람은 하느님에게서 오는 본체를 그의 안에 가지고 있는데, 이것을 영이라고 부르며, 이 영이 항상 여러분에게 말하고 여러분에게 고상하게 되라고 권하며 실질적인 거룩한 생활을 하라고 격려합니다. 그런데 여러분은 이 영의 품위를 떨어뜨려 타락한 육체의 노예가 되었고, 인간의 도덕률, 즉 여러분이 가졌던 도덕률을 깨뜨려 인간적으로도 죄인이 되어, 여러분의 믿음의 사상과 여러분 자신을 잔인무도한 성격의 수준에까지 끌어내려 짐승만도 못하게 만들었습니다. 그러나 내 말을 들으시오. 모두 들으시오. 그런데 여러분이 참 하느님에게서 받은 초자연적인 도덕률을 더 많이 알면 그럴수록 그만큼 더 잘 이해할 것이고, 따라서 그만큼 더 행동하게 될 것입니다.

바룩의 기도는 이렇습니다. 그리고 이 기도는 고상한 겸손으로 겸허하게 된 여러분의 마음 속에 있어야 합니다. 그 겸손은 품위가 떨어지는 것도 비겁도 아니고, 자신의 비참한 처지를 정확히 아는 것이고, 그 비참한 처지를 정신적으로 향상시킬 방법을 찾아내겠다는 거룩한 소원입니다. 바룩의 기도는 이렇습니다. '주님, 당신의 거룩한 집에서 우리를 굽어보시고, 당신의 귀를 기울여 들어주소서. 주님, 당신의 눈을 뜨시고 굽어보시고 생각하소서. 심장이 멎고 끊어져 무덤 속에 있는 죽은 자들은 주님의 영광과 정의를 찬양하지 못할 것입니다. 그러나 크게 고민에 싸여 살아 있는 사람들, 즉 눈은 흐려지고 허리도 제대로 가누지 못하고 힘없이 걸어다니는 가난한 사람들이 주님의 영광과 정의를 드러냅니다.' 그러면서 바룩은 겸손되이 웁니다. 그리고 모든 의로운 사람도 강하던 민족이 갈라지고 예속한 슬픈 민족이 되게 한 불행들을 보고 그것을 그 이름 그대로 부르면서 바룩과 같이 울어야 합니다. '우리는 당신의 말씀을 듣지 않았습니다. 당신은 당신의 종 예언자들을 통해서 하신 말씀을 이루시어… 우리 임금들과 우리 조상들의 뼈가 무덤에서 파헤쳐지게 하셨습니다. 과연 그들은 낮의 뜨거운 햇볕과 밤의 찬 서리에 그대로 버려졌습니다. 도시의 사람들은 기근과 칼과 전염병의 심한 고통 속에서 죽어갔습니다. 그리고 당신께서는 당신의 이름을 부르고 사는 이스라엘과 유다의 성전을 오늘 이 모양으로 만드셨습니다. 그것은 그들의 죄악 때문이었습니다.'

오! 아버지의 아들들, 이렇게 말하지 마시오. '우리들의 성전도 너희들의 성전도 아름답게 다시 세워졌다'고. 벼락을 맞아 꼭대기에서 뿌리까지 갈라진 나무는 살아남지 못합니다. 죽기 싫어하는 뿌리에서 돋아난 새싹들을 가지고 살아 보려고 하면서 비참하게 가까스로 살기는 할 것입니다. 그러나 그것은 열매없는 덤불이지, 건강에 좋고 기분좋은 열매가 많이 달리는 풍성한 나무는 결코 되지 못할 것입니다. 분리와 더불어 시작된 붕괴가 점점 더 심해져서 비록 물질적인 건물은 상하지 않고 아직 아름답고 새 것으로 보이지마는 그 안에 살고 있는 사람들을 해체시킵니다. 그리고 모든 초자연적인 불꽃이 꺼지고 성전에는 그 생명이 되는 사제들의 믿음과 사랑의 끊임없는 융합으로 유지되어야 존속할 수 있는 제단이 없는 때가 올 것입니다. 그리고 성전은 얼음장같이 차고, 불이 꺼지고, 더러워지고 송장이 가득해서 부패물이 될 것이고, 그 위에 외국의 까마귀들과 하느님의 벌의 눈사태가 덮쳐 폐허를 만들 것입니다.

이스라엘의 아들들, 여러분의 구세주인 나와 함께 울면서 기도하시오. 내 목소리가 여러분의 목소리를 지원하기를 바랍니다. 그리고 그렇게 할 수 있는 내 목소리가 하느님의 옥좌에까지 파고들기를 바랍니다. 아버지의 아들 그리스도와 함께 기도하는 사람은 아들의 아버지이신 하느님께서 들어주십니다. 바룩의 옛날 의로운 기도를 가지고 기도드립시다. '이제는 이스라엘의 전능하신 주 하느님, 우리가 괴로움과 절망에 빠져 당신을 향하여 부르짖습니다. 주님, 들어 주소서. 그리고 자비를 베푸소서. 당신은 자비로우신 하느님이시니, 당신 앞에서 죄를 지은 우리를 불쌍히 여기소서. 당신은 영원히 왕좌에 앉아 계신데 우리들은 영원히 죽어야 하겠습니까? 이스라엘의 전능하신 주 하느님, 죽은 이스라엘 사람들과 그들의 후손들이 드리는 기도를 들어 주소서. 그들은 당신께 죄를 지었고 그들의 주 하느님이신 당신의 말씀을 듣지 않았습니다. 그래서 그들은 재난을 당하게 되었습니다. 당신은 이때에 우리 조상들의 그릇된 행실을 기억하지 마시고 당신의 능력과 이름을 생각하소서. ···우리가 당신의 이름을 부르고 우리 조상들의 악을 우리 마음에서 물리치도록 불쌍히 여기소서.'

이와 같이 기도하시오, 그리고 하느님의 지혜인 참된 지혜에로 돌아옴으로써 실제로 회개하시오. 하느님의 지혜는 하느님의 계명의 책과 영원히 지속되는 율법에 들어 있는데, 하느님의 메시아인 내가 이 율법을 단순하고 변치 않는 형태로 다시 세상의 가난한 사람들에게 가져와서 그들에게 구속과 용서와 사랑과 평화의 시대의 기쁜 소식을 전합니다. 이 말을 믿는 사람은 영원한 생명에 이를 것입니다.

하느님의 메시아에게 친절했던 시카르의 주민 여러분, 나는 떠납니다. 내 평화를 여러분에게 남겨두고 갑니다."

"더 계십시오!"

"또 오세요!"

"저희들에게 선생님이 말씀하신 것과 같이 말할 사람은 절대로 없을 것입니다."

"제 어린 것에 강복을 주십시오."

"거룩하신 선생님, 저를 위해 기도해 주십시오."

"선생님의 옷의 술장식 하나를 축복으로 간직하게 허락해 주십시오."

"아벨을 기억해 주십시오."

"저 디모테오두요."

"저 요라이두요"

"모두 모두 기억하겠습니다. 평화가 여러분에게 가기를 바랍니다."

그들은 시외 몇 백 미터까지 예수를 배웅한다. 그런 다음 천천히 천천히 돌아간다···.

7. 사도들을 가르치심. 시카르의 여인에 대한 기적

예수께서는 선인장 울타리를 스치시며 혼자 앞서서 걸어가신다. 선인장들은 잎이 없는 다른 초목들을 비웃으면서 가시돋친 커다란 팔레트 같은 몸에 햇빛을 받아 반짝인다. 그 몸에는 시간이 지나면서 벽돌 빛깔이 된 열매가 몇 개 남아 있거나 붉은 빛깔을 띤 노란 빛깔의 철이른 꽃이 벌써 활짝 피거나 했다.

　뒤에서는 사도들이 자기들끼리 이야기를 하는데, 정말이지 선생님께 치하는 하지 않는 것 같다. 어느 순간 예수께서 갑자기 돌아서시며 말씀하신다. "바람이 어디서 불어오는지 쳐다보는 사람은 씨를 뿌리지 못하고, 구름을 쳐다보고 있는 사람은 결코 거두어들이지를 못한다.' 이것은 옛날 격언이다. 그러나 나는 이 견해를 그대로 따르겠다. 그런데 너희들이 보다시피 너희들이 세찬 바람을 염려해서 머무르기를 원치 않던 그곳에서 나는 씨를 뿌릴 수 있는 땅을 얻어만 났다. '너희들의' 구름이 있었는데도 — 말이 나온 김에 말하지만, 자비가 그의 해를 보이려고 하는 곳에서 너희들이 구름을 보게 하는 것은 좋지 않다 — 나는 벌써 수확을 했다고 확신한다."

　"그렇지만 그동안 아무도 선생님께 기적을 청하지 않았습니다. 그 사람들이 선생님을 믿는 믿음은 아주 이상한 믿음입니다!"

　"그럼 토마 너는 기적을 청하는 것만이 믿음이 있다는 것을 증명한다고 생각하느냐? 네 생각은 틀렸다. 오히려 정반대이다. 믿기 위하여 기적을 원하는 사람은 확실한 증거가 되는 기적이 없으면 믿지 않을 것이다. 이와 반대로 남의 말만 듣고서 '믿는다'고 말하는 사람은 가장 큰 믿음을 나타낸다."

　"그러니까 사마리아인들이 저희들보다 낫다는 말씀이군요!"

　"그렇게 말하는 것은 아니다. 그러나 정신적으로 약해져 있는 그들의 처지에서 그들은 팔레스티나의 믿는 이들보다 하느님의 말씀을 들을 능력을 훨씬 더 가지고 있다는 것을 보였다. 이것은 너희들이 살아가는 동안에 많이 만나게 될 터인데, 제발 이 우연한 일을 기억하여 그리스도께 대한 믿음으로 오는 사람들에 대하여 너희들의 행동을 편견없이 조절할 줄 알도록 하여라."

　"그렇지만 예수님, 이런 말씀드리는 것을 용서하십시오. 제 생각에는 그렇지 않아도 그 모든 증오가 선생님을 괴롭히는데, 새로운 비난거리를 만드는 것은 선생님에게 해로울 것 같습니다. 만일 최고회의 위원들이 선생님이… 가지셨다는 것을 알게 되면…"

　"그러지 말고 솔직하게 '사랑'을 가졌었다고 말하여라. 야고보야, 내가 이것을 가졌었고, 아직도 이것을 가지고 있으니까. 그리고 내 사촌인 너는 내가 사랑 말고 다른 것은 가질 수 없다는 것을 이해할 수 있다. 나는 내 혈족과 내 고향 사람들 중에서 내게 적의를 가졌던 사람들에게까지도 사랑만은 가지고 있다는 것을 네게 보여주었다. 그런데 나를 알지 못하면서 존경한 저 사람들에

7. 사도들을 가르치심. 시카르의 여인에 대한 기적 **47**

대하여 사랑을 가지지 말아야 하겠느냐? 최고회의 위원들은 그들이 원하는 나쁜 짓을 다할 수 있다. 그러나 장차 있을 이 나쁜 짓에 대한 예측이 보편적이고 항상 작용하는 내 사랑의 둑을 막지는 못할 것이다. 게다가… 내가 달리 행동한다 하더라도… 최고회의가 그 증오로 비난의 이유들을 찾아내지 못하게 할 수는 없을 것이다."

"그렇지만 선생님은 이스라엘의 그 많은 곳에서 선생님을 기다리고 있는데, 우상숭배자들의 고장에서 시간을 허비하십니다. 어떤 시간이나 다 주님께 바쳐져야 한다고 선생님이 말씀하셨지요. 그런데 이것이 허비한 시간들이 아닙니까?"

"흩어져 있는 양들을 모으느라고 쓴 하루는 허비한 것이 아니다. 필립보야, 그것은 허비한 하루가 아니다. '율법을 지키는 사람은 많은 봉헌을 주께 하는 것이다. …그러나 자비를 베푸는 사람은 희생제물을 드리는 것이다' 하는 말이 있다. 또 이런 말도 있다. '지극히 높으신 분이 네게 주신 것에 따라 그분께 드려라, 그리고 네 능력껏 기쁘게 바쳐라.' 이 사람아, 내가 이렇게 하는 것이다. 희생제물을 드리느라고 쓴 시간은 허비한 시간이 아니다. 나는 자비를 베풀고, 내가 받은 능력을 써서 내 일을 하느님께 바친다. 그러므로 안심들 하여라. 또 그뿐 아니라… 너희들 중에서 시카르 사람들이 나를 믿는다는 것을 확신하기 위하여는 그들이 기적을 청하기를 요구한 사람을 만족시킬 만한 것이 여기 있다. 우리를 따라오는 저 사람은 분명히 그렇게 할 만한 동기가 있을 것이다. 걸음을 멈추자."

과연 한 남자가 앞으로 나아온다. 그 사람은 어깨에 불안정하게 메고 오는 무거운 짐 때문에 몸이 굽어 보인다. 그는 일행이 걸음을 멈추는 것을 보고 자기도 걸음을 멈춘다.

"저 사람은 우리를 해치려고 합니다. 저 사람은 우리가 그것을 눈치챈 것을 알기 때문에 걸음을 멈춘 것입니다. 아이고! 저 사마리아인들!"

"베드로야, 너는 그것을 확신하느냐?"

"아이고! 절대로 그렇습니다!"

"그러면 여기 그대로 있어라. 나는 저 사람한테로 마주 가겠다."

"주님, 그건 안 됩니다. 주님이 가시면 저도 가겠습니다."

"그러면 오너라."

예수께서는 그 남자에게로 가신다. 베드로는 곁에서 호기심을 가지고 또 동시에 적의도 품고 종종걸음을 친다. 그 사람과 몇 미터 거리가 되는 곳에 이르렀을 때 예수께서 말씀하신다. "여보시오, 무슨 일입니까? 누구를 찾으십니까?"

"선생님이오."

"그러면 왜 내가 시내에 있을 때 찾지 않았습니까?"

"감히 그러지를 못했습니다. …만일 선생님이 모든 사람 앞에서 저를 물리치셨더라면, 저는 그것이 너무 고통스럽고 부끄러웠을 것입니다."

"내가 제자들 하고만 있을 때 이내 나를 부를 수 있었을 텐데요."

"저는 포따나이처럼, 선생님이 혼자 계실 때 만나기를 바랐었습니다. 저도 선생님과 단둘이만 있을 만한 충분한 이유가 있습니다…."

"무슨 일입니까? 그렇게 힘들게 어깨에 메고 있는 것이 무엇입니까?"

"제 아내입니다. 마귀가 제 아내에게 붙어서 죽은 육체를 만들고 지능을 없애버렸습니다. 제가 음식을 먹여 주고, 옷을 입혀 주고, 어린 아이처럼 업고 다녀야 합니다. 병없이 이렇게 마귀가 들렸습니다. …사람들은 제 아내를 '마귀들린 여자'라고 부릅니다. 이것이 저는 괴롭습니다. 저는 고생스럽기도 하고 비용도 듭니다. 보십시오." 남자는 어떤 부대에 싼 것처럼 겉옷으로 싼 꼼짝도 하지 않는 살덩어리인 그의 짐을 내려놓고, 여자의 얼굴을 드러낸다. 여자는 아직 젊었으나 숨을 쉬지 않으면 죽은 것으로 생각할 만하였다. 눈을 감고, 입을 반쯤 벌리고 있는 것이… 마지막 숨이 넘어간 사람의 모습과 같았다.

예수께서 땅에 눕혀진 불쌍한 여자에게로 몸을 숙이시고 남자를 바라다보시며 말씀하신다. "당신은 내가 할 수 있다고 믿습니까? 왜 그렇게 믿습니까?"

"선생님은 그리스도이시니까요."

"그러나 당신은 그것을 증명할 만한 것을 아무것도 못 보았는데요."

"저는 선생님의 말씀을 들었습니다. 제게는 그것이면 충분합니다."

"베드로야, 들었느냐? 이렇게도 완전한 믿음을 보고, 이제 내가 어떻게 해야 되겠다고 말하겠느냐?"

"아니… 선생님… 선생님은… 저는… 아니, 결국 선생님이 하십시오." 베드로는 매우 거북해 한다.

"그래, 내가 하마. 여보시오. 지켜보시오." 그러시면서 예수께서는 여자의 손을 잡으시고 명령하신다. "이 여자에게서 떠나라. 명령이다."

그때까지 꼼짝하지 않고 있던 여자가 처음에는 말없이 무섭게 경련을 하더니, 다음에는 부르짖고 통곡을 하다가 마침내 큰 소리로 외치는데, 그 동안에 그때까지 감고 있던 눈을 뜨고 마치 악몽에서 깨어나는 것처럼 눈을 비빈다.

7. 사도들을 가르치심. 시카르의 여인에 대한 기적   49

그리고는 진정이 되고 약간 어리둥절하여 주위를 둘러보고, 우선 자기에게 미소를 보내는 알지 못하는 사람인 예수를 뚫어지게 바라본다. …그 여자가 자기가 누워 있는 길의 먼지를 바라보고, 길가에 돋아난 풀 한 무더기와 금방 피어나려고 하는 진주 같은 데이지의 희고 붉은 꽃망울이 풀 위에 앉아 있는 것을 바라본다. …그리고는 그를 근심스럽게 바라보고 그의 일거일동을 주의깊게 지켜보는 남편을 쳐다본다. 여자는 미소를 짓는다. 그리고는 그에게 돌아온 완전한 자유로 몸을 일으켜 남편의 품으로 숨어 들어가니 남편은 울면서 아내를 쓰다듬고 껴안는다.

"어떻게? 여기에? 왜? 이분은 누구예요?"

"이분은 메시아 예수님이야. 당신은 병이 들었었는데 이분이 고쳐 주셨어. 이분을 많이 사랑한다고 말씀드려."

"아이고! 그러믄요! 고맙습니다. …그렇지만 제가 무슨 일이 있었어요? 내 아이들은… 시몬… 저는 어제 기억이 안 나요, 그렇지만 아이들이 있었다는 게 기억나요…."

예수께서 말씀하신다. "어제를 기억해서는 안 됩니다. 항상 오늘을 기억하시오. 그리고 착하게 사시오. 잘 가시오. 착하게들 사시오. 그러면 하느님께서 당신들과 같이 계실 것입니다." 그리고 예수께서는 두 사람이 축복을 하는 가운데 빨리 돌아오신다.

여전히 울타리에 기대어 서 있는 다른 제자들에게로 돌아오셔서 그들에게는 말을 하지 않으시고 베드로를 보고 말씀하신다. "그래 이제는, 그 사람이 나를 해치려 한다고 확신한 네가 무엇이라고 말하겠느냐? 시몬아, 시몬아! 네가 완전하기 위해서는 아직도 부족한 것이 얼마나 많으냐! 명백한 우상숭배만 빼고는 너희들 모두가 저 사람들과 같은 죄를 가지고 있고, 게다가 너희들의 판단에 교만도 가지고 있다. 이제는 식사를 하자. 밤이 되기 전에는 내가 도착하기를 바라던 곳에 도착하지 못하겠다. 더 나은 것을 찾아내지 못하면 어떤 헛간에서라도 자도록 하자."

열 두 제자는 마음 속에 비난의 감정을 품은 채 말없이 앉아서 음식을 먹는다.

조용한 하루의 해가 부드럽게 물결치듯 평야 쪽으로 내려가는 들판을 비추고 있다.

식사가 끝난 다음에는 그들은 한동안 그대로 머물러 있다. 이윽고 예수께서 일어나시며 말씀하신다. "너 안드레아, 그리고 너 시몬, 오너라. 저 집이 호의적인 집인지 적의를 가진 집인지 가보겠다." 그러시면서 가신다. 그동안 다른 제자들은 별로 말을 하지 않고 그대로 그 자리에 있다. 그러다가 알패오의 야고보가 가리옷의 유다에게 말한다. "아니, 저기 오는 여자는 시카르의 그 여자 아니야?"

"맞아, 그 여자야. 옷을 보고 알아보겠어. 왜 오는 걸까?"

"저 갈 길을 가는 거지" 하고 베드로가 뿌르퉁해서 대답한다.

"아니야, 저 여자는 손으로 눈에 햇빛을 막으면서 우리를 너무 뚫어지게 보고 있어."

그들은 그 여자를 지켜본다. 이윽고 그 여자는 그들 곁에 와서 아주 겸손한 태도로 묻는다. "당신들의 선생님은 어디 계십니까?"

"당신 갈 길이나 가시오. 그건 왜 묻소?"

"저는 선생님이 필요했습니다…."

"선생님은 여자들한테 빠지지는 않으시오" 하고 베드로가 퉁명스럽게 대답한다.

"저도 그건 압니다. 여자들하고는 그러지 않으시지요. 그러나 저는 선생님이 필요한 여자의 영혼입니다."

"가만 내버려두게" 하고 알패오의 유다가 충고한다. 그리고 포띠나이에게 대답한다. "기다리시오. 곧 돌아오실 겁니다."

여인은 길이 구부러진 곳 한구석에 서서 말없이 꼼짝 않고 있다. 그동안 모두는 그 여자를 상관하지 않고 내버려둔다. 그러나 예수께서 빨리 돌아오시니 베드로가 말한다. "저기 선생님이 오시오. 당신이 말하고 싶은 걸 말씀드리시오. 그리고 빨리 끝내시오."

여인은 베드로에게는 대답도 하지 않고 예수의 발 앞에 가서 땅에까지 몸을 구부리고 말이 없다.

"포띠나이, 내게서 무엇을 청하시오?"

"주님의 도움을 청합니다. 저는 하도 약합니다. 그런데 다시는 죄를 짓지 않으려고 합니다. 이 말을 남자에게도 벌써 했습니다. 그러나 지금 저는 죄녀에 지나지 않고, 아무것도 모르겠습니다. 선이라는 것을 저는 모릅니다. 저는 어떻게 해야 합니까? 선생님이 말씀해 주십시오. 저는 그저 진흙일 뿐입니다. 그렇지만 선생님의 말은 영혼들을 향해 가시느라고 길을 밟고 지나가십니다. 제 진흙도 짓밟으십시오. 그렇지만 제 영혼에까지 선생님의 조언을 가지고 오십시오." 이렇게 말하면서 그 여자는 운다.

"당신은 여자 혼자이기 때문에 나를 따라올 수는 없을 것입니다. 그러나 당신이 사실로 죄를 다시 짓지 않기를 원하고 죄를 짓지 않는 지식을 가지고 싶으면, 속죄의 정신을 가지고 집으로 돌아가 기다리시오. 당신과 같이 구제된 다른 여자들 중에 한 여인으로 당신의 속죄자에 가까이 와서 선행의 지식을 배울 수 있게 될 날이 올 것입니다. 가시오. 두려워 마시오. 죄를 짓지 않겠다는 지금의 당신 뜻에 충실하시오. 잘 가시오."

여인은 먼지에 입맞춤하고 일어나 몇 미터쯤 뒷걸음질하다가 시카르를 향하여 떠나간다….

8. 예수께서 애논 근처에서 세례자를 찾아보신다

달이 하도 맑고 밝은 밤이어서 땅의 구석구석 모두 보여줄 정도이다. 그리고 어린 밀포기들이 깔린 밭들은 은빛도는 초록빛깔 플러시천*으로 만든 양탄자 같은데, 우중충한 빛깔의 오솔길들이 리본처럼 가로질렀고, 한쪽 달빛을 받아 아주 환하고, 반대쪽은 아주 새까만 나무들이 지키고 있다.

예수께서는 조용히 혼자서 걸어가신다. 예수께서는 대단히 빨리 길을 걸으셔서 평야를 향하여 동북쪽으로 거품을 일으키며 내려오는 시내 있는 데까지 가신다. 그 시내를 끼고 나무가 우거진 언덕 근처에 있는 호젓한 곳까지 올라가신다. 그리고는 또 돌아서 가파른 오솔길을 올라가셔서 야산 허리에 있는 자연적인 은신처에 이르신다.

예수께서는 들어가셔서 달빛으로 겨우 구별할 수 있는 누워 있는 어떤 사람 위에 몸을 굽히신다. 달빛은 오솔길을 비추지만 동굴에까지는 들어가지 않는다. 예수께서 그 사람을 "요한" 하고 부르신다.

그 사람은 깨서 일어나 앉는데, 아직 잠이 덜 깼다. 그러나 이내 자기를 부르는 사람이 누구인지를 알고 홱 일어나서는 땅에 엎드리며 말한다. "주께서 제게까지 오시다니 어찌된 일입니까?"

"당신의 마음과 내 마음을 기쁘게 하려고 왔소. 요한, 당신은 나를 보고 싶어

---

* 역주 : 벨벳과 흡사하며, 길고 보드라운 보풀이 있는 비단 또는 무명의 옷감(국어대사전 이희승 감수).

했소. 그래서 왔소. 일어나시오. 달밝은 데로 나가 동굴 근처에 있는 저 바위에 앉아서 이야기합시다."

요한은 순종해서 일어나 나온다. 그러나 예수께서 앉으시자 그는 야윈 몸을 잘 가리지 못하는 양가죽을 걸친 채 그리스도 앞에 무릎을 꿇는다. 그리고 하느님의 아들을 더 잘 보려고 눈에까지 내려오는 길고 헝클어진 머리카락을 뒤로 쓸어넘긴다.

대단히 뚜렷한 대조이다. 예수께서는 얼굴이 희고 비단결 같고 잘 빗은 머리는 금발이며 얼굴 아래에는 짧은 수염이 있다. 요한은 아주 새까만 털북숭이에 지나지 않는데, 그 털 가운데에서 움푹 들어간 두 눈만이 나타난다. 흑옥(黑玉)같이 까만 눈이 어떻게나 반짝거리는지 열이 있는 것같이 보인다.

"나는 당신에게 '고맙다'는 말을 하러 왔소. 당신은 당신 안에 있는 완전한 은총을 다해서 내 선구자가 되는 사명을 완수했고, 지금도 하고 있소. 때가 되면 당신은 하늘에 들어가 내 옆에 있을 거요. 그럴 만한 자격을 하느님에게 얻었을 터이니까. 그러나 그전에도 벌써 내 지극히 사랑하는 벗인 당신은 주님의 평화 안에 있을 것입니다."

"멀지 않아 저는 평화 속에 들어갑니다. 제 스승이시고 제 하느님, 당신 종에게 강복하시어 마지막 시련에 견딜 힘을 주십시오. 그 시련이 가까웠다는 것과 제가 아직 한 가지 증언, 즉 피의 증언을 해야 한다는 것을 저도 알고 있습니다. 제 시간이 오리라는 것은 저보다도 주님이 훨씬 더 잘 알고 계십니다. 주님이 오신 것은 하느님이신 주님의 마음의 자비로운 친절입니다. 이러하심으로 이스라엘의 마지막 순교자, 새 시대의 최초의 순교자의 힘을 북돋워 주시려고 한 것입니다. 그러나 제가 주님오시는 것을 오래 기다려야 하겠는지 이것만 말씀해 주십시오."

"요한, 아니오. 당신이 태어난 때와 내가 태어난 때 사이에 흐른 시간보다 훨씬 더 길지는 않을 거요."

"지극히 거룩하신 분이 그로 인해 찬미받으시기 바랍니다. 예수님… 제가 이렇게 불러도 되겠습니까?"

"친척 관계와 당신의 성덕 때문에 그렇게 부를 수 있소. 죄인들까지도 부를 수 있는 이 이름을 이스라엘의 성인이 부를 수 있는 거지요. 그들에게는 이것이 구원이고, 당신에게는 즐거움이오. 당신의 스승이요 종형제인 예수에게서 무엇을 바라는 거요?"

"저는 이제 죽습니다. 그러나 아버지가 자녀들 걱정을 하는 것과 같이 저는 제 제자들을 걱정합니다. 제 제자들… 주님은 선생님이시니 우리들 안에 제자들에 대한 얼마나 강한 사랑이 있는지를 아시지요. 제 죽음에 대한 오직 한 가지 걱정은 제 제자들이 목자 없는 양들같이 길을 잃지 않을까 하는 염려입니다. 주님이 그들을 거두어 주십시오. 주님의 사람이면서 주님을 기다리는 동안 제게는 완전한 제자들이었던 세 사람을 돌려드립니다. 그들에게는, 특히 마티아에게는 실제로 지혜가 들어 있습니다. 다른 제자들도 가지고 있습니다만, 그들도 주님께로 갈 것입니다. 그러나 이 사람들은 주님에게 특히 맡겨 드리게 허락하십시오. 이 사람들은 제게 가장 소중한 세 사람입니다."

"그리고 그들은 내게도 소중한 사람들이오. 요한, 안심하고 떠나시오. 그들은 죽지 않을 것입니다. 이 사람들도, 당신의 참된 제자들인 다른 사람들도 죽지 않을 것입니다. 나는 당신의 유산을 내 나무랄 데 없는 친구요 주님의 종인 사람에게서 내게 오는 가장 귀중한 보물처럼 보살피겠소."

요한은 땅에까지 몸을 굽힌다. 그리고 영적인 기쁨에서 오는 심한 흐느낌으로 몸을 흔들며 운다. 그처럼 엄격한 사람에게 있을 수 없을 것 같은 일이다.

예수께서는 한 손을 그의 머리에 얹고 말씀하신다. "기쁨과 겸손인 당신의 눈물은 당신의 작은 심장을 기쁨으로 뛰게 한 오래 전의 어떤 노래와 서로 만나오. 그 노래와 이 눈물은 '비천한 사람들 안에 계신 능하신 분, 큰 일을 해주신' 영원하신 분께 드리는 같은 찬미의 노래요. 내 어머니도 그때 부르신 노래를 다시 부르기 시작하실 거요. 그러나 내 어머니에게도 순교한 후에 당신에게 그렇게 될 것과 같이 가장 큰 영광이 올 거요. 내 어머니도 당신께 안부를 전하시오. 모든 축원과 모든 격려를. 당신은 그것을 받을 자격이 있소. 여기서는 사람의 아들의 손이 당신 머리에 얹혀 있을 뿐이오. 그러나 요한, 열려진 하늘에서는 빛과 사랑이 당신에게 강복하려고 내려오고 있소."

"저는 이렇게 많은 것을 받기에 부당합니다. 저는 주님의 종입니다."

"당신은 내 요한이요. 그날 요르단강에서는 내가 모습을 나타내는 메시아였소. 지금 여기서는 종형제이며 하느님인 내가 하느님과 친척으로서의 내 사랑의 노자를 당신에게 주고자 하오. 요한, 일어나시오. 작별의 입맞춤을 합시다."

"저는 그럴 만한 자격이 없습니다. …저는 일생 동안 항상 이것을 갈망했습니다. 그러나 그런 행위를 주님에게 감히 하지 못했습니다. 주님은 제 하느님이신 걸요."

"나는 당신의 예수요. 잘 있으오. 내 영혼이 평화가 올 때까지 당신 영혼 가까이에 있을 거요. 당신 제자들을 위해 평안히 살고 평안히 떠나시오. 지금은 내가 당신에게 이것밖에 줄 것이 없소. 그러나 당신이 하느님의 눈에 온전히 총애를 얻었으므로, 하늘에서는 백배로 갚아 주겠소."
예수께서는 요한을 일으키셔서 껴안으시면서 뺨에 입맞춤을 하시고, 그에게서 입맞춤을 받기도 하신다. 그리고 요한이 다시 무릎을 꿇으니, 예수께서는 그의 머리에 두 손을 얹으시고 하늘을 우러러 보시며 기도하신다. 예수께서 요한을 봉헌하시는 것 같다. 예수께서는 위엄이 있다. 얼마 동안 이렇게 침묵이 계속 된다. 그리고 예수께서 요한에게 다정스러운 작별인사를 하신다. "내 평화가 항상 당신과 함께 있기를." 그리고는 돌아오신다.

9. 예수께서 사도들을 가르치신다

"주님, 왜 밤에 쉬지 않으십니까? 오늘밤에 일어났더니 주님이 안 계셨습니다. 주님의 자리가 비어 있었습니다."
"시몬아, 왜 나를 찾았느냐?"
"제 겉옷을 드리려구요. 맑기는 하지만 대단히 추운 이 밤에 주님이 춥지 않으실까 하고 염려했습니다."
"그런데 너는 춥지 않았느냐?"
"저는 비참한 생활을 하는 오랜 세월 동안 잘 못 입고 잘 못 먹고 잘 못 자는데 습관이 되었습니다. …그 죽은 자들의 골짜기!… 정말 소름끼칩니다! 지금은 그럴 계제가 아니지만 이 다음 예루살렘에 갈 때에는─ 우리가 틀림없이 예루살렘에 갈 테니까요 ─ 그때에는 주님, 그 죽음의 곳에 가보십시오. 거기에는 불행한 사람이 참으로 많습니다. …그런데 물질적인 비참이 가장 중대한 것이 아닙니다. …그들을 더 괴롭히고 쇠약하게 하는 것은 절망입니다. …주님, 문둥병자들에 대해서 너무 냉혹하게 군다고 생각하지 않으십니까?"
그의 옛날 동료들을 위하여 변호하는 열성당원에게 예수보다도 먼저 가리옷 사람이 대답한다. 가리옷 사람은 이렇게 말한다. "그럼 자네는 그 사람들을 백성들 가운데 놔두고 싶다는 거야? 그들이 문둥병자가 된 거야 할 수 없지!"
"그렇게 되면 히브리 사람들이 고통받게 하는 데에는 그만일 거야. 문둥병이 군대들과 그 나머지 것들과 함께 거리를 돌아다닐 테니 말이야…" 하고 베드로가 외친다.

"내 생각에는 그 사람들을 멀리 하는 것이 올바른 조심성인 것 같아" 하고 알패오의 야고보가 지적한다.

"맞아, 그렇지만 동정을 가지고 그렇게 해야 할 거야. 문둥병자가 되는 것이 어떤 것인지 자네는 몰라. 그러니까 거기 대해 말할 수도 없어. 우리의 육체를 돌보는 것이 옳은 일이라면, 문둥병자들의 영혼에 대해서 우리가 왜 같은 올바른 일을 하지 않는단 말인가? 누가 그들에게 하느님에 대해 말해 주나? 그런데 그들의 비탄과 같은 견딜 수 없는 비탄 속에서 그들이 얼마나 하느님과 평화를 생각할 필요가 있는지 아무도 몰라!"

"시몬아, 네 말이 옳다. 그들을 보러 가겠다. 그것이 옳은 일이기 때문이기도 하고, 또 너희들에게 이 자비를 가르치기 위해서이기도 하다. 지금까지는 내가 우연히 만난 문둥병자들을 고쳐 주었다. 이 시간까지는, 즉 내가 유다에서 쫓겨날 때까지는 유다의 실력자들을 가장 멀리 떨어지고 가장 구제받을 필요가 있는 사람들로 생각하여 그들을 돌아보고 구세주를 돕게 하려고 하였다. 그러나 지금은 이 시도가 무익하다는 것을 확신하고 그것을 버리기로 하였다. 이제는 실력자들에게로 가지 않고, 이스라엘의 가장 하층민들과 비참한 사람들에게로 가겠다. 그리고 이 비참한 사람들 중에는 죽은 사람들의 골짜기에 있는 문둥병자들도 포함될 것이다. 나는 감사하는 문둥병자가 기쁜 소식을 전해 준 그 사람들이 내게 대해 가지는 믿음을 저버리지 않겠다."

"주님은 제가 그렇게 한 것을 어떻게 아셨습니까?"

"내 친구들과 내 원수들이 내게 대해서 생각하는 것을 내가 아는 것과 같다. 나는 그들의 마음 속을 자세히 살핀다."

"맙소사! 아니, 그럼 선생님은 저희들에 관한 것을 모두 다 정확히 아십니까?" 하고 베드로가 외친다.

"그렇다. 네가, 또 너뿐이 아니지만, 포띠나이를 쫓아버리려고 한 것까지도 안다. 어떤 영혼을 선에서 멀어지게 하는 것은 허락되지 않는다는 것을 너는 알지 못하느냐? 어떤 고장에 들어가려면 친절의 흔적이 가득한 동정을 가져야 한다는 것을 너는 알지 못하느냐? 하느님과 긴밀하게 결합하여 있지 않기 때문에 거룩하지 않은 사회가 동정을 받을 자격이 없다고 판단하고 선언하는 사람들에 대해서까지도. 그러나 내가 그것을 안다고 해서 불안해 하지 말고, 다만 네 마음이 하느님께서 찬성하지 않으시는 충동을 가지는 것만을 걱정하고, 그런 충동을 가지지 않도록 노력하여라. 내가 너희들에게 말하였지만, 첫해는 끝났다. 새해에는 새로운 형태로 내 길을 걸어가겠다. 너희들도 이 둘째 해에 향상해야 한다. 그렇지 않으면 내가 장래의 내 사제들인 너희들에게 전도를 하고 기쁜 소식을 거듭 전하느라고 애를 써도 소용이 없을 것이다."

"선생님, 기도하러 가셨었습니까? 선생님은 저희들에게 선생님의 기도를 가르쳐 주겠다고 약속하셨는데, 올해에 가르쳐 주시겠습니까?"

"그러겠다. 그러나 나는 너희들에게 친절하라고 가르치고 싶다. 친절은 벌써 기도이다. 그러나 기도를 가르쳐 주마, 요한아."

"그리고 올해에는 기적을 행하는 것도 가르쳐 주시겠습니까?" 하고 가리옷 사람이 묻는다.

"기적은 가르쳐지는 것이 아니다. 이것은 재미나게 하는 사람들의 놀이가 아니다. 기적은 하느님에게서 오고, 하느님께 총애를 받는 사람이 그것을 얻는다. 만일 너희들이 착한 마음씨를 가지는 것을 배우면 은총을 받을 것이고, 기적도 얻을 것이다."

"그러나 선생님은 저희들의 질문에는 도무지 대답을 하지 않으십니다. 시몬도 그 질문을 했고 요한도 여쭈어보았는데, 선생님은 오늘밤 어디에 가셨는지는 도무지 말씀하지 않으셨습니다. 이교도 지방에서 그렇게 혼자 나가시는 것은 위험할지도 모릅니다."

"나는 옳은 영혼을 기쁘게 해주려고 갔었다. 그리고 그 사람이 죽게 되었으므로 그의 유산을 받으러 갔었다."

"그러세요? 그 유산이 그렇게도 중요한 것이었습니까?"

"베드로야, 매우 중요한 것, 큰 가치가 있는 것이다. 진짜 의인의 일의 결과이다."

"그렇지만… 저는 선생님의 배낭에 아무것도 더 있는 것을 보지 못했는데요. 아마 선생님의 가슴에 품고 계신 보석들인가 보군요."

"그렇다, 내 마음에 매우 소중한 보석들이다."

"주님, 보여 주십시오."

"나는 그것들을 죽기로 되어 있는 사람이 죽은 후에 가지게 될 것이다. 지금 당장은 그들이 있는 곳에 그대로 두면 그에게도 소용되고 내게도 소용된다."

"그 사람이 그것을 가지고 이자가 붙는 투자를 했습니까?"

"아니 너는 가치있는 것은 모두 돈이라고 생각하느냐? 돈이라는 것은 이 세상에 있는 것 중에서 제일 쓸 데 없고 더러운 것이다. 그것은 물질적인 물건과 죄와 지옥에나 소용되는 것이다. 사람이 그것을 선행을 위하여 쓰는 일은 드물다."

"그러면… 돈이 아니면, 그럼 무엇입니까?"
"어떤 성인이 기른 세 제자이다."
"세례자에게 가셨었군요. 아니! 왜 가셨습니까?"
"왜냐고!… 너희들은 항상 나와 같이 있다. 그런데 너희들 모두는 그 예언자의 손톱만도 못하다. 내가 이스라엘의 성인에게로 가서 그의 수난 중에 그의 힘을 돋구어 줄 하느님의 강복을 갖다 주는 것이 옳지 않으냐?"
"그렇지만 그분은 성인인데요. …그분은 힘을 돋구어줄 필요가 없습니다. 그분은 자기 힘만으로도 넉넉히 해나갈 텐데요!…"
"'내' 성인들도 재판관들 앞에서 또 죽음으로 끌려 나갈 날이 올 것이다. 그들은 거룩해서 하느님의 총애를 받을 것이고, 믿음과 바람과 사랑으로 강해질 것이다. 그런데도 벌써 '주님, 이 시간에 저희를 도와주십시오' 하는 그들의 부르짖음, 그들의 영의 부르짖음이 들려온다. 다만 내 도움으로써만 내 성인들이 박해 중에 강할 것이다."
"그렇지만… 그 사람들이 저희들은 아니지요? 저는 정말이지 고통을 참아 받을 능력이 없으니까요."
"사실이다, 너는 고통을 참아견딜 능력이 없다. 그러나 너 바르톨로메오는 아직 세례를 받지 못했지."
"왜요, 저도 세례를 받았습니다."
"물로 세례를 받았지. 그러나 너는 또 다른 세례를 받지 못하였다. 그 세례를 받아야 고통을 참아견딜 줄 알 것이다."
"저는 벌써 나이가 많습니다."
"그러나 네가 아무리 나이많다 하더라도 젊은이보다 더 강할 것이다."
"그러나 주님이 그래도 저희들을 도와주시겠지요?"
"내가 항상 너희와 같이 있겠다."
"저는 참아받는 습관을 들여보겠습니다" 하고 바르톨로메오가 말한다.
"저는 선생님의 그 은총을 얻기 위해 지금부터 끊임없이 기도하겠습니다" 하고 알패오의 야고보가 말한다.
"저는 나이가 많습니다. 그래서 선생님보다 앞서 가서 선생님과 함께 평화에 들어가는 것만을 청합니다" 하고 열성당원 시몬이 말한다.
"저는… 제가 바라는 것이 무엇인지, 선생님보다 먼저 죽기를 바라는지 선생님과 같이 죽기를 바라는지 모르겠습니다" 하고 알패오의 유다가 말한다.
"저는 선생님 뒤에 살아남으면 괴로울 것입니다. 그렇지만 선생님을 백성들에게 전하는 것으로 위로를 삼겠습니다" 하고 가리옷 사람이 공언한다.
"저는 선생님의 사촌과 같은 생각입니다" 하고 토마가 말한다.
"저는 반대로 열성당원 시몬과 같이 생각합니다" 하고 제베대오의 야고보가 말한다.
"그러면 필립보 너는?"
"아니… 저는 그런 생각은 하고 싶지 않다고 말씀드리겠습니다. 영원하신 분께서 가장 좋은 것을 제게 주실 것입니다."
"아이고! 입들 닥쳐! 선생님이 오래잖아 돌아가시게 된 것 같구먼! 나한테 선생님의 죽음을 생각하게 하지 말아!" 하고 안드레아가 외친다.
"내 아우, 너 말 잘했다. 예수님은 젊으시고 건강하십니다. 선생님은 선생님보다 나이가 많은 저희 모두를 묻어 주셔야 합니다."
"그렇지만 그들이 나를 죽이면?"
"그런 일은 절대로 없을 것입니다. 그렇지만 제가 선생님 원수를 갚겠습니다."
"어떻게? 피흘리는 복수로?"
"그야!… 선생님이 허락하시면 그렇게라두요. 그렇지만 그렇게 안 된다면 여러 민족들 앞에서 제 신앙 고백으로써 선생님께 하는 비난을 없애는 것으로 그렇게 하겠습니다. 제가 지칠 줄 모르고 선생님을 전파할 터이니까 세상은 선생님을 사랑할 것입니다."
"맞았다. 그렇게 될 것이다. 그럼 요한 너는? 또 너 마태오는?"
"저는 고통을 겪어야 합니다. 그리고 많은 벌로 제 영을 씻기를 기다려야 합니다" 하고 마태오가 말한다.
"저는, 저는… 모르겠습니다. 저는 선생님이 고통당하시는 것을 보지 않게 곧 죽었으면 좋겠습니다. 저는 선생님의 임종의 괴로움을 덜어드리게 곁에 모시고 싶습니다. 저는 선생님을 오래 섬기기 위해 오래 살고 싶습니다. 선생님과 함께 하늘에 들어가기 위해 선생님과 함께 죽었으면 좋겠습니다. 선생님을 사랑하기 때문에 무엇이든지 다하고 싶습니다. 그리고 형제들 중에서 제일 어린 제가 만일 선생님을 완전하게 사랑할 줄을 알면 이 모든 것을 할 수 있으리라고 생각합니다. 예수님, 예수님의 사랑을 더 크게 해주십시오" 하고 요한이 말한다.
"'제 사랑이 더 커지게 해주십시오' 하고 말하는 거지" 하고 가리옷 사람이 설명을 한다. "왜 그런고 하니 우리가 점점 더 많이 사랑해야 하거든…."

"아니야, 선생님이 당신의 사랑으로 우리를 타오르게 하시면 우리가 선생님을 더 많이 사랑할 터이니까 '선생님의 사랑을 더 크게 해주십시오' 하고 말씀드린 거야."

예수께서는 깨끗하고 정열적인 요한을 당신 가까이로 끌어당기셔서 이마에 입맞춤하시고 나서 말씀하신다. "너는 마음들의 성화에 대한 하느님의 신비를 드러내 보였다. 하느님께서는 의인들 위로 널리 퍼지시는데, 의인들이 하느님의 사랑에 전념하면 그럴수록 하느님께서는 당신 사랑을 더 크게 하시고 성덕은 더 커진다. 이것이 하느님과 영들의 신비롭고 이루 말할 수 없는 작업이다. 이 신비는 신비적인 침묵 속에서 이루어지며, 인간의 말로 묘사할 수가 없는 그 힘은 말과 글로 표현할 수 없는 성덕의 걸작품을 만들어낸다. 하느님께 어떤 마음 속에 하느님의 사랑을 더 주시기를 청하는 것은 잘못된 생각이 아니라 지혜로운 말이다."

10. 예수께서 나자렛에 가신다. "아들아, 나도 너와 같이 가겠다"

예수께서 혼자 계시다. 예수께서는 나자렛 근처의 큰길을 빨리 걸어 시내로 들어가셔서 당신 집을 향하여 가신다. 집에 가까이 가셨을 때, 어머니도 마른나무를 짊어진 조카 시몬을 곁에 데리고 집으로 가시는 것을 보시고 "어머니!" 하고 부르신다.

성모님은 돌아서며 "아이고! 사랑하는 내 아들아!" 하고 외치신다. 그리고는 두 분이 서로 마주 뛰어 가신다. 그동안 시몬도 나무를 땅에 내려놓고 성모님을 따라 사촌에게로 달려가서 다정하게 인사를 한다.

"어머니, 제가 왔습니다. 이제는 기쁘세요?"

"정말 기쁘구나, 얘야. 그렇지만… 내가 부탁했기 때문에만 이렇게 했다면, 사명보다 핏줄을 따르는 것은 내게도 네게도 허락되지 않는다고 말하겠다."

"아닙니다, 어머니, 다른 일들 때문에도 왔습니다."

"그러면 그게 사실이냐, 얘야? 나는 그것이 거짓말이라고, 네가 그처럼 미움받지는 않을 것이라고 믿었다. 아니 믿으려고 했다…." 마리아의 목소리와 눈에는 눈물이 어리었다.

"어머니, 울지 마세요. 제게 그 고통을 주지 마십시오. 제게는 어머니의 미소가 필요합니다."

"그래, 그래, 아들아. 옳은 말이다, 너는 냉혹하고 적의를 품은 얼굴을 하도 많이 보기 때문에 그렇게도 많은 사랑과 미소가 필요한 것이로구나. 그러나 여기에는 네가 보다시피 모든 사람을 대신해서 너를 사랑하는 사람이 있다…."
성모님은 아들에게 약간 몸을 의지하시고 예수께서는 어머니의 어깨를 안으신다. 성모님은 이렇게 천천히 집으로 걸어가시면서, 예수의 마음에서 고통을 모두 지워버리려고 미소지으려 해보신다. 시몬은 다시 그의 짐을 지고 예수 곁에서 걸어간다.

"어머니 얼굴이 창백하시군요. 사람들이 걱정을 많이 드린 모양이군요. 어디 편치 않으셨어요? 그렇잖으면 너무 피로하셨어요?"

"아니다, 애야, 아니야. 나는 네가 멀리 떨어져 있고 사랑을 받지 못하는 것을 보는 고통 말고는 아무 고통도 없다. 여기서는 사람들이 내게 아주 친절하게 해준다. 나는 마리아와 알패오를 말하는 것도 아니다. 너도 그들이 어떻다는 것을 알고 있지. 그러나 시몬까지도, 얼마나 착한지 알겠지? 늘 이렇단다. 이애가 요 몇 달 동안 나를 도와주었다. 이제는 내 나무도 대준다. 정말 착하단다. 또 요셉도, 알겠니? 저희 아주머니를 끔찍이 생각한단다."

"시몬아, 하느님께서 네게 강복하시기 바란다. 그리고 요셉에게도 강복하시기 바란다. 너희들이 나를 아직 메시아로 사랑하지 않는 것은 용서한다. 오! 너희들이 그리스도인 나를 사랑하게 될 것이다. 그러나 너희들이 내 어머니를 사랑하지 않는다면 어떻게 내가 용서할 수 있겠니?"

"아주머니를 사랑하는 건 옳은 일이고 또 평화를 가져다주는 일이야. 그렇지만 형도 사랑을 받고 있어. …다만 우리는 형 때문에 너무 걱정이 되는 것뿐이야."

"그렇다, 너희들은 나를 인간적으로 사랑한다. 그러나 다른 사랑으로 와야 한다."

"그런데 애야, 너도 얼굴이 창백하고 야위었구나."

"그래, 형은 나이가 더 들어보여. 내게도 그렇게 보여" 하고 시몬이 지적한다.

그들은 집으로 들어간다. 그리고 시몬은 나무를 제자리에 놓고 나서 눈에 띄지 않게 물러간다.

"애야, 이제는 우리끼리만 있으니 사실을 전부 다 말해라. 그 사람들이 왜 너를 내쫓았니?" 성모님은 양손을 예수의 어깨에 얹고 말씀하시며 예수의 야윈 얼굴을 뚫어지게 들여다보신다.

예수께서는 부드럽고 피곤한 미소를 지으시며 말씀하신다. "제가 사람들을 성실과 정의와 참된 신앙으로 인도하려 했기 때문입니다."

"그렇지만 너를 비난하는 사람이 누구냐? 백성들이냐?"

"아닙니다, 어머니. 바리사이파 사람들과 율법학자들입니다. 그들 중에 있는 몇몇 의인을 빼놓고는 말입니다."

"아니 그런데 네가 무슨 일을 했기에 그들의 비난을 받게 되었단 말이냐?"

"저는 진리를 말했습니다. 이것이 사람들에게는 가장 큰 죄라는 것을 모르십니까?"

"그러면 그들이 자기들의 비난을 정당화하려고 무슨 말을 할 수 있었니?"

"거짓말이지요. 어머니가 아시는 거짓말, 그리고 또 다른 거짓말두요."

"그것들을 어미에게 말해라. 네 고통을 전부 어미 가슴에 넣어라. 어머니의 가슴은 고통에 익숙해져 있고, 고통을 아들의 마음에서 없애기 위해 그것을 소멸시키는 것을 기쁘게 여긴단다. 예수야, 네 고통을 내게 다오. 네가 아주 어렸을 때처럼 여기 앉아서 네 고민을 전부 털어놓아라."

예수께서 어머니 발 앞에 있는 작은 걸상에 앉으셔서 유다에서 지내신 여러 달 이야기를 전부, 원한을 품지 않고 그러나 숨김없이 이야기하신다.

성모님은 입술에 영웅적인 미소를 머금고 예수의 머리를 쓰다듬으신다. 그 미소는 성모님의 파란 눈에서 반짝이는 눈물과 대조를 이룬다. 예수께서는 여자들을 구제하기 위하여 그들에게 가까이 갈 필요성에 대해서도 말씀하시고, 사람들의 악의 때문에 그렇게 할 수 없는 고통에 대해서도 말씀하신다. 성모님은 찬성하시면서 이렇게 결정하신다. "아들아, 너는 내가 바라는 것을 거절해서는 안 된다. 이제부터는 네가 떠나갈 때에는 나도 너와 같이 가겠다. 날씨가 어떠하든지, 어느 계절이든지, 어디든지. 중상과 맞서서 너를 옹호하겠다. 내가 있기만 해도 오욕이 사라지게 될 거다. 그리고 마리아도 나와 함께 갈 거다. 마리아는 이것을 대단히 갈망한다. 엄마들의 마음, 이것이 마귀와 세상을 상대해서 싸우는 성인 곁에 있어야 한다."

11. 가나에서. 수산나의 집에서. 왕의 조신(朝臣)

예수께서는 아마 호수 쪽으로 가시는 것 같다. 틀림없이 가나로 가시는데 수산나의 집을 향해 가신다. 예수와 같이 사촌들이 있다. 그들은 그 집에 머물러서 쉬고 식사를 한다. 가나의 친척들과 친구들이 항상 그래야 될 것과 같이 예수의 말씀에 귀를 기울인다. 예수께서는 이 착한 사람들만을 가르치신다. 예수께서는 수산나의 남편을 위로하신다. 수산나가 거기 없는 것을 보면 아마 앓는 모양이다. 그리고 수산나의 고통에 대하여 중언부언하는 것이 들린다. 그때에 옷을 잘 입은 사람이 들어와서 예수의 발 앞에 엎드린다.

"누구십니까? 무슨 일입니까?"

그 사람이 한숨을 쉬고 울고 있는데, 집주인은 예수의 옷을 끌어당기고 가만히 말한다. "분봉왕의 조신입니다. 너무 믿지 마십시오."

"말씀하시오, 내게서 무엇을 바라십니까?"

"선생님, 선생님이 돌아오셨다는 말을 들었습니다. 저는 사람들이 하느님을 기다리는 것처럼 선생님을 기다렸습니다. 즉시 가파르나움으로 와 주십시오. 제 아들이 앓아 누워 있는데, 병이 하도 중해서 목숨이 이제나 저제나 합니다. 선생님의 제자 요한을 보았는데, 그 사람이 선생님이 여기 오신다는 것을 알려 주었습니다. 오십시오, 너무 늦기 전에 곧 와 주십시오."

"아니! 이스라엘의 성인의 박해자의 하인인 당신이 어떻게 나를 믿을 수 있습니까? 당신들은 메시아의 선구자를 믿지 않습니다. 그런데 어떻게 메시아를 믿을 수 있습니까?"

"옳은 말씀입니다. 저희들은 불신과 잔인으로 죄를 짓습니다. 그러나 한 아비를 불쌍히 여기십시오! 저는 국사를 압니다, 그리고 요안나도 보았습니다. 저는 요안나를 기적 전과 기적 후에 보았습니다. 그래서 선생님을 믿습니다."

"그렇습니다. 당신들은 하도 의심이 많고, 타락한 시대의 사람들이어서 표와 기적이 없으면 믿지를 않습니다. 당신들에게는 기적을 얻는 데 불가결한 첫째 자질(資質)이 없습니다."

"맞습니다! 전적으로 옳은 말씀입니다! 그러나 보십시오. …지금 저는 선생님을 믿습니다. 그래서 청합니다. 오십시오, 가파르나움으로 즉시 와 주십시오. 선생님이 더 빨리 오시게 티베리아에서 배를 하나 얻어드리겠습니다. 그러나 제 아들이 죽기 전에 와 주십시오!" 그러면서 그는 슬피 운다.

"나는 지금 당장은 가지 않습니다. 그러나 가파르나움으로 가시오. 지금부터 당신 아들은 병이 나아서 살아 있습니다."

"주님, 하느님의 축복을 받으십시오. 저는 믿습니다. 그러나 제 집안 전체가 선생님을 환영하기를 바라니, 나중에 가파르나움의 제 집에 와 주십시오."

"가겠습니다. 안녕히 가시오. 평화가 당신과 함께 있기를 바랍니다."

그 사람은 급히 나간다. 그리고 조금 후에 이내 말이 속보로 달리는 소리가 들린다.

"그런데 그 아이가 정말 나았습니까?" 하고 수산나의 남편이 묻는다.

"그래 자네는 내가 거짓말을 한다고 믿을 수 있나?"

"아닙니다, 주님. 그렇지만 주님이 여기 계시고, 그 소년은 멀리 있는데요."

"내 영에는 가로막는 것도 없고 거리도 없네."

"아이고, 주님, 주님은 제 혼인 잔치 때에 물을 포도주로 변하게 하셨으니, 그럼 제 눈물을 웃음으로 변하게 해주십시오. 수산나의 병을 고쳐 주십시오."

"그 대신 내게 무엇을 주겠나?"

"주님이 원하시는 만큼의 돈을 드리겠습니다."

"나는 거룩한 것을 맘몬의 피로 더럽히지는 않네. 나는 자네의 영에게 무엇을 주겠는지 묻는 걸세."

"원하시면 저 자신이라도 드리겠습니다."

"만일 여러 말 없이 큰 희생을 요구하면 어떻게 하겠나?"

"주님, 저는 제 아내의 건강과 저희 모두의 성화를 청합니다. 이것을 얻기 위해서는 제가 아무리 큰 희생이라도 막을 수 없을 것이라고 믿습니다…."

"자네는 아내 때문에 괴로워하고 있네. 그렇지만 내가 자네 아내를 살려서 영원히 제자로 삼으면 뭐라고 말하겠나?"

"주님이… 그럴 만한 권리가 있다고… 그리고 제물을 빨리 드린 아브라함을 본받겠다고 말하겠습니다."

"자네 말 잘했네. 모두 들으시오. 내 희생의 때가 가까워옵니다. 물이 하구를 향하여 흘러가듯이 그 시간이 끊임없이 빨리 흘러갑니다. 내가 해야 할 것을 모두 이루어야 합니다. 그런데 냉혹한 사람들이 저 넓은 내 사명의 밭에 내가 가는 것을 막습니다. 내가 나를 아직 사랑하지 않거나 영영 사랑하지 않을 사람들 가운데로 가기 위하여 길을 떠날 때 내 어머니와 알패오의 마리아도 나와 같이 가실 것입니다. 내 지혜는 여자들이 이 금지된 영역에서 선생을 도울 수 있으리라는 것을 알고 있습니다. 나는 여자도 구제하러 왔습니다. 그리고 내 시대에는 여사제와 같은 여자들이 주님을 섬기고 하느님의 종들에게 봉사하는 것을 보게 될 것입니다. 나는 내 제자들을 골랐습니다. 그러나 자유롭지 않은 여자들을 뽑기 위하여는 그들의 아버지와 남편에게 물어보아야 합니다. 자네는 그렇게 원하는가?"

"주님… 저는 수산나를 사랑합니다. 그런데 지금까지는 정신적으로보다는 육체적으로 더 사랑했습니다. 그러나 주님의 가르침을 받고는 무엇인가 제 안에서 벌써 변한 것이 있습니다. 그래서 제 아내를 육체로 보기보다는 오히려 영혼으로 보게 되었습니다. 영혼은 하느님의 것인데, 주님은 메시아이시고 하느님의 아들이십니다. 저는 하느님의 것에 대한 권리를 가지고 주님과 다툴 수는 없습니다. 수산나가 주님을 따르고자 하면, 저는 반대하지 않겠습니다. 다만 제발 아내의 육체를 낫게 하시고 제 관능을 고쳐 주시는 기적을 행해 주십시오…."

"수산나는 병이 나았는데, 몇 시간만 있으면 자네에게 와서 그의 기쁨을 말할 걸세. 내가 자네에게 무슨 말을 했는지는 말하지 말고 수산나의 영혼이 그 충동을 따르도록 내버려두게. 마치 불꽃이 저절로 위로 향하는 것과 같이 수산나의 영혼이 자발적으로 내게로 오는 것을 자네가 보게 될 걸세. 그리고 이것으로 인해서 수산나의 아내로서의 사랑이 죽지 않고, 우리 안에 있는 가장 훌륭한 것을 가지고, 즉 영을 가지고 서로 사랑한다는 가장 높은 단계에 올라갈 걸세."

"수산나는 주님의 것입니다. 수산나는 큰 고통을 겪으면서 천천히 죽어가게 되어 있었습니다. 그리고 수산나가 죽고 나면, 저는 이 세상에서 정말로 아내를 잃었을 것입니다. 그런데 사정이 주님이 말씀하시는 대로이니 아내가 아직 제 곁에 있으면서 저를 주님의 길로 인도할 것입니다. 하느님께서 수산나를 제게 주셨다가 하느님께서 제게서 거두어 가십니다. 지극히 높으신 분이 제게 주신 선물과 제게 요구하시는 선물로 인해서 찬미받으시기 바랍니다."

12. 제베대오의 집에서. 살로메를 제자로 받아들이신다

예수께서 어떤 집에 계시는데, 거기 있는 사람들이 말하는 것을 들으면 야고보와 요한의 집이라는 것을 알 수 있다. 두 제자 외에도 베드로와 안드레아와 열성당원 시몬과 가리옷 사람과 마태오도 있다. 다른 제자들은 보이지 않는다.

야고보와 요한은 행복하다. 그들은 똑같이 좋아하는 꽃 두 송이 중에서 어느 꽃을 택할지 모르는 나비 두 마리같이 어머니에게서 예수께로, 예수에게서 어머니에게로 왔다갔다 한다. 그리고 마리아 살로메는 흐뭇해서 매번 그들을 쓰다듬는다. 그 동안 예수께서는 미소를 짓고 계시다. 식탁이 어질러져 있는 것을 보니 그들은 식사를 끝낸 모양이다. 그러나 야고보와 요한은 그들의 어머니가 절여서 저장해서 꿀같이 달 것이 틀림없는 백포도를 어떻게 해서든지 예수께 드리게 하려고 한다. 그들이 무엇인들 예수께 드리지 않겠는가?

그러나 살로메는 포도와 애무 이상의 무엇인가를 주고 받기를 원한다. 그래서 예수를 쳐다보고 제베대오를 바라보고 하면서 조금 생각에 잠겨 있다가 이윽고 결심을 한다. 살로메는 등에 식탁이 기대고 앉아 계신 선생님께로 가서 그 앞에 무릎을 꿇는다.

"아주머니, 무슨 일입니까?"

"선생님, 선생님은 어머니와 야고보와 유다의 어머니, 그리고 수산나가 선생님을 따라오도록 결정하셨습니다. 또 틀림없이 높은 지위에 있는 쿠자의 요안나도 올 겁니다. 이중에서 한 사람만 와도 선생님을 공경하는 모든 여인들이 다 올 것입니다. 저도 그중에 끼였으면 좋겠습니다. 예수님 저를 받아주세요. 사랑으로 선생님을 섬기겠습니다."

"아주머니는 제베대오를 돌보셔야 하는데요. 이제는 남편을 사랑하지 않으십니까?"

"아이고 그럴 리가 있습니까! 남편을 사랑합니다. 그렇지만 저는 선생님을 더 사랑합니다. 오! 저는 선생님을 사람으로서 사랑한다고 말씀드리고 싶지는 않습니다. 저는 나이가 60이고 결혼한 지가 40년이 되는데, 남편 이외의 다른 남자는 절대로 보지 않았습니다. 제가 늙은 지금에 와서 분별없게 되지는 않습니다. 그리고 늙었다고 해서 제가 남편에 대해서 가진 사랑이 죽지는 않습니다. 그러나 선생님은… 저는 말을 잘 할 줄 모릅니다. 저는 보잘 것 없는 여자입니다. 저는 그저 아는 대로 말합니다. 이렇습니다. 저는 제 남편을 지금까지의 저를 온전히 바쳐서 사랑했습니다. 그리고 선생님은 선생님의 말씀과 야고보와 요한이 제게 전해준 말씀으로 제 안에 오게 하신 모든 것을 가지고 사랑합니다. 이것은 완전히 다른 무엇입니다. …그러나 아주 아름다운 것입니다."

"그것은 결코 훌륭한 남편의 사랑만큼 아름다운 것은 아닐 것입니다."

"아이고! 아닙니다! 그보다 훨씬 더 훌륭한 것입니다! …아이고! 여보, 이 말을 나쁘게 생각하지 말아요! 나는 아직도 당신을 나 자신 전체로 사랑해요. 그렇지만 선생님은 나는 아직 마리아이면서 이미 마리아가 아닌, 당신의 아내인 보잘 것 없는 마리아가 아닌 어떤 것을 가지고 사랑해요. …그보다도 훨씬 더한 것… 아이고! 나는 그걸 어떻게 말할지 모르겠어요!"

예수께서 자기 남편의 감정을 상하게 하기는 원치 않지만, 자기의 큰 사랑, 새 사랑을 말하지 않을 수가 없는 여인을 보고 미소지으신다. 제베대오조차도 아내에게 가까이 가면서 점잖게 웃는다. 그의 아내는 여전히 무릎을 꿇은 채, 번갈아가며 남편과 예수께로 몸을 돌리느라고 뱅뱅 돈다.

"그러나 마리아 아주머니가 집을 떠나야 한다는 것을 아세요? 집에 대해 몹시 애착을 가지고 있는데! 아주머니의 비둘기들… 꽃… 아주머니가 그렇게도 자랑하는 단 포도가 여는 저 포도나무… 이 고장에서 제일 유명한 벌통들… 그리고 또 아주머니가 사랑하는 식구들을 위해 그 많은 아마포와 모직을 짠 저 베틀… 그리고 손주들? 저 어린 것들 없이 어떻게 사시겠어요?"

"아이고! 그렇지만 주님, 집이니 비둘기니 꽃이니 포도나무니 벌통이니 베틀이니 하는 것들이 제게 무슨 상관이 있습니까? 이 모두가 좋고 소중한 물건이긴 하지만, 선생님과 선생님께 대한 사랑에 비하면 아주 보잘 것 없는 것인걸요! 어린 것들은… 아이고! 맞습니다! 손주들을 품에 안아서 재우지 못하고 고것들이 저를 부르는 소리를 듣지 못하게 되는 것은 괴로운 일일 것입니다. …그렇지만 선생님은 훨씬 더 소중하신 분인걸요! 오! 선생님이 말씀하신 그 모든 것보다도 선생님이 훨씬 더 소중하신데! 그런데 이 모든 물건이 한데 합쳐져서, 그리고 제 약함으로 인해서 선생님을 섬기고 따르는 것보다 더 소중하게 생각되는 일이 있으면, 저는 여인이 그러는 것처럼 울면서 그것들을 내버려두고 미소짓는 영혼으로 선생님을 따르겠습니다. 선생님, 저를 받아 주십시오. 요한아, 야고보야, 너희들이 선생님께 말씀드려라. …여보, 당신도 말씀드려요. 친절을 베풀어 줘요. 모두 와서 나를 도와줘요."

"좋습니다. 아주머니도 다른 여자들과 같이 오세요. 나는 아주머니에게 지난 일과 현재를 곰곰히 생각하고, 무엇을 버리고 무엇을 얻게 되는지 깊이 생각하게 하려고 한 것입니다. 그렇지만 살로메, 오시오. 아주머니는 내 집안에 들어올 만큼 성숙했습니다."

"아이고! 성숙이라니요! 저는 갓난 아이보다도 덜 성숙합니다. 그렇지만 이 잘못을 용서해 주시고 제 손을 잡아 주십시오. 선생님이… 저는 세련되지 못해서 선생님의 어머니와 요안나 앞에서 몹시 부끄러워할 테니까요. 모든 사람 앞에서는 부끄러워할 것입니다. 그러나 선생님은 인자하신 분이시고, 모든 것을 이해하시고, 모든 것을 관대하게 보아주시고 모든 것을 용서하시니까 선생님 앞에서는 얼굴을 붉히지 않겠습니다."

13. 예수께서 제자들에게 여자의 사도직에 대하여 말씀하신다

"베드로야, 무슨 일이냐? 너는 불만이 있는 것 같구나" 하고 예수께서 물으신다. 예수께서는 겨울철이 지났음을 사람에게 알려 주는 꽃핀 편도(扁桃)나무 가지 아래 나 있는 시골의 오솔길을 따라가신다.

"선생님, 저는 곰곰히 생각하고 있는 중입니다."

"네가 곰곰히 생각하고 있다는 것은 나도 잘 알겠다. 그러나 네 표정을 보니 기분좋은 일을 생각하고 있는 것 같지는 않구나."

"그렇지만 선생님은 저희들에 관한 모든 것을 알고 계시니까 제가 무슨 생각을 하고 있는지도 벌써 아시지요."

"그래, 벌써 알고 있다. 하느님 아버지께서는 사람의 필요를 아신다. 그러나 사람이 그 자신의 필요를 말하고 도움을 청하는 신뢰를 그에게서 만나기를 원하신다. 나는 네가 고민하는 것은 잘못이라고 말해 줄 수 있다."

"그러면 제 아내가 선생님께 덜 소중하지 않습니까?"

"아니고말고, 베드로야. 도대체 왜 네 아내가 덜 소중해야 하겠느냐? 하늘에는 내 아버지의 집이 수없이 많다. 또 세상에는 사람들의 역할이 수없이 많다.

그리고 그것이 거룩하게 행해지기만 하면 모두가 축복을 받는다. 마리아와 수산나 같은 여자들을 따르지 않는 여자는 모두 하느님께 잘못 보인다고 내가 말할 수 있겠느냐?"

"그야! 아니지요. 그런데 제 아내도 선생님을 믿기는 하지만 다른 여자들의 본을 따르지 않습니다" 하고 바르톨로메오가 말한다.

"그리고 제 아내도 딸들하구요. 그들은 집에 그대로 있습니다. 그렇지만 어제 한 것처럼 사람들을 환대할 준비는 항상 갖추고 있습니다" 하고 필립보가 말한다.

"제 어머니도 그렇게 하리라고 생각합니다. 어머니는 모든 것을 버릴 수가 없습니다. …어머니는 혼자니까요" 하고 가리옷 사람이 말한다.

"맞아! 맞아! 나는 내 아내가 너무도… 너무도… 뭐라고 할까! 그런 것 같아서 슬펐던 것입니다."

"베드로야, 네 아내를 비난하지 말아라. 성실한 여자다" 하고 예수께서 말씀하신다.

"형수님은 너무 수줍어하셔. 형수님 어머니가 딸과 며느리 모두를 자기 뜻에 복종하게 꽉 붙들고 계셔" 하고 안드레아가 말한다.

"그렇지만 나하고 그렇게 여러 해를 같이 살았으니 변했어야 할 거다!"

"아이고! 형! 형도 썩 다정스럽지를 않아, 알겠어? 그 수줍은 사람에게 형은 다리 사이에 굵은 장작을 던지는 것과 같은 인상을 준단 말이야. 형수님은 대단히 착하셔, 그렇게도 심술궂은 어머니와 독재적인 형을 참을성있게 견디어낸 것이 그 증거야."

안드레아의 몹시 솔직한 결론과 독재적이라고 말하는 것을 듣고 놀라는 베드로의 얼굴 때문에 모두가 웃는다.

예수께서는 아주 기분좋게 웃으신다. 그리고 말씀하신다. "자기들이 나를 따르기 위하여 집을 떠나라고 부름을 받았다고 느끼지 않는 충실한 여자들도 그들의 집에 그대로 있으면서도 역시 내게 봉사할 수 있다. 만일 모든 여자가 나를 따라오기를 원하였으면, 어떤 사람들에게는 그대로 집에 있으라고 내가 명령해야 했을 것이다. 여자들이 우리와 같이 있게 된 지금 나는 여자들도 생각해 주어야 한다. 여자들이 거처가 없이 여기저기로 돌아다니는 것은 적당하지도 않고 신중하지도 않을 것이다. 우리는 아무 데에서나 잘 수 있으나, 여자들은 다른 필요가 있어 몸을 의지할 곳이 있어야 한다. 우리는 짚으로 만든 같은 잠자리에서 잘 수도 있다. 그러나 여자들은 우리에 대한 경의로도 그렇고 그들의 허약한 체질에 대한 조심성으로도 그렇고, 우리들 가운데 있을 수가 없다. 절대로 섭리를 시험해서도 안 되고, 일정한 한도 이상으로 자연을 벗어나도 안 된다. 이제 나는 너희 여자들 중의 한 사람이 사는 친한 집은 어느 곳이든지 다론 여자들을 위한 집을 만들겠다. 베드로 네 집도, 필립보 네 집도, 바르톨로메오 네 집도, 유다 네 집도. 우리는 우리가 걷는 것처럼 여자들더러 계속 걸으라고 강요할 수가 없을 것이다. 그러지 않고, 여자들은 어떤 정해진 장소에서 기다리고 있다가 매일 아침 떠났다가 매일 저녁 돌아가곤 할 것이다.

우리는 쉬는 시간 동안에 여자들에게 지시를 할 것이다. 그러면 다른 불행한 여자들이 내게로 와도 사람들이 수근거리지 않을 것이고, 내가 그 여자들의 말을 들어도 될 것이다. 우리를 따라다니는 너희들의 어머니와 아내들이 세상 사람들의 중상에 대해 그들의 자매들과 내게 대해 방어물이 될 것이다. 너희들이 보다시피 나는 이미 내가 가지고 있는 친구들과 장차 가지게 될 수 있을 친구들이 있는 곳에 인사를 다니기 위해서 빠른 여행을 하고 있는 중이다. 이것은 나를 위한 것이 아니고, 제자들 중에서 약한 사람들을 위해서인데, 그 사람들의 약함이 오히려 우리의 힘을 뒷받침해 주고 많은 사람들에 대해서 유익한 것이 되게 할 것이다."

"그렇지만 이제 우리가 가이사리아로 간다고 말씀하셨는데, 거기엔 무엇이 있습니까?"

"참 하느님을 갈망하는 사람은 어디에나 있다. 우리는 편도나무의 저 불그레한 꽃들을 보고 벌써 봄이 왔다는 것을 알게 된다. 얼음이 어는 계절은 끝났다. 며칠 안 있어서 나는 여자 제자들이 가서 거처할 곳을 정해 주고, 우리는 자매들에 대해 걱정할 필요없이, 중상을 염려할 필요없이 하느님의 말씀의 씨앗을 뿌리기 위한 긴 여행을 다시 시작할 것이다. 여자 제자들의 참을성도 너희에게 교훈이 될 것이고, 그들의 친절도 너희에게 교훈이 될 것이다. 여자에게도 명예 회복의 때가 올 참이다. 내 교회 안에서는 거룩한 동정녀들과 아내들과 어머니들이 많이 나올 것이다."

14. 예수께서 가이사리아 항구에 가셔서 갤리선* 노예들에게 말씀하신다

예수께서 크고 꽤 아름다운 광장 한가운데에 계시다. 그 광장에서 해변까지 매우 넓은 길이 나 있다. 바로 조금 전에 갤리선 한 척이 항구를 떠나 바람과 노에 밀려 난 바다로 나간다. 다른 갤리선 한 척은 돛들을 졸라매고 나를 적당한 위치로 돌리느라고 한 쪽 노들만 움직이는 것으로 보아 항구로 들어오려고 조종하고 있는 중이다. 항구가 광장에서는 보이지 않지만, 가까이에 있을 것이 틀림없다. 광장 옆으로는 바깥벽에 뚫린 구멍이 거의 없는 것이 특징으로 되어 있는 넓은 집들이 늘어서 있다. 가게는 없다.

"이제는 어디로 갑니까? 선생님은 동양인들의 동네보다는 오히려 이리로 오려고 하셨는데, 이곳은 이교도들이 사는 곳입니다. 누구더러 선생님 말씀을 들으라고 하십니까?" 하고 베드로가 물으면서 예수께 이리 온 것을 비난한다.

"우리는 저기 바다 근처 저 모퉁이로 간다. 거기서 말하겠다."

"물결에 대구요?"

"물결도 하느님께 창조되었다."

그들은 그리로 간다. 이제는 그들이 바로 그 구석에 있는데 거기에서는 조금 전에 본 갤리선이 천천히 들어와서 정박하는 항구가 보인다. 선원 몇 사람이 부두를 거닐고 있고, 과일 장수 몇 사람이 물건을 팔려고 위험을 무릅쓰고 로마 배 있는 데로 간다. 다른 것은 아무것도 없다.

예수께서는 벽에 기대 서시어 정말 물결을 보고 말씀하시는 것 같다. 사도들은 이 상황을 별로 만족스럽게 여기지 않으면서 예수의 주위에 있는데, 어떤 사람들은 서 있고, 어떤 사람들은 의자 노릇을 하는 것 같은 여기저기 흩어져 있는 바위에 앉아 있다.

"자기가 권력이 있고 건강하고 행복한 것을 보고 이렇게 말하는 사람은 어리석습니다. '이제는 내게 무엇이 필요한가? 또 누가 필요한가? 아무도 필요치

---

* 역주 : 옛날에 노예나 죄수들을 시켜 노를 젓게 하던 돛단배.

않다. 내게는 없는 것이 없고, 나 혼자서 살 수 있다. 하느님의 법률이나 명령 또는 도덕의 명령들이 내게는 존재하지 않는다. 내 법은 다른 사람들에게 이익이 되는지 해가 되는지 깊이 생각하지 않고 그저 내가 할 수 있는 것을 하는 것이다' 하고."

장사꾼 하나가 쩡쩡 울리는 이 목소리를 듣고 돌아서서 예수께로 오는데, 예수께서는 말씀을 계속하신다. "지혜가 없고 믿음이 없는 남자와 여자는 이렇게 말합니다. 그러나 그가 이렇게 해서 자기가 크건 작건 권력을 가지고 있다는 것을 나타내지만, 그가 악과 유사성(類似性)을 가지고 있다는 것도 나타냅니다."

사람들이 갤리선과 다른 여러 배에서 내려 예수께로 온다.
"인생은 오늘은 고요하다가 내일은 성난 파도가 일어나는 바다보다도 더 변덕이 심하다는 것을 곰곰히 생각할 때에 사람은 자기가 하느님과 덕행과 유사성이 있다는 것을 말로 나타내지 않고 행동으로 나타냅니다. 변하는 바다와 마찬가지로 오늘의 안락과 권력이 내일은 비참과 무능이 될 수 있습니다. 그때에는 하느님과의 일치를 잃은 사람이 무엇을 하겠습니까? 저 갤리선에는 전에 행복하고 권력이 있다가 지금은 노예가 되고 죄있는 사람으로 여겨지는 사람이 얼마나 많습니까? 죄있는 사람으로, 따라서 두 번 노예로 간주되는 사람들이 말입니다. 한 번은 그들이 아무 보람없이 무시했던 인간의 계율의 노예가 됩니다. 보람없이 무시했다는 것은 인간의 계율은 그대로 있고 그것을 어기는 사람들을 벌하기 때문입니다. 또 한 번은 자기의 잘못을 미워하기에 이르지 못하는 죄있는 사람들을 영원히 차지하는 사탄의 노예가 되는 것입니다."

"선생님, 안녕하십니까? 선생님이 여기에 오시다니? 저를 알아보시겠습니까?"

"하느님께서 당신에게 오시기를 바랍니다. 뿌블리우스 권띨리아누스. 당신이 보다시피 내가 왔습니다."

"그것도 바로 이곳 로마인들의 동네에. 저는 선생님을 다시 뵐 줄을 생각지는 못했습니다. 그러나 선생님 말씀을 듣는 것은 기쁩니다."

"나도 기쁩니다. 저 갤리선에는 노젓는 사람이 많습니까?"
"많습니다. 대부분이 전쟁포로들입니다. 그 사람들에게 관심을 가지십니까?"
"배 가까이 가고 싶은데요."
"오십시오. 당신들은 비끼시오" 하고 가까이 왔던 얼마 안 되는 사람들에게 명령하니 그들은 욕설을 중얼거리면서 빨리 비낀다.

"그냥 놔두시오. 나는 사람들이 빽빽이 있는 데 끼여 있는 것이 습관이 되었어요."

"여기까지는 괜찮습니다. 더 멀리는 안 됩니다. 군용 갤리선이니까요."

"이것으로 충분합니다. 하느님께서 이것을 당신에게 갚아주시기 바랍니다!"

예수께서 다시 말씀하기 시작하는데, 로마 군인은 그 훌륭한 제복 차림으로 예수 곁에서 보초를 서는 것 같다.

"비통한 사건의 결과로 노예가 된 여러분, 즉 한 번만 노예가 된 여러분, 일평생을 노예로 있을 여러분. 그러나 그들의 사슬 위에 떨어지는 눈물 한 방울 한 방울, 그들의 살에 고통의 흔적을 남기는 매 한 대 한 대가 그들의 수갑을 풀어주고, 죽지 않는 어떤 것을 꾸며주며, 마침내 그들에게 하느님의 평화를 열어줍니다. 하느님은 가엾고 불행한 당신 자식들의 친구이시고, 이 세상에서 고통이었던 모든 것 대신에 많은 기쁨을 그들에게 주실 것입니다."

갤리선 안에서는 예수의 말씀을 귀담아 듣는 갤리선 노젓는 죄수를 지키는 사람들이 앞으로 나아온다. 물론 갤리선 노젓는 죄수들은 그들 중에 끼여 있지 않다. 그러나 노들이 나온 구멍들을 통해서 예수의 힘있는 목소리가 그들에게까지 오는 것을 들을 것이 틀림없다. 예수의 목소리는 물이 빠져나가는 이 시간에 조용한 공기 속으로 퍼진다. 꿘멜리아누스는 어떤 병사가 불러서 떠나갔다.

"나는 하느님께서 사랑하시는 저 불행한 사람들에게 그들의 고통을 잘 참아받아서 그 고통이 다만 갤리선과 인생의 사슬을 더 빨리 끊는 불꽃이 되게 해서 인생이라는 이 보잘 것 없는 하루를 하느님을 갈망함으로 태워버리라고 말하고 싶습니다. 어둡고, 폭풍우가 몰아치고 공포와 궁핍이 가득한 하루와 같은 인생을 태워버리고, 다시는 공포도 고통도 없는 빛나고 청명한 하느님의 태양 속으로 들어가라고 말하고 싶습니다. 비통한 운명의 희생자들이여, 여러분의 고통 중에서 착하게 살 줄 알고 하느님을 갈망하기만 하면 천국의 크나큰 평화와 무한한 자유 속에 들어갈 것입니다."

뿌블리우스 꿘멜리아누스가 다른 병사들과 같이 돌아오고, 그 뒤에는 노예들이 든 가마 하나가 오는데, 병사들이 그 가마 앞에 길을 비끼게 한다.

"하느님은 누구십니까? 나는 하느님이 누구신지 모르는 이방인들에게 말하는 것입니다. 나는 하느님이 누구신지 알지 못하는 굴복한 민족들의 자식들에게 말하는 것입니다. 갈리아 사람들, 이베리아 사람들, 트라키아 사람들, 게르만 사람들, 켈트 사람들, 여러분은 여러분의 숲 속에 하느님을 나타내는 무엇인가를 가지고 있습니다. 영혼은 하늘을 기억하고 있기 때문에 자발적으로 예배의 경향을 가지고 있습니다. 그러나 여러분은 여러분의 육체 안에 영혼을 넣어 주신 참 하느님을 발결할 줄을 모릅니다. 그 영혼은 이스라엘의 자손들인 우리의 영혼과 같고, 여러분을 굴복시킨 강력한 로마인들의 영혼과 같으며, 선에 대해서 같은 의무와 같은 권리를 가지고 있으며, 그 영혼에 대하여 선, 즉 참 하느님께서 충실하실 것입니다. 여러분도 역시 선에 대하여 충실하시오. 여러분이 지금까지 숭배한 하나나 여러 신들, 어머니의 무릎에서 그 이름을 배운 신들, 여러분이 고통을 당하는데 그 신에게서 위로가 오는 것을 보지 못하기 때문에 지금은 생각하지 않게 되었을지도 모르는 신, 여러분이 하루하루를 절망 속에서 지내며 미워하고 저주하게 되었을지도 모르는 신은 참 하느님이 아닙니다.

참 하느님은 사랑과 연민 자체이십니다. 혹 여러분의 신들이 이러했습니까? 아닙니다. 그 신들은 냉혹, 잔인성, 거짓말, 위선, 악습, 도둑질 바로 그것이었습니다. 그리고 이제는 사랑을 받으리라는 바람과 이렇게 많은 고통을 당한 뒤에는 쉬게 된다는 확신이라는 최소한의 위안도 없이 여러분을 내버려둡니다. 여러분의 신들은 존재하지 않기 때문에 이렇게 되는 것입니다. 그러나 하느님, 사랑이시요 연민이신 하느님, 그분이 존재하신다고 내가 확실히 말하는 하느님은 하늘과 바다와 산과 수풀과 나무와 꽃과 짐승과 사람을 만드신 분이십니다. 승리한 사람의 마음에 이 세상의 불쌍한 사람들에 대하여 당신의 연민과 사랑과 비슷한 연민과 사랑을 넣어주시는 분이십니다. 오 유력자들이여, 지배자들이여, 그대들도 모두 같은 근원에서 나왔다는 것을 생각하시오. 불행히 그대들의 손아귀에 들어온 사람들에게 악착스럽게 굴지 말고, 잘못을 하나 저지른 탓으로 갤리선의 걸상에 붙들어매지게 된 사람들에 대하여 인정을 베푸시오.

사람은 수없이 죄를 많이 짓습니다. 다소간 은밀한 죄를 안 가진 사람은 아무도 없습니다. 여러분이 이것을 곰곰히 생각하면, 여러분은 같은 죄를 지었으면서도 벌을 받지 않고 있는데, 여러분보다 운이 좋지 못해서 같은 죄를 지었다고 벌을 받은 형제들에 대하여 친절을 베풀게 될 것입니다. 인간의 정의는 그 판단에 있어서 이다지도 불확실하기 때문에 하느님의 정의도 이와 마찬가지로 불확실하면 불행한 일일 것입니다. 죄있는 것 같아 보이지 않지만 죄지은 사람들이 있고, 사람들이 죄있다고 생각하지만 사실은 무죄한 사람들도 있습니다. 왜 그렇게 되는지 알려고 애쓰지 맙시다. 그것은 자기와 비슷한 사람에 대하여 불공평하고 증오를 가득 품은 사람에 대한 너무나 큰 비난이 될 것입니다! 실제로 죄를 짓기는 했지만 강력한 힘에 밀려 죄악을 저지른 사람들도 있습니다. 그로 인해서 그들의 잘못은 부분적으로 변명이 됩니다. 따라서 갤리선 담당자 여러분은 인정을 가지시오. 인간의 정의 위에는 훨씬 더 높은 하느님의 정의가 있습니다. 왕과 노예, 바위와 모래알을 창조하신 분이신 참 하느님의 정의가 있습니다. 하느님께서는 노를 젓는 여러분도, 갤리선 노예 담당자들인 여러분도 내려다보십니다. 그러므로 만일 여러분이 이유없이 잔인하게 굴면 여러분에게는 불행이 올 것입니다. 참 하느님의 메시아인 나 예수 그리스도가 여러분에게 그것을 확실히 말합니다. 여러분이 죽으면 하느님께서 여러분을 영원한 갤리선에 묶어놓고 피에 물든 채찍을 마귀들에게 맡기실 것입니다. 그래서 여러분은 여러분이 한 것과 같은 고문을 당하고, 여러분이 때린 것과 같은 매를 맞을 것입니다. 그것은 죄지은 사람을 벌할 것을 규정하는 인간의 법률이 있기는 하지만, 벌할 때에 도를 지나쳐서는 안 되기 때문입니다. 이것을 기억할 줄 아시오. 오늘 권력있는 사람이 내일 비참하게 될 수도 있는 것입니다. 오직 하느님만이 영원하십니다.

 나는 사람들의 마음을 바꾸고 싶습니다. 특히 여러분의 사슬을 끊고 여러분에게 잃어버린 자유와 고국을 돌려주고 싶습니다. 그러나 갤리선의 노예인 형제 여러분, 비록 여러분이 내 얼굴은 보지 못하지마는, 나는 여러분의 마음과 그 마음의 모든 상처를 모르지 않습니다. 강한 사람들의 노예가 된 불쌍한 사람들인 여러분, 내가 여러분에게 줄 수 없는 자유와 이 세상의 조국 대신에 더 고상한 자유와 더 훌륭한 고향을 주겠습니다. 나는 여러분을 위해 포로가 되어 내 고향을 떠났습니다. 그리고 여러분을 구제하기 위하여 나 자신을 바치겠습니다. 여러분을 위해서, 즉 사람들이 여러분을 그렇게 부르는 것처럼 이 세상의 치욕이 아니고, 오히려 가혹한 전쟁과 준엄한 재판에서 알맞은 정도를 잊어버린 사람들의 수치가 되는 여러분을 위해서도 이 세상에 새로운 계율을 세워놓겠고, 하늘에는 즐거운 거처를 만들어놓겠습니다. 울고 있는 하느님의 아들들이여, 내 이름을 기억하시오. 이것은 벗의 이름입니다. 여러분이 형벌을 받는 중에 이 이름을 부르시오. 만일 여러분이 나를 사랑하면, 비록 이 세상에서는 우리가 서로 보는 일이 없더라도 여러분이 나를 차지하리라는 것을 확실히 믿으시오. 나는 여러분의 친구인 구세주 예수 그리스도입니다.

 참 하느님의 이름으로 나는 여러분을 위로합니다. 평화가 빨리 여러분에게 오기를 바랍니다."

대부분이 로마인인 군중이 예수 주위에 모여들었다. 예수의 새로운 사상에 모든 사람이 놀랐다.

"아이고! 선생님은 제게 새로운 일들을 생각하게 하셨습니다. 그것을 생각한 적은 이제껏 없었지만, 그것이 진리라는 것을 느낍니다…."

뿌블리우스 권띨리아누스는 생각에 잠기기도 하고 감격도 하면서 예수를 쳐다본다.

"여보시오, 사실이 이렇습니다. 만일 사람이 깊이 생각한다면 절대로 죄를 짓게 되지 않을 것입니다."

"아이고! 아이고! 기막힌 말씀입니다! 이 말씀을 기억해야 하겠습니다. '만일 사람이 깊이 생각한다면…' 이라고 말씀하셨지요…."

"…그러면 절대로 죄를 짓게 되지 않을 것이라고."

"아니, 그건 사실입니다! 아이고! 선생님은 당신이 얼마나 위대하신지 아십니까?!"

"그렇게 되기를 원하는 사람은 누구나 하느님과 결합해 있기만 하면 나처럼 될 수 있을 것입니다."

로마인은 점점 더 감탄하는 "아이고!" 소리를 연발한다. 그러나 예수께서 그에게 이렇게 말씀하신다. "내가 저 갤리선 노예들에게 위안을 주어도 되겠습니까? 나는 돈이 있습니다. …내가 그들을 사랑한다는 것을 그들이 알도록 과일 한 개, 사탕 한 알이라도."

"그걸 이리 주십시오. 제가 그렇게 할 수 있습니다. 게다가 저기에 큰 권한을 가지고 있는 부인이 있으니, 그분께 물어보겠습니다." 뿌블리우스는 가마있는 쪽으로 가서 겨우 벙싯 벌어진 커어튼 근처에서 말한다. 그리고는 돌아와서 이렇게 말한다. "저는 전권을 받았습니다. 간수들이 악용을 하지 못하게 나누어 주는 것을 가서 감시하겠습니다. 그리고 이것은 로마제국의 군인이 전쟁포로인 노예들에 대해서 동정을 베푸는 유일한 경우가 될 것입니다."

"첫번째이지, 오직 한 번만 있을 것은 아닙니다. 노예가 없어지는 날이 언젠가 올 것입니다. 그러나 먼저 내 제자들이 갤리선 죄수들과 노예들 가운데 내려가서 그들을 형제라고 부를 것입니다."

"아이고" 소리가 또 한바탕 조용한 공기를 뚫고 지나간다. 그동안 뿌블리우스는 갤리선 노예들을 위하여 과일과 포도주가 넉넉히 마련되기를 기다린다. 그리고는 갤리선에 올라가기 전에 예수의 귀에 대고 말한다. "저 안에는 글라우디아 쁘로꿀라가 있습니다. 그 부인이 선생님의 말씀을 더 듣고 싶어 합니다. 그러나 우선 선생님께 무엇인가를 청하고 싶어합니다. 가보십시오."

예수께서는 가마 쪽으로 가신다.

"선생님, 안녕하세요?" 커어튼이 겨우 벌어지면서 30대의 아름다운 여자가 보인다.

"지혜의 갈망이 부인에게 가기를 바랍니다."

"선생님은 영혼이 하늘을 기억한다고 말씀하셨지요. 그러면 우리 안에 있다고 말씀하셨지요. 그러면 우리 안에 있다고 말씀하신 그것이 영원합니까?"

"영원합니다. 그렇기 때문에 그것이 하느님을, 자기를 창조하신 하느님을 기억하는 것입니다."

"영혼이란 어떤 것입니까?"

"영혼은 참으로 인간을 고귀하게 만드는 것입니다. 당신은 글라우디아 일족 출신이라는 것을 자랑으로 삼고 있지요. 사람은 하느님의 집안에 속해 있기 때문에 그보다 더한 것을 가지고 있습니다. 당신은 글라우디아 씨족의 피를 가지고 있습니다. 기원이 있고 또 끝이 있을 권력있는 가문입니다. 그런데 사람에게는 영혼을 통해서 하느님의 피가 있습니다. 그것은 영혼이 인간의 창조주이신 영원하시고 강력하시고 거룩하신 하느님의 신령한 피이기 때문입니다— 하느님은 지극히 순수한 영이시니까요— 그러므로 사람은 그에게 있는 영혼으로 영원하고 강력하고 거룩합니다. 그리고 이 영혼은 하느님과 결합해 있는 한 살아 있습니다."

"저는 이교도입니다. 그러니까 제게는 영혼이 없군요…."

"당신에게도 영혼이 있습니다. 다만 그 영혼이 혼수상태에 빠져 있을 뿐입니다. 영혼을 깨워 진리와 생명에 눈뜨게 하시오…."

"선생님, 안녕히 계십시오."

"정의가 당신의 마음을 끌기를 바랍니다. 안녕히 가시오."

"너희들이 보다시피 여기에도 청중이 있었다" 하고 예수께서 제자들에게 말씀하신다.

"그렇습니다. 그러나 로마인을 빼놓고는 누가 선생님의 말씀을 알아들었겠습니까? 그들은 야만인인데요!"

"누가 알아들었느냐고? 모두 다 알아들었다. 평화가 그들에게 있다. 그래서 그들은 이스라엘의 많은 사람보다 훨씬 더 많이 나를 기억할 것이다. 우리를 환대해 주는 집에 가서 식사를 하자."

"선생님, 저 여자는 선생님이 저 병자를 고쳐 주신 날 제게 말을 한 바로 그 여자입니다. 저는 그 여자를 보고 알아보았습니다" 하고 요한이 말한다.

"그러니까 이곳에도 우리를 기다리는 사람이 있었다는 것을 너희도 알겠구나. 그러나 너희들이 매우 만족스러워 보이지는 않는다. 내가 이스라엘을 위해서만 오지 않고 모든 민족을 위하여 왔으며 또 너희를 준비시킨 것도 모든 민족을 위해서라는 것을 너희들에게 믿게 할 그날은 내가 많은 일을 한 것이 될 것이다. 그러니까 잘 들어두어라. 너희 선생에게서 오는 것은 무엇이든지 기억해두어라. 아무리 하찮은 사실이라도 언젠가 사도직을 위한 하나의 준칙(準則)이 되지 않을 것은 하나도 없다."

아무도 대답하지 않는다. 그래서 예수께서는 연민 가득한 서글픈 미소를 지으신다.

오늘 아침에는 예수님이 내게도 미소를 보여 주셨다. …나는 너무도 낙망했기 때문에 여러 가지 일로 인해서 울기 시작했다. 글을 쓰는 데서 오는 피로, 그것도 하느님에게서 오는 그 많은 인자와 작은 요한(마리아 발또르따의 애칭임)에게 있어서의 그 많은 피로가 아주 쓸 데 없는 것이라는 확신을 가지고 글을 쓰는 데서 오는 피로가 그중 작은 일도 아니었다. 그래서 울면서 선생님을 불렀다. 그리고 선생님이 친절하게도 나만을 위해서 오셨기 때문에 내 생각을 선생님께 말씀드렸다. 예수님은 어깨를 들썩하셨다. 그것은 이와 같은 뜻이었다. "세상과 세상이 말하는 이야기들을 내버려두어라." 그리고 나를 쓰다듬어 주시면서 말씀하셨다.

"아니 뭐라고? 나를 더 이상 도와주고 싶지 않다고? 세상이 내 말을 알고자 하지 않는다고? 그러면 내가 그 이야기들을 충실한 마음을 가진 사람에게 되풀이해 말하는 데에서 느끼는 기쁨과 네가 그 이야기들을 듣는 데에서 느끼는 기쁨을 위해서 우리 서로 이야기하자꾸나. 사도직에서 오는 권태!… 어떤 일보다도 더 견디기 어려운 권태! 그것들이 가장 청명한 날을 어둡게 하고, 가장 맛있는 음식을 아주 쓰게 만든다. 모든 것이 재와 진흙이 되고 메스껍고 쓰게 된다. 그러나 내 영혼아, 이것이 우리가 가지고 있는 것을 못가졌기 때문에 죽어가는 속인(俗人)들의 권태와 의심과 비참의 무거운 짐을 우리가 대신 지는 시간이다. 이것이 우리가 더 행동하는 시간이다. 이 말은 작년에도 벌써 네게 했었다.

세상을 잠그는 모든 것에 잠긴, 즉 사탄이 보내서 세상이 빠져 죽는 물결에 잠긴 영혼이 '이렇게 해서 뭘하나?' 하고 자문한다. 그러나 그의 하느님과 함께 십자가에 못박힌 영혼은 물에 빠져 죽지 않는다. 잠시 동안은 빛을 잃고 영적인 권태의 메스꺼운 물 속에 삼켜지지만, 그런 다음에는 더 싱싱하고 더 아름답게 되어 빠져나온다. 네가 말하는 '나는 이제 아무 짝에도 소용없어' 하는 말은 이 권태의 결과이다. 너는 이제 아무 짝에도 소용이 안 된다는 것이다. 그러나 나는 항상 나이고, 그러니까 너는 항상 대변자로서의 네 역할을 훌륭하게 할 것이다. 물론 만일 내 선물을 무겁고 매우 귀중한 보석 모양으로 인색하게 땅에 묻든가 조심성없이 쓰든가 하는 것을 내가 본다든지, 또는 사람들의 악의로 인해서 어떤 경우에는 그 선물과 그 선물이 거쳐서 오는 사람을 보호하기 위해 어떤 보증을 해야 하는데, 게을러서 그런 보증으로 보호하려고 힘쓰지 않는다든지 하는 것을 내가 보게 되면, 나는 '이젠 그만이다' 하는 말을 할 것이다. 그리고 이번에는 이 말이 돌이킬 수 없는 말이 될 것이다. 오늘은 꼭 소나기를 맞는 작은 꽃과 같은 내 작은 영혼을 빼놓고는 모든 사람에게 이 말로 충분하다. 그래 이 애무를 받으면서도 내가 너를 사랑한다는 것을 의심할 수 있느냐? 자! 네가 전시에도 나를 도와주었으니, 지금도 또 도와다오. …할일이 정말 많다."

그래서 나는 내 예수님이 긴 손으로 나를 쓰다듬어 주시고 지극히 다정스러운 미소를 보내시는 가운데 진정되었다. 예수님은 나만을 위해서 오실 때는 항상 그러시는 것처럼 흰 옷을 입고 계셨다.

15. 가이사리아에서 로마인 계집 아이를 고쳐 주시다

예수께서 말씀하신다.

"작은 요한(마리아 발또르따의 애칭임)아, 나를 따라오너라. 오늘의 봉헌된 사람들을 위한 지시를 네게 쓰게 하고자 한다. 보고서 써라."

예수께서는 아직 가이사리아 항구에 계시다. 어제 계시던 광장이 아니라 더 시내 쪽으로 들어간 어떤 곳에 계신데, 그래도 그곳에서도 항구와 배들이 보인다. 여기에는 창고와 가게가 많다. 그리고 흙투성이인 이곳에 땅바닥에까지 여러 가지 물건이 놓여 있는 거적들이 깔려 있는 것으로 보아 장터 근처일 것이라는 결론을 내린다. 장이 항구와 창고들 근처에 서는 것은 아마 뱃사람들과 배로 가져온 상품들을 사기 위하여 오는 사람들의 편의를 위해서일 것이

15. 가이사리아에서 로마인 계집 아이를 고쳐 주시다   **79**

다. 이곳은 군중이 오가는 바람에 몹시 소란하다. 예수께서는 시몬과 사촌들과 함께 다른 제자들이 그들에게 필요한 식량을 사기를 기다리신다. 어린이들이 호기심어린 눈으로 예수를 쳐다보니, 예수께서는 제자들과 말씀하시면서 어린이들을 쓰다듬으신다. 예수께서 말씀하신다. "내가 이방인들에게 가기 때문에 너희들이 불만인 것을 보니 내 마음이 언짢다. 그러나 나는 내 의무를 다하고 모든 사람에게 친절할 수밖에 없다. 적어도 너희 세 사람과 요한만이라도 친절하도록 힘써라. 다른 사람들은 너희들 하는 대로 따라 할 것이다."

"그렇지만 어떻게 해야 모든 사람에게 친절할 수 있습니까? 요컨대 저 사람들은 우리를 업신여기고 압제하고 우리를 이해하지 못하고 악습이 가득합니다" 하고 알패오의 야고보가 변명을 하며 말한다.

"어떻게 해야 하느냐고? 너는 알패오와 마리아에게서 태어난 것을 기쁘게 생각하느냐?"

"예, 물론이지요. 그건 왜 물으십니까?"

"그리고 만일 하느님께서 네가 잉태되기 전에 네게 물으셨더라면, 그들에게서 태어나기를 원했겠느냐?"

"그렇구말구요. 이해를 못하겠습니다…."

"그러면 이와 반대로 만일 네가 이교도에게서 태어났다면, 네가 이교도에게서 태어나기를 원했다고 비난하는 소리를 듣고 무엇이라고 말했겠느냐?"

"저는… 저는 '이건 내 책임이 아니오. 내가 아버지에게서 태어났지만, 다른 사람에게서 태어날 수도 있었을 거요' 하고 말했을 것입니다. 또 이렇게도 말했을 것입니다. '당신들이 나를 비난하는 것은 옳지 않소. 내가 잘못하는 것이 없으면 왜 나를 미워하오?' 하고 말입니다."

"네가 바로 말하였다. 이교도들이라고 해서 너희들이 미워하는 이 사람들도 같은 말을 할 수 있다. 네가 참다운 이스라엘 사람인 알패오에게서 태어났다고 해서 네게 공로가 있는 것은 아니다. 영원하신 분이 네게 큰 선물을 주셨으니까 너는 다만 거기 대하여 그분께 감사만 해야 하고, 또 감사하는 마음과 겸손으로 이 선물을 받지 못한 사람들을 참 하느님께로 이끌어오도록 힘써야 한다. 친절해야 하는 것이다."

"우리가 알지 못하는 사람들을 사랑하기는 어렵습니다."

"그렇지 않다. 보아라. 애야, 너 이리 오너라."

한 모퉁이에서 다른 동무 둘과 놀고 있던 여덟 살쯤 된 어린이가 가까이 온다. 머리카락은 짙은 갈색인데 살갗은 대단히 흰 튼튼한 소년이다.

"이름이 무엇이냐?"
"루치우스, 까이우스 마리우스의 아들 가이우스 루치우스요. 난 로마 아이이고, 상처를 입고 여기 남아 있게 된 수비대 10인대장의 아들이예요."
"그럼 저애들은 누구냐?"
"토비아와 이사악이오. 그렇지만 이 말을 하면 안 돼요. 쟤들이 벌을 받으니까요."
"왜?"
"쟤들은 히브리 아이들이고 나는 로마 아이거든요. 같이 놀면 안 돼요."
"그렇지만 너는 저애들과 같이 있는데, 왜 그러냐?"
"우리가 서로 좋아하니까요. 우리는 늘 같이 주사위 놀이를 하거나 뛰기 놀이를 해요. 그렇지만 숨어서 해요."
"그럼 나는, 너는 나도 좋아하겠니? 나는 히브리 사람인데. 나도 히브리 사람이고 또 아이도 아닌데, 잘 생각해 봐라. 나는 선생님이다. 사제라고 하는 것과 같다."
"그게 나하고 무슨 상관있어요. 아저씨가 날 좋아하면 나도 아저씨를 좋아하고, 아저씨가 나를 좋아하니까 나도 아저씨를 좋아하는 거지요."
"그걸 어떻게 아니?"
"아저씨가 친절하니까요. 친절한 사람은 좋아하니까요."
"자, 이 사람들아, 사랑하기 위한 비결을 보아라. 그 비결은 친절하다는 것이다. 그러면 이러저러한 사람이 같은 믿음을 가졌는지 아닌지 생각해보지 않고 사랑하게 되는 것이다."
그리고 예수께서는 어린 가이우스 루치우스의 손을 잡고, 겁이 나서 대문 뒤에 숨어 있는 두 히브리 어린이에게서 가셔서 쓰다듬어 주시며 말씀하신다. "착한 어린이들은 천사들이다. 천사들은 오직 한 고향만이 있다. 천국이다. 천사들은 오직 한 종교만을 가지고 있다. 오직 한 분뿐이신 하느님의 종교이다. 천사들은 성전 오직 하나만을 가지고 있다. 그것은 하느님의 마음이다. 너희들은 천사들처럼 언제나 서로 사랑해라."
"그렇지만 우리가 들키면 매를 맞아요…."
예수께서는 서글프게 머리를 흔드시고 대꾸를 하지 않으신다….
키가 훤칠하고 몸이 풍만한 여인이 루치우스를 부르니, 어린이는 "엄마!" 하고 외치면서 예수 곁을 떠나간다. 그리고 여인에게 "엄마 나 어른 친구가 하나 생겼어, 알아? 선생님이야!…" 하고 큰 소리로 말한다.

15. 가이사리아에서 로마인 계집 아이를 고쳐 주시다

여인은 아들과 같이 가지 않고 오히려 예수께로 와서 묻는다. "안녕하세요. 선생님이 어제 항구에서 말씀하던 갈릴래아 분이십니까?"

"그렇소, 나요."

"그럼 여기서 기다려 주세요. 빨리 할 테니까요." 그러면서 어린 아이와 같이 간다.

그 동안 다른 제자들도 마태오와 요한만 빼고는 다 돌아왔다. 그들은 "어떤 사람이야?" 하고 묻는다.

"로마 여잔가 봐" 하고 시몬과 다른 사도들이 대답한다

"그래 뭘 청한 거야?"

"여기서 기다리라고 했어. 알게 되겠지."

그 동안 사람들이 가까이 와서 호기심을 가지고 기다린다.

여인이 다른 로마인들과 같이 돌아온다. "선생님이 바로 그 선생님이십니까?" 하고 부잣집의 하인 같은 사람이 묻는다. 그리고 그렇다는 말을 듣고 청한다. "글라우디아의 친구의 어린 딸의 병을 고쳐 주시는 것이 선생님께 폐가 되겠습니까? 어린 아이가 숨이 막히기 때문에 죽어가는데 의사는 아이가 무슨 병으로 죽어가는지 모릅니다. 어제 저녁에는 건강했는데 오늘 아침에는 죽어가고 있습니다."

"갑시다."

그들이 어제 있던 곳으로 가는 길을 몇 걸음 가니 로마인들이 살고 있는 것 같은 집의 활짝 열린 대문에 이른다.

"잠깐만 기다리십시오" 하고 말하고 그 남자가 빨리 들어갔다가 곧 다시 와서 말한다. "오십시오."

그러나 예수께서 들어가시기도 전에 젊은 여자 한 사람이 집에서 나온다. 여자는 품위있으나 분명히 괴로워하는 모습이다. 그 여자는 몇 달밖에 안 된 어린 계집 아이를 안고 있는데, 아이는 물에 빠져 죽은 사람처럼 창백하고 축 늘어졌다. 치명적인 디프테리아에 걸려서 다 죽어가게 된 것 같다. 여인은 파선을 당한 사람이 암초로 피해 가듯이 예수의 가슴으로 피해 들어온다. 그 여자가 어떻게나 우는지 말을 할 수 없을 지경이다.

예수께서 어린 계집 아이를 받으신다. 아이는 손톱이 벌써 자줏빛이 된 고사리 같은 손에 작은 경련을 일으킨다. 예수께서 아이를 쳐다시니, 아이의 작은 머리가 힘없이 뒤로 늘어진다. 어머니는 히브리인 앞에서 로마인의 아무런 자존심도 보이지 않고, 예수의 발 앞에 먼지 속에 털썩 주저앉아, 얼굴을 들

고, 머리카락은 반쯤 헝클어진 채 팔을 내밀어 예수의 옷과 겉옷에 매달리며 흐느껴 운다.
 예수께서는 오른손 검지에 침을 묻혀 할딱이는 작은 입 속으로 집어넣고 깊숙히 들이미신다. 계집 아이는 몸부림을 치고 얼굴이 한층 더 꺼멓게 된다. 어머니는 "안 돼요! 안 돼요!" 하고 부르짖는다. 그리고 칼이 몸을 꿰뚫는 것처럼 몸을 뒤튼다. 사람들은 숨을 죽인다. 그러나 예수의 손가락은 화농한 점막 한 뭉치를 가지고 나온다. 계집 아이는 이제는 몸부림을 치지 않고 눈물을 몇 방울 흘린 다음 진정되어서 순진한 미소를 짓고, 귀여운 손을 흔들고, 먹이를 기다리면서 날개짓을 하고, 짹짹거리는 새처럼 입술을 움직인다.
 "자 받으시오. 젖을 주시오. 이제 다 나왔소."
 어머니는 너무도 어리둥절해서 어린 아이를 받아서 먼지 속에 주저앉은 채 그대로 아이에게 입맞춤을 하고 쓰다듬고 젖을 주며, 몹시 흥분하여 어린 것 외에는 다른 모든 것을 잊어버리고 있다.
 한 로마인이 예수께 묻는다. "아니 선생은 어떻게 그렇게 하실 수가 있었습니까? 나는 총독의 주치의이고 학자입니다. 그런데 장애물을 제거하려고 해보았지만, 깊숙히, 너무 깊숙히 들어가 있었습니다!… 그런데 선생은… 그렇게…"
 "선생은 학자이시지만 참 하느님을 모시고 있지 않습니다. 하느님께서는 이 때문에 찬미받으시기 바랍니다! 안녕히 계십시오." 그리고 예수께서는 그곳을 떠나려고 하신다.
 그러나 이스라엘 사람의 작은 한떼가 개입할 필요를 느낀다. "선생은 어떻게 감히 외국 사람들에게 접근하셨습니까? 저들은 타락하고 부정해서 저들을 가까이하는 사람들도 저들과 같이 됩니다."
 예수께서는 그들을 — 그들은 세 사람이다 — 엄하게 똑바로 바라보시고 나서 말씀하신다. "당신은 악제가 아니시오? 오래된 상점들 근처에 사는 장사꾼과 거래를 맺어보려고 지난 티쉬리달에 여기 왔던 아조에서 온 사람이 아니오? 또 당신은 로마인 의사에게 진찰을 받으려고 여기 온 라마의 요셉이 아니오? 여기 왜 왔는지는 나나 당신이나 잘 알고 있지 않소? 그러면? 당신들은 부정하다고 생각하지 않으시오?"
 "의사는 결코 외국인이 아닙니다. 의사는 육체를 치료하는데, 육체는 모든 사람이 같습니다."
 "영혼도 그렇지요. 육체보다도 더 그렇지요. 게다가 내가 무엇을 치료했소?

어린 계집 아이의 죄없는 육체를 고쳐 주었소. 그리고 나는 이와 마찬가지로 무죄하지 않은 외국인들의 영혼도 고쳐 주기를 바라오. 의사로서 또 메시아로서. 그러니까 나는 어떤 사람에게도 접근할 수 있소."
"아닙니다, 못하십니다."
"못한다고요, 악제? 그러면 당신은 왜 로마의 상인과 거래를 하고 있소?"
"그 사람이 네게는 상품과 돈으로만 이웃일 뿐입니다."
"그래서 당신이 그의 살을 만지지 않고, 그 사람의 손이 만진 것만을 만지기 때문에 당신은 부정을 타지 않는 것 같다는 말이로군요. 오! 눈멀고 잔인한 사람들!
다들 들으시오. 바로 이 사람의 이름과 같은 이름을 가진 예언자의 책에 이런 말이 있습니다. '너는 사제들에게 법을 물어보아라. 〈제물로 바쳤던 고기를 싼 옷자락에 빵이나 익힌 음식이나 포도주나 올리브 기름이나 그밖에 어떤 음식이 닿았다고 하여, 그런 것이 제물처럼 거룩해지느냐〉고 물어 보아라. 사제들은 〈그렇지 않다〉고 대답하였다. 악제가 또 〈몸이 시체에 닿아 부정을 탄 사람이 어떤 음식을 만졌다면, 그 음식도 부정을 타느냐?〉 하고 물으니 사제들은 〈부정을 탄다〉고 대답하였다.'
당신들은 이와 같은 교활하고 거짓이고 통일성이 없는 행동방식으로 선을 배제하고 단죄하며 당신들의 이익에 유리한 것만을 받아들입니다. 그러면 경멸도 혐오도 없어지게 됩니다. 당신들은 개인적인 손해를 피하기 위해서 어떤 물건이 부정하거나 다른 물건을 부정하게 만드는지, 또 다른 물건이 그렇지 않은지를 결정합니다. 그러면 거짓말하는 입을 가진 사람들, 당신들은 거룩한 고기나 거룩한 물건에 닿아서 거룩하게 된 것이 그것에 닿는 것을 거룩하게 하지 못한다고 증언하면서, 어떻게 부정한 물건에 닿았던 것은 그것에 닿는 것을 부정하게 할 수 있다고 공언할 수 있습니까?
진리의 법의 사제로서 거짓말을 하는 당신들, 진리의 법을 새끼 꼬듯 배배 꼬아서, 오직 당신들의 이익에 도움이 될 어떤 것을 거기에서 끌어내려는 목적으로 그것을 이용하는 진리의 법의 사제로서 거짓말을 하는 당신들, 종교적인 구실로 당신들의 인간적인, 실로 인간적인 원한을 토로하는 위선자이고, 하느님의 것을 모독하는 사람이며, 하느님께서 보내신 사람을 욕하고 원수 취급하는 바리사이파 사람들, 당신들이 스스로 모순된 말을 한다는 것을 깨닫지 못합니까? 정말 잘 들어두시오. 당신들의 행위 하나하나, 당신들의 결론 하나하나, 당신의 행동방식 하나하나가 일련의 교묘한 기계장치에 의해서 움직이는데,

당신들의 이기주의, 격정, 성실성 결여, 증오, 지배욕, 샘 따위가 그 기계장치의 바퀴와 용수철과 중량과 졸라매는 끈 노릇을 합니다.

 이것은 부끄러운 일입니다! 탐욕스럽고, 공포에 떨고, 증오심에 불타면서, 당신들은 당신네 특권계급의 사람이 아니더라도 당신들보다 우월한 사람이 있지 않을까 하는 오만한 공포 속에서 살고 있습니다. 그러면 당신들은 당신들에게 공포와 분노를 불러일으키는 사람과 같은 사람 취급을 당해 마땅한 사람이 됩니다! 하깨가 말하는 것과 같이 곡식 스무 말의 무더기를 가지고 열 말의 무더기로 만들고, 포도주 쉰 통을 가지고 스무 통으로 만들고 나머지는 가로채는 당신들입니다. 당신들이 사람들에게 보여야 할 모범으로도 그렇고, 하느님께 드려야 할 사랑으로도 그렇고, 곡식섬 무더기와 포도주통 무더기에서 빼낼 것이 아니라 오히려 배가 고픈 사람들을 위하여 당신들의 재산을 가지고 거기에 보태야 할 터인데 말입니다. 당신들은 뜨거운 바람과 곰팡이병과 우박으로 당신들의 손으로 이룩한 모든 것이 불모의 상태로 돌아가는 일을 당해 마땅합니다.

 당신들 중에서 내게 오는 사람들이 어떤 사람들입니까? 당신들이 보기에는 지저분한 사람들, 쓰레기 같은 사람들, 참 하느님이 계시다는 것조차 알지 못하는 저 사람들, 또 저 사람들입니다. 그 하느님께서 말과 일로 당신을 나타내시는 그 사람들이 내게 옵니다. 그러나 당신들은, 당신들은! 당신들은 벽감(壁龕)을 만들어 가지고 그안에 들어앉아 있습니다. 우상들과 같이 비정하고, 냉담하게 향과 예배를 기다리면서 말입니다. 그리고 당신들은 자신을 신이라고 믿고 있기 때문에 참 하느님을 마땅히 생각해야 할 것처럼 생각하는 것이 당신들에게는 무익한 것으로 보입니다. 그리고 당신들이 감행하지 못하는 것을 당신들 이외의 다른 사람들이 하는 것은 위험한 것으로 보입니다. 정말이지 당신들은 우상들이고 또 큰 우상의 종들이기 때문에 그렇게 감행하지 못하는 것입니다. 그러나 감행하는 사람은 할 수 있습니다. 그것은 그 사람이 행하는 것이 아니라, 그 사람 안에서 하느님께서 행하시기 때문입니다.

 가시오! 가서 내 뒤를 밟으라고 당신들을 보낸 사람들에게 보고하시오. 돈을 주는 사람들에게 상품이나 조국이나 성전을 파는 일은 부정을 하는 것이 아니라고 생각하는 장사꾼들을 나는 경멸한다고. 자신의 살과 피만을 위하고, 병을 고치기 위하여는 외국인 의사에게 진찰을 받는 것도 부정타는 일이라고 생각하지 않는 짐승 같은 사람들에 대해서 나는 혐오를 느낀다고 그들에게 말하시오. 모든 사람에게 평등한 오직 한 가지 척도(尺度)가 있을 뿐이지 두 가지

척도가 있지 않다고 그들에게 말하시오. 그들에게 이렇게 말하시오. 메시아이고 의인이고 조언자이고 놀라운 사람인 나, 주님의 성령과 그분의 일곱 가지 은혜를 받을 사람, 외양을 보고 판단하지 않고 마음 속에 감추어져 있는 것에 따라 심판할 사람, 귀로 듣는 것에 따라 단죄하지 않고 각 사람 안에서 듣게 될 영의 목소리에 따라서 단죄할 사람, 비천한 사람들을 지켜 주고 가난한 사람들을 정의로 심판할 사람, 내가 이런 사람이기 때문에 이런 나는 이 세상에서 흙에 지나지 않는 사람들을 벌써 심판하고 치는 중이며, 내 호흡의 입김이 불경건한 사람을 죽게 하고 그의 소굴을 무너뜨리겠지만, 정의와 신앙을 갈망해서 주님의 지식을 넘치게 받기 위하여 내 산에 오는 사람들에게는 내가 생명과 빛, 자유와 평화가 될 것이라고. 이것은 이사야서에 있는 말이지요?

내 백성이여! 모든 것은 아담에게서 오고, 아담은 하느님에게서 옵니다. 그러므로 모든 것은 아버지께서 이룩하신 것이고, 나는 여러분 모두를 아버지께로 모아 갈 의무가 있습니다. 거룩하시고 영원하시고 전능하신 아버지, 그래서 저는 방황하는 자식을 사랑의 목소리로 불러서 모으고, 물리면 죽는 뱀들에 대해서 모세가 높이 올렸던 막대기와 같은 제 목자의 지팡이 아래 모아 가지고 당신께로 데려갑니다. 당신이 당신의 나라와 당신의 백성을 가지시도록 하려고. 그리고 저는 각 사람 안에서 불보다도 더 빛나는 한 점, 즉 영원한 광채이신 당신에게서 오는 불티인 영혼을 보기 때문에 사람들을 차별하지 않습니다. 오, 영원한 갈망! 오, 지칠 줄 모르는 의지!

제가 원하는 것이 이것이고, 제가 열망하는 것이 이것입니다. 전체가 당신의 이름을 노래하는 땅. 당신을 아버지라고 부르는 인류. 모든 사람을 구원하는 구속. 그들 모두를 당신 뜻에 복종하도록 할 강한 의지. 천국에 끝없는 호산나 소리를 가득 채울 영원한 승리… 오! 수많은 하늘!… 저기 하느님의 미소가 보입니다. …그리고 이것은 사람들의 모든 냉혹에 대한 보상입니다."

그 세 사람은 우박처럼 쏟아지는 비난을 받으며 도망쳤다. 다른 사람들은 로마인이건 히브리인이건 모두 입을 벌린 채 있다. 젖을 배불리 먹고 엄마의 품에서 조용히 자고 있는 어린 딸을 안은 로마 여인은 있던 곳에 그대로, 거의 예수의 발 앞에 있으면서 모성의 기쁨과 영적인 기쁨으로 눈물을 흘린다. 당신의 황홀경에서 번쩍이고 계신 것 같은 예수의 저항할 수 없는 결론을 듣고 우는 사람이 많다.

그리고 예수께서는 당신의 눈과 정신을 하늘에서 땅으로 내리시어 군중을 보시고 아기 어머니를 보신다. …그리고 모든 사람에게 작별인사의 손짓을 하시고 나서 지나가시면서 젊은 로마 여자를 마치 그의 믿음 때문에 강복하시려는 듯이 손으로 살짝 스치신다. 그런 다음 당신 제자들과 함께 떠나신다. 그 동안 사람들은 아직 감동에서 헤어나지 못하여 그 자리에 머물러 있다….

    (젊은 로마 여자는, 혹 우연히 닮은 것이 아니면, 갈바리아로 가는 길에 쿠자의 요안나와 같이 있던 로마 여자들 중의 한 사람이다. 그러나 아무도 그 여자의 이름을 말하지 않았으므로 자신은 없다.)

16. 안나리아가 동정 서원(誓願)을 한다

    베드로와 안드레아와 요한과 같이 오신 예수께서 나자렛의 당신 집 문을 두드리신다. 어머니가 이내 문을 여신다. 그리고 아들 예수를 보시자 빛나는 미소로 얼굴이 환해진다.
    "아들아, 마침 잘 왔다! 어제부터 너를 기다리는 순결한 처녀 한 사람을 데리고 있다. 멀리서 왔는데, 그 처녀와 같이 왔던 사람은 더 오래 머무를 수가 없었다. 그 처녀가 의견을 청하기에 내가 할 수 있는 대로 말해주기는 했다. 그러나 너만이 지혜를 가졌다. 자네들도 잘 돌아왔네. 즉시 와서 식사를 하게."
    "그래, 너희들은 여기 남아 있어라. 나는 나를 기다리고 있는 그 처녀를 곧 보러 가겠다."
    세 사람에게는 강한 호기심이 나타난다. 그러나 다른 모습으로 나타난다. 베드로는 마치 벽을 뚫고 보기를 바라는 듯이 사방을 관심을 가지고 곁눈질로 살펴본다. 요한은 성모님의 미소지은 얼굴에서 알지 못하는 처녀의 이름을 읽으려고 하는 것 같다. 이와 반대로 안드레아는 얼굴이 새빨갛게 되어서 온 시선을 예수께로 집중시키며, 말없는 애원이 그의 눈길과 입술에서 떨고 있다.
    그러나 예수께서는 아무도 아랑곳하지 않으신다. 세 사람은 성모님이 음식과 따뜻한 불을 주시는 부엌에 들어가기로 결심하는데, 예수께서는 정원으로 나가는 출입구를 가린 커어튼을 쳐드시고 정원으로 나가신다. 정원에 있는 큰 편도(扁桃)나무의 꽃이 만발한 가지들이 부드러운 햇빛으로 인하여 한층 더 가볍고 환상적으로 보인다. 홀로 꽃이 피어 있고, 정원의 나무들 중에서 제일 크며,

모두 아직 윤기가 없고 잎이 없는 배나무, 사과나무, 무화과나무, 포도나무 따위 다른 나무들이 헐벗은 가운데 담홍색 비단옷을 호사스럽게 입고, 초라한 회색 옷을 입은 올리브나무 곁에서 부풀은 선명한 베일을 화려하게 쓴 이 편도나무는 파란 하늘밭에 길을 잃고 있는 아주 가벼운 구름을 그 긴 가지로 붙잡아서 그것으로 리본을 만들어 달고서 모두에게 이렇게 말하는 것 같다. "봄의 결혼이 다가왔으니, 나무들아, 짐승들아 기뻐해라. 지금은 바람이나 벌이나 꽃들이 서로 입맞춤을 하는 시기이다. 오, 하느님의 새들과 흰 양들아, 지금은 기와 밑에서나 나무덤불의 우거진 나뭇잎 아래에서 입맞춤을 하는 시기이다. 오늘은 입맞춤, 내일은 우리의 하느님이신 창조주의 사업을 영속시키기 위하여 새끼들이 나올 것이다."

예수께서는 팔을 가슴에 †로 포개얹으시고 햇볕을 받으며 서서 깨끗하고 조용하고 우아한 어머니의 정원에 미소를 보내신다. 정원에는 잎무더기가 새로 돋아나는 것으로 알 수 있는 백합꽃 화단이 있고, 아직 잎이 나지 않은 장미나무와 은빛도는 올리브나무가 있고, 지금 막 푸르러지기 시작하는 보잘 것 없는 야채와 상치밭 사이로 여러 가지 종류의 꽃나무들이 돋아나고 있다. 깨끗하고 정돈되고 얌전한 이 정원은 완전한 동정의 순진한 기운을 풍기는 것 같다.

"애야, 내 방으로 오너라. 처녀를 데려오마. 그 처녀는 여러 사람의 목소리를 듣고서 저 안쪽으로 피해 갔다."

예수께서는 어머니의 작은 방으로 들어가신다. 천사와의 대화의 말을 들은 순결하고 지극히 순결한 작은 방, 오랜 세월을 두고 그방에 사시는 분의 순결하고 천사 같은 성질과 그분을 자기의 모후로 공경한 대천사의 순결한 성질이 정원보다도 더 많이 발산하는 순결하고 지극히 순결한 작은 방이다. 그 만남이 30년 이상이나 전의 일이었는가, 혹은 어제 있었던 일인가? 오늘도 아직 토리개에는 보드럽고 거의 은빛인 양질의 털실 뭉치가 감겨 있고, 가락에는 실이 감겨 있다. 수를 놓던 천 개켜진 것이 문 옆에 있는 작은 탁자 위에 양피지 두루마리와 잎이 무성한 꽃핀 편도나무 가지가 꽂혀 있는 구리 항아리 사이에 놓여 있다. 그리고 지금도 아직 순결한 방의 신비 위에 드리워진 줄친 커어튼이 가벼운 바람에 팔락거리고 있으며, 한 구석에는 지금 막 처녀 시절로 들어서는 소녀가 쓰는 얌전한 침대의 모습을 여전히 간직하고 있는 정돈된 침대가 놓여 있다. 저 작은 베개에서는 얼마나 많은 꿈이 꾸어졌고 또 꾸어질 것인가?

성모님의 손에 커어튼이 쳐들린다. 문쪽으로 등을 돌리고 서서 이 순결한 거처를 바라보시던 예수께서 돌아서신다.

"얘야, 여기 데려왔다. 어린 양이다, 그리고 너는 착한 목자이다." 그러시면서 날씬하고 아주 젊은 갈색머리의 처녀의 손을 잡고 들어오셨던 성모님은 커어튼이 내려지게 하면서 조용히 물러가신다. 처녀는 예수 앞에 나타나면서 얼굴이 새빨개진다.

"네게 평화가 있기를."

"주님… 평화…" 처녀는 몹시 흥분해서 말없이 있다. 그러나 무릎을 꿇고 고개를 푹 숙인다.

"일어나거라, 내게서 무엇을 원하느냐? 무서워하지 말아라…."

"무서워서 그런 것이 아닙니다. …그렇지만… 주님을 몹시 바라다가… 이렇게 주님 앞에 있게 된 지금… 주님께 말씀드리는 것이 쉽고 필요한 것같이 보이던 모든 것을 더 이상 찾아내지 못하게 되었습니다. …이젠 생각이 나질 않습니다. …저는 바보입니다. …주님, 용서하십시오…."

"너는 이 세상을 위한 은총을 청하느냐? 기적이 필요하냐? 회개시켜야 할 사람들이 있느냐? 아니라고? 그러면? 자, 말해 봐라! 너는 그렇게도 용기가 많았는데, 이제는 용기가 없단 말이냐? 너는 내가 강하게 하는 사람이라는 것을 모르느냐? 안다고? 그걸 알아? 그러면 내가 네게 아버지벌이 되는 것처럼 말해라. 너는 어리구나. 몇 살이냐?"

"열 여섯입니다, 주님."

"어디서 왔니?"

"예루살렘에서요."

"이름은?"

"안나리아입니다…."

"내 할머니와 이스라엘의 많은 거룩한 여인들의 정다운 이름이었고, 그와 더불어 야곱의 착하고 상냥하고 충실하고 다정스러웠던 아내의 이름이기도 하였다. 그 이름이 네게 행복을 가져다 줄 것이다. 너는 모범적인 아내와 어머니가 될 것이다. 아니라고? 너 머리를 내저었니? 너 우니? 혹 거절을 당했느냐? 그것도 아니라고? 네가 결혼하기로 되어 있던 남자가 죽었느냐? 아무도 아직 네게 청혼을 하지 않았느냐?"

처녀는 여전히 머리를 내젓는다. 예수께서는 한 걸음 앞으로 나아가서 처녀를 쓰다듬어 주시고, 억지로 고개를 쳐들고 당신을 쳐다보게 하신다. …예수의 미소가 처녀의 불안을 이겼다. 처녀는 용기를 내서 말한다. "주님, 저는 주님의 덕택으로 아내가 되고 행복하게 되었을 것입니다. 주님, 저를 못 알아보십니까? 저는 주님이 주님의 제자 요한의 청을 들으셔서 고쳐 주신 폐결핵으로 죽어가던 약혼자입니다. …주님의 은총을 받은 뒤로 저는… 저는 다른 몸을 가지게 되었습니다. 전에 죽어갈 적에 가졌던 몸 대신에 건강한 몸이었습니다. 그리고 다른 영혼을 가지게 되었습니다. …모르겠습니다. 이제는 제가 다른 사람이 된 것 같습니다. …병이 나았다는 기쁨, 그러니까 결혼을 할 수 있다는 확신은 — 아내가 될 수 없다는 것이 죽어가는 제 한이었습니다 — 처음 몇 시간밖에 계속되지 않았습니다. 그러다가…" 처녀는 점점 더 대담해진다.

그 처녀는 선생님과 단둘이만 있으므로 당황해서 잃어버렸던 말과 생각을 다시 찾아낸다. "…그러다가 제가 이기주의자가 되어서도 안 되고, '이제는 내가 행복하게 되겠구나' 하고만 생각해도 안 되고, 그보다 더한 그 무엇을 주님께로, 주님과 제 아버지이신 하느님께로 가야 하는 그 무엇을 생각해야 한다는 것을 깨달았습니다. 하찮은 것, 그러나 제가 감사한다는 것을 나타내는 그 무엇을 생각해야 한다고 깨달았습니다. 저는 곰곰히 생각했습니다. 그리고 그 다음 안식일에 약혼자를 만났을 때 이렇게 말했습니다. '이것 보세요, 사무엘 씨. 기적이 없었더라면 나는 몇 달 만에 죽었을 거고 사무엘씨는 나를 영원히 잃었을 거예요. 그래서 이제는 내가 하느님을 찬미하고 감사를 드린다는 말씀을 드리기 위해서 어떤 희생을 드리고 싶어요. 사무엘씨도 나와 같이요.' 그랬더니 사무엘은 저를 사랑하기 때문에 즉시 이렇게 말했습니다. '성전에 같이 가서 희생제물을 바칩시다' 하고. 그렇지만 제가 원하는 것은 그것이 아니었습니다. 주님, 저는 가난하고 서민의 딸입니다. 저는 무식하고 능력도 별로 없습니다. 그러나 제 병든 가슴에 얹으신 주님의 손을 통해서 좀먹은 제 허파에뿐 아니라 제 마음 속에도 무엇인가 왔었습니다. 허파에는 건강이 오고 마음 속에는 지혜가 왔습니다. 그리고 주님을… 주님을 사랑하는 제 영이 원하는 제물은 어린 양을 드리는 제물이 아니라는 것을 깨달았습니다." 처녀는 사랑의 고백을 하고 나서 얼굴을 붉히고 입을 다문다.

"두려워 말고 계속하여라. 네 영은 무엇을 원했느냐?"

"하느님의 아들이신 주님께 어울리는 어떤 것을 희생으로 드리는 것입니다! 그래서… 저는 그것이 하느님에게서 오는 것과 같이 정신적인 것이어야 한다고, 즉 제 구세주이신 주님께 대한 사랑으로 제 결혼을 연기하는 희생이어야 한다고 생각했습니다. 결혼은 큰 기쁨입니다. 주님도 아시겠지요? 서로 사랑하면 그것은 중요한 일입니다! 그것을 바라고 빨리 이루어졌으면 하고 초조해 합니다! …그렇지만 저는 며칠 전의 제가 아니었습니다. 저는 결혼을 가장 아름다운 것처럼 원하지를 않았습니다. …그 말을 사무엘에게 했더니… 사무엘도 저를 이해했습니다. 사무엘도 결혼식 날짜로 잡았던 날부터, 즉 아달달 초이튿날부터 1년 동안 수도자가 되겠다고 말했습니다. 그동안 약혼자를 돌려주셨던 분을 사랑하기 위해서, 즉 주님을 사랑하고 알기 위해서 주님을 찾아 나섰습니다. 사무엘은 몇 달 후에 주님을 '고운 내'*에서 찾아냈습니다. 저도 갔습니다. …그리고 주님의 말씀은 제 마음을 아주 바꿔놓았습니다. 이제는 그전의 맹세로는 부족하다고 생각되었습니다. 밖에 있는 저 편도나무가 여러 달 동안 죽은 채로 있다가 점점 더 따뜻해지는 햇볕을 받아 다시 살아나고, 그 다음에 잎이 피고 열매가 열리는 것 모양으로 저도 더 좋은 것에 대한 지혜가 점점 더 향상되었습니다. 마지막 번에는 저 자신과 제가 하려고 하는 것에 자신이 생겨서 — 지난 여러 달 동안 생각을 많이 했습니다 — 그러나 마지막 번에 '고운 내'에 갔었습니다. 그런데 주님이 거기에 안 계셨습니다. …그 사람들이 주님을 내쫓았었습니다. 저는 많이 울었습니다. 그리고 지극히 높으신 분께 기도를 드렸습니다. 하느님께서는 제 기도를 들어주셔서 분봉왕의 조신들에게 무슨 말을 하려고 티베리아에 가는 친척 한 분과 함께 저를 보내도록 제 어머니를 설득하셨습니다. 관리인이 여기 오면 주님을 만나뵐 것이라고 제게 말해 주었습니다. 그래서 주님의 어머니를 만나뵙고… 그분의 말씀을 들었습니다. 주님의 어머니의 말씀을 듣고 이틀 동안 그 곁에 있는 것만으로 주님의 은총의 열매가 다 익었습니다." 처녀는 마치 제대 앞에 무릎을 꿇듯이 두 팔을 †로 포개 가슴에 얹고 무릎을 꿇었다.

"좋다, 그러나 네가 바라는 것이 정확히 무엇이냐? 너를 위해 내가 무엇을 해줄 수 있겠니?"

"주님, 저는… 저는 대단한 것을 바랍니다. 그리고 생명과 건강의 주재자이신 주님만이 그것을 제게 주실 수 있습니다. 주님이 주실 수 있는 것은 가져가실 수도 있다고 생각하니까요. …저는 주님이 제게 주신 생명을 제게 서원을 한 그해에, 그해가 끝나기 전에 거두어 가셨으면 합니다…."

"아니 그건 왜? 네가 회복한 건강에 대해서 하느님께 고맙다는 생각을 안 하느냐?"

"대단히 고맙게 생각합니다. 한없이요! 그렇지만 다만 한 가지 일 때문에만

---

* 역주 : 불어 원문의 'Belle Eau(아름다운 물)'을 '아름다운 시내'라는 뜻으로 '고운 내'라고 옮겼음.

그렇습니다. 그것은 제가 하느님의 은총과 주님의 기적으로 살면서 가장 좋은 것이 무엇인지를 깨달았기 때문입니다."

"그게 무엇이냐?"

"천사들처럼 사는 것입니다. 주님의 어머니처럼… 주님이 사시는 것처럼… 주님의 요한이 사는 것처럼… 주님, 이분들은 세 송이 백합꽃, 세 개의 흰 불꽃, 세상의 세 진복입니다. 그렇습니다. 저는 하느님을 차지하는 것이 진복인데, 하느님은 순결한 사람들의 차지라고 생각하기 때문입니다. 순결한 사람은 하느님을 가운데 모시고, 주위에 천사들이 빙 둘러 있는 하늘과 같습니다. … 오! 주님! 제가 바라는 것이 이것입니다! …저는 주님 말씀을 별로 듣지 못했고, 주님의 어머니 말씀도 제자의 말도 이사악의 말도 별로 듣지 못했습니다. 주님의 말씀을 제게 해주는 다른 사람들을 자주 만나지도 않았습니다. 그러나 제 영은 항상 주님의 말씀을 듣는 것 같고, 제 영에 대해서 주님은 항상 선생님이신 것같이 생각됩니다. …주님, 다 말씀드렸습니다…."

"안나리아야, 너는 많은 것을 청하고 많은 것을 준다. …내 딸아, 너는 하느님을 이해하였고, 인간이 지극히 순결하신 분과 비슷해지고 지극히 순결하신 분의 마음에 들기 위하여 올라갈 수 있는 완전을 이해하였다." 예수께서는 무릎을 꿇고 있는 처녀의 갈색머리를 두 손으로 잡으시고 그에게로 몸을 기울이시면서 말씀하신다. "동정녀 몸에서 태어난 사람은 ── 백합꽃 무더기 위가 아니고는 그의 거처를 정할 수가 없었으니까 ── 세상의 세 가지 탐욕에 불쾌감을 느낀다. 그리고 아들이 무엇으로 사는지를 아시는 아버지께서 내 고민하는 마음을 부축하기 위하여 사랑가득한 도움으로 개입하지 않으시면 그런 불쾌감에 찍어눌려 주저앉을 것이다. 순결한 사람들이 내 기쁨이다. 너는 세상이 그 한없는 야비함으로 내게서 빼앗아 가는 것을 내게 돌려준다. 그로 인해 아버지께서 찬미받으시기 바라며, 너도 축복받기를 바란다. 안심하고 가거라. 네 서원을 영원한 것이 되게 할 어떤 일이 일어날 것이다. 그리스도의 피어린 길에 흩어진 백합꽃 중의 하나가 되어라."

"오! 주님… 저는 또 한 가지를 바랍니다…."

"무엇이냐?"

"주님이 돌아가시는 것을 보지 않는 것입니다. …저는 제 생명이신 분이 돌아가시는 것을 볼 수 없을 것입니다."

예수께서는 조용히 웃으시고, 갈색 얼굴로 흘러내리는 두 줄기 눈물을 손으로 닦아 주신다. "울지 말아라. 백합꽃은 슬퍼하는 일이 없다. 너는 왕이 왕관을 쓰고 그의 왕국으로 들어가는 것을 볼 때에 네 천사의 화관의 모든 진주와 더불어 웃을 것이다. 가거라. 주님의 성령이 내가 오가는 중간중간에 너를 인도하시기를 바란다. 영원한 사랑의 불꽃으로 네게 강복한다."

예수께서는 정원으로 나아가시며 어머니를 부르신다. "어머니! 여기 어머니께 온전히 맡겨진 소녀가 있습니다. 이제는 이 처녀가 행복합니다. 그러나 어머니는 지금과 우리가 성도(聖都)에 갈 때마다 이 처녀를 어머니의 순결 속에 잠그셔서 어린 양의 옥좌 위에 흩어지는 눈같이 흰 하늘 꽃잎이 되게 하십시오." 그리고 예수께서는 제자들에게로 돌아오시고, 성모님은 처녀를 쓰다듬어 주시며 같이 데리고 계시다.

베드로와 안드레아와 요한은 질문하는 듯한 눈으로 예수를 쳐다보는데, 예수의 환한 얼굴을 보면 그분이 행복하시다는 것을 알 수 있다. 베드로는 더 이상 참지를 못하고 묻는다. "선생님, 누구와 그렇게 오랫동안 말씀하셨습니까? 그리고 무슨 말씀을 들으셨기에 기쁨으로 얼굴이 그렇게 환해지셨습니까?"

"인생의 새벽에 있는 여자와 이야기하였다. 그 여자는 장차 올 수많은 여자들의 새벽빛이 될 것이다."

"어떤 여자들이요?"

"동정녀들."

안드레아는 혼자서 가만히 중얼거린다.

"그 여잔 아니구나…."

"아니다, 그 여자는 아니다. 그러나 싫증내지 말고 참을성과 친절을 가지고 기도하여라. 네 기도의 말 한 마디 한 마디가 상기시키는 것같이 되고 밤중의 불빛 같은 것이 되어 그 여자를 붙들어 주고 인도한다."

"아니 그런데 제 동생이 누구를 기다리는 겁니까?"

"베드로야, 한 영혼, 큰 재산으로 바꾸고 싶어하는 빈곤을 기다린다."

"그런데 도무지 움직이지도 않고 말도 안하고 앞장서는 행동을 취하는 일이 없는 안드레아가 그 여자를 어디에서 만났습니까?"

"내 오솔길에서. 안드레아야, 나하고 같이 가자. 알패오의 집에 가서 그의 수많은 손자들 가운데 있는 알패오에게 축복을 하자. 너희들은 야고보와 유다의 집에서 나를 기다려라. 내 어머니는 오늘 하루는 줄곧 혼자 계실 필요가 있다."

이렇게 해서 그들은 몇 사람은 이쪽으로 몇 사람은 저쪽으로 간다. 그래서 그리스도께 대한 사랑으로 동정에 몸을 바친 첫번째 여자의 기쁨이 비밀에 둘러싸인다.

17. 나자렛에서 여자 제자들을 가르치시다

예수께서는 아직 나자렛의 당신 집에 계시다. 아니 그보다도 전에 당신이 목수일을 하시던 작업장에 계시다. 예수와 함께 열 두 제자가 있고, 그외에 성모님, 야고보와 유다의 어머니 마리아, 살로메, 수산나, 그리고 새로운 일인데, 마르타가 있다. 눈 아래 분명히 눈물 자국이 있는 몹시 슬퍼하는 마르타이다. 이렇게 다른 사람들 곁에, 특히 주님의 어머니 곁에 있으니 낯선 땅에 온 느낌이 들고 위압감을 느끼는 마르타이다. 그래서 성모님은 마르타가 그로 인하여 괴로워하는 것을 아시고 그 거북스러운 인상을 없애려고 마르타에게 다른 여자들과 접촉을 하게 하려고 애쓰신다. 그러나 성모님의 애무는 가엾은 마르타의 마음에 오히려 슬픔을 더 해주는 것 같다. 그의 고통과 거북스러움을 가리려고 푹 내려쓴 베일 밑에서 홍조와 굵은 눈물이 갈마든다.

요한이 알패오의 야고보와 같이 들어온다. "주님, 요안나는 없습니다. 남편과 함께 어떤 여자 친구 집에 방문을 갔답니다. 하인들이 그렇게 말했습니다" 하고 요한이 말한다.

"그것이 분명히 요안나의 마음에는 들지 않을 것입니다. 그러나 요안나는 언제든지 주님을 뵙고 가르침을 받을 수 있을 것입니다" 하고 알패오의 야고보가 결론을 내린다.

"좋다. 이것은 내가 생각하던 여자 제자 집단은 아니다. 그러나 여기 없는 요안나 대신에 데오필로의 딸이고 라자로의 동생인 마르타가 있다. 제자들은 마르타가 누구인지를 안다. 내 어머니도 아시고, 마리아 아주머니도, 또 아마 살로메 아주머니도 아들들을 통해서 마르타가 누구인지를 아실 것입니다. 세속의 눈으로 보는 여자로서가 아니라 하느님의 눈으로 보는 여자로서의 마르타를, 또 마르타 너도 너를 동생처럼 생각하고 몹시 사랑하는 여자들이 누구인지 알고 있지. 너를 동생과 딸로 생각하는 여자들을. 내 착한 마르타야, 진정한 애정에서 오는 인간적인 위안도 받기 위해서는 이것이 네게 대단히 필요하다. 진정한 애정은 하느님께서 책망하지 않으시고, 인생살이의 여러 가지 어려움 가운데에서 사람을 부축하라고 인간에게 주신 것이다.

그래서 마침 내가 기초를 주려고, 말하자면 너희들이 제자로서의 너희들의 완전을 수놓을 바탕천을 주려고 택한 이 시간에 하느님께서 너를 이리로 데려오신 것이다. 제자란 스승의 규율을 따르는, 스승의 가르침의 규율을 따르는 사람을 말한다. 이런 이유로 넓은 의미로는 지금과 장래에 내 가르침을 따를 사람은 모두 제자라고 부를 것이다. 그리고 베드로나 안드레아의 가르침에 따른 예수의 제자다, 야고보나 요한, 시몬이나 필립보, 유다나 바르톨로메오, 토마나 마태오의 가르침에 따른 예수의 제자다 하고 말해서 많은 이름을 말하는 것을 피하기 위해, 오직 하나의 표 아래 그들을 모아놓는 오직 한 가지 이름인 그리스도인이라고 불러라.

그러나 내 가르침을 따를 사람들의 많은 집단 가운데에서 나는 벌써 첫번째 제자들, 그리고 두 번째 제자들을 골랐다. 너희들도 나를 기억해서 여러 세기가 흐르는 동안 이렇게 하여라. 성전에, 또 그 이전에도 모세와 같이 대사제와 사제들과 성직자들같이 여러 가지 업무와 직책과 책임을 맡은 사람들이 있었고, 노래부르는 사람들과 그밖에 여러 가지 사람이 있었던 것과 마찬가지로 땅덩어리 전체만큼 크고, 땅덩어리만큼 오래 가게 될 내 새로운 성전에도 큰 사람들과 작은 사람들이 있을 것인데, 모두 다 유익하고 내게 사랑을 받을 것이며, 그밖에 또 여자들도 있을 것이다. 이스라엘은 여자들을 성전에 가두고는 동정녀들의 성가나 동정녀들의 교육이나 시키고 그 이상의 아무것도 못하게 하면서 항상 업신여겨 왔는데, 이제는 새로운 계층이 될 것이다.

그것이 옳은 일이었는지를 따지지 말아라. 이스라엘의 폐쇄된 종교에서 그리고 하느님의 분노의 시대에는 그것이 옳은 일이었다. 모든 치욕은 죄의 기원인 여자에게로 돌아갔다. 그러나 그리스도의 보편적인 교회에서, 그리고 용서의 시대에는 이 모든 것이 바뀌었다. 모든 은총이 한 여인에게로 모였고, 그 여인은 세상이 구속을 받게 하려고 그 은총을 세상에 낳았다. 그러므로 이제는 여자가 하느님의 멸시의 낙인이 찍히지 않고, 오히려 하느님의 도움이 되었다. 주님의 사랑을 받는 그 여인을 통하여 모든 여자들이 일반 대중으로서가 아니라 계급이 낮은 여사제로서, 사제들의 보조자로서 주님의 제자가 될 수 있을 것이다. 그들은 사제들 자신을 위하여, 신자들과 신자 아닌 사람들을 위하여, 거룩한 말의 외침보다는 오히려 내 여자 제자들 중 한 사람의 거룩한 미소로 하느님께로 인도될 사람들을 위하여 사제들을 많이 도와줄 수 있다.

너희들은 남자들처럼 나를 따라오겠다고 청하였다. 오기만 하는 것, 듣기만 하는 것, 들은 것을 적용만 하는 것은 너희들에 관한 한 내가 보기에 너무 부족하다. 그것은 중요한 일인 너희들의 성화는 될 것이다. 그러나 그것만으로는 충분치 않다. 나는 절대자의 아들이므로 내 특혜를 받은 사람들에게서 나는 절대적인 것을 요구한다. 내가 모든 것을 주었기 때문에 나도 모든 것을 요구한다.

그뿐 아니라, 나만 있는 것이 아니고, 세상도 있다. 세상이라는 저 무서운 물건 말이다. 세상은 성덕으로, 즉 한없는 성덕과 하느님의 자식들의 무리의 수와 힘으로 무서운 것이 되어야 할 것이다. 그런데 이와 반대로 세상은 그 타락으로 인하여 무섭다. 세상의 철저한 타락은 그것이 나타나는 수와 악습의 강력함이 한이 없다. 모든 죄가 세상에 있는데, 세상은 이미 하느님의 자식들의 무리가 아니라 사탄의 자식들의 무리이며, 사탄이 그 아비임을 가장 분명히 나타내는 표를 지니고 있는 죄, 즉 증오가 대단히 활기가 있다. 세상은 미워한다. 미워하는 사람은 가장 거룩한 것에서도 악을 보고, 또 그것을 보지 않는 사람들에게까지도 보게 하려고 한다. 만일 너희들이 내가 왜 왔느냐고 세상에게 물으면, 세상은 '선을 행하고 구속하기 위하여'라고 말하지 않고, '타락시키고 지배하려고'라고 말할 것이다. 만일 너희들이 세상에게 나를 따르는 너희들을 어떻게 생각하느냐고 물으면 '너희들은 성덕과 순결로 너희를 거룩하게 하고 선생님을 위로하려고 그분을 따른다'고 말하지 않고 '그 사람이 너희들을 유혹하기 때문에 그를 따른다'고 말할 것이다.

세상은 이런 것이다. 그리고 내가 이 말을 하는 것은 선택된 제자로, 장래의 제자들의 지도자로, 주님의 봉사자들의 협력자로 세상에 나서기 전에 모든 것을 헤아려보라고 그러는 것이다. 너희들의 마음을 단단히 잡아가지고, 여자들의 감수성 예민한 마음인 너희들의 마음에 이렇게 말하여라. 너희들과 또 너희들과 함께 너희 마음도 웃음거리가 되고, 중상(中傷)을 당할 것이고, 사람들이 너희 얼굴에 침을 뱉을 것이고, 세상이 업신여김과 거짓말과 횡포로 너희들을 짓밟을 것이라고, 그에게 모욕을 주는 사람들을 저주하면서 분개해서 부르짖는 일 없이 모든 모욕을 받을 수 있다고 느끼는지 너희들의 마음에 물어보아라. 중상자들과 그를 중상하는 원인을 미워하게 되지 않고 중상이라는 정신적 순교를 무릅쓸 수 있다고 느끼는지 너희들의 마음에 물어보아라. 세상의 원한을 톡톡히 맛보고 또 뒤집어쓰고서도 여전히 사랑을 발산할 수 있겠는지, 독주로 중독되고서도 꿀을 내놓을 수 있겠는지, 몰이해와 경멸과 비방으로 가지가지 고통을 당하면서도 너희들이 다른 사람들을 데려가기를 원하는 목적인 하늘을 손가락으로 가리키면서 계속 미소를 지을 수 있겠는지 너희들의 마음에 물어보아라. 너희들은 그들을 여성적인 자애로 하늘에 데려가려고 하는데, 이 여성적인 자애가 처녀들에 있어서까지도 모성적인 것이 되고, 너희들의 할아버지뻘이 될 수 있을 노인들을 상대한다 하더라도 모성적인 것이 된다. 그러나 이 나이많은 사람들도 영적인 면으로 볼 때에는 방금 태어난 길이어서, 길이요, 생명이요, 진리요, 하느님의 지혜인 나 자신을 줌으로써 그들에게 주려고 온 길과 생명과 진리와 지혜를 이해할 수도 없고, 거기서 제대로 방향을 잡을 줄을 모른다. 너희들이 '주님, 저는 주님을 위해 온 세상에 도전할 힘이 없습니다' 하고 말해도 나는 마찬가지로 너희들을 사랑하겠다.

어제 한 처녀가 나에게 결혼식 시간이 되기 전에 그를 제물로 바쳐 달라고 청하였다. 그 처녀는 우리가 하느님을 사랑하듯이, 즉 자기의 모든 것을 바쳐서, 자기를 절대적으로 완전히 바쳐서 나를 사랑한다고 느끼기 때문이었다. 그래서 나는 그 처녀가 청한 것을 해주겠다. 그의 영혼이 무서워서 떨까 봐, 그의 영혼보다도 그의 육체가 무서워서 떨까 봐 시간은 알리지 않았다. 그의 죽음은 어느날 저녁에 이튿날 다시 벌리리라고 생각하고 꽃부리를 오므렸었는데, 밤의 입맞춤이 그 생명을 들이마셨기 때문에 꽃부리를 다시는 벌리지 못하는 꽃의 죽음과 같을 것이다. 그리고 나는 그 처녀의 소원대로 그의 죽음의 잠을 내 죽음의 잠보다 그저 며칠만 앞당김으로써 그렇게 하겠다. 이 동정녀, 내 첫번째 동정녀를 고성소에서 기다리지 않게 하기 위해서, 내가 숨을 거두면서 곧 그 동정녀를 만나기 위해서….

울지들 말아라! 나는 속죄자이다. …그러나 저 거룩한 처녀는 기적을 받는 즉시 환희의 노래를 부르는 데 그치지 않고, 마치 이자를 받기도 하고 돈을 빌려주듯이 그 기적을 활용할 줄을 알았다. 그 처녀는 인간적인 감사에서 초자연적인 감사로 건너갔고, 지상의 욕망에서 초지상적인 욕망으로 넘어갔다. 그 처녀는 거의 모든 사람의 정신적인 성숙보다 더 나은 정신적인 성숙을 보였다. '거의'라고 말한 것은 내 말을 듣고 있는 너희들 가운데에 그와 같은, 그보다 더 나은 완전들이 있기 때문이다. 그 처녀는 나를 따라오겠다고 청하지 않았다. 오히려 처녀에서 천사가 되는 변화를 그의 집에서 비밀리에 이룩하고 싶다는 소원을 나타냈다. 그러나 나는 그 처녀를 대단히 사랑하기 때문에, 세상의 정체(正體)에 대한 혐오를 느끼게 될 때에, 나를 받아들이지 않는 세상의 주재자인 나의 눈물과 땀을 이 사랑과 순결의 꽃으로 닦아 주시는 아버지를 찬미하면서 다정스러운 처녀의 추억을 상기시켜 드리겠다.

그러나 만일 너희가 선택된 여자 제자로 남아 있기를 원하고, 그럴 용기가 있다면, 나와 주님의 성인들 곁에 너희들이 있는 것과 선택을 정당화하기 위하여 너희들이 해야 할 일을 일러 주겠다. 너희들은 너희들과 같은 여자들에 대하여 또 주님의 사제들에 대하여 참 많은 일을 할 수 있다.

나는 이것을 이미 여러 달 전에 알패오의 마리아에게 일러 주었다. 그리스도의 제단 곁에는 여자가 정말 필요하다! 세상의 무한한 불행을 남자보다는 여자가 훨씬 더 잘 돌볼 수 있고, 그런 다음 완전한 치유를 위해서 남자에게로 가져갈 수 있다. 많은 마음이, 특히 여자들의 마음이 너희들 여자 제자들에게 문을 열 것이다. 너희들은 마치 그들이 아버지의 집으로 돌아오기는 했으나 감히 아버지 앞에 나서지는 못하는 타락한 사랑하는 자식들인 것처럼 맞아들여야 한다. 너희들은 죄지은 사람을 위로하고 재판관을 얼러 맞추는 여자들이 되어라. 하느님을 찾는 사람들이 많이 너희에게 올 것이다. 너희들은 그들을 피로한 길손들처럼 맞아들이면서 이렇게 말하여라. '여기는 주님의 집입니다. 주님이 곧 오실 것입니다' 하고. 그리고 그 동안 그들을 너희 사랑으로 돌보아라. 내가 오지 않으면 내 사제 중의 한 사람이 올 것이다.

여자는 사랑할 줄을 안다. 여자는 사랑하기 위하여 만들어졌다. 여자는 사랑을 가지고 관능의 탐욕을 만듦으로써 사랑의 품격을 떨어뜨렸다. 그러나 그의 육체 안에는 그의 영혼의 진주인 참다운 사랑이 여전히 사로잡힌 채로 있다. 그것은 관능의 더러운 쓴 맛이 빠져나가고, 천사의 날개와 향기로, 깨끗한 불꽃으로, 또한 하느님에 대한 기억과 하느님에게서 온 그 기원과 하느님에 의한 그 창조의 추억으로 이루어진 사랑이다. 만물 중의 걸작품인 남자에 대하여 착함의 걸작품인 여자는 — '아담이 혼자 있는 것이 좋지 않으니 그의 짝을 만들어 주자' — 아담들을 버려서는 안 된다. 그러므로 이 사랑의 능력을 받아서 그리스도께 대한 사랑에 소용되게 하고, 그리스도를 통하여 이웃에 대한 사랑에 소용되게 하여라. 뉘우치는 죄인들에 대하여 온전히 사랑을 베풀어라. 그들에게 하느님을 무서워하지 말라고 말하여라. 어머니가 자매인 너희들이 어떻게 이 직책을 다할 줄 모르겠느냐? 너희들의 자식이나 형제들이 병이 들어서 의사가 필요했던 적이 얼마나 여러 번 있었느냐? 그런데 그들은 의사를 무서워하였다.

그러나 너희들은 애무와 사랑의 말로 그들에게서 그 공포를 없앴고, 그래서 그들의 작은 손을 너희들의 손에 맡긴 채 그들의 처음의 공포를 느끼지 않고 치료를 받았다. 죄있는 사람들은 너희들의 병든 형제, 병든 자식들인데, 그들은 의사의 손을 무서워하고 그들의 판결을 두려워한다. …아니다, 그래서는 안 된다. 하느님께서 얼마나 인자하신지 아는 너희들이 하느님께서 인자하시니 그분을 무서워해서는 안 된다고 말해 주어라. 비록 하느님께서 '절대로 이런 일을 다시는 하지 말아라' 하고 솔직히 말씀하신다 해도, 그 일을 벌써 해서 병자가 된 사람을 내쫓지는 않으실 것이다. 오히려 그의 병을 고쳐 주시려고 치료하실 것이다.

너희들은 성인들에 대하여 어머니가 되고 자매들이 되어라. 그들도 사랑의 필요를 느낄 것이다. 그들은 복음을 전파하느라고 피로하고 기진맥진할 것이다. 그리고 해야 할 일을 모두 다하게 되지는 못할 것이다. 너희들은 그들을 눈에 띄지 않게, 그리고 적극적으로 도와주어라. 여자들은 일할 줄 안다. 집에서는 식탁과 침대 곁에서, 베틀 곁에서, 그리고 일상생활에 필요한 모든 것 곁에서. 교회 안에서는 장차 하느님께서 택하신 장소에 순례자들의 물결이 끊임없이 밀려올 것이다. 너희들은 그곳에서 여주인 노릇을 하고, 가장 눈에 안띄는 자질구레한 일들을 맡아 해서 하느님의 사제들로 하여금 마음놓고 그 스승의 일을 계속하게 하여라.

그리고 어렵고 피로 물든 흉포한 시절이 올 것이다. 그리스도인들은 거룩한 사람들까지도 공포와 마음약함의 시간을 겪을 것이다. 남자는 고통 중에서 절대로 대단히 강하지 못하다. 이와 반대로 여자는 남자에 비하여 고통을 견딜 줄 안다는 절대적인 우월성을 가지고 있다. 공포와 낙담과 눈물과 피로와 피흘리는 그 시간에 남자의 기운을 북돋워 줌으로써 그에게 이 우월성을 가르쳐 주어라. 우리 역사에는 과감하고 해방시키는 행위를 할 줄 안 놀라운 여자들의 예가 여럿 있다. 우리는 유딧과 야엘을 가졌다. 그러나 지금까지는 마카베오 시대에 그의 아들들을 통하여 일곱 번, 또 자기 자신이 한 번, 이렇게 여덟 번 고통을 받은 어머니보다 더 위대한 여자는 없었다. 이후에는 또 그런 여인이 한 사람 있을 것이다. …그러나 그 여인이 고통을 당한 후에는 고통의 여걸들인 여자들, 고통 중에 순교자들의 격려가 되고 자신들도 순교자가 되는 여자들, 박해받는 남자들의 천사가 되는 여자들이 많아질 것이고, 그들이 생활 방식으로 하느님을 전파하고, 사랑이신 하느님께서 그들에게 주신 축성 외에 다른 축성없이 축성되고 또 축성되어 마땅한 말없는 여사제들인 여자들이 많이 생길 것이다.

자, 이것이 너희들의 주요한 의무를 아주 간략하게 간추려서 말한 것이다. 나는 너희들에게, 따로 너희들에게 바칠 시간이 많지 않을 것이다. 그러나 너희들은 내 말을 들으면서 스스로 성장할 것이다. 또 내 어머니의 완전한 지도로 더욱 교양을 쌓을 것이다.

 어제 어머니의 이 손이(그러시면서 예수께서는 성모님의 한 손을 잡으신다) 내가 말한 처녀를 내게 데려다 주었다. 그런데 그 처녀는 내 어머니의 말씀을 듣고 그 곁에 몇 시간 동안 있었다는 사실만으로도 그 처녀가 받은 은총의 열매를 익게 하여 그를 그의 완전으로 인도하는 데 도움이 되었다. 내게 말했다. 내 어머니가 그분의 아들 그리스도를 위하여 일한 것이 이번이 처음이 아니다. 내 제자들이지만 내 사촌이기도 한 너와 너는 마리아가 영혼들을 하느님께 양성해 드리는 일에 어떤 역할을 하시는지를 알고 있다. 내게서 그들의 사명에 대한 준비를 받지 못했다고 걱정하는 남녀나 내게 너희들 가운데에 있지 않게 되었을 때 아직 넉넉히 준비가 되지 않았다고 걱정할 남녀들에게 너희들이 이말을 해줄 수 있다. 내 어머니는 지금 내가 너희들과 같이 있지 않는 시간에, 또 이다음 너희들 가운데 있지 않게 되었을 때 너희들과 같이 계실 것이다. 내 어머니는 너희들과 함께 계실 것이며, 내 어머니와 더불어 어머니의 모든 덕행에 지혜가 남아 있을 것이다.

 어제 저녁 어머니와 둘이서만 있을 때, 나는 어렸을 때부터 지극히 부드럽고 지극히 용감한 어머니의 어깨에 머리를 기대고 있었는데, 어머니는 내게 이렇게 말씀하셨다 — 우리는 오후 이른 시간에 하늘에 있는 해보다도 더 빛나는 해를 즉 그의 거룩한 비밀을 동정녀의 마음 속에 간직하고 떠나간 처녀 이야기를 하였었다 —, 그러니까 어머니는 이렇게 말씀하셨다. '구세주의 어머니가 된다는 것은 얼마나 즐거운 일이냐!' 하고. 그렇다, 구세주에게로 오는 사람이 이미 나 아닌 다른 사람은 셋을 수가 없는 원죄만을 가진 하느님의 사람일 때에는 정말 즐거운 일이다. 인간의 불완전에서 오는 다른 작은 흠들은 모두 사랑이 없애버린 것이다.

 그러나 당신 아들에게로 영혼들을 데려오시는 지극히 순결한 안내인이시고, 그들의 방향을 잡아 주는 거룩한 별, 성인들의 기분좋은 선생님, 가장 어린 아이들의 다정스러운 유모, 병약자들의 유익한 돌봄이 되시는 다정하신 내 어머니, 언제나 성덕을 거부하지 않는 저 사람들만이 어머니께로 올 것은 아닙니다. …그렇지 않고, 문둥병 같은 것, 소름끼치는 것, 고약한 냄새 같은 것, 더러운 물건 주위에 우글거리는 뱀 같은 것들이 인류의 모후이신 어머니 발 앞에까지 기어와서 '불쌍히 여겨 주십시오! 저희들을 구해 주십시오! 저희들을 아드님에게로 데려다 주십시오!' 하고 부르짖을 것입니다. 그러면 어머니는 손을, 이 흰 손을 상처에 얹으시고, 천국의 비둘기의 눈 같은 어머니의 눈으로 그 끔찍하고 추한 것들을 들여다보시고 죄의 고약한 냄새를 맡으시면서 도망치지 마셔야 할 것입니다. 오히려 반대로 사탄이 팔다리를 자른 그 사람들, 그 팔삭동이들, 그 더러운 인간들을 품에 꼭 껴안으시고 눈물로 닦아 주시며 제게로 데려오셔야 할 것입니다. …그때에는 어머니가 이렇게 말씀하실 것입니다. '구세주의 어머니 노릇하기가 정말 어렵구나!' 하고. 그러나 어머니는 어머니이시기 때문에 그렇게 하셔야 합니다. 저는 어머니의 손에 입맞춤을 하고 강복합니다. 이 손을 거쳐서 수많은 사람이 제게로 올 것이고, 그들 하나하나가 제 영광 중의 하나가 될 것입니다. 그러나 그것이 제 영광이 되기 전에, 거룩하신 어머니, 어머니의 영광 중의 하나가 될 것입니다.

사랑하는 내 여제자들, 너희들도 내 선생님이었던 어머니, 야고보와 유다의 선생님도 되셨고, 은총과 지혜로 교양을 쌓기를 원하는 모든 사람의 선생님도 되실 내 어머니의 본보기를 따라라. 내 어머니의 말씀을 따라라. 그것은 더 부드럽게 된 내 말이다. 그것은 지혜의 어머니의 말씀이기 때문에 거기에 보탤 것이 아무것도 없다.

그리고 내 벗들아, 너희들은 여자들과 같은 겸손과 꾸준함을 가질 줄 알아라. 그리고 남자의 자존심을 낮추어 여제자들을 업신여기지 말고, 오히려 너희들의 힘을 조절하여라. 여자들의 상냥함과 접촉함으로써 너희들의 준엄과 비타협성을 조절하라고 말해도 될 것 같다. 그리고 무엇보다도 여제자들에게서 사랑하고 믿고 주님을 위하여 고통당하는 것을 배우도록 하여라. 왜냐하면 나 진정으로 너희들에게 말한다마는, 약자들인 여제자들이 믿음과 사랑과 대담과 그들의 선생을 위한 희생에 있어서는 가장 강한 사람이 되겠기 때문이다. 이 여제자들은 그들의 선생을 그들의 존재 전체를 다하여 사랑하고 내게 위안과 기쁨을 주기 위하여 아무것도 청하지 않고 아무것도 요구하지 않고, 다만 사랑으로만 갚음을 받는다.

이제는 너희들의 집이나 너희들을 환대하는 집으로 가거라. 나는 어머니와 같이 있겠다. 하느님께서 너희와 함께 계시기를 바란다."

마르타만 빼놓고 모두들 간다.

"마르타, 너는 그대로 있어라. 내가 벌써 네 하인에게 말했다. 오늘은 베다니아가 환대하지 않고, 예수의 작은 집이 환대한다. 오너라. 어머니 곁에서 식사를 하고, 어머니의 방 곁에 있는 작은 방에서 자거라. 우리의 위안인 요셉의 영이 네가 쉬는 동안 너를 위로할 것이다. 그리고 내일은 더 굳세어지고 더 안심하고 베다니아로 돌아가서 거기서도 여제자들을 준비시키며, 나와 네게 가장 소중한 사람을 기다려라. 마르타야, 의심하지 말아라. 나는 절대로 헛된 약속은 하지 않는다. 그러나 독사가 우글거리는 사막을 가지고 낙원의 작은 숲을 만드는 데에는 시간이 걸린다. …처음 일한 것은 보이지 않는다. 아무것도 한 것이 없는 것 같다. 그러나 이와 반대로 씨앗은 이미 뿌려졌다. 씨앗들이. 모든 씨앗이. 그 다음에는 눈물이 올 것인데 이것이 씨앗을 싹트게 하는 비가 될 것이다. …그리고 훌륭한 나무들이 자랄 것이다. …오너라! …이제는 울지 말아라!"

18. 예수께서 호수에서 쿠자의 요안나에게 말씀하신다

예수께서는 호수에 계신데, 다른 배 두 척 뒤에 있는 베드로의 배에 계시다. 두 배 중의 한 배는 베드로의 배와 꼭 같은 보통 고기잡이배이고, 하나는 경쾌하고 호화로운 놀잇배이다. 이것은 쿠자의 요안나의 배이다. 그러나 주인은 그 배에 타고 있지 않다. 요안나는 베드로의 투박한 배 안에 예수의 발 앞에 앉아 있다.

이 배들이 겐네사렛 호수의 꽃핀 호숫가 어느 곳에 우연히 모인 것 같다. 호숫가는 팔레스티나의 이른 봄에 매우 아름답다. 이 무렵에는 꽃이 만발한 편도나무들이 구름처럼 펴져 있고, 배나무, 사과나무, 석류나무, 모과나무들에는 이제 벌어지려고 하는 진주 같은 꽃망울들이 앉았다. 이 나무들은 모두 꽃과 열매로 가장 풍요하고 가장 보기에 기분좋은 나무들이다. 배가 양지바른 호숫가를 끼고 가노라면, 벌써 피기를 기다리면서 가지에서 부풀어오르고 있는 수백만 개의 꽃망울이 나타나고, 고요한 공중에는 일찍 피는 편도나무 꽃잎들이 나비처럼 날아다니다가 마침내 호수의 맑은 물 위에 내려앉는다. 호숫가에는 화사한 초록빛 비단 양탄자 같은 새로 돋은 풀 가운데에 미나리아재비의 황금빛 봉오리들과 빛나는 별 같은 데이지들이 총총히 박혀 있고, 그 옆에는 왕관을 쓴 작은 왕비들같이 줄기 위에 꼿꼿하게 서 있는 하늘빛깔의 우아한 물망초들이 어린 아이의 눈같이 경쾌하고 조용히 미소짓고 있다. 그 꽃들은 해와 호수와 자매인 풀들에게 "그래, 그래" 하고 말하며, 꽃을 터뜨리는 것이 기쁘다고, 그것도 그들의 주님의 엷은 파란색 눈 앞에서 피는 것이 기쁘다고 말하는 것 같다.

이 이른 봄에는 호수가 오는 몇 달 동안 화려하게 만들어 줄 호사를 아직은 가지고 있지 못하다. 호수는 정원에 관목 덤불을 만들어놓거나 담을 가리는 수천 그루의 장미나무와 줄장미나무, 양골담초류와 아카시아의 수천 개의 산방화서(繖房花序), 죽 늘어서 있는 수천 그루의 월하향(月下香), 수천 개의 별 같은 감귤류의 꽃 따위의 인간의 향락 욕망을 에워싸고 자극하는 강렬하고 취하게 하는 빛깔과 향기의 이 혼합에서 오는 말하자면 관능적인 그 호화로움을 아직 가지고 있지 못하다. 이 인간의 향락 욕망은 티베리아 호수라는 그렇게도 깨끗한 이 땅의 한구석을, 태고적부터 우리 주 예수께서 가장 많은 기적을 행하시는 무대가 되라고 선택된 장소인 티베리아 호수를 더럽힌다. 더럽혀도 너무 더럽힌다.

요안나는 당신의 고향인 갈릴래아 호수의 아름다움을 감상하는 데 골몰하고 계신 예수를 쳐다보며, 그의 얼굴이 정확한 거울처럼 예수의 미소를 반사하며 미소를 짓는다. 다른 배들 안에서는 말을 한다. 그러나 여기에는 침묵이 흐른다. 다만 배의 운전을 조절하는 베드로와 안드레아의 맨발이 내는 은은한 소리와 이물에 갈라지고 배 옆구리에서 아픔을 호소하는 물의 한숨소리가 들릴 뿐이다. 그 아픔은 고물에서 상처가 은빛 항적(航跡)으로 아물며 마치 금강석 가루인 양 햇빛에 반짝일 때에는 웃음으로 변한다.

마침내 예수께서는 경치를 유심히 바라보시던 것을 멈추시고 눈길을 여제자에게로 돌리신다. 그리고 미소를 보내시며 물으신다. "거의 다 왔지? 그런데 너는 아마 선생님이 대단히 불친절한 동행이라고 하겠지. 네게 말을 한 마디도 하지 않았으니까."

"그렇지만 저는 선생님의 얼굴에서 그 말씀들을 읽었고, 우리를 둘러싸고 모든 것에 하시는 말씀을 모두 듣기도 했습니다."

"그럼 내가 뭐라고 말하더냐?"

"사랑해라, 깨끗해라, 착하게 되어라. 왜냐하면 너희들은 하느님에게서 왔는데, 하느님의 손에서는 악하거나 더러운 것은 아무것도 나오지 않았기 때문이다, 하고요."

"네가 제대로 읽었다."

"그렇지만 주님, 풀들은 아직 그렇게 할 것입니다. 짐승들도 그렇게 하구요. 그런데 사람은… 가장 완전한 사람은 왜 그렇게 하지 않습니까?"

"사탄의 해(害)가 사람 안에만 들어갔기 때문이다. 사탄은 조물주의 가장 경탄할 만한 일을 통해서, 조물주와 가장 비슷한 것을 통해서 조물주를 손상해

보려고 한 것이다."

요안나는 고개를 숙이고 곰곰히 생각한다. 요안나는 망설이는 것 같고 두 가지 의욕을 비교하는 것 같다. 예수께서는 그를 살펴보신다. 마침내 요안나는 고개를 들고 말한다. "주님, 이교도들인 제 친구들은 경멸해서 가까이하지 않으시겠습니까? 주님도 아시다시피 제 남편은 조정에 속한 사람입니다. 그리고 분봉왕은 — 또 조정의 참다운 여주인인 헤로디아는 한층 더, 유행… 으로도 그렇고, 다른 팔레스티나 사람들보다 더 세련되었다는 것을 보이고, 로마와 로마적인 것 모두를 숭배해서 로마의 보호를 받기 위해서도 그렇고 — 지방총독의 집안의 로마인들에게 아부하고, 말하자면 저희들에게 그들을 받아들이도록 강요합니다.

그런데 정말이지 로마 여자들이 저희들보다 더 나쁘지는 않습니다. 이 호숫가에 사는 저희들 가운데에도 몹시 타락한 여자들이 있습니다. 그런데 저희들이 헤로디아의 말을 하지 않고 누구 말을 할 수 있겠습니까? …제가 아이를 잃고 병들었을 때 그 로마 여자들은 제가 교제를 하려고 열망하지 않았는데도 제게 매우 친절히 굴었습니다. 그래서 그때부터 우정이 계속됩니다. 그렇지만 그것이 나쁜 일이라고 말씀하시면 그 우정을 버리겠습니다. 괜찮다구요? 주님, 고맙습니다. 그저께 그 친구들 중의 한 사람의 집에 갔었습니다. 저로서는 우정의 방문이었고, 남편으로서는 의무적인 방문이었습니다. 그것은 분봉왕(分封王)의 명령이었거든요. 왕은 여기로 돌아오기를 원하지만 썩 안전하다고 느끼지를 못합니다. 그래서… 로마의 보호를 받기 위해서 로마와 매우 타산적인 관계를 맺고 있습니다. 한편… 주님께의 청입니다만… 주님은 세례자의 친척이시지요? 그러면 세례자에게 너무 믿지 말라고 말씀하십시오. 사마리아의 경계에서 절대로 나오지 말라고 말씀하세요. 오히려 반대로, 그렇게 하기를 경멸하지 않는다면 얼마 동안은 숨어 있으라고 말씀하세요. 뱀이 어린 양에게 다가오고 있으니, 어린 양은 염려할 충분한 이유가 있습니다. 모든 것에 대해서요. 선생님, 경계하라고 말씀해 주세요. 그리고 제가 이 말을 했다는 것은 아무도 알아서는 안 됩니다. 제 남편의 파멸일 테니까요."

"요안나야, 안심하여라. 세례자에게 알려서 그에게 도움이 되도록 하겠지만, 그로 인해서 손해가 나지는 않게 하겠다."

"주님, 고맙습니다. 저는 주님을 섬기기를 원합니다. 그러나 제 남편에게 해를 끼치기는 싫습니다. 한편… 저는… 항상 주님을 따라다니지는 못하겠습니다. 어떤 때는 집에 있어야 할 것입니다. 남편이 그렇게 하라고 그러는데, 그것이 옳은 일이기도 하구요….”

"요안나야, 집에 있어라. 나는 모든 것을 이해한다. 필요한 말 이외에는 아무 말도 더하지 말아라.”

"그렇지만 주님께 가장 위험한 시간에는 제가 주님 곁에 있는 것을 원하시겠지요?”

"물론 그렇다.”

"아이고! 이 말씀을 드려야 한다는 것은 정말 어려운 일이었습니다! 그러나 지금은 마음이 홀가분합니다….”

"네가 나를 믿으면, 언제나 마음이 홀가분할 것이다. …그런데, 너는 네 로마 여자 친구 하나에 대해서 말하고 있었지….”

"그렇습니다. 그 사람은 글라우디아와 절친한 친구인데, 아마 친척이 되는 것으로 생각합니다. 그 여자는 주님과 이야기를 하고 싶어하고, 적어도 주님의 말씀을 듣기를 원합니다. 그리고 그 여자 혼자만이 아닙니다. 또 주님이 발레리아의 어린 딸의 병을 고쳐 주셨고, 그 소식이 번개처럼 빨리 전해진 지금은 그 여자들이 더 열렬히 갈망합니다. 저번날 저녁 연회에서는 주님에 대한 말을 많이 했는데, 지지하는 사람도 있고 반대하는 사람도 있었습니다. 과연 헤로데 당원들과 사두가이파 사람들도 있었습니다. …그들에게 질문을 하면 그렇다고 시인은 하지 않았지만요. …또 그리고 여자들도 있었습니다. …부자이고 또… 또 정숙하지 않은 여자들. 주님이 그 여자의 오빠의 친구이시라는 걸 알기 때문에 말씀드리는 것이 마음내키지는 않습니다만… 막달라의 마리아도 그의 새 애인과 다른 여자 한 사람과 같이 있었는데, 그리이스 여자인 것으로 생각되고, 마리아와 같이 품행이 방종한 여자입니다. 아시겠어요. …이교도들은 여자들이 남자들과 같이 식사를 하는데, 대단히… 대단히… 정말 비통한 일입니다! 제 친구는 친절을 베풀어서 제 남편을 짝으로 정해 주었습니다. 그래서 제 마음이 매우 가벼워졌습니다. 그러나 다른 여자들은… 아이고! …파우스띠나에 대한 기적의 소문이 쫙 돌았었기 때문에 주님에 대해서 말들을 했습니다. 그리고 로마인들은 주님을 훌륭한 의사나 또 — 주님, 용서하십시오— 마술사로 생각하고 감탄하는데, 헤로데당원들과 사두가이파 사람들은 주님의 이름에 악담을 퍼부었습니다. 그리고 마리아는, 아이고! 마리아는! 정말 소름끼치는 일입니다! …우선 조롱을 하기 시작하더니, 그 다음에는… 아니, 이건 말씀 드리지 않겠습니다. 그 때문에 저는 밤새껏 울었습니다….”

"내버려두어라 이제 고쳐질 것이다.”

"그렇지만 그 여자는 건강한데요, 아시겠어요?"
"육체는 그렇다. 그러나 나머지는 완전히 중독되어 있다. 그러나 고쳐질 것이다."
"물론 그렇게 되겠지요. …로마 여자들이 어떤지는 주님도 아시지요, 그런데 그 여자들은 이렇게 말했습니다. '우리는 요술을 무서워하지 않고 객설을 믿지는 않아요, 오히려 우리 자신이 판단하기를 원해요' 그리고 제게 이렇게 말했습니다. '우리가 선생님 말씀을 들을 수 없을까요?' 하고."
"내가 스밧달 그믐께 네 집에 가겠다고 그 여자들에게 말하여라."
"그렇게 말하겠습니다. 그 여자들이 주님께로 오리라고 생각하십니까?"
"그 여자들에게는 다시 만들어야 할 것이 굉장히 많다. 우선 깨부순 후 다시 지어야 한다. 그러나 이것이 불가능하지는 않다. …요안나야, 네 집과 정원이 나타났다. 내가 네게 말한 것처럼 집에서 네 선생님을 위해서 일하여라. 잘 있거라, 요안나야. 주께서 너와 함께 계시기를 바란다. 주님의 이름으로 네게 강복한다."

배가 부두에 닿는다. 요안나는 간절히 청한다. "주님은 안 오세요?"
"지금은 안 간다. 나는 불꽃을 다시 일으켜야 한다. 몇 달밖에 떠나가 있지 않았는데, 불꽃이 거의 다 꺼졌다. 그리고 세월은 살과 같이 빨리 달아난다."

배는 쿠자의 정원의 작은 만에 멎었다. 하인들이 여주인이 배에서 내리는 것을 도우려고 뛰어온다. 요안나의 배는 요한과 마태오와 가리옷 사람과 필립보가 그 배를 떠나 베드로의 배로 올라간 다음에 베드로의 배 다음으로 부두에 이른다. 그리고 나서 베드로의 배는 천천히 기슭을 떠나 다시 맞은 편 기슭을 향하여 간다.

19. 예수께서 게르게사에 계시다. 요한의 제자들

예수께서는 내가 한 번도 본 적이 없는 도시에서 말씀하신다. 적어도 내게 그렇게 보인다. 모든 도시가 거의 같은 양식이어서 얼핏 보아서는 구별하기가 어렵기 때문이다. 여기도 큰 길이 호수를 끼고 나 있고 배들이 모두 기슭 가까이에 있다. 크고 작은 집들은 큰 길 건너편에 있다. 그러나 이곳에는 야산들이 훨씬 더 뒷쪽으로 있어서 이 작은 도시가 아름다운 평야 가운데 있게 된다.

이 평야는 호수의 동쪽 기슭을 따라 발달하였으며, 야산들이 바람을 막아 바람을 피하게 되어 있다. 그러므로 이 평야는 온화한 기후를 가지고 있어서, 이곳에서는 다른 시골에서보다도 나무의 꽃들이 훨씬 더 잘 핀다.

연설이 벌써 시작된 모양이다. 예수께서 이렇게 말씀하시는 것으로 알 수 있다. "…그것은 사실입니다. 여러분은 '우리는 선생님을 절대로 버리지 않겠습니다. 선생님을 버리는 것은 하느님을 버리는 것일 테니까요' 하고 말합니다. 그러나 게르게사의 시민 여러분, 사람의 생각보다 더 변하는 것은 아무것도 없다는 것을 기억하시오. 여러분이 지금은 이런 생각을 가지고 있다고 나는 확신합니다. 내 말과 뜻밖에 일어난 기적이 여러분을 이런 방향으로 흥분시켰고, 여러분이 지금은 실제로 그런 생각을 가지고 있습니다. 그러나 삽화 하나를 여러분에게 상기시키겠습니다. 오래 전의 것이거나 근래의 것이거나 이런 삽화를 얼마든지 예로 들 수 있겠지만, 이것 하나만을 들겠습니다.

하느님의 종 여호수아가 죽기 전에 각 지파의 연장자들과 지도자들과 재판관들과 행정관들을 자기 주위에 불러 모아놓고, 주님 앞에서 그들에게 말했습니다. 그는 주님이 자기를 통하여 베푸신 모든 은혜와 행하신 모든 놀라운 일들을 그들에게 상기시켰습니다. 이 모든 일을 열거한 다음에, 주님이 아닌 어떤 신도 물리치라고, 그렇지 않으면 적어도 참 하느님을 진정으로 택하든가 메소포타미아의 신들과 아모리인들의 신들을 택하든가 함으로써 아브라함의 자손들과 이교에 집착하는 사람들 사이에 명백한 구별이 있게 하라고 권했습니다.

뚜렷한 오류는 항상 위선적인 신앙고백이나 믿음의 혼합보다는 더 나은 것입니다. 믿음의 혼합은 하느님께는 치욕이 되고 사람의 정신에는 죽음이 되는 것입니다. 그런데 이 믿음의 혼합보다 더 쉽고 더 흔한 것은 아무것도 없습니다. 외양은 그럴 듯합니다. 그러나 그 아래 깔려 있는 실제는 아무 가치도 없습니다. 여러분, 언제나 그렇습니다. 언제나. 율법을 지키는 것과 율법이 금하는 것과를 뒤섞는 신자들, 율법을 충실히 지키는 것과 율법을 따르지 않는 사람들에게서 이익을 얻어내기를 바라서 그들과 거래를 하고 타협을 하는 데에서 오는 이익 사이에서 술취한 사람들처럼 망설이는 저 추한 사람들, 하느님을 섬기는 것을 그들의 생활의 목적으로 삼지 않고 다른 사람들을 제압하고 더 성실한 사람들에 대하여 전권을 가지기 위한 교활한 정략을 만드는 저 사제들이나 율법학자들이나 바리사이파 사람들은 우리 하느님과 외국의 신들을 뒤섞어놓는 위선자들에 지나지 않습니다. 그들이 이렇게 하는 것은 그들이 하느님의 종들이 아니라 그들이 추구하는 목적을 위하여 힘있고 귀중하다는 것을 아는 권력의 종들이기 때문입니다.
 백성은 여호수아에게 이렇게 대답했습니다. '우리가 참 하느님을 버리고 외국의 신들을 섬기는 일이 있어서는 절대로 안 됩니다' 하고. 여호수아는 그들에게 내가 전에 여러분에게 말한 것과 같은 말을 했습니다. 즉 아버지의 거룩한 질투와 우리에게서 우리 전체를 기울인 전적인 사랑을 받고자 하시는 하느님의 뜻, 그리고 거짓말쟁이들을 벌하시는 것이 공평하다는 것에 대해서 말한 것입니다. 벌한다는 것! 하느님께서는 상을 주실 수 있는 것과 마찬가지로 벌하실 수도 있습니다. 죽어야만 상을 받거나 벌을 받는 것이 아닙니다. 오 히브리 백성들이여, 하느님께서 그대들을 에짚트의 왕들에게서 구해내시고, 광야와 적들의 계략들 사이로 그대들을 무사히 인도하시고, 그대들로 하여금 위대하고 존경받고 영광을 많이 누리는 민족이 되도록 하락하심으로 그대들에게 많은 것을 베풀어 주시고 나서 그대들의 죄 때문에 한 번, 두 번, 열 번 그대들을 벌하지 않으셨는가! 지금 그대들이 어떻게 되었는지를 보라! 그리고 나는 그대들이 우상숭배 중에서도 가장 하느님을 모독하는 우상숭배에 빠져들어가는 것을 보며, 그대들이 늘 같은 죄에 다시 떨어지는 고집으로 인하여 어떤 구렁으로 떨어지려는지를 본다. 내가 구세주이고 또 내가 그대들에게서 태어났기 때문에 이중으로 내 백성인 백성아, 이 때문에 내가 그대를 다시 일깨우는 것이다. 이것은 증오가 아니고, 원한도 아니며, 비타협성도 아니다. 내가 상기시키는 것은, 비록 그것이 엄하다 하더라도 역시 사랑이다.
 여호수아는 그때 이렇게 말했습니다. '여러분이 주님을 택한다고 한 그 말의 증인은 여러분이오' 하고. 그리고 모든 사람은 '우리가 증인입니다' 하고 대답했습니다. 그리고 용맹하지만 않고 지혜롭기도 하던 여호수아는 사람의 의지가 얼마나 약한지를 알기 때문에 율법과 계약의 모든 말을 책에 기록하여 성소에 두었습니다. 그뿐 아니라 그때 장막이 있던 세겜에 있는 성소에 큰 돌 하나를 증거로 가져다놓고 이렇게 말했습니다. '여러분이 주님께 드린 말들은 이 돌이 여기 증거로 있어 여러분이 말한 것을 부인하고 여러분의 주 하느님께 거짓말을 할 수 없게 할 것이오' 하고.
 돌은 아무리 크고 단단하더라도 사람이나 벼락에 의해서 또는 물과 세월로 인한 마멸로 언제나 먼지가 될 수 있습니다. 그러나 영원한 모퉁이돌인 나는 파괴될 수가 없습니다. 이 살아 있는 돌에게 거짓말을 하지 마시오. 이 돌이 기적을 행한다고 해서만 그를 사랑하지 마시오. 여러분이 이 돌을 통하여 하늘에 닿겠기 때문에 이 돌을 사랑하시오. 나는 여러분이 더 영적인 사람들이 되고 주님께 더 충실한 사람들이 되기를 바랍니다. 내게 충실하라고는 말하지 않습니다. 내가 존재하는 것은 다만 아버지의 목소리이기 때문입니다. 나를 짓밟으면 여러분은 나를 보내신 분을 모욕하는 것이 됩니다. 나는 중개인입니다. 하느님께서 전부이십니다. 여러분은 이 하느님께 이르기 위하여 거룩한 것을 내게서 거두어서 여러분 안에 보존하시오. 나를 사람으로 사랑하지 말고 주님의 메시아로 사랑하시오. 또 메시아가 행하는 기적 때문에 그를 사랑하지 말고, 그가 여러분 안에 여러분의 성화라는 내적이고 숭고한 기적을 행하기를 원하기 때문에 사랑하시오."

예수께서는 강복을 주시고 어떤 집을 향하여 가신다. 거의 그집 문지방에 오셨는데, 나이많은 사람 한떼가 걸음을 멈추시게 하고 공손히 인사를 하며 말한다. "주님, 말씀을 여쭈어보아도 되겠습니까? 저희들은 요한의 제자들입니다. 그런데 요한이 항상 주님 말씀을 하고, 또 주님의 경탄할 만한 일들의 소문이 저희들에게까지 왔기 때문에 주님을 알고 싶었습니다. 그런데 이제 선생님의 말씀을 들으니 질문 한 가지가 머리에 떠오릅니다."

"말하시오. 당신들이 요한의 제자이면 벌써 올바른 길에 들어서 있는 것입니다."

"신자들에게 흔히 있는 우상숭배에 대해 말씀하시면서, 선생님은 저희들 가운데 율법과 율법 밖에 있는 사람들 사이에서 교제를 하는 사람이 있다는 말씀을 하셨습니다. 그러나 선생님도 그 사람들의 친구이십니다. 선생님께서 로마인들을 경멸하지 않으신다는 것을 저희들도 압니다. 그러면?"

"나는 그 말을 부인하지는 않소. 그러나 내가 거기에서 어떤 이익을 얻으려고 그렇게 한다고 말할 수 있겠소? 내가 그들의 보호만이라도 얻기 위해서 그들에게 아부한다고 말할 수 있겠소?"

"아닙니다 선생님, 그리고 이 점에 대해서 더없이 확신합니다. 그러나 세상에는 저희가 보는 악만을 믿고, 누가 저희들에게 와서 말하는 악은 믿기를 원치 않는 저희들 같은 사람만 있지 않습니다. 이제는 저희들 앞에서 누가 선생님을 중상하면 그런 경우에 어떻게 행동할지를 알고 선생님을 변호할 수 있게 이방인들과의 교제를 수긍할 수 있는 것이 되게 하는 이유들을 말씀해주십시오."

"인간적인 목적으로만 할 때에는 접촉을 하는 것이 나쁘오. 그러나 그들을 우리 주 하느님께 데려오기 위하여 그들과 교제하는 것은 나쁜 일이 아니오. 내가 하는 것은 이것이오. 만일 당신들이 이방인들이라면, 어떻게 모든 사람이 오직 한 분뿐이신 하느님에게서 오는지를 설명하느라고 시간을 끌 수 있을

19. 예수께서 게르게사에 계시다. 요한의 제자들

것이오. 그러나 당신들은 히브리인이고 요한의 제자들이오. 그러므로 당신은 히브리인 중의 정수(精粹)요, 그래서 이것을 당신들에게 설명할 필요는 없소. 그러므로 당신들은 내가 하느님의 말씀이기 때문에 만인의 아버지의 자식들인 모든 사람에게 하느님의 말씀을 전하는 것이 내 의무라는 것을 이해하고 믿을 수 있소."

"그러나 그들은 이교도들이기 때문에 아들들이 아닙니다…."

"은총이라는 면으로 말하면 그들은 아들들이 아니오. 그릇된 그들의 믿음으로는 아들들이 아니오. 그것은 사실이오. 그러나 내가 사람을 구속할 때까지는 히브리인까지도 은총을 잃은 상태일 것이오. 사람이 은총을 못 받게 되는 것은 원죄가 이루 말할 수 없는 은총의 빛을 가려서 마음 속에까지 내려오지 못하게 막기 때문이오. 그러나 사람은 창조에 의해서 항상 하느님의 아들이오. 히브리인도 로마인도 다 인류의 시조 아담에게서 오는데, 아담은 그에게 영적인 유사성을 주신 아버지의 아들이오."

"그것은 사실입니다. 선생님, 또 한 가지 질문이 있습니다. 왜 요한의 제자들은 엄격한 단식을 하는데, 선생님의 제자들은 그렇게 하지 않습니까? 선생님이 식사를 하셔서는 안 된다는 말씀은 아닙니다. 다니엘 예언자도 바빌론의 조정의 고관으로 있으면서도 하느님이 보시기에는 성인이었습니다. 그런데 선생님은 다니엘보다도 더 위대하십니다. 그러나 선생님의 제자들은…."

"엄격주의도 얻지 못하는 것을 온정으로 얻는 일이 흔히 있소. 선생에게로 결코 오지 않을 사람들이 있소. 그러면 선생이 그들에게로 가야 하오. 어떤 사람들은 선생에게 오고 싶기는 하지만 군중이 있는 데에서는 부끄러워서 오지 못하오. 그 사람들에게도 선생이 가야 하오. 그리고 그들이 '선생님을 알 수 있게 제 손님이 되어 주십시오' 하고 말하기 때문에 그들의 집에 가오. 호사스러운 식탁의 즐거움이나 내게는 몹시 괴로운 회화를 고려해서 가는 것이 아니라, 역시 언제나 하느님의 이익을 고려해서 가오. 이것은 내게 관한 것이오. 그런데 흔히 내가 이렇게 접근하는 영혼들 중에서 적어도 한 영혼이 회개하고, 어떤 회개를 막론하고 내 영혼에는 하나의 혼인 잔칫날이고, 이 큰 잔치에는 하늘의 천사들도 한몫끼고 영원하신 하느님께서도 그것에 강복하시기 때문에 신랑인 나의 친구들인 내 제자들은 그들의 친구인 신랑과 더불어 몹시 기뻐하오. 당신들은 내가 몹시 기뻐하는 동안에 친구들이 고통 중에 있기를 바라겠소? 내가 그들과 같이 있는 동안에? 그러나 그들이 나없이 있을 때가 올 것이오. 그러면 그때에는 그들이 엄격한 단식을 할 것이오. 새로운 시대에는 새로운 방법이 있는 법이오. 어제까지는 세례자 곁에 회개의 재가 있었소.
　그러나 오늘은 나의 오늘에는 구속과 자비와 사랑의 맛있는 만나가 있소. 이런 방법들은 내 행동에 접붙여질 수가 없을 것이오. 그것은 어제만 하더라도 자비가 아직 세상에 내려오지 않았기 때문에 그때에는 내 방법을 적용할 수가 없었던 것이오. 그러나 지금은 자비가 땅에 내려와 있소. 이제는 예언자가 아니라, 하느님께서 모든 것을 넘겨 주신 메시아가 땅에 내려와 있소. 각 시대에는 그 시대에 유익한 것들이 있소. 아무도 헌 옷에 새 천조각을 대서 깁지는 않소. 그렇게 하지 않으면 특히 빨래를 할 때에 새 천이 오그라들어 헌 천이 찢어지고 또 찢어진 것이 훨씬 더 넓어지기 때문이오. 이와 마찬가지로 새 술을 헌 부대에 넣는 사람은 아무도 없소. 그렇게 하지 않으면 헌 부대가 새 술이 부걱부걱 괴는 것을 견디지 못하고 터져서, 새 술이 터진 부대 밖으로 쏟아져 나오기 때문이오. 그러나 벌써 발효작용이 끝난 묵은 술은 헌 부대에 넣고, 새 술은 새 부대에 넣소. 그것은 어떤 힘이 그것과 동등한 다른 힘과 균형이 잡혀야 하기 때문이오. 지금이 그렇소. 새 교리의 힘은 그것이 전파되는 데 새로운 방법을 강요하오. 그래서 그것을 아는 나는 이 새로운 방법을 쓰는 것이오."
　"주님, 고맙습니다. 저희들이 이제는 만족합니다. 저희들을 위해 기도해 주십시오. 저희들은 헌 부대들입니다. 선생님의 힘에 견디어낼 수 있겠습니까?"
　"그렇소. 그것은 세례자가 당신들을 단련했고, 내 기도와 합한 세례자의 기도가 이 가능성을 당신들에게 주겠기 때문이오. 내 평화를 가지고 가시오. 그리고 요한에게 내가 축복한다고 말하시오."
　"그러나… 선생님 생각에는 저희들이 그대로 세례자와 같이 있는 것이 낫습니까, 선생님과 같이 있는 것이 낫습니까?"
　"묵은 술이 있는 동안은 그것이 입에 더 즐겁기 때문에 그것을 마시는 것이 더 기분이 좋소. 이 다음에는… 어디에나 있는 건강에 해로운 물에 당신들이 싫증이 날 것이니까, 새 술을 좋아하게 될 것이오."
　"세례자가 다시 잡히리라고 생각하십니까?"
　"틀림없소. 나는 벌써 그에게 사람을 보내 경계를 하라고 일렀소. 자 가시오. 당신들이 할 수 있는 한 당신들의 요한을 즐기시오. 그리고 그를 기쁘게 하시오. 그 다음에는 나를 사랑하시오. 그런데 이것이 당신들에게는 힘드는 일이기도 할 것이오. …묵은 술을 맛보고 나서 곧 새 술을 원하는 사람은 '묵은 술이 더 좋았어' 하고 말하오. 또 사실 나는 특별한 맛을 가지고 있을 것인데,

그것이 당신들에게는 시다고 생각될 것이오. 그러나 결국 당신들도 이 생명을 주는 맛에 익숙해질 것이오. 친구들, 잘 가시오. 하느님께서 당신들과 함께 계시기를 바라오."

20. 네프탈리에서 지스칼라로. 가믈리엘 선생과 만나시다

"선생님! 선생님! 아니 우리 앞에 누가 있는지 모르십니까? 가믈리엘 선생입니다! 바람이 막힌 나무 그늘 속에 포장을 둘러친 가운데 하인들과 같이 앉아 있습니다. 그들은 어린 양을 굽고 있는 중입니다. 이제 우리는 어떻게 해야 합니까?"
"이 사람들아, 그야 우리가 하려고 하던 것을 계속하는 것이지. 우리 길을 계속하는 것이다…."
"그러나 가믈리엘은 성전 사람인 걸요."
"가믈리엘은 신의없는 사람이 아니다. 두려워 말아라. 나는 계속 앞으로 나아가겠다."
"오! 저도 가겠습니다" 하고 예수의 사촌들과 모든 갈릴래아 출신 제자와 시몬이 함께 말한다. 가리옷 사람만이, 그리고 그보다는 덜 하지만 토마도 별로 앞으로 갈 결심이 서지 않는 것 같다. 그러나 그들도 다른 사람들을 따라간다. 나무가 무성한 깎아지른 절벽 사이로 난 산길이 아직 몇 미터 계속된다. 그러다가 길이 구부러지면서 일종의 고원으로 들어섰다가 가지들이 새로 얽힌 나무들 밑으로 들어가며 다시 좁아지고 꼬불꼬불해진다. 양지바르면서도 동시에 새로 돋아나는 나무들의 잎으로 그늘이 진 숲속의 빈 터의 호화스런 천막 아래 많은 사람이 있고, 또 한구석에는 불꽃 위에 어린 양을 돌리는 일에 전념하는 또 다른 사람들이 있다.

말할 것도 없다! 가믈리엘은 건강에 몹시 유의하는 것이었다. 여행하는 한 사람을 위하여 수많은 하인을 움직였고 얼마나 많은 짐을 옮기게 했는지 모른다. 이제 그는 그의 천막 가운데에 앉아 있다. 금빛나는 말뚝 네 개 위에 친 천으로, 일종의 닫집을 이루는 것인데, 그 아래에는 쿠션이 깔린 낮은 의자들이 있고 상감세공(象嵌細工)으로 장식한 세발받침이 달린 식탁이 있다. 식탁에는 대단히 고운 식탁보가 깔려 있는데, 하인들이 그 위에 값진 식기들을 늘어놓는다. 가믈리엘은 우상과 같다. 손을 펴서 무릎에 올려놓고 뻣뻣하고 엄숙하게 앉아 있는 것이 꼭 석상과도 같다. 그의 주위로는 하인들이 나비처럼 돌아다닌다. 그러나 그는 그것을 상관하지 않는다. 그는 그의 엄한 눈에 눈꺼풀이 거의 내리덮고 깊은 생각에 잠겨 있다. 그리고 눈꺼풀을 올리면, 길고 날씬한 코 양쪽에 움푹 들어가고 생각에 많이 잠긴 대단히 짙은 빛깔의 눈이 아주 엄격하면서도 아름답게 드러난다. 그 위로는 나이많은 사람의 약간 벗어진 넓은 이마가 있는데, 주름 셋이 평행으로 파져 있고, 오른쪽 관자놀이 한가운데에는 굵은 파르께한 정맥이 V자 모양을 그려놓고 있다.

그리고 오는 사람들의 발소리에 하인들이 돌아다본다. 가믈리엘도 몸을 돌린다. 그는 앞장서서 오시는 예수를 보고 놀라는 몸짓을 한다. 그는 일어나서 천막가에까지만 나온다. 그러나 거기서 손을 가슴에 †로 포개 얹고 몸을 깊이 구부린다. 예수께서는 같은 모양으로 답례를 하신다.

"선생께서 여기를?" 하고 가믈리엘이 묻는다.

"그렇습니다, 선생님" 하고 예수께서 대답하신다.

"어딜 가시느냐고 물어도 괜찮겠습니까?"

"선생님께 대답하는 것이 제게는 기분좋은 일입니다. 저는 네프탈리에서 오고 지스칼라로 가는 길입니다."

"걸어서요? 그러나 길이 멀고 산길이 험합니다. 선생께서 너무 피로하시겠습니다."

"진정으로 말합니다만, 누가 나를 받아들이고 내 말을 들으면 이것으로 일체의 피로가 내게서 없어집니다."

"그러면… 이번 한 번만이라도 내가 선생의 피로를 없애 드리는 사람이 되게 해주십시오. 어린 양이 다 익었습니다. 나는 나머지를 가져가는 습관이 없기 때문에 우리들은 나머지를 새들에게 남겨 주었을 것입니다. 선생을 청하고 선생과 더불어 선생의 제자들을 청하는 것이 내게 방해가 되지 않는다는 것을 아시겠지요. 예수님, 나는 선생의 친구입니다. 나는 선생을 나보다 못하다고 생각하지 않고 오히려 나보다 훌륭하다고 생각합니다."

"저도 그렇게 생각하고 선생님의 초대를 받아들이겠습니다."

가믈리엘은 주방장의 일을 하는 것 같은 하인에게 말한다. 이 하인이 명령을 전달하니, 천막을 늘이고 많은 노새에서 예수의 제자들을 위한 의자들과 식기들을 내린다.

손가락을 깨끗하게 할 컵들을 가져온다. 예수께서는 대단히 품위있게 이

의식을 행하시고, 그동안 유다의 세련된 예법에 능숙한 시몬과 가리옷의 유다와 바르톨로메오와 마태오를 제외한 다른 제자들은 가믈리엘이 주의깊게 곁눈질로 살펴보는 가운데 할 수 있는 대로 덜 서투르게 이 일을 한다.

예수께서 식탁 한쪽에 혼자 있는 가믈리엘의 옆에 계시다. 예수의 맞은 편에는 열성당원이 있다. 가믈리엘이 봉헌의 기도를 엄숙하게 천천히 하고 난 뒤에 하인들이 어린 양 고기를 잘라서 손님들에게 나누어 주고, 잔에 포도주를 따르고, 꿀물을 더 좋아하는 사람들에게는 꿀물을 따라 준다.

"선생, 우리가 우연히 만났군요. 선생이 지스칼라로 가시는 길에 이렇게 만날 줄은 정말 몰랐습니다."

"저는 모든 사람에게 갑니다."

"그렇습니다. 선생은 지칠 줄 모르는 예언자십니다. 요한은 정착해 있고, 선생은 순회하시구요."

"이렇게 하면 사람들이 저를 만나기가 더 쉽게 됩니다."

"나는 그렇게 말하지 않겠습니다. 그렇게 옮겨다니시면 사람들이 갈피를 잡지 못하게 됩니다."

"저는 원수들에게만 갈피를 잡지 못하게 합니다. 하느님의 말씀을 사랑하기 때문에 저를 원하는 사람들은 저를 찾아냅니다. 모두가 선생에게 올 수는 없습니다. 그래서 모든 사람을 원하는 선생이 그들을 찾아갑니다. 저는 이렇게 해서 착한 사람들에게 도움이 되고, 저를 미워하는 사람들의 책동을 피합니다."

"내게 대해서 그 말을 하는 것입니까? 나는 선생을 미워하지 않습니다."

"아닙니다. 선생님께 대한 말은 아닙니다. 그러나 선생님은 의로우시고 진실하시니, 제 말이 사실이라고 말씀하실 수 있습니다."

"그렇습니다. 그것은 사실입니다. 하지만… 아시겠어요? …우리 늙은이들은 선생을 이해하기가 힘들단 말입니다."

"그렇습니다. 낡은 이스라엘은 불행하게도 저를 잘 이해하지 못합니다. …그런데 그것은 그가 원해서 그런 것입니다."

"아! 그건 아닙니다!"

"그렇습니다, 선생님 이스라엘은 선생을 이해하려고 그의 의지를 전적으로 기울이지를 않습니다. 그런데 여기에 그치는 사람은 잘못하는 것이지만, 그 잘못이 상대적인 것입니다. 그러나 많은 사람이 이와 반대로 제 말을 틀리게 알아듣고 하느님께 해를 끼치려고 내 말을 왜곡하는 데 그들의 의지를 전념케 합니다."

"하느님께 해를 끼친다구요? 하느님께서는 사람들의 계략을 초월해 계신데요."

"그렇습니다. 그러나 스스로 길을 잃거나 남이 길을 잃게 하는 영혼은 — 그런데 자기 자신을 위해서나 다른 사람들을 위해서 제 말을 왜곡하는 것이 길을 잃는 것입니다 — 파멸로 빠지는 영혼을 통해 하느님께 해를 끼칩니다. 파멸로 가는 영혼은 하나같이 하느님께 드리는 상처입니다."

가믈리엘은 머리를 숙이고 눈을 감고 곰곰이 생각한다. 그리고 본의 아니게 마음 고통을 나타내는 몸짓으로 길고 야윈 손가락으로 이마를 문지른다. 예수께서는 그를 유심히 살펴보신다. 가믈리엘은 머리를 들고 눈을 뜨고 예수를 쳐다보며 말한다. "그러나 선생은 내가 이런 사람들 축에 끼지 않는다는 것을 아시지요."

"압니다, 그러나 선생님은 첫번째 사람들 중에 드십니다."

"오! 그건 맞습니다! 그러나 그것은 내가 선생을 이해하려고 전념하지 않아서가 아닙니다. 선생의 말이 내 지능에 와서 멎고 그 이상 들어오지는 못하기 때문입니다. 내 지능은 학자의 말처럼 그 말에 탄복합니다. 그러나 정신은…"

"가믈리엘 선생님, 그러나 정신에는 너무나 많은 것이 꽉 들어차 있기 때문에 제 말을 받아들이지 못하는 것입니다. 그런데 그 물건들은 폐허입니다. 조금 전에 네프탈리에서 이쪽으로 오면서 산맥에서 외따로 떨어진 산으로 해서 지나왔습니다. 그리로 지나오면서 아름다운 겐네사렛 호수와 메론 호수를 마치 독수리들과 주님의 천사들이 내려다보듯이 보며 다시 한 번 '우리에게 주시는 아름다움을 창조하신 주님, 감사합니다' 하고 말하는 것이 기뻤습니다. 풀밭과 과수원과 밭과 수풀 할 것 없이 산 전체가 꽃과 새로 돋아나는 덤불과 봄의 새 잎으로 뒤덮여 있었습니다. 벌써 눈같이 흰 수천 수만 개의 꽃을 준비하고 있는 올리브나무들 곁에서는 월계수들이 향기를 풍기고 있었고, 든든한 떡갈나무들까지도 참으아리속과 인동덩굴로 덮여 더 매력이 있게 되는 것이었습니다. 그런데 꽃이 도무지 없고 사람과 자연의 힘으로 기름지게 할 수 없는 사막 같은 곳이 나타났습니다. 그곳은 고대 핫조르족의 거대한 폐허가 모든 것을 뒤덮고 있기 때문에 인간의 어떤 노력도, 씨앗을 날라다주는 바람의 노력도 수포로 돌아갑니다. 그래서 그 돌밭에는 쐐기풀과 가시덤불밖에 자라지 못하고 뱀들밖에 살지 못합니다. 가믈리엘 선생님…."

"선생의 말을 알아듣겠습니다. 우리도 폐허란 말이지요. …예수님, 비유를 알아듣겠습니다. 그러나… 나는 할 수 없습니다. …달리는 할 수가 없어요."

돌들이 너무 깊이 박혀 있거든요."

"선생님이 믿으시는 어떤 이가 선생님께 이렇게 말했습니다. '내 마지막 말을 듣고 돌들이 떨 것이다' 하고. 그러나 뭣 때문에 메시아의 마지막 말을 기다려야 합니까? 선생님은 저를 전에 따르지 않은 것에 대해서 가책을 느끼지 않으시겠습니까? 마지막 말!… 죽어가는 친구의 마지막 말, 우리가 너무 늦게 들으러 간 친구의 마지막 말은 또한 슬픈 말이기도 합니다. 그러나 제 말은 어떤 친구의 말보다 더한 것입니다."

"선생의 말이 옳습니다. …그러나 나는 할 수가 없어요. 나는 그 표를 보아야 믿을 것입니다."

"땅이 황폐하게 된 다음에는 벼락 한 번 치는 것으로는 그것을 개간하는 데 충분치 못합니다. 땅이 벼락을 맞지 않고 땅을 뒤덮은 돌들이 맞습니다. 가믈리엘 선생님, 적어도 그 돌들을 치우도록 힘쓰십시오. 그렇지 않고 돌들이 선생님의 마음 속에 그렇게 깊이 박혀 있으면, 표가 와도 선생님을 믿음으로 인도하지 못할 것입니다."

가믈리엘은 깊은 생각에 잠겨 입을 다물고 있다. 식사가 끝났다. 예수께서는 일어나셔서 말씀하신다. "하느님, 식사에 대해서, 또 현자에게 말을 할 수 있는 것에 대해서 감사를 드립니다. 가믈리엘 선생님, 감사합니다."

"선생, 그렇게 떠나지 마십시오. 선생이 내게 화를 내지 않으셨나 걱정이 됩니다."

"아! 그렇지 않습니다! 정말입니다."

"그러면 가지 마세요. 나는 힐렐의 무덤을 찾아가는 길입니다. 나하고 같이 가는 것을 마다하지 않으시겠습니까? 나는 모든 사람이 탈 만큼 노새와 나귀들이 있으니까 빨리 갈 것입니다. 노새와 나귀의 짐만 내려서 하인들이 지고 가게 하면 됩니다. 그러면 선생에게는 이번 길에서 제일 어려운 부분을 질러 가는 셈이 될 것입니다."

"선생님과 같이 힐렐의 무덤에 가는 것을 거절하지 않겠습니다. 제게는 영광이 되는 일입니다. 그러면 가십시다."

가믈리엘이 명령을 내린다. 그리고 모두가 임시 식당을 분해하는 일을 하는 동안 예수와 가믈리엘 선생은 나란히 노새를 타고 조용한 오르막길로 나아간다. 그 조용한 길에 편자를 박은 굽소리가 요란하게 울려 퍼진다.

가믈리엘은 말이 없다. 안장이 편하냐고 예수께 두 번 묻는 것밖에 없었다. 예수께서도 대답을 하시고는 당신 생각에 잠기셔서 말씀을 안하신다. 어떻게나 생각에 골몰하시는지 가믈리엘이 당신의 일거일동을 살피기 위하여 그의 노새를 억제하여 예수를 목의 길이 하나쯤 앞서가게 하는 것을 보지 못하신다. 늙은 선생의 눈이 어떻게나 주의깊게 응시하는지 꼭 먹이를 노리는 매눈과 같다. 그러나 예수께서 그것을 눈치채지 못하신다. 그저 노새의 건들거리는 걸음에 적응하시며 조용히 앞으로 나아가신다. 예수께서는 곰곰히 생각하신다. 그러나 주위에 있는 모든 것의 모습을 살펴보신다. 손을 내밀어 황금빛 양골담초 무더기를 뜯으시니 그것이 땅으로 떨어진다. 잎이 우거진 노간주나무에 둥지를 틀고 있는 새 두 마리를 보고 미소지으시고, 머리가 검은 꾀꼬리의 노래를 들으려고 노새의 걸음을 멈추기도 하시고, 멧비둘기가 일을 하고 있는 동료를 격려하는 몹시 불안해 하는 부르짖음에 마치 축복을 하시듯 고개를 끄덕이신다.

"선생은 초목과 짐승들을 몹시 좋아하시지요?"

"대단히 좋아합니다. 이것은 살아 있는 제 책입니다. 사람은 그 앞에 항상 믿음의 근거를 가지고 있습니다. 창세기는 자연 속에 살아 있습니다. 이제는 볼 줄 아는 사람은 믿을 줄도 압니다. 그 향기와 늘어진 그 꽃부리의 질료(質料)가 저렇게도 부드러워서 저 찌르는 노간주나무와 저 찌르는 가시양골담초와 대조가 되는 저 꽃이 저절로 생겨날 수 있었습니까? 또 보십시오. 저 부드러운 가슴에 저 마른 피 한 줌을 가지고 있는 저 울새가 저렇게 저절로 생겨날 수 있었겠습니까? 또 저 두 마리의 멧비둘기는 그 회색 깃의 천에 어디서 어떻게 저 줄마노(瑪瑙) 빛깔 목걸이를 그려 가질 수 있었겠습니까? 또 저기 나비 두 마리를 보십시오. 한 마리는 검은 색에 금빛과 루비빛을 띤 큰 눈을 가졌고, 또 한 마리는 흰 색에 파란 줄무늬가 있는데, 저놈들이 어디서 그 날개에 달려고 보석과 리본을 찾아냈겠습니까? 또 저 개울은? 그것은 물입니다. 좋습니다. 그러나 저 물은 어디서 왔습니까? 원소인 물의 첫째 근원은 무엇입니까? 오! 제대로 볼 줄 알면, 바라보는 것은 믿는다는 뜻이 됩니다."

"바라다보는 것은 믿는다는 뜻이라, 우리는 우리 앞에 있는 살아 있는 창세기를 너무도 바라다보지를 않습니다."

"가믈리엘 선생님, 지식은 너무 많고 사랑은 너무 적고 겸손도 너무 적습니다."

가믈리엘은 한숨을 쉬고 머리를 젓는다.

"자, 다 왔습니다. 예수님, 저기 힐렐이 묻혔습니다. 내려가서 노새들을 여기 둡시다. 하인이 이놈들을 붙잡을 것입니다."

21. 가파르나움의 바리사이파 사람 엘리의 손자를 고쳐 주시다

예수께서는 배로 가파르나움에 도착할 순간에 계시다. 곧 해가 질 참이어서 호수는 온통 노랗고 빨간 색으로 반짝인다. 두 배가 접안하려고 조작하는 동안 요한이 말한다. "저는 즉시 샘에 가서 선생님이 해갈을 하시게 물을 떠 오겠습니다."

"여기 물은 맛있단 말이야" 하고 안드레아가 외친다.

"그렇다, 여기 물은 맛있다. 그리고 너희들의 사랑이 그 물을 더 맛있게 한다."

"저는 물고기를 집으로 가져가겠습니다. 저녁에 먹게 여자들이 조리할 것입니다. 그런 다음 저희들과 여자들에게 말씀하시지요."

"그래라, 베드로야."

"이제는 집에 돌아오는 것이 더 기분좋습니다. 전에는 우리가 방랑자 같았습니다. 그러나 지금은 여자들이 있으니까 질서가 더 잡히고 사랑이 더 있습니다. 그리고 또! 선생님의 어머니를 뵈면 저는 피로가 싹 가셔버립니다. 영문을 모르겠습니다…."

예수께서는 미소를 지으시고 말씀을 안하신다.

배가 모래톱에 올라앉는다. 짧은 속옷바람인 요한과 안드레아는 물로 뛰어내려 사환들의 도움으로 배를 호숫가로 끌고 가서 다리 노릇을 할 널빤지를 걸쳐 놓는다. 예수께서 먼저 배에서 내리셔서 모든 제자들과 합치시려고 둘째 배가 호숫가에 닿기를 기다리신다. 그리고 일행은 느린 걸음으로 샘을 향하여 걸어 간다. 읍내에 약간 벗어난 곳에서 흐르고 있는 샘으로, 그 차갑고 많고 은빛 같은 물이 돌수반 위로 떨어진다. 어떻게나 맑은지 이 물은 저절로 마실 생각이 들게 한다. 물항아리를 가지고 앞서 갔던 요한은 벌써 돌아와서 물이 뚝뚝 떨어지는 물병을 예수께 드리니, 예수께서는 오랫동안 드신다.

"선생님, 목이 몹시 마르셨군요! 그런데 저는 바보처럼 물을 마련해 가지고 다니지 않았습니다."

"괜찮다, 요한아. 이제는 다 지나갔다." 그러시면서 요한을 쓰다듬으신다.

일행이 집에 거의 다 돌아오게 되었는데, 물고기를 집에 갖다 주려고 갔던 시몬 베드로가 있는 힘을 다해서 빨리 뛰어 오는 것이 보인다. "선생님! 선생님!" 하고 숨이 턱에 닿아서 소리소리 지른다. "바리사이파 사람 엘리의 하나밖에 없는 손자가 뱀에 물려서 죽어가기 때문에 읍내가 떠들썩합니다. 그 아이는 마침 얼마나 말리는데도 할아버지와 함께 올리브밭에 갔었답니다. 엘리는 일하는 사람들을 지켜보고 있었는데, 아이는 늙은 올리브나무 뿌리 근처에서 놀다가 도마뱀이 나오기를 바라면서 그 구멍에 손을 들이밀었다가 뱀을 만났습니다. 늙은이는 미치다시피 했습니다. 그리고 아이 어머니는, 그러지 않아도 시아버지를 명칭 그대로 미워하는 참이라, 늙은이를 살인자라고 비난합니다. 아이는 시시각각으로 몸이 식어갑니다. 부모는 서로 사랑하지 않았습니다. 그래서 물론 이건 가정이라고 할 수도 없는 것이지요!"

"한 가정 안에 원한이 있다는 것은 대단히 나쁜 일이다!"

"그렇지만 선생님. 뱀들도 뱀 같은 엘리를 좋아하지 않았다는 말씀입니다. 그래서 그놈들이 작은 뱀을 죽인 것입니다. 저는 그 늙은이가 저를 보고 '선생님이 거기 계신가?' 하고 제 뒤에서 소리친 것을 유감스럽게 생각합니다. 그리고 그 어린 것이 애석합니다. 잘 생긴 아이거든요, 그리고 바리사이파 사람의 손자가 되었다는 게 그애 탓은 아니거든요."

"그렇다, 그애 탓이 아니다…."

그들이 읍내로 향하여 가는데, 부르짖고 울고 하는 사람 한떼가 그들을 향하여 오는 것이 보이고, 맨 앞에는 늙은 엘리가 보인다.

"그 늙은이가 우리를 만났습니다. 뒤돌아 가십시다!"

"아니 왜? 저 노인이 괴로워하는데."

"저 늙은이는 선생님을 미워합니다. 그걸 잊지 마십시오. 저 늙은이가 선생님을 비난한 사람들 중의 하나이고, 성전편에 서서 선생님을 제일 먼저 제일 악착같이 비난한 사람들 중의 한 사람입니다."

"나는 내가 자비 자체라는 것을 기억하고 있다."

늙은 엘리는 흐트러진 머리에 아연실색하고 옷이 마구 헤쳐진 채 팔을 내밀고 예수께로 달려와서 그 발 앞에 주저앉으며 부르짖는다. "불쌍히 여겨 주십시오! 불쌍히 여겨 주십시오! 용서해 주십시오! 내 냉혹한 것을 어린 것에게 복수하지 마십시오! 선생님만이 그애를 살리실 수 있습니다. 선생님의 아버지이신 하느님께서 선생님을 이리로 데려오셨습니다. 선생님을 믿습니다! 선생님을 공경합니다! 선생님을 사랑합니다! 용서하십시오! 나는 부당했고 거짓말쟁이였습니다! 그러나 나는 벌을 받았습니다. 요 몇 시간만으로도 벌이 됩니다. 도와주십시오! 그애는 사내아이입니다! 죽은 내 아들의 외아들입니다. 그런데 며느리는 내가 애를 죽였다고 비난합니다." 그러면서 장단을 맞추어 머리를 땅에 부딪치면서 운다.

"자! 그렇게 울지 마십시오. 이제는 어린 것이 크는 것을 볼 걱정은 하지 않고 죽으려 하십니까?"

"그 애는 죽어갑니다! 그 애는 죽어가요! 어쩌면 벌써 죽었는지도 모릅니다. 나도 죽게 해주십시오. 아니 내가 그 빈 집에서 살지 않게 해주십시오! 아이고! 내 서글픈 만년!"

"엘리 선생, 일어나서 가십시다…."

"선생님이… 정말 오시는 겁니까? 그렇지만 내가 누군지 아십니까?"

"불행한 사람입니다. 가십시다."

늙은이는 일어나서 말한다. "내가 앞장서겠습니다. 그러나 선생님은 뛰어오십시오, 뛰어 오세요. 빨리 해주십시오!" 그러면서 그는 마음을 자극하는 절망 때문에 빨리 간다.

"그렇지만 주님, 이것으로 그 사람이 변하리라고 생각하십니까? 아이고! 정말 무익한 기적입니다! 아니 저 작은 뱀을 죽게 내버려두십시오! 늙은이도 상심 끝에 죽을 것입니다. 그러면… 그러면 선생님의 길을 가로막는 사람이 하나 덜 있게 될 것입니다. 하느님이 그 생각을 하셨습니다…."

"아니, 시몬아! 정말이지 이제는 네가 뱀이다." 예수께서 베드로를 엄하게 밀어내시니, 베드로는 고개를 숙인다. 그리고는 예수께서 앞으로 나아가신다.

가파르나움에서 제일 큰 광장 근처에 아름다운 집이 하나 있는데, 그 앞에서는 사람들이 몹시 떠들어대고 있다. …예수께서 그리로 향해 가시며 거의 다다르셨는데, 그때 활짝 열린 문으로 그 늙은이가 나오고 그 뒤에는 죽어가는 아이를 안은 머리가 흐트러진 여인이 따라나온다. 독이 벌써 기관들을 마비시켰고 죽음이 임박하였다. 상처를 입은 귀여운 손은 엄지 밑둥에 물린 자국을 지닌 채 늘어져 있다. 엘리는 그저 "예수님! 예수님!" 하고 부르짖기만 한다.

군중이 죄고 찍어누르고 해서 거의 옴쭉달싹도 하실 수 없게 된 예수께서는 작은 손을 붙잡고 입으로 가져가신다. 그리고 상처를 빨아들이신 다음 흐릿한 눈이 반쯤 감긴 밀랍색의 작은 얼굴에 입김을 부신다. 그런 다음 몸을 다시 일으키시며 말씀하신다. "자, 이제는 아이가 깨납니다. 그 모든 깜짝 놀란 얼굴들을 가지고 아이를 무섭게 하지 마시오. 뱀생각만 하고도 벌써 겁을 낼 것입니다."

과연 얼굴이 볼그레해지기 시작하는 어린 아이는 입을 벌리고 길게 하품을 한다. 아이는 눈을 비비고 나서 눈을 뜨고 자기가 그렇게 많은 사람들 가운데 있는 것을 보고 깜짝 놀란다. 그리고는 생각이 나서 너무나 갑자기 펄쩍 뛰어서 도망치려고 하는 바람에 예수께서 재빨리 품에 안지 않으셨더라면 넘어질 뻔하였다.

"됐다! 됐어! 뭐가 무서우냐! 저 아름다운 해를 보아라! 저긴 호수가 있고, 저긴 네 집이 있고, 여긴 엄마가 있고, 할아버지가 계시다."

"그런데 뱀은?"

"사라졌다. 내가 여기 있다."

"아저씨가, 맞아…" 어린 아이는 곰곰히 생각한다. …그리고 그의 천진난만한 목소리로 말한다. "할아버지는 아저씨보구 '저주받은 사람'이라고 말하라고 그랬어. 그렇지만 난 그렇게 말 안해. 난 아저씰 좋아해."

"내가? 내가 그런 말을 했다구? 얘가 헛소리를 합니다. 선생님, 얘 말을 믿지 마십시오. 나는 항상 선생님을 존경했습니다." 그가 공포를 극복하니 벌써 그의 이전 성질이 되살아난다.

"말은 가치가 있기도 하고 없기도 합니다. 나는 그 말들을 있는 그대로 받아들입니다. 꼬마야, 잘 있거라. 아주머니, 잘 계시오. 엘리 선생, 안녕히 계십시오. 서로 사랑하시오. 그리고 그렇게 할 수 있으면 나를 사랑하시오." 예수께서는 등을 돌리시고, 거처하시는 집을 향하여 가신다.

"선생님, 왜 눈이 번쩍 뜨이는 기적을 행하지 않으셨습니까? 독보고 아이를 떠나라고 명령하셔도 되었을 텐데요. 선생님이 하느님이시라는 것을 보이셔야 했을 텐데. 그렇게 하지 않으시고, 누구나 할 수 있는 것처럼 독을 빨아내셨습니다." 가리옷의 유다는 별로 만족스러워하지 않는다. 그는 굉장한 어떤 일을 바랐었다. 다른 제자들도 같은 의견을 가지고 있다. "선생님은 선생님의 능력을 써서 그 원수를 압도하셔야 하는 건데 그러셨습니다. 들으셨습니까? 예? 그 사람은 이내 독을 다시 토해냈습니다…."

"독은 아무래도 좋다. 그러나 이 점을 곰곰히 생각해 보아라. 만일 내가 너희가 바라는 대로 행했더라면, 그 사람은 벨제붓(마귀의 왕)이 나를 도왔다고 말했을 것이다. 폐허가 된 그의 영혼으로, 그래도 아직 의사로서의 내 능력은 인정할 수가 있다. 다른 것은 인정하지 않고, 기적은 벌써 이 길에 들어서 있는 사람들을 믿음으로 인도한다. 그러나 겸손을 가지지 않은 사람들에게서는— 믿음은 항상 어떤 영혼 안에 겸손이 있다는 것을 증명한다— 기적이 그들을 하느님을 모독하도록 이끌어간다. 그러므로 언뜻 보아 인간적인 방법의 힘을 빌어서 이 위험을 피하는 것이 더 낫다. 이것이 믿지 않는 사람들의 불행이고, 없앨 수 없는 그들의 불행이다. 이 불행을 사라지게 할 돈은 없다. 그것은 아무 기적도 그들을 믿게 하지 않고 착한 사람이 되게도 하지 않기 때문이다. 아무래도 상관없다. 나는 내 의무를 다한다. 그리고 그들은 그들의 나쁜 경향을 따라 간다."

"그러면 왜 그 기적을 행하셨습니까?"

"그것은 내가 인자 자체이기 때문이고, 내가 원수들에 대하여 복수심이 강한 사람이고, 도전하는 사람들에 대하여 나도 도전을 한다고 사람들이 말할 수 없게 하기 위해서이다. 나는 그들의 머리 위에 뜨거운 숯불을 쌓아놓는 셈이 된다. 그런데 그 숯불들을 쌓아놓으라고 내게 그것들을 내미는 사람들은 바로 그들이다. 시몬의 유다야, 착한 마음씨를 가져라, 그리고 그들과 같이 행동하려고 하지 말아라! 자 이것으로 충분하다. 내 어머니께로 가자. 어머니는 내가 어린 아이를 고쳐 준 것을 기뻐하실 것이다."

22. 엘레세오에게 기적을 행하신 후 가파르나움의 집에 계신 예수

모든 화단에 꽃이 피기 시작한 정원을 통하여 예수께서 대단히 넓은 부엌으로 들어가신다. 부엌에서는 가장 나이많은 두 마리아(클레오파의 마리아와 마리아 살로메)가 저녁을 짓고 있다.

"아주머니들에게 평화!"

"아이고! 예수님! 선생님!" 두 여인이 몸을 돌려 예수께 인사를 한다. 한 사람은 배를 따고 있는 생선을 손에 들고, 또 한 사람은 야채가 가득한 남비를 들고 있다. 야채를 끓이는 데 얼마나 익었는지 보려고 남비를 갈고리에서 벗겨 냈던 것이다. 약간 퇴색하고 불꽃과 일로 벌겋게 된 그들의 착한 얼굴들이 기뻐서 미소짓는데, 행복으로 인하여 더 젊어지고 더 아름다워지는 것 같다.

"조금만 있으면 다 됩니다. 예수님. 피곤하십니까? 시장하시지요?" 하고 친척이기 때문에 허물이 없는 아주머니 마리아가 말한다. 마리아 아주머니는 친아들 두 사람보다 예수를 더 사랑하는 것 같다.

"여느 때보다 더 시장하지는 않아요. 그렇지만 아주머니와 마리아가 만든 맛있는 음식은 기꺼이 먹겠습니다. 다른 사람들도 마찬가지일 거예요. 저기들 옵니다."

"어머니는 윗층 방에 계세요. 이거 보세요?… 시몬이 왔어요. …아이고! 오늘 저녁 나는 정말 기뻐요! 아니, 정말 기쁘지는 않아요, 그건… 내가 언제 정말 기쁘겠는지 예수님도 아시지요."

"예, 압니다." 예수께서는 아주머니에게 가까이 가서 이마에 입맞춤하고 말씀하신다. "아주머니의 소원을 저도 압니다. 그리고 죄는 되지 않지만 살로메를 부러워하신다는 것도 알고 있어요. 그러나 언젠가 아주머니도 살로메와 같이 '내 아들들이 모두 예수의 것이다' 하고 말씀하실 수 있을 날이 올 것입니다. 어머니를 가 뵙겠습니다."

예수께서는 나오셔서 옥상정원으로 올라가는 작은 계단으로 올라가신다. 옥상정원은 집을 반넘게 덮고 있고, 다른 반쪽에는 넓은 방이 차지하고 있다. 그방에서는 남자들의 굵은 목소리와 성모님의 부드러운 목소리가 나온다. 세월이 지나도 금이 가지 않은 처녀의 순결하고 맑은 목소리, '저는 주님의 종입니다' 하고 말한 것과 같은 목소리, 아기에게 자장가를 불러 주던 그 목소리이다.

예수께서는 미소지으시면서 가만히 가까이 가신다. 그것은 어머니가 이렇게 말씀하시는 것을 들으시기 때문이다."내 집은 내 아들이야. 그래서 내가 나자렛을 떠나 있는 데서 고통을 느끼는 건 예수가 멀리 떨어져 있을 때뿐이야. 그렇지만 예수가 가까이 있기만 하면… 오! 내겐 부족한 것이 아무것도 없어. 그리고 내 집에 대해서는 염려를 안해. 자네들이 거기 있으니까…."

"아이고! 보세요, 예수님이 오셨어요!" 하고 사라의 알패오가 외친다. 그는 얼굴을 문쪽으로 향하고 있었기 때문에 예수께서 문에 나타나시는 것을 곧 본 것이다.

"그렇다, 내가 여기 왔다. 너희들 모두에게 평화, 어머니!" 예수께서는 어머니의 이마에 입맞춤하시고, 어머니의 입맞춤을 받기도 하신다. 그리고 뜻밖의 손님들에게로 몸을 돌리신다. 뜻밖의 손님들이란 시몬, 사라의 알패오, 목자 이사악, 그리고 최고법원의 결정이 있은 다음 엠마오에서 받아들이신 그 요셉이다.

"저희들이 나자렛에 갔더니, 알패오가 이리로 와야 한다고 말했습니다. 그래서 왔습니다. 그리고 알패오와 시몬도 저희들과 같이 오고 싶어했습니다" 하고 이사악이 설명한다.

"여기 오는 것이 대단히 바람직한 일로 생각되었습니다" 하고 알패오가 말한다.

"그리고 나도 형님께 인사를 하고 형님과 마리아 아주머니와 함께 좀 있고 싶었어요" 하고 시몬이 말을 끝낸다.

"그리고 나도 너희들과 같이 있는 것이 매우 기쁘다. 케덱의 주민들이 바라는 것처럼 그곳에 더 오래 묵지 않길 잘했다. 케덱에는 게르게사에서 메론으로 가는 길에 들렀고, 그 다음 다른 쪽으로 돌아올 때에도 들렀었다

"그럼 그곳에서 오시는 길입니까?"

"그렇다, 내가 벌써 갔던 여러 곳에 갔었고, 더 멀리까지 갔다. 지스칼라에까지 갔었으니까."

"참 먼 길인데요!"

"그러나 수확이 얼마나 많았는데! 이사악아, 우리는 가믈리엘 선생의 대접을 받았다. 그분은 매우 친절했다. 그리고 '고운 내'의 회당장도 만났다. 그 사람도 온다. 그 사람을 네게 맡긴다. 또 그리고… 또 그리고… 제자 세 사람을 얻었다…." 예수께서 행복하셔서 솔직히 미소지으신다.

"어떤 사람들입니까?"

"코라진의 작은 노인. 내가 전에 그에게 도움을 주었었는데, 편견이 없는 참다운 이스라엘 사람인 그 가엾은 사람이 그의 사랑을 내게 보이기 위해서 마치 농부가 땅에 대해서 그렇게 하듯이 나를 위해 그 지방에 작용했다. 두 번째 사람은 다섯 살 남짓한 영리하고 대담한 어린이이다. 이 어린이에게도 내가 베싸이다에 갔을 때 처음으로 말했었는데, 그 말을 어른들보다도 더 잘 기억하고 있었다. 세 번째 사람은 전에 문둥병자였던 사람이다. 벌써 오래 전 어느날 저녁 코라진 근처에서 그 사람을 고쳐 주고 나서 떠났었다. 그런데 이번에 그 사람을 다시 만났다. 그 사람이 네프탈리의 산악지대에 나를 알렸다. 그리고 그의 말을 확증하기 위하여, 고쳐지기는 했어도 부분적으로 줄어든 그의 손에 남아 있는 것을 쳐들어서 보이고, 고쳐지기는 했어도 기형이 된 그의 발을 보여준다. 그래도 그 발을 가지고 길을 많이 걸어다닌다. 사람들은 그에게 남아 있는 것을 보고 그가 어느 정도로 병이 심했는지를 알게 되고 그의 말을

믿는다. 그 말에는 또 감사의 눈물을 곁들인다. 그곳에는 벌써 나를 알게 하고 다른 사람들을 이끌어 나를 믿게 한 사람이 있었기 때문에, 거기서는 말하기가 쉬웠다. 그리고 많은 기적을 행할 수가 있었다. 정말로 믿는 사람은 많은 일을 할 수 있다…."

알패오는 말은 하지 않고 머리를 끄덕인다. 시몬은 은연 중에 꾸지람을 듣고 고개를 숙인다. 그리고 이사악은 조금 전에 엘리의 손자에게 행하신 기적 이야기를 하실 선생님의 기쁨을 생각하고 드러내놓고 몹시 기뻐한다.

그러나 저녁이 다 준비되었고, 여자들은 성모님과 함께 방에 식탁을 차려놓고 음식접시들을 가져온다. 그런 다음 아랫층으로 내려간다. 이제는 남자들밖에 남지 않았다. 예수께서는 음식을 봉헌하시고 강복하시고 몫몫이 나누어 주신다.

그러나 겨우 몇 입밖에 먹지 못하였는데, 수산나가 올라와 말한다. "엘리가 하인들을 데리고 선물을 많이 가지고 왔습니다. 그렇지만 선생님께 말씀을 드리고 싶다고 합니다."

"곧 가마. 아니, 그보다도 이리 올려보내라."

수산나는 갔다가 얼마 안 있어 늙은 엘리와 큰 바구니를 든 하인 두 사람과 같이 다시 온다. 뒤에서는 성모님을 제외한 여자들이 호기심을 가지고 지켜본다.

"하느님께서 내 은인이신 선생님과 함께 계시기를 바랍니다" 하고 바리사이파 사람이 예수께 인사하며 말한다.

"또 엘리 선생과도 함께 계시기를. 들어오십시오. 무슨 일로 오셨습니까? 손자가 또 아픕니까?"

"오! 아주 건강합니다. 정원에서 새끼 염소처럼 뛰놉니다. 그러나 아까는 내가 너무도 깜짝 놀라고 너무도 당황해서 내 의무를 게을리했습니다. 선생님께 감사의 뜻을 표하고자 하니, 내가 드리는 변변찮은 선물을 물리치지 마시기 바랍니다. 선생님과 제자분들을 위해 잡술 것을 조금 가져왔습니다. 내 소유지에서 나는 것들입니다. 또 그리고… 저… 또 다시 감사를 하고 내 친구들 있는 앞에서 선생님께 경의를 표하기 위해 내일 선생님을 식사에 초대하고 싶습니다. 선생님, 거절하지 마십시오. 나를 사랑하시지 않는다고, 엘리세오를 고쳐 주신 것은 그애에 대한 사랑으로만 하신 것이지 내게 대한 사랑으로 하신 것이 아니라고 생각할 수 있을 것입니다."

"고맙습니다, 그러나 선물은 필요치 않습니다."

22. 엘리세오에게 기적을 행하신 후 가파르나움의 집에 계신 예수

"고관들과 학자들도 모두 선물을 받습니다. 이것은 관습입니다."

"나도 받겠습니다. 그러나 내가 매우 기꺼이 받고, 찾기까지 하는 선물이 있습니다."

"말씀하십시오. 내가 할 수 있는 것이면 드리겠습니다."

"선생의 마음과 선생의 생각입니다. 선생의 이익을 위해 그걸 내게 주십시오."

"그야 선생님께 바치고말고요, 축복받으신 예수님! 아니, 그걸 의심하실 수 있습니까? 사실… 나는… 선생님께 대해서 가혹한 짓을 했습니다. 그러나 지금은 깨달았습니다. 선생님을 모욕했던 도라의 죽음에 대한 이야기도 들었습니다. …선생님, 왜 웃으십니까?"

"어떤 일을 회상하고 있었지요."

"나는 선생님이 내 말을 믿지 않으시는 줄로 생각했습니다."

"아! 아닙니다. 도라의 죽음이 오늘 저녁의 기적보다도 선생에게 한층 더 충격을 주었다는 것을 압니다. 그러나 정말 깨달아서 이제부터는 정말로 내게 친구가 되기를 원하시면 하느님을 무서워 마십시오."

"선생님이 정말 예언자시라는 것을 알겠습니다. 나는 사실 도라가 받은 것과 같은 벌이 무서워서 더 걱정했고… 그 때문에 더 선생님한테 온 것입니다. 그리고 오늘 저녁 나는 이렇게 말했습니다. '자 봐라, 벌이 왔다. 그런데 이 벌은 훨씬 더 혹독한 벌이다. 왜냐하면 늙은 참나무 같은 내 생명을 직접 치지 않고, 내가 좋아하는 어린 참나무 같은 손자를 해치워서 내 애정과 내 삶의 기쁨을 해치기 때문이다' 하고 말입니다. 내가 온 것은 내 불행보다도 오히려 이 때문이었습니다, 나는 도라의 경우와 같이 그것이 옳은 일이었을 것이라고 깨달았습니다."

"선생은 그것이 정당했을 것이라는 것은 이해하면서도 친절한 사람을 아직 믿지는 않으셨지요."

"옳은 말씀입니다, 그러나 지금은 다릅니다. 깨달았습니다. 그러면 내일 우리 집에 오시는 거지요?"

"엘리 선생, 나는 새벽에 떠나기로 결정했었습니다. 그러나 내가 선생을 업신여긴다고 생각하시지 못하게 출발을 하루 미루겠습니다. 내일 댁에 가겠습니다."

"아이고! 선생님은 정말 친절하십니다. 나는 이 일을 언제까지고 기억하겠습니다."

"안녕히 가십시오. 엘리 선생, 모든 것에 대해 감사합니다. 이 과일들은 매우 아름답고, 이 치즈들은 크림이 대단히 많이 들어 있는 것 같고, 이 포도주는 틀림없이 맛이 썩 좋을 것입니다. 그러나 이것을 모두 내 이름으로 가난한 사람들에게 주셔도 되는 건데 그랬습니다."

"사실은 선생님이 원하시면, 그 사람들 몫도 있습니다."

"그러면 내일 식사 전이나 후에 함께 나누어 줍시다. 안녕히 주무세요, 엘리 선생."

"선생님도 안녕히 계십시오." 그리고 하인들을 데리고 간다.

베드로는 바구니를 하인들에게 돌려주려고 바구니에 들어 있던 것을 말없는 몸짓을 많이 하면서 꺼냈다. 그는 돈주머니를 예수 앞 탁자에 놓으면서 속으로 하던 대화를 끝내는 것처럼 말한다.

"그리구 사람과 어울리기를 싫어하는 저 늙은이가 희사를 하는 것은 이번이 처음일 거야."

"그건 사실이야" 하고 마태오가 확인한다. "나도 인색했지만, 저 사람은 나보다 더했어. 고리대금으로 재산을 곱절로 늘렸으니까."

"그럼… 그 사람이 뉘우치면… 훌륭한 일이겠지요. 안 그래요?" 하고 이사악이 말한다.

"물론 훌륭한 일이지. 그리구 정말 그런 것 같아" 하고 필립보와 바르톨로메오가 동의한다.

"늙은 엘리가 회개라! 하! 하!" 하고 베드로가 기꺼이 웃는다.

사촌 시몬은 생각에 잠겨 있다가 말한다. "예수, 나도 예수를 따르고 싶어요. …이 사람들처럼이 아니라, 적어도 여자들처럼 말이오. 어머니와 아주머니와 합류하게 해주세요. 다들 오는데… 친척인 나는, 나는… 이 사람들 중에 들기를 바라지는 않아요. 그렇지만 적어도 이렇게 친한 친구같이…"

"얘야, 하느님께서 네게 강복하시기 바란다! 나는 너한테서 이 말이 나오기를 얼마나 기다렸는지 모른다!" 하고 알패오의 마리아가 외친다.

"오너라, 나는 아무도 물리치지 않고 아무도 강요하지 않는다. 나는 또 모든 사람에게서 모든 것을 요구하지도 않는다. 너희들이 줄 수 있는 것만 받는다. 여자들로 말하면, 우리가 여자들이 알지 못하는 지방에 갈 때에는 늘 여자들끼리만 있지 않는 것이 좋다. 아우야, 고맙다."

"마리아한테 가서 이 말을 하겠어요" 하고 시몬의 어머니가 말한다. 그리고 덧붙인다. "마리아는 아랫층 작은 방에서 기도하고 있어요. 매우 기뻐할 거예요

…."

…밤이 빨리 어두워진다. 황혼이 깔려 벌써 어두운 층층대로 해서 내려오기 위하여 등불을 켠다. 쉬러 가려고 어떤 사람들은 오른쪽으로, 어떤 사람들은 왼쪽으로 간다.

예수께서는 밖으로 나가신다. 호숫가로 가신다. 마을은 완전히 조용하고, 길과 호숫가가 인적이 없으며 달이 없는 이 밤에는 호수에도 배가 없다. 하늘의 별들과 모래밭에 밀려 오는 파도 소리밖에 없다. 예수께서는 뭍에 끌어올린 배에 올라가서 앉으신다. 한 팔을 뱃전에 얹으시고 머리를 괴시고 이런 자세로 계신다. 생각을 하시는지 기도를 하시는지 모르겠다.

마태오가 매우 조심스럽게 가까이 와서 "선생님, 주무십니까?" 하고 가만히 묻는다.

"아니다, 생각을 하고 있다. 잠을 자지 않고 있으니 이리 나 있는 데로 오너라."

"선생님이 마음이 고요하지 않은 것같이 보여서 따라왔습니다. 오늘 하루일이 만족스럽지 않으십니까? 선생님은 엘리의 마음을 감동시키셨고, 알패오의 시몬을 제자로 받아들이셨는데요…."

"마태오야, 너는 베드로와 요한과 같이 순박한 사람이 아니다. 너는 재치가 있고 학식이 있다. 솔직하기도 해라. 너는 이런 획득을 기뻐하겠느냐?"

"그렇지만… 선생님… 그 사람들은 그래도 저보다 나은 사람들입니다. 그런데 그날 제가 회개했기 때문에 선생님이 매우 기쁘다고 말씀하셨는데요…."

"그렇다. 그러나 너는 정말로 회개했었고, 선을 향한 네 진전은 순수한 것이었다. 너는 일련의 숙고의 작업없이 네 영의 의지로 나를 찾아왔다. 엘리는 그렇지 않다. …시몬도 그렇지 않고. 엘리는 그저 피상적으로만 감동했을 뿐이다. 인간-엘리가 충격을 받은 것이다. 영-엘리는 그렇지 않았다. 영-엘리는 여전히 이전과 같다. 도라와 그의 손자의 기적이 그에게 일으킨 흥분이 가라앉고 나면 그는 다시 어제의 엘리, 언제나 변함없는 엘리가 될 것이다. 시몬! …시몬도 역시 아직 인간에 지나지 않는다. 내가 찬양을 받지 않고 모욕을 당하는 것을 보았더라면 나를 불쌍히 여기고, 언제나 그랬던 것과 같이 내게서 떠나갔을 것이다. 오늘 저녁에 그는 친척인 그가 할 줄 모르는 것을 한 작은 노인과 어린이와 문둥병자가 한다는 것을 알아차렸다. 바리사이파 사람의 교만이 내 앞에서 비굴해지는 것을 보았다. 그래서 '나도' 하고 결정한 것이다. 그러나 나를 행복하게 하는 것은 인간적인 고려의 자극을 받아 이루어지는 그런 회개가 아니다. 그것들은 오히려 나를 풀죽게 한다. 마태오야, 나와 같이 있어라. 하늘에는 달이 없다. 그러나 적어도 별들이 빛나고 있다. 내 마음 속에는 오늘 밤 눈물밖에 없다. 네가 같이 있는 것이 괴로워하는 네 선생의 별이 되어주기 바란다…."

"그야, 선생님, 제가 할 수만 있으면… 물론입니다! 이렇게 말씀드리는 것은 제가 여전히 대단히 불행한 사람이고, 아무것도 할 수 없는 보잘 것 없는 사람이기 때문입니다. 저는 죄를 너무 지어서 선생님 마음에 들 수가 없습니다. 저는 말을 할 줄 모릅니다. 저는 제가 전에 하던 속임수를 쓰는 말과 음란한 말을 버린 지금도 아직 깨끗하고 거룩한 새 말을 할 줄 모릅니다. 그리고 영영 선생님과 또 선생님에 대해서 말할 수 있게 되지 못할까 봐 걱정이 됩니다."

"아니다, 마태오야 너는 고통스러운 경험을 모두 겪은 사람이다. 따라서 너는 진흙을 먹고 나서 이제는 하늘의 꿀을 먹는 사람이기 때문에 두 가지 맛에 대해 말할 수 있고, 거기 대한 참다운 분석을 할 수 있고, 그것을 이해하고 또 지금 사람들과 이다음 사람들에게 그것을 이해시킬 수 있는 사람이다. 그리고 네가 바로 자기의 의지로 하느님께서 열망하신 의인이 된 보잘 것 없는 사람이기 때문에 사람들이 네 말을 믿을 것이다. 내가 너를 위해 하늘을 떠날 만큼, 또 너를 위해 죽을 만큼 사랑한 인류로서의 너에게 하느님이요 사람인 내가 몸을 의지하게 해다오."

"안 됩니다, 돌아가셔서는 안 됩니다. 저 때문에 선생님이 돌아가시게 된다는 말씀은 하지 마십시오!"

"마태오야, 너 때문에가 아니다. 이 땅의, 그리고 모든 시대의 모든 마태오를 위해서이다. 마태오야, 나를 껴안고, 너를 위해서, 모든 사람을 대신해서 네 그리스도에게 입맞춤해라. 이해를 받지 못하는 속죄자로서의 내 기진맥진함을 덜어다오. 나는 죄인으로서의 네 고통을 덜어 주었다. 내 눈물을 닦아다오. …이렇게도 이해를 받지 못한다는 것이 내게는 쓰라린 고통이기 때문이다, 마태오야."

"오! 주님! 주님! 그러겠습니다! 그러겠어요!…" 그러면서 마태오는 선생님 곁에 앉아 껴안고 사랑으로 위로해 드린다.

23. 가파르나움의 바리사이파 사람 엘리의 집에서 식사를 하시다

오늘 엘리의 집은 야단법석이 벌어졌다. 남녀 하인들이 왔다갔다 하는데, 그들 가운데에는 대단히 신이 난 어린 엘리세오도 있다. 그리고 점잔을 빼는 두 사람하고 또 두 사람이 있다. 처음 두 사람은 알아보겠다. 엘리와 함께 마태오의 집에 갔던 사람들이다. 다른 두 사람은 모르는 사람이다. 그러나 그들의 이름이 사무엘과 요아킴이라고 말하는 것을 들었다. 마지막으로 예수께서 가리옷 사람과 같이 오신다.

서로 정중한 인사를 나눈 다음 이런 질문이 나온다. "저 사람만 데리고 오셨습니까? 다른 제자들은요?"

"다른 제자들은 여러 군데 시골에 갔습니다. 저녁 때에나 돌아올 것입니다."

"아이고! 거 안 됐군요. 아니 내 생각에는… 어제 저녁에 선생님만 초대했습니다만, 선생님의 제자들도 그 초대에 포함시켰었습니다. 자 이제는 그 사람들이 감정이 상하지 않았을까 염려되는군요, 그렇지 않으면… 오래된 불만 때문에 오려고 하지 않았는지도 모르겠구요. …허! 허!" 늙은이는 웃는다….

"아! 아닙니다! 내 제자들은 교만한 민감성이란 것도 모르고 달랠 수 없는 원한 같은 것도 모릅니다."

"예, 예, 좋습니다! 들어가십시다."

깨끗하게 하는 관례적인 예법이 있은 다음 연회실로 향해 간다. 그 방은 넓은 안뜰 쪽으로 열려 있는데, 안뜰에는 처음으로 피는 장미꽃이 명랑한 느낌을 준다.

예수께서는 안뜰에서 놀고 있는 어린 엘리세오를 쓰다듬어 주신다. 엘리세오는 지나간 위험의 표라고는 작은 손에 있는 네 개의 붉은 자국밖에 없다. 그는 지나간 공포의 기억조차도 이제는 없다. 그러나 예수는 기억한다. 그래서 어린이들이 의레 그런 것처럼 자발적으로 입맞춤을 하고 또 입맞춤을 받기를 원한다. 예수의 목을 두 팔로 껴안고, 머리카락 사이로 예수께 말을 하는데, 큰 다음에 예수를 따라다니겠다고 마음 속을 털어놓는다. "날 받아줄 거야?"
"나는 누구나 다 받아준다. 착하게 굴어라, 그러면 나와 같이 다닐 수 있다."
어린이는 깡충깡충 뛰면서 나간다.

식탁에 자리를 잡는다. 그런데 엘리는 아주 예절바르게 처신하려고 예수를 자기 곁에 앉으시게 하고 유다도 자기의 곁에 앉힌다. 그래서 예수께서는 엘리와 우리아 사이에 앉으시고, 유다는 엘리와 시몬 사이에 있게 되었다.

식사가 시작되었다. 처음에는 그저 막연하게 흔해빠진 이야기가 오간다. 그러다가 이야기가 더 관심을 끄는 쪽으로 간다. 그리고 상처는 아프고 사슬은 무거우므로, 로마가 팔레스티나를 얽매놓고 있는 노예상태에 대한 한도 끝도 없는 이야기가 나온다. 사람들이 의도적으로 그 화제를 택하였는지, 또는 그 화제가 악의없이 튀어나왔는지 모르겠다. 그러나 그 바리사이파 사람 다섯이 로마의 새 억압을 독성(瀆聖)이라고 한탄하며, 예수를 그들의 토론에 끌어들이려고 한다는 것을 알겠다.

"아시겠어요? 그들은 우리의 수입을 정확히 알려고 합니다. 그리고 우리가 회당에 모여서 거기 대한 이야기를 하고 또 그들에 대한 이야기도 한다는 것을 알고는 회당엘 마구 들어오겠다고 위협합니다. 난 그들이 언젠가는 사제들의 집에까지 들어오지 않을까 걱정입니다!" 하고 요아킴이 외친다.

"그럼 선생님은 그걸 어떻게 생각하십니까? 그것이 지긋지긋하게 느껴지지 않으십니까?" 하고 엘리가 묻는다.

예수께서는 직접 질문을 받으시자 대답을 하신다. "이스라엘 사람으로는 그렇고, 인간으로서는 그렇지 않습니다."

"왜 그런 구별을 하십니까? 이해가 안 됩니다. 선생님은 한 분이면서 두 사람이십니까?"

"아닙니다. 그러나 내 안에는 살과 피, 요컨대 동물이 있고, 또 영이 있습니다. 율법을 지키는 이스라엘 사람의 영은 이런 모독을 괴로워합니다. 그러나 살과 피는 그렇지 않습니다. 내게는 당신들에게 상처를 입히는 가시가 없기 때문입니다."

"그 가시는 어떤 것입니까?"

"이해관계입니다. 당신들의 말을 들으니 당신들은 조심성없는 귀를 염려하지 않고 사업 이야기도 하기 위해서 회당에 모였었는데, 이제는 그렇게 하지 못하게 될까 봐 염려를 하고, 따라서 세무관청에 아주 작은 액수도 숨기지 못하게 되어서 당신들의 재산에 정확히 맞는 세금 사정(査定)을 당할까 봐 두려워하는 것입니다. 그러나 나는 아무것도 가진 것이 없습니다. 나는 이웃의 선심으로 살고 이웃을 사랑하면서 삽니다. 나는 금도 없고, 밭도 없고, 포도밭도 집도 없습니다. 하도 작고 초라해서 '세무관청에서 무시해 버리는 나자렛에 있는 어머니의 집을 빼놓으면 말입니다. 그러므로 나는 거짓 신고를 한 것이 탄로가 나서 과세가 되고 벌을 받을 두려움으로 자극을 받지 않습니다. 내가 가진 것이라고는 하느님께서 내게 주셨고, 나도 사람들에게 주는 말뿐입니다. 그러나 이것은 하도 고상한 것이어서 사람들은 거기에 도무지 세금을 매길 수가 없습니다."

"그러나 만일 선생님이 우리 처지에 계신다면 어떻게 처신하시겠습니까?"

"그겁니다. 당신들의 생각과 너무도 대조가 되는 내 생각을 분명히 말한다고 해서 기분나빠 하지 마십시오. 사실을 말하자면 나는 달리 행동할 것입니다."

"어떻게요?"

"거룩한 진실을 해치는 일없이 말입니다. 진실은 세금과 같이 지극히 인간적인 일에 적용될 때에도 언제나 숭고한 덕행입니다."

"아니 그러면! 아니 그러면! 우리가 얼마나 바가지를 쓰게 될 텐데요! 아니 선생님은 우리가 재산이 많아서 많이 내야 할 거라는 것을 생각하지 않으시는군요!"

"바른 말을 하셨습니다. 하느님께서 당신들에게 많이 주셨습니다. 거기에 따라서 당신들은 많이 주어야 합니다. 이것은 불행히도 흔히 일어나는 일입니다다만, 왜 가난한 사람이 그의 재력에 알맞지 않는 세금을 물어야 하도록 부정하게 행동을 합니까? 우리들끼리는 그것을 알고 있습니다. 이스라엘에 세금이 얼마나 많습니까? 우리에게서 오는 불공평한 세금이 말입니다! 그 세금들은 그렇지 않아도 많이 가지고 있는 권력자들에게 도움이 됩니다. 반면에 굶주림을 견디어야 할 정도로 내핍 생활을 해야 하는 가난한 사람들의 절망의 원인이 되는데 말입니다. 이웃에 대한 사랑이 우리에게 권하는 것은 이런 것이 아닙니다. 우리 이스라엘 사람들은 가난한 사람들을 찍어누르는 짐을 우리가 짊어지도록 마음을 써야 할 것입니다."

"선생님도 가난하시니까 그렇게 말씀하시는 것입니다!"

"아닙니다, 우리아 선생. 나는 이것이 올바른 일이기 때문에 이렇게 말하는 것입니다. 왜 로마가 우리를 이렇게 쥐어짤 수 있었고, 지금도 쥐어짤 수 있습니까? 그것은 우리가 죄를 지었기 때문이고 원한으로 분열되어 있기 때문입니다. 부자는 가난한 사람을 미워하고, 가난한 사람은 부자를 미워합니다. 그것은 정의가 없기 때문인데, 적은 이것을 이용해서 우리를 제압하는 것입니다."
 "선생님은 여러 가지 이유를 드셨는데… 다른 이유들은 어떤 것입니까?"
 "나는 예배에 쓰이기로 된 장소를 인간적인 이해관계를 위한 완전한 피난처로 만들어 그곳의 성격을 변질시킴으로써 진실을 어기고 싶지는 않습니다."
 "거기에 대해 우리를 비난하시는 겁니까?"
 "아닙니다. 대답을 하는 것입니다. 당신들은 당신들의 양심의 소리를 들으십시오. 당신들은 선생들이십니다. 따라서…"
 "나는 지금이야말로 봉기하고 반란을 일으켜 침략자를 벌하고 우리의 정권을 다시 세워놓을 때라고 생각합니다."
 "맞아. 맞아! 시몬, 자네 말이 옳아. 그러나 여기 메시아가 계시니, 그분이 그 책임을 맡으셔야 하네" 하고 엘리가 대답한다.
 "그러나 용서하세요. 메시아 예수는 지금 당장은 다만 인자이실 뿐입니다. 그분은 모든 것에 대해 조언을 하시지만, 반란을 부추기지는 않으십니다. 우리가 행동합시다, 그러면…."
 "시몬 선생, 내 말을 들으십시오. 열왕기(列王記)*를 기억하세요. 사울은 길갈에 있었고, 불레셋 사람들은 막마스에 있었는데, 백성들은 무서워 흩어졌고, 사무엘은 오지 않았습니다. 사울은 선수를 쳐서 자기 자신이 번제를 드리고자 했습니다. 갑자기 온 사무엘이 경솔한 사울에게 한 대답을 기억하십시오. '그대는 어리석은 짓을 하였소. 그대는 하느님 야훼께서 내리신 분부를 지키지 않았소. 지키기만 했더라면 야훼께서 이스라엘을 다스릴 그대의 왕조를 길이길이 세워 주실 터인데, 이제 그대의 대는 더 이어 가지 못할 것이오.' 때에 맞지 않고 오만한 개입은 왕에게도 백성에게도 도움이 되지 않았습니다. 하느님께서는 때를 아시지만 사람은 알지 못합니다. 하느님께서는 방법을 아시지만 사람은 알지 못합니다. 거룩한 행동으로 하느님의 도움을 얻을 만한 일을 하면서 하느님께서 하시도록 맡겨 드리십시오. 내 나라는 반란과 사나움으로 오지는 않을 것입니다. 그러나 세워지기는 할 것입니다. 그 나라는 아주 소수의 사람만의 것이 아니고, 보편적일 것입니다. 이 세상 정신으로 보아 보잘 것 없는 내 외양에 속지 않고 그 나라에 와서 나를 구세주로 볼 사람들은 정말 복된 사람들일 것입니다. 염려 마십시오. 나는 왕이 될 것입니다. 이스라엘에서 온 왕이 될 것입니다. 온 인류를 지배할 왕이 될 것입니다. 그러나 선생들인 당신들은

---

* 역주 : 공동번역 사무엘 상.

내 말이나 나를 예고하는 예언자들의 말을 왜곡하지 마십시오. 인간의 왕국은 아무리 강력해도 보편적인 것도 아니고 영원한 것도 아닙니다. 그런데 예언자들은 내 왕국이 이러할 것이라고 말합니다. 이 말이 내 왕권의 실체와 영적인 성격을 당신들에게 명확히 해주기를 바랍니다. 나는 가겠습니다. 그러나 엘리 선생에게 청이 하나 있습니다. 여기 선생의 돈주머니가 있습니다. 요나의 시몬의 피난처에는 사방에서 온 거지들이 있습니다. 나하고 같이 가서 그 사람들에게 사랑의 동냥을 줍시다. 여러분 모두에게 평화가 있기를."

"아니, 좀 더 계십시오!" 하고 바리사이파 사람들이 간청한다.

"그렇게 할 수 없습니다. 육체와 마음으로 고통을 당하면서 위로를 받기를 고대하는 사람들이 있습니다. 내일 나는 먼 데로 갑니다. 나는 모든 사람이 내가 떠나는 것을 보면서 섭섭한 생각을 가지지 않게 되기를 바랍니다."

"선생님, 나는… 나는 늙고 피곤합니다. 선생님이나 제 대신 가십시오. 선생님은 시몬의 유다를 데리고 계신데, 우리는 유다를 잘 압니다. …선생님이 직접 하십시오, 그렇게 하세요. 하느님께서 선생님과 함께 계시기를 바랍니다."

예수께서는 유다와 같이 나오신다. 유다는 광장에 나오자마자 말한다. "늙은 독사 같은 자! 그자가 무슨 말을 하려고 한 것일까요?"

"아니 그런 생각은 하지 말아라! 아니 그보다도 그 사람이 너를 칭찬하려고 했다고 생각해라."

"선생님, 그건 있을 수 없는 일입니다. 저 사람들은 입은 선을 행하는 사람을 칭찬하는 일이 절대로 없습니다. 진정으로 하는 일은 결코 없다는 말씀입니다. 그리고 그 사람이 오지 않을 것은! …그 사람이 가난한 사람들을 싫어하고, 가난한 사람들의 저주를 무서워하기 때문입니다. 이곳의 가난한 사람들을 그는 수없이 괴롭혔습니다. 저는 두려워하지 않고 맹세할 수 있습니다. 그래서 …."

"유다야, 착한 마음씨를 가져라! 판단은 하느님께 맡겨 드려라."

24. 사도들을 선택하시기 전에 산 속의 호젓한 곳을 찾아가시다

지난 밤에는 신부님이 아시는 얼굴, 제가 보고 몹시 무서워하는 그런 얼굴이 무섭게 나타났었습니다.

베드로와 요한의 배는 고요한 호수 위를 저어 간다. 그리고 예수의 배를 좇아와 앞질러 갔다가 다시 뒤를 따라 오려고 왔다갔다 하는 크고 작은 배가 어떻게나 많은지 티베리아 연안의 모든 배가 따라오는 것 같다. 그리고 파란 물 위로 부탁과 간청과 외침과 청원이 엇갈린다.

예수께서 타신 배에는 성모님이 계시고, 야고보와 유다의 어머니가 있다. 그리고 또 한 배에는 아들 요한과 함께 살로메의 마리아와 수산나가 있다. 예수께서는 지치지 않고 약속하시고 대답하시고 강복하신다. "나는 돌아옵니다, 돌아와요. 약속합니다. 착한 마음씨를 가지시오. 내 말을 기억하고, 내가 이 다음에 해줄 말과 합치도록 하시오. 이별은 길지 않을 것입니다. 이기주의자가 되지 마시오. 나는 다른 사람들을 위해서도 왔습니다. 조용히하시오! 조용히! 그렇지 않으면 다치게 됩니다. 예, 여러분을 위해 기도하겠습니다. 항상 여러분 가까이에 있겠습니다. 주님이 여러분과 함께 계시기를 바랍니다. 물론 당신의 눈물을 기억하겠습니다. 그리고 당신은 위로를 받을 것입니다. 바람을 가지고, 믿음을 가지시오!"

이렇게 강복을 하고 약속을 하시면서 전진하여 배가 호숫가에 이르셨다. 티베리아가 아니라, 아주 작은 마을이다. 거의 버려지다시피한 초라한 집이 몇 채 모여 있을 뿐이다.

예수와 일행은 내리고, 배들은 사환들과 제베대오의 조종으로 오던 길로 되돌아간다. 다른 배들도 되돌아간다. 그러나 그 배들에 있던 여러 사람이 내려와서, 무슨 일이 있어도 예수를 따라가려고 한다. 그들 중에는 이사악과 그가 보호하는 두 사람 요셉과 토마가 있다. 청소년에게 노인에게 이르기까지 모든 연령층의 많은 사람들 가운데에서 다른 사람들은 알아보지 못하겠다.

예수께서는 주민들이 무관심한 채로 있는 마을을 떠나신다. 그들은 별로 많지 않고 옷을 제대로 입지 못했다. 예수께서는 그들에게 돈을 나누어 주게 하시고 큰 길로 나가신다. 거기서 걸음을 멈추시고 말씀하신다. "이제는 헤어지자. 어머니는 마리아 아주머니와 살로메와 함께 나자렛으로 가십시오. 수산나는 가나로 돌아가도 된다. 이내 돌아오마. 너희들이 무슨 일을 해야 하는지 알고 있지. 하느님께서 너희와 함께 계시기를!"

그러나 어머니께서는 환히 웃으시면서 특별한 인사를 하신다. 그리고 성모님이 무릎을 꿇으셔서 강복을 받도록 다른 사람들에게 모범을 보이시니, 예수께서는 지극히 다정스러운 미소를 지으신다. 여자들은 사라의 알패오와 시몬과 함께 그들의 도시로 돌아간다.

예수께서는 남아 있는 사람들에게로 몸을 돌리시고 말씀하신다. "나는 여러분을 떠납니다. 그러나 돌려보내지는 않습니다. 나는 여러분을 얼마 동안 그냥 두고 갑니다. 나는 이 사람들과 같이 저기 보이는 골짜기로 들어갑니다. 나를 기다리고 싶은 사람들은 이 평야에 남아 있고, 그렇지 않은 다른 사람들은 집으로 돌아가도록 하시오. 나는 큰 일을 시작하려는 참이기 때문에 피정 기도를 합니다. 아버지의 일을 사랑하는 사람들은 정신으로 나와 결합해서 기도하기 바랍니다. 여러분, 평화가 여러분과 함께 있기 바랍니다. 이사악아, 너는 무슨 일을 해야 하는지 알지. 어린 목자야, 네게 강복한다." 예수께서는 이사악에게 미소를 보내신다. 이사악은 이제부터 그의 주위에 모여드는 사람들의 목자가 되었다.

예수께서 이제는 호수로 등을 돌리시고, 호수 서쪽으로 거의 평행선을 이루다시피하며 뻗어가는 두 야산 사이에 있는 골짜기를 향하여 자신있게 걸어가신다. 협만(峽灣)처럼 깎아지른 울퉁불퉁한 바위로 된 야산 둘 사이로 작은 급류가 거품을 일으키고 요란한 소리를 내며 흘러내려오고, 그 위로는 깎아지른 황량한 산에 초목이 돌들 사이에 아무렇게나 나 있다. 두 산 중에서 제일 울퉁불퉁한 산으로 올라가는 험한 산길이 있는데, 예수께서는 그 길로 들어서신다.

제자들은 몹시 피로하여 한 줄로 따라오는데, 도무지 말이 없다. 다만 올라올 수 없는 그 언덕에 턱을 만들어놓은 것같이 오솔길이 좀 넓어진 곳에서 숨을 돌리게 하시려고 예수께서 걸음을 멈추실 때에 그들은 말없이 서로 바라본다. 그들의 눈은 이렇게 말한다.

"아니, 그런데 우리를 어디로 데려가시는 건가?" 그러나 말은 하지 않는다. 그들은 예수께서 험한 골짜기 안으로 걸음을 다시 옮겨놓으시는 것을 볼 때마다 점점 더 슬프게 서로 바라본다. 골짜기에는 동굴이 여기저기 있고 울퉁불퉁하고 바위가 많아서 그것 때문에도 걷기가 힘든데, 게다가 가시덤불들과 수많은 다른 초목이 사방에서 옷에 걸리고 할퀴고 비틀거리게 하고 얼굴을 후려친다. 무거운 배낭을 짊어진 제일 젊은 제자들까지도 기분이 언짢아졌다.

마침내 예수께서 걸음을 멈추시고 말씀하신다. "이제 여기서 일주일 동안을 기도하며 머무르기로 한다. 이것은 너희들에게 큰 일에 대한 준비를 시키기 위해서이다. 이 때문에 나는 어떤 길에서도 어떤 마을에서도 멀리 떨어진 사람없는 곳에 이렇게 떨어져 있으려고 한 것이다. 여기에는 옛날에 사람들이 쓰던 동굴들이 있다. 그것들이 우리에게도 쓰일 것이다. 여기에는 땅은 건조하지만 신선한 물이 많이 있다. 우리는 우리가 머무르는 동안 먹을 빵과 식량을 넉넉히 가지고 있다. 지난 해에 나와 함께 광야에 가 있었던 사람들은 내가 거기에서 어떻게 살았는지를 안다. 이곳은 거기에 비하면 왕궁과 같은 곳이다. 그리고 이제부터는 온화한 계절이라, 우리가 머무르는 곳이 몹시 춥거나 몹시 덥거나 하지 않을 것이다. 그러므로 기쁜 마음으로 머무르도록 하여라. 우리가 이렇게 모두 함께, 또 우리끼리만 있게 되는 일은 아마 다시는 없을 것이다. 이 휴식시간이 너희를 결합시켜서 이제는 열 두 사람의 집단이 아니라 오직 하나의 조직체가 되게 해야 한다.

너희들 말이 없느냐? 아무 말도 물어보지 않느냐? 너희들이 짊어지고 있는 무거운 짐은 이 바위에 내려놓고, 마음 속에 가지고 있는 짐, 즉 인간성은 골짜기 밑으로 던져 버려라. 내가 너희들을 여기로 데려온 것은 너희들의 영에 말하고, 너희들의 영을 기르고, 너희들을 영을 만들기 위해서이다. 그리고 너희들에게 말을 많이 하지 않겠다. 한 일년 전부터 너희들과 같이 있는 동안 말을 정말 많이 하였다! 이것이면 이제 넉넉하다. 만일 내가 너희들을 말로 바꾸어 놓아야 한다면, 십 년 백 년 너희를 붙잡아놓아야 할 터인데, 그래도 너희들은 여전히 불완전할 것이다. 이제는 내가 너희들을 쏠 때가 되었다. 이 때문에 너희들을 단련해야 한다. 나는 강한 교정책, 굉장한 무기를 쓰겠다, 즉 기도의 힘을 빌겠다. 나는 항상 너희들을 위하여 기도하였다.

그러나 이제는 너희들이 <u>스스로</u> 기도하기를 바란다. 아직 내 기도를 가르쳐 주지는 않겠다. 그러나 어떻게 기도하며 기도가 어떤 것인지는 가르쳐 주겠다. 기도는 아들이 아버지와 더불어, 영이 영에게 하는 속을 탁 털어놓고, 따뜻하고, 신뢰하고, 마음을 가다듬은 솔직한 대화이다. 기도는 모든 것이다. 즉 자백이고, 우리 자신을 아는 것이고, 우리와 하느님께 대한 약속이며, 하느님께 청하는 것이며, 아버지의 발 앞에 모든 것을 갖다놓는 것이다. 기도에 관한 거인(巨人)이 되기 전에는 소란하고 주의가 산만해지기 쉬운 가운데에서는 기도를 할 수가 없다. 또 그런 거인들이라 하더라도 기도하는 동안에는 세상의 충격과 잡음으로 고통을 당한다. 그런데 너희들은 거인이 아니라 난장이들이다. 너희들은 영적으로는 어린 아이들에 지나지 않고, 영적인 면으로는 장애자에 지나지 않는다. 여기서 너희들은 철이 들 것이다. 나머지는 그 다음에 올 것이다.

아침, 점심, 저녁때에 우리는 모여서 이스라엘의 옛날 말씀으로 함께 기도를 드리고 식사를 한다. 그런 다음 각기 자기 동굴로 돌아가서 하느님과 자기 영혼 앞에서, 내가 너희들의 사명과 너희들의 능력에 대하여 말해준 모든 것을 생각하면서 있어라. 스스로를 평가하고, 자신을 검토해보고, 결정하여라. 이렇게 말하는 것은 이것이 마지막이다. 그러나 이후에는 너희들이 권태나 인간성을 느끼지 말고 할 수 있는 대로 완전해야 한다. 그후에는 너희들이 이미 요나의 시몬, 시몬의 유다가 아니고, 안드레아나 요한, 마태오나 토마스 아닐 것이고 내 대리자들일 것이다. 가거라. 각기 혼자서. 나는 이 동굴에 있을 것인데, 이곳을 조금도 떠나지 않겠다. 그러나 중대한 이유 없이는 오지 말아라. 너희들은 스스로 행동하고 자립하는 일을 배워야 한다. 진정으로 말하지만, 일년 전에는 우리가 서로 막 알려는 찰나에 있었고, 이년 후에는 우리가 서로 이별할 찰나에 있겠기 때문이다. 만일 너희가 스스로 행동하는 일을 배우지 못하면 너희들에게도 불행이고 내게도 불행일 것이다. 하느님께서 너희와 함께 계시길 바란다. 유다와 요한은 내 동굴인 이 동굴에 식량을 갖다 두어라. 식량이 오래가야 한다. 그리고 내가 나누어 주겠다."

"별로 많지 않은데요!…" 하고 누군가가 반박한다.

"죽지 않을 만큼은 있다. 배가 너무 부르면 정신이 둔하게 된다. 나는 너희들을 올려주기를 원하지 둔하게 만들기를 원치 않는다."

25. 열 두 사도의 선택

산들을 환하게 비추고 험한 이 언덕을 완만하게 해주는 것 같은 새벽이다. 이 언덕에는 저 밑에서 거품을 일으키며 흐르는 급류의 소리밖에 들리지 않는데, 그 소리가 굴이 많은 산들에 부딪쳐서 독특한 소음을 낸다. 저기 제자들이 잠시 쉬었던 곳에는 나뭇잎들과 초목 사이에서 조심스러운 희미한 소리가 있을 뿐이다. 잠을 깬 첫번째 새들과 저희 둥지를 찾아가는 마지막 밤새들의 소리다. 키가 작은 검은 딸기나무 덤불을 갉아먹고 있던 산토끼 한떼가 돌이 떨어지는 바람에 놀라서 도망친다. 그러다가 아주 작은 소리라도 들으려고 귀를 쫑긋 세우고 조심조심 돌아와서는 다시 검은 딸기 덤불로 간다. 모든 잎과 모든 돌이 이슬에 젖어 있고, 숲 속에서는 이끼와 박하와 꽃박하 냄새가 강하게 풍겨나온다.
 울새 한 마리가 돌이 툭 튀어나와 지붕처럼 된 어떤 동굴가에까지 내려와 비단같이 윤기가 있는 다리로 꼿꼿이 서서 도망칠 채비를 한 채 머리를 움직이며 굴 속을 들여다보고 땅을 내려다보고, 의아스러운 듯하고 또… 땅에 있는 빵부스러기가 탐나는 듯한 침침 하는 소리를 낸다. 그러나 내려올 결심을 못하고 있는데, 커다란 티티새 한 마리가 저보다 먼저 내려가서 갈지자로 깡총깡총 뛰면서 장난꾸러기 같은 모양과 늙은 공증인 같은 옆모습으로 재미있는 꼴을 하고 있는 것이 보인다. 티티새는 안경만 쓰면 영락없이 늙은 공증인이다. 그러자 울새도 내려가서 그 대담한 아저씨 뒤를 따라다닌다. 티티새는 먹을 수 있는 고물을… 찾아서 노란 부리를 이따금씩 축축한 땅 속으로 들여 보냈다가는 "춉" 하는 소리나 아주 개구장이 같은 휘파람 소리를 내고는 날아간다. 울새는 빵부스러기를 잔뜩 주워 먹고, 티티새가 조용한 굴 속으로 유유히 들어가서 치즈껍질을 하나 물고 나와서 돌에 대고 치고 또 치고 하여 부스러기를 만들어 배불리 먹는 것을 보고, 어안이 벙벙해 있다. 그런 다음 티티새는 다시 굴 속으로 들어가서 살그머니 살펴보고는 그 이상 아무것도 찾아내지 못하고는 비웃는 듯한 멋있는 휘파람을 한 번 불고 날아가, 아침의 파란 하늘을 찌를 듯한 떡갈나무 꼭대기에 올라앉아 노래를 끝낸다. 굴 안에서 들려오는 소리 때문에 울새도 날아가서… 공중에 매달려 있는 작은 나뭇가지에 앉아 있다.
 예수께서는 굴 어귀로 나오셔서 여러 작은 새들의 소리를 잘 흉내내는 억양이 붙은 휘파람으로 가만히 새들을 부르시면서 빵조각을 부스러뜨려 뿌리신다. 그리고는 비껴서 좀 더 윗쪽으로 올라가셔서 당신 친구들을 놀라게 하지 않으시려고 바위에 기대어 서 계시다. 새들은 잽싸게 내려온다. 우선 울새가 내려오고, 그 다음에는 여러 종류의 다른 새들이 내려온다. 나는 경험이 있기 때문에, 아무리 의심많은 짐승들까지도 본능으로 적이 아니라 보호자라고 느끼는 사람들에게는 가까이 온다고 생각하기를 좋아한다. 예수께서 꼼짝 않고 서 계시기 때문인지 예수의 눈길에 끌려서 그러는지, 얼마 안 가서 새들이 예수에게서 몇 센티미터 떨어진 곳에까지 와서 깡총깡총 뛰어다니게 되었다. 이제 배부르게 먹은 울새가 예수께서 기대어 계신 바위 위로 날아가서, 예수의 금발머리나 어깨에 내려가고 싶은 생각으로 작은 참오아리 포기에 매달려서 예수의 머리 위에서 흔들거린다. 새들의 식사는 끝났다. 해가 산꼭대기를 황금빛으로 물들이고, 다음에는 수풀의 제일 높은 가지들을 황금빛으로 물들이는데, 골짜기는 아직 새벽의 연한 빛 속에 완전히 잠겨 있다. 새들은 배불리 먹고 만족해서

해를 향하여 날아가며 목청껏 노래를 부른다.
"그럼 이제는 내 다른 아들들을 깨우러 가자" 하고 예수께서 말씀하신다. 예수의 굴이 제일 높은 곳에 있기 때문에 내려오신다. 그리고 이굴 저굴로 가셔서 자고 있는 열 두 제자의 이름을 부르신다.
시몬, 바르톨로메오, 필립보, 야고보, 안드레아는 즉시 대답한다. 마태오와 베드로와 토마는 대답이 좀 더 더디다. 그리고 유다 타대오는 벌써 준비를 갖추고 완전히 깨어 있다가 예수께서 굴어귀에 나타나시는 것을 보자마자 마주 나가는데, 다른 사촌과 가리옷 사람과 요한은 아주 깊이 잠들어 있다. 나뭇잎을 깔고 자고 있는 그들을 예수께서 흔들어서야 깨었다.
맨 마지막으로 불린 요한은 하도 깊이 잠들어 있어 누가 그를 부르는지 알아차리지 못한다. 반쯤 깨어난 깊은 잠 속에서 요한은 중얼거린다. "예, 어머니, 곧 갈께요….". 그러나 그리고 나서 몸을 돌린다. 예수께서는 빙그레 웃으시면서 숲 속에서 주워 온 잎을 깔아 만든 침대에 앉으셔서 몸을 숙여 요한의 뺨에 입맞춤하신다. 요한은 눈을 뜨고 예수께서 거기 계신 것을 보고는 화석이 된 것처럼 꼼짝하지 않고 있다. 그는 갑자기 일어나 앉으며 말한다. "제게 일이 있으십니까? 여기 대령했습니다."
"아니다, 다른 사람들 모두를 깨운 것처럼 너도 깨웠다. 그러나 너는 나를 네 어머니로 생각했다. 그래서 어머니들이 하는 것과 같이 하려고 네게 입맞춤을 했다."
요한은 옷과 겉옷은 담요 대용으로 덮었었기 때문에 속옷바람이다. 그는 예수의 목에 매달려 머리를 예수의 어깨와 뺨 사이에 파묻고 숨어들면서 말한다. "아이고, 선생님은 어머니보다 훨씬 더 나으십니다. 저는 선생님을 위해서 어머니를 떠났습니다. 그러나 어머니를 위해서 선생님을 떠나지는 않겠습니다! 어머니는 저를 이 세상에 낳아 주셨지만, 선생님은 저를 하늘에 낳아 주십니다. 오! 저는 그걸 압니다!"
"네가 다른 사람들보다 더 아는 것이 무엇이냐?"
"이 동굴에서 주님께서 제게 말씀하신 것을 압니다. 아시지요, 저는 선생님을 절대로 찾아가지 않았습니다, 그리고 동료들은 그것이 무관심과 교만이라고 말했으리라고 생각합니다. 그러나 그 사람들이 어떻게 생각하건 상관없습니다. 저는 선생님이 진실을 아신다는 것을 압니다. 저는 사람이 되신 하느님의 아들 예수 그리스도께로 가지 않고, 지극히 거룩하신 삼위일체의 영원한 사랑, 하느님의 본성, 그분의 본질, 그분의 참다운 본질인 불 속에 계신 선생님께로 갔습니다 — 아이고! 이 캄캄한 굴 속에서 깨달은 모든 것을 말로 표현하지는 못하겠습니다. 이 어두운 굴이 제게는 너무나 환한 굴이 되었습니다. 제가 불이 활활 타오른 이 차가운 굴 속에서 깨달은 것을 말로는 표현하지 못하겠습니다. 그 불은 형태는 없지만 제 마음 속 깊이 내려가 제게 기분좋은 고뇌의 불을 질러놓았습니다. 목소리가 없는 이 동굴이 제게는 천상의 진리를 노래해 주었습니다 — 저는 하느님이신 이루 말할 수 없는 신비의 제2위라는 선생님께로 갔습니다. 그런데 이 신비가 저를 빨아들여 제가 항상 그 신비를 지니고 있었기 때문에 그것을 깊이 이해하게 되었습니다. 그리고 제 모든 소원, 제 모든 눈물, 제 모든 청을 하느님의 말씀이신 숭고한 선생님의 품에 쏟아 놓았습니다. 그리고 선생님에게서 들은 그 많은 말 중에 하느님 아들이신 선생님이 여기서 말씀해 주신 것만큼 광범위한 말은 절대로 없었습니다. 아버지와 같이 하느님이신 선생님, 성령과 같이 하느님이신 선생님, 삼위일체의 중심이신 선생님… 오! 제가 하느님을 모독하는 말을 하는 것인지도 모르겠습니다. 그러나 제게는 그렇게 생각됩니다.

왜냐하면 만일 아버지에게서 오신 사랑, 아버지께로 돌아가시는 사랑이신 선생님이 안 계시면, 사랑, 하느님의 사랑이 없을 것이니, 천주성이 이제는 삼위가 아니고, 하느님께 가장 어울리는 속성(屬性), 즉 하느님의 사랑이 없을 것이기 때문입니다! 아이고! 저는 여기에 너무나 많은 것을 가지고 있습니다. 그러나 그것은 수문(水門)에 막혀 끓어오르면서 나오지는 못하는 물과 같습니다. 제가 선생님을 이해한 순간부터 제 마음에 내려온 동요가 얼마나 격렬하고 숭고한지 저는 죽을 것만 같습니다. 그러나 세상없는 일이 있어도 이 동요에서 벗어나고 싶지는 않습니다. …다정스러우신 하느님, 저를 이 사랑으로 죽게 해주십시오!" 요한은 웃기도 하고 울기도 하며, 그의 사랑에 불타올라 숨을 헐떡이며, 마치 불꽃으로 인하여 기진맥진한 것같이 예수의 가슴에 몸을 내맡긴다. 그러니까 예수께서도 사랑에 불타오르며 요한을 쓰다듬으신다.

요한은 겸손한 마음으로 다시 제 정신을 차리고 간청한다. "제가 말씀드린 것을 다른 사람들에게는 말씀하지 마십시오. 분명히 그들도 제가 요 며칠 동안 산 것과 같이 하느님을 살 줄을 알았을 것입니다. 그렇지만 제 비밀은 돌 같은 침묵으로 덮어 두십시오."

"요한아, 안심해라, 아무도 네가 사랑과 결혼한 것을 모를 것이다. 옷을 입어라. 우리는 이제 떠난다."

예수께서 오솔길로 나오시니 다른 사람들은 벌써 거기 모여 있다. 얼굴들은 더 존경할 만하고 더 고요한 모습을 띠었다. 가장 나이많은 사람들은 족장(族長)같이 보인다. 젊은이들은 전에는 젊음으로 가려져 있던 더 성숙하고 더 의젓한 무엇을 가지고 있다. 가리옷 사람은 눈물 자국이 있는 수줍은 미소를 띠고 예수를 쳐다본다. 예수께서는 지나가시며 그를 쓰다듬어 주신다. 베드로는 … 말을 하지 않는다. 그런데 이것이 하도 이상해서 다른 어떤 변화보다도 더 놀랍다. 그는 예수를 자세히 쳐다본다. 그러나 전에 없던 품위를 가지고 쳐다보는, 그로 인하여 관자놀이에 머리털이 빠진 이마가 더 넓어보이고, 그때까지는 장난끼가 서려 있던 눈이 더 엄해진 것 같다. 예수께서 그를 곁으로 부르셔서 아주 가까이에 두시고 요한을 기다리시는데, 요한이 마침내 나온다. 그의 얼굴이 더 창백해졌는지 더 붉어졌는지는 말하지 못하겠다. 그러나 거기에서는 불꽃이 빛나고 있는데 그것이 빛깔은 변하게 하지 않지만 분명히 볼 수 있다. 모두가 그를 바라다본다.

"요한아, 이리 내 곁으로 오너라, 또 안드레아 너도, 제베대오의 야고보 너도. 그리고 시몬 너, 바르톨로메오, 필립보와 내 사촌들인 너희들, 그리고 마태오, 시몬의 유다는 이리 내 앞으로 오너라. 토마는 이리 오너라. 앉자, 너희들에게 할 말이 있다."

그들은 어린 아이들처럼 조용히 앉는다. 모두 자기의 내면세계에 약간 몰두하여 있으나, 일찍이 그런 일이 없었던 것처럼 예수께 주의를 기울이고 있다.

"내가 너희들에게 어떤 일을 했는지 아느냐? 너희들 모두가 알고 있다. 그러나 요 며칠 동안 여왕이었던 영혼이 이성에게 두 가지 큰 덕행인 겸손과 침묵을 가르쳐 주었다. 이 덕행들은 겸손과 조심성의 아들들이며 또한 사랑의 딸들이다.

일주일 전만 하더라도, 너희들은 경쟁자를 놀라게 하고 능가하기를 원하는 어린 아이들처럼 너희들의 장한 일과 새로운 지식을 와서 공표했을 것이다. 그런데 지금은 너희들이 말을 하지 않는다. 어린 아이이던 너희들이 청년이 된 것이다. 이제는 너희들이 그렇게 선언함으로써 어쩌면 하느님에게서 덜 받았을지도 모르는 동료의 자존심을 해칠 수도 있으리라는 것을 알고 말을 하지 않는 것이다. 그뿐 아니라, 너희들은 사춘기에 이른 처녀들과도 같다. 너희들 안에는 영혼과 하느님의 혼인의 신비가 알려준 변신(變身)에 대한 거룩한 수치심이 있다. 첫날에는 너희들에게 차고 적대적이고 불쾌한 것으로 보였던 이 굴을… 이제는 향기롭고 밝은 신방처럼 생각한다.

이 동굴에서 너희들은 하느님을 알았다. 전에는 하느님에 대해서 좀 알기는 했었지만 둘을 하나로 만드는 친밀한 관계로는 알지 못하였다. 너희들 가운데에는 벌써 오래 전에 결혼한 사람들도 있고, 여자들과 기만적인 관계를 맺었던 사람들도 있고, 여러 가지 원인으로 순결을 지키는 사람들도 있다. 그러나 순결한 사람들도 이제는 완전한 사랑이 어떤 것인지를 결혼한 사람들이 아는 것과 같이 안다. 또 나는 육체의 욕심을 모르는 사람만큼 완전한 사랑이 어떤 것인지를 아는 사람은 아무도 없다고 말할 수도 있겠다. 그것은 음란이 전혀 없는 인간에게서 지극히 깨끗하신 당신 자신과 같은 어떤 것을 발견하시고, 깨끗한 사람에게 당신을 주시는 데에서 느끼시는 기쁨 때문에, 그리고 당신을 위하여 인간이 자기 자신에게 거부하는 것을 보상하시기 위하여 하느님께서 동정들에게 당신을 완전히 드러내보이시기 때문이다.

정말 잘 들어두어라. 내가 너희들에 대해 가지는 사랑과 내가 가지고 있는 지혜 때문에, 내가 아버지의 일을 완수해야 할 의무만 없으면, 너희들을 여기 붙잡아두고 너희들과 같이 외따로 떨어져서 있으면 좋겠다. 이렇게 하면 너희들을 실패와 탈퇴가 없고, 타락과 지연과 후퇴가 없는 위대한 성인을 빨리 만들 것을 확신한다. 그러나 나는 그렇게 할 수가 없다. 나는 가야 하고, 너희들도 가야 한다. 세상이 우리를 기다리고 있다. 선생과 속죄자가 필요한 더럽혀지고 하느님을 모독하는 세상이 우리를 기다린다는 말이다.

나는 너희들로 하여금 하느님을 세상보다 더 사랑하게 하려고 하느님을 알게 하기를 바랐다. 세상의 모든 애정도 하느님의 오직 하나의 미소의 값어치도 못된다. 나는 너희들에게 가장 좋은 것을 갈망하게 하기 위해서, 세상이 어떤 것이며 하느님이 어떤 분이신지를 묵상하게 하였다. 이 순간에는 너희들이 오직 하느님만을 갈망한다. 오! 나는 너희들을 이 시간에, 이 갈망에 고정시켜 놓을 수 있으면 좋겠다! 그러나 세상이 우리를 기다리고 있다. 그래서 우리를 기다리고 있는 세상으로 가는 것이다. 거룩한 사랑의 이름으로, 마치 사랑이 나를 세상에 보낸 것과 같이 나도 너희들을 내 명령으로 세상에 보낸다. 그러나 제발 부탁이다! 마치 진주를 보석상자에 넣어 보관하는 것과 같이 너희들은 너희들 자신을 살펴보고 보살피고 다시 일으키고 장식하고 하느님과 결합한 요 며칠 동안에 얻은 보물을 너희 마음 속에 잘 보관하여라. 그리고 성조(聖祖)들이 하느님과 맺은 계약의 기념으로 세운 증거의 돌들과 같이 그 귀중한 추억들을 너희 마음 속에 보관하고 지켜라.

오늘부터는 너희들이 내 마음에 드는 제자들이 아니라, 사도들이고, 내 교회의 우두머리들이다. 오랜 세월이 흐르는 동안 너희들에게서 내 교회의 모든 계급이 올 것이고, 사람들은 너희들을 삼중으로 능력과 지혜와 사랑을 가지신 너희 하느님을 선생님으로 모시는 선생이라고 부를 것이다. 내가 너희들을 택한 것은 너희들이 가장 공로가 많기 때문이 아니라, 너희들이 지금은 알 필요가 없는 복합적인 원인들 때문이다. 나는 내가 가냘픈 아기였던 시절부터 내 제자인 목자들 대신에 너희들을 택하였다. 왜 이렇게 했느냐? 이렇게 하는 것이 좋은 일이었기 때문이다. 너희들 가운데에는 갈릴래아 사람과 유다인, 유식한 사람과 무식한 사람, 부자와 가난한 사람들이 있다. 이 모든 것은 세속적인 관점에서 그렇다. 내가 어떤 한 부류만을 좋아했다는 말들을 하지 못하게 하기 위해서이다. 그러나 해야 할 모든 일에 너희들만으로는 넉넉치 못할 것이다. 지금도 그렇고 이 다음에도 그럴 것이다.

너희들은 모두가 역대기의 어떤 대목을 기억하고 있지 못할 것이다. 역대기 하권 29장에는 유다의 히즈키야가 성전을 깨끗하게 치우게 하였다는 이야기가 있다. 성전이 깨끗하게 된 다음에 왕은 죄와 나라와 성전과 유다를 위하여 제물을 바치게 하고, 그 다음에는 개인적인 제물을 바치기 시작하였다. 그러나 번제물을 잡는 데 사제의 수가 모자라기 때문에 사제들보다 더 짧은 의식으로 축성되는 레위지파 사람들을 불러 그들을 돕게 하였다.

나도 그렇게 할 것이다. 너희들은 영원한 대사제인 내가 오랜 정성을 기울여 준비한 사제들이다. 그러나 사람들이 그들의 주 하느님께 개인적인 제물을 드리는 일이 점점 더 많아질 터인데 너희들만으로는 그것을 감당하기에 넉넉하지 못할 것이다. 그러므로 나는 너희들에게 그냥 제자로 남아 있을 제자들을 합쳐 주겠다. 산 아래에서 우리를 기다리고 있는 제자들, 벌써 더 향상된 제자들, 이스라엘 땅에 흩어져 있고, 또 이다음에는 세계의 곳곳으로 퍼지게 될 제자들 말이다. 사명은 다만 하나뿐이기 때문에 그들에게도 같은 중요성을 가진 임무가 주어질 것이다. 그러나 세상 사람들의 눈으로 볼 때에는 그들의 등급이 다를 것이지만, 정의를 가지고 계신 하느님의 눈으로 볼 때에는 다르지 않을 것이다. 따라서 사도들과 동료들에게 알려지지 안은 채 영혼들을 하느님께로 인도하면서 거룩하게 사는 이름없는 제자가 사도라는 이름만 가지고 인간적인 목적을 추구함으로써 사도의 품위를 떨어뜨리는 이름난 사도보다 더 훌륭할 것이다.

사도들과 제자들의 의무는 언제나 사제들과 레위지파 사람들의 의무와 같을 것이다. 즉 예배의식을 행하고, 우상숭배를 쳐부수고, 마음과 장소를 깨끗하게 하며 주님과 주님의 말씀을 전하는 것이다. 이 세상에 너희들의 직무보다 더 거룩한 직무가 없고, 너희들의 품위보다 더 높은 품위는 없다. 그러나 이 때문에 너희들에게 '너희 양심의 소리를 듣고 너희 자신을 살펴보라'고 말한 것이다. 타락하는 사도는 정말 불행하다! 그런 사도는 많은 제자를 끌고 가고, 제자들은 또 많은 신자들을 끌고 간다. 그것은 마치 눈사태와 같이, 또는 같은 지점에 돌들을 던짐으로 인하여 호수에 생기는 동그라미와 같이 점점 더 커지는 파멸이다.

너희들 모두가 완전할 것이냐? 아니다. 지금 너희들을 고무하는 정신이 오래 갈 것이냐? 아니다. 세상은 너희들의 영혼을 질식시키려고 그 촉수(觸手)를 던질 것이다. 그것은 옆에 다섯은 사탄의 자식이고, 옆에 셋은 또 사탄의 노예이고, 옆에 나머지 둘은 하느님께 대하여 무관심한 세상의 승리일 것이며, 성인들의 마음 속에 있는 빛을 끄게 될 승리일 것이다. 너희들은 너희 자신과 세속과 육신과 마귀에 대항하여 너희들 자신을 너희들 자신의 힘으로 지켜라. 그러나 특히 너희들 자신에 대항하여 너희들 자신을 지켜라. 너희들은 교만과 육욕과 이중성격과 냉담과 영적인 무기력과 탐욕을 경계하여라! 하등의 내가 그에게 불리하게 가혹하게 한다는 핑계로 목소리를 높이고 우는 흉내를 낼 때에는 이렇게 말해서 입을 다물게 하여라. '지금 잠깐 동안 겪는 부자유 대신에 네가 스밧달(月) 그믐께 굴 속에서 맛본 일이 있는 황홀한 향연을 영원히 마련해 주마.'

가자. 내가 오기를 기다리는 다른 많은 사람들에게로 가자. 그런 다음 나는 티베리아에 가서 몇 시간 있겠다. 그리고 너희들은 대중 앞에서 내게 대한 말을 하면서 티베리아에서 바다로 직통하는 길에 있는 산 밑에 가서 나를 기다려라. 내가 그리로 가서 산에 올라가 설교하겠다. 배낭들과 겉옷들을 집어다 여기 머무르는 것은 끝나고 선택도 행해졌다."

26. 열성당원 시몬과 요한의 첫번째 전도

예수께서는 산중턱에 내려오셨을 때 많은 제자들과 아주 조용히 제자들과 합류한 다른 많은 사람들을 만나신다. 그들은 기적이 필요해서 또는 예수께서 말씀하시는 것을 들을 필요를 느껴 외딴 이곳에 온 것이다. 그들은 사람들이 일러준 것에 따라 또는 영적인 본능으로 아주 자신있게 온 것이다. 나는 수호천사들이 하느님을 갈망하는 사람들을 하느님의 아들에게로 데려왔다고 생각한다. 나는 이것이 상상이라고는 생각하지 않는다. 만일 마귀의 영이 그리스도에게 어떤 잘못이 있는 것처럼 보이게 할 수 있는 순간에 원수들을 재빨리 또 간교하고 꾸준하게 하느님과 그분의 말씀에게로 데려오는 것을 생각하면, 천사들이 마귀의 손아귀에서 벗어난 사람들을 마귀보다 못하지 않게 그리스도께로 데려왔으리라고 생각할 수 있다. 아니 생각할 수 있다기보다 오히려 그렇게 생각하는 것이 마땅하다.

그리고 예수께서는 지치지 않고 염려하지 않고 당신을 기다린 그 모든 사람에게 기적의 도움과 말의 도움을 아낌없이 주신다. 기적이 얼마나 많았는지 모른다! 산비탈을 아름답게 꾸미는 꽃이 만발한 것과 같이 기적이 만발하였다. 불이 붙은 낟가리에서 끔찍하게 화상입은 것을 끄집어낸 저 어린 아이의 기적과 같은 눈부신 기적들도 있었다. 화상을 입은 살덩어리 같은 그 어린 아이를 들것에 실어 데려왔는데, 화상을 입은 것이 보기가 너무 끔찍해서 수건으로 덮은 그 어린 아이는 수건 밑에서 신음하고 있었다. 아이는 죽어가고 있었다. 예수께서는 그 어린 아이 위에 입김을 불어서 고쳐 주시고 화상 흔적도 말끔히 없어지게 하셨다. 어린 아이는 일어나 발가벗은 몸으로 좋아서 어머니에게로 뛰어가니, 어머니는 기쁨의 눈물을 흘리면서 덴 자국이 하나도 없이 완전히 고쳐진 살을 쓰다듬고, 화상을 입은 줄로 생각했었는데 오히려 빛나고 기쁨으로 반짝이는 눈에 입맞춤한다. 머리카락은 마치 불꽃이 태워버리지는 않고 자른 것처럼 짧다. 기침을 몹시 하는 저 노인의 기적은 작은 기적이다. 그 노인은 이렇게 말한다. "이건 나 때문이 아니라, 이 어린 고아들의 아버지 노릇을 해야 하는데 내 목에 있어 가지고 숨막히게 하는 이 체액(體液) 때문에 일을 할 수 없단 말입니다…."

그 다음에는 눈에 보이지는 않지만 예수의 말씀이 일으키는 분명한 기적이 있다. "여러분 가운데에는 마음 속으로 울면서 '불쌍히 여겨 주십시오!' 하는 말을 감히 하지 못하는 사람이 있습니다. 나는 그 사람에게 이렇게 대답합니다. '당신이 청하는 대로 되기 바라오. 내가 자비 자체라는 것을 당신이 알도록 모든 동정을 베풀어 주오' 하고. 다만 이번에 내가 당신에게 '너그러운 마음을 가지시오' 하고 말하겠소. 하느님께 대하여 너그러운 마음을 가지시오. 과거와의 모든 관계를 끊으시오. 당신은 하느님을 느끼고 계시오. 그러면 당신이 느끼는 하느님께로 자유로운 마음과 온전한 사랑을 가지고 오시오." 군중 가운데에서 이 말을 들어야 하는 남자나 여자가 어떤 사람인지 모르겠다.

예수께서는 또 이렇게 말씀하신다. "이 사람들은 내 사도들입니다. 이 사람들은 그리스도가 되라고 내가 택한 사람들이기 때문에 모두 그리스도입니다. 그들을 신용하고 문의하시오. 여러분의 영혼에 필요한 모든 것을 내게서 배웠습니다…." 사도들은 완전히 공포에 사로잡혀 예수를 쳐다본다. 그러나 예수께서는 미소를 지으시며 계속하신다. "…그러면 이 사람들이 여러분의 영혼에 별빛과 서늘한 이슬을 주어 여러분이 어둠 속에서 번민하지 않게 해줄 것입니다. 그런 다음 내가 와서 햇빛과 물을 충만히 주겠고, 여러분을 초자연적인 힘과 기쁨으로 강하고 행복하게 하기 위한 모든 지혜를 주겠습니다. 여러분에게 평화가 있기를. 여러분보다 더 불행하고 더 가난한 다른 사람들이 나를 기다리고 있습니다. 그러나 나는 여러분을 혼자 버려두지 않습니다. 내 사도들을 여러분에게 남겨둡니다. 그런데 이것은 내가 사랑하는 아들들을 유모 중에서 가장 다정하고 가장 확실한 유모들에게 보호하라고 맡기는 것과 같습니다."

예수께서는 작별인사와 강복을 주시는 손짓을 하시고 군중을 헤치고 떠나신다. 그러나 군중은 예수를 떠나시게 내버려두지 않는다. 이때에 마지막 기적, 즉 손자가 데리고 온 반신불수의 작은 할머니의 기적이 일어난다. 그 노파는 전에는 꼼짝하지 않던 오른 팔을 기쁘게 내저으면서 외친다. "선생님은 지나가시면서 겉옷으로 나를 스치기만 하셨는데 내가 나았어요! 나는 늙었기 때문에 선생님께 그걸 청하지도 않았었어요. …그러나 선생님은 내 은밀한 소원을 불쌍히 여기셨어요. 선생님은 겉옷으로, 겉옷 자락으로 병든 내 팔을 스치셨어요. 나를 고쳐 주셨어요! 아이고! 우리 다윗 성왕이 얼마나 훌륭한 후손을 두셨는지요! 그분의 메시아께 영광입니다! 자 보세요! 자 보시라구요! 내 다리도 팔과 같이 마음대로 움직일 수 있어요. …아이고! 난 스무살 난 사람 같아요!"

그의 행복을 목청껏 외치는 작은 노파 쪽으로 많은 사람이 몰려가는 바람에 예수께서 방해를 받지 않고 빠져나가실 수가 있다. 그리고 사도들이 따라간다. 그들이 거의 평야 가운데 한적한 곳으로 해서, 호수 쪽으로 퍼져가는 빽빽한 히스 덤불 가운데 왔을 때 잠시 걸음을 멈춘다. 예수 편에서는 "너희들에게 강복한다! 너희들의 일거리로 돌아가서 내가 말한 것과 같이 돌아올 때까지 일을 하여라" 하고 말씀하시기 위해서이다.

그때까지 줄곧 말이 없던 베드로가 폭발한다. "아니, 주님, 무슨 일을 하신 것입니까? 왜 영혼들에게 필요한 모든 것을 저희들이 가지고 있다고 말씀하셨습니까? 주님이 저희들에게 많은 것을 주신 것은 사실입니다! 그러나 저희들은, 아니 적어도 저는 고집불통이어서… 주님이 제게 주신 것 중에서 남아 있는 것이 별로 없습니다. 이것은 마치 어떤 사람이 식사를 한 다음에 가장 무거운 것은 아직 위에 남아 있는 것이나 마찬가지입니다. 나머지는 위에서 다 없어지구요."

예수께서는 서슴없이 미소지으시며 말씀하신다. "그러면 나머지 음식은 어디에 있느냐?"

"아니… 그건 모릅니다. 세련된 요리를 먹으면 한 시간 후에는 위에 아무것도 느끼지 못하게 된다는 것은 압니다. 그러나 소화가 잘 안 되는 뿌리나 기름에 튀긴 완두를 먹으면, 아! 아무리 내려가게 하려구 해두!"

"내려가게 하려고 해도 안 된다는 말이지. 그러나 네 위를 가장 많이 채우는 것같이 생각되는 뿌리와 완두 따위가 네게 자양분을 가장 적게 남긴다고 생각하여라. 그것은 큰 이익을 주지 않고 지나가는 채움이다. 반대로 한 시간 후에는 느끼지 못하게 되는 연한 음식들은 위 속에 있지 않고 피 속에 있는 것이다. 음식이 소화되면 위에 남아 있지 않고 그 즙이 피 속으로 가는데, 그것이 가장 유익한 것이다. 이제는 너와 네 동료들이 내가 너희들에게 말해 준 것 중에서 아무것도 남지 않았다고 또는 별로 남은 것이 없다고 생각한다. 아마 너희들은 너희들의 교육의 기질에 가장 잘 맞는 대목들을 잘 기억할 것이다. 과격한 사람들은 격렬한 대목들을, 명상적인 사람들은 묵상을 하게 만드는 대목들을, 사랑하는 사람들은 오직 사랑뿐인 대목들을 잘 기억할 것이다. 아마 그럴 것이다. 그러나 이 말을 틀림없이 믿어라. 너희들에게는 모든 것이 사라진 것같이 생각되더라도 너희들은 모든 것을 너희 안에 간직하고 있다. 너희들은 그것을 흡수한 것이다. 생각이 너희들에게 그것을 오색실처럼 풀어주고, 필요에 따라서 부드러운 색채나 강한 색채를 띠게 할 것이다. 두려워 말아라. 나는 다 알고 있으며, 만일 너희들이 그렇게 할 능력이 없다는 것을 알면 절대로 너희들을 보내지 않을 것이라는 것만 생각하여라. 잘 있어라, 베드로야. 자, 웃어라! 믿음을 가져라! 아니 계신 데 없이 어디에나 계시는 지혜에 대한 아름다운 믿음의 행위를 가져라. 모두들 잘 있거라. 주께서 너희들과 함께 남아 계시다." 그리고 그들을 빨리 떠나 가신다. 그런데 사도들은 그들이 해야 한다고 들은 모든 것 때문에 아직도 놀라고 불안해 하고 있다.

"그렇지만 순종해야 해" 하고 토마가 말한다.

"그래!… 맞아!… 아이고! 그렇지만 나는 불쌍한 놈이야! 난 뛰어서 선생님을 좇아가고 싶을 지경이야…" 하고 베드로가 중얼거린다.

"안 돼. 그러지 말아. 선생님께 순종하는 것이 선생님을 사랑하는 거야" 하고 알패오의 야고보다 말한다.

"그리고 선생님이 아직 가까이에 계셔서 우리가 잘못하면 조언을 주실 수 있을 때에 시작하는 것이 기본적인 일이고 거룩한 조심성이기도 해" 하고 열성 당원이 조언을 한다.

"사실이야. 예수님은 상당히 피로하셨어. 우리가 할 수 있는 대로 그 피로를 덜어드려야 해. 배낭을 짊어지고 침대와 음식을 준비하는 것만으로는 충분치 않아. 그건 누구나 다할 수 있는 거야. 그것이 아니고, 선생님이 사하시는 것처럼 선생님의 사명을 도와드려야 해" 하고 바르톨로메오가 확인한다.

"자네는 유식하니까 말을 잘하네만, 나는… 나는 무식쟁이나 다를 게 없단 말이야…" 하고 제베대오의 야고보가 탄식을 한다.

"아이고! 큰일 났네! 저 위에 있던 사람들이 저기 오네. 어떻게 하지?" 하고 안드레아가 부르짖는다.

그러자 마태오가 이렇게 말한다. "가장 보잘 것 없는 내가 자네들에게 충고를 하는 것을 용서해 주게. 하지만 한탄으로 해결될 수 없는 것에 대해서는 여기서 한탄만 하고 있는 것보다는 주님께 기도를 드리는 것이 더 낫지 않겠어? 자, 유다, 자네가 성경을 잘 아니까 지혜를 얻기 위한 솔로몬의 기도를 우리 모두를 대신해서 드리게. 빨리! 저 사람들이 우리 있는 데까지 오기 전에."

그러니까 타대오는 그의 아름다운 바리톤 목소리로 시작한다. "만물을 창조하신 자비의 주님, 우리 조상들의 하느님, 운운…"에서부터 "…처음부터 당신의 마음에 든 모든 사람이 지혜에 의하여 구원을 받았습니다"까지. 바로 그때에 사람들이 그들 있는 데까지 와서 그들을 둘러싸고 선생님이 어디로 가셨는지 언제 돌아오시는지 알려고 수없이 많은 질문을 해서 그들을 괴롭힌다. 그리고 가장 만족시키기 어려운 질문은 "그러나 선생님을 따르되 다리로 따라가지 않고, 그분이 일러 주시는 길을 통해서 영혼으로 따라가려면 어떻게 해야 하느냐?" 하는 것이었다.

이 질문에 사도들은 당황해 있다. 그들은 서로 바라보고 있는데, 가리옷 사람이 "완전을 따르면 됩니다" 하고 그것이 모든 것을 설명할 수 있는 대답이기나 한 것처럼 대답한다.

더 겸손하고 더 조용한 알패오의 야고보는 곰곰히 생각하고 나서 이렇게 말한다. "내 동료가 말하는 완전은 율법을 지키는 것으로 얻게 됩니다. 왜냐하면 율법은 정의이고, 정의는 완전이기 때문입니다."

그러나 사람들은 만족하지 않고, 우두머리로 보이는 어떤 사람을 통해서 묻는다. "하지만 우리는 선의 문제에 있어서는 아이들과 같이 어렵습니다. 아이들은 선과 악의 의미를 아직 알지 못합니다. 구별을 못해요. 그런데 우리도 선생님이 가르쳐 주시는 길에 대해서는 구별할 수가 없을 만큼 풋나기입니다. 우리는 아는 길을 하나 가지고 있었습니다. 학교에서 배운 오래된 길이지요. 하도 험하고 길어서 우리에게 겁을 집어먹게 하는 길이지요! 이제는 선생님의 말씀에 따라서 우리는 여기서 보이는 것은 고가식(高架式) 수로 같다는 것을 알게 됩니다. 아래는 짐승들과 사람들이 다니는 길입니다. 그런데 윗쪽에는 가벼운 열(列)홍예 위에 새들의 목소리와 함께 바람 속에서 살랑거리고 노래하는 가장 높은 나뭇가지들 곁으로 다른 길이 하나 햇빛을 받으며 창공으로 뻗어갑니다. 그 길은 밑의 길이 울퉁불퉁하고 더럽고 어두운 것만큼이나 매끈하고 깨끗하고 환한 길이고, 맑은 물이 지나가서 울리는 길이며, 하느님에게서 오는 물로 축복을 받는 길, 하느님에게서 오는 것, 즉 햇빛과 별, 새로 돋아난 잎과 꽃과 제비의 날개가 쓰다듬어 주는 길입니다. 우리는 선생님의 길인 이 더 높은 길로 올라가고 싶습니다. 그런데 우리는 여기 아래에서 오래된 모든 건조물의 무게에 찍어눌려 있기 때문에 그 길을 알지 못합니다. 그러니 어떻게 해야 합니까?"

말한 사람은 스물 다섯쯤 된 갈색머리에 튼튼하고 눈에 총기가 있는 젊은이인데, 그의 모습은 거기 있는 대부분의 사람들보다 덜 서민적이다.

키가 크기 때문에 그 사람을 볼 수 있는 가리옷 사람은 동료들에게 속삭인다. "빨리, 설명을 잘 하게, 저 사람은 헤르마이고 같이 있는 사람은 스테파노야, 가믈리엘이 사랑하는 스테파노!" 이 사정으로 사도들은 완전히 당황해 버린다.

마침내 열성당원이 대답한다. "만일 어두운 길 위에 있는 기초가 없으면 열홍예가 있을 수 없을 것입니다. 그 기초가 열홍예가 시작되는 시발점이고, 이 기초에서부터 비약해서 당신의 소원의 대상이 되는 창공을 올라가는 것입니다. 땅 속에 박혀서 햇빛과 날아다님을 누리지 못하는 돌들도 햇빛과 날아다님이 있다는 것을 모르지는 않아요. 그것은 이따금씩 제비가 재재거리면서 진흙 있는 데까지 내려와 열홍예의 기초를 스치고 지나가고, 햇빛이나 별빛이 내려와 창공이 얼마나 아름다운지 말해 주기 때문입니다. 이와 같이 지나간 오랜 세월 동안에 이따금씩 약속을 하는 하늘의 말씀과 지혜의 하늘 빛살이 내려와 하느님의 분노의 무거운 짐을 짊어지고 있는 돌들을 어루만져 주었습니다. 돌들이 필요했던 것이니까요. 그 돌들은 전에도 결코 무익하지 않았고, 지금도 무익하지 않고, 장래에도 무익하지 않을 것입니다. 세월이 흐르는 동안 그 돌들 위에 완전한 인간 지식이 세워져서, 현재의 자유와 초인적인 지식의 지혜를 얻게 되었습니다.

나는 벌써 당신의 이의(異義)를 읽겠습니다. 그것이 당신 얼굴에 씌어 있거든요. 그것은 새 가르침인 기쁜 소식이 어떤 것인지를 이해할 줄 알기 전에 우리 모두가 가졌던 그런 이의이지요. 이 기쁜 소식은 퇴보적인 과정을 밟아 지식이라는 돌들이 올라가는 데 따라 어른이 되지 못하고, 마치 담이 캄캄한 구렁으로 무너져 내려가듯이 점점 더 어두움 속으로 가라앉은 사람들에게 전해졌습니다.

우리는 초자연적인 이 실명상태에서 벗어나려면 그 주춧돌 위에 얹힌 돌들을 모두 용감하게 치워버려야 합니다. 세워지기는 했지만 영원한 샘에서 맑은 진액을 가져다 주지는 못하는 그 담을 겁내지 말고 허물고 기초로 돌아가시오. 기초는 바뀌지 말아야 합니다. 그것은 하느님에게서 오는 것이고, 변함없는 것입니다. 그러나 돌들이 모두 나쁘고 쓸 데 없는 것은 아니니까 그것들을 밀어내기 전에 하느님의 말씀의 소리로 하나하나 시험하시오. 만일 그것들이 귀에 거슬리는 소리를 내지 않는 것을 알게 되거든 재건하는 데 쓰이게 하시오. 그러나 만일 그 돌들이 인간의 목소리의 귀에 거슬리는 소리를 내거나 사탄의 목소리의 찢어지는 듯한 소리를 내거든 그 나쁜 돌들은 부수어 버리시오. 선택을 하는 데 있어서 당신들은 틀릴 수가 없습니다.

왜냐하면 그것이 하느님의 목소리이면 사랑의 목소리이고, 사람의 목소리이면 관능성의 목소리이고, 사탄의 목소리이면 증오의 목소리이기 때문입니다. 내가 부수어 버리라고 말하는 것은 여행자를 유혹해서 나쁜 싹이나 나쁜 물건을 자신에게 불리하게 쓰게 만들 수도 있는 싹이나 물건들을 뒤에 남겨놓지 않는 것이 사랑이기 때문입니다. 당신들이 일한 것이나 글이나 가르침이나 행동에 있었던 나쁜 것은 모두 문자 그대로 부수어 버리시오. 얼마 안 되는 자재를 가지고 있으면서 겨우 반미터를 올라가더라도 좋은 돌을 쌓아서 올라가는 것이 여러 미터를 올라가더라도 나쁜 돌을 쌓아서 올라가는 것보다 낫습니다. 햇빛과 제비들이 겨우 지면 위로 비죽 나온 담에까지로 내려오고, 비탈의 보잘 것 없는 작은 꽃들이 낮은 돌들을 쉽게 어루만지게 됩니다. 그런데 쓸데 없이 울퉁불퉁하게 높이 올라가기를 바라는 우쭐하는 돌들에게는 가시덤불에 뺨이나 맞고 독초가 와서 얼싸안는 것밖에 차례가 오지 않습니다. 재건하기 위해 무너뜨리고 당신들의 묵은 돌들의 질을 하느님의 목소리의 음으로 시험하

먼서 올라가기 위해 부수시오."

"선생은 말을 잘하십니다. 그러나 올라가다니! 어떻게 올라갑니까? 우리는 어린 아이들보다도 못하다고 말했지요. 누가 우리를 가파른 기둥을 기어올라가게 해줄 겁니까? 우리는 돌들을 하느님의 목소리의 음으로 시험하겠습니다. 그리고 덜 좋은 돌들은 부수어 버리겠습니다. 그러나 어떻게 올라갑니까? 그걸 생각만 해도 현기증이 납니다" 하고 스테파노가 말한다.

자기 자신에게 미소를 보내며 고개를 갸웃하고 듣고 있던 요한이 빛나는 얼굴을 들고 말을 한다. "형제들! 그것은 현기증이 납니다. 사실입니다. 그러나 누가 직접 올라가라고 말합니까? 이것은 어린 아이들뿐 아니라 어른들조차도 할 수가 없을 것입니다. 다만 천사들만이 물질적인 무게가 도무지 없으니까 창공으로 뛰어오를 수 있습니다. 그런데 사람들 가운데에서는 성덕의 영웅들밖에 그렇게 할 수가 없습니다.

우리는 여기에 대해 살아 있는 본보기를 하나 가지고 있습니다. 이분은 마치 성조들이 하느님의 벗이었을 때, 그리고 영원한 법전(法典)의 말만이 있었지만 올바른 인간이면 누구나가 다 그것을 지키던 때 이스라엘에서 번창했던 옛날 사람들과 같이 타락한 이 세상에서 성덕의 영웅이 될 줄 아는 분입니다. 그리스도의 왕도에 원죄의 역한 냄새를 풍기지 않고 메시아의 앞장을 서서 갈 수 있도록 예언자로서의 그의 입술을 치품(熾品) 천사들이 깨끗하게 한 것과 같이, 어머니의 태중에서부터 그를 깨끗하게 함으로써 그분에게 하느님의 불이 주었던 은총이 요한에게 천사의 날개를 주었습니다.

그리고 이 천사의 날개는 고행으로 인해서 더 커졌습니다. 그것은 그분이 여인에게서 났다는 성질로 인해서 그대로 지니고 있던 인간성의 무게가 고행으로 인해 없어졌기 때문입니다. 그렇기 때문에 요한은 그분이 회개를 설교하는 그의 굴에서, 그리고 은총과 결합한 영이 그 안에서 불타고 있는 그분의 육체를 가지고 그 너머에는 하느님께서, 지극히 높으신 우리 주 하느님께서 계신 열홍예 꼭대기까지 비약할 수가 있습니다. 그리고 과거와 현재와 미래를 굽어보면서 영원한 태양을 똑바로 쳐다보고 그것을 알아볼 수 있는 독수리의 눈과 같은 그의 눈과 예언자로서의 그의 목소리로 '보라 하느님의 어린 양, 세상의 죄를 없애시는 분을' 하고 알리고, 이 숭고한 노래를 부른 다음 죽을 수가 있습니다. 그 숭고한 노래는 한정된 이 시대에만 소용되지 않고, 한계가 없는 세월에 영원하고 행복한 예루살렘에서 제2위를 환호하고, 그분께 인간의 비참을 상기시키며, 영원한 광채 속에서 그분께 환희의 노래를 부르는 데 소용될 것입니다.

그러나 하느님의 어린 양, 하느님의 불이 불과 같은 포옹을 하고 있는 하늘의 빛나는 그의 궁궐을 떠나신 지극히 다정하신 어린 양은— 오! 당신의 한없고 완전히 거룩하신 생각으로 당신의 말씀을 품으시고, 그 안에 능력과 지혜의 중심이 있는 사랑의 성령을 생기게 하는 사랑의 융합을 이루면서 당신께로 끌어들이시는 아버지의 영원한 낳으심!— 그러나 당신의 지극히 순수하고 무형인 형태를 떠나, 당신의 무한한 순수성 당신의 거룩하심, 당신의 천주성을 죽어야 할 육체 안에 감추신 하느님의 어린 양은 우리가 은총으로 깨끗하게 되지 못했다는 것을, 우리가 아직 깨끗하게 되지 못했다는 것을 아시고, 우리가 요한이라는 독수리가 하는 것과 같이 높은 곳을 향해서, 하나이시요 세위이신 하느님께서 계신 저 꼭대기를 향해 돌진하지 못하리라는 것을 아십니다. 우리는 지붕과 길에 있는 작은 참새들이고, 창공에까지 올라가지만 곤충을 먹고 사는 제비들이며, 천사들을 흉내내려고 노래하려고 하지만 천사들에 비하면 우리의 노래는 여름에 우는 매미의 시끄러운 떨리는 소리와 같은 종달새 같은 존재들입니다. 세상의 죄를 없애려고 오신 다정한 어린 양은 이것을 아십니다. 왜냐하면 그분은 죽어야 하는 육체를 가진 사람이 되셨기 때문에 이제는 하늘의 무한한 영은 아니시지만, 그렇다고 해서 그분의 무한성이 줄어들지도 않았고, 또 그분의 지혜가 여전히 무한해서 모든 것을 알고 계시기 때문입니다.

그래서 그분은 우리에게 당신의 길, 즉 사랑의 길을 가르치십니다. 그분은 당신 자비로 우리를 위해 사람이 되신 사랑이십니다. 그러므로 이 자비로운 사랑은 우리를 위해 어린 아이들까지도 올라갈 수 있는 길을 만드시는 것입니다. 그리고 그분은 당신에게 필요해서가 아니라 우리에게 그것을 가르쳐 주시려고 제일 먼저 그 길로 걸어가시는 것입니다. 그분이 아버지와 합해서 하나가 되기 위해서는 날개를 펼 필요조차 없을 것입니다. 정말이지 그분의 영은 여기 이 비참한 세상에 갇혀 계시지마는 항상 아버지와 함께 계십니다. 그것은 하느님은 무엇이든지 다하실 수 있는데, 그분은 하느님이시기 때문입니다.

그러나 그분은 당신 성덕의 향기와 당신 사랑의 금과 불을 뒤에 남기면서 우리들의 앞장을 서서 가십니다. 그분의 길을 쳐다보시오. 오! 그 길은 열흘에의 꼭대기까지 분명히 올라갑니다! 그러나 확실하고 안전합니까! 그것은 직선이 아니고 나선(螺線)입니다. 더 먼 길이기는 합니다. 그런데 그분의 자비로운 사랑의 희생이 이 긴 길에 나타납니다. 그분이 약한 우리를 위해 거기 서 계시는 것입니다. 길이 더 멀기는 하지만 우리의 미약함에는 더 잘 어울립니다.

사랑을 향하여, 하느님을 향하여 올라가는 것은 사랑 자체가 단순한 것과 같이 단순합니다. 그러나 이 길은 깊은 곳으로 들어가는 길입니다. 그것은 하느님께서 심연이시기 때문인데, 만일 하느님께서 당신을 낮추셔서 당신을 사랑하는 영혼들이 당신에게까지 이르게 하시고 그들에게서 입맞춤을 받는 것을 느끼고자 하지 않으셨더라면 아무도 거기까지 다다를 수 없다고 할 심연인 것입니다 (요한은 하느님을 드러내보인다는 황홀감에서 말을 하면서 울기도 하고 웃기도 한다). 하느님이라는 심연은 밑바닥이 없고 하도 넓어서 누가 그곳에서 앞으로 나아갈 수 있을 정도이기 때문에 순박한 사랑의 길은 멉니다. 그러나 이 놀라운 심연이 우리의 비참한 구렁을 부릅니다. 그 심연이 그 빛으로 우리를 부르며 '내게로 오너라' 하고 말합니다.

오 하느님의 권유! 아버지의 권유! 들으시오! 들어요! 그리스도께서 하늘의 문들을 활짝 열어 놓으셨기 때문에 하늘은 열려 있습니다. 그리스도께서는 하늘의 문들을 열린 채로 있게 하라고 자비와 용서의 천사들을 배치하셔서 사람들 위에 은총이 쏟아져 내릴 때까지 적어도 사람들의 마음을 거룩하게 끌 수 있는 빛과 향기와 노래가 흘러나오고, 지극히 감미로운 말이 우리들에게로 오도록 하셨습니다. 하느님의 목소리가 말씀하시는데, 그 목소리는 이렇게 말씀하십니다. '너희들이 어리다고? 그러나 그것이 너희들의 가장 훌륭한 보물이다! 나는 너희들이 너희들 안에 어린아이들이 가지는 겸손과 솔직성과 사랑을 가지고, 아버지에 대한 아주 작은 어린 아이들의 신뢰하는 사랑을 가지기 위하여 아주 어린 아이들과 같이 되기를 바란다. 너희들은 무능하다고? 그러나 그것은 내 영광이다! 아! 오너라. 나는 너희들에게 좋은 돌인지 나쁜 돌인지 돌의 소리를 너희들이 직접 시험하라고 요구하지도 않겠다. 그러지 말고 그 돌들을 내게 다오! 돌은 내가 고를 터이니, 너희는 재건이나 하여라. 완전을 위하여 기어올라간다고? 아! 아니다. 내 어린 자식들아. 지금은 너희들의 형제가 된 내 아들과 손에 손을 잡고, 그렇게 그의 곁에서 올라오너라…' 올라가겠습니다! 영원하신 사랑이여, 당신께로 가겠습니다! 당신과 같이 되겠습니다. 즉 사랑이 되겠습니다!

사랑하는 것! 이것이 비결입니다! …사랑하는 것! 그것은 자기를 주는 것이고… 사랑하는 것! 그것은 자기를 없애는 것이고… 사랑하는 것! 그것은 섞여 없어지는 것입니다. …육체요? 그것은 아무것도 아닙니다. 고통이요? 아무것도 아닙니다. 시간이요? 아무것도 아닙니다. 오 하느님, 죄까지도 만일 제가 그것을 당신의 불에 녹이면 없어집니다! 사랑밖에 없습니다. 사랑! 사람이 되신 하느님께서 우리에게 주신 사랑이 우리에게 모든 것을 용서해 주실 것입니다. 그리고 사랑한다는 것은 아무도 아주 어린 아이들보다 더 잘 할 수 없는 행위입니다. 그리고 또 아무도 아주 어린 아이보다 더 사랑을 받지 못합니다.

내가 알지는 못하는 사람이지만, 악과 구별하기 위해, 창공과 하늘의 태양과 초자연적인 기쁨이 되는 모든 것을 가지기 위해 선을 알기를 원하는 당신은 사랑하시오. 그러면 그것을 얻게 될 것입니다. 그리스도를 사랑하시오. 당신은 이 세상의 목숨으로는 죽겠지만 영으로는 다시 살아날 것입니다. 새로운 영을 가진 당신은 돌을 사용할 필요도 없이 영원히 불멸의 불이 될 것입니다. 불꽃은 위로 올라갑니다. 올라가는 데는 층계도 날개도 필요없습니다. 당신의 나를 일체의 건조물에서 해방하고, 당신 안에 사랑을 넣으시오. 그러면 당신은 불꽃이 될 것입니다. 아무 제한도 하지 말고 이 일이 일어나게 내버려두시오. 오히려 반대로, 당신의 과거의 모든 정열과 지식을 땔감으로 불에 던져서 불꽃을 일으키시오. 덜 좋은 것은 불꽃 속에서 타버릴 것이고 벌써 고귀한 금속이 된 것은 정련될 것입니다. 내 형제여, 삼위일체이신 하느님의 활발하고 즐거운 사랑 속으로 뛰어드시오. 제물을 바치는 불에 자기를 남김없이 바치는 사람들에게만 이해되실 수 있는 하느님을 당신이 이해할 것이므로 지금은 이해할 수 없는 것으로 생각되는 것도 당신이 이해할 것입니다. 마침내 당신은 불꽃 같은 포옹으로 하느님 안에 고정될 터이니, 사랑에 대해서 감히 당신에게 말한 그리스도의 제일 어린 제자인 나를 위해 기도해 주시오."

사도, 제자, 신자… 할 것없이 모두 깜짝 놀랐다. 갑자기 부름을 받은 사람은 얼굴이 창백해졌는데 요한은 얼굴이 새빨갛다. 피로로 그렇게 된 것이 아니라 사랑으로 그렇게 된 것이다.

마침내 스테파노가 부르짖는다. "당신은 축복받으시오! 그렇지만 당신이 누군지 말해 주시오."

요한은 동정녀 마리아가 천사의 통고를 받았을 때 보인 태도를 많이 상기시키는 그런 태도를 보인다. 그는 마치 그가 이름을 말한 그분에게 경배하는 것처럼 몸을 구부리며 조용히 말한다. "나는 요한입니다. 당신은 나를 볼 때에 주님의 가장 보잘 것 없는 종을 보는 것입니다."

"그렇지만, 전에 당신의 선생은 누구였습니까?"

"하느님 외에는 아무도 없습니다. 그것은 내가 하느님께서 미리 거룩하게 하신 요한의 영적인 젖을 먹었고, 지금은 하느님의 말씀이신 그리스도의 빵을 먹고, 하늘에서 내게 내려오는 하느님의 불을 마시기 때문입니다. 주님께 영광!"

"아! 그렇지만 나는 당신을 떠나지 않겠습니다! 당신도 안 떠나고 이분도 안 떠나고, 나는 이제 아무도 떠나지 않겠습니다. 나를 받아 주세요!"

"그건… 아! 그렇지만 여기 우리들의 우두머리 베드로가 있습니다." 그러면서 요한은 아주 어리둥절해 있는 베드로를 가리키면서 이렇게 "수석"이라고 선언한다.

그리고 베드로는 제 정신으로 돌아와 말한다. "젊은이, 중대한 사명을 위해서는 신중한 심사숙고가 필요합니다. 이 사람은 우리들의 천사이고 불을 타오르게 해요. 그렇지만 우리 안에 있는 불꽃이 오래 갈 수 있을지 알아야 합니다. 반성을 해보고 나서 주님께로 오시오. 우리는 지극히 사랑하는 형제에게 하듯이 당신에게 우리 마음의 문을 열 것입니다. 그러는 동안 당신이 우리의 생활을 더 잘 알고 싶으면 그대로 머물러 있으시오. 그리스도의 양떼는 엄청나게 자라서 완전한 사람들과 불완전한 사람들, 진짜 어린 양들과 가짜 숫양들을 골라낼 수 없게 될 수도 있을 것입니다."

그리고 이 말과 더불어 사도들의 첫번째 나타남은 끝났다.

27. 쿠자의 요안나의 집에서. 예수와 로마 여자들

예수께서 당신을 배에 태워 준 어떤 사공의 덕택으로 쿠자의 집 정원에 있는 선착장에 내리신다. 벌써 정원사가 예수를 보고 대문을 열어 드리려고 뛰어온다. 이 대문은 호수 쪽으로 나 있는 저택의 입구를 외부인들에 막는 대문인데, 크고 튼튼한 대문이지만 호수로 향한 바깥쪽으로는 대단히 높고 우거진 월계수와 회양목 울타리로 가려져 있고, 집으로 향한 안쪽으로는 갖가지 빛깔의 장미나무로 가려져 있다. 호화로운 장미나무들은 월계수와 회양목들의 청동빛 잎들을 장식하고, 잔 가지들 사이로 비집고 들어가 다른 쪽으로 나가거나 초록색 울타리를 넘어가서 그 너머로 꽃핀 가지를 드리운다. 오솔길이 있는 위치 한군데에만 대문이 드러나보이고, 호수에서 오는 사람들이나 호수로 가는 사람들이 지나갈 수 있게 열린다.

"이 집과 너 요안나에게 평화. 주인 마님은 어디 계시냐?"

"저기에 친구분들과 같이 계십니다. 제가 가서 부르겠습니다. 그분들은 늦게 도착할까 봐 걱정이 돼서 사흘째나 선생님을 기다리고 있습니다."
 예수께서는 빙그레 웃으신다. 하인이 요안나를 부르려고 뛰어 간다. 그 동안 예수께서는 하인이 일러드린 장소를 향하여 천천히 걸어가신다. 예수께서는 훌륭한 정원을 감상하신다. 쿠자가 아내를 위하여 만들어놓은 호화로운 장미원이라고 할 수 있겠다. 갖가지 빛깔과 크기와 모양의 장미꽃들이 호수의 잔잔한 이 작은 만에 벌써 때이르게 화려하게 웃고 있다. 다른 화초나무들도 있다. 그러나 아직 꽃이 피지 않았고, 장미나무들에 비하면 아주 작은 자리를 차지하고 있다.
 요안나가 달려온다. 그는 장미꽃이 반쯤 찬 바구니와 꽃을 자르려고 가지고 있던 가위도 내려놓지 않고 그대로 팔을 내밀면서 빨리 뛰어오고 있는데, 매우 연한 장미빛깔의 고운 모직으로 지은 화려한 옷을 입고 있어 우아하다. 옷주름은 은선세공(銀線細工) 장식을 한 브로우치와 핀으로 고정시켰는데 브로우치와 핀에서는 연한 석류석이 반짝이고 있다. 구불구불한 검은 머리 위에는 역시 은으로 만들고 석류석이 박힌 주교관처럼 생긴 왕관형 머리장식으로 매우 올이 고운 아마포로 만든 베일을 고정시켰는데, 역시 장미빛깔인 베일이 뒤로 늘어지면서 머리장식과 같은 귀걸이를 해서 무거워진 작은 귀가 드러나보인다. 그의 얼굴은 웃고 있고, 대단히 가는 목 아랫쪽에는 다른 값진 장신구와 만듦새가 같은 목걸이가 걸려 있다.
 요안나는 꽃바구니를 예수의 발 앞에 털썩 내려놓고 예수의 옷에 입맞춤하려고 흩어진 장미꽃 가운데 무릎을 꿇는다.
 "요안나야, 네게 평화. 내가 왔다."
 "그래서 저는 행복합니다. 그 여자들도 왔습니다. 아이고! 이제는 주님과 그 여자들을 만나시게 한 것이 잘못한 일같이 생각됩니다. 어떻게 해서 서로 이해하시겠어요? 그 여자들은 완전히 이교도인 걸요!" 요안나는 좀 불안해 한다.
 예수께서는 빙그레 웃으시며 한 손을 요안나의 머리에 얹으신다. "염려 말아라. 우리는 아주 썩 잘 이해할 것이다. 그리고 너는 잘했다. 네 정원에 장미꽃이 만발한 것과 같이 만남도 잘 꾸며질 것이다. 장미꽃들을 주워라. 그리고 네 친구들을 만나러 가자."
 "아이고! 장미꽃은 얼마든지 있는 걸요! 저는 시간을 보내기 위해서 이렇게 하고 있었습니다. 그리고 제 친구들은 하도… 하도… 향락적이어서… 그 여자들이 꽃을 사랑하기를 마치… 모르겠습니다…."

"그러나 장미는 나도 좋아한다! 그 여자들과 나 사이의 합의점을 우리가 벌써 찾아냈다는 것을 알겠지? 자 가자! 이 화려한 장미꽃을 줍자…." 그러면서 예수께서 모범을 보이시려고 몸을 구부리신다.

"주님은 안 됩니다! 주님은 안 돼요! 그렇게 하는 것이 소원이시면 보십시오. …다 됐습니다."

두 사람은 가지각색의 장미덩굴이 얽혀서 만들어진 정자로 향해 간다. 어귀에는 세 로마 여자가 망을 보고 있다. 쁠라우띠나와 발레리아와 리디아이다. 쁠라우띠나와 리디아는 망설이면서 그들 자리에 그대로 남아 있다. 발레리아는 밖으로 뛰어 나오며 몸을 구부리고 말한다. "제 파우스띠나를 살려 주신 선생님, 안녕하십니까?"

"당신과 당신 친구들에게 평화와 빛이 있기 바랍니다."

친구들은 말없이 몸을 굽혀 인사한다.

쁠라우띠나를 우리는 이미 알고 있다. 키가 크고 위엄이 있으며, 매끈하고 대단히 흰 이마 아래에는 약긴 거만하고 빛나는 검은 눈이 있고, 코는 곧고 완전하며, 입은 입술이 좀 두꺼우나 잘 생겼고, 둥그스름한 턱은 앞으로 내밀었다. 이 여자는 매우 아름다운 로마의 황후의 어떤 조각들을 연상시킨다. 묵직한 반지들이 매우 아름다운 그의 양손에서 반짝이고, 진짜 조각의 팔 같은 그의 팔은 손목과 팔꿈치 위에 넓은 금팔찌로 장식하고 있다. 볼그레하고 매끈하고 나무랄 데 없는 흰 팔꿈치는 주름을 잡은 짧은 소매 밖으로 나와 있다.

이와 반대로 리디아는 금발이고 더 날씬하고 더 젊다. 그의 아름다움은 쁠라우띠나의 위압하는 아름다움과 같지는 않다. 그러나 아직 좀 나이어린 여자의 아름다움의 모든 우아함을 가지고 있다. 그리고 지금 우리가 이교도적인 분야에 있으니 쁠라우띠나는 어떤 황후의 상 같다고 말할 수 있겠고, 리디아는 다이아나 여신이나 사랑스럽고 정숙한 물의 요정일 수도 있을 것이다.

우리가 가이사리아에서 보았을 때와 같이 절망상태에 있지 않은 발레리아는 살은 쪘지만 아직 대단히 젊은 몸매에, 자기 아이를 젖먹여 키우고 그 아이가 젖을 먹은 덕택으로 무럭무럭 자라는 것을 보고 기뻐하는 어머니의 조용한 눈을 가지고 있는 젊은 어머니의 아름다움을 풍기고 있다. 볼그레한 살갗에 머리는 밤색이며, 조용하지만 매우 다정스러운 미소를 짓고 있다.

이들은 쁠라우띠나보다 신분이 낮은 부인들이며 그들의 시선으로도 그를 여왕처럼 존경한다는 느낌이 든다.

"부인들은 꽃에 전념하고 계시군요. 계속하십시오, 계속하세요. 부인들이 꽃이라는 조물주의 이 찬란한 작품을 따서 그 너무도 짧은 생명을 연장시키기 위하여 그 값진 잔에 로마 여인들의 능란한 솜씨로 배치하는 동안에도 우리는 말을 할 수 있습니다. …분홍빛이나 노란빛 꽃잎을 이제 겨우 벌리려고 하는 저 장미꽃 봉오리를 우리가 감탄하며 바라보니, 그 봉오리가 죽는 것을 보고 어떻게 아까워하지 않을 수가 있겠습니까? 오! 히브리 사람들은 내가 이런 말을 하는 것을 들으면 정말 놀랄 것입니다. 그러나 내가 이렇게 말하는 것은 꽃이 피는 이 피조물에 생명이 있기 때문입니다. 그리고 그것이 죽는 것을 보면 우리 마음이 괴롭습니다. 그러나 초목은 우리보다 더 영리합니다. 사람들이 자르는 줄기의 어떤 상처에서도 새싹이 나와 새로 장미꽃이 피리라는 것을 압니다. 그러므로 우리의 정신은 이 교훈을 받아들여, 우리가 꽃에 대해서 가지는 좀 관능적인 사랑을 더 고상한 생각에 대한 권유로 만들어야 합니다."

"선생님, 어떤 생각 말입니까?" 하고 주의깊게 들으며 히브리인 선생의 고상한 생각에 마음이 끌린 뿔라우띠나가 묻는다.

"이런 생각입니다. 어떤 초목이 뿌리가 흙에서 영양분을 얻는 한 죽지 않고, 줄기가 죽는다고 해서 죽지는 않는 것과 같이 인류도 어떤 사람의 세상 생명이 끊어질 때 죽지 않고 끊임없이 새 꽃들을 발전시킵니다. 우리로 하여금 조물주를 찬미하게 할 수 있는 한층 더 고상한 생각은 이런 것입니다. 꽃은 죽으면 슬프게도 다시 살아나지 못하는데, 사람은 마지막 잠이 들어도 죽지 않고, 그에게 있는 가장 훌륭한 것으로 그를 만들어내신 조물주에게서 영원한 생명과 온갖 찬란함을 받아서 더 빛나는 생명으로 삽니다. 그러므로 발레리아, 당신의 어린 딸이 죽었더라도 당신은 어린 딸의 애무를 잃지 않았을 것입니다. 당신의 영혼에는 당신과 헤어지기는 했지만 당신의 사랑을 잊지 않는 딸의 입맞춤이 항상 왔을 것입니다. 영원한 생명을 믿는 것이 얼마나 기분좋은 일인지 알겠지요. 그런데 어린 딸은 지금 어디에 있습니까?"

"덮개가 있는 저 요람 안에 있습니다. 제가 사는 목적이 남편과 딸에 대한 사랑이었기 때문에 전에도 딸을 떠난 일이 도무지 없었습니다. 그렇지만 딸이 죽는 것을 본다는 것이 어떤 것인지를 아는 지금은 한 순간도 딸을 떠나지 않습니다."

예수께서는 화려한 덮개가 덮여 있는 나무로 만든 일종의 작은 요람이 놓여 있는 걸상 쪽으로 가신다. 예수께서 덮개를 젖히시고 자고 있는 아기를 들여다 보시니 아기는 더 차가운 공기로 인하여 잠을 깬다. 그의 작은 눈이 놀라서 떠지고 입이 천사의 미소 같은 미소로 벌어지는데, 지금까지는 꼭 쥐고 있던 귀여운 손이 펴지면서 예수의 구불구불한 머리카락을 잡으려고 하고, 참새 같은 조잘거림이 그의 생각에 어떤 이야기가 전개되는 것을 표해 준다. 마침내 의례하는 말 보편적인 말인 "엄마!" 소리를 외친다.

"앉으시오, 앉아" 하고 예수께서는 발레리아가 요람에 몸을 구부릴 수 있도록 비끼시며 말씀하신다.

"그렇지만 얘가 선생님을 귀찮게 할 텐데요! …노예를 불러서 정원으로 데려가라고 하겠습니다."

"나를 귀찮게 한다구요? 아! 아닙니다! 어린들이 나를 귀찮게 하는 일은 절대로 없습니다. 그들은 항상 내 친구들인 걸요."

"선생님은 자녀나 조카들을 두셨습니까?" 하고 쁠라우띠나가 예수께서 어떤 미소를 지어서 어린 아이를 웃게 하려고 하시는지를 지켜보다가 묻는다.

"나는 자녀도 없고 조카도 없습니다. 그러나 꽃을 사랑하는 것과 같이 어린 이들을 사랑합니다. 어린이들은 순결하고 악의가 없으니까요. 그리고 부인, 차라리 아기를 내게 주시오. 나는 어린 천사를 안는 것이 정말 즐겁습니다." 그러면서 아기를 안고 앉으시니, 아기는 예수를 빤히 들여다보고 수염을 흐트러뜨린다. 그러다가 겉옷의 술장식과 옷의 끈을 가지고 노는 것이 더 재미있다고 생각해서 거기다 대고 무엇인지 알아들을 수 없는 말을 길게 늘어놓는다.

쁠라우띠나는 이렇게 말한다. "우리를 업신여기지 않는 얼마 안 되는 사람 중의 한 사람이고, 또 우리와 자주 만나면서도 나빠지지 않는 착하고 영리한 우리 친구가 선생님께 말씀드렸지만, 우리들은 선생님을 보고 선생님의 말을 듣고서 선생님이 어떤 분인지에 따라서 판단을 하기로 결정했습니다. 로마 사람은 지어낸 이야기는 믿지 않으니까요. …왜 웃으십니까?"

"나중에 말하겠습니다. 계속하십시오."

"로마 사람은 지어낸 이야기를 믿지 않고, 단죄하거나 찬양하기 전에 지식과 양심으로 판단하기를 원하기 때문입니다. 선생님의 백성은 선생님을 똑같이 찬양도 하고 중상도 합니다. 선생님의 행동을 보면 선생님을 찬양하게 될 것이고, 많은 히브리 사람들의 말을 들으면 선생님을 살인범보다 좀 덜한 사람으로 생각하게 될 것입니다. 선생님의 말은 철학자의 말들과 같이 엄숙하고 현명합니다. 로마는 철학자들의 가르침을 매우 사랑합니다. 그런데… 내가 말해야할 것은 지금의 철학자들은 우리를 만족시킬 만한 학설을 가지고 있지 못하다는 것입니다. 특히 그들의 생활 방식이 그들의 가르침과 맞아들어가지 않기 때문에 그렇습니다."

"그 사람들은 그들의 가르침과 맞아들어가는 생활 방식을 가질 수가 없습니다."
"그들이 이교도이기 때문이지요?"
"아닙니다. 무신론자들이기 때문입니다."
"무신론자라니요? 그들의 신을 가지고 있는데요."
"부인, 그들이 이제는 그 신들도 가지고 있지 않습니다. 나는 옛날 철학자들, 가장 위대한 철학자들을 당신에게 상기시키겠습니다. 그들도 역시 이교도였습니다. 그러나 그들이 얼마나 고상한 생활을 했는지 보십시오! 사람은 오류로 흘러가기 쉬우니까 오류에 섞인 생활이기는 했습니다. 그러나 그들이 삶과 죽음이라는 가장 중대한 수수께끼에 부닥뜨렸을 때, 정직이냐 부정직이냐, 덕행이냐 악습이냐, 용맹이냐 비겁이냐 하는 딜레마에 부닥뜨렸을 때, 그들이 악쪽으로 가면 그로 인해 조국과 시민들에게 해가 돌아올 것이라는 것을 생각했을 때, 그들은 거인다운 그들의 의지로 못된 폴립*의 촉수(觸手)를 그들에게 멀리 물리쳐버리고, 자유롭고 거룩하게 되어 어떤 댓가를 치르더라도 선을 원할 줄 알았습니다. 이 선이 바로 하느님이십니다."
"선생님은 하느님이라는 말들을 하는데, 그것이 사실입니까?"
"나는 참 하느님의 아들로 사람이 되었지만, 여전히 하느님으로 있습니다."
"그렇지만 하느님은 무엇입니까? 우리가 선생님을 보면, 하느님은 선생님들 중에서 가장 위대한 선생님이시겠군요."
"하느님은 선생보다 훨씬 더 훌륭하신 분이십니다. 천주성이라는 숭고한 개념을 지혜라는 것에 한정시켜 깎아내리지 마십시오."
"지혜도 신입니다. 우리는 미네르바를 가지고 있어요. 지식의 여신이지요."
"당신들은 또 쾌락의 여신 비너스도 가지고 있지요. 당신들은 어떤 신이, 즉 완전을 지향하는 인간보다 높은 어떤 존재가 사람들에게 있는 추한 것을 모두 가지고 있다고 인정할 수 있습니까? 한 영원한 존재가 제한된 시간밖에 누리지 못하는 자의 보잘 것 없고 비속하고 품위를 떨어뜨리는 쾌락을 영원히 가진다고 생각할 수 있습니까? 그리고 그것을 그의 생활의 목적으로 삼는다고? 당신들이 올림퍼스라고 부르는 것, 인간의 가장 나쁜 경향들이 술렁이는 그곳이 얼마나 불결한 하늘인지를 생각하지 못하십니까? 당신들의 하늘을 보면 무엇이 보입니까? 음란, 범죄, 증오, 전쟁, 도둑질, 푸짐한 식사, 계략, 복수 따위

---

* 역주 : Polyp. 히드라 - hydra - 충류의 한 형체.

입니다. 당신들 신들의 축제를 지내려고 하면 무엇을 하십니까? 진탕 먹고 마시고 즐기는 것입니다. 신들에게 무슨 예배를 드립니까? 베스타 여신에게 바쳐진 여자들의 진짜 순결은 어디에 있습니까? 당신들의 대사제들은 어떤 신의 법전에 의거해서 판결을 합니까? 당신들의 점쟁이들은 새들이 날아가는 것과 천둥의 요란한 소리에서 어떤 말을 읽을 수 있습니까? 또 제물로 바쳐진 짐승들의 피흐르는 내장이 당신들의 장점(腸占)쟁이들에게 무슨 대답을 해줄 수 있습니까? 부인은 '로마는 지어낸 이야기는 믿지 않는다'고 말씀하셨지요. 그렇다면 당신들이 저희들끼리 서로 미워하는 수없이 많은 신을 가지고 있고, 또 그들의 복수를 믿으면서, 어째서 로마는 보잘 것 없는 열 두 사람이 돼지와 양과 황소에게 밭들을 한 바퀴 돌게 한 다음 그것들을 제물로 바쳐서 케레스*를 호의적으로 만들 수 있다고 믿습니까? 이런 것이 아닙니다. 하느님은 아주 다른 것입니다. 그분은 영원하시고, 오직 한 분이시고 신령하십니다."

"그렇지만 선생님은 하느님이시라면서 육체를 가지고 계신데요."

"신들의 고향에는 그 신들 중 아무에게도 바쳐지지 않은 제단이 하나 있습니다. 사람의 지혜를 그것을 미지의 신에게 바쳤습니다. 그것은 현자들, 즉 진짜 철학자들이 오류의 가리개에 둘러싸인 정신을 가진 사람들인 영원한 어린 아이들을 위해 만들어낸 저 이야기들 외에 무엇인가가 있다는 직감을 가졌었기 때문입니다. 그런데 그 현자들이 — 이 허위의 연출 이외에 무엇인가 있다고, 이 세상에 있는 모든 것을 만들었고, 이 세상에 있는 좋은 것이 모두 거기에서 오는 참으로 숭고하고 신성한 어떤 것이 있다는 직감을 가졌던 사람들 말입니다 — 그가 참 하느님이라는 느낌이 드는 미지의 신에게 제단을 하나 세우기를 원했는데, 당신들은 어떻게 신이 아닌 것을 신이라고 부르고, 실제로는 당신들이 알지 못하는 것을 어떻게 안다고 말할 수 있습니까? 그러므로 하느님을 알고 공경하려면 그분이 어떤 분이신지를 아십시오. 하느님은 아무것도 없는 데에서 당신의 생각으로 모든 것을 만들어내신 분이십니다. 돌이 변해서 사람이 되었다는 지어낸 이야기가 당신들을 믿게 하고 만족시킬 수 있습니까? 사실은 돌보다 더 단단하고 더 나쁜 사람들도 있고, 사람보다 더 유익한 돌들도 있습니다. 발레리아, 당신의 어린 딸을 들여다보면서 '요 불그레한 살, 거미줄보다도 더 가는 요 머리카락들, 요 맑은 눈동자가 돌에서 왔다'고 말하거나 또는 '나는 모든 것이 암늑대나 암말 같아서 짐승처럼 교미를 해서 짐승처럼 아이를

---

* 역주 : Ceres, 로마인들의 농사 여신.

낳고, 짐승처럼 기른다. 그래서 이 딸을 내 동물적인 본능으로 낳은 아이여서 나와 같은 짐승이고, 내일 이애가 죽고 나도 죽으면 우리는 역한 냄새를 풍기며 분해되어 다시는 영영 서로 보지 못하게 될 두 시체가 되겠구나' 하고 말하지 않고, '이애는 하느님이 창조하시고 만들어내신 하느님의 살아 있는 뜻이며, 하느님에게서 죽지 않는 제2의 생명을 받았다. 그래서 내가 참 하느님을 믿으면 내 어린 파우스따를 다시 또 영원히 가지게 될 것이다' 하고 생각하는 것이 더 기분좋지 않습니까? 이 두 가지 설명 중에서 어머니로서의 당신의 마음은 어느 것을 원하겠는지 말하시오."

"주님, 물론 첫번째 것은 원치 않습니다! 파우스따가 영원히 분해될 수 있는 물건이 아니라는 것을 제가 알았더라면, 이애가 죽어갈 적에 제 고통이 덜 심했을 것입니다. 저는 이렇게 생각했을 테니까요. '나는 진주를 하나 잃었다. 그러나 그 진주는 아직 그대로 있어서 내가 다시 찾아내게 될 것이다' 하고요."

"제대로 말했습니다. 내가 당신들에게로 올 때에 당신들의 친구는 꽃에 대한 당신들의 정열에 놀란다고 말했습니다. 그러면서 그것이 내 마음에 거슬리지 않을까 염려하더군요. 그래서 나는 '나도 꽃을 사랑한다. 그러니까 우리가 서로 이해를 잘 할 것이다' 하고 말해서 안심시켰습니다. 그러나 나는 발레리아가 딸을 사랑하도록 이끈 것과 같이 당신들이 꽃을 사랑하게 이끌어가고 싶습니다. 발레리아는 그의 딸이 엄마인 자기가 낳아준 육체 안에 들어 있는 하느님의 작은 조각인 영혼을 가졌다는 것을 알게 된 지금은 딸을 더 정성들여 보살필 것이라고 확신합니다. 그 작은 부분은 죽지 않고, 엄마가 참 하느님을 믿으면 하늘에서 다시 만나게 될 것입니다. 당신들도 마찬가지입니다.

그 찬란한 장미꽃을 보십시오. 황제의 옷을 꾸미는 주홍빛 옷감도 그 꽃잎보다는 덜 찬란합니다. 그 꽃잎은 빛깔로 눈의 기쁨만이 될 뿐 아니라, 그 섬세함으로 촉각의 기쁨도 되고, 그 향기로 후각의 기쁨도 됩니다. 그 이 장미꽃, 저 장미꽃, 또 저 장미꽃을 보십시오. 첫째 것은 심장에서 흘러나온 피와 같고, 둘째 것은 지금 막 내린 눈과 같고, 셋째 것은 연한 금빛깔이며, 마지막 것은 내 무릎 위에서 방글방글 웃고 있는 아기의 이 부드러운 얼굴과 같습니다. 또 있습니다. 첫째 것은 굵은 줄기 위에 꼿꼿하게 서 있고, 마치 피를 뿌린 듯이 적갈색 잎에 가시가 거의 없고, 둘째 것은 줄기에 광택없고 창백한 잎들과 가시가 몇 개 있고, 셋째 것은 초록빛 초와 같이 작은 반짝거리는 잎이 달리고 골풀과 같이 휘기 쉬우며, 마지막은 어떻게나 가시가 많은지 그 볼그레한 꽃부리를 만지려는 시도를 일체 막는 것 같습니다. 그 꽃은 끝이 아주 가는 줄과 같습니다. 자 이제는 곰곰이 생각해보세요. 이 모든 것을 누가, 어떻게, 언제 만들었습니까? 시간이 있기 전의 밤에 이 장소는 어떤 것이었습니까?
 그것은 아무것도 아니었습니다. 형체없이 움직이는 원소 외에 아무것도 아니었습니다. 오직 한 분, 하느님께서 '이루어져라' 하고 말씀하시니, 원소들이 서로 갈라져서 같은 족속(族屬)끼리 모였습니다. 두 번째 '이루어져라' 하는 말이 울려퍼지자 원소들이 서로 안팎으로 정리되었습니다. 땅 가운데 물이 있게 된 것이지요. 어떤 원소는 위아래로 나뉘었습니다. 공기와 빛이 조직된 유성 위에 있게 된 것입니다. 또 한 번 '이루어져라' 하는 말이 울려퍼지자, 이번에는 초목이 생기고, 다음에는 별들이 생기고, 다음에는 짐승들이, 또 그 다음에는 사람이 생겼습니다. 그리고 사람이 찬란한 장난감을 가지고 놀듯이 즐거워하라고 하느님께서는 당신이 가장 사랑하시는 사람에게 꽃과 천체들을 주셨고, 또 마지막 선물로 생식을 하는 기쁨을 주셨습니다. 죽는 것을 생식하는 것이 아니라, 영혼이라는 하느님의 선물로 죽음 후에도 살아남는 것을 생식하는 기쁨을 주신 것입니다. 이 장미꽃들은 하나하나가 아버지의 뜻입니다. 아버지의 무한한 능력은 무한히 많은 아름다움에서 나타납니다.
 내 설명은 당신들의 믿음의 반항적인 청동에 부딪혀서 방해를 받습니다. 그러나 첫번 만난 것 치고는 우리가 벌써 좀 서로 이해했다고 생각합니다. 당신들의 영혼이 내가 말한 것을 연구하기 바랍니다. 질문하실 것이 있습니까? 질문하세요. 내가 여기 온 것은 당신들을 계발하기 위해서입니다. 무식은 부끄러운 것이 아닙니다. 부끄러운 것은 의심을 밝혀줄 마음을 가진 어떤 사람이 있는데 그대로 무식에 머물러 있는 것입니다." 그러면서 예수께서는 아버지들 중에서 가장 능란한 아버지인 것처럼 첫걸음을 떼어놓는 어린 아이를 부축하시면서 정자에서 나오신다. 어린 아이는 햇빛에 너울거리는 분수 쪽으로 가려고 한다.
 부인들은 자기들끼리 말을 하려고 그대로 앉아 있다. 요안나는 두 소원 사이에서 어쩔 줄을 모르고 정자 어귀에 남아 있다….
 마침내 리디아가 결심을 하고 예수께로 가는데, 리디아 다음에는 다른 여자들도 결심한다. 예수께서는 꼬마가 분수가 일으키는 태양의 스펙트럼을 붙잡으려고 하는데 빛밖에 잡지 못하게 되니까 자꾸 자꾸 반복하면서 볼그레한 입술로 병아리처럼 빽빽거리기 때문에 웃고 계시다.
 "선생님… 저는 선생님이 왜 우리 선생들이 무신론자들이기 때문에 좋은 생활 방도를 가질 수 없다고 말씀하셨는지 알아듣지 못하겠습니다. 그 사람들은 올림퍼스의 신들을 믿습니다. 그러나 믿기는 믿습니다…."

"그 사람들은 믿음의 외면밖에 가지고 있지 못하게 되었습니다. 그들이 내가 말한 그 미지의 신을 믿은 진짜 현자들과 같이 그들의 영혼을 만족시키는 하느님을, 비록 그 이름은 모르고 그렇게 하기를 원치 않으면서도 정말로 믿은 동안은, 그리고 훨씬 더 높은 존재, 즉 이교(異敎)가 그들에게 주었던 인간성이 가득한, 인간성이라도 저속한 인간성이 가득한 하찮은 신들보다는 훨씬 더 높은 그 존재에게로 그들의 생각을 돌린 동안은 필연적으로 하느님을 좀 반영했습니다. 영혼은 빛을 반사하는 거울이고, 말을 되받아보내는 메아리입니다."

"그것이 무엇입니까, 선생님?"

"하느님입니다."

"그것은 중대한 말입니다!"

"이것은 중대한 진리입니다."

불멸이라는 생각에 마음이 끌린 발레리아는 이렇게 묻는다. "선생님, 제 어린 딸의 영혼이 어디에 있는지 설명해 주십시오. 그곳에 마치 지성소처럼 입맞춤하고, 또 그것이 하느님의 일부분이니까 경배하겠습니다."

"영혼! 영혼은 마치 당신의 어린 딸 파우스따가 붙잡으려고 하지만 형체를 갖추지 않았기 때문에 붙잡을 수가 없는 저 빛과 같습니다. 그러나 있기는 합니다. 나도 당신도 당신의 친구들도 그것을 봅니다. 영혼은 또 사람을 짐승과 구별하게 하는 모든 것에서도 볼 수 있습니다. 당신의 어린 딸이 그의 첫 생각을 당신에게 말할 때 그 지능이 그의 영혼입니다. 딸이 당신을 본능으로 사랑하지 않고 이성으로 사랑하면 그 사랑을 그의 영혼이라고 생각하시오. 그 딸이 당신 곁에서 클 때에 육체적으로만 아름답게 자라지 않고 덕행으로도 아름답게 자라면, 그 아름다움이 그의 영혼이라고 생각하시오. 그리고 영혼을 경배하지 말고 영혼을 만들어내신 하느님을, 착한 영혼은 어느 것이나 당신의 옥좌를 만들고자 하시는 하느님을 경배하시오."

"그러나 그 형체가 없고 숭고한 것이 어디에 있습니까? 마음 안에 있습니까? 뇌 안에 있습니까?"

"영혼은 인간을 이루는 전체에 있습니다. 당신들을 포함하기도 하고 당신들 안에 포함되어 있기도 합니다. 영혼이 당신들을 떠나면 당신들은 시체가 됩니다. 사람이 자기 자신을 거슬러 지은 죄로 인해서 영혼이 죽으면 당신들은 지옥으로 가서 하느님과 영원히 헤어지게 됩니다."

"그러면 선생님은 우리가 '불멸의 존재'라고 말한 철학자가 비록 이교도이기

27. 쿠자의 요안나의 집에서. 예수와 로마 여자들

는 하지만 옳은 말을 했다고 인정하시는군요?" 하고 쁠라우띠나가 묻는다.

"나는 그것을 인정하는 것이 아니라 한 걸음 더 나아가 그것이 신앙 교리라고 말하겠습니다. 영혼의 불멸성, 즉 사람의 높은 부분의 불멸성은 믿음의 가장 확실하고 가장 위로가 되는 신비입니다. 이것이야말로 우리에게 우리의 기원과 우리의 목적, 우리가 무엇인가 하는 데 대한 확신을 주는 것이고 우리에게서 일체의 이별의 쓰라림을 없애주는 것입니다."

쁠라우띠나는 곰곰이 생각한다. 예수께서 그를 살펴보시며 말씀을 안하신다. 마침내 그 여자는 이렇게 묻는다. "그러면 선생님은 영혼을 가지고 계십니까?"

예수께서는 "물론 가지고 있습니다" 하고 대답하신다.

"그렇지만 선생님은 하느님이십니까, 아니십니까?"

"나는 하느님입니다. 내가 이미 말했지요. 그러나 지금은 내가 인성을 취했습니다. 왜 그랬는지 이유를 아십니까? 그것은 이 희생으로만 당신들의 이성을 초월하는 어려움들을 내가 해결할 수 있기 때문이었고, 오류를 타파한 다음 생각을 해방함으로써 영혼도 노예상태에서 해방할 수 있기 때문이었습니다. 영혼의 노예상태를 지금 당장은 설명을 해드릴 수 없습니다. 이 때문에 나는 지혜를 한 육체 안에 가두었고, 거룩함을 한 육체 안에 가두었습니다. 지혜를 나는 땅에 씨를 뿌리듯이, 꽃가루를 바람에 날려 보내듯이 널리 퍼뜨립니다. 거룩함은 은총의 때에 마치 사람이 깨뜨린 값진 항아리에 흘러내리듯이 세상에 흘러내려 사람들을 거룩하게 할 것입니다. 그때에는 미지의 신이신 하느님이 알려지실 것입니다."

"그러나 선생님은 이미 알려지셨고, 선생님의 능력과 지혜를 의심하는 사람들은 나쁜 사람이거나 거짓말쟁이입니다."

"나는 알려졌습니다. 그러나 이것은 새벽에 지나지 않습니다. 정오에는 내게 대한 지식이 가득 찰 것입니다."

"선생님의 정오는 어떤 것이겠습니까? 승리입니까? 내가 그것을 볼까요?"

"사실 그것은 승리일 것이고, 부인은 그것을 볼 것입니다. 그것은 부인이 마시는 것에 대해 싫증이 나 있고, 모르는 것에 대한 갈망을 가지고 있기 때문입니다. 부인의 영혼은 갈망하고 있습니다."

"그것은 사실입니다. 나는 진리를 갈망합니다."

"나는 진리입니다."

"그러면 갈망하는 내게 선생님을 주십시오."

"부인 내 식탁에 오기만 하면 됩니다. 내 말은 생명의 빵입니다."

"그렇지만 우리가 우리의 신들을 버리면 그 신들은 뭐라고 말할까요? 우리에게 원수를 갚지 않을까요?" 하고 리디아가 겁이 나서 말한다.

"부인, 당신은 아침의 안개를 본 일이 없습니까? 풀밭들이 수증기에 가려서 사라집니다. 그러다가 해가 뜨면 안개가 증발합니다. 그래서 풀밭들은 더 아름답게 빛납니다. 당신들의 신들은 이런 것입니다. 보잘 것 없는 인간의 생각 같은 안개입니다. 사람의 생각은 하느님을 모르면서도 믿을 필요는 느낍니다. 믿음은 사람의 영속적이고 필요한 상태이니까요. 그래서 사람의 생각은 저 올림퍼스를, 즉 진짜 허망한 웃음거리를 만들어낸 것입니다. 따라서 당신들의 신들은 해, 즉 참 하느님이 나타나시면 당신들의 마음에서 사라질 것이고 당신들에게 해를 끼치지 못할 것입니다. 당신들의 신들은 존재하지 않는 것이니까요."

"선생님의 말씀을 또 들어야 하겠습니다. …많이… 우리는 절대로 알지 못하는 것을 만났습니다. 선생님이 말씀하시는 것은 모두가 새로운 것입니다."

"그러나 그것이 불쾌감을 일으킵니까? 그것을 받아들일 수가 없습니까?"

쁠라우띠나는 자신있게 대답한다. "아닙니다. 나는 지금 알지만 카이사르는 알지 못하는 이 별것도 아닌 것이 내 이름보다도 더 자랑스럽게 느껴집니다."

"그러면 꾸준히 계속하십시오. 나는 내 평화를 두고 갑니다."

"아니 뭐라고요? 주님, 더 계시지 않으십니까?"

"더 있지 못한다. 나는 할 일이 많다…."

"아이고! 저는 주님께 제 걱정을 말씀드리려고 했는데요!"

로마 여자들의 인사를 받으신 다음 길을 떠나셨던 예수께서 몸을 돌리시며 말씀하신다. "배에까지 오너라. 네 걱정을 거기서 말해라."

요안나는 가서 말한다. "남편이 저를 얼마 동안 예루살렘에 보내려고 합니다. 그래서 저는 속이 상합니다. 남편이 그렇게 하는 것은 제가 이제는 건강해졌으니까 제가 더 이상 귀양살이 같은 생활을 하는 것을 원치 않기 때문입니다…."

"너도 허망한 망상들을 만들어 가지는구나!" 예수께서는 벌써 한 발을 배 안에 들여놓으셨다. "만일 그렇게 되면 네가 나를 환대할 수 있고 나를 더 쉽게 따를 수 있을 것이라고 생각하면 너는 기뻐서 '인자하신 분이 이것을 생각하셨구나' 하고 말할 것이다."

"오!… 주님, 그것은 사실입니다! 저는 그 생각은 못했었습니다."

"그럼 알겠지. 착한 아내로 순종하여라. 네가 순종하면 그 다음 과월절에 나를 만나는 상급과 네 친구들에게 내가 기쁜 소식을 전하는 것을 네가 돕는다는 영광을 얻게 될 것이다. 평화가 항상 너와 함께 있기를!"

배가 기슭을 떠나고 모든 것이 끝난다.

28. 나자렛의 성모님의 집에 온 아글라에

성모님은 어떤 천을 가지고 조용히 일을 하신다. 저녁이다. 모든 문은 잠겨 있고, 불 켜는 데가 셋이 달린 등이 나자렛의 작은 방을 비추고, 특히 곁에 성모님이 앉아 계신 탁자를 비춘다. 천은 아마 모직물인 모양인데, 궤와 성모님의 무릎에서 방바닥으로 떨어지고, 짙은 파란색 옷을 입으신 성모님은 눈더미에서 나타나시는 것 같다. 성모님은 혼자 계시다. 일감 위로 머리를 숙이고 빨리 꿰매시는데, 등불은 머리 위를 비추며 거기에 연한 금빛 반사를 일으킨다. 얼굴의 나머지 부분은 희미하게 보인다.

잘 정돈된 방안은 말할 수 없이 조용하다. 또 밤에는 사람이 다니지 않는 거리에서도 아무 소리도 들려 오지 않는다. 또 정원에서도 아무 소리도 안 들려 온다. 성모님이 일하고 계신 방, 보통 식사를 하시고 친구들을 맞아들이시는 방에서 정원 쪽으로 나 있는 육중한 문은 잠겨 있다. 물을 수반에 내뿜는 샘의 소리도 그 문 때문에 뚫고 들어오지 못한다. 정말이지 아주 지극히 깊은 고요이다. 성모님의 손이 재빨리 일하고 있는 동안 그분의 생각이 어디에 가 있는지 알고 싶다….

거리로 향한 문을 조심스럽게 두드리는 소리. 성모님은 고개를 들고 귀를 기울이신다. …그러나 두드리는 소리가 너무도 가벼워서 성모님은 아마 어떤 밤짐승이 낸 소리이거나 바람이 조금 불어 문이 흔들린 소리일 것이라고 생각하시는 모양이다. 성모님은 머리를 다시 일감 위로 숙이신다. 그러나 소리가 더 분명하게 들려 온다. 성모님은 일어나서 문으로 가신다. 그러나 문을 열기 전에 "누구세요?" 하고 물으신다.

힘이 없는 목소리가 대답한다. "한 여자입니다. 예수님의 이름으로 저를 불쌍히 여겨 주십시오."

성모님은 즉시 문을 여시고 그 나그네가 어떤 사람인지를 보시려고 등불을 쳐드신다. 한 무더기의 옷감과 뒤엉킨 머리가 보이는데, 거기에서는 아무것도 드러나보이지 않는다. 불쌍하게 뒤엉킨 것만이 있는데, 그것은 "마님, 안녕하십니까?" 하고 말하면서 몸을 깊이 숙이고, 또 "예수님의 이름으로 불쌍히 여겨주십시오" 하고 되풀이한다.

"들어와서 무엇을 원하는지 말하세요. 나는 당신을 모르겠습니다."

"아무도 저를 모릅니다. 그리고 많은 사람이 저를 압니다. 악이 저를 압니다. 그리고 거룩하신 분도 저를 아십니다. 그러나 지금 저는 연민이 제게 팔을 벌리시는 것을 볼 필요를 느낍니다. 그런데 마님은 연민이십니다…." 그러면서 그 여자는 운다.

"하지만 들어오세요. …그리고 말을 하세요. …당신이 지금까지 한 말만 들어도 당신이 불쌍한 여자라는 것을 알겠어요. …그러나 당신이 누구인지 나는 아직 몰라요. 자매님, 이름이 뭡니까?"

"아이고! 아닙니다! 자매님이라는 말씀은 안 됩니다! 저는 어머님의 자매일 수가 없습니다. …어머님은 선의 어머니이십니다. …그런데 저는… 저는 악입니다…." 그러면서 겉옷을 뒤집어쓴 채 점점 크게 운다. 그 여자는 겉옷에 완전히 가려져 있다.

성모님은 등잔을 의자에 내려놓으시고 문지방에 무릎을 꿇고 있는 미지의 여자의 손을 잡고 억지로 일으키신다.

성모님은 그 여자를 알지 못하신다. …그러나 나는 안다. 그 여자는 "고운 내"의 베일 쓴 여자이다.

그 여자는 창피해 하며 몸을 떨고 울음으로 몸이 흔들리며 일어난다. 그러면서도 아직 들어오기를 망설이며 말한다. "마님, 저는 이교도입니다. 히브리 사람들이 볼 때에는 제가 성녀이더라도 쓰레기입니다. 그러나 저는 매춘부이니까 이중으로 쓰레기입니다."

"당신이 내게 오고, 나를 통해 내 아들을 찾으면 뉘우치는 마음을 가진 사람일 수밖에 없습니다. 이 집은 고통이라고 불리는 모든 것을 맞아들여요." 그러시면서 성모님은 문을 닫으시면서 그 여자를 안으로 끌어당기시고, 등잔을 탁자 위에 내려놓으시고 의자를 권하시면서 말씀하신다. "말하시오."

그러나 베일을 쓴 여자는 앉으려고 하지 않는다. 몸을 약간 구부리고 계속 울고 있다. 성모님은 그 여자의 근심이 고요해지기를 기도하시면서 기다리신다. 성모님은 그 여자의 앞에 계신데 상냥하시고 위엄있으시다. 나는 성모님의 몸에서 기도하고 계시다는 것을 나타내는 것은 아무것도 없지만 그분의 전체

태도로 기도를 드리고 계신 것을 본다. 베일을 쓴 여자의 작은 손을 잡고 계신 손도, 다물고 계신 입술도 기도하신다는 것을 나타내지 않지만.

마침내 눈물이 그친다. 여자는 베일로 얼굴을 닦고 나서 말한다. "그렇지만 저는 그리 멀리서 온 것도 아니기 때문에 미지의 여자로 있지는 않을 것입니다. 지금은 제 구속의 시간입니다. 그래서 제 마음이 얼마나 많은 상처로 뒤덮여 있는지 보여드리기 위해서… 제 속을 털어놓아야 합니다. 게다가 마님은 어머니이시지요. …선생님의 어머니… 그러니까 저를 불쌍히 여기실 것입니다."

"그래요, 내 딸."

"아이고! 그렇습니다! 저를 '내 딸' 하고 불러 주십시오! …저도 어머니가 있었습니다. …그런데 그 어머니를 버렸습니다. …그후 어머니가 홧병으로 돌아가셨다는 말을 들었습니다. …저는 아버지도 있었는데… 아버지는 저를 저주했습니다. …그리고 읍내 사람들에게 '나는 이제 딸이 없어' 하고 말했습니다"… (그 여자는 별안간 울음을 터뜨린다. 성모님은 괴로워서 얼굴이 창백해진다. 그러나 그 여자를 위로하기 위하여 그 여자의 머리에 한 손을 얹으신다.) 여자는 말을 다시 잇는다. "저는 이제 저를 내 딸아! 하고 부를 사람도 없습니다. …예, 엄마가 하던 것처럼 저를 그렇게 쓰다듬어 주십시오. …제가 순결하고 착했을 때 엄마가 해주던 것처럼요. …이 손에 입맞춤하고 제 눈물을 이 손으로 닦게 허락해 주십시오. 제 눈물만으로는 저를 씻을 수가 없습니다. 제가 깨달은 때부터 얼마나 울었는지 모릅니다! …전에도 역시 울기는 했습니다. 남자에게 모욕을 당하는 팔린 몸뚱이에 지나지 않는다는 것은 소름끼치는 일이니까요. 그렇지만 그것은 저를 점점 더 괴롭히고 더럽히는 사람을 미워하고 그에게 반항하는 학대받는 짐승의 신음 소리 같은 것이었습니다. …저는 주인은 갈았지만 짐승과 같은 성격은 변함이 없었으니까요. …여덟 달 전부터 저는 웁니다. …제가 깨달았기 때문입니다. …저는 제 비참을, 제 타락을 깨달았습니다. 저는 타락으로 뒤덮여 있고 가득 차 있으며, 그것이 구역질이 납니다. …그러나 점점 더 자각한 제 눈물도 아직 저를 씻어주지는 못합니다. 그 눈물이 제 타락에 섞이면서 그것을 씻지는 못합니다. 아이고! 어머님! 제 눈물을 닦아 주십시오. 그러면 제가 깨끗해져서 제 구세주께 가까이 갈 수 있을 것입니다."

"그러겠소, 내 딸, 그러겠어요. 여기 나와 같이 앉아서 조용히 이야기하시오." 그러시면서 성모님은 앉으신다.

그러나 성모님 발 앞에 주저앉으면서 이렇게 말하고자 한다. 그 여자는 조용히 말하기 시작한다. "저는 시라쿠사에서 왔고… 나이는 스물 여섯입니다. …저는 로마의 큰 귀족의 집사의 딸이었습니다. 저는 외동딸이었고 행복하게 살았습니다. 저희들은 해변 가까이 매우 아름다운 별장에 살고 있었는데, 아버지가 그 별장의 관리인이었습니다. 이따금씩 별장의 주인이나 주인의 아내가 아이들과 같이 왔는데… 저희들을 잘 대우해 주고 제게 매우 친절히 굴었습니다. 딸들은 저와 같이 놀았습니다. 엄마는 기뻐했고… 저를 자랑스럽게 생각했습니다. 저는 아름답고… 영리했습니다. …저는 무슨 일을 해도 잘 되었습니다. …그러나 저는 착한 일보다는 경박한 것을 더 좋아했습니다.

시라쿠사에는 큰 극장이 하나 있습니다. 크고… 아름답고… 넓은 극장입니다. 이 극장은 놀이와 연극에 쓰입니다. …거기서 하는 희극과 비극에서는 말없는 몸짓을 많이 씁니다. 그 몸짓들은 합창대가 나타내는 것을 말없는 춤으로 눈에 띄게 합니다. 어머님은 모르시지요. …그러나 저희들은 손으로나 몸의 움직임으로도 어떤 격정에 흥분된 사람의 감정을 나타낼 수 있습니다. …극장에 인접한 체육장에서는 청춘기의 남녀에게 판토마임의 기교를 가르칩니다. 그들은 신들처럼 아름다워야 하고 나비처럼 날렵해야 합니다. …저는 그곳이 내려다보이는 언덕에 가서 판토마임 배우들의 춤을 보기를 좋아했습니다. 그리고는 꽃이 핀 풀밭이나 별장의 정원에 있는 저희 땅의 금빛 모래 위에서 그 말없는 몸짓을 다시 해보곤 했습니다. 저는 예술적인 조각이나 위로 날아다니는 바람 같았습니다. 그만큼 조각과 같은 자세로 고정하거나 거의 땅을 밟지 않고 날아다닐 수가 있었습니다. 부유한 집의 제 친구들은 저를 감탄하며 바라보았고… 엄마는 그것이 자랑스러웠습니다…."

베일쓴 여자는 이야기를 하고 회상하고 과거를 꿈과 같이 돌아다보고 운다. 흐느낌으로 그의 말이 가끔 중단된다.

"어느날… 그것은 5월이었습니다. …시라쿠사는 온통 꽃에 뒤덮여 있었습니다. 축제가 끝난 지 얼마 안 되었었고, 저는 극장에서 춘 무용에 대한 열광이 식지 않았었습니다. …저희 주인들이 딸들과 같이 저를 극장에 데리고 갔었습니다. 저는 그때 열네 살이었습니다. …그 춤에서는 말없는 몸짓이 봄의 물의 요정들이 케레스(Ceres) 여신을 경배하려고 달려가는 것을 나타내야 하는 것이었습니다. 그 여자들은 장미꽃 관을 쓰고 장미꽃 옷을 입고 춤추었습니다. …장미꽃만을 입고요. 그것은 그들의 옷이 마치 거미줄 같은 매우 가벼운 보일*로 되어 있었고, 그 위에 장미꽃들이 흩어져 있었기 때문입니다. …춤을

* 역주 : 반투명의 엷은 피륙.

출 때에 그 여자들은 어떻게나 가볍게 뛰어다니는지 날개달린 헤베*와 같았습니다. 그 여자들의 눈부신 육체는 그들 뒤에 날개를 이루어놓은 보일로 만든 쇼올을 통해 들여다보였습니다. …저는 그 춤을 익혔습니다. …그러던 어느날 … 어느날…" 베일쓴 여자는 한층 더 크게 운다. …그리고 다시 말을 잇는다. "저는 아름다웠습니다. 지금도 아름답습니다. 보십시오." 여자는 베일을 빨리 뒤로 젖히고 겉옷을 미끄러내리게 하면서 일어선다. 그래서 나는 깜짝 놀라서 입을 다물지 못한 채로 있었다. 그것은 그가 내던진 옷 가운데에서 수수한 옷을 입고 소박하게 땋아늘인 머리채에 보석도 없고 값진 옷감도 없는 대단히 아름다운 아글라에가 날씬하고 그러면서도 완전한 진짜 꽃과 같은 육체에 엷은 갈색의 매우 아름다운 얼굴과 부드러우나 정열적인 눈으로 나타났기 때문이었다.

그 여자는 다시 성모님 앞에 무릎을 꿇으며 말한다. "저는 아름다웠습니다. 그것은 제 불행이 되었고, 저는 또 들떠 있었습니다. 그날 저는 보일로 된 옷을 걸쳤습니다. 저희 주인의 딸들이 저를 도와주었습니다. 그 여자들은 제가 춤추는 것을 보기를 좋아했습니다. …저는 해변 한구석에서 파란 바다를 바라보며 옷을 입었습니다. 해변의 그곳에는 사람이 없고 편도나무나 바닐라, 갓 피어나려고 하는 육체의 스며드는 향기를 가진 들꽃들이 있었습니다. 서양자두나무에서도 잘 스며드는 향기가 풍겼고, 시라쿠사의 장미꽃들도 향기를 내뿜었고, 바다도 모래도 향기를 내뿜었습니다. 해는 모든 것이 향기를 내뿜게 하고 있었습니다. …제 머리에는 막연한 공포의 감정이 떠올랐습니다. 저도 역시 물의 요정이 된 것같이 느껴졌고 경배하고 있었습니다. …무엇을 경배했는지요? 비옥한 땅을 경배한 것입니까? 땅을 기름지게 하는 해를 경배한 것이었습니까? 저는 모르겠습니다.

이교도 중에서도 철저한 이교도인 저는 제 전제군주인 관능을 경배했던 것으로 생각합니다. 그 관능을 제 안에 가지고 있다고 생각은 하지 않았지만, 그러나 어떤 신보다도 더 강력한 것이었습니다. …저는 정원에서 딴 장미꽃으로 관을 만들어 썼습니다. …그리고 춤을 추었습니다. …저는 빛과 향기에 취하고 젊고 날렵하고 아름답다는 즐거움에 취해 있었습니다. 저는 춤을 추었습니다. …그런데 누가 보았습니다. 저는 누가 저를 바라보고 있는 것을 보았습니다. 그렇지만 저는 남자의 탐욕스런 두 눈 앞에 벗은 몸으로 나타나는 것을 부끄러

---

* 역주 : Hebe. 청춘의 여신. 제우스와 헤라의 딸(그리이스 신화).

위하지 않았습니다. 오히려 제가 날아다니는 것을 과장하는 데서 만족을 느꼈습니다. …찬미를 받는 즐거움으로 제게는 정말 날개가 달린 것 같았습니다. …그런데 이것이 제 파멸이었습니다. 사흘 후에는 주인들이 로마의 그들 귀족 저택으로 돌아가려고 떠났기 때문에 저는 혼자 남았습니다. 그러나 저는 집에 남아 있지 않았습니다. …그 감탄하는 두 눈이 춤 아닌 다른 것을 제게 알려주었던 것입니다. …그 두 눈은 관능과 성을 제게 알려준 것입니다."
 성모님은 어쩔 수 없는 불쾌감의 몸짓을 하시니 아글라에는 그것을 눈치챘다. "아이고! 어머님은 순결하시니까 아마 제가 혐오감을 주는 존재일 것입니다…."
 "내 딸이여, 말하시오, 말해. 예수께 말씀드리는 것보다는 마리아에게 말하는 것이 더 낫습니다. 마리아는 씻어 주는 바다이니까요…."
 "예, 어머님께 말씀드리는 것이 더 낫습니다. 저도 선생님께 어머님이 계시다는 것을 알았을 때 이렇게 생각했습니다. …왜냐하면 처음에 선생님이 다른 어떤 사람하고도 다르시고 전적으로 영이신 오직 한 분이라는 것을 알았을 때— 지금은 영이 있다는 것과 영이 어떤 것인지를 저도 압니다— 사람이시면서 그렇게 관능성이 없는 아드님이 무엇으로 이루어지셨는지 말할 수 없을 지경이었습니다. 그리고 저 혼자 생각하기를 어머니가 없고, 제가 그중 제일 큰 불행인 소름끼치는 불행들을 구하시려고 이렇게 세상에 내려오신 줄로 생각했습니다….
 저는 날마다 그 젊고 갈색 머리를 가진 미남자를 다시 보기를 바라면서 그곳에 다시 갔습니다. …그리고 얼마 후에 다시 만났습니다. …그 남자는 제게 말을 했습니다. 그 남자는 이렇게 말했습니다. '나와 같이 로마에 가자. 너를 황제의 조정에 데려가마. 너는 로마의 더없는 보배가 될 것이다.' 그래서 저는 말했습니다. '예, 저는 선생님의 충실한 아내가 되겠어요. 제 아버지한테 가십시다.' 그 남자는 조롱하는 웃음을 웃고 제게 키스했습니다. '아내가 아니라 여신이 되는 거다. 나는 네 신관(神官)이 되어서 인생과 쾌락의 비밀을 네게 가르쳐 주겠다.' 저는 경박하고 어렸습니다. 그러나 어리긴 했어도 인생이 무엇인지 모르지는 않았습니다. …저는 꾀발랐습니다. 저는 경박하긴 했지만 아직 타락하지는 않았었습니다. …그래서 그 남자의 제안에 혐오감을 느꼈습니다. 저는 그 남자의 품에서 빠져나와 집으로 뛰어 왔습니다. …그렇지만 어머니에게는 그 말을 하지 않았습니다. …그리고 그 남자를 다시 보고자 하는 욕망을 억제할 줄을 몰랐습니다. …그의 키스가 저를 더 들뜨게 만들었던 것입니다.

28. 나자렛의 성모님의 집에 온 아글라에 **173**

…그래서 다시 갔습니다. 그 호젓한 해변에 가자마자 그 남자는 저를 껴안고 열광적으로 키스했습니다. 키스를 수없이 하고 사랑의 말을 하고 물어보고 했습니다. '이 사랑 속에 모든 것이 들어 있지 않느냐? 이것이 결혼 관계보다 더 달콤하지 않느냐? 다른 무슨 소원이 있느냐? 너 이것없이 살 수 있느냐?' 하고요.

아이고! 어머님! …저는 그날 밤으로 그 몹시 더러운 귀족과 함께 도망했습니다. 저는 그의 숫성(獸性)에 짓밟힌 걸레조각이었습니다. …여신이 아니라 진흙이었습니다. 진주가 아니라 두엄이었습니다. 그 남자는 제게 인생을 알려 주지 않고, 인생의 추잡함, 치욕, 불쾌감, 고통, 부끄럼, 제 자신의 몸이 아니라는 무한한 비참을 알려 주었습니다. …그러다가 전적인 타락이 왔습니다. 여섯 달 동안 진탕 먹고 마시고 놀고 나서 그 남자는 제게 싫증이 나서 새 사랑을 찾아갔고 저는 거리에 내쫓기고 말았습니다. 저는 제 춤재간을 이용했습니다. …그때는 어머니가 홧병으로 돌아가셨다는 것을 알았습니다. 저는 이제 집도 없고 아버지도 없었습니다. …어떤 춤선생이 저를 체육장에 받아들여서 제 춤을 세련되게 하고… 저를 이용했습니다. …그 사람은 저를 로마의 타락한 귀족계급 사회에 모든 관능적인 흐름에 꽃처럼 던졌습니다. 이미 더럽혀진 꽃은 시궁창에 빠졌습니다. 그것은 10년 동안을 구렁으로 떨어져 내려가는 것이었습니다. 점점 더 밑으로, 그러다가 헤로데의 여가를 즐겁게 해주라고 이리 끌려와서 새 주인의 차지가 되었습니다. 아이고! 붙잡아맨 개도 저희들 중의 한 사람보다 더 구속을 당하지는 않습니다! 그리고 여자를 차지한 남자보다 더 난폭한 개주인도 없습니다! 어머님… 몸을 떠시는군요! 제가 어머님을 소름끼치게 하는군요!"

성모님은 마치 타격을 입으신 것처럼 한 손을 심장있는 데로 가져가셨다. 그러나 이렇게 대답하신다. "아니오, 당신이 아니오. 나를 소름끼치게 하는 것은 그렇게까지 세상을 지배하고 있는 악이오, 가엾은 사람, 계속하시오!"

"그 사람은 저를 헤브론으로 데려왔습니다. …제가 자유로웠습니까? 제가 부유했습니까? 제가 감옥에 갇혀 있지 않고, 보석을 듬뿍 지니고 있었으니까 자유롭고 부유했지요. 그러나 그 사람이 보라고 하는 사람들밖에는 볼 수가 없고 제 몸을 제 마음대로도 할 수 없었으니까 사실은 그렇지 않았습니다.

어느날 헤브론에 한 사람이 왔습니다. 아드님이신 그 사람이었습니다. 그 집이 그분에게는 소중한 것이었습니다. 저는 그것을 알고 들어오시라고 청했습니다. 쉬암마이는 집에 없었습니다. …그래서 창문을 통해서 벌써 말소리를 듣고 어떤 사람을 보고 제 마음이 격동했었습니다. 그러나 어머님, 맹세코 육체로 아드님 예수께로 끌렸던 것은 아닙니다. 어떤 것이 일반인의 희롱을 무시하고 저를 문지방으로 밀고 나가 선생님께 '들어오세요' 하고 말씀드리게 했는데, 선생님이 그 어떤 것이 무엇인지 나중에 알려 주셨습니다. 그것은 제 영혼이었습니다. 저는 제 영혼의 계시를 그때 받은 것입니다.

　선생님은 제게 이렇게 말씀하셨습니다. '내 이름은 구세주라는 뜻이오. 나는 정말로 구원되기를 갈망하는 사람들을 구하오. 나는 순결하게 되는 것을 가르치고, 고통도 원하지만 어떤 댓가를 치르더라도 명예와 선을 원하도록 가르침으로써 구원하오. 나는 타락한 사람들을 찾는 사람이고 생명을 주는 사람이오. 나는 순결이고 진리요' 하고. 선생님은 제게도 영혼이 있는데, 제가 제 영혼을 제 생활 방식으로 죽였다고 말씀하셨습니다. 그렇지만 저를 저주하지 않으시고 조롱도 하지 않으셨습니다. 선생님은 잠깐 동안 저를 바라보셨습니다. 저를 탐욕스러운 눈으로 뚫어지게 보지 않은 첫번째 남자이셨습니다. 저는 남자를 끌어당기는 무서운 저주를 가지고 있으니까요. …선생님은 당신은 사람들에게 의사와 약이 필요한 곳에 계시니까 당신을 찾는 사람은 당신을 만나게 된다고 말씀하셨습니다. 그리고는 떠나셨습니다. 그러나 선생님의 말씀은 여기 있었고, 다시는 나가지 않았습니다. 선생님은 저를 고치기 시작하시려는 것처럼 당신의 이름을 구세주라는 뜻이라고 말씀하셨습니다. 선생님의 말씀은 이렇게 남아 있었고, 선생님의 친구들인 목자들로 남아 있었습니다. 그래서 저는 목자들에게 동냥을 좀 주고 기도를 청하는 것으로 접근을 했습니다. …그리고… 도망했습니다….

　오! 그것은 거룩한 도망이었습니다! 저는 구세주를 찾아 죄를 피한 것입니다. 저는 선생님이 약속을 하셨기 때문에 만나게 되리라는 확신을 가지고 찾아 나섰습니다. 어떤 사람이 그분이 선생님이라고 하면서 저를 요한이라는 사람에게로 보냈습니다. 그러나 그분은 선생님이 아니었습니다. 어떤 히브리 사람이 저더러 '고운 내'에 가보라고 했습니다. 저는 금을 많이 가지고 있었기 때문에 금을 팔아서 살아갔습니다. 제가 선생님을 찾아 다닌 여러 달 동안 저는 얼굴을 베일로 가려야 했습니다. 그것은 다시 잡히지 않기 위한 것이었고, 또 실제로 아글라에는 그 베일 속에 묻혀 버렸기 때문이기도 했습니다. 이런 아글라에는 죽었습니다. 그 베일 뒤에는 의사를 찾는 상처로 인해 핏기가 없는 그의 불쌍한 영혼이 있었습니다. 제 옷으로 이렇게 변장했는데도 저를 쫓아다니는 사람을 피해야 했습니다. 아드님의 친구 중의 한 사람까지도….

'고운 내'에서 저는 짐승같이 살고 있었습니다. 가난하지만 행복하게. 소나기와 강물보다도 선생님의 말씀이 저를 더 깨끗하게 해주었습니다. 오! 선생님의 말씀은 한 마디도 놓치지 않았습니다. 한 번은 살인자를 용서해 주셨습니다. 저는 그 말씀을 듣고 '저도 용서해 주십시오.' 하고 선생님께 말씀드리려고까지 했습니다. 또 한 번은 결백을 잃은 데 대해 말씀하셨습니다. …아이고! 얼마나 후회의 눈물을 흘렸는지 모릅니다! 또 한 번은 문둥병자를 낫게 하셨습니다. …그래서 '제 죄도 깨끗이 씻어 주십시오…' 하고 부르짖을 뻔했습니다. 또 한 번은 미친 사람을 낫게 하셨는데, 그 사람은 로마 사람이었습니다. …그래서 저는 울었습니다. …그랬더니 선생님은 사람을 시켜 조국은 사라지지만 하늘은 남아 있다고 말씀하셨습니다. 폭풍우가 몰아치던 어느 날 선생님은 저를 집안에 거두어 주셨습니다. …그런 다음 관리인을 통해서 숙소를 얻게 해주셨습니다. …그리고 한 어린이를 시켜서 '울지 말라'고 말씀하셨습니다.

…오! 선생님의 인자하심! 아이고! 제 비참! 두 가지가 다 하도 크기 때문에 저는 제 비참을 감히 선생님의 발 앞에 가져가지 못했습니다. …비록 선생님의 제자 중의 한 사람이 밤에 와서 아드님의 무한한 자비에 대해서 가르쳐 주었지만요. 그 다음 선생님은 한 영혼이 재생하고자 하는 갈망을 죄로 보는 사람들의 계략에 직면하시게 되었습니다. 제 구세주는 떠나셨습니다. …그리고 저는 기다렸습니다. …그러나 저보다도 선생님을 쳐다볼 자격이 훨씬 더 없는 사람들의 복수로 선생님을 기다리고 있었습니다. 저는 이교도로 저 자신에 대해서 죄를 지었지만, 그 사람들은 벌써 하느님을 알면서 하느님의 아들에게 죄를 짓는 것이니까요. …그리고 그들은 저를 쳤습니다. 그런데 그들의 돌보다도 그들의 비난이 제게 더 상처를 입혔고, 제 영혼을 실망으로 이끌어감으로써 제 육체보다는 제 불쌍한 영혼에 더 큰 상처를 입혔습니다.

아이고! 그것은 저 자신과의 무서운 싸움이었습니다! 찢기고, 피흘리고, 상처입고, 열이 나는데, 제 의사 선생님은 안 계시고, 집도 없고, 빵도 없이 저는 과거를 뒤돌아보고, 앞을 내다보았습니다. …과거는 '돌아오너라' 하고 말하고, 현재는 '스스로 목숨을 끊어라' 하고 말하고, 미래는 '희망을 가져라' 하고 말했습니다. 저는 바랐습니다. …저는 스스로 목숨을 끊지 않았습니다. 만일 선생님이 저를 쫓아내신다면 그렇게 하겠습니다. 이전의 저로 돌아가기는 원치 않으니까요! …저는 몸을 의지할 곳을 찾아 어떤 마을까지 간신히 걸어갔습니다. …그러나 정체가 탄로났습니다.

그래서 저는 짐승처럼 이리저리 피해 다녀야 했습니다. 항상 쫓기고, 항상 업신여김을 당하고, 항상 저주를 받으면서 쫓겨 다녔습니다. 그것은 제가 올바르게 살려고 했기 때문이기도 하고, 저를 통해서 아드님에게 타격을 가하려고 원하는 사람들을 실망시켰기 때문이기도 했습니다. 저는 강을 따라 갈릴래아에까지 왔고, 여기에 왔습니다. …어머님은 여기 안 계셨습니다. 그래서 가파르나움으로 갔습니다. 어머님은 방금 그곳을 떠나신 길이었습니다. 그러나 어떤 늙은이가 저를 보았습니다. 선생님의 원수 중의 한 사람이었는데, 아드님이신 선생님께 대한 비난의 글을 제게 써 주었습니다. 그리고 제가 아무 반응도 보이지 않고 울고 있으니까 제게 이렇게… 이렇게 말했습니다. '네가 내 정부가 되고 나자렛 사람 선생을 비난하는 데 나와 공모하기를 원하면 네게 대한 모든 사정이 바뀔 수도 있을 텐데. 내 친구들 앞에서 나자렛 사람 선생이 네 애인이었다고 말하기만 하면 되는 거다….' 저는 꽃이 핀 덤불이 벌어지면서 뱀굴이 나타나는 것을 보는 사람처럼 도망쳤습니다.

 저는 이 모양으로는 선생님의 발 앞에 갈 수 없다는 것을 깨달았습니다. …그래서 어머님 발 앞에 왔습니다. 자, 저는 진흙에 지나지 않으니 저를 짓밟으십시오. 자, 저는 죄녀이니 내쫓으십시오. 자, 제 이름을 매춘부라고 불러 주십시오. 어머님에게서 오는 것은 모두 달게 받겠습니다. 그러나 불쌍히 여겨 주십시오, 어머님. 더럽혀진 제 영혼을 받아서 선생님께로 가져가십시오. 제 음란을 어머님의 손에 맡겨드린다는 것은 죄가 됩니다. 그렇지만 그것을 원하는 세상에게서 보호를 받고, 그것을 속죄할 곳은 이곳밖에 없습니다. 제가 어떻게 해야 할지 말씀해 주십시오. 제가 무엇을 해야 하는지 말씀해 주십시오. 이제 더 이상 아글라에가 되지 않기 위해서는 어떤 방법을 써야 하는지 말씀해 주십시오. 제게서 무엇을 잘라내야 합니까? 다시는 죄가 되지 않고, 유혹이 되지 않고, 저 자신과 사람에게서 아무것도 두려워할 필요가 없게 되려면 제게서 무엇을 뽑아내야 합니까? 눈을 빼야 합니까? 입술을 태워야 합니까? 혀를 잘라야 합니까? 눈과 입술과 혀가 제가 악을 행하는 데 소용되었습니다. 이제 저는 악을 원치 않고 저를 벌하고 그것들을 희생해서 그것들을 벌할 마음을 가지고 있습니다. 저를 타락한 사랑으로 이끌어간 탐욕 많은 제 콩팥을 떼어내라고 하시겠습니까? 다시 살까 봐 항상 염려되는 탐욕스러운 제 내장을 뽑아내라고 하시겠습니까? 자기가 여자라는 것을 잊어버리기 위해서는 어떻게 해야 하고, 자기가 여자라는 것을 잊게 하기 위해서는 어떻게 해야 하는지 말씀해 주십시오, 말씀해 주세요!"

 성모님은 마음에 격동을 겪으신다. 성모님은 울으시고 괴로워하신다. 그러나 성모님의 고통의 유일한 표는 뉘우치는 여자 위에 떨어지는 눈물뿐이다.

"저는 용서를 받고 죽고 싶습니다. 저는 제 구세주에 대한 것이 아닌 다른 추억은 가지지 않고 죽고 싶습니다. 저는 선생님의 지혜를 친구로 가지고 죽고 싶습니다. …그런데 저는 세상이 저희들을 비난하려고 선생님과 저의 동정을 살피고 있기 때문에 이제는 선생님께 가까이 갈 수도 없습니다…." 아글라에는 정말 넝마조각처럼 땅바닥에 엎드려 운다.

성모님은 몹시 가슴아파하시며 "속죄자가 된다는 것은 정말 어려운 일이로구나!" 하고 중얼거리시면서 일어나신다.

이 중얼거림을 듣고 성모님의 반응을 본 아글라에는 탄식한다. "보세요! 제가 어머님께도 혐오감을 일으킨다는 것을 아시겠지요? 이제 저는 가겠습니다. 저는 이제 끝장입니다!"

"아니오, 내 딸이여. 아니, 끝장은 나지 않았어요. 당신에게는 이제 시작일 뿐이오. 잘 들으시오, 가엾은 여인. 나는 당신 때문에 탄식하는 것이 아니고, 잔인한 세상 때문에 탄식하는 거요. 나는 당신이 떠나게 버려두지 않고, 광풍에 휩쓸려 내 집 벽에 부딪힌 가엾은 제비 같은 당신을 거두어 주겠어요. 나는 당신을 예수에게 데려가겠어요. 그러면 예수가 구속의 길을 일러 줄 것입니다."

"저는 더 이상 바람을 가지지 못하겠습니다. …세상 사람들의 말이 옳습니다. 저는 용서받을 수가 없습니다."

"세상에게는 용서를 받지 못하겠지요. 그러나 하느님에게는 용서를 받습니다. 세상에 그 아들을 주기 위하여 한 아들을 내게 준 최고의 사랑의 이름으로 말할 테니 들어봐요. 그 사랑은 세상이 용서를 받을 수 있게 하려고 바쳐진 내 동정의 복된 무지에서 나를 꺼내 주었어요. 그 사랑은 무지에서 나를 꺼내 주었어요. 그 사랑은 아기를 낳는 것으로 피를 쏟게 하지 않고, 내 아들이 큰 희생이라는 것을 내게 알림으로써 내 마음에서 피를 쏟게 했어요. 내 딸이여, 나를 쳐다봐요. 이 마음에는 커다란 상처가 있어요. 이 상처는 삼십여 년 전부터 신음하고 있어요. 이 상처는 점점 커져서 내 속을 태우고 있어요. 이 상처의 이름이 무엇인지 알겠어요?"

"고통이오."

"아니, 사랑이오. 이 사랑 때문에 내 아들이 혼자서 구원 사업을 하지 않게 하려고 내가 피를 흘리게 되는 것입니다. 사랑이 내게 불을 넣어주어서 감히 내 아들에게 가지 못하는 사람들을 내가 깨끗하게 하도록 하는 것이오. 이 사랑이 내게 눈물을 주어서 내가 죄인들을 씻을 수 있게 하는 것이오. 당신은 내가 쓰다듬어 주기를 바랐지요. 나는 당신이 내 주님을 쳐다볼 수 있도록 벌써 당신을 씻어주는 내 눈물을 줍니다. 그렇게 울지 말아요. 당신만이 주님께 와서 구제되어서 떠나가는 죄녀가 아닙니다. 다른 죄녀들이 이미 있었고, 후에도 다른 죄녀들이 있을 것입니다.

주님이 당신을 용서하실 수 있다는 것을 의심합니까? 그러나 당신에게 일어난 모든 일에서 하느님의 인자의 신비로운 뜻을 보지 못해요? 누가 당신을 유다로 데려왔어요? 누가 당신을 요한의 집으로 데려갔어요? 그날 아침 누가 당신을 창문 앞에 가 있게 했어요? 주님의 말씀을 비추도록 누가 빛을 밝혔어요? 은혜를 받는 사람의 기도와 합쳐진 사랑은 하느님의 도움을 받는다는 것을 알아들을 수 있는 능력을 누가 당신에게 주었어요? 누가 당신에게 쉬암마이의 집에서 도망쳐 나올 힘을 주었어요? 처음 며칠 동안 주님이 오실 때까지 꾸준히 버티어나갈 힘을 누가 당신에게 주었어요? 누가 당신을 주님이 지나는 길에 갖다 놓았어요? 누가 당신으로 하여금 당신의 영혼을 점점 더 깨끗하게 하기 위해 속죄하는 여자로 살 수 있게 했어요? 누가 당신을 순교자의 영혼, 믿는 여자의 영혼, 끝까지 항구한 영혼, 깨끗한 영혼이 되게 했어요?…

그래요, 머리를 내젓지 말아요. 관능을 알지 못한 사람만이 깨끗하다고 생각해요? 영혼은 다시는 도저히 동정이 되고 아름답게 될 수 없다고 생각해요? 오! 내 딸이여! 그러나 순전히 주님의 은총인 내 순결과 잃어버린 당신의 순결의 극치에 돌아가기 위한 당신의 영웅적인 금욕정신 중에서 당신의 금욕이 더 훌륭하다는 것을 믿으시오. 관능과 필요와 습관에 대항해서 그 금욕을 건설하는 것은 당신이오. 내 경우에는 이것이 호흡과 마찬가지로 자연적인 선물이오. 그러나 당신은 기억을 하지 않고 가지고 싶어하지 않고 도움을 주지 않기 위해 당신의 생각과 애정과 육욕을 생으로 부수어야 해요. 나는… 오! 몇 시간 밖에 안 된 어린 아이가 육체의 욕망을 가질 수 있어요? 그리고 그렇게 하지 않는다고 그에게 공로가 있겠어요? 내 경우가 그래요. 나는 인류를 희생시킨 저 비극적인 욕구가 어떤 것인지 몰라요. 나는 하느님께 대한 지극히 거룩한 욕구가 아닌 다른 것은 몰라요. 그러나 당신은 이 욕구를 알지 못했었는데, 당신 스스로 그것을 알게 되었어요. 당신은 비극적이고 소름끼치는 다른 욕구를 지금은 당신의 유일한 사랑이 된 하느님께 대한 사랑을 위해서 억눌렀어요. 하느님의 자비의 딸, 웃어요! 내 아들은 헤브론에서 당신에게 말한 것을 지금 당신에게 이룩하고 있어요. 아니 벌써 이룩했어요. 당신은 구원을 받겠다는 진실한 뜻을 가졌기 때문에, 순결과 고통과 선을 배웠기 때문에 벌써 구원을 받았어요. 당신의 영혼은 다시 생명을 얻었어요. 그래요. 당신에게는 하느님의 이름으로 '네 죄가 사해졌다'고 말하는 예수의 말이 필요해요. 나는 그 말을 할 수가 없어요. 그러나 용서의 약속, 용서의 시작으로 내 입맞춤을 주겠어요 ….

오 영원하신 성령이여, 당신의 마리아 안에는 항상 당신이 조금 들어 계십니다! 거룩하게 하시는 성령이여, 울고 바라는 이 사람에게 마리아가 당신을 부어주게 허락해 주십시오. 오 사랑의 하느님, 하느님에게서 구원을 기다리는 이 여자를 우리 아들의 이름으로 구해 주십시오. 하느님께서 제게 가득히 채워 주셨다고 천사가 말한 은총이 기적적으로 이 여자 위에 내려와 그의 힘을 돋우어 복되신 구세주요 최고의 사제인 예수가 성부와 성자와 성신의 이름으로 이 여자의 죄를 사해 주기를 기다리게 해주십시오….

내 딸이여, 밤이 되었소. 당신은 몹시 피로해 있어요. 쉬시오. 그리고 내일 떠나시오. …당신을 성실한 사람들의 가정으로 보내겠어요. 여기는 이제는 너무나 사람이 많이 오니까요. 그리고 내 것과 꼭같은 옷을 한 벌 주겠어요. 그러면 사람들이 당신을 이스라엘 여자로 알 겁니다. 나는 내 아들을 유다에서 다시 만나기로 되어 있어요. 과월절이 가까워 오고 또 새 달 4월에는 우리가 베다니아에 가야 하니까요. 그때 당신 이야기를 하겠어요. 열성당원 시몬의 집으로 와요. 거기서 나를 만나게 될 것이고, 나는 당신을 예수에게 데려가겠어요."

아글라에는 아직도 울고 있다. 그러나 조용히 운다. 그 여자는 방바닥에 앉았다. 성모님도 다시 앉으셨다. 아글라에는 머리를 성모님의 무릎에 얹고 성모님의 손에 입맞춤을 한다. …그러다가 탄식한다. "사람들이 저를 알아볼 겁니다 …."

"오! 못 알아 봐요, 염려 말아요. 당신 옷은 이제까지는 너무나 알려져 있었어요. 그렇지만 용서를 향해 가는 이번 당신의 여행은 내가 준비를 시켜 주겠어요. 그래서 당신은 결혼식에 가는 처녀와 같을 거요. 달라져서 관습을 모르는 군중 속에서 알려지지 않은 채로 있을 거요. 이리 와요. 내 방 옆에 작은 방이 하나 있어요. 그 방에는 성인들과 하느님께로 가기를 원하는 나그네들이 들었었지요. 그 방이 당신도 받아줄 겁니다."

아글라에는 그의 겉옷과 베일을 다시 집으려고 한다.

"그냥 놔둬요. 그것은 타락한 가엾은 아글라에의 옷이오. 그 아글라에는 이제 없어졌어요. …아글라에에게서는 이 옷마저도 남아 있어서는 안 돼요. 이 옷은 너무나 많은 미움을 받았어요. …그런데 미움은 죄만큼이나 해를 끼칩니다"
 두 여자는 어두운 정원으로 나갔다가 요셉의 작은 방으로 들어간다. 성모님은 작은 탁자 위에 있는 등잔에 불을 켜시고, 뉘우치는 여자를 다시 쓰다듬어 주시고 문을 닫으신다. 그리고 아무 손님도 다음날 그것을 보지 못하게 찢어진 겉옷을 어디로 가져갈지 보시려고 불꽃 셋 달린 등불을 켜신다.

29. 산상 설교. "너희들은 세상의 소금이다"

 예수께서 혼자서 큰 길을 성큼성큼 걸어가신다. 예수께서는 큰 길 옆에 솟아 있는 산을 향하여 가시는데, 그 산은 호수에서 시작하여 서쪽으로 뻗어 간다. 얼마 후에는 꽤 넓은 공간에 펼쳐진 완만한 경사가 진 땅이 시작되어 고원을 이루고 있는데, 그곳에서는 호수 전체와 남쪽에 있는 티베리아 북쪽으로 올라가면서 산재한 덜 아름다운 다른 도시들도 보인다. 그러다가 산은 더 빨리 가파르게 되면서 한 봉우리까지 올라갔다가 낮아지고, 그 다음에는 다시 오르막이 되어 첫번 봉우리와 비슷한 둘째 봉우리를 이루는데, 두 봉우리가 합해서 일종의 안장 모양을 만들어 놓았다.
 예수께서는 아직 꽤 아름다운 좁고 가파른 길로 고원을 향해 올라가기 시작하셔서, 주민들이 높은 고대를 경작하는 작은 마을에 이르신다. 그곳의 밀은 이삭이 패기 시작한다. 예수께서는 마을을 건너질러 밭과 여기저기 꽃이 피어 있는 풀밭 사이로, 또는 밀포기가 살랑거리는 사이로 나아가신다.
 날씨가 맑아서 주위에 있는 자연의 아름다움을 돋보이게 한다. 예수께서 가시는 외따로 떨어진 작은 산 너머로는 북쪽으로 헤르몬산의 위풍당당한 봉우리가 보이는데, 그 꼭대기는 마치 에메랄드 바탕에 놓여 있는 엄청나게 큰 진주와도 같다. 그만큼 온통눈이 덮인 꼭대기가 수풀을 뒤덮인 비탈들의 초록빛과 대조가 된다. 호수 너머로, 그러나 호수와 헤르몬산 사이에 여기서는 보이지 않는 메론 호수가 있는 파란 평야가 있고, 그 다음에는 서북쪽으로 티베리아 호수를 향해 가는 다른 산들이 있고, 또 호수 건너편으로는 멀어서 완만하게 보이는 또 다른 산들이 있고 또 다른 평야들이 있다. 남쪽으로는 큰 길 너머로 야산들이 있는데, 나는 그 야산들이 나자렛을 가리는 것으로 생각한다. 올라갈 수록 지평선이 넓어진다. 서쪽은 산이 시야를 가리고 있기 때문에 무엇이 있는지 보이지 않는다.

예수께서는 맨 먼저 사도 필립보를 만나신다. 필립보는 거기서 망을 보고 있었던 것 같다. "어떻게 선생님께서 여기에? 저희들은 행길에서 기다리고 있었는데요. 저는 산꼭대기에서 양떼에게 풀을 뜯어먹게 하고 있는 목자들에게 양젖을 구하러 간 동료들을 기다리고 있습니다. 저 아래 행길에는 시몬과 시몬의 유다가 있고, 그들과 같이 이사악도 있습니다, 그리고… 아! 저기 오는군요. 이리 오게! 이리들 와! 선생님이 여기 게시네!"

수통을 가지고 내려오는 사도들은 뛰기 시작하는데, 자연 더 젊은 사람들이 제일 먼저 도착한다. 그들은 선생님을 환영한다. 그 광경은 감격적이다. 마침내 그들이 모였다. 그리고 예수께서 빙그레 웃으시는 동안 모두가 말을 하고 이야기를 하려고 한다….

"아니, 저희들은 큰 길에서 선생님을 기다리고 있었는데요!"

"저희들은 선생님이 오늘도 안 오실 것으로 생각했었습니다."

"사람이 아주 많습니다."

"아이고! 저희들은 난처했었습니다. 율법교사들이 있었고, 가믈리엘의 제자들까지도 있었으니까요…."

"주님, 그렇구말구요! 선생님은 정말 마침 좋은 때에 떠나셨어요! 저는 그때만큼 겁이 난 적이 한 번도 없었습니다. 다시는 이번처럼 저를 골탕먹이지 마십시오!"

베드로는 한탄을 하고 예수께서는 빙그레 웃으시며 물으신다. "아니 너희들에게 무슨 불행한 일이라도 일어났느냐?"

"아! 아닙니다! 그 반댑니다. …아이고! 선생님! 그렇지만 선생님은 요한이 말한 것을 모르시지요?. …그의 안에서 선생님이 말씀하시는 것 같았습니다. 저는… 저희들은 어안이 벙벙했었습니다. …일년 전에는 그물이나 겨우 칠 줄 알던 이 젊은이가… 아이고!" 베드로는 아직도 감탄해 마지않으며, 말없이 활짝 웃고 있는 요한을 흔든다. "이 아이가 그의 웃는 입으로 그 말을 할 수 있었는지 보십시오! 솔로몬 같았습니다."

"시몬도 말을 잘했습니다, 주님. 시몬은 정말 '우두머리'였습니다" 하고 요한이 말한다.

"저는 도무지 모르겠습니다! 그 사람이 저를 진퇴유곡에 빠지게 했습니다! 그러나… 이 사람들은 제가 말을 잘했다고 그럽니다. 그럴지도 모르지요. 저는 모르겠습니다. …요한의 말로 인해서 제가 어리둥절해 있었고 또 그 많은 사람 앞에서 말을 한다는 두려움과 선생님을 초라하게 보이게 할지도 모른다는 두려움 때문에 저는 정신이 혼란해 있었으니까요….”

"나를 초라하게 보이게 하다니? 나를? 그러나 말하는 것은 너였으니까 초라하게 보이는 것도 너였을 텐데, 시몬아" 하고 예수께서 놀리느라고 말씀하신다.

"아이고! 저야… 별로 상관이 없습니다. 저는 선생님이 바보를 사도로 택하셨다고 비웃는 것을 원치 않았습니다.”

예수께서는 베드로의 겸손과 사랑 때문에 기쁨에 빛나신다. 그러나 "그럼 다른 사람들은?" 하고만 물으신다.

"열성당원도 말을 잘했습니다. 그러나 그 사람은… 우리가 알고 있는 터입니다. 그렇지만 이 사람은 뜻밖이었습니다! 하긴 저희들이 묵상기도를 하기 시작한 때부터 이 젊은이는 영혼이 항상 하늘에 가 있는 것 같았습니다.”

"맞습니다! 맞아요!" 하고 모두가 베드로의 말을 확인한다. 그런 다음 말들을 계속한다.

"그리고 아시겠어요? 제자들 중에는 지금 유다의 말로는 대단히 중요한 사람이라고 하는 두 사람이 있습니다. 유다가 대단히 분주하게 돌아가고 있습니다. 그건 사실입니다! 유다는 교양이 많은 그 사람들을 잘 알고 있습니다. …그리고 그들에게 말을 할 줄 압니다. 그리고 말하기를 좋아하고… 말을 잘하기도 합니다. 그러나 사람들은 시몬과 선생님의 사촌들의 말을 듣기를 더 좋아하고, 특히 이 젊은이의 말을 듣기를 더 좋아합니다. 어제 어떤 사람이 제게 이렇게 말했습니다. '저 젊은이는 말을 잘합니다 ─ 유다에 대해서 말하는 것이었습니다 ─ 하지만 나는 그 사람보다 당신을 더 낫게 생각합니다' 라고 말입니다. 아이고! 불쌍한 사람! 몇 마디 말밖에 할 줄 모르는 나를 낫게 생각하다니! …그런데 선생님은 왜 이리로 오셨습니까? 약속 장소는 큰 길이었고, 그래서 저희들은 거기에 있었는데요.”

"여기 오면 너희를 만날 것을 알았기 때문이다. 이제는 내 말을 들어라. 내려가서 다른 사람들에게 오라고 말하여라. 그리고 잘 아는 제자들에게도 일러라. 사람들은 오늘은 오지 못하게 하여라. 너희들에게만 말하고자 한다.”

"그러면 저녁을 기다리는 것이 더 낫습니다. 해가 지면 사람들은 이웃 마을들로 흩어졌다가 아침에 다시 와서 선생님을 기다립니다. 그렇지 않으면… 누가 그들을 말릴 수 있겠습니까?”

"좋다. 그렇게 하여라. 나는 저 위 산꼭대기에서 기다리고 있겠다. 지금은 밤이 훈훈하니까, 바깥에서 잘 수도 있다."

"아무 데라도 좋습니다, 선생님. 선생님이 저희들과 같이 계시기만 하면 그만입니다."

제자들은 가고 예수께서는 다시 올라가기 시작하셔 산꼭대기까지 가신다. 그 산꼭대기는 산상 설교의 끝과 막달라의 마리아와의 첫번 만남에 대한 지난 해의 환상에서 벌써 본 일이 있는 산꼭대기이다. 해가 질 때에 비추어지는 파노라마는 한층 더 넓어보인다. 예수께서는 바위 위에 앉으셔서 묵상을 하시려고 정신을 가다듬으신다. 그리고 오솔길에 발소리가 나서 사도들이 돌아왔다는 것을 알게 되실 때까지 그대로 계신다. 저녁이 되었다. 그러나 이렇게 높은 곳에서는 해가 계속해서 초목과 꽃에서 향기를 풍기게 한다. 야생 은방울꽃들은 강한 향기를 내뿜고, 수선화의 큰 줄기들은 이슬을 부르는 듯이 별 같은 꽃들과 봉오리들을 흔든다.

예수께서 일어나셔서 인사를 하신다.

"평화가 너희와 함께 있기를."

사도들과 같이 올라오는 제자들의 수가 많다. 이사악이 그의 홀쭉한 얼굴에 고행자다운 미소를 머금고 그들을 인도한다. 모두가 예수를 둘러싸고 모이니, 예수께서는 특별히 가리옷의 유다와 열성당원 시몬에게 인사를 하신다.

"나는 몇 시간 동안 너희들하고만 있으면서 너희들에게만 말하기 위해서 너희 모두를 나와 같이 있게 하기를 원하였다. 너희들의 사명을 점점 더 준비시키기 위해서 너희들에게 할 말이 있다. 음식을 먹자. 그런 다음 말을 하자. 그러면 자는 동안에도 영혼이 계속 가르침을 음미할 것이다."

그들은 간소한 식사를 하고 나서, 바위에 앉으신 예수의 둘레로 빽빽이 둘러싼다. 제자들과 사도들을 합해서 백 명쯤되는데, 혹 더 되는지도 모르겠다. 햇불 두 자루의 불꽃이 이상하게 비추는 주의깊은 얼굴들로 이루어진 화관이다. 예수께서는 조용한 손짓을 하시며 천천히 말씀하신다. 짙은 청색 옷에 부각되는 예수의 얼굴은 마침 예수의 정면에 내려오는 초생달빛에 비추어져서 더 희게 보인다. 하늘에 있는 구두점(,) 같은 그 초생달은 하늘과 땅의 주재자를 어루만지는 빛나는 물결과도 같다.

"너희들을 특별히 여기 오게 한 것은 너희들이 내 친구들이기 때문이다. 그리고 열 두 사람이 겪은 첫번째 시험이 끝난 다음에 너희들을 부른 것은, 일을 하는 내 제자 들의 범위를 넓히기 위해서이기도 하고, 너희들을 지도하고 또 내가 내 후계자로 너희들에게 주는 사람들에 대한 너희들의 첫번 반응이 어떠했는지 듣기 위해서이다. 모든 것이 잘 되었다는 것을 나는 안다. 나는 묵상기도에서 정신과 마음에 새로운 힘을 가지고 나온 사도들의 영혼을 내 기도로 지원하였다. 그 힘은 공부에서 오는 힘이 아니라, 하느님께 온전히 맡겨 드리는 데에서 오는 힘이다.

가장 많이 준 사람은 자기 자신을 가장 많이 잊은 사람들이다. 자기 자신을 잊는다는 것은 어려운 일이다.

사람은 추억으로 이루어져 있다. 그런데 목소리를 제일 높이 내는 추억은 나 자신에 대한 추억이다. 나와 나를 구별해야 한다. 하느님과 하느님에게서 오는 자기의 기원을 기억하는 영혼에서 오는 영적인 나가 있다. 자기의 수많은 요구와 열정에 집념하는 육체의 열등(劣等)한 나가 있다. 이 요구와 열정에서는 합창을 이루는 많은 목소리가 나와서, 만일 영이 매우 튼튼하지 못하면, 하느님의 아들로서의 그의 고귀함을 기억하는 영의 외로운 목소리를 제압한다. 그러므로 — 항상 더 불러일으키고 되살아 나게 하고 강화해야 할 이 거룩한 추억을 제외하고는 — 제자로서 완전한 사람이 되기 위하여는 인간적인 나에 대한 모든 추억과 요구와 염려하는 생각에 관한 한 자기 자신을 잊어야 할 것이다.

내 열 두 제자에 대한 첫번 시험에서 가장 많이 준 사람들은 자기를 가장 많이 잊은 사람들이다. 그들의 과거뿐 아니라, 그들의 한정된 개성까지도 잊은 사람들 말이다. 이들이야말로 그들이 전에 어떤 사람이었는지를 기억하지 않고 온전히 하느님 안에 혼합되어 이제 아무것도 두려워하지 않게 된 사람들이다. 어떤 사람들은 왜 그렇게 조심성이 많으냐? 그것은 그들이 늘 가졌던 소심함과 그들이 항상 고려하던 것과 그들이 언제나 가졌던 편견들을 기억하였기 때문이다. 어떤 사람들은 왜 그렇게 간결한 표현을 썼느냐? 그것은 그들이 교리에 대한 그들의 무능을 기억하였기 때문이고, 자기가 초라하게 보이거나 나를 초라하게 보이게 할까 봐 겁을 냈기 때문이다. 또 어떤 사람은 왜 그렇게 눈에 띄게 과시하였느냐? 이 사람들은 그들의 일상적인 교만과 각광을 받고, 갈채를 받고, 남보다 뛰어나고, '중요한 인물'이 되기를 바란 그들의 욕망을 기억하였기 때문이다. 마침내, 어떤 사람들은 왜 자신만만하고 설득력이 있고 화려하고 당당한 연설로 뜻밖의 진리를 가르쳐 주었느냐? 그것은 그들이, 또 그들만이 하느님을 기억할 줄 알았기 때문이다. 또 겸손하여 눈에 띄지 않으려고 애를 쓰다가, 그들이 받았으면서도 잘난 체하는 사람이 될까 봐 겁이 나서 쓰려고 하지 않던 수위권을 알맞은 때에 갑자기 맡을 줄 안 사람들도 마찬가지이다. 처음 세 부류의 사람들은 열등한 나를 기억하였다. 넷째 부류의 사람들은 고등의 나를 기억하였고, 겁을 내지 않았다. 오! 하느님과의 결합에서 오는 거룩한 대담성!

그런데 너희 사도들, 너희 제자들, 잘 들어라. 너희 사도들은 이 말들을 벌써 들은 일이 있다. 그러나 이제는 더 깊이 이해하게 될 것이다. 너희 제자들은 이 말들을 듣지 못하였거나 단편적으로 들었다. 이 말들을 너희들 마음 속에 잘 새겨두어야 한다. 그것은 그리스도의 양떼가 끊임없이 불어나므로 내가 너희들을 점점 더 많이 쓰겠기 때문이고, 목자인 나와 내 양떼를 해치려는 늑대의 수가 점점 늘어남으로 세상이 너희들을 점점 더 공격하겠기 때문이다. 나는 교리와 내 양떼를 지키는 데 필요한 무기를 너희들의 손에 들려 주고자 한다. 양떼에게는 충분한 것이 어린 목자들인 너희들에게는 충분하지 않다. 양들은 피를 쓰게 하고 욕정을 자극하는 풀을 뜯어먹어 잘못을 저지를 수 있지만, 너희들에게는 같은 잘못을 저질러 많은 양떼를 파멸로 이끌어가는 것이 허락되지 않는다. 우상숭배자인 목자가 있는 곳에서는 양들이 독초에 중독되거나 늑대의 습격을 받아 죽는다는 것을 곰곰이 생각하여라.

너희들은 세상의 소금이요 세상의 빛이다. 그러나 만일 너희가 너희 사명을 소홀히 하면, 너희들은 싱거워서 쓸 데 없는 소금이 될 것이다. 만일 하느님께서 너희들에게 맛을 주실 수가 없었으면, 그리고 너희들이 맛의 선물을 받은 다음 그것을 인간성의 싱겁고 더럽혀진 물로 희석하고, 관능의 타락한 단 맛으로 달게 하고, 하느님의 순수한 소금에 찌꺼기를, 즉 교만과 갈망과 탐욕과 음란과 분노와 게으름의 찌꺼기를 섞음으로써 각 죄종(罪宗)의 일곱번씩 일곱번의 알맹이에 대하여 소금 한 알맹이가 들어가게 하여 소금의 맛을 잃게 하였으면, 아무것도 너희들에게 소금맛을 돌려줄 수는 없을 것이다. 그렇게 되면 너희들의 소금은 보잘 것 없는 소금 알맹이가 어디 들어 있는지도 모르는 돌부스러기의 혼합물에 지나지 않아서 이에 씹혀 갈리는 소리가 나고, 입 안에 흙냄새가 남게 되고 음식이 메스껍고, 기분나쁘게 된다. 그런 소금은 하등의 용도에도 쓰이지 못하게 된다.

칠죄종(七罪宗)으로 반죽이 된 지식은 인간적인 사명에까지도 해로운 것이기 때문이다. 그때에는 소금이 버려져서 사람들의 무관심한 발에 짓밟히는 소용밖에는 닿지 않을 것이다. 얼마나 많은 백성이, 얼마나 많은 사람이 이렇게 하느님의 사람들을 짓밟을 수 있겠느냐! 부름을 받은 사람들이 무관심한 백성에게 그들을 짓밟을 수 있게 하겠기 때문이고, 그들이 이제는 고상한 천상의 것의 맛을 얻기 위하여 사람들이 그리로 향하여 달려오는 양식이 아니고, 다만 찌꺼기뿐일 것이기 때문이다.

너희들은 세상의 빛이다. 너희들은 햇빛을 맨 마지막으로 잃고 은빛 같은 달빛을 제일 먼저 받은 이 산꼭대기와 같다. 높은 데에 있는 사람은 빛나서 사람들이 보게 된다. 아무리 방심한 눈이라도 어쩌다 높은 곳을 바라다보기 때문이다. 영혼의 거울이라고들 말하는 물질적인 눈이 영혼의 갈망을 반영한다고 나는 말하겠다. 흔히 보이지는 않지만 사람이 마귀가 아닌 한 항상 살아 있는 갈망, 높은 곳에 대한 갈망, 이성이 본능적으로 지극히 높으신 분을 그곳에 모셔 두는 높은 곳에 대한 갈망을 말이다. 그리고 하늘을 찾으면서 사람은 일생 동안에 적어도 몇 번은 눈을 들어 높은 곳을 쳐다본다.

우리 모두가 아주 어릴 때부터 예루살렘에 들어가면서 어떻게 하였는지를 회상하기 바란다. 눈길이 제일 먼저 가는 곳이 어디냐? 성전의 대리석과 금의 대표작이 우뚝 솟아 있는 모리아산이 아니냐? 그리고 우리가 성전 경내에 들어갔을 때에는? 우리는 햇빛에 반짝이는 값진 둥근 지붕을 쳐다본다. 거룩한 경내에는 안뜰과 회랑과 안마당들에 얼마나 많은 아름다운 것이 산재해 있느냐! 그러나 눈은 높은 곳을 올려다본다. 우리들의 여행도 회상하기를 부탁한다. 먼 길이나 단조로움이나 피로와 더위나 진흙탕을 잊으려는 듯이 우리의 눈이 가는 곳이 어디냐? 산꼭대기를 향한다. 별로 높지 않고 멀리 있는 것이라도 말이다. 그리고 우리가 한결같이 평평한 평야에 있을 때 산꼭대기가 나타나는 것을 보면 얼마나 우리의 피로가 풀리느냐! 아래에 진흙탕이 있지만, 위에는 깨끗함이 있다. 아래에는 숨막히는 더위가 있지만, 저 위에는 시원함이 있다. 아래에는 지평선이 한정되어 있지만, 저 위에는 지평선이 한없이 펼쳐진다. 그리고 그것들을 쳐다보기만 해도 날씨가 덜 더운 것 같고, 진흙이 덜 끈적거리는 것 같고, 걸음이 덜 을씨년스러워 보인다. 그리고 어떤 도시가 산꼭대기에서 빛나고 있으면 그것을 감탄하며 바라보지 않는 눈이 없다. 중요하지 않은 마을도 그것을 거의 공중에 매달리다시피하게 어떤 산꼭대기에 갖다놓으면 아름답게 된다고도 말할 것이다. 그렇기 때문에 참 종교와 거짓 종교들에서 할 수 있을 때마다 신전을 높은 곳에 세웠고, 언덕이나 산이 없을 때에는 많은 노동력을 들여 그 위에 신전을 지을 평평한 곳을 만들고 그 위에 돌을 쌓아 받침을 만들었다. 왜 그렇게 하느냐? 사람들이 신전을 보고, 신전을 봄으로써 하느님께 대한 생각을 새롭게 하기 위해서이다.

나는 또한 너희들이 빛이라고도 말하였다. 저녁에 집안에 등잔에 불을 켜는 사람은 그것을 어디에 놓느냐? 구멍 속이나 화덕 밑에 놓느냐? 지하 저장고로 쓰이는 굴 속에 놓느냐? 혹은 궤 속에 넣어 두느냐? 그러지 않고 등잔을 까치 발달린 탁자 위에나 벽에 붙은 등잔걸이에 걸어, 높이 놓여 있기 때문에 방 전체와 그 방에 있는 모든 사람을 비추게 한다. 그러나 높은 곳에 놓는 것은 하느님을 상기시키고 빛을 줄 책임이 있기 때문에, 그것을 자기의 의무를 다할 수 있는 능력이 있어야 한다.

참 하느님을 상기시켜야 하는 너희들은 그러기에 너희들 안에 일곱 가지 요소가 있는 이교를 가지지 말도록 하여라. 그렇지 않으면 너희들은 이러저러한 신에게 바쳐진 신성한 숲을 가진 세속적인 높은 곳이 되어, 너희들을 하느님의 성전처럼 쳐다보는 사람들을 너희들의 이교로 끌어들일 것이다. 너희들은 하느님의 빛을 가지고 있어야 한다. 더러운 등잔, 기름이 없는 등잔은 연기가 나고 빛을 내지 못하며, 역한 냄새가 나고 밝히지는 못한다. 더러운 석영(石英)관 뒤에 감추어진 등불은 우아한 광채를 내지 못하고, 깨끗한 광물판 위에 빛나는 빛의 작용을 일으키지 못하고, 오히려 금강석 같은 등피를 불투명하게 만드는 검은 연기의 막 뒤에서 활기를 잃어간다.

하느님의 빛은 피할 수 없는 접촉과 반응과 실망을 동반하는 일 자체에서 생기는 찌꺼기를 날마다 없애기 위하여 부지런히 일하는 의지가 있는 곳에서 빛난다. 하느님의 빛은 등잔에 기도와 사랑의 풍부한 기름이 들어 있을 때에 찬란히 빛난다. 하느님의 빛은 하느님의 완전들이 거기에 있을 때 무한한 광채로 불어난다. 하느님의 완전은 각각 성인 안에 덕행 하나를 일으키는데, 이 덕행은 하느님의 종이 그의 영혼의 수정(水晶)을 몽롱한 모든 나쁜 열정의 검은 연기를 막아서 공략될 수 없게 지키면 영웅적으로 단련된다. 공략될 수 없는 수정. 공략될 수 없는!(예수께서는 이 결론을 내리실 때 우뢰 같은 목소리로 말씀하셔서, 그 목소리가 원형 경기장 같은 자연 안에 울려 퍼진다.) 하느님만이 이 수정에 금을 긋고, 당신의 의지라는 금강석으로 당신의 지극히 거룩하신 이름을 거기에 써놓을 권리와 능력을 가지고 계시다. 그때에는 이 이름이 대단히 깨끗한 수정 위에 초자연적인 아름다움을 가진 결정면(結晶面)을 증가시키는 장식이 된다.

그러나 주님의 어리석은 종이 자기 자신에 대한 통제를 잃고, 또 전적으로 그리고 순전히 초자연적인 그의 임무를 보지 못하게 되어 이 수정에 거짓 장식의 흔적이 남게 하거나, 조각이 아닌 스친 자국이 남게 하거나, 사탄의 불발톱으로 그린 알 수 없는 사탄의 숫자(數字)의 흔적이 남게 하면, 그때에는 그 훌륭한 등불이 그 찬란하고 항상 손상되지 않는 아름다움을 잃게 되고, 금이 가고 못 쓰게 되어 부숴진 수정 조각으로 불꽃을 꺼지게 하거나, 균열이 생기지 않더라도, 분명한 성질의 여러 가지 표가 생기고, 그 위에 그을음이 앉고 스며 들어서 불꽃을 약화시킨다.

불행하다! 사랑을 잃고, 그도 날마다 더 높이 올라가기를 거부하기 때문에 그들의 고행을 기다려서 올라가려고 하는 양떼를 올라가지 못하게 하는 목자들은 세 번 불행하다. 나는 그들을 그들의 자리에서 떨어지게 하고 그들의 모든 연기를 끔으로써 그들을 벌하겠다.

불행하다! 참 지혜를 배척하고 흔히는 지혜와 반대되고, 또 항상 교만하고, 또 때로는 그들을 그들의 인간성으로만 몰아넣기 때문에 악마적이기도 한 지식을 가득 쌓는 선생들은 세 번 불행하다. 왜냐하면 — 잘 듣고 잘 기억해 두어라 — 어떤 사람이든 모두 사람을 하느님의 아들을 만드는 성화(聖化)로 하느님과 비슷하게 되어야 하지만, 선생, 즉 사제는 이 세상에서부터 그 모습을, 즉 하느님의 아들이라는 유일한 모습을 가지고 있어야 할 것이기 때문이다. 선생, 즉 사제는 순전히 영혼이고 순전히 완전인 인간의 모습을 가지고 있어야 할 것이다. 그의 제자들은 하느님께로 끌어들이기 위해서 그런 모습을 가지고 있어야 할 것이다. 초인간적인 가르침을 베풀 책임이 있는 선생들이 인간적인 지식의 우상이 되면 저주를 받을 것이다.

불행하다! 내 사제들 중에서 정신이 죽고, 싱겁게 된 사람들, 그들의 육체가 병적인 미온으로 고통을 당하는 사람들, 그들의 잠에는 삼위일체이신 하느님만 빼놓고는 존재하는 모든 것의 환각을 일으키는 유령이 가득한 사람들, 마음과 하느님의 부(富)를 늘리겠다는 초자연적인 욕망만 빼놓고는 모든 종류의 계산이 가득한 정신을 가진 사람들은 일곱 번 불행하다. 그들은 그들의 인간성에 파묻혀 비속하고 둔하게 살면서, 그들이 '생명'인 줄 믿고 따르는 사람들을 그들의 썩은 물 속으로 끌어들인다. 내 작은 양떼, 사랑하는 내 양떼를 타락시키는 자들에게는 하느님의 저주가 내릴 것이다. 주님의 약해진 종들아, 나는 너희들의 게으름으로 인하여 멸망하는 사람들에게 해명을 요구하지 않고 너희들에게 설명을 요구하겠으며 허비한 모든 시간, 모든 세월에 대하여, 그로 인하여 뜻밖에 올 수 있었거나 그 결과로 일어난 모든 악에 대하여 너희들을 벌할 것이다.

이 말들을 잘 기억하여라. 그리고 이제는 가라. 나는 산꼭대기로 올라갈 터이니 너희들은 자거라. 내일은 목자가 양떼에게 진리의 목장 문을 열어 줄 것이다.

30. 산상 설교. 진복팔단(제1부)

예수께서는 사도들에게 말씀하시어 각자에게 자리를 정해서 군중을 인도하고 보살피게 하신다. 군중은 아침 일찍부터 올라오는데, 병자를 안거나 들것에 실어서 데려오기도 하고, 어떤 병자들은 목발을 짚고 어렵게 올라오기도 한다. 군중 가운데에 스테파노와 헤르마도 있다. 공기는 맑고 약간 차다. 그러나 해는 조금 쌀쌀한 이 산 공기를 이내 완화하였다. 이것은 아주 유리한 점이다. 그것은 해로 인해서 공기가 기분나쁘지 않을 정도로 서늘하기 때문이다. 사람들은 두 봉우리 사이에 있는 계곡에 널려 있는 돌과 바위에 앉고, 어떤 사람들은 그대로 땅바닥에 앉으려고 이슬에 젖은 풀이 햇볕으로 마르기를 기다린다. 많은 군중이 있는데, 그들은 팔레스티나의 모든 지방에서 왔고, 각계각층의 사람들이다. 사도들은 군중 속에 섞여 있다. 그러나 풀밭과 벌통 사이를 왔다갔다 하는 벌들처럼 가끔 선생님 곁으로 돌아와서 사정을 알려드리기도 하고 질문도 하며, 선생님이 그들을 가까이서 보아 주시는 즐거움을 맛보기도 한다.

예수께서는 계곡 안쪽에 있는 풀밭보다 좀 더 높은 곳으로 올라가셔서 암벽에 기대어 앉으셔서 말씀하기 시작하신다.

"내가 일년 동안 전도하는 중에 이런 질문을 하는 사람이 여럿 있었습니다. '하지만 당신을 하느님의 아들이라고 말씀하시는 선생님은 하늘이 무엇인지 나라가 무엇인지 하느님이 어떤 분이신지 말씀해 주십시오. 우리는 막연한 개념을 가지고 있으니까요. 우리는 하느님과 천사들이 있는 하늘이 있다는 것을 압니다. 그러나 그것이 어떻게 생겼는지 우리에게 와서 말해 주는 사람은 아무도 없습니다. 하늘의 문은 의인들에게도 닫혀 있으니까요' 하고. 도대체 나라란 무엇이고 하느님이란 무엇이냐고 묻는 사람까지도 있었습니다. 그래서 나는 나라가 어떤 것이며 하느님이 어떤 분이신지를 여러분에게 설명하려고 애썼습니다. 애를 쓴 것은 내 생각을 설명하기가 어려워서 그런 것이 아니라, 여러 가지 상황으로 인해서, 나라에 관하여는 여러 세기에 걸쳐 쌓이고 쌓인 일련의 관념체계와 충돌하는 진리를 여러분에게 수락하게 하기가 어렵기 때문이었고, 하느님에 관하여는 그분의 성질의 숭고함 때문에 진리를 받아들이게 하기가 어렵기 때문이었습니다.

어떤 사람들은 또 이런 질문도 했습니다. '나라가 무엇이며 하느님이 어떤 분이라는 것에 대해서는 좋습니다. 그러나 어떻게 해야 나라와 하느님을 얻습니까? 하고. 여기서도 나는 시나이산의 율법의 참다운 정신을 여러분에게 설명하려고 애썼습니다. 이 정신을 자기의 것으로 만드는 사람은 하늘을 차지합니다. 그러나 여러분에게 시나이산의 율법을 설명하려면 입법자와 그분의 예언자의 엄한 말투로 이해시켜야 합니다. 그분들이 율법을 지키는 사람들에게는 축복을 약속하시지만, 복종하지 않는 사람들은 무서운 벌과 저주로 위협하십니다. 시나이산의 발현은 무서운 것이었고, 이 공포는 율법 전체에 반영되고, 모든 시대와 모든 마음에 반영됩니다.

그러나 하느님은 입법자만이 아니시고, 아버지이기도 하십니다. 아버지라도 무한히 인자하신 아버지이십니다.

아마, 아니 의심의 여지없이, 원죄와 여러 가지 격정과 죄로 인하여, 그리고 가지가지 이기주의, 즉 여러분의 마음을 자극하는 다른 사람들의 이기주의와 여러분의 마음의 문을 닫게 하는 여러분 자신의 이기주의로 인하여 약해진 여러분의 영혼은 하느님의 무한한 많은 완전을 관찰할 만큼 높이 올라가지 못합니다. 그리고 다른 어떤 완전보다도 인자(仁慈)는 더구나 관찰하기에 이르지 못합니다. 이것이 사랑과 더불어 제일 사람들의 몫이 되지 못하는 덕행이기 때문입니다. 착함! 오! 미워하지 않고, 샘내지 않고, 교만하지 않고 착하게 구는 것의 즐거움! 사랑하기 위해서만 바라보는 눈을 가졌다는 것, 오직 사랑의 행동을 하기 위해서만 내미는 손, 사랑의 말만을 하는 입술을 가졌다는 것, 특히 사랑만 가득 차 있어서 눈과 손과 입술로 하여금 사랑의 행위를 하지 않을 수 없게 하는 마음을 가졌다는 것은 얼마나 즐거운 일입니까!

여러분 중에서 가장 유식한 사람들은 하느님께서 아담에게 그와 그의 후손들을 위해 어떤 선물들을 주셔서 부유하게 하셨는지 압니다. 이스라엘의 자손들 중에서 가장 무식한 사람들까지도 우리에게 영이 있다는 것은 압니다. 불쌍한 이교도들만이 이 완전한 손님, 이 생명의 숨결, 우리 육체를 거룩하게 하고 우리 육체에 생명을 주는 이 하늘의 빛을 모릅니다. 그러나 가장 유식한 사람들은 어떤 선물들이 사람에게, 사랑의 영에게 주어졌는지 압니다.

하느님께서는 당신이 진흙 조금과 당신의 입김으로 만들어내신 인간의 살과 피에 대해서보다 영에 대해서 덜 너그럽게 베풀지는 않으셨습니다. 하느님께서는 아름다움과 완전함, 지능과 의지 같은 자연적인 선물, 자기 자신과 다른 사람들을 사랑하는 능력을 주신 것과 마찬가지로 관능이 이성에 굴복하는 것을 포함한 정신적인 선물도 주셨습니다. 따라서 하느님께서 아담에게 주신 자유와 자신과 자기의 의지에 대한 자제력에는 관능과 격정의 타락한 예속이 스며들지 않았고, 오히려 자기에 대한 사랑이 자유로웠고, 의지가 자유로웠으며, 여러분으로 하여금 사탄이 퍼뜨린 그 독을 느끼게 함으로써 여러분을 예속시키지 않는 정당한 즐거움이 자유로웠습니다. 사탄이 퍼뜨린 독은 넘쳐서 여러분을 맑은 물이 흐르는 하상(河床) 밖에 있는 진흙투성이 땅으로 육체적인 관능과 정신적인 감각의 열병이 술렁이는 건강에 해로운 습지로 이끌어 갑니다. 이것은 여러분에게 생각의 욕망도 역시 관능에서 온다는 것을 알게 하려는 것이었습니다. 또 그들을 초자연적인 선물, 즉 거룩하게 하는 은총, 고급의 운명, 하느님을 뵙는 은혜를 받았습니다.

거룩하게 하는 은총, 즉 영혼의 생명을 받았습니다. 영적인 우리 영혼 안에 들어 있는 극도로 영적인 그것을 말입니다. 우리를 하느님의 아들을 만드는 은총입니다. 그것은 은총이 우리를 죄로 인한 죽음으로부터 보호해 주기 때문입니다. 그리고 죽지 않은 사람은 아버지의 집, 즉 천국에서, 내 나라, 즉 하늘에서 "살게" 됩니다. 거룩하게 하고 생명과 나라를 주는 이 은총이란 무엇입니까? 오! 많은 말을 쓰지 마시오! 은총은 즉 사랑입니다. 따라서 은총은 하느님입니다. 하느님께서 당신이 완전한 것으로 창조하신 인간 안에서 당신을 감탄하시고, 당신을 사랑하시고, 당신을 응시하시고, 당신을 원하시며, 당신의 것을 당신 자신에게 주셔서 당신의 재산을 늘리시고, 이 증식(增殖)을 즐기시며, 또 다른 당신 자신이신 그 많은 사람들 안에 계신 당신을 사랑하시는 것입니다.

오! 여러분! 하느님에게서 그분의 권리인 것을 빼앗지 마시오! 하느님의 재산인 것을 빼앗지 마시오! 하느님의 소원을 실망시키지 마시오! 하느님께서는 사랑으로 행동하신다는 것을 생각하시오. 여러분이 존재하지 않더라도 하느님은 여전히 무한하신 분이실 것이고, 그분의 능력도 그로 인해 줄지 않을 것입니다. 그러나 하느님께서는 비록 당신의 무한한 범위, 끝없는 범위로 완전하시지만 사랑을 늘리기를 원하십니다. 그러나 당신을 위해서나 당신 안에서 늘리기를 원하시는 것이 아니고 — 하느님께서는 이미 무한한 분이시니까 그렇게 하실 수도 없을 것입니다 — 당신의 피조물인 인간을 위해서 늘리기를 원하십니다. 이 인간이 은총을 줄 수 있게 하는 것, 즉 사랑을 벌써 내포하고 있는데도 그렇게 하기를 원하시는 것은 여러분이 그 사랑을 성인들과 같이 완전하게 지니고, 하느님께서 당신 은총과 더불어 여러분에게 주신 보물창고에서 꺼낸 이 보물, 여러분의 모든 거룩한 행동과 성인다운 여러분의 영웅적인 온 생애로 불어나게 한 이 보물을 하느님께서 계신 무한히 큰 바다, 즉 하늘에 다시 부으라고 그러시는 것입니다.

사랑의 숭고하고 숭고하고 또 숭고한 웅덩이! 여러분은 바로 이것입니다. 그리고 여러분은 하느님이기 때문에 하느님과 같이 영원하므로, 여러분의 존재에는 죽음이 주어지지 않았습니다. 여러분은 존재할 것이고, 여러분의 존재는 끝이 없을 것입니다. 그것은 여러분 자신의 공로로 부유하게 되어서 여러분에게로 돌아와서 여러분에게 굉장히 많은 영양을 준 거룩한 영들과 같이 불멸의 존재이기 때문입니다. 여러분은 살고 또 길러 주고, 살고 또 부유하게 하며, 살고 또 지극히 완전한 영이신 하느님으로부터 처음으로 어머니 젖을 먹는 갓난 아이에 이르기까지의 영들의 일치라는 저 지극히 거룩한 것을 형성합니다.

유식한 사람들은 마음 속으로 나를 나쁘게 판단하지 마시오. 이렇게 말하지 마시오. '저 사람은 미친 사람이고, 거짓말쟁이이다! 죄가 우리에게서 은총을 없애버렸는데, 우리 안에 은총이 있다고 말하는 것을 보면, 미친 사람이 틀림없고, 우리가 벌써 하느님과 일치해 있다고 말하니 거짓말을 하는 것이다' 하고. 죄가 있는 것은 사실이고, 갈라짐이 있는 것도 사실입니다. 그러나 구세주의 능력 앞에서는 아버지와 아들들 사이의 잔인한 갈라짐인 죄가 새로운 삼손에게 흔들린 벽과 같이 무너질 것입니다. 나는 벌써 그 벽을 붙잡아서 흔들고 있고 벽은 흔들거리고 있습니다. 그리고 사탄은 내 능력에 대항해서 아무것도 할 수가 없고, 그에게서 수많은 먹이가 빠져나가고 사람을 죄로 끌어들이는 것이 더 어려워지는 것을 보고 화가 나고 힘은 없고 해서 몸을 떱니다. 그것은 내 주선으로 여러분을 내 아버지께로 데려가고, 내 피흘림과 내 고통으로 여러분이 깨끗하고 힘있게 되면, 은총이 생기있고 발랄하고 강력하게 여러분에게 돌아올 것이고, 여러분이 원하면 승리자가 되겠기 때문입니다.

하느님께서는 여러분에게 어떤 생각을 강요하지 않으시고 여러분을 거룩하게 되라고 강제로 시키지는 않으십니다. 여러분은 자유가 있습니다. 그러나 하느님께서는 여러분에게 힘을 도로 주십니다. 여러분을 사탄의 지배에서 구해 주십니다. 지옥의 멍에를 다시 지든지 여러분의 영혼에 천사의 날개를 달아주든지 그것은 여러분에게 달렸습니다. 여러분이 나를 형제로 생각해서 내가 여러분을 인도하고 불멸의 양식으로 여러분에게 양분을 주게 하는 것은 순전히 여러분에게 달렸습니다.

'시나이산의 엄격한 길보다 더 쉬운 다른 길로 해서 어떻게 하느님과 하느님의 나라를 얻을 수 있단 말인가?' 하고 여러분은 말합니다. 다른 길이 있지 않고, 이 길이 있습니다. 그러나 이 길을 위협의 관점에서 보지 말고 사랑의 관점에서 봅시다. 죄를 기다리면서, 죄를 짓지 않을 수 없다고 떨면서 '만일 이것을 하지 않으면 나는 불행할 것이다!' 하고 말하지 말고, 오히려 '만일 이것을 하면 나는 매우 행복할 것이다' 하고 말합시다. 그리고 초자연적인 기쁨의 충동으로, 마치 가시가 많은 덤불에서 장미꽃이 피어나듯이 율법을 지키는 데에서 생겨나는 저 진복을 향하여 기쁘게 돌진합시다.

'마음으로 가난하면 나는 지극히 행복할 것이다. 그러면 하늘 나라가 내 것이니까!

온유하면 나는 지극히 행복할 것이다, 내가 땅을 차지할 것이니까!

반감을 가지지 않고 울 수 있으면 나는 지극히 행복하다, 내가 위로를 받을 테니까!

육신을 배불리 먹이는 빵과 포도주보다도 옳은 일에 주리면 나는 지극히 행복할 것이다. 정의가 나를 배부르게 할 테니까!

자비를 베풀면 나는 지극히 행복할 것이다. 나는 하느님의 자비를 얻을 테니까!

마음이 깨끗하면 나는 지극히 행복할 것이다. 하느님께서 깨끗한 내 마음을 굽어보실 것이고, 나는 하느님을 뵙게 될 테니까!

평화의 정신을 가지면 나는 지극히 행복할 것이다. 내가 평화와 사랑 속에 있을 것이고 또 하느님은 당신과 같은 사람을 사랑하시는 사랑이시기 때문에 나를 당신 아들이라고 부르실 테니까!

정의에 충실하였기 때문에 박해를 받으면 나는 지극히 행복할 것이다. 내가 받은 이 세상의 박해를 보상하시려고 하느님께서 하늘 나라를 내게 주실 테니까!

하느님, 제가 당신의 아들이라는 것을 알고 사람들이 저를 모욕하고 비난하면 저는 지극히 행복할 것입니다! 이것은 제게 슬픔을 갖다주지 않고 기쁨을 갖다주게 될 것입니다. 이로 인해서 저는 당신의 가장 훌륭한 종들인 예언자들과 같은 수준에 놓이게 될 것이고, 그들과 더불어 제 것인 하늘에서 그들의

것과 같은 크고 영원한 상급을 받게 될 것이라고 굳게 믿기 때문입니다!'
　이와 같이 성인들의 기쁨을 통하여 구원의 길을 바라봅시다.
　'마음으로 가난하면 나는 지극히 행복할 것이다.'
　오! 재물에 대한 악마 같은 열병, 너는 사람들을 어떤 망상으로 몰아가느냐! 부자들과 가난한 사람들을. 파멸한 그의 정신의 더러운 우상인 그의 황금을 위하여 사는 부자를. 재산을 가지고 있는 부자에 대한 증오로 살면서, 물질적으로는 살인자가 되지 않더라도 부자들이 가지가지 불행을 당하기를 기원하면서 그들에게 저주를 퍼붓는 가난한 사람을. 죄를 저지르지 않는 것만으로는 충분치 않습니다. 죄를 지을 마음까지도 없어야 합니다. 어떤 사람이 불행과 죽음을 당하기를 기원하면서 저주하는 사람은 실제적으로 죽이는 사람과 크게 다르지 않습니다. 그가 미워하는 사람이 죽는 것을 보고자 하는 욕망을 마음에 품고 있기 때문입니다. 정말 잘 들어두시오. 욕망은 마치 이미 형성되었으면서 배출은 되지 않은 어떤 착상(着想)의 결과와 같이 우리가 억제하는 하나의 행위입니다. 나쁜 욕망은 폭행보다도 더 오래 가기 때문에 중독을 일으키고 썩게 합니다. 욕망은 행위 자체보다도 더 깊게 뿌리를 내립니다.
　마음으로 가난한 사람은 물질적으로 부유해도 재산 때문에 죄를 짓지 않고, 오히려 재물을 가지고 사랑을 행하기 때문에 그의 재산은 그 사람의 성화를 이룩합니다. 사랑을 받고 축복을 받는 그 사람은 사막에서 여행자를 구해 주고, 실망하는 사람들을 돕기 위해서 자기를 줄 수 있는 것을 기뻐하며 아낌없이 자기를 주는 저 샘물들과 같습니다. 그 사람이 실제로 가난하면 자기의 가난을 기뻐하고 자기가 먹는 빵을 기분좋게 생각합니다. 그가 기뻐하는 것은 그가 재산에 대한 열병을 모면하고, 그의 잠은 악몽을 모르고, 잘 쉬고 일어나서 조용히 일을 시작하게 되기 때문입니다. 또 그 일을 탐욕없이 부러움없이 하므로 그에게는 일이 쉽게 느껴지기 때문이기도 합니다.
　사람은 황금을 가지고 있어서 물질적으로 부자일 수도 있고, 그가 애착을 느끼는 것으로 인하여 정식적으로 부자일 수도 있습니다. 황금이라는 말에는 돈뿐 아니라, 집, 밭, 보석, 가구, 가축떼, 요컨대 생활에 여유를 주는 모든 것이 포함됩니다. 정신적인 재산은 친척이나 인척관계, 우정, 지적인 재산, 공적 따위들입니다. 여러분이 보다시피 첫번째 종류의 재산에 대하여는 가난한 사람이 이렇게 말할 수 있습니다. '오! 나로서는 가진 사람을 부러워하지만 않으면 된다. 그래서 내게 주어진 처지에 만족한다'고. 둘째 종류의 재산에 대하여도 가난한 사람은 역시 스스로 경계해야 합니다. 사람들 중에서 가장 가난한 사람도 그의 정신이 초연하지 않으면 죄인이 될 수가 있기 때문입니다. 어떤 것에 지나치게 집착하는 사람은 죄를 짓습니다.

여러분은 아마 이렇게 말하겠지요. '아니 그러면 하느님이 우리에게 주신 좋은 것을 미워해야 한단 말인가? 아니 그렇다면 하느님은 왜 아버지와 어머니와 아내와 아이들을 사랑하라고 명하시고 〈이웃을 네 몸같이 사랑하라〉고 말씀하시는가?' 하고. 구별을 해야 합니다. 우리는 아버지와 어머니와 아내와 이웃을 사랑해야 합니다. 그러나 하느님께서 우리에게 정해 주신 범위 안에서, 즉 '우리 자신과 같이' 사랑해야 합니다. 그런데 하느님은 만유 위에 또 우리의 전체를 다하여 사랑해야 합니다. 우리는 우리에게 가장 소중한 사람들, 가령 우리를 젖을 먹여 기른 어머니를, 우리 가슴에 안겨 자면서 우리에게 아이들을 낳아주는 아내를 사랑하는 것처럼 하느님을 사랑해서는 안 되고, 우리 전체를 기울여, 즉 사람에게 있는 사랑하는 능력 전부를 기울여 사랑해야 합니다. 자식의 사랑, 남편의 사랑, 친구의 사랑, 그리고 눈살을 찌푸리지 마시오! 아버지의 사랑으로 말입니다. 그렇습니다. 하느님의 이익을 위하여 우리는 아버지가 자식들에 대해 쏟는 것과 같은 정성을 쏟아야 합니다. 아버지는 자식들을 위하여 그의 재산을 사랑으로 돌보고 그것을 발전시키며, 그들의 육체적·문화적 성장과 세상에서의 성공에 마음을 쓰고 걱정을 합니다.

사랑은 악이 아니고 또 악이 되어서도 안 됩니다. 하느님께서 우리에게 주시는 은총들도 악이 아니고 또 악이 되어서도 안 됩니다. 은총들은 사랑입니다. 은총들은 사랑으로 주어지는 것입니다. 하느님께서 우리에게 주시는 그 많은 자애와 선을 사랑을 가지고 써야 합니다. 그리고 그것들을 가지고 우상을 만들지 않고, 성덕으로 하느님을 섬기는 방법을 만드는 사람만이 그 선들에 대한 죄되는 애착을 가지고 있지 않다는 것을 보여 주는 것입니다. 그때에는 그 사람이 최고의 재산이신 거룩하신 하느님을 더 자유롭게 얻기 위하여 모든 것을 버리는 거룩한 마음의 가난을 닦는 것입니다.

'온유하면 나는 지극히 행복할 것이다.'

이것은 일상생활의 예와는 대조가 되는 것 같습니다. 온유하지 않은 사람들이 가정과 도시와 나라에서 승리를 하는 것 같습니다. 그러나 그것이 진짜 승리입니까? 그렇지 않습니다. 그것은 폭군에게 짓눌리는 사람들을 외양으로 보아 굴복시키는 공포입니다. 그러나 실상은 폭군에 대한 반란의 폭발을 가리는 베일에 지나지 않습니다. 성을 잘 내고 강압적인 사람들은 그들의 가족의 마음도 동향인들의 마음도 그들의 신민의 마음도 사로잡지 못합니다. 그들은 '내가 이러이러한 말을 했다'고 하는 그 선생들은 사람들의 지성과 정신이 자기들의 가르침을 따르게 하지 못하고, 오히려 독학자들밖에 양성하지 못합니다. 이 독학자들은 그들이 그 존재를 짐작하고 그들에게 강요되는 지식과는 반대로 되는 지혜나 지식의 닫힌 문을 열 수 있을 열쇠를 찾는 사람들입니다.

참을성있고 겸손하고 사랑하는 온유를 가지고 사람들을 사로잡으러 가지 않고, 영혼들을 하도 난폭하고 강경하게 대하기 때문에 마치 공격을 시작하는 무장한 전사들 같은 사제들은 사람들을 하느님께로 인도하지 못합니다. …오! 불쌍한 영혼들! 만일 그 영혼들이 거룩하면, 사제들이여, 그들이 빛을 찾아가는 데 당신들이 필요치 않을 것입니다. 그들은 빛을 벌써 자기들 안에 가지고 있을 테니까요. 만일 그들이 올바르면, 재판관들이여, 그들이 사법의 구속으로 제지되는 데 당신들이 필요치 않을 것입니다. 그들은 이미 그들 안에 정의를 가지고 있을 테니까요. 만일 그들이 건강하면, 그들을 치료해 줄 사람이 필요치 않을 것입니다. 그러므로 여러분은 온유하시오. 사람들을 달아나게 하지 마시오. 그들을 사랑으로 끌어들이시오. 온유로 마음으로 가난한 것과 같이 사랑이기 때문입니다.

만일 여러분이 온유하면, 땅을 차지하게 될 것입니다. 여러분은 사탄의 소유였던 이 영토를 하느님께 갖다 드릴 것입니다. 과연 사랑과 겸손이기도 한 여러분의 온유는 영혼들 안에서 교만과 증오의 비열한 왕을 죽임으로써 증오와 교만을 이길 것이고, 그러면 세상이 여러분의 것이 될 것이고 따라서 하느님의 것이 될 것입니다. 그것은 여러분이 하느님을 우주의 절대적인 주재자로, 우리가 찬미 찬양하고 그분의 것을 모두 돌려드려야 하는 절대적인 주재자로 인정하는 의인들이겠기 때문입니다.

'반감을 가지지 않고 울 줄 알면 나는 지극히 행복할 것이다.'

이 세상에는 고통이 있고, 고통은 사람에게서 눈물을 자아냅니다. 처음에는 고통이 없었습니다. 그러나 사람이 고통을 이 세상에 가져왔고 그의 지능의 타락으로 인하여 가지가지로 그 고통을 크게 하려고 애씁니다. 여러 가지 병이 있고, 벼락과 폭풍우와 눈사태와 지진으로 인하여 생기는 불행들이 있습니다. 그러나 사람은 괴로움을 당하기 위하여 — 괴롭히기 위하여 연구한 방법으로 고생을 하는 것이 우리가 아니고 다른 사람들이기를 바라니까요 — 점점 더 무서운 살인용 무기와 점점 더 교활한 정신적 고문을 생각해냅니다. 사람이 은밀한 그의 왕인 사탄의 교사(敎唆)로 사람에게 얼마나 많은 눈물을 흘리게 했습니까! 그러나 진정 말하지만, 이 눈물들은 사람을 약하게 하지 않고 오히려 완전하게 합니다.

사람은 정신이 산만한 어린 아이이고, 경박한 얼빠진 사람이며 늦게 지능이 계발되는 존재로서, 눈물을 흘려야 비로소 어른이 되고 깊이 생각하게 되고 지적인 사람이 됩니다. 지금 울거나 전에 울었던 사람만이 사랑할 줄 알고 이해할 줄 압니다. 자기와 같이 우는 형제들을 사랑하고, 그들의 고통을 이해하며, 울 때에 혼자 있는 것이 얼마나 고통이 되는지를 체험해서 아는 친절을 가지고 그들을 도와줄 줄 압니다. 그리고 그들은 하느님을 사랑할 줄 압니다. 그것은 하느님을 제외한 모든 것이 고통이라는 것을 이해하였고, 하느님의 가슴에 안겨서 울면 고통이 덜어진다는 것을 깨달았기 때문이며, 믿음을 부수지 않고 기도를 무미건조하게 하지 않고 반항을 알지 못하는 체념한 눈물은 성질이 변해서 고통이 위로가 되기 때문입니다.

그렇습니다. 주님을 사랑하면서 우는 사람들은 위로를 받을 것입니다.

'옳은 일에 주리고 목말라하면 나는 지극히 행복할 것이다.'

태어나는 순간부터 죽는 순간까지 사람은 음식을 탐합니다. 사람은 나면서 젖을 물려고 입을 벌리고, 임종의 짓누르는 고통 속에서도 기운을 회복할 것을 먹으려고 입술을 벌립니다. 사람은 먹기 위하여 일을 합니다. 땅은 사람에게 어마어마하게 큰 젖과 같아서 죽을 것을 위한 양식을 달라고 끊임없이 땅에 청합니다. 그러나 사람이란 무엇입니까? 동물입니까? 아닙니다, 하느님의 아들입니다. 긴 세월 또는 짧은 세월을 귀양살이를 하지만, 그래도 사람이 거처를 옮긴다고 해서 그 생명이 끝나는 것은 아닙니다. 마치 호두 속에 호두 알맹이가 있는 것과 같이 생명 안에 또 생명이 있습니다. 호두 껍질이 호두가 아니고, 속알맹이가 호두입니다. 만일 여러분이 호두 껍질을 심으면 아무것도 나지 않습니다. 그러나 살이 있는 호두알을 심으면 큰 나무가 생깁니다. 사람도 이와 같습니다. 불멸의 것이 되는 것은 육체가 아니라 영혼입니다. 그리고 영혼을 불멸로 이끌어가기 위하여는 영혼에 양분을 주어야 하는데, 영혼은 육체도 지극히 행복한 부활로써 불멸의 것이 되게 할 수 있습니다. 영혼의 양식은 지혜와 정의입니다. 지혜와 정의는 튼튼하게 하는 액체와 음식처럼 흡수됩니다. 이것으로 양분을 취하면 취할수록 지혜를 차지하고 정의를 알고자 하는 거룩한 탐욕이 커집니다.

그러나 이 거룩한 욕구를 게걸스럽게 탐하는 영혼이 배불리 먹을 날이 올 것입니다. 그날이 올 것입니다. 하느님께서는 당신 자식에게 당신을 주실 것이고, 그를 직접 당신 가슴에 갖다대실 것이며, 하늘에 간 자식은 하느님 자신이신 놀라운 어머니의 품에서 배불리 먹을 것이고, 다시는 절대로 시장기를 느끼지 않고, 하느님의 품에서 지극히 행복하게 쉴 것입니다. 어떤 인간 지식도 이 숭고한 지식에 이르지 못합니다. 지능의 호기심은 만족을 얻을 수 있습니다. 그러나 영의 욕구는 만족을 얻을 수 없습니다. 그리고 쓴 젖통에는 혐오를 느끼고 입을 떼고, 하느님께서 오지 않는 음식을 먹기보다는 배가 고파 고통을 당하는 것을 낫게 여깁니다. 하느님을 찾거나 갈망하는 여러분은 아직 걱정도 하지 마시오! 끝까지 충실하시오 그러면 여러분을 사랑하시는 분이 여러분을 만족하게 하실 것입니다.

'자비를 베풀면 나는 지극히 행복할 것이다.'

사람들 중에 '나는 자비를 입을 필요가 없다'고 말할 수 있는 사람이 어디 있겠습니까? 그런 사람은 아무도 없습니다. 그런데 옛날 율법에 '눈에는 눈, 이에는 이'라는 말이 있으니, 새 율법에서는 왜 '자비를 베푸는 사람은 자비를 입을 것이다' 하고 말해야 되지 않겠습니까? 모든 사람이 용서를 받을 필요가 있습니다.

그런데, 용서를 얻는 것은 둔한 사람의 정신에게 주어진 외적인 상징에 지나지 않는 의식의 말투나 형식이 아닙니다. 그것이 아니라, 사랑의 내적 의식, 그보다도 자비의 내적 의식입니다. 염소 수컷이나 어린 양을 제물로 바치고 돈 몇 푼을 헌금하라고 명한 것은 어떤 악이나 그 바탕에는 역시 항상 탐욕과 교만이라는 두 가지 뿌리가 있기 때문이었습니다. 탐욕은 제물을 위해 쓰는 비용으로 벌을 받고, 교만은 의식 때에 '제가 죄를 지었기 때문에 이 제사를 바칩니다' 하는 공공연한 고백으로 벌을 받는 것입니다. 그리고 이것은 또 올 시대와 시대의 표들을 예고하기 위하여 행해졌고, 피를 흐르게 한 것은 사람들의 죄를 없애기 위하여 흘릴 거룩한 피의 상징입니다.

그러므로 굶주리고 헐벗고 집 없는 사람들에 대해서 자비로울 줄 아는 사람, 그들 자신과 같이 있는 다른 사람들을 괴롭히는 나쁜 성격을 가진 사람들이라는 한층 더 불쌍한 사람들에게 자비를 베풀 줄 아는 사람은 지극히 행복합니다. 자비를 베푸시오. 용서하고, 동정하고, 구조하고, 가르치고, 도와주시오. 여러분은 수정탑에 들어박혀서 '나는 깨끗하다. 나는 죄인들 있는 데로 내려가지 않겠다'고 말하지 마시오. '나는 부자이고 행복하다. 그래서 다른 사람들의 불행에 대해서 말하는 것을 듣고 싶지 않다'고 말하지 마시오. 여러분의 재산과 여러분의 건강과 여러분 가정의 안락이 센 바람에 흩어지는 연기보다도 더 빨리 사라질 수 있다는 것을 생각하시오. 그리고 수정탑은 돋보기 구실을 해서, 여러분이 군중 속에 섞여 있으면 눈에 띄지 않고 지나갈 수 있었을 것이 여러분이 혼자 따로 떨어져 사방에서 채광이 잘 되는 수정탑에 들어 있으면 숨길 수가 없게 되리라는 것을 기억하시오.

은밀하고 계속적이고 거룩한 속죄의 제사를 드리고 자비를 얻기 위하여 자비를 베푸시오.

'마음이 깨끗하면 나는 지극히 행복할 것이다.'

하느님께서는 깨끗함 자체이십니다. 천국은 깨끗함의 나라입니다. 부정한 것은 아무것도 하느님이 계신 하늘에 들어갈 수 없습니다. 따라서 만일 여러분이 부정하면 하느님의 나라에 들어가지 못할 것입니다. 그러나 오! 이 얼마나 기쁜 일입니까! 하느님께서 당신 자녀들에게 주시는 미리 맛보는 기쁨입니다! 깨끗한 사람은 이 세상에서부터 하늘 나라를 차지하기 시작합니다. 그것은 하느님께서 깨끗한 사람을 굽어보시고, 그래서 이 땅에서 사는 사람이 그의 하느님을 뵙게 되기 때문입니다. 그 사람은 인간의 사랑의 맛을 알지 못합니다. 그러나 하느님의 사랑을 황홀경에 이르기까지 맛봅니다. 그 사람은 이렇게 말할 수 있습니다. '저는 당신과 같이 있고 당신은 제 안에 계십니다. 그러므로 저는 당신을 차지하고 있고, 제 영혼의 정배로 알고 있습니다' 하고. 하느님을 차지하고 있는 사람은 그를 거룩하게 하고 지혜롭게 하고 힘있게 하는 그 자신으로서는 설명할 수 없는 변화를 겪게 됩니다. 그의 입술에는 말의 꽃이 피고, 그의 행위는 피조물에게서 오지 않고 그의 안에 살고 계신 하느님에게서 오는 능력을 가집니다.

하느님을 보는 사람의 생활은 어떤 것입니까? 진복입니다. 그런데 여러분은 역겨운 부정으로 이런 선물을 포기하려고 하겠습니까?

'평화의 정신을 가지면 나는 지극히 행복할 것이다.'

평화는 하느님의 특성 중의 하나입니다. 하느님께서는 오직 평화 안에만 계십니다. 평화는 사랑이고 전쟁은 증오이기 때문입니다. 사탄은 증오입니다. 하느님은 평화이십니다. 성마른 성향을 가지고 걸핏하면 감정의 격동을 일으키는 사람은 아무도 자기가 하느님의 아들이라고 말할 수 없고, 하느님께서도 그런 사람을 당신 아들로 인정하실 수 없습니다. 그럴 뿐 아니라 자기 자신이 감정의 격동을 일으키지 않더라도 다른 사람이 일으킨 폭풍우를 그의 큰 평화로 가라앉히는 데 이바지하지 못하는 사람도 마찬가지로 자기를 하느님의 아들이라고 말할 수 없습니다. 평화를 사랑하는 사람은 입을 다물고 있어도 평화를 풍깁니다. 자기 자신을 억제할 줄 알고 하느님까지도 뜻대로 한다고 감히 말하고 싶은 그 사람은 자기의 빛을 등불처럼 가져 가고 그의 향기를 향로처럼 가져 가며, 그의 액체를 가죽부대처럼 담고 있어서, 폭발하는 원한의 구름 속에 빛을 밝혀 줍니다. 그는 공기에서 격한 감정의 가스를 몰아내서 깨끗하게 하고, 하느님의 아들들에게서 풍겨 나오는 평화의 정신이라는 저 기분좋은 기름으로 소송의 성난 파도를 가라앉힙니다.
 하느님과 사람이 여러분을 그렇게 부를 수 있게 하시오.
 '정의를 사랑했기 때문에 박해를 받으면 나는 지극히 행복하다.'
 사람은 하도 악마같이 되어서 선이 있는 곳 어디서든지 그 선을 미워하고, 마치 착한 사람이 침묵을 지키고 있는 것까지도 자기를 비판하고 비난하는 것처럼 여겨 착한 사람을 미워하게끔 되었습니다. 사실 어떤 사람의 착함이 악인의 악의를 한층 더 더럽게 보이게 합니다. 사실 진짜 믿는 사람의 믿음은 가짜 믿는 사람의 위선을 한층 더 생생하게 드러나게 합니다. 사실 그의 생활 태도로 끊임없이 정의를 위하여 증언하는 사람은 불의를 저지르는 사람들에게 미움을 받지 않을 수가 없습니다. 그러니까 정의를 사랑하는 사람들에게 대하여 분노를 터뜨리는 것입니다.
 여기서도 전쟁에서와 마찬가지입니다. 사람은 사랑의 거룩한 기술이 진보하기보다는 박해하는 악마적인 기술이 더 진보합니다. 그러나 그는 생명이 짧은 그것밖에 박해할 수가 없습니다. 사람의 안에 있는 영원한 것은 함정을 모면하고, 그로써 박해라는 사실에서 더 기운찬 생명력을 얻게 됩니다. 상처를 통해서 또는 박해를 당하는 사람을 피로하게 만드는 궁핍 때문에 생명이 빠져나가기는 합니다. 그러나 피는 미래의 왕의 주홍빛 옷이 되고, 궁핍은 하느님께서 당신 순교자들을 위하여 마련하신 옥좌에까지 올라가는 사다리의 가로장 하나하나가 되는 것입니다. 순교자들에게는 하늘 나라의 훌륭한 자리가 마련되어 있습니다.
 '모욕을 당하고 중상을 당하면 나는 지극히 행복할 것이다.'
 여러분의 이름이 마땅히 하늘 나라의 책에 적히게 할 일만 하시오. 그 책에는 사람들의 거짓말이나 받을 자격이 가장 없는 사람들에게 주어지는 찬사에 따라서 이름이 적히지 않습니다. 오히려 착한 사람들의 행동이 정의와 사랑으로 적혀서 하느님의 강복을 받은 사람들에게 약속된 상급을 받을 수 있게 합니다.
 지금까지는 사람들이 예언자들을 중상하고 모욕했습니다. 그러나 하늘의 문이 열리면, 예언자들은 위엄있는 왕들과 같이 하느님의 나라에 들어갈 것이고 기뻐 노래하는 천사들의 환영을 받을 것입니다. 여러분도, 하느님의 사람이 되었다고 해서 모욕을 당하고 중상을 받으면, 여러분도 하늘 나라에 개선할 것이고, 때가 다 지나가고 하늘 나라가 가득 차면, 그때에는 눈물 한 방울 한 방울이 여러분에 소중하게 느껴질 것입니다. 그것은 내가 여러분에게 아버지의 이름으로 약속하는 그 영원한 영광을 여러분은 그 눈물로 얻을 테니까 말입니다.

자 이제는 가시오. 내일 여러분에게 또 말하겠습니다. 병자들만 남아 있도록 하시오. 내가 그들의 고통을 구해 주겠소. 평화가 여러분과 함께 있기를 바랍니다. 그리고 구원에 대한 묵상을 사랑의 방법으로 해서 여러분이 하늘 나라로 들어가는 길에 들어서기를 바랍니다."

31. 산상 설교. 진복팔단(제2부)

여전히 같은 장소이고 같은 시간이다. 사람은 더 많이 모여들었다. 어떤 오솔길 근처 한 구석에는 군중의 적의를 자극하지 않고 들으려는 것처럼 로마인이 한 사람 있다. 짧은 옷을 입었고 겉옷도 다르기 때문에 알아볼 수 있다. 스테파노와 헤르마도 아직 거기 있다.

예수께서는 천천히 당신 자리로 다시 가셔서 말씀을 시작하신다.

"내가 어제 여러분에게 말한 것을 가지고 여러분은 내가 율법을 폐기하려고 왔다고 생각해서는 안 됩니다. 그렇지 않습니다. 다만 내가 사람이고 사람의 약함을 이해하기 때문에, 여러분의 영적인 눈길로 어두운 구렁을 내려다보지 말고 빛나는 심연을 바라보라고 여러분을 격려하고자 한 것입니다. 그것은 벌에 대한 공포로 인해서는 열에서 세 번은 우리가 잘못하는 것을 안하게 될 수 있지만, 상을 받을 것이라는 확신은 여러분에게 열에 일곱 번은 충동을 주기 때문입니다. 그러므로 신뢰는 공포보다 더 효과적입니다. 그런데 나는 이 신뢰를 전적으로 확실히 가져서 선을 열에 일곱 몫만 실현할 수 있지 않고 열에 열 몫을 실현해서 저 지극히 거룩한 하늘의 상급을 얻을 수 있기를 바랍니다.

나는 율법의 점 하나도 바꾸지 않습니다. 그런데 그 율법을 시나이산에서 벼락이 치는 가운데 누가 주었습니까? 지극히 높으신 분이십니다.

지극히 높으신 분은 누구이십니까? 한 분이시요 세위이신 하느님이십니다.

하느님께서는 그것을 어디에서 끌어내셨습니까? 당신의 생각에서 끌어내셨습니다.
 그것을 어떻게 주셨습니까? 당신의 말씀으로 주셨습니다.
 왜 그것을 주셨습니까? 당신의 사랑 때문에 주셨습니다.
 그러므로 여러분은 삼위일체이신 하느님께서 거기 계셨다는 것을 알게 됩니다. 그리고 말씀은 언제나 그런 것과 같이 생각과 사랑에 순종하셔서 생각의 이름과 사랑의 이름으로 말했습니다.
 나 자신이 말한 것을 내가 거짓말이라고 부인할 수 있겠습니까? 아니, 그렇게는 할 수 없습니다. 그러나 나는 무엇이든지 할 수 있기 때문에, 오랜 세월이 흐르는 동안에 사람들이 한 것처럼 하지 않고, 율법을 보충해서 완전무결하게 만들 수 있습니다. 사람들은 율법을 완전하게 만들어놓지 않고, 그들의 이해관계와 일치하는 그들의 생각에서 끝낸 법률과 규칙, 규칙과 법률을 쌓아놓아 난해하고 실행할 수 없는 것을 만들어 하느님께서 주신 지극히 거룩한 율법을 돌로 치고 숨막히게 하고 땅에 파묻어서 열매를 맺지 못하게 했습니다. 초목을 끊임없이 눈사태와 폐물들 밑에 깔리게 하고 불어난 물에 잠기게 하면 그 초목이 살아남을 수 있습니까? 아닙니다. 죽습니다. 율법은 너무나 많은 상부구조(上部構造)라는 눈사태에 깔려 숨이 막혀 많은 사람의 마음에서 죽었습니다. 나는 이 상부구조들을 모두 치우려고 왔습니다. 그리고 율법이 다시 살아나서 무덤에서 나오면, 나는 그것을 가지고 하나의 율법을 만들지 않고 여왕을 만들 것입니다.
 법률을 공포하는 것은 여왕들입니다. 법률은 여왕들이 만드는 것이지만, 여왕들보다 더 높지는 않습니다. 그러나 나는 이와 반대로 율법을 가지고 여왕을 만듭니다. 나는 율법을 보충하고, 그 꼭대기에 복음의 권고의 왕관을 얹어 율법을 보충합니다. 처음에는 명령이 있었는데, 지금은 명령 이상의 것이 있습니다. 처음에는 필요불가결한 것이 있었는데, 지금은 필요불가결한 것 이상의 것이었습니다. 지금은 완전입니다. 내가 주는 뜻대로 율법을 쓰는 사람은 당장 왕이 됩니다. 그것은 그가 복종만 한 것이 아니라 영웅적이기도 해서, 즉 거룩하게 되어서 '완전한 경지'에 이르렀기 때문입니다. 성덕이란 인간이 도달할 수 있는 가장 높은 정상에까지 이끌어간 덕행, 즉 영웅적으로 사랑하고, 어떤 것에 대해서건 일체의 욕망이나 인간적인 생각에서 초월하면서 닦은 덕행의 총체이기 때문입니다.
 나는 성인을 그의 사랑과 욕망이 하느님이 아닌 어떠한 것도 보는 것을 반대하는 사람이라고 말할 수 있을 것입니다. 하등의 것을 보는 데 정신이 팔리지 않고 하느님이신 지극히 거룩한 광휘에 마음의 눈을 고정시키고, 또 모든 것이 하느님 안에 있기 때문에 그 광휘 안에서 불안해 하며 애원하는 손을 내미는 형제들을 보고, 성인은 하느님에게서 눈을 떼지 않은 채 애원하는 형제들에 대하여 감정을 토로합니다. 육체와 재산과 안락에 대하여 성인은 그의 이상을 대립시키는데, 그 이상은 봉사하는 것입니다. 성인은 가난한 사람입니까? 약하게 된 사람입니까? 아닙니다. 그는 참 지혜와 참 재산을 차지하게 된 것입니다. 그러니까 모든 것을 가지고 있는 것입니다. 그리고 그는 피로를 느끼지 않습니다. 그가 끊임없이 생산하는 것이 사실이지만, 끊임없이 양분을 섭취하는 것도 사실이기 때문입니다. 그가 세상의 고통을 이해하는 것도 사실이지만, 하늘의 기쁨으로 양분을 취하는 것도 사실이기 때문입니다. 그의 양분은 하느님에게서 오고, 그의 기쁨은 하느님께 있습니다. 그는 인생의 의미를 깨달은 인간입니다.

여러분이 보시다시피 나는 율법을 바꾸지도 않고, 삭제하지도 않으며, 항상 술렁이고 있는 인간적인 이론을 그 위에 쌓아서 약화시키지도 않습니다. 그러지 않고 나는 율법을 보충합니다. 율법은 그대로 있습니다. 그리고 마지막 날까지 그대로 남아 있어, 율법의 단어 하나도 바꾸지 않고, 계명 하나도 없애지 않을 것입니다. 그러나 오히려 완성되어 완전하게 될 것입니다. 구원을 얻기 위하여는 그것을 주어진 그대로 받아들이기만 하면 됩니다. 즉시 하느님과 결합하기 위하여는 내가 하라고 권고하는 것과 같이 이 율법을 생활해야 합니다. 그러나 영웅은 예외적인 존재이므로, 완전을 원해도 내가 거기에 필요한 것을 가르쳐 주지 않았다는 말을 하지 않게 하려고 나는 보통 사람들을 위해서, 일반 대중을 위해서 말하겠습니다. 그러나 내가 여러분에게 말하는 것에서 이것을 잘 기억해두시오. 즉 이 계명의 가장 작은 것 중에서 하나라도 감히 어기는 사람은 하늘 나라에서 가장 작은 사람 중의 하나로 여겨질 것이고, 다른 사람들을 이끌어 계명을 어기게 한 사람은 그 자신을 위해서도, 그가 계명을 어기게 이끌어간 사람을 위해서도 지극히 작은 사람으로 여겨질 것입니다. 이와 반대로 그의 생활로, 또 말보다는 훨씬 더 그의 행동으로 다른 사람들을 권유해서 계명을 지키게 한 사람은 하늘 나라에서 큰 사람이 될 것이고, 그의 위대함은 그가 권고해서 계명을 지키게 하고, 이렇게 해서 자기를 거룩하게 하도록 이끌어 간 사람들 하나하나를 위해서도 더 커질 것입니다. 나는 내가 말하려고 하는 것이 많은 사람의 비위를 거스르리라는 것을 압니다. 그러나 내가 말할 진리 때문에 내게 원수들이 생긴다 하더라도 나는 거짓말은 할 수 없습니다.
　정말 잘 들어 두시오. 만일 여러분의 올바름이 부당하게 올바름이라고 불린 저 보잘 것 없는 것, 즉 율법학자들과 바리사이파 사람들의 올바름을 완전히 떠나서 새로 만들어지지 않으면, 만일 그들의 정신을 깊이 바꾸지 않고 여러 가지 말투만 쌓아놓으면서도 자기들이 올바른 사람이라고 생각하는 바리사이파 사람들과 율법학자들보다 훨씬 더, 그리고 참으로 올바른 사람이 되지 않으면, 여러분은 하늘 나라에 들어가지 못할 것입니다.
　거짓 예언자들과 오류를 가르치는 사람들을 경계하시오. 그들이 어린 양인 것처럼 여러분에게 오지만 실상은 욕심많은 이리들입니다. 그들은 성덕의 가면을 쓰고 여러분을 찾아오지만, 하느님을 조롱합니다. 그들은 진리를 사랑한다고 말하지만, 거짓말을 먹고 삽니다. 그들을 따르기 전에 그들을 조사하시오.
　사람은 말을 하라고 혀가 있고, 보라고 눈이 있고, 동작을 하라고 손이 있습니다. 그러나 그것이 실제로 어떤 것인지를 더 진실하게 증언하는 어떤 것이 있습니다. 그것은 행위입니다. 기도를 하느라고 합장을 하고 있는 두 손이, 만일 그리고 나서 그 사람이 도둑질을 하거나 간통을 하면 어떻겠습니까? 또 영감을 받는 사람인 체하느라고 사방으로 핑핑 도는 두 눈이, 연극하는 시간이 끝나자 여자나 원수에 대해 음란한 욕심을 가지거나 죽이고자 하는 욕망을 가지고 탐욕스럽게 바라보기를 좋아하면, 어떻게 되겠습니까? 또 거짓 찬미의 노래를 휘파람불 줄 알고 달콤한 말로 사람의 마음을 사로잡을 줄 아는 혀가, 그리고 나서는 당신들을 등 뒤에서 중상하고, 여러분을 비열한 사람으로 통하게 하려고 위증을 할 수 있다면 어떻겠습니까? 위선적인 기도를 길게 하고 나서 즉시 이웃의 평판을 떨어뜨리거나 고지식한 그 사람을 꾀러 간다면 그 혀는 어떤 것입니까? 그 혀는 혐오감을 줍니다! 또 거짓말을 하는 눈과 손도 혐오감을 줍니다. 그러나 사람의 행위, 진짜 행위, 즉 그가 가정과 상점에서, 이웃과 하인들에 대해서 처신하는 방식, 이것이야말로 '이 사람은 주님의 종이다' 하고 증언하는 것입니다. 거룩한 행동은 참된 종교의 결과이기 때문입니다.
　좋은 나무에는 나쁜 열매가 맺지 않고, 나쁜 나무에는 좋은 실과가 열지 않습니다. 이 찌르는 가시덤불에 맛있는 포도가 열 수 있겠습니까? 그리고 훨씬 더 찌르는 이 엉겅퀴에서 맛있는 무화과가 익을 수 있겠습니까? 그렇지 않습니다. 정말이지 여러분은 가시덤불에서는 별로 기분좋지 않은 오디 같은 열매나 몇 개 딸 수 있을 것이고, 또 꽃은 꽃이면서도 찌르는 이 꽃에는 먹지 못하는 열매밖에 열지 않을 것입니다. 올바르지 않은 사람은 그의 외관으로 존경의 마음을 일으킬 수는 있을 것입니다. 그러나 그저 외양으로 그럴 것입니다. 깃털 같은 이 엉겅퀴도 이슬이 맺혀 금강석처럼 반짝이는 아주 가는 거미줄 뭉치같이 보입니다. 그러나 부주의로 그것을 만지면, 이 뭉치가 여러분을 괴롭히고 양들에게 해를 끼치는 가시 뭉치에 지나지 않는다는 것을 알게 됩니다. 그래서 목자들은 그들의 목장에서 엉겅퀴들을 뽑아서 씨가 살아남지 못하도록 밤에 불을 피워 그속에 집어던집니다. 정당한 예방조치입니다. 나는 '거짓 예언자들과 위선적인 신자들을 죽이시오' 하고 여러분에게 말하지 않고, 오히려 '그 일은 하느님께 맡겨 드리시오' 하고 말하겠습니다. 그러나 '조심하시오, 그들의 즙으로 중독되지 않도록 그들을 멀리하시오' 하고 말하겠습니다.

하느님이 어떻게 사랑받으셔야 하는지는 어제 말했습니다. 이제는 이웃을 어떻게 사랑해야 하는지를 강조하겠습니다.

예전에는 '네 친구는 사랑하고 네 원수는 미워하여라' 하고 말했습니다. 아니, 그렇게 해서는 안 됩니다. 이것은 사람이 하느님의 미소의 위로를 받지 못하던 시절에는 맞는 말이었습니다. 그러나 지금은 새로운 시대가 옵니다. 하느님께서 사람을 너무나 사랑하셔서 사람을 구제하시기 위해서 당신의 말씀을 보내기까지 하시는 시대입니다. 지금은 말씀이 말합니다. 그리고 벌써 은총이 퍼집니다. 그리고 말씀은 평화와 구속의 제사를 완성할 것이고, 은총은 퍼지기만 할 뿐 아니라 그리스도를 믿는 모든 사람에게 주어질 것입니다. 이 때문에 이웃에 대한 사랑을 친구와 원수를 구별하지 않는 완전한 경지에까지 끌어올려야 합니다.

누가 여러분을 중상합니까? 사랑하고 용서하시오. 누가 여러분을 때립니까? 사랑하시오, 그리고 뺨을 때리는 사람에게 다른 뺨을 내밀면서, 분노가 그것을 참아받을 줄 아는 여러분에게 공격을 가하는 것이 모욕에 대해서 복수를 할 사람에게 공격을 가하는 것보다 낫다고 생각하시오. 누가 여러분의 것을 훔쳐 갔습니까? 그러면 '내 이웃이 욕심사납구나' 하고 생각하지 말고, '내 불행한 형제가 곤궁한 처지에 있구나' 하고 생각하시오. 그리고 만일 그 사람이 벌써 여러분의 겉옷을 빼앗아갔으면 속옷까지도 내주시오. 그러면 그 사람이 다른 사람에게서 속옷을 훔칠 필요가 없을 테니까 그 사람이 두 번 도둑질을 하지 못하게 할 것입니다. 여러분은 아마 이렇게 말하겠지요. '그것은 필요에서 오지 않고 악습에서 올 수도 있을 것이다' 하고. 그래도 역시 주시오. 하느님께서 여러분에게 그것을 갚아 주실 것이고, 옳지 못한 사람은 벌을 받을 것입니다.

그러나 흔히, 또 이것은 온유에 대해서 어제 말한 것을 환기시키는 것이기도 하지만, 자기가 이렇게 대우받는 것을 보고는 죄인이 진심으로 자기의 악습을 버리고 훔친 것을 반환함으로써 자신의 죄를 갚을 것입니다.

더 정직해서 여러분의 것을 훔치지 않고 그들에게 필요한 것을 청하는 사람들에게 아량을 베푸시오. 내가 여러분에게 어제 가르친 것과 같이 만일 부자들이 정말 마음으로 가난하면, 인간적인 또 인간 이상의 많은 불행의 원인인 저 고통스러운 불평등이 없어질 것입니다. 여러분은 항상 이렇게 생각하시오. '그렇지만, 만일 내가 곤궁한 처지에 있는데 도움을 거절당하면, 내게는 어떤 결과가 나타났을까?' 하고. 그리고 대답에 따라서 행동하시오. 다른 사람이 여러분에게 이렇게 해주었으면 하고 바라는 그대로 여러분도 다른 사람들에게 하시오. 그리고 여러분이 당하기를 원치 않는 일은 다른 사람들에게 하지 마시오.

'눈에는 눈, 이에는 이' 라는 옛날 말은 십계명에 있는 것이 아니라, 은총을 잃은 사람은 하도 사나워져서 복수밖에는 이해하지 못하게 되었기 때문에 덧붙인 말입니다. 이 말은 무효가 되었습니다. 물론 다음과 같은 새 말로 취소된 것입니다. '너를 미워하는 사람을 사랑하고, 너를 박해하는 사람을 위하여 기도하고, 너를 중상하는 사람을 변명하고, 너를 저주하는 사람에게 축복하며, 네게 해를 입히는 사람에게 좋은 일을 하고, 싸움을 좋아하는 사람과 평화롭게 지내고, 네게 귀찮게 구는 사람에게 친절하게 굴고, 네게 청하는 사람을 기꺼이 구제하여라. 고리대금을 하지 말고, 비판하지 말고, 판단하지 말아라.' 여러분은 사람들의 행동의 이유를 알지 못합니다. 갖가지 도움을 베풀 때에 아량을 베풀고 자비를 베푸시오. 여러분이 많이 주면 많이 줄수록 많이 받을 것이고, 하느님께서는 너그러운 사람의 가슴에 말을 가득 채우고 꾹꾹 눌러서 부어 주실 것입니다. 하느님께서는 여러분이 준 것만큼만 주시지 않고, 더 많이, 훨씬 더 많이 주실 것입니다. 소송은 타협보다 비용이 더 들고, 호의는 혀에 맛이 오래 남아 있는 꿀과 같은 것입니다.

사랑하시오, 사랑하시오! 친구와 원수를 다 사랑해서, 선인과 악인에게 똑같이 비를 내려 주시고, 의인들과 불의한 사람들을 똑같이 태양을 비추어 주시는 여러분의 아버지와 같이 되도록 하시오. 아버지께서는 추수한 곡식단에서 골라 놓은 밀이삭들같이 착한 사람들을 가려내신 다음 영원한 태양과 이슬, 지옥의 불과 우박을 주시는 권리를 유보하실 뿐입니다. 여러분을 사랑하고, 여러분이 갚음을 받기를 바라는 사람들만을 사랑하는 것은 넉넉하지 못합니다. 그렇게 하는 데에는 공로가 없습니다. 그것은 하나의 기쁨이고, 자연적으로 올바른 사람들도 그렇게 할 줄 압니다. 세리들까지도 이방인들까지도 그렇게 할 줄 압니다. 그러나 여러분은 하느님과 같이, 여러분에게는 원수이거나 별로 친절하지 않은 사람들도 창조하신 하느님을 존경하는 뜻으로 사랑하시오. 나는 여러분이 완전한 사랑을 가지기를 바랍니다. 이 때문에 이렇게 말하겠습니다. '하늘에 계신 여러분의 아버지께서 완전하신 것과 같이 완전하시오' 하고.

이웃에 대한 사랑의 계명, 이웃에 대한 사랑의 계명의 완성은 하도 중대한 것이어서 나는 여러분에게 지금까지 들어온 것과 같이 '사람을 죽이지 마시오' 하고 말하지 않겠습니다. 사람을 죽이는 사람은 사람들에 의해서 단죄될 것이니까요. 그러지 않고 나는 여러분에게 '성내지 마시오' 하고 말하겠습니다. 그것은 여러분이 더 높은 심판, 무형의 행동까지도 참작하는 심판을 받게 되어 있기 때문입니다. 자기 형제를 욕한 사람은 중앙법정에 의하여 단죄될 것입니다. 그러나 자기 형제를 바보로 취급하고, 그렇게 함으로써 그에게 손해를 끼친 사람은 하느님께 단죄될 것입니다.

만일 제단에 예물을 바치기 전에 마음 속으로 하느님께 대한 사랑을 위하여 자기 자신의 원한을 제물로 바치지 않고, 용서할 줄 아는 지극히 거룩한 의식을 행하지 않았으면, 예물을 바치는 것이 무익합니다. 따라서 하느님께 예물을 드리려고 하는 순간에 그대의 형제에게 나쁘게 행동했거나 그대의 마음 속에 그의 잘못 중의 하나에 대하여 원한을 가지고 있는 것이 생각나거든, 그대의 예물을 제단 앞에 내려놓고, 먼저 그대의 형제와 화해하여 그대 자신의 사랑을 제물로 바치고 나서 제단으로 돌아오시오. 그러면, 그때에야 비로소 그대의 제사가 거룩할 것입니다. 잘 화해하는 것은 흥정 중에서 항상 제일 좋은 흥정입니다. 사람의 판단은 불안정한 것이고, 끈덕지게 거기에 도전하는 사람은 패소를 해서 가진 것을 모두 상대방에게 내주거나 감옥에서 괴로워할 수도 있을 것입니다.

무슨 일에든지 여러분의 시선을 들어 하느님을 쳐다보시오. 스스로 이렇게 물어보시오. '하느님께서 내게 하시지 않는 것을 내가 다른 사람들에게 할 권리가 있는가?' 하고. 하느님께서는 여러분들처럼 냉혹하고 고집세지 않으시기 때문입니다. 하느님께서 그런 분이시면 여러분은 불행할 것입니다! 그렇게 되면 아무도 구원받지 못할 것입니다. 이 생각을 하고 여러분이 친절하고 겸손하고 동정심 가득한 감정을 가지게 되기를 바랍니다. 그러면 이 세상에서와 나중에 하느님에게서 상급을 받을 것입니다.

여기 내 앞에는 나를 미워하는 사람이 있는데, 그의 생각을 알고 있다는 것을 알기 때문에 '제 병을 고쳐 주세요' 하는 말을 감히 하지 못하고 있습니다. 그러나 나는 이렇게 말합니다. '당신이 바라는 대로 되기를 명합니다. 그리고 당신의 눈에서 백태가 벗겨지듯이 마음에서도 원한과 어둠이 떨어져 나가기 바랍니다.'

모두들 내 평화를 가지고 가시오. 내일 또 여러분에게 말하겠습니다."

사람들은 천천히 떠나 간다. 아마 기적이 일어났다고 알리기를 기다리는 모양인데, 기적은 일어나지 않는다.

산 위에 남아 있는 사도들과 가장 오래된 제자들까지도 이렇게 묻는다. "그런데 그 사람은 누구였습니까? 아마 병이 낫지 않은 모양이지요?" 그러면서 팔장을 끼고 서서 사람들이 내려가는 것을 보고 계신 선생님께 계속 묻는다.

그러나 예수께서는 처음에는 대답을 하지 않으시다가 말씀하신다. "눈은 고쳐졌다. 그러나 마음은 고쳐지지 않았다. 마음에는 증오가 가득 들어 있기 때문에 고쳐질 수가 없다."

"그렇지만 그게 누굽니까? 혹시 저 로마인입니까?"

"아니다, 불쌍한 사람이다."

"그러면 왜 고쳐 주셨습니까?" 하고 베드로가 묻는다.

"그 사람과 같은 사람들을 내가 모두 벌벌 떨게 해야 하겠느냐?"

"주님… 저는 주님이 제가 '그렇습니다' 하고 말씀드리는 것을 원치 않으신다는 것을 압니다. 따라서 그렇게 말은 하지 않겠습니다. …그렇지만 그렇게 생각은 합니다. …그런데 이건 결국 마찬가지입니다…."

"그것은 마찬가지다. 요나의 시몬아. 그러나 너도 알다시피… 오! 증오의 비늘이 덮인 마음을 가진 사람이 내 주위에 얼마나 많이 있느냐! 오너라. 바로 산꼭대기에 올라가 그 위에서 우리의 아름다운 갈릴래아 호수를 내려다보자. 나와 너 둘이서만."

32. 산상 설교. 진복팔단(제3부)

같은 장소에 같은 시간이다. 로마인만 빼놓고는 군중은 마찬가지이다. 사람들이 계곡으로 내려가는 오솔길이 시작되는 데까지 있는 것을 보니, 군중이 아마 훨씬 더 많은 것 같기도 하다.
예수께서 말씀하신다.
"사람에게 가장 흔한 잘못 중의 하나는 자기 자신에 대해서까지도 정직하지 못하다는 것입니다. 사람은 진실하고 정직하기가 어렵기 때문에, 자기가 말한 길을 어쩔 수 없이 걸어가도록 하기 위해서 재갈을 만들어 가졌습니다. 그 재갈은 하기는 길들지 않은 말과 같이 그가 쉽게 자리를 옮겨 그의 걸음걸이를 제멋대로 변경하거나 그것을 완전히 치워버리는 그런 재갈이어서, 하느님에게서와 사람들에게서와 자기 자신의 양심에서 받을 수 있는 비난은 상관하지도 않고 제멋대로 행동하게 되는 것입니다.
재갈은 맹세입니다. 그러나 정직한 사람들 사이에서는 맹세가 필요치 않고, 하느님으로 말하더라도 그분은 여러분에게 맹세를 가르치지 않으셨고, 오히려 '거짓 증언을 하지 말아라' 하는 말을 하게 하셨고, 다른 말은 아무것도 덧붙이지 않으셨습니다. 그것은 사람이 자기말에 충실한 것 이외에 다른 아무것도 필요없을 만큼 솔직해야 할 것이기 때문입니다. 신명기에서 서원에 대해서 말할 때, 자기가 하느님께 매여 있다고 믿는 마음에서나 필요하다는 감정이나 감사의 감정에서 오는 것이 서원에 대해서 말할 때에도 이렇게 말했습니다. '네 입술에서 한 번 나온 말은 네가 네 주 하느님께 약속한 것, 네가 자발적으로 말한 것을 행함으로써 지켜야 한다.' 항상 말로 약속한 것에 대한 말을 하고 말 이외의 다른 것에 대한 말은 없습니다. 맹세를 할 필요를 느끼는 사람은 벌써 자기 자신에 대해서도 이웃이 자기에게 대해서 가지는 견해에 대해 자신이 없기 때문에 그렇습니다. 또 맹세를 요구하는 사람도 그것을 하는 사람의 진실성과 정직을 믿지 않기 때문에 그러는 것입니다.
여러분이 보시다시피 맹세를 하는 이 관습은 사람의 불성실의 결과입니다. 그리고 이것은 사람에게 수치가 되는 일입니다. 사람이 맹세라는 이 부끄러운 일에까지도 충실하지 못하고, 이웃을 우롱하는 것과 마찬가지로 쉽게 하느님을 우롱해서 지극히 쉽게 또 지극히 태연하게 맹세를 어기기에 이르기 때문에 이중으로 부끄러운 일입니다. 맹세를 어기는 사람보다 더 비열한 사람이 있을 수 있습니까? 맹세를 어기는 사람은 흔히 신성한 말투를 씁니다. 따라서 하느님의 가담과 보증을 요구합니다. 혹은 그에게 가장 소중한 정, 즉 아버지, 어머니, 아내, 자녀, 죽은 친척, 자기 자신의 목숨, 그리고 자기의 지극히 귀중한 기관을 내세워서 자기의 거짓말을 뒷받침 해달라고 하고, 이렇게 해서 그의 이웃으로 하여금 자기를 믿게 합니다. 그러니까 그 사람을 속이는 것입니다.

그 사람은 독성죄(瀆聖罪)를 짓는 사람이고, 도둑이고, 배반자이고, 살인자입니다. 누구를 모독합니까? 그야 하느님을 모독하는 것이지요. 그 사람은 진리를 그의 비열한 거짓말에 섞어 놓고 하느님께 도전하면서 이렇게 우롱하기 때문입니다. '할 수 있으면 나를 치고 내 말이 거짓말이라고 부인해 보시오. 당신은 저기 있고, 나는 여기 있소, 그래서 당신을 우습게 여기오' 하고. 그렇습니다! 웃으시오, 거짓말쟁이요 빈정거리기 잘하는 사람들, 실컷 웃으시오! 그러나 당신들이 웃지 않게 될 때가 올 것입니다. 그것은 모든 권한을 받은 그 사람이 그의 위엄 속에 무서운 모습으로 당신들에게 나타날 때인데, 그는 그의 외양만으로도 당신들의 정신이 번쩍 들게 할 것이고, 그의 눈길만으로도 당신들을 벌벌 떨게 할 것입니다. 그의 목소리가 당신들에게 그의 저주의 낙인을 찍어 당신들의 영원한 운명으로 밀어넣기 전에, 훨씬 전에 말입니다.

그 사람은 도둑입니다. 그가 받을 자격이 없는 존경을 제 것으로 만들기 때문입니다. 이웃은 그의 맹세로 심각한 인상을 받아 그를 존경하고, 그리고 뱀은 그것을 가지고 장식을 만들어 실제로 그렇지 않은 모습을 나타냅니다. 그가 배반자라고 말한 것은 그가 지키고자 하지 않는 것을 약속하기 때문입니다. 그가 살인자라고 말한 것은 그의 거짓 맹세로 이웃이 누리는 존경을 빼앗음으로 그의 명예를 죽이거나 자기 자신의 영혼을 죽이기 때문입니다. 자기 자신의 영혼을 죽인다는 것은 맹세를 어기는 사람은 다른 아무 사람도 보지 못하는 것, 즉 진리를 보시는 하느님의 눈으로 볼 때에는 비열한 죄인이기 때문입니다. 하느님은 거짓말로도 위선적인 행동으로도 속이지 못합니다. 하느님은 다 보시는 것입니다. 하느님께서는 사람 하나하나를 한 순간도 놓치지 않으십니다. 하느님의 눈길이 뚫고 들어가지 못하는 요새도 없고 지하실도 없습니다. 각 사람이 그의 마음 둘레에 만들어 놓고 있는 요새인 여러분의 마음 속까지도 하느님은 뚫고 들어가십니다. 그리고 여러분의 맹세를 가지고 심판하시지 않고, 여러분의 행동을 가지고 심판하십니다.

그렇기 때문에 거짓말을 억제하고 약속을 쉽게 어기는 것을 억제하기 위하여 맹세를 사용하게 되었을 때 주어진 명령에 나는 다른 명령을 다른 명령으로 바꿉니다. 나는 옛날 사람들처럼 '거짓 맹세를 하지 말아라, 그리고 너희가 맹세한 것은 지켜라' 하고 말하지 않고, '아예 맹세를 하지 말라'고 말하겠습니다. 하늘은 하느님의 옥좌이니까 하늘을 두고도 맹세하지 말고, 땅은 하느님의 발판이니까 땅을 두고도 맹세하지 말고, 예루살렘과 성전은 크신 임금님의 도성이고 우리 주 하느님의 집이니까 예루살렘과 성전을 두고도 맹세하지 말 것입니다.

죽은 사람들의 무덤이나 그들의 영을 두고도 맹세하지 마시오. 무덤에는 사람에게서 하등의 것, 짐승과 공통된 것에서 남은 것이 가득 차 있습니다. 영은 그들이 있는 곳에 그대로 놓아두시오. 벌써 하느님을 미리 알고 있는 의인들의 영이라면, 그들을 괴롭히지 말고 그들이 놀라 소스라치게 하지 마시오. 그리고 그들이 가진 지식은 예지(豫知), 즉 구속의 순간까지는 그들이 찬란하신 하느님의 광휘를 완전히 차지하지 못해서 부분적인 지식에 지나지 않기 때문에 여러분이 죄짓는 것을 보고 괴로워하지 않을 수가 없는 것입니다. 또 만일 그들이 의인이 아닌 경우에는 여러분의 죄로 그들의 죄를 상기시킴으로써 그들의 고통을 더하지 마시오. 버려두시오, 거룩하게 죽은 사람들을 평화 속에, 거룩하지 않은 사람들은 그들의 벌 속에 버려두시오. 전자들에게서는 아무것도 빼앗지 말고, 후자들에게는 아무것도 보태지 마시오. 왜 죽은 사람들에게 호소합니까? 그들은 말을 하지 못합니다. 성인들은 애덕이 말하는 것을 금하기 때문에 말을 못합니다. 여러분의 말이 거짓말이라고 부인해야 할 때가 너무 많을 테니까요. 지옥에 간 사람들은 지옥이 문을 열지 않기 때문에, 또 지옥에 간 사람들은 저주하기 위해서나 입을 벌리기 때문에, 또 어떤 목소리도 사탄과 작은 사탄들의 증오에 눌려 버리기 때문에 말을 못합니다. 작은 사탄이라고 한 것은 지옥에 간 사람들도 역시 사탄이기 때문입니다.

여러분은 아버지의 머리를 두고도 맹세하지 말고, 어머니의 머리나 아내의 머리나 죄없는 여러분의 자녀의 머리를 두고도 맹세하지 마시오. 여러분은 그렇게 할 권리가 없습니다. 혹 그들이 돈이나 상품입니까? 어떤 서류에 적혀 있는 서명입니까? 그들은 이런 것들보다 낫기도 하고 못하기도 합니다. 사람이여, 그들은 그대가 가지고 있는 피의 피요 살입니다. 그러나 그들은 또한 자유로운 인간들이어서, 그대가 만든 위조문서를 보증하기 위한 노예로 쓸 수는 없습니다. 또 그들은 그대 자신의 서명보다 못합니다. 그것은 그대가 총명하고 자유로운 어른이지, 금치산자(禁治産者)나 세상 물정을 모르는 어린 아이이기 때문에 자기 부모가 대리자가 되어야 하는 사람이 아니기 때문입니다. 그대는 이런 사람입니다. 즉 그대는 이성을 가진 사람이고, 따라서 그대의 행동에 대하여 책임이 있고, 그대 자신이 행동해야 하며, 그대의 행동과 말을, 그리고 그대가 이웃에게 일으킬 수 있는 존경을 그대의 정직과 그대의 진실성으로 보증해야 합니다. 부모의 정직과 진실성, 또 그들이 일으킬 수 있었던 존경을 보증해야 하는 것은 아닙니다. 아버지들은 자식들에 대해 책임이 있습니까? 있습니다. 그러나 자식들이 미성년일 동안만 그렇습니다. 그 다음에는 각 자가 자기 자신에 대한 책임이 있습니다. 의인들의 자식들이 반드시 의인들은 아니고, 거룩한 여자가 반드시 거룩한 남자와 결혼하는 것은 아닙니다. 그러면 왜 여러분의 보증을 여러분의 배우자에게 근거를 두게 합니까? 이와 같이 한 죄인에게서 거룩한 아이들이 태어날 수 있으니, 아이들이 순진한 동안 모두가 성인들입니다. 그러면 나중에 어기기를 원하는 맹세라는 그 불순한 행위를 보증하기 위하여 순수한 인간을 끌어들이는 것입니까?

여러분의 머리, 여러분의 눈, 여러분의 혀, 여러분의 손을 두고도 맹세하지 마시오. 여러분은 그런 권리가 없습니다. 여러분이 가진 모든 것은 하느님의 것입니다. 여러분은 하느님께서 여러분에게 주신 정신적 또는 물질적 보물들의 일시적인 관리자에 지나지 않습니다. 그러면 왜 여러분의 것이 아닌 것을 마음대로 씁니까? 여러분은 여러분의 머리에 머리카락 하나를 보태거나 머리카락의 빛깔을 바꿀 수 있습니까? 그런데 만일 여러분이 그렇게 할 수 없으면, 왜 여러분이 하는 맹세를 여러분의 시력이나 말이나 여러분의 지체의 자유도 보증하십니까? 하느님께 도전하지 마시오. 하느님께서는 여러분의 말을 그대로 받아들여, 여러분의 과수원의 나무들을 말리실 수 있는 것처럼 여러분의 눈을 말리시거나 여러분의 집을 뽑아내실 수 있는 것처럼 여러분의 자녀들을 빼앗아가셔서 당신은 주님이시고 여러분은 그분의 신민(臣民)이라는 것과 거짓말로 하느님께 도전하면서 하느님보다 자기가 높다고 생각할 정도로 자기를 숭배하는 사람은 저주를 받는다는 것을 여러분에게 일깨워 주실 수 있을 것입니다.

여러분은 그저 '예' 할 것은 '예' 하고 '아니오' 할 것은 '아니오' 하시오. 그 이상의 것은 아무것도 말하지 마시오. 그 이상으로 말하는 것은 악마가 여러분에게 권하는 것인데, 그것은 여러분이 말한 것을 다 기억할 수가 없어서 거짓말을 하게 되고, 그러면 사람들이 여러분을 망신시키고, 여러분은 거짓말쟁이라는 평판을 얻게 되기 때문에, 나중에 여러분을 비웃으려는 것입니다. 여러분, 솔직하시오. 말이나 행동에 모두.

여러분은 위선자들처럼 하지 마시오. 위선자들은 기도할 때에 사람들이 그들을 보고 독실하고 의로운 사람이라고 칭찬하도록 하려고 회당이나 광장 모퉁이에 서서 기도하기를 좋아합니다. 그러나 그들의 가정에서는 하느님과 이웃에게 죄를 짓습니다. 깊이 생각해 보면, 이것이 일종의 거짓 맹세라는 것을 알지 못하겠습니까? 왜 여러분이 받을 자격이 없는 존경을 얻으려는 목적으로 사실이 아닌 것을 주장하려고 합니까? 위선적인 기도는 이렇게 말하는 것을 목표로

합니다. '정말이지 나는 성인이다. 나는 내가 기도하는 것을 보고 내가 기도하는 것을 보는 것을 거짓말이라고 부인할 수 없는 사람들의 눈 앞에서 이것을 맹세한다.' 이것은 실제적인 악의를 가리는 베일입니다. 이런 의향으로 하는 기도는 하느님을 모독하는 말이 됩니다.

여러분을 성인이라고 선포하는 일은 하느님께 맡겨 드리시오. 그리고 여러분의 생활 전체가 '여기 하느님의 종이 있다' 하고 외치게 하시오. 그러나 여러분은 여러분 자신을 위한 사랑으로 침묵을 지키시오. 여러분의 혀가 여러분의 교만의 부추김을 들어 천사들의 눈에 빈축의 대상으로 비치게 하지 마시오. 만일 여러분이 여러분 자신을 의인이요 하느님의 마음에 드는 사람이라고 선언하도록 부추기는 여러분의 교만과 여러분의 혀를 지배할 힘이 없으면, 당장 벙어리가 되는 편이 더 나을 것입니다. 교만하고 불성실한 사람들에게 이 보잘 것 없는 영광을 가지라고 하시오! 그들에게 이 덧없는 상을 가지라고 하시오. 보잘 것 없는 상급! 그러나 그들이 원하는 것은 이 상급입니다. 그리고 상급을 하나밖에는 받을 수 없으므로 그들은 다른 상급은 받지 못할 것입니다. 하늘에서 오고 영원하고 공평한 진짜 상이나 땅에서 오고 사람의 일생만큼 또는 그보다도 덜 오래 가는 가짜상이나 둘 중의 하나인데, 이 마지막은 옳지 못한 것이기 때문에 나중에 죽은 후에 대단히 굴욕적인 벌로 갚아야 합니다.

어떻게 여러분의 입술과 여러분의 일과 여러분 전체로 그리고 하느님을 아버지로 보면서 그분을 사랑하는 마음의 자극으로 기도해야 하는지, 그러나 하느님은 조물주이시고 여러분은 피조물이라는 것도 기억하고 기도를 하거나 사업을 하거나, 걸음을 걷거나 쉬거나, 급료를 받거나 급료로 다른 사람이 혜택을 입게 하거나 항상 하느님 앞에서 공손한 사람을 가지고 조심하는 마음의 자극을 받아 어떻게 기도해야 하는지 들어 보시오. 마음의 자극을 받아서 기도하라고 말했습니다. 모든 것이 마음에서 오기 때문에 이것이 첫째이고 기본적인 특성입니다. 마음이 어떠하면 생각도 말도 눈길도 행동도 그러합니다.

의인은 선행을 그의 마음에서 끌어냅니다. 그리고 선행을 끌어내면 끌어낼수록 더 많이 얻게 됩니다. 그것은 우리가 행하는 선행이 새로운 선행을 낳기 때문입니다. 이것은 피가 정맥을 도는 동안에 새로워지고, 그것이 흡수하는 산소와 동화한 자양물의 즙에서 오는 새로운 성분을 가지고 심장으로 돌아오는 것과 같습니다. 이와 반대로 타락한 사람은 어둡고 거짓말과 독이 가득 찬 그의 마음에서 거짓말과 독밖에 끌어낼 수가 없는데, 이것들은 착한 사람 위에 하느님의 축복이 쌓이는 것과 같이 그들이 쌓아올리는 잘못으로 강화되기 때문에 점점 더 발전합니다. 사실 마음에 너무 가득 찬 것이 입술로 넘쳐흐르고 행동에 나타난다고 믿으시오.
　겸손하고 깨끗하고 사랑하고 신뢰하는 솔직한 마음을 가지시오. 신랑에 대한 처녀와 같은 정숙한 사랑으로 하느님을 사랑하시오. 나 진정으로 말합니다만, 어떤 영혼이든지 모두 영원히 사랑하시는 분이신 우리 주 하느님과 결혼한 동정녀입니다. 이 세상은 각 사람에게 수호자로 주어진 천사가 들러리 노릇을 하는 약혼 시절이고, 인생의 시간과 모든 우발사건은 모두 혼수를 준비하는 하녀들입니다. 죽는 시간은 결혼이 이루어지는 시간으로 그때에는 알고 포옹하고 결합하는 것이며, 결정적인 신부 옷차림을 한 영혼은 베일을 벗고, 그의 하느님의 품으로 뛰어들 수 있으며, 신랑의 이 사랑이 다른 사람들의 분노를 자아낼 수가 없습니다.
　그러나 지금 당장은 여러분이 아직 하느님과의 약혼 관계 안에서 제물로 바쳐진 영혼들입니다. 여러분이 약혼자에게 말하고자 하면 조용한 여러분의 집 안으로, 특히 여러분의 조용한 내적인 집 속으로 들어가서, 여러분의 수호 천사의 도움을 받는 육체를 가진 천사로서 천사들의 임금님께 말씀을 드리시오. 은밀한 여러분의 마음 속에서 그리고 여러분의 내적인 집 안에서 아버지께 말씀을 드리시오. 세상에 속한 것은 모두 밖에 놔두시오. 남의 시선을 끌겠다는 편집(偏執)도, 남을 감화하겠다는 편집도, 단조롭고 미지근하고 사랑없는 말, 말, 말만 가득 찬 긴 기도의 거리낌도 모두 하느님 사랑을 위하여! 기도에 있어서 계량(計量)을 하지 마시오. 실제로, 입술로만 되풀이하는 독백으로 수많은 시간을 보내는 사람들이 있습니다. 그의 수호 천사조차도 듣고 있지 않으니까 그것은 진짜 혼잣말입니다. 그만큼 쓸 데 없는 잡음이어서 수호 천사는 그가 지키고 있는 어리석은 사람을 위해 열렬한 기도에 잠김으로써 그 소음을 고쳐보려고 애씁니다. 사실, 하느님께서 그들에게 나타나셔서 '세상의 구원은 너희들이 그 얼빠진 수다를 버리고, 아주 소박하게 우물에 가서 물이나 길어가지고 나와 사람들에 대한 사랑으로 땅에 물을 뿌리기를 요구한다'고 말씀하시더라도 그 시간들을 달리 쓰지 않을 사람들이 있습니다. 사실, 그들의 혼잣말을 손님을 예의바르게 맞아들이는 것이나 도움이 필요한 사람에게 인정많은 도움을 주는 것보다 더 중요하다고 믿는 사람들이 있습니다. 그런 사람들은 기도의 우상숭배에 빠진 사람들입니다.
　기도는 사랑의 행위입니다. 기도를 하거나 빵을 만들면서도 사랑할 수 있고, 묵상을 하거나 병약자를 돌보면서도, 어린 양을 제물로 바치거나 주님 안에서 정신을 가다듬고자 하는 우리의 정당한 소원까지 희생하면서도, 사랑할 수 있습니다. 자기 전체와 자기의 모든 활동에 사랑이 배어들게 하면 됩니다. 두려워 마시오! 아버지께서는 보시고, 이해하시고 귀기울여 들으십니다. 아버지께서 필요한 것은 주십니다. 아버지께서는 참되고 완전한 사랑의 한숨, 다만 한 번에도 얼마나 많은 은총을 내려 주십니까! 사랑으로 행한 남모르는 희생에 대해서도 얼마나 은총을 풍성하게 내려 주십니까! 이방인들을 닮지 마시오. 하느님께서는 여러분에게 필요한 것이 있으니까 어떻게 하셔야 된다고 여러분이 말씀드릴 필요가 없습니다. 이것은 그들의 말을 들을 수 없는 그들의 우상들에게 이교도들이 말할 수 있는 것입니다. 여러분은 하느님과, 신령하신 참 하느님과 이렇게 하지 마시오. 하느님은 하느님과 왕이실 뿐 아니라 여러분의 아버지이기도 하시며, 여러분이 말씀드리기 전에 여러분에게 무엇이 필요한지 알고 계십니다.

구하시오, 그러면 받을 것입니다. 찾으시오, 그러면 얻을 것입니다. 두드리시오, 그러면 열어줄 것입니다. 누구든지 구하면 받을 것이고, 찾으면 얻을 것이고, 문을 두드리면 문이 열리는 것을 보게 될 테니까요. 어떤 아이가 '아버지, 배고파' 하고 말하면서 그 작은 손을 내미는데, 여러분은 혹시 돌을 주겠습니까? 그 아이가 생선을 달라고 하는데 뱀을 주겠습니까? 물론 아니지요, 오히려 빵과 생선을 주면서 게다가 쓰다듬어 주고 축복을 해줍니다. 그것은 자기 자식에게 먹을 것을 주고 그 자식의 행복한 미소를 보는 것이 아버지에게 기분좋은 일이기 때문입니다. 그러면 불완전한 마음을 가진 여러분이 동물도 새끼에 대해서 가지는 자연적인 사랑만으로도 여러분의 자녀들에게 좋은 것들을 줄 줄 아니, 더구나 하늘에 계신 여러분의 아버지께서는 그들의 이익에 좋고 필요한 것을 청하는 자녀들에게 주실 것입니다. 두려워 말고 청하시오, 그리고 받지 못할까 봐 겁내지 마시오!

그러나 여러분은 사람들이 빠지기 쉬운 오류를 경계하시오. 여러분은 믿음과 사랑이 약한 사람들처럼, 즉 종교 안에 있는 이교도들처럼 하지 마시오. 과연 믿는 사람들 가운데에는 미신과 믿음이 함께 뒤섞여 우글거리는 약한 종교심을 가진 이교도들이 있습니다. 그 흔들리는 건물은 가지가지 종류의 기생식물의 침범을 받아 마침내 부스러져서 쓰러지고 맙니다. 이 약하고 이교도 같은 사람들은 그들의 청이 들어지는 것을 보지 않으면 그들의 믿음이 죽는 것을 느낍니다.

여러분은 청합니다. 그리고 청하는 것이 여러분에게는 옳은 일로 생각됩니다. 사실 그 순간에는 그 은총이 무익하지 않았을 것입니다. 그러나 생명은 그 순간에 끝나지는 않습니다. 그리고 오늘 좋은 것이 내일은 좋지 않을 수도 있을 것입니다. 여러분은 현재만을 알기 때문에 그것을 알지 못합니다. 그런데 이것만도 하느님의 은총입니다. 그러나 하느님께서는 미래도 아시고, 그래서 흔히 여러분에게 더 큰 곤란을 면하게 하시려고 기도를 들어 주지 않은 채로 두시는 일이 있습니다. 공생활을 하는 일년 동안에 나는 사람들이 이렇게 한탄하는 것을 여러 번 들었습니다. '하느님께서 내 청을 들어 주지 않으신 그때에 나는 매우 괴로웠다. 그러나 지금은 이렇게 말한다. 〈그렇게 되는 것이 좋았다. 만일 그 은총을 받았으면 하느님의 이 시간에 오지 못하게 되었을 테니까〉' 하고. 또 내게 이렇게 말하는 다른 사람들의 말도 들었습니다. '주님, 왜 제 청을 안 들어 주십니까? 다른 사람들의 청은 들어 주시면서 제 청은 안 들어 주시는군요' 하고. 그러나 괴로워하는 것을 보는 것이 괴로우면서도 '할 수 없습니다' 하고 말할 수밖에 없었습니다. 그들의 청을 들어 주는 것은 그들이 완전한 생활을 향하여 날아가는 것을 막는 것이 되었을 것이기 때문입니다.

아버지께서도 '나는 할 수 없다' 하고 말씀하시는 때가 있습니다. 그것은 즉각적인 행위를 하실 수가 없어서 그러시는 것이 아니라, 장차 어떤 결과가 있을지를 아시기 때문에 거부하시는 것입니다. 잘 들으시오. 어떤 어린 아이가 배앓이를 합니다. 어머니가 의사의 왕진을 청했는데, 의사는 '이애 병을 고치려면 단식을 해야 합니다' 하고 말합니다. 아이는 울고, 부르짖고, 간청하고, 활기를 잃어가는 것 같습니다. 항상 연민이 가득한 어머니는 아들과 함께 단식을 합니다. 이렇게 음식을 절대로 금하는 것이 의사 쪽에서 너무 심하게 하는 것같이 생각합니다. 그러나 의사는 막무가내로 말을 안 들어 줍니다. 마침내 의사는 이렇게 말합니다. '부인, 나는 알지만 부인은 모릅니다. 아들을 잃기를 원하십니까 내가 살려내기를 원하십니까?' 하고. 어머니는 '살려주세요!' 하고 부르짖습니다. '그렇다면, 음식을 먹으라고 허락할 수 없습니다. 그러면 죽을테니까요' 하고 의사가 말합니다. 아버지께서도 어쩌다 이렇게 말씀하십니다. 여러분의 나에 대한 동정심이 가득한 어머니와 같은 여러분은 여러분의 내가 은총을 거절한다고 해서 우는 것을 원치 않습니다. 그러나 하느님께서는 '나는 할 수 없다. 그렇게 하면 네게 불행이 올 것이다' 하고 말씀하십니다. 사실 '하느님, 제 어리석은 청을 들어 주지 않으신 것을 감사합니다!' 하고 말할 어느 날 또는 영원이 올 것입니다.

기도에 대해서 한 말을 나는 단식재(斷食齋)에 대해서도 말하겠습니다. 여러분이 단식을 할 때에는 위선자들이 하는 것처럼 침울한 태도를 취하지 마시오. 위선자들은 교활하게 그들의 얼굴을 마르게 해서 그들이 단식을 한다는 것을 사람들이 알게 하고, 또 그것이 사실 아니더라도 그렇게 믿게 합니다. 그들도 세상 사람들의 칭찬으로 벌써 상을 받았으니, 다른 상은 받지 못할 것입니다. 그러나 여러분은 단식할 때에 명랑한 태도를 취하고, 세수를 여러 번 해서 얼굴이 신선하고 반들반들하게 하고, 수염에 기름을 바르고, 머리에 향수를 뿌리고, 입술에는 아침식사를 잘 한 사람처럼 미소를 띠시오. 오! 정말로 음식이 여러분을 지탱하지 않고 사랑이 지탱하기를 바랍니다! 또 사랑으로 단식 하는 사람은 사랑으로 양분을 취합니다. 정말 잘 들어 두시오. 혹 세상 사람들이 여러분을 '허영심이 많은 사람'으로 '세리'로 취급하더라도 여러분의 아버지께서는 여러분의 영웅적인 비밀을 보실 것이고, 단식재와 여러분이 받을 수 있을 칭찬을 희생한 것 때문에 이중으로 상을 주실 것입니다.

이제는 여러분의 영혼이 양분을 섭취했으니 가서 여러분의 육체에 먹을 것을 주시오. 이 가난한 두 사람은 우리와 같이 남아 있게 하시오. 이 두 사람은 우리의 빵을 맛있게 해줄 축복받은 손님일 것입니다. 평화가 여러분과 함께 있기를."

그래서 두 거지는 남아 있다. 대단히 야윈 여자와 늙은, 대단히 늙은 남자이다. 그러나 그들은 같이 있지 않다. 그들은 우연히 여기서 만났고, 한구석에서 지나가는 사람들에게 쓸 데 없이 손을 내밀면서 창피하게 그 자리에 머물러 있다.

예수께서는 그들이 감히 앞으로 나아오지 못하기 때문에 직접 그들에게로 가셔서 그들의 손을 잡으시고 베드로가 쳐놓은 일종의 천막 아래 있는 제자들의 무리 가운데로 데려오신다. 그들은 아마 밤에 그 밑에서 이슬을 피하거나 낮에 가장 더운 시간에 거기 모이는 모양이었다. 그것은 나뭇가지와… 겉옷으로 만든 천막이다. 그러나 대단히 낮아서 제일 키가 큰 예수와 가리옷 사람은 몸을 구부려야 들어갈 수 있을 정도이지만 그래도 유용하다.

"여기 할아버지와 자매가 있다. 우리가 가진 것을 가져오너라. 그리고 음식을 먹는 동안 이분들의 이야기를 듣기로 하자." 그러면서 예수께서는 부끄러워하는 두 사람의 시중을 친히 드시면서 그들의 애처로운 이야기를 들으신다. 노인은 딸이 남편과 같이 멀리 가서 아버지를 잊은 뒤로 혼자 산다. 여인도 열병으로 남편이 죽은 다음부터 혼자 사는데 게다가 병까지 들었다.

"세상 사람들은 우리가 가난하기 때문에 업신여깁니다" 하고 노인이 말한다. "나는 과월절 의무를 다할 만한 것을 모으려고 동냥을 하러 다닙니다. 나는 여든 살입니다. 나는 늘 과월절을 지냈는데, 이번에 아마 마지막일지도 모릅니다. 그렇지만 나는 아무런 양심의 가책없이 아브라함의 품에 가고 싶습니다. 내가 내 딸을 용서하는 것과 마찬가지로 나도 용서를 받기를 바랍니다. 그래서 내 과월절 의무를 다하기를 바랍니다."
"그러나 길이 멉니다. 할아버지."
"의식을 행하지 않으면 하늘의 길은 더 멉니다."
"혼자서 길을 가십니까? 그러다가 도중에 병이라도 나면 어쩌시려고요?"
"하느님의 천사가 내 눈을 감겨 주겠지요."
예수께서는 그의 떨리는 흰 머리를 쓰다듬어 주시고, 여인에게 물으신다.
"아주머니는요?"
"저는 일거리를 구하러 갑니다. 제가 더 낫게 먹으면 열병이 나을 것입니다. 그리고 병이 낫기만 하면 곡식 다루는 일을 할 수 있을 것입니다."
"음식만으로 병이 나을 것으로 생각하세요?"
"아닙니다. 선생님도 계시지요. …그렇지만 저는 보잘 것 없는 것, 너무 보잘 것 없는 것이어서 동정을 청할 수도 없습니다."
"만일 내가 병을 고쳐 주면 그후에는 뭘 원하겠어요?"
"그 이상 아무것도 없습니다. 벌써 제가 바랄 수 있는 것 이상의 것을 받은 셈이 될 테니까요."
예수께서는 빙그레 웃으시며 음료로 사용되는 식초를 탄 물에 약간 적신 빵 한 조각을 주신다. 여인은 말없이 빵 조각을 먹고 예수께서는 계속 미소지으신다.
식사는 이내 끝났다. 아주 간소한 식사였다! 사도들과 제자들은 비탈에 있는 수풀 속으로 그늘을 찾아간다. 예수께서는 그대로 천막 안에 계시다. 노인은 풀 위에 누워서 피곤해서 잠이 든다.
얼마 안 있어, 그늘에서 쉬려고 떠나갔던 여인이 예수께로 온다. 예수께서는 그에게 미소를 보이시며 용기를 주신다. 여인은 조심스럽게 그러나 기쁘게 나아와 천막 근처에까지 온다. 그러다가 기쁨을 이기지 못하고 마지막 몇 걸음을 빨리 옮겨놓고 땅에 털썩 엎드리면서 목소리를 죽이며 부르짖는다. "선생님이 제 병을 고쳐 주셨어요! 찬미받으세요! 지금은 몸이 굉장히 떨릴 시간인데 떨리지를 않습니다. …아이고!" 그러면서 예수의 발에 입맞춤한다.
"병이 나았다는 것이 확실합니까? 나는 그 말을 하지 않았는데요. 우연일지도 모르지요…."

"아이고! 아닙니다! 이제는 선생님이 제게 빵을 주시면서 왜 빙그레 웃으셨는지 알겠습니다. 그 빵 한 입과 함께 선생님의 능력이 제 안으로 들어왔습니다. 저는 대신으로 드릴 것이 아무것도 없습니다. 제 마음 말고 다른 것은 없어요. 주님, 종에게 명령하십시오. 그러면 죽기까지 순종하겠습니다."

"그러지요. 이 노인을 보시오. 이분은 외톨이인데 의인입니다. 아주머니는 남편이 있었는데 세상을 떠났지요. 이분은 딸이 있었는데, 이기심이 딸을 빼앗아 갔습니다. 그건 더 나쁩니다. 그런데도 이 노인은 불평을 하지 않습니다. 그러나 이분이 그 마지막 시간을 향해서 혼자 가는 것은 옳지 않습니다. 이분의 딸이 되어 주시오."

"주님, 그러겠습니다."

"그러나 이것은 두 사람 몫의 일을 한다는 말이 됩니다."

"제가 지금은 힘이 셉니다. 그러니까 그렇게 하겠습니다."

"그러면 저기 저 비탈에 가서 거기서 쉬고 있는 사람, 갈색옷을 입고 있는 사람에게 나를 보러 오라고 하시오."

여인이 재빨리 가서 열성당원 시몬과 같이 돌아온다.

"시몬아, 이리 오너라. 네게 할 말이 있다. 아주머니는 기다리세요."

예수께서는 몇 미터쯤 물러가신다.

"라자로가 일하는 여자 한 사람을 더 받아들이는 것이 어려울 것으로 생각하느냐?"

"라자로요? 아니 그 사람은 하인이 몇이나 되는지도 모를 줄로 생각합니다. 한 사람 더 있고 덜 있는 것은! …그렇지만 누굽니까?"

"저 여자다. 내가 병을 고쳐 주었는데…."

"선생님, 그만하면 알겠습니다. 선생님이 병을 고쳐 주셨으면, 그 여자를 사랑하신다는 표가 됩니다. 선생님이 사랑하시는 것은 라자로에게는 신성한 것입니다. 그 사람 대신 제가 약속드리겠습니다."

"그것은 사실이다. 내가 사랑하는 것은 라자로에게 신성한 것이다. 네가 말 잘했다. 그리고 이 이유로 라자로는 성인이 될 것이다. 내가 사랑하는 것을 사랑하므로 완전을 사랑하겠기 때문이다. 나는 저 노인을 이 여인과 결합시키고자 한다. 그래서 이 할아버지에게 마지막 과월절을 기쁘게 지내게 하고자 한다. 나는 거룩한 노인들을 대단히 사랑한다. 그래서 그들에게 평온한 황혼을 줄 수 있으면 기쁘다."

"선생님은 어린이들도 사랑하시지요…."
"그렇다, 그리고 병자들도…"
"또 우는 사람들도…"
"그리고 외로운 사람들도…"
"아이고! 선생님! 아니 선생님은 모든 사람을 사랑하신다는 것을 깨닫지 못하시는군요? 원수들까지도?"
"나는 그것을 깨닫지 못한다, 시몬아. 사랑하는 것은 내 본성이다. 자 할아버지가 잠이 깨셨다. 그분이 딸 하나를 데리고 과월절을 지낼 것이라고, 그리고 이제는 빵이 떨어지지 않을 것이라고 가서 말해 주자."
두 분은 여인이 기다리고 있는 천막으로 돌아온다. 그리고 세 사람이 일어나 앉아서 샌들 끈을 매고 있는 노인 곁으로 간다.
"할아버지, 뭘 하십니까?"
"계곡으로 다시 내려가겠습니다. 밤을 지낼 곳을 얻어만나기를 바랍니다. 그리고 내일은 길에서 구걸을 하고, 그리고… 조금씩 조금씩… 내가 죽지 않으면 한 달 후에는 성전에 가게 되겠지요."
"아닙니다."
"그렇게 하면 안 됩니까? 왜요?"
"하느님께서 그렇게 하시는 것을 원치 않으시니까요. 할아버지 혼자 가지 않으실 것입니다. 이 여인이 같이 모시고 갈 것입니다. 이 여인이 내가 말하는 곳으로 할아버지를 모시고 갈 것이고, 두 분은 내게 대한 사랑으로 받아들여질 것입니다. 과월절은 지내실 것입니다. 그러나 지치지 않고 지내실 것입니다. 할아버지는 할아버지의 십자가를 벌써 지셨습니다. 이제는 그 십자가를 내려놓고, 마음을 가다듬고 하느님께 감사의 기도를 드리세요."
"아니 왜… 아니 왜… 나를 나를, 나는 그만큼 받을 자격이 없습니다. …선생님은… 딸을… 이것은 내게 스무 살을 더 젊게 해주시는 것보다도 더합니다. …그리고 나를 어디로 보내시는 겁니까?…" 노인은 덤불을 이루고 있는 긴 수염 속에서 운다.
"데오필오의 라자로 집입니다. 할아버지가 그 사람을 아시는지 모르겠습니다."
"오! …나는 시리아 경계에서 태어나서 데오필로를 기억하고 있습니다. …그러나… 그러나… 아이고! 하느님의 축복받으신 아드님, 선생님께 내가 축복을 하게 해주십시오!"

그러자 예수께서는 노인 앞에 풀 위에 앉아 계셨기 때문에 노인이 당신 머리 위에 엄숙하게 두 손을 얹을 수 있게 하시려고 실제로 몸을 숙이신다. 노인은 우뢰 같은 굵고 우렁찬 목소리로 옛날 축복의 말을 한다. "주께서 선생님을 축복하시고 지켜 주실지어다. 주께서 당신 얼굴을 선생님께 보이시고 선생님을 불쌍히 여기실지어다. 주께서 선생님을 바라보시고 평화를 주실지어다."

예수와 시몬과 여인은 함께 "그렇게 이루어지이다" 하고 대답한다.

33. 산상 설교. 진복팔단(제4부)

날이 지남에 따라 군중은 점점 많아진다. 남자, 여자, 노인, 어린이, 부자, 가난한 사람 다 있다. 스테파노— 헤르마패도 이사악이 우두머리가 되어 있는 오랜 제자들과 아직 합쳐지지는 않았지만 여전히 거기 있다. 또 노인과 여인으로 어제 이루어진 새로운 한 쌍도 있다. 그들은 맨 앞에 그들의 위로자 곁에 있는데, 어제보다는 훨씬 더 여유가 있어 보인다. 노인은 딸이 혼자 버려두었던 여러 달 또는 여러 해의 공백을 메우려는 듯이 그의 꺼칠꺼칠한 손 하나를 여인의 무릎에 얹었고, 여인은 건전한 정신을 가진 여자에게는 선천적으로 있게 마련인 어머니답고자 하는 필요로 그 손을 쓰다듬는다.

예수께서는 당신의 투박한 강단으로 올라가시려고 그들 곁을 지나가시는데, 지나가시면서 노인의 머리를 쓰다듬으신다. 노인은 예수를 벌써 하느님처럼 쳐다본다. 베드로가 예수께 무슨 말을 하는데, 예수께서는 "상관없다"고 말씀하시는 것 같은 손짓을 하신다. 그러나 나는 베드로가 무슨 말을 하는지 못 알아들었다. 그래도 베드로는 예수 곁에 그대로 있는데, 곧 이어서 유다 타대오와 마태오가 그의 곁으로 온다. 다른 제자들은 군중 가운데 섞여 있다.

"여러분 모두에게 평화가 있기 바랍니다!

어제 나는 기도와 맹세와 단식재에 대해서 말했습니다. 오늘은 여러분에게 다른 완전들을 가르치려고 합니다. 이 완전들도 역시 기도와 신뢰와 진실과 사랑과 신앙심 따위입니다.

내가 말하려는 첫번째 완전은 충실한 종의 착한 뜻으로 재물을 올바르게 써서 그만큼의 천상 재물이 되게 하는 것입니다. 세상의 재물은 오래 가지 않습니다. 그러나 하늘의 보배는 영원합니다. 여러분은 여러분의 소유물에 대한 사랑을 가지고 있습니까? 여러분의 재물을 돌볼 수 없게 되고 그것을 버려야 하기 때문에 죽는 것이 걱정이 됩니까? 그러면 그것을 하늘로 옮겨 놓으시오! 여러분은 이렇게 말하겠지요. '이 세상의 것은 하늘에 들어가지 못하고, 또 선생님도 돈이 세상에서 가장 더러운 것이라고 가르치십니다. 그런데 어떻게 우리가 돈을 하늘로 옮겨 놓을 수 있습니까?' 하고. 그렇게는 못합니다. 여러분은 물질적인 돈을 모든 것이 영적인 하늘로 가져갈 수는 없습니다. 그러나 그 돈으로 얻은 이익은 가져갈 수 있습니다. 여러분의 금전을 은행가에게 줄 때에 왜 주십니까? 은행가더러 그 돈이 이익을 내게 해달라고 주는 것입니다. 여러분은 물론 그 돈을 그대로 돌려달라고 잠시 동안이나마 포기하는 것은 아닙니다. 그렇지 않고 열 달란트에 대해서 열에다 하나를 보태서 또는 그 이상을 보태서 돌려 주기를 원합니다. 그러면 여러분은 기쁘고, 은행가를 칭찬합니다. 그렇지 않으면 여러분은 '그 사람은 정직은 하지만 바보다' 하고 말합니다. 그리고 열에 하나를 보태지 않고 아홉만을 돌려 주면서 '나머지는 잃었소' 하고 말하면, 여러분은 그를 고발해서 감옥에 집어넣게 합니다.

돈에서 나오는 이익이란 무엇입니까? 혹 은행가가 여러분의 데나리온*을 심고 물을 주어 자라게 합니까? 아니지요. 이익은 사업을 약삭빠르게 운영함으로써 생기는 것이어서, 저당과 이자가 붙는 대부로 빌려준 돈에 대한 정당한 이자로 돈이 불어나는 것입니다. 그렇지 않습니까? 그런데 잘 들으시오. 하느님께서는 여러분에게 이 세상 재물을 어떤 사람들에게는 많이, 어떤 사람들에게는 살아가기에 필요한 만큼만 주시면서 이렇게 말씀하십니다. '이제는 네게 달렸다. 나는 그 재물들을 네게 주었다. 이 수단을 가지고 내 사랑이 네 이익을 위하여 바라는 것과 같은 목적을 이룩하여라. 내가 그 재물을 네게 맡긴다마는 네가 그것에서 악을 나오게 하라고 맡기는 것은 아니다. 내가 네게 대해서 가지는 존중 때문에, 또 내 선물에 대한 감사의 표시로 네 재산이 이 참 고향을 위하여 이익을 내게 하여라.'

그리고 이 목적에 이르는 방법은 이렇습니다. 여러분은 재물을 위해서 살면서, 재물 때문에 가혹하게 굴고, 재물 때문에 이웃과 하느님의 저주를 여러분에게로 끌어당기면서 이 세상에서 재물을 모으려고 하지 마시오. 세상 재물은 그럴 만한 값어치가 없습니다. 이 세상에서는 재물에 대한 안전성이 전혀 없습니다. 도둑이 언제든지 훔쳐 갈 수 있고, 불이 나서 집들이 파괴될 수도 있고,

---

* 역주 : 신약 시대의 로마의 은화.

초목이나 가축떼의 병으로 실과나 가축들이 전멸할 수도 있습니다. 재산을 노리는 위험이 얼마나 많습니까! 집과 같은 부동산이거나 금과 같이 변하지 않는 것이거나, 식물과 동물이 그렇듯이 살아 있는 모든 것과 같이 본질적으로 소멸하게 되어 있는 것이거나, 손상될 수 있는 값진 옷감이거나 다 그렇습니다. 벼락이나 화재나 홍수가 집을 덮칠 수 있고, 도둑이나 곰팡이병이나 가뭄이나 쏠아 먹는 동물 등이나 곤충들이 밭에 해를 끼칠 수 있고, 현도병(眩倒病)이나 열병이나 불구가 되는 것이나 전염병이 가축들에 해를 끼칠 수 있으며, 값진 옷감은 좀이 먹을 수 있고 비싼 가구를 쥐들이 갉을 수 있고, 식기는 깨질 수 있고, 촛대와 예술적인 쇠격자문은 녹이 슬 수 있습니다. 이래서 모든 것이, 하나도 빠짐없이 모든 것이 손상될 수 있습니다.

그러나 여러분이 이 지상의 모든 재물을 가지고 초자연적인 재물로 만들면, 그 재물은 세월과 사람과 일기불순에서오는 일체의 손상을 모면하게 됩니다. 도둑이 들어가지 못하고 아무런 불행도 생길 수 없는 하늘에 여러분의 보화를 쌓으시오. 여러분의 일을 자비롭게 세상의 모든 불행에 적용하시오. 그렇습니다, 여러분의 돈을 어루만지고, 하고 싶으면 입맞춤도 하시오. 순조로운 수확, 포도송이가 주렁주렁 달린 포도나무, 수없이 많이 달린 올리브의 무게로 가지가 휘는 올리브나무, 새끼를 많이 낳고 젖이 통통 불어서 커진 양들을 보고 기뻐하시오. 이 모든 것을 하시오. 그러나 보람없이 인간적으로는 하지 말고, 사랑과 찬미로, 기쁘게 그리고 초자연적인 계산으로 그렇게 하시오.

'하느님, 이 돈, 이 수확물, 이 나무들, 이 양들, 이 장사 때문에 감사드립니다! 내게 몹시 유익한 양들아, 나무들아, 풀밭들아, 장사야, 고맙다! 영원하신 분이여! 당신의 호의로 굶주리는 사람들과 헐벗고 집없고 병들고 외로운 사람들에게 좋은 일을 이렇게도 많이 할 수 있게 되었습니다. 물건들아, 너희들의 호의로 이런 좋은 일을 많이 하게 되었다. …작년에는 열 사람에게 이렇게 할 수가 있었습니다. 그런데 올해에는— 자선을 많이 했는데 돈이 더 많고, 수확물이 더 풍부하고 가축떼가 더 많아졌습니다— 작년보다 두 곱절, 세 곱절 더 주겠습니다. 그래서 모든 사람이, 개인적으로 아무것도 가진 것이 없는 사람들까지도 저와 함께 기뻐하고, 영원하신 주님이신 당신을 저와 함께 찬미하게 하겠습니다.' 이것이 의인의 기도입니다. 행동과 합해서 여러분의 재물을 하늘로 옮겨 가는 이 기도는 그 재물을 여러분을 위해 영원히 보존해 줄 뿐 아니라, 사랑의 거룩한 결과로 더 불어난 것을 여러분이 보게 해줄 것입니다.

여러분의 보화를 위험을 초월한 저 너머 하늘에 쌓아 두어서 황금과 집과 밭과 가축떼들이 불행을 당할 수 없게 할 뿐 아니라, 여러분 자신의 마음이 세상의 정신에 의해 공격을 받고 탈취되고 타락하고 타고 죽임을 당할 수 없게 하시오. 여러분이 이렇게 행동하면 여러분의 보화를 여러분의 마음 속에 가지게 될 것입니다. 그것은 여러분이 하느님 안에 있게 될 복된 날까지 여러분 안에 하느님을 모시고 있겠기 때문입니다.

그러므로 사랑의 결과를 줄이지 않도록 초자연적인 정신으로 자비로운 사람이 되는 것을 잊지 마시오. 기도와 단식재에 대해서 그렇게 말했지만 자선과 여러분이 할 수 있는 모든 선행에 대해서도 그렇게 말하겠습니다.

여러분이 행하는 선행을 세상의 관능성의 모독에서 보호하시오. 여러분의 선행을 인간적인 칭찬으로 더럽혀지지 않게 보존하시오. 향기로운 장미꽃을 더럽히지 마시오. 주님의 뜻에 맞는 향기를 내는 참다운 향로인 여러분의 사랑과 여러분의 선행의 향기로운 장미꽃을 말입니다. 선행을 더럽히는 것은 교만의 정신과 선을 행할 때에 사람의 눈에 띄기를 바라는 욕망과 칭찬을 추구하는 것입니다. 그때에는 사랑의 장미꽃이 만족을 얻은 교만이라는 끈적끈적한 달팽이에 의해 더러워지고 상하며, 향로 위로는 교만한 자가 배불리 먹은 짐승처럼 만족하고 있는 자리에 고약한 냄새가 나는 지푸라기들이 떨어집니다.

오! 사람들이 여러분 이야기를 하게 만들려고 행하는 저 자선의 행위들! 그러나 그런 자선 행위는 하지 않는 것이 낫습니다. 훨씬 나아요! 자선 행위를 하지 않는 사람은 냉혹으로 죄를 짓습니다. 칭찬을 받으려고 자기가 얼마를 주었는지 돈을 받은 사람이 누구인지 이름을 밝히면서 자선 행위를 하는 사람은 그의 헌금을 알림으로써 교만으로 죄를 범합니다. 그것은 마치 '내가 무엇을 할 수 있는지 보시오' 하고 말하는 것과 같습니다. 이 사람은 돈을 받은 사람의 이름을 알려서 그 사람의 자존심을 생각하게 하기 때문에 사랑의 부족으로 죄를 짓습니다. 또 인간적인 칭찬을 모으기를 원해서 정신적인 인색으로 죄를 짓습니다. …그것은 지푸라기같이 값어치없는 것 이상의 아무것도 아닙니다. 하느님께서 천사들과 더불어 여러분을 칭찬하시게 하시오.

여러분은 자선을 베풀 때에, 사람들의 칭찬을 받으려고, 그래서 많은 사람이 볼 수 있는 곳에서만 자선을 베푸는 위선자들이 하는 것처럼 행인들의 주의를 끌려고 나팔을 불지 마시오. 그들도 상을 받았으니, 하느님에게서 다른 상은 받지 못할 것입니다. 여러분은 이와 같은 잘못과 자만에 빠지지 마시오. 오히려 여러분이 자선을 베풀 때에는 오른손이 하는 일을 왼손이 모르게, 그만큼 숨기고 조심성있게 하시오. 그리고 잊어버리시오. 여러분은 두꺼비처럼 자만하면서 여러분이 한 행위를 감탄하며 바라보고 있지 마시오. 두꺼비는 희미한 눈으로 연못에 비친 제 모습을 감탄하며 들여다보다가, 고요한 물에 비친 구름과 나무와 연못가에 멈춰선 마차의 모습을 보고는 제가 그 물건들과 비교해서 너무도 작은 것을 보고 바람으로 몸을 부풀리다가 터져 죽고 맙니다. 여러분의 사랑 자체도 하느님의 사랑이라는 무한에 비하면 아무것도 아닙니다. 그리고 여러분의 작은 사랑을 하느님의 사랑과 같게 하려고 부풀리고 부풀리고 또 부풀리면, 여러분 안에 교만의 바람을 가득 채워서 결국은 파멸하고 말 것입니다.

잊어버리시오. 행위 자체를 잊어버리시오. 여러분에게 여전히 빛이 남아 있을 것이고, 꿀같이 달콤한 말이 남아 있을 것인데, 이것으로 여러분의 인생은 빛나고 즐겁고 지극히 행복하게 될 것입니다. 그것은 그 빛은 하느님의 미소이고, 그 꿀은 영적인 평화인데, 이 영적인 평화는 역시 하느님이십니다. 그리고 그 목소리는 여러분에게 '고맙다'고 말씀하시는 하느님의 목소리입니다. 하느님께서는 감추어진 악도 보시고, 스스로를 감추는 선행도 보시고, 거기 대해 여러분에게 상을 주실 것입니다. 나는 여러분에게…."

"선생님, 선생님의 말씀이 거짓이라고 스스로 부인하시는군요!"

예기치 않은 교활한 공격이 군중 가운데에서 온다. 모두가 그 목소리나는 쪽으로 몸을 돌린다. 베드로가 말한다. "제가 말씀드렸지요! 어! 그자들 중의 하나가 있으면… 되는 일이 하나도 없습니다!"

군중 가운데에서는 모욕하는 사람을 휘파람을 불어 야유하기도 하고 고함을 지르기도 한다. 예수께서만 침착하게 계시다 예수께서는 이마에 햇빛을 받으시며 똑바로, 짙은 파란색 옷을 입으신 몸으로 바위 위에 꼿꼿이 서 계시다.

모욕하는 사람은 군중의 반응을 아랑곳하지 않고 계속한다. "선생님은 좋지 못한 선생이십니다. 선생님 자신이 하지 않는 것을 가르치시니까요. 그리고…"

"입닥쳐요! 썩 물러가시오! 창피한 걸 아시오!" 하고 군중이 외친다. 그리고 또 이렇게도 외친다. "당신의 율법교사들이나 찾아가시오! 우리는 선생님만 계시면 충분하오. 위선자들은 위선자들과 같이 있으시오! 거짓 선생들! 고리대금업자들!…" 그리고 그들은 더 계속할 것이었다. 그러나 예수께서는 천둥소리 같은 목소리로 말씀하신다. "조용하시오! 저 사람이 말하게 가만 놔두시오." 그러자 사람들은 소리는 지르지 않는다. 그러나 성난 눈짓을 하며 비난하는 말을 중얼거린다.

"그렇습니다. 선생님은 자신이 하지 않는 일을 가르치십니다. 선생님은 남이 보지 못하게 자선을 베풀어야 한다고 말하면서 어제는 많은 사람이 있는 앞에서 '여기 남아 있으시오, 내가 배불리 먹여 주겠소' 하고 두 거지에게 말씀하셨습니다."

"나는 '거지 두 사람은 남아 있으라고 하여라. 그들은 축복받은 손님일 것이고 우리의 음식을 맛있게 할 것이다' 하고 말했소. 그 이상은 아무 말도 하지 않았소. 나는 그 사람들을 배불리 먹게 할 생각이란 말은 안했소. 적어도 빵 하나쯤 못 가진 거지가 어디 있소? 그들에게 우리의 진정한 우정을 주는 것은 우리에게 기쁜 일이었소."

"아! 그렇지요! 선생님은 꾀가 많아서 어린 양인 체할 줄을 아시지요!…"

노인이 일어나서 몸을 돌리고 지팡이를 쳐들며 외친다. "악마 같은 혀를 가진 자야, 거룩하신 분을 비난하는 너는 아마 무엇이든지 다 아는 줄로 생각하고 네가 아는 것을 가지고 비난할 수 있다고 믿는 모양이로구나. 너는 하느님이 어떤 분이시고 네가 모욕하는 분이 어떤 분이신지 모르는 것처럼 이분의 행동도 모른다. 그것을 아는 것은 천사들과 기쁨이 넘치는 내 마음밖에 없다. 여러분, 들으시오, 모두 들으시오. 그리고 이 성전의 쓰레기 같은 자가 말하려는 것처럼 예수님이 거짓말쟁이이고 교만한 분인지 알아보시오. 예수님은…"

"이스라엘 할아버지, 입다무세요! 제게 대한 사랑으로 입을 다무세요! 제가 할아버지를 행복하게 해드렸으면, 입을 다물어서 저도 행복하게 해주세요" 하고 예수께서 애원조로 말씀하신다.

"거룩하신 아드님, 순종하겠습니다. 그러나 이 말만은 하게 해주십시오. 하느님을 대신해서 내게 은혜를 베풀어 주신 분 위에 충실한 늙은 이스라엘 사람의 축복이 있으라고. 이 축복은 하느님께서 나와 새로 얻은 내 딸 사라를 위해 내 입술에 넣어 주신 것입니다. 그러나 네 머리 위에는 축복이 없을 것이다. 나는 너를 저주하지는 않는다. 나는 저주로 내 입을 더럽히지 않겠다. 내 입은 하느님께 '저를 받아들여 주십시오' 하고 말씀드려야 한다. 나는 나를 버린 딸도 저주하지 않았다. 그러니까 하느님께서 벌써 상을 주신다. 그러나 비난을 받으시는 죄없는 분과 그에게 강복을 주시는 하느님의 벗인 이스마엘을 두둔할 어떤 사람이 있을 것이다."

노인의 연설에 함성이 뒤따른다. 노인은 다시 앉고, 어떤 사람이 비난의 집중공격을 받으며 빠져나가 멀어져간다. 그런 다음 군중이 예수께 외친다. "거룩하신 선생님 계속하시오. 계속하세요! 저희들은 선생님 말씀만 듣습니다. 그러니 선생님도 저희들의 말만 들으십시오. 저 저주받은 까마귀 같은 자들의 말은 듣지 마십시오! 그자들은 저희가 그들보다 선생님을 더 좋아하는 것을 질투합니다! 그렇지만 선생님께는 거룩함이 있고, 그들에게는 타락이 있습니다. 말씀하십시오, 말씀하세요. 집이나 장사요? 선생님의 말씀을 들으려고 하는 사람에게는 그 모든 것이 아무것도 아닙니다."

"예, 말하겠습니다. 그러나 걱정하지 말고, 저 불쌍한 사람을 위해 기도하시오. 내가 용서하는 것과 같이 여러분도 용서하시오. 여러분이 사람들에게 그들의 잘못을 용서해 주면, 하늘에 계신 여러분의 아버지께서도 여러분의 죄를 용서해 주실 테니까요. 그러나 만일 여러분이 원한을 품고 사람들을 용서하지 않으면 여러분의 아버지께서도 여러분의 죄를 용서하지 않으실 것입니다.

나는 여러분이 행한 선에 대해서 상을 주십사고 하느님께 청하지 않더라도 상을 주실 것이라는 말을 했습니다. 그러나 여러분은 상을 받으려고, 또는 내일에 대한 보장을 얻기 위해서 선을 행하지 마시오. '그러면 이제는 내가 쓸 것도 아직 있을 것인가? 또 내가 아무것도 가진 것이 없게 되면 누가 와서 나를 도와주겠는가? 내가 한 것처럼 내게도 해줄 사람을 만나게 될까? 그리고 내가 아무것도 줄 것이 없게 되어도 사람들은 아직 나를 사랑할까?' 하는 걱정에 사로잡혀 선을 재가면서 행하지 마시오.

생각들 해 보시오. 나는 부자들 가운데에 유력한 친구들도 있고, 가난한 사람들 가운데에도 친구들이 있습니다. 그런데 정말이지 유력한 친구들이 가장 사랑하는 친구들이 아닙니다. 내가 그 친구들의 집에 가는 것은 자만하거나 내 이익을 얻으려고 해서가 아니라, 아무것도 가진 것이 없는 사람들을 위해 그들에게서 많은 것을 얻을 수 있기 때문입니다. 나는 가난합니다. 가진 것이 아무것도 없습니다. 나는 이 세상의 모든 보화를 손에 넣어서, 굶주린 사람들을 위해서 그것을 빵으로 바꾸고, 집없는 사람들을 위해서 집으로 바꾸고, 헐벗은 사람들을 위해서 옷으로 바꾸고, 병든 사람들을 위해 약으로 바꿨으면 합니다. 여러분은 아마 '선생님은 병을 고치실 수 있는데요' 하고 말할 것입니다. 맞습니다. 나는 그것도 할 수 있고 다른 일도 할 수 있습니다.

그러나 다른 사람들에게 항상 믿음이 있지는 않습니다. 그런데 만일 사람들의 마음에서 내게 대한 믿음을 얻어만나지 못하면, 나는 할 수 있는 것도 하기를 원하는 것도 할 수가 없습니다. 나는 믿음을 가지지 않은 사람들에게까지도 자선을 베풀고 싶고, 또 그 사람들이 사람의 아들에게 기적을 청하지 않기 때문에 인간 대 인간으로 그들을 돕고 싶습니다. 그러나 나는 아무것도 가진 것이 없습니다. 이 때문에 나는 있는 사람들에게 손을 내밀면서 '하느님의 이름으로 자선을 베풀어 주시오' 하고 청합니다. 그렇기 때문에 나는 상류사회에 친구들을 두었습니다. 장차 내가 이 세상을 떠나게 되었을 때에도 역시 가난한 사람들이 있을 것인데, 나는 거기에 없어서 믿음을 가진 사람들을 위해 기적을 행하지도 못할 것이고, 믿음으로 인도하기 위해 자선도 베풀지 못할 것입니다. 그러나 그때에는 내 친구들이 나와 교제하면서 자선을 베풀기 위해서는 어떻게 해야 할지를 알았을 것이고, 내 사도들도 나와 접촉하면서 형제들을 위해 사랑으로 자선을 베푸는 것을 배웠을 것입니다. 그러니까 가난한 사람들은 항상 구제될 것입니다.

그런데 어제 나는 아무것도 가진 것이 없는 사람에게서 가진 모든 사람이 내게 준 것보다도 더 많은 것을 받았습니다. 그 사람은 나만큼이나 가난한 사람입니다. 그러나 그 사람은 돈으로 살 수 없는 어떤 것을 내게 주었고, 그로 인해서 나는 매일 밤 의인의 손이 내 머리에 얹히고, 나는 내 잠을 보호하기 위한 그분의 축복을 받으며 자러 가던 내 어릴 적 일과 젊었을 적이 생각나서 기쁘게 되었습니다. 어제 이 가난한 벗은 그의 축복으로 나를 왕으로 만들었습니다. 그러므로 여러분은 걱정하지 마시오. 여러분이 자선을 베풀 만한 것을 가지지 못했더라도 사랑과 거룩함만 가지고 있으면 충분합니다. 여러분은 가난하고 기진맥진하고 몹시 슬퍼하는 사람에게 자선을 베풀 수 있을 것입니다.

그렇기 때문에 나는 여러분에게 가진 것이 별로 없는 것 때문에 너무 걱정하지 마시오 하고 말하는 것입니다. 여러분은 언제든지 필요한 것은 가지게 될 것입니다. 자기의 미래가 어떨지를 아는 사람은 아무도 없습니다. 무엇을 먹고 살아갈까, 또 몸에는 무엇을 걸칠까 하고 깊이 생각하지 마시오. 여러분의 영의 생명이 여러분의 배와 지체보다 훨씬 더 귀하고, 그것이 음식과 옷보다 훨씬 더 큰 값어치가 있다는 것은, 육체의 생명이 음식보다 더 값어치가 있고, 육체가 옷보다 값어치가 더 있습니다. 그리고 여러분의 아버지께서도 그것을 아십니다. 그러므로 여러분도 그것을 아시오. 새들을 보시오. 새들은 씨를 뿌리지도 않고 거두어들이지 않고 곳간에 모아 두지도 않습니다. 그런데도 하늘에 계신 아버지께서 먹여 주시기 때문에 굶어 죽지 않습니다. 아버지께서 가장 사랑하시는 피조물인 사람들인 여러분은 새들보다 훨씬 소중합니다.

여러분 중의 누가 온갖 솜씨를 다해서 자기 키를 한 자만이라도 늘일 수 있습니까? 여러분의 키를 반뼘도 늘일 수 없는데, 어떻게 여러분의 길고 행복한 노후를 보장할 여러분의 재산을 늘여서 여러분 미래의 처지를 바꿀 생각을 할 수 있습니까? 여러분이 죽음보고 '내가 원하는 때에 데리러 오너라' 하고 말할 수 있습니까? 그러면 왜 내일 일을 걱정합니까? 그리고 왜 입을 옷이 없을까 봐 그렇게 걱정을 하십니까? 들에 있는 백합들이 어떻게 자라는지 보시오. 그것들은 수고도 하지 않고 길쌈도 하지 않고 옷감을 뜨려고 포목전에도 가지 않습니다. 그런데도 정말이지 온갖 영화를 누린 솔로몬조차도 저 꽃 한 송이만큼 화려하게 입지 못했습니다. 그러니 오늘 피었다가 내일은 아궁이에 땔감으로 쓰이거나 짐승떼를 기르는 데나 소용되고, 결국은 재나 두엄이 될 들꽃도 하느님께서 그렇게 입히시니, 당신의 아들들인 여러분에 대하여는 훨씬 더 마음을 쓰실 것입니다.

믿음이 별로 없는 사람들같이 되지 마시오. '내가 늙으면 어떻게 먹을까? 무엇을 마실까? 무엇을 입을까?' 하고 불확실한 장래 때문에 걱정을 하지 마시오. 이런 걱정은 하느님의 아버지다운 감정에 대한 빛나는 확신을 가지지 못한 이방인들이나 가지라고 하시오. 여러분은 그런 확신을 가졌고, 또 여러분의 아버지께서 여러분의 필요를 아시고 여러분을 사랑하신다는 것을 압니다. 그러므로 여러분의 아버지를 믿으시오. 여러분은 우선 정말 필요한 것들, 즉 믿음, 친절, 사랑, 겸손, 자비, 순결, 정의, 온순 세 가지나 네 가지 주요한 덕행, 그리고 또 모든, 다른 모든 덕행도 찾아서 하느님의 친구가 되고, 그분의 나라에 들어갈 권리를 가지게 되도록 하시오. 그러면 나머지 모든 것은 여러분이 청하지 않아도 덤으로 받게 될 것이라고 장담합니다. 성인보다 더 부유하고 더 안심할 수 있는 부자는 없습니다. 하느님께서는 성인과 함께 계시고, 성인은 하느님을 모시고 있습니다. 성인은 육체를 위하여는 아무것도 청하지 않는데, 하느님께서 필요한 것을 주십니다. 그러나 성인은 그의 영을 위하여는 일하는데, 하느님께서 이 세상에서는 당신 자신을 주시고, 내세에서는 천국을 주십니다.

그러므로 걱정할 값어치가 없는 것을 위해서 걱정을 하지 마시오. 여러분이 불완전한 것을 슬퍼하되, 세상 재물을 많이 가지지 못한 것을 슬퍼하지 마시오. 내일 때문에 몹시 괴로워하지 마시오. 내일 걱정은 내일에 맡기시오. 그리고 여러분은 내일이 되었을 때 내일 생각을 하시오. 왜 오늘부터 내일을 생각합니까? 인생은 벌써 어제의 괴로운 추억과 오늘의 괴롭히는 생각으로 넉넉히 차 있지 않습니까? 그러니 거기에다 또 내일은 '어떨까?' 하는 고민거리를 보탤 필요를 느끼겠습니까? 하루의 걱정은 그날 겪는 것으로 족합니다! 지금 있는 걱정에 장차 있을 걱정을 보태지 않더라도 인생에는 벌써 우리가 원하는 것보다 더 많은 걱정이 늘 있을 것입니다! 그러므로 하느님의 훌륭한 말씀인 '오늘'이라는 말을 항상 하시오. 하느님의 모습으로 창조된 그분의 자식들이 되시오. 하느님과 함께 '오늘'이라고 말하시오.

그래서 오늘 나는 여러분에게 내 강복을 줍니다. 이 강복이 새로운 오늘인 내일이 시작될 때까지, 즉 내가 다시 하느님의 이름으로 여러분에게 평화를 줄 때까지 여러분과 같이 있기를 바랍니다."

34. 산상 설교. 진복팔단(제5부)

깨끗한 공기가 보통 때보다 한층 더 선명한 찬란한 아침나절이다. 먼 곳이 더 가까워 보이는 것 같고 아주 세밀한 것까지 분명하게 보여주는 돋보기를 통해 물건들을 보는 느낌이다. 군중은 선생님의 말을 들을 채비를 하고 있다. 자연은 한창 무르익은 봄의 호사스러운 옷을 입어 나날이 더 아름다워진다. 팔레스티나에서는 봄이 한창 무르익는 때가 정확히 3월과 4월 사이인 것 같다. 그때가 지나면 밀이 여물고 나뭇잎들이 벌써 무성하게 퍼지고 해서 벌써 여름 모습을 띠기 때문이다.

지금은 모든 것이 오직 한 송이 꽃일 뿐이다. 꽃이 피기에는 가장 적당치 않은 곳에까지 꽃이 뒤덮인 산꼭대기에서 내려다보면 아직 나긋나긋한 밀이 물결치는 것 같은 들판이 보이는데, 수염 속에서 밀알을 여물게 하고 있는 이삭 꼭대기에 바람이 지나가면서 겨우 엷은 황금색을 띠기 시작한 청록색의 물결을 일으킨다. 가벼운 바람에 물결치고 있는 밀밭 위에는 과일나무들이 꽃으로 뒤덮여 우뚝 서 있다. 어머어마하게 큰 분바르는 분첩 같기도 하고, 또는 희거나 아주 엷은 분홍색 또는 짙은 분홍색, 또는 아주 새빨간 사(絲)를 뭉쳐 놓은 것 같기도 하다. 보속을 하는 고행자와 같은 옷을 입고 명상에 잠긴 것 같은 올리브나무는 기도를 드리는데, 그것들의 기도는 눈 같은 작은 흰 꽃으로 변하지만, 아직은 그렇게 확실하지 않다.

헤르몬산의 꼭대기는 분홍빛 도는 설화석고(雪花石膏) 같은데 햇빛에 반짝이고 거기에서 금강석 실 두 줄기가 내려오고 있다. 여기서 보면 그 실들은 햇빛을 받아 마치 환상적인 섬광을 내다가 푸른 숲 속으로 들어가 사라진다. 그러다가 계곡에서야 다시 보게 되는데, 거기에서는 그것들이 물줄기를 만들어, 틀림없이 여기서는 보이지 않는 메론 호수 쪽으로 흘러간다. 그러다가 메론 호수에서 요르단강의 아름다운 물과 함께 나와서 그 다음에는 다시 엷은 사파이어 빛깔인 갈릴래아 바다로 들어간다. 갈릴래아 바다는 태양이 보석과 불꽃의 역할을 하는 찬란한 광채의 반짝임이라고나 하겠다. 기묘한 정원들과 들판에 둘러싸인 저 고요하고 빛나는 거울 위를 차례로 지나가는 돛단배들은 하늘에 있는 다른 바다를 누비고 다니는 가벼운 구름의 인도를 받는 것 같다.

정말이지 이 봄날, 이 아침 시간에 만물이 웃음을 짓고 있다.

그리고 사람들이 끊임없이 몰려오고 또 몰려온다. 사방에서 올라오는데, 노인들도 있고, 건강한 사람들과 병자들도 있고 아기들도 있고, 그들의 생활을 하느님의 말씀의 축복으로 시작하기를 원하는 젊은 부부들도 있고 거지들도 있고 넉넉한 사람들도 있다. 이런 사람들은 사도들을 불러 아무것도 가진 것이 없는 사람들을 위하여 헌금을 하는데, 어떻게나 숨어서 그 일을 하는지 꼭 고백을 하는 것 같다. 토마는 그들의 배낭 중의 하나를 가지고 와서 그 돈의 보물을 닭의 모이나 되는 듯이 모두 침착하게 배낭 속에 쏟아 넣는다, 그리고는 전부를 예수께서 말씀하신 바위 곁으로 와서 기뻐서 웃으며 말한다. "선생님, 기뻐하십시오. 오늘은 모든 사람에게 줄 수 있을 만큼 있습니다!"

예수께서는 빙그레 웃으시며 말씀하신다. "그리고 슬픈 사람들이 즉시 기뻐하게 즉시 시작하자. 너와 네 동료들은 병자와 가난한 사람들을 찾아내서 앞으로 데려오너라."

이 일은 비교적 짧은 시간에 이루어진다. 그것은 이러이러한 사정 이야기를 들어야 하는데, 토마가 사람들이 볼 수 있게 바위에 올라가서 그 큰 목소리로 "육신에 고통을 받는 분들은 모두 내 오른쪽 그늘이 있는 저리로 가시오" 하고 외쳐서 효능적인 조직을 하지 않았더라면 시간이 훨씬 더 많이 걸렸을 것이기 때문이다. 유별나게 크고 아름다운 목소리를 가진 가리옷 사람도 토마를 본받아 자기도 외친다. "동냥을 받을 권리가 있다고 생각하는 사람들은 모두 이리 내 둘레로 오시오. 그리고 선생님의 눈은 사람들의 마음 속을 읽으시니까 거짓말을 하지 않도록 단단히 조심하시오."

군중은 웅성거리면서 병자들과 가난한 사람들과 그저 가르침만 기다리는 사람들, 이렇게 세 집단으로 나누인다. 그러나 이 마지막 부류의 사람들 가운데 두 사람, 그 다음에는 세 사람이 건강도 돈도 아닌, 그러나 그런 것보다도 더 필요한 어떤 것이 필요한 것 같다. 여자 한 사람과 남자 두 사람이다. 그들은 제자들을 쳐다보고 또 쳐다보고 하면서 감히 말을 하지 못한다. 열성당원 시몬이 근엄한 태도로 지나간다. 그리고 베드로는 바삐 돌아다니면서 장난꾸러기 여남은에게 연설을 하며 끝까지 조용히 있으면 올리브를 주마고 약속하고, 선생님이 말씀하시는 동안 시끄럽게 굴면 뺨을 때리겠다고 한다. 나이들고 근엄한 바르톨로메오가 지나가고, 다음에는 마태오와 필립보가 빽빽한 군중 사이를 뚫고 나오기가 어려웠을 불구자를 안고 온다. 그 다음에는 주님의 사촌들이 눈이 거의 먼 거지와 나이가 얼마나 되는지 알 수 없는 불쌍한 여인을 붙잡고 오는데, 여인은 울면서 야고보에게 그의 모든 불행을 이야기한다. 다음에는 제베대오의 야고보가 틀림없이 병이 들었을 가엾은 어린 소녀를 어머니에게서 받아 안고 오는데, 어머니는 몹시 걱정이 되어 군중이 딸을 건드리지 못하게 하려고 그를 따라온다. 마지막으로 떨어질 수 없는 두 사람이라고 할 수 있는 안드레아와 요한이 지나간다. 떨어질 수 없는 두 사람이라고 한 것은 요한이 거룩한 어린이와 같은 조용한 성질로 인하여 모든 동료와 똑같이 어울리지만, 안드레아는 몹시 수줍어서 고기잡이와 세례자에 대한 믿음으로 오랜 동료와 같이 있기를 더 좋아하기 때문이다. 이들은 주요한 산길이 엇갈리는 곳에 있으면서 군중을 지도하여 그들의 자리로 가게 하였었다. 그러나 이제는 돌투성이의 산길에 다른 순례자들이 보이지 않는다. 그래서 두 제자는 그들이 받은 헌금을 가지고 선생님께로 가려고 합친다.

예수께서는 벌써 병자들에게로 몸을 구부리고 계신데, 기적이 일어날 때마다 기쁨의 함성을 지른다.

몹시 고민하는 듯한 여인이 안드레아와 말을 하면서 웃고 있는 요한의 옷을 용기를 내서 끈다. 요한은 몸을 구부리고 "아주머니 왜 그러십니까?" 하고 묻는다.

"선생님께 말씀드리고 싶어요…."

"병이 있습니까? 가난하지는 않으신데…"

"저는 병자가 아니고 가난하지도 않아요. 그렇지만 저는 선생님이 필요합니다. …열이 없는 병이 있고 가난하지 않은 불행이 있으니까요. 그런데 제 불행은… 제 불행은…" 그러면서 여인은 운다.

"안드레아, 알겠지. 이 여자는 슬픔이 있어서 선생님께 말씀드리고 싶은 거야. 어떻게 하지?"

안드레아는 여인을 보면서 말한다. "틀림없이 알리기가 괴로운 일일 거야…." 여인은 그렇다는 표로 머리를 끄덕거린다. 안드레아가 다시 말한다. "울지 마세요. …요한, 이 여자를 우리 천막으로 데리고 가게. 선생님을 그리로 모셔 갈 테니까."

그러자 요한은 빙그레 웃으면서 지나가게 비껴 달라고 청하고, 그 동안 안드레아는 예수께로 가려고 반대 방향으로 간다. 그러나 고민하는 두 남자가 이들의 거동을 살피다가, 그 중 한 사람은 요한을 붙들고 또 한 사람은 안드레아를 붙잡는다. 그래서 조금 후에는 그 두 남자가 요한과 여인과 함께 천막의 벽노릇을 하는 나뭇잎이 우거진 뒤에 가 있게 되었다.

안드레아는 예수께서 불구자를 고치시는 순간에 그리로 간다. 불구자는 목발을 전리품 모양으로 쳐들고 춤추는 사람같이 재빨리 움직이며 축복의 말을 소리높이 외친다. 안드레아가 목소리를 낮추어 말한다. "선생님, 우리 천막 뒤에 우는 사람 셋이 있습니다. 그러나 그것은 공표할 수 없는 마음의 고통입니다…."

"알았다. 나는 아직 이 계집 아이와 이 여자를 돌봐야 한다. 그런 다음 가마. 그들에게 가서 믿음을 가지라고 일러라."

안드레아는 간다. 그 동안 엄마가 다시 안은 계집 아이를 내려다보시며 "이름이 뭐냐?" 하고 물으신다.

"마리아."

"그럼, 내 이름은 뭐냐?"

"예수" 하고 계집 아이가 대답한다.

"그럼 내가 누구냐?"

"몸과 영혼에 좋은 일을 하려고 온 주님의 메시아."

"누가 그 말을 했니?"

"나를 살리려고 선생님에게 바라는 엄마 아빠가."

"살아라, 그리고 착하게 굴어라."

계집 아이는 척추를 앓는 것 같았다. 나이가 일곱 살도 더 되었는데도 손밖에 움직이지 못하고, 겨드랑이에서 엉덩이 위까지 아주 단단하고 두꺼운 붕대로 칭칭 감겨 있었기 때문이다. 어머니가 붕대를 보이려고 작은 옷을 벌렸기 때문에 그것을 볼 수 있다. 계집 아이는 몇 분 동안 꼼짝 안하고 있다가 펄쩍 뛰며 엄마의 품에서 땅으로 미끄러져 내려와, 무슨 병을 앓는지 알 수 없는 여자 병자를 고쳐 주고 계신 예수께로 달려간다.

병자들은 모두가 청이 들어졌다. 그래서 "하느님의 영광이요 우리의 영광이신 다윗의 후손"을 찬양하는 수많은 군중 속에서 제일 크게 외치는 것이 이 사람들이다.

예수께서는 천막쪽으로 가신다. 가리옷의 유다가 외친다. "선생님! 이 사람들은요?"

예수께서는 돌아다보시며 말씀하신다. "거기서 기다리라고 하여라. 그 사람들도 위로를 받을 것이다." 그리고는 나뭇잎이 우거진 뒤로, 안드레아와 요한과 더불어 고민을 하는 세 사람이 있는 곳으로 빨리 가신다.

"우선 여인을 보자. 저 수풀 속으로 나를 따라오시오. 겁내지 말고 말하시오."

"주님, 제 남편이 매춘부 때문에 저를 버렸습니다. 저는 아이가 다섯인데 막내는 두 살입니다. …제 고통은 큽니다. …그리고 저는 제 자식들을 생각합니다. …남편이 아이들을 원하려는지 제게 남겨두려는지 모릅니다. 사내 아이들은, 적어도 맏이는 원하겠지요. …그렇지만 그애를 세상에 낳아준 제가 그애를 보는 기쁨을 누리지 못하게 돼야 합니까? 그리고 그애들이 아버지와 저를 어떻게 생각하겠습니까? 저희들 중 한 사람은 나쁘게 생각할 것이 틀림없습니다. 그런데 저는 애들이 아버지를 비판하는 것은 원치 않습니다…."

"울지 마시오. 나는 삶과 죽음의 주재자요. 당신 남편은 그 여자와 결혼하지 않을 것입니다. 평안히 가시오, 그리고 항상 착하게 사시오."

"그렇지만… 주님이 그를 죽게 하지는 않으시겠지요? 오! 주님, 저는 남편을 사랑합니다!"

예수께서는 미소를 지으신다. "나는 아무도 죽이지 않겠습니다. 그러나 제 할 일을 할 사람이 있을 것입니다. 그러나 마귀가 하느님보다 높지 않다는 것을 아시오. 당신의 읍내로 돌아가면 악의있는 여자가 죽임을 당했다는 것을 알게 될 것이고, 당신 남편이 무엇을 할 참이었는지를 깨달아서 당신을 새로워진 사랑으로 사랑하게 될 만큼 죽임을 당했다는 것을 알게 될 것입니다." 여인은 그의 머리에 얹으신 예수의 손에 입맞춤을 하고 떠나간다.

두 남자 중의 한 사람이 온다. "주님, 저는 딸이 하나 있습니다. 그런데 불행히도 그애가 친구들과 같이 티베리아에 갔었는데, 독약을 먹은 것과도 같습니다. 그애는 취한 사람처럼 되어서 돌아왔습니다. 그애는 그리이스인과 같이 가려고 했습니다. …그러다가… 아니 그애가 왜 제게 태어났습니까? 제 어미는 홧병이 났습니다. 어쩌면 그 병으로 죽을지도 모릅니다. …저는… 지난 겨울에 들은 선생님의 말씀 때문에만 그애를 죽이지 않았습니다. 그렇지만 솔직히 말씀드려 제 마음은 벌써 그애를 저주했습니다."

"안 됩니다. 아버지이신 하느님께서는 이미 저지른 끈덕진 죄만 저주하십니다. 그런데 내게서 무엇을 바라십니까?"

"주님께서 그애를 뉘우치게 해주시기를 바랍니다."

"나는 당신의 딸을 알지 못하고, 당신의 딸이 분명히 내게로 오지도 않는 걸요."

"그렇지만 주님은 멀리서도 마음을 바꾸실 수 있습니다. 누가 저를 주님께로 보냈는지 아십니까? 쿠자의 요안나입니다. 요안나가 그 고약한 그리이스 사람을 아는지 물어보려고 요안나의 저택에 갔을 때 요안나는 예루살렘으로 떠나려는 참이었습니다. 저는 요안나가 티베리아에 살고 있으면서도 착하기 때문에 그 그리이스 사람을 알지 못할 것으로 생각했습니다. 그렇지만 쿠자는 이방인들과 교제가 있기 때문에⋯ 요안나는 그 남자를 모릅니다. 그러나 제게 이렇게 말했습니다. '예수님을 가서 만나보세요. 예수님은 내 영을 아주 먼 곳에서 도로 불러오셨고, 그렇게 불러오시는 것으로 내 폐병을 고쳐 주셨어요. 예수님이 따님의 마음도 고쳐 주실 것입니다. 나도 기도하겠으니, 선생은 믿음을 가지세요' 하고. 선생님이 보시다시피 저는 믿음을 가졌습니다. 선생님, 불쌍히 여겨 주십시오."

"당신의 딸은 오늘 저녁이 되면 어머니 무릎에 엎드려 울면서 용서를 빌 것입니다. 당신도 어머니와 같이 친절을 베풀어 용서하시오. 과거는 죽었습니다."

"그러겠습니다, 선생님. 하라시는 대로 하겠습니다. 그리고 선생님은 찬미받으십시오."

그는 떠나려고 돌아선다. ⋯그러다가 다시 돌아와서 말한다. "선생님, 용서하십시오. ⋯하지만 저는 겁이 납니다. ⋯음란은 아주 못된 마귀입니다! 선생님의 옷의 섬유를 한 가닥 주십시오. 그걸 딸의 베개 밑에 넣어 주겠습니다. 그애가 자는 동안에 마귀가 유혹을 하지 않을 것입니다."

예수께서는 빙그레 웃으시며 머리를 저으신다. ⋯그러나 예수께서는 "당신이 더 안심하도록 그러지요. 그러나 하느님께서 '내가 이렇게 되기를 원한다'고 말씀하시면 다른 것이 필요없이 마귀가 가버린다는 것을 믿으시오. 나는 당신이 이것을 내 기념품으로 간직하길 바랍니다" 하고 말씀하셔서 그를 만족시켜 주시고, 당신 옷의 술에서 작은 뭉치 하나를 떼어 주신다.

셋째 사람이 나타난다. "선생님, 제 아버지는 돌아가셨습니다. 저희들은 아버지가 돈을 많이 가지고 있는 줄로 믿고 있었습니다. 그런데 저희들은 돈을 발견하지 못했습니다. 그런데 저희는 형제들끼리 먹을 것이 없지 않으니까 그것은 그저 조그마한 불청에 지나지 않을 것입니다. 그러나 제가 맏이여서 아버지를 모시고 살았는데, 제 두 아우가 저더러 돈을 없앴다고 비난하면서 도둑질했다고 저를 걸어 소송을 하겠다고 합니다. 제 마음을 아시지요. 저는 동전 한 푼도 훔치지 않았습니다. 아버지는 돈을 작은 궤 안에 쇠로 만든 작은 상자에 넣어서 보관했었습니다. 아버지가 돌아가시자 저희들은 작은 궤를 열어 보았는데 쇠로 만든 상자는 거기에 없었습니다. 아우들은 '오늘밤 우리가 자는 동안에 형이 금궤를 가져갔어' 하고 말합니다. 그것은 사실이 아닙니다. 저희들 사이에 평화와 존경을 회복하도록 저를 도와주십시오."

예수께서 그를 똑바로 들여다보시며 빙그레 웃으신다.

"선생님, 왜 웃으십니까?"

"당신 아버지가 죄인이기 때문입니다. 장난감을 누가 가져가지 못하게 감추는 어린 아이와 같은 잘못이지요."

"그러나 제 아버지는 인색하지 않았습니다. 정말입니다. 아버지는 자선을 베풀었습니다."

"나도 그것은 압니다. 그러나 그분은 연세가 매우 높았지요. …그것은 노인들의 병입니다. …아버지는 당신들의 이익을 위해서 돈을 안전한 곳에 두고자 한 것입니다. 그런데 지나친 애정으로 당신들의 사이를 갈라놓았습니다. 그러나 철궤는 지하창고 계단 밑에 파묻혀 있습니다. 이 말을 하는 것은 내가 그 일을 안다는 것을 당신이 알게 하기 위해서입니다. 내가 당신에게 말하고 있는 동안 아주 우연히 당신의 막내 아우가 화가 나서 땅을 구르다가 땅이 흔들리게 해서 아우들이 금궤를 찾아낸 것입니다. 아우들은 부끄러워하며 당신을 비난한 것을 후회합니다. 안심하고 집으로 돌아가시오, 그리고 아우들에게 친절하게 구시오. 존경을 어겼다고 그들을 나무라지 마시오."

"주님, 안 그러겠습니다. 저는 집에도 가지 않고 남아서 주님 말씀을 듣겠습니다. 집에는 내일이나 가겠습니다."

"그런데 아우들이 당신 돈을 빼앗아가면 어쩌려고요?"

"선생님은 탐욕을 가지지 말라고 말씀하셨지요. 그래서 저는 탐욕을 가지기를 원치 않습니다. 저희들 사이에 평화만 있으면 그것으로 족합니다. 그뿐 아니라… 저는 그 철궤에 무엇이 들어 있는지 몰랐었으니, 부정확한 고백을 할까봐 걱정은 하지 않겠습니다. 저는 그 돈을 잃을 수도 있었다고 생각합니다. …아우들이 그 돈을 제게 주기를 거절하면, 전에 살아온 대로 지금도 계속 살겠습니다. 아우들이 저를 도둑이라고 부르지 않기만 하면 제게는 그것으로 충분합니다."

"당신은 하느님의 길에 매우 많이 나아갔습니다. 그대로 계속하시오, 그리고 평화가 당신과 함께 있기를 바랍니다."

34. 산상 설교. 진복팔단(제5부)

그래서 그 사람도 만족해서 간다. 예수께서는 군중에게로, 가난한 사람들에게로 돌아가셔서 좋다고 판단하시는 대로 돈을 나누어주신다. 이제는 모든 사람이 만족한다. 그래서 예수께서는 말씀을 하실 수가 있다.

"평화가 여러분과 함께 있기를!

내가 여러분에게 주님의 길을 설명하는 것은 여러분이 그 길을 가라고 그러는 것입니다. 여러분은 오른쪽으로 내려가는 길과 왼쪽으로 내려가는 길을 동시에 갈 수 있겠습니까? 그렇게 할 수 없을 것입니다. 한쪽 길로 가면 다른쪽 길을 버려야 하니까요. 두 길이 가까이 있다 하더라도 여러분은 한 발은 이 길로 한 발은 저 길로 계속 걸어갈 수는 없을 것입니다. 결국은 피로하고야 말 것이고, 여러분이 내기를 했더라도 결국은 실수하고 말 것입니다. 그러나 하느님의 길과 사탄의 길 사이에는 거리가 멀리 떨어져 있고, 그 거리는 끊임없이 더 멀어지기만 합니다. 마치 이 두 오솔길이 여기서 만나지만, 계곡으로 내려가는 데 따라서 점점 더 서로 멀어지는 것과 꼭 같습니다. 하나는 가파르나움으로 가고 또 하나는 프톨레마이스로 가는 길이니까요.

인생도 이와 같습니다. 인생은 과거와 미래 사이로, 악과 선 사이로 흘러갑니다. 한가운데에는 의지와 자유를 가진 사람이 있습니다. 양극단에는 한쪽에는 하느님과 그분의 하늘이 있고 또 한쪽에는 사탄과 그의 지옥이 있습니다. 사람은 선택할 수 있습니다. 아무도 그를 강제하지 않습니다. 아랫길로 내려가는 것을 변명하느라고 '그렇지만 사탄이 우리를 유혹하는 걸요' 하고 말하지 말 것입니다. 하느님께서도 당신 사랑으로 우리를 유혹하시는데, 이 유혹은 매우 강합니다. 말로도 유혹하시는데, 그 말은 매우 거룩합니다. 약속으로도 유혹하시는데, 그 약속은 대단히 매력적인 것입니다! 그러면 왜 두쪽 중에서 한쪽의 유혹에만, 그것도 들을 만한 가치가 더 없는 쪽의 유혹에만 끌려 가는 것입니까? 하느님의 말씀과 약속과 사랑이 사탄의 독을 중화시키기에 충분하지 못합니까?

그것이 여러분에게 좋지 않게 되지 않을까 조심하시오. 어떤 사람이 육체적으로 매우 건강해도 감염은 면할 수가 없습니다. 그러나 그 감염을 쉽게 극복합니다. 그러나 이와 반대로 벌써 병이 들었고 따라서 몸이 약해졌으면 새로운 감염으로 거의 확실히 죽게 됩니다. 또 살아남는다 하더라도 첫번보다도 더 병이 중하게 됩니다. 그것은 그가 피 안에 전염성 병원균을 완전히 파괴할 힘을 가지고 있지 못하기 때문입니다. 사람의 상등 부분에 대해서도 마찬가지입니다. 어떤 사람이 도덕적으로 정신적으로 건강하고 굳세다 하더라도 유혹을 면하지는 못하지만 악이 그의 안에 뿌리를 내리지 못한다는 것을 믿으시오. 어떤 사람이 내게 '나는 이 사람 저 사람과 교제를 하고, 이 책과 저 책을 읽었습니다. 그리고 이 사람과 저 사람을 선으로 인도하려고 애썼습니다. 그러나 사실에 있어서는 그들의 정신과 마음에 있던 악과 책에 있던 악이 내 안에 들어왔습니다' 하고 말하는 것을 들으면, 나는 이런 결론을 내립니다. '그것은 당신이 침투에 유리한 지반(地盤)을 벌써 만들어 놓았었다는 것을 증명하는 것입니다. 그것은 당신이 도덕적·정신적 기력이 없는 약한 사람임을 증명하는 것입니다. 그것은 우리가 원수들에게서까지도 선을 끌어내야 하기 때문입니다. 그들의 잘못을 살펴보면서, 우리는 그 잘못에 떨어지지 않는 법을 배워야 합니다.

지적인 사람은 그가 듣는 아무 학설에나 매혹되지 않습니다. 어떤 학설에 푹 젖어 있는 사람은 그의 안에 다른 학설에 자리를 마련해 줄 수가 없습니다. 이것은 다른 가르침에 대해 확신을 가진 사람들을 참 교리를 따르라고 설득하는 데 얼마나 많은 어려움을 만나게 되는지를 설명해 줍니다. 그러나 만일 당신이 바람이 조금만 불어도 생각이 변한다고 말하면 나는 당신이 빈 자리투성이이고, 당신의 정신적인 힘에 사방에 균열이 생겼고, 당신의 생각을 붙잡아 두는 둑에 수없이 많은 구멍이 나서 그리로 건강에 좋은 물이 빠져나가고 썩은 물이 들어오는데, 당신은 하도 어리석고 무기력해서 그것을 알아차리지도 못하고 거기에 아무런 구제책도 쓰지 않고 있다는 것을 알게 됩니다. 당신은 불행한 사람입니다' 하고.

그러므로 여러분은 관능성과 세상과 지식과 마귀의 유혹에 저항하고 저항하고 또 저항하면서 두 갈래 길 중에서 좋은 길을 택해서 그리로 갈 줄을 아시오. 혼합된 믿음, 타협, 서로 반대되는 계약 따위는 세상 사람들에게나 남겨놓으시오. 사람들이 성실하면 세상 사람들 사이에도 그런 것들이 있어서는 안 될 것입니다. 그러나 적어도 하느님의 사람들인 여러분은 그런 것을 가지지 마시오. 여러분은 하느님과도 맘몬과도 타협을 할 수가 없습니다. 여러분 안에 그것들을 가지지 마시오. 그것들은 값어치가 없을 것이니까요. 착한 것과 착하지 않은 것이 섞인 여러분의 행동은 아무 가치도 없을 것입니다. 완전히 좋은 행동들이 그렇지 않은 행동들로 인하여 무효하게 될 것입니다. 나쁜 행동들은 여러분을 직접 원수의 손에 떨어지게 할 것입니다. 그러므로 그것을 행하지 마시오. 그러지 말고 성실하게 섬기시오.

아무도 생각이 다른 두 주인을 섬길 수는 없습니다. 한 편은 사랑하고 다른 편은 미워할 것이고, 한 편은 미워하고 다른 편은 사랑할 것입니다. 여러분은 똑같이 하느님과 맘몬의 사람이 될 수가 없습니다. 하느님의 정신은 세상의 정신과 타협할 수가 없습니다. 하나는 올라가고 하나는 내려갑니다. 하나는 거룩하게 하고 또 하나는 타락시킵니다. 만일 여러분이 타락했으면 어떻게 깨끗하게 행동할 수 있습니까? 타락한 사람들 안에서는 관능성이 흥분하고, 관능성에 따라서 다른 욕망들도 흥분합니다. 여러분은 하와가 어떻게 타락했는지, 그리고 하와를 통해서 아담이 어떻게 타락했는지를 벌써 알고 있습니다.

　사탄이 여자의 눈에 입맞춤을 하고 지독히 홀려서 그때까지는 무엇이든지 깨끗하게 보이던 것이 여자에게는 더러운 모습으로 비치게 되었고 이상한 호기심을 불러일으켰습니다. 그리고 나서 사탄은 귀에 입맞춤을 해서 지금까지 알지 못했던 지식, 즉 그의 지식의 말이 들리게 했습니다. 하와의 생각까지도 필요치 않은 것을 알고자 했습니다. 그런 다음 사탄은 악에 눈이 뜬 눈과 생각에 그것들이 처음에는 보지도 못하고 깨닫지도 못했던 것을 보여 주었고, 이렇게 해서 하와에게서는 모든 것이 눈을 뜨고 타락했습니다. 그리고 여자는 남자에게 가서 그의 비밀을 털어놓고 보기에 대단히 아름다운, 그때까지 금지되었던 새 과일을 맛보라고 아담을 설득했습니다. 그리고 하와는 아담에게 입을 맞추고 벌써 사탄의 혼미가 들어 있는 입과 눈으로 아담을 쳐다보았습니다. 그러자 아담에게로 타락이 스며들어가 그의 눈은 금지된 과일을 보고 탐했습니다. 아담은 여자 동무와 같이 과일을 깨물었고, 그래서 까마득한 높이에서 진흙 속으로 떨어졌습니다.

　어떤 사람이 타락하면, 진정한 의미의 성인이 아닌 다른 사람을 타락하게 만듭니다.

　여러분, 여러분의 시선을 조심하시오. 눈의 시선과 정신의 시선을. 시선이 타락하면 나머지를 타락시킬 수밖에 없습니다. 눈은 몸의 빛이고, 여러분의 생각은 마음의 빛입니다. 그러나 만일 여러분의 눈이 깨끗하지 않으면 여러분 안의 모든 것이 흐려질 것이고, 유혹의 망상이 여러분 안에 부정한 상상들을 만들어놓을 것입니다. 기관이 생각에 복종하는 결과로 타락한 생각이 관능을 타락시키기 때문입니다. 생각이 깨끗한 사람은 모든 것이 깨끗합니다. 깨끗한 생각은 깨끗한 시선을 가지게 하고, 하느님의 빛은 관능이 방해를 하지 않는 곳에 내려와서 주인 노릇을 합니다. 그러나 만일 여러분이 나쁜 의지로 눈이 흐린 것을 보도록 습관을 들여놓으면 여러분 안에 있는 모든 것이 어두움이 될 것입니다. 여러분이 가장 거룩한 것들을 보아도 소용없을 것입니다. 밤에는 어두움밖에 없을 것이고, 여러분은 어두움의 일을 할 것입니다.
 그러므로 하느님의 자식인 여러분, 여러분 자신에 대하여 여러분을 보호하시오. 모든 유혹을 주의깊게 스스로 경계하시오. 유혹을 당하는 것은 죄가 아닙니다. 투기자(鬪技者)는 투쟁으로 승리를 준비합니다. 그러나 훈련을 하지 않고 조심을 하지 않은 탓으로 지는 것은 악입니다. 모든 것이 유혹에 쓰인다는 것을 나는 압니다. 금지는 신경질나게 한다는 것도 압니다. 싸움을 하면 기진맥진한다는 것도 압니다. 그러나 자, 이런 것들이 여러분에게 무엇을 마련해 주는지를 생각하시오. 그런데 여러분은 어떤 종류의 것이든지 한 시간 동안의 쾌락을 위해서 영원한 평화를 잃고자 하겠습니까? 육체와 황금과 생각의 쾌락이 여러분에게 남겨 주는 것이 무엇입니까? 아무것도 없습니다. 그것들을 물리침으로써 얻는 것은 무엇입니까? 모든 것입니다. 나는 죄인들에게 말하고 있습니다. 사람은 누구나 죄인이니까요. 그러면 정말 내게 말해 보시오. 관능이나 교만이나 탐욕을 만족시킨 다음에 여러분은 더 싱싱하고 더 만족하고 마음이 더 편안하게 느껴졌습니까? 만족에 뒤따르는 시간은 언제나 곰곰히 생각하는 시간인데, 그때 여러분은 사실상 진정으로 행복하다고 느꼈습니까? 나는 이 관능성의 빵은 맛보지 않았습니다. 그러나 나는 여러분에게 이렇게 대답합니다. '아니오. 쇠퇴와 불만과 불안과 구역질과 공포와 혼란을 느꼈습니다. 이것이 한 시간의 쾌락이 여러분에게 마련해 준 국물이었습니다.'
 그렇지만 제발 부탁입니다. '이런 일은 결코하지 마시오' 하고 말할 때에 나는 또 여러분에게 이렇게도 말합니다. 실수하는 사람들에게 결코 냉혹하게 굴지 마시오' 하고. 여러분은 모두가 같은 육체로 되어 있고 같은 영혼을 가진 형제들이라는 것을 기억하시오. 어떤 사람을 죄짓도록 이끌어가는 원인이 많다는 것을 생각하시오. 죄인들을 자비롭게 대하고 친절하게 그들을 일으키고, 그들이 걸어간 길에는 육체와 생각과 정신에 대한 위험이 가득 차 있다는 것을 지적하면서 그들을 하느님께로 데려오시오. 이렇게 하시오, 그러면 거기 대해서 큰 상을 받을 것입니다. 하늘에 계신 아버지께서 착한 사람들에게 자비로우시고 백 배로 갚아 주실 줄을 아시기 때문입니다.
 그러므로 나는 여러분에게 이렇게 말합니다…."

 예수께서 내게 말씀하신다.
 "보고서 써라. 이것은 모든 사람에게, 또 특히 자기들이 이 죄녀와 같다고 생각하는 사람들에게 주는 자비의 복음이다. 나는 이들에게 이 죄녀의 구속(救

贖)을 따르라고 권한다."

예수께서는 바위에 올라서서 수많은 군중에게 말씀하신다. 이 곳은 아고산지대(亞高山地帶)이다. 계곡 둘 사이에 외따로 떨어져 있는 야산이다. 이 야산의 꼭대기는 멍에, 아니 그보다도 낙타의 육봉(肉峰) 모양으로 되어 있어서 꼭대기에서 몇 미터 안 내려와서 자연적인 원형 경기장 모습을 하고 있어서 대단히 잘 지어진 음악당에서와 같이 목소리가 아주 분명하게 울려 퍼진다.

야산은 온통 꽃으로 뒤덮여 있다. 계절은 늦봄이나 초여름인 것 같다. 평야의 농작물은 황금빛을 띠기 시작하였고, 오래지 않아 베게 되어 있다. 북쪽에는 높은 산의 만년설이 햇빛을 받아 반짝인다. 바로 그 아래 동쪽에는 갈릴래아의 바다가 깨진 거울처럼 나타나는데, 수없이 많은 그 파편들은 햇빛에 불이 붙은 사파이어들과 같다. 바다는 그 파랗고 금빛나는 반짝임으로 눈을 부시게 하는데, 그 물 위에는 대단히 맑은 하늘을 건너지르는 솜 같은 구름 몇 점과 돛 몇 폭의 움직이는 그림자만이 비친다. 산의 풀에는 줄기 사이로 여기저기에 금강석같이 반짝이는 이슬이 몇 방울이 남아 있는 것을 보면 아직 아침 이른 시간인 모양이다. 겐네사렛 호수 저쪽으로는 멀리 떨어진 평야들이 있는데, 아마 이슬이 증발하여 생기는 엷은 안개 때문에 호수를 연장하는 것 같다. 그러나 초록 무늬가 섞인 오팔 빛깔을 띠고 있고, 좀 더 멀리에는 산맥이 보이는데, 그 변덕스러운 사면(斜面)은 청명한 하늘에 떠 있는 구름을 그린 그림을 연상케 한다.

어떤 사람들은 풀이나 돌 위에 앉아 있고, 어떤 사람들은 서 있다. 사도들의 집단은 전원이 있지는 않다. 베드로와 안드레아, 요한과 야고보가 보이고, 다른 두 사람 나타나엘과 필립보를 부르는 소리가 들린다. 그리고 또 한 사람이 있는데, 그가 집단에 들어 있는지 그렇지 않은지 모르겠다. 아마 제일 나중에 온 사람인 것 같다. 사람들은 그를 시몬이라고 부른다. 수많은 군중 가운데 섞여서 내가 구별을 못하는지는 몰라도 다른 사도들은 거기에 없다.

설교는 시작된 지가 벌써 꽤 되었다. 산상 설교인 것은 알겠다. 그러나 진복팔단은 벌써 발표되었다. 설교가 끝나가는 것 같기도 하다. 그것은 예수께서 "이렇게 하시오, 그러면 여러분은 큰 상을 받을 것입니다. 하늘에 계신 아버지께서는 착한 사람들에 대하여 자비로우시고 백 배로 갚아 주실 줄을 아시니까요. 그러므로 나는 여러분에게 이렇게 말하겠읍니다…."

평평한 곳으로 가는 오솔길 쪽에 있는 군중 가운데에서 큰 동요가 일어난다. 가장 예수 가까이에 있는 사람들이 돌아다본다. 주의가 딴 곳으로 쏠린다. 예수께서도 말씀을 중단하시고, 다른 사람들과 같은 방향으로 눈길을 돌리신다. 짙은 청색옷에 팔짱을 끼고 야산의 동쪽 봉우리 위로 지나와서 얼굴에 스치는 첫번째 햇살을 받으시는 예수께서는 근엄하고 아름다우시다.

"서민들 비껴요" 하고 성난 남자 목소리가 외친다. "미녀가 지나가시는데 비껴요"… 한껏 모양을 낸 멋쟁이 넷이 앞으로 나아오는데, 그 중 한 사람은 토가*를 입고 있는 것으로 보아 틀림없이 로마인이다. 그들은 손들을 서로 어긋나게 곁에서 아직 큰 죄녀인 막달라 마리아에게 자리를 만들어 그 위에 태우고 온다.

마리아는 매우 아름다운 입으로 웃으며 온통 땋아늘이고 컬을 한 금발인 머리를 뒤로 젖힌다. 땋아늘이고 컬을 한 머리카락은 값진 머리핀들과 진주를 여기저기 박은 금판으로 고정시켰는데, 금판은 왕관처럼 이마 윗쪽을 죄었고, 거기에서 컬을 한 가벼운 머리춤들이 내려와 재치있는 기교로 더 커보이고 더 매력있게 된 그의 빛나는 눈을 가린다. 그런 다음 왕관형 머리장식은 귀 뒤로 가서 대단히 흰 드러난 목으로 내려진 땋아늘인 머리 속으로 사라진다. 그뿐 아니라… 살갗이 드러난 것은 목을 훨씬 지나간다. 어깨는 견갑골(肩甲骨)까지 드러났고, 가슴은 훨씬 더 많이 드러났다. 그의 옷은 양쪽 어깨 언저리에 가는 금사슬 두 줄로 매어져 있고, 소매는 없다. 말하자면 전체가 베일로 가려져 있다고 할 수 있는데, 그것은 순전히 살갗이 햇볕에 그을리는 것을 막는데 소용되는 것이다. 옷은 대단히 얇고, 여자가 응석을 부리듯이 그의 숭배자중의 이 사람 또는 저 사람에게로 몸을 기대곤 하므로 마치 벗은 몸으로 그들에게 몸을 던지는 것 같다. 내 생각에는 로마인이 제일 그 여자의 마음에 드는 사람인 것 같다. 그것은 미소와 눈짓이 특히 그에게로 많이 가고, 어깨에 여자의 머리를 더 자주 받기 때문이다.

"자, 여신이 만족을 얻었다" 하고 로마인이 말한다. "로마가 새로운 비너스에게 말을 태워 주었고, 저기 네가 보고 싶어하는 아폴로가 있다. 그러니 그를 현혹시켜라. …그렇지만 우리에게도 네 매력을 좀 남겨다오."

마리아는 웃는다. 그리고 재빠르고 선정적인 움직임으로 땅에 뛰어내린다. 그 바람에 금으로 만든 버글이 달린 흰 샌들을 신은 그의 발과 다리의 일부분이 드러난다. 그리고 전체를 베일과 같이 곱고 대단히 흰 모직으로 만든 매우

---

* 역주 : Taga. 로마인들이 입던 길고 펑퍼짐한 옷.

넓은 옷이 가리고 있다. 옷은 고리가 벗겨진 금 버클이 달린 허리띠로 허리에 졸라매졌으나 대단히 낮게 바로 엉덩이 위쪽에 걸쳐 있다. 그리고 여자는 많은 야생 은방울꽃과 수선화가 있는 초록빛 고원에 요술로 피어난 육체의 꽃처럼, 부정한 꽃처럼 우뚝 선다. 그 여자는 그 어느 때보다도 더 아름답다. 작고 새빨간 입은 쪽 고른 흰 이 위에 부각되는 카네이션 같다. 얼굴과 몸은 빛깔로나 모양으로나 아무리 까다로운 화가나 조각가라도 만족시킬 수 있을 것이다. 넓은 가슴에 균형이 잘 잡힌 둔부(臀部), 자연적으로 나긋나긋하고 가슴과 둔부에 비해 가는 허리하고, 그 여자는 로마인이 말한 것처럼 여신과 같다. 불그레한 대리석으로 조각한 여신상 같다. 그 위에 얇은 천이 옆구리에 걸쳐졌다가 많은 주름이 지면서 앞쪽으로 드리워진다. 모든 것이 사람의 환심을 사려고 공들여 꾸몄다.

예수께서는 그 여자를 뚫어지게 바라보신다. 그러니까 그 여자는 로마인이 풀 사이에서 꺾은 은방울꽃의 어린 싹으로 살갗이 드러난 어깨와 가슴을 간지르기 때문에 웃고 몸을 약간 돌리면서 뻔뻔스럽게 예수를 마주 쳐다본다. 마리아는 거짓으로 노여워하는 체하며 베일을 젖히면서 말한다. '내 순진함을 존중하시오' 하고. 그러니까 네 사람은 깔깔거리며 요란스럽게 웃는다.

예수께서는 계속 마리아를 뚫어지게 바라보신다. 웃음소리가 좀 가라앉자 마치 꺼져 가던 설교의 정열이 여자가 나타남으로 인하여 다시 살아나는 듯이 예수께서는 말씀을 다시 시작하시고 그 여자를 더 이상 바라다보지 않으신다. 이제는 이 뜻밖의 사건으로 동요하고 분개하는 것 같은 청중을 바라다보신다.

예수께서는 이렇게 다시 말씀을 시작하신다. "나는 여러분에게 율법을 충실히 지키고 겸손하고 자비롭고, 같은 부모에게서 난 형제들뿐 아니라, 같은 인간의 기원을 가졌기 때문에 여러분의 형제가 되는 모든 사람을 사랑하라고 말했습니다. 용서하는 것이 원한보다 더 유익하고, 냉혹한 것보다 동정하는 것이 더 낫다고 말했습니다. 그러나 이제는 여러분으로 하여금 단죄하도록 하는 죄가 없는 사람이 아니면 단죄해서는 안 된다고 말하겠습니다. 모든 사람에게 엄격하면서 자기 자신들에 대하여는 엄격하지 않은 율법교사들과 바리사이파 사람들처럼 하지 마시오. 그들은 외부적인 것으로 외면밖에는 더럽힐 수 없는 것은 부정하다고 부르면서 가슴 속 가장 깊숙한 곳에 있는 마음 속에 부정을 받아들입니다.

하느님께서는 부정한 사람들과 함께 계시지 않습니다. 부정은 하느님의 소유물인 것, 즉 영혼들을, 특히 이 세상에 퍼져 있는 천사들인 어린이들의 영혼을 타락시키기 때문입니다. 악마적인 맹수와 같은 잔인성으로 이 천사들의 날개를 뽑고, 저 하늘의 꽃들에게 물질의 맛을 알게 해서 진흙탕 속에 집어넣는 사람들은 불행합니다! 불행해요! …그런 사람들은 이런 죄를 짓게 되는 것보다 차라리 벼락을 맞아 타죽는 것이 더 나을 것입니다.
 부자들과 쾌락을 추구하는 사람들, 당신들은 불행합니다! 한가함과 돈이 침대와 베개 노릇을 하는 가장 큰 부정이 바로 당신들 가운데에서 부글부글 괴고 있기 때문입니다! 이제 당신들은 실컷 먹었습니다. 욕망의 음식이 당신들 목에까지 올라와서 목을 조릅니다. 그러나 당신들은 배고플 것입니다. 그리고 그것은 영원히 아무것도 배부르게 할 수 없고 달랠 수 없는 무서운 굶주림일 것입니다. 지금은 당신들이 부자입니다. 당신들의 재산을 가지고 얼마나 많은 선행을 할 수 있겠습니까! 그러나 당신들은 그 재산을 가지고 당신들과 다른 사람들에게 악이 되는 것을 만듭니다. 당신들은 어느 날 견딜 수 없는 가난을 맛보게 될 것인데, 그날은 끝이 없을 것입니다. 지금은 당신들이 웃고 있지요. 당신들을 승리자로 생각하고 있어요. 그러나 당신들의 눈물이 지옥의 연못을 채울 것이고 또 끝없이 흐를 것입니다.
 간음이 어디에 숨어 있습니까? 처녀들의 타락이 어디에 숨어 있습니까? 부부로서의 잠자리 이외에 방탕의 잠자리를 두세 개 가지고 거기에다 돈을 뿌리고 육체의 기운을 낭비하는 사람이 누구입니까? 그의 가족을 위하여 일하라고 하느님께서 주신 건강한 육체이지, 더러운 짐승보다도 못하게 만드는 더러운 방탕으로 지쳐버리라고 주신 것이 아닌 건강한 육체의 기운을 말입니다. 여러분은 '간음하지 말라'는 말이 있다는 것을 배웠습니다. 그러나 음란한 욕망을 가지고 여자를 보는 남자나 음란한 욕망을 가지고 어떤 남자에게로 가는 여자는 그것만으로도 벌써 마음으로 간음을 했다고 나는 말합니다. 어떤 이유도 간음을 정당화하지 못합니다. 어떤 이유도. 남편에게 버림을 받고 소박을 맞아도 소박맞은 여자에 대한 동정도. 여러분의 영혼은 오직 하나뿐입니다. 그 영혼이 다른 영혼과 정절의 계약을 했으면 거짓말을 말아야 합니다. 그렇지 않으면, 부정한 영혼들은 그것을 가지고 죄를 지은 그 아름다운 육체와 더불어 꺼지지 않는 불 속으로 들어갈 것입니다. 차라리 육체의 팔다리를 자르더라도 지옥에 떨어짐으로 육체를 영원히 죽이지는 마시오. 악습이 우굴거리는 악의 소굴인 부자들인 당신들, 다시 인간이 되시오. 하늘이 혐오감을 일으키게 되지 않도록 인간이 되시오…."
 마리아는 처음에는 매력과 빈정거림의 시와 같은 얼굴로 들으면서 가끔 업신

여기는 웃음을 터뜨리곤 하였다. 그러다가 설교가 끝날 무렵에는 성이 나서 얼굴이 새빨개졌다. 마리아는 예수께서 자기를 바라다보지는 않으시지만 자기에게 말씀하신다는 것을 알아차린다. 그의 분노는 점점 더해진다. 그는 분개한다. 그리고 끝내 참고 견디지를 못한다. 마리아는 멸시하는 태도로 베일로 몸을 감싸고 그를 멸시하는 군중의 눈총을 받고 그의 뒤를 쫓아가는 예수의 목소리에 쫓기면서 비탈로 걸음아 날 살려라 하고 달아나는데, 그의 옷조각이 길가에 있는 엉겅퀴와 찔레에 걸려 떨어져 나간다. 마리아는 분노와 멸시의 웃음을 웃는다.

나는 이제 아무것도 보이지 않는다. 그러나 예수께서는 "또 보일 것이다" 하고 말씀하신다.

예수께서는 말씀을 다시 시작하신다.
"여러분은 이 사건으로 인해서 분개해 있습니다. 진흙에서 멀리 떨어진 높은 곳에 있는 우리의 피난처를 사탄의 휘파람으로 휘저어 놓은 것이 이틀이나 됩니다. 그러므로 이제는 여기가 피난처가 아니니, 이것을 떠나기로 합시다. 그러나 나는 여러분을 위해서 빛이 많은 이 넓은 지평선 안에서 '가장 완전한 사람'의 이 법전(法典)을 끝마치고자 합니다. 여기서는 정말로 하느님께서 조물주의 위엄을 가지고 나타나십니다. 그래서 우리는 그분의 놀랄 만한 업적을 보면서 주인은 하느님이시지 사탄이 아니라는 것을 굳게 믿을 수가 있습니다. 마귀는 조그만 풀 한 포기도 만들어낼 수 없을 것입니다. 그러나 하느님께서는 무엇이든지 하실 수 있습니다. 이것이 우리의 위안이 되어야 합니다. 그러나 이제는 여러분이 모두 햇볕을 받고 있습니다. 그래서 거북하지요. 그러니까 비탈 여기저기로 흩어지시오. 그늘이 있고 시원합니다. 원하시면 식사를 하시오. 나는 같은 문제에 대해서 말하겠습니다. 여러 가지 이유로 여러분은 늦어졌습니다. 그러나 그것을 후회하지 마시오. 여기서 여러분은 하느님과 함께 계십니다."

군중이 외친다. "예, 예, 선생님과 함께요." 그러면서 사람들은 동쪽 여기저기에 있는 작은 숲 속으로 가서 야산의 비탈과 나뭇가지로 벌써 너무 뜨겁게 된 해를 피하도록 한다.

그 동안 예수께서는 베드로에게 천막을 걸으라고 말씀하신다.
"아니… 정말 떠납니까?"

"그렇다."
"그 여자가 왔기 때문에요, 그 여자가?…"
"그렇다, 그러나 이 말은 아무에게도 하지 말하라, 특히 열성당원에게 말하지 말아라. 라자로 때문에 매우 괴로워할 것이다. 나는 하느님의 말씀이 이교도들의 업신여김을 받게 허락할 수는 없다."
"알겠습니다, 알겠습니다…."
"그러면 또 한 가지도 알아라."
"선생님, 무엇 말씀입니까?"
"어떤 때는 입을 다물어야 할 필요 말이다. 나는 너를 믿는다. 너는 내게 대단히 소중하다. 그러나 너는 또 충동적인 성격을 가지고 있기도 해서 마음에 상처를 주는 비판을 하게도 된다."
"알겠습니다. …라자로와 시몬 때문에 그러지 말라는 말씀이지요."
"또 다른 사람들 때문에도 그렇다."
"오늘 또 다른 사람들이 있으리라고 생각하십니까?"
"오늘도, 내일도, 모레도 또 언제나. 그래서 내 요나의 시몬의 충동적인 성격을 항상 감시할 필요가 있을 것이다. 자, 가서 시킨 대로 하여라."
베드로는 가면서 동료들을 불러 도와 달라고 한다.
가리옷 사람은 한구석에서 생각에 잠겨 있다. 예수께서는 그가 듣지 못하기 때문에 세 번이나 부르신다. 마침내 몸을 돌리며 "선생님, 저를 부르셨습니까?" 하고 묻는다.
"그렇다, 너도 가서 음식을 먹고 동료들을 도와라."
"저는 배고프지 않습니다. 선생님도 시장하지 않으시지요."
"나도 시장하지 않다. 그러나 반대되는 동기로 그렇다. 유다야, 너는 마음이 흔들렸느냐?"
"선생님, 아닙니다. 피로합니다…."
"이제는 우리가 호수로 갔다가 유다로 간다. 유다야, 네 어머니에게로 가는 것이다. 내가 네게 약속했었지…."
유다는 기분이 나아졌다. "저만 데리고 가시는 것입니까?"
"그야 물론이지. 유다야, 나를 많이 사랑하여라. 나는 내 사랑이 너를 모든 악에서 보호해 줄 정도로 네게 있었으면 좋겠다."
"선생님… 저는 사람이지 천사가 아닙니다. 저는 피로를 느낄 때가 있습니다. 잠이 오는 것도 죄가 됩니까?"

"네가 내 품에서 자면 그렇지 않다. 저기 저 사람들을 보아라, 저 사람들이 얼마나 행복하냐, 그리고 이곳의 경치는 또 얼마나 좋으냐! 그러나 유다도 봄에는 매우 아름답겠지."

"대단히 아름답습니다. 다만 거기에는 산들이 여기보다 더 높아서 봄이 더 늦습니다. 그러나 꽃들은 대단히 아름답습니다. 사과밭은 화려합니다. 제 사과밭은 어머니가 돌보아 주시는 덕택으로 가장 아름다운 사과밭 축에 듭니다. 그리고 어머니가 그곳을 산책하시고 비둘기들이 낟알을 얻어 먹으려고 그 뒤로 종종걸음을 쳐서 따라가는 광경은 정말이지 마음을 가라앉히는 광경입니다."

"그렇겠지. 내 어머니가 너무 피곤하지 않으시면 네 어머니한테 모시고 갔으면 좋겠는데. 두 분이 다 착한 분들이니까 서로 좋아하실 것이다."

이 생각에 마음이 끌려 유다는 다시 평온해진다. 그는 입맛없음과 피로를 잊고 기쁘게 웃으면서 동료들에게로 뛰어간다. 그는 키가 크기 때문에 힘들이지 않고 제일 높은 곳에 있는 매듭을 푼다. 그리고 어린 아이처럼 기뻐하며 빵과 올리브를 먹는다. 예수께서는 연민의 정을 가지고 그를 바라다보신다. 그리고 사도들에게로 가신다.

"선생님, 여기 빵과 달걀이 하나 있습니다. 저는 이 달걀을 빨간 옷을 입은 저 부자더러 달라고 했습니다. 저는 그 사람에게 이렇게 말했습니다. '당신은 들으니까 행복합니다, 선생님은 말씀하시느라고 기진맥진하십니다. 당신 달걀을 하나 주시오. 이것이 당신에게보다는 선생님께 더 유익할 것입니다' 하고."

"아니, 베드로야!"

"선생님, 아닙니다! 선생님은 젖이 마른 젖통을 빨고 있는 아기같이 창백하시고, 산란기가 지난 다음의 물고기처럼 야위어가는 중이십니다. 저 하는 대로 가만 놔두십시오. 저는 저 자신을 나무랄 만한 거리를 가지기를 원치 않습니다. 이제 달걀을 이 뜨거운 잿속에 넣을 참입니다. 제가 나뭇가지들을 태운 것입니다. 이 달걀을 마시세요. 얼마나… 며칠이나 되었는지 모르겠습니다. 우리가 빵과 올리브와 양젖 조금밖에 먹지 못하는 것이 틀림없이 여러 주일이 되었을 것입니다. 흠! 꼭 하제(下劑)를 먹는 것 같습니다. 그리고 선생님은 모든 사람보다 잡숫기는 덜 잡수시면서 모든 사람을 위해 말씀하시지요. 자 달걀 받으십시오. 미지근할 때 마시세요. 몸에 이로울 것입니다."

예수께서는 시키는 대로 하신다. 그리고 베드로가 빵만을 먹는 것을 보시고 물으신다. "그런데 너는? 올리브는 어쨌느냐?"

"쉬! 나중에 제게 소용이 될 것입니다. 저는 그것들을 약속했습니다."

"누구에게?"

"어린 아이들에게요. 그렇지만 고놈들이 끝가지 조용하게 있지 않으면 올리브는 제가 먹고 고놈들에게는 씨를 줄 것입니다. 즉 찰싹 때려줄 것입니다."

"아니, 참 잘한다!"

"어! 절대로 때리지는 않을 것입니다. 그렇지만 그렇게 하지 않으면! 저도 많이 맞았습니다. 그렇지만 개구장이짓 때문에 맞을 만큼 전부 때렸더라면 저는 열곱절은 더 맞았을 것입니다! 그러나 그것이 유익하긴 합니다. 제가 매를 맞았기 때문에 이만큼 되었습니다."

모든 사람이 베드로의 솔직함을 보고 웃는다.

"선생님, 오늘은 금요일이라는 말씀을 드리고 싶은데, 그런데 사람들이… 사람들이 먹을 것을 제때에 장만할 수 있을지 또는 그들의 집으로 돌아갈 수가 있을지 모르겠습니다" 하고 바르톨로메오가 말한다.

"맞아! 오늘은 금요일이야!" 하고 여럿이 말한다.

"상관없다. 하느님께서 마련해 주실 것이다. 그러나 그 말을 해주기는 하자."

예수께서는 일어나셔서 수풀들 사이에 흩어져 있는 군중 한가운데 새 자리로 가신다. "우선 오늘이 금요일이라는 것을 여러분에게 일깨우겠습니다. 그래서 하는 말입니다만, 제때에 집에 돌아가지 못할까 봐 염려하는 사람이나 하느님이 당신 자녀들에게 내일 먹을 것을 주시리라는 것을 믿지 못하는 사람들은 도중에 밤이 닥치지 않게 지금 곧 떠나도 좋습니다."

전체 군중 가운데에서 50명쯤이 일어난다. 다른 사람들은 그대로 남아 있다.

예수께서는 미소를 지으시며 말씀을 시작하신다.

"여러분은 '간음하지 말아라' 하는 말을 옛날에 했었다고 배웠습니다. 여러분 가운데 다른 곳에서 내 말을 들은 사람들은 내가 이 죄에 대해서 여러 번 말했다는 것을 압니다. 그것은 이 죄가 한 사람에게만 관계되는 것이 아니라 두세 사람에게 관계가 있기 때문입니다. 이점에 단단히 유의하시오. 내 말의 뜻을 설명하겠습니다. 간음죄를 짓는 사람은 자기 자신에 대해서 죄를 짓고, 공범자에 대해서도 죄를 짓고, 배반을 당한 아내와 남편을 죄로 이끌어감으로써 죄를 짓습니다. 그것은 그들이 그 때문에 실망을 할 수도 있고, 자기 자신들이 죄를 짓게 될 수도 있기 때문입니다. 이것은 행동으로 행하여진 죄에 대한 말입니다. 그러나 나는 이보다 더한 말을 하겠습니다. '행동으로 나타난 죄뿐 아니라, 죄를 지으려는 욕망이 벌써 죄가 된다'고. 간음이란 무엇입니까? 우리의 사람이 아닌 남자나 여자에 대한 흥분한 욕망입니다. 욕망으로 벌써 죄를 짓기 시작하고, 유혹으로 죄를 계속하고, 설득으로 보충하며, 행위로 모든 것을 완성합니다.

어떻게 시작합니까? 보통 부정한 눈길로 시작합니다. 그런데 이것은 내가 전에 말한 것으로 되돌아가게 하는 것입니다. 부정한 눈은 깨끗한 눈이 보지 못하는 것을 보고, 눈을 통해서 목마름이 목구멍으로, 굶주림이 몸 안으로, 흥분이 핏속으로 들어갑니다. 육체의 갈증, 허기증, 흥분입니다. 이것이 열광의 시초입니다. 상대자, 즉 어떤 사람이 욕심을 가지고 바라보는 사람이 정숙한 사람이면 열광하는 사람만이 혼자서 이글이글 타는 숯불 같은 열화로 돌아가고 말거나 복수를 하기 위해서 중상을 하기에 이릅니다. 만일 그 사람이 외설스러운 사람이면 그 눈길의 공범자가 되고, 그러면 죄로 떨어지는 것이 시작됩니다. 그러므로 나는 여러분에게 이렇게 말합니다. '어떤 여자를 원하면서 바라보는 사람은 벌써 간음을 행했으니, 그의 생각으로는 벌써 자기가 하고 싶어하는 행위를 했기 때문입니다' 하고. 그렇게 하기보다는 오히려 여러분의 오른쪽 눈이 여러분에게 죄를 짓게 하는 기회가 되거든 그 눈을 뽑아서 멀리 던져 버리시오. 영원히 지옥의 어둠 속으로 떨어지는 것보다는 애꾸눈이 되는 것이 더 낫습니다. 그리고 만일 오른손이 죄를 짓거든 그것을 잘라 버리시오. 몸 전체가 지옥에 떨어지는 것보다는 차라리 몸의 한 부분을 잃는 것이 더 낫습니다. 불구인 사람은 성전에서 하느님께 봉사할 수 없다는 말이 있는 것은 사실입니다. 그러나 내세에서는 불구로 난 사람들이 성인이거나 또는 덕행으로 불구가 된 사람들은 천사들보다도 더 아름답게 되어서 하늘 나라의 기쁨 속에서 하느님을 섬길 것입니다.

또 '누구든지 아내를 버리려면 그에게 이혼장을 써 주어라' 하는 말이 있습니다. 그러나 이것은 배척해야 할 일입니다. 이것은 하느님에게서 오는 것이 아닙니다. 하느님께서는 아담에게 이렇게 말씀하셨습니다. '이 여자는 내가 너를 위하여 만들어 준 동무이다. 너희들은 이 세상에서 자라고 불어서 땅을 채우고 땅을 너희 권력에 복종시켜라' 하고. 그러자 아담은 하느님에게서 완전한 상태로 나온 그의 이성이 아직 죄로 흐려지지 않았었기 때문에 높은 이해력이 가득 차서 이렇게 외쳤습니다. '마침내 내 뼈에서 생겨난 뼈, 내 살에서 생겨난 살이 나타났구나. 이 사람을 비라고(Virago), 즉 또 다른 나 자신이라고 부를 것이다. 이 여자가 남자에게서 나왔으니까. 그러므로 남자는 아버지와 어머니를 버리고 둘이 한 몸이 될 것이다' 하고. 그리고 더 커진 찬란한 광채로 영원한 빛은 아담이 말한 것을 미소로 인정하셨고, 이것이 개정할 수 없는 최초의 법이 된 것입니다. 이제 점점 더 커지는 남자의 냉혹 때문에 사람인 입법자가 새 법률을 만들 수밖에 없었고, 남자의 점점 더 커가는 변덕 때문에 제동을 걸어서 '그러나 아내를 버렸으면 너는 그 여자와 다시 살 수는 없다'고 말해야 하였지만, 이것이 최초의 법, 즉 지상낙원에서 생기고 하느님께서 인정하신 본래의 법을 말소하지는 못합니다.

나는 여러분에게 이렇게 말합니다. '누구든지 분명히 증명된 간통의 경우가 아니고 자기 아내를 버리면 그 아내를 간음하게 하는 것입니다' 하고. 사실, 버림을 받은 여자가 90퍼센트의 경우 어떻게 하겠습니까? 재혼을 할 것입니다. 그 결과는 어떻겠습니까? 아! 이 문제에 대하여는 할 말이 많을 것입니다! 여러분은 이런 행동방식으로 본의 아닌 근친상간(近親相姦)을 유발할 수 있다는 것을 모르십니까? 음란으로 인해서 얼마나 많은 눈물이 흐릅니까! 그렇습니다. 음란입니다. 이것에는 다른 이름이 없습니다. 솔직하시오. 정신이 올바르면 모든 것을 극복할 수 있습니다. 그러나 정신이 외설스러우면 모든 것이 관능성의 만족의 원인이 되기에 적합합니다. 여자의 불감증, 일에 있어서의 우둔과 무능, 까다로운 성질, 사치를 좋아함, 이 모든 것은 서로 사랑하면 극복할 수 있고, 여러 가지 병과 성미 급함까지도 극복할 수 있습니다. 그러나 얼마 후에는 처음과 같이 서로 사랑하지 않기 때문에, 그때에는 가능하고도 남은 것을 불가능한 것으로 보게 되고, 그래서 가엾은 여자를 거리로 내쫓아 파멸로 보냅니다.

자기 아내를 버리는 사람도 간음을 하고, 이혼한 후 그 여자와 결혼하는 사람도 간음을 하는 것입니다. 죽음만이 결혼을 해소합니다. 이것을 잘 기억하시오. 그리고 만일 여러분이 불행한 선택을 했으면, 그 결과를 십자가를 지듯이 달게 받으시오. 여러분은 두 사람이 불행할 것이지만 성인일 것이고, 여러분의 자녀들을 더 불행한 사람이 되지 않게 할 것입니다. 그 어려운 상황에서 더 많은 고통을 받아야 할 그 죄없는 자녀들을 말입니다. 여러분의 자녀들에 대한 사랑 때문에 배우자가 죽는 경우에도 여러분이 백번 천번 깊이 생각하게 되어야 할 것입니다. 오! 여러분이 가졌던 것, 또 하느님께서 '그만하면 되었다'고 말씀하신 것으로 만족할 줄 알면 얼마나 좋겠습니까! 홀아비나 과부인 여러분이 죽음을 부모의 축소라고 생각하지 않고 오히려 그들의 완전이 올라가는 것이라고 알면 얼마나 좋겠습니까! 죽은 어머니를 대신해서까지도 어머니가 되고, 죽은 아버지를 대신해서까지도 아버지가 되어야 합니다. 한 영혼 안에 두 영혼을 가지고 죽는 사람의 입술에서 자녀에 대한 사랑을 거두고 이렇게 말해야 합니다. '당신에게서 온 아이들 걱정은 하지 말고 평안히 떠나오. 나는 당신몫과 내 몫으로, 아이들을 계속해서 두 번 사랑하고, 아버지와 어머니 노릇을 하겠소. 그래서 고아라는 불행이 아이들에게 짐이 되지 않게 하겠소. 아이들은 하느님의 부르심을 받아 딴 세상으로 간 어머니나 아버지의 신성한 자리를 차지하는 남자나 여자에 대하여 재혼한 배우자의 아이가 가지게 되는 자연적인 질투심을 느끼지 않게 될 거요' 하고.

여러분, 마치 벌써 서쪽으로 기울어지는 해와 더불어 날이 끝나려는 것과 같이 내 가르침도 끝나갑니다. 이 산 위에서 만나서 들은 말들을 기억하기 바랍니다. 이 말들을 마음 속에 새겨 두시오. 그리고 자주 그것을 다시 읽으시오. 이 말들이 여러분의 끊임없는 인도자가 되기를 바랍니다. 그리고 무엇보다도 약한 사람들에 대해 친절하시오. 판단을 받지 않기 위해서 판단을 하지 마시오. 하느님께서 여러분에게 이런 말로 환기시키실 때가 올지도 모른다는 것을 기억하시오. '너는 이렇게 판단하였다. 그러므로 너는 그것이 나쁜 일인 줄 알고 있었다. 그러므로 너는 네가 무슨 일을 하는지를 잘 알고 있어서 죄를 지었다. 이제 네가 받을 벌을 받아라' 하고.

사랑이 벌써 사죄(赦罪)입니다. 모든 사람을 위해서 항상 여러분 안에 사랑을 가지시오. 하느님께서 여러분을 올바르게 지키시려고 많은 도움을 주신다고 해도 그 때문에 교만해지지 마시오. 오히려 완전의 사다리가 아무리 길더라도 올라가려고 애쓰시오. 그리고 피로하고 무식한 사람들, 갑작스러운 실망의 희생이 된 사람들에게 손을 내미시오. 우선 여러분의 눈에 있는 들보를 치울 걱정을 하지 않으면서 왜 형제의 눈에 있는 티를 왜 그렇게 주의해서 들여다봅니까? 여러분의 눈에 있는 들보로 인해서 여러분의 눈이 보이지 않을 지경인데, 어떻게 이웃에게 '당신의 눈에서 티를 꺼내 줄 터이니 가만 계시오' 하고 말할 수 있습니까? 여러분, 위선자가 되지 마시오. 먼저 여러분의 눈에 있는 들보를 꺼내시오. 그때에는 형제에게서 그에게 상처를 도무지 입히지 않고 티를 꺼낼 수 있을 것입니다.

경솔도 사랑의 부족처럼 피하시오. 나는 여러분에게 '피로하고 무식하고 예기치 않았던 실망의 희생이 된 사람들에게 손을 내밀라'고 말했습니다. 그러나 무식한 사람들을 가르치고, 기진맥진한 사람을 격려하고, 여러 가지 이유로 인하여 그들의 날개를 부러뜨린 사람들에게 새 날개를 주는 것은 사랑이지만, 악마 숭배에 젖은 사람들에게 영원한 진리를 알려 주는 것은 조심성없는 일입니다. 그들은 그 진리들을 낚아채 가지고 예언자인 것처럼 행동하고 단순한 사람들 사이에 슬그머니 들어가서 하느님의 일을 곡해하고 왜곡하고 독성적(瀆聖的)으로 더럽힐 것입니다. 절대적인 존경, 말할 줄 알고 입을 다물 줄 아는 것, 곰곰히 생각할 줄 알고 행동할 줄 아는 것, 이런 것들이야말로 개종자들을 얻고 하느님을 섬기기 위한 참된 제자의 덕행입니다. 여러분은 이성을 가지고 있습니다. 그리고 여러분이 올바르게 행동하면, 하느님께서는 여러분의 이성을 한층 더 잘 인도하기 위하여 모든 빛을 주실 것입니다. 영원한 진리들은 진주와 같다고 생각하시오. 값진 진주보다는 도토리와 구정물을 더 좋아하는 돼지들에게 진주를 던져 주는 것을 우리는 본 일이 없습니다. 그놈들은 진주들을 무자비하게 짓밟아버리고, 그 다음에는 속은 것이 화가 나서 여러분에게 달려들어 갈기갈기 찢어놓으려고 할 것입니다. 거룩한 물건들을 개들에게 주지 마시오.

여러분, 오랫동안 말했습니다. 내 말을 귀담아 들으시오. 내 말을 듣고 실천에 옮기는 사람은 집을 지으려고 하면서 바위가 많은 땅을 택하는 생각깊은 사람과 비교할 수 있습니다. 물론 기초를 다지는 데 고생을 할 것입니다. 곡괭이와 정을 가지고 일하고, 손을 단단하게 하고 허리를 피로하게 해야 할 것입니다. 그러나 그 다음에는 바위 틈에 석회를 붓고 요새의 담과 같이 벽돌을 빽빽하게 쌓을 수 있을 것입니다. 그러면 집이 산과 같이 튼튼하게 올라갈 것입니다. 그러면 악천후가 오거나 폭풍우가 오거나 비가 많이 와서 강물이 넘치게 되거나 바람이 불거나 파도가 후려치더라도 집은 모든 것을 견디어낼 것입니다. 기초가 튼튼한 믿음을 가진 사람도 이와 같습니다. 이와 반대로 내 말을 들으면서도 깊이 파고 들어가게 하지 않고, 내 말을 가슴 속에 새겨두려면 노력을 해야 하고, 고통을 겪고, 너무나 많은 것을 뽑아버려야 하겠기 때문에 내 말을 가슴 속에 새겨두려고 노력하지 않는 사람은 게으르고 어리석어서 모래 위에 집을 짓는 사람과 같습니다. 악천후가 오기가 무섭게 빨리 지은 집은 무너지기도 빨리 해서 어리석은 사람은 집의 잔해와 자기 자본의 소멸을 애석해 하면서 바라다볼 것입니다. 그런데 여기에는 비용을 들이고 고생을 하면 고칠 수 있는 무너진 집이 남아 있을 뿐입니다. 그러나 잘못 지어서 무너진 영의 건물에서는 다시 짓는 데 쓰일 만한 것이 아무것도 남아 있지 않습니다. 내세에서는 집을 짓지 않습니다. 잔해밖에 내보일 것이 없는 사람은 불행합니다.

다 끝났습니다. 이제 나는 호수 쪽으로 내려갑니다. 여러분에게 한 분이시고 세위이신 하느님의 이름으로 강복합니다. 내 평화가 여러분과 함께 있기를 바랍니다."

그러나 군중은 외친다. "저희들은 선생님을 따라가겠습니다. 같이 가게 해주세요! 선생님 같은 말을 하는 사람은 아무도 없습니다!"

그러면서 예수를 따라오기 시작한다. 예수께서는 올라오셨던 쪽으로 내려가지 않으시고, 반대쪽으로 내려가시며 직접 가파르나움을 향하여 가신다. 내리막은 더 가파르다. 그러나 훨씬 더 빨라서 이내 산 밑에까지 내려왔다. 거기서부터는 꽃이 핀 푸른 들판이 시작된다.

예수께서 말씀하신다. "오늘은 이것으로 족하다. 내일은…"

35. 산 밑에서. 문둥병자를 고치시다

(40년 전 오늘— 1905년 5월 30일 — 나는 안드레아 페라리 추기경님에게서 견진성사를 받았다.)

땅을 향기롭게 하고 눈을 즐겁게 하는 수없이 많은 꽃 가운데 무서운 유령과 같은 문둥병자가 우뚝 서 있다. 역한 냄새를 피우는 헌데투성이이고, 나병균이 좀먹은 사람이다.

사람들은 공포에 사로잡혀 소리를 지르며 다시 산비탈이 시작되는 곳으로 물러선다. 어떤 사람들은 조심성없는 사람에게 던지려고 돌들을 집기까지 한다. 그러나 예수께서는 돌아서시며 팔을 벌리고 외치신다. "조용하시오! 있는 곳에 그대로 있으시오, 그리고 겁내지 마시오. 돌들을 내려놓으시오. 이 가엾은 형제를 불쌍히 여기시오. 이 사람도 하느님의 아들입니다."

사람들은 선생님의 권위에 굴복하여 복종한다. 예수께서는 꽃이 핀 키큰 풀들 사이로 문둥병자에게서 몇 발 떨어진 데까지 나아가시고, 문둥병자도 예수께서 그를 보호하신다는 것을 깨닫고는 가까이 왔다. 예수께 가까이 와서 그는 땅에 꿇어엎드린다. 그러니까 꽃이 핀 풀은 그를 받아들여 마치 향기로운 시원한 물처럼 그를 파묻는다. 물결치는 꽃들은 불행 위에 베일을 펴서 그것을 감추는 것 같다. 거기에서 나오는 애처로운 목소리만이 거기에 불쌍한 인간이 있다는 것을 일깨워 준다. 그 목소리는 이렇게 말한다. "주님, 주님이 원하시면 저를 깨끗하게 하실 수 있습니다. 저도 불쌍히 여겨 주십시오!"
 예수께서 대답하신다. "얼굴을 들고 나를 쳐다보시오. 사람은 믿을 때에는 하늘을 쳐다볼 줄 알아야 합니다. 그런데 당신이 애원하는 것을 보니, 당신은 믿고 있소."
 풀이 움직이면서 다시 갈라진다. 문둥병자의 얼굴이 바다에서 솟아오르는 난파(難破)당한 사람의 머리와 같이 나타나는데, 머리카락과 수염이 없다. 피부가 아직 좀 남아 있는 두개골이다. 그러나 예수께서는 헌 데가 없이 깨끗한 이마, 두 개의 화농(化膿)하는 미란(糜爛) 사이에 밀랍빛깔의 비늘처럼 벗겨지는 피부밖에 없는 곳에 손가락 끝을 감히 얹으신다. 그 두 개의 화농하는 미란 중의 하나는 털이 있는 피부를 파괴하였고, 또 하나는 오른눈이 있던 곳에 구멍을 하나 뚫어놓았다. 관자놀이에서 코에 걸쳐 파져서 광대뼈와 코의 연골이 드러나보이게 하고 더러운 것이 잔뜩 들어 있는 저 커다란 구멍 속에 아직 눈알이 있는지 없는지 모르겠다.
 예수께서는 그 아름다운 손끝을 거기에 대시고 말씀하신다. "나는 원하오, 깨끗해지시오."
 마치 그 사람이 나병균에 좀먹혀서 헌 데투성이가 된 것이 아니라, 때가 잔뜩 끼었었는데, 거기에 액체로 된 세제(洗劑)를 부은 것처럼 문둥병이 사라진다. 맨 먼저 헌 데들이 아물고, 피부가 다시 맑아지고, 다시 생겨난 눈꺼풀 사이로 오른쪽 눈이 다시 나타나고, 누르스름한 이 위로 입술이 다시 덮인다. 머리카락과 수염은 아직 없는 채로 있고, 표피가 아직 성한 채로 있던 곳에 털무더기가 드물게 있을 뿐이다.
 군중은 몹시 놀라서 소리를 지르고, 그 사람은 이 기쁨의 외침을 듣고 자기 병이 고쳐졌다는 것을 알아차린다. 그는 그때까지 풀 속에 가려져 있던 손을 쳐들고, 커다란 구멍이 있던 곳에 있는 눈을 만져본다. 커다란 헌 데가 두개골을 뒤덮고 있던 곳의 머리를 만져보고, 새로 생긴 피부를 만져본다. 그러다가 일어서서 가슴을 보고, 허리를 본다. …모든 것이 건강하고 깨끗하다. …그 사람은 기쁨의 눈물을 흘리며 다시 꽃핀 풀밭에 주저앉는다.
 "울지 말고 일어나 내 말을 들으시오. 의식을 지켜서 인간다운 생활을 다시 시작하시오. 그리고 모든 것이 행해지기 전에는 아무에게도 말하지 마시오. 할 수 있는 대로 빨리 사제에게 보이시오. 당신의 병이 나음으로 뜻밖에 일어난 기적의 증거로 모세가 명한 제물을 바치시오."

"주님, 제가 찬양해야 할 분은 주님이십니다!"

"내 가르침을 사랑하면 그렇게 하는 것이 될 것이오. 가보시오."

군중이 다시 가까이 와서 의무적인 거리 밖에 있으면서 기적을 입은 사람에게 축하한다. 어떤 사람들은 그가 여행하는 데 쓸 여비를 줄 필요를 느껴 돈을 던져 준다. 어떤 사람들은 빵과 음식물을 던져 준다. 한 사람은 문둥병자의 옷이 누더기에 지나지 않아서 몸을 잘 가리지 못하는 것을 보고 겉옷을 벗어 뚤뚤 뭉쳐서 문둥병자에게 던져 준다. 이 사람은 그래서 품위있게 몸을 가릴 수 있게 되었다. 사람들이 집단으로 있을 때에는 자비가 전염성이 있기 때문에 또 한 사람은 그에게 샌들을 주고자 하는 욕망을 물리칠 수가 없다. 그는 자기의 샌들을 벗어서 문둥병자에게 던져 준다.

"하지만 당신은?" 그가 하는 짓을 보시던 예수께서 물으신다.

"아이고! 저는 여기서 아주 가까운 곳에 삽니다. 저는 맨발로 걸을 수가 있습니다. 저 사람은 먼 길을 가야 합니다."

"하느님께서 당신과 또 이 형제에게 도움을 베푼 모든 사람에게 강복하시기를 바랍니다. 여보시오, 이 사람들을 위해 기도하시오."

"예, 예, 저분들과 주님을 위해서 기도하겠습니다. 세상이 주님께 믿음을 가지도록"

"안녕. 평안히 가시오."

그 사람은 몇 미터를 가다가 돌아서서 외친다. "그런데 사제한테는 선생님이 저를 고쳐 주셨다고 말해도 됩니까?"

"안 되오. 그래서는 안 됩니다. 사제에게는 '주님이 저를 불쌍히 여기셨습니다' 하고만 말하시오. 이것이 틀림없는 사실이니까요. 다른 말은 아무 말도 해서는 안 됩니다."

사람들은 선생 둘레를 꽉 둘러싸고 도무지 비껴나려고 하지 않는다. 그러나 그 동안 해가 떨어졌다. 이제 안식일의 휴식이 시작된다. 마을들은 멀다. 그러나 사람들은 그들의 마을도 먹을 것도 아무것도 애석하게 여기지 않는다. 그렇지만 제자들은 그것이 걱정이 되어서 예수께 말씀드린다. 제일 나이많은 제자들도 걱정을 한다. 여자들과 어린이들도 있다. 그런데 밤은 훈훈하고 풀밭의 풀은 부드럽지만, 별들은 빵이 아니고, 비탈에 있는 돌들이 먹을 것을 주지는 않는다.

걱정을 안하는 사람은 예수뿐이시다. 그 동안 사람들은 아무 일도 없는 것처럼 그들에게 남아 있는 것을 먹고, 예수께서는 그것을 제자들에게 지적하신다. "정말이지 저 사람들은 너희들보다 나은 사람들이다! 저 사람들이 얼마나 태평하게 그들에게 남아 있는 것을 빨리 먹어 치우는지 보아라. 나는 그들에게 '하느님이 내일 당신 아들들에게 먹을 것을 주시리라고 믿을 수 없는 사람들은 물러가시오' 하고 말했다. 그런데 저 사람은 그대로 남았다. 하느님께서는 당신의 메시아가 말한 것을 거짓이라고 부인하시지 않고 당신께 바라는 사람들을 실망시키지 않으실 것이다."

사도들은 어깨를 들썩하고 다른 일은 상관을 하지 않는다. 저녁 놀이 지난 다음 밤이 조용하고 아름답게 내려앉고, 새들이 부르는 마지막 소야곡(小夜曲 – 세레나드) 후에는 시골의 정적이 모든 것 위에 퍼진다. 바람이 몇 번 살랑거리고, 첫번째 별이 뜰 때, 그리고 개구리의 첫번째 울음소리가 들릴 때 밤새 한 마리가 조용히 날아간다.

아이들은 벌써 잔다. 어른들은 서로 이야기를 하다가 이따금씩 어떤 사람이 선생님께로 가서 설명을 청한다. 그렇기 때문에 두 밀밭 사잇길로 옷차림과 나이로 당당한 모습을 한 어떤 인물이 오는 것을 보고서도 놀라지 않는다. 그 인물 뒤에 사람들이 따라온다. 모든 사람이 그를 보려고 몸을 돌리고 속삭이면서 서로 손가락으로 그를 가리킨다. 속삭임이 이 집단에서 저 집단으로 이어져 가고 되살아나다가 꺼지곤 한다. 가장 멀리 떨어져 있는 집단들이 호기심에 끌려 가까이 온다.

위엄있는 모습을 한 그 사람은 어떤 나무 아래 앉아서 사람의 말을 듣고 계신 예수께로 가서 정중하게 인사를 한다. 예수께서는 즉시 일어나셔서 마찬가지로 공손하게 답례하신다. 거기 있는 사람들은 더할 수 없는 주의를 기울인다.

"저도 산 위에 있었습니다. 그런데 제가 굶은 채로 있지 않기 위해 떠나는 것을 보시고 선생님께서는 아마 제가 믿음이 없는 줄로 생각하셨을 것입니다. 그러나 저는 다른 동기로 떠났습니다. 저는 형제들 중의 형제, 맏형 노릇을 하려고 했습니다. 제 생각을 선생님께 따로 말씀드리고 싶습니다. 제 말씀을 들으실 수 있겠습니까? 저는 율법교사이지만 선생님께 적의를 가지고 있지 않습니다."

"좀 저쪽으로 갑시다…." 그러면서 두 사람은 밀밭 사이로 간다.

"저는 순례자들의 음식을 마련하고자 해서 이 군중 모두가 먹을 빵을 만들도록 명령하려고 내려갔습니다. 이 밭들은 제 소유이니까 제가 율법에 정해진 공간에 있다는 것을 아시겠지요. 그리고 여기서 산꼭대기까지는 안식일 동안에 걸을 수 있는 길입니다. 저는 하인들을 데리고 내일 오려고 했습니다만, 선생님께서 군중과 같이 여기 계시다는 말을 들었습니다. 제발 안식일 동안에 군중의 음식을 마련해 주게 허락해 주십시오. 그렇지 않으면 공연히 선생님의 말씀 듣는 것을 포기한 것이 마음에 언짢을 것입니다."

"아버지께서 당신 빛으로 선생께 보상을 주셨을 터이니까 결코 공연한 일은 아니었습니다. 그러나 감사합니다. 그리고 선생을 실망시키지 않겠습니다. 다만 군중이 수가 많다는 것을 지적하겠습니다."

"저는 화덕을 모두 데우라고 하고, 식료품을 말리는 데 쓰는 것까지 데우게 했습니다. 그러니까 모두가 먹을 만큼 빵을 만들 수 있을 것입니다."

"그 때문에 말하는 것이 아니라, 빵의 양을 말하려는 것이었습니다…."

"아이고! 그것은 제게 방해가 되지 않습니다. 작년에 소출이 많았습니다. 그리고 올해에도 밀이삭을 보시지요. 저 하는 대로 그대로 두십시오. 이것이 제 수확을 위한 가장 좋은 보증이 될 것입니다. 그리고 선생님… 선생님께서는 오늘 제게 굉장한 빵을 주셨습니다. …선생님, 그렇습니다. 선생님께서는 정신의 빵이십니다!…"

"그러면 선생이 원하시는 대로 합시다. 순례자들에게 가서 이 말을 합시다."

"아닙니다. 선생님께서 말씀하셨으니 됐습니다."

"그런데 선생은 율법교사이십니까?"

"그렇습니다. 율법교사입니다."

"주께서 선생의 마음이 갈 자격이 있는 곳으로 데려가 주시기 바랍니다."

"선생님이 말씀하지 않으시는 것을 알아듣겠습니다. 진리로 데려가 주시기를 … 하고 말씀하시는 것이지요. 저희들에게는 오류가 많고 또… 악의도 많으니까요."

"선생은 누구십니까?"

"하느님의 한 아들입니다. 저를 위해 아버지께 기도해 주십시오. 안녕히 계십시오."

"평화가 선생과 함께 있기를 바랍니다."

그 사람이 하인들과 같이 가는 동안 예수께서는 제자들에게로 천천히 돌아오신다.

"누구였습니까? 무엇을 원하는 것이었습니까? 선생님께 기분나쁜 무슨 말을 했습니까? 병자들이 있답니까?" 예수께서는 질문 공세를 받으신다.

"그 사람이 누군지는 모른다. 아니, 사실은 그 사람이 착한 사람이라는 것을 안다. 그리고 이것이 네게는…"
 "그 사람은 율법학자 요한입니다" 하고 군중 가운데에서 어떤 사람이 말한다.
 "그러면 당신이 지금 말하기 때문에 그것을 알겠습니다. 그 사람은 그저 하느님의 아들들에 대해서 하느님의 종이 되기를 원하는 것이었습니다. 내일 그 사람의 친절 덕택으로 우리 모두가 음식을 먹게 되었으니 그 사람을 위해 기도해 주시오."
 "그 사람은 정말 의인입니다" 하고 어떤 사람이 말한다.
 "세심한 조심성과 규칙이라는 붕대로 갓난 아기 모양으로 칭칭 감겨 있기는 하지만 나쁜 사람은 아닙니다" 하고 또 한 사람이 말을 끝낸다.
 "이 밭들이 그 사람의 것입니까?" 하고 이 고장 사람들이 아닌 많은 사람이 묻는다.
 "그렇습니다. 문둥병자가 그 사람의 하인들 중의 한 사람이었던가 그의 소작인 중의 한 사람이었던 것으로 생각합니다. 그렇지만 그 사람이 이웃에 있게 허락을 했습니다. 그리고 그 사람을 먹여 살리기까지 한 것으로 생각합니다."
 회화는 계속되는데, 예수께서는 빠져나오셔서 열 두 사도를 옆으로 부르셔서 그들에게 물으신다. "그래 이제는 너희들의 불신에 대해서 무슨 말을 해야 하겠느냐? 아버지께서 내게 적의를 가진 일당에 속하는 어떤 사람의 손을 통해 우리 모두를 위해 빵을 주시지 않았느냐? 오! 믿음이 적은 사람들아!… 그러나 푹신한 풀밭에 가서 자거라. 나는 너희들의 마음을 열어 주시도록 또 아버지의 인자하심에 대해 감사를 드리기 위해서 기도를 하러 가겠다. 너희들에게 평화가 있기를."
 그러면서 예수께서는 산비탈이 시작되는 곳으로 가신다. 거기에 앉으셔서 기도를 하시느라고 정신을 가다듬으신다. 눈을 들어 하늘에 총총 박힌 별무리를 보시고, 눈을 내리셔서 풀밭에 누워서 자는 사람들의 무리를 보신다. 다른 것은 아무것도 안 보신다. 그러나 마음이 얼마나 기쁘신지 예수님은 빛으로 변모하시는 것 같다.

36. 산 밑에서. 설교 후의 안식일

예수께서는 밤 동안에 산 위로 더 올라가셔서 조금 더 떨어져 계셨다. 그래서 새벽이 되자 깎아지른 언덕 위에 계신 것이 보였다. 예수를 본 베드로가 동료들에게 선생님을 가리키고 모두 그리고 올라간다.
"선생님, 왜 저희들과 같이 안 오셨습니까?"
"나는 기도할 필요가 있었다."
"그렇지만 선생님은 많이 쉬실 필요가 있습니다."
"벗들아, 밤 동안에 하늘에서 목소리가 하나 들려왔는데, 착한 사람들과 악한 사람들, 그리고 나 자신을 위해 기도하라고 하였다."
"왜요? 선생님을 위해서도 기도가 필요합니까?"
"다른 사람들과 마찬가지로 필요하다. 내 힘은 기도에서 생기고 내 기쁨은 아버지께서 원하시는 것을 하는 데에서 생긴다. 아버지께서 내게 두 사람의 이름과 나를 위한 고통 하나를 내게 가르쳐 주셨다. 아버지께서 말씀해 주신 이 세 가지 때문에 기도를 아주 많이 해야 한다." 예수께서는 매우 침울하시다. 그리고 제자들을 바라다보시는 눈은 무엇인가 간청하는 것 같기도 하고 무엇인가 물어보는 것 같기도 하다. 눈이 이 사람 저 사람 위에 머물렀다가 맨 마지막으로 가리옷의 유다 위에 멎더니 움직이지 않는다.

사도는 그것을 알아차리고 묻는다. "왜 저를 그렇게 보십니까?"
"나는 너를 보고 있지 않았다. 내 눈은 다른 것을 주시하고 있었다."
"그게 무엇입니까?"
"제자의 성질이다. 한 제자가 선생을 위해서 줄 수 있고 할 수 있는 모든 선과 모든 악을 말이다. 나는 예언자들의 제자와 요한의 제자들을 생각하고 있었다. 그리고 내 제자들도 생각했다. 그리고 요한과 제자들과 나를 위해 기도하고 있었다…."
"오늘 아침에는 선생님이 침울하시고 피로하십니다. 선생님을 사랑하는 사람들에게 선생님의 괴로움을 말씀해 주십시오" 하고 제베대오의 야고보가 간청한다.
 "예, 말씀해 주십시오. 선생님의 근심을 덜어 드릴 수 있는 것이 있으면 저희가 하겠습니다" 하고 사촌인 유다가 말한다.
 베드로는 바르톨로메오와 필립보와 말을 한다. 그러나 그들이 무슨 말을 하는지는 모르겠다.
 예수께서는 이렇게 대답하신다. "착한 사람이 되는 것이다. 착하고 충실한 사람이 되도록 힘써라. 이것이 내 근심을 덜어 주는 것이다. 다른 것은 아무것도 없다. 베드로야. 들었느냐? 의심은 내버려라. 나를 사랑하고 서로 사랑하여라. 나를 미워하는 사람들에게 매혹되지 말아라. 무엇보다도 하느님의 뜻을 사랑하여라."
 "어! 그렇지만 만일 모든 것이 하느님의 뜻에서 오면, 저희들의 잘못까지도 거기서 오겠지요!" 하고 토마가 철학자라도 된 듯한 태도로 외친다.
 "그렇게 생각하느냐? 그렇지 않다. 그런데 많은 사람이 깨서 여길 바라다보고 있다. 내려가자. 그리고 거룩한 날을 하느님의 말씀으로 거룩하게 하자."
 그들이 내려오는 동안 잠자던 사람들이 점점 더 많이 잠을 깬다. 어린이들은 참새들같이 기쁘게 풀밭 가운데에서 달리고 뛰고 하면서 지껄인다. 그들은 이슬로 옷을 적신다. 그래서 찰싹찰싹 손바닥으로 때리는 소리가 들리더니 울음소리가 뒤따른다. 그러나 곧 이어서 어린이들은 예수께로 달려오고, 예수께서는 그들을 쓰다듬으시며, 마치 어린이들의 쾌활을 당신 몸에 반영하시는 듯이 미소를 되찾으신다. 어린 계집 아이 하나가 풀밭에서 꺾은 꽃으로 만든 작은 꽃다발을 예수의 허리띠에 꽂으려고 하면서 "이렇게 하면 옷이 더 예쁘니까" 하고 말한다. 예수께서는 계집 아이가 하는 대로 내버려두시고 사도들이 투덜거리는 것도 아랑곳하지 않으시고 오히려 이렇게 말씀하신다 "아니, 어린이들이 나를 사랑하는 것을 기뻐하여라! 이슬이 꽃에 앉은 먼지를 없앤다. 어린이들의 사랑은 내 마음에서 슬픔을 없애 준다."
 산에서 내려오시는 예수와 그의 집에서 빵바구니를 든 많은 하인을 데리고 오는 율법교사 요한이 동시에 순례자들 가운데에 도착한다. 다른 하인들은 올리브와 치즈와 선생님께 드릴 구운 어린 양인지 새끼 염소인지를 가지고 온다. 모든 것을 선생님의 발 앞에 내려놓으니, 예수께서는 노느매기를 계획적으로 하셔서 각 사람에게 빵 한 개, 치즈 한 덩어리와 올리브 한 줌을 주신다 그러나 갓 난 이를 드러내고 웃고 있는 귀여운 아이를 안은 여인에게 구운 어린 양고기 한 덩어리를 주신다. 예수께서는 특별히 원기를 회복할 필요가 있는 두세 사람에게 이렇게 하신다.

"아니 그것은 선생님이 잡수실 것입니다" 하고 율법교사가 말한다.

"나도 맛볼 것입니다. 염려 마십시오. 그러나 아시겠어요. …여러 사람이 선생의 호의를 이용하는 것이 내게는 더없이 기분이 좋습니다."

노느매기가 끝나고 사람들은 그들이 받은 빵을 조금씩 먹으며 다른 시간에 먹으려고 조금 남겨둔다. 예수께서도 하인 한 사람이 들고 있는 단지 같은 작은 납작한 병에서 율법교사가 값진 잔에 따라 드리는 양젖을 조금 드신다.

"그렇지만 선생님은 제게 선생님의 말씀을 듣는 기쁨을 주셔서 저를 즐겁게 해주셔야 합니다" 하고 율법교사 요한이 말한다. 헤르마가 그에게 공손히 인사하고, 스테파노는 한층 더 공손히 인사를 한다.

"선생에게 그것을 거절하지 않겠습니다. 이리 오십시오." 그러면서 예수께서는 산에 기대어 앉으시어 말씀을 시작하신다. "하느님의 뜻이 우리를 이곳에 붙들어 두셨습니다. 그것은 벌써 길을 걷고 나서 더 멀리 가는 것은 계명을 어기는 것이 되고 사람들의 빈축을 사는 일이었을 것이기 때문입니다. 그런데 이런 일은 새로운 계약이 쓰여질 때까지는 피해야 합니다. 축제일을 거룩히 지내고 기도하는 장소에서 주님을 찬미하는 것은 옳은 일입니다. 그러나 사람이 그의 정신을 아버지게로 올려 어떤 곳을 기도의 장소로 만들 줄 알기만 하면 세상 전체가 기도의 장소가 될 수 있습니다. 물결흐르는 대로 떠다니던 노아의 방주도 기도하는 곳이었습니다. 요나가 들어가 있던 고래의 배도 기도하는 곳이었습니다. 요셉이 그곳에서 살았을 때는 파라오의 집도 기도하는 곳이었고, 순결한 유딧에게는 홀로페르네스의 천막도 기도하는 곳이었습니다. 그리고 예언자 다니엘이 노예로 살던 타락한 곳도 주님에게는 지극히 성스러운 곳이 아니었습니까? 그곳을 거룩하게 해서 현시대와 지난 시대의 비밀의 열쇠인 그리스도와 가(假)그리스도에 관한 고귀한 예언을 받을 만할 정도로 그곳을 거룩하게 하던 당신의 종의 성덕으로 성스럽게 된 곳이 아니었습니까? 그러니 빛깔과 향기와 깨끗한 공기와 풍성한 곡식과 진주 같은 이슬로 아버지이시요 조물주이신 하느님께 대해서 '나는 믿습니다' 그리고 '우리가 하느님의 증인들이니 여러분도 믿으십시오' 하고 말하는 이곳은 말할 것도 없이 거룩합니다. 그러므로 이곳이 오늘 안식일의 회당이 되게 합시다. 그리고 이곳에서 해의 신성한 등불로 비추어진 꽃부리와 밀이삭을 보고 영원한 책을 읽읍시다.

나는 여러분에게 다니엘의 이름을 말했습니다. 그리고 '이곳이 우리의 회당이 되게 합시다' 하고 말했습니다. 이곳은 큰 화덕의 불꽃 속에서 거룩한 세

소년이 부른 '찬미하여라' 하고 기쁜 노래를 우리에게 연상시킵니다. 하늘과 바다, 이슬과 서리, 얼음과 눈, 불과 빛깔, 빛과 어두움, 벼락과 구름, 산과 언덕, 싹트는 모든 것, 새와 물고기와 들짐승들아, 겸손하고 거룩한 마음을 가진 사람들과 더불어 주님을 찬미 찬양하여라. 이것은 겸손한 사람들과 거룩한 사람들에게 많은 것을 가르쳐 주는 거룩한 찬미가의 요약입니다. 우리는 어디에서나 기도를 드릴 수 있고 하늘에 가는 공로를 세울 수 있습니다. 우리가 아버지의 뜻을 행할 때에는 하늘에 가는 공로를 세웁니다. 오늘 아침 일찍 어떤 사람이 내게 이런 지적을 했습니다. 만일 모든 것이 하느님의 뜻에서 오면, 사람들의 잘못도 하느님의 뜻이 원한 것일 것이라고. 그것은 틀린 생각입니다. 그런데 이 틀린 생각이 매우 널리 퍼져 있습니다. 어떤 아버지가 그의 아들이 비난할 만한 사람이 되기를 바랄 수가 있습니까? 그럴 수는 없습니다. 그런데도 우리는 행해야 할 선과 피해야 할 악을 그들에게 일러 주는 의로운 아버지를 모시고 있으면서도 비난받을 만한 사람이 되는 어떤 자녀들이 있습니다. 그렇지만 올바른 사람이면 아무도 그 아버지가 자기 아이를 악을 행하라고 부추겼다고 비난하지는 않습니다.

하느님은 아버지이시고, 사람들은 하느님의 자녀들입니다. 하느님께서는 사람들에게 선을 가리키시며 '자, 나는 네 이익을 위하여 너를 이 상황에 놓아둔다'고 말씀하십니다. 또는 악마와 그의 종들인 사람들이 사람들에게 불행을 마련해 줄 때에 하느님께서는 '자, 이 어려운 시간에 이렇게 행동하여라, 그러면 이 불행이 영원한 이익에 도움이 될 것이다' 하고 말씀하십니다. 하느님은 여러분에게 권고하시지, 강요하지는 않으십니다. 그러면 만일 어떤 사람이 하느님의 뜻이 어떤 것인지를 알면서 그와 정반대되는 것을 하기를 더 좋아한다면, 그것을 하느님의 뜻이라고 말할 수 있습니까? 그것은 불가능한 일입니다.

하느님의 뜻을 사랑하시오. 하느님의 뜻을 여러분의 뜻보다 훨씬 더 사랑하고, 세속과 육신과 마귀의 세력의 유혹과 힘에 대항해서 하느님의 뜻을 따르시오. 이런 것들도 그들의 뜻을 가지고 있습니다. 그러나 나 진정으로 말합니다만 이것들의 뜻을 따르는 사람은 정말 불행합니다. 여러분은 나를 메시아라 주님이라 부릅니다. 여러분은 나를 사랑한다고 말하고 내게 환호합니다. 여러분은 나를 따라다닙니다. 그리고 이것을 사랑이라고 생각합니다. 그러나 정말 잘 들어두시오. 여러분 모두가 하늘 나라에 들어가지는 못할 것입니다. 가장 오래되고 가장 가까운 내 제자들 가운데에도 하늘 나라에 들어가지 못할 사람이 있을 것입니다. 그것은 많은 사람이 자기 자신의 뜻이나 육신과 세속과 마귀의 뜻을 행하고 내 아버지의 뜻을 행하지 않았기 때문입니다.
 나보고 '주님! 주님!' 하고 말하는 사람들이 하늘 나라에 들어가지 않고, 내 아버지의 뜻을 행하는 사람들이 들어갈 것입니다. 이 사람들만이 하느님의 나라에 들어갈 것입니다. 지금 여러분에게 말하는 내가 목자였다가 심판자가 되는 날이 올 것입니다. 오늘의 내 모습을 보고 기대를 가져서는 안 됩니다. 오늘은 내 목자의 지팡이가 흩어진 모든 영혼을 모으고, 여러분을 진리의 목장으로 오라고 권하기 위해 부드러워졌습니다. 그러나 그때에는 내 지팡이가 심판자인 왕의 왕홀(王笏)과 대체되고 내 능력이 대단히 다를 것입니다. 그때에는 친절이 아니라 준엄한 정의를 가지고, 내가 진리를 먹고 자란 양들을 진리와 오류를 섞었거나 오류만을 먹고 자란 양들에게서 갈라놓을 것입니다.
 첫번과 또 한 번 내가 이 일을 할 것입니다. 그리고 심판관 앞에 첫번째 출두했을 때와 두 번째 출두할 때의 사이에 독을 깨끗이 제거하지 못한 사람, 깨끗이 제거할 수가 없을 사람은 불행합니다. 이 첫째 부류의 사람들은 깨끗해지지 못할 것입니다. 어떤 벌도 그들을 깨끗하게 하지 못할 것입니다. 그 사람들은 오류만을 원했으니 오류 안에 남아 있을 것입니다. 그런데도 그때에 그 사람들 가운데에는 신음하면서 '아니, 주님, 어떻게 이렇게 하십니까? 저희들이 주님의 이름으로 예언을 하고 주님의 이름으로 마귀를 쫓아내고 주님의 이름으로 많은 기적을 행하지 않았습니까?' 하고 말하는 사람들이 있을 것입니다.
 그때에 나는 아주 분명히 이렇게 말할 것입니다. '맞았다. 너희들은 실제로는 그렇지 않으면서 그렇게 보이려고 감히 내 이름으로 외관을 장식하였다. 너희의 악마 같은 언행을 예수의 뜻대로 하는 생활로 통하게 하려고 하였다. 그러나 너희 행동의 결과가 너희를 고발한다. 너희가 구원한 사람들이 어디 있느냐? 너희 예언이 어디에서 이루어졌느냐? 너희 구마(驅魔)가 무슨 소용이 있었느냐? 너희 기적이 어떤 가담자를 얻었느냐? 오! 내 원수는 능력이 많다! 그러나 나보다 더 능력이 있지는 못하다. 그가 너희를 도와준 것은 더 큰 희생물을 얻기 위해서였고, 또 사실 너희가 일한 탓으로 이단에 빠진 사람들의 범위가 넓어졌다. 그렇다, 너희는 기적을 행하였다. 겉으로 보기에는 하느님의 참된 종들의 기적보다도 훨씬 더 큰 기적을 행하였다.
 하느님의 진짜 종들은 군중을 깜짝 놀라게 하는 익살광대가 아니라 천사들을 놀라게 하는 겸손과 순종이다. 진짜 내 종들인 그들은 그들의 희생으로 환상들을 만들어내지 않고 마음에서 환상들을 쫓아낸다. 진짜 내 사람들의 종들인 그들은 자기들을 인정하게 하지 않고 사람들의 영혼에게 하느님을 보여 준다.

그들은 오직 아버지의 뜻을 행하기만 하고, 마치 앞에 가는 물결을 밀고 따라오는 물결을 끌어당기는 물결과도 같이 다른 사람들을 이끌어 아버지의 뜻을 행하게 한다. 진짜 내 종들은 옥좌에 기어올라가서 〈나를 쳐다보아라〉하고 말하지 않는다. 진짜 내 종들인 그들은 내가 말한 것을 할 생각만 하면 그것을 행하고, 그들의 행동은 비할 데 없는 평화와 온순과 질서라는 내 특징을 지니고 있다. 그렇기 때문에 나는 내 종은 이런 사람들이다 하고 말할 수 있다. 〈나는 너희들을 모른다. 타락을 만들어내는 자들인 너희는 모두 내게서 멀리 물러가라〉하고 말할 수 있다.'

그때 내가 이런 말을 할 것입니다. 그리고 그것은 무서운 말일 것입니다. 이 말을 듣지 않게 되도록 힘쓰시오. 그리고 비록 힘들기는 하지만 확실한 순종의 길로 하늘 나라의 영광을 향해 오시오. 이제는 진심으로 하느님을 찬미하면서 여러분의 안식일 휴식을 즐기시오. 평화가 여러분과 함께 있기를 바랍니다."

예수께서는 군중이 그늘을 찾아 흩어지기 전에 그들에게 강복하신다. 군중은 무더기 무더기 모여서 말을 하며 그들이 들은 말들에 주석을 단다. 예수 가까이에는 사도들과 율법 학자 요한이 남아 있는데, 요한은 말은 하지 않지만, 예수의 행위들을 검토하면서 깊이 묵상한다.

그리고 일련의 산상 설교가 끝났다.

37. 백부장(百夫長)의 종을 고치시다

예수께서는 시골에서 오셔서 가파르나움으로 들어가신다. 예수와 함께 열두 제자, 아니 요한은 거기 없으니까 열 한 제자가 있다. 사람들이 늘 하는 인사를 하는데, 그 표현이 매우 다양하다. 어린이들의 아주 순진한 인사에서부터 약간 수줍은 여자들의 인사, 기적을 입은 사람들의 넋을 잃은 인사, 이상야릇하고 빈정거리는 인사에 이르기까지, 온갖 취미의 인사가 다 있다.

그리고 예수께서는 모든 사람에게 답례를 하시는데, 사람들이 인사하는 모양에 따라서 달리 하신다. 어린이들은 쓰다듬어 주시고, 여자들에게는 축복을, 기적을 입은 사람들에게는 미소를, 다른 사람들에게는 깊은 경의를 주신다. 그러나 이번에는 보통 인사에 그곳의 백부장으로 생각되는 사람의 인사가 합쳐진다. 그는 "선생님, 안녕하십니까?" 하고 인사하고 예수께서는 "하느님께서 당신께 가시기 바랍니다" 하고 대답하신다. 이 만남이 어떻게 진행되려는지 보고 싶어서 군중이 가까이 오는 동안 로마인은 계속해서 말한다. "선생님을 여러날 전부터 기다렸습니다. 산 위에서 선생님의 말씀을 듣던 사람들 가운데에서 저를 알아보지 못하시겠지요. 저는 평복을 입고 있었으니까요. 제가 왜 왔는지 묻지 않으십니까?"

"그것은 묻지는 않겠습니다. 내게서 무엇을 원하십니까?"

"우리는 모임을 가지는 사람들을 감시하라는 명령을 가지고 있습니다. 겉으로 보기에는 올바른 모임을 허가한 것을 로마가 후회해야 한 일이 너무도 많았습니다. 그러나 선생님을 보고 선생님의 말씀을 듣고 저는 선생님을 생각하기를 마치… 마치… 주님 제게는 병든 하인이 한 사람 있습니다. 그 사람은 뼈의 병으로 인해서 마비되어서 제 집에 그의 침대에 누워 있습니다. 그런데 몹시 괴로워합니다. 우리 의사들은 고치지를 못합니다. 저는 선생님의 동족의 의사들을 청했습니다. 이것은 이 지방의 상한 공기에서 오는 병이라, 이곳 의사들이 물이 바다의 모래로 스며들기 전에 괴어 있는 바닷가의 열이 있는 땅에서 자라는 풀을 가지고 그 병을 치료할 줄을 알기 때문입니다. 그러나 그 사람들은 오기를 거절했습니다. 앓는 사람이 성실한 하인이기 때문에 이것이 대단히 고통스럽습니다."

"내가 가서 고쳐 드리겠습니다."

"아닙니다, 주님. 저는 그렇게까지는 청하지 않습니다. 저는 선생님네들이 보기에 쓰레기 같은 이교도입니다. 히브리인 의사들이 제 집에 발을 들여놓아서 부정을 탈 것을 두려워한다면, 신과 같으신 선생님께는 더군다나 부정이 될 것입니다. 저는 선생님을 집에 모실 자격이 없습니다. 그러나 선생님께서는 존재하는 모든 것에 명령을 하시니까 여기서 한 말씀만 하셔도 제 하인이 나을 것입니다. 저는 카이사르를 비롯해서 많은 권위자들에게 복종하는 사람입니다. 그래서 제가 명령받은 대로 하고 생각하고 행동해야 합니다. 그러나 저도 제 밑에 있는 병사들에게 명령할 수가 있어서 이 병사에게 '가라' 하면 가고, 저 병사에게 '오너라' 하고 말하면 옵니다. 그리고 하인에게 '이것을 해라' 하고 말하면 제가 말하는 대로 합니다. 존재하는 분이신 선생님께 병이 즉시 복종해서 물러갈 것입니다."

"병은 사람이 아닙니다…" 하고 예수께서 이의를 제기하신다.

"선생님께서도 사람이 아니십니다. 그러나 또한 '사람'이기도 하십니다. 그러므로 자연의 힘과 열병에도 명령하실 수 있습니다. 모든 것이 선생님의 능력에 복종하니까요."

가파르나움의 유력자들이 예수를 따로 불러서 말한다. "저 사람은 로마인이지만 말을 들어 주십시오. 저 사람은 우리를 존중하고 우리를 도와주는 좋은 사람이니까요. 저 사람이 회당을 지어 주고 병사들에게 경외심을 가지게 해서 안식일 동안에 우리를 비웃지 못하게 한다는 것을 생각하십시오. 그러니까 선생님의 도시를 위해 저 사람에게 그 은혜를 베풀어 주셔서 실망해서 화가 나지 않게 하시고, 우리에게 대한 애정이 미움으로 변하지 않게 하십시오."

예수께서는 유력자들과 백부장의 말을 들으신 다음 미소를 지으시며 백부장에게로 돌아서시면서 말씀하신다. "앞장 서십시오. 내가 가겠습니다."

그러나 백부장은 다시 말을 시작한다. "아닙니다, 주님. 말씀드린 것과 같이 제 집에 들어오시면 제게는 큰 영광이겠습니다마는 저는 그럴 만한 자격이 없습니다. 한 말씀만 하십시오. 그러면 제 하인이 나을 것입니다."

"그러면 그렇게 되기를 원합니다. 믿음을 가지고 가십시오. 이 순간에 열병이 물러가고 생명이 그의 지체에 돌아옵니다. 선생의 영혼에도 생명이 들어가게 하십시오. 가보세요."

백부장은 군대식 경례를 한 다음 몸을 굽혀 인사를 하고 나서 물러간다.

예수께서는 그가 떠나가는 것을 바라다보시다가 그곳에 있는 사람들에게 몸을 돌리시고 말씀하신다. "분명히 말하지만 나는 이스라엘에서 저만한 믿음을 얻어만나지 못했습니다. 오! 그러나 이것은 참말입니다! '어두움 속을 걸어가던 백성이 큰 빛을 보았고, 죽음의 어두운 골에서 살고 있던 사람들에게 큰 빛이 나타났다' 또 이런 말도 있습니다. '메시아는 나라들 위에 그의 기를 높이 쳐든 다음 그 나라들을 한 데 모을 것이다.' 오! 내 나라! 정말 너에게도 수없이 많은 사람이 몰려올 것이다! 마디안과 에파의 모든 쌍봉 낙타와 단봉 낙타들보다도, 사바의 금과 향을 가지고 오는 사람들보다도, 세다르의 모든 가축떼와 나바이옷의 수양들보다도 네게 오는 사람이 더 많을 것이고, 바다의 백성들과 여러 나라의 권력이 내게로 오는 것을 보고 내 마음이 기뻐서 후련해질 것이다. 섬들이 내게 경배하려고 나를 기다리고, 외국인의 아들들이 내 교회의 벽을 쌓을 것이며, 그 교회의 문은 항상 열려 있어 왕들과 나라들의 권력을 받아들여 나를 통하여 그들을 거룩하게 할 것이다. 이사야가 본 것이 실현될 것이다. 여러분에게 말합니다만, 동쪽과 서쪽에서 많은 사람이 와서 하늘 나라에서 아브라함과 이사악과 야곱과 함께 자리를 차지할 것인데, 나라의 자식들은 바깥 어두움 속으로 내던져질 것이고, 거기에는 눈물과 이가는 소리가 있을 것입니다."

"그러면 선생님은 이방인들이 아브라함의 자손들과 마찬가지가 될 것이라고 예언하시는 것입니까?"

"마찬가지가 되는 것이 아니라, 더 높게 될 것입니다. 그러나 이것이 여러분의 탓이니까 섭섭히 생각하지 마시오. 이 말은 내가 하는 것이 아니라 예언자들이 말하는 것인데, 벌써 이것을 확증하는 표들이 있습니다. 이제는 여러분 중의 몇이 백부장의 집에 가서 로마인의 믿음이 그런 대접을 받는 것이 마땅한 것처럼 그의 하인의 병이 고쳐진 것을 확인하시기 바랍니다. 갑시다. 집에는 내가 오기를 기다리는 병자들이 있는지도 모르겠습니다."

예수께서는 사도들과 몇몇 다른 사람들과 같이 가파르나움에 계시는 날 보통 머무르시는 집쪽으로 향하신다. 더 많은 사람은 호기심에 끌려 떠들썩거리며 백부장의 집을 향하여 간다.

38. "죽은 사람들에게 죽은 사람들을 장사지내라고 하시오"

예수께서 열 한 사도와 같이 호숫가를 향하여 가시는 것이 보인다. 열 한 사도라고 한 것은 요한이 여전히 없기 때문이다. 예수 둘레로 많은 사람이 모여든다. 그중에 많은 사람이 산 위에 있던 사람들이고, 특히 예수의 말씀을 또 들으려고 가파르나움으로 예수를 찾아온 사람들이다. 그들은 예수를 붙잡으려고 한다. 그러나 예수께서는 이렇게 말씀하신다. "나는 모든 사람의 것입니다. 그리고 나를 차지해야 할 사람이 많이 있습니다. 돌아올 터이니, 그때 나를 찾아오시오. 그러나 지금은 가게 내버려두시오." 예수께서는 좁은 길에 몰려 있는 군중 틈을 뚫고 나가시느라고 매우 고생을 하신다. 사도들은 예수를 지나가시게 놔두게 하려고 팔꿈치로 군중을 헤친다. 그러나 곧 다시 이전 모양이 되는 무른 물질에 공격을 가하는 것과 같다. 그들은 또 화도 낸다. 그러나 쓸데 없다.

그들이 거의 호숫가 가까이에 이르렀는데, 점잖은 신분의 중년 남자 한 사람이 악착같이 싸운 끝에 선생님에게로 가까이 와서, 그의 주의를 끌려고 어깨를 건드린다. 예수께서는 몸을 돌리시고 걸음을 멈추시면서 "무슨 일입니까?" 하고 물으신다.

"저는 율법교사입니다. 그러나 선생님의 말씀에 들어 있는 것은 우리 계명에 들어 있는 것과 비교가 안 됩니다. 저는 선생님의 말씀에 마음이 끌렸습니다. 선생님, 이제는 선생님을 떠나지 않겠습니다. 선생님 가시는 데는 어디든지 따라가겠습니다. 선생님의 길은 어떤 것입니까?"

"하늘의 길입니다."

"저는 그 길에 대해서 말씀드리는 것이 아닙니다. 어디로 가시는지 여쭈어보는 것입니다. 이 집 다음에는 어느 집들에 가야 선생님을 만나뵐 수 있겠습니까?"

"여우도 굴이 있고 새들도 보금자리가 있지만, 사람의 아들은 머리 둘 곳조차 없습니다. 내 집은 이 세상 전체입니다. 가르쳐야 할 사람들이 있고 위로해 주어야 할 불행이 있고 구속해야 할 죄인이 있는 곳이면 어디나 다 내 집입니다."

"그러면 어디나 다란 말씀이군요."

"선생이 말씀하신 대로입니다. 이스라엘의 박사이신 선생이 이 아주 어린 아이들이 내 사랑을 위해서 하는 것을 하실 수 있겠습니까? 여기서는 희생과 순종과 모든 사람에 대한 사랑, 모든 것과 모든 사람에 적응하는 정신이 요구됩니다. 친절은 사람의 마음을 끌어당기니까요. 치료하고자 하는 사람은 모든 상처를 들여다보려고 몸을 구부려야 하기 때문입니다. 그런 다음에는 하늘의 깨끗함이 있을 것입니다. 그러나 여기서 우리는 진흙 속에 있는데, 우리가 발을 올려놓고 있는 그 진흙에서 벌써 잠겨버린 희생들을 빼내야 합니다. 여기는 진흙탕이 더 깊으니까 옷을 걷어올려도 안 되고 멀리 떨어져도 안 됩니다. 깨끗함은 우리 안에 있어야 하는 것입니다. 다른 것은 아무것도 더 이상 들어올 수 없게 깨끗함이 우리 안에 속속들이 스며 있어야 합니다. 이 모든 것을 하실 수 있습니까?"

"적어도 해보게 놔두십시오."

"해보십시오. 나는 선생이 그렇게 할 수 있도록 기도하겠습니다."

예수께서는 다시 길을 가기 시작하신다. 그러다가 당신을 쳐다보는 두 눈에 끌려, 행렬이 지나가게 하려고 걸음을 멈추었지만 다른 방향으로 가는 것 같은 키가 크고 튼튼하게 생긴 청년에게 "나를 따라오시오" 하고 말씀하신다.

젊은이는 소스라쳐서 얼굴빛이 변하고 빛 때문에 눈이 부신 것처럼 눈을 깜박인다. 그러다가 조금 후에 말을 하려고 입을 벌리지만 대답할 말을 찾아내지 못한다. 이윽고 그는 이렇게 말한다. "선생님을 따르겠습니다. 그렇지만 제 아버지가 코라진에서 돌아가셨기 때문에 제가 장례를 치러야 합니다. 장례를 치르게 해주십시오. 그리고 나서는 오겠습니다."

"나를 따르시오. 죽은 사람들의 장례는 죽은 사람들에게 맡기시오. 당신은 이미 생명이 빨아들였소. 하긴 당신이 그것을 바라기도 했소. 진리가 당신을 제자를 삼기 위해서 당신 주위에 만들어 놓은 빈 자리를 불만으로 생각하지 마시오. 정을 잘라버리는 것은 진리의 종으로 변한 사람에게서 돋아나는 날개의 뿌리가 되오. 부패는 제 운명에 맡겨버리시오. 당신은 아무것도 썩은 것이 없는 나라를 향해 올라가시오. 거기서 당신은 아버지의 썩지 않는 진주도 만나게 될 것이오. 하느님께서는 부르시며 지나가시오. 내일은 당신이 벌써 오늘 가졌던 마음과 하느님의 초대를 찾아내지 못할 것이오. 자 오시오, 그리고 가서 하느님의 나라를 전하시오."

그 사람은 벽에 기대 서서 팔을 흔들거리며 그대로 있다. 그는 작은 주머니들을 가지고 있는데, 그 안에는 분명히 향료와 붕대가 들어 있을 것이다. 그는 머리를 기울이고 대립하는 두 가지 사랑, 즉 하느님께 대한 사랑과 아버지에 대한 사랑을 곰곰이 생각한다.

예수께서는 기다리시며 그를 바라다보신다. 그러다가 아주 어린 아이를 하나 붙들어 가슴에 꼭 껴안으시면서 말씀하신다. "나와 함께 이렇게 기도해라. '아버지, 당신을 찬미하오며, 인생의 망상 속에서 울고 있는 사람들을 위하여 당신의 빛을 간청합니다. 아버지, 당신을 찬미하오며, 누가 붙들어 줄 필요가 있는 어린 아이와 같은 사람을 위하여 당신의 힘을 간청합니다. 아버지, 당신을 찬미하오며, 당신의 사랑을 베푸시어 당신이 아닌 모든 것을 잊게 하시고, 여기와 하늘에서 그들의 모든 재산을 당신에게서 얻을 수 있을 터인데 그것을 믿을 줄 모르는 모든 사람을 잊게 해주시기를 간청합니다' 하고." 그러니까 네 살쯤 된 어린이인 꼬마는 그의 귀여운 손을 기도하는 자세로 깍지끼어 예수의 오른손에 얹고 그 작은 목소리로 거룩한 말을 되풀이한다. 예수께서는 그의 포동포동한 손목을 두 꽃줄기인 양 잡고 계시다.

그 사람은 결심한다. 그는 꾸러미들을 동료에게 주고 예수께로 온다. 예수께서는 어린 아이에게 강복을 주신 후 땅에 내려놓으신다. 예수께서는 젊은이의 양어깨를 붙잡으시고, 그의 용기를 돋워 주고 그의 노력을 부축해 주시려고 이렇게 하고 걸어가신다.

또 한 사람이 묻는다. "저도 저 사람과 같이 가고 싶습니다. 그러나 선생님을 따르기 전에 부모께 하직인사를 하고 싶습니다. 허락해 주시겠습니까?"
 예수께서는 그를 똑바로 바라다보시다가 대답하신다. "당신에게는 인간적인 것에 뻗어 들어간 뿌리가 너무나 많소. 그 뿌리들을 뽑으시오. 또 뽑을 수가 없으면 잘라버리시오. 하느님을 섬기는 데에는 전적인 정신의 자유를 가지고 와야 하오. 자기를 바치는 사람은 묶는 것이 아무것도 없어야 하오."
 "그렇지만 주님, 살과 피는 언제나 살과 피입니다! 저는 선생님이 말씀하시는 자유에 천천히 가겠습니다…."
 "안 되오, 안 돼. 당신은 결코 거기에 이르지 못할 것이오. 하느님은 상을 주실 때 무한히 너그러우신 것과 같이 많은 것을 요구하기도 하시오. 만일 당신이 제자가 되기를 원하면 십자가를 껴안고 와야 하오. 그렇지 않으면 보통 신자들 축에 남아 있게 되오. 하느님의 종의 길이란 장미꽃잎이 깔린 길이 아니오. 하느님의 요구는 절대적이오. 마음의 밭을 갈아 하느님의 가르침의 씨를 뿌리려고 쟁기에 손을 댄 다음에는, 아무도 그가 버린 것, 그가 잃은 것, 그가 보통 길을 따라갔으면 얻을 수도 있었을 것을 보려고 뒤돌아보아서는 안 되오. 그렇게 하는 사람은 하느님의 나라에 알맞지 않소. 당신 스스로 애를 쓰시오. 스스로 씩씩하게 되시오, 그리고 오시오. 지금은 안 되오."
 호숫가에 이르렀다. 예수께서는 베드로의 배에 오르시면서 그에게 작은 목소리로 몇 마디 말을 하신다. 예수께서는 미소를 지으시고 베드로는 감탄하는 것같이 보인다. 그러나 베드로는 아무 말도 하지 않는다. 예수를 따르기 위하여 아버지의 장례를 치르러 가지 않은 사람도 배에 오른다.

39. 씨 뿌리는 사람의 비유

 예수께서는 요르단강물을, 아니 그보다도 요르단강이 티베리아 호수로 흘러 들어가는 곳, 즉 북쪽을 바라다보는 사람이 볼 때에 강의 우안(右岸)에 베싸이다 시가 차지하고 있는 곳을 내게 가리키면서 말씀하신다. "지금은 도시가 호숫가에 있는 것 같지 않고, 뭍쪽으로 좀 들어가 있는 것처럼 보인다. 그래서 전문가들을 어리둥절하게 한다. 여기 대한 설명은 호수의 이쪽이 20세기 동안 강물에 실려 온 충적토(沖積土)와 베싸이다의 야산들에서 무너져 내려온 돌들로 메워졌다는 사실에서 찾아야 한다. 베싸이다시가 그때에는 정확히 강이 호수로 흘러들어가는 입구에 있었고, 가장 작은 배들까지도 강물의 수면이 더 높을 때에는 코라진이 있는 곳까지 꽤 먼 거리를 강을 거슬러 올라갈 수 있었다. 또 강 자체는 호수에 돌풍이 부는 날에는 언제나 베싸이다의 배들의 포구와 피난처 노릇을 했었다. 이 말은 이 일이 별로 중요할 것이 없는 너를 위해서 하는 말이 아니고, 까다로운 박사들을 위해 하는 말이다. 그럼 이제는 앞으로 나아가라."

사도들의 배들은 가파르나움과 베싸이다 사이에 있는 호수의 꽤 짧은 거리를 저어 간 다음 베싸이다에 닻을 내린다. 그러나 다른 배들이 그들을 따라와서 거기서 많은 사람이 내려 선생님에게 인사를 드리려고 베싸이다에서 온 사람들과 합친다. 예수께서는 베드로의 집으로 들어가시는데 거기에는… 베드로의 아내가 다시 와 있다. 베드로의 아내는 남편에 대한 어머니의 끊임없는 불평을 듣기보다는 차라리 혼자서 사는 편을 택한 것이다.

사람들은 밖에서 큰 소리로 선생님을 요구한다. 베드로는 그것이 귀찮아서 옥상으로 올라가 동향인들에게 설교를 한다. 아니 그보다도 경의를 좀 표하고 예의를 지켜야 할 것이라고 말한다. 자기 집에 선생님을 모신 지금 그는 선생님이 계신 것을 조용히 즐겼으면 한다. 그런데 이와는 반대로 그가 아내에게 가져오라고 말한 수많은 물건 중에서 꿀물 조금조차도 선생님에게 드릴 시간과 즐거움을 누릴 수가 없다. 그래서 조금 투덜거린다.

예수께서는 미소를 머금고 그를 바라보시면서 고개를 끄덕이시며 말씀하신다. "네가 나를 보는 때가 도무지 없고 같이 있는 것이 예외적인 일인 것 같구나!"

"아니, 사실이 그렇습니다! 우리가 세상에 있을 때는 혹시 우리가 선생님과 저라는 사이입니까? 조금도 그렇지 않습니다! 선생님과 저 사이에는 병자들과 비탄에 빠져 있는 사람들을 데리고 온 세상 사람들과 선생님의 말씀을 듣는 사람들과 구경꾼들, 중상자들, 원수들이 있지, 선생님과 저는 결코 아닙니다. 이와는 반대로 오늘은 선생님이 저와 함께 제 집에 와 계십니다. 그러니 저 사람들이 이것을 이해해야 할 것입니다!" 베드로는 정말 화가 나 있다.

"그러나 나는 차이를 모르겠구나, 시몬아. 내 사랑은 같다. 내 말도 같고. 그 말을 네게 개별적으로 하거나 모든 사람에게 하거나 마찬가지가 아니냐?"

그러자 베드로는 그의 큰 걱정을 털어놓는다. "그것은 제가 고집불통이고 쉽게 정신이 산만해지기 때문입니다. 선생님이 광장에서, 산 위에서, 굉장히 많은 군중 가운데에서 말씀하실 때에는 웬지 모르지만 알아듣기는 다하는데도 아무것도 기억을 못합니다. 이 말을 동료들에게도 했더니, 제 말이 옳다고 했습니다. 다른 사람들, 즉 선생님의 말씀을 듣는 민중은 선생님의 말씀을 알아듣고, 선생님이 말씀하신 것을 기억도 합니다. '선생님이 말씀하셨기 때문에 그 일을 다시는 하지 않았습니다' 하든가 '한 번은 선생님께서 제 정신에 감명을 준 이러저러한 말씀을 하셨기 때문에 왔습니다' 하는 말을 어떤 사람이 실토하는 것을 저희가 얼마나 많이 들었습니까! 이와는 반대로 저희들은… 흠! 멋지 않고 지나가는 물흐름과 같습니다. 강기슭에는 흘러간 이 물이 남아 있지 않습니다. 또 다른 물이 오고, 여전히 오고, 항상 많이 옵니다. 그러나 그 물은 지나가고, 지나가고, 또 지나갑니다. …그래서 저는 이런 생각을 하면서 몹시 두려워합니다. 선생님이 말씀하시는 것처럼, 선생님이 계시면서 강의 역할을 하시지 않게 되었을 때… 저는… 만일 선생님이 주신 것을 한 방울도 간직하고 있지 못하면, 목마른 사람들에게 무엇을 줄 것이 있겠습니까?"

다른 사도들도 베드로의 탄식을 뒷받침하며, 그들에게 질문하는 많은 사람에게 대답할 말을 생각해내려고 하면 그들이 들은 것이 아무것도 도무지 생각나지 않는다고 탄식한다.

예수께서 미소지으며 대답하신다. "그러나 내가 보기에는 그런 것 같지 않다. 사람들은 너희들에게도 매우 만족하고 있다…."

"아! 그렇지요! 저희들이 하는 것에 대해서는요! 선생님께 자리를 마련해 드리는 것, 그렇게 하느라고 팔꿈치로 인파를 헤치며 나아가는 것, 병자들을 나르는 것, 헌금을 거두는 것, 그리고 '예, 저분이 선생님이십니다!' 하고 말하는 것 따위에 대해서 말입니다. 정말이지, 말도 안 됩니다!"

"시몬아, 너를 너무 낮추지 말아라."

"저를 낮추는 것이 아니라, 저를 아는 것입니다."

"그것이 가장 어려운 지혜이다. 그러나 네게서 그 큰 두려움을 없애 주고 싶다. 내가 말을 했는데, 너희가 모든 것을 알아듣지 못했거나 기억하지 못했을 때에는 성가시게 구는 사람으로 보인다든지 나를 낙담시킨다든지 할까 봐 겁내지 말고 내게 물어보아라. 우리끼리만 있는 때가 언제든지 있다. 그런 때에 너희들의 마음을 털어놓아라. 나는 많은 사람에게 아주 많은 것을 준다. 그러니 하느님께서도 그 이상 사랑하지 못하실 만큼 사랑하는 너희들에게 내가 무엇인들 주지 않겠느냐? 너는 강기슭에 아무것도 남기지 않고 지나가는 흐르는 물 이야기를 했지. 물결 하나하나가 씨앗 하나를 놓고 갔고, 그 씨앗은 각기 네게 초목 한 포기를 주었다는 것을 네가 알아차리게 될 날이 올 것이다. 너는 모든 경우에 꽃과 초목을 손닿는 곳에 가지게 될 것이고, 그래서 너 자신에 대해 놀라면서 이렇게 말할 것이다. '아니, 주님이 내게 무슨 일을 해주신 건가?' 하고. 그것은 그때에는 네가 죄의 속박에서 구속되었을 것이고, 지금의 네 덕행들이 더 높은 완전한 경지에 올라가 있을 것이기 때문이다."

"주님이 그렇게 말씀하시니, 그 말씀을 믿겠습니다."

"이제는 우리를 기다리는 사람들을 만나러 가자. 따라오너라, 아주머니에게 평화가 있기를. 오늘 저녁에는 아주머니의 손님이 되겠습니다."

그들은 나온다. 그리고 예수께서는 군중에게 떼밀리지 않으시려고 호수를 향해 가신다. 베드로는 모든 사람이 예수의 목소리를 들을 수 있게, 그러나 예수와 청중 사이에 약간의 공간이 있도록 하려고 배를 호숫가에서 몇 미터 가량 떨어뜨리게 마음을 쓴다.

"가파르나움에서 여기까지 오는 동안 나는 여러분에게 말할 것을 곰곰히 생각했습니다. 오늘 아침에 있었던 사건들에서 어떤 지시들을 발견했습니다.

여러분은 세 사람이 내게로 오는 것을 보았습니다. 한 사람은 자발적으로 왔고, 또 한 사람은 내가 권했기 때문에 왔고, 또 한 사람은 갑작스런 흥분에 끌려 왔습니다. 그리고 여러분은 세 사람 중에서 내가 두 사람만 받는 것도 보았습니다. 왜 그랬을까요? 내가 셋째 사람을 배신자로 본 것은 우연이었습니까? 정말이지 그렇지 않습니다. 그러나 그 사람은 준비가 되어 있지 않았습니다. 겉으로 보기에는 아버지의 장례를 치르려고 가던 내 곁에 있는 이 사람이 준비가 제일 덜 된 것처럼 보였습니다. 그러나 반대로 준비가 제일 덜 된 사람은 셋째 사람이었습니다. 둘째 사람은 그가 모르는 사이에 준비가 아주 잘 되어서 참으로 영웅적인 희생을 치를 줄 알았습니다. 하느님을 따르기 위해서 행하는 영웅적 행위는 항상 영웅적으로 준비가 단단히 되어 있다는 증거입니다. 이것이 내 주위에서 일어난 뜻밖의 어떤 일들을 설명해 줍니다. 그리스도를 받도록 가장 준비가 잘 된 사람들은 그들의 계급이 어떻든 그들의 교양이 어떻든 재빨리 그리고 절대적인 믿음을 가지고 내게로 옵니다. 가장 준비가 덜 된 사람들은 나를 비범한 사람으로 생각하고 지켜보거나 경계심과 호기심을 가지고 조사하거나 또는 여러 가지 비난으로 나를 공격하고 비방합니다. 이 여러 가지 태도는 정신이 준비되어 있지 않은 정도에 따라 다릅니다.

선택된 백성 가운데에는 성조들과 예언자들이 애타게 기다렸던 메시아를 재빨리 받아들이는 사람들을 어디에서나 만나야 할 것입니다. 예언자들이 예고

한 모든 표가 앞서고 따르는 가운데 마침내 온 그 메시아를, 사람들의 몸과 자연의 힘에 미치는 볼 수 있는 기적들을 통하여, 또한 회개라는 양심들과 참 하느님께로 돌아서는 이방인들에게 미치는 보이지 않는 기적을 통하여 그의 영적인 모습이 점점 더 분명하게 드러나는 그 메시아를 말입니다. 그러나 이와는 반대로 사정이 그렇지 않습니다. 메시아를 재빨리 따르려는 생각이 바로 어린이들에게 있어서도 매우 심하게 방해를 받고, 또 말하기 괴로운 일입니다만, 사회에서 지위가 높아질수록 이 마음이 방해를 더 받습니다.

  나는 여러분을 분개하게 하려고 이 말을 하는 것이 아니라, 여러분으로 하여금 기도하고 곰곰히 생각하도록 하려고 이 말을 하는 것입니다. 왜 이런 일이 일어납니까? 왜 이방인들과 죄인들이 내 길에서 더 많이 전진합니까? 왜 그들은 내가 말하는 것을 받아들이는데, 다른 사람들은 받아들이지 않습니까? 그것은 이스라엘의 자손들이 마치 진주조개들이 그것들이 태어난 암초에 단단히 달라붙어 있는 것처럼, 아니 거기에 박혀 있는 것처럼 단단히 박혀 있기 때문입니다. 그들은 그들의 지혜가 포화(飽和)상태에 이르도록 꽉 차고 그것으로 인하여 부풀어올라서, 필요한 것을 받아들이기 위하여 없어도 되는 것을 버려서 내 지혜가 들어갈 자리를 마련할 줄을 모르기 때문입니다. 다른 사람들은 이런 속박을 받지 않습니다. 그들은 표류하는 배와 같이 아무 닻도 한 군데에 붙잡아 매두지 않는 불쌍한 이교도이거나 불쌍한 죄인들입니다. 그들은 제 것인 재물은 없고 다만 오류와 죄의 무거운 짐만을 가지고 있는 가난한 사람들입니다. 그들은 기쁜 소식이 무엇인지를 이해하게 되자마자 오류와 죄의 무거운 짐을 기꺼이 벗어버리고, 그들의 죄의 메스꺼운 혼합물과는 아주 다른 이 기쁜 소식의 튼튼하게 하는 꿀을 맛봅니다.

  내 말을 귀담아 들으시오. 그러면 같은 일의 결과가 얼마나 다를 수 있는지를 더 잘 이해할 것입니다.

  어떤 농부가 씨를 뿌리러 갔습니다. 그의 밭은 많았는데 가치가 서로 달랐습니다. 어떤 밭들은 아버지에게서 물려받은 것이었는데, 돌보지 않았기 때문에 가시나무들이 번식하게 되었었습니다. 어떤 밭들은 그가 장만한 것이었는데, 태만한 사람에게서 사서 그 상태에 그대로 내버려두었었습니다. 또 어떤 밭들은 그 사람이 편한 것을 좋아해서 이 밭에서 저 밭으로 갈 때에 많이 걷기가 싫었기 때문에 가운데 길들이 나 있었습니다. 끝으로 그의 집 앞에 전망을 좋게 하려고 온갖 정성을 기울인 집에서 제일 가까운 밭도 몇 떼기 있었습니다. 이 밭들에서는 조약돌과 가시나무와 개밀과 또 다른 잡풀들도 모두 치워져 있었습니다.

 그러니까 이 사람은 종자 자루에 제일 좋은 씨를 넣어가지고 가서 씨를 뿌리기 시작했습니다. 씨는 부드럽게 하고 깊이 갈고 깨끗하고 거름을 잘 준 집에서 제일 가까운 밭들의 좋은 땅에 떨어졌습니다. 길이 이리저리 나고 게다가 기름진 땅에 메마른 먼지가 켜켜이 앉은 밭들에도 떨어졌습니다. 또 일부분은 그 사람의 무능으로 인해서 가시나무들이 번식하게 되었던 밭에도 떨어졌습니다. 지금은 쟁기로 갈아엎었기 때문에 그 가시나무들이 없어진 것 같았습니다. 그러나 그것들이 여전히 없어지지 않고 있었습니다. 그것은 불로 잡초들을 근본적으로 파괴해야만 다시 나오지 못하게 되기 때문입니다. 나머지 씨는 최근에 사들인 밭들에 떨어졌는데, 그 밭들을 그 사람은 깊이 갈아엎지도 않고, 땅 속에 쫙 깔려서 연한 뿌리가 뚫고 들어갈 수 없게 하는 돌들을 모두 치우지도 않고 그대로 두었었습니다. 그리고 씨를 다 뿌린 다음 집으로 돌아오면서 말했습니다. '오! 잘 됐다! 이제는 추수만 기다리면 된다' 하고. 그리고는 날이 지남에 따라서 집에 가까운 밭에 씨가 굵은 싹이 트고 자라는 것을 보았기 때문에 대단히 기뻐했습니다. …오! 부드러운 양탄자! 그리고는 이삭이 패고… 오! 얼마나 아름다운 바다인가! 그리고 밀이삭이 누렇게 되어가며 이삭과 이삭이 부딪히면서 해를 보고 환희의 노래를 불렀습니다. 그 사람은 이렇게 말했습니다. '다른 밭들도 모두 이 밭들과 같을 테지! 낫과 곡식창고를 준비하자. 빵은 얼마나 많이 나오고! 돈은 얼마나 많이 생길까!' 그러면서 몹시 기뻐했습니다….

 그 사람은 집에서 가장 가까운 밭들에서 곡식을 베고 나서 아버지에게서 유산으로 받은 것이지만 가꾸지 않은 채로 두었던 밭으로 건너갔습니다. 그는 벌어진 입을 다물지 못했습니다. 밭이 좋았고 또 아버지가 비옥하게 한 땅은 기름지고 비옥했기 때문에 씨가 싹이 많이 났었습니다. 그러나 그 비옥함은 뒤엎어지기는 했어도 여전히 생명력이 강한 가시나무들에도 영향을 미쳤었습니다. 가시나무들은 다시 돋아나서 가시돋힌 잔가지로 진짜 천장을 만들어 놓아서 씨앗 그것을 뚫고 이삭 몇 개만 드문드문 내밀 수 있었습니다. 나머지는 거의 온전히 말라 죽고 말았었습니다.

 그 사람은 이렇게 생각했습니다. '내가 이곳에서는 소홀했다. 그러나 다른 곳에는 가시나무가 없으니까 낫겠지.' 그러면서 최근에 사들인 밭으로 갔습니다. 그의 깜짝 놀람은 그의 고통을 더 크게 했습니다. 야윈 밀대의 잎이 이제는 마르기까지 해서 마치 사방에 흩어져 있는 건초 모양으로 널려 있었습니다.

건초였습니다. '아니, 이게 어떻게 된 일이야? 아니, 어떻게 된 일이야?' 하고 그 사람은 탄식하며 말했습니다. '하지만 여기는 가시나무도 없는데! 하지만 씨는 똑같은 것이었는데! 하지만 밀이삭이 빽빽하게 보기 좋게 돋아났는데! 그건 잎이 굉장히 많이 잘 생겼던 걸로 알 수가 있어. 그러면 왜 이삭이 생기지 않고 다 죽어버렸지?' 그리고 괴로워하면서 혹 두더지 굴이나 다른 재앙의 씨를 얻어만날지 보려고 땅을 파기 시작했습니다. 곤충과 설치류(齧齒類)는 없었습니다. 그러나 돌이 얼마나 많은지! 자갈 더미였습니다. 밭들에는 자갈이 문자 그대로 쫙 깔려 있었고, 그 위에 흙이 조금 덮여 있는 것은 눈가림에 지나지 않았습니다. 오! 아직 시간이 있을 때에 그가 땅을 파보았더라면! 오! 만일 그가 이 밭들에 대한 흥정을 받아들이고, 그것을 좋은 땅으로 알고 사기 전에 파보았더라면! 오! 그 밭의 질을 확인하지 않고 달라는 값에 그것을 사는 잘못을 저지른 다음에라도 적어도 애를 써서 그 땅을 개량했더라면! 그러나 이제는 때가 너무 늦었고, 후회해야 소용이 없었습니다.

그 사람은 창피스럽게 몸을 일으키고, 그의 편의를 위해서 작은 길을 여러 갈래 만들어 놓았던 밭으로 갔습니다. …그리고 가슴이 아파서 제 옷을 찢었습니다. 거기에는 아무것도 없었습니다. 정말 아무것도 없었습니다. …밭의 짙은 빛깔의 땅에는 엷은 흰 먼지가 한 켜 앉아 있었습니다. …그 사람은 탄식을 하면서 땅바닥에 주저앉았습니다. '아니, 여기는 왜 이래? 여기는 가시덤불도 돌도 없는데, 여긴. 우리들 밭이니까. 할아버지, 아버지, 나 이렇게 항상 이 밭들을 소유했고, 길고 긴 세월 동안 우리가 기름지게 한 땅인데, 이 밭들에 길을 내고 여기서 흙을 파 가기는 했지만, 그 때문에 밭들이 이렇게까지 불모(不毛)가 될 수는 없단 말이야…' 그가 아직 울고 있는데 수많은 새 한떼가 비통한 탄식에 대한 해답을 주었습니다. 새들은 오솔길에서 밭으로 밭에서 오솔길로 달려들어 낟알, 낟알, 낟알을 찾고, 찾고, 또 찾고 있었습니다. …길바닥이 된 밭에는 그 길 가장자리에 씨가 떨어져서 수많은 새떼를 끌어들였습니다. 그놈들이 처음에는 길에 떨어진 씨를 먹었고, 그 다음에는 밭의 씨도 하나 남기지 않고 다 먹었습니다.

이와 같이 씨 뿌리기는 모든 밭이 똑같았지마는, 여기서는 백배가 나오고, 저기서는 60배, 또 저기서는 30배, 또 다른 곳에서는 아무것도 안 나왔습니다. 들을 줄 아는 귀를 가진 사람은 들으시오. 씨는 말씀입니다. 말씀은 모든 사람에게 똑같습니다. 그것을 적용하고 이해하는 것은 각 자가 할 일입니다. 평화가 여러분과 함께 있기를 바랍니다."

그리고 베드로를 돌아보시며 말씀하신다. "할 수 있는 대로 윗쪽으로 올라가서 건너편에 배를 대라."

두 배가 강으로 조금 올라가서 강가 근처에 멎는 동안 예수께서는 앉으셔서 새 제자에게 물으신다. "네 집에는 누가 남아 있느냐?"

"제 어머니와 5년 전에 결혼한 형이 있습니다. 누님들은 이 지방 여기저기에 흩어져 있습니다. 제 아버지는 대단히 좋은 분이었습니다. 그래 어머니는 슬피 울고 있습니다." 젊은이는 가슴에서 흐느낌이 북받쳐 오르기 때문에 갑자기 말을 중단한다.

예수께서는 그의 손을 잡으시고 말씀하신다. "나도 그런 고통을 겪었다. 그리고 내 어머니가 우시는 것을 보았다. 그러므로 너를 잘 이해한다…."

배가 자갈에 닿아서 비벼지는 바람에 대화가 중단되었다. 그리고 사람들이 배에서 내린다. 여기는 말하자면 호수에 코를 잠그고 있는 베싸이다의 낮은 야산들이 아니고, 풍부한 곡식들이 자라고 있는 평야가 베싸이다의 맞은편이 강언덕에서 북쪽으로 뻗어 있다.

"메론으로 갑니까?" 하고 베드로가 묻는다.

"아니다. 밭 가운데에 나있는 저 길로 간다."

아름답고 잘 가꾸어진 밭들에는 밀이삭들이 보이는데, 아직 연하기는 하지만 알이 벌써 생겼다. 밀이삭들은 높이가 모두 같아서 북쪽에서 불어 오는 서늘한 바람에 불려 가볍게 물결치기 때문에 다른 작은 호수를 하나 만들어 놓는 것 같다. 그리고 거기에서는 여기저기 우뚝 솟아 있고 새들의 지저귐이 요란한 나무들이 돛단배 노릇을 한다.

"이 밭들은 비유에 나오는 밭들과 같지 않군요" 하고 사촌 야고보가 지적한다.

"확실히 그렇지 않다! 새들이 유린하지도 않았고, 가시나무도 조약돌들도 없네. 훌륭한 낟알이야! 이제 한 달만 있으면 벌써 누렇게 될 것이고… 두 달만 있으면 베어서 곡식창고에 넣기 알맞게 될 걸세" 하고 가리옷의 유다가 말한다.

"선생님… 제 집에서 말씀하신 것을 생각해 보십시오. 선생님은 참 말씀을 잘하셨습니다. 그러나 저는 산에서처럼 머리 속에 의혹이 잔뜩 들어 있습니다…" 하고 베드로가 말한다.

"오늘 저녁 설명해 주마. 지금 우리는 코라진이 보이는 데에 와 있다." 예수께서는 새 제자를 똑바로 들여다보시며 말씀하신다. "주는 사람에게는 우리도 주는 법이며, 가졌다고 해서 선물의 공로가 없어지는 것은 아니다. 너희 집 무덤과 네 어머니한테로 나를 인도해라."
 젊은이는 무릎을 꿇고 눈물을 줄줄 흘리며 예수의 손에 입맞춤한다.
 "일어나거라, 자. 내 영이 네 슬픔을 느꼈다. 내 사랑으로 네 영웅적 행위를 강화하고자 한다."
 "이사악 어른이 선생님이 얼마나 착하신지 이야기해 주었습니다. 이사악 아시지요? 딸을 고쳐 주신 그 사람 말씀입니다. 그이가 제게 사도가 되었습니다. 그러나 선생님은 그이가 말한 것보다도 훨씬 더 착하시다는 것을 알겠습니다."
 "네 어른께도 내게 제자 한 사람을 준 데 대해서 고맙다는 인사를 하러 가자."
 코라진에 도착하였는데, 마침 제일 처음 만난 집이 이사악의 집이다. 집으로 돌아가던 노인이 제자들과 같이 오시는 예수의 일행과 제자들 사이에 코라진의 젊은이를 보고, 손에 막대기를 든 채 팔을 들고 너무 놀라서 입을 다물지 못한 채로 있다. 예수께서 미소지으시니, 이 미소를 보고 비로소 노인이 말을 한다.
 "선생님, 하느님의 축복을 받으십시오! 아니, 어떻게 이런 영광이 제게 옵니까?"
 "할아버지께 '고맙습니다' 하고 인사를 하려고 왔습니다."
 "아이고, 무엇이 고맙습니까? 그 말씀은 제가 선생님께 드려야 할 것입니다. 들어오십시오, 들어오세요. 아이고! 제 딸이 시어머니를 도와드리느라고 멀리 가 있는 것이 얼마나 가슴아픈지 모르겠습니다! 그애는 결혼했거든요, 아시겠습니까? 선생님을 만난 이후로는 모든 축복이 내렸습니다! 제 딸의 병이 고쳐졌고, 곧 이어서 어머니가 필요한 어린 것들을 데리고 홀아비가 된 저 부자 친척이 먼 데서 돌아왔구요. …아이고! 이 말씀을 벌써 드렸지요! 제 머리가 늙었습니다! 용서해 주십시오."
 "할아버지의 머리는 지혜로워서 그의 선생에게 한 좋은 일을 자랑으로 삼는 것을 잊었습니다. 누가 행한 선행을 잊어버리는 것이 지혜입니다. 그 지혜는 겸손과 하느님께 대한 신뢰를 나타냅니다."
 "그렇지만 저는… 모르겠는데요…."
 "그럼 이 제자는 할아버지를 통해서 내가 얻게 된 것이 아닙니까?"
 "아이고! …하지만 저는 한 것이 아무것도 없습니다. 아시겠어요? 저는 그저 진실을 말한 것뿐입니다. …그리고 엘리야가 선생님을 모시고 있는 것이 기쁩니다." 그리고 엘리야에게로 몸을 돌리고 말한다. "자네 어머니는 처음에는 얼마 동안 넋을 잃고 있다가 자네가 선생님 곁에 있다는 것을 알고는 눈물을 닦았네. 자네 아버지는 그런데도 아주 의젓한 장례로 모셔졌네. 무덤에 묻힌 지가 얼마 안 되네."

"그럼 제 형님은요?"

"그 사람은 말을 안하네. …알겠나… 자네가 거기 없는 것을 보는 것이 자네 형에게는 좀 곤란한 일이었지. …마을 사람들 때문에… 지금도 그렇게 생각하고 있네…."

젊은이는 예수께로 몸을 돌리고 말한다. "선생님의 말씀이 맞습니다. 그렇지만 저는 형이 죽기를 원치 않습니다. …형이 저처럼 사는 사람이 되고 선생님을 섬기게 해주십시오."

다른 사람들은 알아듣지 못한다. 그래서 의아스럽다는 태도로 쳐다본다. 그러나 예수께서는 "실망하지 말고 끝까지 꾸준하여라" 하고 말씀하신다. 그런 다음 이사악에게 강복하시고, 이사악의 간청에도 불구하고 떠나신다.

그들은 우선 봉해진 무덤 곁에 머물러서 기도를 한다. 그리고 아직 잎이 덜 난 포도밭으로 해서 엘리야의 집을 향하여 간다.

두 형제의 만남은 꽤 냉랭하다. 형은 모욕을 당한 것으로 생각하여 그것을 눈에 보이게 하려고 한다. 아우는 인간적으로 잘못하였다는 것을 느끼고 반응을 보이지 않는다. 그러나 어머니가 와서 한 마디 말도 없이 땅에 엎디어 예수의 옷자락에 입맞춤한다. 어머니가 오니 분위기와 사람들의 마음이 명랑해져서 선생님을 대접하려고까지 한다. 그러나 예수께서는 아무것도 받아들이지 않으시고 이렇게만 말씀하신다. "당신들이 슬퍼하는 분이 의로웠던 것처럼 당신들도 서로 올바른 마음을 가지시오. 초인간적인 것에, 즉 죽음과 어떤 사명에 부르심에 인간적인 의미를 붙이지 마시오. 의인의 영혼은 아들이 자기 시체를 매장하는 데 있지 않은 것을 보고 마음이 어지러워지지 않았소. 오히려 그의 엘리야의 장래가 완전한 것을 생각하고 마음이 가라앉았소. 세상 사람들의 생각으로 부르심의 은총이 방해를 받게 되지 않기를 바라오. 세상 사람들이 아들이 아버지의 관 옆에 있는 것을 보지 못하고 이상히 여겼지만, 천사들은 그가 메시아 곁에 있는 것을 보고 몹시 기뻐했소. 올바른 사람들이 되시오. 그리고 어머니는 아들에게서 위로를 받으세요. 당신은 아들을 지혜롭게 길렀습니다. 그래서 당신의 아들은 지혜의 부름을 받았습니다. 평화가 지금과 항상 당신들과 함께 있기를 바랍니다."

그들은 길로 돌아와서 강으로 또 거기에서 베싸이다로 가려고 그 길로 다시 들어선다. 그 사람 엘리야는 아버지의 집 문지방에서 잠시도 지체하지 않았다. 어머니에게 작별의 입맞춤을 한 다음 아버지를 따라 가는 어린이와 같은 순진함으로 선생님을 따라 나섰다.

40. 베드로의 집 부엌에서. 교훈과 세례자가 붙잡혔다는 기별

다시 베드로의 집 부엌이다. 생선과 고기, 치즈, 말랐거나 시든 과일, 꿀을 바른 푸아스*남은 것들이 담긴 접시들이 우리 토스카나 지방의 반죽통 같은 일종의 찬장에 쌓여 있는 것으로 보아 식사가 푸짐했던 모양이다. 포도주 항아리들과 잔들이 아직 식탁 위에 어지럽게 놓여 있다.

베드로의 아내는 남편을 기쁘게 하려고 기적적인 일을 하였고 하루 종일 일하였다. 이제는 피곤은 하지만 만족하여 한구석에 있으면서 남편이 하는 말과 다른 사람들이 하는 말을 듣고 있다. 그 여자는 남편을 바라본다. 남편이 좀 까다롭기는 해도 그에게는 위대한 사람임이 틀림없다. 전에는 배니 그물이니 물고기니 돈이니 하는 말만 하던 남편이 새로운 말을 하는 것을 들을 때에는 마치 너무 강한 빛으로 눈이 부신 듯이 눈을 깜박인다. 베드로는 예수께 식사를 대접한 것이 기뻐서 그런지 나온 음식이 푸짐했기 때문에 기뻐서 그런지 오늘 저녁은 정말 영감이 떠올라서, 그에게서는 군중들에게 설교할 미래의 베드로의 모습이 나타난다.

동료가 어떤 비판을 하였기에 잘 짜여진 베드로의 이런 대답이 나왔는지 모르겠다. "그들은 바벨탑을 쌓던 사람들이 당한 것과 같은 일을 당할 거야. 그들의 교만으로 그들의 이론이 무너져서 거기에 깔리고 말 거야."

안드레아가 형에게 반론을 제기한다. "그렇지만 하느님께서는 지극히 자비로우셔. 하느님께서는 그들에게 뉘우칠 시간의 여유를 주시려고 무너지는 것을 막으실 거야."

---

* 역주 : 고급 밀가루로 만든 비스킷의 일종.

"그런 생각 말아라. 그들은 그들의 교만을 완성하기 위해서 중상과 박해를 쓸 거다. 오! 나는 그걸 벌써 예감한다. 우리를 가증스러운 증인들처럼 흩어버리려고 우리를 박해할 것을. 그리고 그들이 진리를 음흉하게 공격하겠기 때문에 하느님께서 벌을 주셔서 그들은 멸망할 거다."

"우리가 저항할 힘이 있을까?" 하고 토마가 묻는다.

"바로 그거야. …나는 그럴 힘이 없을 걸세. 그렇지만 나는 선생님을 믿어" 이렇게 말하면서 베드로는 선생님을 가리킨다. 예수께서는 당신의 표정이 풍부한 얼굴을 가리시려는 것처럼 머리를 조금 기울이시고 서서 들으시며 잠자코 계시다.

"나는 하느님께서 우리 힘에 겨운 시련은 주지 않으시리라고 생각해" 하고 마태오가 말한다.

"그렇지 않으면 적어도 시련에 따라서 우리 힘을 더 세게 해주실 거야" 하고 알패오의 야고보가 결론을 내린다.

"하느님께서는 벌써 그렇게 해주셔. 나는 부자고 권력이 있었어. 만일 하느님께서 당신 계획을 위해 나를 보존하고자 하지 않으셨더라면, 나는 박해를 당하고 문둥병자가 되었을 때 실망해서 죽었을 거야. 나 자신에 대해 심한 증오를 품었을 거야. …그런데 그러지를 않고 내 전적인 몰락 위에 전에는 도무지 가져본 적이 없는 새 보물이 내려왔어. '하느님이 계시다'는 확신이라는 보물이었지. 전에는… 하느님이… 그래, 나는 믿는 사람이었고, 충실한 이스라엘 사람이었지. 하지만 그건 형식주의적인 믿음이었어. 그래서 하느님의 상이 항상 내 덕행에 미치지 못하는 것같이 생각되었었어. 내가 이 세상에서 아직 대단한 사람이라고 느꼈기 때문에 감히 하느님과 논쟁을 했었어. 시몬 베드로의 말이 옳아. 나도 내 나에 대한 자기 칭찬과 만족으로 바벨탑을 쌓고 있었어. 모든 것이 내 위로 무너져 내리고, 저 모든 쓸 데 없는 인간적인 것의 무게에 짓눌린 벌레같이 되었을 때에야 나는 하느님과 논쟁을 하지 않고, 나 자신과, 분별없는 나 자신과 논쟁하게 되었고, 마침내 나 자신을 부수고 말았어. 그리고 지상에 사는 우리 존재 위에 내재하시는 하느님이라고 생각되는 그 길을 걸으면서 그렇게 하면 할수록 새로운 힘과 새로운 재물에 도달하게 되었네. 내가 혼자가 아니라, 인간과 악에게 쓰러진 사람을 하느님이 지켜 주신다는 확신 말일세."

"자네 생각에는 하느님이 어떤 분이라고 생각하나? 자네가 '지상에 사는 우리 존재 위에 내재하시는 하느님'이라 말한 그분 말이야. 그게 무슨 뜻인가? 나는 이해하지 못하겠고, 그것은 이단인 것같이 생각되네. 하느님은 우리가 율법과 예언자들을 통해서 아는 분이야. 다른 하느님은 안 계셔" 하고 가리옷의 유다가 좀 엄하게 말한다.
"요한이 여기 있었으면, 나보다 더 낫게 말할 걸세. 그러나 나는 내가 아는 대로 말하는 걸세. 하느님은 우리가 율법과 예언자들을 통해서 아는 분이지, 그건 사실이야. 그러나 무엇을 가지고 우리가 하느님을 아는가? 어떻게?"
알패오의 유다가 펄쩍 뛴다. "우리는 별로 알지도 못하고 제대로 알지도 못해. 하느님이 어떤 분이라고 우리에게 묘사한 예언자들은 그래도 그분을 알고 있었지. 그렇지만 우리는 하느님에 대해서 분파들이 거듭거듭 포개놓은 설명의 혼잡한 무더기를 통해서 약하게 새어나오는 희미한 개념을 가지고 있네 …."
"분파라니? 아니 자넨 어떻게 말하는 거야? 우리는 분파는 없어. 우리는 율법의 아들들이야. 모두." 가리옷 사람은 분개하여 공격적으로 말한다.
"법률들의 아들이지 율법의 아들은 아니야. 율법과 법률 사이에는 약간의 차이가 있네. 그러나 사실에 있어서는 이렇네. 우리는 우리가 만들어낸 것의 아들들이지 하느님께서 우리에게 주신 것의 아들들은 아니란 말일세" 하고 타대오가 대꾸한다.
"법률들은 율법에서 나왔어" 하고 가리옷 사람이 말한다.
"병들은 우리 몸에서 생겨나네. 그렇지만 자네는 병들이 좋은 것이라고 말하는 것은 아니겠지" 하고 타대오가 대꾸한다.
"그렇지만 열성당원 시몬이 말하는 내재하시는 하느님이 어떤 분이신지 내게 알게 해주게." 알패오의 유다의 지적에 대꾸할 수가 없는 가리옷 사람은 문제를 출발점으로 도로 가지고 가려고 해본다.
열성당원 시몬이 말한다. "우리 감각능력에는 어떤 개념을 파악하기 위해서는 언제나 어떤 용어가 필요하네. 우리 각자는, 내가 말하는 것은 믿는 우리 말일세, 우리 각자는 신앙의 힘으로 지극히 높으신 주님이시고 조물주이신 하늘에 계신 영원하신 하느님을 믿네. 그러나 인간에게는 누구에게나 이 꾸밈없고 더럽혀지지 않고 형체가 없어서 천사들에게나 알맞고 충분한 이 믿음 이상의 것이 필요하네. 천사들은 하느님과 더불어 신령한 성질을 나누어 가지고 있고 하느님을 보는 능력을 가지고 있어서 하느님을 영적으로 보고 사랑하네. 하지만 우리는 하느님의 '모습'을 만들어 가질 필요가 있네. 이 모습은 우리가 하느님의 절대적인 완전에 이름을 붙이기 위해서 하느님께 드리는 본질적인 특성들로 되어 있네. 영혼이 집중되면 집중될수록 하느님을 아는 데에서 정확성을 더 가지게 되네. '내재하시는 하느님'이라는 말로 뜻하는 것이 이걸세. 나는 철학자가 아니야. 내 용어가 어쩌면 잘못 적용되었는지도 모르겠네. 그러나 요컨대 내게 있어서 내재하시는 하느님은 하느님에 대한 느낌, 우리 정신으로 하느님을 지각하는 것이고, 그분을 추상적인 관념으로 느끼고 지각하는 것이 아니라, 우리에게 새로운 힘과 새로운 평화를 주시는 실제적인 현존(現存)으로 느끼고 지각하는 것일세."

"좋아, 자네는 어떻게 하느님께 대한 느낌을 가지나? 믿음으로 느끼는 것과 내재(內在)로 느끼는 것 사이에 어떤 차이가 있나?" 하고 가리옷 사람이 약간 빈정거리는 투로 묻는다.

"하느님은 안전이시네, 이 젊은이야" 하고 베드로가 말한다. "내가 글자대로는 못 알아듣지만 그 정신은 이해하는 그 용어를 써 가면서 — 그리고 우리의 불행은 하느님의 말씀의 글자뜻을 알아들으면서 그 정신은 이해하지 못하는 것이라는 걸 잘 생각해 보게 — 시몬이 말하는 것같이 자네가 하느님께 대한 느낌을 가진다는 것은 하느님의 무시무시한 위엄에 대한 개념을 가지게 될뿐 아니라 하느님의 지극히 다정스러우신 아버지다운 감정에 대한 개념도 가지게 된다는 말일세. 그것은 온 세상이 자네를 옳지 않게 판단하고 단죄하더라도 자네는 자네에게는 아버지가 되시는 오직 한 분뿐이신 영원하신 그분은 자네를 심판하지 않으시고 오히려 자네 죄를 사해 주시고 자네를 위로해 주신다는 느낌을 가진다는 말일세. 그것은 모든 세상 사람이 자네를 미워하더라도 자네는 온 세상보다도 더 큰 사랑이 자네 위에 있음을 깨닫는다는 느낌을 가진다는 뜻일세. 그것은 자네가 옥에 갇혀 있거나 사막에 외따로 격리되어 있어도 어떤 분이 자네에게 '네 아버지와 같이 되도록 거룩하여라' 하고 말한다는 것을 자네가 항상 느낀다는 말일세. 그것은 우리가 마침내 있는 그대로 지각하기에 이르는 하느님 아버지께 대한 참된 사랑으로 인간적으로 따지지 않고 받아들이고 노력하고 취하거나 버리거나 하면서 사랑으로 사랑에 보답하고, 자기의 행동으로 할 수 있는 대로 하느님을 모방한다는 말일세."

"자넨 참 교만하구먼! 하느님을 모방하다니! 이것은 자네에게 허락되지 않아!" 하고 가리옷 사람이 판단을 내린다.

"이것은 교만이 아니야. 사랑은 우리를 순종으로 이끌어 가네. 하느님을 모방하는 것이 내 생각에는 하나의 순종의 형태 같아. 하느님께서는 당신 모습과 비슷하게 우리를 만드셨다고 말씀하시니까 말이야" 하고 베드로가 대꾸한다.

"하느님이 우리를 만드셨어. 그렇지만 우리는 더 높이 올라가서는 안 돼."

"아니, 이 사람아, 만일 자네가 그렇게 생각한다면 자네는 불행한 사람일세! 자네는 우리가 타락했다는 것과 하느님은 우리를 우리의 이런 지위로 도로 데려가시고자 하신다는 것을 잊고 있구먼."

예수께서 말씀을 하신다. "베드로와 유다와 너희 모두들, 그보다도 훨씬 더하다. 아담의 완전은 그를 그의 창조주와 점점 더 비슷한 모습이 되게 하였을 사랑의 덕택으로 더 커질 수가 있었다. 죄의 흠이 없었더라면 아담은 하느님의 가장 깨끗한 거울이었을 것이다. 그렇기 때문에 내가 너희들에게 '하늘에 계신 아버지께서 완전하신 것과 같이 완전하여라' 하고 말하는 것이다. 아버지와 같이, 그러니까 하느님과 같이란 말이다. 베드로도 썩 잘 말했고 시몬도 그렇다. 그들의 말을 기억하고 그것을 너희 영혼에 적용하기를 부탁한다."

베드로의 아내는 남편이 이렇게 칭찬듣는 것을 듣고 기뻐서 하마터면 기절할 뻔하였다. 그 여자는 지극히 행복하여 조용히 그의 베일 뒤에서 울고 있다. 베드로는 어떻게나 얼굴이 새빨개졌던지 뇌졸중(腦卒中)을 일으킨 것 같다. 그는 한동안 잠자코 있다가 말한다. "자 그럼, 상급을 주십시오. 오늘 아침의 비유…"

다른 사도들도 베드로와 합류하여 말한다. "그렇습니다, 선생님이 말씀하셨어요. 비유는 비교를 이해하게 하는 데 매우 유익합니다. 그러나 저희들은 그 비유들이 비교 이상의 뜻이 있다는 것을 깨닫습니다. 왜 그 사람들에게 비유로 말씀하십니까?"

"그들에게는 내가 설명하는 것 이상의 것을 알아듣는 은혜가 주어지지 않았기 때문이다. 너희들에게는 훨씬 더 많이 주어진 것은 내 사도들인 너희는 신비를 알아야 하기 때문이다. 따라서 너희들에게는 하늘 나라의 신비를 이해하는 은혜가 주어졌다. 그렇기 때문에 '비유의 정신을 이해하지 못하면 물어보라'고 너희에게 말한 것이다. 너희는 모든 것을 바쳤다. 그래서 이번에는 너희들도 모든 것을 줄 수 있게 하려고 너희에게 모든 것이 주어진 것이다. 너희들은 애정, 시간, 이해관계, 자유, 목숨 따위 모두를 하느님께 바친다. 그래서 하느님께서도 그 갚음으로, 그리고 너희들이 너희들 뒤에 오는 사람들에게 하느님의 이름으로 모든 것을 줄 수 있게 하시려고 너희에게 모든 것을 주신다. 그래서 가진 사람은 더 풍성하게 받을 것이다. 그러나 일부분만 주었거나 도무지 주지 않았거나 한 사람은 그가 가진 것까지 빼앗길 것이다.

내가 그들에게 비유로 말하는 것은 그들이 보면서 하느님의 말씀에 찬성하겠다는 그들의 의지가 비추어 주는 것만을 발견하게 하려는 것이고, 그들이 귀기울여 들으면서 역시 찬성하겠다는 의지로 듣고 이해하게 하려는 것이다. 그런데 너희들은 이런 것을 본다! 즉 많은 사람이 내 말을 듣지만 하느님 편이 되는 사람은 별로 없다. 그들의 정신에는 착한 뜻이 없다. 그들에게는 이사야의 예언이 맞아들어간다. '너희들이 귀를 기울이겠지만 보지 못할 것이고, 눈을 뜨고 바라보겠지만 보지 못할 것이다.' 그것은 이 백성의 마음이 무관심하고 귀가 먹었고 눈이 감겨 있어서 보지도 못하고 듣지도 못하고 마음으로 듣지도 못하고, 내가 그들을 고쳐 주도록 회개도 하지 못하기 때문이다. 그러나 너희들은 너희들의 보는 눈과 너희들의 듣는 귀와 너희들의 착한 뜻 때문에 지극히 행복하다! 너희들에게 분명히 말한다마는 많은 예언자와 많은 의인이 너희가 보는 것을 보기를 갈망했지만 보지 못했고, 너희가 듣는 것을 듣기를 갈망했지만 듣지 못했다. 그들은 말씀의 신비를 이해하려고 갈망하며 애태웠지만, 예언의 빛이 꺼지고 난 후에는 말들이 죽은 숯불과 같은 상태로 있었다. 그 말을 한 성인의 경우에도 그러했다.

다만 하느님만이 당신 자신을 드러내신다. 하느님의 빛이 신비를 비추는 그 목적을 달성하고 나서 물러가면, 이해할 수 없게 하는 무능이 마치 미이라를 감은 붕대와 같이 받은 말씀의 훌륭한 진리를 꽉 둘러싼다. 그렇기 때문에 오늘 아침 네게 이런 말을 한 것이다. '내가 네게 준 것을 모두 도로 찾아낼 날이 올 것이다' 하고. 지금은 네가 기억을 하지 못한다. 그러나 이 다음에 네 위에 빛이 올 것인데, 잠깐 동안만 머물려고 오지 않고, 영원한 영과 네 영을 깨질 수 없는 결합으로 맺으려고 올 것이니 이 결합으로 인하여 하느님의 나라에 관한 네 가르침은 그르칠 수 없는 것이 될 것이다. 그리고 네게 대해서 그렇게 될 것과 같이, 네 후계자들에 대해서도 그들이 하느님을 유일한 빵으로 삼아 살아가면 그렇게 될 것이다.

이제는 비유의 정신을 들어라.

우리에게는 네 가지 밭이 있다. 기름진 밭, 가시나무가 어지럽게 자라는 밭, 돌이 많은 밭, 그리고 길이 여러 갈래로 나있는 밭이 있고 또 우리에게는 또 네가지 종류의 정신이 있다.

그들의 노력과 사도의 훌륭한 일도 준비가 된 성실한 사람들, 착한 뜻을 가진 사람들이 있다. 사도라고 하는 것은 '참다운' 사도를 말하는 것이다. 개중에는 사도라는 이름만 가지고 있을 뿐이고, 정신은 가지고 있지 않은 사도들도 있기 때문이다. 이번 사도들은 형성 중에 있는 정신에 대해서 새와 가시나무와 조약돌 자체들보다도 더 큰 손해를 입힌다. 그들의 비타협성, 그들의 서두름, 그들의 비난, 그들의 위협으로 하도 길을 헛갈리게 해서 사람들로 하여금 영원히 하느님에게서 멀어지게 한다. 이와는 정반대로 부적당한 친절로 끊임없이 물을 주어 너무 무른 땅에서 씨를 썩게 하는 사람들도 있다. 그들이 씩씩하지 못한 탓으로 그들이 돌보는 영혼들을 나약하게 만든다. 그러나 우리는 진짜 사도들, 즉 하느님의 참다운 거울인 사도들만 검토하기로 하자. 그들은 그들의 주님과 같이 온정이 넘치고, 자비롭고 참을성있으면서 동시에 강하다. 그래서 이들 사도와 그들 자신의 의지로 준비된 사람들은 돌과 가시나무가 없고 개밀과 가라지가 없는 기름진 밭과 비교할 수가 있다. 그들 안에서는 하느님의 말씀과 다른 어떤 말씀도 잘 자란다. 씨 하나에서 곡식포기 하나가 나오고 거기에서 이삭들이 나와 여기서는 100퍼센트, 저기에서는 60퍼센트, 또 저기에서는 30퍼센트를 낸다. 나를 따르는 사람들 중에 그런 사람이 있느냐? 물론 있다. 그리고 그들은 성인이 될 것이다. 그들 가운데에는 모든 계급에 속한 사람과 모든 나라 사람이 다 있다. 그중에는 이방인들도 있을 것이지만, 그들은 그들의 착한 뜻으로, 다만 그들의 착한 뜻으로 또는 그 착한 뜻과 그들을 내게 준비시켜 주는 어떤 사도나 어떤 제자의 착한 뜻으로 100퍼센트를 낼 것이다.

가시덤불이 덮인 밭들은 태만으로 인해서 좋은 씨를 덮쳐 눌러 죽이는 개인적인 이해관계라는 가시덤불이 얼기설기 파고들게 내버려둔 밭들이다. 자기를 항상 항상 항상 살펴야 한다. '오! 이제는 내가 형성되고 씨가 뿌려졌으니 영원한 생명의 씨를 낼 것이라고 안심할 수 있다'는 말은 절대로 하지 말아야 한다. 스스로 경계해야 한다. 선과 악 사이의 싸움은 계속적이다. 너희들은 어떤 집안에 자리잡은 개미떼를 본 일이 있느냐? 그놈들이 화덕에 올라온다. 그러니까 주부는 거기에 음식을 남겨두지 않고 식탁에 올려놓는다. 개미들은 공기 냄새를 맡고 식탁을 공격한다. 여인은 음식을 찬장에 넣는다. 그러니까 개미들은 열쇠구멍으로 해서 들어간다. 여인은 음식을 천장에 달아맨다. 그러니까 개미들은 벽과 작은 들보를 거쳐 먼 길을 걸어 가서 끈을 타고 내려와 먹어치운다. 여인은 개미들을 태우고 독을 쳐서 죽인다. 그리고는 그놈들을 다 죽였다고 생각하고 안심한다. 오! 그러나 감시하지 않으면 정말 깜짝 놀라게 된다! 방금 태어난 개미들이 나온다. 그래서 모든 일을 다시 시작해야 한다. 사람이 사는 동안은 늘 이렇다. 스스로 경계해서 나쁜 풀은 나오기가 무섭게 뽑아버려야 한다. 그렇지 않으면 가시나무로 천장을 만들다시피해서 씨를 말려 죽인다. 현세적인 걱정과 재산의 기만 따위는 가시나무를 얼기설기 뒤얽히게 해서 하느님이 씨부리신 싹을 덮어서 이삭을 만들지 못하게 막는다.

이제는 돌이 쫙 깔린 밭들을 보아라. 이스라엘에는 이런 밭이 얼마나 많은지 모른다! 이들은 내 사촌 유다가 아주 적절히 말한 것과 같이 '법률의 자식'들에 속하는 밭들이다. 거기에는 증언의 유일한 돌이 없고 율법의 돌이 없다. 있는 것은 사람들이 만들어낸 작고 보잘 것 없는 인간적인 법률들의 돌무더기 뿐이다. 돌이 하도 많이 쌓여서 그 무게로 율법의 돌을 덮은 딱지를 만들었다. 이것은 씨가 도무지 뿌리를 내리지 못하게 막는 돌무더기이다. 뿌리가 영양을 받지 못한다. 흙이 없으니 양액(養液)이 없다. 물은 밭고랑에 돌이 쫙 깔린 위에 괴어 있기 때문에 썩게 한다. 해는 밭고랑을 뜨겁게 해서 작은 풀들을 시들게 한다. 이것은 하느님의 단순한 가르침을 복잡한 인간적인 가르침으로 바꾸어 놓은 사람들의 정신이다. 그들은 내 말을 받아들이고, 받아들여도 기꺼이 받아들인다. 그 즉석에서는 내 말이 그들을 흔들고 그들의 마음을 끈다.

그러나 그 다음에는… 밭에서, 즉 영혼과 정신에서 그럴 듯한 말들을 늘어놓는 사람들의 모든 돌들을 치우기까지 땅을 파기 위하여 영웅적인 정신이 필요할 것이다. 그러면 씨가 뿌리를 내리고 든든한 포기가 생겨날 것이다. 그렇지 않으면… 아무것도 생겨나지 않는다. 사람들의 보복을 무서워하면 그것으로 끝장이다. '그렇지만 이 다음에는 어떻게 될까? 세도가들이 내게 어떻게 할까?' 하고 생각하기만 하면 끝장이다. 불쌍한 씨는 영양분이 없어 시들 것이나 돌무더기 전체가 참 계명에 대체된 백 가지 천 가지 계명의 헛된 소리로 요란하게 흔들리기만 하면 그만이다. 그러면 사람은 그가 받은 씨와 더불어 죽고 만다. …이스라엘은 이런 사람투성이이다. 하느님께로 가는 길이 어떻게 인간의 권력의 길과 반대 방향으로 가는지 이것으로 설명된다.

끝으로 길이 여러 갈래가 나고 먼지가 쌓인 벌거숭이 밭들이 있다. 이것은 세속적 쾌락을 즐기는 사람들과 이기주의자들의 밭이다. 그들의 안락이 그들의 법률이고, 향락이 그들의 목적이다. 피로하지 않고, 활동을 안하고, 웃고, 먹고 하는 것… 세속의 정신이 그들에게 있어서는 왕이다. 세속적 쾌락에 대한 취미의 먼지가 땅을 덮어서 땅이 불모가 된다. 주의 산만(注意散慢)을 상징하는 새들이 생활을 더 쉽게 하려고 터놓은 수많은 길을 덮친다. 세속 즉 마귀의 정신이 모든 관능성과 모든 경솔함을 받아들이는 이 땅에 떨어진 씨란 씨는 모두 먹고 못 쓰게 만든다.

알아들었느냐? 또 질문할 다른 것이 있느냐? 없어? 그러면 내일 가파르나움으로 떠나기 위해 쉬러 갈 수 있겠다. 나는 과월절을 지내러 예루살렘으로 가는 여행을 시작하기 전에 또 한 군데 가야 할 데가 있다."

"또 아리마태아로 지나갑니까?" 하고 가리옷 사람이 묻는다.
"그것은 확실치 않다. 그것은 상황에 따라서…"
문을 세차게 두드리는 소리가 들렸다.
"아니 이런 시간에 누굴까?" 하고 베드로가 말하면서 문을 열러 가려고 일어난다.
그것은 엉망이 되어 가지고 먼지를 뒤집어쓴 채 나타나는 요한이었다. 그의 얼굴에는 눈물 자국이 완연하다.
"자네가 여길?" 하고 모두가 외친다. "아니 무슨 일이 일어난 거야?"
일어나신 예수께서는 다만 "어머니는 어디 계시냐?" 하고만 물으신다.
요한은 도움을 받기 위한 것처럼 팔을 내밀고 나아와 선생님 발 앞에 가서 무릎을 꿇으며 말한다. "어머님은 안녕하십니다. 그러나 저와 마찬가지로, 또 많은 사람과 마찬가지로 눈물에 젖어 계십니다. 그리고 선생님께 우리 쪽에서 요르단강을 따라 오시지 말라고 부탁하십니다. 어머님은 이 때문에 저를 이리로 도로 보내셨습니다. 그것은… 그것은 선생님의 육촌 요한이 붙잡혔기 때문입니다…." 그러면서 요한은 운다. 그리고 거기 있는 사람들이 커다란 근심에 사로잡힌다.
예수께서는 얼굴이 매우 창백해지신다. 그러나 혼란에 빠지지는 않으신다. 다만 이렇게만 말씀하신다.
"일어나서 이야기하여라."
"저는 어머님을 모시고 여자들과 같이 남쪽을 향해 갔습니다. 이사악과 티몬도 저희와 함께 있었습니다. 여자 세 사람, 남자 세 사람이었습니다. 저는 어머님을 요한에게 모시고 가라고 하신 선생님의 명령을 따랐습니다. …아! 선생님은 그것이 마지막 하직 인사라는 것을 알고 계셨지요!. …그것이 마지막 하직 인사가 되리라는 것을. 지난 며칠 동안의 뇌우 때문에 저희들은 몇 시간 동안을 지체했습니다. 그러나 요한이 어머님을 다시는 못 뵙게 되는 데에는 그것으로 충분했습니다. …저희가 도착한 것은 정오였었는데, 요한은 첫닭이 우는 꼭두새벽에 잡혀 갔었습니다…."
"아니, 어디로? 아니, 어떻게? 누가? 그의 동굴에서?" 모든 사람이 묻는다. 모두가 알고 싶어한다.
"요한은 배신을 당했습니다. 그를 배신하는 데 선생님의 이름을 썼습니다!"
"정말 추악한 짓이로구먼! 하지만 그게 누구였대?" 하고 모두가 부르짖는다.

그러니까 요한은 몸을 떨면서 공기조차도 들어서는 안 될 이 소름끼치는 말을 아주 작은 목소리로 말한다. "그 제자 중 한 사람…"

마음의 동요가 극도에 달한다. 어떤 사람들은 저주하고, 어떤 사람들은 울고, 또 어떤 사람들은 멍하니 조상(彫像)처럼 움직이지 않고 있다.

요한은 예수의 목에 매달리며 외친다. "선생님 때문에 무섭습니다! 선생님 때문에! 선생님 때문에! 성인들에게는 돈 때문에, 돈과 실력자들에 대한 두려움 때문에, 보상의 유혹 때문에, …사탄에 대한 굴복으로 팔리는 배신자들이 있습니다. 천 가지 만 가지 때문에! 오! 예수님! 예수님! 예수님! 정말 비통합니다! 제 최초의 선생님! 저를 선생님께 주신 내 요한!"

"침착하여라! 지금 당장은 내게 아무 일도 없을 것이다."

"그렇지만 그후에는요? 그렇지만 그후에는요? 저는 저 자신을 보고… 이 사람들을 봅니다. …저는 모두가 겁이 납니다. 저 자신두요. 저희들 가운데 선생님의 배반자가 있을 것입니다…."

"아니 자네 미쳤나? 그러면 우리가 그자를 갈기갈기 찢어놓지 않으리라고 생각하나?" 하고 베드로가 외친다.

그리고 가리옷 사람은 이렇게 말한다. "아이고! 정말 미쳤구먼! 나는 절대로 배신하지 않을 거야. 그렇지만 내가 배신할 정도로 약해진 것을 깨달으면 스스로 목숨을 끊을 거야. 그게 하느님을 죽이는 자가 되는 것보다 나아."

예수께서는 요한의 포옹에서 빠져나오셔서 가리옷 사람을 마구 흔들면서 말씀하신다. "하느님을 모독하는 말을 하지 말아라! 네가 그렇게 되기를 원치 않으면 아무것도 너를 약하게 하지 않을 것이다. 그리고 만일 그런 일이 있게 되면 울어야 하고 하느님을 죽이는 죄에 보태지는 죄를 짓지 말아야 할 것이다. 하느님과의 살아 있는 유대를 끊는 사람이 약해지는 것이다." 그리고 머리를 식탁에 얹고 울고 있는 요한에게로 몸을 돌리시고 말씀하신다. "차근차근 말하여라. 나도 괴롭다. 그는 내 친척이었고 내 선구자였다."

"저는 요한의 제자들밖에 보지 못했습니다. 비탄에 잠기고 배신자에 대해 격노한 제자들 중의 일부분이오. 다른 제자들은 요한이 죽을 때 곁에 있으려고 옥으로 요한을 따라갔습니다."

"하지만 아직 죽지는 않았지… 지난번에 도망할 수 있었어" 하고 요한을 많이 사랑하는 열성당원이 그를 위로해 보려고 말한다.

"아직 죽지는 않았지만 죽을 거야" 하고 요한이 대답한다.

"그렇다, 죽을 것이다. 내가 그것을 아는 것과 같이 그도 알고 있다. 아무것도 이번에는 그를 구해내지 못할 것이다. 언제가 될지는 모르겠다. 그가 헤로데의 손에서 살아 나오지 못하리라는 것은 안다."
"예, 헤로데의 손에서요. 들으십시오. 요한은 우리도 갈릴래아에 돌아올 때에 지나온 에발산과 그리짐산 사이의 협곡쪽으로 갔답니다. '메시아가 원수들에게 습격을 받아 돌아가시게 됐습니다. 그분이 선생님께 어떤 비밀을 말하기 위해 선생님을 보겠다고 하신답니다' 하고 배신자가 말했기 때문이었답니다. 그래서 배신자와 다른 제자 몇 사람과 같이 떠났답니다. 골짜기 어두운 곳에 헤로데의 군사가 있다가 요한을 붙잡았답니다. 다른 제자들은 도망쳐서 헨논 근처에 남아 있던 제자들에게 소식을 전했답니다. 어머님을 모시고 제자들이 있는 곳에 갔을 때는 방금 그들이 도착한 길이었답니다. 그리고 소름끼치는 일은 배반자가 우리 지방 사람이었다는 것입니다. …그리고 이 음모를 주도한 사람들이 가파르나움의 바리사이파 사람들이라는 것입니다. 그들은 요한을 찾아가서 선생님이 그들 집에 손님으로 가셨었고, 거기서 유다로 떠나셨다고 말했답니다. …선생님이 아닌 다른 사람 때문이라면 요한이 피신처에서 나오지 않았을 것입니다…."

요한의 이야기에 죽음과 같은 침묵이 뒤따른다. 예수께서는 그 이상 견딜 수 없게 되신 것 같다. 매우 검푸른 눈에는 눈물이 글썽한 것 같다. 예수께서는 머리를 기울이시고 아직 한 손을 요한의 어깨에 얹으신 채 거기 서 계신데, 손이 약간 떨려서 흔들린다. 아무도 감히 말을 하지 못한다. 예수께서 침묵을 깨뜨리신다. "우리는 다른 길로 해서 유다로 간다. 그러나 내일 나는 할 수 있는 데로 일찍 가파르나움에 가야 한다. 너희들은 쉬어라. 나는 올리브밭에 올라가겠다. 나는 혼자 있을 필요가 있다." 그러면서 다른 말씀은 더하지 않고 나가신다.

"분명히 울려고 가시는 거다" 하고 알패오의 야고보가 중얼거린다.
"형, 우리도 따라가" 하고 유다 타대오가 말한다.
"아니야. 우시게 내버려두게. 다만 살그머니 나가서 엿듣세. 나는 사방에 함정이 있지 않을까 걱정일세" 하고 열성당원이 대답한다.
"그래, 가세. 우리 어부들은 호숫가로 가세. 그러면 누가 호수에서 오면 우리가 보게 될 거야. 자네들은 올리브나무들 사이에 가 있게. 선생님은 틀림없이 호두나무 가까이 늘 계시는 곳에 계실 거야. 새벽에 할 수 있는 대로 일찍 떠나도록 배를 준비하세. 저 교활한 자들! 어! 내가 뭐랬어! 이봐 젊은이? 그런데… 어머님은 아주 안전하신가?"

"아! 그럼! 요한의 제자인 목자들까지도 어머니와 같이 갔어. 안드레아… 우리는 이제 우리의 요한을 다시는 볼 수 없게 됐어!"

"입 닥쳐! 입 닥치라구! 나는 이게 꼭 뻐꾸기 울음소리 같애. …한 놈이 먼저 울면 다른 놈이 또… 또…"

"제발! 입들 닥쳐! 자네들이 또 선생님에 대한 불행 이야기를 하면, 우선 자네들 허리에 내 노의 맛을 보여줄 거야!" 하고 베드로가 몹시 화가 나서 소리친다. "자네들은" 하고 베드로는 이어 올리브나무 사이에 있는 사람들에게 말한다. "몽둥이들을 들고 있게. 굵은 나뭇가지들을 말이야. 장작 광에 있으니까 자네들의 무기를 들고서 흩어져 있게. 예수님을 해치려고 예수님 가까이에 오는 자는 누구든지 죽여버리는 거야."

"제자들! 제자들! 새 제자들에 대해서는 신중해야 해!" 하고 필립보가 외친다.

새 제자는 모욕을 당한다고 느끼고 말한다. "저를 의심하시는 것입니까? 선생님께서 저를 택하시고 원하셨는데요."

"당신 말을 하는 것이 아니라, 율법학자와 바리사이파의 사람들, 또 그들을 대단히 좋아하는 사람들에 대해서 말하는 거요. 파멸은 거기서 올 거요, 틀림없소."

그들은 나와서 흩어져 어떤 사람들은 배 안으로 들어가고, 어떤 사람들은 야산의 올리브나무 가운데로 간다. 그리고 모든 것이 끝난다.

41. 좋은 씨와 가라지의 비유

맑은 새벽빛이 호수의 물을 진주처럼 반짝이게 하고 야산들을 모슬린 베일로 가리듯 엷은 안개로 감싼다. 그 엷은 안개를 통하여 올리브나무들과 호두나무들과 호수를 둘러싸고 있는 마을들의 집들과 둥그스름한 언덕들을 더 아름답게 보이게 한다. 배들은 조용하고 말없이 가파르나움 쪽으로 미끄러져 간다. 그러나 어느 순간에 베드로가 키의 손잡이를 홱 돌리는 바람에 배가 한편으로 기울어졌다.

"뭘 하는 거야?" 하고 안드레아가 묻는다.

"교제를 싫어하는 사람의 배가 있어. 지금 가파르나움에서 나오는 길이야.

난 눈이 좋고, 어제 저녁부터는 경찰처럼 냄새도 잘 맡는단 말이야. 나는 그들이 우리를 보는 것을 원치 않아. 난 강으로 돌아가. 걸어서 가기로 하자."

다른 배도 그 조작을 따른다. 그러나 키 손잡이를 잡고 있는 야고보가 베드로에게 묻는다. "왜 그렇게 하는 거야?"

"나중에 말할께, 따라오기나 해."

고물에 앉아 계시던 예수께서는 거의 요르단강 근처에 왔을 때에야 잠을 깨셔서 "아니, 뭘 하는 거냐, 시몬아?" 하고 물으신다.

"여기서 내립니다. 비열한 인간이 하나 보입니다. 오늘은 가파르나움에 갈 수가 없습니다. 제가 먼저 가서 형편을 알아보겠습니다. 시몬과 나타나엘도 저와 같이 갑니다. 비열한 사람 셋에 대해서 의젓한 사람 셋입니다. …비열한 사람이 더 많이 있으면 몰라도."

"이제는 아무데서나 함정을 보지 말아라. 저것은 바리사이파 사람 시몬의 배가 아니냐?"

"맞습니다."

"그 사람은 요한을 잡으러 가지 않았었구나."

"모르겠습니다."

"그 사람은 내게 대해서 항상 경의를 표했다."

"모르겠습니다."

"너는 나를 겁쟁이로 보이게 하는구나."

"모르겠습니다."

비록 웃고 싶은 생각은 없지만, 예수께서는 베드로의 거룩한 고집 때문에 빙그레 웃으실 수밖에 없다. "그러나 우리는 아무래도 가파르나움에 가야 한다. 오늘 못 가면 나중에라도…"

"말씀드렸듯이 제가 먼저 가서 형편을 알아보겠습니다. …그리고 경우에 따라서는… 그 일까지도 하겠습니다. …그것은 대단히 어려운 일이겠지만… 선생님께 대한 사랑으로 하겠습니다. …저는… 저는 백부장을 찾아가서 보호를 청하겠습니다…."

"아서라, 그것은 안 된다."

배는 베싸이다 맞은편 사람이 없는 작은 호반에 닿는다. 모두가 내린다.

"자네 둘은 이리 오게. 필립보, 자네도 오게. 자네들 젊은이들은 여기 남아 있게. 우린 빨리 끝낼 걸세."

새 제자 엘리야가 간청한다. "선생님, 제 집으로 가십시다. 선생님을 모시면 저는 정말 행복하겠습니다…."

"가마. 시몬아, 엘리야의 집으로 나를 따라오너라. 잘 가라, 시몬아, 가자. 그러나 착하고 조심성있고 자비롭게 굴어라. 입맞춤하고 강복하게 이리 오너라."

베드로는 친절하고 참을성있고 자비롭겠다는 약속은 하지 않는다. 그는 말없이 선생님과 입맞춤을 주고 받는다. 열성당원과 바르톨로메오와 필립보도 작별의 입맞춤을 교환한다. 그리고 두 패는 헤어져서 반대되는 두 방향으로 간다.

그들이 코라진에 들어갈 때에는 이미 새벽이 아니라 날이 환히 밝았다. 이슬이 반짝이지 않는 풀줄기가 없다. 새들이 사방에서 노래한다. 젖맛이 나는 것 같기까지 한 깨끗하고 시원한 공기가 있다. 동물성 젖보다도 식물성 젖맛이다. 이삭 안에서 생겨나고 있는 낟알과 열매가 많이 달린 편도나무의 냄새… 내가 뽀 평야의 기름진 밭에서 시원한 아침에 맡은 그런 냄새이다.

그들은 매우 빨리 엘리야의 집에 이른다. 그러나 벌써 코라진의 많은 사람이 선생님께서 도착하셨다는 것을 알고 있다. 그래 예수께서 문지방에 발을 올려 놓으시려는 순간에 어떤 어머니가 달려오면서 부르짖는다. "다윗의 후손 예수님, 제 아이를 불쌍히 여겨 주십시오!" 여인은 열 살쯤 된 계집 아이를 안고 있는데, 아이의 얼굴빛은 밀랍빛깔이고 매우 야위었다. 살갗은 밀랍빛깔보다도 오히려 누르스름한 빛깔이다.

"당신 딸은 무슨 병이 있습니까?"

"열병입니다. 애는 요르단강가에 있는 목장에서 열병에 걸렸습니다. 저희들은 어떤 부자의 양치기들이니까요. 저는 애 아버지가 불러서 어린 병자를 돌보러 왔습니다. 남편은 이제 산으로 돌아갔습니다. 그렇지만 선생님도 아시다시피 이 병에 걸리면 높은 곳에는 갈 수가 없습니다. 그렇지만 어떻게 여기 남아 있을 수 있습니까? 주인이 지금까지는 저를 그대로 두었습니다. 그렇지만 저는 양털과 양새끼 낳는 일을 돌봐야 합니다. 저희들 양치기에게는 일하는 때가 왔습니다. 제가 그대로 남아 있으면 저희들은 쫓겨나든지 서로 갈라져 살든지 해야 합니다. 제가 헤르몬산으로 가면 제 딸이 죽는 꼴을 보게 될 것입니다."

"당신은 내가 할 수 있다는 믿음을 가지고 있습니까?"

"저는 엘리세오의 목동 다니엘에게 말했습니다. 그랬더니 그 사람이 '우리 아기는 무엇이든지 고칩니다. 메시아를 찾아 가시오' 하고 말했습니다. 저는 메론 호수 저쪽에서부터 이 애를 안고서 선생님을 찾으려고 왔습니다. 저는 선생님을 찾아낼 때까지 계속 걸었을 것입니다…."

"이제는 당신 집과 일자리로 안심하고 돌아가기 위해서만 걸으시오. 내가 그렇게 원하니까 당신 딸은 나았습니다. 평안히 가시오."

여인은 딸을 내려다보고 예수를 쳐다보고 한다. 아마 어린 딸이 당장에 살이 통통해지고 얼굴빛이 아름답게 되기를 바라는 모양이다. 그런데 계집 아이가 지금까지는 감고 있던 피곤한 눈을 크게 뜨고 예수를 쳐다보면서 방긋 웃는다.

"아주머니, 염려 마시오. 나는 당신을 속이지 않습니다. 열병은 영원히 사라졌습니다. 날이 갈수록 얼굴빛이 좋아질 것입니다. 걸어가게 놔두시오. 이제는 비틀거리지도 않고 피로도 느끼지 않을 것입니다."

어머니가 어린 딸을 땅에 내려놓으니, 계집 아이는 몸을 꼿꼿이 가누고 점점 더 명랑하게 미소짓는다. 마침내 그의 맑은 목소리로 재잘거린다. "엄마, 주님을 찬미해! 난 다 나았어! 난 그걸 느껴." 그러면서 양치는 소녀와 어린 계집 아이의 순박한 마음으로 예수의 목에 달려들며 입맞춤한다. 어머니는 아이가 가르치는 대로 조심성있게 땅에 엎디어 주님을 찬미하면서 그 옷에 입맞춤한다.

"가시오. 그리고 당신들이 하느님에게서 받은 은혜를 기억하고 착하게 사시오. 평화가 당신들과 함께 있기를 바랍니다."

그러나 군중이 엘리야의 집 작은 정원에 모여서 선생님의 말씀을 요구한다. 그래서 비록 예수께서는 세례자가 붙잡힌 것과 붙잡힌 방식으로 인하여 슬픔에 잠겨 계신 만큼 말씀을 할 마음이 별로 나지 않지만 양보하셔서 나무 그늘에 가서 말씀을 시작하신다.

"이삭에 알이 생기는 이 좋은 계절에 나는 여러분에게 낟알에서 따온 비유를 하나 내보이고자 합니다. 들어보시오.

하늘 나라는 어떤 사람이 밭에 좋은 씨를 뿌린 것과 같습니다. 그러나 그 사람과 하인들이 자는 동안에 그 사람의 원수가 와서 밭고랑에 가라지 씨를 뿌리고 갔습니다. 처음에는 아무도 그것을 알아차리지 못했습니다. 겨울이 와서 비가 오고 서리가 내렸습니다. 데벳달의 월말이 되면서 싹이 텄습니다. 겨우 땅에서 돋아나는 연초록색의 작은 잎들이었습니다. 그것들이 순진하게 어릴 때에는 모두가 똑같아 보였습니다. 그러다가 스밧달이 되고, 그 다음에 아달달이 되었습니다. 곡식대들이 생겨나고 이삭에 낟알들이 생겼습니다. 그때에 사람들은 초록빛이 모두가 낟알이 아니고, 가늘고 떨어지지 않는 덩굴손으로 밀대에 칭칭 감겨 있는 가라지도 있는 것을 보게 되었습니다.

주인의 하인들이 집으로 와서 말했습니다. '주인 어른, 어떤 씨를 뿌리셨습니까? 다른 씨는 섞이지 않은 잘 고른 씨가 아니었습니까?'

'암 그렇고말고. 나는 종자를 모두 같은 질의 것을 골랐었다. 그래서 다른 씨가 있었더라면 내가 분명히 보았을 것이다.'

'그런데 주인 어른이 뿌리신 밀 가운데 왜 가라지가 그렇게 많이 났습니까?'

주인은 곰곰히 생각하더니 이렇게 말했습니다. '그것은 어떤 원수가 내게 해를 끼치려고 그런 짓을 한 것이다.'

그러자 하인들이 물었습니다. 저희들이 밭고랑에 가서 참을성있게 가라지를 뽑아서 밀이삭에서 가라지를 떼어낼까요. 명령만 하십시오. 그렇게 할 테니까요.'

그러나 주인은 대답했습니다. '아니다. 그렇게 하다가는 너희들이 혹 밀대도 뽑을지 모르겠고, 또 아직 여린 밀이삭을 상하게 할 것이 거의 확실하다. 그것들을 수확할 때까지 같이 내버려두어라. 그때에 나는 거두어들이는 사람들에게 〈모두 함께 베어라. 그런 다음 곡식단들을 묶기 전에, 이제는 날씨가 가물어서 가라지의 덩굴손이 부서지기가 쉽고, 또 빽빽하게 된 밀이삭은 더 든든하고 단단하게 되었으니까 가라지는 밀과 분리해서 다발들을 따로 만들어라. 그런 다음 그것들을 태워라. 그러면 땅에 비료를 주는 것이 될 것이다. 좋은 낟알은 곡식창고에 갖다 넣어라. 그러면 훌륭한 빵을 만드는 데 쓰여서, 원수는 그의 악의 때문에 하느님께 멸시당할 만한 자가 되었다는 것밖에 얻은 것이 없을 것이기 때문에 창피를 당하게 될 것이다〉 하고.'

이제는 여러분의 마음 속에 원수가 몇 번이나 또 얼마나 많은 씨를 뿌렸는지 여러분끼리 곰곰히 생각해 보시오. 그리고 잘 고른 씨에 가라지가 별로 섞이지 않게 얼마나 참을성있고 끈기있게 살펴야 하는지를 이해하시오. 가라지의 운명은 불에 타는 것입니다. 여러분은 불에 타기를 원하십니까, 또는 나라의 시민이 되기를 원하십니까? 여러분은 나라의 시민이 되기를 원한다고 말합니다. 그러면 그런 사람이 될 줄 아시오. 하느님께서는 여러분에게 말씀을 주십니다. 원수는 그것을 해롭게 만들려고 지켜보고 있습니다. 밀가루를 가라지 가루에 섞으면 쓰고 장에 해로운 빵이 되기 때문입니다. 만일 여러분의 영혼에 가라지가 있으면 여러분의 착한 뜻으로 그것을 따로 분리해서 버릴 줄 알아서 하느님께 마땅치 않은 사람이 되지 않도록 하시오. 여러분 가보시오. 평화가 여러분과 함께 있기를 바랍니다."

사람들은 천천히 흩어진다. 정원에는 여덟 사도와 엘리야와 그의 형과 어머니, 그리고 늙은 이사악이 있을 뿐이다. 이사악은 그의 구세주를 쳐다보는 것으로 영혼의 양식을 얻는다.

"내 둘레에 와서 들어라. 이 비유의 완전한 뜻을 설명해 주겠다. 이 비유에는 내가 군중에게 말한 면 이외에 두 가지 면이 더 있다.

일반적인 의미로는 비유를 이렇게 설명할 수 있다. 밭은 이 세상이다. 좋은 씨는 하느님께서 세상에 뿌리신 하느님 나라의 아들들이어서, 그들은 그들이 완전히 여물어 낫으로 베어지고 이 세상의 주인에게로 운반되어 가서 곡식창고에 넣어지기를 기다린다. 가라지는 마귀의 아들들인데, 그들도 세상의 주인을 괴롭히고 하느님의 밀이삭에도 해를 끼칠 생각으로 하느님의 밭에 뿌려놓은 것들이다. 하느님의 원수가 요술로 일부러 뿌려놓은 것이다. 마귀는 정말 사람을 변질시켜 자기의 것을 만들기까지 해서, 다른 방법으로는 굴복시킬 수 없었던 다른 사람들을 타락시키기 위해 그 인간을 뿌려놓기 때문이다. 추수, 아니 그보다도 곡식단을 만들어서 곡식창고로 옮기는 것은 세상의 종말이고, 그것을 책임맡은 것은 천사들이다. 천사들은 곡식을 벤 다음에 가라지 알들을 따로 떼어놓으라는 명령을 받았다. 그래서 비유에 가라지는 불에 태우는 것과 같이 최후의 심판에서 지옥벌의 선고를 받은 사람들은 영원한 불 속에서 탈 것이다.

사람의 아들은 천사들을 보내서 그의 나라에서 추문과 타락을 만들어내는 모든 사람을 치울 것이다. 그때에는 나라가 땅 위와 하늘에 있을 것이고, 땅 위의 나라의 시민들 사이에는 원수의 많은 아들이 섞여 있을 것이기 때문이다. 원수의 아들들은 예언자들도 말한 것과 같이 그들의 모든 지상 활동에서 추문과 가증스러움이 극도에 도달해서 영의 아들들에게 엄청난 걱정을 끼칠 것이다. 그러므로 주의 천사들이 마지막 수확물이 나란히 서 있는 데 낫질을 해서 베어 밀알과 가라지를 갈라놓고, 가라지는 활활 불타는 가마에 집어던질 것이다. 거기에는 이를 갈며 우는 울음밖에 없을 것이다. 이와 반대로 의인들, 즉 고른 낟알은 천사들이 영원한 예루살렘으로 데려갈 것인데, 거기서 그들은 내 아버지이시며 너희 아버지이신 분의 나라에서 태양과 같이 빛날 것이다.

이것이 일반적인 뜻이다. 그러나 너희들에게는 너희가 여러 번, 특히 어제 저녁부터 너희들 자신에게 하는 질문에 대답을 해주는 다른 뜻이 또 하나 있다. 너희들은 이렇게 자문한다. '아니 그런데 제자들의 무리 중에 배반자들이 있을 수 있단 말인가?' 하고. 그러면서 너희들은 마음 속으로 공포와 두려움으로 몸을 떤다. 배반자가 있을 수 있다. 분명히 있다.

씨뿌리는 사람은 좋은 씨를 뿌린다. 이 경우에는 뿌린다는 말보다도 '고른다'는 말을 쓸 수 있을 것이다. 그것은 내 경우에 있어서나 세례자의 경우에 있어서나 선생은 그의 제자를 골랐기 때문이다. 그러면 어떻게 그들이 타락했느냐? 아니다, 이렇게 말할 것이 아니다. 제자들을 '씨'라고 말한 것은 표현을 잘 못한 것이다. 그러면 '밭'이라고 말하겠다. 제자의 수대로 밭도 그만큼 있다. 그것들은 하느님 나라의 타작 마당, 하느님의 재산을 만들기 위하여 주인이 선택한 밭들이다. 주인은 이 밭들을 가꾸어서 100퍼센트의 소출을 내게 하려고 애를 쓴다. 온갖 정성을 모두 들인다. 참을성을 가지고, 사랑과 지혜와 피로와 끈기로, 선생은 그들의 경향과 메마름과 탐욕도 알고 있다. 그들의 고집과 약함도 안다. 그러나 그는 바라고 여전히 또 바란다. 그리고 그들은 완전으로 인도하기를 원하기 때문에 그의 바람을 기도와 고행으로 강화한다.

그러나 밭들은 무방비상태이다. 밭은 두꺼운 담을 빙 둘러쳐서 주인만이 차지하고 그만이 들어갈 수 있는 정원이 아니다. 밭들은 세상 한가운데에 세상 사람들 사이에 놓여진 개방된 곳이다. 모든 사람이 가까이 갈 수 있고, 모든 사람이 그 안으로 들어갈 수 있다. 아무나 아무것이나. 오! 나쁜 씨로는 가라지만이 있는 것이 아니다! 가라지는 세속의 정신의 뼈저린 경솔의 상징일 수 있을 것이다. 그러나 거기에는 원수가 뿌린 다른 모든 씨에서 싹이 돋아난다. 쐐기풀이 있고, 개밀이 있고, 새삼이 있고, 메싹이 있고, 끝으로 독당근과 독초들이 있다. 왜? 왜? 이것들은 무엇이냐?

쐐기풀은 많은 독으로 상처를 입히고 몹시 불쾌하게 하는 콕콕 찌르는 길들일 수 없는 정신이다. 개밀은 주인을 몹시 피로하게 만들고, 귀찮게 굴고 자양분을 흡수하는 것밖에 모르는 기생식물로서, 주인의 일을 이용하고 착한 뜻을 가진 사람들에게 해를 끼치는 것이니, 개밀로 인해서 요구되는 보살핌으로 인하여 주인이 방해를 받지 않으면 착한 뜻을 가진 사람들이 정말 더 큰 이익을 얻어낼 것이다. 메싹은 다른 초목을 이용해야만 땅에서 올라올 수 있는 기력이 없는 풀이다. 새삼은 그렇지 않아도 고생스러운 주인의 길에 고통을 더해 주고 선생을 따라가는 제자들에게도 고통이 된다. 새삼은 달라붙고, 박히고 찢고, 할퀴고 의혹과 고통을 가져다 준다. 독초들은 제자들 중에 있는 죄인들, 즉 독당근과 다른 독초들과 같이 배신하여 생명을 끊기에 이르는 사람들이다. 너희들은 희고 붉고 청자색의 작은 알이 되는 작은 꽃들을 가진 이 독당근이 얼마나 아름다운지 본 적이 있느냐? 가운데 금빛 작은 중심이 있는 희거나 약간 분홍색을 띤 별모양으로 생긴 저 꽃부리가, 새들과 아이들이 몹시 좋아하는 다른 장과(漿果)와 아주 비슷한 저 여러 가지 빛깔의 산호 같은 것들이 익으면 죽음을 가져다 줄 수 있다고 누가 말하겠느냐? 아무도 말하지 않는다. 그래서 순진한 사람들이 달려든다. 그들은 그것들이 자기들처럼 좋은 것으로 믿는다. …그래서 따먹고 그로 인해 죽는다.

그들은 다른 사람들도 모두 자기들처럼 착하다고 생각한다! 오! 이것은 정말 선생을 높이 올리고 선생을 배반하는 사람은 단죄하는 기막힌 진리이다! 아니? 착함이 사람을 무력하게 만들지 못하는가? 착함이 악의를 품은 사람을 해가 없게 만들 수 없는가? 그렇게 못한다. 타락해서 원수의 먹이가 된 사람은 고상한 모든 것에 대해서 무감각하게 되기 때문에 악의를 품은 사람을 해가 없는 사람이 되게 할 수는 없다. 고상한 모든 것이 그가 보기에는 모습이 변한다. 착함은 짓밟아도 괜찮고 그의 악의를 돋우는 약함이 된다. 마치 맹수의 경우에 목을 물어 죽이고자 하는 의지가 피냄새로 돋워지는 것과 같다. 그런데 선생까지도 항상 순진한 사람이다. …그래서 배반자가 그를 독살하도록 내버려둔다. 선생은 사람이 무죄한 사람을 죽을 수 있다고는 생각하지 못하기 때문이다.

선생의 밭인 제자들에게로 원수들이 온다. 원수는 참 많다. 그런데 으뜸은 사탄이다. 다른 원수들은 사탄의 종들, 즉 사람과 격정과 세속과 육신이다. 저기 제자가 있다. 그 제자가 선생님 아주 가까이에 있지 않고, 선생과 세속 사이에서 불안정한 상태에 있기 때문에 원수들이 그에게 더 쉽게 다다른다. 그는 자기를 하느님께로 인도하는 사람에게 온전히 속해 있기 위하여 세속과 육신과 격정과 마귀라는 것과 헤어질 줄 모르고 헤어지기를 원치도 않는다. 이것들이 그에게 세속, 육신, 격정, 마귀라는 그놈들의 씨를 뿌린다. 황금과 권력과 여자와 교만과 세상 사람들에게 나쁘게 평가되지 않을까 하는 두려움과 실리주의 따위 씨를. '유력자들이 가장 힘있다. 자 그들을 친구를 삼게 그들을 섬기겠다.' 그래서 저 보잘 것 없는 것들 때문에 범죄자가 되고 영벌을 받게 된다.

'이 사람이 나를 죽일 것이다' 하는 생각을 인정하지 않는다 하더라도 그 제자의 결점을 잘 알고 있는 선생이 자기를 따라다니는 제자들 중에서 왜 그를 쫓아내지 않는가? 이것이 너희들이 내게 하는 질문이다. 그렇게 하는 것이 무익하기 때문이다. 그렇게 하더라도 그를 원수로 가지게 되는 것을 막지는 못할 것이고, 발각되었다거나 쫓겨났다거나 하는 데에서 오는 격노와 고통으로 인하여 이중으로, 그리고 더 악착스러운 원수가 되는 것을 막지도 못할 것이다. 고통스럽다, 그렇다. 이것은 나쁜 제자가 때로는 자기가 그런 사람이라는 것을 깨닫지 못하기 때문이다. 마귀가 하는 일은 하도 치밀해서 제자는 그것을 알아차리지 못하는 것이다. 그는 마귀가 되면서도 그가 그런 변화를 하고 있다는 것을 짐작하지 못한다. 격노, 그렇다. 마귀와 그 추종자들의 일을 모르고 있지 않는 터에 그러한 사람으로 알려진 데 대한 격노이다. 마귀의 추종자들이란 성인의 착함에 그들이 비교하는 그들의 악의 때문에 그들에게 모욕을 주는 성인을 세상에서 없애기 위하여 약한 사람을 그의 약함을 가지고 유혹하는 사람들을 말한다. 그래서 성인은 기도를 하고 자신을 하느님께 맡긴다. '사람들이 행하도록 허락하신 것이 이루어지기를 바랍니다' 하고 말하는 것이다. 그는 다만 이 유보조건을 덧붙인다. '그것이 당신의 목적에 도움이 된다면' 이라는 이 유보조건을. 성인은 가라지가 그의 수확물에서 나쁜 가라지가 분리되는 시간이 오리라는 것을 안다. 누가 분리하겠는가? 당신의 사랑의 의지가 승리하는 데 유익한 것 이상의 것이 이루어지게 내버려두지 않으시는 하느님이 친히 그렇게 하실 것이다."

"그러나 만일 선생님이 그것이 항상 사탄과 그의 추종자들의 일이라고 인정하시면… 그 때문에 그 제자의 책임은 적어질 것 같은데요" 하고 마태오가 말한다.

"그렇게 생각하지 말아라. 악이 있지만 선도 있다. 더불어 자유도 있다."

"하느님께서는 당신의 사랑의 의지가 승리하는 데 유익한 것 이상의 것이 되도록 내버려두지 않으신다고 말씀하셨지요. 그러면 만일 하느님께서 그 잘못을 허락하시면 그 잘못이 유익하고 하느님의 뜻이 승리하는 데 도움이 되겠군요" 하고 가리옷 사람이 덧붙인다.

"그러니까 너는 마태오와 같이 이것이 제자의 죄를 정당화한다는 결론을 내리는 것이로구나. 하느님께서는 사납지 않은 사자와 독이 없는 뱀을 창조하셨다. 그런데 지금은 사자는 사납고 뱀은 독이 있다. 그러나 하느님께서는 이 이유 때문에 그놈들을 사람과 갈라놓으셨다. 이것을 묵상하고 그것을 적용하여라. 들어가자. 해가 벌써 뜨겁다. 소나기가 시작되려는 것처럼 너무 뜨겁다. 그런데 너희들은 밤을 뜬 눈으로 새웠으니 피곤하다."

엘리야의 어머니가 말한다. "집에는 옥상에 크고 시원한 방이 하나 있습니다. 거기서 쉬실 수 있을 것입니다."

그들은 바깥 층계로 해서 올라간다. 그러나 제자들만이 쉬려고 자리에 눕는다. 예수께서는 매우 키가 큰 떡갈나무로 한구석에 그늘이 진 옥상으로 나오셔서 생각에 잠기신다.

42. 막달라를 향하여 가시는 예수께서 목자들에게 말씀하신다

　베드로는 이튿날 아침에야 돌아온다. 베드로는 가파르나움에서 좋은 대우를 받았고, 또 그 도시에는 엘리와 요아킴이 없었기 때문에 떠날 때보다는 더 침착해졌다.
　"그자들이 음모를 꾸민 것 같습니다. 과연 그자들이 언제 떠났는지 친구들에게 물어서 그들이 세례자에게 속죄자로 가서 돌아오지 않았다는 것을 알게 되었습니다. 그리고 제가 그자들이 세례자가 붙잡힐 때에 거기 있었다고 말한 지금은 그렇게 일찍 돌아오지 않으리라고 생각합니다. …세례자가 붙잡힌 것 때문에 사람들이 대단히 흥분해 있습니다. 그리고 저는 꼬마들에게도 그 일을 알리도록 힘쓰겠습니다. …그들이 우리에게는 제일 좋은 무기입니다. 저는 바리사이파 사람 시몬도 만났습니다. 그런데… 그러나 만일 그 사람이 제 눈에 나타낸 대로라면 호의를 가진 것같이 보입니다. 그 사람은 이렇게 말했습니다. '선생님께 요르단강 서쪽 계곡을 따라 가시지 말라고 권하시오. 동쪽이 더 안전해요' 하고 말하면서 한 마디 한 마디에 힘을 주었습니다. 끝으로 이런 말을 했습니다. '나는 당신을 보지 못했고 당신에게 말도 하지 않았소. 이걸 기억하시오. 그리고 내 이익과 당신의 이익과 모든 사람의 이익을 위해 마땅하게 행동하시오. 선생님께 내가 그분의 친구라고 말씀드리시오' 하고 말하면서 마치 공중에 대고 말하는 것처럼 공중을 쳐다보았습니다. 그 사람들은 잘할 때에도 항상 불성실합니다. 그리고… 책망을 듣지 않기 위해서 그들이 이상한 사람들이라고 말하겠습니다. 그렇지만… 아! 그렇지만요, 저는 백부장도 잠깐 가서 만났습니다. 이렇게… 말하면서요. '하인이 잘 있습니까?' 하고 말이지요. 그리고 그 사람이 그렇다고 말하기에 '다행이로군요! 그 사람의 건강을 유지하도록 조심하세요, 사람들이 선생님을 함정에 빠뜨리려고 하니까요. 세례자는 벌써 잡혔거든요…' 하고 말했습니다. 그랬더니 로마인은 재빨리 말을 가로챘습니다. 그 사람 음흉하더군요! 그는 이렇게 대답했습니다. '로마의 군기(軍旗)가 있는 곳에서는 선생님은 안전하십니다. 그리고 로마의 군기 아래에서는 죽음이나 갤리선의 위험을 무릅쓰지 않고는 음모를 꾸밀 수 없다는 것을 이스라엘 사람들에게 일깨워 주는 사람이 있을 것입니다' 하고. 그들은 이교도 이지만… 껴안고 싶었습니다. 저는 이해하고 행동하는 사람들을 좋아합니다! 그러니까 그리로 가도 됩니다."

"가자. 그러나 이 모든 것이 필요하지는 않았었다" 하고 예수께서 말씀하신다.

"그렇게 해야 했습니다, 그렇게 해야 했어요!"

예수께서는 당신을 환대한 가족과 새 제자에게도 작별 인사를 하시면서 새 제자에게는 여러 가지 지시를 주셨다. 이제는 다시 선생님과 사도들만이 되었다. 그리고 시원한 들판을 통해서 예수께서 들어서신 길로 간다. 그래서 다른 길로 해서 가기를 바라던 베드로가 놀란다.

"이리 가면 호수에서 멀어지는데요…."

"내가 해야 할 일을 위해서는 그래도 늦지 않게 도착할 것이다."

사도들은 이제는 말을 하지 않고 어느 작은 마을을 향하여 간다. 들판에 집 몇 채가 흩어져 있는 작은 마을이다. 산의 목장으로 가는 가축들의 방울 소리가 요란스럽게 난다. 예수께서 많은 수의 가축떼를 지나가게 하느라고 걸음을 멈추시자 목자들은 한 무더기로 모여서 서로 예수를 손가락질해 가리킨다. 그들은 서로 의논을 한다. 그러나 감히 그 이상의 일을 못한다. 예수께서는 우거진 풀을 뜯어먹으려고 멈추어 선 가축떼를 건너질러 가셔서 망설임과 불안을 깨뜨리신다. 예수께서는 털이 많고 매애매애 하고 우는 양들 가운데 있는 어린 목동에게로 곧바로 가셔서 그를 쓰다듬으시며 물으신다. "양들이 네 것이냐?" 예수께서는 양들이 그 어린이의 것이 아니라는 것을 아신다. 그러나 그에게 말을 시키려고 하시는 것이다.

"아닙니다, 주님. 제가 양들을 데리고 있지만 양들의 주인은 여러 사람입니다. 저희들은 산적들 때문에 같이 모여 갑니다."

"이름이 뭐냐?"

"이사악의 아들 즈가리야입니다. 그렇지만 아버지는 돌아가셨고, 저희는 가난하기 때문에 고용살이를 합니다. 엄마는 저보다 더 어린 다른 아이 셋을 데리고 있습니다."

"아버지가 돌아가신 지가 오래 됐니?"

"3년 됐습니다, 주님… 그래서 엄마가 늘 울고 또 저를 쓰다듬어 주는 사람이 아무도 없게 되었기 때문에 저는 웃지 않게 됐습니다. …제가 맏이입니다.

그래서 아버지가 돌아가셨기 때문에 제가 어린 아이에 지나지 않았었는데도 어른이 되고 말았습니다. …저는 울어서는 안 되고 돈을 벌어야 합니다. …그렇지만 대단히 어렵습니다." 과연 지금도 나이에 비하여는 너무 젊잖은 작은 얼굴에 눈물이 또 흘러 내린다. 목자들도 모여 왔고 사도들도 모여들었다. 움직이는 양떼 안에 사람 한떼가 있는 것이다.

"너는 아버지가 없지 않다, 즈가리야야. 하늘에는 네가 착하게 살면 너를 항상 사랑하시는 거룩하신 아버지가 계시고, 네 아버지도 아브라함의 품에 있기 때문에 너를 계속 사랑하고 있다. 너는 이것을 믿어야 하고, 이 믿음 때문에 점점 더 좋은 사람이 돼야 한다." 예수께서는 상냥하게 말씀하시며 어린 아이를 쓰다듬어 주신다.

한 목자가 용기를 내서 묻는다. "선생님은 메시아이시지요?"

"그렇소, 내가 메시아요. 어떻게 나를 아시오?"

"저는 선생님이 팔레스티나를 두루 다니신다는 것을 알고, 선생님이 거룩한 말씀을 하신다는 것도 알고 있습니다. 그것으로 선생님을 알아봅니다."

"멀리들 갑니까?"

"높은 산으로 갑니다. 더위가 오니까요. …저희들에게 말씀해 주시겠습니까? 저희들이 가 있는 저 산 위에는 저희들에게 말하는 것이라고는 바람들밖에 없고, 때로는 늑대가 말하고 즈가리야의 경우와 같이 살육을 하기도 합니다. 저희들은 겨우내 선생님을 보기를 바랐습니다. 그러나 선생님을 한 번도 만나지를 못했습니다."

"저 수풀 그늘로 갑시다. 당신들에게 말을 해주겠소."

예수께서는 어린 목동의 손을 잡으시고 다른 손으로는 매애매애 하며 주둥이를 쳐든 어린 양들을 쓰다듬으시며 앞장서서 그리로 가신다. 목자들은 양떼를 덤불숲 아래 모아 놓는다. 그리고 양들이 새김질을 하려고 쭈그리고 앉거나 풀을 뜯어먹거나 나무 줄기에 몸을 비비거나 하는 동안에 예수께서 말씀하신다.

"여러분은 '저희들이 가 있는 저 산 위에는 말하는 것은 바람밖에 없고, 때로는 살육을 하는 늑대가 있습니다' 하고 말했습니다. 산 위에서 일어나는 일이 사람들의 마음 속에서도 하느님과 사람과 사탄이 작용해서 일어납니다. 그러므로 여러분은 어떤 곳에서나 가지는 것을 산 위에서도 가질 수 있습니다.

여러분은 율법의 십계명을 알 만큼 율법에 대해서 넉넉히 알고 있습니까? 또 꼬마 너도? 그러면 넉넉히 알고 있군요. 만일 여러분이 하느님께서 당신

계명으로 알려 주신 것을 충실하게 지키면 여러분은 거룩할 것입니다. 세상에서 멀리 떨어져 있는 것을 한탄하지 마시오. 여러분이 그렇게 해서 큰 타락에서 보호를 받습니다. 그리고 하느님은 여러분에게서 멀리 계시지 않고, 사람들 가운데에서보다도 당신이 창조하신 바람과 초목과 물을 통해 그분의 목소리가 말씀하시는 저 고적한 곳에서 더 가까이 계십니다.

이 양떼가 여러분에게 큰 덕행, 대단히 큰 덕행을 가르칩니다. 이 양떼는 온순하고 말을 잘 듣습니다. 양떼는 얼마 안 되는 것으로 만족하고 그가 가진 것을 고맙게 생각합니다. 양떼는 그들을 돌보고 사랑하는 사람을 사랑하고 그에게 감사할 줄 압니다. 여러분도 그와 같이 하고 이렇게 말하시오. '하느님은 우리의 목자이시고 우리는 그분의 양들이다. 하느님의 눈이 우리를 지키신다. 하느님은 우리를 보호하시고, 악습의 근원이 되는 것을 마련해 주시지 않고 생명에 필요한 것을 마련해 주신다' 하고. 그리고 늑대를 마음에서 멀리 떨어져 있게 하시오. 늑대들은 사탄의 명령을 받아 여러분을 유인해서 나쁜 행동을 하라고 부추기는 고약한 사람들입니다. 그리고 바로 사탄 자신이 여러분을 깎아내리기 위해 여러분더러 죄를 지으라고 부추기는 것입니다.

깨어 있으시오. 여러분은 늑대의 습관을 아시지요. 늑대는 양들이 순진하고 악의가 없는 그만큼 교활합니다. 그놈은 위에서 양들의 습관을 살펴보고 나서 살금살금 다가옵니다. 나무덤불 사이로 기어서 가까이 와서 주의를 끌지 않으려고 돌처럼 움직이지 않고 가만히 있습니다. 풀 사이에 커다란 무슨 둥근 덩어리 같지 않습니까? 그러나 그 다음에 아무도 지키지 않는다는 것을 확실히 알게 되면 껑충 뛰어 내려와 어린 양을 이빨로 낚아챕니다. 사탄도 이렇게 합니다. 그는 여러분의 약점을 알기 위하여 지켜보고, 여러분 둘레로 돌아다니면서 해가 없고 방심하는 것 같고 항상 딴 데 가 있는 것 같습니다. 그런데 사실은 여러분을 늘 지켜보고 있다가 여러분을 죄로 끌어들이려고 느닷없이 달려들며, 가끔 성공을 거둡니다. 그러나 여러분 곁에는 의사가 있고 동정하는 친구가 있습니다. 하느님과 여러분의 천사입니다. 만일 여러분이 상처를 입었거나 병이 들었으면 미친 개가 그러는 것처럼 그분들에게서 멀리 가지 마시오. 오히려 반대로 울면서 그분들에게 '도와주십시오!' 하고 외치시오. 하느님께서는 뉘우치는 사람을 용서하시고, 여러분의 천사는 여러분을 위하여 여러분과 함께 하느님께 간청할 준비를 단단히 하고 있습니다.

서로 사랑하고, 이 어린이를 사랑하시오. 여러분 각자는 이 고아의 아버지가 좀 된다고 깨달아야 합니다. 어린이가 여러분 가운데 있는 것으로 인해 여러분의 모든 행동이 어린이에 대한 존경이라는 거룩한 억제로 조절되기 바랍니다. 이 어린이 곁에 여러분이 있는 것이 죽음이 그에게서 빼앗아간 것을 보충해 주기 바랍니다. 이웃을 사랑해야 합니다. 이 어린이는 하느님께서 여러분에게 특별히 맡기시는 이웃입니다. 여러분의 가르침으로 이 어린이가 착하고 믿고 정직하고 악습이 없는 사람이 되게 하시오. 이 어린이는 이 양들 중의 하나보다 훨씬 귀중합니다. 그런데 여러분은 이 양들을 죽게 내버려두면 여러분에게 벌을 줄 주인의 것이기 때문에 이 양들을 돌보고 있으니, 하느님께서 당신의 이름과 이 어린이의 죽은 아버지의 이름으로 여러분에게 맡기시는 이 영혼을 훨씬 더 잘 돌보아야 할 것입니다. 고아가 된 이 어린이의 처지는 매우 가슴아프게 하는 것입니다. 그 처지를 더 어렵게 만들지 마시오. 이 아이가 어리다는 것을 이용해서 그를 괴롭히지 마시오. 하느님께서는 각 사람의 행동과 눈물을 보시고, 모든 것을 헤아리셔서 상을 주시거나 벌을 주신다는 것을 생각하시오.

 또 너도 절대로 네가 혼자가 아니라는 것을 기억해라. 하느님께서 너를 보시고, 네 아버지의 영도 너를 보고 있다. 어떤 것이 네 마음을 흔들어 놓고 너를 악으로 이끌어가거든 '안 돼. 나는 영원히 고아가 되기는 싫어' 하고 말해라. 만일 네가 죄를 지어 네 마음을 지옥에 떨어뜨리는 너는 영원히 고아가 될 것이다.

 착하게들 사시오. 모든 선이 여러분에게 있도록 축복합니다. 만일 우리가 같은 길로 왔더라면, 여러분에게 더 길게 말했을 것입니다. 그러나 해가 지평선에 올라오니 여러분이 떠나야 하고 나도 떠나야 합니다. 여러분은 양들에게 뜨거운 해를 피하게 해야 하고, 나는 사람들의 마음에서 더 무서운 다른 심한 더위를 없애야 합니다. 그들이 나를 목자로 보도록 기도하시오. 즈가리야야, 잘 가거라. 착하게 살아라. 여러분에게 평화."

 예수께서는 어린 목동에게 입맞춤하시고 그에게 강복을 주신다. 그리고 양떼가 천천히 멀어져 가는 동안 지켜보시다가 다시 길을 떠나신다.

 "선생님은 우리가 사람들의 마음에서 다른 심한 더위를 없애러 간다고 말씀하셨는데… 어디로 갑니까?" 가리옷 사람이 묻는다.

 "지금 당장은 더 그늘이 지고 개울이 있는 저곳까지 간다. 거기 가서 식사를 하자. 그런 다음 우리가 어디로 가는지 너희가 알게 될 것이다."

43. 막달라에 가신 예수. 막달라의 마리아와 두 번째 만나시다

 사도가 한 사람도 빠짐없이 예수 둘레에 있다. 개울 곁에 나무숲 그늘에 풀에 앉아서 모두 빵과 치즈를 먹고 시원하고 맑은 개울물을 마신다. 먼지투성이의 샌들을 보니 그들이 벌써 길을 많이 걸었다는 것과 제자들은 아마 키가 크고 시원한 풀 위에서 쉬는 것만을 바라고 있으리라는 것을 알 수 있다.
 그러나 지칠 줄을 모르는 건각(健脚)이신 예수께서는 그렇게 생각하지 않으신다. 제일 더운 시간이 지났다고 판단하시자마자 예수께서는 일어나셔서 길쪽으로 향해 가신다. 앞을 바라다보시고… 뒤돌아보시며 "가자" 하고 말씀하신다. 그저 이 말뿐이다.
 갈림길에, 아니 그보다도 먼지투성이의 길 네 갈래가 이 지점에서 만나니까 네거리에 이르자, 예수께서는 망설이지 않고 동북쪽 방향으로 가는 길로 들어서신다.
 "가파르나움으로 돌아갑니까?" 하고 베드로가 묻는다.
 예수께서는 "아니다" 하고 대답하신다. 그저 아니다 하고만.
 "그럼 티베리아로 갑니까?" 하고 알고 싶어하는 베드로가 재차 묻는다.
 "그곳도 아니다."
 "그렇지만 이 길은 갈릴래아 바다로 가는 길인데. …그런데 거기에는 티베리아와 가파르나움이 있구요…."
 "막달라도 있다" 하고 예수께서는 베드로의 호기심을 달래기 위하여 약간 정색을 하고 말씀하신다.
 "막달라요? 오!…" 베드로는 약간 눈살을 찌푸린다. 그것을 보니 이 도시는 평판이 나쁜 도시로구나 하는 생각이 든다.
 "막달라에, 그렇다. 막달라에. 너는 너무 고상해서 그 도시에 들어갈 수 없다고 생각하느냐? 베드로야, 베드로야! …너는 내게 대한 사랑을 위해 환락의 도시뿐 아니라 진짜 창가(娼家)에까지도 들어가야 할 것이다. …그리스도는 구원된 사람들을 구원하러 오지 않고 타락한 사람들을 구원하려고 왔다. …그리고 너는… 이 때문에 시몬이 아니라 베드로, 또는 게파가 될 것이다. 네가 더러워질까 봐 걱정이 되느냐? 아니다! 이 사람조차도 알겠느냐? 그러면서 아주 어린 요한을 가리키신다. 이 사람조차도 손상을 입지 않을 것이다. 이 사람이 그렇게 되지 않는 것은 그렇게 되기를 원하지 않기 때문이다. 네가 원치 않는 것과 같이, 네 아우와 요한의 형이 원치 않는 것과 같이… 이 순간에는 너희 중의 아무도 원치 않는 것과 같이 말이다. 원치 않는 한 악은 오지 않는다. 그러나 힘있게 끈기있게 원치 않아야 한다. 힘과 끈기는 진정한 의향을 가지고 기도함으로써 아버지에게서 얻게 된다. 이후에는 너희 모두가 이렇게 기도할 줄을 알지는 못할 것이다. …유다야, 무슨 말을 하느냐? 너 자신을 너무 믿지 말아라. 그리스도인 나도 사탄에 대항하는 힘을 가지기 위하여 끊임없이 기도한다. 네가 나보다 나으냐? 교만은 사탄이 뚫고 들어오는 틈이다. 유다야, 주의를 게을리하지 말고 겸손하여라. 장소를 잘 알고 있는 마태오가 말해라. 이 길로 가는 것이 더 좋으냐? 그렇지 않으면 다른 길이 있느냐?"

"선생님, 경우에 따라 다릅니다. 어부들과 가난한 사람들이 사는 막달라에 들어가고자 하시면 이 길이 맞습니다. 이리 가면 서민들이 사는 변두리로 들어가게 됩니다. 그러나— 그렇게는 생각하지 않습니다만 완전한 대답을 드리기 위해서 말씀드립니다— 그러나 부자들의 동네로 가고자 하시면 몇 백 미터쯤에서 이 길을 버리고 다른 길로 가야 합니다. 부잣집들은 대개 이 위치에 있으니까요. 그래서 뒤로 돌아가야 합니다…."

"나는 부자들의 막달라에 가려고 하니까 뒤로 되돌아가자. 유다야, 뭐라고 말했느냐?"

"선생님, 아무 말도 안했습니다. 선생님은 얼마 안 되는 시간에 두 번째나 제게 말을 물으시는군요. 그렇지만 저는 말을 도무지 하지 않았습니다."

"입술로는 말하지 않았다. 그러나 네 마음으로 가만히 말했다. 너는 네 손님인 마음과 가만히 말했다. 말을 하기 위하여는 다른 사람을 대화자로 가져야 하는 것은 아니다. 우리는 우리 자신에게 많은 말을 한다. …그러나 우리 자신의 자아(自我)와도 수다를 떨거나 중상을 해서는 안 된다."

일행이 이제는 말없이 걸어간다. 큰 길이 이제는 손바닥 너비 만한 돌을 깐 길이 된다. 과수원과 나무가 무성하고 꽃이 만발한 정원들 사이에 있는 집들은 점점 더 호화롭고 아름답다. 멋쟁이 막달라는 팔레스티나 사람들에게는 스뜨레사, 가르도나, 빨란짜, 벨라지오 등등과 같은 우리 롬바르디아의 호숫가에 있는 어떤 도시들같이 일종의 환락의 장소 같다는 느낌이 든다. 팔레스티나의 부자들 사이에는 로마인들로 섞여 있는데, 틀림없이 티베리아나 가이사리아 같은 다른 곳에서 온 사람들일 것이다. 그곳에는 총독을 둘러싸고 분명히 관리들이 있었을 것이고, 팔레스티나 식민지의 가장 훌륭한 산물을 로마에 수출하는 상인들이 있었을 것이다.

예수께서는 목적지가 어디인지 아시는 것처럼 자신있게 동네로 들어가신다. 예수께서 호수를 끼고 가시는데, 정원이 달린 집들이 호숫가에까지 나와 있다.

어떤 호화로운 집에서 고통스러운 비명들이 들려나온다. 여자들과 어린 아이들의 목소리인데, "아들아! 아들아!" 하고 부르짖는 매우 날카로운 여인의 목소리도 들린다.

예수께서는 돌아서시며 사도들을 바라다보신다. 유다가 앞으로 나아온다. "너말고" 하고 예수께서 명령하신다. "마태오, 네가 가서 알아보아라."

"선생님, 싸움입니다. 남자 한 사람이 죽어 갑니다. 유다인입니다. 살인자는 도망쳤는데, 로마인이랍니다. 아내와 어머니와 어린 자식들이 달려왔습니다. …그러나 그 남자는 죽어 갑니다."

"가자."

"선생님… 선생님… 이 일은 어떤 여자의 집에서 일어났는데… 그 여자는 아내가 아니랍니다."

"가자."

그들은 열려 있는 대문으로 해서 넓고 긴 입구로 들어가는데, 이 입구를 지나면 아름다운 정원이 나온다. 집은 그릇에 심은 푸른 나무와 조각과 상감세공(象嵌細工)을 한 물건들이 대단히 많이 이 회랑과 같은 것으로 분리되어 있는 것 같다. 방과 온실의 중간이라고나 할까? 현관 쪽으로 열린 어떤 방에 울고 있는 여자들이 있다. 예수께서는 서슴지 않고 들어가신다. 그러나 늘 하시는 것 같은 인사는 안하신다.

거기 있는 남자들 중에는 상인이 한 사람 있는데, 그 사람은 예수를 아는 모양이어서 예수를 보자마자 "나자렛의 선생님!" 하고 말하며 공손히 인사한다.

"요셉, 무슨 일이오?"

"선생님, 심장에 단도를 한 대 맞았습니다. …죽어 갑니다."

"왜?"

반백의 머리가 흐트러진 여인이 일어나면서 — 이 여인은 죽어 가는 사람의 곁에서 벌써 생기가 없는 손을 잡고 있었다— 미친 여자와 같은 눈을 하고 부르짖는다. "저년 때문입니다, 저년 때문이예요!. ....저년이 얘를 악마같이 만들어 놓았습니다. ...애한테는 이제는 에미도 아내도 자식들도 아무것도 없었습니다! 지옥이 널 잡아가야 한다. 이 악마 같은 년아!"
 예수께서 비난하는 떨리는 손을 따라 눈을 드시니, 한 구석에 짙은 붉은 색 벽에 기대 서 있는 막달라의 마리아가 보인다. 마리아는 말하자면 허리께까지 아무것도… 입지 않은 것 같아서 그 어느 때보다도 더 선정적이다. 허리께까지 아무것도 입지 않은 것 같다고 말한 것은 허리 윗쪽은 진주로 생각되는 작은 구슬들이 달려 있는 6각형의 코로 되어 있는 그물 같은 것으로 감싸여 있는 반라(半裸)이기 때문이다. 그러나 그 여자는 희미한 빛 속에 있어서 잘 볼 수가 없다.
 예수께서는 다시 눈을 내리신다. 마리아는 예수의 이 무관심 때문에 흥분하여, 그때까지는 압도된 것같이 있었는데, 몸을 꼿꼿하게 일으키고 태연한 척한다.
 "아주머니" 하고 예수께서는 어머니에게 말씀하신다. "저주는 하지 마시고 대답하십시오. 당신 아들이 왜 이 집에 와 있었습니까?"
 "말씀드렸지요. 저 여자가 얘를 미치게 해서 그랬습니다. 저 여자가요."
 "조용하시오. 그 사람도 간음했고 이 죄없는 어린 아이들의 자격없는 아버지였으니까 죄의 지위에 있었습니다. 그러니까 그 사람도 벌을 받아 마땅합니다. 이 세상에서도 저 세상에서도 뉘우치지 않는 사람에게는 자비가 없습니다. 그러나 아주머니와 저 죄없는 어린 아이들의 고통은 딱하게 생각합니다. 집이 멉니까?"
 "백 미터쯤 떨어져 있습니다."
 "그 사람을 들어 집으로 옮기시오."
 "선생님, 그렇게 할 수가 없습니다" 하고 상인 요셉이 말한다. "지금 죽으려고 하고 있습니다."
 "내가 말하는 대로 하시오."
 사람들은 죽어가는 사람 밑으로 널빤을 넣고 행렬이 천천히 나온다. 행렬은 길거리를 지나 그늘진 정원으로 들어간다. 여자들은 계속해서 요란스럽게 운다. 사람들이 정원으로 들어갔을 때 예수께서는 그 사람의 어머니 쪽으로 돌아서시며 말씀하신다. "아주머니는 용서할 수가 있습니까? 아주머니가 용서하시면 하느님께서도 용서하십니다. 은총을 얻으려면 착한 마음씨를 만들어 가져야 합니다. 이 사람은 죄를 지었고 죄를 또 지을 것입니다. 이 사람에게는 죽는 편이 나을 것입니다. 그것은 살아 있으면 또 죄에 떨어질 것이고, 게다가 그를 구해 주시는 하느님께 배은망덕한 데 대해 책임을 져야 할 것이기 때문입니다. 그러나 아주머니와 이 죄없는 사람들이(예수께서는 아내와 아이들을 가리키신다) 절망에 빠질 것입니다. 나는 구원하러 왔지 파멸시키러 오지 않았습니다. 여보시오 내가 당신에게 말하오. 일어나서 말짱하게 되시오."

그 사람은 다시 살아나서 눈을 뜬다. 그는 어머니와 아이들과 아내를 보고 부끄러워서 고개를 숙인다.

"아들아! 아들아!" 하고 어머니가 말한다. "선생님이 너를 살려 주지 않으셨으면 너는 죽을 뻔했다. 정신을 차려라. 한… 때문에 정신을 잃지 말고."

예수께서는 여인의 말을 중단시키신다. "아주머니, 입을 다무시오. 아주머니가 덕을 본 것과 같은 자비를 보이시오. 아주머니의 집은 기적으로 거룩하게 되었습니다. 기적은 항상 하느님의 현존을 나타내는 증거입니다. 그렇기 때문에 나는 기적을 죄의 집에서 행할 수가 없었습니다. 이 사람은 그것을 알지 못하더라도 적어도 아주머니는 당신 집을 그렇게 보존하시오. 이제는 이 사람을 간호하시오. 이 사람이 조금 고통을 당하는 것은 당연한 일입니다. 아주머니, 착하게 구시오. 그리고 부인과 또 너희 어린 것들도. 안녕." 예수께서는 두 여인과 어린 아이들의 머리에 손을 얹으셨다.

그런 다음 예수께서는 막달라 마리아의 앞을 지나서 나오신다. 마리아는 행길 끝까지 행렬을 따라와서 어떤 나무에 기대어 서 있었다. 예수께서는 제자들을 기다리느라고 그러시는 것처럼 천천히 걸으신다. 그러나 마리아에게 어떤 행동을 할 가능성을 주시기 위하여 그렇게 하시는 것으로 생각한다. 그러나 마리아는 그런 행동을 하지 않는다.

제자들은 예수 계신 곳으로 온다. 그런데 베드로는 참지 못하고 마리아에게 잘 맞는 명칭을 입 속으로 중얼거린다. 그러니까 마리아는 태연한 척하느라고 깔깔거리고 웃는데, 그것이 그에게는 아주 초라한 승리였다. 그러나 예수께서는 뒤돌아서시며 베드로에게 엄하게 말씀하신다. "베드로야, 나는 욕을 하지 않는다. 너도 욕하지 말고, 죄인들을 위해 기도하여라. 다른 것은 아무것도 하지 말아라."

마리아는 웃음을 그치고 고개를 숙이고 영양(羚羊)과 같이 자기 집을 향하여 달아난다.

44. 막달라의 베냐민의 어머니 집에서

사도들이 기적 이야기를 하고 시민들도 선생님을 손가락질해서 가리키면서 기적 이야기를 하는 것을 보면 기적이 일어난 지가 얼마 안 되는 것 같다. 예수께서는 몸을 꼿꼿이 세우시고 근엄하게 도시의 변두리 가난한 사람들이 사는 동네를 향하여 가신다.

예수께서는 한 소년이 깡충거리며 나오고 그 뒤에 어머니가 따라 나오는 어떤 작은 집 가까이에서 걸음을 멈추신다. "아주머니, 당신의 정원에 들어가서 해가 덜 뜨거울 때까지 좀 있어도 되겠습니까?"

"주님, 원하시면 부엌에까지도 들어오십시오. 물과 잡수실 것을 갖다 드리겠습니다."

"애쓰지 마시오. 나는 이 조용한 정원에 있는 것으로 족합니다."

그러나 여인은 무엇인지 모를 것을 섞은 물을 예수께 꼭 드리려고 한다. 그리고 말을 하려는 것처럼 정원을 오락가락한다. 그러나 용기를 내서 말을 하지 못한다. 채소를 돌보지마는, 그것은 그러는 척하는 것이다. 사실은 선생님에게 관심을 가진다. 그래서 어린 아이가 나비나 다른 곤충을 잡느라고 소리를 지르면 귀찮아한다. 그 때문에 예수께서 말씀하시는 것을 듣지 못하게 되기 때문이다. 그 여자는 참지 못하고 아이를 손바닥으로 때린다. …그러니까 아이는 더 크게 소리를 지른다.

예수께서는 "마리아가 그 일로 감동했다고 생각하십니까?" 하고 묻는 열성 당원의 질문에 대답하고 계시는 중이었다. "겉으로 나타난 것보다 더…" 하고 대답하셨다. 예수께서는 몸을 돌리시어 어린 아이를 부르신다. 그러니까 어린 아이는 달려와서 예수의 무릎에 엎드리며 울음을 터뜨린다.

여인이 "베냐민! 성가시게 굴지 말고 이리 오너라" 하고 외친다.

그러나 예수께서는 "가만 놔두시오, 가만 놔둬요. 얌전하게 있어서 당신을 걱정을 시키지 않을 것입니다." 그리고 어린 아이에게 말씀하신다. "울지 말아라. 엄마가 너를 아프라고 때린 게 아니다. 그저 네가 말을 듣게 한 것뿐이다. 네가 말을 듣게 하려고 한 것뿐이다. 엄마가 조용하라고 하는데 왜 소리를 질렀니? 아마 엄마가 몸이 불편해서 네가 소리지르는 것이 귀찮은 모양이로구나."
 어린 소년은 어른들이 도무지 어떻게 할 수 없는 어린이들의 자연스러운 솔직성으로 급히 이렇게 말한다. "아니야요. 엄마는 몸이 불편하지 않고 선생님 말을 들으려고 한 거예요. …엄마가 내게 그렇게 말했어요. 그렇지만 나는 선생님곁에 오고 싶어서, 선생님이 나를 보라고 일부러 요란스럽게 했어요."
 모두들 웃고, 여자는 얼굴이 새빨개진다.
 "아주머니, 얼굴을 붉히지 말고 이리 오시오. 내가 말하는 것을 들으려고 했어요? 왜요?"
 "선생님은 메시아이시니까요. 선생님이 행하신 기적을 보면 선생님이 메시아이실 수밖에 없습니다. …저는 선생님의 말씀을 듣는 것이 기뻤습니다. 저는 막달라에서 나가는 일이 도무지 없습니다. …제 남편은 까다롭고, 또 아이가 다섯이나 되니까요. 제일 어린 것은 넉달 되었습니다. …그런데 선생님은 이곳에는 도무지 안 오시거든요."
 "나는 왔소, 그것도 당신 집에, 당신이 보다시피."
 "그렇기 때문에 선생님 말씀을 들으려고 했습니다."
 "남편은 어디 있소?"
 "주님, 바다에 나갔습니다. 남편이 고기잡이를 하지 않으면 저희들은 먹을 것이 없습니다. 제게는 이 작은 정원밖에 없습니다. 이것이 일곱 식구에게 충분할 수 있습니까? 남편은 그랬으면 하지만…."
 "참을성을 가지시오, 아주머니. 누구나가 자기의 십자가를 지고 있어요."
 "아이고! 아닙니다! 뻔뻔스러운 여자들은 쾌락만을 가지고 있습니다! 그 여자들은 즐기고 사람들을 괴롭힙니다. 그 여자들이 한 일을 보셨지요. 그 여자들은 아이들을 기르고 일을 하느라고 애를 쓰지 않습니다. 그 여자들은 괭이질을 하느라고 손에 물집이 생기지 않고, 빨래를 하느라고 손의 껍질을 벗기지 않습니다. 그 여자들은 아름답고 싱싱합니다. 그 여자들에게는 하와에 대한 선고가 유효하지 않습니다. 그 여자들은 오히려 저희들에게 대한 선고가 됩니다. 왜냐하면… 남자들은… 제 말을 이해하시지요."
 "알아듣소. 그러나 그 여자들도 그들의 무서운 십자가를 지고 있다는 것을 아시오. 제일 무서운 십자가를. 눈에 보이지 않는 십자가를. 그들을 단죄하는 양심과 그들을 경멸하는 세상 사람들과 그들을 배척하는 가문과 그들을 저주하시는 하느님이라는 십자가를 지고 있소. 정말이지 그 여자들은 행복하지 않소. 그 여자들은 아기를 낳고 일을 하느라고 애를 쓰지 않고, 일하느라고 손에 상처를 입지 않아요. 그러나 그 여자들도 마찬가지로 몹시 피로하고, 게다가 불명예를 지니고 있소. 그들의 마음은 상처투성이이요. 그들의 좋은 안색과 싱싱함과 허울뿐인 차분함을 부러워 마시오. 그것은 그들의 가책 가득한 파멸을 가리는 베일이지만 그들에게 평화를 가져다 주지는 못하는 것이오. 당신의 천진난만한 아이들 꿈을 꾸는 성실한 어머니인 당신은 그 여자들의 잠을 부러워 마시오. …그들에게는 베개 위에 악몽이 도사리고 있소. 그리고 내일 그들이 죽게 되거나 늙으면 가책과 공포가 있을 거요."

"맞습니다. …용서하십시오. …여기 그냥 있어도 되겠습니까?"

"여기 있으시오. 베냐민에게 훌륭한 비유를 하나 이야기해 주겠소. 그런데 어린 아이들이 아닌 사람들이 그것을 자기 자신들과 막달라의 마리아에게 적용할 거요. 다들 들어라.

너희들은 마리아가 선으로 돌아오리라는 것을 의심하고 있다. 마리아에게서는 그가 이 한 걸음을 내디디리라는 아무런 표도 볼 수 없다. 파렴치하고 뻔뻔스럽고 자기의 지위와 권력을 의식하는 그 여자는 감히 사람들에게 도전해서, 자기 때문에 울고 있는 집의 문지방에까지 왔었다. 베드로의 비난을 깔깔거리는 웃음으로 받아넘겼다. 그에게 권하는 내 눈길을 접하고 오만하게 저항했다. 너희들은 아마 라자로에 대한 사랑을 마리아에게 직접 오랫동안 말해서 구세주 메시아로서의 내 힘을 보임으로써 내 능력으로 그를 굴복시키기를 바랐을 것이다. 안 된다. 그래서는 안 된다. 여러 달 전에 다른 죄녀에 대하여도 이 말을 했다.

영혼들은 그들이 스스로 만들어져야 한다. 나는 지나가면서 씨를 뿌린다. 씨는 비밀리에 작용한다. 영혼이 일하는 것을 존중해야 한다. 만일 첫번에 뿌린 씨가 뿌리를 내리지 못하면 다른 씨를 또 뿌리고, 또 다른 씨를 뿌리고… 씨를 아무리 뿌려도 소용이 없다는 확실한 증거가 있기 전에는 단념을 하지 않는다. 그리고 기도한다. 기도는 흙덩어리 위에 내리는 이슬과 같아서 그것을 싱싱하고 기름지게 보존한다. 그래서 씨가 싹틀 수 있다. 아주머니, 당신은 채소의 씨를 뿌릴 때 이렇게 하지 않나요?

이제는 하느님께서 사람들의 마음에 당신 나라를 세우기 위하여 하시는 일에 대한 비유를 들어보아라. 사람의 마음 하나하나가 이 세상에 있는 하느님의 작은 나라이기 때문이다. 그후 죽은 다음에는 이 모든 작은 나라들이 하늘나라에서 오직 한 나라로 모아진다. 끝이 없고 거룩하고 영원한 나라로 말이다.

사람들의 마음에 있는 하느님의 나라는 씨를 뿌리시는 하느님에 의해서 세워진다. 하느님께서는 당신 소유지에 — 어떤 사람이든지 생겨날 때부터 하느님께 속해 있기 때문에 사람은 하느님의 것이다 — 오셔서 씨를 뿌리신다. 그리고는 다른 소유지로, 다른 사람들의 마음으로 가신다. 밤이 지나 낮이 되고, 낮이 지나 밤이 된다. 낮에는 해와 비가 온다. 이 경우에는 하느님의 사랑의 빛남과 영에게 말하는 하느님의 지혜를 부어 주는 것이다. 밤에는 별들과 아늑한 적막이 온다. 우리 경우에는 영혼이 정신을 가다듬고 묵상을 할 수 있도록 하느님께 대한 명쾌한 기억과 영을 위한 적막이 온다.

씨는 눈에 띄지 않는 섭리적이고 강력한 이 연속적인 영향을 받아 부풀어 터져서 뿌리를 내서 내리고, 밖으로는 최초의 작은 잎들을 내밀어서 자란다. 이 모든 것이 사람의 도움없이 이루어진다. 땅은 씨에서 나온 풀을 저절로 만들어내고, 그 다음에는 풀이 든든해져서 이삭을 만들어낸다. 그리고 이삭은 우뚝 서서 부풀어오르고 단단해지고 누렇게 되고 딱딱해져서 완전하게 낟알로 형성된다. 낟알이 여물면, 씨를 뿌린 이는 다시 와서 낫질을 한다. 그것은 그 씨가 완성되는 시간이 되었기 때문이다. 낟알이 더 발달할 수는 없을 것이니 이때가 그것을 거두어들일 때이다.

사람들의 마음 속에서 내 말도 같은 일을 한다. 씨를 받아들이는 마음에 대해서 하는 말이다. 그러나 일이 느리게 진행된다. 시기에 적절하지 않은 간섭으로 모든 것을 망치는 일은 피해야 한다. 작은 씨가 터져서 땅에 뿌리를 내리는 것은 정말 힘든 일이다! 냉혹하고 거칠은 마음에 있어서도 이 일은 어렵다. 마음은 문을 활짝 열고, 파헤치게 내버려두고, 새로운 것들을 받아들여서 그것을 유지하기 위하여 고생을 해야 하고, 전에 그가 걸치고 있던 매력있고 화려하고 쓸 데 없고 넘쳐흐르는 장식은 이제 집어치우고 보잘 것 없지만 유익한 것들을 걸치게 되었기 때문에 다른 모습을 보여야 한다. 그는 하느님의 생각을 유익하게 실현시키기 위하여 사람들의 찬미를 일으키지 않고 수수하게 일하는 것으로 만족해야 한다. 그는 씨가 자라서 이삭을 만들도록 그의 모든 능력을 활발히 움직이게 해야 한다. 그는 낟알이 되기 위하여 사랑으로 불타야 한다. 그리고 정말 지극히 힘든 체면을 극복하고, 새 옷에 자기를 맞추기 위하여 애쓰고 고통을 당하고 나서는 그 옷을 벗고 무자비한 가지치기를 겪어야 한다. 모든 것을 얻기 위하여 모든 것을 바쳐야 한다. 하늘에서 성인들의 옷을 입기 위하여 옷을 벗은 채로 있어야 한다. 성인이 되는 죄인의 생활은 가장 오래 걸리고 가장 영웅적이고 가장 영광스러운 싸움이다. 내가 분명히 말한다.

내가 말한 것으로 내가 마리아에게 한 것과 같이 행동하는 것이 올바르다는 것을 깨달아라. 마태오야, 혹시 내가 네게 대해서는 달리 행동했느냐?"
"아니올시다, 주님."
"그러면 진실을 말해라. 너를 더 설득한 것은 내 참을성이었느냐, 그렇지 않으면 바리사이파 사람들의 신랄한 비난이었느냐?"
"제가 지금 여기 와서 있을 정도로 선생님의 참을성이 그랬습니다. 바리사이파 사람들은 그들의 업신여김과 저주로 저를 경멸하는 사람이 되게 했고, 경멸로 저는 그때까지 하던 것보다도 한층 더 나쁘게 행동하게 되었습니다. 이렇게 되는 것입니다. 즉 죄중에 있으면서 죄인으로 취급당하는 것을 듣게 되면 더 저항을 하게 됩니다. 그러나 욕 대신에 애무가 오면 깜짝 놀라고, 그 다음에는 울게 됩니다. …그리고 울면 죄의 뼈대가 무너져 내립니다. 그러면 인자(仁慈) 앞에서 발가벗은 채로 있으면 인자(仁慈)로 우리에게 옷을 입혀 주십사고 진심으로 간청하게 됩니다."
"훌륭하게 말했다. 베냐민아, 비유가 마음에 드니? 그래? 브라보! 그런데 엄마는 어디 갔니?"
알패오의 야고보가 대답한다. "비유가 끝날 때쯤 나갔는데, 이 길로 달음박질해서 갔습니다."
"아마 남편이 오는지 보려고 바다에 간 것 같습니다" 하고 토마가 말한다.
"아니야요. 내 동생들을 데리러 외할머니 집에 갔어요. 엄마는 일을 할 수 있게 동생들을 외할머니 집에 데려다 주곤 해요" 하고 어린이가 말하면서 예수의 무릎에 은밀히 몸을 기댄다.
"그리고 너는 여기 남아 있단 말이지, 이 사람아? 네가 혼자 집에 있는 걸 보면 네가 몹시 심술궂은 모양이로구나" 하고 바르톨로메오가 말한다.
"내가 제일 커서 엄마를 도와줘요…."
"천국에 가게 말이지. 가엾은 여인! 너 몇 살이냐?" 하고 베드로가 묻는다.
"3년 있으면 율법의 아들이 돼요" 하고 어린애가 으스대며 대답한다.
"글 읽을 줄 아니?" 하고 타대오가 묻는다.
"예… 그렇지만 이럭저럭 해나가요, 그건… 그건 선생님이 거의 날마다 나를 내쫓아서 그래요…."
"내가 뭐랬어!" 하고 바르톨로메오가 말한다.
"그렇지만 내가 그렇게 하는 건 선생님이 늙고 못 생기고 늘 같은 말만 해서 졸려서 그래요! 선생님이 이분(그러면서 예수를 가리킨다) 같으면 정신을 차릴 거야요. 선생님은 자거나 장난하는 아이는 때려요?"

44. 막달라의 베냐민의 집에서 **315**

"나는 아무도 때리지는 않고 학생들에게 '너희들의 이익과 내게 대한 사랑으로 주의를 기울여라' 하고 말한다."
"예, 그거야요! 사랑으로, 그래요. 겁으로 하지 않고."
"네가 착하게 굴면 선생님이 너를 사랑하실 것이다."
"선생님은 착한 사람만 사랑하세요? 착하지 않는 사람에게 참을성을 가졌었다고 금방 말하구서…" 어린 아이의 논리는 치밀하다.
"나는 모든 사람에게 친절하다. 그렇지만 착하게 되는 사람을 많이많이 사랑하고, 그 사람한테는 정말 친절을 많이 베푼다."
어린 아이는 곰곰히 생각하더니, 머리를 들고 마태오에게 묻는다. "아저씨는 어떻게 해서 착한 사람이 됐어요?"
"나는 선생님을 사랑했다."
어린 아이는 또 곰곰히 생각한다. 그리고 열 두 사도를 쳐다보면서 예수께 말한다. "이 아저씨들은 전부 착해요?"
"물론 착하고말고."
"그게 확실해요? 나도 얌전해요. 그렇지만 그건 더 큰 장난을… 하려고 할 때에 그래요."
모두가 떠들썩하게 웃는다. 어린 아이도 몹시 솔직하게 웃는다. 예수께서도 웃으시며 어린 아이를 껴안고 입맞춤을 하신다.
이제는 모두와 허물없게 된 어린 아이가 장난을 하고 싶어서 말한다. "이제는 누가 착한지 말해 줄께요." 그리고는 그의 선택을 시작한다. 그는 모두를 살펴보더니 이웃해 앉아 있는 요한과 안드레아에게로 직접 가서 말한다. "아저씨와 아저씨는 이리 와요." 그리고는 두 야고보를 골라서 처음 두 사람과 합치게 한다. 그리고는 타대오를 잡는다. 열성당원과 바르톨로메오 앞에서는 깊은 생각에 잠긴 듯이 있다가 말한다. "아저씨들은 늙었어요. 그렇지만 착해요." 그러면서 다른 사람들과 합치게 한다. 어린 아이는 베드로를 살펴본다. 베드로는 익살스러운 눈짓을 해가며 시험을 치르는데, 아이는 베드로도 착하다고 생각한다. 마태오도 합격하고 필립보도 통과한다. 토마에게는 이렇게 말한다. "아저씨는 너무 많이 웃어요. 난 점잖거든요. 늘 웃는 사람은 나중에 시험에 낙제한다고 우리 선생님이 말하는 걸 몰라요?" 그러나 결국 토마도 나쁜 점수로 통과한다. 그러나 시험에 합격은 하였다. 그리고 어린 아이는 예수께로 돌아온다.
"어, 이거 봐, 꼬마야, 나도 있어. 난 나무가 아니란 말이다. 난 젊고 아름다워.

왜 나는 시험하지 않니?"

"아저씨가 내 맘에 들지 않아서 그래요. 내 맘에 들지 않는 게 있으면 건드리지 말라고 엄마가 말했어요. 탁자 위에 올려놔서 맘에 드는 사람이 있으면 가지게 해요. 그리구 누가 맘에 들지 않는 걸 주면 '그건 내 맘에 들지 않아요' 하고 말하지 말구 '고맙습니다만 배가 고프지 않아요' 하고 말하라고 엄마가 그랬어요. 난 아저씨가 먹고프지 않아요."

"아니 뭐라고? 자 봐라. 내가 착하다고 말하면 이 돈을 주마."

"그걸 가지구 뭘 하겠어요. 거짓말을 가지구 뭘 사요? 엄마가 그러는데 속임수로 버는 돈은 지푸라기가 된대요. 한 번은 거짓말을 해서 할머니한테서 한 드라크마*를 받아서 꿀에 절인 푸아스를 사려구 했는데, 밤 사이에 그 돈이 지푸라기가 되구 말았어요. 난 그걸 문아래 있는 이 구멍에 넣어서 아침에 꺼내려구 했는데, 지푸라기가 한 무더기 있었어요."

"그렇지만 왜 나를 좋은 사람으로 보지 않는 거냐? 내게 뭐가 있니? 발이 갈라졌니? 못 생겼니?"

"아니야요, 아저씨가 무서워요."

"아니 왜?" 가리옷 사람이 그 아이에게로 가까이 가며 묻는다.

"몰라요. 날 가만 놔둬요. 날 건드리면 할퀴겠어요."

"참 사귀기 어려운 녀석이로군! 이녀석 미쳤어." 유다는 쓴 웃음을 짓는다.

"난 미치지 않았어요. 아저씨가 고약해요" 하고 말하면서 어린 아이는 예수의 품으로 피신한다. 예수께서는 말없이 그를 쓰다듬어 주신다.

사도들은 가리옷 사람에게는 별로 신통치 않은 작은 사건에 대하여 농담들을 주고 받는다. 그러는 동안 그 여인이 사람 열 두어 명과 같이 돌아온다. 그리고 또 다른 사람들이 오고 한다. 모두 해서 50명쯤 된다. 모두 초라한 사람들뿐이다.

"이 사람들에게 말씀해 주시겠습니까? 조금만이라두요. 이분은 제 시어머님이고 이 애들은 제 아이들입니다. 이 사람은 제 남편입니다. 주님, 한 말씀만 해주십시오" 하고 여인은 애원조로 말한다.

"아주머니의 환대에 대해 감사하는 뜻으로 그러겠습니다. 말을 하겠습니다."

여인은 아기가 우는 집안으로 들어간다. 그리고 문지방에 앉아서 아기에게 젖을 먹인다.

---

* 역주 : 옛날 그리이스의 은화.

"여러분, 들으시오. 여기 내 무릎에는 매우 지혜로운 말을 한 소년이 있습니다. 이 소년은 '속임수로 얻는 것은 모두 지푸라기가 된다'고 말했습니다. 엄마가 그에게 이 진리를 가르쳐 주었습니다.

이것은 지어낸 이야기가 아니라, 영원한 진리입니다. 정직하지 않게 하는 일은 절대로 잘 되지 않습니다. 사실 말이나 행위나 신앙에 있어서의 거짓말은 언제나 거짓말의 선생인 사탄과 동맹했다는 표입니다. 하늘 나라를 얻을 수 있게 하는 행동이 시끄럽고 떠들썩하다고 생각하지 마시오. 그렇지 않고 흔히 있는 보통 행동이지만 초자연적인 사랑의 목적으로 한 행동들입니다. 사랑은 여러분 안에서 나서 하늘에까지 올라가는 나무의 씨입니다. 그리고 이 나무 그늘에서 다른 모든 덕행이 생겨납니다. 나는 사랑을 아주 작은 겨자씨에 비교하겠습니다. 겨자씨는 얼마나 작습니까! 사람이 뿌리는 씨 중에서 가장 작은 축에 듭니다. 그런데도 그 나무가 발육하면 그 숱한 잎들하고 얼마나 튼튼해지고 얼마나 많은 열매를 맺습니까? 백에 대해서 백이 아니라, 하나에 대해서 백입니다. 가장 작은 씨지만 가장 활동적인 씨입니다. 그 씨가 얼마나 여러분에게 이득을 줍니까!

사랑에 있어서도 마찬가지입니다. 만일 여러분의 마음 속에 지극히 거룩하신 여러분의 하느님과 여러분의 이웃에 대한 사랑을 간직하고, 사랑이 여러분의 행동의 동기가 되면, 여러분은 십계명의 아무 계명도 어기지 않을 것입니다. 여러분은 영성으로 하지 않고 행동으로만 하는 종교행위로 하느님께 거짓말을 하지 않을 것입니다. 여러분은 배은망덕하는 자식들처럼, 간통하거나 또는 그저 너무 까다로운 남편이나 아내처럼, 부정직한 상인들처럼, 인간관계에 있어서 거짓말을 하거나 자기들에게 적대적인 사람에게 폭력을 휘두르는 사람들처럼 행동함으로써 이웃에게 거짓말을 하지 않을 것입니다. 이 더운 시간에 얼마나 많은 새가 이 정원의 나뭇잎 사이에 피해 들어와 있는지 보시오. 이제 얼마 안 있으면 아직은 작은 이 겨자나무가 새들이 와서 앉는 진짜 홰가 될 것입니다. 모든 새가 아주 무성하고 인심좋은 이 나무들의 피난처와 그늘을 찾아올 것입니다. 새새끼들은 올라가는 사다리와 떨어지는 것을 막는 그물 노릇을 하는 이 가지들 사이에서 나는 것을 배울 것입니다. 하느님의 나라의 기초가 되는 사랑도 이와 같습니다.

사랑하시오, 그러면 여러분도 사랑을 받을 것입니다. 사랑하고 동정하시오. 사랑하시오, 그리고 여러분에게 복종하는 사람들에게서 허용된 것 이상을 요구해서 무자비한 사람이 되지 마시오. 하늘의 평화와 영광을 얻기 위하여는 사랑과 진실성이 있어야 합니다. 그렇지 않으면 베냐민이 말한 것처럼 사랑과 진실에 거짓말하면서 행한 여러분의 모든 행위가 여러분의 지옥 침대의 짚으로 변할 것입니다. 여러분에게 다른 말은 하지 않겠습니다. 다만 이렇게만 말하겠습니다. 사랑의 중요한 계명을 마음 속에 새겨두고, 진리이신 하느님께 충실하며, 어떤 말이나 행동이나 감정에 있어서도 진실에 충실하시오. 진리는 하느님의 딸이기 때문입니다. 점점 자라서 완전하게 되는 씨와 같이 여러분 편에서도 완전하게 되기 위한 끊임없는 노력이 있어야 합니다. 조용하고 눈에 띄지 않고 참을성 있는 노력 말입니다. 하느님께서는 여러분의 싸움을 보고 계시며, 한 번 이긴 이기주의, 여러분이 참는 상스러운 말 한 마디, 강요하지 않는 요구 하나에 대해서 하느님께서는 여러분이 싸우려고 무장을 하고 적을 죽이는 것에 대해서보다도 더 많은 상을 주시리라는 것을 확신하시오. 여러분이 의인으로 살면 차지하게 될 하늘 나라는 매일매일의 작은 사실들로 세워집니다. 자기가 가진 것으로 만족하는 가운데 사랑과 절제와 참을성으로, 서로 동정함으로, 사랑으로, 사랑으로 또 사랑으로.

착하게들 사시오. 서로서로 평화롭게 사시오. 비밀을 말하지 말고, 남을 판단하지 마시오. 그러면 하느님께서 여러분과 함께 계실 것입니다. 내 축복으로 또 내게 대해서 가진 여러분의 믿음에 대한 감사로 내 평화를 여러분에게 드립니다."

그리고 예수께서는 그 여인을 향하여 말씀하신다. "당신은 거룩한 아내이고 거룩한 어머니이니까 하느님께서 특별히 강복하시기를 바랍니다. 꾸준히 덕행을 닦으시오. 안녕, 베냐민. 진리를 점점 더 사랑하고 엄마의 말 잘 들어라. 너와 네 동생들에게도 축복을 하고, 또 어머니에게도 축복을 드립니다."

한 남자가 앞으로 나아와서 송구스러워하며 말한다. "아니, 아니… 선생님이 제 아내에 대해서 말씀하시는 것을 듣고 감격했습니다. …저는 알지 못했었습니다…."

"당신은 혹시 눈과 이해력이 없소?"

"왜요? 있습니다."

"그런데 왜 그걸 쓰지 않소? 내가 그것들을 열어 줄까요?"

"주님, 벌써 열어 주셨습니다. 그렇지만 저는 아내를 많이 사랑합니다. 아시겠어요? 그저 습관이 돼서… 그만… 그만…"

"그래서 상대가 우리보다 나으니까 지나친 요구를 해도 된다고 생각한단 말이지요. …이제는 그렇게 하지 마시오. 당신은 직업으로 인해서 항상 위험을 무릎쓰고 있소. 만일 하느님께서 당신과 함께 계시면 돌풍을 두려워 마시오. 그러나 옳지 않은 일이면 대단히 두려워하시오. 알아들었소?"

"말씀하시는 것보다도 더 깨달았습니다. 그렇지만 선생님께 순종하도록 힘쓰겠습니다. …저는 알지 못했었습니다…." 그러면서 아내를 처음 보는 것처럼 바라본다.

예수께서는 강복하시고 작은 길로 나오신다. 예수께서는 시골을 향하여 길을 다시 떠나신다.

45. 폭풍우가 가라앉다

오늘 저는 얼마나 큰 즐거움을 맛보았는지 모릅니다.

신부님이 아시는 그 수를 놓으면서 친한 친구들과 같이 음악을 듣고 있었습니다. 그러니까 늘 하던 일에서는 주의가 딴 데로 쏠려 있었습니다. 그런데 갑자기 환상이 보이면서 제가 하던 일에서 제 정신을 떼어놓고 제 얼굴을 딴 얼굴로 바꾸어놓았습니다. 다행히도 이것을 깨달은 것은 빠올라뿐이었습니다. 저는 늘 맞이하는 허탈의 순간까지 오후 내내 이 기쁨을 누리고 있었습니다. 이 허탈의 순간이 어느 때보다 일찍 왔습니다. 그것은 제가 그 환상들을 볼 때에는 제 육체적인 힘, 특히 심장의 힘이 심한 분산을 겪지만 그 분산은 매우 큰 영적인 기쁨으로 보상되기 때문에 제게 고통을 주지 않기 때문입니다.

저는 오늘의 복음을 '보았습니다.' 제가 오늘 아침 그 복음을 읽으면서 "이것은 내가 결코 보지 못할 복음서의 삽화로구나. 이 삽화는 환상에는 그리 적합하지 않으니까" 하고 생각했다는 것에 유의하십시오. 그런데 반대로 제가 도무지 생각하고 있지 않던 순간에 마침 저를 찾아와서 기쁨이 넘치게 했습니다. 제가 본 것은 이렇습니다.

과히 크지는 않지만 작지도 않은 배 한 척이 있다. 그것은 그 위에서 대여섯 사람이 쉽게 움직일 수 있는 어선이다. 그 배는 진한 파란색 호수의 물을 가르며 나아간다.

예수께서는 고물에서 주무신다. 여느 때와 같이 흰옷을 입으셨다. 왼팔에 머리를 얹으셨고, 팔과 머리 밑에는 여러 번 접은 회청색 겉옷을 놓으셨다.

배바닥에 누워 계시지 않고 앉아 계시며 머리를 고물 끝에 있는 판자에 얹고 계시다. 이 판자를 뱃사람들이 무엇이라고 부르는지 모르겠다. 예수께서는 조용히 주무신다. 피로하셨다. 평온하시다.

베드로는 키를 잡고 있고, 안드레아는 돛을 보살피고, 요한과 누군지 알 수 없는 다른 두 사람은 아마 밤에 고기잡이를 할 준비를 하려는 것처럼 배 밑바닥에서 밧줄과 그물들을 정돈하고 있다. 해가 벌써 서쪽으로 내려가는 것을 보니 해가 저물어 가는 것 같다. 제자들은 모두 더 자유롭게 몸을 움직이고 노며 걸상이며 바구니며 그물 따위를 지나서 배의 이쪽에서 저쪽으로 가는데 옷 때문에 방해를 받지 않으려고 속옷들을 걷어올렸다. 그들은 모두 겉옷을 벗었다.

하늘이 어두워지고 한 야산 꼭대기 뒤에서 갑자기 나타난 소나기구름 뒤로 해가 가려지는 것이 보인다. 바람이 구름을 호수 쪽으로 빨리 몰고 온다. 지금 당장은 바람이 윗쪽에 있어서 호수는 아직 잔잔하다. 다만 빛깔이 더 짙어지고 수면에 주름이 잡힌다. 아직 파도는 아니지만 벌써 물이 출렁거리기 시작한다.

베드로와 안드레아는 하늘과 호수를 살펴보고 배를 부두에 대기 위하여 조종하려고 한다. 그러나 바람이 호수를 덮쳐 몇 분 사이에 모든 것이 부글부글 끓고 거품이 인다. 서로 부딪고 배에 부딪히는 파도들은 배를 들어올렸다 내려놓았다 하며 배를 사방으로 이리저리 돌려서 키를 조작하지 못하게 하고, 바람은 돛대에 붙잡아매야 하는 돛을 마음대로 조작하는 것을 방해한다.

예수께서는 주무시고 계시다. 제자들의 발걸음과 흥분한 목소리에도, 획획거리는 바람 소리와 뱃전과 이물에 파도가 부딪히는 소리에도 깨지 않으신다. 예수의 머리카락이 바람에 날리고 물보라를 좀 맞으신다. 그러나 그대로 주무신다. 요한은 이물에서 고물로 가서 어떤 널빤지 아래서 꺼낸 그의 겉옷을 덮어 드린다. 그는 마음을 쓰는 사랑으로 예수를 덮어 드린다.

폭풍은 점점 더 거칠어진다. 호수는 잉크를 쏟아부은 것처럼 시꺼멓게 되었고 파도의 거품으로 줄무늬가 졌다. 배에는 물이 넘쳐 들어오고 바람에 밀려서 호수 가운데로 더 들어가게 된다. 제자들은 땀을 뻘뻘 흘리며 조종을 하고 파도가 들여보내는 물을 퍼낸다. 그러나 그렇게 하는 것이 아무 소용도 없다. 그들은 이제 무릎까지 차는 물 속에서 철벅거리고 배는 끊임없이 더 무거워진다.

베드로는 그의 침착성과 참을성을 잃었다. 그는 키를 아우에게 맡기고, 비틀거리면서 예수께 가서 세차게 흔든다. 예수께서는 잠을 깨시며 머리를 드신다.

"선생님, 살려 주십시오, 저희들은 죽습니다!" 베드로가 외친다(들리게 하려면 큰 소리로 외쳐야 한다).

예수께서는 제자를 똑바로 들여다보시고 다른 제자들을 바라보신 다음 호수를 바라보신다. "너는 내가 너희를 구해 줄 수 있다고 믿느냐?"

"빨리요, 선생님" 하고 베드로가 외치는데, 그때 정말 산더미 같은 파도가 호수 한가운데에서 일어나 빨리 초라한 배를 향하여 온다. 그 파도가 얼마나 높고 무서운지 회오리바람에 불려 올라가는 커다란 물기둥 같다.

그 파도가 오는 것을 보는 제자들은 무릎을 꿇고 이제는 끝장이로구나 하고 확신하며 아무데나 아무렇게나 잡고 늘어진다.

예수께서는 일어나셔서 고물에 있는 널빤지에 올라서신다. 예수의 흰 얼굴이 납빛깔의 폭풍이 몰아치는 가운데 뚜렷이 나타난다. 예수께서는 파도를 향하여 팔을 내미시고 바람을 향하여 말씀하신다. "멎고 잠잠하여라." 그리고 물을 향하여 "잔잔해져라, 명령이다" 하고 말씀하신다.

그러자 엄청나게 큰 파도가 녹아 거품이 되어 손해를 끼치지 않고 주저앉는다. 마지막으로 우르릉거리는 소리가 사라지면서 속삭임이 되고, 휙휙거리는 바람소리도 한숨으로 변한다. 그리고 고요하여진 호수 위에는 청명한 하늘이 다시 오고 제자들의 마음에는 바람과 믿음이 돌아온다.

예수의 위엄을 나는 묘사할 수가 없다. 그것을 보아야 이해할 수 있다. 그런데 나는 그 위엄을 마음 속 깊이 맛본다. 그것은 그 위엄이 항상 내 안에 현존하며, 예수의 잠이 얼마나 평온하였는지 또 바람과 파도에 대한 그분의 지배력이 얼마나 강력한지를 다시 보기 때문이다.

46. "불행은 너희들에게 너희가 무가치함을 믿게 하는 데 소용된다"

예수께서는 그 다음에 이렇게 말씀하신다.

"나는 복음서를 모든 사람이 해석하는 뜻으로 네게 해석해 주지 않겠다. 복음서의 이 대목 앞에 일어난 일을 명백히 밝혀 주겠다.

내가 왜 자고 있었느냐? 돌풍이 오리라는 것을 혹시 내가 알지 못했었느냐?

아니다, 알고 있었다. 아는 사람은 나 혼자뿐이었다. 그러면 내가 왜 자고 있었느냐?

마리아야, 사도들은 사람들이었다. 착한 뜻을 가지고 있었으나, 아직은 '사람들'일 뿐이었다. 사람은 항상 무엇이든지 다할 수 있다고 믿고 있다. 그러다가 어떤 일을 실제로 할 수 있게 되면 더 없이 자만해지고 자기의 '솜씨'에 대해서 더 없이 애착을 느끼게 된다. 베드로와 안드레아와 야고보와 요한은 훌륭한 어부들이었고, 이런 이유로 배를 다루는 데 그들을 당할 만한 사람이 없다고 믿고 있었다. 그들이 보기에 나는 훌륭한 '선생님'이었지만, 뱃사람으로는 아무 것도 아니었다. 그렇기 때문에 그들은 내가 그들을 도와줄 능력이 없다고 생각했었다. 그래서 갈릴래아 바다를 건너려고 그들이 배를 탈 때에 나는 다른 일은 할 수가 없으니까 그저 앉아 있으라고 청했던 것이다. 그들의 애정도 여기에 조금 작용했다. 그래서 내게 육체적인 피로를 시키려고 하지 않았다. 그러나 그들의 '솜씨'에 대한 애착이 애정보다는 더 우세했다.

마리아야, 나는 예외적인 경우가 아니면 내 의사를 강요하지 않는다. 보통은 너희가 마음대로 하게 내버려두고 기다린다. 그날 나는 피곤했었다. 그래서 그들은 나더러 쉬라고, 즉 대단히 능력이 많은 그들이 하는 대로 내버려두라고 부탁했었다. 그래서 나는 자기 시작했다. 내 잠에는 사람은 역시 '사람'이라는 것과 사람은 하느님께서 그를 도와주시기만을 바라신다는 것을 알아차리지 못하고 제 힘으로 하기를 원한다는 이 확인이 섞여 들었다. 그 '영적인 귀머거리들', 그 '영적인 소경들'에게서 나는 '그들 자신의 힘으로 행동하기를 원했기 때문에' 수백 수천 년 동안 파멸로 가게 될 모든 영적인 귀머거리와 소경들을 보는 것이었다. 나는 그들이 도와달라고 호소하기를 기다리면서 그들의 필요에 관심을 가지고 있는데 말이다.

베드로가 '살려 주십시오' 하고 부르짖었을 때 내 고민은 그냥 내버려두는 조약돌모양으로 떨어져 나갔다. 나는 그냥 '사람'이 아니고 하느님인 사람이다. 나는 너희들처럼 행동하지 않는다. 너희들은 어떤 사람이 너희 충고나 도움을 물리쳤는데 그 사람이 곤경에 빠진 것을 보게 되면, 너희가 그것을 좋아할 정도로 인정머리 없지는 않더라도, 그래도 어지간히 냉혹하기는 해서 그가 도와달라고 호소하는 것에 마음이 움직이지 않고 무시한 채 무관심하게 바라다보고 있다. 너희들의 태도로 '내가 당신을 도와주려고 했을 때 당신은 마다했지요? 이젠 당신이 요령껏 처리해보시오.' 하는 것을 그에게 깨닫게 한다. 그러나 나는 예수다, 나는 구세주이다. 그래서 나는 구해준다. 마리아야, 누가 나를 부르기만 하면 나는 언제든지 구해준다.

불쌍한 사람들이 이렇게 반박할지도 모른다. '그러면 따로 떨어지거나 한 덩어리가 된 폭풍이 형성되는 것을 왜 허락하십니까?' 하고. 만일 어떤 재난을 막론하고 내 능력으로 없애버리면, 너희는 그것이 사실은 내 선물인데도 그 이익을 너희가 만들어낸 것으로 생각하게 될 것이고, 이제 다시는 결코 나를 기억하지 않게 될 것이다. 결코 다시는. 가엾은 아들들아 너희가 아버지를 모시고 있다는 것을 기억하려면 너희에게는 고통이 필요하다. 배가 고팠을 때에야 아버지가 계시다는 것을 기억한 탕자와 같이 말이다.

불행은 너희들에게 너희가 무가치하다는 것을 믿게 하는 데 소용되고, 수많은 오류의 원인인 너희들의 부조리, 수많은 슬픔과 고통의 원인인 너희들의 악의, 스스로 벌어들이는 벌의 원인인 너희들의 잘못, 그리고 내 현존, 내 능력, 내 착함을 믿게 하는 데 소용된다. 오늘의 복음서가 뜻하는 것은 이런 것이다. 가엾은 아들들아, 현시대의 '너희' 복음서 말이다.

나를 불러라. 예수가 자고 있는 것은 다만 너희가 그에 대해서 사랑을 가지고 있지 않음을 보는 것이 괴롭기 때문이다. 나를 불러라, 그러면 오마."

신부님이 오늘 오시지 않은 것이 애석합니다. 오셨더라면 지극히 행복한 얼굴을 보셨을 것이고 저는 또 제가 어떻게 변하는지를 알 수 있었을 것이니까요. 제가 일을 계속하고 그 어느 때보다도 더 빨리 일을 해도 빠올라는 제가 변하는 것을 알아차린다고 말하지만 그 이상 설명하지를 못하기 때문입니다. …적어도 제가 자제할 줄은 알았을 것이고, 필요한 경우에는 모세가 한 것과 같이 얼굴에 베일을 쓸 수도 있었을 터인데 말입니다.

47. 게라센의 마귀들린 사람들

예수께서는 호수를 서북쪽에서 동남쪽으로 건너가신 다음 베드로에게 이쁘 근처에서 상륙하라고 부탁하신다. 베드로는 군말없이 순종한다. 베드로는 배로 작은 강의 강구(江口)까지 간다. 강은 봄비와 최근에 내린 뇌우로 물이 가득 차서 요란한 소리를 내며 이쪽 호숫가 전부가 그런 것처럼 바위투성이의 협곡으로 해서 호수로 흘러 들어온다. 사환들이 배를 지키며 ― 한 배에 하나씩 있다— 가파르나움으로 돌아가기 위하여 저녁 때까지 기다리라는 명령을 받는다.

"그리고 누가 너희들에게 말을 물어보면 도무지 말을 하지 말아라" 하고 베드로가 충고한다. "만일 어떤 사람이 선생님이 어디 계시냐고 물으면 '몰라요' 하고 자신있게 대답해라. 선생님이 어디를 향해 가셨는지 누가 알려고 해도 마찬가지로 대답해라. 그게 사실이다. 너희는 그걸 모르니까 말이다."

이제는 사환들과 헤어져서 예수께서는 바위 위를 거의 수직으로 기어 올라가는 가파른 오솔길을 오르기 시작하신다. 사도들은 어려운 오솔길로 해서 예수를 따라 바위 꼭대기까지 올라갔다. 바위는 부드러워지면서 참나무들이 있는 고원이 있는데 수많은 돼지가 먹이를 먹고 있다.

"고약한 냄새를 풍기는 짐승들!" 하고 바르톨로메오가 부르짖는다. "저놈들 때문에 지나갈 수가 없구먼…"

"아니다. 저놈들이 우리가 지나가는 것을 막지는 않는다. 모두에게 자리는 있다" 하고 예수께서 조용히 대답하신다.

뿐만 아니라, 돼지를 지키는 사람들이 이스라엘 사람들을 보고 길을 마음대로 지나갈 수 있게 하려고 돼지들을 참나무 아래로 모으려고 애쓴다. 그래서 사도들은 짐승들이 남긴 오물 가운데로 오만상을 찌푸리며 지나간다. 그놈들이 살이 잔뜩 쪘으면서도 주둥이로 땅을 파헤치면서 더 뚱뚱해지려고 한다.

예수께서는 돼지떼 지키는 사람들에게 "하느님께서 당신들의 친절을 갚아 주시기 바라오" 하고 말씀하시면서 별 말썽을 일으키지 않으시고 지나가셨다. 돼지떼 지키는 사람들은 자기들이 지키는 돼지들보다 별로 더 깨끗하지도 못하고, 그반면 말할 수 없이 더 야윈 불쌍한 사람들인데, 예수를 놀라서 바라다보며 저희들끼리 수다를 떤다. 그중 한 사람이 말한다. "아니 저 사람은 이스라엘 사람이 아니야?" 그 말에 다른 사람들이 대답한다. "아니 너는 저 사람 옷에 있는 술도 보지 못하니?"

사도의 무리는 넉넉히 넓은 작은 길을 무리지어 걸어갈 수 있게 된 지금은 한 군데 모였다.

전경(全景)이 매우 아름답다. 호수 위로 수십 미터 높이 올라온 곳이지만 거울 같은 수면 전체와 호숫가 여기저기에 흩어져 있는 도시들을 내려다볼 수 있다. 티베리아는 사도들이 있는 곳의 맞은편에 아름다운 건축물들을 가지고 찬란하게 나타난다. 이곳 바로 밑에 있는 현무암(玄武岩) 아래에는 좁은 호반이 초록색 방석같이 보이는데, 맞은편 호숫가에는 티베리아에서 요르단강

47. 게라센의 마귀들린 사람

의 어구까지 꽤 넓은 평야가 있는데, 강물 때문에 질척질척하다. 강은 조용한 호수에서 천천히 흘러가다가 다시 빨리 흘러가기 전에 여기서 머뭇거리는 것 같다. 그 평야에는 늪지대 특유의 갖가지 식물과 덤불이 꽉 차 있다. 거기에는 마치 보석으로 감싼 것같이 여러 가지 빛깔로 된 깃을 가진 물새들의 많은 무리를 볼 수 있다. 그곳을 사람들은 하나의 정원으로 본다. 새들은 풀숲과 갈대밭에서 날아올라 호수 위를 날다가 고기를 잡으려고 자맥질을 하고, 그들의 깃 빛깔을 선명하게 한 물 때문에 더 신기하게 되어서 다시 올라와서 여러 가지 빛깔이 장난하는 것 같은 바람에 불려 움직이는 꽃핀 들판으로 돌아간다. 반대로 여기에는 대단히 큰 참나무숲이 있고 그 아래에는 부드러운 에머랄드 빛깔의 녹색풀이 있다. 나무가 우거진 이 띠모양의 땅 저쪽으로는 계곡을 지나 다시 산이 되면서 가파르고 바위투성이의 원구(圓丘)를 이루는데, 그 위에는 바위로 된 대지에 지은 집들이 박혀 있다. 나는 산이 건축물들과 한 덩어리가 되어 동굴을 주거로 제공하여 혈거인(穴居人) 가옥집단과 보통도시의 혼합을 이룬 것으로 생각한다.

  이 산은 계단처럼 올라가게 되어 있는 특색이 있다. 그 덕택으로 밑에 있는 집들의 지붕이 그 위의 평평한 대지에 있는 집들의 아랫층과 같은 높이에 있게 된다. 산이 더 가파른 쪽, 일체 건축을 할 수 없을 정도로 가파른 쪽에는 깊이 파인 동굴들이 있고 계곡으로 내려오는 가파른 오솔길들이 있다. 우기에는 이 오솔길들이 모두 괴상한 급류가 될 것이 틀림없다. 갖가지 종류의 바위덩어리가 물에 밀려 내려와서 몹시 가파르고 몹시 황량하고 울퉁불퉁한 이 작은 산에 혼돈된 받침을 만들어 놓았으며, 이 산은 건방지기가 마치 절대로 방해받기를 원치 않는 작은 매와도 같다.

  "여긴 가말라가 아닙니까?" 하고 열성당원이 묻는다.

  "그렇다, 가말라다. 너는 가말라를 아느냐?" 하고 예수께서 말씀하신다.

  "아주 오래 전에 도망자로 여기에 하룻밤을 지냈습니다. 그후 문둥병이 생겨서 무덤들 있는 데에서 나오지 않았습니다."

  "자네를 여기까지 추격했나?" 하고 베드로가 묻는다.

  "피난처를 찾아 갔던 시리아에서 오는 길이었는데 그자들에게 들켰지. 이 지방에 도망쳐 왔기 때문에 잡히는 것을 면했던 거야. 그후 여전히 위협을 받으면서 천천히 드고아 사막에까지 내려왔어. 거기에서는 문둥병자가 됐기 때문에 죽은 사람들의 골짜기로 갔지. 문둥병이 나를 적에게서 구해준 거지."

  "저 사람들은 이교도지?" 하고 가리옷 사람이 묻는다.

"거의 모두가. 부정거래를 하는 히브리인이 몇 사람 있었고, 나머지는 믿는 사람과 도무지 믿지 않는 사람들이 섞여 살았지. 그렇지만 그 사람이 도망자인 내게 나쁘게 굴지는 않았어."

"산적이 나올 만한 고장이야! 굉장한 협곡이로구먼" 하고 여러 사람이 부르짖는다.

"맞아. 그렇지만 정말이지 산적은 건너편에 더 많이 있어" 하고 아직도 세례자가 체포된 것으로 인하여 받은 충격에서 벗어나지 못한 요한이 말한다.

"건너편에는 의인이라고 불리는 사람들 가운데에도 산적들이 있어" 하고 요한의 형이 말한다.

예수께서 말씀을 하신다. "그런데도 우리는 거부감없이 그 사람들에게 가까이 간다. 그런데 여기서는 너희들이 짐승들 곁으로 지나오면서 얼굴을 찌푸렸지."

"그 짐승들은 부정하거든요…."

"죄인은 훨씬 더 부정하다. 저 짐승들은 그렇게 생겼다. 그렇지만 그렇게 생긴 것이 그놈들 탓은 아니다. 반대로 사람은 죄로 인해 부정하게 된 데 책임이 있다."

"그렇지만 그러면 우리는 저놈들을 부정한 짐승으로 분류합니까?" 하고 필립보가 묻는다.

"이것을 내가 암시한 적이 한 번 있었다. 이 분류에는 초자연적인 이유와 자연적인 이유가 있다. 초자연적인 이유는 선택된 백성에게 먹는 행동과 같은 보통 행동에 있어서도 그들이 선택되었다는 것과 인간으로서의 품위를 항상 마음에 생각하면서 살아가는 생활 방식을 가르치는 것이다. 미개인은 무엇이든지 다 먹는다. 그들은 배를 채우기만 하면 되는 것이다. 이교도는 미개인이 아니더라도 과잉 영양이 사람의 품위를 떨어뜨리는 악습과 경향들을 부추긴다는 것을 생각하지 않고 역시 아무것이나 다 먹는다. 이교도들은 그들에게는 거의 종교와도 같은 그 강렬한 쾌락에 도달하려고 애쓰기까지 한다. 너희들 중에 가장 학식이 많은 사람들은 음란의 과용으로 이어지는 그들의 신들을 위한 외설한 축제에 대해 알고 있을 것이다. 하느님의 백성의 아들은 자제할 줄을 알아야 하고 그의 기원이고 목적인 하느님과 하늘을 생각하면서 순종과 인내로 자기 자신을 완전하게 해야 한다.

한편 자연적인 이유는 사람에게 마땅치 않은 열정적인 충동으로 이끌어가는 음식으로 피를 자극하지 말라고 명령한다. 육체적인 사랑도 사람에게 금지되어 있지 않다. 그러나 사람은 하늘을 향하는 영혼의 신선함으로 그런 사랑을 항상 완화해야 한다. 그러므로 남자를 아내와 결합시키는 것은 아내를 암컷으로 보지 않고 자기와 같은 사람으로 보는 사랑이어야지 육욕이어서는 안 된다. 그러나 저 불쌍한 짐승들은 돼지가 된 것에 대해서도, 또 돼지 고기가 결국은 피 속에 일으키는 결과에 대해서도 죄가 없다. 그놈들을 지키는 일을 맡은 사람들은 더군다나 죄가 없다. 만일 그들이 정직하면, 내세에서 그들과 책은 열심히 들여다보지만 불행히도 거기에서 착함을 배우지 못하는 율법학자 사이에 무슨 차이가 있겠느냐? 분명히 말하지만 우리는 의인들 가운데에서 돼지를 지키던 사람들을 보고 불의의 사람들 가운데에서 율법학자들을 볼 것이다. 아니, 그러면 저 깨지는 소리는 무엇이냐?"

돌과 흙의 비탈로 굴러내려오며 튀어오르기 때문에 모두 산허리에서 비끼며 놀라서 바라다본다.

"보세요, 보세요! 저기! 발가벗은… 두 사람이… 손짓을 하며 우리를 향해 오네요. 미치광이들…"

"혹은 마귀들린 사람일지도 모른다" 하고 마귀들린 두 사람이 예수를 향하여 오는 것을 제일 먼저 본 가리옷 사람에게 예수께서 대답하신다.

그들은 산의 어떤 동굴에서 나온 모양이었다. 그들은 소리를 지른다. 더 빨리 뛰는 사람은 예수를 향하여 달려온다. 그 사람은 팔을 날개인 양 노젓듯하며 어떻게나 빨리 뛰는지 깃을 뜯은 이상한 큰 새 같다. 그는 예수의 발 앞에 쓰러지며 외친다. "세상의 주인이신 선생님이 여기엘? 지극히 높으신 하느님의 아들 예수인 선생님과 내가 무슨 상관이 있습니까? 우리가 벌을 받을 때가 벌써 왔단 말입니까? 왜 때가 되기 전에 우리를 괴롭히러 왔습니까?" 다른 마귀들린 사람은 혀가 굳었는지 또는 마귀가 그를 마비시키는지 그저 땅바닥에 배를 깔고 엎드려서 울기만 한다. 그러다가 일어나 앉아서 기력이 없는 채로 조약돌과 그의 맨발을 만지작거리고 있다. 마귀는 첫번 사람의 입으로 계속 말을 하고 있는데, 그는 극도로 공포에 질려 땅바닥에서 몸을 비비 꼬고 있다. 그가 반항하고 싶지만 예수의 능력에 끌리기도 하고 동시에 혐오감을 일으키기도 하며 경배밖에 할 수가 없는 것 같다. 그는 이렇게 부르짖는다. "하느님 이름으로 간청하니 제발 고만 괴롭히시고, 떠나게 해주십시오!"

"그래라. 그러나 이 사람에게서 나가라. 더러운 악령아, 이 사람들에게서 나가라. 그리고 네 이름을 말해라."

"내 이름은 군대입니다. 우리는 수가 많으니까요. 우리는 여러 해 전부터 이자들에게 붙어서 이들을 통해 밧줄과 쇠사슬을 끊습니다. 그래서 저항할 수 있는 사람의 힘이 없습니다. 우리들 때문에 이자들은 공포를 주는 사람이 되고, 우리는 이자들을 써서 사람들로 하여금 당신에게 모독하는 말을 하게 합니다. 우리는 이자들에게 당신의 저주에 대한 앙갚음을 합니다. 우리는 사람의 품위를 야수보다도 더 못하게 떨어뜨려 당신을 비웃게 합니다. 늑대도 재칼도 하이에나도 독수리도 흡혈귀도 우리가 붙잡고 있는 이자들과 같지 못합니다. 그러나 우리를 내쫓지 마십시오. 지옥은 너무나 소름끼칩니다!…"

"나가라. 예수의 이름으로, 나가라!" 예수의 목소리는 천둥소리 같다. 그리고 눈은 섬광을 내뿜는다.

"우리를 당신이 본 돼지떼에라도 들어가게 해주십시오."

"가라."

짐승같이 부르짖으며 마귀들은 불쌍한 두 사람을 떠나, 참나무들을 풀처럼 일렁거리게 하는 회오리바람을 통하여 굉장히 많은 돼지들에게로 달려든다. 돼지들은 마귀들린 사람들처럼 정말 마귀 같은 비명을 지르며 참나무들 사이로 달리기 시작한다. 그놈들은 서로 부딪고 서로 상처를 입히고 서로 물고 하면서, 마침내 높은 절벽 꼭대기에 이르러서 아래 내려다보이는 물밖에는 피난처가 없게 되었을 때 호수로 뛰어내린다. 지키던 사람들이 깜짝 놀라고 슬퍼하며 겁에 질려 울부짖는 가운데 돼지들은 수백 마리씩 텀벙텀벙 하는 소리를 내며 조용한 물로 떨어지면서 거품의 소용돌이를 일으킨다. 돼지들은 가라앉았다가 다시 수면으로 떠올라서 몸이 뒤집혀 둥근 배와 겁에 질린 눈과 뾰족한 주둥이를 보이다 마침내 빠져 죽고 만다.

목동들은 부르짖으며 시내 쪽으로 뛰어간다. 사도들은 재난이 일어난 곳에 갔다가 돌아오면서 말한다. "살아남은 놈은 한 마리도 없습니다. 선생님은 그들에게 많은 해를 끼치셨습니다!"

예수께서는 침착하게 대답하신다. "사람 단 한 명이 죽는 것보다 돼지 이천 마리가 죽는 것이 낫다. 이 사람들에게 옷을 주어라. 이렇게 있을 수는 없다."

열성당원이 배낭을 열어 그의 옷 중에서 한 벌을 준다. 토마가 또 한 벌을 준다. 두 사람은 마치 악몽을 잔뜩 꾸던 무거운 잠에서 깨어난 듯이 아직 약간 어리둥절하다.

"이 사람들에게 음식을 주어서 다시 사람처럼 살게 하여라."

두 사람이 사도들이 준 빵과 올리브를 먹고 베드로의 수통의 물을 마시는 동안 예수께서는 그들을 살펴보신다.

"마침내 그들이 말을 한다. "선생님은 누구이십니까?" 하고 한 사람이 말한다.

"나자렛의 예수요."

"우린 선생님을 모르는데요" 하고 다른 사람이 말한다.

"당신들의 영혼은 나를 알았소. 이제는 일어나서 집으로 돌아가시오."

"저는 우리가 고통을 많이 받은 것으로 생각합니다. 그러나 기억이 잘 안 납니다. 이 사람은 누굽니까" 하고 마귀가 말을 시키던 사람이 물으며 동료를 가리킨다.

"모르겠소. 당신과 같이 있었소."

"당신 누구요? 왜 여기 와 있소?" 하고 동료에게 묻는다.

벙어리 같았고 아직도 둘 중에서 제일 기력이 없는 사람이 말한다. "나는 데메트리우스요. 여긴 시돈이오?"

"여보시오, 시돈은 바닷가에 있소. 여기는 갈릴래아 호수 건너편이오."

"그럼 내가 왜 여기 와 있어요?"

아무도 대답을 줄 수가 없다. 사람들이 오고, 그 뒤에 돼지 지키던 사람들이 따라온다. 그 사람들은 겁에 질리고 호기심도 있는 것 같다. 그러다가 마귀들린 두 사람이 옷을 입은 것을 보고는 더 깜짝 놀란다.

"이 사람은 죠시아의 마르코로구먼! …저 사람은 이교도 상인의 아들이고! …"

"또 이분은 이 사람들을 고쳐 주고 우리 돼지들을 죽게 한 사람입니다. 마귀들이 돼지들에게 들어가서 미치다시피되게 했거든요" 하고 돼지 지키던 사람들이 말한다.

"주님, 주님은 능력이 많으십니다. 우리는 그것을 인정합니다. 그러나 우리에게 이미 손해를 너무나 많이 끼치셨습니다! 여러 달란트의 손해입니다. 제발 떠나십시오. 선생님의 능력으로 산이 무너져 호수로 빠지지 않게 떠나 주세요…."

"가겠습니다. 나는 아무에게도 나를 강요하지 않습니다." 그러면서 예수께서는 여러말 없이 왔던 길로 돌아서신다. 제자들 뒤에는 말을 하던 마귀들렸던 사람이 온다. 그 뒤로는 거리를 두고 그 도시의 주민 여럿이 예수께서 정말 떠나시는지 보려고 따라온다.

일행은 가파른 오솔길로 해서 작은 급류의 어귀로 돌아온다. 주민들은 개울 둑에 머물러서 보고 있다. 해방된 마귀들렸던 사람은 예수의 뒤로 내려온다.

배에서는 사환들이 무서워하고 있다. 그들은 돼지들이 소나기오듯 호수로 떨어지는 것을 보았고, 아직도 점점 더 많이 떠오르고 둥그런 배를 드러내고 비계덩어리에 말뚝같이 박힌 짧은 다리를 보이며 점점 더 부풀어 오른 시체들을 바라다보고 있다.

"아니 무슨 일이 일어났습니까?" 그들이 묻는다.

"나중에 말해 주마. 이제는 밧줄을 끌러라. 그리고 떠나자. …주님, 어디로 갑니까?" 하고 베드로가 말한다.

"다리케아만으로 간다."

그들을 따라온 사람이 이제는 그들이 배에 오르는 것을 보고는 "주님, 저를 데려가 주십시오." 하고 말하며 애원한다.

"아니요, 당신 집으로 돌아가시오. 당신 가족들이 당신을 데리고 있을 권리가 있소. 그들에게 주님께서 당신에게 해주신 큰 일들을 이야기하고 어떻게 당신을 불쌍히 여기셨는지 말해 주시오. 이 지방 사람들은 믿을 필요가 있소. 당신 주님께 감사하는 마음으로 믿음의 불을 놓으시오. 가시오. 안녕."

"마귀가 다시 저를 붙잡지 못하게 선생님의 강복으로 제 기운만이라도 북돋워 주십시오."

"염려 마시오. 만일 당신이 원하지 않으면 마귀가 돌아오지 않을 거요. 그러나 강복은 하겠소. 평안히 가시오."

배들은 호숫가를 떠나 동쪽에서 서쪽으로 향하여 간다. 그때에야 돼지의 시체들이 떠 있는 물결을 배들이 가르는 동안 주님을 원치 않은 도시의 주민들이 개울 둑을 떠나서 간다.

48. 다리케아에서 다볼산을 향하여. 두 번째 과월절 여행

예수께서는 "이리 돌아오지 않겠다"고 말씀하시며 배들을 보내시고, 사도들의 앞장을 서시어 건너편에서 볼 때에는 기름진 땅같이 보이던 지역을 건너질러 남남서쪽으로 보이는 산을 향하여 가신다.

사도들은 아름답기는 하지만 황량한 이 지방으로 해서 여행하는 것이 별로 마음에 내키지 않는다. 길에는 골풀이 깔려 있어 발에 달라붙고, 갈래들이 우거져 있어 잎에 남아 있던 이슬이 비처럼 머리에 쏟아지고, 나무혹들이 그 단단히 마른 덩어리로 얼굴을 때리고, 흐느적거리는 수양버들 가지들이 사방에 늘어져 간지르며, 단단한 땅에 난 것같이 보이지만 반대로 발이 빠지는 물구덩이를 가리고 있는 음흉한 풀무더기들은 갈퀴덩굴이 얼키고 설킨 것에 지나지 않으며, 어떻게나 빽빽하게 났는지 그것들이 태어난 원소를 가릴 지경이다. 사도들은 서로 눈으로만 이야기하면서 말없이 걸어간다.

그런데 예수께서는 수없이 많은 여러 가지 빛깔로 장식된 그 초목과 그 모든 꽃 가운데에서 놀라우리 만큼 행복하신 것 같다. 꽃들 중에는 땅에 깔려 있는 것도 있고, 꼿꼿하게 서 있는 것도 있고, 올라가려고 달라붙는 것도 있고, 아주 엷은 연보라색의 가벼운 메꽃이 군데군데 박힌 예쁜 꽃줄을 늘어 놓은 것도 있으며, 넓고 편편한 수련(睡蓮)잎들 가운데 희거나 분홍이거나 파란 완전한 모양의 꽃부리를 벌리고 있는 습지의 물망초 수천 송이로 예쁜 파란빛 양탄자를 이룬 것들도 있다. 예수께서는 보드랍고 이슬이 진주같이 맺힌 습지의 갈대의 깃털장식들을 감상하시고, 에머랄드 빛깔의 베일로 물을 덮고 있는 뚝새풀의 섬세함을 살펴보시려고 넋을 잃고 몸을 구부리신다. 예수께서는 새들이 짓는 둥지들 앞에서 황홀해서 걸음을 멈추신다. 새들은 트레몰로로 멋을 부리며 기쁘게 왔다갔다 하고, 포롱포롱 날고, 부리에는 건초 부스러기나 갈대에서 뜯은 털이나 이동하는 양떼들에게서 울타리에 걸려 빠진 양털 뭉치 따위를 잔뜩 물고 명랑하게 서두르며 집을 짓는다. …예수께서는 이 세상에서 제일 행복한 분인 것같이 보인다. 악의와 거짓과 고통과 계략이 가득 찬 세상은 어디 있느냐? 세상은 모든 것이 향기롭고 빛나고 웃고 노래하는 파랗고 꽃이 핀 저 푸르름의 오아시스 저쪽에 있다. 여기는 아버지께서 창조하시고 사람이 더럽히지 않은 땅이며, 여기서는 사람을 잊어버릴 수 있다.

예수께서는 당신의 행복을 다른 사람들에게 나누어 주기를 원하신다. 그러나 호의적인 대접을 받지 못하신다. 마음들은 그 많은 적의로 피로하고 격앙하였다. 그들은 그 적의를 침묵으로 사물들에 향하게 하고 선생님에게까지도 향하게 하는데, 그 침묵은 꼭 소나기가 오기 전에 바람 한 점 없는 것과 같다. 다만 사촌 야고보와 열성당원과 요한만이 예수의 관심을 끄는 것에 관심을 가진다. 그러나 다른 사람들은 적의를 품고 있다고는 말하지 않더라도… 그저 방심한 채로 있다. 어쩌면 수다를 떨지 않기 위하여 서로 말을 하지 않고 있는지도 모르겠다. 그러나 속으로는 말을 할 것이 틀림없고, 해도 너무 많이 할 것이 틀림없다.

은빛나는 작은 물고기를 가지고 암컷에게로 날아오는 살아 있는 보석 같은 비둘기를 보고 지르는 더 생생한 감탄이 마침 그들이 말문을 열어놓는다.
 예수께서 이렇게 말씀하신다. "아니 이보다 더 예쁜 것이 있을 수 있느냐?"
 그러자 베드로가 대답한다. "더 예쁜 건 아마 없을지 모릅니다. …그렇지만 정말이지 배가 더 편리합니다. 여기도 물이 있기는 하지만, 반대로 쾌적하지는 못합니다…."
 "저는 이… 정원보다는— 선생님이 이곳을 그렇게 부르는 것이 마음에 든다면요— 이 정원보다는 대상들이 다니는 길이 더 좋겠습니다. 그래서 시몬의 의견에 전적으로 동감입니다" 하고 가리옷 사람이 말한다.
 "대상들이 다니는 길은 너희들이 원치 않았다" 하고 예수께서 대답하신다.
 "아! 물론입니다. …하지만 저는 게라센 사람들에게 양보하지 않았을 것입니다. 저는 그곳은 떠났을 것입니다. 그러나 강 건너 편으로 길을 계속해서 가다라와 펠라로 해서 계속 내려갔을 것입니다" 하고 바르톨로메오가 투덜거린다.
 그의 친한 친구 필립보가 말을 맺는다. "결국 길은 모든 사람의 것이니까 우리도 그리로 지나갈 수가 있었습니다."
 "이 사람들아, 이 사람들아! 나는 몹시 괴롭고, 몹시 혐오감을 느낀다. …너희들의 비속함으로 내 마음 고통을 더하게 하지 말아라. 미움을 모르는 물건들에서 위안을 좀 구하게 내버려다오…."
 이 나무람이 예수의 조용한 슬픔으로 사도들을 감동시킨다.
 "선생님의 말씀이 옳습니다. 저희들은 선생님께 어울리지 않습니다. 저희들의 어리석음을 용서해 주십시오. 선생님은 거룩하시고 또 마음의 눈으로 보시기 때문에 아름다운 것을 보실 수가 있습니다. 저희들은 보잘 것 없는 육체들이라 이 육체의 말에만 귀를 기울입니다. …그러나 걱정하지 마십시오. 저희가 낙원에 있다 해도 선생님이 안 계시면 쓸쓸하리라는 것을 믿으십시오. 그러나 선생님을 모시고 있으면… 아이고! 마음으로 볼 때에는 항상 아름답습니다. 말을 안 듣는 것은 몸뚱이입니다" 하고 여럿이 중얼거린다.
 "여기서 나가서, 덜 시원하긴 해도 더 편리한 땅을 찾기로 하자" 하고 예수께서 약속하신다.
 "정확히 어디로 갑니까?" 하고 베드로가 묻는다.
 "고통받는 사람들에게 과월절을 갖다 주러 간다. 나는 얼마 전부터 그렇게 하기를 원했지만 할 수가 없었다. 갈릴래아로 돌아가서 그렇게 했을 것이다. 우리가 택하지 않은 길로 해서 갈 수밖에 없게 되었으니 이제는 요나의 가엾은 친구들에게 축복하러 가겠다."

"그렇지만 그러면 우리가 시간을 허비하게 되겠는데요! 과월절이 임박했거든요! 그리고 여러 가지 이유로 항상 늦어지게 되는 걸요." 또 다른 푸념의 합창이 하늘로 올라간다. 예수께서 어떻게 그렇게 참을성이 많은지 모르겠다….

예수께서는 아무에게도 비난의 말을 하지 않으시고 이렇게 말씀하신다. "제발 나를 방해하지 말아라! 사랑하고 사랑을 받아야 하는 내 필요를 이해하여라. 나는 세상에서 사랑하고 하느님의 뜻을 행한다는 이 위안밖에 없다."

"그런데 여기서 그리로 갑니까? 나자렛에서 가는 것이 형편이 더 좋지 않았겠습니까?"

"만일 내가 그 제안을 했더라면 너희가 들고 일어났을 것이다. 이 근처에서는 아무도 나를 믿지 않을 것이다…. 내가 이렇게 하는 것은 무서워하는… 너희들을 위해 하는 것이다."

"무서워하다니요? 아! 아닙니다! 저희는 선생님을 위해 싸울 준비가 되어 있습니다."

"너희들을 시험하지 마십사고 주님께 기도하여라. 나는 너희들이 싸우기를 좋아하고 앙심을 잘 먹으며 나를 공격하는 사람들을 비난하고 이웃을 모욕하는 괴벽을 가지고 있다는 것을 안다. 이 모든 것은 안다. 그러나 너희가 용감하다는 것을 알지 못한다. 나 같으면 나 혼자서라도 보통 길로 해서 갔을 것이다. 그리고 때가 되지 않았기 때문에 내가 아무 일도 당하지 않았을 것이다. 그러나 나는 너희를 불쌍히 여기고 어머니께 순종도 한다. 그렇다, 이것도 있다. 그러나 나는 바리사이파 사람 시몬에게 모욕을 주고 싶지는 않다. 나는 아무도 모욕하지 않겠다. 그러나 그들은 나를 모욕할 것이다."

"그럼 여기서 어디로 해서 갑니까? 저는 이 지방을 알지 못합니다" 하고 토마가 말한다.

"다볼산으로 간다. 다볼산을 부분적으로 끼고 엔도르 근처를 지나 나임으로 간다. 거기서는 에스드렐론 평야로 가고. 겁내지 말아라! …도라의 아들 도라와 죠가나는 벌써 예루살렘에 가 있다."

"오! 얼마나 아름다울까! 산꼭대기 어느 지점에서는 큰 바다, 로마의 바다가 보인다고 하던데요. 그게 정말 몹시 마음에 듭니다! 바다를 보게 데려가시겠지요?" 요한이 그 아름다운 어린 얼굴을 예수께로 돌리고 청한다.

"왜 큰 바다를 보는 것이 그렇게도 좋으냐?" 하고 예수께서 그를 쓰다듬으시며 물으신다.

"모르겠습니다. …그 바다가 커서 끝이 보이지 않으니까요. …그 바다는 제게 하느님을 생각하게 합니다. …저희들이 레바논산에 갔을 때 저는 처음으로 바다를 보았습니다. 저는 요르단강 유역과 우리 작은 바다 말고 다른 곳에는 도무지 가본 일이 없었으니까요. …그래서 저는 감격해서 울었습니다. 하늘도 그렇게 넓고! 물도 그렇게 많고! 그리고 그물은 절대로 넘치지 않고요! …얼마나 희한한 일입니까! 그리고 바다 위에 빛나는 길을 그려놓는 천체를… 오! 나를 비웃지들 마라! 해의 황금빛 길을 눈이 부시도록 바라다보고, 달의 은빛 길을 눈에 그 찬란한 흰빛만이 남아 있기까지 바라다보았고, 그 길들이 저 멀리에 사라지는 것을 보았어요. 그 길들이 제게 말을 하고 있었습니다. 이렇게 말하고 있었어요. '하느님께서는 저 무한히 먼 곳에 계시며, 한 영혼이 하느님께로 가기 위하여는 불같이 뜨거운 길과 순결의 길을 따라가야 한다. 오너라. 이 두 길로 저어 오면서 무한 속에 잠겨라, 그러면 무한을 만날 것이다' 하고."

"자넨 시인이로구먼, 요한" 하고 타대오가 감탄조로 말한다.

"이것이 시인지는 모르겠어. 내가 아는 것은 이것이 내 마음을 타오르게 한다는 거야."

"그렇지만 너는 바다를 가이사리아와 프톨레마이스에서도 보았지, 아주 가까이에서. 우리가 바닷가에 있었으니까! 나는 다른 넓은 바다를 보려고 그렇게 먼 길을 갈 필요가 있다고는 생각하지 못하겠어. 요컨대… 우리는 물 위에서 태어난 셈이야…" 하고 제베대오의 야고보가 지적한다.

"그리고 불행히 지금도 물 위에 있단 말이야!" 하고 베드로가 부르짖는다. 베드로는 요한의 이야기를 듣느라고 잠깐 방심했다가 눈에 띄지 않는 물구덩이를 보지 못하고 철버덕하고 빠졌었다. …모두들 웃는데, 베드로가 제일 먼저 웃는다.

그러나 요한은 이렇게 대답한다. "맞아, 그렇지만 높은 데에서 보면 더 아름다워. 더 넓게 더 멀리 보여. 그래서 더 높게 더 넓게 생각하게 돼. …갈망하고 … 꿈꾸고…" 그러면서 정말 요한은 벌써 꿈을 꾼다. …그는 앞을 똑바로 바라보며, 그의 꿈에 미소를 보낸다. …젊은 금발인 그의 윤기있고 맑은 피부가 어떻게나 부드러운 살색을 띠는지 아주 엷은 이슬에 젖은 살색 장미꽃과도 같다. 부드러운 살색이 약간 땀에 젖어서 한층 더 장미꽃잎과 비슷하다.

"무엇을 갈망하느냐? 그리고 무슨 꿈을 꾸느냐?" 하고 예수께서 총애하는 제자에게 상냥하게 물으신다. 조용히 잠자면서 말을 하는 사랑하는 아들에게 가만히 물어보는 아버지와 같다. 예수께서 정말 요한의 영혼에게 말씀하신다.

48. 다리케아에서 다볼산을 향하여. 두 번째 과월절 여행 **335**

그만큼 사랑 가득한 꿈을 깨우지 않으시려고 질문을 조용히 하신다.
"저는 저 무한한 바다로 가고 싶습니다. …그 너머에 있는 다른 지방으로… 거기 가서 선생님에 대한 말을 하는 것이 소원입니다. …저는 로마로, 그리이스로, 어둠에 싸여 있는 곳으로 가서 빛을 갖다주고… 어둠 속에서 사는 사람들이 선생님과 접촉해서 세상의 빛이신 선생님과 일치해서 살게 하기를 갈망하고 또 갈망합니다. …저는 더 나은 세상을 갈망합니다. …선생님을 알게 해서, 즉 착함을 만들어내고, 깨끗하게 하고, 용맹하게 하는 사랑을 앎으로써 그 세상을 한층 더 좋게 만들기를 갈망합니다. 미움을 초월하고 좌와 육신과 정신의 악습을 초월하고 황금을 초월해서 선생님의 이름으로 서로 사랑하는 세상을, 모든 것 위에 선생님의 이름과 선생님께 대한 믿음과 선생님의 가르침을 높이는 세상을 만들기를 갈망합니다. …저 형제들과 같이, 즉 제 형제들과 같이 있고, 하느님의 바다를 통해 빛의 길로 선생님 전하러 가기가 소원입니다. …마치 전에 선생님이 하늘에서 오실 때 선생님의 어머니께서 선생님을 모셔온 것과 같이… 제 꿈은… 제 꿈은 사랑 이외에는 아무것도 몰라서 고통 앞에서도 걱정이 없고… 생각이 너무 많은 어른들의 기운을 북돋워 주기 위해 노래하는 어린 아이가 되는 것이고, 미소를 머금고 죽음을 향해 앞으로 나아가는 어린 아이… 자기가 무슨 일을 하는지는 알지 못하고 다만 사랑이신 선생님을 향해서 간다는 것은 아는 사람이 가지는 겸손으로 영광을 향해 앞으로 나아가는 어린 아이가 되는 것입니다…."
사도들은 요한이 넋을 잃고 고백하는 동안 숨을 죽였다. …그들이 있는 곳에 그대로 멈춰 서서, 마치 그의 마음에서 올라오는 격정을 베일로 가리듯이 눈꺼풀로 눈을 가리고 말하는 제일 나이어린 동료를 바라다보고 있다. 그들은 당신 제자에게서 그렇게도 완전하게 당신 자신의 모습을 다시 만나는 기쁨으로 변모하시는 예수를 쳐다본다.
요한이 약간 고개를 숙인 채 입을 다물었을 때— 그 모습은 나자렛에서 천사의 아룀을 들으실 때의 겸손한 마리아의 우아함을 연상시킨다— 예수께서는 그의 이마에 입맞춤하시며 말씀하신다. "네가 이 세상의 내 나라의 장래를 꿈꿀 수 있게 우리 바다로 가자."
"주님… 그 다음에는 우리가 엔도르에 간다고 말씀하셨지요. 그러면 저도 기쁘게해 주세요. …그 어린 아이의 생각에 대한 고민을 제가 없앨 수 있게요 …" 하고 가리옷 사람이 말한다.
"오! 너는 아직 그것을 생각하고 있느냐?" 하고 예수께서 물으신다.

"아직두요. 저는 선생님의 눈과 동료들의 눈에 가치가 떨어졌다는 느낌입니다. 선생님과 동료들이 어떻게 생각하실까 하고 곰곰이 생각해 봅니다…."

"정말 아무것도 아닌 것을 가지고 머리를 피곤하게 하는구나! 나는 그 하찮은 일은 이미 생각도 하지 않게 되었었고, 다른 사람들의 경우도 틀림없이 마찬가지일 것이다. 네가 그 기억을 되살리는 것이다. …너는 애무만 받아 버릇한 어린 아이다. 그래서 한 아이의 말이 네게는 판사의 선고처럼 보인 것이다. 그러나 네가 두려워해야 할 것은 그 말이 아니라, 오히려 네 행동과 하느님의 심판이다. 그러나 네가 전과 같이, 언제나처럼 내게 소중하다는 것을 믿게 하기 위해 말하겠는데, 네게 그 기쁨을 주마. 엔도르에서 무엇을 보고 싶으냐? 그곳은 바위투성이의 보잘 것 없는 곳인데…."

"나중에 말씀드리겠습니다. 그리 데려가 주십시오."

"좋다. 그러나 나중에 그 때문에 괴로워하지 않도록 조심하여라…."

"이 사람이 바다를 보는 것 때문에 괴로워할 수가 없다면, 저도 엔도르를 보는 것으로 손해를 입을 수는 없습니다."

"보는 것으로?… 아니다, 그것이 아니고, 네가 보면서 보려고 힘쓰는 그것에 대한 욕망이 네게 해를 끼칠 수가 있는 것이다. 그러나 가기는 간다…."

그들은 다볼산 쪽으로 가는 길을 다시 걷기 시작한다. 다볼산의 덩어리는 점점 더 가까이 보이는데 땅은 질척질척한 모습이 사라져서 단단해지고 초목이 성기어지며, 키가 더 큰 초목들이나 새로 돋아나는 잎들과 일찍 피는 꽃들로 화려하게 장식된 산사나무와 가시나무 덤불들이 대신 나타난다.

49. 엔도르에서. 마녀의 동굴에서. 요한이라는 이름을 받게 되는 펠릭스의 회개

다볼산은 이미 지나쳐서 이제는 길손들의 뒤에 있다. 이 산과 그 맞은 편에 있는 다른 산 사이에 끼여 있는 들판을 건너질러 걸어가면서 일행은 모두가 한 등반 이야기를 한다. 그렇지만 처음에는 제일 나이많은 사람들은 산에 올라가는 수고를 하지 않으려고 한 것 같다. 그러나 지금은 모두가 정상에까지 올라갔던 것을 기뻐한다. 지금은 꽤 편리한 통행량이 많은 길을 가기 때문에 걸어가기가 쉽다. 그들이 다볼산 비탈에서 밤을 지냈다는 인상을 받게 되기 때문에 시간이 일러서 시원하다.

"저기가 엔도르이다" 하고 말씀하시며 예수께서 저 다른 산들의 무리의 첫번째 지맥(支脈)에 달라붙어 있는 초라한 마을을 가리키신다.

"네가 정말 저길 가고 싶으냐?"

"저를 기쁘게 해주기를 원하시면요…."

"그럼 가자."

"그렇지만 길이 멀지 않습니까?" 하고 바르톨로메오가 묻는다. 그는 나이 때문에 경치를 내려다보는 소풍은 그리 찬성하지 않는다.

"오! 그렇지 않다! 그러나 여기 남아 있고 싶으면…" 하고 예수께서 말씀하신다.

"그래, 그래! 자네들은 여기 있으면 돼. 나는 선생님을 모시고 가기만 하면 돼" 하고 가리옷의 유다가 서둘러 말한다.

"사실은 결정하기 전에 무슨 훌륭한 것이 볼 게 있는지 알고 싶습니다. …다볼산 꼭대기에서는 우리가 바다를 보았습니다. 그리고 이 젊은이의 연설이 있은 뒤라, 제가 그 바다를 처음으로 잘 보았다는 것을 인정해야겠고, 선생님이 보시는 것처럼, 즉 마음으로 보았다는 것을 인정해야 하겠습니다. 그런데 여기서는… 무엇인가 배울 것이 있는지 알고 싶습니다. 배울 것이 있으면 피로해진다 하더라도 가겠습니다…" 하고 베드로가 말한다.

"저 사람들 말을 들었느냐? 너는 아직 네 의도를 말하지 않았다. 네 동료들에 대한 친절로 이제는 그것을 말해라" 하고 예수께서 말씀하신다.

"사울이 여자 점쟁이에게 문의하러 가고자 한 것이 엔도르가 아닙니까?"

"그렇다, 그래서?"

"선생님, 그래서요, 거기 가서 선생님이 사울에 대해 말씀하시는 것을 듣고 싶습니다."

"오! 그럼 나도 가겠어!" 하고 베드로가 열광적으로 외친다.

"그러면 가자."

그들은 빨리 주요 도로의 마지막 부분을 걸어가서, 큰 길을 버리고 직접 엔도르로 가는 작은 길로 들어선다.

예수께서 말씀하신 것과 같이 초라한 마을이다. 집들은 비탈에 달라붙어 있는데, 비탈은 마을보다 좀 더 가서는 더 가파라진다. 주민들은 가난하다. 기껏해야 산에 수백 년 된 참나무숲 사이에 있는 풀밭에서 양들이나 칠 것이 틀림없다. 알맞은 구석에 보리와 같은 종류의 곡식을 심은 작은 밭 몇 뙈기가 있고 사과나무와 무화과나무들이 있다. 집들 둘레에는 이 고장이 습기찬 곳인 것처럼 우중충한 벽을 꾸미느라고 포도나무 몇 그루를 심어 놓았다.
"이제는 여자 점쟁이가 어디 있었는지 가서 물어보자" 하고 말씀하신다. 그리고 샘에서 물항아리들을 들고 돌아오는 어떤 여자를 세우신다.
그 여자는 예수를 신기한 듯이 쳐다보더니 이렇게 무례하게 대답한다. "몰라요. 그따위 부질없는 일보다도 더 중요한 일 할 것이 많습니다요!" 그러면서 그냥 내버려두고 가버린다.
예수께서는 나무 조각을 다듬고 있는 어떤 작은 늙은이에게 물으신다.
"여자마술사요?… 사울이요?… 그런데 누가 그런 것에 더 관심을 가집니까? 그렇긴 하지만 기다리세요. …공부를 한 사람이 하나 있으니까 아마 그 사람이 알지도 모릅니다. …이리 오세요."
그러면서 작은 노인은 돌투성이의 오솔길을 다리를 절며 올라가서 아주 보잘 것 없고 돌보지 않은 집에까지 이른다. "여깁니다. 내가 들어가서 부르지요."
베드로는 더러운 마당에서 땅을 긁고 있고 병아리들을 가리키면서 "이 사람이 이스라엘 사람은 아니군요" 하고 말한다.
그러나 작은 노인이 돌아오고 그 뒤에 애꾸눈이 한 사람이 따라오기 때문에 다른 말은 덧붙이지 않는다. 그 사람은 그의 집에 있는 모든 것과 같이 더럽고 단정치 못하다. 늙은이가 말한다. "자, 이 사람이 그러는데 그곳은 이 무너진 집을 지나서 저기랍니다. 오솔길을 하나 지난 다음 개천을 하나 건너면 숲이 하나 있고 동굴이 여러 개가 있는데, 제일 높은 데 있는 것, 한쪽에 무너져내린 벽이 아직 있는 동굴이 손님이 찾는 동굴이랍니다. 자네가 말한 게 그렇지?"
"아닙니다. 영감님은 모두 뒤죽박죽이 되게 했어요. 내가 이 손님들과 같이 가겠습니다."
그 사람의 목소리는 귀에 거슬리고 목구멍 안쪽에서 나오는 길이었다. 그것으로 인하여 더 불리한 인상을 주게 된다. 걷기 시작한다. 베드로와 필립보와 토마는 예수께 가시지 말라는 눈짓을 하고 또한다. 그러나 예수께서는 그들의 말을 듣지 않으신다. 예수께서는 유다와 함께 그 사람의 뒤를 따라가시고, 다른 사람들은 예수를 따라간다. …마지못해.
"손님은 이스라엘 사람입니까?" 하고 그 사람이 묻는다.
"그렇소."
"나도 그렇지요. 혹은 그런 것 같지 않은데도 거의 그렇지요. 그러나 나는 대단히 오랫동안 다른 나라 여러 군데에 가 있으면서 저 바보들의 마음에 들지 않는 습관을 들이게 했습니다. 나도 다른 사람들 만한 능력은 있어요. 하지만 그들은 내가 책을 많이 읽고 닭을 길러서 로마인들에게 팔고 여러 가지 풀을 가지고 병을 치료한다고 나를 마귀라고 말합니다. 내가 젊었을 때 한 여자 때문에 로마인과 싸웠지요— 그때 나는 친티움에 있었어요— 그리고 그자를 단도로 찔렀어요. 그자는 죽었고, 나는 한 눈이 내가 가졌던 것을 잃고 장기간의… 무기 징역 선고를 받았습니다. 그렇지만 나는 병을 치료할 줄 알아서 간수 한 사람의 딸의 병을 고쳐 주었지요. 그 때문에 그 간수의 우정을 얻게 되었고 약간의 자유를 누리게 됐어요. …그것을 이용해서 도망쳤습니다. 그 사람이 내가 도망친 것 때문에 틀림없이 목숨을 잃었을 테니까 나는 잘못했습니다. 그러나 갇혀 있으면 자유가 아름답게 보입니다."

"그러면 그후에는 아름답게 보이지 않소?"

"그렇게 안 뵙니다. 우리의 고독을 존중하지 않고 우리들 주위에 있으면 우리를 미워하는 사람들과의 접촉보다는 혼자 있는 감옥이 더 낫습니다…."

"철학자들을 연구했소?"

"나는 친티움에서 선생이었습니다. …나는 개종자였지요…."

"그럼 지금은?"

"지금은 아무것도 아닙니다. 나는 현실 속에서, 사람들이 나를 미워했고 지금도 미워하는 것과 마찬가지로 미워하면서 살고 있어요."

"누가 당신을 미워하오?"

"모두가요. 하느님을 위시해서요. 내겐 아내가 있었지요. …그런데 하느님은 내 아내가 나를 배신하고 나를 망하게 하도록 허락했어요. 나는 자유롭고 존경받았는데, 하느님은 내가 죄수가 되도록 허락했구요. 하느님의 돌보지 않음과 사람들의 불공평은 내 존재에서 하느님과 사람들을 지워버렸습니다. 여기에는 이제 아무것도 남은 것이 없어요…." 그러면서 그는 자기의 머리와 가슴을 친다. "즉 여기 머리 속에는 생각과 지식이 있어요. 여기는 아무것도 없구요." 그러면서 경멸하는 태도로 침을 뱉는다.

"당신은 잘못 생각하오. 아직 두 가지가 남아 있소."

"뭣들입니까?"

"기억과 미움이오. 그것들을 없애시오. 정말 마음을 비우시오. …그러면 거기 넣을 새 물건을 내가 주겠소."

"무엇을요?"

"하!하!하! 당신이 나를 웃기는군요! 여보시오, 웃지 않게 된 것이 35년이 되었어요. 내 아내가 포도주 장사를 하는 로마인하고 나를 배신한다는 증거를 내가 쥔 때부터요. 사랑을! 사랑을 내게! 그것은 마치 내가 내 병아리들에게 보석들을 던져 주는 것과 같은 겁니다! 그놈들이 그것을 배설하게 되지 못하면 소화불량으로 죽을 겁니다. 내게도 마찬가집니다. 당신 사랑을 내가 소화하지 못한다는 그것이 내 마음을 괴롭힐 겁니다…."

"이거 보시오, 그렇지 않소! 그렇게 말하지 마시오!" 예수께서는 실제로 눈에 띄게 몹시 슬퍼하시며 그의 어깨에 손을 얹으신다.

그 사람은 예수를 하나밖에 없는 눈으로 쳐다본다. 그리고 그 온화하고 매우 아름다운 얼굴에서 그가 본 것이 그의 입을 막고 그의 표정을 바꾸어 놓는다. 빈정거리던 그가 몹시 진지한 태도로 변하고, 거기에서 참된 슬픔으로 변한다. 그는 고개를 숙인다. 그리고 변한 목소리로 묻는다. "당신은 누구십니까?"

"나자렛의 예수요. 메시아."

"선생님이!!!"

"내가 그렇소. 책을 많이 읽는 당신이 내게 대한 말을 듣지 못했소?"

"알고 있었습니다. …그러나 선생님이 살아 계시다는 것은 몰랐고 또… 특히 이것을 몰랐었습니다! 선생님이 모든 사람에게… 이렇게… 살인자들에 대해서도… 친절하시다는 것은 알지 못했었습니다. …선생님께 말씀드린 것을 용서해 주십시오. …하느님께 대한 말과 사랑에 대한 말을… 이제는 선생님이 제게 왜 사랑을 주기를 원하시는지 이해하겠습니다. …그것은 사랑이 없으면 이 세상은 지옥일 터인데, 메시아이신 선생님은 세상을 낙원을 만들고자 하시니까 그런 것입니다."

"당신 마음 속에 낙원을. 당신을 병들게 하는 기억과 미움을 내게 주시오. 그리고 당신 마음 속에 사랑을 넣어 주게 가만히 있으시오!"

"아이고! 제가 전에 선생님을 알았더라면! …그러면… 그렇지만 제가 살인을 했을 때는 틀림없이 선생님이 아직 나지 않았을 것입니다. …그러나 그후… 그후… 뱀이 수풀 속에서 자유롭게 사는 것처럼 자유롭게 살면서 제 미움으로 사람들을 해치려고 했을 때."

"그러나 당신은 좋은 일도 했소. 당신이 약초를 가지고 사람들을 치료한다고 말하지 않았소?"

"그랬습니다. 용납되기 위해서였습니다. 그러나 미약(媚藥)을 가지고 중독시키려는 마음과 몇 번이나 싸웠는지 모릅니다. …아시겠습니까? 제가 이리로 피해 온 것은… 사람들이 세상을 모르고, 세상도 여기 사람들을 모르기 때문입니다. 저주받은 고장이지요. 다른 데에서는 사람들이 저를 미워했고 저도 사람들을 미워했고 정체가 드러날까 봐 무서워했습니다. …그러나 저는 나쁜 사람입니다."

"당신은 간수에게 해를 끼친 것을 후회했소. 당신이 아직 착한 마음씨를 가지고 있다는 것을 알겠지요? 당신은 악의가 없소. …다만 당신은 아물지 않은 큰 상처를 가지고 있는데, 아무도 그것을 치료해 주지 않소. …마치 상처로 피가 빠져나가듯이 당신의 착함이 그 상처로 해서 빠져나가오. 그러나 가엾은 형제인 당신을 치료해서 당신의 상처를 아물게 할 사람이 있으면, 당신의 착함이 생기는족족 빠져나가지 않게 될 거요. 그 착함이 당신 안에서 커질 거요 …."

그 사람은 머리를 숙이고 운다. 그러나 그의 눈물을 눈치채게 하는 것은 아무 것도 없다. 그와 나란히 걸어가시는 예수께서만 그것을 보신다. 그렇다, 그것을 보신다. 그러나 이제는 아무 말씀도 하지 않으신다.

일행은 무너져내린 담과 산에 있는 동굴로 이루어진 피신처에 도착한다. 그 사람은 목소리가 제대로 나오게 하려고 애쓰며 말한다. "자, 여깁니다. 들어 가십시오."

"친구, 고맙소. 착하게 사시오."

그 사람은 아무 말도 하지 않고 그 자리에 서 있고, 그 동안 예수께서는 제자들과 같이 틀림없이 단단한 담의 재료이었던 돌들이 쌓여 있는 위를 지나가신다. 그들은 푸른 도마뱀들과 다른 야생동물들의 안식을 방해한다. 그들은 연기로 검게 된 넓은 동굴 속으로 들어가는데, 그 벽에는 황도(黃道) 12궁(宮)과 그와 비슷한 이야기들이 돌에 새겨진 채로 아직 남아 있다. 연기로 검게 된 한 구석에는 벽감(壁龕)이 하나 있고, 그 아래에는 구멍이 하나 있는데, 액체를 흘러나가게 하는 하수구 같다. 박쥐들이 기분나쁘게 주렁주렁 매달려 천장을 장식하고 있다. 올빼미 한 마리가 야고보가 전갈이나 독사를 밟는지 보려고 불을 붙인 나뭇가지의 불빛 때문에 방해를 받아 솜으로 감싼 것 같은 날개를 치고 불빛이 거슬리는 눈을 감으면서 탄식한다. 그놈은 바로 벽감 속에 앉아 있는데, 그놈의 발 아래 있는 죽은 쥐들과 썩어가는 족제비와 새들의 역한 냄새가 똥냄새와 축축한 흙냄새와 섞였다.

"정말 훌륭한 곳이로구먼!" 하고 베드로가 말한다. "젊은이, 자네 다볼산과 자네 바다가 나았어!" 그리고 예수께로 돌아서며 "선생님, 빨리 유다를 만족시켜 주십시오. 이곳은… 분명히 안티파스 왕의 방이 아니니까요!" 하고 말한다.

"곧 그렇게 하겠다. 정확히 무엇이 알고 싶으냐?" 하고 예수께서 가리옷의 유다에게 물으신다.

"이렇습니다. …저는 사울이 여기 온 것으로 죄를 지었는지 또는 왜 죄를 지었는지 알고 싶습니다. …또 한 여자가 죽은 사람들을 불러낸다는 것이 가능한 일인지 알고 싶습니다. 저는 또 이런 것도 알고 싶습니다. …아이고! 요컨대 선생님이 말씀하십시오, 그러면 제가 질문을 하겠습니다."

"이건 시간이 걸리겠습니다! 적어도 밖에 해가 비치는 바위 위로라도 나가십시다. …그러면 습기와 역한 냄새를 피하게 되겠습니다" 하고 베드로가 애원조로 말한다.

예수께서 거기에 동의하신다. 그들은 담이 무너진 위에 재주껏 앉는다.

"사울의 죄는 그의 죄 중의 하나에 지나지 않았다. 그 죄보다 먼저 지은 죄도 많았고, 그후에 지은 죄도 많았다. 모두가 중한 죄들이었다. 그에게 기름을 발라 왕 위에 올렸고, 그 다음에는 백성의 찬미를 왕과 더불어 함께 받지 않으려고 몰래 사라진 사무엘에 대한 이중의 배은망덕이었다. 골리앗을 처치해 주고, 엔게디와 하킬라의 동굴에서 그를 살려준 다윗에 대한 배은망덕이었다. 많은 불복종과 백성에게 많은 분격을 일으킨 죄가 있었다. 그의 은인 사무엘을 괴롭혀 사랑을 어김으로써 죄를 지었다. 또 다른 은인인 다윗에 대한 질투와 음모로 죄를 지었고 마침내 여기서 지은 죄의 책임이 있다."

"누구에게 대해서요? 여기서 아무도 죽이지 않았는데요."

"그의 영혼을 죽였다. 이 안에서 그의 영혼을 죽이고 말았다. 왜 고개를 숙이느냐?"

"선생님, 저는 곰곰이 생각하는 중입니다."

"네가 곰곰이 생각한다는 것은 알겠다. 무슨 생각을 하느냐? 왜 여기에 오고자 했느냐? 순전히 지적인 호기심으로 그런 것은 아니지. 이것을 인정하여라."

"우리는 마술이니 강신술(降神術)이니 초혼(招魂)이니 하는 소리를 늘 듣습니다. …저는 무엇을 발견할까 하고 보고 싶었습니다. …그것이 어떻게 되는지 알았으면 좋겠습니다. …저는 끌어당기기 위해서 사람들을 놀래기로 되어 있는 저희가 약간 강신술사가 되어야 하리라고 생각합니다. 선생님은 선생님이시니까 선생님의 능력으로 행하십니다. 그러나 저희들은 사람들이 인정하지 않을 수 없는 이상한 일을 행하기 위해 어떤 어떤, 어떤 도움을 찾아야 합니다…."

"아이고! 아니 자네 미쳤어? 무슨 말을 하는 거야?" 하고 여럿이 외친다.

"잠자코 이 사람이 말을 하게 내버려두어라. 이 사람의 광기는 보통 광기와는 다른 것이다."

"그렇습니다. 요컨대 저는 여기 오면서 그 시대의 마술이 제 안에 조금 들어와서 저를 더 위대하게 만들 수 있을 것이라는 생각이 들었습니다. 선생님을 위해서 그랬다는 것을 믿어 주십시오."

"나는 네가 지금 가지고 있는 소원이 진정이라는 것을 안다. 그러나 나는 영원한 말씀으로 네게 대답하겠다. 그것이 성경의 말씀이기 때문인데, 성경은 사람이 있는 한 존재할 것이다. 믿거나 업신겨김을 받으면서, 진리의 이름으로 공격을 받거나 조롱을 당하면서도 존재할 것이고, 언제까지나 존재할 것이다. 성경에 이런 말이 있다. '하와가 그 나무의 열매가 먹음직하고 보기에 탐스러워서 따서 먹고 남편에게도 주었다. …그러자 그들은 눈이 밝아져서 자기들이 알몸이라는 것을 알고 허리띠를 만들어 둘렀다. …그러니까 하느님께서 말씀하셨다. 〈어떻게 너희가 알몸이라는 것을 알았느냐? 먹지 말라고 한 열매를 먹은 탓으로 그렇게 된 것이다.〉 그리고 그들을 낙원에서 내쫓으셨다.' 또 성경에 사울에 대하여 이런 말이 있다. '사무엘은 나타나면서 말하였다. 〈무슨 일로 나를 불러내어 귀찮게 구느냐? 야훼께서 이미 너를 떠나셨는데 어찌하여 내게 묻느냐? 야훼께서는 내가 네게 말한 대로 네게 하실 것이다. …그것은 네가 야훼의 목소리에 귀를 기울이지 않았기 때문이다.〉'

아들아, 금지된 열매에 손을 내밀지 말아라. 그것을 가까이하는 것만도 무모한 짓이다. 사탄의 독의 희생물이 될까 무서우니 이 세상을 초월해 있는 것을 알려는 호기심을 버려라. 신비술과 설명이 되지 않는 것을 피하여라. 오직 한 가지만을 거룩한 믿음으로 받아들여야 한다. 그것은 하느님이다. 그러나 하느님이 아닌 것, 이성의 힘으로 설명되지 않는 것, 사람의 힘으로 만들어낼 수 없는 것은 피하고 또 피해서 너에게 악의 샘이 솟아나오지 않게 하고, 네가 '알몸'이라는 것을 알게 되지 말아라. 알몸이란 악마주의와 섞인 인간성에서 혐오감을 일으키는 것을 말한다.

왜 어두컴컴한 기적으로 사람들을 놀래기를 원하느냐? 네 성덕으로 놀라게 하여라. 그리고 그 성덕이 하느님에게서 오는 것과 같이 빛나게 하여라. 산 사람들과 죽은 사람들을 갈라놓는 휘장을 찢기를 원하지 말아라. 죽은 사람들을 귀찮게 굴지 말아라. 그들이 지혜로우면 그들이 이 세상에 살아 있는 동안에 그들의 말을 들어라. 그리고 그들이 죽은 뒤에도 그들에게 순종함으로써 그들을 공경하여라. 그들의 두 번째 인생을 어지럽게 하지 말아라. 주의 목소리를 따르지 않는 사람은 주를 잃는다. 그런데 주께서는 신비술과 강신술과 어떤 형태의 사탄주의도 금하셨다. 성경 말씀이 이미 네게 말해 준 것 외에 무엇을 더 알고자 하느냐? 네 착함과 내 능력이 네게 행하도록 허락하는 것 외에 무엇을 더 행하기를 원하느냐? 아들아, 죄를 원하지 말고 성덕을 원하여라. 내가 말한 것을 기분나빠하지 말아라. 나는 네가 네 인간성 안에서 너 자신을 발견하는 것이 마음에 든다. 네 마음에 드는 것이 많은 사람의 마음에도 든다. 너무나 많은 사람의 마음에. 다만 한 가지, 네가 갈망하는 것에 네가 정해놓은 목적, 즉 '내게 사람들을 끌어오기 위하여 능력있는 사람이 된다는 것'이 네 인간성에서 큰 무게를 치우고 날개를 준다. 그러나 그것은 밤새의 날개다. 내 유다야, 그것은 안 된다. 빛나는 날개, 천사의 날개를 네 영에 달아라. 이 날개의 바람으로만 사람들의 마음을 끌어 그들로 하여금 네 뒤를 따라 하느님께로 향하게 할 것이다. 이제는 떠나도 되겠느냐?"

"예, 선생님! 제가 잘못 생각했었습니다."

"아니다. 너는 탐구자였다. …세상에는 그런 탐구자가 얼마든지 있을 것이다. 가자, 오너라. 악취가 나는 이곳에서 나가자. 해가 있는 데로 가자! 며칠 있으면 과월절인데, 그 다음에는 네 어머니를 상기시킨다. 정직한 네 집, 거룩한 네 어머니. 오! 얼마나 평화스러우냐!"

언제나 그런 것과 같이 그의 어머니의 기억과 그의 어머니에 대한 선생님의 칭찬이 유다의 마음을 다시 밝게 한다. 그들은 폐허에서 나와 이미 걸어온 일이 있는 소로로 내려온다. 애꾸눈의 사람이 아직 거기에 있다.

"아직 여기에?" 예수께서는 눈물로 붉어진 그의 얼굴을 알아차리지 못하는 척하시면서 물으신다.

"여기 있었습니다. 선생님이 허락하시면 선생님을 따르겠습니다. 말씀드릴 것이 한 가지 있습니다…."

"그럼 나를 따라오시오. 무슨 말을 하려는 거요?"

"예수님… 말할 힘을 가지고, 저 자신을 바꾸는 거룩한 마술을 하고, 여자 마술사가 사울을 위해 사무엘을 불러낸 것처럼 죽은 제 영혼을 불러내기 위해서는 선생님의 눈길같이 부드럽고 선생님의 목소리같이 거룩한 선생님의 이름을 불러야 할 것으로 믿습니다. 선생님은 제게 새 생명을 주셨는데, 그것이 아직 어렵게 태어난 갓난 아기와의 생명과 같이 형태가 잡혀지지 않았고 능력이 없습니다. 그 생명은 아직 나쁜 피부의 강한 압력 밑에서 몸부림치고 있습니다. 제 죽음에서 나오게 도와주십시오."

"그럽시다, 여보."

49. 엔도르에서. … 요한이라는 이름을 받게 되는 펠릭스의 회개

"저는… 저는 마음 속에 아직 인간성을 좀 가지고 있다는 것을 깨달았습니다. 저는 완전히 야수가 아니고, 아직 사랑하고 사랑받을 수 있고, 용서하고 용서받을 수 있습니다. 선생님의 사랑이, 용서해 주는 선생님의 사랑이 그것을 제게 가르쳐 줍니다. 그렇지 않습니까?"

"그렇소."

"그러면… 저를 데려가 주십시오. 제 이름은 펠릭스*라고 합니다! 아이러니입니다! 그러나 선생님이 새 이름을 하나 지어주십시오. 그래서 과거가 실제로 죽게 해주십시오. 저는 마침내 주인을 만난 떠돌이개처럼 선생님을 따르겠습니다. 선생님이 원하시면 선생님의 노예가 되겠습니다. 그러나 저를 혼자 내버려두지 마십시오…."

"그럽시다."

"어떤 이름을 주시겠습니까?"

"내게 소중한 이름, 요한이라는 이름을 주겠소. 당신은 주께서 주시는 은총이기 때문이오."

"저를 데려가시는 거지요?"

"우선은 그럽시다. 다음에는 내 사도들과 같이 나를 따르시오. 그러나 당신집은?"

"이제는 집이 없습니다. 제가 가진 것을 가난한 사람들에게 주겠습니다. 다만 제게 선생님의 사랑과 빵만을 주십시오."

"오시오." 그러면서 예수께서는 돌아서시어 사도들을 부르신다. "벗들아, 그리고 특히 너 유다야, 고맙다. 너를 통하여, 너희들을 통하여 한 영혼이 하느님께로 온다. 여기 새 제자가 있다. 이 사람은 우리가 형제 제자들에게 맡길 수 있을 때까지 우리와 같이 간다. 한 마음을 얻어만난 것을 기뻐하고 나와 함께 하느님을 찬미하여라."

열 두 사도는 정말 그리 기쁜 것 같지는 않다. 그러나 그들은 순종과 예의로 좋은 얼굴을 한다.

"선생님이 허락하시면 먼저 가겠습니다. 제 집 문지방에서 선생님을 기다리겠습니다."

"가시오."

그 사람은 뛰어서 간다. 딴 사람이 된 것 같다.

---

* 역주 : Felix(펠릭스)는 행복한 사람이라는 뜻.

"그럼 이제는 우리끼리만 있게 되었으니 그에 대해서 친절하고 그의 과거에 대해서는 그 누구에게도 말하지 말라고 명령한다. 이것은 너희들에게 하는 내 명령이다. 자유를 되찾은 형제에 대해 말을 하거나 사랑을 어기는 사람은 당장 내게 배척당하는 것을 보게 될 것이다. 주님이 얼마나 착하신지 보아라. 우리는 이곳에 인간적인 목적을 가지고 왔었는데, 주님은 우리에게 초자연적인 총애를 받고 나서 떠나는 은혜를 주신다. 오! 나는 새로 회개한 사람으로 인해서 하늘에 생기는 기쁨 때문에 몹시 기쁘다."

그들은 집 앞에 이른다. 문지방에는 짙은 빛깔의 깨끗한 옷에, 잘 어울리는 겉옷을 입고, 새 샌들을 신고 어깨에는 큰 배낭을 메고 그 사람이 서 있다. 그는 문을 잠근다. 그리고 냉담한 사람으로 생각될 수 있을 사람으로서는 괴상한 일이지만, 흰 암병아리를 붙잡는다. 그 병아리는 아마 제일 사랑받는 것인 모양이어서 길이 들어 그의 손 안에서 눕는다. 그는 그 병아리에게 입맞춤하면서 운다, 그리고 땅에 내려놓는다.

"가십시다. …그리고 저를 용서해 주십시오. 그러니 이놈들, 제 병아리들은 저를 사랑했습니다. …저는 이놈들과 말을 했고… 이놈들은 제 말을 알아들었습니다…."

"나도 당신을 이해하오. …그리고 당신을 사랑하오. 대단히. 나는 35년 동안 세상이 당신에게 거절한 모든 사랑을 당신에게 주겠소…."

"오! 저도 그것을 압니다! 그것을 느낍니다! 그렇기 때문에 오는 것입니다. 그러나 한 짐승을 사랑하는… 사람을 동정해 주십시오. …그 짐승은 사람보다 그에게 더 충실했습니다…."

"좋소. …좋아. 이제 과거는 생각하지 마시오. 당신은 할 일이 대단히 많을 거요! 그리고 당신은 경험이 있으니 좋은 일을 많이 할 거요. 시몬, 이리 오너라. 그리고 너 마태오도. 알겠소? 이 사람은 죄수보다도 더했고, 또 문둥병자였소 또 이 사람은 죄인이었고 그런데 이 사람들이 불쌍한 사람들의 마음을 이해할 줄 알기 때문에 내게 소중한 사람들이오. …그렇지?"

"주님의 인자하심 덕분입니다. 그러나 여보시오. 주님을 섬기면 모든 과거가 사라진다는 것을 믿으시오. 남아 있는 것은 평화뿐이오" 하고 열성당원이 말한다.

"그렇소, 평화, 그리고 낡은 악습과 미움 대신 들어서는 새로운 젊음이오. 나는 세리였으나 지금은 사도요. 우리는 우리 앞에 세상을 대하고 있고 세상에 관해 교육을 받고 있소. 우리는 현실을 보지 못하면서 해로운 열매와 유혹하는 나무 곁을 지나가는 덤벙거리는 어린 아이들이 아니오. 우리는 알고 있소. 우리는 악을 피할 수 있고, 다른 사람들에게 악을 피하도록 가르칠 수가 있소. 우리는 휘는 사람들을 바로잡을 줄 아오. 그것은 일으켜진다는 것이 우리를 얼마나 진정시켜 주는지를 알기 때문이오. 그리고 우리는 누가 일으켜 주는지를 아오. 이분이시오" 하고 마태오가 말한다.

"맞습니다! 맞아요! 절 도와주세요. 고맙습니다. 이것은 마치 제가 어둡고 냄새가 역한 곳에서 꽃이 핀 풀밭의 자유로운 공간으로 옮겨가는 것 같습니다. …저는 20년 동안을 도형장(徒形場)과 아나톨리아의 광산에서 몹시 지치게 하는 일을 하고 나서 자유의 몸으로, 마침내 자유의 몸으로 나왔을 때, ― 폭풍우가 몰아치던 어느날 밤에 도망쳐 나와서 ― 깎아지른 어떤 산꼭대기에, 그러나 자유롭고 새벽에 햇빛이 환희 비치고 향긋한 수풀이 덮인 산꼭대기에 있게 되었을 때 이와 비슷한 것을 맛보았습니다. …자유! 그러나 지금은 그보다 더한 무엇이 있습니다! 제 안에서는 모든 것이 후련해집니다. 저는 15년째 사슬없이 지냈습니다. 그러나 미움과 공포와 고독이 제게는 사슬과 같았습니다. …이제는 그 사슬이 풀렸습니다. …이제 선생님네를 제게 안내한 노인의 집에 다 왔습니다. 여보세요! 여보세요!"

노인이 달려오더니 애꾸눈이 깨끗하게 되어 가지고 나들이옷을 입고 미소짓고 있는 것을 보고 조상처럼 그대로 서 있다.

"자, 여기 제 집의 열쇠가 있습니다. 저는 영원히 떠납니다. 영감님은 제 은인이니까 영감님께 감사합니다. 영감님은 제게 가족을 하나 돌려 주셨습니다. 제 재산을 가지고 무엇이든지 마음대로 하세요. …그리고 제 닭들을 돌보세요. 안식일마다 로마인이 달걀을 사러 옵니다. …영감님께 이득이 될 것입니다. …제 닭들을 잘 다루세요. …그리고 하느님께서 거기 대한 상을 영감님께 주시기를 바랍니다."

노인은 어언이 벙벙해 있다. …그는 열쇠를 받아 가지고 입을 벌린 채로 있다.

예수께서 말씀하신다. "그렇습니다, 이 사람이 말하는 대로 하십시오. 나도 영감님께 여기 대해 감사하겠습니다. 예수의 이름으로 영감님께 강복합니다."

"나자렛의 선생님! 선생님이시군요! 하느님 맙소사! 내가 주님과 말을 했습니다! 여인들! 여인들! 남자들! 메시아께서 우리에게 오셨소!"

노인이 몹시 외치니, 사람들이 사방에서 모여온다.

"강복을 주십시오! 강복을 주세요!" 하고 그들은 외친다. 또 어떤 사람들은

"여기 머무십시오!" 하고 말하고 또 어떤 사람들은 "어디로 가십니까? 어디로 가시는지나 말씀해 주십시오." 하고 말한다.
"나임으로 갑니다. 여기 머무를 수는 없습니다."
"선생님을 따라가겠습니다! 좋습니까?"
"오시오. 그리고 여기 남아 있는 사람들에게는 평화와 강복을 드립니다."
그들은 큰 길을 향하여 가서 그리로 접어든다. 예수 곁에서 걸어가면서 그의 배낭의 무게 때문에 고생하는 그 사람이 베드로의 호기심을 끈다. "아니 그 안에 뭣이 그렇게 무거운 것이 들었소?" 하고 베드로가 묻는다.
"옷하고… 책들입니다. …닭들 다음으로는, 또 닭들과 함께 제 벗들이지요. 이걸 떼어놓을 수가 없었습니다. 그런데 무겁습니다."
"그야 지식은 무겁지요! 물론! 그러니 그걸 누가 좋아하오?"
"이것들이 내가 미치지 않게 막아 주었습니다."
"그러니 그것들을 몹시 사랑하겠구려! 하지만 무슨 책들이오?"
"철학, 역사, 그리이스와 로마의 시 따위지요…."
"그건 훌륭하오 훌륭해. 틀림없이 훌륭하지요. 그렇지만… 그것들을 끌고 다닐 수 있다고 생각하오?"
"어쩌면 이것들과도 헤어지게 될지도 모르겠습니다. 그러나 동시에 모두 버리는 것은 불가능합니다. 그렇지요, 메시아님?"
"선생님이라고 부르시오. 그렇소, 그것은 불가능하오. 그러나 당신 친구인 책들을 보호할 수 있을 곳을 얻어 주겠소. 이교도들과 하느님께 대해서 토론할 때 당신에게 유익할 수 있을 거요."
"아이고! 선생님은 정말 어떤 생각을 늘 예비로 가지고 계시군요!"
예수께서는 빙그레 웃으시고 베드로가 외친다. "그야 물론이지요! 선생님은 바로 지혜 자체이시니까요!"
"선생님은 정말 착하심 자체입니다. 당신은 교양이 있습니까?"
"나요? 오! 매우 교양이 많지요! 청어와 잉어를 구별할 줄 아니까요. 내 지식은 그 이상은 되지 못하오. 여보시오, 나는 어부요!" 베드로는 겸손하고 솔직하게 웃으며 말한다.
"당신은 솔직하십니다. 그것은 혼자서 배우는 지식입니다. 그런데 그 지식을 가지기는 매우 어렵습니다. 당신은 내 마음에 듭니다."
"당신도 당신 자신을 책할 때에는 솔직했기 때문에 내 마음에 들었소. 나는 모든 것을 용서하고, 모든 사람을 도와주오. 그러나 속이는 사람들에게는 무자비한 적이오. 그런 사람들은 내게 혐오감을 일으키오."

"옳은 말입니다. 속이는 사람은 죄인입니다."

"죄인, 제대로 말했소 여보시오, 당신 배낭을 내게 좀 줄 만큼 나를 믿지 못하겠소? 내가 당신 책들을 가지고 달아나지 않는다는 걸 믿어도 되오. …내가 보기엔 당신이 피로한 것 같소…."

"20년 동안의 광산일은 사람을 피로하게 합니다. …그렇지만 당신은 왜 피로를 사서 하려고 합니까?"

"그것은 선생님이 우리들에게 형제들처럼 서로 사랑하라고 가르치셨기 때문이오. 그걸 날 주시오. 그리고 내 초라한 옷보따리를 받으시오. 이건 무겁지 않소. …역사도 없고 시도 없소. 내 역사와 내 시, 그리고 당신이 말한 다른 것은 저분, 내 예수님, 우리들의 예수님이시오."

50. 나임에서 과부의 아들이 다시 살아나다

나임이 예수 시대에는 어느 정도 중요한 도시였던 모양이다. 도시가 크지는 않으나 잘 건조되고 성곽이 둘러쳐져 있으며, 소헤르몬 산맥의 지맥인 낮고 아름다운 야산에 자리잡고 있어, 동북쪽으로 비스듬히 올라가는 기름진 평야를 내려다본다.

엔도르에서 오면 분명히 요르단강의 지류인 개천을 하나 건넌 다음에 나임에 이르게 된다. 그러나 이곳에서는 요르단강도 보이지 않고 그 계곡도 보이지 않는다. 야산들이 동쪽으로 물음표(?) 모양의 활등을 만들어놓고 있어 그것들을 가리기 때문이다.

예수께서는 호수 지방과 헤르몬과 그 지역을 잇는 큰 길로 해서 나임으로 가신다. 예수 뒤에는 엔도르의 많은 주민이 따라오며 끊임없이 자기들끼리 말을 하고 있다.

사도들의 무리와 성곽 사이의 거리가 지금은 매우 가깝다. 기껏해야 200미터쯤 될 것이다. 큰 길은 어떤 성문으로 해서 시내로 직접 들어가는데, 지금은 한낮이기 때문에 성문이 활짝 열려 있다. 바로 성곽 안에서 무슨 일이 일어나는지 볼 수 있다. 그래서 사도들과 새로 회개한 사람과 말씀하시던 예수께서 곡녀

(哭女)*들의 요란한 울음소리와 비슷하게 동방식(東方式)으로 화려하게 차린 장례 행렬이 오는 것을 보신다.

"선생님, 보러 갈까요?" 하고 여럿이 말한다. 그리고 엔도르의 주민들 가운데에서는 벌써 여러 사람이 보려고 달려갔다.

"가보자" 하고 예수께서 친절하게 말씀하신다.

"오! 상여에 저렇게 꽃과 리본이 많은 것을 보면 어린 아이가 틀림없어" 하고 가리옷의 유다가 요한에게 말한다.

"그렇지 않으면 동정녀이거나" 요한이 대답한다.

"아니야, 저 사람들이 쓴 빛깔로 보아서, 그리고 미르타*가 없는 것으로 보아 분명히 청소년일 거야…" 하고 바르톨로메오가 말한다.

장례 행렬이 성 밖으로 나온다. 상여꾼들이 높이 메고 가는 상여 위에 무엇이 있는지는 볼 수가 없다. 다만 붕대에 감기고 홑이불이 덮인 시체를 그것이 나타내는 형태만으로 짐작하게 되는데, 그 시체가 상여 길이 만큼이나 긴 것으로 보아 벌써 발육이 다 된 육체라는 것을 알 수 있다.

곁에는 베일을 쓴 한 여인이 친척들인지 친구들인지 사람들의 부축을 받으며 울면서 걸어간다. 그 눈물흘리는 연극에서 이 눈물만이 참된 눈물이다. 상여꾼이 돌이나 구멍이나 우툴두툴한 곳을 만나면 상여가 흔들리게 되는데, 그러면 어머니는 비명을 지른다. "아이고! 안 돼요! 조용히 가세요! 우리 아이가 얼마나 고통을 당했는데!" 그러면서 떨리는 손을 들어 상여 가장자리를 쓰다듬는다. 그 이상의 일은 할 수가 없다. 그리고 이 무능 가운데에서 그 여인은 펄럭이는 휘장과 가끔 바람에 불려 움직이지 않는 형태를 스치는 리본들에 입맞춤을 한다.

"어머니로구먼" 하고 베드로가 측은한 마음이 들어서 말하는데, 그의 가늘고 착한 눈에는 눈물이 반짝인다. 그러나 이 격렬한 아픔을 보고 눈물을 보이는 사람은 베드로만이 아니다. 열성당원과 안드레아와 요한, 그리고 늘 명랑한 토마의 눈에도 눈물이 번뜩인다. 모두가, 정말 모두가 몹시 측은한 마음이 들었다. 가리옷의 유다는 중얼거린다. "이게 나라면! 아이고! 불쌍한 우리 어머니 …."

예수께서는 말할 수 없이 친절한 눈을 보이신다. 견디기 어려울 정도로 대단

---

* 역주 : 장례식 때 직업적으로 곡하는 여자.

* 역주 : 기분좋은 향기가 나는 작은 흰 꽃이 피는 상록수, 지중해 연안지방 원산.

50. 나임에서 과부의 아들이 다시 살아나다 **351**

히 친절한 눈이다. 예수께서는 상여를 향하여 가신다. 예수께서 상여를 만지시려는 것을 보고 여인은 예수를 홱 밀어낸다. 흥분상태에서 그 여인이 무슨 염려를 하고 있는 것인지 누가 알겠는가? 여인은 부르짖는다. "애는 내 것입니다!" 그러면서 예수를 험상궂은 눈으로 쳐다본다.

"압니다. 어머니의 것입니다."

"외아들이었어요! 왜 애가 죽어야 합니까? 착하고 그렇게도 소중하고 이 과부의 기쁨이었던 애가 말입니다." 곡녀들의 무리는 어머니에게 응답하기 위하여 보수받는 곡성을 더 크게 울린다. 어머니는 계속한다. "왜 내가 죽지 않고 애가 죽어야 합니까? 아이를 낳은 어미가 제 자식 죽는 걸 보는 것은 옳지 못합니다. 아이는 살아야 해요. 그렇지 않으면, 그렇지 않으면 사람이 세상에 내놓느라고 찢기는 고통을 이 배가 무슨 소용이 있어요?" 그러면서 여인은 사납게 절망적으로 자기의 배를 때린다.

"그렇게 하지 마세요! 어머니, 울지 마세요." 예수께서는 여인의 두 손을 꽉 잡으시고 왼손에 모아 쥐시고 오른손으로는 상여를 만지시며 상여꾼들에게 말씀하신다. "멈춰 서서 상여를 내려놓으시오."

상여꾼들이 복종하여 상여를 내려놓으니, 상여는 네 발로 지탱되어 있다.

예수께서 시체를 덮은 홑이불을 잡아 뒤로 젖히시니 시체가 드러난다. 어머니는 아들의 이름을 부르면서 그의 고통을 큰 소리로 나타낸다. 아마 "다니엘!"이라고 부른 것 같다.

여인의 손을 여전히 한 손으로 잡고 계신 예수께서는 가장 강력한 기적을 행하실 때의 얼굴을 하시고, 빛나는 눈으로 위엄있게 몸을 일으키시며 아주 힘찬 목소리로 명령하신다. "젊은이, 내가 명령한다, 일어나라!"

죽은 사람은 붕대에 감긴 그대로 일어나 상여 위에 앉으며 "엄마!" 하고 부른다. 그는 겁에 질린 어린 아이와 같이 더듬거리고 질겁을 한 목소리로 어머니를 부른다.

"아주머니, 자 아주머니의 아들입니다. 하느님의 이름으로 아들을 당신께 돌려 줍니다. 그를 도와 수의를 벗기시오. 그리고 행복하게들 사시오."

그리고 예수께서는 자리를 뜨려고 하신다. 암, 그렇지! 군중이 예수를 상여에서 꼼짝 못하게 한다. 상여에서는 어머니가 빨리 빨리 빨리 하느라고 붕대들로 얽히고, 그동안 아들은 자꾸만 "엄마! 엄마!" 하고 애절하게 부른다.

수의가 치워지고 붕대가 끌러졌다. 어머니와 아들은 껴안을 수 있다. 또 사실 향유는 상관하지도 않고 서로 포옹한다. 그런 다음 어머니는 바로 그 붕대를 가지고 사랑하는 얼굴과 사랑하는 손에서 향유를 닦아낸다. 그리고 입힐 것이 아무것도 없으므로 자기의 겉옷을 벗어서 아들에게 입힌다. 이제는 모든 것이 아들을 쓰다듬을 수 있게 허락한다….

예수께서는 여인을 바라다보신다. …그리고 이제는 음산하지 않은 상여에 바짝붙어 선 다정스런 사람들의 무리를 바라다보시며 물으신다. 가리옷의 유다가 그 눈물을 보고 묻는다. "주님, 왜 우십니까?"

예수께서는 그에게로 얼굴을 돌리시고 말씀하신다. "나는 내 어머니를 생각한다…."

이 짧은 대화로 여인의 주의가 그의 은인에게로 쏠리게 되었다. 여인은 아들의 손을 잡고 그를 부축한다. 과연 아들은 육체에 마비상태가 아직 남아 있는 사람 같다. 그 여인은 무릎을 꿇고 말한다. "얘야, 너도 네게 생명을 도로 주시고 어미에게 너를 돌려 주신 성인을 찬미해라." 그러면서 몸을 숙여 예수의 옷에 입맞춤한다. 그 동안 군중은 하느님께와 이제는 정체가 밝혀진 그분의 메시아께 환희의 노래를 부른다. 과연 사도들과 엔도르의 주민들이 누가 기적을 행하였는지를 말하는 책임을 다했었다.

온 군중이 이제는 외친다. "이스라엘의 하느님, 찬미받으소서! 하느님께서 보내신 메시아, 찬미받으소서! 다윗의 후손 예수, 찬미받으소서! 위대한 예언자가 우리 가운데 나셨네! 하느님께서 정말 당신 백성을 찾아오셨네! 알렐루야! 알렐루야!"

마침내 예수께서는 군중의 압박에서 벗어나 시내로 들어가실 수 있다. 군중은 예수를 따라오며 그들의 사랑으로 많은 요구를 하여 괴롭힌다.

한 사람이 달려오더니 넙죽 절을 하면서 말한다. "선생님, 저희 집에 좀 머무르십시오."

"그렇게 할 수 없습니다. 과월절은 미리 정한 것 이외의 정지는 일체 내게 금합니다."

"몇 시간만 있으면 황혼이 되고 또 금요일인데요…."

"바로 그렇기 때문에 황혼이 되기 전에 오늘의 여정을 끝내야 합니다. 고맙기는 하지만 나를 붙잡지 마시오."

"그러나 저는 회당장입니다."

"그러면서 당신이 그럴 권리가 있다고 말하려고 하는군요. 여보시오, 내가 한 시간만 지체했더라도 이 어머니는 아들을 도로 찾지 못했을 것입니다. 나는 다른 불행한 사람이 나를 기다리는 데로 갑니다. 당신의 이기심으로 그들의 기쁨을 늦어지게 하지 마시오. 다음에 꼭 와서 당신과 함께 나임에서 여러 날을 묵겠습니다. 지금은 가게 놔주시오."

그 사람은 그 이상 조르지 않는다. 다만 이렇게만 말한다. "알겠습니다. 선생님을 기다리겠습니다."

"그럽시다. 평화가 당신과 나임 주민들과 함께 있길 바랍니다. 엔도르의 주민 여러분에게로 평화와 축복이 있기를 바랍니다. 집으로 돌아들 가시오. 하느님께서 기적으로 여러분에게 말씀하셨습니다. 여러분은 사랑의 힘으로 마음의 수만큼 선으로의 부활이 일어나게 하시오."

마지막으로 환희의 노래가 다시 한 번 울려 퍼지고 나서 군중은 예수를 가시게 한다. 예수께서는 시내를 비스듬히 건너질러서 에스드렐론을 향하여 시골로 나아가신다.

51. 에스드렐론에 도착하셔서 미케아의 집에 머무르시다

예수께서 죠가나의 밭들이 보이는 곳에 이르렀을 때 하늘이 붉어지며 황혼이 시작된다.

"이 사람들아, 해가 지기 전에 걸음을 재촉하자. 베드로, 너는 네 동생과 같이 도라의 하인들인 우리 친구들에게 가서 알려라."

"예, 가겠습니다. 아들이 잘 떠났는지 보기 위해서도 가겠습니다." 베드로가 "아들"이라는 이 말을 하는 말투는 긴 연설과도 같은 값어치가 있다. 그러면서 그는 간다.

그 동안 예수께서는 죠가나의 어떤 농부를 만날까 하고 휘 둘러보시며 더 천천히 걸으신다. 그러나 벌써 이삭들이 다 팬 기름진 밭들밖에 없다.

마침내 포도나무들 사이로 땀투성이의 얼굴이 나타나고, 이어서 "아이고! 복되신 주님!" 하고 외치는 소리가 들리면서 농부 한 사람이 포도밭 밖으로 뛰어나와 예수 앞에 엎드린다.

"평화가 당신과 함께 있기를! 이사야!"

"아이고! 제 이름을 기억하십니까?"

"내 마음 속에 써놓았어요. 일어나시오. 당신의 동료들은 어디 있습니까?"

"저기 사과밭에 있습니다. 그러나 제가 가서 알리겠습니다. 저희들 집에 머무르시는 거지요? 주인은 여기 없습니다. 그래서 선생님을 환대할 수 있습니다. 그리고… 두려움도 좀 있고, 기쁨도 좀 있어서, 그 사람이 더 나아졌습니다. 올해에는 저희들에게 어린 양을 주고 성전에 갈 허락도 주었다는 것을 생각해 보십시오! 엿새밖에는 주지 않았습니다. …그렇지만 저희들은 뛰어 길을 갈 겁니다. …저희도 예루살렘엘 갑니다. …생각해 보십시오! 그리고 이건 선생님 덕택입니다." 그 사람은 인간 대접을 받고 이스라엘 사람으로 대접받는 기쁨으로 환희의 결정에 이르렀다.

"내가 알기로는 내가 한 일이 아무것도 없는데요" 하고 예수께서 빙그레 웃으시며 말씀하신다.

"아이고! 아닙니다! 선생님이 하신 것입니다. 도라와 도라의 밭들, 그리고 반대로 올해 농사가 이렇게 잘된 이 밭들… 죠가나는 선생님이 오셨다는 것을 알았는데, 그 사람은 바보가 아닙니다. 그 사람은 무서워하고 있습니다, 예, 무서워하고 있어요."

"뭣을?"

"생명과 재산에 대해서 도라와 같은 일을 당할까 봐 무서워합니다. 도라의 밭들을 보셨습니까?"

"나는 나임에서 오는 길입니다…."

"그럼 못 보셨군요. 폭삭 망했습니다(그 사람은 어떤 몹시 무서운 일을 비밀히 말하는 사람처럼 이 말을 작은 목소리로 한다. 그러나 발음은 분명히 한다). 폭삭 망했습니다! 건초도 없고, 밀도 없고, 과일도 없습니다. 포도나무들도 말라버리고, 사과나무들도 말라버렸습니다. …죽었습니다. …모두가 죽었습니다. …소돔과 고모라처럼… 오십시오, 보여드릴께 오세요."

"필요없어요. 나는 그 농부들에게로 갑니다…."

"그렇지만 그 사람들은 없어졌습니다! 모르십니까? 도라의 아들 도라가 그 사람들을 모두 쫓아버리거나 내보내거나 했습니다. 그리고 다른 농지로 쫓아낸 사람들은 위반하면 매를 맞는다는 조건으로 선생님에 대해서 말을 하지 못합니다. …선생님에 대해서 말을 안하다니! 그것은 어려울 것입니다! 죠가나 자신이 저희들에게 그렇게 말했습니다."

"그 사람이 무슨 말을 했어요?"

"그 사람은 이렇게 말했습니다. '나는 도라만큼 바보가 아니다, 그래서 너희들에게 〈나자렛 사람 이야기를 하는 것을 나는 원치 않는다〉하고 말하지는 않는다. 그래도 너희들은 그 사람 이야기를 할 테니까 그것은 소용없는 일일 것이다. 또 나는 너희들을 말을 듣지 않는 짐승들처럼 매질을 해서 죽여서 잃고 싶지는 않다. 오히려 너희들에게 나자렛 사람이 가르치는 것과 같이 〈착하게 살라〉고 말한다. 그리고 그 사람에게 내가 너희들을 잘 대우한다고 말해라. 〈나는 그 사람이 나도 저주하기를 원치 않는다〉 하고요. 그 사람은 이 밭들이 선생님께서 축복하신 다음 어떻게 되었는지, 또 저 밭들이 선생님께서 저주하신 뒤로 어떻게 되었는지를 잘 알거든요. 아이고! 저기 제 대신 밭을 갈아준 분들이 오는군요…." 그러면서 그 사람은 베드로와 안드레아를 맞이하러 달려간다.

그러나 베드로는 그에게 빨리 인사하고 길을 계속하며 큰 소리로 말하기 시작한다. "아이고! 선생님! 아무도 없습니다.! 새 얼굴들뿐입니다. 그리고 모든 것이 황폐해졌습니다! 정말이지 그 사람이 농부들을 여기 그대로 두지 않아도 될 것입니다. 사해(死海)보다도 더합니다!…"

"안다, 이사야가 말해 주었다."

"그렇지만 와서 보십시오. 기막힌 광경입니다!…"

예수께서 그를 만족시키신다. 그리고 우선 이사야에게 말씀하신다. "그럼 당신들과 같이 묵겠습니다. 동료들에게 알리시오. 그리고 수고하지 마시오. 먹을 것은 내가 가지고 있으니까 우리는 그저 잘 수 있는 건초 헛간과 당신들의 사랑만 있으면 됩니다. 곧 오겠습니다."

도라의 밭들은 정말 비참한 광경이다. 밭과 풀밭이 메마르고 헐벗었고, 포도밭이 마르고, 잎과 열매들은 갖가지 곤충 수백만 마리 때문에 나무에서 파괴되었다. 집 근처에 있는 과수원도 죽어가는 작은 숲과 같은 한탄스러운 모습을 보인다. 농부들이 이리저리 어슬렁거리며 잡초를 뽑고, 애벌레와 괄태충(括胎蟲)과 지렁이와 같은 종류의 다른 곤충들을 쫓고, 남아 있는 잎에 까맣게 달라붙어서 나무를 죽게 할 정도로 메마르게 하는 작은 나비들과 진디와 다른 기생충들을 빠뜨리기 위하여 물이 가득한 솥들을 갖다 놓고 나뭇가지들을 흔든다. 그들은 포도덩굴에서 살아 있는 표를 찾아본다. 그러나 바싹 마른 포도덩굴은 건드리기가 무섭게 부러지고, 때로는 뿌리를 톱으로 자른 것처럼 발에 밟혀 꺾어진다. 죠가나의 밭과 포도나무들과 과수원들과의 대조는 매우 뚜렷하며, 저주받은 밭들의 황폐는 다른 밭들의 기름짐과 비교하면 한층 더 심한 것 같다.

"시나이산의 하느님께서는 묵직한 손을 가지고 계시군요" 하고 열성당원 시몬이 중얼거린다.

예수께서는 "그렇고말고!" 하고 말씀하시려는 듯한 몸짓을 하시지만 아무 말씀도 하지 않으신다. 다만 "어떻게 이렇게 되었소?" 하고만 물으신다.

한 농부가 입 속에서 중얼거린다. "두더지, 메뚜기, 벌레들… 그렇지만 가십시오. 감시인은 도라의 심복입니다. …저희들에게 해를 끼치지 마십시오…."

예수께서는 한숨을 한 번 쉬시고 떠나신다.

사과나무 한 그루를 살려볼 희망을 가지고 북돋워 주느라고 몸을 구부리고 있는 다른 농부가 말한다. "내일… 감시인이 기도하러 제즈라엘에 가면… 선생님 계신 데로 가겠습니다. 미케아의 집으로 가겠습니다."

예수께서는 강복하는 손짓을 하시고 떠나신다.

예수께서 네거리로 돌아오시니 죠가나의 모든 농부가 기뻐하며 온통 잔치분위기에 젖어 있다. 그들은 그들의 메시아를 에워싸고 그들의 초라한 집으로 모시고 간다.

"거기 가보셨습니까?"

"가보았습니다. 내일 도라의 농부들이 올 것입니다."

"잔인하고 비열한 사람들이 기도를 하는 동안은 좋습니다. …저희들은 안식일마다 이렇게 합니다. …그리고 요나에게서 들은 것과 저희들을 자주 찾아오는 이사악에게서 들은 것과 티쉬리달에 선생님이 설교하신 것을 가지고 선생님 이야기를 합니다. 저희들은 그저 아는 대로 이야기합니다. 선생님 말씀을 하지 않고 견딜 수는 없으니까요. 그리고 저희들이 선생님에 대한 말을 하는 것은 저희들이 고통을 당하기 때문에 더 그렇게 하고 선생님 이야기를 못하게 하기 때문에 더 그렇습니다. 저 불쌍한 사람들은… 안식일마다 목숨을 맞겨버립니다. …그러나 이 평야에서는 선생님에 대해 알 필요가 있고, 적어도 선생님의 소식이라도 들을 필요가 있는데도 여기까지 오지 못하는 사람이 얼마나 많은지 모릅니다…."

"그 사람들도 생각하겠습니다. 당신들은 당신들이 하는 일에 대해 축복받기를 바랍니다."

예수께서 연기가 자욱한 어떤 부엌으로 들어가실 때 해가 넘어간다. 안식일의 휴식이 시작된다.

52. 에스드렐론에서 안식일을 지내심. 어린 야베

"오늘 이 지방 농부들에게서 꾼 것을 내일 갚을 수 있게 미케아에게 돈을 넉넉히 주어라" 하고 보통 공동체의 돈을… 관리하는 가리옷의 유다에게 말씀하신다. 그리고 안드레아와 요한을 부르셔서 제즈라엘에서 오는 한 갈래 또는 두 갈래 길이 보이는 두 지점으로 보내신다. 그런 다음 베드로와 시몬을 부르셔서 도라의 농부들을 맞이하러 가라고 보내시며, 두 소유지의 경계에서 그들을 멎게 하라고 명령하신다. 끝으로 야고보와 유다에게 "먹을 것을 가지고 오너라" 하시고 말씀하신다.

죠가나의 농부들은 남자, 여자, 어린이가 모두 그들을 따라가는데, 남자들은 작은 항아리 둘을 가지고 간다. 작은 항아리는 말이 그렇지, 포도주가 가득 차 있을 것이 틀림없다. 항아리라기보다는 차라리 각기 10리터씩은(내가 말하는 용량을 항상 신앙 교리로는 생각하지 말기를 바란다) 들어갈 만한 동이 같은 것이다. 그들은 새 잎이 뒤덮인 포도그루들이 빽빽이 들어선 포도밭이 죠가나의 소유지의 끝을 가리키는 곳으로 간다. 그 너머로는 물이 가득 찬 넓은 도랑이 있는데, 그것은 고생을 많이 해서 만든 것이다.

"아시겠습니까? 죠가나는 이 도랑 때문에 도라와 다투었습니다. 죠가나는 이렇게 말했습니다. '모든 것이 결딴난 것은 자네 아버지 탓이야. 그 사람에게 경배하기가 싫으면 적어도 무서워는 해서 도전은 하지 말아야 했어.' 그랬더니 도라는 마귀처럼 부르짖었습니다. '당신의 땅을 구해 준 것은 이 도랑 덕택입니다. 벌레들이 이 도랑을 건너가지 못한 겁니다…' 그러니까 죠가나가 말했습니다. '그렇다면 전에는 자네네 밭이 에스드렐론에서 제일 좋았는데 왜 그렇게 결딴났나? 그건 하느님의 벌이야. 틀림없네. 자네네는 도를 지나쳤어. 이 물? … 이 물은 언제나 있었던 거야. 이 물이 나를 구해준 게 아니야.' 그러니까 도라가 외쳤습니다. '이건 예수가 마귀라는 증겁니다.' '그 사람은 의인이야' 하고 죠가나가 외쳤습니다. 그리고 두 사람은 숨이 다할 때까지 싸웠습니다. 그뒤로 죠가나는 비용을 많이 들여서 도랑에 개울물을 끌어오게 하고 샘을 발견하려고 땅을 파게 했습니다. 그는 그와 그의 친척 사이에 여러 개의 도랑을 깊이 파게 하고, 저희들에게 어제 말씀드린 말을 했습니다. …결국 그는 이번에 일어난 일을 좋아하고 있습니다. 그 사람은 도라를 몹시 질투했거든요. …이제는 그가 모든 것을 살 수 있으리라고 생각하고 있습니다. 도라가 결국은 모든 것을 터무니없는 헐값으로 팔고 말 것이니까요."

예수께서는 도라의 불쌍한 농부들을 기다리시면서 이 모든 비밀이야기를 친절하게 들으신다. 도라의 농부들은 지체하지 않고 와서, 어떤 나무 그늘에 계신 예수를 보자마자 땅에 엎드린다.

"친구들, 당신들에게 평화가 있기를. 이리 오시오. 오늘이 여기가 회당이고, 나는 회당장이오. 그러나 그전에 먼저 당신들의 가장노릇을 하고 싶습니다. 음식을 여러분에게 주게 빙 둘러 앉으시오. 오늘 여러분은 신랑과 같이 있습니다. 그래서 우리가 혼인잔치를 하는 것입니다."

예수께서는 바구니 하나의 덮개를 벗기시고 도라의 농부들의 놀라는 눈 앞에 빵들을 꺼내시고, 또 다른 바구니에서는 구하실 수 있었던 음식물들을 꺼내시는데, 치즈가 있고, 익힌 야채와 통째로 익힌 작은 새끼 염소인지 어린 양인지 한 마리가 있다. 예수께서는 불쌍한 가난한 사람들에게 나누어주신 다음, 포도주를 따라서 투박한 잔을 돌려 모두 마시게 하신다.

"아니 왜? 아니 왜? 그런데 저 사람들은요?" 하고 도라의 농부들이 죠가나의 농부들을 가리키며 말한다.

"저 사람들은 벌써 대접을 받았습니다."

"그렇지만 비용이 무척 들었겠는데! 어떻게 하실 수 있었습니까?"

"이스라엘에는 아주 착한 사람들이 있습니다" 하고 예수께서 빙그레 웃으시며 말씀하신다.

"그렇지만 오늘은 안식일인데요…."

"이 사람에게 감사하시오" 하고 예수께서는 엔도르의 사람을 가리키시며 말씀하신다. "이 사람이 어린 양을 장만했습니다. 나머지는 얻기가 쉬웠지요."

그 불쌍한 사람들은 오래 전부터 알지 못하게 되었던 음식을— 문자 그대로 — 아귀아귀 집어삼킨다. 그 중에 꽤 나이많은 한 남자가 열 살쯤 된 어린 아이를 곁에 꼭 붙여 앉게 하고 먹으면서 운다.

"할아버지, 왜 그러십니까?…" 하고 예수께서 물으신다.

"선생님이 너무 친절하셔서요…."

엔도르의 사람이 목구멍에서 울려나오는 목소리로 말한다. "맞습니다. …그 때문에 울게 됩니다. 그러나 이것은 슬픔의 눈물은 아닙니다…."

"슬픔이 없는 눈물이지요. 그것은 사실입니다. 또… 제가 바라는 것이 하나 있습니다. 이 눈물은 하나의 소원이기도 합니다."

"할아버지, 무엇이 소원입니까?"

"이 아이요, 보시지요? 제 손잡니다. 지난 겨울 땅이 무너져내릴 때부터 저와 같이 있습니다. 도라는 얘가 저한테 와 있는 것도 알지 못합니다. 저는 얘를 들짐승처럼 숲 속에서 살게 하고 안식일에만 얘를 보니까요. 도라에게 들키면 내쫓든지 일을 시키든지 할 것입니다. …그러면 이 어린 아이가 마소보다도 더 못한 대우를 받을 것입니다. …과월절에는 얘를 미케아와 같이 예루살렘에 보내서 율법의 아들이 되게 하겠습니다. …그리고는?… 제 외손자입니다…."

"그러지 말고 이 아이를 내게 주시겠습니까? 울지 마세요. 나는 정직하고 거룩한데 아이가 없는 친구를 많이 가지고 있습니다. 그 사람들은 이 아이를 내 길에 따라 거룩하게 기를 것입니다…."

"아이고! 주님! 주님께 대한 말을 들은 때부터 이것이 제 소원이었습니다. 그리고 이 주인에게 속하는 것이 어떤 것인지를 이는 거룩한 요나에게 제 손자를 이 죽음에서 구해 달라고 기도했습니다…."

"애야, 날 따라오겠니?"

"예, 주님. 그리고 걱정은 끼치지 않겠습니다."

"그럼 약속이다."

"그렇지만… 이 아이를 누구에게 주려고 하십니까?" 베드로가 예수의 소매를 잡아당기면서 말한다. "이 아이도 라자로에게요?"

"아니다, 시몬아. 아이를 못 가진 사람이 대단히 많다…."

"저도 있습니다…" 베드로의 얼굴이 욕망으로 핼쑥해지는 것 같다.

"시몬아 네게 이 말을 했다. 너는 내가 남겨줄 모든 아이들의 '아버지'가 되어야 한다. 그러나 네게 딸린 아들의 속박에 얽매어서는 안 된다. 이것을 기분나쁘게 생각하지 말아라. 너는 선생에게 너무도 필요하기 때문에 선생이 어떤 애정으로 인해서 너를 자기에게서 떼어놓을 수가 없다. 시몬아, 나는 까다롭다. 나는 가장 질투심이 많은 신랑보다도 더 까다롭다. 나는 너를 특별한 사랑으로 사랑한다. 그래서 너를 전적으로 나를 위해서 내 것으로 가지기를 원한다."

"좋습니다, 주님… 좋습니다. 주님이 원하시는 대로 되기 바랍니다." 가엾은 베드로는 이렇게 예수의 뜻에 동의하는 것이 영웅적이다.

"이 아이는 태어나는 내 교회의 어린 아이가 될 것이다. 동감이냐? 이 아이는 모든 사람의 것이기도 하고 누구의 것도 아니기도 할 것이다. '우리의' 어린 아이일 것이다. 행정(行程)이 허락할 때에는 우리와 같이 다닐 것이고, 그렇지 않으면 우리에게로 나중에 올 것이다. 이 아이의 보호자는 목자들일 것이다. 모든 어린 아이들을 '그들의' 아기 예수로 보고 사랑하는 목자들이. 꼬마야, 이리 오너라. 이름이 뭐냐?"

"요한의 야베입니다. 그리고 유다 사람입니다" 하고 소년은 서슴지 않고 말한다.

"그렇습니다. 저희는 유다 사람입니다" 하고 노인이 확인한다. "저는 유다에 있는 도라의 소유지에서 일하고 있었는데, 제 딸이 이 지방 사람에게 시집왔습니다. 저는 아리마태아 근처의 수풀에서 일하고 있었는데, 지난 겨울…"

"저는 큰 불행을 보았습니다…."

"얘는 그날 밤 멀리 있는 친척 집에 있었기 때문에 무사했습니다. …정말이지 제 이름값을 했습니다. 주님! 저는 딸에게 이내 그 말을 했습니다. '왜 이런 이름을 붙였니? 너는 옛날 성경도 기억 못하니?' 하고요. 그러나 사위는 얘에게 이 이름을 붙여 주기를 원했고, 그래서 야베라는 이름을 가지게 되었습니다."

"'어린 아이가 주께 간청하면 주께서 그에게 강복하실 것이고, 그의 경계를 넓혀 주실 것이고, 주의 손이 그의 손에 있어 다시는 불행에 짓눌리지 않을 것이다' 할아버지, 할아버지와 죽은 이들의 영을 위로하기 위하여, 그리고 고아의 용기를 돋워 주기 위하여 주께서 이 아이에게 그런 것을 주실 것입니다. 그리고 이 어린 아이에 대한 사랑으로 여러분이 육체의 필요를 영혼의 필요에서 분리한 지금, 내가 여러분을 위해서 생각한 비유를 들으시오.

옛날에 대단히 부유한 사람이 있었습니다. 그는 가장 아름다운 옷을 입고 있었습니다. 주홍빛 옷과 올이 가는 아마포 옷을 입고 광장과 집에서 으스대며 걸어 다녔습니다. 동향인들은 그를 그 지방의 가장 권세있는 사람으로 존경했고, 친구들은 이득을 얻으려고 그의 교만을 부추겼습니다. 그의 집방들은 날마다 호화로운 잔치를 하느라고 열려 있었는데, 그곳에서는 모두가 부자인, 따라서 옹색하지 않은 많은 손님이 밀려들어 못된 부자에게 아부했습니다. 그의 잔치는 음식이 푸짐한 것과 포도주가 맛있는 것으로 유명했습니다.

그러나 같은 시내에 거지가 한 사람 있었습니다. 대단한 거지였습니다 부자가 재산이 대단한 것만큼이나 이 거지의 비참도 대단했습니다. 그러나 거지 라자로의 인간적인 비참의 껍질 밑에는 라자로의 비참보다도 나쁜 부자의 재산보다도 훨씬 더 큰 보물이 들어 있었습니다. 그것은 라자로의 참된 거룩함이었습니다. 라자로는 필요 때문에도 율법을 어긴 일이 절대로 없었고, 특히 하느님과 이웃을 사랑하라는 계명을 지켰습니다. 라자로는 거지들이 항상 그러는 것처럼 동냥을 청해서 굶어 죽지 않으려고 부잣집 문전에 자리잡곤 했습니다. 그래서 지극히 화려한 방에 차려놓은 호화로운 잔칫상의 찌꺼기라도 좀 얻을 희망을 가지고 매일 저녁 악한 부자의 집 문앞에 갔습니다.

그는 문 근처 길에 누워서 참을성있게 기다렸습니다. 그러나 라자로가 와 있는 것이 부자의 눈에 띄면, 헌 데투성이에 영양실조에 걸리고 누더기를 걸친 그 육체가 그의 손님들에게 너무도 마음아픈 광경이기 때문에 그를 쫓아버리게 했습니다. 그 광경이 가슴아프다고 한 것은 부자의 말이었고, 사실은 라자로의 비참과 착함을 보는 것이 그에게 끊임없는 비난이 되기 때문에 그런 것이었습니다. 값진 목걸이를 하고 영양이 좋은 부자의 개들이 부자보다 더 동정을 했습니다. 개들은 불쌍한 라자로에게 가까이 와서 그의 헌데를 핥아 주고, 그가 쓰다듬어 주기 때문에 좋아서 짖으며, 호화로운 식탁에서 남은 음식들을 그에게 갖다 주었습니다. 이와 같이 그 짐승들 덕택으로 라자로는 음식을 주지 않는 데도 살아 남았습니다. 사람으로 말하면 식사가 끝난 다음에 식탁에서 떨어진 부스러기를 주우려고 방에 들어가는 것까지도 허락하지 않았기 때문에 라자로가 죽었을 것이기 때문입니다.

어느 날 라자로가 죽었습니다. 세상에서는 아무도 그것을 알아차리지 못했고, 그의 죽음을 슬퍼하는 사람도 도무지 없었습니다. 오히려 그날과 그후 부자는 그가 '치욕'이라고 부르던 그 비참한 꼴을 그의 문지방에서 보지 않게 된 것을 기뻐했습니다. 그러나 하늘에서는 천사들이 그 죽음을 알아차렸습니다. 라자로가 숨을 거둘 때 차고 아무것도 없는 그의 굴에는 하늘의 군대가 와서 눈부신 빛 속에서 그의 영혼을 거두어 가지고 환희의 노래를 부르며 아브라함의 품으로 데려갔습니다.

얼마 지나서 부자도 죽었습니다. 오! 얼마나 호사스러운 장례식이었는지요! 그가 죽어간다는 소식을 벌써 듣고, 호기심으로 또는 유족들의 관심을 끌기 위해 그 사람의 친구로 점찍히기 위해 그의 저택이 우뚝 솟아 있는 광장에 몰려들었던 온 시내 사람이 슬픔을 같이 해서 울음소리가 하늘까지 올라갔고, 슬픔의 울음소리와 함께 죽은 '위인', '은인', '의인'에 대한 거짓 찬사들도 올라갔습니다.

사람의 말이 하느님의 심판을 바꿀 수 있습니까? 인간의 변호가 생명의 책에 기록된 것을 바꿀 수 있습니까? 아닙니다, 그렇게 할 수 없습니다. 판결된 것은 판결된 것이고, 씌어진 것은 씌어진 것입니다. 그래서 호화로운 장례식에도 불구하고 나쁜 부자의 영은 지옥에 묻혔습니다.

그러자 그 소름끼치는 감옥 속에서 불과 어두움을 먹고 마시며, 사방에서 또 그 영원의 순간마다 미움과 고통을 보면서 하늘을 쳐다보았습니다. 번개치는 것 같은 빛 속에서 지극히 짧은 순간 동안 보았던 하늘을 쳐다보았는데, 그의 머리 속에 아직 생생하게 남아 있는 하늘의 말할 수 없는 아름다움은 혹독한 고통 중에서도 혹독한 고통이었습니다. 그런데 저 위에 아브라함이 보였습니다. 멀리 떨어져 있지만, 빛나고 지극히 행복한 아브라함이었습니다. …그리고 그의 품에는 역시 빛나고 지극히 행복한 라자로가 있었습니다. 전에는 업신여김받고 혐오감을 일으키고 초라하던 거지 라자로가, 그런데 지금은? …그런데 지금은 하느님의 빛과 그의 거룩함의 빛으로 아름답고, 하느님의 사랑으로 부유하고, 사람들에게서가 아니라 하느님의 천사들에게서 찬미를 받는 것이었습니다.

나쁜 부자는 울면서 부르짖었습니다. '아브라함 아버지, 저를 불쌍히 여겨 주십시오! 할아버지께서 직접 그렇게 하시기를 바랄 수는 없으니까 라자로를 보내 주십시오. 라자로를 보내셔서 손가락 끝을 물에 적셔서 제 혀에 얹어 시원하게 해주십시오. 저는 끊임없이 제 속으로 파고 들어와 저를 태우는 그 불꽃 속에서 무섭게 고통을 당하고 있으니까요!'

아브라함은 이렇게 대답했습니다. '아들아, 너는 살아 있는 동안 모든 복을 누렸었고, 라자로는 모든 불행을 겪었다는 것을 기억하여라. 라자로는 그의 불행을 가지고 선을 할 줄 알았는데, 너는 네 재산을 가지고 악밖에 할 줄을 몰랐다. 그러므로 라자로는 위로를 받고 너는 고통을 받는 것이 정당하다. 게다가 지금은 이미 그렇게 할 수가 없게 되었다. 세상에는 성인들이 여기저기 퍼져 있어 사람들이 거기에서 이익을 얻게 하였다. 그러나 이웃에 그런 사람들이 있는데도 불구하고 사람이 변하지 않고 그대로 있으면 — 네 경우에는 마귀로 — 나중에는 성인들의 도움을 청해도 소용없다. 이제는 우리들이 갈라져 있다. 밭에서는 풀들이 섞여 있다. 그러나 풀을 벤 다음에는 좋은 풀과 나쁜 풀을 갈라놓는다. 너희와 우리도 마찬가지이다. 세상에서는 우리가 같이 있었는데, 너희들은 우리를 쫓아내고 수백 수천 가지 모양으로 우리를 괴롭혔고, 너희는 사랑의 법을 지키지 않고 우리를 잊었다. 이제는 우리가 서로 갈라져 있다. 너희와 우리 사이에는 하도 깊은 구렁이 가로놓여 있어서 여기에서 너희들에게로 건너가고자 하는 사람들이라도 그렇게 할 수가 없고, 거기 있는 너희들도 그 무서운 심연을 건너 우리에게로 올 수가 없다.'

부자는 더 크게 울면서 부르짖었습니다. '거룩하신 아버지, 제발 라자로를 제 아버지의 집에만이라도 보내 주십시오. 저는 형제가 다섯이 있습니다. 저는 친척들 사이에서까지도 사랑을 결코 이해하지 못했습니다. 그러나 지금은 사랑을 받지 못한다는 것이 얼마나 무서운 것인지를 깨닫습니다. 그리고 제가 있는 이곳은 미움뿐이기 때문에 제 영혼이 눈 깜박할 사이에 하느님을 본 그 동안 사랑이 무엇인지를 이제는 깨달았습니다. 저는 제 형제들이 저와 같은 벌을 받는 것을 바라지 않습니다. 그들이 저와 같은 생활을 하고 있다는 생각을 하니 그들 때문에 몹시 겁이 납니다. 아이고! 라자로를 보내셔서 제가 어디에 와 있는지, 무슨 이유로 여기에 와 있는지 알려 주고, 지옥이 있고, 지옥은 소름끼치는 곳이며, 하느님과 이웃을 사랑하지 않는 사람은 지옥에 온다고 말하게 해주십시오. 라자로를 보내 주십시오! 그래서 그들이 늦지 않게 대비해서 영원한 고통을 받는 이곳에 끌려오게 되지 않도록 해주십시오.'

그러나 아브라함은 이렇게 대답했습니다. '네 형제들은 모세와 예언자들을 가지고 있다. 이들의 말을 들을 것이다.'

그러니까 고통을 당하는 영혼으로 신음하면서 나쁜 부자는 대답했습니다. '아이고 아브라함 아버지, 죽은 사람이 가면 그들에게 더 깊은 감명을 줄 것입니다. …제 청을 들어 주십시오! 불쌍히 여겨 주십시오!'

그러나 아브라함은 이렇게 말했습니다. '그들이 모세와 예언자들의 말을 듣지 않았으니, 그들에게 진리의 말을 하기 위해 한 시간 동안 다시 살아날 사람의 말은 더구나 믿지 않을 것이다. 게다가 지극히 행복한 사람이 내 품을 떠나서 원수의 아들들의 모욕을 받으러 가는 것은 옳지 않다. 그에게는 이제 모욕의 때가 지나갔다. 지금은 평화를 누리고 있으며, 하느님의 말씀도 믿지 않고 그것을 실천에 옮기지 않는 사람들을 회개시키려고 시도하는 것이 쓸데 없는 일임을 아시는 하느님의 명령으로 평화 속에 머물러 있다.'

이 비유는 아주 분명한 뜻을 가지고 있어서 설명할 필요도 없습니다.

여기서는 새로운 라자로인 내 요나가 성덕을 닦으면서 정말로 살았습니다. 요나가 하느님 곁에서 영광을 누리고 있다는 것은 그에게 바라는 사람에게 주는 보호로 명백해집니다. 그렇습니다. 여러분에게로 요나는 보호자와 친구로 올 수 있고, 또 여러분이 언제나 착하게 살면 실제로 올 것입니다. 지난 봄에 요나에게 한 말을 여러분에게도 합니다만, 여러분 모두를 물질적으로도 도우러 올 수 있었으면 좋겠습니다. 그러나 그렇게는 할 수 없습니다. 그래서 괴롭습니다. 나는 여러분에게 하늘을 가리킬 수밖에 없습니다. 여러분에게 미래의 나라를 약속하면서 체념이라는 큰 지혜를 가르치는 일밖에 할 수가 없습니다. 어떤 이유로도 미워하지 마시오. 미움이 이 세상에서는 강력합니다. 그러나 미움은 항상 한계가 있습니다. 사랑의 능력은 이 세상에서도 한이 없습니다. 그러므로 여러분은 사랑해서 사랑이 이 세상에서 여러분을 보호하고 여러분의 용기를 돋워 주게 하고 하늘에서는 여러분에게 상을 주게 하시오. 나쁜 부자가 되는 것보다는 라자로가 되는 것이 낫습니다. 이것을 믿으시오. 이것을 믿게 되면 여러분은 지극히 행복할 것입니다.

이 밭들이 받은 벌에서 미움의 말을 보지 마시오. 비록 사실들이 이 미움을 정당화할 수는 있어도 말입니다. 기적을 잘못 해석하지 마시오. 나는 사랑입니다. 그래서 벌을 주지 않았을 것입니다. 그러나 사랑이 잔인한 부자를 복종시킬 수가 없었으므로 그를 정의에 맡겼습니다. 그래서 정의가 도나와 그의 형제들에 대한 박해에 보복을 행한 것입니다. 여러분은 이 기적에서 교훈을 얻으시오. 정의는 없는 것같이 보일 때에도 항상 깨어 있다는 것, 그리고 하느님께서는 만물의 주재자이시기 때문에 정의를 행사하기 위하여 애벌레와 개미같이 가장 보잘 것 없는 것을 서서 잔인하고 탐욕스러웠던 자의 심장을 물게 하시고 그의 목을 조르는 독을 토하면서 죽게 하실 수 있다는 것을 말입니다.

이제는 여러분에게 강복합니다. 그러나 새벽마다 여러분을 위해 기도하겠습니다. 그리고 할아버지는 내게 맡기는 어린 양 걱정은 마세요. 내가 이따금씩 이 아이를 할아버지한테 데려와서 이 아이가 하느님의 길에서 지혜와 착함이 자라는 것을 보고 기뻐할 수 있게 하겠습니다. 이 어린 아이가 이번 과월절의 할아버지의 어린 양이 될 것인데, 야훼의 제단에 바친 어린 양 중에서 가장 하느님의 뜻에 맞는 어린 양일 것입니다. 야베야, 할아버지께 인사드려라. 그리고 네 구세주, 네 착한 목자에게로 오너라. 평화가 여러분과 함께 있기 바랍니다!"

"아이고! 선생님! 착하신 선생님! 선생님을 떠나다니!…"
"그렇습니다. 이것은 괴로운 일입니다. 그러나 여러분이 여기 있는 것을 감시인이 보면 좋지 않을 것입니다. 나는 여러분에게 벌을 피하게 하기 위해 일부러 이곳에 왔습니다. 여러분에게 이 충고를 하는 사랑에 대한 사랑으로 순종하시오."

불쌍한 사람들은 눈에 눈물을 글썽거리며 일어나 그들의 고난을 향하여 간다. 예수께서는 다시 그들에게 강복하신다. 그리고 어린 아이의 손을 잡고, 한편에는 엔도르의 사람이 걷는 가운데 이미 가셨던 길로 해서 미케아의 집으로 돌아오신다. 그 동안 망보는 일을 마치고 형제들에게 돌아오는 안드레아와 요한이 예수와 합류하였다.

53. 에스드렐론에서 마젯도를 거쳐 엔간님으로

"주님 저 산은 가르멜산이 아닙니까?" 하고 사촌 야고보가 묻는다.
"그렇다. 이것은 가르멜 산맥인데, 제일 높은 봉우리 이름에서 따온 것이다."
"그곳에서도 세상이 아름답겠군요. 선생님은 거기 가보신 적이 없습니까?"
"한 번 갔었다. 혼자서. 내가 전도를 시작할 때였다. 그 산 아래에서 첫번째 문둥병자를 고쳐 주었다. 그러나 엘리야의 일을 상기하기 위해서 함께 가보자…."
"고맙습니다, 예수님. 선생님은 언제나 그런 것처럼 제 뜻을 알아들으셨군요."
"그리고 언제나처럼 너를 완전하게 한다, 야고보야."
"왜요?"
"그 이유는 하늘에 씌어 있다."
"제게 말씀해 주시지 않겠어요. 하늘에 씌어진 것을 읽으시는 선생님이?"
예수와 야고보는 나란히 걸어간다. 그리고 예수께서 여전히 손을 잡고 가시는 어린 야베만이 서로 눈을 들여다보며 미소짓는 사촌들의 속내이야기를 들을 수 있다.
예수께서는 야고보를 한층 더 가까이 끌어당기려고 야고보의 어깨에 팔을 거시며 물으신다. "정말 그것을 알고 싶으냐? 그러면 내가 수수께끼로 말해줄 터인데, 그것을 푸는 열쇠를 찾아내면 너는 지혜로울 것이다. 들어보아라, '거짓 예언자들이 가르멜산 위에 모였으므로 엘리야가 가까이 가서 백성에게 말하였다. 〈언제까지 두 편 사이에서 망설이겠느냐? 만일 주님이 하느님이시면, 그분을 따라라. 만일 바알이 하느님이면 그를 따라라〉 백성은 대답하지 않았다. 그러니까 엘리야가 계속하여 말하였다. 〈주님의 예언자들 중에서 남은 사람은 오직 나 하나뿐이다〉 그리고 혼자인 사람의 유일한 힘은 〈주여, 제 청을 들어주십시오. 제 청을 들어주시어 이 백성이 당신이 주 하느님이심을 인정하게 하시고, 당신이 다시 그들의 마음을 돌리도록 하십시오〉 하고 말하는 그의 부르짖음뿐이었다. 그러자 주의 불이 내려와서 제물을 삼켜버렸다.' 자, 알아맞혀 보아라."

야고보는 고개를 갸우뚱 하고 곰곰히 생각한다. 그리고 예수께서는 빙그레 웃으시며 그를 들여다보신다. 그들은 이렇게 몇 미터를 간다. 그러다가 야고보가 말한다. "이것은 엘리야에 관계되는 것입니까, 제 장래에 관한 것입니까?"

"네 장래에 관한 것이다. 물론…"

야고보는 또 곰곰히 생각하더니 속삭인다. "저는 진정으로 오직 한길만을 따르라고 이스라엘에게 권하도록 운명지워지겠습니까? 저는 이스라엘에 혼자 남도록 부름을 받을 것입니까? 그렇다면 다른 사람들은 박해를 받아 흩어질 것이고, 그리고… 제가 마치 사제인 것처럼… 마치… 희생제물인 것처럼… 이 백성의 회개를 위해 주님께 기도하게 될 것이란 말씀입니까? 그러나 만일 그렇다면 지금부터 저를 타오르게 해주십시오, 예수님…"

"너는 벌써 타오르고 있다. 그러나 너는 엘리야와 같이 불에 휩쓸려 갈 것이다. 그렇기 때문에 나와 너 둘이만 가르멜산에 가서 말을 할 것이다."

"언젭니까? 과월절 후입니까?"

"어떤 과월절 후가 될 것이다. 그때에는 네게 많은 것을 말해 주겠다…."

봄비와 눈녹은 물로 불어서 바다로 빨리 흘러 들어가는 개울이 그들의 걸음을 멈추게 한다.

베드로가 달려와서 말한다. "다리는 더 상류쪽 프톨레마이스에서 엔간밈 (혹은 엔간님)으로 가는 길이 지나가는 데 있습니다…."

예수께서는 순순히 뒤로 돌아오셔서 든든한 돌다리로 개울을 건너신다. 바로 뒤에 작은 산들과 언덕들이 나타나는데, 별로 중요한 것들이 아니다.

"저녁나절에 엔간님에 닿게 될까요?" 하고 필립보가 묻는다.

"물론. 그러나… 지금은 이 어린 아이를 데리고 있구나. 야베야, 피곤하냐?" 하고 예수께서 다정스럽게 물으신다. "천사처럼 솔직해라."

"주님, 조금이요. 그렇지만 걷도록 힘쓰겠어요."

"이 아이는 약해졌습니다" 하고 엔도르의 사람이 목구멍에서 울려나오는 목소리로 말한다.

"물론이지요!" 하고 베드로가 외친다. "몇 달째 살아오는 그의 생활로 보아! 내가 안고 갈게 이리 오너라."

53. 에스드렐론에서 마젯도를 거쳐 엔간님으로

"아이고! 아닙니다, 주님. 애쓰지 마세요. 아직 걸을 수 있어요."

"이리 오너라, 이리 와. 너는 틀림없이 무겁지 않을 거다. 너는 잘 먹지 못한 새 같다." 그러면서 베드로는 그를 번쩍 들어올려 딱 벌어진 어깨에 걸터앉히고 다리를 붙잡는다.

해가 이제는 곧바로 내려쬐어서 빨리 그늘진 언덕을 향하여 갈 생각이 들기 때문에 그들은 빨리 걷는다.

그들은 대단히 시원하고, 또 우중충한 돌로 된 수반으로 넘쳐흐르는 물이 많기 때문에 대단히 요란한 샘 근처에서 식사를 하고 쉬기 위하여 어떤 마을에 정지하였는데, 그 마을을 마젯도라고 부르는 소리가 들린다. 그러나 이 마을 사람은 아무도 다른 순례자들 가운데에 있는 이름없는 여행자들에게 관심을 보이지 않는다. 순례자들은 부자도 있고 덜 부유한 사람도 있어서 어떤 사람들은 걸어서, 어떤 사람들은 나귀를 타고, 어떤 사람들은 노새를 타고 예루살렘을 향하여 간다. 벌써 명절 분위기이고, 여행자들 가운데에는 어린이들이 많은데, 성인례(成人禮)를 생각하고 매우 명랑하다.

야베가 그를 여러 가지 자질구레한 것으로 끌어당기며 어디에서나 같이 데리고 다니는 베드로와 같이 있는데, 유복한 신분의 두 소년이 샘 근처에서 놀려고 온다. 그들은 야베에게 묻는다. "너도 율법의 아들이 되려구 가니?"

야베는 수줍어하며 "응" 하고 대답한다. 그러나 거의 베드로의 뒤에 가서 숨다시피한다.

"네 아버지냐? 넌 가난하지?"

"그래, 난 가난해."

아마 바리사이파 사람들의 아들인 두 소년은 야베를 비웃는 태도로 신기한 듯이 살펴보면서 말한다. "그건 알 수 있어."

사실 알 수 있다. …그의 작은 옷은 정말 보잘 것 없다! 아마 그 동안 아이가 자랐고 일기불순으로 색이 바랜 밤색 옷의 접어서 감친 단을 뜯었는데도 옷은 겨우 갈색의 작은 다리 중간에 와서 찌그러진 샌들을 신은 작은 발이 드러나보인다. 샌들을 노끈으로 고정시켜서 발이 아플 것이 틀림없다.

많은 아이들 특유의 이기주의와 전적으로 착하지 않은 아이들의 잔인으로 무자비하게 된 소년들은 말한다. "오! 그럼 너는 네 명절빔도 없겠구나! 그렇지만 우리는…! 그렇지, 요아킴아? 나는 아주 새빨간 옷에 같은 빛깔 겉옷이고. 얘는 하늘색 옷. 그리고 우리는 은버클이 달린 샌들을 신고 값진 허리띠에 금판으로 고정시킨 어깨걸이를 할 거야. 그리고…."

"…그리고 돌 같은 마음을 가질 거다. 내가 말해 주마!" 하고 발을 시원하게 하고 나서 모든 수통에 물을 채운 베드로가 외친다. "너희들은 못돼먹었다! 마음이 착하지 않으면 의식과 옷은 아무 값어치도 없다. 나는 내 아이가 더 좋다. 교만한 놈들, 자리를 비켜라! 부자들한테 가라. 그리고 가난하고 정직한 사람들을 존중해라. 이리 오너라, 야베야! 이 물이 피로한 발에는 좋다. 발을 씻어 줄께 이리 오너라. 그러고 나면 더 낫게 걸을 거다. 아이고! 이 노끈들 때문에 얼마나 아팠겠니! 너는 더 걸어서는 안 된다. 엔간님에 갈 때까지 너를 안고 가겠다. 거기서 샌들 장수를 찾아내서 새 샌들을 사주마." 그러면서 베드로는 작은 발을 씻고 닦아 준다. 그 발은 오래 전부터 이런 애무는 받지 못하였다.

어린 아이는 그를 쳐다보고 망설이다가 이윽고 샌들 끈을 다시 매고 있는 베드로에게로 몸을 기울인다. 그리고 야윈 팔로 그를 껴안으며 말한다. "아저씨는 정말 친절해요!" 그러면서 그의 반백의 머리에 입맞춤을 한다.

베드로는 감동한다. 그는 축축한 땅에 그대로 앉고, 어린 아이를 안아 무릎에 올려놓고 말한다. "그럼 나를 '아버지'라고 불러라."

두 사람은 호감이 가는 작은 집단을 이룬다. 예수께서는 다른 사람들과 같이 앞으로 나아오신다. 그러나 그전에 호기심을 가지고 보고 있던 조금 전의 그 교만한 꼬마가 말한다. "아니, 이 사람은 네 아버지가 아니냐?"

"나한텐 이분이 아버지도 되고 엄마도 된다" 하고 아베가 자신있게 말한다.

"그래! 말 잘했다. 아버지도 되고 엄마도 된다. 그리고 이 꼬마 양반들아, 분명히 말하지만 얘가 나쁜 옷을 입고 의식에 가지 않을 거다. 얘도 불같이 빨간 왕의 옷을 입고, 풀같이 새파란 허리띠를 띠고, 눈같이 흰 어깨걸이를 할 거다."

비록 전체가 잘 조화된 것은 아니지만 으쓱대는 두 꼬마는 깜짝 놀라 도망친다.

"그 축축한 데서 뭘 하느냐, 시몬아?" 하고 예수께서 미소를 지으시며 물으신다.

"축축하다구요? 아! 그렇군요. 이제야 알겠군요. 제가 뭘 하느냐구요? 죄없는 어린 것을 가슴에 안고 제가 다시 어린 양이 됩니다. 아! 선생님! 선생님! 좋습니다. 가십시다. 그렇지만 이 꼬마와 같이 가게 내버려주십시오. 나중에는 얘를 양보하겠습니다. 그렇지만 얘가 참다운 이스라엘 사람이 아닌 동안은 얘가 제 것입니다."

"그렇고말고! 그리고 너는 언제나 늙은 아버지처럼 이 아이의 보호자로 있을 것이다. 동감이냐? 아이를 너무 종종걸음을 치지 않게 하면서 엔간님에 오늘 저녁에 닿을 수 있도록 떠나자."

"제가 업고 가겠습니다. 얘는 제 그물보다 더 가볍습니다. 이 낡은 샌들을 신고서는 얘가 걸음을 걸을 수가 없습니다. 이리 오너라." 그리고 소년을 업고 여러 가지 열매가 달린 나무숲 가운데로 점점 더 그늘이 진 길을 즐겁게 다시 걷기 시작한다. 그들은 기름진 에스드렐론 평야가 내려다보이는 비탈이 완만한 야산을 올라간다.

그들은 엔간님 근처에 이르렀다. 엔간님은 아마 로마인들이 건설한 고가(高架)수로로 하여 야산에서 물이 잘 공급되는 아름다운 소도시임에 틀림없었다. 한 분견대의 병사가 오는 바람에 일행은 길가로 비낄 수밖에 없었다. 말발굽 소리가 길에 울려 퍼진다. 도시 근방인 이곳에는 도로가 불완전하게 포장되어 있는데, 한 번도 비질을 하지 않은 도로에 쌓인 먼지와 쓰레기 속에 포석이 나타난다.

"선생님, 안녕하십니까? 선생님이 여길?" 뿌블리우스 퀸띨리아누스가 말에서 내려 예수께로 가까이 오며 말고삐를 잡고 솔직하게 웃으면서 말한다. 그의 병사들은 그들의 대장이 정지한 것을 고려하여 보조를 맞춘다.

"과월절을 지내러 예루살렘에 갑니다."

"저도 그렇습니다. 본시오 빌라도도 명절 동안 도성에 와 있기 때문에 도성의 수비대를 보강합니다. 그리고 여기에는 글라우디아도 있습니다. 저희들이 호위합니다. 길이 별로 안전하지 않거든요! 독수리가 가면 재칼들이 도망칩니다." 하고 군인은 말하며 예수를 쳐다본다. 그리고 더 가만히 말을 계속한다. "올해에는 저 몹시 불쾌한 안티파스를 보호하려고 수비대를 배가합니다. 예언자를 체포한 것으로 인해서 불만이 많거든요. 이스라엘에 불만이 있고… 따라서 저희들 사이에도 불만이 있습니다. 그러나… 우리들은 벌써 대사제와 한패 거리들의 귀에 조그마한 친절한 피리 곡조를… 흘려들여보낼 생각을 했습니다." 그리고 더 작은 목소리로 말을 마친다. "마음 턱 놓고 가십시오. 그 사람들이 모두 발톱을 들여보냈습니다. 하! 하! 그 사람들은 우리를 무서워하거든요. 목소리를 가다듬느라고 기침을 하기만 해도 그 사람들은 그것을 외치는 소리로 듣습니다. 예루살렘에서 설교를 하시겠습니까? 총독 관저 근처로 오십시오. 글라우디아는 선생님을 위대한 철학자로 이야기합니다. 그런데 글라우디아가 총독이니까… 그것이 선생님께도 좋습니다." 그는 주위를 둘러보다가 베드로가 아이를 업고 땀을 흘리며 얼굴이 시뻘겋게 되어 있는 것을 보고 "저 아이는요?" 하고 말한다.
"내가 데려오는 고아입니다."
"아니, 제자분이 너무 지쳤습니다! 꼬마야, 말을 타고 몇 미터쯤 가면 무섭겠니? 너를 내 짧은 망또 속에 넣고 천천히 가마. 성문에 가서는 그… 사람에게 돌려주마."
아이는 반항하지 않는다. 어린 양처럼 온순하다. 그래서 뿌블리우스는 어린 아이를 자기와 같이 안장에 올려 앉힌다. 그리고 병사들에게 천천히 전진하라는 명령을 주는 동안 엔도르의 사람도 본다. 그를 똑바로 바라다보며 "당신이 여기에?" 하고 말한다.
"예, 나요. 나는 로마 사람들에게 달걀파는 일을 그만두었소. 하지만 닭들은 아직 거기 있소. 지금은 내가 선생님을 모시고 있소…."
"당신을 위해 좋은 일이오! 당신은 위안을 더 받을 거요, 안녕! 선생님, 안녕히 가십시오. 저 작은 숲에서 기다리겠습니다." 그러면서 말에 박차를 가한다.
"그 군인을 알아요? 또 그 군인도 당신을 알고?" 여러 사람이 엔도르의 요한에게 묻는다.
"예, 닭을 대주는 사람으로. 처음에는 그 사람이 나를 알지 못했습니다. 그러나 한 번은 납입금 액수를 정한다고 나임의 지휘소에 불려 갔었는데, 저 군인이 거기 있었습니다. 그때부터 내가 책이나 연장을 사려고 가이사리아에 가면 그가 늘 내게 인사를 하곤 했습니다. 그 사람은 나를 키클로페스* 또는 디오게네스*라고 불렀습니다. 그 사람은 악인이 아니지요. 그래서 내가 로마 사람들을 미워하지만 그 사람에게 모욕을 준 적이 없습니다. 그 사람이 내게 도움을 줄 수 있었으니까요."
"선생님, 보셨습니까? 제가 가파르나움의 백부장에게 연설한 효과가 나타났습니다. 이제 저는 길을 가는 것이 더 안심이 됩니다" 하고 베드로가 말한다.
그들은 그 그늘에서 정찰대가 말에서 내려 쉬고 있는 작은 숲에 이르렀다.
"자, 어린 아이를 돌려드립니다. 선생님, 제게 명령하실 것이 있습니까?"
"아니오, 뿌블리우스. 하느님께서 당신에게 나타나시기를 바랍니다."
"안녕히 가십시오." 그러면서 말에 올라 박차를 가하니 그의 부하들이 말발

---

* 역주 : 그리이스 신화에 나오는 외눈 거인.
* 역주 : 고대 그리이스의 철학자.

굽 소리와 갑옷 소리를 요란스럽게 내며 그를 뒤따른다.

그들은 시내로 들어가고, 베드로는 꼬마 친구를 데리고 샌들을 사 주러 간다.

"저 사람은 아들이 갖고 싶어 죽을 지경입니다" 하고 열성당원이 말한다. 그리고 덧붙인다. "저 사람 생각이 옳습니다."

"나는 너희들에게 수많은 아들을 주겠다. 이제는 내일 새벽에 길을 계속하게 숙소를 찾아가자."

54. 엔간님에서 세겜까지 이틀 동안에

순례자들이 점점 더 많아지는 길로 해서 예수께서 예루살렘을 향하여 길을 계속하신다. 밤 사이에 소나기가 와서 길이 물에 좀 잠겼다. 그러나 그 대신 먼지가 가라앉았고 공기가 맑아졌다. 밭들은 손질이 잘 된 정원 같다.

그들은 잠시 쉬어서 피로를 회복하였기 때문에 모두 빨리 걷는다. 어린 아이는 새 샌들을 신어서 걷기가 고생스럽지 않다. 오히려 점점 더 신뢰하며 이사람 저사람과 재잘거리고, 아버지의 이름이 요한이었고 어머니의 이름은 마리아였다고, 그래서 요한을 참 좋아한다고 요한에게 털어놓았다. "그렇지만 나는 다들 아주 좋아해요. 그래서 성전에 가서 아저씨들을 위해서 그리고 주 예수님을 위해서 많이많이 기도할래요" 하고 덧붙인다.

대부분은 자녀가 없는 저 사람들이 예수의 제일 어린 제자에 대하여 얼마나 온정이 넘치고 얼마나 세심한 배려를 하는지 보는 것은 감격적인 일이다. 엔도르의 사람까지도 꼬마에게 달걀을 마시게 할 때나 밑으로 큰길이 지나가는 깊이 파진 골짜기 양쪽에서 점점 더 높은 언덕이나 산비탈을 푸르게 하는 나무에 올라가 오디나 야생 회향(茴香)을 따다가 어린 아이에게 물을 많이 먹이지 않고도 목마름을 달래주고 할 때는 더 상냥한 표정을 짓고, 눈 앞에 나타나는 경치와 전망을 자세히 지적해서 길이 먼 것을 잊게 한다.

인간의 악의로 인하여 망쳐진 친티움의 옛날 교사가 자기 자신이 비참한 사람인 것처럼 비참한 그 어린이를 위하여 다시 살아나고, 환한 미소가 불행과 고민의 주름을 없앤다. 야베는 새 샌들을 신어서 벌써 덜 비참하고 그의 작은 얼굴이 덜 침울하다. 누구의 손으로 그랬는지 머리를 빗겨 주어 그 여러 달 동안의 미개인 같은 생활의 흔적을 말끔히 없애서, 이때까지는 텁수룩하고 먼지투성이였던 머리카락이 보드럽고 깨끗하게 되었다. 요한이라고 부르는 소리를 듣고는 아직 좀 당황해 있다가 이내 내가 이렇게 기억력이 없나 하고 자신에 대한 동정의 미소를 지으며 머리를 젓는 엔도르의 사람도 날이 갈수록 변해간다. 나날이 그의 얼굴에서는 냉혹한 표정이 사라지고 겁을 주지 않는 진지한 태도가 나타난다. 예수의 인자하심으로 다시 살아난 이 비참한 두 사람은 자연 그들의 사랑으로 선생님께 끌린다. 동료들도 소중하다, 그러나 예수님은… 예수께서 그들을 따로 바라다보시거나 말을 거실 때에는 그들의 얼굴 표정이 행복을 아주 생생하게 나타낸다.

일행은 골짜기를 지나고 나서 녹음이 우거진 매우 아름다운 야산을 넘어간다. 그 꼭대기에서는 아직 에스드렐론 평야를 바라다볼 수 있다. 이것을 보고 어린 아이가 말한다. "할아버지는 뭘 하고 있을까?" 그리고 매우 슬픈 한숨을 짓는다. 그의 밤색 눈에는 눈물이 반짝인다. "아이고! 할아버지는 나보다 훨씬 행복하지 못해. …그렇게도 착한 할아버지가!" 그리고 어린 아이의 한탄에 모든 사람의 얼굴에 슬픔의 그림자가 드리워진다. 이제는 일행이 온통 밭과 올리브밭으로 뒤덮인 기름진 계곡을 통하여 내려가는데 가장 이른 포도나무와 올리브나무의 작은 꽃들이 가벼운 바람에 불려 눈처럼 떨어진다. 이제는 에스드렐론 평야가 완전히 보이지 않게 되었다.

식사를 하느라고 잠깐 쉰 다음 다시 예루살렘을 향하여 걷는다. 그러나 빽빽한 풀 사이로 물이 번쩍일 만큼 풀밭이 늪같이 보이는 것을 보면 비가 많이 왔던가 이 곳에 지하수가 침범한 모양이다. 물은 길에까지 찰랑거릴 정도로 올라와서, 길이 조금 높은 데도 대단히 질척거린다. 어른들은 진흙이 튀지 못하게 옷들을 걷어올린다. 유다 타대오는 아이를 쉬게도 할 겸 물이 있어서 어쩌면 건강에 해로울지도 모르는 지역을 빨리 지나가게 하려고 아이를 어깨에 올려놓는다. 해가 뉘엿뉘엿 져갈 때에 일행은 새 야산들을 끼고 바위가 많고 매우 건조한 또 다른 계곡 하나를 지나 바위투성이의 평지에 건설된 마을에 들어간다. 그들은 순례자들의 무리를 뚫고 지나가며 매우 촌스러운 일종의 여인숙에 유숙하려고 한다. 짚을 두껍게 깐 커다란 천막으로 그 이외에는 아무것도 없다.

여기저기 켜놓은 작은 등불들이 순례자 가족들의 저녁식사를 밝혀준다. 사도들의 가족과 같이 가난한 가족들이다. 부자들은 대부분이 이곳 주민들과의 접촉과 가난한 순례자들을 멸시하듯 피하여 마을 밖에 자기들의 천막을 쳤기 때문이다.
 밤이 조용히 내려온다. …제일 먼저 잠이 드는 것은 어린 아이이다. 아이는 피곤해서 베드로의 품에서 쉬는데, 베드로는 곧 이어서 그를 짚 위에 내려놓고 정성스럽게 덮어 준다.
 예수께서는 기도를 드리기 위하여 어른들을 모으신다. 그런 다음 각자는 먼 길을 걸어온 피로를 풀기 위하여 자리에 눕는다.
 다음날, 아침 일찍 떠난 사도 일행은 사마리아를 지난 다음 세겜이 들어갈 찰나에 있다. 성곽을 둘러친 이 도시는 아름답고 위풍당당한 건조물들이 우뚝 솟아 있고 그 둘레에는 아름다운 집들이 질서정연하게 빽빽이 들어차 있어 아름다운 모습을 하고 있다. 이 도시도 티베리아와 같이 로마에서 온 설계에 따라 로마인들에 의하여 최근에 재건되었다는 느낌이 든다. 성곽 밖으로는 빙돌아가며 매우 기름지고 잘 가꾸어진 땅이 둘러싸고 있다. 사마리아에서 세겜으로 통하는 길은 땅을 받쳐 주는 낮은 담을 쌓는 방법으로 계속적인 단계를 이루면서 전개되어 피에솔레*의 협로(峽路)를 연상케 한다. 남쪽으로는 푸른 산들이 보이고, 서쪽으로는 매우 아름다운 평야가 바라다보여 전망이 아주 훌륭하다.
 길은 내려가는 편이지만 그래도 이따금씩 오르막이 되어 다른 야산들을 넘게 된다. 그 야산들 꼭대기에서는 아름다운 올리브나무와 밀과 포도나무 따위 경작지를 가지고 있는 사마리아 지방이 내려다보이는데, 그 야산들 위에서는 협로에서 불어오기 때문에 농작물을 해칠 회오리 바람을 일으키는 경향이 있는 바람에 대하여 농작물을 보호하는 참나무들과 그밖의 키큰 나무들이 지키고 있다. 이 지방은 아미아타 산악지대 쪽의 우리 아페닌 산맥의 여러 가지 점을 연상시키는데, 마렘마의 평지의 곡물 경작지들과 다정스러운 야산들, 그리고 저안쪽으로 준엄한 산들을 동시에 볼 때의 풍경을 연상시킨다. 사마리아가 오늘은 어떤지 모르겠다. 그때에는 매우 아름다웠다.
 이제는 이 지방에서 가장 높은 산 둘 사이에 길게 뻗어 있는 매우 기름지고 관개가 잘 된 계곡이 있고, 그 한가운데에 세겜이 있다. 예수와 제자들이 여기에서 명절을 지내려고 예루살렘으로 이동하는 집정관(執政官)의 측근의 으리으리한 일행을 만나게 된다. 걸어 가는 노예와 물건 운반하는 것을 감시하기 위하여 수레를 타고 가는 노예들… 아이고! 그 시대의 그 사람들이 어떤 필수

―――――――――――
* 역주 : Fiesole. 이탈리아의 소도시.

품 일체를 옮겨가는 것이었는가!!! 또 노예들과 함께 무엇이든지, 완전한 가마들과 여행용 호화 4륜 포장마차까지도 운반하는 진짜 전차(戰車)들이었다. 그것들은 현가장치(懸架裝置)가 잘리어 있고 포장이 둘러쳐져 있어서 그 안에 부인들이 안전한 상태에 있는 바퀴 넷 달린 큰 수레들이었다. 그리고 또 다른 수레들과 노예들이 오고…

한 여인의 보석으로 장식된 손으로 들쳐져서 포장이 열리면서 쁠라우띠나의 준엄한 옆모습이 나타나는데, 그는 말없이 미소를 머금고 인사를 한다. 그리고 종알거리며 활짝 웃고 있는 어린 딸을 무릎에 앉힌 발레리아도 말없이 인사를 한다. 한층 더 호화로운 여행용 수레가 지나가는데, 포장이 하나도 열리지 않는다. 그러나 마차가 벌써 지나간 다음에 끈으로 졸라맨 커어튼 사이로 리디아의 볼그레한 얼굴이 뒷쪽으로 기울면서 고개를 숙여 인사한다. 그 무리가 멀어져 간다….

"저 사람들은 편하게 여행하는군!" 하고 피로해서 땀을 뻘뻘 흘리는 베드로가 말한다. "그러나 하느님께서 도와주시면 모레 저녁이면 우리도 예루살렘에 닿겠지."

"아니다, 시몬아. 나는 요르단강으로 해서 돌아가야 한다."

"아니, 왜요, 주님?"

"이 아이 때문이다. 이 아이는 매우 침울하다. 그런데 무너진 산을 보면 너무 침울해질 것이다."

"그렇지만 저희들은 그 무너진 산을 보지 않을 것입니다! 아니 그보다도 다른 쪽을 볼 것입니다. …그리고… 그리고 제가 이 아이의 정신을 딴 데로 돌리리라고 생각합니다. 저와 요한이 말입니다. …이 둥지없는 새끼 멧비둘기는 이내 기분전환을 합니다. 요르단 쪽으로 가다니요! 설마하니요! 여기가 낫습니다. 바로 가는 길이고, 더 가깝고, 더 안전합니다. 안 됩니다. 안 돼요. 이 길입니다, 이 길이오. 아시겠습니까? 로마 여자들까지도 이 길로 가는데요. 바다와 강 근처에는 초여름 장마가 지는 이 때에 열병 기운이 발산됩니다. 여기는 건강에 좋구요. 또 그리고… 행정(行程)을 더 늘이면 언제 도착하게 됩니까? 세례자가 갑자기 납치된 다음에 선생님의 어머니께서 얼마나 불안하실지 생각해 보십시오!…" 베드로가 이겼다. 그래서 예수께서 동의하신다.

"오늘은 일찍 또 제대로 쉬기로 한다. 그리고 모레 저녁에는 게쎄마니에 도착할 수 있게 내일은 새벽에 떠나자. 우리는 다음 날은 베다니아에 계신 어머니께로 가서 많이 피로하게 하는 요한의 책을 거기에 내려놓고, 또 이사악을 만나서 이 가엾은 형제를 맡기자…."
"그러면 아이는요? 아이도 즉시 주십니까?"
예수께서는 빙그레 웃으신다. "아니다, 이 아이는 '축제'를 준비시키시게 어머니께 맡겨드린다. 그런 다음 과월절에 우리가 데리고 있기로 한다. 그러나 그다음에는 이 아이도 남겨두어야 할 것이다. …이 아이에게 너무 애착을 가지지 말아라! 아니 그보다도 오히려 네 아이인 것처럼 사랑하되 초자연적인 정신으로 사랑하여라. 너도 보다시피 이 아이는 약하고 쉽게 피로한다. 나도 이 아이를 내가 가르쳐서, 이 아이가 내게서 영양을 받아 지혜가 자라게 했으면 좋겠다. 그러나 나는 지칠 줄을 모르는 사람인데 야베는 너무 어리고 너무 약해서 우리의 피로를 감당할 수가 없다. 우리는 유다를 두루 다니다가 오순절을 지내러 예루살렘으로 돌아갔다가… 또 기쁜 소식을 전하러 이리 가고… 저리 가고 할 것이다. …우리는 이 아이를 여름 동안에 우리 고향에서 다시 만날 것이다. 자 세겜 성문에 왔다. 네 동생과 시몬의 유다와 같이 먼저 가서 숙소를 구해보아라. 나는 장터에 가서 너를 기다리겠다."

일행은 헤어져서 베드로는 쉴 곳을 찾아 뛰어 가고, 다른 사람들은 큰소리로 외치고 요란한 몸짓을 하는 사람과 나귀들과 수레들로 혼합한 거리를 어렵게 걸어간다. 이들은 모두가 임박한 과월절을 지내려고 예루살렘으로 가는 것이다. 말하는 목소리와 부르는 소리와 저주가 나귀들의 울음소리와 섞여 들린다. 그것은 집과 집 사이에 있는 좁은 길에 부딪혀 굉장히 큰 소음이 된다. 이 소음은 어떤 조개껍질을 귀에 댈 때에 들리는 소리를 연상시키는 소음이다. 벌써 어둠이 깔리기 시작하고 사람들이 마치 압력을 받은 물과 같이 밤을 지낼 집이나 공간이나 잔디밭을 찾아 달려가는 곳에 메아리가 반향한다….

어린 아이의 손을 잡고 나무에 기대신 예수께서는 장마당에서 베드로를 기다리고 계신데, 장마당에는 기회가 기회인 만큼 장사꾼들이 가득 차 있다.

"아무도 우리를 주목하지 않고 알아보지도 못하는구먼!" 가리옷 사람이 말한다.

"해변에서 어떻게 모래 한 알을 알아보겠나? 군중이 얼마나 되는지 자넨 보지 못하나?" 하고 토마가 대답한다.

베드로가 돌아온다. "시외에 건초가 있는 헛간이 하나 있습니다. 그것 말고는 아무것도 발견하지 못했습니다."

"다른 것을 찾아보지 말자. 그것도 사람의 아들에게는 너무 훌륭하다고 할 수 있다."

55. 세겜에서 베롯으로

강이 새 지류들의 물을 받아 붇는 것처럼, 세겜에서 예루살렘으로 가는 길에는 덜 중요한 길로 해서 여러 마을들에서 성도로 가는 신자들이 쏟아져 들어오는 데 따라 길손들이 점점 더 북적거린다. 이렇게 사람이 많이 몰려드는 것으로 인하여 그 땅 밑에 부모가 묻혀 있는 고향 야산 옆을 지나가면서 그 어린 아이가 눈치를 채지 못하도록 베드로가 아이의 정신을 딴 데로 돌리게 하는데 도움을 받는다.

산 위에 세워진 실로를 왼쪽으로 바라보며 지난 다음 맑고 깨끗한 물이 소리를 내며 흘러가는 푸르른 계곡에서 좀 쉬면서 음식을 먹느라고 오랫 동안 걸은 길을 중단한 뒤였다. 그리고 여행자들은 다시 길을 떠나 햇볕이 사정없이 내리쬐는 거의 나무가 없는 석회질의 야산을 넘어간다. 이제는 꼭대기에 해가 쨍쨍 내리쬐는 석회질의 야산 비탈을 꽃줄장식 모양으로 장식하고 있는 계속되는 매우 아름다운 포도밭들로 해서 내려오기 시작한다.

베드로가 엷은 미소를 지으며 예수께 눈짓을 하니 예수께서는 빙그레 웃으신다. 아이는 엔도르의 요한이 가본 다른 나라들 이야기를 하는 것을 듣는 데 정신이 팔려 있어서 아무것도 눈치채지 못한다. 그 다른 나라들에서는 매우 단 포도가 나는데, 그래도 그 포도들은 포도주를 만드는 데 쓰이기보다는 꿀을 바른 비스킷보다도 더 맛있는 과자를 만드는 데 쓰인다고 한다.

이제는 또 훨씬 더 가파른 새 오름받이다. 사도들의 무리는 먼지가 많이 나고 혼잡한 큰길을 버리고 수풀 사이로 가는 이 지름길을 택하였다. 꼭대기에 이르니, 저 멀리에 아마 회칠을 한 집들인 하얀 덩어리를 뒤덮고 있는 빛의 바다가 벌써 분명히 보인다.

"야베야" 하고 예수께서 부르신다. "이리 오너라. 금처럼 반짝이는 저 점이 보이지? 저기가 주님의 집이다. 거기서 네가 율법을 지키겠다는 맹세를 할 거다. 그런데 율법을 잘 아니?"

"엄마가 율법 얘기를 했고, 아버지가 십계명을 가르쳐 주었어요. 저는 글을 읽을 줄 알아요. …그리고 아버지와 엄마가 죽기 전에 제게 말해준 것을 안다고 생각해요….” 예수께서 부르시는 소리에 웃으면서 뛰어 왔던 아이는 이제는 고개를 숙이고 떨리는 손으로 예수의 손에 잡힌 채 울고 있다.

“울지 말고 내 말을 들어라. 여기가 어딘지 아니? 성 야곱이 천사의 꿈을 꾼 베델이다. 그걸 아니? 그걸 기억하니?”

“예, 주님. 야곱은 땅에서 하늘에까지 올라가는 사다리를 보았는데, 천사들이 그리로 올라가고 내려오고 했습니다. 우리가 늘 착하게 살았으면 죽을 때에 같은 걸 보게 되고 그 사다리로 해서 하느님의 집에 간다고 엄마가 말했어요. 엄마는 아주 많은 말을 해줬어요. …그렇지만 이젠 말을 못해 주게 됐어요. …저는 그 말을 전부 여기에 가지고 있습니다. 엄마한테서 받은 건 이것이 전부입니다….” 몹시 슬퍼하는 작은 얼굴로 눈물이 흘러내린다.

“그러나 그렇게 울지 말고 내 말을 들어라. 야베야. 내게도 어머니가 계신데 마리아라고 한다. 어머니는 거룩하시고 착하시고 많은 것을 말할 줄 아신다. 어머니는 선생보다 더 지혜로우시고 천사보다도 더 착하시고 더 아름다우시다. 이제 우리는 어머니를 뵈러 가는데, 너를 아주 많이 사랑하실 것이다. 어머니는 네게 아주 많은 말을 해주실 것이다. 그리고 내 어머니와 같이 요한의 어머니도 계신데, 그분도 아주 착하시고 이름도 마리아이다. 그리고 내 사촌 유다의 어머니도 계신데, 말할 수 없이 다정한 분이시고 이름은 역시 마리아이다. 이분들이 너를 많이 사랑할 것인데, 네가 착한 아이이기 때문에도 그렇고 너를 많이 사랑하는 내게 대한 사랑으로도 그럴 것이다.

그리고 너는 이 분들과 함께 자랄 것이고, 어른이 된 다음에는 네가 하느님의 성인이 될 것이다. 너는 박사와 같이 되어서 네게 어머니를 돌려준 예수를 전파할 것이다. 이 어머니는 죽은 네 어머니와 네 아버지에게 하늘의 문을 열어 주실 것이고, 네 때가 되면 네게도 하늘의 문을 열어 주실 것이다. 너는 죽을 때에 하늘의 긴 사다리를 올라갈 필요도 없을 것이다. 너는 훌륭한 제자일 것이니까 살아 있는 동안에 벌써 그 사다리를 올라갔을 것이고, 그래서 활짝 열린 천국 문지방에 가 있게 될 것인데, 거기에는 내가 있어서 네게 이렇게 말할 것이다. ‘내 친구이며 마리아의 아들아, 오너라’ 하고. 그리고 우리는 함께 있을 것이다.” 곁에서 작은 손이 예수의 손에 잡힌 채 걸어가는 어린 아이의 작은 얼굴에 더 가까이 계시려고 몸을 좀 기울이고 걸어가시는 예수의 환한 미소와 신기한 이야기 때문에 아이의 눈물이 마르고 미소가 피어오른다.

바보가 아니고 다만 그가 당한 많은 고통과 궁핍에 찍어눌리기만 하였던 어린 아이는 이야기에 흥미를 느껴 이렇게 묻는다. "그렇지만 선생님은 하늘의 문을 열겠다고 말했지요. 그런데 그 문이 큰 죄 때문에 닫히지 않았어요? 엄마가 그러는데, 용서가 오지 않는 동안은 아무도 하늘에 들어가지 못하고, 의인들은 고성소(古聖所)에서 용서를 기다린다는데요."

"그렇다. 하지만 나는 하느님의 말씀을 전한 다음… 그리고 용서를 얻은 다음 아버지께로 가서 이렇게 말할 거다. '아버지, 이제는 제가 아버지의 뜻을 완전히 이루었습니다. 이제는 제 희생에 대한 갚음을 원합니다. 아버지의 나라를 기다리는 의인들이 오게 해주십시오' 하고. 그러면 아버지께서는 '네가 바라는 대로 되기를 원한다' 하고 말씀하실 것이다. 그러면 내가 모든 의인들을 부르러 내려올 것이고, 고성소는 내 목소리를 듣고 문을 열 것이다. 그러면 성조들과 빛나는 예언자들과 이스라엘의 축복받은 여인들과 어린이들이 기뻐하며 나올 것이다. 얼마나 많은 어린이들이 나오겠는지 알겠니? 꽃이 만발한 풀밭처럼 나이를 더 먹은 아이들과 덜 먹은 아이들이 모두 있을 것이다! 그리고 노래를 부르며 나를 따라 아름다운 천국으로 올라갈 것이다."

"우리 엄마도 있을까요?"

"그럼."

"선생님은 저도 죽었을 때 엄마가 선생님과 같이 천국문에 있을 거라고 말하지 않았어요…."

"네 엄마, 그리고 네 엄마와 같이 네 아버지는 그 문에 와 있을 필요가 없을 거다. 빛나는 천사들이 하늘에서 땅으로, 예수에게서 그들의 어린 야베에게로 끊임없이 날아왔다 날아갔다 하고, 네가 죽으려고 할 때에는 저 울타리에 있는 새 두 마리가 하는 것처럼 할 테니까 말이다. 저 새들이 보이니?" 예수께서는 아이가 더 잘 보도록 아이를 안아 올리신다. "새들이 얼마나 정성스럽게 저희들의 작은 알을 품고 있는지 보이지? 저 새들은 알이 깨기를 기다린다. 그런 다음 날개를 펴서 새끼들을 어떤 불행에서든지 보호해 준다. 그리고 새끼들이 자라서 날 수 있게 되면 저희들의 힘있는 날개로 새끼들을 받쳐서 저 높이, 높이, 높이… 해를 향해 데리고 올라갈 것이다. 네 부모도 네게 이렇게 할 것이다."

"정말 그렇게 돼요?"

"틀림없이 이렇게 될 거다."

"그렇지만 아버지하고 엄마하고 오는 걸 잊어버리지 말라고 선생님이 말해 주겠지요?"

"네 부모가 너를 사랑하니까 그럴 필요는 없을 거다. 그렇지만 말해 주마."
"아이고! 난 선생님이 참 좋아요!" 아직 예수께 안겨 있는 어린 아이는 예수의 목을 꼭 껴안고 어떻게나 기쁨을 나타내며 입맞춤하는지 보기에 감격스러울 정도이다. 예수께서도 그에게 입맞춤을 하시고 땅에 내려놓으신다.
"자! 됐다! 이제 우리는 성도로 계속 가고 있다. 내일 저녁에는 거기 도착해야 한다. 왜 이렇게 서두르니? 그걸 말해줄 수 있겠니? 모레 도착해도 되지 않겠니?"
"안 돼요. 그건 마찬가지가 아니야요. 내일은 안식일 전날이고 그래서 해가 진 다음에는 6스타드*밖에 다닐 수가 없으니까요. 그 이상은 걸을 수 없는 건 안식일의 휴식이 시작되기 때문입니다."
"그러면 안식일에는 빈둥빈둥 놀며 지내는 거냐?"
"아니요. 지극히 높으신 주님께 기도드려요."
"주님을 무엇이라고 부르니?"
"아도나이. 그렇지만 성인들은 주님의 이름을 말할 수가 있어요."
"또 착한 어린이들도 말할 수 있다. 네가 알면 말해 보아라."
"야훼"(이 어린이는 G자를 매우 부드럽게 발음해서 야로 들리게 하고, 아음은 매우 길게 발음한다).
"그런데 안식일에는 왜 지극히 높으신 하느님께 기도를 드리니?"
"주님이 모세에게 십계판(十誡板)을 주시면서 그렇게 말씀하셨기 때문입니다."
"아! 그래? 뭐라고 말씀하셨니?"
"안식일을 거룩하게 하라고 말씀하셨어요. '엿새 동안은 일하고 일곱째 날에는 너도 쉬고 다른 사람도 쉬게 해라. 그것은 나도 창조한 다음에 그렇게 했기 때문이다' 하고요."
"뭐라구? 주님이 쉬셨다고? 주님이 창조하시느라고 피로하셨던 거냐? 또 정말 주님이 창조하셨니? 그걸 너는 어떻게 아니? 나는 하느님께서는 피로하지 않으셨다는 것을 안다."
"하느님은 걷지도 않으시고, 팔을 움직이지도 않으시니까 피로하지는 않으셨어요. 그렇지만 아담과 우리에게 가르쳐 주시려고, 또 우리가 하느님을 생각하는 날이 하루 있으라고 그렇게 하셨습니다. 그리고 모든 것을 창조하신 것은

---

* 역주 : Stade, 고대 그리이스의 거리의 단위로 180~190미터.

분명히 하느님이십니다. 주님의 책에서 그렇게 말합니다."

"그러나 책을 하느님이 쓰셨니?"

"아니요. 그렇지만 그건 진리야요, 그리고 사탄에게 가지 않으려면 그걸 믿어야 해요."

"하느님께서는 걷지도 않으시고 팔을 움직이지도 않는다고 너는 말했지. 그럼 어떻게 창조하셨니? 하느님은 어떻게 생기셨니? 조상(彫像)이냐?"

"하느님은 우상이 아니시고 하느님이셔요. 그리구 하느님은… 하느님은… 내가 곰곰히 생각하고 엄마가 어떻게 말했는지, 아니 그보다도 선생님의 이름으로 에스드렐론의 가난한 사람들을 찾아다니는 그 사람이 어떻게 말했는지 생각해 내게 가만둬두세요. …엄마는 저한테 하느님을 알아듣게 하려고 이렇게 말하곤 했어요. '하느님은 네게 대한 내 사랑과 같은 분이다. 몸은 가지고 있지 않지만 그래도 계시기는 계시다' 하고. 그리고 그 조그만 사람은 아주 다정스럽게 웃으면서 이렇게 말하곤 했어요. '하느님은 한 분이시고 세위이신 영원한 신이시다. 그리고 제2위는 우리 불쌍한 사람들에 대한 사랑으로 육체를 취해 사람이 되셨는데, 그분의 이름은…' 아이고! 주님! 이제 가만히 생각하니까… 선생님이시군요!" 그러면서 어린 아이는 깜짝 놀라 땅에 엎드려 경배한다.

어린 아이가 넘어진 줄 알고 모두가 달려온다. 그러나 예수께서는 입술에 손가락을 갖다 대시고 말을 하지 말라는 시늉을 하시고 나서 말씀하신다. "야베야, 일어나라. 어린이들은 나를 무서워해서는 안 된다."

어린 아이는 예수를 공경하며 머리를 다시 든다. 예수를 쳐다본다. 그의 표정은 변하여 거의 두려워하는 표정이 되었다. 그러나 예수께서는 미소를 지으시고 손을 내밀면서 말씀하신다. "너는 착한 어린 이스라엘 사람이다. 우리끼리 시험을 계속하자. 이제는 네가 나를 알아보았으니, 성경에 내게 대한 말이 있는지 알겠구나?"

"아! 예, 주님! 처음부터 지금까지 모든 것이 주님에 대해서 말합니다. 주님은 언약된 구세주이십니다. 이제는 왜 주님이 고성소의 문을 여시겠는지 깨달았습니다. 아이고! 주님! 주님! 그런데 저를 이렇게 많이 사랑하셔요?"

"그렇다, 야베야."

"아니예요. 이제는 야베가 아닙니다. 주님이 저를 사랑하셨고, 저를 구해 주셨다는 뜻을 가진 이름을 지어 주셔요…."

"이름은 내 어머니와 같이 고르겠다. 좋으냐?"

"그렇지만 꼭 그 뜻을 가져야 해요. 그리구 제가 율법의 아들이 되는 날 그 이름을 받겠어요."

"그 이름을 그날부터 받아라."

베델을 지났고, 이제는 음식을 먹기 위하여 시원하고 물이 많은 작은 계곡에서 잠시 쉰다. 야베는 사실을 알게 된 것으로 인하여 반쯤 얼이 빠진 채 예수께서 주시는 음식을 말없이 한 입 한 입 공손히 받아 먹는다. 그러나 조금씩 대담해져서 요한과 같이 기분좋은 휴식을 취한 다음 다른 사람들이 파란 풀 위에 누워 쉬는 동안 환히 웃으면서 요한과 함께 예수께로 돌아온다. 그래서 셋이 작은 원을 그려놓았다.

"너는 성경에서 누가 내게 대해서 말했는지도 아직 말하지 않았다."

"주님, 예언자들입니다. 그리고 그전에도 성경에서는 아담이 쫓겨난 다음에 주님에 대한 말을 했고, 다음에는 야곱과 아브라함과 모세에게도 말했어요. …오! 아버지는 요한에게— 이 요한 말고 요르단강의 요한이요— 갔었는데, 그 훌륭한 예언자가 주님을 어린 양이라고… 불렀다고 말했어요. 자, 그래서 이제는 모세의 어린 양을 알겠어요. …과월절은 바로 주님이야요!"

요한이 어린 아이를 놀린다. "그렇지만 선생님에 대해서 제일 잘 예언한 예언자는 누구냐?"

"이사야와 다니엘, 그렇지만… 지금은 주님을 내 아버지처럼 사랑하니까 다니엘이 더 마음에 들어요. 이렇게 말해도 돼요? 제가 아버지를 사랑한 것처럼 주님을 사랑한다구요? 그래요? 그럼 이제는 다니엘이 더 좋아요."

"왜? 그리스도에 대해서 아주 많이 말한 사람은 이사야인데."

"그래요, 그렇지만 이사야는 그리스도의 고통을 얘기해요. 이와 반대로 다니엘은 아름다운 천사 얘기와 주님이 오시는 얘기를 해요. 사실은… 다니엘도 그리스도가 제물로 바쳐질 거라고 말했어요. 그렇지만 저는 어린 양이 단번에 제물로 바쳐질 거라고 생각해요. 이사야와 다윗이 말하는 것처럼 말구요. 이사야와 다윗의 말을 읽는 걸 들을 땐 제가 늘 울었어요. 그래서 엄마는 그 얘기를 안해주게 됐어요." 예수의 손을 쓰다듬고 있는 지금도 거의 눈물이 글썽거린다.

"지금은 그 생각을 하지 말고 내 말을 들어라. 십계명을 아니?"

"예, 주님, 안다고 생각해요. 수풀 속에서 살 때 저는 그것을 잊어버리지 않으려고, 또 엄마와 아버지의 말을 들으려고 그걸 되풀이하곤 했어요. 그렇지만 이제는 주님을 차지했으니까 다시는 울지 않겠어요(사실 그의 눈동자는 크게 빛난다)."

요한은 미소를 지으며 그의 예수를 껴안으면서 말한다. "바로 제가 한 말을 하는군요! 어린이 마음을 가진 사람은 모두 같은 말을 합니다."

"그렇다, 그것은 그들의 말이 오직 하나의 지혜에서 오기 때문이다. 이제는 베롯에 일찍 도착할 수 있게 떠나야겠다. 군중이 더 많아지고 비가 올 것 같구나. 숙소의 쟁탈전이 벌어질 터인데 나는 너희가 병드는 것을 원치 않는다."

요한은 동료들을 부른다. 그리고 평야를 지나 베롯까지 다시 걷기 시작한다. 평야는 썩 잘 가꾸어지지도 않았지만, 실로를 지나온 다음 넘어온 야산과 같이 아주 메마르지도 않다.

56. 베롯에서 예루살렘으로

날씨는 비가 올 것 같다. 베드로는 돌아온 아이네아스*같이 보인다. 아버지를 업고 가는 대신에 베드로의 겉옷으로 폭 둘러싼 어린 야베를 어깨에 올려놓고 있다. 야베의 작은 머리가 베드로의 반백의 머리 위에 나타난다. 베드로의 목에는 어린 아이의 팔이 감겨 있는데, 베드로는 습지를 철벅거리고 걸어가면서 웃고 있다.

"이런 꼴은 면할 수도 있었는데" 하고 가리옷 사람이 하늘에서 떨어지는 비와 땅에서 옷에 튀는 물로 인하여 신경질이 나서 투덜거린다.

"그야! 우리가 면할 수 있는 것이 많기도 하지요!" 하고 하나밖에 없는 눈으로 아름다운 유다를 똑바로 쳐다보면서 대답한다. 그 외눈이 두 눈만큼이나 잘 보는 것 같다.

"그건 무슨 뜻이오?"

"우리가 사람들에 대해서 경의를 표하지 않으면서 자연의 힘더러 우리에게 경의를 표하라고 요구하는 것은 무익하다는 말입니다. 그것도 비 몇 방울이나 물 몇 방울 튀는 것보다는 훨씬 더 중대한 문제에 있어서 경의를 표하지 않으면서 말입니다."

"그건 맞는 말이오. 하지만 나는 옷을 제대로 입고 깨끗한 차림으로 시내에

---

* 역주 : 그리이스 · 로마 신화에 나오는 인물, 피난갈 때에 아버지를 업고 갔다고 해서 야베를 업고 가는 베드로를 아이네아스에 비교한 것이다.

들어가기를 좋아해요. 나는 친구들이 많은데, 그것도 높은 자리에 있는 친구들이란 말이오."

"그러면 넘어지지 않게 조심하세요."

"날 놀리는 거요?"

"아닙니다! 그렇지만 나는 옛날 선생이고… 또 옛날 학생입니다. 나는 살기 시작한 때부터 배웁니다. 우선 근근히 생활하는 법을 배웠지요. 그리고는 인상을 관찰했고, 인생의 쓴 맛을 맛보았고, 쓸 데 없는 정의를 행했어요. 쓸 데 없는 정의란 하느님과 사회에 대항해서 '혼자' 있는 사람의 정의를 말하는 것입니다. 하느님께서는 나를 가책으로 벌하시고, 사회는 사슬로 벌했습니다. 따라서 정의에 얻어맞은 것은 결국 나였지요. 마침내 이제는 '사는 것'을 배웠고, 배우고 있는 중입니다. 이제는 내가 선생이고 학생인 만큼 학과를 복습하는 것이… 자연스러운 일이라는 것을 아시겠지요."

"하지만 나는 사도요…."

"그리고 나는 보잘 것 없는 사람이구요. 나도 그것은 압니다. 그러니까 당신에게 감히 교훈을 할 생각을 해서는 안 되겠지요. 그러나 아시겠어요? 사람이 어떻게 될 수 있을지는 도무지 알 수가 없는 것입니다. 나는 키프로스에서 성실하고 존경받는 교육자로 죽을 것이라고 생각했었는데, 살인자가 되고 도형수가 되었어요. 그러나 내가 복수를 하려고 칼을 쳐들었을 때, 그리고 쇠사슬을 끌고 다니며 세상을 미워할 때에 누가 와서 내가 성인의 제자가 될 것이라고 말하면, 그 말을 내게 한 사람의 이성을 의심했을 것입니다. 그런데도… 보시다시피! 그러니 사도인 당신에게도 내가 좋은 충고를 줄 수 없을지 누가 알겠어요? 내가 거룩해서가 아니라, 경험이 있어서 그런 거지요. 성덕이 있다는 것은 생각조차도 안합니다."

"그 로마인이 당신을 디오게네스라고 부른 것은 제대로 부른 거요."

"물론이지요. 그러나 디오게네스는 인간을 찾았는데, 인간을 찾아내지 못했습니다. 나는 그보다 더 행복해서 여자가 있다고 믿은 곳에서 뱀을 얻어만났고, 친구로 생각하던 사람에게서 간부를 찾아냈어요. 그러나 이 지식으로 인해서 미쳐 가지고 그렇게도 여러해 동안 헤맨 끝에 나는 사람을, 성인을 찾아냈습니다."

"나는 이스라엘의 지혜가 아닌 다른 지혜는 알지 못하오."

"그렇다면 당신은 벌써 구원받을 만한 것을 가지고 있습니다. 그러나 당신은 지식도 가지고 있어요. 아니 그보다도 하느님의 지혜를 가지고 있어요.

"그건 같은 거지요."

"천만에요! 그것은 해가 쨍쨍 나는 날과 비교한 안개낀 날과 같은 것입니다."

"결국 당신이 내게 교훈을 하겠다는 거요? 나는 그건 싫소."

"내 말을 막지 마세요! 처음에 나는 아이들에게 말을 했지요. 아이들은 정신이 딴 데 팔려 있었습니다. 그 다음에는 그림자보고 말을 했지요. 그랬더니 그림자들이 나를 저주했어요. 그 다음에는 닭들에게 말을 했더니, 이놈들은 아이들과 그림자보다 나았어요. 이제는 아직 하느님과 말할 수가 없기 때문에 나 자신과 말을 하고 있습니다. 왜 이것을 못하게 막으려고 합니까? 나는 눈이 하나밖에 없고, 내 인생은 아양으로 인해서 부수어졌고, 여러 해 전부터 마음이 병들었습니다. 내 생각만이라도 보람없는 것이 되지 않도록 허락해 주시오."

"예수는 하느님이시오."

"나도 압니다. 그리고 믿습니다. 당신보다 더 믿어요. 나는 선생님의 덕택으로 다시 살아났지만, 당신은 그렇지 않기 때문입니다. 그러나 선생님은 선이시기는 해도 언제나 선생님, 즉 하느님이십니다. 그래서 나같이 보잘 것 없는 사람은 당신이 그렇게 하는 것처럼 선생님께 감히 무람없이 굴지 못합니다. 내 영혼은 선생님께 말합니다. …그러나 입술은 감히 말을 못해요. 영혼, 나는 선생님께서 내 영혼이 감사와 뉘우치는 사랑의 눈물을 흘리는 가운데에 있는 것을 느끼신다고 생각합니다."

"요한아, 사실이다. 나는 네 영혼을 느낀다." 예수께서 이야기하는 데 끼여드신다. 유다는 창피해서 얼굴을 붉히시고 엔도르의 사람은 기뻐서 얼굴이 빨개진다. "내가 네 영혼을 느끼는 것은 사실이다. 그리고 네 영이 하는 일도 느낀다. 말 잘했다. 네가 내게 교육을 받으면 선생과 정신을 차리는 학생이었던 것이 네게 도움이 될 것이다. 말해라, 너 자신하고라도 말해라."

"선생님, 얼마 오래 되지 않은 어느날 자기의 나와 말하는 것은 나쁜 일이라고 제게 말씀하셨는데요" 하고 무례하게 말한다.

"사실이다. 그런 말을 했다. 그러나 그것은 네가 네 자신의 자아로 비방을 했기 때문이다. 이 사람은 비방을 하지 않는다. 묵상을 하는데 훌륭한 목적을 가지고 묵상한다. 그러니까 나쁘게 행동하는 것이 아니다."

"요컨대 제가 틀린 것이로군요!" 유다는 공격적이다.

"아니다. 네 마음 속에 비가 와서 그렇다. 그러나 날이 항상 맑을 수는 없다. 농부들은 비를 바란다. 그러니까 비가 오라고 기도하는 것은 사랑이다. 비도 사랑이다. 그러나 보아라, 아름다운 무지개가 아타로에서 라마 쪽으로 구부러져서 꽂혀 있다. 우리는 벌써 아타로를 지나왔다. 을씨년스러운 골짜기를 지나온 것이다. 여기는 모든 것이 잘 가꾸어졌고 구름을 흩어버리는 햇빛을 받아 아름답다. 라마에 가면 예루살렘까지는 36스타드가 남는다. 기베온 사람들이 소름끼치는 방탕을 일삼은 곳을 나타내는 그 야산을 지나면 우리는 예루살렘을 다시 보게 된다. 유다야, 육욕의 해는 무서운 것이다…."

유다는 대답하지 않고 화가 나서 물구덩이 속을 철벅거리며 멀어져간다.

"아니 저 사람이 오늘 왜 저럽니까?" 하고 바르톨로메오가 묻는다.

"요나의 시몬이 듣지 못하게 입다물어라. 토론을 피하자. 그래서… 시몬의 즐거움을 잡치지 말자. 저 사람은 아이하고 정말 행복하니까!"

"그러겠습니다, 선생님. 그렇지만 그건 좋지 않습니다. 그에게 그 말을 하겠습니다."

"그 사람은 젊다. 나타나엘아. 너도 젊은 때가 있었다…."

"예… 그렇지만… 선생님께 불경하게 굴어서는 안 됩니다!" 그는 저도 모르게 목소리를 높인다.

베드로가 달려온다. "무슨 일이야? 누가 불경하게 굴어? 새 제자가?" 그러면서 엔도르의 요한을 바라다본다. 엔도르의 요한은 예수께서 사도를 나무라신다는 것을 알아차리고 슬그머니 자리를 떠서 알패오의 야고보와 열성당원 시몬과 말을 하고 있다.

"천만에, 그 사람은 소녀처럼 공손해."

"아! 그래! 그렇잖으면… 엉! 그의 눈이 위험할 거야. 그럼… 그럼 유다로구먼!…"

"시몬아 이거 봐라. 너는 네 아이나 보살피지 못하겠니? 너는 아이를 나한테서 빼앗아 가고, 그러면서 또 나타나엘과 내가 다정스럽게 이야기하는 데 끼여들려고 한다. 너는 너무 많은 일을 하려고 하는 것 같지 않으냐?"

예수께서 하도 태연하게 미소짓고 계시기 때문에 베드로는 판단을 내리지 못하고 있다. 그는 바르톨로메오를 바라다본다. …그러나 바르톨로메오는 매부리코가 있는 얼굴을 들어 하늘을 쳐다본다. …베드로는 그의 의심이 사라지는 것을 느낀다.

예루살렘 도성이 나타나자 그에게 다른 모든 것을 잠시 잊게 한다. 이제는 도성이 바로 이웃에 있어, 그 모든 아름다운 언덕들과 올리브밭들과 집들, 그리고 특히 성전을 그대로 볼 수 있다. 이것을 보는 것이 항상 이스라엘 사람들에게는 감격과 자존심의 근원임에 틀림없었다. 유다의 4월의 매우 뜨거운 해가 총독 도로의 돌들을 이내 닦아놓았다. 이제는 물구덩이를 보려면 찾아야 할 판이다. 사도들은 길가에서 의복을 가다듬고, 치켜올렸던 옷들을 내린다. 그들은 진흙투성이의 발을 맑은 개울물에 씻고 머리를 가다듬고 겉옷을 입는다. 예수께서도 그렇게 하신다. 나는 모든 사람이 같은 일을 하는 것을 본다.

예루살렘에 들어가는 것은 중요한 일인 것이 틀림없다. 이 명절 때에 예루살렘의 성곽 앞에 나타나는 것은 군주 앞에 나타나는 것과도 같았다. 성도는 이스라엘 사람들의 '진짜' 여왕이었다. 나는 총독 도로에서 군중들이 가지는 태도를 눈여겨볼 수 있는 올해에 이것을 잘 이해하게 되었다. 여기서는 여러 가족들의 행렬이 정돈되어 여자들은 모두 함께 모이고, 남자들은 다른 집단을 이루며, 어린이들은 이 집단이나 저 집단으로 간다. 그러나 모두가 진지하면서도 동시에 차분하다. 어떤 사람들은 낡은 겉옷을 개키고 배낭에서 새 겉옷을 꺼내기도 하고, 또는 샌들을 바꿔 신기도 한다. 그리고 걸음걸이도 벌써 장엄하고 엄숙해진다. 각 집단에는 리드하는 독창자가 있다. 그래서 찬가를, 다윗의 옛날 영광스러운 찬가들을 부르기 시작한다. 사람들은 마치 하느님의 집을 보는 것으로 마음이 부드러워진 것같이 서로 더 다정스러운 눈으로 본다. 사람들은 당당한 성전 경배 한가운데에 있는 진짜 지보(至寶)인 금으로 된 둥근 지붕이 얹혀진 거대한 입방체인 거룩한 집을 쳐다본다.

여기서는 사도들의 무리가 이렇게 이루어져 있다. 맨 앞에는 예수와 베드로가 있고 그 가운데에 어린 아이가 있다. 그뒤에 시몬과 가리옷 사람과 요한, 그 뒤에 안드레아가 있는데, 그는 엔도르의 요한을 자기와 제베대오의 야고보 사이에 들어오게 한다. 넷째 줄에는 주님의 사촌들이 마태오와 같이 있고, 끝에는 토마가 필립보와 바르톨로메오와 같이 온다. 여기서는 예수께서 테너의 떨리는 소리를 잘 드러나게 하는 힘차고 매우 아름다운 우아한 바리톤 목소리로 찬가를 시작하시고, 거기에 진짜 테너인 가리옷의 유다, 맑고 아직 앳된 목소리를 가진 요한, 예수의 사촌들의 두 바리톤 목소리, 그리고 어떻게나 낮은 바리톤인지 바리톤이라고 할 수 없을 정도로 낮은 토마의 목소리가 응답을 한다. 덜 아름다운 목소리를 가진 다른 사람들은 집단의 명수(名手)들의 합창을 소리를 죽여 따라 한다(시편 찬가들은 층계송이라고 불리는 잘 알려진 시편 노래들이다). 남자들의 굵은 목소리들 가운데 천사의 목소리 같은 어린 야베는 노래를 매우 잘한다. 아마 시편 121편*을 다른 사람들보다 더 잘 알기 때문인

---

* 역주 : 공동번역 122편.

것 같다. "'야훼의 집에 가자' 하기에 나는 몹시도 기뻤네." 정말이지 며칠 전만 하더라도 그렇게까지 침울하던 작은 얼굴이 기쁨으로 아주 환해졌다.

이제는 성곽이 아주 가까워졌다. 여기는 물고기 성문이다. 여기는 군중이 붐비는 거리이다.

첫번 기도를 드리기 위하여 곧 성전으로 간다. 그리고는 평온, 게쎄마니의 평온, 저녁식사, 그리고 휴식이다.

예루살렘으로 오는 여행이 끝났다.

57. 게쎄마니에서 지낸 안식일

안식일 아침나절 대부분을 피로한 육체를 쉬게 하고, 여행으로 먼지투성이가 되고 구겨진 옷을 다시 정리하는데 보냈다. 빗물이 가득 찬 게쎄마니의 커다란 빗물받이 웅덩이와 요사이 내린 비로 물이 불어서 거품을 내며 돌 위로 기분좋은 소리를 내며 흘러가는 키드론 개울에는 물이 하도 많아서 정말 사람들을 불러들인다. 순례자들은 차가운 것을 견디며 하나씩 물 속에 몸을 잠근다. 그리고 발 끝에서 머리 끝까지 새로 옷을 입고, 급류의 물보라로 머리카락이 아직 착 달라붙은 채 빗물받이 웅덩이에서 물을 떠서 옷을 빛깔에 따라 분류해서 담아놓은 대야들에 붓는다.

"오! 잘한다!" 하고 베드로가 만족해서 말한다. "여기 이렇게 하면 옷들이 물에 잠겨서 마리아가(아마 게쎄마니에서 사는 여자라고 생각된다) 빠는 데 힘이 덜 들거야."

"얘야 너 혼자서는 옷을 갈아입지 못한다. 그렇지만 내일은…" 과연 어린 아이는 그의 작은 배낭에서 — 어떻게나 작은지 인형이라도 넉넉히 멜 수 있을 만한 배낭이다 — 꺼낸 깨끗한 작은 옷을 입었다. 그러나 그 작은 옷은 다른 옷보다도 빛깔이 더 바래고 더 찢어졌다. 그래서 베드로는 어린 아이를 걱정스럽게 바라다보며 중얼거린다. "저 애를 시내에 데려가려면 어떻게 한다? 내 겉옷을 반으로 접으면 어떻게 되겠지. 겉옷으로는… 저애 몸 전체가 가려질 테니까."

온정이 넘치는 이 혼잣말을 들으신 예수께서 말씀하신다. "지금은 저 애를 쉬게 하는 것이 낫다. 오늘 저녁에 우리가 베다니아로 갈 테니까…."

"그렇지만 저는 저 애에게 옷을 한 벌 사 주고 싶습니다. 제가 약속을 했거든요…."
"물론 사야지. 그러나 어머니의 의견을 묻는 것이 더 낫다. 알겠니? … 여자들은… 물건사는 데는 우리들보다 더 재능이 있고… 또 어머니는 어린이를 보살피는 것을 기뻐하실 것이다… 너희들이 같이 가려므나!"
성모님과 함께 물건을 사러 간다는 생각에 사도는 더할 수 없이 기뻐한다. 예수께서 당신 생각을 전부 말씀하시는 것인지 일부분은 혼자만 생각하고 계신지 모르겠다. 즉 어머니는 더 세련된 취미를 가지고 계셔서 어울리지 않는 잡다한 빛깔의 야한 옷을 피하실 수 있다고 말씀하실 수 있었을 것이다. 실제로는 베드로의 자존심을 상하게 하는 것을 피하시면서 목적을 달성하신다.
그들은 4월의 이 맑은 날에 몹시도 아름다운 올리브밭에 흩어진다. 나뭇잎들이 어떻게나 햇빛에 반짝이고 올리브나무 밑에 작은 꽃이 어떻게나 많은지 지난 며칠 동안의 비가 올리브나무에 은칠을 하고 꽃들을 뿌려놓은 것 같다. 새들이 노래하며 사방으로 날아다닌다. 시가지는 저기 게쎄마니 서쪽에 펼쳐진다.
시내에 군중이 붐비는 것은 보이지 않는다. 그러나 물고기 성문과 동쪽에 있는 이름을 알 수 없는 다른 성문들 쪽으로 가는 여행자의 무리들이 보인다. 그런 다음 시내가 굶주린 배처럼 그들을 집어삼킨다.
예수께서는 요한과 가장 젊은 제자들과 즐겁게 놀고 있는 야베를 살펴보시며 거닐으신다. 가리옷 사람까지도 어제의 원한이 가시자 명랑해져서 논다. 나이많은 제자들은 그들을 바라다보며 빙그레 웃고 있다.
"선생님의 어머니께서 저애를 보시고 뭐라고 하실까요?" 하고 바르톨로메오가 묻는다.
"나는 '몹시 허약하구나' 하고 말씀하실 것 같아" 하고 토마가 말한다.
"천만에! '아이구 가엾어라!' 하고 말씀하실 거야" 하고 베드로가 대답한다.
"오히려 자네보고 '자네가 이애를 사랑하니 기쁘네' 하고 말씀하실 걸세" 하고 필립보가 반박한다.
"어머니께서는 이 일을 꿈에도 생각하지 않으셨을 거야. 하지만 나는 아무 말씀도 하지 않으시리라고 생각해. 애를 꼭 껴안으실 거야" 하고 열성당원이 말한다.
"그럼 선생님은 어머니께서 무슨 말씀을 하시리라고 생각하십니까?"

"너희들이 말한 대로 하실 것이다. 그러나 모두 똑같은 많은 것을 생각하시고 마음 속으로 말씀하시며, 입맞춤하시면서 이렇게 말씀하실 것이다. '축복을 받거라!' 그러면서 이애를 둥지에서 떨어진 새인 것처럼 보살펴 주실 것이다. 들어들 보아라. 어느날 어머니께서는 아주 어리셨을 때 있었던 사실을 이야기해 주셨다. 어머니는 아직 성전에 가 계시지 않았으니까 아직 세 살이 되지 않았었다. 그런데 어머니의 마음은 마치 압착기에 눌려 으깨지고 짜지는 꽃과 올리브처럼 그 모든 기름과 모든 향기를 바치면서 사랑으로 부서졌다. 열광하는 사랑으로 어머니는 엄마에게 구세주의 마음에 더 들기 위해 동정녀가 되기를 원한다고, 그러나 구원을 받을 수 있게 죄녀가 되었으면 좋겠다고 말씀하셨다. 그리고 엄마가 어머니의 말을 알아듣지 못하고, 또 '순결'함과 동시에 '죄녀'가 되려면 어떻게 해야 하는지를 말해 주지 못하기 때문에 거의 울다시피하셨다. 아버지가 샘가에서 위험하게 되어 있던 어린 참새를 구한 것을 어머니에게 갖다 주어서 마음을 편안하게 해주셨다.

아버지는 하느님께서 어머니를 미리 구원하셨다는 것과, 그 이유로 어머니는 하느님을 두 번 찬미해야 한다고 설명하시면서 어린 새의 비유를 말해 주셨다. 그래서 하느님의 작은 동정녀, 지극히 위대한 동정녀 마리아는 그 새새끼에 대해서 최초의 모성다운 감정을 쏟으셨고, 그 새가 날 수 있게 되었을 때 놓아 주셨다. 그러나 그 참새는 나자렛의 정원을 절대로 떠나지 않고, 마리아가 성전으로 떠난 다음 안나와 요아킴의 쓸쓸한 집과 쓸쓸한 마음을 날아다니는 것과 짹짹거림으로 위로했다. 그 참새는 안나가 마지막 숨을 거두기 조금 전에 죽었다. …제 사명을 다한 것이었다. …내 어머니는 사랑으로 동정에 몸을 바치셨었다. 그러나 완전한 인간이셨으므로 어머니는 피와 정신 속에 모성을 가지고 계셨다. 그것은 여자란 어머니가 되기로 되어 있고, 여자가 이차적인 힘을 가진 사랑인 이 감정에 무감각하다는 것은 착오이기 때문이다…."

다른 제자들도 아주 조용히 가까이 왔다.

"선생님, 이차적인 힘을 가진 사랑에 대해서 말씀하신 것은 무슨 뜻입니까?" 하고 유다 타대오가 묻는다.

"여러 가지 힘을 가진 여러 가지 사랑이 있다. 일차적인 힘을 가진 사랑이 있다. 그것은 하느님께 드리는 사랑이다. 그리고 이차적인 힘을 가진 사랑이 있다. 모성애나 부성애가 그것이다. 그것은 첫째 사랑은 전적으로 영적인 것인데, 둘째 사랑은 두 몫은 영적인 것이고 한 몫만은 육체적인 것이기 때문이다. 이 사랑에는 물론 인간적인 사랑의 감정이 섞이지마는 그래도 더 높은 사랑이 우세하다. 사실 건전하고 거룩한 부모가 되는 아버지 어머니는 그들의 자식의 육체에만 양식과 애무를 주는 것으로 만족하지 않고, 그의 영혼과 정신에도 양식과 사랑을 준다. 그런데 내 말이 틀림없는 사실이라는 것은 그저 어린 아이들을 가르치는 일에만 몸바치는 사람도 끝내는 어린이들을 자기 자신의 혈육처럼 사랑하게 되는 것으로 알 수 있다."

"사실 저는 제 생도들을 많이 사랑했습니다" 하고 엔도르의 요한이 말한다.

"나는 네가 야베에 대해서 어떻게 행동하는지를 보고 착한 선생일 것이라고 알아차렸다."

엔도르의 사람은 몸을 숙이고 말없이 예수의 손에 입맞춤한다.

"사랑에 대한 선생님의 분류를 계속해 주십시오, 제발" 하고 열성당원이 청한다.

"아내에 대한 사랑이 있다. 이것은 삼차적인 힘을 가진 사랑이다. 그것은 이 사랑이 — 나는 건전하고 거룩한 사랑을 말하는 것이다 — 반은 정신으로 이루어지고 반은 육체로 이루어졌기 때문이다. 남자는 아내에게 대해서 남편인 것 외에 주인이고 아버지이다. 또 아내는 남편에 대해서 아내인 것 외에 천사이고 어머니이다. 이것이 가장 고상한 세 가지 사랑이다."

"그럼 이웃에 대한 사랑은요? 선생님 생각이 틀린 것 아닙니까? 그렇지 않으면 잊어버리셨든가요?" 하고 가리옷 사람이 묻는다. 다른 제자들은 놀라서 그리고… 그의 비판에 기분이 상해서 그를 바라다본다.

그러나 예수께서는 침착하게 대답하신다. "아니다, 유다야. 그러나 자세히 생각해 보아라. 하느님은 하느님이시기 때문에 우리가 사랑한다. 그리고 이 사랑을 장려하기 위하여는 아무 설명도 필요치 않다. 하느님은 존재하시는 분, 즉 전부이시고, 사람은 아무것도 아닌데, 영원하신 분이 그에게 부어 주신 영혼으로 전부의 일부분이 된다. 영혼이 없으면 사람은 땅에서나 물 속에서나 공중에서 사는 짐승들 중의 하나일 것이다. 사람은 의무적으로 그리고 전부 안에 살아 남는 자격을 얻기 위하여 하느님을 사랑해야 한다. 즉 하늘에서 하느님의 거룩한 백성의 한 사람, 영원히 모독과 파괴를 겪지 않을 예루살렘의 시민이 되는 자격을 얻기 위하여 하느님을 사랑해야 하는 것이다.

자녀에 대한 사람의 사랑, 특히 여자의 사랑은 계명의 가치가 있는 것이다. 하느님께서 아득한 옛날의 여섯째 날, 창조하실 때의 여섯째 날에 '좋은 일'을 하셨다는 것을 보시고 아담과 하와에게 축복하신 다음 그들에게 말씀하신 가운데 '자라고 퍼져서 땅을 채워라…'고 말씀하셨다. 나는 네가 표현은 하지 않는 이의(異義)를 본다. 그래서 즉시 이렇게 대답한다. 피조물계에서는 범죄 전에는 모든 것이 사랑으로 조절되고 사랑에 근거를 두었었다. 자녀가 그렇게 불어나는 것은 거룩하고 깨끗하고 힘있고 완전한 사랑이었을 것이다. 그래서 하느님께서는 그 증가를 '자라고 퍼져라' 하는 첫째 계명으로 주셨던 것이다. 따라서 나 다음으로는 너희들의 자녀를 사랑하여라. 지금 있는 것과 같은 사랑, 지금 아이들을 낳는 사랑은 그때에는 없었다. 악의가 없었고, 악의와 더불어 고약한 관능의 욕구가 없었다. 남자는 여자를, 여자는 남자를 자연적으로 사랑하였다.

우리가 이해하는 것과 같은, 아니 그보다도 너희들 사람이 이해하는 것과 같은 자연에 따른 자연적으로가 아니라 하느님의 아들의 성질에 따라서, 즉 초자연적으로 사랑하였다. 오직 한 아버지에게서 태어났기 때문에 형제이면서도 부부이며 그들의 사랑으로 서로를 요람에 있는 쌍둥이와 같은 순결한 눈으로 바라보는 두 사람 사이에는 기분좋은 최초의 사랑의 날들이었다. 그리고 남자는 아버지에 대하여 아들이 그런 것과 같이 '내 뼈에서 나온 뼈, 내 살에서 나온 살'인 아내에 대하여 아버지와 같은 사랑을 느꼈다. 그리고 여자는 딸이라는 기쁨, 즉 지극히 고상한 사랑의 보호를 받는다는 기쁨을 맛보는 것이었다. 그것은 에덴의 아름다운 풀밭에서 순결하게 천사와 같은 열정으로 자기를 사랑하는 멋진 남자의 무엇인가를 자기 안에 가지고 있다는 것을 느끼고 있었기 때문이다!

그런 다음 하느님께서 당신의 지극히 사랑하시는 어린 자녀들에게 미소를 지으시며 주신 계명의 질서 안에는 다만 하느님의 지능보다만 떨어지는 지능의 은총을 부여받은 아담 자신이 '그러므로 남자는 아버지와 어머니를 떠나 아내와 결합하여 둘이 한 몸이 될 것이다' 하는 하느님의 생각의 결정을 표현하는 질서가 나타난다. 아담은 생각과 말의 꽃이 피기 시작하는 그의 정신의 깨끗한 거울에 선명하게 반영되는 하느님의 생각의 이 명령을 그의 아내에 대해서 또 아내를 통하여 모든 여자에 대해 말하면서 표현한 것이다.

내가 방금 말한 세 가지 사랑의 세 기둥이 없었더라면 이웃에 대한 사랑이 존재할 수 있었겠느냐? 그렇지 않다, 존재할 수 없었을 것이다. 하느님께 대한 사랑은 우리에게 하느님을 주고 사랑을 가르친다. 선하신 하느님을 사랑하지 않는 사람은 결점들을 가지고 있는 이웃을 틀림없이 사랑할 수 없다. 만일 세상에 부부의 사랑이 없고 부성(父性)이 없었더라면 이웃이 있을 수 없었을 것이다. 이웃이란 사람들의 자녀 총체로 이루어졌기 때문이다. 이제 분명히 알았느냐?"

"예, 선생님. 저는 깊이 생각하지 않았었습니다."

"사실 근원에까지 거슬러 올라가는 것은 어려운 일이다. 이제는 사람이 수백 년, 수천 년째 진흙 속에 깊이 빠져 있는데, 이 근원은 저 높은 꼭대기에 있다. 게다가 첫째 근원은 까마득한 높이 즉 하느님에게서 오는 근원이다. …그러나 내가 너희들의 손을 잡고 근원에 데려간다. 나는 그 근원이 어디 있는지 안다…."

"그럼 다른 사랑들은요?" 하고 열성당원 시몬과 엔도르의 요한이 동시에 묻는다.

"둘째 부류에서 첫째가 되는 사랑은 이웃 사랑이다. 그러나 사실에 있어서 강력함으로는 넷째가 되는 것이다. 그리고 지식에 대한 사랑이 오고, 그 다음에는 일에 대한 사랑이 온다."

"그럼 그것이 전부입니까?"

"이것이 전부다."

"그렇지만 다른 사랑이 많이 있습니다!" 하고 가리옷의 유다가 외친다.

"아니다, 다른 갈망들이 있다. 그러나 그것들은 사랑이 아니다. 그것은 '사랑의 부재'이다. 그 갈망들은 하느님을 부인하고 사람을 부인한다. 이 이유로 그 갈망들은 사랑일 수가 없다. 그것들은 부정(否定)인데, 부정은 미움이기 때문이다."

"만일 제가 악에 동의하기를 거부하면, 그것도 미움입니까?" 하고 가리옷의 유다가 또 묻는다.

"우리 신세가 불쌍하구먼! 아니 자넨 율법학자보다도 더 궤변을 부리는구먼! 자네 어떻게 된 건가? 유다의 차가운 공기가 경련을 일으키듯 자네 신경을 흥분시키는 건가?" 하고 베드로가 외친다.

"아니야. 나는 배우기를 좋아하고 분명한 개념을 많이 가지기를 좋아해. 여기서는 마침 율법학자들과 말하기가 쉬운데, 논거가 부족해서 쩔쩔 매고 싶지는 않단 말이야."

"그래 자네는 그 넝마들을 전부 집어넣어둔 배낭에서 사람들이 요구하는 빛깔의 실 부스러기를 적당한 때에 꺼내놓을 수 있다고 생각하나?" 하고 베드로가 묻는다.

"넝마라구, 선생님의 말씀을? 자넨 하느님을 모독하는 말을 하는구먼!"

"분개하는 체하지 말아. 선생님의 입에서 나올 때는 넝마가 아니지. 그렇지만 우리가 선생님의 말씀을 왜곡하고 나면 넝마가 된단 말이야. …올이 가는 값진 아마포를 어린 아이 손에 쥐어 주어 보게. …얼마 안 가서 더럽고 찢어진 넝마가 되고 마네. 우리에게도 이런 일이 일어나는 거야. …이제는, 넝마에 지나지 않고, 그것도 더러운 넝마에 지나지 않는 자네에게 필요한 그 넝마를 적당한 때에 찾아내기를 바란다면… 흠! 자네가 그걸 가지고 어떻게 하겠는지 알지 못하겠네."

"그런 건 생각할 필요 없어. 그건 내 일이니까?"

"오! 나는 그 생각을 하지 않을 테니까 염려 말게! 내 생각도 다 주체를 못하는데, 또 그리고! …나는 자네가 선생님에게 손해를 끼치지 않는 것으로 만족해. 왜냐하면 손해를 끼치는 경우에는 내가 자네 일도 생각할 테니까…."

"내가 잘못하거든 그렇게 하게. 그렇지만 그런 일은 없을 거야, 나는 빈틈없이 행동하니까. …나는 무식쟁이가 아니란 말이야…."

"나는 무식쟁이야, 나도 그건 알아. 그렇지만 그걸 알기 때문에 나중에 적당한 시기에 내놓으려고 여축을 하지 않아. 나는 하느님께 나를 맡겨드리네. 그러면 하느님께서는 내가 가장 하찮으면서도 가장 충실한 종으로 섬기는 당신의 메시아에 대한 사랑으로 나를 도와주실 거야."

"충실한 건 우리 모두가 다 충실해!" 하고 유다가 건방지게 대꾸한다.

"아이고! 고약해요!" 하고 야베가 조심스럽게 지키고 있던 침묵을 깨뜨리고 엄하게 말한다. "왜 제 아버지에게 무례한 행동을 하세요. 아버지는 나이가 많고 착하신데, 아저씨는 그러면 안 돼요. 아저씨는 심술궂은 사람이야요. 저는 아저씨가 무서워요."

"두 대 맞았구먼!" 하고 제베대오의 야고보가 안드레아를 팔꿈치로 쿡 찌르면서 가만히 말한다.

그는 조그맣게 말하였다. 그러나 가리옷 사람이 들었다. "보세요, 선생님, 막달라의 요 바보 같은 녀석이 말한 것이 기억에 남아 있습니다!" 하고 유다는 분으로 얼굴이 새빨개져서 말한다.

"아니, 성 잘 내는 어린 염소들같이 되지 말고 선생님의 가르치심을 계속 듣는 것이 더 낫지 않겠어?" 하고 평화를 사랑하는 토마가 묻는다.

"그렇구말구" 하고 마태오가 외친다. "선생님, 어머니 말씀을 더해 주십시오. 어머니의 어린 시절은 대단히 빛납니다! 그 광택이 마음을 순결하게 만듭니다. 그런데 불쌍한 죄인인 저는 그것이 몹시 필요합니다!"

"무엇을 말해야 하겠느냐? 일화가 아주 많은데, 모두가 하나같이 기분좋은 것들이니…"

"어머니께서 말씀해 주셨습니까?"

"몇 가지는. 그러나 요셉이 훨씬 더 많이 이야기해 주셨다. 내가 어린 아이였을 적에 가장 아름다운 이야기를 해준 것이 그분이었다. 또 사라의 알패오도 이야기해 주었다. 알패오는 내 어머니보다 몇 살 위라, 어머니가 나자렛에 계신 몇 해 동안 친구였었다."

"아이고! 이야기해 주세요…" 하고 요한이 조른다. 제자들은 모두 올리브나무 그늘에 빙 둘러 앉아 있고, 한가운데에는 마치 천국 이야기를 듣는 것처럼 예수를 똑바로 쳐다보고 있다.

"어머니가 성전에 들어가시기 며칠 전에 그의 어린 친구와 다른 많은 사람에게 준 순결에 대한 교훈을 말해 주마.

그날 사라의 친척인 나자렛의 어떤 처녀가 결혼을 했었다. 요아킴과 안나도 혼인잔치에 초대를 받았었다. 그분들과 같이 어린 마리아도 있었는데, 다른 어린 아이들과 같이 신부가 걸어가는 길에 꽃잎들을 던지는 일을 맡았었다. 어머니는 어렸을 때 매우 아름다워서 신부의 즐거운 입장이 있은 다음 모든 사람이 서로 빼앗아 가려고 다투었다고 한다. 마리아는 언제나 '자기의 약혼' 동굴이라고 부르는 작은 동굴을 다른 곳보다도 좋아하면서 집에서 지내는 때가 많았기 때문에 보기가 매우 어려웠었다. 그래서 금발이고 볼그레하고 귀여운 마리아를 사람들이 보면 귀찮을 정도로 쓰다듬어 주었다. 사람들은 마리아를 '나자렛의 꽃'이니 '갈릴래아의 진주'니 하고 부르기도 했고, 마리아가 갓난 아기의 첫번 울음을 울 때에 갑자기 나타났던 커다란 무지개를 기억하고 '하느님의 평화'라고도 불렀다. 어머니는 사실 이 모든 것이셨고, 지금도 역시 그러시며, 한층 더 그러하시다. 하늘과 우주의 꽃이시고, 천국의 진주이시며 하느님의 평화이시다. …그렇다, 평화이시다. 나는 아버지의 아들이고 마리아의 아들이기 때문에 평화를 사랑하며, 무한한 평화, 감미로운 평화이다.

그날 모든 사람이 마리아에게 입맞춤을 하고 무릎에 올려놓고 싶어했다. 그런데 마리아는 입맞춤을 접촉을 피하면서 귀여우면서도 진중하게 이렇게 말했다. '제발 나를 다치지 마셔요.' 하고. 사람들은 허리에 파란 띠를 맨 그의 아마포 옷과 가는 손목과 목… 또는 굽슬굽슬한 머리를 제 자리에 있게 하려고 안나가 씌워준 파란 꽃으로 만든 작은 꽃줄에 대해서 말하는 줄로 생각했었다. 그래서 그의 옷도 꽃줄도 구기지 않을 것이라고 안심시켰다. 그러나 세 살 먹은 어린 여자인 마리아는 어른들이 빙 둘러 서 있는 가운데에서 진지한 태도로 이렇게 말했다. '나는 고칠 수 있는 거 가지고 말하는 거 아니예요. 내 영혼에 대해서 말하는 거지요. 내 영혼은 하느님의 것이니까 하느님께만 만지게 할래요.' 그래서 사람들이 '그렇지만 우리는 네게 입맞춤하는 것이지 네 영혼에 입맞춤하는 것이 아니다.' 하고 반박하면, 이렇게 말했다. '내 몸은 내 영혼의 성전이고, 이 성전의 사제는 성령이예요. 백성은 사제들의 구역 안에는 들어가지 못해요. 제발 하느님의 구역 안에 들어오지 마셔요.'

마리아보다 여덟 살 위이고 마리아를 대단히 좋아하던 알패오는 이 대답에 충격을 받았다. 이튿날 마리아가 그의 작은 동굴 곁에서 꽃을 따는 데 골몰하고 있는 것을 보고 '마리아야, 네가 크면 내게 시집올래?' 하고 물었다. 알패오에게는 그가 참석했던 혼인잔치의 흥분이 아직 남아 있었다. 그랬더니 마리아는 이렇게 대답했다. '나는 너를 많이 좋아한다. 그렇지만 너를 남자로 보지 않는다. 비밀 하나를 말해주마. 나는 사람들의 영혼만 봐. 나는 영혼을 진심으로 많이 사랑한다. 그렇지만 하느님 말고는 아무도 나를 바칠 수 있을 〈정말 살아 있는 분〉으로 보지 않는다.' 이것이 한 가지 일화다."

"'정말 살아 있는 분'이다!!! 아니 이것이 심오한 말이라는 것을 아십니까?" 하고 바르톨로메오가 외친다.

그러니까 예수께서는 겸손되이 그리고 미소를 지으시며 "마리아는 지혜의 어머니였다" 하고 말씀하신다.

"마리아가 그랬습니까? …그렇지만 세 살밖에 안 되었었는데요?"

"마리아는 지혜의 어머니였다. 나는 벌써 마리아 안에서 살고 있었다. 나는 마리아가 잉태되자마자 오직 한 분이고 지극히 완전한 삼위인 하느님으로 그의 안에 있었다."

"그렇지만, 죄있는 제가 감히 말하는 것을 용서하십시오. 그렇지만 요아킴과 안나가 마리아가 선택된 동정녀라는 것을 알고 있었습니까?"

"알지 못했었다."

"그러면 어떻게 요아킴이 하느님께서 마리아를 미리 구원하셨다고 말할 수 있었습니까? 그것이 원죄에 대한 마리아의 특은을 암시하는 것이 아닙니까?"

"그것은 하나의 암시이다. 그러나 요아킴은 모든 예언자가 그런 것과 같이 하느님의 입으로 말하는 것이었다. 요아킴은 이러한 아버지가 될 자격이 있을 만큼 의인이었고 또 겸손한 사람이었기 때문에 성령께서 그의 입술에 놓아 주신 초자연적인 숭고한 진리를 그도 깨닫지 못했다. 과연 교만이 있는 곳에는 의덕이 없다. 그러나 요아킴은 의인이고 겸손한 사람이었다. 요아킴은 그의 부성애로 딸을 위로하였다. 그는 사제의 지식으로 딸을 가르쳤다. 그는 하느님의 계약의 궤의 보호자로서 사제와 같은 사람이었기 때문이다. 요아킴은 대사제와 같이 '티 없는 여자'라는 가장 기분좋은 칭호로 딸을 봉헌하였다. 백발의 다른 대사제가 세상 사람들에게 '마리아는 원죄 없이 잉태되신 분'이라고 말하고 이 진리를 의심할 점이 없는 믿을 교리로 믿는 이들의 세계에 주어서, 이단과 악습의 흐린 회색 풍경 속으로 점점 더 깊이 빠져 들어가는 그때 세상에 별로 장식된 왕관을 쓰고 자기보다는 덜 깨끗한 달빛에 둘러싸이고 천체들에 의지한 하느님의 지극히 아름다운 여인이 아주 환희 드러나 찬란히 빛나게 할 날이 올 것이다. 마리아는 창조된 이와 창조되지 않은 이의 여왕이다. 그것은 하느님이요 왕인 분이 당신 나라의 여왕으로 마리아를 모셨기 때문이다."

"그러면 요아킴은 예언자였습니까?"

"의인이었다. 그의 영혼이 하느님의 사랑을 받는 그의 영혼에 하느님께서 말씀하시는 것을 메아리처럼 받아 되풀이하는 것이었다."

"주님, 그 어머니를 언제 보게 됩니까?" 하고 야베가 갈망하는 눈으로 말한다.

"오늘 저녁에. 어머니를 보면 무슨 말을 하겠니?"

"'구세주의 어머니, 인사드립니다' 하고 말하겠습니다. 그러면 되나요?"

"아주 좋다" 예수께서는 그를 쓰다듬으시며 인정하신다.

"그렇지만 우리가 오늘 성전에 가야 하지 않습니까?" 하고 필립보가 묻는다.

"베다니아로 떠나기 전에 간다. 그리고 너는 여기 조용히 남아 있는 거지?"

"예, 주님."

올리브밭의 관리인인 요나의 아내가 가만히 다가와서 말한다. "왜 아이는 안 데려가십니까? 아이가 그걸 바라는데요…."

예수께서는 말없이 집요하게 그 여자를 똑바로 들여다보신다.

여자는 알아듣고 말한다. "알겠습니다! 그렇지만 저는 또 마르코의 작은 겉옷이 있어야 합니다. 그걸 가지러 가겠습니다." 그러면서 뛰어서 간다.

야베는 요한의 소매를 잡아끈다. "선생님들이 엄할까요?"

"아! 아니다. 걱정 마라. 그리고 또 오늘도 아니다. 어머니와 같이 있으면 며칠 후에는 네가 어떤 박사보다도 더 지혜롭게 될 것이다" 하고 요한이 그의 용기를 돋구어 주느라고 말한다.

다른 사람들은 그 말을 듣고 야베의 걱정에 미소를 짓는다.
"그런데 누가 아버지의 자격으로 이 애를 내놓지?" 하고 마태오가 묻는다.
"그건 당연히 나지! 선생님이 데리고 가기를 원치… 않으신다면 말이야" 하고 베드로가 말한다.
"아니다, 시몬아. 나는 그 일을 하지 않겠다. 그 영광을 네게 남겨 준다."
"선생님, 고맙습니다. 그러나… 선생님도 가시는 거지요?"
"물론. 우리가 다 간다. '우리의' 아이니까…."
요나의 마리아가 아직 입을 만한 짙은 자주색 겉옷을 가지고 돌아온다. 그러나 그 빛깔이라니! 그 여자 자신도 이렇게 말한다. "마르코는 빛깔이 마음에 들지 않는다고 이걸 입으려고 하지 않았습니다."
그렇구말구! 끔찍하다! 윤기없고 거무죽죽한 빛깔을 한 가엾은 야베는 그 자주빛 옷을 입으니 물에 빠져 죽은 사람 같다. 그러나 그는 자기 자신을 보지 못한다. …그래서 어른 같은 옷차림을 할 수 있는 그 겉옷을 입고 기뻐한다….
"식사가 다 준비되었습니다, 선생님. 하녀가 어린 양을 벌써 쇠꼬챙이에서 뺐습니다."
"그러면 가자."
그래서 그들은 있던 자리에서 내려와 식사를 하려고 부엌으로 들어간다.

58. 봉헌하는 시간에 성전에서

베드로는 아버지의 자격으로 야베의 손을 잡고 성전 경내로 들어올 때 정말 엄숙하다. 어떻게나 몸을 꼿꼿이 가누고 걷는지 키가 더 커보이기까지 한다. 뒤에는 다른 사도들 모두가 떼를 이루고 따라간다. 예수께서는 성전에 들어오는 것을 부끄러워하는 것 같은 엔도르의 요한과 밀도있는 토론을 하시느라고 맨 뒤에 오신다.
베드로는 그의 피보호자에게 묻는다. "너는 여기 와본 적이 없니?" 그러니까 그 아이는 대답한다. "아버지, 네가 태어났을 적에 왔어요. 그렇지만 기억이 안 나요." 그러니까 베드로는 기꺼이 웃는다. 베드로가 그 말을 동료들에게 되풀이하니까 그들도 솔직하게 또는 교활하게 이렇게 말하면서 웃는다. "너는 아마 자고 있었던 모양이지, 그래서 …" 또는 "우리도 모두 너와 같아. 우리가 났을 때 여기 온 건 기억이 나지 않아."
 예수께서도 당신의 피보호자에게 같은 말을 물어보시고 비슷한, 거의 비슷한 대답을 들으신다. 엔도르의 요한은 이렇게 대답하기 때문이다. "저희들은 개종자였습니다. 그래서 마침 과월절을 지내느라고 어머니에게 안겨서 왔습니다. 저는 아달달 초순에 났으니까요. 유다 출신인 어머니는 아들을 늦지 않게 주님께 드리려고 걸을 수 있게 되자마자 여행을 떠났습니다. 아마 너무 빨리 떠난 것 같습니다. 병이 들어서 낫질 않았으니까요. 어머니를 잃게 된 것은 제가 두 살도 되지 않았을 때였습니다. 그것이 제 일생의 첫번째 불행이었습니다. 그러나 저는 맏아들이었고, 어머니의 병으로 인해서 외아들로 있었습니다. 그런데 어머니는 율법을 지켰기 때문에 죽는 것을 자랑스럽게 생각했습니다. 아버지는 제게 이렇게 말하곤 했습니다. '네 어머니는 너를 성전에서 드린 것을 기뻐하며 죽었다'…고. 가엾은 어머니! 어떤 것을 드렸습니까? 장차 살인할 아이를…"
 "요한아, 그렇게 말하지 말아라. 그때는 네가 펠릭스였지만, 지금은 요한이다. 하느님께서 네게 내리신 큰 은총을, 그 은총을 항상 마음에 간직하여라. 그러나 네가 떨어졌던 타락의 생각은 물리쳐라. …다시는 성전에 오지 않았느냐?"
 "아니요, 왔습니다. 열 두 살 때에 왔고, 그뒤에도 할 수 있는 때에는… 항상 왔습니다. …그후에는 할 수 있었을 터인데도 더 이상 안했습니다. 어떤 종교를 가지고 있었는지를 말씀드린 것처럼, 유일한 종교, 즉 미움을 가지고 있었으니까요. …그리고 이 때문에 감히 이 안에 들어가지를 못하겠습니다. 아버지의 집에서 저는 외부 사람인 것 같은 느낌이 듭니다. …저는 아버지의 집을 너무 오랫동안 버렸었습니다."
 "너는 이제 아버지의 아들인 내게 손을 잡혀서 이 집에 돌아오고 있다. 내가 너를 제단 앞으로 데려가는 것은 모든 것이 용서받았다는 것을 알기 때문이다."
 엔도르의 요한은 조용히 흐느끼며 말한다. "하느님, 고맙습니다."
 "그렇다, 지극히 높으신 분께 감사드려라. 참다운 이스라엘 여인인 네 어머니가 예언자적인 정신을 가지고 있었다는 것을 알겠느냐? 너는 주님께 바쳐서 다시는 되찾아가지 않는 아들이다. 너는 제자로서 내 것이고 하느님의 것이며, 그러니까 내게서 이름을 얻게 될 새로운 기원(紀元)과 새로운 종교에서 네 주의 미래의 사제로서 내 것이고 하느님의 것이다. 요한아, 나는 네게 모든 것을 사해 준다. 차분한 마음으로 성소를 향해 나아가라. 분명히 말하지만, 이 경내에 사는 사람들 가운데에는 너보다 훨씬 더 죄가 많고 제단에 가까이 갈 자격이 너보다 더 없는 사람이 많이 있다…."

이동안 베드로는 성전에서 가장 주목할 만한 것들을 어린 아이에게 설명하느라고 애쓴다. 그러나 도와달라고 더 학식이 많은 다른 사람들, 특히 바르톨로메오와 시몬을 부른다. 가장 나이많은 사람과 같이 있어야 아버지의 자격으로 마음이 편하기 때문이다.

그들이 헌금을 하려고 헌금궤 옆에 있는데 아리마태아의 요셉이 그들을 부른다. "당신들이 여기 와 있군요. 언제부터?" 요셉은 인사를 나눈 다음에 이렇게 말한다.

"어제 저녁부터요."

"선생님은?"

"저기 새 제자와 같이 계신데, 곧 오실 것입니다."

요셉이 어린 아이를 보면서 베드로에게 묻는다. "조캅니까?"

"아니… 그렇습니다. …요컨대 혈육으로는 아무것도 아니고, 믿음으로는 관계가 많이 있고, 사랑으로는 전부입니다."

"무슨 말인지 못 알아듣겠는데요…."

"얘는 어린 고아입니다. …그러니까 혈육으로 관계가 없습니다. 제자이니까 … 믿음으로는 관계가 많구요. 아들이니까. …사랑으로는 전부입니다. 선생님이 이 애를 거두어 주셨습니다. …그리고 나는 이 애를 애무하구요. 며칠 안에 성인례를 합니다…."

"벌써 열 두 살입니까? 그렇게 작은데?"

"아! 그래요. …그렇지만 선생님이 말씀해 주실 것입니다. …요셉, 당신은 착한 분이지요. …여기서는 몇 안 되는 착한 사람들 중의 한 분이지요. …이거 보세요, 이 일에 나를 도와줄 수 있겠습니까? 아시겠어요? …내가 이 아이를 내 아들이라고 내놓을 것입니다. 그러나 나는 갈릴래아 사람이고, 고약한 문둥병을 가지고 있어요…."

"문둥병을!" 하고 외치며 요셉은 놀라서 물러선다.

"겁내지 마세요! …나는 예수께 속해 있다는 문둥병을 가지고 있습니다! 몇몇 예외를 빼놓고는 성전 사람들에게는 가장 추악한 문둥병이지요."

"아닙니다! 그렇게 말하지 마시오!"

"이것은 진실입니다. 그래서 말해야 합니다. …그래서 그들이 나와 예수님 때문에 이 어린 아이에 대해서 엄하게 굴까봐 걱정이 됩니다. 그리고 또 이 아이가 율법과 할라쉬아, 하가다, 메드라쉬오 따위를 얼마나 아는지 모르겠어요. 예수께서는 이 애가 넉넉히 알고 있다고 말씀하시지만요…."

"아! 예수께서 그렇게 말씀하시면, 겁내지 마시오!"

"그렇지만 저 사람들이 나를 괴롭히기 위해서…"

"이 아이를 대단히 사랑하는군요! 애를 늘 데리고 있을 겁니까?"

"그렇게는 못합니다! …나는 밤낮 걸어다니는데… 애는 작고 허약해서…"

"그렇지만 나는 아버지와 기꺼이 같이 다니겠어요…" 하고 요셉의 애무로 자신이 생긴 야베가 말한다.

베드로는 몹시 기뻐한다. …그러나 이렇게 말한다. "선생님은 그렇게 해서는 안 된다고 말씀하신다. 그래서 그렇게 하지 않을 것이다. …그래도 어떻게 할 수 있는지 보자. …요셉… 나를 도와주시겠지요?"

"물론이지요! 내가 당신과 같이 가지요. 내 앞에서는 그들이 부정한 행위는 못할 것입니다. 언젭니까? 아이고! 선생님! 축복을 주십시오!"

"요셉, 당신에게 평화가 있기를. 만나게 되어서 반갑습니다. 그것도 이렇게 건강하게."

"선생님, 저도 그렇습니다. 제 친구들도 선생님을 기꺼이 뵐 것입니다. 게쎄마니에 계십니까?"

"거기 있었지요. 그러나 기도가 끝나면 베다니아로 갑니다."

"라자로의 집에요?"

"아니오, 시몬의 집으로 갑니다. 내 어머니도 계시고, 내 사촌들의 어머니와 요한과 야고보의 어머니도 있습니다. 나를 보러 오시겠습니까?"

"그걸 물어보십니까? 저로서는 큰 기쁨이고 큰 영광입니다. 여러 친구들과 같이 가겠습니다."

"요셉, 친구들하고는 신중히 행동하시오!…" 하고 열성당원 시몬이 충고한다.

"오! 당신도 그들을 벌써 알고 있어요. 용의주도함은 '공기도 듣지 못하게 하라'고 말하지요. 그러나 당신이 그들을 보면 그들이 친구들이라는 것을 알게 될 겁니다."

"그렇다면…"

"선생님, 요나의 시몬이 이 어린 아이의 의식에 대해서 말을 했습니다. 선생님이 언제 그 의식을 행할 생각이신지 물어보고 있는데 선생님이 오셨습니다.

저도 그 의식에 참례하겠습니다."

"과월절 전 수요일입니다. 나는 이 아이가 율법의 아들로 과월절을 지내기를 원합니다."

"좋습니다. 약속했습니다. 베다니아로 모시러 가겠습니다. 하지만 월요일에 친구들과 같이 가겠습니다."

"좋습니다."

"선생님, 그럼 가보겠습니다. 평화가 선생님과 함께 있기를 바랍니다. 지금은 향올리는 시간입니다."

"잘 가시오, 요셉. 평화가 당신과 함께 있기를. 야베야, 오너라. 지금이 하루 중에 제일 엄숙한 시간이다. 같은 종류의 시간이 아침에도 또 하나 있다. 그러나 지금 시간이 한층 더 엄숙하다. 아침을 하루의 시작이다. 그래서 사람이 하루 동안 모든 일에 하느님의 축복을 얻기 위하여 주님을 찬미하는 것이 좋은 일이다. 그러나 저녁은 한층 더 엄숙하다. 빛이 멀어져 가고, 일이 중단되고, 밤이 온다. 멀어져 가는 빛은 우리에게 악에 떨어지는 것을 상기시킨다. 또 실제로 나쁜 행동이 보통 밤에 생긴다. 왜? 사람이 일에 골몰하지 않기 때문이다. 유혹과 악몽을 보내는 마귀에게 둘러싸이기가 더 쉽게 된다. 그러므로 하루 동안 보호해 주신 데 대하여 하느님께 감사를 드린 후 우리에게서 밤의 환상과 유혹들을 멀리해 주십사 하고 하느님께 간청하는 것이 좋다. 밤과 잠은… 죽음의 상징이다. 그러나 주님의 축복과 더불어 살고서, 어두움 속이 아니라 빛나는 새벽빛 속에 잠드는 사람들은 행복하다. 향을 드리는 사제는 그것을 우리 모두의 이름으로 한다. 사제는 하느님과 일치하는 가운데 모든 백성을 위하여 기도하고, 하느님께서는 당신 자녀들의 백성에 대한 강복을 사제에게 맡기신다. 사제의 성직이 얼마나 위대한지 알겠느냐?"

"저는 사제가 되면 좋겠습니다. …그러면 엄마에게 더 가까이 있는 것 같을 것입니다.…"

"네가 항상 좋은 제자로 또 베드로의 착한 아들로 있으면 그렇게 될 거다. 이제는 이리 오너라. 자 들어봐라, 나팔소리가 시간이 왔다는 것을 알린다. 야훼를 경건하게 찬미하러 가자." (예수께서는 마지막 "에"를 "아"에 가깝게, 그리고 "야훼"의 "아"는 "에"에 가깝게 발음하신다)

59. 예수께서 베다니아에서 어머니를 만나시다

올리브동산을 베다니아와 연결하는 그늘진 길로— 올리브동산의 푸른 지맥(支脈)이 베다니아의 들에까지 이른다고도 말할 수 있겠다— 예수께서 제자들과 같이 라자로의 도시까지 빨리 걸어가신다. 아직 시내에 들어가지 않으셨는데, 사람들은 그분을 알아보고, 자발적인 사자(使者)들이 사방으로 흩어져 예수께서 오시는 것을 알린다. 그 덕택으로 한편에서는 라자로와 막시민이 달려오고, 또 한편에서는 이사악이 티몬과 요셉과 같이 달려오고, 또 다른 방향에서는 마르타가 마르첼라와 같이 오는데, 예수의 옷에 입맞춤하기 위하여 몸을 구부리려고 베일을 젖힌다. 곧 뒤이어 알패오의 마리아와 마리아 살로메가 달려와서 선생님께 경배하고 나서 그들의 아들들에게 입맞춤한다. 이러는 동안 예수께서 여전히 손을 잡고 계신 어린 야베는 이렇게 오는 그 모든 사람 때문에 동요하여 놀라서 바라보고, 한편 엔도르의 요한은 자기가 낯선 사람이라는 느낌이 들어 따로 집단 속으로 물러간다. 그리고 이번에는 시몬의 집으로 가는 오솔길로 어머니께서 나아오신다.

예수께서는 야베의 손을 놓으시고 친구들을 가만히 밀치시고 어머니께로 걸음을 재촉하신다. 잘 알려진 말이 사랑의 독창 모양으로 군중의 웅성거리는 소리를 누르는 공기를 흔든다. "아들아!", "어머니!" 두 분은 서로 입맞춤을 하신다. 그런데 성모님의 입맞춤에는 오랫동안 걱정을 했다가 이제는 자기가 사로잡혀 있던 공포에서 해방되면서, 아들이 빠졌던 위험의 정도에 따라 애도 많이 썼던 데에서 오는 피로를 느끼는 어머니의 고뇌가 들어 있다….

예수께서 그것을 깨달으시고 어머니를 어루만지며 말씀하신다. "제 수호천사 외에도 어머니의 수호천사도 저를 지켜 주었습니다. 그러니까 제게 아무런 재난도 올 수가 없었습니다."

"주님께 거기 대한 찬미를 드리자. 그러나 나는 무척 괴로워했다!"

"저는 더 빨리 오려고 했습니다. 그러나 어머니께 순종하느라고 다른 길로 와야 했습니다. 그런데 그것이 잘된 일이었습니다. 어머니의 명령은 언제나 그런 것처럼 아름다운 꽃을 피웠으니까요."

"네 순종이 그랬다, 아들아!"

"어머니의 현명한 명령이 그랬습니다, 어머니…" 두 분은 두 애인처럼 서로 미소를 보낸다.

그러나 이 여인이 이 사람의 어머니일 수가 있는가? 열 여섯 살의 차이가 어디에 있는가? 동정녀의 얼굴과 몸의 신선함과 우아함은 마리아를 지금 한창 인간으로서의 빛나는 성숙기에 있는 아들의 누나처럼 보이게 한다.

"어머니는 왜 이렇게 꽃이 피었는지 묻지 않으세요?" 하고 예수께서 여전히 미소하시며 물으신다.

"나는 내 예수가 내게 아무것도 숨기지 않는다는 것을 안다."

"사랑하는 어머니!" 그러면서 또 입맞춤하신다….

몇 미터 떨어진 곳에 있는 사람들은 이 광경을 지켜보지 않는 것같이 보인다. 그러나 나는 다른 곳을 바라다보고 있는 것 같은 그 모든 눈 중에 이 다정스러운 광경을 흘낏 보지 않는 눈은 하나도 없다고 장담하겠다.

모든 사람들보다도 더 바라다보는 사람은 야베이다. 예수께서는 어머니를 껴안으려고 뛰어가실 때 야베를 놓으셨고, 두 분이 열심히 물어보고 대답하고 하는 가운데 가엾은 어린 아이에게는 주의를 기울이지 않았기 때문에 어린 아이는 혼자 남아 있었다. …그는 바라다보고 또 바라다보고, 고개를 숙이고 슬픔과 싸운다. …그러나 마침내 더 참을 수가 없어 눈물을 흘리면서 말한다. "엄마! 엄마!"

예수와 성모님을 위시하여 모두가 돌아보며, 모두가 거기 대한 대책을 세우려고 애쓰거나 저 아이가 누구인가 하고 의아해 한다. 알패오의 마리아가 달려오고 베드로도 달려 온다— 그들은 같이 있었다— 그러면서 둘이 다 이렇게 말한다. "너 왜 우니?"

그러나 야베가 큰 슬픔 가운데에서 숨을 돌려 말을 할 수 있기 전에 성모님이 달려오셔서 안아 주시며 말씀하신다. "오냐, 내 어린 것아, 엄마다! 울지 말아라, 그리고 너를 더 일찍 보지 못한 걸 용서해라. 친구분들, 얘가 내 어린 아이입니다…." 몇 미터를 오시면서 예수께서 어머니께 "제가 데리고 온 어린 고아입니다" 하고 말씀하셨으리라는 것을 우리는 알 수 있다. 나머지는 성모님이 짐작하셨다.

어린 아이는 아직도 울지만 덜 슬퍼하고, 또 성모님이 안고 입맞춤하시기 때문에 마침내 아직 온통 눈물에 젖은 얼굴로 미소를 짓는다.

"눈물을 닦아 주게 오너라. 이젠 울면 안 된다! 내게 입맞춤해라…."

야베는… 그것이야말로 바라는 바이었다. 그리고 수염난 남자들의 애무를 그렇게 많이 받은 다음이라, 성모님의 보드러운 뺨에 입맞춤하는 것이 기쁘다.

그러나 예수께서는 엔도르의 요한을 찾아 발견하시고 외따로 떨어져 있는 구석으로 그를 데리러 가신다. 사도들이 성모님께 인사하는 동안 예수께서는 엔도르의 요한의 손을 잡고 어머니께 오셔서 말씀하신다. "어머니, 여기 또 한 제자가 있습니다. 이 두 아들은 어머니의 명령이 얻었습니다."

"네 순종이 얻은 것이다, 아들아" 하고 성모님은 되풀이하신다. 그리고 그사람에게 이렇게 인사하신다. "평화가 자네와 함께 있기를."

가리옷 사람의 변덕으로 인하여 예수께서 엔도르에 가시게 되었던 그날 아침부터 벌써 많이 변하였던 엔도르의 사람, 거칠고 불안하던 그 사람이 성모님 앞에 절을 하고 있는 동안에 그의 과거를 완전히 버리고야 만다. 내가 이렇게 생각하는 것은 그가 몸을 깊이 숙여 절하고 일어날 때에 그의 얼굴이 차분해 보이고, 정말로 "화평하게 된" 것 같기 때문이다.

모두가 시몬의 집을 향하여 간다. 성모님은 야베를 안으시고, 예수께서는 엔도르의 요한의 손을 잡으셨다. 그리고 그 둘레와 뒤에는 라자로와 마르타와 사도들이 막시민과 이사악과 요셉과 티몬과 같이 간다.

그들이 집안으로 들어가는데, 문장에서는 시몬의 늙은 하인이 예수와 그의 주인에게 경의를 표한다.

"요셉, 당신과 이 집에 평화가 있기를" 하고 예수께서는 늙은 하인의 흰 머리에 손을 얹으셨다가 강복하시느라고 손을 드시며 말씀하신다.

라자로와 마르타는 처음의 기쁜 느낌이 지난 다음 좀 침울하다, 그래서 예수께서 "벗들, 왜 그러시오?" 하고 물으신다.

"선생님이 저희와 같이 계시지 않기 때문이고, 또 저희가 선생님의 것이 되기를 바라는 사람을 빼놓고는 모든 사람이 선생님께로 오기 때문입니다."

"당신들의 참을성과 바람과 기도를 확고하게 하시오. 그리고 나는 당신들과 같이 있소. 이 집은! …이 집은 사람의 아들이 아끼는 친구들에게로 날마다 날아갈 둥지에 지나지 않소. 그 친구들은 공간으로 보아서도 아주 가까운 이웃이지만, 사물을 초자연적으로 관찰하면 사랑 안에서 무한히 가까운 이웃이오. 당신들은 내 마음 속에 있고, 나는 당신들 마음 속에 있소. 이보다 더 가까운 이웃이 있을 수 있소? 그러나 오늘 저녁은 우리가 같이 있소. 내 식탁에 앉기 바라오."

"아이고! 내 신세가 불쌍하구먼! 내가 여기서 어정거리고 있다니! 살로메, 와요, 우린 할 일이 많아요!" 알패오의 마리아의 외치는 소리에 모든 사람이 빙그레 웃는다. 그리고 예수의 착한 아주머니는 일을 하러 가려고 빨리 일어난다.

그러나 마르타가 그를 쫓아가서 말한다. "마리아, 음식 걱정은 마세요. 제가 명령을 하겠어요. 아주머니는 상만 보세요. 제가 필요한 의자들을 보내드릴께요. 마르첼라, 오너라, 선생님, 곧 돌아오겠습니다."

"라자로, 나는 아리마태아의 요셉을 보았소. 친구들과 월요일에 온다고 했소."

"오! 그러면 그날은 선생님이 제 차지가 되시는군요!"

"그렇소. 요셉은 함께 있으려고 오는 것이고, 또 야베에 관한 의식 문제를 결정하려고 오는 것이오. 요한아, 아이를 옥상으로 데려가거라, 거기서 재미있게 놀 것이다."

항상 순종 잘하는 요한은 즉시 자리에서 일어난다. 그리고 얼마 안 있어 어린 아이의 귀여운 지껄임과 그의 작은 발소리가 집을 둘러싸고 있는 옥상에서 들려온다.

"어린 아이는" 하고 예수께서는 어머니와 친구들과 여자들에게 설명하신다. 여자들 중에는 선생님 곁에 있는 기쁨을 1분이라도 잃지 않으려고 서두른 마르타도 있다. "도라의 농부들 중의 한 사람의 손자입니다. 제가 에스드렐론으로 지나왔거든요."

"밭들이 황폐해져서 팔려고 한다는 것이 사실입니까?"

"황폐해진 것은 사실입니다. 파는 데 대해서는 모르겠습니다. 죠가나의 농부 한 사람이 내게 그 말을 했지만, 그것이 사실인지는 모르겠습니다."

"판다면 제가 기꺼이 사서 그 뱀굴 가운데에로 선생님의 피신처를 만들어 드리겠습니다."

"죠가나가 그 밭들을 사기로 결심했으니까 당신이 그일을 성공하리라고 생각지 않소."

"두고 보기로 하지요. …그러나 선생님 이야기를 계속하십시오. 그 농부들은 어떤 사람들입니까? 거기 있던 농부들은 모두 흩어버렸는데요."

"그렇소. 그 농부들은 유다에 있는 그의 땅에서 간 사람들이오. 적어도 어린 아이의 할아버지인 노인은 그렇소. 그 노인은 도라가 보지 못하게 하느라고 어린 아이를 들짐승처럼 수풀 속에 놓아두었었습니다. …그 아이는 겨울부터 그 수풀 속에 있었던 것입니다….."
"아이고! 가엾은 것! 아니 왜 그랬습니까?" 여자들은 모두 깜짝 놀란다.
"그것은 그의 부모가 엠마오 근처에서 일어난 산사태 때 파묻혔기 때문입니다. 아버지, 어머니, 형제들 모두가. 저 아이는 집에 없었기 때문에 죽음을 면한 것입니다. 누군가가 그애를 할아버지에게 데려다 주었습니다. 그러나 도라의 농부가 무엇을 할 수 있었겠습니까? 이사악, 네가 네가 이 경우에도 나를 구세주라고 말해 주었지."
"주님, 제가 잘못했습니까?" 이사악이 겸손하게 묻는다.
"너는 잘했다. 하느님께서 그것을 원하셨다. 노인은 아이를 내게 주었는데, 그 아이는 또 며칠 안에 성인이 된다."
"아이고! 가엾어라! 열 두 살에 그렇게 작다니! 우리 유다는 그 나이에 곱절은 되었는데… 그리고 예수님은? 얼마나 꽃 같았어요!" 하고 알패오의 마리아가 말한다.
그러니까 살로메도 말한다. "내 아들도 훨씬 더 실했어요!"
마르타가 중얼거린다. "정말 아주 작군요? 아직 열 살도 되지 않은 줄 알았어요."
"아! 굶주림은 무서운 것입니다! 그런데 저 아이는 세상에 태어나면서부터 굶주렸습니다. 또 지금은… 또 저기서는 모든 사람이 굶어서 죽어가는데 노인이 저 애한테 뭘 줄 수가 있었겠어요?" 하고 베드로가 말한다.
"그래요. 저 아이는 많은 괴로움을 겪었어요. 그러나 매우 착하고 영리합니다. 나는 노인과 어린 아이를 위로하려고 저 아이를 데려왔습니다."
"선생님이 저 아이를 양자를 삼으십니까?" 하고 라자로가 묻는다.
"아니오. 그렇게 할 수 없어요."
"그러면 제가 맡겠습니다."
베드로는 자기의 희망이 사라지는 것을 보고 진짜 탄식을 하며 말한다. "주님, 모든 것이 라자로 것입니까?"
예수께서는 빙그레 웃으신다. "라자로, 당신은 벌써 많은 일을 했소. 그래서 감사하오. 그러나 저 아이는 당신에게 맡길 수가 없소. 저 아이는 '우리' 아이요. 우리 모두의. 사도들과 선생의 기쁨이오. 그뿐 아니라, 저 아이가 여기 있으면 호사하며 자라게 될 것이오. 그러나 나는 저 아이에게 내 왕의 겉옷을, 즉 '정직한 가난'을 선물로 주고자 하오. 아무에게도 자존심을 상하지 않게 하면서 가장 큰 불행을 가까이하기 위해 사람의 아들이 자기 자신을 위하여 가지고자 하는 가난을 말이오. 당신은 최근에도 내게서 선물을 받았지요…."

"아! 예! 노인장과 그 딸을요. 여인은 매우 부지런하고 노인은 매우 착합니다."

"지금 어디들 있소? 어떤 곳에 있느냐는 말이오."

"그야 여기 베다니아에 있지요. 선생님이 보내 주신 축복을 제가 멀리하려고 했으리라고 생각하십니까? 여인은 아마포 길쌈을 합니다. 이 일에는 날렵하고 숙련된 손이 필요합니다. 노인도 꼭 일을 하겠다고 해서 벌통을 돌보게 했습니다. 어제 — 마르타야, 그렇지? — 그분의 긴 수염이 온통 황금빛이었습니다. 벌들이 분봉하면서 모두 그 수염에 달라붙었던 것입니다. 그랬더니 노인은 딸들에게 말을 하듯이 벌들에게 말을 했습니다. 노인은 행복합니다."

"그럴 테지요! 당신이 축복받기 바라오" 하고 예수께서 말씀하신다.

"고맙습니다, 선생님. 그러나 저 아이에게는 비용이 들 텐데요! 그것만이라도 허락해 주시겠습니까?…"

"나는 그애 명절빔 생각을 하고 있는데요" 하고 베드로가 외친다. 모두가 그의 충동적 성격 때문에 웃는다.

"좋습니다, 그러나 저 애는 다른 옷들도 필요할 것입니다. 시몬, 친절을 베푸시오. 나도 아이가 없소. 마르타와 내가 그 애에게 작은 옷들을 해주는 것으로 위로를 받게 해주시오."

이런 간청을 받자 베드로는 이내 감동한다. "다른 옷들은… 좋습니다. …그러나 수요일에 입을 옷은 내가 책임집니다. 선생님이 내게 약속하셨습니다. 그리고 내일 어머니를 모시고 그 옷을 사러 가라고 말씀하셨습니다." 베드로는 자기에게 불리하게 어떤 변경이 있을까 봐 염려해서 이 모든 말을 주워섬긴다.

예수께서는 빙그레 웃으시며 말씀하신다. "그렇습니다, 어머니. 내일 시몬하고 같이 가 주셔요. 그렇지 않으면 이 사람이 극도로 불안해서 못 견딜 것입니다. 옷을 고르는 데 조언을 해주셔요."

"저는 빨간 옷에 푸른 띠라고 말했습니다. 그것이 썩 잘 어울릴 것입니다. 그애가 지금 입고 있는 옷 빛깔보다 나을 것입니다."

"빨간 옷이 잘 어울릴 거야" 하고 성모님이 조용히 말씀하신다. "예수도 빨간 옷을 입었는데. 그렇지만 빨간 옷에는 빨간 허리띠 적어도 빨간 색으로 수를 놓은 허리띠가 더 나을 것 같은데."

"제가 이 제안을 한 것은 갈색 머리인 유다가 붉은 옷에 푸른 띠를 매고 있는 것이 썩 잘 어울리는 것을 보기 때문입니다."
"하지만 이것들은 푸른 빛깔이 아니야, 이 사람아!" 하고 가리옷 사람이 웃으면서 말한다.
"아니라구? 그럼 무슨 빛깔이야?"
"이 빛깔은 '마소의 무늬' 빛깔이라고 부르는 거야."
"내가 그걸 어떻게 알아?! 내게는 푸르게 보이는 걸. 그 빛깔은 나뭇잎에서도 보았단 말이야…."
지극히 거룩하신 성모님이 친절하게 개입하신다. "시몬의 말이 맞네. 그것은 티쉬리달의 첫번 비를 맞을 때 나뭇잎이 띠는 빛깔과 꼭 같은 빛깔이네…."
"자 봐! 나뭇잎이 푸른 빛깔이니까 허리띠가 푸른 빛깔이라고 했지" 하고 베드로가 만족해서 결론을 내린다. 마음이 그윽한 성모님은 이 작은 점에서까지도 평화와 기쁨을 마련해 주셨다.
"어린 아이를 부르게" 하고 성모님이 부탁하신다. 그러자 어린 아이가 즉시 요한과 같이 온다.
"이름이 뭐냐?" 하고 성모님이 그를 쓰다듬어 주시며 물으신다.
"야베라고 합니다. …지금까지 야베라고 했습니다. 그렇지만 이제는 이름을 기다리고 있습니다…."
"이름을 기다린다구?"
"예. 야베는 내가 너를 구해 주었다는 것을 뜻하는 이름을 원합니다. 어머니가 찾아보세요. 사랑과 구원의 이름을."
성모님은 곰곰히 생각하신다. …그리고 말씀하신다. "마르지암(마아르지암). 너는 예수가 구원한 사람들의 바다에 있는 작은 물방울이다. 이 이름이 마음에 드니? 이 이름은 구원 외에도 나도 생각나게 한다."
"그 이름은 대단히 아름답습니다" 하고 어린 아이는 만족해서 말한다.
"그러나 그것은 여자 이름이 아닙니까?" 하고 바르톨로메오가 묻는다.
"이 물방울 같은 아이가 어른이 되었을 때 'ㅁ' 대신 'ㄹ'을 쓰면 이 아이의 이름을 남자의 이름으로 바꿀 수 있을 것이다. 지금은 이 아이가 어머니께서 주신 이름을 가진다."
아이는 "예" 하고 말하고, 성모님은 그를 쓰다듬어 주신다.
알패오의 마리아가 성모님을 부른다. "이건 훌륭한 모직이예요" 하고 야베의 겉옷을 만지며 말한다. 그렇지만 색깔이 너무해요! 어떻게 생각해요? 나는 아주 진한 빨강으로 물들여 주겠어요. 그게 좋을 거예요."

"내일 이 아이가 새 옷을 입을 터이니까 내일 저녁에 그렇게 합시다. 지금은 이 아이 옷을 벗길 수가 없어요."

마르타가 아이에게 말한다. "얘야, 나를 따라오겠니? 바로 가까이에 데려가서 많은 것을 보여줄게. 그리고 다시 오자…."

야베는 거절하지 않는다. 그는 결코 아무것도 거절하는 일이 없다. …그러나 모르다시피 한 여자를 따라가는 것에 좀 겁을 먹은 것 같다. 그는 수줍어하며 귀엽게 말한다. "요한 아저씨가 나하고 같이 가도 돼요?"

"그럼!…"

그들은 간다. 그리고 그들이 없는 동안 여러 집단 사이에 이야기가 계속된다. 이야기, 논평, 사람들의 박정에 대한 탄식 따위. 이사악은 세례자에 대하여 알 수 있었던 것을 이야기한다. 어떤 사람들은 세례자가 마케론테에 있다고 말하고, 다른 사람들은 티베리아에 있다고 말한다. 제자들은 아직 돌아오지 않았다.

"그러나 제자들이 그를 따라가지 않았느냐?"

"따라갔습니다. 그러나 세례자를 잡은 자들이 드고아 근처에서 그들이 잡은 세례자를 데리고, 강을 건너갔습니다. 그런데 그들이 호수 쪽으로 올라갔는지 마케론테로 내려왔는지 알지 못합니다. 요한과 마티아와 시메온이 사정을 알아보려고 헤어졌는데, 분명히 세례자를 버리지는 않을 것입니다."

"그리고 이사악, 너도 이 새 제자를 버리지 않겠지. 지금은 이 사람이 나와 같이 있다. 나는 이 사람이 나와 함께 과월절을 지내기를 원한다."

"저도 과월절을 예루살렘에서, 요안나의 집에서 지냅니다. 요안나가 저를 보았는데, 저와 제 동료들을 위해서 방 하나를 내주었습니다. 그들이 올해에는 모두 올 것입니다. 그리고 저희들은 요나타와 함께 있을 것입니다."

"리반산의 동료들도?"

"그 사람들도요. 그렇지만 요한의 제자들은 아마 오지 못할 것입니다."

"죠가나의 농부들도 오는데, 너도 아느냐?"

"정말입니까? 저는 문에, 제물을 바치는 사제들 곁에 있겠습니다. 저는 그 사람들을 보고 데려오겠습니다."

"그 사람들은 맨 마지막 시간에 기다려라. 그 사람들은 한정된 시간밖에 가지지 못했다. 그러나 어린 양은 가지고 있다."

"저도 가지고 있습니다. 아주 훌륭한 놈입니다. 라자로가 주었습니다. 저희들은 이놈을 제물로 바치겠습니다. 그러면 다른 놈은 그들이 돌아갈 때에 소용이 될 것입니다."

 마르타가 요한과 흰 아마포로 만든 작은 옷과 빨간 웃옷을 입은 어린 아이와 같이 돌아온다. 어린 아이는 팔에 빨간 작은 겉옷도 하나 걸고 있다.
 "오빠, 이 옷들 알아보겠어요? 모든 것이 쓸 데 있다는 걸 아시겠죠?"
 오빠와 동생은 서로 미소를 보낸다.
 예수께서 말씀하신다. "마르타야, 고맙다."
 "아이고! 주님! 저는 무엇이든지 보존하는 기벽이 있습니다. 어머니한테서 이어받은 것입니다. 저는 아직도 오빠의 옷을 많이 가지고 있습니다. 그 옷들은 어머니가 만진 것이기 때문에 제게는 소중합니다. 이따금씩 그 중에서 하나를 꺼내서 어떤 어린이에게 줍니다. 이제는 그것들을 마룩지암에게 주겠습니다. 조금 길긴 하지만 줄일 수 있습니다. 오빠는 성인이 되어서는 그 옷들을 입으려고 하지 않았습니다. 귀여운 변덕, 진짜 어린 아이의 변덕이었지요. …그런데 어머니는 오빠를 무척 사랑하셨기 때문에 오빠한테 졌습니다."
 마르타는 사랑을 가지고 라자로를 어루만지고, 라자로는 마르타의 매우 아름다운 손에 입맞춤하며 말한다. "그럼 너는 그렇지 않았구?" 그들은 서로 미소를 보낸다.
 "이건 천만다행한 일이로구먼" 하고 여러 사람이 지적한다.
 "그렇습니다, 내 변덕이 좋은 일을 했습니다. 아마 이 이유로 내가 이 변덕에 대한 용서를 받을 것입니다."
 저녁식사가 준비되었다. 그래서 각자 제 자리로 간다….

 …밤이 되었을 때에야 예수께서 어머니와 조용히 말씀을 나누실 수 있다. 두 분은 옥상으로 올라가셔서 나란히 의자에 앉아 손을 잡고 말씀을 하고 듣고 하신다. 우선 예수께서 그 동안에 당하신 일을 이야기하시고, 다음에는 성모님이 말씀하신다. "아들아, 네가 떠난 다음 이내 한 여자가 나를 찾아왔다. …너를 찾더구나. 대단히 비참한 사람이고, 대단히 큰 구속이더라. 그러나 그 여자가 그의 결심을 잘 지키려면 네 용서가 필요하다. 나는 그 여자를 수산나에게 맡기면서 네가 고쳐 준 여자라고 말했다. 사실 우리 집이 이제는 누구나 마음대로 항행할 수 있는 바다 같은 곳이 되지 않았더라면 그 여자를 내가 데리고 있을 수 있었을 거다. …우리 집에 오는 사람들 중에 악의를 품은 사람이 많다. 그런데 그 여자는 세상에 대해서 이제는 혐오를 느끼고 있다. 누군지 알고 싶으냐?"
 "한 영혼입니다. 그러나 제가 틀리지 않고 받아들일 수 있게 이름을 말씀해 주셔요."

"아글라에다. 네가 헤브론에서 구원하기 시작한 판토마임 배우요 죄녀인 로마 여자이다. 그 여자는 너를 찾다가 '고운 내'에서 찾아냈고, 되찾은 성실 때문에 벌써 고통을 당했다. 대단히! …그 여자는 내게 전부 말해 주었다. …정말 소름끼치는 일이다!…"

"그 여자의 죄가요?"

"그 여자의 죄도 그렇고, 또… 한층 더 나아가서 세상이 얼마나 소름끼치는 곳이냐고 말하겠다. 아이고! 아들아! 가파르나움의 바리사이파 사람들을 경계해라! 그 사람들은 그 불쌍한 여자를 이용해서 너를 해치려고 했다. 그 여자까지도 이용해서…"

"어머니, 저도 압니다. …아글라에는 어디 있습니까?"

"수산나와 함께 과월절 전에 올 거다."

"좋습니다. 제가 그 여자에게 말하겠습니다. 제가 매일 저녁 여기 있을 터이니까, 가족들에게 바칠 과월절 저녁만 빼놓고는 그 여자를 기다리겠습니다. 그 여자가 오면 어머니는 붙잡아두시기만 하면 됩니다. 어머니가 말씀하신 것처럼 큰 구속입니다. 그리고 대단히 자발적인 것이었구요! 분명히 말씀드리지만, 제가 뿌린 씨가 저 불행한 땅에서와 같이 힘있게 뿌리를 내린 마음은 별로 없습니다. 그뒤로 안드레아가 그 씨앗이 완전히 형성되기까지 자라는 것을 도와주었습니다."

"그 여자가 그 말도 하더라."

"어머니, 그 몰락을 가까이에서 대하시면서 무엇을 느끼셨습니까?"

"혐오와 기쁨을 느꼈다. 지옥 같은 구렁 가장자리에 있는 것 같았다. 그러나 동시에 파란 하늘로 들어올려지는 것 같은 느낌도 들었다. 내 예수야, 너는 하느님이니까 네가 그 기적들을 행할 때에야!"

두 분은 빛나는 별빛 아래, 그리고 만월이 가까운 반달의 흰 빛을 받으시며 말없이 계시다. 말이 없이 사랑하시며 서로 상대편의 사랑 속에서 쉬고 계시다.

60. 성모님의 말씀의 힘

찬란한 아침은 정말이지 산책할 마음이 들게 한다. 침대와 집을 떠나서 열성당원의 집에 있는 사람들은 해돋이에 벌들이 하는 것처럼 빨리 일어나, 그들을 재워준 작은 집을 둘러싸고 있는 라자로의 과수원에서 맑은 공기를 마시려고 나온다. 라자로의 집에서 잔 사람들, 즉 필립보, 바르톨로메오, 마태오, 토마, 안드레아, 그리고 제베대오의 야고보가 이내 그들과 합류하였다.

활짝 열린 창문과 문으로 해가 반가이 들어오니, 수수하고 깨끗한 방들이 황금빛을 띠고, 옷 빛깔을 선명하게 하고, 머리카락과 눈동자를 빛나게 한다.

알패오의 마리아와 살로메는 식욕이 왕성한 이 남자들의 식사 시중을 드느라고 바쁘다. 성모님은 라자로의 수석 이발사보다도 더 솜씨있게 마륵지암의 머리를 빗기는 라자로의 하인을 살펴보신다. "지금은 이렇게 해 두고" 하고 하인이 말한다. "그리고 네가 네 어린 아이 머리카락을 하느님께 바친 다음에는 머리를 짧게 잘라 주마. 이제 날씨가 더워지니까 목에 머리가 없는 것이 더 나을 거다. 그리고 머리카락에 힘이 다시 생길 것이다. 지금은 바싹 말라서 파삭파삭하고 손질이 잘 되지 않았다. 어머니, 보십시오. 돌볼 필요가 있습니다. 이제는 머리가 흐트러지지 않게 기름을 바르겠다. 애야, 냄새가 나지, 얼마나 좋은 냄새냐! 마르타가 쓰는 기름이다. 편도유와 종려유와 나무고갱이에서 뽑아낸 가장 정제되고 가장 진귀한 향유로 만든 기름이다. 이렇게 하니까 썩 좋다. 주인 아씨가 이 작은 항아리를 어린 아이가 쓰게 둬두라고 했단다. 자! 됐다! 이제는 네가 왕자와 같다." 그러면서 아마 라자로의 집의 이발사인 듯한 하인은 마륵지암의 뺨을 손바닥으로 가볍게 치고 성모님께 인사를 드리고 만족해서 간다.

"옷을 입혀 줄게 이리 오너라" 하고 성모님이 어린 아이에게 말씀하신다. 그는 지금은 소매가 짧은 작은 속옷만을 입고 있다. 나는 그것이 잠옷이거나 그 시대에 잠옷을 대신하던 것으로 생각한다. 아마포가 고운 것으로 보아 그 옷이 라자로가 어릴 때 입던 옷의 하나였다는 것을 알겠다. 성모님은 마륵지암이 입고 있던 잠옷을 벗기시고, 목과 팔목에 주름잡힌 속옷을 입히신다. 그리고 목이 넓게 파지고 소매가 넓은 빨간 모직으로 된 웃옷을 입히신다. 광택 없는 빨간 옷감의 목과 소매 끝에서 매우 흰 반짝이는 아마포가 두드러져 보인다. 성모님의 손이 밤 사이에 옷과 소매의 길이를 적당한 길이로 줄이도록 마련하셨다. 그래서 지금은 모두가 잘 맞는다. 특히 성모님이 빨간 양털과 흰 양털로 된 술이 끝에 달린 보드라운 허리띠를 매 주시니 더 잘 어울린다. 어린 아이가 이제는 며칠 전의 저 불쌍하던 꼬마 같아 보이지 않는다.

"이제는 내가 채비를 하는 동안 가서 옷을 더럽히지 말고 놀아라" 하고 말씀하시며 성모님은 아이를 쓰다듬어 주신다. 그러니까 아이는 기뻐서 깡충거리며 큰 친구들을 만나러 나간다.

그를 제일 먼저 본 사람은 토마이다. "아니 너 정말 아름답구나! 결혼식을 하려고 차린 것처럼! 너 때문에 내가 보이지 않게 되는구나" 하고 항상 쾌활한 살이 통통하게 찌고 조용한 토마가 말한다. 그러면서 그의 손을 잡으면서 말한다. "오너라, 여자들한테로 가자. 먹을 걸 주려고 너를 찾고 있다."

그들은 부엌으로 들어간다. 그리고 토마는 "여기 아주머니들을 보겠다는 젊은이가 있습니다" 하고 우렁찬 목소리로 외쳐서 화덕에 몸을 구부리고 있는 두 마리아를 깜짝 놀라게 한다. 그리고 웃으면서 그의 튼튼한 몸 뒤에 숨어 있던 어린 아이를 나오게 한다.

"아이고! 귀여운 것! 자, 입맞춤하게 이리 오너라. 살로메, 애가 얼마나 의젓한지 봐요!" 하고 알패오의 마리아가 외친다.

"정말이야! 이제는 튼튼해지기만 하면 되겠다. 그렇지만 내가 그건 유념하마. 나도 입맞춤하게 이리 오너라" 하고 살로메가 대답한다.

"그러나 예수님은 이애를 목자들에게 맡기신답니다…" 하고 토마가 반대한다.

"절대로 안 되지! 이 일은 우리 예수님이 잘못 생각하시는 걸세. 자네들 남자들이 뭘 어떻게 하고 뭘 할 줄 아느냐 말이야. 다투기나 하고— 말이 나온 김에 말하지만 자네들은 어지간히 말다툼을 잘 하거든… 서로 좋아하면서도 서로 뿔로 받는 새끼염소들처럼 말이야— 먹고, 말하고, 수많은 요구를 하고, 선생님더러 자네들 생각만 하라고 요구하고… 그렇지 않으면 뿌르퉁해지고 말이야. …아이들에게는 어머니가 필요한 거야. 그렇지? 이름이 뭐냐?"

"마륵지암이요."

"아! 그래! 그렇지만 우리 복되신 마리아가 네게 더 쉬운 이름을 줄 수도 있었을 텐데."

"마리아님의 이름하고 거의 같아요!" 하고 살로메가 외친다.

"그래요. 그렇지만 마리아의 이름은 더 간단해요. 가운데 저 자음 셋이 없거든요. …셋은 너무 많아요…."

가리옷 사람이 들어왔다가 말한다. "어머님은 옛날말에 맞게 정확히 말뜻을 생각해서 지으신 것입니다."

"좋아요. 그렇지만 어려워, 그래서 나는 자음을 하나 없애고 마르지암이라고 부르겠어. 이게 더 쉽고, 또 그렇게 한다고 세상이 끝장날 것도 아니니까. 안 그런가, 시몬?"
 창문 앞으로 지나가면서 엔도르의 요한과 말하고 있던 베드로가 앞으로 오면서 말한다. "뭣 말씀입니까?"
 "나는 어린 아이를 마르지암이라고 부르겠다고 말했어. 그게 더 쉽거든."
 "아주머니 말씀이 옳습니다. 어머님이 허락하시면 저도 그렇게 부르겠습니다. 아니 그런데 너 참 예쁘구나! 나도 그렇단다, 자! 보세요!"
 과연 베드로는 솔질을 잘하였고, 뺨을 면도질하였고, 머리와 수염에 빗질을 깨끗이하고 포마드를 발랐으며, 옷에 잘못된 주름이 없고, 샌들은 무엇을 가지고 어떻게 윤을 냈는지 아주 깨끗해서 새 것 같아 보인다. 여자들이 감탄하며 쳐다보니, 베드로는 만족해서 웃는다.
 어린 아이는 식사를 끝냈다. 그래서 그가 항상 "아버지"라고 부르는 큰 친구를 보려고 나온다.
 예수께서 라자로의 집에서 라자로 자신과 같이 오시다가 당신께로 마주 달려오는 아이에게 말씀하신다. "마륵지암아, 평화가 우리 가운데 있기를. 서로 평화의 입맞춤을 나누자."
 어린 아이의 인사를 받은 라자로는 아이를 쓰다듬어 주고 과자를 하나 준다.
 모두가 예수 둘레로 모인다. 그리고 청록색 모직 옷에 더 짙은 빛깔 겉옷을 입으신 성모님이 미소를 지으시며 아들을 향하여 오신다.
 "그러면 우리가 갈 수 있다" 하고 예수께서 말씀하신다. "시몬, 너는 라자로가 옷을 마련해 준 지금도 꼭 그렇게 하겠다면 어머니와 아이와 함께 가거라."
 "그야 물론이지요! 그리고… 제가 어머님을 한 번 모시고 갔었다고 말할 수 있을 것입니다. 큰 영광입니다."
 "그러면 가거라. 시몬, 너는 네 친구 문둥병자들한테 나하고 같이 가자…."
 "참말입니까 선생님? 그러면 만일 허락하신다면, 제가 먼저 뛰어가서 그들을 모으겠습니다. …선생님은 천천히 오시구요. …그 사람들이 어디 있는지 아시지요…"
 "좋다. 가거라. 다른 사람들은 좋을 대로 하여라. 너희들은 수요일 아침까지 모두 자유이다. 모두 제3시(아침 아홉시)에 황금문에 모여라."
 "저는 선생님을 모시고 가겠습니다" 하고 요한이 말한다.
 "나도" 하고 그의 형 야고보가 말한다.
 "저희두요" 하고 두 사촌이 말한다.

"저도 가겠습니다" 하고 마태오가 말하고, 그와 더불어 안드레아도 말한다.

"저도 선생님을 모시고 같이 가고 싶지만… 물건을 사러 가면… 갈 수가 없겠군요" 하고 베드로는 두 가지 욕망 사이에서 망설이며 말한다.

"그래, 일이 잘 될 수 있다. 우선 문둥병자들에게로 간다. 그동안 어머니와 아이는 오펠의 친구 집으로 가신다. 그런 다음 우리가 어머니 계신 데로 가서, 너는 어머니를 모시고 가고 나와 다른 사람들은 요안나의 집으로 간다. 그리고 모두 게쎄마니에서 만나 식사를 하고, 석양 무렵에 이리로 돌아온다."

"저는 선생님이 허락하시면 몇몇 친구를 만나러 가겠습니다…" 하고 가리옷의 유다가 말한다.

"아니, 내가 말했는데, 너희들 하고 싶은 대로 하라고."

"그럼 저는 친척들 집에 가겠습니다. 어쩌면 아버지가 벌써 와 계신지도 모르겠습니다. 와 계시면 선생님께 모시고 오겠습니다" 하고 토마가 말한다.

"필립보, 우리 둘은 어떡한다? 사무엘의 집에 가도 되겠지."

"그러지" 하고 필립보가 바르톨로메오에게 대답한다.

"그럼 요한, 너는?" 하고 예수께서 엔도르의 사람에게 물으신다. "여기 남아서 네 책을 정리하는 편을 택하겠느냐? 그렇지 않고 나와 같이 가는 편을 택하겠느냐?"

"정말이지 저는 선생님을 모시고 가는 편을 택하겠습니다. …책들은… 벌써 제 관심을 덜 끌게 되었습니다. 저는 살아 있는 책이신 선생님을 읽는 것이 더 좋습니다."

"그러면 가자. 라자로, 안녕…"

"아니, 저도 가겠습니다. 제 다리가 좀 나았습니다. 그러니까 문둥병자들한테 갔다가 선생님과 헤어져서 게쎄마니로 가서 선생님을 기다리겠습니다."

"가자, 아주머니들에게 평화."

예루살렘 근처에까지는 모두가 함께 온다. 그러다가 서로 헤어진다. 가리옷 사람은 혼자서 저 갈 데로 간다. 아마 안토니아탑 쪽으로 있는 성문으로 시내에 들어가는 모양이다. 토마와 필립보와 나타나엘은 아직 몇 십 미터를 예수와 동료들과 같이 가다가, 그 다음에는 성모님과 아이와 같이 오펠 변두리 쪽 시내로 들어간다.

"그럼 이제는 저 불행한 사람들을 보러 가자" 하고 예수께서 말씀하시며 예루살렘 쪽으로 등을 돌리시고 예리고에서 예루살렘으로 가는 두 길 사이에 바위투성이 언덕 위에 있는 황량한 곳을 향하여 가신다. 그곳은 일종의 단

(段)으로 해서 가게 되어 있는 이상한 곳이다. 첫번째 단을 올라간 다음에는 오솔길을 기어올라가게 되어 있는데, 첫번째 평평한 곳은 오솔길 위 적어도 3미터 높이에 있고, 두 번째 평평한 곳도 마찬가지이다. 메마르고 생기없고… 매우 음산한 곳이다.

"선생님" 하고 열성당원 시몬이 외친다. "저 여기 있습니다. 제가 길을 일러 드릴 터이니 거기 서 계십시오…." 그러면서 좀 그늘진 곳에 있으려고 바위에 기대 있던 열성당원이 나아오며 게쎄마니 쪽으로 가는 단으로 이루어진 오솔길로 예수를 인도한다. 그 오솔길은 게쎄마니로 가는 것이지만 올리브산에서 베다니아로 가는 길이 가로질러 간다.

"다 왔습니다. 저는 실로암 무덤들 사이에서 살았습니다. 그리고 제 친구들이 여기 있습니다. 그들 중의 일부분입니다. 다른 사람들은 벤 힌놈에 있으나 올 수가 없습니다. …길을 건너와야 할 텐데, 그러면 사람들에게 들킬 것입니다."

"그 사람들도 보러 가자."

"고맙습니다! 그 사람들과 제 이름으로."

"그 사람들 많으냐?"

"대부분이 겨울에 죽었습니다. 그러나 여기에는 제가 말한 사람들 중에서 아직 다섯 사람이 있습니다. 그 사람들은 선생님을 기다리고 있습니다. 저기 그들의 감옥 가장자리에 나와 있습니다…."

몹시 추한 사람이 열명쯤 될 것 같다. "될 것 같다"고 말한 것은 서 있는 다섯 사람은 잘 알아볼 수 있지만, 다른 사람들은 돌무더기에서 겨우 나올까 말까 한 그들의 얼굴이 흉하고 피부빛깔이 회색이기 때문에 도무지 잘 보이지 않아서 어쩌면 다섯 명이 더 되는지도 모르겠고 다섯 명이 못 되는지도 모르겠기 때문이다. 서 있는 사람들 가운데에는 여자가 한 사람만 있다. 그를 여자로 알아볼 수 있는 것은 다만 하얗게 되고 텁수룩하고 뻣뻣하고 더러운 머리가 어깨를 덮고 허리까지 내려오기 때문이다. 나머지는 성을 나타내는 것이 아무 것도 없다. 그것은 대단히 많이 진행한 병으로 인하여 여성적인 곡선이 하나도 남지 않은 해골같이 되었기 때문이다. 남자들도 마찬가지이다. 그중 한 사람만이 콧수염과 턱수염의 흔적을 보일 뿐이다. 다른 남자들의 수염은 파괴하는 병으로 인하여 싹 밀어졌다.

그들은 외친다. "우리 구세주 예수님, 저희를 불쌍히 여겨 주십시오!" 그러면서 헌 데투성이의 보기흉한 손들을 내보인다. "다윗의 후손 예수님, 불쌍히 여겨 주십시오."

"어떻게 해달라는 것입니까?" 하고 예수께서 그 비참한 사람들에게 얼굴을 드시며 말씀하신다.

"저희들을 죄와 병에서 구해 주십시오."

"의지와 뉘우침이 죄에서 구해 주오…."

"그렇지만 선생님은 원하시면 저희들의 죄를 없애실 수 있습니다. 저희들의 육체를 고쳐 주기를 원치 않으시면 죄만이라도 없애실 수 있습니다."

"만일 내가 당신들에게 '두 가지 중에서 하나를 고르시오' 하고 말하면, 어떤 것을 원하겠소?"

"주님, 덜 슬프게 되기 위해 하느님의 용서를 바라겠습니다."

예수께서는 환한 미소를 지으시면서 칭찬한다는 몸짓을 하신다. 그리고 양팔을 드시고 외치신다. "당신들의 소원이 들어지기를 내가 원하오."

소원이 들어졌다! 그것은 죄에 대한 것일 수도 있고 병에 대한 것일 수도 있고, 두 가지 다에 대한 것일 수도 있다. 그래서 불쌍한 다섯 사람은 그대로 불안 속에 있다. 그러나 제자들은 확신을 가졌다. 그리고 문둥병이 마치 불에 떨어지는 눈송이같이 사라지는 것을 보고 기쁨의 환호성을 올리지 않을 수가 없다. 그러자 다섯 사람도 그들의 소원이 완전히 들어졌다는 것을 깨닫는다. 그들의 외치는 소리는 승리를 알리는 종소리처럼 울려 퍼진다. 그들은 서로 껴안고, 예수의 발 앞으로 달려올 수가 없으므로 입맞춤을 보낸다. 그리고 동료들에게로 돌아서며 말한다. "그래 자네들은 아직도 믿으려고 하지 않나? 아니 자네들은 정말 불행한 사람들이로구먼!"

"착하게 구시오! 당신들의 가엾은 형제들은 곰곰히 생각할 필요가 있소. 그들에게 아무 말도 하지 마시오. 믿음은 강요되는 것이 아니오. 믿음은 평화와 온유와 인내와 꾸준함을 가지고 전파하는 것이오. 시몬이 당신들에게 한 것과 같이 당신들도 정결례의 의식을 행한 후에 그렇게 해야 하오. 하기는 기적 자체가 벌써 전도요. 병이 나은 당신들은 할 수 있는 대로 일찍 사제를 가서 만나시오. 병자들인 당신들은 오늘 저녁 우리를 기다리시오. 음식을 가지고 오겠소. 평화가 당신들과 함께 있기를 바라오."

예수께서는 모든 사람의 찬미를 받으시며 다시 길로 내려오신다.

"그럼 이제는 벤 힌놈으로 가자" 하고 예수께서 말씀하신다.

"선생님… 저도 가고 싶습니다만, 그렇게 할 수 없다는 것을 깨닫습니다. 저는 게쎄마니로 가겠습니다" 하고 라자로가 말한다.

"가시오, 라자로, 가시오. 평화가 당신과 함께 있기를."

라자로가 천천히 멀어져가는 동안 사도 요한이 말한다. "선생님, 제가 라자로와 같이 가겠습니다. 라자로는 피로했고, 또 길이 썩 좋지 못합니다. 그런 다음 선생님이 가신 벤 힌놈으로 가겠습니다."

"좋다, 가거라. 우리는 가자."

그들은 키드론 개울을 건너 토페산 남쪽을 끼고 무덤과 오물이 가득 들어찬 작은 계곡으로 들어간다. 이 남쪽에는 나무도 없고 아무것도 없어 해를 가려주는 것이 도무지 없다. 해는 햇살을 사정없이 내리쏟아 지옥과 같은 이 새 대지의 돌무더기를 이글이글 타오르게 하고, 그 밑에는 악취를 풍기는 불이 연기를 뿜고 있어 더위를 더한다. 화장 가마 같은 저 무덤들 안쪽에는 소멸하는 가엾은 육체들이 있다. …실로암은 축축하고 거의 완전히 북향이기 때문에 겨울에는 무서울 것이 틀림없다. 그러나 여름에도 틀림없이 끔찍할 것이다….

열성당원 시몬이 부르는 소리를 지르니, 처음에 세 사람, 다음에 두 사람, 그리고 또 한 사람, 또 한 사람이 그들에게 과해진 경계에까지 그럭저럭 온다. 여기에는 여자가 둘이 있는데, 그중의 한 사람은 특히 얼굴을 침범한 소름끼치는 문둥병에 걸린 어린 아이의 손을 붙잡고 있다. 그 어린 아이는 벌써 눈이 멀었다. …그 비참한 처지에도 불구하고 몸가짐이 고상한 남자가 한 사람 있다. 그 사람이 모두를 대신하여 말한다. "당신께 바라는 사람들을 구하시려고 우리 지옥에 내려오신 주님의 메시아 찬미받으십시오. 주님 저희들이 죽지 않게 구해 주십시오! 구세주여, 저희들을 구원해 주십시오! 다윗 가문의 왕이시요 이스라엘의 왕이신 분, 저희들을 불쌍히 여겨 주십시오. 옛세의 줄기에서 돋아난 싹이신 주님, 주님이 오시면 악이 없어질 것이라고 했으니, 손을 내미시어 주님의 백성인 이 찌꺼기를 거두어 주십시오. 주님에 대해서 그러하리라고 말했으니, 저희들에게서 이 죽음을 사라지게 하시고, 저희 눈물을 씻어 주십시오. 주님, 저희를 당신의 훌륭한 풀밭으로 불러 주시고, 목이 타오니 당신의 단 물로 저희를 불러 주십시오. 더 이상 죄도 없고 괴로움도 없는 영원한 언덕으로 저희들을 데려가 주십시오. 주님, 불쌍히 여겨 주십시오…."

"당신은 누구시오?"

"성전에 있던 요한입니다. 아마 어떤 문둥병에게서 병이 옮은 모양입니다. 주님이 보시다시피 제게 병이 옮은 지가 얼마 안 됩니다. 그러나 이 사람들은! … 벌써 여러 해째 죽음을 기다리는 사람들도 있습니다. 그리고 이 계집 아이는 아직 걸을 줄도 알기 전부터 여기 와 있습니다. 이 계집 아이는 하느님이 창조하신 것을 알지 못합니다. 이 아이가 하느님의 경탄할 만한 일에 대해서 알거나 기억하는 것은 이 무덤들과 사정없는 해와 밤의 별들뿐입니다. 주님, 우리 구세주님, 이 죄있는 사람들과 죄없는 사람들을 불쌍히 여겨 주십시오." 그들은 모두 무릎을 꿇고 손을 내민다.

예수께서는 이렇게 많은 불행을 슬퍼하신다. 그리고 팔을 벌리시며 외치신다. "아버지, 저는 이 사람들에게 구원과 생명과 시력과 건강이 오기를 원합니다." 예수께서는 팔을 벌리신 채 온 마음을 기울여 간절한 기도를 드리신다. 예수께서는 기도하시면서 몸을 가늘어지시고, 희고 힘찬 사랑의 불꽃이 되시어 태양의 황금색 빛 속으로 올라가시는 것 같다.

"엄마, 나 눈이 보여!" 이것이 첫번째 외침이다. 이 외침에 병이 나은 딸을 꼭 껴안는 어머니의 외침이 응하고, 다른 문둥병자들의 외침과 제자들의 외침이 뒤따른다. …기적이 행하여진 것이다.

"요한, 당신은 사제이니 당신 동료들을 데리고 가서 의식을 행하게 하시오. 평화가 당신들과 함께 있기를. 당신들에게도 저녁 때 음식을 가져오겠소." 예수께서는 강복을 하시고 떠나려고 하신다.

그러나 문둥병자 요한이 외친다. "저는 주님을 따르고 싶습니다. 제가 어떻게 해야 할지, 어디 가서 주님 말씀을 해야 할지 말씀해 주십시오!"

"주님께 회개할 필요가 있는 이 황폐하고 헐벗은 땅에서 그렇게 하시오. 당신의 활동 범위는 예루살렘이 되어야 하오. 안녕히 계시오."

"그럼 이제는 어머니를 찾아 가자" 하고 이어서 사도들에게 말씀하신다.

"그렇지만 어디 계십니까?" 하고 여럿이 묻는다.

"요한이 아는 집에 계신다. 작년에 병이 고쳐진 처녀의 집에."

일행은 시내로 들어가 사람이 많이 사는 변두리 오펠을 꽤 많이 지나서 어떤 작은 흰 집에 이른다. 예수께서는 빙싯 열려 있는 집 안으로 다정스러운 인사를 하시면서 들어가신다. 집안에서는 성모님의 부드러운 목소리와 안나리아의 맑은 목소리와 그의 어머니의 더 거친 목소리가 들려 나온다. 처녀는 땅에 엎디어 경배하고, 어머니는 무릎을 꿇고, 성모님은 일어나신다.

그 여자들은 선생님과 어머님을 붙잡으려고 한다. 그러나 예수께서는 다음에 다시 오겠다고 약속하시며, 강복을 하시고 작별 인사를 하신다. 베드로는 성모님을 모시고 기뻐하며 간다. 성모님과 베드로는 아이의 손을 양쪽에서 잡고 가서 행복한 한 가정같이 보인다. 많은 사람이 몸을 돌려 그들을 바라본다. 예수께서는 빙그레 웃으시면서 그들이 걸어가는 모습을 지켜보신다.

"시몬은 행복합니다!" 하고 열성당원이 외친다.

"선생님, 왜 미소를 지으십니까?" 하고 제베대오의 야고보가 묻는다.
"나는 저 집단에서 큰 약속을 보기 때문이다."
"어떤 약속을요? 무엇이 보입니까?" 하고 사촌 타대오가 묻는다.
"내가 보는 것은 이런 것이다. 시간이 되면 내가 안심하고 떠날 수 있겠다. 내 교회에 대해서 염려할 필요가 없다. 그때에는 내 교회가 마륵지암과 같이 작고 연약할 것이다. 그러나 내 어머니가 계셔서 저렇게 손을 잡아 주시고 어머니 노릇을 하실 것이고, 아버지 노릇을 할 베드로가 있을 것이다. 베드로의 성실하고 못이 박힌 손에 나는 걱정하지 않고 태어나는 내 교회의 손을 쥐어줄 수 있다. 베드로는 내 교회에 그의 보호의 힘을 줄 것이고, 내 어머니는 당신 사랑의 힘을 주실 것이다. 그래서 교회는 클 것이다. …마륵지암과 같이… 저 아이는 정말 상징적인 어린이다! 하느님께서 내 어머니와 내 베드로, 그리고 그들이 데리고 가는 아이, 우리들의 아이에게 강복하시기를 바란다! 이제는 요안나의 집으로 가자…"

…그리고 이제는 다시 저녁 때 베다니아의 작은 집이다. 여러 사람은 피곤해서 벌써 물러갔다. 그러나 베드로는 오솔길을 왔다갔다 하면서 예수와 성모님이 같이 앉으셔서 말씀을 나누시는 옥상 쪽으로 매우 자주 머리를 들어 쳐다본다. 한편 엔도르의 요한은 꽃이 만발한 석류나무 아래 같이 앉아 있는 열성당원과 말을 나누고 있다.

성모님은 벌써 말씀을 많이 하신 모양이다. 예수께서 이렇게 말씀하시는 것이 들리기 때문이다. "어머니가 말씀하신 모든 말씀은 대단히 옳습니다. 그래서 그 말씀의 올바름을 제 머리 속에 간직하겠습니다. 또 안나리아에 대해서도 어머니의 의견이 옳다는 것을 말씀드리겠습니다. 그 남자가 그 의견을 그렇게도 빨리 받아들였다는 것은 좋은 표입니다. 정말이지 예루살렘의 상류사회는 폐쇄적이고 원한을 품고 있고, 저는 추잡스럽기 이를 데 없다고까지 말할 수 있겠습니다. 그러나 그 서민들 가운데에는 값을 알 수 없는 보배들이 있습니다. 저는 안나리아가 행복한 것을 기뻐합니다. …그 처녀는 땅보다는 하늘에 더 속해 있는 여자입니다. 그리고 그 남자도 정신에 따라 판단하게 된 지금 어쩌면 그것을 깨닫고 거기 대해서 정중한 경의를 가지고 있을지도 모릅니다. 그의 약혼녀의 순진한 굳은 결심을 인간적인 감정으로 방해하지 않기 위해서 다른 곳으로 가겠다는 그의 생각이 그것을 증명합니다."

"그렇다, 내 아들아. 남자는 동정의 향기를 느낀다. …나는 요셉의 일을 기억한다. 나는 어떤 말을 써야 할지 몰랐었다. 요셉은 내 비밀을 알지 못했었다.

…그런데도 그의 성덕이 그것을 느끼게 했기 때문에 나를 도와서 그 비밀을 말하게 했다. 요셉은 내 영혼의 향기를 느꼈던 것이다. …또 요한을 보아라. …얼마나 화평스러우냐! …그래서 모두가 요한을 찾는다. …가리옷의 유다까지도, 하긴… 아니다, 아들아, 유다는 변하지 않았다. 그것은 나도 알고 너도 안다. 우리는 싸움을 시작하지 않으려고 거기 대해서는 말을 하지 않는다. 그러나 말은 안해도 우리는 그것을 알고 있다. …그리고 우리가 그 말을 하지 않아도 다른 사람들도 그것을 직감한다. …오! 내 예수야! 젊은 제자들이 오늘 게쎄마니에서 막달라의 일화와 안식일 아침나절의 일화를 이야기해 주었다. …죄없는 사람들은 말한다. …그들은 그들의 수호 천사의 눈으로 보기 때문이다. 그러나 나이 더 많은 제자들도 알아차린다. …그 사람들의 생각이 옳다. 그 사람은 포착하기 어려운 인간이다. …그에게 있는 모든 것은 파악하기 어렵다. …그래서 나는 그 사람이 무섭다. 나는 베냐민이 막달라에서 한 말과 마륵지암이 게쎄마니에서 한 말과 같은 말을 한다. 그것은 내가 유다에 대해서 어린 아이들과 같은 혐오감을 가지기 때문이다.”

“그들 모두가 요한 같을 수는 없습니다!…”

“그러나 나도 그것을 요구하지는 않는다. 그러면 지상낙원일 것이다. 그렇지만 알겠니? 네가 다른 요한 이야기를 했지. …살인을 한 사람이다. …그러나 그 사람에 대해서는 그저 불쌍하다는 생각만 든다. 그런데 유다는 무섭다.”

“어머니, 그를 사랑하십시오! 제게 대한 사랑으로 인해서 그를 사랑하십시오!”

“그러마, 아들아. 그러나 내 사랑도 소용이 없을 것이다. 내게 대해서는 고통이 될 뿐이고, 그에게는 죄가 될 뿐일 것이다. 아이고! 그 사람이 왜 들어왔느냐? 그는 모든 사람을 불안에 빠뜨리고, 모든 존경을 받아 마땅한 베드로의 마음을 상하게 한다.”

“예, 베드로는 매우 착한 사람입니다. 그를 위해서는 제가 무엇이든지 할 것입니다. 그 사람은 그럴 만한 자격이 있으니까요.”

“베드로가 네 말을 들으면 그 솔직한 미소를 환히 지으면서 '아, 주님, 그것은 참말이 아닙니다!' 하고 말할 거다. 그리고 그 사람의 말이 옳을 거다.”

“어머니, 왜요?” 그러나 예수께서는 알아들으셨기 때문에 벌써 미소지으신다.

“네가 그에게 아들을 주는 것으로 그를 기쁘게 해주지 않기 때문이다. 베드로는 그의 모든 바람과 모든 소원, …그리고 네 모든 거절을 내게 말해 주었다."
 "그러면서 제 거절을 정당화하는 이유는 말씀드리지 않았습니까?"
 "아니다, 말했다. 그리고 이렇게 덧붙였다. '그것은 맞습니다. …그렇지만 저는 사람입니다, 보잘 것 없는 사람입니다. 그런데 예수님은 저를 위인으로 보시려고 고집하십니다. 그렇지만 저는 제가 아주 보잘 것 없다는 것을 압니다. 그래서 이 때문에… 선생님은 제게 아이를 하나 주실 수 있을 것입니다. 저는 이 때문에 결혼했습니다. …그런데 아이를 가지지 못하고 죽을 것입니다' 하고, 베드로는 그가 사 준 아름다운 옷 때문에 기뻐서 그를 껴안으며 '사랑하는 아버지' 하고 말하는 아이를 가리키면서 내게 말했다. '어머님, 아시겠어요? 열흘 전만 하더라도 제가 아직 알지 못하던 이 어린 것이 제게 이렇게 말할 때에는 제가 버터보다도 더 부드럽게 되고, 꿀보다도 더 달게 된다는 것을 느낍니다. 그러면서 웁니다. 그것은… 지나가는 하루하루가 이 아이를 제게서 멀어지게 하기 때문입니다…'"
 성모님은 예수를 지켜보시고 표정을 살피시고 대답을 기다리시며 입을 다무신다. …그러나 예수께서는 팔꿈치를 무릎에 괴시고, 머리를 손으로 받치시고 넓은 초록색 과수원을 바라다보신다.
 성모님은 예수의 손을 잡고 쓰다듬으시며 말씀하신다. "시몬은 이 큰 소원을 가지고 있다. …내가 그와 같이 가는 동안 그 사람은 이 이야기를 끊임없이 했는데, 하도 정당한 이유를 대면서 말하는 바람에… 그 사람의 입을 막을 만한 말을 도무지 할 수가 없었다. 그것은 우리 여자들과 어머니들 모두가 생각하는 것과 같은 이유들이었다. 아이가 튼튼하지 못하다. 만일 그 아이가 너 같았으면… 오! 그러면 두려워하지 않고 제자의 생활을 향해 갈 수 있었을 것이다. 그러나 그애가 얼마나 허약하냐! … 매우 영리하고 매우 착하다, 그러나 그 이상은 아무것도 없다. 멧비둘기 새끼가 허약한 동안에는 든든한 놈들이 하는 것처럼 즉시 날 수가 없다. 목자들은 착하다. …그러나 어쨌건 남자들이다. 어린 아이들에게는 여자가 필요하다. 왜 그 아이를 시몬에게 맡기지 않느냐? 네가 베드로에게 정말 그에게서 태어난 아이를 거절하는 한 그 이유를 이해하겠다. 어린 아이는 우리에게 있어야 할 닻과 같은 것이다.
 그런데 커다란 역할을 하기로 되어 있는 시몬은 그를 붙잡아 두는 닻을 가질 수가 없다. 그렇기는 하지만 그 사람이 네가 남겨줄 모든 아이들의 '아버지'가 되어야 한다는 것은 인정해야 한다. 어린 아이의 학교에 다니지 않고서 그가 어떻게 아버지가 될 수 있겠니? 아버지는 다정스러워야 한다. 시몬은 착하기는 하지만 다정스럽지는 못하다. 그 사람은 충동적이고 비타협적이다. 그에게 약한 사람들에 대한 동정이라는 미묘한 비법을 가르칠 수 있는 것은 어린 아이밖에 없다. …시몬의 처지를 생각해 보아라. …그 사람은 네 후계자이다! 오! 나는 이 소름끼치는 말을 그래도 해야 하겠다! 그러나 이 말을 하는 것이 내게 아무리 괴롭더라도 내 말을 들어라. 나는 좋은 일이 아닌 것은 결코 네게 권하지 않을 거다.

마륵지암… 너는 그 아이를 완전한 제자를 만들기를 원한다. …그러나 그 아이는 아직 어리다. 너는… 너는 그 아이가 어른이 되기 전에 갈 것이다. 그때에는 그를 교육하라고 시몬에게 말고 누구에게 줄 수 있겠니? 끝으로 가엾은 시몬이 너 때문에도 장모에게서 어떤 고난을 겪었는지를 너도 알지. 그런데도 시몬은 너조차도 마음을 바꾸게 하지 못한 장모가 귀찮게 굴지 않고 조용히 내버려두게 하기 위해 과거의 생활과 자유를 조금도 되찾지 않은 지가 1년이나 되었다. 그리고 그의 가엾은 아내는 또 어떠니? 오! 그 여자는 사랑하고 사랑받기를 몹시 원한다. 그런데 어머니는 어떠니? …아이고! …그럼 남편은? …소중하지만 권력을 남용하는 사람이다. 그 여자는 과도한 요구를 곁들이지 않고 주는 애정을 받은 적이 없었다. …가엾은 여인! …그에게 그 아이를 맡겨라. 아들아, 내 말을 들어라. 지금 당장은 우리가 그 아이를 데리고 가자. 나도 유다에 오겠다. 유다에 오면 성전에서 같이 있었던 동무 중의 한 사람이고, 다윗 가문의 여자이기 때문에 거의 친척이다시피 한 여자의 집으로 데려다 다오. 그 여자는 벳수르에서 산다. 그 여자가 아직 살아 있으면 기꺼이 다시 만나겠다. 그런 다음 갈릴래아에 돌아가서는 보르보라에게 아이를 맡기자. 우리가 베싸이다 근처에 가 있게 되면 베드로가 아이를 맡을 것이다. 우리가 이리로 멀리 오게 될 때에는 아이가 베드로의 아내와 같이 있을 것이다. 아! 아니 네가 이제는 미소를 짓는구나! 그러면 네가 어미를 기쁘게 해주려는 것이로구나. 고맙다, 내 예수야."

"그렇습니다, 어머니께서 원하시는 대로 되게 하겠습니다." 예수께서는 일어나셔서 큰 소리로 "요나의 시몬아, 이리 오너라" 하고 부르신다.

베드로는 소스라치게 놀라서 급히 층계를 올라온다. "선생님, 무슨 일입니까?"

"유혹자요 횡령자야, 이리 오너라."

"제가요? 왜요? 주님, 제가 무슨 짓을 했기에?"

"너는 내 어머니를 매수했다. 그 때문에 어머니와 단둘이만 있으려고 했다.

내가 네게 어떻게 해야 하겠느냐?" 그러나 예수께서는 미소를 지으신다. 그래서 베드로가 안심한다.

"아이고!" 하고 베드로는 말한다. "선생님이 정말 무서웠습니다. 그러나 지금은 웃으시는군요. …선생님, 제게서 무엇을 원하십니까? 제 목숨입니까? 선생님이 제 것을 모두 빼앗아가셨기 때문에 이제 제게는 목숨밖에 남은 것이 없습니다. …그렇지만, 제 목숨을 원하시면 드리겠습니다."

"네게서 무엇을 빼앗으려는 것이 아니라 주려는 것이다. 그러나 네 승리를 남용하지 말고 다른 사람들에게는 비밀을 지켜라. 어머니의 말씀이라는 무기를 가지고 선생을 이기는 더없이 음흉한 사람. 아이를 가져라, 그러나…"

예수께서는 말씀을 계속하실 수가 없다. 그것은 무릎을 꿇고 있던 베드로가 홱 일어나 하도 맹렬히 입맞춤하는 바람에 말씀을 하실 수가 없게 되었기 때문이다.

"내게 감사하지 말고 어머니께 감사드려라. 그러나 이것이 네게 도움이 되어야지 네게 방해가 되어서는 안 된다는 것을 기억하여라…."

"주님, 주님의 선물을 후회하지 않으시게 될 것입니다. …아이고! 어머님! 항상 복되시고 거룩하시고 착하십시오…."

그리고 다시 무릎을 꿇은 베드로는 성모님의 손에 입맞춤하며 정말 운다….

61. 아글라에가 선생님께 온다

예수께서 혼자 열성당원의 집으로 돌아오신다. 그렇게도 심하게 해가 내리쬐고 나서 저녁이 조용하고 차분하게 내려앉으려고 한다. 예수께서는 부엌문에 나타나셔서 인사를 하시고 나서 벌써 저녁식사를 위하여 준비된 윗층방으로 묵상하시려고 올라가신다. 주님은 명랑해 보이시지 않는다. 자주 한숨을 쉬시며 방안을 왔다갔다 하신다. 예수께서는 이 큰 방의 많은 문을 통하여 내다보이는 주위의 들판에 가끔 눈길을 보내신다. 이 방은 아랫층 위에 하나의 입방체를 이루고 있다. 예수께서는 옥상으로 나오셔서 집을 한 바퀴 돌아 거닐으시다가 뒤쪽에서 걸음을 멈추시고, 분주하게 움직이는 살로메에게 갖다 주려고 친절하게 우물에서 물을 긷고 있는 엔도르의 요한을 내려다보신다. 내려다보시며 머리를 저으시고 한숨을 지으신다.

61. 아글라에가 선생님께 온다

예수의 시선의 힘에 끌려 요한이 몸을 돌리고 쳐다보며 묻는다. "선생님, 제가 필요하십니까?"

"아니다, 너를 보고만 있었다."

"요한은 친절합니다. 저를 도와주고 있어요" 하고 살로메가 말한다.

"그 도움도 하느님께서 갚아 주실 것입니다."

예수께서는 이 말씀을 하신 다음 방으로 도로 들어가셔서 앉으신다. 예수께서는 하도 생각에 잠기셔서 입구 복도 안에서 여러 사람의 목소리와 발소리가 웅성거리는 것을 알아차리지 못하시고, 또 바깥에 있는 층계로 해서 올라와 방으로 가까이 오는 발걸음 소리도 알아차리지 못하신다. 성모님이 부르실 적에야 비로소 고개를 드신다.

"아들아, 수산나가 예루살렘에서 가족과 같이 와서 즉시 아글라에를 내게로 데려왔다. 우리끼리만 있는 동안에 그 사람 말을 듣겠니?"

"예, 어머니. 즉시 듣겠습니다. 그리고 다 끝날 때까지 아무도 올라오지 못하게 하십시오. 다른 사람들이 돌아오기 전에 다 끝낼 것으로 생각합니다. 그러나 … 아무에게도… 또 특히 시몬의 유다에게 조심성없는 호기심이 있지 않도록 제발 살펴 주십시오."

"조심해서 살피마…."

성모님은 나가셨다가 이내 아글라에의 손을 잡고 돌아오신다. 아글라에는 이제는 회색 겉옷과 얼굴에까지 내려오는 베일에 폭 싸여 있지 않고, 전에 신었던 고리장식과 끈이 복잡한 굽높은 샌들을 신지 않고, 성모님의 샌들과 같이 평평하고 굽이 낮은 대단히 수수한 샌들을 신었고, 그의 옷은 짙은 파랑인데 그 위에 겉옷을 입었고, 이스라엘 서민의 여자들이 쓰는 것같이 쓴, 즉 그저 머리 위에 얹어 한 자락만 어깨로 늘어져서 얼굴이 가려지기는 해도 완전히 가려지지는 않게 한 흰 베일을 써서 이 나라의 여자의 모습과 꼭 같다. 수많은 다른 여자들이 입은 것과 같은 옷을 입고 갈릴래아 사람들의 집단에 있다는 사실로 아글라에를 사람들이 알아보지 못하게 되었었다.

아글라에는 머리를 숙이고 한 걸음을 옮길 때마다 얼굴을 홍당무와 같이 새빨갛게 붉히며 들어온다. 그리고 성모님이 가만히 예수께로 밀지 않으셨더라면 문지방에서 무릎을 꿇었을 것으로 생각한다.

"아들아, 너를 아주 오래 전부터 찾고 있는 여자가 여기 왔다. 그의 말을 들어 보아라" 하고 아글라에가 예수 가까이에 왔을 때 성모님이 말씀하신다. 성모님은 열려 있는 문들에는 커어튼을 내리시고, 층계에 가장 가까이 있는 문은 닫으신다.

아글라에는 어깨에 메었던 작은 배낭을 내려놓고 예수의 발 앞에 무릎을 꿇고 울음을 터뜨린다. 그는 방바닥에까지 미끄러져 내려가 바닥에 십자 모양으로 교차한 팔에 머리를 얹고 운다.

"그렇게 울지 마오. 이제는 그럴 때가 아니오. 당신은 하느님을 미워하고 있을 때 울어야 했소. 당신이 하느님을 사랑하고 하느님의 사랑을 받는 지금은 울어서는 안 되오."

그러나 아글라에는 계속 운다.

"그렇다는 것을 믿지 않는 거요?"

아글라에의 목소리가 흐느낌 사이로 들려나온다. "저는 제가 아는 대로, 제가 할 수 있는 대로 하느님을 사랑합니다. …그러나 비록 제가 그것을 알고 하느님께서 지극히 인자하시다는 것을 믿지만, 하느님께서 제게 당신 사랑을 주시리라고는 감히 바랄 수가 없습니다. 저는 죄를 너무 많이 지었습니다. …어쩌면 어느날 하느님의 사랑을 받게 될지도 모릅니다. …그러나 아직도 아주 많이 울어야 합니다. 지금 당장은 저 혼자만이 사랑할 뿐입니다. …저는 혼자뿐입니다. …그러나 이것은 지난 여러해 동안의 절망적인 고독은 아닙니다. 하느님에 대한 갈망이 가득한 고독, 그러나 절망적인 것이 아닌 고독입니다. …그러나 몹시 슬프고, 또 슬픈 고독입니다…."

"아글라에, 당신은 아직도 주님을 아주 잘못 알고 있소! 당신이 하느님에 대해서 가진 그 갈망이 당신에게는 하느님께서 당신 사랑에 응하신다는 증거이고, 하느님께서 당신에게 친구가 되시고, 당신을 부르시고 초대하시고 원하신다는 증거요. 하느님께서는 피조물의 갈망 앞에서 꼼짝 않고 계실 수가 없소. 그것은 그 갈망을 그 마음 속에 일으키신 것은 바로 만물의 창조주이시며 주님이신 하느님 자신이시기 때문이오. 하느님께서 그 갈망을 일으키게 하신 것은 지금 당신을 갈망하는 영혼을 특전을 받은 사랑으로 사랑하셨기 때문이오. 하느님의 갈망이 언제나 인간의 갈망보다 앞서 가오. 그것은 하느님께서는 지극히 완전한 분이시고 그분의 사랑이 인간의 사랑보다 훨씬 더 적극적이고 열렬하기 때문이오."

"그러나 어떻게, 어떻게 하느님께서 진흙을 사랑하실 수 있습니까?"

"당신의 지능으로 이해하려고 애쓰지 마시오. 그것은 인간의 정신으로는 이해할 수 없는 끝없는 자비요. 그러나 사람의 지능이 이해하지 못하는 그곳에서 오히려 사랑의 지능, 정신의 사랑은 이해하오. 이 사랑은 이해하고 하느님이신 신비와 영혼과 하느님의 관계의 신비 속으로 자신있게 들어가오. 들어오시오. 내가 이렇게 말하오. 하느님께서 그것을 원하시니 들어오시오."

"아이고! 제 구세주! 아니, 그럼 제가 정말 용서를 받았습니까? 제가 정말 사랑을 받습니까? 그것을 믿어야 합니까?"

"내가 당신에게 거짓말을 한 적이 있소?"

"아이고! 아닙니다, 주님! 주님이 헤브론에서 제게 말씀하신 모든 것이 진실이라는 것이 입증되었습니다. 주님은 주님의 이름으로 말씀하신 것과 같이 저를 구해 주셨습니다. 주님은 길을 잃은 가엾은 영혼인 저를 찾으셨습니다. 주님은 제가 죽은 것을 가지고 있던 그 영혼의 생명을 제게 주셨습니다. 주님은 제가 찾으면 만나게 될 것이라고 말씀하셨는데, 그것은 사실이었습니다. 주님은 사람이 의사와 약이 필요한 곳이면 어디든지 계시다고 말씀하셨는데, 그것도 사실입니다. 모든 것이, 불쌍한 아글라에에게 하신 말씀은 유월의 아침에 하신 말씀에서 '고운 내'에서 하신 말씀에 이르기까지 모두가 사실입니다."

"그러면 당신은 이 말도 믿어야 하오."

"예, 믿습니다, 믿습니다! 그러나 '내가 너를 용서한다!'고 말씀해 주십시오."

"하느님과 예수의 이름으로 당신을 용서하오."

"고맙습니다. …그러나 이제는… 이제는 어떻게 해야 합니까? 제 구세주여, 영원한 생명을 얻기 위해서 제가 어떻게 해야 하는지를 말씀해 주십시오. 남자는 저를 바라보기만 해도 타락합니다. …저는 발견되어 못된 사람들에게 둘러싸이지 않을까 하고 끊임없이 걱정하면서는 살 수가 없습니다. …이번에 오는 길에서도 남자가 저를 바라볼 때마다 몸이 떨렸습니다. …저는 다시는 죄를 짓기를 원치 않고, 죄를 짓게 하기도 원치 않습니다. 제가 가야 할 길을 일러 주십시오. 그것이 어떤 길이라도 가겠습니다. 주님이 보시다시피 저는 절제를 했는데도 아직 기운이 있습니다. …또 지나치게 절제를 해서 죽기에 이른다 하더라도 저는 무섭지 않습니다. 저는 죽음을 '제 친구'라고 부르겠습니다. 죽음이 제게 이 세상의 위험을 영원히 면하게 해 줄 터이니까요. 제 구세주여, 말씀해 주십시오."

"사람이 없는 곳으로 가시오."

"주님, 어디입니까?"

"당신이 가고 싶은 곳으로. 당신의 영이 인도하는 곳으로."

"겨우 만들어진 제 영이 그렇게 할 수가 있겠습니까?"

"그렇소. 하느님께서 당신을 인도하시니까."
"그런데 이제부터는 누가 제게 하느님에 대해 말해 주겠습니까?"
"지금 당장은 다시 살아난 당신의 영혼이 말해 줄 거요…."
"주님을 다시는 영영 뵙지 못하게 됩니까?"
"세상에서는 영영 다시 보지 못하게 되오. 그러나 얼마 안 있어 당신을 완전히 구속하겠소. 그때에는 내가 당신 영에게로 와서 하느님께로 올라가도록 준비시키겠소."
"주님을 다시는 뵙지 못하면, 어떻게 제 완전한 구속이 오겠습니까? 그 완전한 구속을 어떻게 제게 주시겠습니까?"
"모든 죄인을 위하여 죽음으로써."
"아이고! 안 됩니다! 주님이 돌아가시다니, 안 됩니다!"
"당신들에게 생명을 주기 위하여는 내가 죽어야 하오. 이 때문에 내가 사람의 자격으로 왔소. 울지 마시오. …당신은 내 희생과 당신의 희생이 있은 후에 내가 있을 곳으로 지체없이 올 거요."
"주님! 저도 주님을 위해 죽게 됩니까?"
"그렇소, 그러나 다르게 죽을 거요. 당신의 육체는 시간이 가는 데 따라, 또 당신의 의지가 원해서 죽어갈 거요. 당신의 육체가 죽어가고 있는 것이 거의 1년이 되오. 그 육체가 완전히 죽으면 내가 당신을 부르겠소."
"제가 죄지은 제 육체를 부수어버릴 힘이 있을까요?"
"당신이 가 있을 은거처에서, 당신이 점점 더 하늘의 것이 되는 데 따라서 사탄이 증오를 품고 맹렬히 당신을 공격할 은거처에서, 전에 죄인이었다가 구속된 내 사도 중의 한 사람을 만나게 될 거요."
"그러면 그 사도는 주님에 대해서 제게 말해 준 그 축복받은 사도가 아닙니까? 그분은 너무 성실해서 전에 죄인이었을 수가 없습니다."
"그 사람이 아니고 다른 사람이오. 그 사람이 바로 제 시간에 당신에게 갈 거요. 그 사람이 당신이 아직 알 수 없는 것을 말해줄 거요. 평안히 가시오. 하느님의 강복이 당신에게 내리기 바라오."
여전히 무릎을 꿇고 있던 아글라에가 주님의 발에 입맞춤하려고 몸을 구부린다. 그 이상은 못한다. 그리고는 배낭을 집어 뒤집는다. 배낭에서는 수수한 옷들과 소리가 울리는 작은 주머니와 분홍빛나는 흰 대리석으로 만든 우아한 작은 항아리가 떨어진다.
아글라에는 옷을 다시 배낭에 집어넣고 주머니를 들고 말한다. "이것은 주님의 가난한 사람들에게 주는 것입니다. 이것이 제 보석에서 남은 것입니다. 저는 길가는 동안에 먹을 음식을 살 돈만을 간직했습니다. …그것은 주님이 말씀해 주지 않으셨더라도 저는 먼 곳으로 갔을 것이기 때문입니다. 이제 이것은 주님을 위한 것입니다. 주님의 성덕의 향기보다는 덜 그윽합니다. 그러나 땅이 줄 수 있는 것 중에서 제일 좋은 것입니다. 그런데 저는 이것을 가장 나쁜 일을 하는 데 썼습니다. …그것이 이것입니다. 하느님께서 제게 하늘에 계신 주님 앞에서 적어도 이것과 같은 향기를 풍길 수 있게 해주시기를 바랍니다." 그러면서 항아리에서 값진 마개를 빼고 병에 들어 있는 것을 방바닥에 쏟는다. 값진 향유가 스며든 방바닥에서는 짙은 장미꽃 향기가 물씬 풍긴다. 아글라에는 빈 병을 주우며 말한다. "이 시간의 기념물입니다." 그런 다음 예수의 발에 입맞춤하려고 다시 몸을 숙이고, 일어나서 뒷걸음질로 물러가 나가서 문을 닫는다.

계단 쪽으로 멀어져 가는 그의 발걸음 소리와 성모님과 몇 마디 말을 나누는 그의 목소리와 계단의 단을 밟는 샌들 소리가 들린다. 그리고는 아무것도 없다.

아글라에에게서 남은 것이라고는 예수의 발 앞에 있는 주머니와 방안에 퍼진 짙은 향기뿐이다. 예수께서는 일어나셔서… 주머니를 집어 품에 넣으시고, 길 쪽으로 난 창문이 열린 곳으로 가셔서 이스라엘 사람이 입는 겉옷을 입고 혼자서 베들레헴 쪽으로 멀어져 가는 여인을 바라다보시며 미소지으신다. 예수께서는 강복하시는 몸짓을 하시고 옥상으로 가셔서 "어머니" 하고 부르신다.

성모님이 급히 층계를 올라오신다. "아들아, 너는 그 여자를 행복하게 만들었다. 그 여자는 용감하고 평온하게 떠나갔다."

"그렇습니다, 어머니. 안드레아가 돌아오거든, 다른 사람들보다 먼저 제게 보내 주십시오."

얼마 동안이 지나고 나서 돌아오는 사도들의 목소리가 들려온다. …안드레아가 달려와 말한다. "선생님, 저를 오라고 하셨습니까?"

"그렇다, 이리 오너라. 아무도 이것을 알아서는 안 된다. 그러나 네게는 이 말을 하는 것이 당연하다. 안드레아야, 주의 이름과 한 영혼의 이름으로 감사한다."

"감사하시다니요? 무엇에 대해서입니까?"

"이 향기를 맡지 못하느냐? 이것이 베일쓴 여자의 추억의 선물이다. 그 여자가 왔고, 구원을 받았다."

안드레아는 얼굴이 홍당무처럼 새빨개지며 무릎을 꿇고 할 말을 찾아내지 못한다. …마침내 그는 이렇게 말한다. "이제 저는 만족합니다. 주님은 찬미받으소서!"

"그래, 일어나거라. 그 여자가 왔다는 말을 다른 사람들에게는 하지 말아라."

"주님, 입을 다물겠습니다."

"가거라. 이거 봐라, 시몬의 유다가 아직 여기 있느냐?"

"예, 그 사람은… 거짓말을 수없이… 하면서… 저희와 같이 가겠다고 했습니다. 주님, 그 사람이 왜 그렇게 행동합니까?"

"응석받이로 자란 젊은이이기 때문이다. 바른 대로 말하여라. 너희들이 다투었느냐?"

"아니올시다. 제 형은 아이와 같이 있기 때문에 너무 행복해서 말다툼할 생각이 없었구요, 다른 사람들… 아시다시피… 더 조심성이 있습니다. 그렇지만 마음 속으로는 저희 모두가 지긋지긋해 하고 있습니다. 그러나 저녁식사 후에는 그 사람이 간답니다. …다른 친구들을 만나러 간다고… 말합니다. 아이고! 그러면서 창녀들을 업신여깁니다!…"

"안드레아야, 착한 마음씨를 가져라. 오늘 저녁에는 너도 행복할 것이 틀림없다…."

"그렇습니다, 선생님. 저도 눈에 보이지는 않지만 기분좋은 아버지의 자격을 가지고 있습니다. 가보겠습니다."

잠시 후에 사도들이 아이와 엔도르의 요한과 함께 떼를 지어 올라온다. 여자들은 음식 담긴 접시들과 등잔들을 들고 사도들을 따라 올라온다. 끝으로 라자로가 시몬과 함께 올라온다. 방에 들어오자마자 그들은 외친다. "아! 아니 그 냄새가 여기서 왔었구먼!!!" 그러면서 장미꽃 향기가 흠뻑 밴 공기를 맡는다. 문들을 활짝 열었는데도 향기가 잔뜩 밴 공기를.

"아니 그런데 누가 이 방에 향수를 이렇게 뿌렸지? 혹시 마르타가 그랬나?" 하고 여럿이 묻는다.

"내 누이 동생은 하루 종일 집을 떠나지 않았어요" 하고 라자로가 대답한다.

"그럼 누구지? 어떤 아시리아의 태수(太守)가 그랬나?" 하고 베드로가 농담을 한다.

"구속된 여자의 사랑이 그랬다" 하고 예수께서 정색을 하며 말씀하신다.

"그 여자는 구속에 대한 이 쓸 데 없는 과시를 하지 않고, 그가 허비한 것을 가난한 사람들에게 줄 수 있었을 텐데. 가난한 사람이 하도 많고, 또 그들은 우리가 분배를 한다는 것을 알고 있어요. 그런데 나는 동전 한 푼도 없단 말입니다" 하고 가리옷 사람이 화가 나서 말한다. "그런데 우리는 어린 양도 사야 하고 과월절 식사를 위해 방도 세내야 한단 말입니다. 그리고…"

"그렇지만 내가 여러분에게 모든 것을 제공했는데요" 하고 라자로가 말한다.

"그것은 옳지 않습니다. 의식이 그 매력을 잃어요. 율법은 '너와 네 집을 위하여 어린 양을 마련하여라' 하고 말하지, '어린 양을 받아라' 하고는 말하지 않아요."

바르톨로메오가 갑자기 몸을 돌리고 입을 벌렸다가 다시 다문다. 베드로는 말을 하지 않으려고 노력하느라고 얼굴이 새빨개진다. 그러나 자기 집에 있는 열성당원은 자기가 말할 권한이 있다고 생각하고 이렇게 말한다. "그것은 모두 율법학자들의 번쇄(煩瑣)한 이론이야. …제발 그런것은 집어치우게, 그 대신 내 친구 라자로에 대해서는 존경심을 가지게."

"잘한다, 시몬!" 베드로는 말은 안하지만 감정은 폭발시킨다. "잘했어! 그리고 우리는 선생님만이 가르치실 권리를 가지고 계시다는 것을 좀 지나치게 잊고 있는 것 같아…" 베드로는 "유다가 잊는다"는 말을 하지 않으려고 영웅적인 노력을 하며 "우리가 잊는다"고 말한다.

"옳습니다. …그러나… 저는 신경질적이어서 그렇습니다. 선생님, 용서하십시오."

"그러마. 그리고 네게 대답도 하겠다. 감사는 큰 덕행이다. 구속을 받은 저 여자가 내게 감사한 것처럼 나도 라자로에게 감사한다. 나는 라자로에게 내 축복의 향수를 뿌린다. 내 사도들 중에서 그렇게 할 줄을 모르는 사람들을 대신해서도 너희 모두의 우두머리인 내가. 그 여자는 내 발 앞에 구원을 받은 여자로서의 그의 기쁨의 향수를 쏟았다. 그 여자는 왕을 알아보았고, 왕이 그 여자에게보다도 더 많은 사랑을 쏟은 다른 많은 사람들보다 먼저 왕에게로 왔다. 그 여자가 하는 일을 비판하지 말고 하게 내버려두어라. 그 여자는 내 선언에도 내 기름바름에도 참석하지 못할 것이다. 베드로는 아시리아의 태수가 여기 왔었느냐고 말했다. 정말 잘 들어두어라. 그다지도 순수하고 그다지도 값진 동방 박사들의 향도 이것보다 더 그윽하지는 못했다. 이 향수는 눈물로 녹였다. 그렇기 때문에 이다지도 진하다. 겸손은 사랑을 받쳐 주고 완전하게 한다. 벗들아, 이제는 식탁에 앉자…."

그리고 음식을 바치는 기도와 더불어 환상이 끝난다.

62. 마륵지암의 시험

예수와 성모님이 어린 아이를 두 분 가운데에 데리고 앞서 가시고 그 뒤에 사도들과 여인들의 무리가 물고기 성문으로 가는 것을 보면 수요일 아침 나절인 모양이다. 그들과 함께 아리마태아의 요셉도 있다. 그는 자기가 한 약속을 충실히 지켜 일행의 마중을 나왔던 것이다. 예수께서는 눈으로 병사 알렉산드르를 찾으시지만 보이지 않는다.

"그 사람도 오늘은 없구나. 그의 소식을 알았으면 좋겠는데…."

그러나 사람이 너무 많아서 병사들에게 말을 걸 방법이 없을 지경이고, 또 명절이 임박했기 때문에, 그리고 세례자가 붙잡힌 데 대한 원한으로 인하여 유다인들이 그 어느 때보다도 더 비타협적이기 때문에 그것이 어쩌면 무모한 일일지도 모른다. 유다인들은 빌라도와 그의 부하들을 세례자 체포의 공범으로 보기도 하는 것이다. 나는 이 모든 것을 성문에서 병사들과 시민들 사이에 끊임없이 오가며 부르는 말투와 입씨름, 그리고 꽃전구의 불처럼 줄곧 터져나오는 생동감이고… 예의 그리 맞지 않는 욕설들로 깨닫게 된다. 갈릴래아 여자들은 그로 인하여 눈썹을 찌푸리고, 그 어느 때보다도 더 철저하게 베일과 겉옷으로 몸을 감싼다. 성모님은 얼굴을 붉히신다. 그러나 당신 아들을 쳐다보시며 종려나무처럼 꼿꼿이 자신있게 걸어가신다. 한편 예수님은 유다인들에게 이치를 따지게 하시거나 병사들에게 유다인들에 대하여 동정심을 가지라고 권하려고 시도하지도 않으신다. 갈릴래아 사람들의 일행에 대하여도 별로 공손하지 않은 부르는 말투로 말을 걸어오기 때문에 아리마태아의 요셉이 예수 곁에서 앞으로 나선다. 그러니까 그를 아는 군중이 그에 대한 경의로 입을 다문다.

마침내 물고기 성문을 지나간다. 그리고 이 강물 같은 군중은 시내로 밀물처럼 쏟아져 들어가 나귀들과 가축떼들과 섞여서 여러 거리로 흩어진다….

"선생님, 저희들이 여기 있습니다" 하고 토마가 인사를 하면서 말한다. 그는 성문 안쪽에 필립보와 바르톨로메오와 같이 있다.

"유다는 없어?", "왜 여기 있나?" 하고 여럿이 묻는다.

"유다는 없어. 저희들은 선생님이 더 일찍 오시지 않을까 하고 염려해서 아침 일찍부터 여기 와 있습니다. 그러나 유다는 보지 못했습니다. 저는 어제 유다를 만났습니다. 율법학자 사독과 같이 있었습니다. 요셉, 당신은 아시지요? 눈 아래 무사마귀가 있는 야윈 저 늙은이 말입니다. 그리고 다른 사람들도 있었는데… 그 사람들은 젊은 사람들이었습니다. 저는 유다에게 '유다, 잘 있었나?' 하고 소리쳤습니다. 그렇지만 그 사람은 저를 모르는 체하면서 대답을 하지 않았습니다. 저는 '아니, 저 사람이 어떻게 된 거야?' 하고 말하면서 몇 미터를 따라갔습니다. 그 사람은 사독과 헤어졌습니다. 사독과 같이 있을 때는 그가 레위파 사람같이 보였습니다. 그리고 제 나이또래의 다른 사람들과 같이 갔는데… 그 사람들은 분명히 레위파 사람들은 아니었습니다. …그런데 그 사람은 지금 여기에 없습니다. …그렇지만 저희들이 이리 오기로 결정했다는 것을 알고 있었습니다!"

필립보는 아무 말도 하지 않는다. 바르톨로메오는 마음에서 올라오는 판단을 억제하려는 듯이 입술이 보이지 않을 정도로 입을 꽉 다문다.

"좋아, 좋아! 그래도 가세! 그가 없는 것을 나는 분명히 서러워하지 않을 거야" 하고 베드로가 말한다.

"조금 더 기다리자. 오다가 지체하게 되었는지도 모르니" 하고 예수께서 정색을 하고 말씀하신다.

그들은 그늘 쪽으로 성벽에 기대어 선다. 여자들은 함께, 남자들은 다른 집단을 이루고, 그들은 모두 명절빔을 입었다. 베드로는 정말 호사로운 차림을 하였다. 그는 눈같이 흰 아주 새 두건을 썼는데, 붉은 실과 금실로 수를 놓은 장식줄로 고정시켰다. 대단히 짙은 암홍색의 제일 좋은 옷을 입었는데, 두건의 장식줄과 같은 새 허리띠로 아름답게 하였고, 허리띠에서는 단도같이 칼집이 있는 칼이 늘어져 있는데, 손잡이가 끌로 새겨졌고, 투조(透彫) 세공을 한 놋쇠로 만든 칼집을 통하여 칼날의 매우 반짝이는 쇠가 빛난다. 다른 사도들도 다소간 무장을 하였다. 예수만 무기를 안 가지고 계시며, 아주 하얀 아마포로 지은 옷과 물총새 빛깔 겉옷을 입고 계신데, 이 겉옷은 성모님이 겨울 동안에 짜셨을 것이 틀림없다. 마륵지암은 엷은 붉은 색에 목과 소매 끝에는 더 짙은 빛깔의 선이 둘러쳐져 있는 옷을 입었는데, 허리께에도 같은 종류의 선을 수놓았다. 겉옷 가에도 선이 둘러쳐져 있는데, 아이는 겉옷을 개켜서 팔에 걸치고 있다. 아이는 겉옷을 만족스럽게 어루만지며, 가끔 반은 미소짓고 반은 걱정스러운 얼굴을 쳐든다. …베드로는 손에 꾸러미를 하나 가지고 있는데, 그것을 정성스럽게 들고 있다.

시간은 지나가는데… 유다는 오지 않는다.
 "와 주지 않으시는구먼…" 하고 베드로가 투덜거린다. 그리고 아마 무슨 말을 덧붙였을 터인데, 요한이 이렇게 말한다. "어쩌면 황금빛 문에서 우리를 기다리고 있을지도 몰라…."
 일행은 성전으로 간다. 그러나 유다는 거기에 없다.
 아리마태아의 요셉이 더 이상 참지 못하고 "갑시다" 하고 말한다. 마륵지암은 얼굴이 약간 창백해지며 성모님께 입맞춤하며 말한다. "기도해 주셔요!… 기도해 주셔요!…"
 "오냐, 두려워 말아라. 너는 썩 잘 아는데 뭐…"
 마륵지암이 이제는 베드로에게 달라붙는다. 베드로의 손을 꼭 잡는다. 그리고 아직도 안심이 되지 않아서 예수의 손도 잡았으면 한다.
 "마륵지암아, 나는 가지 않는다. 너를 위해 기도하겠다. 나중에 보자."
 "선생님은 안 오십니까? 왜요?" 하고 베드로가 놀라서 말한다.
 "그렇게 하는 편이 낫기 때문이다…." 예수께서는 매우 진지하시다. 침울하시다고도 말할 수 있겠다. 예수께서는 "올바른 판단을 하는 요셉은 내 행동에 동의하지 않을 수 없을 것이다" 하고 덧붙이신다.
 과연 요셉은 대꾸를 하지 않는다. 그리고 그의 침묵과 설득력있는 한숨으로 찬성한다.
 "갑시다. …갑시다…." 베드로는 약간 슬프다.
 그러나 마륵지암은 요한에게 매달린다. 이리하여 그들은 앞장서 가는 요셉의 뒤를 따라 간다. 사람들은 끊임없이 몸을 깊이 숙여 요셉에게 인사한다. 시몬과 토마도 그들과 같이 간다. 다른 사람들은 예수와 함께 남아 있다.
 그들은 예수께서 당신 성년식 때에 들어가셨던 방으로 들어간다.
 한 구석에서 글을 쓰고 있던 젊은이가 요셉을 보고 즉시 일어나 머리가 땅에 닿게 절을 한다.
 "즈가리야, 하느님께서 그대와 함께 계시기를. 빨리 가서 아즈라엘과 야곱을 모셔 오게."
 젊은이는 갔다가 거의 즉시 교사 두사람과 같이 돌아오는데, 그 교사들이 회당장인지 율법교사들인지는 모르겠다. 얼굴을 찌푸린 두 사람은 자만으로 그들의 머리를 요셉에게만 숙인다. 그 뒤에 덜 위압하는 여덟 사람이 들어온다. 그들은 아리마태아를 포함한 청원자들은 세워 둔 채 앉는다.
 "요셉, 무엇을 원하십니까?" 하고 그중 나이많은 사람이 묻는다.

"율법을 지키고 자기 자신에 의하여 행동하라고 규정된 나이에 도달한 아브라함의 이 아들을 선생님의 총명에 추천하기를 원합니다."

"선생의 친척입니까?" 하고 말하며 그들은 놀라서 바라다본다.

"하느님 안에서는 우리 모두가 친척입니다. 그러나 어린이는 고아이고, 내가 성실성을 보장하는 이 사람이 그의 가정에 자손이 없지 않게 하기 위해서 이 어린이를 거두었습니다."

"이 사람은 어떤 사람입니까? 직접 대답하시오."

"갈릴래아 베싸이다 출신 요나의 아들 시몬입니다. 결혼은 했으나 자녀가 없으며, 세상 사람이 볼 때에는 어부이고, 지극히 높으신 분이 보실 때에는 율법의 아들입니다."

"그런데 갈릴래아 사람인 당신이 이 아버지의 자격을 가지겠다는 거요? 왜?"

"율법에는 고아와 과부에 대해 사랑을 가지라는 말이 있습니다. 저는 그것을 하는 것입니다."

"그러나 이 아이는… 그럴 자격이 있을 정도로 율법을 알고 있소. 그러나 애야, 네가 대답하여라. 너는 누구냐?"

"엠마오 평야에서 난 요한의 아들 야베 마륵지암이고, 나이는 열 두 살입니다."

"그러면 유다인이로구나. 갈릴래아 사람이 유다인을 떠맡아도 됩니까? 법률을 참조합시다."

"아니, 제가 어떤 사람입니까? 문둥병자입니까, 아니면 저주받은 사람입니까?" 베드로의 피가 끓기 시작한다.

"시몬, 잠자코 있으시오. 내가 이 사람 대신 말하겠소. 나는 선생들에게 이 사람을 보증한다고 말했소. 나는 이 사람을 집안 사람이나 마찬가지로 잘 압니다. 장로 요셉은 율법이나 또는 법률에 어긋나는 일은 결코 신청하지 않을 것입니다. 어린이를 공평하고 친절하게 시험하시기 바랍니다. 마당에는 시험을 기다리는 어린이가 꽉 차 있습니다. 모든 어린이에 대한 사랑으로 시간을 낭비하지 마시오."

"그러나 이 아이가 열 두 살이 되었다는 것과 성전에서 제물을 바치고 다시 찾았다는 것을 누가 증명합니까?"

"기록으로 그것을 증명할 수가 있습니다. 성가신 조사이지만, 할 수는 있습니다. 애야, 네가 맏아들이라고 그랬지?"

"그렇습니다, 선생님. 제가 주님께 바쳐졌고, 부과된 세금을 내고 다시 찾았으니까 선생님이 보실 수 있습니다."

"그러면 그 증명서를 찾습니다…" 하고 요셉이 말한다.

"필요없습니다" 하고 트집쟁이들이 무뚝뚝하게 대답한다. "얘야, 이리 오너라. 십계명을 말해라." 그러니까 아이는 그것을 자신있게 왼다. "야곱, 그 두루마리를 주시오. 읽을 줄 알면 읽어 보아라."

"어딜 읽을까요, 선생님?"

"맘대로. 네 눈에 띄는 데를" 하고 아즈라엘이 말한다.

"아니다, 여길. 그걸 내게 다오" 하고 야곱이 말한다. 그는 두루마리를 어느 만큼까지 펴고 나서 "여기" 하고 말한다.

"'그러자 거는 그 사람들에게 살며시 말하였다. 〈모든 사람 앞에서 하늘에 계신 하느님을 찬미 찬양하시오. 하느님께서 당신들에게 자비를 베푸셨기 때문입니다. 물론 왕의 비밀을 지키는 것은 좋은 일이오. 그러나 그것을 밝히는 것도 훌륭한 일이오…〉'"

"그만! 그만! 이것은 무엇이냐?" 하고 야곱이 그의 겉옷의 가장자리 술 장식을 가리키며 묻는다.

"신성한 술장식입니다. 우리는 지극히 높으신 주님의 계명들을 기억하기 위해 그것을 달고 다닙니다."

"이스라엘 사람이 아무 고기나 다 먹어도 되느냐?…" 하고 아즈라엘이 묻는다.

"아닙니다. 깨끗한 것으로 선언된 고기만 먹을 수 있습니다."

"계율들을 말해 보아라…."

그러니까 아이는 "하지 말아라…", "하지 말아라…"를 온순하게 계속 늘어놓기 시작한다.

"그만, 그만! 갈릴래아 아이로서는 너무 많이 안다고 할 수 있을 정도다. 여보시오, 이제는 당신의 아들이 성인이라는 것을 맹세하는 것이 당신이 할 일이오."

베드로는 이제까지 그렇게도 많은 무례를 당한 후에 아직 보일 수 있는 가장 훌륭한 기품을 가지고 아버지로서의 그의 짤막한 인사말을 한다. "선생님들이 알아보신 것과 같이 규정된 나이에 이른 제 아들은 율법과 계율과 풍습과 전통과 의식과 축복과 기도를 알기 때문에 저 스스로 행동할 수 있습니다. 따라서 선생님들이 확인하신 것과 같이 저와 제 아들이 성인례를 청할 수 있게 되었습니다. 사실, 이것은 제가 먼저 말해야 하는 것이었습니다. 그러나 여기서는 이 풍습이 어겨졌습니다. 그것은 우리 갈릴래아 사람들의 탓은 아니었습니다. 그래서 아이가 아버지보다 먼저 질문을 받았습니다. 그러나 이제는 제가 선생님들께 말합니다. 선생님들이 이 아이가 능력이 있다고 인정하신 만큼, 이 순간부터 저는 하느님 앞에서와 사람들 앞에서 이 아이의 행동에 대해 책임이 없게 되었습니다."

"회당으로 건너가시오."

작은 행렬이 베드로가 바로잡아 준 교사들의 찌푸린 얼굴들 사이로 해서 회당으로 건너간다. 작은 책상들과 등불들 앞에서 마륵지암은 머리자르는 의식을 치른다. 머리를 어깨에서부터 귀있는 데까지 자르는 것이다. 그런 다음 베드로가 작은 꾸러미를 펼쳐 금빛나는 노랑으로 수를 놓은 아름다운 붉은 색 모직 허리띠를 꺼낸다. 그는 아이의 허리에 그것을 맨다. 그리고 사제들이 아이의 이마와 팔에 작은 가죽띠를 매 주는 동안 베드로는 마륵지암이 건네 준 겉옷에 신성한 가장자리 술장식을 바삐 단다. 베드로는 주의 찬미를 노래하기 시작할 때에 매우 감격해 있다….

의식이 끝났다. 그들은 빨리 밖으로 빠져나오고 베드로는 이렇게 말한다. "무사히 끝났군! 나는 자제할 수 없게 되었었거든요. 요셉, 보셨지요! 그들은 의식을 완전히 끝내지도 않았어요. 그렇지만 상관없다. 내 아들아, 너는… 너는 너를 바치실 어떤 분이 계시니까… 가서 주님께 찬미의 제물로 드릴 어린 양을 마련하자. 너같이 부드러운 작은 어린 양을. 요셉, 감사합니다. 너도 이 훌륭한 친구분께 '고맙습니다' 하고 말씀드려라. 선생이 아니었더라면 그들이 우리를 아주 못되게 다루었을 것입니다."

"시몬, 나는 당신 같은 의인에게 쓸모가 있었다는 것이 기쁩니다. 그리고 잔치를 하게 베제타의 내 집으로 오기 바랍니다. 물론 당신과 함께 모두들 말이지요."

"선생님께 가서 이 말씀을 드립시다. 나로서는… 너무나 큰 영광입니다!" 하고 겸손한 베드로가 말한다. 그러나 그의 얼굴은 기쁨으로 빛난다.

그들은 마당들과 안마당들을 다시 지나서 여자들의 안마당에까지 갔다. 거기서 모든 여자들이 마륵지암에게 축하한다. 그리고 남자들은 예수께서 제자들과 같이 계신 이스라엘 사람들의 안마당으로 건너간다. 그들은 모두가 같은 행복으로 일치해 있다. 그리고 베드로가 어린 양을 제물로 바치러 가는 동안 그들은 회당들과 마당들을 지나 첫번째 울타리에까지 간다.

베드로는 이제는 완전한 이스라엘 사람이 된 그의 아이를 데리고 있어 정말 행복하다! 예수의 이마에 비껴 있는 주름을 보지 못할 정도로, 그의 동료들의 고통스러운 침묵을 알아차리지 못할 정도로. 요셉의 집의 큰방에서, 나중에 무엇을 할 생각이냐고 하는 의례적인 질문에 대하여 아이가 "아버지처럼 어부가 되겠습니다" 하고 선언할 때에야 비로소 그의 눈물 사이로 베드로는 기억을 하고 깨닫는다….

"그렇지만… 유다가 이 기쁨에 독약 한 방울을 쳤군요. …그 때문에 선생님이 상심하셨군요. …그리고 다른 사람들도 슬퍼하고… 내가 이것을 더 일찍 알아차리지 못한 것을 다들 용서해 주십시오. …아! 그 유다!…"

그의 한숨은 모든 사람의 마음에도 있는 것으로 생각된다. …그러나 예수께서는 독을 제거하기 위하여 애써 미소를 지으시며 말씀하신다. "시몬아, 걱정하지 말아라. 이 즐거움에는 네 아내만이 빠졌구나. …그래서 나는 그렇게도 착하면서도 항상 희생당하는 네 아내도 생각했다. 그러나 곧 예기치 않은 기쁨을 얻게 될 것이다. 이 기쁨을 얼마나 잘 받아들일지 누가 알겠느냐? 이 세상에 있는 선을 생각하자. 이리 오너라. 그런데 마룩지암이 대답을 썩 잘했다지? 나는 미리부터 그것을 알고 있었다…."

요셉이 하인들에게 명령을 주고 나서 돌아와서 말한다. "그 의식으로 저를 다시 젊어지게 해준 데 대해 여러분 모두에게 감사하고, 선생님과 선생님의 어머니와 친척들과 당신들 친애하는 제자들을 내 집에 모시는 영광을 베풀어 주신 데 대해 감사합니다. 정원으로 오십시오. 바람도 있고 꽃도 있습니다…" 그리고 모든 것이 끝났다.

63. 과월절 전날 성전에서

과월절 전날. 예수께서 제자들하고만 과월절 어린 양을 제물로 바치는 데 데리고 간 베드로가 돌아오기를 기다리신다. 여자들은 이들과 같이 있지 않다. 그들이 기다리고 예수께서는 아이에게 솔로몬에 대하여 말씀하고 계신 동안에 유다가 큰 마당을 건너질러 간다. 그는 젊은이 한 떼와 같이 있는데, 영감을 받은 것 같은 자세를 취하면서 과장된 거창한 몸짓을 하며 말한다. 그의 겉옷이 끊임없이 펄럭이고, 그는 학자연하는 자세를 과시한다. …나는 치체로*

---

* 역주 : Cicero, (기원 전 206-43) 로마의 정치가이며 웅변가.

가 연설을 할 때에도 그보다 덜 장중하였으리라고 생각한다.

"저기 유다를 보세요" 하고 타대오가 말한다.

"사포림 한때와 같이 있습니다" 하고 필립보가 지적한다.

그리고 토마는 "그 사람이 무슨 말을 하는지 들어보겠습니다" 하고 말하고는 예측할 수 있는 거절을 예수께서 나타내시는 것을 기다리지 않고 간다.

예수께서는… 오! 예수께서는 참으로 놀라운 얼굴을 하고 계시다! 그 얼굴은 참된 고통과 엄한 심판을 나타낸다. 그때까지는 이스라엘의 위대한 왕에 대하여 부드럽게 약간 서글프게 말씀하시는 동안 예수를 쳐다보고 있던 마륵지암이 이 변화를 보고는 거의 겁을 집어먹는다. 마륵지암은 예수를 다시 부르려고 예수의 손을 흔들며 말한다. "보지 마셔요! 보지 마셔요! 선생님을 많이 사랑하는 저를 보셔요…."

토마는 유다에게 들키지 않고 그가 있는 데로 가는 데 성공하여 몇 걸음을 따라간다. 유다가 무슨 말을 하는 것을 토마가 들었는지는 모르겠다. 내가 아는 것은 토마가 갑자기 우뢰 같은 탄성을 올려 여러 사람, 특히 유다를 뒤돌아보게 하였다는 것이다. 유다는 화가 몹시 나서 얼굴이 창백해진다. 토마가 말한다. "아니 이스라엘에는 선생이 얼마나 많은가! 지혜의 새로운 빛인 자네와 함께 기뻐하네!"

"나는 돌이 아니라 해면이야, 그래서 빨아들인단 말이야. 그래서 지혜를 갈망하는 사람의 소원이 그것을 요구할 때에는 나를 짜서 나 자신을 생명유지에 필요한 모든 액과 더불어 준단 말이야." 유다의 말은 과장되고 멸시하는 투이다.

"자네는 충실한 메아리 같구먼. 그렇지만 메아리가 존속하려면 목소리 가까이에 있어야 해. 그렇지 않으면 메아리는 죽는단 말이야, 이 친구야. 그런데 자네는 목소리에서 멀어져가는 것 같네. 선생님이 저기 계신데 안 가겠나?"

유다는 형편이 가장 나쁜 때에 보이는 증오에 넘치고 불쾌한 얼굴로 푸르락 붉으락해진다. 그러나 자제하고 말한다. "친구들, 잘 가게. 친애하는 벗 토마, 자 내가 자네와 같이 있네. 즉시 선생님께로 가세. 나는 선생님이 성전에 계신 줄은 몰랐어. 그걸 알았으면 찾으러 나섰을 거야" 이렇게 말하면서 그는 토마에게 대하여 큰 애정을 가지고 있는 것처럼 그의 목을 얼싸안는다.

조용하지만 어리석지는 않은 토마는 그러나 이런 언명에 말려들지 않고… 좀 엉큼하게 이렇게 묻는다. "뭐라고? 자넨 과월절인 줄 모른단 말인가? 그리고 선생님이 율법에 충실하지 않으시다고 생각하는 건가?"

"오! 절대로! 하지만 작년에는 선생님이 공중 앞에 나타나셔서 말씀을 하셨어. 선생님은 당신의 위엄있는 난폭으로 나를 끌어당기셨어. …그런데 지금은 … 기력을 잃은 사람같이 생각된단 말이야. 자네에겐 그렇게 생각되지 않나?"

"나는 안 그래. 내게는 신뢰를 잃은 사람같이 보이서."

"당신 사명에 대해서 말이지. 거봐, 자네가 제대로 말했어."

"아니, 자넨 잘못 이해하는구먼. 선생님은 사람들에 대한 신뢰를 잃으신 거야. 그리고 자네도 거기에 이바지하는 사람 중의 하나야. 창피를 알게!" 토마가 이제는 웃지 않는다! 그는 우울하다, 그리고 그의 "창피를 알게!" 하는 말은 채찍으로 치는 것처럼 준엄하다.

"자네 말조심하게!" 하고 가리옷 사람이 위협조로 말한다.

"자네 행실을 조심하게. 여기 우리 두 유다 사람은 증인없이 있네. 그래서 자네에게 말하는 것이고 창피를 알라!'고 다시 한 번 말하는 걸세. 그리고 이제는 입을 다물게. 비통한 체하지 말고 거짓으로 우는 체하지 말란 말이야. 그렇지 않으면 모든 사람 앞에서 말할 테니까. 자 선생님이 저기 계시고 동료들도 저기 있네. 마음을 진정하게."

"선생님께 평화…"

"시몬의 유다, 네게 평화."

"선생님을 여기서 뵙게 된 것이 대단히 기쁩니다. …선생님께 말씀드릴 것이 있습니다…."

"말하여라."

"보십시오. …제가 선생님께 말씀드리려 한 것은… 선생님 혼자서만 제 말을 들으실 수 있습니까?"

"너는 동료들과 같이 있다."

"그러나 선생님께만 말씀드리고 싶습니다."

"베다니아에서 나는 누구든지 원하고 나를 찾으면 단둘이서 만난다. 그러나 너는 나를 찾지 않고, 나를 피한다…."

"선생님, 아닙니다. 선생님은 그렇게 말씀하지 못하십니다."

"어제는 왜 시몬의 감정을 상하게 했느냐? 그와 더불어 내 감정도, 또 우리와 더불어 아리마태아의 요셉, 네 동료들, 그리고 내 어머니와 다른 사람들의 감정도 왜 상하게 했느냐?"

"제가요? 아니, 저는 선생님과 다른 사람들을 보지 못했는데요!"

"너는 보려고 하지 않은 것이다. 왜 결정된 대로 율법에 받아들여지는 죄없는 어린 아이에 대해 주님을 찬미하러 오지 않았느냐? 대답하여라! 너는 오지 않으리라는 것을 미리 알릴 필요조차 느끼지 않았다."

"저기 제 아버지가 오십니다!" 배를 가른 어린 양을 양가죽에 싸 가지고 돌아오는 베드로를 보고 마륵지암이 외친다. "아이고! 아버지와 함께 미케아와 다른 사람들도 와요! 가봐야지! 할아버지 소식을 듣게 마중나가도 됩니까?"

"아들아, 가거라" 하고 예수께서 그를 쓰다듬으며 말씀하신다. 그리고 엔도르의 요한의 어깨를 만지시며 덧붙이신다. "제발 마륵지암과 같이 가서… 그들을 조금 붙잡아두어라." 그리고는 다시 유다에게로 몸을 돌리시고 말씀하신다. "대답하여라! 나는 기다린다."

"선생님… 예기치 못한… 피치 못할 필요로… 저는 그 때문에 괴로웠습니다. …그러나…"

"그러나 네가 핑계가 있었다고 하고, 네 핑계를 와서 말해줄 만한 사람이 온 예루살렘에 한 사람도 없었단 말이냐? 그런데 그것이 벌써 잘못이었다. 최근에 어떤 사람이 나를 따르기 위하여 아버지의 장례도 치르지 않았다는 것을 네게 상기시킨다. 또 내 사촌들이 나를 따르기 위하여 저주를 받으면서 아버지의 집을 떠났고, 시몬과 토마, 또 그들과 더불어 안드레아, 야고보, 요한, 필립보와 나타나엘이 그들의 가정을 떠났으며, 가나네아 사람 시몬이 재산을 내게 주려고 버렸고, 마태오가 나를 따르기 위하여 죄를 버렸다는 것을 네게 상기시키겠다. 나는 백명이라도 이름을 대면서 계속할 수 있을 것이다. 하늘 나라도 나를 따라 가기 위하여 목숨을, 목숨 자체를 버린 사람들도 있다. 그러나 이렇게까지 아량이 없으니, 적어도 예의라도 지켜라. 너는 사랑이 없다. 그러나 최소한 예의라도 지켜라. 네가 불성실한 바리사이파 사람들을 좋아하니 나를 배반하고 우리를 배반하면서도 공손한 태도를 취하면서 그렇게 하는 그들을 본받아라. 베드로의 감정을 상하지 않기 위하여 네가 어제 우리를 위해 다른 약속을 하지 않는 것이 네 의무였다. 나는 베드로를 모두가 존경하기를 요구한다. 그러나 적어도 미리 알리기라도 해야 했을 것이다."

"제가 실수를 했습니다. 그러나 이제는 역시 같은 이유로 내일도 올 수 없다고 말씀드리려고 일부러 선생님을 찾아왔습니다. 아시다시피… 제 아버지의 친구들이 있어서 저는…"

"그만. 그럼 그들과 같이 가라. 안녕."

"선생님… 제게 화를 내고 계십니까? 선생님은 제게 아버지 노릇을 하겠다고 말씀하셨지요. …저는 경솔한 사람입니다. 그러나 아버지라면 용서하십니다

…."
 "나는 너를 용서한다, 그래. 그러나 가거라. 내가 거룩한 요나의 친구들을 더 기다리게 하지 않는 것과 같이 너도 네 아버지의 친구들을 더 오랫동안 기다리게 하지 말아라."
 "언제 베다니아를 떠나시겠습니까?"
 "유월절(逾越節)이 끝나면. 안녕."
 예수께서는 등을 돌리시고, 몰라보게 달라진 마륵지암을 보며 황홀경에 빠져 있는 농부들에게로 가신다. 몇 걸음 가시다가 토마가 이렇게 불쾌한 지적을 하는 바람에 걸음을 멈추신다. "아이고! 그 사람은 선생님이 장엄한 난폭한 일을 행하시는 것을 보고 싶다고 했는데, 선생님이 그의 원을 채워 주셨습니다!…"
 "나 자신 그렇게 하려고 노력하는 것처럼 너희들 모두도 이 일을 잊어버리기 바란다. 그리고 요나의 시몬과 엔도르의 요한과 어린 아이에게는 입을 다물기를 명령한다. 너희들의 지능이 이해할 수 있는 이유들로 인해서 그들을 슬프게 하지 말고 분개시키지도 않는 것이 좋다. 또 베다니아에서 여자들에게도 침묵을 지켜라. 내 어머니가 계시다. 이것을 기억하여라."
 "선생님, 안심하십시오."
 "저희들은 속죄하기 위해 무엇이든지 하겠습니다."
 "그리고 선생님을 위로해 드리기 위해서요" 하고 거기 있는 모든 사람이 말한다.
 "고맙다. …오! 여러분 모두에게 평화. 이사악이 당신들을 만났군요. 그것이 매우 기쁩니다. 평안히 당신들의 과월절을 즐기시오. 내 목자들은 당신들에 대해서 착한 형제나 같을 것입니다. 이사악아, 이 사람들이 떠나기 전에 내게 데려 오너라, 다시 축복해 주고 싶다. 아이를 보았습니까?"
 "아이고! 선생님, 얼마나 훌륭한지요! 그애가 벌써 훨씬 더 건강해 보입니다! 아이고! 할아버지에게 이 말을 전하겠습니다. 얼마나 기뻐할까요! 그 의로운 분이 이제는 야베가 자기의 아들이라고 말합니다. …천만다행입니다! 모두 다 가서 말하겠습니다."
 "그리고 제가 율법의 아들이 되었다는 말도 해주세요. 그리고 제가 그걸 대단히 기뻐한다고. 또 제가 늘 할아버지 생각을 한다고. 저 때문에도 엄마 때문에도 울지 말라고, 엄마는 제게 아주 가까이 있고, 또 할아버지에게도 천사가 되고, 또 우리가 죽을 때에 엄마가 곁에 있게 될 거라고 말해 주세요. 예수님이 벌써 하늘의 문을 열어놓으신 다음에는 엄마가 천사보다도 더 아름답게 되어서 할아버지 마중을 와서 예수님한테 데리고 올 겁니다. 예수님이 그렇게 말씀하셨어요. 할아버지한테 그렇게 말해 줄래요? 제대로 말할 줄 알겠어요?"

"그러마, 야베야."

"아니야요, 지금은 제 이름이 마룩지암이야요. 이 이름은 주님의 어머니께서 지어 주셨어요. 꼭 주님의 어머니 이름을 부르는 것과 같아요. 주님의 어머니는 저를 무척 사랑하세요. 매일밤 침대에 누이시고, 어머니가 당신 아들에게 드리게 하시던 기도를 제게도 드리게 하세요. 그리고 입맞춤으로 저를 깨워 주시고, 옷을 입혀 주시고, 아주 많은 걸 가르쳐 주세요. 그리고 선생님도. 그렇지만 그것들이 아주 기분좋게 마음 속으로 스며들어 와서 어렵지 않게 배우게 돼요. 내 선생님!!!" 아이가 어떻게나 열렬한 사랑의 몸짓으로 예수께 바싹 달려드는지 그의 표정이 보는 사람들을 감격시킨다.

"그렇습니다. 이 말을 모두 전하시오. 그리고 노인더러 희망을 버리지 말라고 하시오. 이 천사가 그분을 위해 기도하고, 나도 그분에게 강복합니다. 당신들에게도 강복합니다. 가보시오. 평화가 여러분과 함께 있기를 바랍니다."

집단들이 서로 헤어져서 각기 그들이 갈 길로 간다.

64. 예수께서 "주의 기도"를 가르치신다

예수께서 성벽 근처에 있는 어떤 집에서 제자들과 같이 나오신다. 여기도 역시 베제타 동네인 것으로 생각한다. 그것은 성에서 나오기 위하여는 성문 근처에 있는 요셉의 집 앞을 또 지나야 하기 때문이다. 나는 이 성문을 헤로데의 문이라고 부르는 것을 들었다. 시가에는 달이 밝게 비추는 조용한 저녁 시간인지라 거의 사람이 다니지 않는다. 나는 그들이 라자로의 집 중 어떤 집에서 과월절의 어린 양을 먹었다는 것을 알게 된다. 그것은 최후 만찬의 집은 아니다. 최후의 만찬의 집은 반대쪽에 있다. 하나는 예루살렘 북쪽에, 또 하나는 남쪽에 있다.

집 문지방에서 예수께서는 여인들을 지키라고 남겨두는 엔도르의 요한에게 친절하고 우아하게 고맙다는 인사와 함께 작별 인사를 하신다. 또 역시 문지방에 나온 마룩지암에게도 입맞춤을 하신다. 그리고는 헤로데 문이라고 하는 성문으로 해서 멀어져가신다.
"주님, 어디로 가는 것입니까?"
"나와 같이 가자. 너희들이 바라던 드문 진주를 가지고 과월절의 최후를 장식하려고 너희를 데리고 간다. 이 때문에 너희들하고만 있고자 한 것이다. 내 사도들! 벗들아. 너희가 내게 대해서 큰 사랑을 가지고 있는 것이 고맙다. 만일 너희가 그 사랑이 나를 얼마나 위로하는지 볼 수 있다면, 그 때문에 놀라 마지 않을 것이다. 생각해 보아라. 나는 끊임없는 장애와 실망 속을 뚫고 걸어 오고 있다. 너희 쪽에서 볼 때에는 실망이다. 그러나 나로서는 실망이 없다는 것을 단단히 믿어라. 나는 무지(無知)라는 선물을 받지 못했기 때문이다. …이 때문만에라도 내가 인도하는 대로 따라오라고 권한다. 이것 혹은 저것을 내가 허락하면 그것을 방해하지 말아라. 만일 내가 어떤 일을 끝내게 하려고 개입하지 않으면, 너희들이 그렇게 하려고 생각하지 말아라. 매사는 제때가 있는 법이다. 무엇보다도 나를 신뢰하여라."

그들은 성곽의 동북쪽 모퉁이에 있다. 그들은 그 모퉁이를 돌아서 작은 다리로 키드론 개울을 건널 수 있는 곳까지 모리아산을 끼고 간다.
"게쎄마니로 갑니까?" 하고 알패오의 야고보가 묻는다.
"아니다, 더 높이 올라간다. 올리브산으로."
"아이고! 아름답겠네요!" 하고 요한이 말한다.
"어린 것두 기뻐했을 텐데" 하고 베드로가 중얼거린다.
"오! 그애도 다른 때 여러 번 여기 올 것이다! 오늘은 피로해 있었다. 그리고 그애는 어린 아이이다. 나는 너희들에게 중요한 것을 주고자 한다. 이제부터는 너희가 이것을 가지고 있는 것이 마땅하기 때문이다."

그들은 게쎄마니 동산을 오른쪽에 남겨두고 올리브나무들 사이로 올라간다. 그리고 올리브나무들이 살랑거리는 꼭대기에 이르기까지 산을 계속 올라간다.

예수께서 발길을 멈추시고 말씀하신다. "좀 쉬자. …사랑하는, 지극히 사랑하는 내 제자들이며 미래의 내 계승자들아, 내게 가까이 오너라. 어느날, 너희는 그것도 한 번뿐만이 아니고, 내게 이렇게 말했었다. '선생님이 기도하시는 것처럼 기도하는 법을 저희에게도 가르쳐 주십시오. 요한이 그의 제자들에게 한 것과 같이 저희들에게도 제자들인 저희가 선생님과 같은 말로 기도할 수 있게 가르쳐 주십시오' 하고. 그리고 나는 너희에게 항상 이렇게 대답했었다. '기도가 인간적인 내용없는 말의 표현이 아니라 아버지와의 참된 대화가 되기 위한 최소한도의 충분한 준비가 너희들에게 되어 있는 것을 보게 되면 그렇게 해주마' 하고, 우리는 그런 경지에 이르렀다.

너희는 하느님께 드려 마땅한 말을 알 수 있기 위하여 가려야 할 것을 넉넉히 가지고 있다. 그래서 오늘 저녁, 우리 사이에 있는 평화와 사랑 속에서, 하느님의 평화와 사랑, 하느님과의 평화와 사랑 속에서 그 말을 너희에게 가르치고자 한다. 과연 우리는 참다운 이스라엘 사람으로서 과월절의 계율과 하느님과 이웃에 대한 사랑에 관한 하느님의 계명을 지켰다. 너희들 중의 한 사람은 요사이 고통을 많이 겪었다. 부당한 행위로 인하여 고통을 당하였고, 이 행위가 유발했던 그 분개를 억제하기 위해서 자기 자신에 대해 한 노력 때문에 고통을 겪었다. 그렇다, 요나의 시몬아, 이리 오너라. 네 성실한 마음 때문에 갖게 된 전율이 내게 알려지지 않은 것이 하나도 없었고, 내가 너와 함께 나누지 않은 마음의 고통도 하나도 없었다. 네 동료들과 내가…"

"그러나, 주님, 주님이 저보다 훨씬 더 모욕을 받으셨습니다. 그리고 이것이 제게는 더… 더 큰 고통이었습니다. 아니, 더 가슴아픈 고통이었습니다. …그러면서도… 더… 더. 이러했습니다. 유다가 제 축제에 참여하는 것을 지긋지긋하게 여겼다는 사실로 인해서 저는 인간으로서 괴로웠습니다. 그러나 선생님이 몹시 슬퍼하시고 감정이 상하신 것을 뵈니, 다른 모양으로 고통을 느꼈고, 그로 인해서 이중으로 괴로웠습니다. …저는 제 자랑을 하고 싶지 않고, 또 선생님의 말씀을 써서 저 자신을 돋보이게 하려는 생각은 없습니다. …그러나 저는 제 영혼으로 고통을 겪었고… 이것이 더 고통스럽다고 말해야 하겠습니다. 만일 이것이 교만이라면, 그렇다고 말씀해 주십시오."

"시몬아, 그것은 교만이 아니다. 너는 정신적으로 고통을 겪었다. 그것은 갈릴래아의 어부 요나의 시몬이 정신의 스승 예수의 베드로로 변하는 중이기 때문이다. 이 정신의 스승 덕택으로 그의 제자들도 정신적으로 활발하고 지혜롭게 되고 있다. 그래서 너를 정신의 길로 나아가게 하기 위하여, 너희들이 나아가게 하기 위하여, 오늘 저녁 너희들에게 기도하는 법을 가르쳐 주고자 하는 것이다. 혼자서 한 피정 이후로 너희들은 정말 많이 변했다!"

"주님, 모두가 변했습니까?" 하고 바르톨로메오가 약간 의심쩍어하며 묻는다.

"네 말뜻을 알겠다. …그러나 나는 너희 열 한 사람에게 말하는 것이지, 다른 사람들에게 말하는 것이 아니다…."

"그런데 시몬의 유다는 어찌된 일입니까, 선생님? 저희는 이제 그 사람을 이해할 수 없게 되었습니다. …그 사람이 대단히 변한 것처럼 보였었는데, 지금, 호수를 떠난 뒤로…" 하고 안드레아가 딱하게 여기며 말한다.
 "입닥처라, 아우야. 수수께끼를 푸는 열쇠는 내가 가지고 있다! 그 사람은 벨제붓*에게 좀 달라붙었다. 그 사람은 사람들을 놀라게 하려고 그놈을 엔도르의 굴로 찾아갔는데… 대접을 받았다! 선생님의 그날 그 사람에게 그 말씀을 하셨어… 가말라에서는 마귀들이 돼지들에게로 들어갔다. 엔도르에서는 마귀들이 저 불쌍한 요한에게서 나와서 그 사람에게로 들어간 거다. …그래서 우리는 알게 됐단 말이야. …알게 됐어. …선생님, 제가 이 말을 하게 내버려두십시오! 제가 이 말을 여기 이 목 안에 가지고 있는데, 그것을 말하지 않으면 여기 남아서 저를 해칩니다…."
 "시몬아, 착한 마음씨를 가져라!"
 "예, 선생님… 그리고 선생님께 분명히 말씀드리지만 그 사람에게 무례한 짓은 하지 않겠습니다. 그러나 제가 말하고 또 생각하는 것은 유다가 타락했기 때문에 ― 이것은 저희 모두가 깨달은 것입니다 ― 그 사람이 약간 돼지와 동류라는 것입니다. …그래서 마귀들이 거처를 옮길 때… 즐겨 돼지들을 택한다는 것을 이해하게 됩니다. 자, 이상과 같습니다."
 "자넨 그렇다고 말하는 거야?" 하고 제베대오의 야고보가 묻는다.
 "그럼 이것 말고 다른 것이 무엇이 또 있겠어? 그 사람이 그렇게까지 다루기 어렵게 될 이유가 없었단 말이야. '고운 내'에서보다도 더 나빠졌단 말이야! 거기서는 그가 신경질을 부리는 것이 장소와 계절 때문이라고 생각할 수가 있었어. 그렇지만 지금은…"
 "다른 이유가 하나 있다, 시몬아…"
 "선생님, 그 이유를 말씀해 주십시오. 제 동료에 대해서 생각을 바꾸는 것이 저는 기쁩니다."
 "유다는 질투한다. 그리고 그의 질투 때문에 불안해지는 것이다."
 "질투한다구요? 누구를요? 그 사람은 아내가 없습니다. 그리고 그가 아내가 있는데 여자들을 사귄다 하더라도, 저희들 중의 아무도 저희들의 동료인 그에 대해서 경멸을 보이지 않을 것으로 생각합니다…."
 "그 사람은 내게 대해서 질투하고 있다. 곰곰히 생각해 보아라. 유다는 엔도르와 에스드렐론을 다녀온 후에 변했다. 즉 내가 요한과 야베에 대해 관심을

―――――――――――
* 역주 : 사탄의 다른 이름.

가지는 것을 보았을 때 그랬단 말이다. 그러나 요한이, 특히 요한이 나를 떠나 내게서 이사악에게로 옮겨가게 된 지금은 그가 다시 쾌활해지고 착해지는 것을 네가 보게 될 것이다."

"글…쎄요! 그 사람이 조그만 마귀가 들리지 않았다고는 말씀하지 마십시오. 또 무엇보다도… 아니, 이 말씀은 드리겠습니다! 그 사람이 지난 몇 달 동안에 더 나아졌다고는 말씀하지 마십시오. 저도 작년에는 질투가 있었습니다. …저는 저희 여섯 사람, 맨 처음의 여섯 사람 외에 어떤 사람이 들어오는 것을 원치 않았습니다. 선생님도 기억하시지요? 그러나 지금은, 지금은… 이번만은 하느님을 제 생각에 대한 증인으로 모시게 내버려두십시오. 지금은 선생님 주위에 제자들의 수가 늘어나는 것을 보는 것이 기쁘단 말입니다. 아이고! 저는 모든 사람을 다 붙잡아서 선생님께로 데려오고 싶고, 가난에 쪼들리는 사람들을 원조할 수 있는 모든 재산을 가지고 있어서 아무에게도 선생님께로 오는 데 가난이 방해가 되지 않게 하고 싶습니다. 이것은 틀림없는 정말입니다. 그렇지만 왜 제가 이렇게 변했습니까? 그것은 선생님이 저를 변화시키시도록 맡겨드렸기 때문입니다. 그런데 그 사람은… 변하지 않았습니다. 오히려 그 반대입니다. …자 이렇습니다, 선생님… 그 사람은 조그만 마귀가 들린 것입니다…."

"그런 말하지 말고, 그런 생각을 하지 말아라. 그가 고쳐지도록 기도하여라. 질투는 하나의 병이다…."

"선생님 곁에 있는 사람은 병을 고치고자 하면 고쳐집니다. 아! 저는 선생님 때문에 그를 참아견디겠습니다. …그렇지만 그것은 정말 고역입니다!"

"이 때문에 네게 상으로 아이를 주었다. 그러면 이제는 기도하는 법을 네게 가르쳐 주마…."

"아! 그러세요, 선생님" 하고 유다 타대오가 말한다. "거기 대해서 말합시다. 그리고 저와 같은 이름을 가진 사람에 대해서는 그에게 필요한 것에 대해서만 기억하도록 합시다. 그러나 제 생각으로는 그가 벌써 벌을 받은 것 같습니다. 이 시간에 저희들과 같이 있지 않으니까요!"

"잘 들어라. 너희들이 기도할 때에는 이렇게 말하여라. '하늘에 계신 우리 아버지, 아버지의 이름이 거룩히 빛나시며, 아버지의 나라가 하늘에 임하시는 것과 같이 땅에도 임하시며, 아버지의 뜻이 하늘에서와 같이 땅에서도 이루어지이다. 오늘 우리에게 일용할 양식을 주시고, 우리에게 빚진 사람들에게 우리가 빚을 탕감해 주듯이 우리 빚을 탕감해 주시고, 우리를 유혹에 빠지지 말게 하시고, 악마에게서 구해 주소서[1].'"

예수께서는 기도를 말씀하시려고 일어나셨고, 사도들도 모두 주의를 기울이고 감격하며 예수께서 하시는 대로 따라 한다.

"벗들아, 다른 것이 필요없다. 이 말들에는 마치 금으로 만든 통에 들어 있듯이 사람에게 정신과 살과 피를 위하여 필요한 모든 것이 들어 있다. 이것을 가지고 이 사람 저 사람에게 유익한 것을 청하여라. 그리고 너희가 청하는 것을 행하면 영원한 생명을 얻을 것이다. 이 기도는 하도 완전한 것이라 이단의 물결도 세월의 흐름도 손상시키지 못할 것이다. 그리스도교는 사탄이 물어뜯음으로 인해서 분단될 것이고 내 신비체의 많은 부분이 떨어져나가고 분리되어 그리스도의 신비체가 그럴 것과 같이 완전한 몸을 만들어 가지겠다는 헛된 욕망으로 세포들을 형성할 것이다. 그리스도의 신비체란 이 세상이 존재하는 한 유일한 참다운 교회가 될 사도로부터 내려오는 교회 안에 결합한 모든 신자로 이루어진 교회를 말한다. 그러나 분리된 그 집단들, 따라서 내 자녀들을 기르기 위하여 어머니인 교회에 남겨 줄 선물을 잃은 그 집단들도 그들이 그리스도를 숭배하기 때문에 그리스도교라는 칭호를 계속 보존할 것이고, 그들의 오류 가운데에서도 그들은 그리스도에게서 왔다는 것을 항상 기억할 것이다. 그런데 그 교회들도 이 보편적인 기도를 가지고 기도할 것이다. 이 기도를 기억하고, 끊임없이 묵상하여라. 이 기도를 너희 행동에 적용하여라. 자기를 성화하는 데 다른 것이 필요없다. 어떤 사람이 성당도 없고 책도 없는 이교도 사회에 홀로 있다 하더라도 이 기도를 묵상하면 알 수 있는 것은 벌써 전부 가지고 있는 셈일 것이고, 그의 마음 속에는 이 기도를 바치기 위하여 개설된 교회가 있을 것이다. 그 사람은 생활규범과 확실한 성화를 가지고 있을 것이다.

'우리 아버지.'

나는 그분을 '아버지'라고 부른다. 그분은 말씀의 아버지이시고, 육체를 취한 말씀의 아버지이시다. 나는 너희들도 그분을 이렇게 부르기를 원한다. 그것은 너희가 내 안에 머물러 있으면 나와 하나이기 때문이다. 사람은 땅에 엎드려 소름끼치는 공포 속에서 '하느님!' 하고 탄식해야 하는 때가 있었다. 나도 믿지 않고 내 말도 믿지 않는 사람은 아직도 이 마비시키는 공포 속에 있다. 성전 내부를 살펴보아라. 하느님뿐 아니라, 하느님의 기억마저도 삼중의 휘장으로

---

[1] : 여기에 있는 주의 기도는 우리가 하는 공식적인 주의 기도와 내용은 같으나 형식이 꼭같지는 않다는 것을 밝혀둔다(역자).

신자들의 눈에 가려져 있다. 거리에 의한 분리, 휘장들에 의한 분리, 이 모든 것을 쓰고 적용한 것은 기도하는 사람에게 '너는 비천한 존재이고, 저분은 빛이시다. 너는 비열한 인간이고, 저분은 거룩하시다. 너는 노예이고, 저분은 왕이시다' 하고 말하기 위해서이다.

그러나 지금은! …몸을 일으켜라! 이리 가까이 오너라! 나는 영원한 사제이다. 나는 너희들의 손을 잡고 '오너라' 하고 말할 수 있다. 나는 천막의 휘장을 잡고 그것을 열며, 지금까지 닫혀 있어서 가까이 할 수 없던 곳을 활짝 열어놓을 수 있다. 닫혀 있었다고? 왜? 원죄 때문에 닫혀 있었다. 그렇다. 그러나 사람들의 타락한 생각으로 인하여 한층 더 단단히 닫혀 있었다. 하느님께서 사랑이시면, 하느님께서 아버지이시면, 왜 닫혀 있겠느냐? 나는 너희를 먼지 속으로 말고 창공으로 인도할 수 있고, 인도해야 하고, 인도하기를 원한다. 먼 곳으로 인도하지 않고 아주 가까이로, 노예로서가 아니라 아들로서 하느님의 품으로 말이다. '아버지! 아버지!' 이 말을 하고, 또 싫증내지 말고 자꾸 하여라. 너희가 이 말을 할 때마다 하늘이 하느님의 기쁨으로 빛난다는 것을 알지 못하느냐? 너희가 참다운 사랑을 가지고 이 말만을 한다 하더라도 벌써 주님의 뜻에 맞는 기도를 드리는 것이 될 것이다. 어린 아이들은 그들의 아버지에게 '아빠! 우리 아빠!' 하고 말한다. '엄마, 아빠' 라는 말이 어린아이들이 맨 먼저 하는 말이다. 너희는 하느님의 어린 자식들이다. 나는 헌 사람이던 너희를 새로 낳아주었다. 나는 내 사랑으로 이 낡은 사람을 부수고 새 사람, 즉 그리스도인을 나게 하였다. 그러므로 하늘에 계신 지극히 거룩하신 아버지를 어린 아이들이 제일 먼저 아는 이름으로 불러라.

'아버지의 이름이 거룩히 빛나시며.'

오! 그 어떤 이름보다도 더 거룩하고 사랑스러운 이름. 죄지은 사람의 공포로 인하여 너희에게 다른 이름으로 가리도록 가르쳐 준 이름. 아니다, 이제는 아도나이가 아니시다, 하느님이시다. 그분은 지나친 사랑으로 인류를 창조하신 하느님이시다. 미래의 인류는 내가 준비하는 목욕으로 깨끗하게 된 입술로 하느님을 그분의 이름으로 부르면서, 인류가 그의 가장 훌륭한 자녀들을 데리고 하느님과 융합하여, 내가 세우러 온 나라에까지 올려지게 되었을 때 비로소 이 이해할 수 없는 이름의 뜻을 충만한 지혜로 알아듣기를 기다려야 할 것이다.

'아버지의 나라가 하늘에 임하시는 것과 같이 땅에도 임하게 하시며'

이 나라가 임하시기를 온 힘을 기울여 갈망하여라. 이 나라가 임하시면 세상에는 기쁨이 올 것이다. 마음 속과 가정들과 시민들 사이와 나라들 사이에 있을 하느님의 나라. 이 나라를 위하여 고통을 당하고, 고생을 하고, 너희들을 희생하여라. 땅은 각 사람 안에 하늘의 생명을 반영하는 거울이 되어야 한다. 그 나라가 올 것이다. 언젠가 이 모든 것이 올 것입니다. 눈물과 피와 오류와 박해로 점철되고 안개가 자욱하게 낀 수백, 수천 년의 세월, 이것을 내 교회의 신비적인 등대가 발산할 섬광이 뚫고 나갈 것이다— 내 교회는 가라앉을 배이기도 하지만, 파도를 잘 견디어내는 바위이기도 하여, 빛을, 내 빛을, 하느님의 빛을 높이 쳐들고 있을 것이다— 땅이 하느님의 나라를 차지할 순간보다 이 모든 것이 먼저 올 것이다. 그때가 오면 한 천체가 그 완전한 존재에 도달한 후 하늘의 정원에 있는 엄청나게 큰 꽃과 같이 타오르는 불꽃처럼 해체되어, 그 창조주의 발 앞에서 그 존재와 사랑을 번쩍거리는 고동으로 발산할 것이다. 이런 일이 분명히 일어날 것이다. 그런 다음에는 하늘의 완전하고 지극히 행복한 나라가 될 것이다.

'아버지의 뜻이 하늘에서와 같이 땅에서도 이루어지이다.'

다른 사람의 뜻을 위하여 자기 자신의 뜻을 꺾는 것은 그 사람에 대한 완전한 사랑에 도달했을 적에야 비로소 될 수 있다. 하느님의 뜻을 위하여 자신의 뜻을 꺾는 것은 대신덕(對神德)의 완전의 영웅적인 단계로까지 도달하여야 비로소 될 수 있다. 모든 것이 완전한 하늘에서는 아버지의 뜻이 이루어진다. 하늘의 아들들인 너희는 하늘에서 하는 것을 할 줄을 알아라.

'오늘 우리에게 일용할 양식을 주시고.'

너희가 하늘에 가 있을 때에는 하느님으로만 살아갈 것이다. 지복이 너희들의 양식일 것이다. 그러나 이 세상에서는 너희들이 아직 양식이 필요하다. 그런데 너희들은 하느님의 어린 자녀들이다. 그러므로 '아버지, 빵을 주셔요' 하고 말하는 것이 당연하다. 아버지께서 너희 청을 들어 주지 않으실까 봐 겁이 나느냐? 오! 그렇지 않다! 잘 생각해 보아라. 너희들 중의 한 사람이 친구를 두었는데, 그 친구가 이경(二更)이 끝날 무렵에 그의 집에 도착한 다른 친구나 친척을 배불리 먹일 만한 빵이 없는 것을 알게 된다고 가정하여라. 그 사람은 이웃에 사는 친구를 찾아가서 '여보게, 빵 세개만 꾸어주게. 손님이 왔는데 먹을 것을 내놓을 것이 아무것도 없어서 그러네' 하고 말할 것이다. 그 사람이 집안에서 나오는 다음과 같은 대답을 들을 수 있겠느냐? '대문을 잠그고 문에 빗장을 질렀고, 아이들이 벌써 내 곁에서 자고 있으니 귀찮게 굴지 말게. 나는 일어나서 자네가 원하는 것을 줄 수가 없네' 하고. 그렇지 않다. 그가 참다운 친구에게 호소했고 또 간청을 하면 그가 청하는 것을 얻게 될 것이다. 그가 썩 착하지 않은 친구에게 호소했더라도 얻었을 것이다. 간청하기 때문에 그것을 얻을 것이니, 그가 그 도움을 청하는 사람이 더 이상 귀찮게 구는 것을 막기 위해 청하는 만큼을 서둘러 주겠기 때문이다.

그러나 너희들이 아버지께 기도를 드릴 때에는 세상의 친구에게 호소하는 것이 아니라, 하늘에 계신 아버지이신 완전한 친구에게 호소하는 것이다. 그래서 '청해라, 그러면 얻을 것이다. 찾아라, 그러면 찾아낼 것이다. 두드려라, 그러면 열릴 것이다' 하고 너희에게 말하는 것이다. 과연 청하는 사람은 받게 되고, 찾는 사람은 결국 찾아내게 되며, 두드리는 사람에게는 문을 열어 줄 것이다. 사람들의 자식들 중에서 친아버지에게 빵을 달라고 청하는데 돌을 내미는 아버지가 어디에 있겠느냐? 구운 생선 대신 뱀을 주는 것을 보게 될 아이가 어디 있겠느냐? 자기 자녀들에 대하여 이렇게 행동하는 아버지는 죄인일 것이다. 이 말은 전에 벌써 한 것이지만, 친절과 신뢰의 감정을 가지도록 너희를 격려하려고 되풀이해 말하는 것이다. 그러므로 건전한 정신을 가진 사람이 달걀 대신에 전갈을 주지 않을 것처럼, 하느님께서는 얼마나 더 큰 인자로 너희가 청하는 것을 주시겠느냐! 너희들은 다소간 좋지 못한 점이 있지만 하느님께서는 인자하시니 말이다. 그러므로 자식으로서의 겸손한 사랑을 가지고 너희들의 빵을 아버지께 청하여라.

'우리에게 빚진 사람들의 빚을 우리가 탕감해 주듯이 우리 빚을 탕감해 주시고.'

물질적인 빚과 영적인 빚이 있다. 또 도덕적인 빚도 있다. 누가 너희들에게 빌려 주었거나 너희에게 갚아야 하는 돈이나 물건은 물질적인 빚이다. 누가 상호성없이 요구하는 존경과 받기를 원하는데 주지 않는 사랑은 도덕적인 빚이다. 우리는 하느님께 아주 조금만 드릴 생각을 하면서 많이 주십사고 청하는데, 하느님께 대한 순종과 하느님께 대해서 우리가 가져야 하는 사랑은 영적인 빚이다. 그러나 하느님께서는 사람들이 아주 많은 것을 요구하는 어머니나 아내나 아들을 사랑하듯이 우리를 사랑하시고 또 그렇게 사랑받으셔야 한다. 이기주의자는 받기는 원하면서 주지는 않는다. 그러나 이기주의자는 하늘에서 멀리 떨어져 있다. 우리는 모든 사람에게 빚을 지고 있다. 하느님에서 친척에 이르기까지, 친척에게서 친구에, 친구에게서 이웃에, 이웃에서 하인이나 노예에 이르기까지. 모두가 우리와 같은 사람들이기 때문이다. 용서하지 않는 사람은 불행하다! 그는 용서를 받지 못할 것이다. 만일 사람이 사람을 용서하지 않으면, 하느님께서는 사람이 지극히 거룩하신 당신께 빚진 것을 정의상 탕감해 주실 수가 없다.

'우리를 유혹에 빠지지 말게 하시고 악마에게서 구해 주소서.'

우리와 같이 과월절 저녁식사를 나눌 필요를 느끼지 않는 그 사람이 '아니! 선생님이 유혹을 당하지 않게, 또 유혹을 당할 때에 유혹에 대항하게 도와주십사고 청하셨습니까?' 하고 내게 물은 것이 1년이 채 되지 않는다. 우리 둘만이 있는 때였다. …그래서 나는 대답하였다. 또 한 번은 우리 넷이 외딴 곳에 있었는데, 다시 대답해 주었다. 그러나 그 사람은 아직 만족하지 않았었다. 그것은 복잡한 정신을 가진 사람에 있어서는 우선 자기 도취라는 사악한 요새를 부수어서 틈을 만들어 놓아야 하기 때문이다. 그리고 이 이유로 모든 것이 완전히 이루어질 때까지 다시 한 번, 아니 열 번이고 백 번이고 이 말을 다시 하겠다.

그러나 불행한 주장과 한층 더 불행한 편견으로 무감각하게 되지 않은 너희들은 이렇게 기도하여라. 하느님께서 유혹을 막아 주시도록 겸손되이 기도하여라. 아! 겸손! 자기가 어떤 사람이라는 것을 알아야 한다! 자기의 품위를 떨어뜨리지는 말아야 하지만 자신을 알아야 한다. 이렇게 말해야 한다. '저 자신에 대해서는 불완전한 심판자이기 때문에, 제가 그렇게 할 수 없을 것같이 생각되더라도 질 수가 있을 것입니다. 그러므로 아버지, 될 수 있으면 악마에게 저를 해치는 것을 허락치 않기 위하여 저를 아버지 아주 가까이에 두심으로써 유혹에서 구해 주십시오' 하고. 하느님께서 악으로 가도록 유도하시는 것이 아니라, 악이 유혹하기 때문이다. 이 점을 기억하여라, 너희가 약함으로 인해서 악마에 의해 유혹에 빠지지 않도록 너희 약함을 붙들어 주십사고 아버지께 청하여라.

지극히 사랑하는 내 사람들아, 이제 다 말했다. 이것이 너희 가운데에서 지내는 내 두 번째 과월절이다. 지난 해에는 우리가 그저 빵과 어린 양고기를 함께 나누기만 하였다. 올해에는 기도를 가르쳐 주었다. 너희들과 같이 지낼 내 다른 과월절들에도 너희들에게 줄 다른 선물들이 있다. 그것은 내가 아버지께서 원하시는 곳에 간 다음에 너희들이 모세의 어린 양의 축제 때마다 어린 양인 나를 기억하라고 그러는 것이다.

일어들 서라, 가자. 새벽에 시내로 다시 들어가자. 아니 그보다도, 내일 너 시몬과 내 사촌 너는(유다를 가리키신다) 여자들과 아이를 데리러 가거라. 요나의 시몬 너와 다른 사람들은 이들이 돌아올 때가지 나와 같이 있어라. 그런 다음 우리 함께 베다니아로 가자."

그들은 게쎄마니까지 내려와 쉬기 위하여 집으로 들어간다.

65. 베다니아에서 예수님과 이방인들

　평온한 안식일에 예수께서는 라자로의 소유지인 꽃이 만발한 아마(亞麻) 밭 곁에서 쉬고 계시다. 아마밭 곁이라기보다는 키가 대단히 큰 아마 속에 파묻혀 계시다고 말하고 싶다. 예수께서는 밭고랑 가장자리에 앉아 생각에 잠겨 계시다. 예수 곁에는 어떤 조용한 나비 한 마리가 바스락 소리를 내며 와서 빛깔이 엷은 목을 파닥거리는 세모꼴의 머리를 들고, 새까만 눈으로 올려다보는 어떤 도마뱀 한 마리밖에 없다. 그밖에는 아무것도 없다. 이 늦은 오후 시간에 키큰 아마 줄기 사이에는 바람 한 점 없다.

　멀리서 어떤 여자의 노래소리와 어떤 사람과 놀고 있는 어린 아이의 즐거운 소리가 들려온다. 아마 라자로의 집 정원에서 들려오는 것일 게다. 그러다가 "선생님!", "예수야!" 하고 부르는 소리가 하나, 둘, 셋 들려 온다.

　예수께서는 몸을 흔드시고 일어나신다. 완전히 다 자란 아마가 아무리 키가 크다 하더라도 예수께서는 그 푸르고 파란 바다에 우뚝 솟아 오르신다.

　"요한, 저기 계시네" 하고 열성당원이 말한다.

　그러니까 이번에는 요한이 소리친다. "어머니! 예수님이 저기 아마밭에 계십니다."

　그리고 예수께서 집으로 가는 오솔길로 가까이 오시는 동안 성모님이 오신다.

　"무슨 일입니까, 어머니?"

　"아들아, 이방인들이 여자들과 같이 왔다. 그 사람들은 네가 여기 있다는 말을 요안나에게서 들었다고 한다. 또 요며칠 동안 안토니아탑 근처에서 너를 기다렸다고 말한다…."

　"아! 알았습니다! 곧 가겠습니다. 어디들 있습니까?"

　"라자로의 집에 있다. 로마 사람들이 라자로를 무척 좋아하고, 라자로도 그들에게 대해서 우리가 가지는 것 같은 불쾌감은 가지지 않는다. 라자로는 아무도 눈살을 찌푸리게 하지 않으려고 그들을 마차에 탄 채 큰 정원으로 들어가게 했다."

"좋습니다, 어머니. 그 사람들은 병사들과 로마의 부인들입니다. 제가 압니다."

"그런데 그 사람들이 네게서 무엇을 원하는 것이냐?"

"많은 이스라엘 사람이 원하지 않는 것, 즉 빛을 원합니다."

"그러나 어떻게, 너를 무엇이라고 믿고 있느냐? 아마 신이라고 믿는 거냐?"

"그 사람들의 말로는 그렇습니다. 그 사람들로서는 신이 인간의 육체로 화신(化身)한다는 생각을 받아들이는 것이 우리들 사이에서보다 쉽습니다."

"그러면 그들이 네게 대한 믿음에 도달했다는 거로구나…."

"아직은 아닙니다, 어머니. 저는 우선 그들의 믿음을 부수어야 합니다. 지금 당장은 제가 그들에게 그들이 말하는 것처럼 현자로, 철학가로 보입니다. 그러나 철학의 학리를 알고자 하는 욕망으로나 신의 인간으로의 화신이 가능하다고 믿는 그들의 경향으로나 그들을 참 믿음으로 데려오는 데 많은 도움을 받습니다. 정말입니다. 그 사람들은 이스라엘의 많은 사람들보다 더 순박한 생각을 가지고 있습니다."

"그렇지만 그 사람들이 성실하겠느냐? 사람들의 말로는 세례자가…"

"아닙니다. 만일 그 일이 로마인들에게 달린 일이었더라면 요한은 자유로운 몸일 것이고 안전할 것입니다. 로마인들은 반역하지 않는 사람은 가만 놔둡니다. 그뿐 아니라, 분명히 말씀드리지만, 그들 사이에서는 예언자라는 것은 — 그들은 철학자라고 말합니다. 그들에게는 초자연적인 지혜의 고귀함은 언제나 철학이니까요— 그들에게서 존경을 받는 보장이 됩니다. 어머니, 걱정하지 마셔요. 제게 재난이 오는 것은 저들에게서가 아닐 것입니다."

"그러나 바리사이파 사람들은… 그 사람들이 이 사실을 알면 라자로에 대해서는 또 뭐라고 말하겠느냐? 너는… 너니까 세상에 말씀을 전해야 한다. 그러나 라자로는! …그 사람들이 벌써 라자로에게 모욕을 주었는데…"

"그러나 라자로는 건드릴 수 없는 사람입니다. 그들은 라자로가 로마의 보호를 받고 있다는 것을 압니다."

"아들아, 나는 간다. 너를 이방인들에게 데려다 줄 막시민이 저기 온다." 그러시면서 이제까지 줄곧 예수 곁에서 걸으시던 성모님이 빨리 물러나서 열성당원의 집 쪽으로 가신다. 그러는 동안 예수께서는 정원 울타리에 나 있는 쇠로 만든 쪽문으로 해서 정원에서 떨어진 부분, 나중에 라자로의 무덤이 있을 곳 가까이, 정원이 과수원으로 바뀌는 곳으로 가신다.

그곳에는 라자로가 있고, 다른 사람은 아무도 없다. "선생님, 저는 감히 저들을 받아들였습니다…."

"잘하셨소. 어디 있소?"

"저기 회양목과 월계수 그늘에 있습니다. 보시는 바와 같이 그들은 집에서 적어도 500보 가량은 떨어져 있습니다."

"좋습니다, 좋아요. …빛이 여러분 모두에게 오기를 바랍니다."

"선생님, 안녕하십니까?" 하고 평복 차림을 한 권띨리아누스가 말한다.

부인들은 인사하기 위하여 일어선다. 쁠라우띠나와 발레리아와 리디아가 있고, 나이먹은 다른 부인이 또 한 사람 있는데, 누구인지도 모르겠고, 어떤 사람인지, 다른 부인들과 같은 신분인지 그보다 낮은 신분인지도 모르겠다. 여자들은 모두 대단히 수수한 옷차림을 하였고, 그들을 구별할 만한 것은 아무 것도 없다.

"저희들은 선생님의 말씀을 듣기를 원했습니다. 그런데 선생님은 안 오셨습니다. 선생님이 오실 때 저는… 당번이었는데, 선생님을 뵙지 못했습니다."

"나도 못 보았소. 물고기 성문에서 내 친구인 병사도 보지 못했소. 이름이 알렉산드르라고 했는데…"

"알렉산드르요? 정확히 그 사람인지는 모르겠습니다만, 얼마 전에 유다인들을 진정시키기 위해, 선생님과 말을 한… 죄가 있는 병사를 다른 곳으로 보내야 했던 일이 있습니다. 그 사람이 지금 안티오키아에 있습니다만 아마 돌아올 것입니다. 에이그! 지배를 받는 지금도 명령하기를 원하는 그 사람들은 정말 성가신 존재들입니다! 그래서 중요한 사건에 이르지 않기 위해서는 수를 써야 합니다. …그 사람들은 정말이지 저희들의 생활을 고달프게 만듭니다. …그러나 선생님은 착하시고 지혜로우십니다. 저희들에게 말씀해 주시겠습니까? 어쩌면 제가 멀지 않아 팔레스티나를 떠나게 될지도 모릅니다. 선생님의 어떤 것을 기념으로 가졌으면 좋겠습니다."

"예, 여러분에게 말을 하지요. 나는 절대로 실망시키지 않습니다, 무엇을 알고 싶으십니까?"

권띨리아누스가 부인들을 질문하는 듯한 태도로 바라다본다….

"선생님께서 원하시는 걸요" 하고 발레리아가 말한다.

쁠라우띠나가 다시 일어나서 말한다. "저는 많이 생각해보았습니다. …판단을 하기 위해서는 제가 배울 것이 대단히 많을 것 같습니다. …다 배워야 할 것 같습니다. 그러나 이렇게 질문해도 된다면, 참 믿음이 없다고 말씀하신 터전에 가령 선생님께 대한 믿음이 어떻게 세워지는지 알고 싶습니다. 선생님께서는 우리들의 믿음이 헛된 것이라고 말씀하셨습니다. 그러면 우리는 아무것도 없이 있는 셈입니다. 어떻게 무엇을 가지게 되겠습니까?"

"여러분이 가지고 있는 것, 즉 신전을 예로 들겠습니다. 정말 아름다운 여러분의 신성한 건물들은 무(無)에 바쳐졌다는 것이 유일한 불완전이지만, 어떻게 믿음에 도달할 수 있으며 그 믿음을 어디에 두어야 하는지를 여러분에게 가르쳐 줄 수 있습니다. 관찰하시오. 신전들이 어디에 세워졌습니까? 신전을 짓기 위해 할 수 있으면 어떤 장소를 선택합니까? 신전들이 어떻게 지어졌습니까? 장소는 일반적으로 넓고 탁 트이고 높습니다. 그리고 그 장소가 넓고 환히 트이지 않았으면, 터전을 혼잡하게 하고 제한하는 모든 것을 부수어서 넓고 확트이게 만듭니다. 터가 높지 않으면, 세단의 토대보다 더 높은 토대를 만들어 더 높입니다. 이 토대는 그렇지 않아도 자연히 높은 장소에 있는 신전들을 더 높게 하는 데 쓰이는 것입니다.

대부분의 경우 주랑(柱廊)과 회랑(回廊)으로 된 신성한 울타리 안에 들어 있고, 그 안에는 신들에게 바쳐진 나무들과 분수들과 제단들과 조각들과 기념 돌기둥들이 들어 있는 이 신전들은 그 앞에 정문이 있고, 그 안쪽으로는 신들에게 기도를 드리는 제단이 있습니다. 정면에는 제물을 놓는 장소가 있습니다. 기도를 바치기 전에 제물을 바치니까요. 흔히, 특히 가장 큰 신전들에는 값진 대리석으로 꽃줄 장식처럼 된 주랑이 둘러쳐져 있습니다. 그 안에는 주랑 밖에나 주랑 안에 앞현관이 있고, 다음에는 신의 방이 있고, 뒷현관이 있습니다. 대리석, 석상, 합각(合閣)머리, 아크로테리언*, 합각머리의 삼각면(三角面) 따위는 모두 윤이 나고 값지고 잘 꾸며져서 아무리 세련되지 않은 눈으로 본다 하더라도 신전을 매우 고귀한 건축물로 보이게 합니다. 그렇지 않습니까?"

"선생님, 그렇습니다. 선생님은 신전들을 보시고 썩 잘 조사하셨군요" 하고 뻴라우떠나가 예수를 칭찬하면서 확인한다.

"하지만 선생님이 팔레스티나를 떠나신 일이 절대로 없다는 것이 아주 확실하다면!" 하고 퀸띨리아누스가 외친다.

"나는 로마나 아테네에 가려고 팔레스티나에서 나간 일이 결코 없습니다. 그러나 그리이스와 로마의 건축을 모르지 않습니다. 나는 생명과 생명의 발로가 있는 곳이면 어디든지 있기 때문에 파르테논 신전을 꾸민 사람의 천재적인 재능에 들어 있었습니다. 현자가 생각하는 곳, 조각가가 조각을 하고, 시인이

---

* 역주 : 박공 양단 또는 윗쪽에 조각 따위를 얹어놓은 대좌(台座).

시를 짓고, 어머니가 요람을 내려다보고 노래하는 곳, 남자가 밭고랑에서 애쓰고, 의사가 병과 싸우고, 산 사람이 숨쉬는 곳, 짐승이 사는 곳, 나무가 자라는 곳에 나는 내가 떠나온 그분과 같이 있습니다. 우르릉거리는 지진이나 요란스러운 벼락 속에, 별빛과 조수의 움직임 속에, 독수리의 날개짓과 모기의 윙윙거림 속에, 나는 지극히 높으신 조물주와 함께 있습니다."

"그래서… 선생님은… 선생님은 모든 것을 다 아신단 말씀입니까? 사람들의 생각이나 행실도?" 하고 권멸리아누스가 또 묻는다.

"압니다."

로마인들은 놀라서 서로 바라다본다. 오랜 침묵이 흐른다. 그런 다음 발레리아가 머뭇거리며 묻는다. "선생님, 저희가 어떻게 해야 할지 알게 선생님의 생각을 상세히 이야기해 주십시오."

"그러겠습니다. 믿음은 여러분이 그렇게도 자랑하는 신전들을 건설하는 것과 같이 건설됩니다. 신전을 짓기 위하여는 터를 만들고, 주변을 정리하고 터를 높입니다."

"그러나 저 진짜 신인 믿음을 넣어둘 신전은 어디 있습니까?" 하고 쁠라우띠나가 묻는다.

"쁠라우띠나, 믿음은 신이 아닙니다. 그것은 하나의 덕행입니다. 참된 믿음 안에는 신들은 없습니다. 그러나 오직 한분 뿐이고 참된 하느님이 계십니다."

"그러면… 그 하느님은 저 위 올림퍼스에 혼자 계십니까? 그리고 혼자 계시면 무엇을 하십니까?"

"하느님께서는 자족(自足)하시고 우주 만물을 보살피십니다. 아까 말했지요. 모기의 윙윙거림 속에도 하느님은 계시다고. 하느님께서는 심심하지 않으십니다. 정말입니다. 하느님은 광대한 제국을 가진 주인으로 거기서 미움을 받는다고 느껴서 공포 속에서 살고 있는 불쌍한 사람과 같지 않으십니다. 하느님은 사랑이시고, 사랑하면서 사십니다, 그분의 생활은 끊임없는 사랑입니다. 하느님은 무한하시고 지극히 능하시기 때문에 자족하십니다. 하느님은 완전이십니다. 그러나 하느님의 계속적인 의지로 살아가는 피조물이 하도 많아서 그분은 심심하실 시간이 없습니다. 권태는 한가함과 악습의 결과입니다. 참 하느님의 하늘에는 한가함이 없고 악습도 없습니다. 그러나 멀지 않아 하느님께서는 지금 당신을 섬기는 천사들 외에 당신 안에서 몹시 기뻐할 수많은 의인들을 가지시게 될 것입니다. 그리고 이 수많은 의인의 수효는 장차 참 하느님을 믿을 사람들로 인해서 점점 더 늘어갈 것입니다."

"천사들은 정령(精靈)들입니까?" 하고 리디아가 묻는다.

"아닙니다, 천사들은 그들을 창조하신 하느님께서 그러신 것과 같이 신령한 존재들입니다."

"그러면 정령들은 무엇입니까?"

"당신들이 상상하는 것 같은 정령은 거짓말입니다. 여러분이 상상하는 것 같은 정령은 존재하지 않습니다. 그러나 그것들은 진리를 찾으려는 사람의 본능적인 필요에 부합하는 것입니다. 이것은 이교도들에게도 있는 살아 있는 영혼의 자극에서 오는 것입니다. 영혼은 그들 안에서 괴로워하기도 합니다. 그것은 그의 갈망이 채워지지 않기 때문이고, 그가 살고 있지만 이교정신으로 지배되는 그 육체 안에서 그가 기억하고 있는 참 하느님을 갈망하며 향수를 느끼고 있기 때문입니다. 여러분도 사람은 육체만이 아니라, 덧없는 이 육체에 어떤 불멸하는 것이 결합해 있다는 것을 의식하십니다. 이런 뜻에서 도시와 나라들이 정령을 가지고 있는 것입니다. 그렇기 때문에 당신들은 '정령'을 믿을 필요를 느끼는 것입니다. 그래서 당신들은 개인의 정령, 가족의 정령, 도시의 정령, 국가의 정령을 만들어 가지는 것입니다. 당신들은 '로마의 정령', '황제의 정령'을 가지고 있고 그것들은 작은 신들로 숭배합니다. 참된 믿음으로 들어오시오. 그러면 여러분은 여러분의 천사를 알고 그들의 우정을 얻게 될 것인데, 여러분은 그 천사를 존경해야 할 것이지만 숭배해서는 안 될 것입니다. 다만 하느님만을 숭배해야 합니다."

뿌블리우스 귄띨리아누스가 묻는다. "선생님은 '이교도들 안에도 있고 살아 있지만 기대가 어긋났기 때문에 괴로워하는 영혼의 자극'이라고 말씀하셨습니다. 그러나 영혼은 누구에게서 옵니까?"

"하느님에게서 옵니다. 하느님께서 영혼의 창조주이십니다."

"그러나 우리는 남자와의 결합으로 여자에게서 나지 않습니까? 우리 신들도 그렇게 태어났습니다."

"당신들의 신은 존재하지 않습니다. 그것들은 믿을 필요를 느끼는 당신들의 상상력의 소산입니다. 이 믿을 필요는 숨쉴 필요보다도 절대적이기 때문입니다. 믿지 않는다고 단언하는 사람도 믿음을 가지고 있습니다. 그 사람도 무엇인가를 믿습니다. '나는 하느님을 믿지 않는다'고 말하는 그 사실만이라도 어떤 다른 믿음을 미리 가정합니다. 요컨대 아마 교만한 자신의 정신을 믿는 것이겠지요. 그러나 믿는다는 것으로 말하면 역시 믿는 것입니다. 이것은 생각과 같습니다. 만일 여러분이 '나는 생각하고자 하지 않는다', 또는 '나는 하느님을 믿지 않는다'고 말하면, 여러분이 말하는 이 두 말만으로도 여러분이 생각한다는 것과 여러분이 그 존재를 알면서도 하느님을 생각하기를 원치 않는다는 것과 믿고 싶지 않다는 것을 드러냅니다. 사람에 관해서 생각을 정확히 표현하려면 이렇게 말해야 합니다. '사람은 모든 동물과 마찬가지로 암수의 결합으로 태어난다. 그러나 영혼은, 즉 인간인 동물과 짐승인 동물을 구별짓는 그것은 하느님에게서 온다. 하느님께서는 사람이 날 때마다, 아니 그보다도 사람이 어머니 태중에 잉태될 때마다 영혼을 창조하시고 그 육체에 결합시키신다. 그렇지 않으면 그 육체는 다만 동물일 뿐일 것이다' 하고."

"그러면 우리도 영혼을 가지고 있습니까? 우리 이교도들도? 선생님의 동포들의 말을 들으면 그런 것 같지 않은데요…" 하고 권멸리아누스가 비꼬는 투로 말한다.

"여인에게서 나는 모든 인간은 영혼을 가지고 있습니다."

"선생님께서는 그래도 영혼이 죄로 인해 죽는다고 말씀하셨지요. 그러면 우리 죄인들 안에서 어떻게 영혼이 살아 있습니까?" 하고 뽈라우띠나가 묻는다.

"당신들은 진리를 가지고 있다고 믿고 있기 때문에 믿음의 문제에 있어서는 죄를 짓지 않습니다. 당신들이 진리를 알게 되었을 때 고집해서 오류 속에 머물러 있으면, 그때에는 죄를 짓습니다. 이와 마찬가지로 이스라엘 사람들에게는 죄가 되는 많은 것들이 당신들에게는 죄가 안 됩니다. 그것은 어떠한 하느님의 법률도 당신들에게 그것을 금하지 않기 때문입니다. 어떤 사람이 하느님이 주신 명령에 알면서 거역하고 '나는 이것이 나쁜 일인 줄 안다. 그래도 하련다' 하고 말할 때에 죄가 되는 것입니다. 하느님은 공평하십니다. 하느님께서는 선을 행하는 줄로 알고 악을 행하는 사람을 벌하실 수가 없습니다. 하느님께서는 선과 악을 알 수 있는 가능성을 가졌으면서 악을 택하고 고집스럽게 행하는 사람을 벌하십니다."

"그러면 우리들 안에 영혼이 살아서 현존해 있단 말씀입니까?"

"그렇습니다."

"그리고 괴로워한단 말씀입니까? 선생님은 영혼이 하느님을 기억한다고 정말 믿으십니까? 우리는 우리를 가졌던 어머니의 태를 기억하지 못합니다. 우리는 태 안이 어떻게 생겼는지 말할 수 없을 것입니다. 만일 제가 제대로 알아들었다면, 영혼은 하느님이 영적으로 낳으셨습니다. 그런데 육체가 태중에 오래 머물러 있었던 것을 기억하지 못하는데, 어떻게 영혼이 하느님을 기억할 수 있습니까?"
"뻘라우띠나, 영혼은 짐승이 아닙니다. 배(胚)는 그렇지요. 그래서 영혼은 태아가 이미 형성되었을 적에야 비로소 주어집니다. 영혼은 하느님을 닮아서 영원하고 신령합니다. 영혼이 창조된 때부터 영원하지요. 그러나 하느님은 지극히 완전하시고 영원한 분이어서, 이 때문에 시작도 없었고 마침도 없을 것입니다. 하느님의 작품인 명석하고, 총명하고, 신령한 영혼은 하느님을 기억합니다. 그리고 하느님을, 그의 기원이신 하느님을 바라고 하느님을 갈망하기 때문에 괴로워합니다. 그렇기 때문에 영혼이 둔해진 육체를 자극해서 하느님께 가까이 가도록 힘쓰게 하는 것입니다."
"그러면 우리들도 선생님의 나라 사람들을 '의인'이라고 부른 그 사람들과 같이 영혼을 가지고 있습니까? 정말 같은 영혼을?"
"뻘라우띠나, 아닙니다. 그것은 부인이 무슨 뜻으로 말하는지에 따라 다릅니다. 만일 영혼의 기원과 성질에 대해서 말하는 것이라면 당신들의 영혼도 모든 점에서 우리 성인들의 영혼과 똑 같습니다. 그러나 교육에 대해서 말하는 것이라면, 벌써 다르다고 말하겠습니다. 또 죽기 전에 도달하는 완전에 대해서 말하는 것이라면 그 차이가 절대적일 수 있습니다. 그러나 이것은 당신들 이교도에 관한 것만은 아닙니다. 이 백성의 아들이라도 내세에서는 성인과 절대적으로 다를 수 있습니다. 영혼은 세 단계를 거칩니다. 첫째 단계는 창조입니다. 둘째 단계는 새로운 창조입니다. 그리고 셋째 단계는 완전입니다. 첫째 단계는 모든 사람에게 공통의 것입니다. 둘째 단계는 의인들 특유의 것입니다. 그들은 그들의 착한 행동을 하느님의 훌륭한 일에 결합시킴으로써 그들의 의지로 영혼을 더 완전한 창조로 이끌어가며, 따라서 첫번 단계의 영혼보다 벌써 더 완전한 영혼을 만들어 가집니다. 이것은 첫째 단계와 셋째 단계 사이의 연결선입니다. 셋째 단계는 복된 사람들, 당신들이 그렇게 부르고 싶다면 성인들에게 특유의 것입니다. 그들은 출발점에서 가졌던 영혼, 그저 인간적이기만 한 영혼을 수많은 단계로 키워서 하느님 안에서 쉴 능력이 있는 영혼으로 만든 것입니다."
"어떻게 해야 우리가 영혼에게 공간과 자유와 고결함을 줄 수 있습니까?"
"당신들의 나 안에 가지고 있는 쓸 데 없는 것들을 부숨으로써 그렇게 할 수 있습니다. 영혼을 모든 거짓 사상에서 해방해서 최고의 신전을 짓기 위해 그 부순 파편들과 더불어 영혼을 들어올려야 합니다. 영혼은 세 단 위에 점점 더 높이 올라가야 합니다.

오! 당신들 로마인은 상징을 좋아하지요. 이 세 단을 상징을 통해 고찰해 보시오. 이 세 단은 속죄, 인내, 꾸준함을 가리킬 수 있고, 또는 겸손과 순결과 정의를 가리킬 수도 있습니다. 또는 지혜, 너그러움, 자비를 가리킬 수도 있으며 끝으로 빛나는 3항식(項式)인 믿음, 바람, 사랑을 가리킬 수 있습니다. 신전의 마당을 둘러싸고 있는 또 잘 꾸며지고 튼튼한 담의 상징도 생각해 보시오. 영원하신 영의 신전인 육체의 여왕 영혼을 그를 보호하는 방벽으로 둘러싸되, 영혼에게 들어오는 빛을 막지도 않고, 추한 것들을 보임으로써 영혼을 괴롭히지 않을 줄을 알아야 합니다. 더 높은 것인 정신을 향하여 올라가기 위해 살과 피 같은 더 낮은 모든 것에 대한 사랑의 욕망에서 풀려난 안전한 방벽으로 말입니다. 의지의 힘으로 영혼을 해방하고, 우리의 나라는 대리석의 모와 터진 부분과 반점과 불완전한 결을 없애서 영혼에게 완전한 주위를 만들어 주어야 합니다. 그와 동시에 신전을 보호하기 위하여 세운 방벽을 사랑이 무엇인지를 알지 못하는 가장 불행한 사람들을 위한 자비로운 피난처로 만들어야 합니다.

회당들은 고아의 요람을 가려주기 위해서 뻗는 사랑으로 팔과 같이, 사랑과 연민과 다른 사람들이 하느님께로 오기를 바라는 욕망의 발로를 상징합니다. 방벽 너머에는 조물주를 찬미하기 위하여 가장 아름답고 가장 향기로운 초목들을 심습니다. 처음에는 아무것도 없던 땅에 씨를 뿌리고 가꾼 초목으로 모든 이름의 덕행을 상징하는 것으로 성소(聖所) 둘레에 제2의 방책을 만들어놓는 것입니다. 그리고 초목들, 덕행들 사이에는 성소에 가까이 있는 입구에 접근하기 전에 다른 사랑이고 다른 정화인 분수들이 있으며, 제단에 올라가기 전에는 육체에 대한 애착을 희생해야 하고 음란을 버려야 합니다. 그런 다음 더 멀리 제단에까지 가서 거기서 제물을 바친 다음 현관을 지나 하느님이 계신 방으로 더 가까이 가야 합니다. 그런데 그 방은 어떠해야 합니까? 영적인 재산의 보고 (寶庫)이어야 합니다. 하느님을 둘러싸는 데는 지나친 것이 아무것도 없기 때문입니다.

알아들었습니까? 여러분은 믿음이 어떻게 건설되느냐고 물었고, 나는 '신전을 세우는 데 쓰는 방법을 따름으로'라고 대답했습니다. 당신들은 이것이 사실이라는 것은 알겠지요. 다른 말 할 것이 또 있습니까?"

"아닙니다, 선생님. 선생님께서 말씀하신 것을 플라비아가 쓴 것으로 생각합니다. 글라우디아가 그것을 알기를 원하니까요. 썼나?"

"정확히 썼습니다" 하고 여인이 대답하면서 밀랍을 입힌 서판(書板)들을 건네준다.

"이것은 다시 읽을 수 있게 남아 있을 것입니다" 하고 쁠라우띠나가 말한다.

"그것은 밀랍이라 지워집니다. 내 말들을 여러분의 마음 속에 써 주시오. 그러면 그 말이 다시는 지워지지 않을 것입니다."

"선생님, 저들은 허망한 신전으로 가득 차 있습니다. 우리는 그 신전들을 무너뜨리기 위해 선생님의 말씀을 거기다 대고 던지겠습니다. 그러나 그것은 오래 걸리는 일입니다" 하고 쁠라우띠나가 한숨을 지으며 말한다. 그리고 이렇게 말하면서 말을 마친다. "선생님의 하늘 곁에서 저희들을 기억해 주십시오…."

"내가 그렇게 하리라는 확신을 가지고 떠나시오. 여러분 나는 갑니다. 여러분이 오신 것이 내게 대단히 값진 것이었다는 것을 아시오. 뿌블리우스 꿘멸리아누스, 잘 가시오. 나자렛의 예수를 기억하시오."

여자들이 인사를 하고 먼저 간다. 그리고 꿘멸리아누스가 생각에 잠긴 모습으로 간다. 예수께서는 그들이 그들을 마차로 다시 인도하는 막시민과 같이 떠나는 것을 보신다.

"무슨 생각을 하십니까, 선생님?" 하고 라자로가 묻는다.

"세상에는 불행한 사람이 많다는 생각을 하오."

"저도 그 중의 한 사람입니다."

"왜요?"

"모든 사람이 선생님께 오지만 마리아는 오지 않기 때문입니다. 그애의 파멸은 그러면 더 크단 말씀입니까?"

예수께서는 그를 바라다보시며 미소지으신다.

"선생님은 미소지으십니까? 그러나 마리아가 회개의 가망이 없다는 것이 괴롭지 않으십니까? 마르타는 월요일 저녁부터 울기만 합니다. 그 여자는 누구였습니까? 저희가 그 여자가 마리아이기를 하루 종일 바랐다는 것을 모르십니까?"

"내가 웃는 것은 당신이 참을성없는 어린 아이와 같기 때문이오. …그리고 또 당신들이 정력과 눈물을 낭비한다고 생각하기 때문에 웃는 거요. 만일 그 여자가 마리아였더라면 당신들에게 달려와서 말했을 거요."

"그러면 정말 그애가 아니었습니까?"

"오! 라자로!…"

"선생님의 말씀이 옳습니다. 인내! 또 인내를 가져야지요! …선생님, 여기 선생님이 팔라고 주신 보석들이 있습니다. 보석들이 가난한 사람들을 위한 돈으로 변했습니다. 보석들이 매우 아름다웠습니다. 여자의 보석들이."

"그 '여자'의 보석이었소."

"저도 그 생각을 했습니다. 아! 그것이 마리아의 것이었더라면… 그러나 그애는, 그러나 그애는! …주님, 저는 희망을 잃어갑니다!…"

예수께서는 그를 껴안으시고 잠시 말없이 계시다. 그리고 나서 말씀하신다. "제발 그 보석 이야기는 아무에게도 하지 마시오. 그 여자는 파란 하늘에 흔적을 남기지 않고 바람에 불려 다른 곳으로 가는 작은 구름과 같이 사람들의 감탄과 욕망에서 벗어나야 하오."

"선생님, 안심하십시오. …그 대신 마리아를, 우리 불행한 마리아를 데려다 주십시오…."

"라자로, 평화가 당신과 함께 있기를. 내가 약속한 것은 합니다."

66. 탕자의 비유

"엔도르의 요한아, 이리 내게로 오너라. 네게 할말이 있다" 하고 예수께서 문지방에 나타나시며 말씀하신다.

그 사람은 무엇인지 가르치던 아이를 놓아두고 달려와서 "선생님, 무슨 말씀을 하시려고 그러십니까?" 하고 묻는다.

"나와 같이 위로 올라가자."

그들은 옥상으로 올라가서 아침이기는 하지만 벌써 햇볕이 뜨겁기 때문에 가장 햇볕이 잘 가려진 쪽에 가서 앉는다. 예수께서는 나날이 곡식이 황금빛을 띠어가고 나무에서 열매들이 굵어져 가는 경작된 들판을 내려다보신다. 예수께서는 생각으로 이 식물의 변화를 지켜보시려는 것 같다.

"요한아, 듣거라. 이사악이 오늘 죠가나의 농부들을 그들이 떠나기 전에 내게 데려오려고 올 것으로 생각한다. 나는 그들이 더 빨리 돌아갈 수 있도록 이사악에게 마차를 빌려 주라고 라자로에게 말했다. 그들이 늦어서 벌을 받을 수 있을까 봐 걱정해서는 안 된다. 그래서 라자로는 마차를 빌려준다. 라자로는 내가 말하는 것은 무엇이든지 다하니까. 그러나 네게서는 내가 다른 일을 원한다. 나는 여기 어떤 사람이 주님의 가난한 사람들을 위해 내게 준 돈을 가지고 있다. 보통 내 사도들 중의 한 사람이 회계를 맡고 애긍을 주는 일을 맡는다. 대체로 가리옷의 유다가 이 일을 하고 때로는 다른 사도들도 한다. 유다는 지금 여기 없다. 그리고 다른 사도들은 내가 하고자 하는 일을 아는 것을 내가 바라지 않는다. 유다도 이번에는 이것을 알지 못해야 한다. 네가 내 이름으로 이 일을 하여라…."

"주님, 제가요? …제가요? …아이고! 저는 그럴 만한 자격이 없습니다!…"

"너도 내 이름으로 일해 버릇해야 한다. 네가 온 것이 이 때문이 아니냐?"

"예, 그렇습니다. 그러나 저는 제 불쌍한 영혼을 다시 일으키기 위해 애써야 할 것으로 생각했습니다."

"그래서 내가 네게 그 방법을 주는 것이다. 네가 어떻게 해서 죄를 지었느냐? 자비와 사랑을 거스려서 죄를 지었다. 너는 미움으로 네 영혼을 부수었다. 그러니까 사랑과 자비로 네 영혼을 다시 일으켜야 한다. 내가 그 자재를 네게 준다. 나는 너를 특히 자비와 사랑의 사업에 쓰겠다. 너는 사람들을 돌볼 능력이 있다. 너는 말을 할 줄 안다. 그런 것을 가졌으므로 너는 육체적·정신적 결함을 돌보기에 알맞고, 또 그렇게 할 만한 능력도 가지고 있다. 이 일로 네가 첫걸음을 내디딜 참이다. 돈주머니를 받아라. 이것을 미케아와 그의 친구들에게 주어라. 이것을 가지고 똑같은 몫으로 노느매기를 하되 내가 말하는 대로 하여라. 이것을 가지고 열 몫을 만들어서 네 몫은 미케아에게 주어라. 한 몫은 미케아 자신의 것이고, 한 몫은 사울, 한 몫은 요엘, 한 몫은 이사야의 것이다. 나머지 여섯 몫은 미케아에게 주면서 그것들은 야베의 할아버지에게 그와 그의 동료들의 몫으로 주라고 하여라. 그들은 이렇게 해서 위안을 받을 것이다."

"좋습니다. 그렇지만 증명을 하기 위해서 그 사람들에게 무슨 말을 해야 합니까?"

"'구원되는 한 영혼을 위해 여러분이 잊지 말고 기도하라고 그러는 것입니다' 하고 말하여라."

"그러나 그 사람들은 그것이 저인 줄로 생각할지도 모릅니다! 그것은 옳지 않습니다!"

"왜? 너는 구원되기를 원치 않느냐?"

"그 사람들이 제가 기부자(寄附者)인 것으로 생각하는 것은 옳지 않다는 말씀입니다."

"걱정하지 말고 내가 말하는 대로 하여라."

"순종하겠습니다. …그러나 제가 거기에 무엇을 좀 보태는 것만이라도 허락해 주십시오. 어쨌건… 지금 저는 필요한 것이 아무것도 없게 되었습니다. 책들은 이제 더 사지는 않겠습니다. 길러야 할 닭도 이제는 없습니다. 제게는 정말 필요한 것이 별로 없습니다. …자, 받으십시오, 선생님. 저는 샌들 비용으로 돈을 조금만 남겨놓습니다…." 그러면서 허리에 차고 있던 전대에서 많은 돈을 꺼내어 예수의 돈에 합친다.

"하느님께서 네 자비를 위해 네게 강복하시기를 바란다. …요한아, 멀지 않아 너는 이사악과 같이 갈 것이니까 우리가 헤어지게 된다."

"선생님, 저는 그것이 몹시 슬픕니다. 그러나 순종하겠습니다."

"나도 너를 멀리하는 것이 괴롭다. 그러나 나는 돌아다니는 제자가 대단히 필요하다. 이제는 나 혼자서 모든 일을 감당할 수가 없다. 멀지 않아 사도들을 내보내겠고, 다음에는 제자들을 보내겠다. 그리고 너는 일을 썩 잘 할 것이다. 나는 너를 특별한 임무에 충당하겠다. 그때까지 너는 이사악과 함께 인격을 길러라. 이사악은 매우 착하다, 그리고 그가 오래 앓는 동안 하느님의 성령께서 그를 정말 교육하셨다. 그리고 그 사람은 항상 모든 것을 용서한 사람이다. …게다가 우리가 헤어진다는 것이 다시는 서로 만나지 못한다는 말은 아니다. 우리는 자주 만날 것이며, 우리가 서로 만날 때마다 너를 위하여 특별히 말하겠다. 이것을 기억하여라…."

요한은 몸을 숙이고 흐느끼면서 두 손으로 얼굴을 감싸고 말한다. "아이고, 그러면 제가 용서받았다는 것을… 제가 하느님을 섬길 수 있다는 것을 제게 확신시킬 무슨 말씀을 즉시 해주십시오. …덧없는 증오가 사라진 지금 제가 얼마나 제 영혼을 잘 보는지… 얼마나… 얼마나 제가 하느님을 생각하는지… 아십니까?"

"안다. 울지 말아라. 항상 겸손하여라. 그러나 네 품위를 떨어뜨리지는 말아라. 자기의 품위를 떨어뜨리는 것도 역시 교만이다. 다만 겸손만을 가져라. 가자, 울지 말아라."

엔도르의 요한은 차차 진정된다….

그가 진정되는 것을 보시자 예수께서 말씀하신다. "오너라, 사과나무 잎이 우거진 아래로 가서 동료들과 여자들을 모으자. 나는 모두에게 말하겠다. 그러나 하느님께서 얼마나 너를 사랑하시는지 말해 주마."

그들은 내려오면서 사람들을 그들 둘레로 불러 모은다. 그리고 그들이 오는 데 따라서 모두 사과나무 그늘에 앉는다. 열성당원과 말하고 있던 라자로도 일동이 있는 데로 온다. 모두 다해서 20명이다.
 "들어라. 이것은 많은 경우에 그 빛으로 너희를 인도해 줄 비유이다.
 어떤 사람이 아들 둘을 두었었다. 맏이는 착실하고 부지런하고 다정하고 순종을 잘했다. 둘째는 형보다 영리하였다. 사실 형은 머리가 좀 막혀서 무슨 일을 자기 자신이 결정하는 수고를 하지 않고 그저 질질 끌려다니는 편이었다. 그러나 아우는 또 그 대신 다루기가 어렵고 경솔하고 사치와 쾌락을 좋아하고 낭비벽이 있고 게을렀다. 총명은 하느님의 선물이다. 그러나 슬기롭게 써야 하는 선물이다. 그렇지 않고 옳지 못하게 쓰면 병을 고치지 못하고 오히려 사람을 죽이는 어떤 약들과 같다. 아버지는 그의 권리와 의무를 따라 아들에게 더 착한 생활로 되돌아오게 하려고 하였으나 고약한 대답이나 듣고 자기 아들이 그의 못된 생각에 굳어버리는 것을 보는 것 외에는 성과가 없었다.
 마침내 어느날 더 가시돋친 말다툼이 있은 다음에 둘째 아들은 이렇게 말했다. '내 몫의 재산을 주세요. 그러면 다시는 아버지의 꾸지람도 듣지 않고 형의 불평도 듣지 않게 될 것입니다. 각기 제 몫을 가지고 모든 것이 끝장이 나게 해주세요.'
 아버지는 이렇게 대답했다. '조심해라. 너는 멀지 않아 망할 거다. 그때는 어떻게 하겠느냐? 나는 네게 유리하게 하려고 불공평한 일은 하지 않겠고, 네게 주려고 네 형에게서 동전 한 푼도 다시 빼앗지 않으리라는 것을 곰곰히 생각해 보아라.'
 '저는 아무것도 청하지 않을 겁니다. 걱정 마시고, 제 몫이나 주세요.'
 아버지는 토지와 값진 물건들을 평가하게 했다. 돈과 보석이 토지만큼이나 값어치가 있다는 것을 확인한 후에 밭과 포도밭과 가축떼와 올리브나무들은 맏아들에게 주고 둘째에게는 돈과 보석들을 주었는데, 그는 모두를 돈으로 가지려고 보석들을 이내 팔았다. 이렇게 하고 나서 며칠 안 되어 먼 지방으로 떠나가서 귀족 같은 태도로 살면서 가지가지 진수성찬으로 가진 것을 낭비하며 왕자라고 자칭하였다. 그것은 '내가 시골 사람이오' 하고 말하기가 창피해서였다. 이렇게 해서 자기 아버지를 아버지로 인정하지 않은 셈이었다. 연회다, 남녀 친구들이다, 옷이다, 술이다, 노름이다… 해서 방탕한 생활을 계속했다. …그는 그의 비축이 빨리 바닥이 나고 곤궁이 오는 것을 보게 되었다.
 그리고 곤궁과 더불어 그 곤궁을 더 짐스럽게 하려고 그 지방에 흉년이 들어서 그의 비축의 나머지가 사라져버렸다. 그는 아버지를 찾아가 뵙고도 싶었으나 교만해서 그럴 결심을 하지 못했다. 그래서 풍성할 때에 친구였던 그 고장의 한 부자를 찾아가서 '전에 내가 자네에게 제공해 준 이익을 생각해서 나를 하인으로 좀 써주게' 하고 말하면서 청했다. 사람이 얼마나 어리석은지 보아라! 아버지에게 가서 '제가 잘못했습니다, 용서해 주셔요!' 하고 말하지 않고 어떤 주인의 지배에 들어가는 길을 택하다니. 이 젊은이는 민첩한 그의 총명으로 쓸 데 없는 일을 대단히 많이 배웠었다. 그러나 '아버지를 버리는 자는 얼마나 고약하고, 어머니를 괴롭히는 자를 하느님께서는 얼마나 저주하시는가' 하는 집회서의 격언은 배우려고 하지 않았었다. 그는 총명하였으나 현명하지는 못하였다.

그가 호소하러 간 그 사람은 이 젊은 바보의 희생으로 이득을 보았던 모든 것 대신으로 이 바보에게 돼지를 지키게 했다. 과연 이 젊은이는 돼지가 많은 이교도 지방에 가 있었던 것이다. 그러니까 주인은 그를 그의 소유지에 보내서 돼지떼를 치게 했다. 때투성이에 누더기옷을 입고 고약한 냄새를 풍기고 굶주리며 — 식량은 모든 하인에게 조금씩 내주었고, 특히 낮은 일을 하는 하인들에게 그러했는데, 외부에서 와서 돼지를 지키는 사람으로 업신여김을 당하는 그는 이런 하인들 축에 끼였다 — 돼지들이 도토리를 배불리 먹는 것을 보고 한탄했다. '저 열매로라도 배를 채울 수 있었으면 좋겠는데! 그렇지만 너무 떫단 말이야! 아무리 배가 고파도 저것들을 맛있다고 생각할 수는 없단 말이야' 그러면서 그는 어제 그제 웃음과 노래와 춤 가운데에서 했던 페르시아의 태수와도 같은 호화로운 연회를 생각하면서 울었다. …그리고 멀리 떨어져 있는 그의 집의 고상하고 풍성한 식사와 아버지가 그의 아들들의 건강한 식욕을 기뻐하며 자기를 위하여는 아주 작은 몫밖에 취하지 않고 모두에게 공평하게 나누어 주던 몫을 생각했다. …그리고 그 의인이 하인들에게 나누어 주던 몫도 생각하면서 한숨지었다. '아버지의 하인들은 아무리 낮은 일을 하는 사람들까지도 빵을 풍족하게 받는데… 나는 여기서 배가 곯아 죽는구나…'

오랜 반성의 진통과 교만을 부수기 위한 오랜 싸움이 있었다. …마침내 어느 날 겸손과 분별을 되찾아 일어나서 이렇게 말했다. 아버지를 찾아가겠다! 내가 붙잡혀 있는 이 교만을 어리석은 것이다. 그래 뭣을 가지고 교만한 건가? 용서와 위안을 얻을 수 있는데 뭣 때문에 육체에 고통을 당하고, 마음에는 한층 더 고통을 당하는 거야? 아버지를 찾아가겠다, 결정했다. 아버지께 뭐라고 말할까? 그러나 나는 지금 이 비열하고 더러운 가운데에서 배가 고파 괴로워하고 있단 말이야! 나는 아버지께 이렇게 말하겠다. 〈아버지, 저는 하늘과 아버지께 죄를 지었습니다. 저는 이제 아버지의 아들이라고 불릴 자격이 없게 되었습니다. 저를 제일 낮은 하인으로 다루어 주십시오. 그렇지만 아버지의 집에 있게 용납해 주십시오. 아버지가 지나가시는 걸 보게요…〉 이렇게는 말하지 못하겠다. 〈저는 아버지를 사랑하니까요〉 하고. 아버지는 그 말을 안 믿으실 거야.

그러나 내 생활이 그것을 증명할 것이고, 아버지도 그것을 알아보시고, 돌아가시기 전에 그래도 내게 축복해 주실 것이다. …오! 아버지가 나를 사랑하시니까 나는 이것을 바란다. '그래서 그날 저녁 읍내로 돌아가 주인에게 하직을 하고, 길을 오는 동안 빌어먹으면서 집으로 돌아왔다. 저기 아버지의 밭들이 있고… 집이 있고… 일을 지휘하는 아버지가 있다. 아버지는 고통으로 인하여 늙고 야위었다. 그러나 여전히 착하다. …죄지은 아들은 자기 때문에 아버지의 건강이 저렇게 상한 것을 보고 겁을 먹고 걸음을 멈추었다. …그러나 아버지는 눈을 돌려 아들을 보고 그에게로 마주 달려왔다. 아직 멀리 떨어져 있었기 때문이었다. 아들 있는 데까지 와서 목을 얼싸안았다. 오직 아버지만이 이 창피한 꼴을 한 거지를 자기 아들로 알아보았고, 그 아버지만이 그에 대하여 사랑의 충동을 느꼈던 것이다.

아버지의 팔에 안긴 아들은 머리를 아버지의 어깨에 대고 흐느껴 울면서 중얼거렸다. '아버지, 아버지의 발 앞에 엎드리게 허락해 주십시오' 하고. 그러나 아버지는 이렇게 말했다. '아니다, 내 아들아! 내 발 앞에 엎드릴 것이 아니라 내 가슴에 안겨라. 내 마음은 네가 없는 것으로 인해서 하도 몹시 괴로웠기 때문에 가슴에 네 체온을 느껴서 다시 살아날 필요가 있다' 그러니까 아들은 더 크게 울면서 말했다. '아이고! 아버지! 저는 하늘과 아버지께 죄를 지었습니다. 저는 아버지께 아들아 하고 불릴 자격이 없습니다. 그렇지만 아버지의 하인들과 같이 아버지의 집에서 살면서 아버지를 보고, 아버지의 빵을 먹고, 아버지를 섬기고, 아버지의 입김을 마시게 해주십시오. 빵을 한 입 먹을 때마다 아버지가 숨을 쉬실 때마다 몹시 타락한 제 마음이 새로워지고 성실하게 될 것입니다….'

그러나 아버지는 아들을 안은 채 멀찍이 모여서 지켜보고 있던 하인들에게로 데리고 가서 말했다. '빨리 제일 아름다운 옷과 향기로운 물을 담은 대야들을 이리 가져와서 내 아들을 씻기고, 향수를 뿌려 주고, 옷을 입히고, 새 신을 신기고 손가락에 가락지를 끼워 주어라. 그리고 살찐 송아지를 잡고 잔치준비를 하여라. 내 아들이 죽었었는데 이제 다시 살아났고, 잃었던 아들을 도로 찾았기 때문이다. 나는 내 아들도 어린 아이의 순진한 사랑을 도로 찾기를 바란다. 나는 내 아들에게 내 사랑을 주어야 하고 집안은 이 아들이 돌아온 것을 축하해야 한다. 내 아들은 옛날 어렸을 적에 내 옆에서 걸으면서 그의 미소와 귀여운 지껄임으로 나를 행복하게 만들던 때 그랬던 것과 같이 내게는 항상 막내라는 것을 깨달아야 한다.' 그래서 하인들은 그대로 하였다.

맏아들은 밭에 나가 있어서 집에 돌아올 때까지 아무것도 알지 못했었다. 저녁에 집에 돌아오다가 집에 불이 환히 켜져 있는 것을 보고, 집안에서 들려오는 악기소리와 춤추는 소리를 들었다. 그는 바삐 뛰어 가는 하인을 불러 '무슨 일이냐?'고 물었다. 하인은 '아우님이 돌아왔습니다! 서방님의 아버지는 큰 불행 중에서 건강하고 병이 나은 아드님이 돌아왔기 때문에 살찐 송아지를 잡게 하시고 잔치를 준비하라고 명령하셨습니다. 서방님이 돌아오시기만 하면 시작할 참입니다.' 그러나 맏아들은 그의 아우가 제일 나이가 어린데다가 못되게 굴었었는데 그를 그렇게까지 환영하는 것은 공평하지 않다고 생각되기 때문에 성이 나서 들어오려고 하지 않고, 오히려 집에서 멀어져 가기까지 했다.

그러나 아버지는 그 말을 듣고 밖으로 뛰어 나와 맏아들을 쫓아가서 그를 설득하려고 애쓰고 자기 기쁨에 어두운 그림자를 드리우지 말라고 부탁했다. 맏아들은 아버지에게 이렇게 대답했다. '그러면서 아버지는 저보고 성을 내지 말라고 하십니까? 아버지는 맏아들에게 불공평하시고 맏아들을 멸시하십니다. 저는 일할 수 있게 된 때부터 아버지를 도와드렸고, 그것이 여러 해째 됩니다. 저는 아버지의 명령을 어긴 적이 한 번도 없고, 아버지의 소원을 모르는 척한 적도 없습니다. 저는 항상 아버지를 모시고 있었고, 내 아우가 아버지께 드린 마음의 상처를 낫게 하려고 두 사람 몫의 사랑을 드렸습니다. 그래도 아버지는 친구들하고 즐기라고 염소 새끼 한 마리 안 주셨습니다. 그런데 아버지의 마음을 상하게 하고, 아버지를 버렸던 저애, 게으르고 낭비를 하다가 굶주림을 못 견디어서 돌아온 저애는 명예롭게 하시고, 저애를 위해서는 제일 잘 생긴 송아지를 잡게 하셨습니다. 근면하고 못된 습관없이 사는 것이 가치있는 일입니까? 아버지가 제게 그렇게 하실 수는 없습니다!' 그러자 아버지는 맏아들을 가슴에 껴안으며 말했다. '오! 내 아들아! 내가 네 행동에 차일을 쳐 주다시피 하지 않는다고, 그래 내가 너를 사랑하지 않는다고 생각하느냐? 네 행동은 그 자체로 벌써 거룩하고, 세상 사람들이 네 행동 때문에 너를 칭찬한다. 이와 반대로 네 동생은 세상 사람들의 평가와 자기 자신의 평가에서 돋보일 필요가 있다. 그리고 내가 네게 눈에 띄는 상을 주지 않는다고 해서 내가 너를 사랑하지 않는다고 생각하느냐? 그러나 아침 저녁으로, 내가 숨을 쉴 때마다, 생각을 할 때마다 네가 내 마음 속에 있고, 매순간 네게 축복한다. 너는 항상 나와 같이 있다는 끊임없는 상을 받고 있고, 내 것은 모두가 네 것이다. 그러나 선에 죽었다가 다시 살아났고, 우리가 잃었었는데 우리 사랑으로 돌아온 네 동생에게는 잔치를 차려 주고 환영하는 것이 당연한 일이다.' 그래서 맏아들은 이 이유들을 받아들였다.

벗들아, 아버지의 집에서도 이렇게 된다. 그러니까 자기가 비유에 나오는 둘째 아들의 처지에 있다고 인정하는 사람은 만일 그가 둘째 아들과 같이 아버지에게로 돌아오면, 아버지께서는 '내 발 앞에 엎드릴 것이 아니라, 네가 없는 것 때문에 괴로워했고, 지금은 네가 돌아와서 행복한 내 가슴에 안겨라' 하고 말씀하시리라는 것도 생각할 것이다. 또 맏아들과 같은 처지에 있어서 아버지께 대하여 죄가 없는 사람은 아버지의 기쁨에 대하여 질투하지 말고 구제된 아우에게 사랑을 줌으로써 아버지의 기쁨을 같이해야 할 것이다.

이제 말을 다했다. 엔도르의 요한은 남아 있거라, 그리고 라자로 당신도. 다른 사람들은 가서 식탁을 준비하여라. 우리도 곧 간다."

모두가 물러간다. 예수와 라자로와 요한만이 남게 되자 예수께서 라자로와 요한에게 말씀하신다. "라자로 당신이 기다리는 소중한 영혼에 대해서도 이렇게 될 것이고, 요한, 네 영혼에 대하여도 이렇게 될 것이다. 하느님의 인자는 한도가 없는 것이다 …."

…사도들은 성모님과 여인들과 같이 집을 향하여 가는데, 마륵지암이 앞장을 서서 깡총깡총 앞으로 뛰어간다. 그러나 이내 돌아와서 성모님의 손을 붙잡으며 말한다. "저하고 같이 가셔요. 어머니께 특별히 말할 것이 있어요." 그러니까 성모님은 그가 하자는 대로 하신다. 둘이는 작은 마당 모퉁이에 있는 우물쪽으로 돌아온다. 우물은 땅에서 옥상 쪽으로 활처럼 휘어서 올라간 잎이 무성한 나무로 된 정자에 완전히 가려져 있다. 그뒤에 가리옷 사람이 있다.

"유다, 무슨 일인가? 마륵지암아, 너는 가거라. …말하게, 무슨 일인가?"

"저는 잘못을 저질렀습니다. …저는 감히 선생님께로 가지도 못하겠고 동료들과 맞서지도 못하겠습니다. …도와주십시오…."

"도와주겠네. 그렇지만 자네가 가져다 주는 고통을 생각하지 못하나? 내 아들은 자네 때문에 울었고, 동료들은 괴로워했네. 그러나 오게. 아무도 자네에게 무슨 말을 하지 않을 걸세. 그리고 할 수 있으면 다시는 그런 잘못을 저지르지 말게. 그것은 인간에게 마땅치 않은 일이고, 하느님의 말씀에 대한 모독일세."

"그럼 어머님은 저를 용서해 주시는 겁니까?"

"나? 나야 자네 스스로가 대단히 위대하다고 생각하는 자네에게 비해서는 중요하지 않네. 나는 주님 여종 중에서 가장 보잘 것 없는 여종일세. 내 아들을 동정하지 않으면서 어떻게 내 걱정을 해줄 수 있나?"

"그것은 저도 어머니가 있기 때문입니다. 그래서 어머님의 용서를 받으면 선생님의 용서를 받는 것같이 생각되기 때문입니다."

"자네 어머니는 이 죄는 알고 계시지 않네."

"그러나 어머니는 저더러 선생님께 대해 착한 사람이 되라고 맹세하라고 했습니다. 그런데 저는 맹세를 저버렸습니다. 저는 어머니의 영혼의 꾸지람을 느낍니다."

"그것을 느끼나? 그러면서 아버지와 말씀(Verbe)의 슬픔과 꾸지람은 느끼지 못하나? 유다, 자네는 불행한 사람일세! 자네는 자네와 자네를 사랑하는 사람들에게 고통의 씨를 뿌리네."

성모님은 근엄하시고 괴로워하신다. 신랄하게 말씀하시지는 않으나 아주 정색을 하고 말씀하신다. 유다는 운다.

"울지 말고, 더 착한 사람이 되도록 하게. 이리 오게." 그러면서 성모님은 유다의 손을 잡으시고 이렇게 부엌으로 들어오신다. 모두가 몹시 놀란다. 그러나 성모님은 별로 자비롭지 않은 일체의 무례한 말을 미리 막으시고 말씀하신다. "유다가 돌아왔네. 아버지의 말을 듣고 형이 한 것처럼 하게. 요한, 예수께 가서 알려 드리게."

제베대오의 요한이 급히 나간다. 부엌에는 무거운 침묵이 흐른다. 그러다가 유다가 말한다. "용서를 해주게. 그리고 우선 시몬 자네가 용서해 주게. 자네는 대단히 온정넘치는 마음을 가지고 있네. 나도 고아일세."

"그래, 그래, 나는 자넬 용서하네. 제발 이제 그 얘기는 그만두게. 우리는 형제들일세. …그런데 용서를 간청하고 다시 잘못을 저지르고 하는 그 일진일퇴는 내 마음에 들지 않아. 그것은 용서를 받는 사람이나 용서를 주는 사람에게나 모두 품위가 떨어지는 일이야. 예수님이 저기 오시네. 가서 만나뵙게. 그리고 이것으로 충분하네."

유다는 그리로 가고 그동안 베드로는 다른 일은 아무것도 할 수가 없으므로 마른 나무를 열심히 꺾기 시작한다.

67. 열 처녀의 비유

예수께서는 죠가나의 농부들과 이사악과 많은 제자들과 여자들 앞에서 말씀하신다. 여자들 가운데에는 지극히 거룩하신 성모님과 마르타와 베다니아의 많은 사람들이 있다. 사도들도 모두 있다. 아이는 예수 앞에 앉아서 한 마디도 놓치지 않는다. 사람들이 아직도 오는 것을 보면 말씀을 시작하신 지가 얼마 안 되는 것 같다….

예수께서 말씀하신다. "…그리고 너희 중의 여러 사람에게 이런 두려움이 있는 것을 보기 때문에 오늘은 기분좋은 비유를 말하고자 한다. 착한 뜻을 가진 사람들에게 기분좋고 그렇지 않은 사람들에게는 신랄한 비유일 것이다. 그러나 착한 뜻을 가지지 않은 사람들도 그 신랄함을 없애는 방법을 가지고 있다. 그들도 착한 뜻을 가진 사람이 되면, 비유가 그들의 양심에 생겨나게 하는 비난이 없어질 것이다.

하늘 나라는 하느님과 영혼들 사이에 혼례가 행해지는 집이다. 거기에 들어가는 날은 혼례가 행해지는 날이다.

잘 들어라. 우리 고장에서는 처녀들이 집으로 오는 신랑을 호위해서 불을 밝히고 노래를 부르는 가운데 다정스러운 신부와 더불어 신랑집으로 데리고 가는 풍습이 있다. 행렬이 신부의 집을 떠나고, 신부는 베일을 쓰고 흥분한 마음으로 자기가 여왕노릇을 할 곳을 향하여, 즉 그의 집은 아니지만 신랑과 결합하는 순간부터 그의 집이 되는 집을 향하여 간다. 그러면 대부분 신부의 친구들인 처녀들이 행렬을 지어 행복한 신랑 신부의 마중을 나와서 등불로 그들을 빙 둘러싼다.

그런데 어느 마을에서 결혼을 하게 되었다. 신랑 신부가 신부의 집에서 부모, 친척, 친지들과 더불어 마음껏 즐기고 있는 동안 열 처녀는 신랑의 집 현관에 있는 그들의 자리로 가서, 멀리서 들려오는 심벌즈와 노래 소리가 신랑 신부가 신부의 집을 떠나 신랑 집으로 온다는 것을 알릴 때 마중을 나갈 준비를 하고 있었다. 그러나 혼인하는 집에서 잔치가 오래 끌어 밤이 되었다. 처녀들은 너희들이 알다시피 최후 순간에 시간을 허비하지 않으려고 그들의 등불을 항상 켜 둔다. 그런데 불을 켜서 잘 밝히는 등불을 가진 그 열 처녀 중에 슬기로운 처녀 다섯 명과 어리석은 처녀 다섯 명이 있었다. 슬기로운 처녀들은 용의주도해서 기다리는 시간이 예정보다 길어지면 등잔에 기름을 넣을 수 있게 기름을 가득 채운 작은 그릇을 가지고 있었는데, 어리석은 처녀들은 그들의 작은 등잔에만 기름을 가득 채우는 데 그쳤었다.

　시간은 한 시간 두 시간 자꾸 흘러갔다. 즐거운 회화, 재미있는 이야기, 농담들로 기다리는 것도 지루하지 않았다. 그러나 그 다음에는 무슨 말을 해야 할지 무엇을 해야 할지 몰랐다. 심심하거나 또는 그저 피곤하기만 해서 처녀들은 불을 켠 등불을 아주 가까이에 놓아둔 채 더 편하게 앉았고 천천히 잠이 들었다. 자정이 되어서 '신랑이 온다, 마중 나가라!' 하는 외침이 들려왔다. 열 처녀는 명령을 듣고 소스라쳐 놀라 깨서 베일과 꽃줄을 들고, 머리를 손질하고 등불들이 놓여 있는 탁자로 달려갔다. 등불 중의 다섯은 힘이 없어져 가고 있었다. …기름이 떨어진 심지는 다 타서 점점 더 약한 빛을 내며 연기를 뿜고 있어 바람이 조금만 불어도 꺼질 참이었다. 이와 반대로 다른 등불 다섯은 용의주도한 처녀들이 잠들기 전에 기름을 더 넣었기 때문에 아직 선명한 불꽃을 가지고 있었고, 등잔에 기름을 더 넣자 불꽃이 더 성해졌다.

　어리석은 처녀들은 애원하며 말했다.

　'아이고! 너희들 기름을 좀 다오. 그렇지 않으면 우리 등불은 들기만 해도 꺼지겠으니 말이다. 너희 등불은 벌써 아름답게 타고 있구나!…' 하고. 그러나 신중한 처녀들은 이렇게 대답했다. '밖에는 밤바람이 불고 이슬도 굵게 내리고 있다. 바람과 습기에 견딜 수 있을 든든한 불꽃을 만들려면 기름이 넉넉하다는 법이 없다. 만일 너희에게 기름을 주면 우리 불꽃도 가물거리게 될 거다. 그러면 꿈틀거리는 작은 불꽃이 없는 처녀들의 행렬은 정말 음산할 거다! 그러니까 제일 가까운 가게에 뛰어가서 주인에게 청하고, 문을 두드리고 일어나서 기름을 달라고 해라.' 그래서 어리석은 처녀들은 숨을 헐떡이고, 베일을 구기고, 옷을 더럽히고, 꽃줄을 잃어버리고, 서로 부딪고 하면서 뛰어가서 동료들이 충고하는 대로 하였다.

　그러나 그들이 기름을 사러 간 동안에 길 안쪽에서 신랑이 신부를 데리고 나타났다. 불이 켜진 등불을 가지고 있던 처녀들은 그들을 맞이하러 갔고, 그들에게 둘러싸여 신랑 신부는 의식을 마저 끝내려 집으로 들어왔고, 처녀들은 맨 마지막에 신부를 신방에까지 호위해갔다. 신랑 신부가 들어온 다음에는 문이 닫혔고, 밖에 있는 것은 그대로 밖에 남아 있었다. 어리석은 처녀들의 운명이 이러하였다. 그들이 기름을 사 가지고 오니 문이 닫혀 있었다. 그래서 쓸 데 없이 손에 상처를 입혀 가며 문을 두드리고 애처로운 소리로 부르짖었다. '서방님, 서방님! 문을 열어 주셔요! 저희들도 혼인행렬에 들어갈 사람들입니다. 저희들은 서방님의 혼인에 영광과 행운을 갖다 주려고 뽑힌 하느님의 자비를 빌기로 된 처녀들입니다' 하고. 그러나 집 윗층에서 신부가 신방으로 들어가는 동안 작별 인사를 하던 가장 친한 친구들을 잠깐 떠나고 나서 그 처녀들에게 이렇게 말했다. '정말이지 나는 너희들을 알지 못한다. 너희가 누구인지 모르겠다. 너희들의 얼굴은 내 사랑하는 신부를 둘러싸고 환영하는 데에 없었다. 너희들은 권리를 침해하는 사람들이다. 그러니까 혼인집 밖에 그대로 있어라.' 그래서 어리석은 다섯 처녀는 이제는 쓸 데 없게 된 그들의 등불을 들고 옷은 구겨지고, 베일은 벗겨지고, 꽃줄은 흐트러지거나 잃어버린 채 울면서 캄캄한 거리를 지나서 갔다….

그러니 이제 너희는 비유에 들어 있는 말을 알아들었을 것이다. 내가 처음에 하늘 나라는 하느님과 영혼 사이에 혼례가 행해지는 집이라고 말했다. 하늘의 혼례식에는 모든 신자가 초대된다. 하느님께서는 당신의 모든 자녀를 사랑하시기 때문이다. 어떤 자녀들은 더 일찍, 어떤 자녀들은 더 늦게 혼례식을 하는 시간에 와 있게 되는데, 거기에 이른다는 것은 행복한 운명이다.

그러나 더 들어보아라. 너희들은 처녀들이 신부 주위에서 시중을 드는 하녀로 불린 것을 영광과 행운으로 생각하고 있다는 것을 안다. 우리 경우에 인물들이 무엇을 나타내는지 생각해 보자. 그러면 너희들이 더 잘 알아들을 것이다. 신랑은 하느님이시다. 신부는 약혼 시절을 아버지의 집에서 지낸 다음, 즉 하느님의 가르침의 보호를 받으며 이 가르침에 순종하면서 정의에 따라 살고 나서 혼례를 위하여 신랑의 집으로 인도되어 온 의인의 영혼이다. 하녀노릇을 하는 처녀들은 신부가 남긴 본보기의 덕택으로 자기들을 거룩하게 함으로써 같은 영광에 이르려고 애쓰는 영혼들이다. 신부로 말하면 그의 덕행 때문에 신랑에게 선택되었다는 사실이 그가 성덕의 산 본보기였다는 표가 된다. 처녀들은 희고 깨끗하고 산뜻한 옷을 입고, 흰 베일을 쓰고, 화관을 썼다. 처녀들은 불을 켠 등불을 들고 있다. 등은 매우 깨끗하고, 심지에는 고약한 냄새를 풍기지 않도록 가장 순수한 기름이 보급된다.

흰 옷을 입고, 꿋꿋하게 실천한 의덕은 흰 옷을 준다. 그리고 멀지 않아 얼룩이 있었다는 아주 오랜 기억조차도 없이 초자연적인 흰 빛, 천사적 흰 빛으로 완전히 희게 될 날이 올 것이다.

깨끗한 옷을 입고. 옷은 겸손으로 항상 깨끗하게 유지해야 한다. 마음의 깨끗함을 흐리게 하기는 대단히 쉬운데, 마음이 깨끗하지 못한 사람은 하느님을 뵐 수가 없다. 겸손은 더러운 것을 씻는 물과 같다. 겸손한 사람은 그의 눈이 교만의 옷을 퇴색하게 했다는 것을 이내 알아차린다. 그래서 주님께로 달려가서 이렇게 말한다. '저는 마음의 깨끗함을 잃었습니다. 저는 저 자신을 깨끗하게 하려고 웁니다. 주님의 발 아래에서 웁니다. 그러니 나의 태양이신 주님은 당신의 관대한 용서와 온정이 넘치는 사랑으로 제 옷을 희게 해주십시오!' 하고.

산뜻한 옷을 입고. 오! 마음의 산뜻함! 어린 아이들은 하느님이 주신 선물로 이것을 가지고 있다. 의인들은 하느님께서 주신 선물과 그들 자신의 의지로 이것을 가지고 있다. 그러나 누더기가 되고, 타고, 중독이 되고, 더럽혀진 영혼을 가진 죄인들은 그러면 다시는 산뜻한 옷을 절대로 가지지 못하게 되겠느냐? 오! 그렇지 않다! 그들도 산뜻한 옷을 가질 수 있다. 그들이 자신들을 멸시하며 돌아보는 순간부터 산뜻함을 가지기 시작하고, 생활을 바꾸기로 결정할 때에 산뜻함을 더하고, 속죄로 자신들을 씻고, 해독하고, 그들의 불쌍한 영혼을 재건할 때에 깨끗함을 완전하게 한다. 당신의 거룩한 도움을 청하는 사람에게는 구조를 거절하지 않으시는 하느님의 도움과 영웅적 정신을 능가하는 정도에까지 이른 그들 자신의 의지로, 그리고 끝으로 죄인이었던 나에 대한 꾸준하고 가차없는 속죄로 그들은 자기들의 영혼을 어린 아이 것과 같은 새로운 산뜻함으로 도로 데려가는데, 이 산뜻함은 그들이 쌓은 경험으로 인하여 전에 그들과 같은 사람이었던, 즉 죄인이었던 사람들에게 선생 노릇을 할 수 있게 하기 때문에 귀중하게 된다. 영웅적 정신을 능가하는 의지라고 말한 것은 그들에게는 가진 것을 보호할 필요가 없고, 그들이 쓰러뜨렸던 것을 다시 일으킬 필요가 있기 때문이다. 즉 두 곱절, 세 곱절, 일곱 곱절의 노력이 필요하기 때문이다.

흰 베일을 쓰고, 겸손! '너희가 기도를 하거나 속죄를 할 때에 다른 사람들이 알아차리지 못하게 하여라' 하고 내가 말한 적이 있다. 지혜서에 '왕의 비밀을 드러내는 것은 좋지 않다'고 씌어 있다. 겸손은 우리가 행하는 선행과 하느님께서 우리에게 주시는 선을 보호하기 위하여 그 위에 씌워놓는 흰 보이다. 하느님께서 우리에게 주시는 특전을 받은 사랑을 자랑하지 말 것이고, 어리석은 인간적 영광을 찾지 말 것이다. 그러면 이 선물을 이내 빼앗기게 될 것이다. 그러지 말고 마음 속으로 하느님께 이렇게 노래부를 것이다. '제 영혼이 주님을 찬미합니다. …주님께서 당신 여종의 비천함을 돌아보셨기 때문입니다' 하고."

예수께서는 잠시 말씀을 멈추시고 어머니께로 눈길을 보내신다. 성모님은 베일 속의 얼굴을 붉히시고, 당신 발치에 앉아 있는 어린 아이의 머리카락을 다시 잘 정리해 주시려는 것처럼 얼굴을 깊이 숙이신다. 그러나 사실은 당신 추억의 감격을 감추기 위하여 그러시는 것이다….

"화관을 쓰고, 영혼은 날마다 덕행의 꽃장식을 짜야 한다. 지극히 높으신 분 앞에는 흠있는 것이 아무것도 남아 있어서는 안 되고, 허술한 모습을 한 것이 아무것도 남아 있어서는 안 되기 때문이다. 날마다 꽃줄을 짜야 한다고 말한 것은 신랑이신 하느님께서 언제 그에게 나타나셔서 '오너라' 하고 말씀하실지 영혼이 알지 못하기 때문이다. 그러므로 화관을 새롭게 하는 데 싫증을 내지 말아야 한다. 그러나 두려워하지 말아라. 꽃은 신선함을 잃지만, 덕행의 화관의 꽃은 신선함을 잃지 않는다. 각 사람의 곁에 있는 하느님의 천사는 날마다 짜는 그 꽃장식들을 거두어 하늘로 가져 간다. 그래서 새로 지극한 행복을 누릴 사람이 신부처럼 혼례를 치르는 집에 들어올 때에 그에게 그 꽃장식들로 옥좌를 만들어 줄 것이다.

처녀들은 불을 켠 등을 가지고 있다. 신랑에게 경의를 표하기 위해서, 그리고 자기들의 길을 밝히기 위해서도 그렇게 한다. 믿음은 얼마나 빛나는 것이며, 얼마나 다정한 친구이냐! 믿음은 별처럼 빛나는 불꽃을 주고, 그의 확신으로 안심하고 있기 때문에 웃는 불꽃을 주며, 그것을 담고 있는 기구까지도 빛나게 만드는 불꽃을 준다. 믿음이 양분을 주면 사람의 육체도 벌써 이 세상에서부터 더 빛나게 되고 더 신령하게 되고 일찍 늙는 것을 면하는 것같다. 믿는 사람은 그의 목적이신 하느님을 차지하게 되도록 하느님의 말씀과 계명이 인도하는 대로 따라 가고, 따라서 일체의 타락을 피하고, 불안이나 공포나 가책이 없고, 그의 거짓말을 기억하거나 자기의 나쁜 행동을 숨기려고 애쓸 필요가 없으며, 그래서 성인들의 아름다운 청렴으로 자기 자신을 아름답고 젊게 보존하는 것이다. 믿음의 기름을 보존하고 연기나지 않는 빛을 주기 위하여는 일체 음란이 없는 살과 피와 정신과 마음을 가져야 한다. 그 빛을 항상 유지하려는 꾸준한 의지를 가져야 한다. 실망과 확인과 접촉과 유혹과 마찰이 가득 찬 매일매일의 생활은 믿음을 작게 하는 경향이 있다. 아니! 그래서는 안 된다. 사랑스러운 기름, 지혜의 기름, 하느님의 기름의 샘을 날마다 찾아가라.

기름이 제대로 보급되지 않는 등불은 바람이 조금만 불어도 꺼질 수 있고, 짙은 밤이슬로도 꺼질 수 있다. 밤… 어두움과 죄와 유혹의 시간은 누구에게나 다 온다. 이것은 영혼의 밤이다. 그러나 영혼이 자신을 믿음으로 가득 채우면, 그의 불꽃은 세상의 바람으로도 육욕의 안개로도 꺼질 수 없다.

결론으로 말해서 깨어 있고, 깨어 있고, 또 깨어 있어야 한다. '오! 하느님께서는 내가 아직 내 안에 빛을 가지고 있을 때에 오실 것이다' 하고 감히 말하면서 깨어 있지 않고 갑자기 시작하는 사람, 첫번 부를 때 재빨리 일어나는 데 필요한 것을 갖추지 못한 채 잠자기 시작하는 사람, 최후 순간에야 믿음의 기름이나 잘 견디어내는 착한 뜻의 심지를 마련하려고 허둥대는 무모한 사람은 신랑이 올 때에 밖에 남아 있을 위험을 무릅쓰는 것이다. 그러므로 하느님의 부르심에 항상 준비가 되어 있도록 조심성있고 꾸준하고 깨끗하게, 그리고 신뢰를 가지고 깨어 있어라. 너희들은 하느님께서 언제 오실지 알지 못하기 때문이다.

사랑하는 내 제자들아, 나는 너희들이 하느님을 두려워하게 하려는 것이 아니고, 오히려 하느님의 인자하심을 믿게 하려는 것이다. 여기 남아 있는 사람이나 떠나는 사람이나 모두, 만일 너희가 슬기로운 처녀들이 한 것과 같이 하면 신랑을 호위하도록 불리기만 할 뿐 아니라, 바스티 대신 아내가 된 젊은 에스텔과 같이 신부로 뽑히고 간택되리라고 생각하여라. 그것은 신랑이 '너희에게서 다른 모든 사람에서 뛰어나는 모든 우아함과 모든 호의의 표시를 발견하실' 것이기 때문이다. 떠나는 너희들에게 강복한다. 내가 너희에게 한 이 말을 너희 안에 간직하고 동료들에게 갖다주어라. 주님의 평화가 항상 너희와 함께 있기를."

예수께서는 농부들에게 또 인사를 하시려고 그들에게 가까이 가신다. 그러나 엔도르의 요한이 귀에 대고 속삭인다. "선생님, 지금 유다가 저기 와 있습니다…."

"상관없다. 농부들을 마차에까지 따라 가서 내가 말한 대로 하여라."

모였던 사람들이 천천히 흩어진다. 여러 사람이 라자로에게 말한다. …그러니까 라자로는 농부들을 떠나 이쪽으로 돌아오시는 예수께로 몸을 돌리고 말한다. "선생님, 저희를 떠나시기 전에 또 말씀을 해주십시오. …베다니아 사람들이 그러시기를 바랍니다."

"밤이 돼가오, 그러나 고요하고 맑은 밤이오. 당신들이 베어낸 건초 위에 모이겠다면, 정다운 이 고장을 떠나기 전에 또 말하겠소. 그렇지 않으면, 헤어질 시간이 되었으니 내일 새벽에 말하겠소."

"이따가! 오늘 밤에요!" 하고 모두가 외친다.

"그럽시다. 이제는 가시오. 초경(初更) 중간쯤에 말하겠소…."

68. 아들의 혼인 잔치를 베푸는 왕의 비유

예수께서는 정말 피로를 모르신다. 해가 저녁 놀의 추억과 더불어 사라지는데, 귀뚜라미 우는 소리가 하나 어렴풋이 들려오는 가운데 예수께서는 풀을 베어낸 지 얼마되지 않은 풀밭 가운데로 가신다. 풀은 시들면서 깊이 스며드는 기분좋은 냄새를 풍긴다. 예수 뒤에는 사도들과 여러 마리아가 따라오고, 마르타와 라자로가 집의 하인들과 같이, 이사악이 제자들과 같이 따라온다. 베다니아 읍내 사람 전부가 따라온다고 말할 만하다. 하인들 가운데에는 진복팔단의 산에서 그들의 일상생활에 대해서까지도 위안을 받은 두 사람인 노인과 여인도 있다.

예수께서는 걸음을 멈추시고 노인에게 강복하신다. 노인은 울면서 예수의 손에 입맞춤하고 예수 옆에서 걸어가는 어린 아이를 쓰다듬으면서 말한다. "선생님을 항상 따라다닐 수 있는 너는 정말 행복하다! 얘야, 착한 마음씨를 가지고 조심해라! 이것이 네게는 큰 행운이다! 큰 행운이야! 네 머리 위에는 화관이 매달려 있다. …아이고! 정말 행복한 아이다!"

모두가 자리를 잡자 예수께서 말씀을 시작하신다. "불쌍한 우리 친구들은 떠나갔습니다. 그 사람들은 하늘 나라에 들어가기 위하여는 지식이 별로 필요하지 않고 최소한도의 진리만 가지고 있고 거기에 착한 뜻을 가지고 노력만 하면 된다는 바람과 확신에 격려를 받을 필요가 있었습니다. 이제는 내가 훨씬 덜 불행한 여러분에게 말을 합니다. 여러분이 훨씬 덜 불행하다는 것은 여러분은 물질적으로 훨씬 나은 처지에 있고, 말씀의 더 중요한 도움을 받고 있기 때문입니다. 내 사랑이 그 사람들에게는 생각으로만 갑니다. 그런데 여기 있는 여러분에게는 내 사랑이 그외에 또 말과 함께 갑니다. 더 많이 받은 사람에게 더 많이 요구될 것이기 때문에 여러분은 하늘에서와 마찬가지로 땅에서도 더 큰 힘의 도움을 받습니다. 그들의 비참한 처지로 돌아가는 저 불쌍한 친구들은 최소한의 행복밖에 가질 수가 없고, 따라서 최대한의 고통을 겪습니다. 그러므로 그들에게는 온정의 약속밖에 없습니다. 다른 것은 모두 필요 이상의 것이기 때문입니다. 분명히 말하지만 그들의 생활이 속죄이고 거룩함입니다. 그러니까 그들에게 다른 것을 명할 필요가 없습니다. 또 진정으로 말합니다만, 그들은 슬기로운 처녀들과 같아서 부름을 받는 시간까지 그들의 등불을 꺼지게 버려두지는 않을 것입니다.

등불을 꺼지게 버려둔다구요? 아니지요. 이 빛이 그들의 전재산입니다. 그러니 그 불을 꺼지게 내버려둘 수는 없습니다. 진정으로 말하지만, 마치 내가 아버지 안에 있는 것과 같이 가난한 사람들은 하느님 안에 있습니다. 그렇기 때문에 아버지의 말씀인 내가 가난하게 나서 가난하게 살기를 원한 것입니다. 가난한 사람들 가운데 있으면, 가난한 사람들을 사랑하시고 또 가난한 사람들에게 서서 온 힘을 다 바치는 사랑을 받으시는 아버지와 더 가까이 있음을 느끼기 때문입니다. 부자들은 아주 많은 것을 가졌습니다. 그러나 가난한 사람들은 하느님밖에 없습니다. 부자들은 친구들이 있습니다. 그러나 가난한 사람들은 그들뿐입니다. 부자들은 많은 위안을 가졌습니다. 가난한 사람들은 위안이 없습니다. 부자들은 기분전환을 할 수가 있습니다. 그러나 가난한 사람들은 그들의 일밖에 가진 것이 없습니다. 부자들에게는 돈이 모든 것을 쉽게 해줍니다. 그러나 가난한 사람들은 또 병과 흉년을 염려해야 하는 십자가를 지고 있습니다. 그것이 그들에게는 굶주림과 죽음일 터이니까 그렇습니다. 그러나 가난한 사람들은 하느님을 가지고 있습니다. 하느님은 그들의 친구이시고 위로자이십니다. 하늘에 대한 바람으로 그들의 고생스러운 현재를 잠시 잊게 하는 분이십니다. 우리가 '아버지, 저희에게 자비를 베풀어 주십시오' 하고 말할 수 있는 분이십니다— 그런데 가난한 사람들은 그들이 가난하고 보잘 것 없고 외로운 바로 그것 때문에 이 말을 할 줄 알고 또 실제로 합니다.

비록 부자이기는 하지만 내 친구이고 하느님의 친구인 라자로의 이 소유지에서 하는 이 말이 이상하게 들릴 수도 있을 것입니다. 그러나 라자로는 부자들 중에서 예외입니다. 라자로는 이 세상에서는 얻어보기가 매우 어렵고 또 그것을 남에게 가르치기 위해서 실행하는데는 한층 더 어려운 이 덕행에 도달했습니다. 재산에 대한 덕행과 자유의 덕행이 말입니다. 라자로는 의인입니다. 라자로는 이 때문에 기분이 상하지 않습니다. 그가 이 때문에 기분이 상할 수가 없는 것은 그는 부자이면서 가난한 사람이고, 따라서 감추어진 내 비난이 자기에게는 상관이 없다는 것을 알기 때문입니다. 라자로는 의인입니다. 그는 실력자들의 세계에서는 내가 말하는 것과 같이 된다는 것을 인정합니다. 그래서 말을 하는 것이고 또 이렇게 말하겠습니다. 정말 잘 들어두시오. 하느님 안에 있기가 부자에게보다는 가난한 사람에게 훨씬 더 쉽고, 나와 여러분의 아버지의 하늘에서는 이 세상에서 먼지와 같이 사람들의 발에 짓밟히는 가장 보잘 것 없는 사람들이었기 때문에 업신여김을 받았던 사람들이 많은 자리를 차지할 것입니다.

가난한 사람들은 진주와 같은 하느님의 말씀을 마음 속에 간직합니다. 그것이 그들의 유일한 보물인 것입니다. 재산이 하나밖에 없는 사람은 그것을 잘 보살핍니다. 재산을 여럿 가지고 있는 사람은 걱정이 많고 방심하고 교만하고 관능적입니다. 이 모든 것으로 인해서 그는 하느님에게서 오는 보물을 겸손하고 사랑하는 눈으로 감탄하며 바라보지 못하고, 겉으로만 값진 것으로 보이는 다른 보물들, 즉 이 세상의 재산이라는 보물들과 혼동합니다. 그 사람은 '나는 육체적으로 나와 같은 사람의 말을 받아들여 준다'고 생각하고, 초자연적인 것을 맛보는 그의 능력을 육욕의 짜릿한 맛으로 무디게 합니다. 짜릿한 맛! …그렇습니다. 그 역한 냄새와 썩은 맛을 감추기 위해서 양념을 많이 한 맛입니다….

그러나 잘 들으시오, 그러면 불안과 재산과 잘 먹는 것이 어떻게 하늘 나라에 들어가는 것을 방해하는지 이해할 것입니다.

어느 날 어떤 왕이 아들의 혼례를 치렀습니다. 왕궁에 얼마나 큰 축제가 벌어졌을지는 여러분이 상상할 수 있을 것입니다. 그는 왕의 외아들이었는데, 나이가 차서 그가 사랑하는 처녀와 결혼하는 것이었습니다. 아버지인 왕은 마침 지극히 사랑하는 처녀와 결혼하게 된 사랑하는 아들 주위에서 모든 것이 기뻐하기를 원했습니다. 많은 축하행사를 하는 가운데, 왕은 성대한 식사도 베풀었습니다. 그리고 그것을 천천히 준비하며, 그 식사가 왕의 아들의 혼인잔치에 어울리게 훌륭히 성공하도록 세밀한 데까지 일일이 보살폈습니다.

알맞은 시간에 왕은 하인들을 친구들과 인척들과 나라의 주요한 유력자들에게로 보내서 혼례식이 어느날 저녁으로 정해졌고 그들이 초대를 받았으니 와서 왕의 아들에게 어울리는 측근이 되어 달라고 말하게 했습니다. 그러나 친구와 인척과 나라의 유력자들이 초대를 받아들이지 않았습니다.

그러나 왕은 처음에 보낸 하인들이 제대로 설명을 하지 못한 줄로 생각하고 다른 하인들을 또 보내면서 이렇게 말하면서 간청하라고 시켰습니다. '오시라니까요! 제발 와주셔요. 이제는 모든 준비가 다 됐습니다. 큰 방이 준비되었고 사방에서 값진 포도주가 왔고, 부엌에는 벌써 요리를 할 소들과 살찐 짐승의 고기들을 가져왔습니다. 노예들은 후식을 만들려고 밀가루 반죽을 하고 있고, 또 다른 노예들은 아주 고급과자를 만들려고 편도를 절구에 찧고 거기에다 대단히 진귀한 향료를 섞고 있습니다. 무희와 악사들이 축제를 위해 고용되었습니다. 그러니 오셔서 이렇게 많이 준비한 것을 쓸 데 없는 것이 되지 않게 하십시오.'

그러나 친구와 인척과 나라의 유력자들은 거절하거나 '우리는 다른 볼 일이 있다'고 말하거나 초대에 응하는 체하다가 그들의 볼일을 보러 갔는데, 어떤 사람들은 밭으로 가고, 어떤 사람들은 장사를 하러 가고, 또 어떤 사람들은 그보다도 덜 고상한 일을 하러 갔습니다. 끝으로 하도 간청하는 바람에 귀찮아서 왕의 하인들을 잡아 말을 못하게 하려고 죽인 사람들도 있었습니다. 그것은 하인들이 '임금님께 이걸 거절하지 마셔요. 그 때문에 나으리께 불행이 닥칠지도 모르니까요' 하고 말하면서 간청했기 때문이었습니다.

하인들은 왕에게로 돌아와서 일어난 일을 모두 보고했습니다. 왕은 화가 불같이 나서 군대를 보내 자기 하인들을 죽인 사람들을 벌하게 하고 초대를 무시한 사람들에게 벌을 주고, 오겠다고 약속한 사람들에게는 상을 주기로 작정했습니다. 그러나 잔칫날 저녁 정한 시간에 아무도 오지 않았습니다. 왕은 분개해서 하인들을 불러 말했습니다. '내 아들이 혼례식을 올리는 오늘 저녁에 그를 축하해 주는 사람이 아무도 없대서야 말이 되느냐? 잔치는 차려졌는데, 초대받은 사람들은 잔치에 올 자격이 없다. 그렇기는 해도 내 아들의 혼인잔치는 치러져야 한다. 그러니 광장과 네거리에 지켜서서 지나가는 사람들을 붙들고, 걸음을 멈추는 사람들을 모아서 이리 데려오너라. 큰 방에 내 아들을 축하하는 사람이 가득 차게 하여라.'

하인들은 갔습니다. 그들은 거리에 나가고 광장에 퍼지고 네거리에 보내져서 착한 사람이건 악한 사람이건, 부자이건 가난한 사람이건 만나는 사람마다 모두 모아서 궁중으로 데리고 들어와서 연회장에 들어가기에 어울릴 만한 채비를 마련해 주었습니다. 그런 다음 연회장으로 그들을 데리고 가니, 왕이 원하던 대로 연회장에 즐거워하는 군중이 가득 찼습니다.

그러나 잔치를 시작할 수 있는지 보려고 연회장에 들어왔다가, 하인들이 채비를 마련해 주었는데도 예복을 입지 않은 사람을 보았습니다. 왕은 그에게 '예복을 입지 않고 여기에 들어오다니 어떻게 된 일이오?' 하고 물었습니다. 그러니까 그 사람은 사실 변명할 여지가 없었기 때문에 어떻게 대답해야 할지를 몰랐습니다. 그러자 왕은 하인들을 불러 말했습니다. '저 사람을 붙잡아 손발을 묶고 집 밖에 어두운 밤 진흙탕 속으로 내던져라. 거기서 그는 눈물을 흘리고 이를 갈 것이다. 그는 연회장과 내 아들에게 어울리는 사람만이 들어와야 하는 연회장에 초라하고 더러운 옷을 입고 들어와서 저지른 배은망덕과 나와 특히 내 아들에게 준 모욕 때문에 그런 일을 당해 마땅한 것이다.'

　여러분이 보다시피 세상에 대한 관심, 탐욕, 육욕, 잔인 따위는 왕의 분노를 일으키고, 이 모든 곤경에 빠진 사람들은 결코 다시는 왕의 궁궐에 들어갈 수가 없게 됩니다. 그리고 왕의 아들에 대한 친절로 초대를 받은 사람들 가운데에도 벌을 받는 사람이 있다는 것을 여러분은 알게 되었습니다.

　하느님께서 당신의 말씀을 이 세상에 보내신 오늘날 그런 사람이 얼마나 있습니까!

　인척들과 친구들과 당신 백성의 유력자들을 하느님께서는 정말 당신의 종들을 통해 초대하셨고, 이 혼례식이 가까워질수록 더 간절히 청하게 할 것입니다. 그러나 그들은 거짓 인척들이고 거짓 친구들이며 또 더할 수 없이 비열하기 때문에 그저 이름으로만 유력자들이므로 초대에 응하지 않을 것입니다(예수께서는 목소리를 점점 더 높이시고, 늦게 뜨는 하현달이 아직 뜨지 않은 밤을 밝히려고 예수와 청중 사이에 켜놓은 불빛에 예수의 눈은 마치 두 개의 보석인 것같이 반짝인다). 그렇습니다, 그들은 더할 수 없이 비열합니다. 이 때문에 그들은 왕의 초대에 응하는 것이 그들의 의무요 영광이라는 것을 이해하지 못합니다.

　교만과 냉혹과 음란이 그들의 마음 속에 벽을 쌓아 놓습니다. 그리고 그들의 악의로 나를 미워하고 내 혼례에 오려고 하지 않습니다. 그들은 오기를 원치 않습니다. 그들은 혼례보다는 몹시 불쾌한 정치와 흥정하는 것을 더 좋아하고, 한층 더 불쾌한 돈과 모든 것 중에서 가장 불쾌한 육욕과 흥정하기를 더 좋아합니다. 그들은 약삭빠른 계산과 음모와 음험한 음모와 계략과 범죄를 더 좋아합니다.

　나는 이 모든 것을 하느님의 이름으로 단죄합니다. 이 때문에 사람들은 말을 하는 목소리와 그 목소리가 초대하는 축제를 미워합니다. 이 백성 가운데에서는 하느님의 종들을 죽이는 사람들을 찾을 수 있습니다. 오늘까지 하느님의 종들인 예언자들과 이제부터의 종들인 내 제자들을 말입니다. 이 백성 가운데에서는 '예, 가겠습니다' 하고 말하지만 마음 속으로는 '절대로 가지 않을 거야!' 하고 생각하면서 하느님을 속이려고 하는 사람들을 찾아낼 수 있습니다. 이 모든 것이 이스라엘 안에 있습니다.

　그래서 하늘의 왕은 아들의 혼례를 어울리도록 호화롭게 치르기 위하여 하인들을 네거리에 보내서 친구도 유력자도 인척도 아니고 그저 그곳에 돌아다니는 서민들인 사람들을 데려오게 할 것입니다. 벌써 이렇게 모으는 일이 시작되었습니다— 내 손으로, 하느님의 아들이요 종인 내 손으로—.

그 사람들이 누구이든 올 것입니다. …그리고 벌써 왔습니다. 그리고 나는 그들이 혼례의 축제를 위해 자신을 깨끗하게 하고 아름답게 하도록 도와줍니다. 그러나 그중에는 하느님께서 그들이 실제로는 그렇지 못한 것을 그렇게 보이게 하시려고, 즉 부자요 의젓한 사람으로 보이게 하시려고 향수와 옷을 주시는 하느님의 관대하심까지 이용하여 그들의 불행을 초래할 사람들도 있을 것입니다. 이 모든 호의를 유혹하기 위하여, 이득을 얻기 위하여 부당하게 이용할 사람이 있을 것입니다. …불쾌한 문어 같은 모든 악습에 둘둘 말린 길들지 않은 영혼을 가진 사람들, …그리고 향수와 옷을 아들의 혼례를 위하여 쓰지 않고 그들의 사탄과의 혼례를 위해 써서 거기서 부당한 이득을 얻으려고 그 옷을 빼돌리는 길들지 않은 영혼을 가진 인간들입니다.

그런데 이런 일이 일어날 것입니다. 그것은 부름을 받은 사람은 많지만 부름을 충실히 따랐기 때문에 선택을 받게 되는 사람은 그리 많지 않기 때문입니다. 그러나 살아 있는 음식보다는 썩은 것을 더 좋아하는 저 하이에나 같은 사람들에게는 연회장에서 쫓겨나 어두움과 영원한 늪의 진흙탕 속에 던져지는 벌이 내려지기도 할 것입니다. 거기에는 사탄이 한 영혼을 이길 때마다 그의 소름끼치는 웃음이 울려 퍼지고, 그들을 부르셨던 무한한 인자를 따르지 않고 죄악을 다른 어리석은 자들의 절망적인 울음이 영원히 울릴 것입니다.

일어들 나시오, 그리고 쉬러 갑시다. 베다니아의 주민 여러분, 여러분 모두에게 강복합니다. 그리고 특히 내 친구 라자로 당신에게 강복하고, 마르타 네게 강복한다. 사람들을 불러 오라고 왕의 혼인 잔치에 사람들을 불러 오라고 세상에 보내는 나의 이전부터의 제자들과 새 제자들에게 강복한다. 모두에게 강복하게 무릎을 꿇으시오. 베드로야, 내가 너희에게 가르쳐 준 기도를 하여라. 그런데 내 곁에 서서 하여라. 하느님으로부터 이 일을 하도록 예정되어 있는 사람들은 이렇게 기도해야 하기 때문이다."

청중은 모두 다 건초 위에 무릎을 꿇는다. 서 있는 사람은 아마포로 만든 옷을 입으신 키가 크고 매우 아름다우신 예수와 짙은 밤색 옷을 입은 베드로뿐이다. 베드로는 감격으로 얼굴이 새빨개지고 거의 몸을 떨다시피하며 아름답지는 않으나 씩씩한 목소리로 기도하는데, 틀릴까 봐 무서워서 천천히한다. "하늘에 계신…"

남자와 여자… 몇 사람의 흐느낌 소리가 들린다. …그의 작은 손을 합장시켜 잡고 계신 성모님 앞에 무릎꿇고 있는 마륵지암은 천사와 같은 미소를 머금고 예수를 쳐다보며 가만히 말한다. "어머니, 보셔요, 선생님이 얼마나 아름다우신지! 그리고 제 아버지도 정말 아름다우셔요! 아버지는 하늘에 계신 것 같아요. …엄마가 여기 있으면서 우리를 보고 있을까요?"

그러니까 성모님은 "그럼. 꼬마야, 엄마가 여기 있으며 기도를 배우고 있단다"하고 속삭이는 말투로 대답하시고, 끝에 가서 입맞춤을 하신다.

"그럼 저도 그 기도를 배우게 될까요?"

"네가 자고 있는 동안에는 엄마가 그걸 네 영혼에게 속삭여 줄 거고, 낮 동안에는 내가 되풀이해 주마."

어린 아이는 그의 갈색 머리를 성모님의 가슴에 기대고 예수께서는 항상 장엄하게 하던 것과 같은 강복을 하시는 동안 그대로 있다.

그런 다음 모두가 일어나서 각기 집으로 돌아간다. 예수와 같이 있으려고 같이 시몬의 집으로 들어간다. 다른 사람들도 모두 들어간다. 가리옷 사람은 자존심이 상하여 어둠침침한 구석으로 간다. 그는 다른 사도들이 하는 것처럼 감히 예수 아주 가까이로 가지를 못한다….

라자로는 예수와 같이 기뻐하며 말한다. "아이고! 선생님이 떠나시는 것을 보게 되어 괴롭습니다. 그러나 그저께 떠나시는 것을 본 것보다는 더 기쁩니다!"

"라자로, 왜 그렇소?"

"선생님이 너무도 침울하시고 피곤해 보이셨기 때문입니다. …말씀도 안하시고, 별로 웃지도 않으시고… 그런데 어제와 오늘은 다시 제 거룩하시고 다정스러우신 선생님이 되셨습니다. 그래서 저는 몹시 기쁩니다…."

"나는 말을 하지 않는 때에도 선생이었소…."

"선생님이셨지요. 그러나 선생님은 차분하심이시고 말씀이십니다. 저희들은 선생님에게서 이것을 바랍니다. 저희들은 이 샘에서 저희들의 힘을 마십니다. 그런데 그때에는 이 샘물이 마른 것같이 보였습니다. 저희들은 목마름으로 괴로워했습니다. …선생님은 이방인들까지도 그것을 놀라워하며, 그 샘물을 찾아왔다는 것을 아시지요…."

제베대오의 요한 곁으로 다가갔던 가리옷 사람이 감히 말을 한다. "그건 사실입니다. 그들은 제게도 물었었습니다. …제가 선생님을 뵙기를 바라면서 안토니아탑 바로 곁에 있었으니까요."

"너는 내가 어디 있는지 알고 있었다" 하고 예수께서 짤막하게 대답하신다.

"알고 있었습니다. 그러나 저는 선생님이 선생님을 기다리는 사람들의 기대를 저버리지 않으시리라고 생각했습니다. 로마 사람들까지도 실망했습니다. 선생님이 왜 그렇게 하셨는지 저는 알지 못하겠습니다…."

"그래 네가 그것을 내게 묻는단 말이냐? 내게 대한 최고회의와 바리사이파 사람들과 또 다른 사람들의 기분을 너는 알지 못한단 말이냐?"

"뭐라구요? 선생님이 무서워하십니까?"

"아니다. 구역질이 났었다. 작년에 내가 혼자였을 때에는— 내가 예언자인지도 모르는 그 많은 사람에 대항해서 나혼자— 나는 무서워하지 않는다는 것을 보였고, 내가 보여준 이 대담성으로 인해서 네 마음을 끌었었다. 나는 하느님의 목소리를 잊어버렸던 백성에게 그것을 돌려 주었다. 나는 하느님의 집에 도사리고 있는 정신적인 더러움은 씻어 없애기를 바라지 못했기 때문에 물질적인 더러움을 씻어냈다. 사실 나는 사람들의 미래를 모르지 않는다. 그러나 파렴치한 환전상들과 고리대금업자들과 도둑들의 떠들썩한 거주지가 된 영원하신 주님의 집에 대한 열정으로 내 의무를 다하기 위하여, 그리고 여러 세기에 걸친 사제들의 소홀로 정신적인 나태에 빠져 있는 사람들을 흔들어 무감각상태에서 깨우기 위해 그렇게 했었다. 그것은 내 백성을 하느님께 데려가기 위하여 모으려는 집합신호였다. …올해에 나는 다시 왔다. …그리고 성전이 조금도 변하지 않은 것을 보았다. …한층 더 나빠진 것을 보았다. 이제는 도둑들의 소굴이 아니라 음모를 꾸미는 곳이며, 다음에는 큰 범죄의 본부가 될 것이고, 다음에는 창가(娼家)가 될 것이며, 그 다음에는 마침내 삼손의 힘보다도 더 센 힘으로 파괴될 것이고, 거룩하다고 불릴 자격이 없는 특권계급이 거기에서 쫓겨날 것이다. 너도 기억하다시피 내가 말하는 것을 금지당한 그곳에서 말하는 것은 무익한 일이다. 반역하는 백성! 하느님의 말씀에게 그의 집에서 말하는 것을 금하는 그들의 우두머리들을 통하여 타락한 백성! 나는 내 집에서 말하는 것이 금지되었다. 나는 가장 보잘 것 없는 사람들에 대한 사랑으로 말을 하지 않았다. 아직은 내가 스스로 죽음을 당할 시간이 아니다. 너무나 많은 사람에게 내가 필요하고, 내 사도들은 내 자녀들을, 즉 세상을 품에 받을 만큼 아직 힘이 넉넉히 세지 못하다. 어머니, 울지 마셔요. 착하신 어머니, 착각하기를 원하거나 착각할 수 있는 사람에게 그가 알고 있는 진리를 말해줄 필요가 있는 어머니의 아들을 용서해 주십시오. …저는 말을 하지 않습니다. …그러나 그들 때문에 하느님이 침묵을 지킬 수밖에 없게 되는 그들은 불행합니다! …어머니, 울지 마십시오, 마륵지암아, 울지 말아라! …제발 아무도 울지 말아요."
 그러나 실제로는 모두가 혹은 더 비통하게 혹은 덜 비통하게 운다.
 노란 줄과 빨간 줄이 있는 옷을 입은 유다는 죽은 사람처럼 창백해진 얼굴을 하고 거짓 우는 목소리로 감히 말을 한다. "선생님, 저는 정말 놀라고 몹시 슬픕니다. …선생님의 말씀이 무슨 뜻인지를 모르겠습니다. …저는 아무것도 모릅니다. …제가 성전 사람을 아무도 보지 못한 것이 사실입니다. 저는 모두와 관계를 끊었습니다. …그렇지만 선생님이 그렇게 말씀하시면 그것은 사실이겠지요…."
 "유다야! …사독은, 그 사람도 네가 안 보았단 말이냐?"
 유다는 머리를 숙이며 빠르게 말한다. "그 사람은 친구입니다. … 성전에 속해 있는 사람으로가 아니라 친구로 만나보았습니다…."
 예수께서는 대답을 하지 않으신다. 그리고 이사악과 엔도르의 요한 쪽으로 몸을 돌리시고 그들의 일에 대한 당부를 하신다.
 그러는 동안 여인들은 우시는 성모님과 성모님이 우시는 것을 보고 우는 어린 아이를 위로한다.
 라자로와 사도들도 슬퍼한다. 그러나 예수께서 그들에게로 가신다. 예수께서는 다시 다정스럽게 미소지으신다. 그리고 어머니를 껴안으시고 아이를 쓰다듬으시면서 말씀하신다. "자 이제는 여기 남아 있을 사람들에게 하직합니다. 우리는 내일 새벽에 떠나니까요. 라자로, 안녕히 계시오. 막시민, 잘 있게. 요셉, 나를 기다리시던 내 어머니와 여자 제자들을 친절히 도와준 것 모두 고맙다. 모든 것에 대해서 감사한다. 라자로, 당신은 내 이름으로 마르타에게 축복해 주시오. 멀지 않아 다시 오겠소. 어머니, 가서 쉬십시다. 마리아와 살로메도 올 생각이면 오세요."
 "물론 가구말구요!" 하고 두 마리아가 말한다.
 "그러면 쉬러 갑시다. 모두에게 평화. 하느님께서 너희 모두와 함께 계시기를." 강복하는 손짓을 하시고 아이의 손을 잡고 어머니를 껴안으신 채 나가신다.
 베다니아에 머무르는 것이 끝났다.

69. 사도들과 제자들과 같이 베들레헴으로

　동틀 무렵에 베다니아를 떠나신 후 예수께서는 당신 어머니와 알패오의 마리아와 마리아 살로메와 함께 베들레헴을 향하여 가신다. 사도들은 뒤에 따라오고 아이는 앞서 가는데, 그는 보는 모든 것, 잠을 깨는 나비들, 오솔길에서 무엇을 쪼아 먹으면서 노래하는 새들, 금강석 같은 이슬로 반짝이는 꽃들, 매애매애 하고 우는 많은 새끼양을 데리고 나타난 양떼 따위에서 기쁨의 동기를 발견한다. 바위들 사이로 거품을 잔뜩 일으키며 즐거운 듯이 흘러가는 베다니아 남쪽의 급류를 지나, 일행은 올리브나무와 포도나무로 온통 푸른 빛으로 뒤덮이고 다익은 곡식으로 황금빛이 된 작은 밭들을 곁들인 두 줄기의 야산 사이로 베들레헴을 향하여 간다. 계곡은 서늘하고 길은 꽤 편하다.
　요나의 시몬은 앞으로 나아가 예수의 집단에 다가가서 묻는다. "여기서 베들레헴으로 갑니까? 요한의 말로는 지난번에는 다른 길로 갔다고 하는데요."
　"그렇다" 하고 예수께서 대답하신다. "그러나 그것은 우리가 예루살렘에서 왔기 때문이었다. 여기서는 이 길이 더 가깝다. 여자들이 보고 싶어하는 라헬의 무덤 있는 데서 우리는 너희가 조금 전에 결정한 것처럼 헤어진다. 그랬다가 내 어머니가 머무르기를 원하시는 벳수르에게 다시 만나기로 하자."
　"그렇습니다, 저희가 그렇게 말하기는 했습니다. …그렇지만 모두 같이 가면 정말 좋겠는데요. …특별히 어머니께서… 결국 베들레헴과 동굴의 여왕은 어머니이시고 어머니께서 모든 것을 완전히 아시니까요. …어머니의 입으로 들으면 … 또 다를 것입니다. 자 이렇습니다."
　예수께서는 그의 소원을 넌지시 암시하는 시몬을 바라보시면서 빙그레 웃으신다.
　"아버지, 무슨 동굴 말이에요?" 하고 마륵지암이 묻는다.
　"예수님이 나신 동굴 말이다."
　"야! 멋있다! 나도 갈테야!…"
　"정말 멋있겠다!" 하고 알패오의 마리아와 살로메가 말한다.
　"대단히 멋있겠다! …그것은 뒤로… 세상이 너를 모르던 것도 사실이지만,

아직 미워하지 않던 시절로… 되돌아가는 것이 될 것이다. …겸손과 믿음으로 믿고 사랑할 줄밖에 모른 순진한 사람들의 사랑을 다시 발견하는 것이 될 것이다. …네가 미움받는다는 것을 안 다음부터 내 마음을 찍어누르는 무거운 짐을 내려놓는 것이 될 것이다. 거기 네가 누웠던 구유에 내려놓는 것이 될 것이란 말이다. …구유는 아직도 네 부드러운 눈길, 네 숨결, 네가 거기서 보였던 분명치 않은 미소를 간직하고 있을 거다. …그리고 이 모든 것이 내 마음을 어루만져 줄 것이다. …내 마음에는 많은 슬픔이 가득 차 있으니!… " 성모님은 당신의 소원과 슬픔을 내보이며 조용히 말씀하신다.

"그러면 우리 모두 가기로 합시다, 어머니. 어머니께서 우리를 인도하셔요. 오늘은 어머니께서 선생님이시고, 저는 배우는 아이입니다…."

"아이고! 아들아! 그건 안 된다! 너는 언제든지 선생이지…."

"아닙니다, 어머니. 요나의 시몬이 잘 말했습니다. 베들레헴의 땅에서는 어머니께서 여왕이십니다. 그곳이 어머니의 첫번째 궁궐이었습니다. 다윗의 후손 마리아 어머니, 이 작은 무리를 어머니의 궁궐로 인도하십시오."

가리옷 사람이 말을 하려고 하다가 입을 다문다. 예수께서 그의 태도를 알아차리시고 그것을 해석해서 말씀하신다. "만일 누가 피곤해서 그렇거나 다른 이유로 갈 수가 없으면, 그 사람은 마음대로 벳수르로 가는 길을 계속해도 좋다." 그러나 아무도 말하지 않는다.

그들은 동에서 서로 뻗은 시원한 계곡으로 해서 길을 간다. 그러다가 약간 북쪽을 향하여 돌아서 거기 솟아 있는 야산을 끼고 간다. 이렇게 하여 예루살렘에서 베들레헴으로 가는 길을 만난다. 둥근 지붕이 얹혀 있는 정육면체로 되어 있는 라헬의 무덤 바로 옆이다. 모두 가까이 가서 경건하게 기도한다.

"여기서 요셉과 내가 걸음을 멈추었다. …모두가 그때와 같다. 다른 건 계절뿐이다. 그때는 기슬레달의 추운 날이었다. 그전에 비가 와서 길이 질었었다. 그리고 몹시 추운 바람이 일었었고, 아마 밤 사이에 얼음이 얼었던 모양이었다. 길이 딱딱해졌었다. 그러나 온통 마차와 군중이 누비고 다녀서 배들이 꽉 차 있는 바다 같았다. 그래서 내 작은 나귀는 고생을 많이 했다…."

"그럼 어머니는 고생을 안하시구요?"

"아이고! 나야 너를 가지고 있었지!…" 그러면서 성모님의 눈이 얼마나 큰 행복을 나타내는지 감동시킬 정도이다. 그리고 다시 말씀을 이으신다. "밤이 되어갔고, 요셉은 매우 걱정을 하고 있었다. …살을 에는 듯한 바람이 점점 더 세게 일고 있었다. …사람들은 서로 부딪치면서 베들레헴을 향해 걸음을 재촉했고, 어디를 디뎌야 할지를 더듬으며 몹시 천천히 나아가는 내 작은 나귀를 공격했다. …나귀는 네가 여기 있는 줄을… 그리고 내 태의 요람에서 마지막 잠을 자고 있는 줄을 아는 것 같았다. 날씨는 찼다. …그러나 나는 타는 듯이 뜨거웠다. 나는 네가 도착하는 것을 느꼈다. …도착한다고? 너는 '어머니, 저는 아홉달째 거기 있었는데요' 하고 말할 수 있을 거다. 그렇다. 그렇지만 그때에는 네가 하늘에서 오는 것 같았다. 하늘이 낮게 낮게 내려앉고, 나는 하늘의 화려함을 보고 있었다. 나는 천주성이 아주 가까이 임박한 네 탄생의 기쁨을 초조히 기다리시는 것을 보았다.

그리고 그불이 내 안에 사무쳐 들어와 나를 불타오르게 하고… 내 정신을 모든 것에서 떼어놓았다. …추위… 바람… 군중… 이 모두가 아무것도 아니었다! 나는 하느님을 뵙고 있었다. …이따금씩 힘들어서 내 정신을 지상의 것으로 다시 돌릴 수 있게 되어서 요셉에게 미소를 보내곤 했다. 요셉은 나 때문에 추위와 피로를 걱정하고, 발을 헛디딜까 봐 작은 나귀를 이끌고 있었고, 내가 감기가 들까 봐 담요로 싸주곤 했다. …그러나 아무 일도 일어날 수가 없었다. 나는 흔들리는 것을 느끼지 못했고, 천사들이 받쳐 들고 있는 찬란한 구름 가운데로 별로 이루어진 길로 나아가는 것 같았다. …그래서 나는 미소짓고 있었다. …우선 너에게… 나는 내 백합꽃 봉오리인 네가 살이 있는 장미꽃으로 된 작은 침대에서 작은 주먹을 쥔 채 자고 있는 것을 육체의 장벽을 통해서 바라보고 있었다. …그리고 몹시 슬퍼하고 또 슬퍼하고 있는 남편의 용기를 돋우어 주기 위해서 그에게도 미소를 보내고… 또 벌써 주님의 영기(靈氣) 속에서 호흡하고 있다는 것을 알지 못하는 사람들에게도 미소를 보냈다.

우리는 작은 나귀를 쉬게 하고 우리 가난한 사람들의 음식인 빵과 올리브를 좀 먹으려고 라헬의 무덤 곁에서 걸음을 멈추었다. 그러나 나는 시장하지 않았다. 시장할 수가 없었다. 내 기쁨이 내 식량이 되는 것이었다. …우리는 길을 다시 가기 시작했다. 우리가 어디서 목자를 만났는지 보여줄 테니 이리들 와요. 내가 틀릴까 봐 염려하지 말아요. 나는 그 시간에 겪은 것을 다시 겪고 장소 하나하나를 그대로 다시 보아요. 나는 큰 천사의 빛을 통해서 보고 있으니까. 어쩌면 육체의 눈에는 보이지 않지만 영혼의 눈에는 그들의 빛나는 흰 빛이 보이는 천사들의 무리가 다시 이 곳에 있어서 모든 것이 나타나고 모든 것이 지적되는지도 몰라요. 천사들은 틀릴 수가 없어요. 그리고 나를 기쁘게 하고, 여러분을 기쁘게 하려고 나를 인도해요. 자, 여기 이 밭에서 저 밭 사이로 엘리야가 양들을 데리고 왔고, 요셉이 나를 위해 그에게 양젖을 청했어요. 그리고 그가 따뜻하고 영양이 되는 양젖을 짜고 요셉에게 충고를 하는 동안 우리는 여기 이 풀밭에 걸음을 멈췄었어요.
　이리들 오시오. 와요. …이것이 베들레헴 못 미쳐 마지막 골짜기의 오솔길이예요. 우리가 이 오솔길을 택한 것은 베들레헴 근처의 주요한 길들에는 사람과 타는 짐승이 가득 차 있었기 때문이었어요. …자, 베들레헴에 다 왔어요! 오! 사랑하는! 내 아들의 첫번 입맞춤을 내게 준 사랑하는 내 조상의 땅! 너는 빵을 가리키는 네 이름과 같이 솔직하고 착하고 좋은 냄새가 나서 굶어 죽는 세상에 진짜 빵을 주고자 했다. 온 인류에게 하늘의 길을 가르치기 위하여 야곱에게서 난 샛별인 구세주에게 세워진 첫번째 성전인 다윗의 베들레헴의 거룩한 땅아, 그 안에 라헬의 모성애가 들어 있는 너는 나를 안아 주었다! 베들레헴 도시가 이 봄에 얼마나 아름다운지 보아요! 그러나 그때에도 밭과 포도밭에 아무것도 없었지만 그래도 아름다웠어요! 가벼운 베일과 같은 서리가 잎이 떨어진 가지들을 반짝이게 하고, 마치 만질 수 없는 낙원의 베일로 감싼 듯이 금강석 가루로 덮여 있었어요. 집집마다 곧 먹게 될 저녁을 준비하느라고 굴뚝에서 연기가 나고 있었는데, 그 연기는 이 꼭대기까지 조금씩 조금씩 퍼져 올라와서 도시 자체가 온통 베일에 싸인 것같이 보이게 했어요. …아들아! 너를, 너를 기다리는 가운데 모든 것이 순결하고 정신을 가다듬고 있었다. …그리고 베들레헴 사람들도 너를 느꼈을 것이다.
　왜냐하면 여러분은 그렇게 믿지 않지만 그 사람들은 고약하지 않으니까요. 그 사람은 우리를 받아들일 수가 없었던 거지요. 베들레헴의 정직하고 친절한 집들에는 지금도 그렇지만 언제나와 마찬가지로 귀머거리요 교만하고 건방진 사람들이 모여들었는데, 그 사람들은 너를 느낄 수가 없었던 것이다. …바리사이파 사람들과 사두가이파 사람들, 헤로데당 사람들, 율법학자, 에세네파 사람들이 얼마나 있었는지 모른다! 오! 지금 닫힌 그들의 마음은 그때의 그들의 무정한 마음의 연속이다. 그들은 그날 밤 가엾은 자매에 대한 사랑에 그들의 마음의 문을 닫고… 어둠 속에 남아 있었고, 지금도 그대로 남아 있다. 그 사람들은 그때부터 이웃에 대한 사랑을 그들에게서 멀리 물리침으로써 하느님을 물리친 것이다.
　이리들 와요. 동굴로 갑시다. 시내로 들어갈 필요가 없어요. 내 아이의 제일 친한 친구들은 이제 거기에 없어요. 돌과 작은 개울과 불을 피울 수 있는 나무가 있는 정다운 자연만 있으면 우리에겐 충분해요. 그 주님이 오시는 것을 느낀 자연… 자, 안심하고 와요. 여기서 돌아가요. …저기 다윗의 탑 폐허가 있어요. 오! 내게는 이 폐허가 왕궁보다도 더 소중해요! 축복받은 폐허! 축복받은 개울! 기적적으로 바람에 많은 가지가 부러져서 우리가 땔나무를 얻어만나 불을 피울 수 있게 해준 축복받은 나무!"

성모님은 동굴을 향하여 빨리 내려가시고, 다리노릇을 하는 널빤지로 해서 개울을 건너서 폐허 앞에 있는 장소로 달려가시고는 동굴 어귀에 무릎을 꿇으신다. 그리고 몸을 숙여 땅에 입맞춤하신다. 다른 사람들도 모두 성모님이 하시는 대로 한다. 그들은 감격하였다. …성모님을 잠시도 떠나지 않는 아이는 신기한 이야기를 듣는 것 같아 그의 까만 눈은 성모님의 말씀과 몸짓을 하나도 놓치지 않고 마시는 것 같다.

성모님은 다시 일어나셔서 들어가시면서 말씀하신다. "모두가, 모두가 그때와 꼭같다. 그러나 그때는 밤이었다. …요셉은 내가 들어갈 때에 불을 밝혔다. 그때에, 그때에야 나귀에서 내리면서 얼마나 피곤하고 몸이 얼었는지를 느꼈다. …소 한 마리가 우리를 맞이했다. 나는 소에게로 가서 따뜻한 기운을 좀 느끼고 건초에 기대려고 했다. …요셉은 지금 내가 있는 곳에 내게 침대를 만들어 주려고 건초를 깔고, 이 구석에 피운 불에 나를 위하고 아들 너를 위해 건초를 말렸다. …요셉은 그 천사 같은 남편으로서의 사랑으로 아버지같이 다정스러웠기 때문이다. …그리고 우리는 어두운 밤에 길을 잃은 두 남매처럼 서로 손을 잡고 빵과 치즈를 먹었다. 그리고 요셉은 불을 꺼지지 않게 하느라고 나무를 넣어주고, 겉옷을 벗어서 입구를 막았다. …사실은 하늘에서 내려오는 하느님의 영광인 내 예수 네 앞에 휘장을 드리운 것이었다. …그리고 나는 내 겉옷과 모직 담요로 몸을 감싸고 짐승 두 마리의 온기를 느끼며 건초 위에 있었다. …소중한 내 남편! …여자에게 있어서 항상 미지의 것이 가득 찬 첫번으로 어머니되는 것의 신비 앞에 있는 불안을 겪는 그 시간에, 그리고 내 경우에는 죽을 육체에서 하느님의 아들이 나타나는 것을 본다는 신비로도 가득 찬 내 유일한 모성에 있어서 요셉은 내게 어머니였고, 천사였고… 나를 격려하는 사람이었다. …그때도 그랬고, 언제나 그랬다.

그런 다음 침묵과 잠이 와서 의인을 감싸… 내게 있어서는 하느님께서 날마다 주시는 입맞춤이었던 것을 못 보게 했다. …그리고 내게 있어서는 인간적인 필요로 인한 중단이 있은 후, 천국의 바다에서 오는 엄청나게 큰 황홀의 물결이 와서 점점 더 높아지는 빛나는 꼭대기로 다시 올려 주었고, 빛과 빛, 기쁨, 평화, 사랑의 넓은 바다로 높이높이 나를 데리고 올라가, 하느님의 하느님의 품의 바다 안에 섞이게 되었다. …그리고 '마리아, 자오?' 하는 이 세상의 목소리가 아직 한 번 들려왔다. 오! 아주 멀리서 들려오는 메아리, 이 세상의 추억이었다! …그러나 하도 약해서 내 영혼이 그것에 감동을 느끼지 않을 정도였고, 나는 그 불과 무한한 행복과 하느님을 미리 맛보는 심연 속으로… 하느님에게까지, 하느님에게까지 올라가고 또 올라가면서 그 메아리에 어떤 대답을 했는지 모르겠다. …오! 그러나 그날 밤 삼위 섬광에서 난 것이 너였더냐, 혹은 나였더냐? 내가 너를 준 것이냐, 또는 네가 나를 주기 위해 들이마셨던 것이냐? 나는 모르겠다….

그런 다음 저 천사의 무리에서 이 천사의 무리로, 저 별에서 이 별로, 저 구름에서 이 구름으로 부드럽게 천천히 지극히 행복하게 내려왔다. …내 왕관인 네가! 네가 내 가슴에… 마치 독수리가 꽃을 물고 저 높은 데까지 올라갔다가 떨어뜨려서, 그 꽃이 비오듯 쏟아지는 보석들과 하늘에서 훔쳐 온 무지개로 더 아름답게 된 공기의 날개를 타고 제가 태어난 땅으로 다시 내려오는 것과 같았다….

네게 경배하고 나서 여기 앉아 너를 사랑했다. 마침내 나는 육체의 장벽없이 너를 사랑할 수 있었고, 여기서 일어나 나와 같이 처음에 너를 사랑할 자격이 있는 이에게 사랑하라고 데려다 주었다. 그리고 여기 이 투박한 두 기둥 사이에서 너를 아버지께 바쳤다. 그리고 여기서 네가 처음으로 요셉의 품에 안겼다. …그런 다음 나는 너를 포대기로 싸서 둘이 같이 여기에 내려놓았다. …나는 너를 흔들어 주고 있었고, 그동안 요셉은 건초를 불꽃에 말려서 가슴에 품어가지고 따뜻하게 보존했다가 이곳에 놓았고, 우리 둘은 내가 지금 하는 것처럼 네게로 몸을 굽혀 네게 경배하고, 네 숨결을 마시고, 사랑이 얼마나 자기를 낮출 수 있는지를 보고, 하느님을 뵙는 기쁨으로 하늘에서 사람들이 분명히 흘릴 눈물을 우리도 흘렸다."

성모님은 이렇게 상기하시는 동안 왔다갔다 하시며 장소들을 가리키시고, 사랑으로 숨을 헐떡이시고, 파란 눈에는 눈물이 반짝이고, 입술에는 기쁨의 미소가 떠오르는 가운데, 이 회상시키는 이야기를 하시는 동안 큰 돌에 앉아 계시던 예수께로 실제로 몸을 숙여 그때와 같이 울고 경배하시며 머리에 입맞춤하신다….

"그런 다음 목자들이… 여기 안으로 들어와 그들의 영혼과 그들과 함께 들어온 땅의 커다란 숨과 그들의 사람 냄새와 짐승과 건초 냄새와 더불어 경배했고, 밖에서와 사방에서는 그들의 사랑으로, 인간은 흉내낼 수 없는 그들의 노래로, 그리고 하늘의 사랑으로 네게 경배했고, 그들이 그들의 빛남과 더불어 가져와서 함께 들어온 하늘의 분위기로 네게 경배하는 것이었다. …복된 네 탄생을!…"

성모님은 아들 곁에 무릎을 꿇으시고 그 무릎에 머리를 얹으시고 감격의 눈물을 흘리신다. 얼마 동안 아무도 감히 말을 하지 못한다. 더 혹은 덜 감동되어 있던 사람들은 마치 거미줄과 울퉁불퉁한 조약돌들 가운데에서 방금 묘사된 장면의 광경을 보기를 바라는 듯이 주위를 둘러본다….

성모님은 다시 침착해지셔서 말씀하신다. "자, 내 아들의 무한히 소박하고 무한히 위대한 탄생을 선생의 지혜로써가 아니라 여자로서의 내 마음으로 말했어요. 그것은 세상에서 가장 위대한 것이었지만 가장 흔히 볼 수 있는 외양 속에 감추어진 것이었기 때문에 다른 것은 아무것도 없었어요."

"그렇지만 다음날은요? 또 그 다음에는요?" 하고 여러 사람이 묻는다. 그중에는 두 마리아도 있다.

"다음날에요? 오! 매우 간단하지요! 모든 엄마가 하는 것처럼 아기에게 젖을 먹이고, 씻기고 포대기에 싸 주었지요. 나는 개울에서 물을 떠다가 아기의 파란 두 눈이 눈물을 흘리지 않게 하려고 저 밖에 피워 놓은 불에 데워서 제일 아늑한 구석에서 헌 나무통에서 아기를 씻고 깨끗한 배내옷을 입히곤 했어요. 그리고는 개울에 가서 작은 배내옷을 빨아서 햇볕에 널어 말리곤 했지요… 그리고 기쁨 중에서도 기쁨은 아기에게 젖을 주는 것이었어요. 아기는 젖을 먹고 얼굴에 화색이 돌고 행복했지요. …첫날 제일 따뜻한 시간에 나는 아기를 잘 보려고 저 밖에 나가 앉았었어요. 여기는 햇빛이 직접 들어오지 못하고 약하게 새어 들어와서 빛과 불꽃이 물건들을 이상하게 보이게 했어요. 그래서 밖에 해가 있는 데로 나가서… 사람이 되신 말씀을 보았어요. 그때에 어머니는 아들을 알게 되었고, 하느님의 여종은 그의 주님을 알게 되었지요. 그래서 나는 여인과 흠숭자가 되었어요. …그리고 안나의 집… 요람 곁에서 지낸 나날, 첫걸음, 첫말… 그러나 이것은 그후 때가 되어서였지요. …그러나 네가 나던 때와 같은 것은 아무것도, 정말 아무것도 없었다. …그 충만함은 하느님께 돌아가서나 다시 찾게 될 것이다…"

"아니 그렇지만… 그렇게 최후 순간에 떠나다니! 얼마나 무모한 짓이었어요! 왜 기다리질 않았어요. 법령에는 출산이나 병같이 예외적인 경우에는 유예 기간이 정해져 있었는데요. 알패오가 그렇게 말했어요…" 하고 알패오의 마리아가 말한다.

"기다리다니요? 그건 안 될 말이예요! 그날 저녁 요셉이 소식을 듣고 왔을 때 아들아 나와, 너 이렇게 둘이는 기쁨으로 몸을 떨었다. 그것은 부름이었다. …예언자들이 말한 것과 같이 네가 나기로 되어 있는 곳은 여기, 오직 여기뿐이었으니까. 예기치 않는 그 법령은 요셉에게 남아 있는 의심의 기억까지도 지워버리기 위한 하늘의 연민 같은 것이었다. 그 법령이야말로 내가 너를 위해, 요셉을 위해, 유다인들의 세계를 위해, 그리고 이 세상이 끝날 때까지 미래의 세계 사람들을 위해 기다리고 있던 것이었다. 그것은 예언되어 있는 것이었고, 또 예언된 대로 이루어진 거예요. 기다리다니요! 신부가 그의 혼인에 대한 꿈을 늦어지게 할 수 있어요? 왜 기다리겠어요?"

"그렇지만… 무슨 일이 일어날지도 모르기 때문에…" 하고 알패오의 마리아가 또 말한다.

"나는 조금도 걱정하지 않았어요. 하느님께 의지하고 있었거든요."

"그렇지만 모든 것이 그렇게 되리라는 걸 알고 있었어요?"

"아무도 그 말을 내게 해주지 않았고, 나도 그건 도무지 생각하지 않고 있었어요. 요셉에게도 그렇고 형님네한테도 그렇고 해산 때까지는 아직 시간이 있다고 생각해서 요셉을 안심시킬 정도였으니까요. 그렇지만 나는 빛의 명절에 빛이 나리라는 것을 알고 있었어요, 그것은 알고 있었어요."

"그런데 어머니는 왜 아주머니와 같이 가지 않으셨어요? 그리고 아버지는 왜 그 생각을 못하셨어요? 어머니 아버지도 여길 오셔야 했어요. 왜 우리가 모두 오지 않았지요?" 하고 유다 타대오가 준엄하게 묻는다.

"네 아버지는 빛의 명절이 지난 다음에 오기로 결정하고 그 말을 동생 요셉에게 했다. 그러나 요셉은 기다리려고 하지 않았다."

"그렇지만 적어도 어머니는…" 하고 타대오가 또 대꾸한다.

"유다야, 어머니를 비난하지 말아라. 우리는 이 탄생의 신비를 베일로 가리는 것이 마땅하다고 만장일치로 생각했던 거다."

"그렇지만 요셉 아저씨는 그 탄생이 저 표들과 더불어 오리라는 것을 알고 있었나요? 아주머니가 그걸 알지 못하셨는데, 아저씨가 그것을 알 수가 있었겠어요?"

"우리는 예수가 나리라는 것 외에는 아무것도 모르고 있었다."

"그러면요?"

"그러니까 의당 그렇게 되어야 하는 것처럼 하느님의 지혜가 우리를 인도하신 거다. 예수의 탄생과 이 세상에 있는 것은 놀라운 것과 사탄을 자극할 만한 것은 아무것도 없이 나타나야 했던 거다. …그래서 여러분은 메시아에 대한 베들레헴의 지금의 원한은 그리스도의 첫번째 표시의 결과라는 것을 알게 되는 것입니다. 마귀의 증오는 이 새 사실을 이용해서 피를 흘리게 하고, 흘린 피를 통해서 증오를 퍼뜨린 것입니다. 말을 안하고 숨을 죽이고 있는 것 같은 요나의 시몬, 만족한가?"

"아주 만족합니다. …하도 만족해서 제가 이 세상 밖에, 성전의 휘장 저쪽보다도 한층 더 거룩한 곳에 있는 것 같을 정도입니다. …너무도 만족해서… 어머니가 이 장소에서 그때의 빛에 둘러싸여 계신 것을 뵌 지금은 어머니를 물론 경의를 가지고 대접해 올렸지만 그래도 그저 위대한 여인으로, 역시 여인으로 대접해 올린 것이 두려울 지경입니다. 이제는… 이제는 어머니를 이전처럼 감히 '마리아'라고 부르지 못하겠습니다. 어머니께서 전에는 제게 선생님의 어머니이셨습니다. 그러나 어머니께서 하늘의 빛의 물결 꼭대기에 계신 것을 뵌 지금, 여왕같이 되신 어머니를 뵌 지금 보잘 것 없는 종인 저는 이렇게 합니다" 하고 말하면서 땅에 엎디어 성모님의 발에 입맞춤한다.

이제는 예수께서 말씀하신다. "시몬아, 일어나 이리 내 곁으로 바싹 다가오너라." 성모님이 예수 오른편에 계시기 때문에 베드로는 예수의 왼편으로 간다. "지금 우리는 무엇이냐?" 하고 예수께서 물으신다.

"우리가요? 그야 예수님과 어머니와 시몬이 있지요."

"맞았다. 그러나 우리가 몇이냐?"

"셋입니다, 선생님."

"그러면 삼위일체이다. 어느날 하늘에서 삼위일체이신 하느님께 이런 생각이 떠올랐다. '말씀이 세상에 갈 때가 되었다' 하고. 그래서 말씀은 사랑으로 마음이 설레는 가운데 세상에 왔다. 그러니까 말씀은 아버지와 성령을 떠나 일을 하러 세상에 왔다. 하늘에서는 남아 계신 두 위께서 세상에서 일을 하는 말씀을 도우려고 생각과 사랑을 부어주시기 위해 그 어느 때보다도 더 결합하셔서 말씀의 사업을 보충하셨다. 하늘에서 '모든 것이 이루어졌으니까 돌아올 때가 되었다' 하는 명령이 내려올 날이 올 것이다. 그러면 말씀은 하늘로 돌아갈 것이다. 이렇게… (그러시면서 예수께서는 성모님과 베드로를 그 자리에 남겨 두신 채 한 걸음 뒤로 물러나신다) 그리고 하늘 위에서 세상에 남아 있는 두 사람의 일을 관찰할 것이다. 세상에 남아 있는 두 사람은 거룩한 충동으로 그 어느 때보다도 더 굳게 결합하여 권위와 사랑을 세우고, 그것을 가지고 말씀의 소원을 채우는 방법을 만들 것이다. 말씀의 소원이란 '그의 교회 안에서 끊임없이 가르침으로써 세상을 구속하는 것'이다. 그리고 아버지와 아들과 성령께서는 당신들의 빛남으로 사슬을 만들어 세상에 남아 있는 두 사람, 즉 사랑이신 내 어머니와 권위인 너를 점점 더 긴밀히 할 것이다. 그러므로 너는 어머니를 여왕으로 대접해야 할 것이다. 그렇다, 그러나 네가 노예가 되어서는 안 된다. 그렇게 생각되지 않느냐?"

"제게 어떻게 생각되고는 아무래도 좋습니다. 저는 어리둥절할 뿐입니다. 제가 권위라니요? 아이고! 만일 제가 권위가 돼야 한다면, 그때에는 정말이지 어머니께 의지해야 합니다! 오! 주님의 어머니, 저를 절대로 버리지 마십시오, 절대로, 절대로…"

"염려 말게. 내 아기가 혼자서 걸을 수 있게 될 때까지 해준 것처럼 언제나 자네 손을 잡아 주겠네."

"그럼 그 다음에는요?"

"그 다음에는 기도로 자네를 부축해 주겠네. 자, 시몬, 하느님의 능력을 의심하지 말게. 나는 하느님의 능력을 의심하지 않았네, 요셉도 그랬고. 자네도 의심하지 말아야 하네. 하느님께서는 우리가 계속해서 겸손하고 충실하면 시간마다 당신의 도움을 주시네. …이제는 밖으로 나가 개울 근처에 있는 저 훌륭한 나무 그늘로 갑시다. 더 늦은 여름이었더라면 저 나무가 그늘 외에 사과도 여러분에게 주었을 텐데. 갑시다. 길을 떠나기 전에 식사를 합시다. 어디로 가는 거냐, 아들아?"

"알라로 갑니다. 아주 가깝습니다. 그리고 내일은 벳수르에 갑니다."

그들은 사과나무 그늘에 앉고 성모님은 그 튼튼한 줄기에 기대어 앉으신다. 바르톨로메오는 그렇게도 젊고 또 당신이 상기시키신 것으로 인하여 아직도 천사같이 흥분하신 채 당신 아들이 축복해서 주시는 음식을 받으시면서 사랑의 눈길로 미소를 보내시는 것을 뚫어지게 쳐다보고 중얼거린다. "'그분의 그늘에 앉으니, 그분이 주시는 음식이 내 입에 달도다'."

유다 타대오가 그에게 대답한다. "맞아. 어머니는 사랑으로 애를 태우셔. 그렇지만 사과나무 아래서 잠을 깨셨다고는 확실히 말할 수가 없어."

"왜 그럴 수 없어? 왕의 비밀에 대해서 우리가 뭘 알아?" 하고 알패오의 야고보가 대답한다.

그러자 예수께서는 미소지으시며 말씀하신다. "새 하와는 그의 미소와 눈물이 뱀을 도망치게 하고 독이 든 열매를 해독하기 위해서 하늘 나라의 사과나무 아래에서 하느님의 생각에 의해서 잉태되었다. 그래서 새 하와는 구속하는 열매를 맺는 나무가 되었다. 벗들아, 와서 그 열매를 먹어라. 그 열매의 단 맛에서 영양을 취하는 것은 하느님의 꿀로 영양을 취하는 것이기 때문이다."

"선생님, 제가 오래 전부터 알려고 하는 소원에 대답해 주십시오. 저희들이 인용하는 아가(雅歌)는 마리아 어머니를 예견하는 것입니까?" 성모님이 아이를 보살피시고 여자들과 말씀하시는 동안 바르톨로메오가 가만히 묻는다.

"그 책 처음부터 어머니에 대해서 말하고, 또 사람의 말이 하느님의 영원한 도움의 영원한 환희의 노래로 변할 때까지 미래의 책들에서도 어머니에 대해 말할 것이다." 그러시면서 예수께서 여자들에게로 몸을 돌리신다.

"선생님이 다윗의 후손이시라는 것을 잘 알 수 있어! 얼마나 많은 지혜이고, 얼마나 아름다운 시야!" 하고 열성당원이 동료들에게 말한다.

"이거 봐" 하고 아직 전날의 느낌의 영향으로 전에 가졌던 자유로움을 되찾으려고 애쓰면서도 말을 별로 하지 않는 가리옷 사람이 말을 막는다. "이거 봐, 나는 강생이 왜 정말 있어야 했는지 이해하고 싶어. 하느님께서 홀로 말씀하셔서 사탄을 이기실 수 있단 말이야. 하느님께서 홀로 구속을 할 능력을 가지고 계시단 말이야. 나는 이걸 의심치 않아. 그런데도 말이야, 하느님의 말씀은 모든 사람과 같이 나시고 어렸을 때의 괴로움과 그밖의 일에 굴종하시면서 하신 것보다 당신의 품위를 덜 떨어뜨리실 수 있었을 것 같아. 벌써 장성한 인간의 형태로, 어른의 형태로 나타나실 수 없었을까? 혹은 또 정말 어머니를 갖고 싶으시면 아버지를 그렇게 하신 것처럼 양어머니를 택하실 수 있지 않았을까? 내가 한 번 선생님께 질문을 했는데, 선생님은 길게 대답해 주지 않으신 것 같아, 혹은 내가 기억을 못하든지."

"여쭈어보게나! 지금 우리가 그 문제를 다루고 있으니까" 하고 토마가 말한다.

"나는 안 돼. 나는 선생님을 화나시게 했는데, 아직 용서를 받은 것같이 느껴지지 않아. 내 대신 자네가 여쭈어보게."

"미안하네! 우리는 그렇게 많은 설명이 필요없이 모든 것을 받아들이는데 우리가 질문을 해야 한단 말인가? 그건 옳지 않아!" 하고 제베대오의 야고보가 대꾸한다.

"무엇이 옳지 않단 말이냐?" 하고 예수께서 물으신다.

잠시 침묵이 흐른다. 그런 다음 열성당원이 모두의 대변자가 되어 가리옷의 유다의 질문과 다른 사람들의 대답을 되풀이한다.

"나는 원한을 품고 있지 않다. 이것이 내가 제일 먼저 해야 할 말이다. 나는 타일러야 할 것은 타이른다. 그리고 괴로워하고 용서한다. 이것은 아직 불안의 결과인 두려움을 느끼는 사람을 위해서 하는 말이다. 내 실제적인 강생에 관해서 나는 이렇게 말한다. '마땅히 그렇게 되어야 했다'고. 장차 아주 많은 사람이 내 강생에 대하여 오류에 빠질 것이다. 그 사람들은 바로 유다가 내가 취했으면 하고 바라는 것과 같은 형태를 가진 것으로 간주할 것이다. 외형으로는 물질로 된 육체를 가졌지마는 실제로는 마치 빛의 작용같이 유동적(流動的)인 육체를 가진 사람이어서 그 덕택으로 내가 육체이기도 하고 육체가 아니기도 하다는 것이다.

그러나 정말로 나는 육체이고, 마리아는 육체가 된 말씀의 어머니이시다. 내 탄생의 시간이 오직 황홀만이었던 것은 내 어머니는 원죄의 짐을 지지 않고 또 거기 따른 벌의 유산도 받지 않은 새로운 하와이시기 때문이다. 그러나 내가 마리아 안에 들어 있었던 것이 내게는 품위를 떨어뜨리는 일이 아니었다. 혹 만나가 장막 안에 있었다는 사실로 인해서 가치가 떨어졌었느냐? 아니다, 오히려 그곳에 있는 것이 만나에게는 영광이 되었다. 어떤 사람들은 내가 실제적인 육체가 아니었으므로 내가 이 세상에 머물러 있는 동안 고통도 죽음도 겪지 않았다고 말할 것이다. 그렇다, 사람들은 내 존재를 부인할 수가 없으므로 내 강생의 사실성이나 내 천주성의 진실성을 부인할 수가 없으므로 내 강생의 사실성이나 내 천주성의 진실성을 부인할 것이다. 아니다, 사실은 내가 영원히 아버지와 하나이고 육체로서 하느님과 결합하여 있다. 그것은 하느님께서 지극히 완전하심으로 육체를 구하시기 위하여 육체를 취하심으로써 가실 수가 없는 곳을 사랑은 갈 수가 있었기 때문이다. 이 모든 오류에 대해서 내가 날 때부터 죽음에 이르기까지 그 피를 주고, 죄를 빼놓고는 사람과 공유하는 모든 것에 구속(拘束)을 받는 내 온 생애가 대답을 제공한다. 그렇다, 어머니에게서 나서 말이다. 하느님의 정의가 여인을 협력자로 가지시게 된 순간부터 얼마나 가라앉으셨는지 너희는 모른다. 유다야, 이제 만족하냐?"

"예, 선생님."

"너도 나를 만족시키도록 하여라."

가리옷 사람은 부끄러워서 고개를 숙인다. 그리고 어쩌면 이렇게도 많은 친절에 실제로 감동하였는지도 모른다.

사과나무의 그늘에서 쉬는 시간이 길어진다. 어떤 사람들은 자고, 어떤 사람들은 존다. 그러나 성모님은 일어나셔서 동굴로 다시 가시고 예수께서도 성모님을 따라가신다….

70. 벳수르의 엘리사의 집으로 가면서

"우리가 헤브론 가는 길로 얼마 동안 돌아오면 그들을 만날 것이 거의 확실하다. 제발 두 사람씩 두 사람씩 산길로 해서 그들을 찾아가라. 여기서 솔로몬의 못에까지, 그리고 거기서 벳수르까지. 우리는 너희를 따라가겠다. 여기가 그의 방목(放牧) 구역이다" 이렇게 주님이 열 두 사도에게 말씀하신다. 그래서 나는 예수께서 목자들 말씀을 하시는 것임을 알아차린다.

사도들은 각기 자기가 좋아하는 동료와 같이 떠날 준비를 한다. 다만 거의 떨어질 수 없는 요한과 안드레아의 짝만이 이루어지지 않는다. 그들이 둘 다 가리옷 사람에게 가서 "나는 자네와 같이 가겠어" 하고 말하고, 유다는 "그래 안드레아, 같이 가세. 이렇게 하는 게 더 나아, 요한. 자네와 나는 둘 다 벌써 목자들을 아는 사람이니까, 자넨 다른 사람하고 같이 가는 게 더 나아" 하고 대답하였기 때문이다.

"그럼 젊은이는 나하고 가세" 하고 베드로가 제베대오의 야고보를 떠나면서 말한다. 야고보는 군말없이 토마와 같이 간다. 그리고 열성당원은 유다 타대오와 같이 가고, 알패오의 야고보는 마태오와 같이, 떨어질 수 없는 필립보와 바르톨로메오가 같이 간다. 어린 아이는 예수와 마리아들과 같이 있다.

숲과 풀밭 따위로 온통 푸른 빛인 산 가운데로 난 길은 시원하고 아름답다. 새벽의 황금색 빛을 받으며 방목지로 가는 양떼들을 만난다.

방울 소리가 들릴 때마다 예수께서는 말씀을 중단하시고 바라다보신다. 그리고 베들레헴의 목자 엘리야가 이 근처에 있느냐고 목자들에게 물으신다. 이제는 엘리야의 별명이 "베들레헴 사람"이라는 것을 알겠다. 다른 목자들도 베들레헴 출신이지만 이 별명은 당연히 그의 것이거나 또는 경멸을 나타내기도 한다. 그러나 이점은 아무도 알지 못한다. 목자들은 양떼를 멈추고 시골식 피리불던 것을 그만두고 대답한다. 젊은 목자들은 거의 모두가 갈대로 만든 그 원시적인 피리들을 가지고 있다. 그래서 마룩지암은 넋을 잃는다. 마침내 마음씨좋은 한 늙은 목자가 손자의 피리를 그에게 주면서 "얘는 다른 걸 하나 만들어가질 거다" 하고 말하니, 마룩지암은 지금 당장은 피리를 사용할 줄 모르니까 그 악기를 어깨에서 허리로 비스듬히 메고 가면서 기뻐한다.
 "목자들을 만났으면 참 좋겠는데!" 하고 성모님이 큰 소리로 말씀하신다.
 "틀림없이 만날 것입니다. 이 계절에는 그 사람들이 언제나 헤브론 쪽에 있으니까요."
 어린 아이는 아기 예수를 본 그 목자들에게 흥미를 느껴 성모님께 수없이 많은 질문을 하는데, 성모님은 참을성있고 친절하게 대답해 주신다.
 "그렇지만 왜 그 사람들에게 벌을 주었어요? 그 사람들은 좋은 일만 했는데요?" 그들의 불행에 대한 이야기를 듣고 나서 이렇게 묻는다.
 "사람은 사실은 다른 사람이 범한 죄를 죄없는 사람들이 했다고 비난해서 잘못을 저지르는 일이 자주 있어서 그런 거다. 그러나 그 사람들은 여전히 착한 사람으로 있었고 용서할 줄을 알았기 때문에 예수님이 그 사람들을 몹시 사랑하시는 거다. 언제나 용서할 줄을 알아야 하는 거다."
 "그렇지만 죽임을 당한 저 모든 어린 아이들이 어떻게 헤로데를 용서할 수 있었을까요?"
 "그 어린이들은 순교자란다, 마륵지암아. 그리고 순교자들은 성인이다. 그 어린이들은 그들을 죽인 사람을 용서할 뿐 아니라, 그 사람이 그들에게 하늘의 문을 열어 주었기 때문에 그 사람을 사랑한단다."
 "아니 그럼, 그 어린이들은 하늘에 가 있나요?"
 "지금 당장은 아니다. 그 어린이들은 고성소에 가 있는데, 거기서 성조들과 의인들을 기쁘게 한다."
 "왜요?"
 "그것은 그 어린이들이 피로 붉게 물든 영혼으로 가서 '저희가 왔어요. 저희는 구세주 그리스도의 심부름꾼입니다. 구세주께서 벌써 세상에 오셨으니까 기다리는 여러분은 기뻐하십시오' 하고 말했기 때문이다. 그래서 그 어린이들이 기쁜 소식을 가져갔기 때문에 모든 이가 그 어린이들을 사랑한다."
 "기쁜 소식은 예수님의 말이기도 하다고 제 아버지가 말했어요. 그럼 아버지가 기쁜 소식을 세상에 전하고 나서 고성소에 가고, 또 나도 가면, 그 분들이 우리도 사랑할까요?"
 "얘야, 너는 고성소에 가지 않을 거다."
 "왜요?"
 "예수님이 하늘에 돌아가셔서 하늘의 문을 열어놓으셨을 터이니까, 죽을 때에 착한 사람은 모두 곧 하늘로 간다."

"그럼 나도 착하게 살겠어요, 약속해요. 그럼 요나의 시몬은요? 아버지도 가지요? 나는 두 번 고아가 되긴 싫어요."

"아버지도 가신다, 염려 말아라. 그러나 하늘에는 고아가 없다. 우리는 하느님을 모시고 있는데, 하느님은 전부이시다. 우리는 이 세상에서도 고아가 아니다. 아버지께서 언제나 우리와 함께 계시니까."

"그렇지만 어머니가 낮 동안에 가르쳐 주시고 밤에는 엄마가 가르쳐 주는 기도, 그러니까 두 분이 내게 가르쳐 주신 기도에서 예수님은 '하늘에 계신 우리 아버지' 라고 말씀하셔요. 그런데 우리는 아직 하늘에 가지 못했는데, 어떻게 아버지와 함께 있어요?"

"얘야, 그건 하느님께서 어디에나 다 계시기 때문이다. 하느님께서는 태어나는 어린 아이와 죽는 노인을 지켜 주신다. 지금 태어나는 어린 아이는 이 세상에서 제일 멀리 떨어진 곳에서 난다 해도 그 위에 하느님의 눈길이 있고 하느님의 사랑이 있다. 그리고 죽을 때까지 그것을 가지게 된다."

"그가 도라같이 고약한 사람이라두요?"

"그래."

"그렇지만 착하신 하느님이 몹시 고약하고 우리 할아버지를 울게 하는 저 도라를 사랑하실 수 있어요?"

"하느님께서는 그 사람을 분개해서 고통스럽게 바라다보신다. 그러나 그 사람이 뉘우치면 비유에 나오는 아버지가 뉘우치는 아들에게 하는 것과 같은 말을 그 사람에게 하실 것이다. 너는 그 사람이 뉘우치도록 기도해야 할 거다. 그리고…"

"아이고! 안 돼요 어머니! 나는 그 사람이 죽으라고 기도하겠어요!!!" 하고 어린 아이는 격분하여 말한다. 비록 그의 격노가 별로… 천사 같은 것은 아니지만, 그 과격함이 하도 심하고 하도 진정이어서 다른 사람들이 웃지 않을 수가 없다.

그러나 그 다음 성모님은 다시 당신의 선생으로서의 부드러우면서도 진지한 태도를 취하고 말씀하신다. "아니다, 얘야, 너는 죄인에 대해서 그렇게 해서는 안 된다. 하느님께서는 네 청을 안 들어주시고 너를 엄하게 바라보기까지 하실 거다. 우리는 이웃이 대단히 고약한 사람이라도 그 사람에게 할 수 있는 대로 큰 행복을 빌어 주어야 한다. 생명은 행복이다. 생명은 사람에게 하느님의 눈에 공로를 얻을 가능성을 주기 때문이다."

"그렇지만 어떤 사람이 고약하면, 그 사람은 죄밖에 얻지 못해요."

"그 사람이 착해지도록 기도하는 거다."

아이는 곰곰히 생각한다. …그러나 이 숭고한 교훈이 그에게는 맞지 않는다. 그래서 이렇게 결론을 내린다. "도라는 내가 기도를 드려도 착해지지 않을 거예요. 그 사람은 너무 고약해요. 베들레헴의 어린이 순교자 모두가 나하고 같이 기도를 해도 그 사람은 고약한 대로 있을 거예요. 어머니는 모르세요. …어머니는 모르세요. …하루는 할아버지가 일하는 시간에 앉아 있는 것을 보았기 때문에 그 사람이 쇠막대기로 때렸다는 걸요? …할아버지는 몸이 불편해서 일어날 수가 없던 거예요, 그런데 그 사람은… 할아버지를 때리고 나서 죽은 줄 알고 내버려두고 얼굴을 발길로 걷어찼어요. …나는 울타리 뒤에 숨어 있었기 때문에 봤어요. …나는 이틀째나 아무도 빵을 갖다 주지 않아서 배가 고파 죽을 것 같아서 거기까지 갔었어요. …나는 할아버지가 수염이 피투성이가 되고 죽은 사람처럼 땅에 누워 있는 그런 처지에 있는 것을 보고 울고 있었기 때문에 누가 나 우는 소리를 들을까 봐 달아나야 했어요. …나는 빵을 빌어 먹으려고 울면서 갔어요.

…그렇지만 그 빵은 늘 여기에 가지고 있어요. …그리고 이 빵은 우리 할아버지의 피와 눈물, 내 눈물맛이 나고, 또 몹시 괴롭힘을 당해서 괴롭히는 사람들을 사랑할 수 없는 모든 사람의 눈물맛이 나요. 나는 도라를 때려서 매가 어떤 건지 알게 하고 싶어요. 빵을 주지 않고 내버려두어서 배고픈 것이 어떤 것인지 알게 하고, 해가 쨍쨍 내리쬐는 데에서나 진흙탕 속에서 감시인들의 위협을 받으며 먹지도 못하고 일하게 해서 그 사람이 가난한 사람들에게 당하게 하는 것이 어떤 건지 알게 하고 싶어요. …나는 그 사람을 사랑할 수 없어요. 그건… 그 사람이 우리 거룩한 할아버지를 죽이기 때문이예요. 그리고 내가 선생님들을 만나지 못했으면 지금 누구의 손아귀에 들어 있겠어요?" 어린 아이는 괴로움으로 몸을 뒤틀고, 부르짖고, 울고, 몸을 떨고, 마음이 격동하여, 그가 저주하는 사람을 때릴 수가 없으므로 꼭 쥔 작은 주먹으로 허공을 때린다.

여자들은 깜짝 놀라고 깊이 감동하여 아이를 진정시키려고 애쓴다. 그러나 아이는 정말 고통으로 흥분해 있어서 아무 말도 듣지 않는다. 그는 이렇게 외친다. "나는 할 수 없어요, 그 사람을 사랑하고 용서할 수 없어요. 나는 모든 사람을 대신해서 그 사람을 미워해요, 미워하고 미워하고 또 미워해요!…"

그는 보기가 민망하고 무섭다. 그것은 너무나 고통을 당한 인간의 반발이다. 그리고 예수께서도 그것을 말씀하신다. "도라의 가장 큰 죄는 죄없는 사람이 미워하도록 만드는 것이다…."

그러나 그러신 다음 어린 아이를 안으시고 그에게 말씀하신다. "마륵지암아, 내 말을 들어라. 너는 어느날 엄마와 아빠와 형제들과 할아버지와 같이 가기를 원하지?"

"예…"

"그러면 아무도 미워해서는 안 된다. 미워하는 사람은 하늘에 들어가지 못하는 거다. 너는 지금 도라를 위해 기도할 수가 없니? 그럼 기도하지 말아라. 그러나 미워하지도 말아라. 네가 어떻게 해야 하는지 아니? 절대로 과거를 생각하려고 뒤돌아보아서는 안 된다…."

"그렇지만 할아버지는 고통을 당하는데, 그건 과거가 아니예요…."

"마륵지암아, 그건 사실이다. 그러나 이렇게 기도하도록 해보아라. '하늘에 계신 우리 아버지, 제가 무엇을 바라는지 생각하십시오…' 하고. 너는 아버지께서 네 청을 아주 잘 들어 주시는 것을 보게 될 거다. 혹 네가 도라를 죽인다 해도 너는 어떻게 하겠니? 너는 하느님의 사랑과 하늘과 네 아빠 엄마와의 결합을 잃을 것이고 네가 사랑하는 할아버지의 고생을 덜어드리지도 못할 것이다. 너는 매우 작아서 그렇게 할 수 없다. 그러나 하느님께서는 하실 수 있다. 하느님께 그 말씀을 드려라. 하느님께 이렇게 말씀드려라. '하느님은 제가 얼마나 제 할아버지를 사랑하고 불행한 모든 사람을 사랑하는지 아십니다. 무엇이든지 하실 수 있는 하느님이 그것을 생각해 주십시오' 하고. 뭐라고? 너는 기쁜 소식을 전하고 싶지 않니? 그렇지만 기쁜 소식은 사랑과 용서에 대해서 말한다! 만일 네가 사랑하고 용서할 줄을 모르면 어떻게 다른 사람에게 '미워하지 말고, 용서해라' 하고 말할 수 있겠니? 하느님께서 하시는 대로 맡겨드려라, 맡겨드려. 그러면 하느님께서 얼마나 모든 일을 잘 처리하시는지 알게 될 거다. 그렇게 하겠니?"

"선생님을 사랑하니까 그렇게 하겠어요."

예수께서는 아이에게 입맞춤하시고 땅에 내려놓으신다. 문제가 해결되었고 길도 다 왔다. 참으로 거창한 작품인 산의 바위를 파서 만든 세 개의 못의 매우 맑은 수면과 폭포가 반짝인다. 폭포는 첫번째 못에서 그보다 더 큰 둘째 못으로 떨어지고, 거기서 셋째 못으로 떨어지는데, 이 못은 진짜 작은 호수 같고 거기에서 관을 통하여 물이 멀리 떨어져 있는 도시들로 간다. 그러나 이 지방의 땅의 습기로 인하여, 산은 수원(水源)에서 못들에 이르기까지, 또 못들에서 평야에 이르기까지 놀랄 만큼 기름지다. 들꽃 중에서 가장 다양한 꽃들이 향기롭고 드문 초목들과 동시에 푸르른 비탈을 화려하게 장식하고 있다. 여기에는 사람이 정원꽃들과 향기로운 초목의 씨를 뿌린 것 같다. 그것들은 따뜻하게 하는 햇볕을 받아 육계(肉桂)와 장뇌(樟腦)와 카네이션과 라벤더의 향기와 그 밖에 잘 스며드는 강하고 감미로운 향기 따위, 이 세상의 가장 좋은 향기들을 더할 수 없이 기묘하게 혼합해서 공중에 발산한다. 그것은 실제로 초목과 꽃들의 다양한 색채와 기분좋은 발산물의 시(詩)이기 때문에 향기의 교향악이라고도 말할 수 있겠다.

모든 사도가 어떤 나무 그늘에 앉아 있는데, 그 나무에는 엄청나게 큰 흰 에나멜로 만든 방울 같은 이름을 알 수 없는 큰 흰꽃이 만발하였다. 그 꽃들은 늘어진 장식같이 바람이 조금만 불어도 흔들리고, 흔들릴 때마다 많은 향기를 내뿜는다. 나는 그 나무의 이름을 모르겠다. 꽃은 칼라브리아에 있는, 그곳 사람들이 "보따로"라고 부르는 소관목의 꽃을 연상시키는데 나무줄기는 분명히 그 나무가 아니다. 이 나무는 줄기가 튼튼하고 키가 큰 나무이지 소관목이 아니기 때문이다.

예수께서 사도들을 부르시니 그들은 달려온다. "저희들은 거의 즉시 장에서 돌아오는 요셉을 만났습니다, 그 사람들이 오늘 밤에는 모두 벳수르에 있답니다. 저희들은 큰 소리로 서로 불러서 모여 가지고 시원한 여기에 자리잡았습니다" 하고 베드로가 설명한다.

"정말 아름다운 곳입니다! 꼭 정원 같아요! 저희들은 이곳이 자연 그대로냐 아니냐 하고 토론을 하고 있었습니다. 어떤 사람들의 의견은 이렇고, 어떤 사람들의 의견은 다릅니다" 하고 토마가 말한다.

"유다의 땅에도 이런 경탄할 만한 것들이 있단 말이야" 하고 모든 것을 가지고, 심지어 꽃과 초목을 가지고도 뽐내는 가리옷 사람이 말한다.

"그래. 그렇지만… 만일 예를 들어 티베리아의 요안나의 정원이 돌보지 않아 원시적인 것이 되면, 갈릴래아에도 폐허 속에 놀랄 만큼 찬란한 장미꽃들이 있게 될 거야" 하고 제베대오의 야고보가 대꾸한다.

"그리고 네 말도 틀리지 않는다. 솔로몬의 정원들이 있던 곳이 이 지방인데, 그 정원들은 그의 궁궐과 마찬가지로 그 시대의 세상에서 유명하였다. 어쩌면 솔로몬이 여기에 생겨나게 한 모든 아름다움을 거룩한 도읍에 적용하면서 여기서 아가(雅歌)를 구상했는지도 모른다" 하고 예수께서 말씀하신다.

"그럼 내 말이 맞았었지!" 하고 타대오가 말한다.

"네 말이 옳았어" 하고 다른 사촌 야고보가 말한다. "선생님, 아세요? 타대오는 정원의 개념과 못(池)의 개념을 합치면서 전도서를 인용하며 이렇게 말하면서 끝마쳤어요. '그렇지만 그는 세상만사가 헛되다는 것과 내 예수의 말을 빼놓고는 태양 아래 계속되는 것이 아무것도 없다' 하고요."

"고맙다. 그러나 솔로몬에게도 감사하자. 원래의 꽃들이 그에게서 오건 안 오건, 초목들과 사람들에게 물을 대주는 못들은 틀림없이 그에게서 오는 것이다. 이 때문에 그를 축복하자. 그러면 이 나무에서 저 나무로 꽃이 핀 회당을 만들어 놓은 저 큰 들장미나무에까지 가자. 거기서 쉬기로 하자. 우리는 이제 길을 거의 반쯤 왔다."…

…그리고 오후 세 시쯤, 잘 가꾸어진 이 지방의 나무 그림자가 길어질 때에 다시 길을 떠난다. 사람들은 어마어마하게 큰 식물원을 지나가는 줄로 생각한다. 여러 가지 종류의 식물이 줄기나 열매나 아름다움으로 소개되어 있기 때문이다. 농부들이 사방으로 돌아다니지만 지나가는 사도들의 무리에 주의를 기울이지 않는다. 하기는 사도들의 집단이 유일한 집단이 아니다. 과월절 명절을 지내고 돌아가는 다른 히브리인 집단들도 길을 가고 있다.

길은 산을 깎아 만든 것이지만 꽤 좋은 상태이고, 펼쳐지는 경치가 걸음의 단조로움을 깨뜨린다. 개울과 급류들이 은빛 액체의 구두점(,)을 찍어 놓고 말들을 써 놓고는 이어 수 없이 많이 교차되는 굽이들에서 그 말들을 노래하는데, 이 물굽이들은 수풀 속으로 퍼져 들어가거나 동굴 속으로 숨었다가 더 아름답게 되어서 다시 나온다. 개울과 급류들은 즐거워하는 어린이들처럼 나무와 바위와 장난을 하는 것 같다. 이제는 완전히 명랑해진 마룩지암까지도 장난을 하고, 새들 흉내를 내느라고 피리를 불어 본다. 그러나 정말이지 그것은 노래가 아니라 대단히 귀에 거슬리는 음률이 맞지 않는 초라한 소리여서 일행 중에서 가장 까다로운 사람들의 귀에 몹시 거슬리는 것 같다. 즉 바르톨로메오에게는 나이 때문에 그렇고, 가리옷의 유다에게는 다른 이유들 때문에 그렇다. 그러나 아무도 자기 생각을 분명히 말하지 않고 어린 아이는 이리저리 깡충깡충 뛰어다니면서 계속한다. 두 번만, 숲 속에 자리잡고 있는 마을을 가리키면서 "우리 동네예요?" 하고 말하고는 얼굴이 아주 창백해진다. 그러나 아이를 아주 가까이 데리고 가는 시몬이 "너희 동네는 여기서 아주 멀리 떨어져 있다. 이리 오너라, 이리 와서 저 아름다운 꽃들을 꺾어서 어머님께 갖다 드리자" 하고 대답한다. 이렇게 해서 아이의 추억에서 정신을 딴 데로 돌리게 한다.

벳수르가 그 언덕 위에 나타날 때에는 황혼이 깃들기 시작한다. 그리고 그리로 가기 위하여 들어선 덜 중요한 길에는 즉시 양떼들이 나타나고, 양떼들과 더불어 목자들이 달려온다. 그러나 엘리야는 성모님도 계신 것을 보자 놀라서 팔을 쳐들고, 감히 자기 눈을 믿으려 하지 않은 채 그대로 서 있다.
 "엘리야, 당신에게 평화가 있기를 바랍니다. 틀림없는 나입니다. 당신에게 약속을 했었는데, 예루살렘에서 우리가 만날 수가 없었어요. …그렇지, 이제 그 생각은 하지 맙시다. 지금 우리가 만났으니까요" 하고 성모님이 다정스럽게 말씀하신다.
 "아이고! 어머님! 어머님!…" 엘리야는 무슨 말을 해야 할지를 모른다. 그러나 마침내 이런 말을 찾아냈다. "자, 제 과월절은 지금 여기서 지냅니다. 그건 매한가집니다. 아니 한층 더 낫습니다."
 "그렇구말구요. 엘리야, 우리는 장사에서 이익을 보았으니까 어린 새끼양 한 마리를 잡을 수 있습니다. 오! 저희 초라한 식탁의 손님이 되어 주십시오…" 하고 레위가 말하고 요셉도 말한다.
 "오늘 저녁은 우리가 피곤합니다. 내일로 하지요. 이거 보세요. 사무엘의 아브라함의 아내 엘리사라는 여자를 아세요?"
 "예, 그 여자는 벳수르의 그의 집에 있습니다. 그렇지만 아브라함은 죽었고, 지난 해에는 그의 두 아들도 죽었습니다. 첫째 아들은 갑자기 몸이 불편해졌는데, 무슨 병으로 죽었는지는 도무지 알려지지 않았습니다. 둘째는 천천히 쇠약해졌는데, 아무것도 병을 멎게 하지 못했습니다. 저희가 새 어미염소의 젖을 갖다 주었습니다. 그것이 병자에게 좋다고 의사들이 말했기 때문입니다. 병자는 모든 목자들에게서 오는 양젖을 굉장히 많이 먹었습니다. 가엾은 어머니는 양떼 속에 처음으로 젖이 나는 염소를 가진 목자이면 누구한테나 젖을 구하러 사람을 보냈었으니까요. 그러나 그것은 아무 소용도 없었습니다. 저희가 평야로 돌아왔을 때에는 그가 먹지를 못하게 되었었습니다. 그리고 저희가 아달달에 돌아왔을 때는 병자가 두 달 전에 죽었다고 했습니다."
 "불쌍한 친구! 엘리사는 성전에서 나를 무척 사랑했어요. …우리는 조상이 같았고… 엘리사는 마음이 착했어요. …엘리사는 어려서부터 약혼했던 아브라함과 결혼하려고 나보다 2년 먼저 성전을 떠났어요. 그리고 맏아들을 주님께 바치려고 엘리사가 성전에 왔던 일이 기억나요. 엘리사는 나를 부르게 했어요. 나만이 아니었지만, 나 혼자만을 더 오래 보기를 원했어요. …그런데 지금은 혼자이군요. …오! 내가 빨리 가서 위로해 주어야 해요! 당신들은 여기 있어요. 가기는 엘리야와 같이 가서 나 혼자만 들어갈 겁니다. 고통은 존중받기를 원합니다…."
 "어머니, 저도 안 됩니까?"

"너는 언제든지. 그러나 다른 사람들은… 얘야, 너도 안 된다. 엘리사에게는 그것이 고통이 될 것이다. 자, 예수야, 가자!"

"마을 광장에서 우리를 기다려라. 밤에 머물 곳을 구하여라. 갔다 오마" 하고 예수께서 모두에게 명령하신다.

그리고 엘리야만 데리고 예수와 성모님은 문이 꼭 닫혀 있는 조용한 어떤 큰 집에까지 가신다. 목자가 그의 지팡이로 문을 두드린다. 하녀가 창문으로 얼굴을 내밀고 누구냐고 묻는다. 성모님이 앞으로 나아가시며 말씀하신다. "나자렛에서 온 요아킴의 딸 마리아와 그의 아들 예수네. 주인 마님께 그렇게 말씀 드리게."

"소용없습니다. 마님은 아무도 보려고 하지 않습니다. 울면서 죽어가고 있어요."

"해보게."

"안됩니다, 제가 마님의 마음을 딴 데로 돌려보려고 하면 어떻게 쫓아내는지 저는 압니다. 마님은 아무도 보기를 원치 않고, 아무에게도 말하기를 원치 않습니다. 아들들의 추억하고만 말하고 있어요."

"가보게, 여보게, 이건 명령일세. 가서 이렇게 말씀드리게. '나자렛의 어린 마리아, 성전에서 마님의 딸이었던 분입니다…' 하고. 마님이 나를 원한다는 것을 보게 될 걸세."

여자는 머리를 저으면서 간다. 성모님은 아드님과 목자에게 설명하신다. "엘리사는 나보다 훨씬 나이가 많았었어. 엘리사는 유산상속 문제 때문에 에집트에 간 약혼자를 성전에서 기다리고 있어서 예사롭지 않은 나이가 될 때까지 성전에 남아 있었다. 나보다 열 살쯤 위이다. 여선생님들은 제일 나이어린 생도들에게 더 나이많은 생도들을 주어서 지도를 받게 하는 관습이 있었다. …그래서 엘리사가 내 동무이면서 선생이었다. 엘리사는 마음이 착했다. 그리고… 저기 여자가 오는구나."

과연 하녀가 깜짝 놀라 달려와서 큰 대문을 활짝 열고 말한다. "들어오십시오, 들어오세요!" 그리고 더 낮은 목소리로 말한다. "마님을 그 방에서 나오게 하시는 부인은 축복받으십시오."

엘리야는 물러서고 성모님은 아드님과 함께 들어가신다.

"그렇지만 이 남자분은 정말… 제발! 레위와 같은 나이또래거든요…."

"들어가게 가만두게. 내 아들이야, 내 아들이 마님을 나보다 더 잘 위로할 거야."

여자는 어깨를 으쓱 들먹이고는 두 분의 앞장을 서서 아름답기는 하지만 쓸쓸한 집의 긴 현관을 지나간다. 모든 것이 깨끗하다. 그러나 모든 것이 죽은 것 같다….

키는 크지만 어깨가 많이 굽은, 컴컴한 빛깔 옷을 입은 여자가 어슴푸레한 복도로 해서 온다.

"엘리사 언니! 사랑하는 엘리사 언니! 나예요, 마리아!" 하고 성모님이 마주 뛰어가서 그 여자를 껴안으시며 말씀하신다.

"마리아? 네가… 나는 너도 죽은 줄 알았었는데. 얘기를 들었었는데… 그게 언제더라? 이젠 알지 못하겠어. …난 여기 머리 속에 빈데가 있어. …동방 박사들이 왔다 간 다음에 너도 많은 어머니들과 같이 죽었다고 누가 말해 주었었다. 그렇지만 네가 구세주의 어머니라는 말을 누가 했었지?"

"아마 목자들이…"

"오! 목자들!" 그러면서 엘리사는 울음을 터뜨린다. "그 이름을 말하지 말아라. 그 이름은 레위의 생명에 대한 최후의 소망을 회상시켜 준다. 그렇지만… 맞았어. …어떤 목자가 구세주 이야기를 내게 해주었고, 그래서 메시아가 있다고 하는 요르단강 근처로 내 아들을 데리고 가서 죽였다. 그렇지만 거기엔 아무도 없었단다. …그리고 내 아들은 돌아와서 죽었어. …피로와 추위… 내가 그애를 죽였다. …그렇지만 그애를 죽이려고 한 것은 아니다. 나는 메시아가 병자들을 고친다고 생각했었다. …그래서 그렇게 한 것이었다. …그런데 지금은 내 아들이 저를 죽였다고 나를 비난한단다…."

"엘리사 언니, 아니예요. 그건 상상이예요. 내 말을 들어보세요. 나는 오히려 언니의 아들이 이렇게 말하면서 내 손을 잡은 것으로 생각해요. '제 사랑하는 어머니를 찾아가 보세요. 어머니에게 구세주를 데려다 주세요. 저는 세상에서보다 여기서 더 잘 있습니다. 그러나 어머니는 어머니의 슬픔의 말만 듣고, 제가 입맞춤을 하면서 가만히하는 말은 듣지 못합니다. 가엾은 어머니는 마귀들린 것 같아요. 마귀는 어머니와 제가 떨어져 있기를 원하기 때문에 어머니를 실망으로 몰아가고 있어요. 어머니가 체념하고, 하느님께서 모든 것을 선을 위해서 하신다고 믿으면 저희가 아버지와 형과 같이 영원히 함께 있게 될 터인데 말입니다. 예수님은 그렇게 하실 수 있습니다' 하고. 그래서 내가 왔어요. …예수하고… 만나보지 않겠어요?…" 성모님은 여전히 불행한 여자를 안으시고 반백의 머리에 입맞춤을 하시면서 성모님만이 하실 수 있는 다정스러운 말씨로 말씀하셨다.

"아이고! 그게 정말이라면! 그렇지만 왜, 왜 다니엘이 너를 만나러 가서 더 일찍 오라고 말을 하지 않았었니? …그렇지만 전에 누가 내게 와서 네가 죽었다는 말 했지? …기억이 안 나… 기억이 안 난단 말이야. …아마 내가 메시아께로 가는 걸 너무 기다린 것이 그 때문이었는지도 모르겠다. 그렇지만 메시아가 돌아가셨고, 너도, 베들레헴에서 죽었다는 말을 누군가가 해주었었다…."

"누가 언니한테 그 말을 했는지 찾지 말아요. 이리 와서 보세요, 내 아들이에요. 내 아들한테 갑시다. 언니의 아이들과 마리아를 기쁘게 해주어요. 언니가 이런 것을 보고 우리가 괴로워한다는 걸 언닌 알아요?" 그러면서 엘리사를 어두운 구석에 계시던 예수께로 데리고 가신다. 예수께서는 이제야 비로소 하녀가 높은 궤 위에 켜 놓은 등불 아래로 나아오신다.

불쌍한 여인이 고개를 든다. …그때에야 나는 그 여자가 경건한 여인들과 같이 갈바리아산에도 있었던 엘리사인 것을 알게 되었다. 예수께서는 오직 사랑뿐인 권유의 몸짓으로 두 손을 엘리사에게로 내미신다. 불행한 여인은 조금 항거하다가 두 손을 예수께 맡기고 결국 예수의 가슴에 몸을 내맡기면서 탄식한다. "레위가 죽은 것이 제 탓이 아니라고 말씀해 주십시오, 말씀해 주세요! 그애들이 영원히 지옥에 가지 않았다고 말씀해 주십시오! 멀지 않아 제가 그애들과 같이 있을 것이라고 말씀해 주십시오!…"

"예, 그러지요. 이거 보세요. 아주머니가 내 품에 안겨 있는 지금 그들은 더없이 기뻐하고 있습니다. 내가 오래지 않아 그들에게로 갈 것입니다. 그때에 내가 그들에게 뭐라고 말해야 합니까? 아주머니가 주님께 맡기지 않는다고 말할까요? 내가 이렇게 말해야 합니까? 그렇게도 용맹하고 그다지도 지혜로운 이스라엘의 여인들, 다윗의 여인들에게 아주머니는 그것이 진실이 아니었음을 반증해야 합니까? 아닙니다. 아주머니는 괴로워합니다. 그러나 아주머니가 혼자서 고통을 당했기 때문에 괴로웠습니다. 아주머니의 고통과 아주머니와 단독으로 아주머니와 아주머니의 고통 단독으로. 그래서 그 무게를 감당할 수가 없는 것입니다. 아주머니는 죽음이 우리에게서 빼앗아 간 사람들에 대한 희망의 말을 이제는 머리 속에 가지고 있지 않으세요? '나는 너희들을 무덤에서 나오게 하여 이스라엘의 땅으로 데려오겠다. 그러면 너희들은 내가 너희 무덤을 열고 너희들을 무덤에서 꺼내 주었을 때 내가 주님이라는 것을 너희가 알게 될 것이다. 내가 너희들에게 내 영을 부어주면 너희들은 생명을 가질 것이다.' 주님 안에 잠든 사람들에게 이스라엘의 땅은 하느님의 나라입니다. 나는 하느님의 나라를 열어 기다리는 사람들에게 줄 것입니다."

"제 다니엘에게두요? 제 레위에게두요? …레위는 죽음을 몹시 싫어했습니다! …그애는 엄마와 멀리 떨어져 있게 된다는 것은 생각할 수가 없었습니다. 그래서 저도 죽어서 무덤 속의 그애 곁으로 가려고 했습니다…."

"그러나 그들에게서 살아 있는 것으로는 그들이 거기에 있지 않습니다. 거기에는 아주머니의 말을 들을 수 없는 죽은 물건 밖에는 없었습니다. 그들은 기다리는 곳에 가 있어요."

"그렇지만 정말 그렇습니까? 아이고! 제 일로 눈살을 찌푸리지 마십시오. 제 기억력은 제 슬픔 속에서 녹아버렸습니다! 제 머리에는 제 아들들의 눈물과 헐떡거리는 소리가 꽉 차 있습니다. 그 헐떡거리는 소리! 그 헐떡거리는 소리라니! …그 때문에 제 뇌가 녹아버렸습니다. 이 속에는 그 헐떡거리던 소리밖에 없습니다…."

"그렇지만 나는 거기에 생명의 말을 넣어 드리겠습니다. 나는 생명이기 때문에, 죽음의 요란한 소리가 있는 곳에 생명의 씨를 뿌리겠습니다. 대 유다 마카베오가 죽은 사람들은 부활하기로 되어 있고, 그래서 마땅한 제사로 그들에게 평화의 시간을 앞당겨 주어야 한다는 옳은 생각으로 죽은 사람들을 위해 제사를 드리기를 원한다는 것을 기억하세요. 만일 유다 마카베오가 부활을 확신하지 않았다면 죽은 사람들을 위해 자기도 기도하고 다른 사람들에게 기도를 시켰겠습니까? 이와 반대로 유다 마카베오는 썩어진 것과 같이 경건하게 죽은 사람들에게는 큰 상이 마련되어 있다고 생각했습니다. 아주머니의 아들들이 틀림없이 그렇게 죽었을 것처럼 말입니다. …아주머니가 그렇다고 말하는 것을 아시겠어요? 그러니까 실망하지 마세요. 그보다도 내가 아주머니의 죽은이들에게 가기 전에 그들의 죄가 없어지도록 그들을 위해 거룩하게 기도하세요. 그러면 잠시도 기다리지 않고 나와 함께 하늘에 갈 것입니다. 나는 길이요 진리요 생명이어서 인도하고 진리를 말하고, 내 진리를 믿고 나를 따르는 사람에게 생명을 주기 때문입니다. 이거 보세요. 아주머니의 아들들이 메시아가 오는 것을 믿었습니까?"

"주님, 그러믄요. 그 믿음을 제게서 배웠었습니다."

"그리고 레위는 내 의지의 결과로 그의 병이 나을 수 있다고 믿었습니까?"

"예, 주님, 저희들은 주님께 바랐습니다. 그러나… 그것이 그애에게 소용이 없었습니다. …그래서 그애는 많이 바라다가 낙담해서 죽었습니다…" 여인의 울음이 전보다는 더 조용하게 다시 시작된다. 그러나 그전의 격정에서보다도 지금의 침착 속에서 오히려 더 비탄에 잠긴 눈물이다.

"그것이 소용없었다고는 말하지 마세요. 나를 믿는 사람은 죽었을지라도 영원히 살 것입니다. …아주머니, 밤이 되어갑니다. 나는 사도들에게로 갑니다. 어머니, 저 혼자 가겠습니다…."

"아이고! 주님도 계십시오! …주님이 떠나 가시면 그 고민에 다시 사로잡힐까 봐 겁이 납니다. 주님의 말씀에 폭풍우가 겨우겨우 가라앉기 시작하는데요…."

"염려 마세요! 마리아가 아주머니와 함께 있습니다. 내일 또 오겠습니다. 나는 목자들에게 할 말이 있습니다. 그들에게 아주머니 집 근처에 오라고 말해도 됩니까?"

"아이고! 그러믄요. 그 사람들이 작년에도 제 아들 때문에 왔었습니다. …집 뒤에는 정원이 있고, 또 촌스러운 마당도 있습니다. 그 사람들이 그때 하던 대로 양떼들을 모으러 그리 와도 됩니다…."

"좋습니다. 또 오겠습니다. 착한 마음씨를 가지세요. 성전에서 마리아가 아주머니에게 맡겨졌었다는 것을 기억하세요. 나도 어머니를 오늘밤 아주머니에게 맡깁니다."

"예, 안심하십시오. 제가 마리아를 보살피겠습니다. …마리아의 저녁 잠자리를 생각해야 하겠습니다. …제가 이런 것을 생각하지 않게 된 것이 얼마나 되었는지 모릅니다! 마리아, 레위가 없는 동안 그렇게 한 것처럼 내 방에서 자겠니? 나는 내 아들의 침대에서, 너는 내 침대에서. 그러면 그애의 조용한 숨소리를 듣는 것 같을 거다. …그애는 늘 내 손을 잡고 있었다…."

"그러겠어요, 엘리사 언니. 그리고 그전에 여러 가지 이야기를 해요."

"아니다, 너는 피곤하니, 너는 자야 한다."

"언니도…"

"오! 나야! 난 몇 달째 잠을 안 잔다. …나는 울고… 또 울어. …다른 일을 할 줄 모른단다…"

"반대로 오늘 밤에는 우리가 기도를 하고 잠자리에 듭시다. 그리고 주무세요. …우리도 손을 마주 잡고 잡시다. 아들아, 가도 괜찮다. 그리고 우리를 위해 기도해 다오…."

"두 분께 축복합니다. 평화가 두 분과 함께 그리고 이 집에 있기를 바랍니다!"

그리고 예수께서는 하녀와 같이 나가신다. 하녀는 깜작 놀란 채 이렇게 되풀이해서 말하기만 한다. "주님, 기막힌 기적입니다! 기막힌 기적이에요! 여러

달이 지난 오늘에야 마님은 말을 하고, 생각을 했습니다. …아이고! 이게 웬일입니까! …사람들은 마님이 미쳐서 죽을 거라고 말했답니다. …그래서 저는 마님이 착하시기 때문에 가슴이 아팠습니다."

"그렇네, 마님은 착하시네. 이 때문에 하느님께서 오셔서 마님을 도와주실 걸세. 아줌마, 안녕. 당신에게도 평화가 있기를."

예수께서는 어둑어둑한 거리로 나오신다. 그리고 모든 것이 끝난다.

71. 엘리사의 집에서, "여러분의 고통이 이익이 되게 하시오"

엘리사가 그의 비통한 우울을 떨쳐버리기로 결정하였다는 소식이 마을에 퍼졌다. 어떻게나 소문이 퍼졌든지 예수께서 사도들과 제자들의 앞장을 서서 그집으로 향하여 가실 때에 많은 사람이 주의깊게 예수를 살펴보고, 또 예수에 대하여, 예수께서 오신 것, 예수와 같이 있는 사람들에 대하여, 그리고 어린 아이는 누구이고, 여인들은 누구들이며, 예수께서 무슨 약을 엘리사에게 주셨기에 나타나시자마자 엘리사를 그렇게도 빨리 캄캄한 밤과 같은 정신착란에서 벗어나게 할 수 있었는지, 무엇을 하실 것이며 무슨 말씀을 하시려는지 목자 이 사람 저 사람에게 물어볼 정도이다. …그리고 질문을 더하기를 바라는 사람은 질문을 또 한다….

마지막으로 이런 질문을 한다. "우리도 갈 수 없습니까?" 하고. 거기 대하여 목자들은 대답한다. "그건 모르겠습니다. 선생님께 여쭤봐야 합니다. 가서 여쭤보세요."

"그렇지만 선생님이 우리를 냉대하시면 어떻해요?"

"선생님은 절대로 냉대를 하지 않으십니다. 죄인들까지도. 가세요, 가요. 선생님은 그걸 기뻐하실 겁니다."

대부분 엘리사처럼 꽤 나이많은 남녀 한 떼가 서로 의논을 하더니 앞으로 나아와, 베드로와 바르톨로메오와 말씀을 나누고 계신 예수께 다가가서 별로 자신없는 목소리로 "선생님…" 하고 부른다.

"무슨 일입니까?" 하고 바르톨로메오가 묻는다.

"선생님께 말씀을 드리고 뭘 좀 여쭤보려구요…."

"평화가 여러분에게 있기를. 내게 무슨 질문을 하려고 하십니까?"

사람들은 예수께서 미소지으시는 것을 보고 용감해져서 말한다. "저희들은 모두 엘리사와 엘리사의 집안의 친구들입니다. 저희들은 엘리사의 병이 나았다는 말을 들었는데 엘리사를 보았으면 합니다. 그리고 선생님의 말씀도 듣구요. 저희가 가도 됩니까?"

"내 말을 들으려고는 물론 와도 됩니다. 엘리사를 보러 가는 것은 안 됩니다. 여러분의 우정을 억제하고, 여러분의 호기심도 억제하세요. 거기에는 호기심도 있으니까요. 방해해서는 안 되는 큰 고통을 존중하시오."

"그렇지만 엘리사가 낫지 않았습니까?"

"빛으로 돌아오는 중입니다. 그러나 밤이 끝날 적에 단번에 대낮이 됩니까? 또 꺼진 불을 다시 피울 때 불꽃이 이내 힘있게 됩니까? 엘리사의 경우도 마찬가지입니다. 작은 불꽃이 일어나는데 혹 때아닌 바람이 불면 불꽃이 꺼지지 않습니까? 그러므로 신중하게 행동하시오. 그 여인은 상처투성이입니다. 우정까지도 그 여자를 짜증나게 할 수 있을 것입니다. 그 여자에게 휴식과 고요와 은둔이 필요하니까요. 어제까지와 같은 비통한 은둔이 아니라 자기 자신을 다시 찾기 위한 인종(忍從)하는 은둔이긴 하지만 말입니다…."

"그러면 저희들은 엘리사를 언제 보게 됩니까?"

"여러분이 생각하는 것보다 더 빨리요. 이제는 엘리사가 구원의 길을 따라가고 있는 중이니까요. 그러나 여러분은 저 어두움에서 벗어난다는 것이 어떤 것인지 모를 것입니다! 그 어두움은 죽음보다도 더 고약합니다. 그리고 거기서 벗어나는 사람은 결국 거기 있었다는 것과 세상 사람들이 그것을 안다는 것을 부끄럽게 생각합니다."

"선생님은 의사이십니까?"

"나는 선생입니다."

그들은 집 앞에 도착하였다. 예수께서는 목자들에게로 몸을 돌리시고 말씀하신다. "마당으로 가시오. 그리고 당신들과 같이 가고 싶은 사람들은 가도 됩니다. 그러나 아무도 소리를 내지 말아야 하고, 또 마당보다 더 멀리 가도 안 됩니다. 너희들도 잘 보살펴라" 하고 사도들에게 말씀하신다. "모든 것이 다 잘 진행되게. 그리고 아주머니들은(살로메와 알패오의 마리아에게 말씀하시는 것이다) 아이가 소란을 피우지 않게 조심하세요. 안녕." 예수께서 문을 두드리시는데, 다른 사람들은 오솔길로 해서 정해진 장소로 간다.

하녀가 대문을 연다. 예수께서는 하녀가 자꾸 꾸뻑꾸뻑 절을 하는 가운데

들어가신다.

"마님은 어디 계신가?"

"선생님의 어머님과 같이 계십니다. …그리고 생각해 보십시오. 마님이 정원에 내려가셨습니다! 기막힌 일입니다! 기막힌 일이예요! 그리고 어제 저녁에는 식당엘 오셨습니다. …울고 계셨지만 오시긴 오셨습니다. 저는 보통 드시는 양젖 한 모금 대신 식사도 드셨으면 하고 바랐지만, 그렇게 하도록 하지는 못했습니다!"

"식사를 하시게 될 걸세. 고집부리지 말게. 주인 마님에 대한 당신의 사랑에도 참을성을 가지게."

"예, 구세주님, 무엇이든지 말씀하시는 대로 하겠습니다."

과연 예수께서 말할 수 없이 이상한 일을 하라고 여인에게 시키시면 군말없이 하였을 것이라고 생각한다. 그만큼 그 여자는 예수님은 예수님이시고, 예수께서 하시는 일은 모두가 잘하시는 일이라고 확신한다. 그러는 동안 하녀는 과일나무와 꽃이 가득한 넓은 정원으로 예수를 모시고 간다. 그러나 과일나무들은 스스로 잎을 돋게 하고 꽃을 피게 하고 열매를 맺게 하고 크게 할 생각을 하였지마는, 1년 전부터 돌보지 않는 가엾은 꽃들은 키가 작고 뒤얽힌 작은 숲이 되어서 그중에서 제일 약하고 키가 작은 화초들은 기운있는 화초들의 무게에 찍어눌려 말라죽어가고 있다. 화단, 오솔길 할 것 없이 모두가 어지럽게 뒤얽힌 가운데 보이지 않게 되었다. 하녀가 그의 필요 때문에 상치와 야채를 가꾼 정원 안쪽에만 질서가 좀 잡혀 있다.

성모님은 엘리사와 함께 땅에까지 내려오는 포도덩굴과 덩굴손이 마구 뒤엉킨 정자 아래 계시다. 예수께서는 걸음을 멈추시고 젊으신 당신 어머니를 바라다보신다. 성모님은 매우 예민하게 엘리사의 생각을 자극하시고, 어제까지 비탄에 잠긴 여인의 생각을 사로잡았던 물건과는 대단히 다른 물건들 쪽으로 향하게 하신다.

하녀가 주인 여자를 찾아와서 "구세주님이 오셨습니다" 하고 말한다.

여자들이 몸을 돌려 예수께로 향하여 오는데, 한 분은 다정스러운 미소를 머금으시고, 또 한 여인은 피로하고 정신나간 얼굴을 하고 온다.

"평화가 두 분께 있기를. 아름다운 정원이군요…."

"아름다웠었지요…" 하고 엘리사가 말한다.

"그리고 땅이 기름집니다. 얼마나 아름다운 열매들이 익어가는지 보세요! 또 저 장미나무에는 꽃이 얼마나 많구요! 그리고 저기는? 저것은 백합꽃이지

71. 엘리사의 집에서, "여러분의 고통이 이익이…" **515**

요?"

"예. 제 아이들이 잘 놀던 못 둘레예요. 그러나 그때에는 정돈되어 있었지만 … 지금은 여기가 모두 폐허가 되었습니다. 이제는 제 아이들이 놀던 정원 같아 보이지를 않습니다."

"며칠 안 가서 정원이 다시 이전처럼 될 겁니다. 내가 언니를 도와드리겠어요. 그렇지, 예수야. 나를 엘리사하고 며칠 같이 있게 여기 둬두겠지. 우린 할 일이 아주 많다…."

"어머니가 원하시는 것은 무엇이든지 저도 원합니다."

엘리사는 예수를 쳐다보고 "고맙습니다" 하고 중얼거린다.

예수께서는 흰 머리를 어루만져 주시고 나서 하직을 하고 목자들에게로 가신다. 여인들은 정원에 남아 있다. 그러나 조금 후에 거기 있는 사람들에게 인사를 하시는 예수의 목소리가 조용한 공기 속에 퍼져서 들려오자 엘리사는 저항할 수 없는 어떤 힘에 끌리는 듯이 정원과 마당을 갈라놓는 아주 높은 울타리로 천천히 가까이 간다. 예수께서는 우선 세 목자에게 말씀하신다. 예수께서는 울타리 아주 가까이에 계시고, 예수 앞에는 사도들과 예수를 따라온 벳수르의 주민들이 있다. 두 마리아는 아이와 같이 한구석에 앉아 있다.

예수께서 목자들에게 말씀하신다. "그런데 당신들은 계약에 묶여 있습니까, 그렇지 않으면 아무때라도 당신들의 일자리를 떠날 수 있습니까?"

"이렇습니다, 실제로는 저희들이 자유로운 머슴들입니다. 그렇지만 양떼를 보살필 일이 대단히 많고 또 목자들을 구하기가 어려운 지금 갑자기 떠나는 것은 훌륭한 일로 생각되지 않습니다."

"그렇지요, 훌륭한 일이 아닐 것입니다. 그러나 곧 그렇게 할 필요는 없어요. 내가 이 말을 당신들에게 미리 하는 것은 올바른 타협을 준비하라고 그러는 것입니다. 나는 당신들을 제자들과 합쳐서 당신들이 나를 도와주는 데 있어서 당신들이 자유롭게 되기를 바라는 것입니다…."

"아이고! 선생님!…" 세 사람은 기뻐서 어쩔 줄을 모른다. 그리고 "그렇지만 저희가 그럴 능력이 있겠습니까?" 하고 묻는다.

"확실해요. 그럼 합의됐습니다. 할 수 있게 되는 대로 이사악과 합치도록 하시오."

"그러겠습니다, 선생님."

"당신들도 다른 사람들과 같이 가시오. 나는 이곳 사람들에게 말하겠소."

그리고 목자들을 떠나 보내신 다음 군중을 향하여 돌아서신다.

"평화가 여러분과 함께 있기를. 어제 나는 몹시 불행한 두 사람이 말하는 것을 들었습니다. 한 사람은 인생의 여명에 있었고, 한 사람은 인생의 황혼에 있었습니다. 그들의 슬픔 때문에 우는 두 사람이었습니다. 그리고 얼마나 많은 고통이 이 세상에 있고, 어떻게 하느님만이 그 고통을 가볍게 해주실 수 있는지를 생각해 보면서 마음 속으로 그들과 같이 울었습니다. 하느님! 하느님과 그분의 크고 무한한 인자, 끊임없는 그분의 현존, 그분의 약속에 대한 정확한 지식. 나는 사람이 어떻게 사람에게서 괴롭힘을 당할 수 있는지, 그리고 사람이 어떻게 죽음에 끌려서, 고통을 더 증가시키고 파멸을 만들어내기 위하여 사탄이 조장하는 비탄으로 갈 수 있는지를 보았습니다. 그때 나는 이렇게 생각했습니다. '하느님의 자녀들은 그들의 고통 중에서 이런 고통을 겪어서는 안 된다. 하느님을 모르는 사람에게 하느님에 대한 지식을 주고, 질풍 같은 고통 속에서 하느님에 대한 지식을 잊어버린 사람에게는 그 지식을 돌려주자' 하고. 그러나 나는 또 나 혼자서는 형제들의 무한한 필요에 충분하지 못하게 되었다는 것도 알았습니다. 그래서 많은 제자를, 점점 더 많은 제자를 불러서 하느님에 대한 지식에서 오는 위로의 필요를 느끼는 모든 사람이 그 위안을 받을 수 있게 하기로 결정했습니다.

이 열 두 사람은 맨 먼저 뽑은 사람들입니다. 이 사람들은 나를 도와서 너무 큰 고통의 무게에 찍어눌리는 모든 사람을 내게로 데려올 수 있고, 따라서 위안으로 데려올 수 있습니다. 나 진정으로 여러분에게 말합니다. 몹시 슬퍼하고 지긋지긋해 하고 마음에 상처를 입고 피로한 사람은 모두 내게 오시오. 내가 여러분의 고통을 나누어 받고 여러분에게 평화를 주겠습니다. 내 사도들을 통하고, 새로 오는 지원자들로 인해 매일같이 수가 늘어가는 내 남녀 제자들을 통하여 내게로 오시오. 여러분은 여러분의 고통 중에 위안을, 외로운 가운데 동무를, 형제들의 사랑을 얻어 세상의 증오를 잊게 될 것입니다. 여러분은 모든 사람보다 높은 최고의 위로자, 완전한 동무, 하느님의 사랑을 얻어만날 것입니다. 여러분은 아무것도 의심하지 않게 될 것입니다. 여러분은 이런 말은 결코 다시 하지 않을 것입니다. '이제 나는 끝장이야!' 그러지 않고 이렇게 말할 것입니다. '거리를 없애고 분리를 없애는 영적인 세상에서 내게는 모든 것이 시작된다'고. 그것은 고아들이 아브라함의 품에까지 올라간 부모와 합쳐지고, 아버지 어머니들이 그들이 잃었던 자녀들을 다시 찾고, 과부와 홀아비들이 그들의 배우자를 다시 만날 세상입니다.

나는 노에미가 베들레헴에서 더욱 가까운 이 유다 땅에서 어떻게 사랑이 고통을 덜어주고 기쁨을 도로 갖다 주는지 상기시키겠습니다.
　울고 있는 사람들은 노에미의 집에 남자가 없게 된 다음 그의 슬픔을 보시오. 노에미가 오르파와 룻에게 낙담하여 작별을 하는 말을 들어보시오. '너희들은 친정으로 돌아가거라. 너희가 죽은 내 아들들에게와 나에게 자비를 베푼 것과 같이 주께서 너희에게 자비를 베푸시길 바란다…' 노에미의 고집하며 지친 말을 들어보시오. 노에미는 이제 인생에서 바라는 것이 아무것도 없었습니다. 전에는 아름다운 노에미였지만 지금은 고통으로 몹시 피로한 비참한 노에미였습니다. 노에미는 자기가 남편의 사랑과 아들들의 애무 사이에서 지낸 젊은 시절에 행복했던 곳에 가서 죽으려고 그리로 돌아갈 생각만 하고 있었습니다. 노에미는 이렇게 말했습니다. '가거라, 가. 나를 따라와야 소용없다. …나는 죽은 사람과 같다. …내 목숨은 이제 여기 있지 않고 저기 그들이 있는 저 세상의 생활 속에 가 있다. 죽어가는 물건 곁에서 더 이상 너희 젊음을 희생하지 말아라. 나는 정말 이제는 〈물건〉에 지나지 않으니까 말이다. 내게는 모든 것이 관심이 없다. 하느님께서 내게서 모든것을 빼앗아 가셨다. …나는 극도의 불안일 뿐이다. 그리고 너희에게도 극도의 불안이 될 거다. …그렇게 되면 내 마음이 무거울 것이다. 그리고 내게 벌써 많은 벌을 내리신 분인 주님이 내게 그 보상을 요구하실 것이다. 살아 있는 너희를 죽은 몸인 내 곁에 붙들어둔다는 것은 이기주의일 것이기 때문이다. 친정으로 돌아가거라…'
　그러나 룻은 이 고통스러운 노인을 돕기 위해서 남았습니다. 룻은 자기들이 당해야 하는 고통보다 더 큰 고통이 있다는 것과 젊은 과부로서의 자기의 고통이 남편 외에 두 아들까지 잃은 시어머니의 고통보다는 덜 절실한 것임을 깨달았습니다. 다시는 애무도 받지 못하고 좋은 충고도 듣지 못하면서 빌어먹으며 살아갈 수밖에 없게 된 고아의 고통이 자녀들을 잃은 어머니의 고통보다 훨씬 더 큰 것과 같습니다. 마치 여러 가지 동기로 인류를 미워하게 되고 어떤 사람을 보거나 그에 대해서 자기를 방어해야 하고 무서워해야 할 사람으로 생각하는 사람의 고통은 다른 고통들보다 더 큰 것과 같습니다. 그것은 그 고통이 살과 피와 심리상태에만 영향을 미치지 않고, 초자연적인 의무와 권리를 가진 영에게도 영향을 미쳐 영원한 파멸로 이끌어가기 때문입니다. 세상에는 자녀없는 어머니가 얼마나 많고, 어머니없는 어린이들이 얼마나 많습니까! 늙고 외로울 때에 그들을 돌보아 줄 자녀가 없는 과부가 얼마나 많습니까! 모두가 불행한 사람들이기 때문에 사랑이 없는 사람들로서, 점점 더 미워하기 때문에 점점 더 괴로워하는 불행한 인류에게 사랑을 주고, 주고, 또 줌으로써 사랑하고자 하는 그들의 욕망은 채우고 증오는 억제할 수 있는 사람이 얼마나 많습니까!
 고통은 십자가입니다. 그러나 날개이기도 합니다. 큰 슬픔은 우리의 옷을 벗기지만, 그것은 우리에게 옷을 다시 입히기 위해서입니다. 우는 사람들은 일어서시오! 눈을 뜨고 악몽과 어두움과 이기주의에서 나오시오! 보시오. …세상은 사람들이 울고 죽는 황야입니다. 그리고 세상 사람들은 고아들과 병자들과 외로운 사람들과 의심하는 사람들의 입을 통하여, 배신과 잔인으로 인하여, 원한에 사로잡힌 사람들의 입을 통하여 '사람 살려!' 하고 부르짖습니다. 부르짖는 사람들에게로 가시오! 잊혀진 사람들 가운데에서 여러분 자신을 잊으시오! 병자들 가운데에서 병이 나으시오! 실망한 사람들 가운데에서 희망을 가지시오! 세상은 이웃을 통하여 하느님을 섬기고 하늘을 얻고자 하는 착한 뜻을 가진 모든 사람에게, 하느님과 결합하고 있는 사람들과 친교를 맺고자 하는 착한 뜻을 가진 모든 사람에게 열려 있습니다. 여기에는 풍부한 결과를 내는 훈련이 있고, 저기에는 승리가 있습니다. 모든 고통을 당할 때에 룻을 본받으시오. 여러분도 '나는 죽을 때까지 당신들과 같이 있겠습니다' 하고 말하시오. 자기들은 구제될 수 없다고 믿는 저 불행한 사람들이 '이제는 나를 노에미라 부르지 말고, 하느님께서 내게 슬픔을 가득 채워 주셨으므로 나를 마라라고 부르시오' 하고 대답해도 끈질기게 그렇게 말하시오. 정말 잘 들어두시오. 여러분의 고집 덕택으로 언젠가 저 불행한 사람들이 이렇게 외칠 것입니다. '자기의 고통을 가지고 착한 결과를 낳게 할 줄 안 어떤 사람의 보살핌을 통하여 나를 고민과 슬픔과 외로움에서 꺼내 주신 주님은 찬미받으십시오. 그 사람이 내게는 구원이었으니, 하느님께서 그에게 영원히 복을 내려주시기 바랍니다' 하고.
 노에미에 대한 룻의 착함이 이 세상에 메시아를 주었다는 것을 생각하시오. 메시아는 다윗의 후손인데, 다윗은 이새의 아들이고, 이새는 오벳의 아들이며, 오벳은 보아즈와 룻의 아들이기 때문입니다. 보아즈는 살몬에게서 났고, 살몬은 나호손에게서, 나호손은 아미나답에게서, 아미나답은 아람에게서, 아람은 헤스론에게서, 헤스론은 베레스에게서 났습니다. 이분들이 베들레헴의 평야에 와서 정착해 살고 주님의 선조들을 마련했습니다. 착한 행위는 어느 것이든지 여러분이 생각치 않는 큰 일들이 기원이 되고, 어떤 사람이 자신의 이기주의를 억제하려고 하는 노력은 크나큰 사랑의 밀물을 일으킬 수가 있어, 그 사랑의 밀물을 일으킨 사람을 맑게 보존하면서 들어올리고 또 들어올려 제단 밑에까지, 하느님의 마음에까지 실어 갈 수 있습니다.

하느님께서 여러분에게 평화를 주시기 바랍니다."

그리고 예수께서는 울타리의 쪽문으로 해서 정원으로 돌아가시지 않고, 저쪽에서 긴 탄식이 들려오는 울타리에 아무도 가까이 가지 못하도록 주의하신다. …벳수르 사람들이 모두 간 다음에야 비로소 유익한 눈물을 방해하지 않으시고 제자들과 같이 떠나신다….

72. 헤브론으로 가는 길. 세상의 이유와 하느님의 이유

"아니, 자네들은 이스라엘의 명소를 모두 순례할 생각은 아니겠지" 하고 가리옷 사람이 알패오의 마리아와 살로메와 안드레아와 토마가 있는 집단에서 토론을 하다가 비꼬아서 말한다.

"왜 안 되나? 누가 그걸 막나?" 하고 클레오파의 마리아가 묻는다.

"그렇지만 저는 제 어머니가 오래 전부터 저를 기다린단 말입니다…."

"아니, 자네 어머니한테 가게나. 우린 나중에 따라갈 테니" 하고 살로메가 말한다. 그리고 마음 속으로는 "자네가 없다고 괴로워할 사람은 아무도 없네" 하고 덧붙이는 것 같다.

"그게 아닙니다! 저는 선생님을 모시고 가는 겁니다. 그런데 벌써 약속됐던 것과는 달리 어머님이 안 계십니다. 어머님이 오시기로 약속이 돼 있었으니까 정말이지 이건 있어서는 안 될 일이었습니다."

"어머님은 자비로운 일 때문에 벳수르에 머무르시네. 그 여인은 아주 불행한 사람이거든."

"예수께서는 그 여자를 대번에 고치실 수 있었습니다. 그 여자를 차차 정상 상태로 돌아오게 하실 필요는 없었어요. 선생님이 왜 이제는 혁혁한 기적을 행하는 것을 좋아하지 않으시는지 모르겠어요."

"선생님이 그렇게 하신 것은 거룩한 이유가 있어서 그러신 걸거야" 하고 안드레아가 침착하게 말한다.

"암! 그렇구말구! 그렇게 해서 개종자들을 놓치신단 말이야. 예루살렘에 머무른 것이 얼마나 큰 실망이었어! 평판이 자자할 일이 필요할수록 그늘에 가 숨으신단 말이야. 나는 보고, 싸우고 하기를 몹시 기대했었는데…"

"내 질문을 용서하게… 그렇지만 자넨 무엇을 보고 누구와 싸우려고 했단 말인가?" 하고 토마가 묻는다.
"무엇을? 누구와? 그야 선생님의 기적적인 일을 보고, 그래서 선생님을 거짓 예언자이고 마귀들린 사람이라고 주장하는 자들에게 정면으로 대항할 수 있기를 기대했었지. 사람들이 이렇게 말한단 말이야, 알겠나? 벨제붓이 후원해 주지 않으면 보잘 것 없는 사람에 지나지 않는다고들 말한단 말이야. 그리고 벨제붓의 변덕스러운 성질이 잘 알려져 있고, 또 벨제붓은 표범이 먹이를 가지고 그렇게 하듯이 잡았다 놓아주었다 하기를 좋아한다는 것을 사람들이 알고 있고, 또 사람들이 이러한 견해를 정당화하기 때문에, 선생님이 아무것도 하지 않으시는 것을 생각하면 불안해진단 말이야! 우린 얼마나 초라하게 보이냐 말이야! 가르치는 일밖에 안하시는… 선생님의 사도들, 이건 부인할 수 없는 사실이야, 다른 아무것도 아니란 말이야." 유다는 "선생"이라는 말 다음에 갑자기 말을 끊었었다. 그래서 나는 그가 그보다 더 고약한 무슨 말을 할 작정이었다고 생각하게 된다.
여인들은 깜짝 놀란다. 그리고 알패오의 마리아는 예수의 친척인 만큼 분명히 말한다. "내가 이상히 생각하는 건 그것이 아니라, 선생님이 자네를 용납하시는 걸세, 젊은이!"
그러나 언제나 온유한 사람인 안드레아가 더 이상 참지 못하고, 이번에는 그의 형과 같이 얼굴이 시뻘개지고 화가 몹시 나서 외친다. "아니, 그럼 가라구! 선생님 때문에 더 이상 초라한 꼴을 하지 말구! 그런데 누가 자네를 불렀나? 우리는 선생님이 원하셨지만 자넨 아니란 말이야. 자네를 받아들이시게 하느라고 자넨 여러 번 졸라야 했어. 자넨 자넬 억지루 받아들이시게 했어. 나는 무엇이 나를 막아서 모든 것을 다른 사람들에게 알리지 않는지 모르겠어…."
"자네들과는 말을 못하겠어. 자네들을 싸움꾼이고 무식하다고 그 사람들이 말하는 것이 옳은 말이야."
토마가 가까이 오는 감정의 폭발의 방향을 바꾸려고 농담을 한다. "이봐, 정말이지 나는 선생님이 무엇을 잘못하셨다고 자네가 생각하는 건지 도무지 이해 못하겠어. 나는 마귀의 저 변덕스러운 성질을 알지 못했어. 불쌍한 놈! 틀림없이 그놈은 머리가 좋지 않을 거야. 건전한 머리를 가지고 있었더라면 하느님께 대해서 반란을 일으키지 않았을 거야. 그렇지만 이 점은 내 잘 기억해 두겠네."
"농담하지 마라. 나는 농담하는 게 아니니까. 자넨 혹 선생님이 예루살렘에서 당신 존재를 나타내셨다고 말할 수 있나? 하긴 라자로도 그 말을 했어…."
토마는 웃음을 터뜨린다, 그것도 요란스럽게. 그리고 아직 웃으면서 말한다. 그런데 그의 웃음이 벌써 가리웃 사람을 난처한 처지에 빠뜨렸다. "선생님이 아무것도 안하셨다구? 그럼 실로암과 힌놈의 문둥병자들한테 가서 물어보게. 아니 그보다도 힌놈엔 가지 말게. 그 사람들은 전부 병이 나아서 문둥병자가 거긴 없어졌으니까 말이야. 자넨 친구들… 한테 서둘러 갔기 때문에 거기 없었고, 따라서 그 일을 알지 못하지만, 그래도 역시 예루살렘의 계곡들과 다른 계곡들에서 병이 고쳐진 문둥병자들의 환희의 노래가 울려퍼진단 말이야." 토마는 근엄한 말투로 말을 마치면서 이렇게 덧붙인다. "이 사람아, 자네는 노여움의 발작을 일으키고 있네. 그래서 모든 것을 쓴 것으로 생각하게 되고, 모든 것을 비관적으로 보게 되는 걸세. 자네에겐 그것이 재발하는 병인 모양일세. 그러니 자네 같은 사람과 함께 사는 것이 그리 유쾌한 일이 아니라는 것을 알게. 자넨 생각을 바꿔야 하네, 나는 아무에게도 말하지 않겠고, 이 착한 부인들도 내 말을 들으면 나처럼 입을 다물고 있을 것이고, 안드레아도 그렇게 할 걸세. 그렇지만 자넨 변해야 해. 실제로 실망은 없으니까 자네의 기대가 어긋났다고 생각하지 말게.

선생님은 당신이 무슨 일을 하시는지 알고 계시니까 자네가 필요한 사람이라고 생각하지 말게. 자네를 선생님의 선생이라고 주장하지 말란 말이야. 선생님이 저 불쌍한 여인 엘리사에게 그렇게 하신 것은 그렇게 하시는 것이 적합했기 때문이야. 뱀들이 맘대로 쎅쎅 소리를 내고 욕을 하게 내버려두게. 그 사람들과 선생님 사이에서 중개인 노릇을 할 걱정은 하지 말고, 선생님과 같이 있으면 자네가 신망을 잃게 된다는 생각은 더구나 하지 말게. 선생님이 단순한 감기 하나도 고치지 않으신다 해도 그분의 능력은 변함이 없어. 선생님의 말씀이 계속적인 기적이야. 그리고 안심하고 있게. 우리는 활잡이들에게 쫓기는 몸이 아니란 말이야! 우리는 물론 예수님이 예수님이시라는 것을 세상 사람들에게 믿게 할 수 있을 걸세. 그리고 어머님이 자네 어머니에게 가시겠다고 약속하셨으면 가시리라는 것도 염려 말게. 우리는 그동안 이 아름다운 지방을 순례자로서 여행하는 거야, 이게 우리의 일이란 말일세! 그야 물론! 아브라함의 무덤과 그의 나무, 그리고 이새의 무덤을 보러 가서 부인들을 기쁘게 하는 거지. …또 다른 거 뭐가 있다고 하셨지요?"

"여기가 아담이 살던 곳이고, 아벨이 죽임을 당했다는 곳이야…."
"노상 듣는 말도 안 되는 전설들…" 하고 유다가 투덜거린다.

"한 세기만 지나면 베들레헴의 동굴과 그밖에 많은 것을 전설이라고 사람들은 말할 걸세! 그리고 미안하지만, 자네가 저 고약한 냄새가 나는 엔도르의 동굴에 가기를 원했는데, 그 동굴은 자네도 시인해야 하겠지만 거룩한 순례 과정에는 들어 있지 않았어. 혹 그렇게 생각되지 않나? 그런데 성인들의 피와 유골이 있다는 곳에 간단 말이야. 엔도르는 우리에게 요한을 주었어. 그러니 혹시…"

"요한은 참 훌륭한 획득물이지!" 하고 가리옷 사람이 투덜거린다.

"얼굴을 말하는 것이 아니라 마음을 말하는 것이지. 그 사람이 우리보다 나은지도 몰라."

"그 사람이! 그 과거하고!"

"입닥쳐. 그 과거를 환기시키면 안 된다고 선생님이 말씀하셨어."

"거참 편리한 일이야! 만일 내가 그와 비슷한 일을 하면 자네들이 그걸 기억하지 않을지 보고 싶구먼!"

"잘 있게, 유다. 자넨 혼자 있는 것이 낫겠어. 자넨 너무 흥분해 있어. 자네가 지금 왜 그러는지를 자네가 알기라도 했으면 좋겠네."

"내가 왜 그러느냐구, 토마? 나는 사람들이 우리를 먼저 온 사람들이라고 내버려둔다는 것을 안단 말이야. 나는 사람들이 나를 모든 사람보다 못하게 본다는 것을 안단 말이야. 나는 어떻게 내가 없는 때를 기다려서야 기도하는 법을 가르쳐 주시는지 알아차린단 말이야. 그래 자넨 이런 일들이 내 마음을 기쁘게 할 것으로 생각하나?"

"그런 일이 기쁠 리야 없지. 그렇지만 만일 자네가 우리와 같이 과월절 저녁을 먹으러 왔더라면, 선생님이 우리에게 기도를 가르쳐 주실 때 자네도 우리와 같이 올리브산에 있었을 거라고 지적하겠네. 나는 우리가 어떻게 먼저 온 사람으로 돌봐지지 않는지 모르겠네. 자넨 저 가엾은 죄없는 어린 아이 말을 하는 건가, 아니면 저 불행한 요한 말을 하는 건가?"

"두 사람 다를 두고 말하는 거야. 예수님은 말하자면 이젠 우리들에게는 말씀을 안하신단 말이야. 지금도 보란 말이야. …저기서 어린 아이하고 자꾸 말씀하시느라고 지체하시지. 그렇지만 그애를 제자들 측에 끼게 하시기 위해서는 한동안 기다리셔야 할 걸세! 그리고 또 한 사람은 절대로 제자가 되지 못할 거야. 너무 교만하고, 교양이 있고, 철저하고, 나쁜 경향이 있단 말이야. 그런데도 '여기서도 요한 그리고… 저기서도 요한'… 이렇단 말이야."

"아브라함 할아버지, 제게 인내를 주십시오!!! 그래 무엇으로써 선생님이 다른 사람들을 자네보다 낫게 생각하시는 것같이 보이나?"
 "아니, 지금도 보지 못하나? 이사악에게서도 썩잘 배울 수 있을 목자 세 사람을 가르치시느라고 머무른 다음 벳수르를 떠날 때가 되자 당신 어머니와 같이 누굴 남아 있으라고 하셨나? 난가 자넨가? 아니지. 말을 하지 않다시피하는 늙은이인 시몬을 남아 있게 하셨단 말이야!…"
 "그렇지만 별로 많이 하지 않는 그 사람의 말은 항상 옳은 말이야" 하고 이제는 혼자 남은 토마가 대꾸한다. 여인들과 안드레아는 마치 해가 쨍쨍 내리쬐는 길 한부분을 피하려는 듯이 이들과 헤어져 빨리 앞으로 가기 때문이다.
 두 사도는 어떻게나 흥분했는지 예수께서 오신 것을 알아차리지 못할 지경이다. 그것은 또 예수의 발소리가 구름 같은 길의 먼지 속으로 빨려 들어가기 때문이기도 하다. 그러나 예수께서는 소리를 내지 않으시지만 두 사람은 열 사람만큼이나 소리를 지르기 때문에 예수께서는 그들의 말을 들으신다. 예수 뒤에는 베드로, 마태오, 주님의 두 사촌, 필립보와 바르톨로메오, 그리고 마륵지암을 데리고 오는 제베대오의 두 형제가 있다.
 예수께서 말씀하신다. "네가 제대로 말했다. 시몬은 말을 별로 하지 않지만, 그가 하는 몇 마디 안 되는 말은 언제나 옳은 말이다. 그 사람은 침착한 정신을 가졌고 성실한 마음을 가졌다. 그 사람은 특히 대단히 착한 뜻을 가졌다. 그 때문에 그 사람을 어머니와 같이 남아 있게 했다. 그 사람은 완전히 성실한 사람이고 동시에 세상을 알고, 고통을 당했고, 나이가 든 사람이다. 따라서— 내가 이렇게 말하는 것은 이 선택을 부당하다고 생각하는 사람이 있다고 추측하기 때문이다— 그 사람이 남아 있는 것이 더 적합했다. 유다야, 나는 어머니가 아직 병자인 가엾은 여자 곁에 혼자 계시게 허락할 수는 없었다. 또 나로서는 어머니를 떠나는 것이 마땅했다. 어머니는 내가 시작한 일을 무난히 해내실 것이다. 그러나 나는 어머니를 내 사촌들이나 안드레아나 야고보나 요한이나 또 너하고도 함께 계시게 할 수는 없었다. 그 이유를 네가 알아듣지 못하면 무슨 말을 해야 할지 모르겠다…."
 "선생님의 어머니께서 젊고 아름다우시니까요. 그래서 사람들이…"
 "아니다! 사람들은 언제나 생각과 입술과 손과 특히 마음 속에 진흙을 가지고 있고, 성실하지 못한 사람들은 모든 사람에게서 그들이 느끼는 것과 같은 감정을 본다. 그러나 나는 그들의 진흙은 상관하지 않는다. 진흙은 마르면 저절로 떨어지니까. 그러나 내가 시몬을 택한 것은 그가 나이가 많아서 저 비탄에 잠긴 여인에게 죽은 아들들을 별로 생각나지 않게 하겠기 때문이다. 너희 젊은 사람들은 너희 젊음으로 인해서 그 여인에게 죽은 아들들 생각을 나게 했을 것이다. …시몬은 밤샘도 할 줄 알고 조용히 있을 줄도 안다. 그는 결코 아무것도 요구하지 않고, 동정할 줄도 알고, 삼가할 줄도 안다. 베드로를 택할 수도 있었다. 베드로보다 내 어머니를 더 잘 모실 수 있는 사람이 누구겠느냐? 그러나 베드로는 아직 너무 충동적이다. 내가 그에게 맞대놓고 그 말을 하는데, 그가 그 때문에 기분을 상하지 않는다는 것을 너도 안다. 베드로는 솔직하다. 그리고 자기에게 불리해도 솔직성을 사랑한다. 나타나엘을 택할 수도 있었다. 그러나 유다에 있은 적이 없다. 이와 반대로 시몬은 이 지방을 잘 안다, 그래서 어머니를 가리옷에 모시고 가는 데 소중한 사람이 될 것이다. 시몬은 네 별장이 어디 있는지도 알고 시내에 있는 네 집도 안다, 그래서…"

"아니… 선생님!… 아니 선생님의 어머니께서 정말 제 집에 오시는 겁니까?"

"그래, 그것은 결정된 일이다. 그리고 결정된 일은 하는 법이다. 우리는 복음을 전하기 위해서 이 지방 여기저기에 머무르면서 천천히 가자. 너는 내가 네 유다 지방에 복음을 전하는 것을 원치 않느냐?"

"오! 원하고말고요, 선생님… 그러나 제가 생각하기에는… 아니 제 생각에는…"

"그러나 무엇보다도 너는 네가 꿈꾼 공상 때문에 너 자신을 괴롭혔다. 지브달 하순에 우리는 모두 네 어머니의 집에 갈 것이다. 우리, 즉 내 어머니도 시몬과 함께 가신다는 말이다. 지금 당장은 요안나가 예루살렘에서 복음을 전하고, 또 요안나와 함께 한 처녀와 전에 문둥병자였던 사제 한 사람이 거기서 복음을 전하고, 라자로는 마르타와 늙은 이즈마엘과 함께 베다니아에서 복음을 전하고, 유다에서는 사라가 복음을 전하고, 또 가리옷에서는 네 어머니가 틀림없이 메시아에 대한 말을 하고 계신 것과 같이, 내 어머니는 유다의 도시인 벳수르에서 복음을 전하신다. 너는 내가 유다에는 목소리를 남겨놓지 않는다는 말은 분명하지 못할 것이다. 오히려 나는 다른 지방들보다 더 폐쇄적이고 오만한 유다 지방에 성인인 이사악과 내 친구인 라자로의 목소리 외에 가장 부드러운 목소리들, 즉 여자들의 목소리를 준다. 말 외에 그들이 원하는 지점으로 영혼들을 데려갈 줄 아는 여자의 예민한 솜씨도 가지고 있는 여자들을. 이제는 말을 하지 않느냐? 변덕이 심한 큰 어린 아이 같은 네가 왜 울려고 하느냐? 공상적인 시기심으로 너 자신을 해치는 것이 네게 무슨 소용이 되느냐? 아직도 불안해 할 이유를 가지고 있으냐? 자! 말해 보아라…."

"제가 나쁩니다. …그리고 선생님은 너무나 착하시구요. 선생님의 친절에 저는 점점 더 감동합니다. 선생님의 친절은 항상 그렇게도 신선하고 그렇게도 새로우니까요. …저는… 그 친절을 제가 가는 길에서 만나게 되면 도무지 어떻게 말을 할 줄을 모릅니다."

"네가 제대로 말했다. 너는 알지를 못한다. 그러나 그것이 신선하지도 새롭지도 않기 때문이다. 유다야, 그것은 영원하다. 그리고 어디에나 있다. …오! 이제 헤브론 근처에까지 다 왔다. 그리고 마리아와 살로메와 안드레아가 우리에게 크게 손짓을 한다. 가자. 그들이 사람들과 말을 하고 있구나. 틀림없이 역사적인 장소가 어디 있는지 물어보았을 거다. 유다야, 네 어머니는 이 새로운 기억 환기로 젊어지시는구나."

유다 타대오는 사촌을 보고 미소짓고 예수께서도 미소를 지으신다.

"저희 모두가 젊어집니다" 하고 베드로가 말한다. "저는 학교에 와 있는 것같습니다. 그러나 여기는 훌륭한 학교입니다. 투덜거리기 잘하는 저 엘리세오 선생님의 학교보다 더 좋은 학교입니다. 필립보, 생각나나? 그렇지만 우리가 그 선생님에게 무슨 짓을 안했나 아이고! 그 지파(支派) 이야기. '열 두 지파의 도시 이름을 대라!', '너희는 일제히 말하지 않았다. …다시 해라…', '시몬아, 너는 잠든 개구리 같구나. 너는 뒤에 처져 있다. 처음부터 다시 시작이다.' 아아! 나는 옛날의 도시와 지방의 이름들밖에 알지 못했었습니다. 다른 건 아무 것도 몰랐었습니다. 이와 반대로 여기서는! 정말 배웁니다! 마륵지암아, 알겠니? 네 아버지가 지금은 알고 있으니까 며칠 안으로 시험을 치르게 할 거다…."

모두 웃으면서 안드레아와 여인들이 있는 쪽으로 간다.

73. 헤브론의 반가운 환영

그들은 모두 헤브론 근처의 작은 숲 속에 빙 둘러 앉아서 서로 이야기를 나누며 음식을 먹는다. 성모님이 그의 어머니를 보러 가시리라는 것을 확실히 아는 지금 유다는 더 나은 기분이 다시 되어서 그의 동료들과 여자들에게 보였던 그의 언짢았던 기분의 기억을 여러 가지 친절로 지워버리려고 애쓴다. 그는 물건을 사러 시내에 들어가야 하였는데, 이 도시가 작년보다는 많이 변한 것으로 생각하였다는 이야기를 한다. "예수님의 전도와 기적의 소식이 여기까지 왔습니다. 그래서 사람들이 많은 것을 곰곰이 생각하기 시작했습니다. 선생님, 이 근처에 도라의 소유지가 있다는 것을 아십니까? 또 쿠자의 아내도 여기 이 산들 위에 땅과 성관(城館)을 가지고 있습니다. 그것들은 그 여자의 지참금의 일부분이라 그 여자의 개인 소유입니다. 조금은 쿠자의 아내가, 또 조금은 도라의 농부들이 분위기를 조성한 것을 알수 있습니다. 에스드렐론에서 온 농부가 몇 사람 여기 있을 터이니까요. 도라는 침묵을 지키라고 명령했습니다. 그러나 그 사람들은! …저는 그 사람들이 형벌을 당해도 잠자코 있지는 않을 것으로 생각합니다. 늙은 바리사이파 사람의 죽음으로 사람들은 어리둥절해졌습니다. 아시겠어요? 그리고 과월절 전에 이곳에 온 요안나의 훌륭한 건강두요. 아! 그리고 선생님께 도움이 된 것으로는 아글라에의 애인도 있었습니다. 아글라에는 우리가 여기로 지나간 뒤 얼마 안 되어서 도망쳤다는 것을 아십니까? 그리고 그 남자는 분풀이를 하느라고 죄없는 여러 사람에게 마귀같이 행동했습니다. 이렇게 해서 사람들은 결국 선생님을 압박당하는 사람들의 원수를 갚아 주시는 분으로 생각하게 되었고 선생님을 모시고 싶어합니다. 저는 그중 나은 사람들을 말하는 것입니다…."

"압박당하는 사람들의 원수를 갚아 주는 사람. 사실 그렇다, 그러나 초자연적으로 그렇다. 나를 이 세상의 정신을 따르는 왕과 재판관으로서 한 손에는 왕홀(王笏)을, 또 한 손에는 도끼를 들고 있는 사람으로 보는 사람은 아무도 올바르게 보지 못하는 것이다. 그러나 나는 분명히 여러 가지 억압에서 구해내려 왔다. 가장 중대한 죄의 억압, 병과 슬픔의 억압, 무지와 이기주의의 억압에서. 운명이 그들을 높은 지위에 올려놓았다고 해서 압제하는 것은 옳지 않으며, 오히려 그 지위를 이용해서 밑에 있는 사람들을 도와주어야 한다는 것을 많은 사람이 깨달을 것이다."

"라자로가 그렇게 하고 요안나도 그렇게 합니다. 그러나 그들은 수백 명 대 두 명입니다" 하고 필립보가 딱하게 여기며 말한다.

"강은 발원지에서는 강어귀에서처럼 넓지 않다. 물 몇 방울, 가느다란 물줄기 그러나 나중에는… 하구에서는 바다 같은 강들이 있다."

"나일강, 오?!" 하고 알패오의 마리아가 말한다. "주님의 어머니는 세 분이 에집트에 가셨을 때 이야기를 했는데, 가끔 이렇게 말했습니다. '정말이지 바다 같았어요, 파랗고 푸른 바다. 강물이 제일 많이 불었을 때 그 강을 보면 꿈만 같았어요!' 하고. 그리고 물에서 솟아나는 것 같은 나무들 이야기를 하고, 또

물이 빠질 때 물에서 나는 것 같은 저 모든 푸른 들 이야기도 해주었습니다…."

"자! 그럼 나는 이렇게 말하겠다. 마치 나일강이 발원지에서는 가느다란 물줄기에 지나지 않다가 나중에는 엄청나게 크게 되는 것과 같이, 가장 보잘 것 없는 약자들에 대해 사랑을 가지고, 사랑으로 관심을 기울이는 숭고함의 가느다란 물줄기가 나중에는 많아질 것이다. 지금 당장은 요안나, 라자로, 마르타이지만, 나중에는 얼마나, 얼마나 많아질 것이냐!" 예수께서 형제들에게 자비를 베풀 사람들을 보시는 것같이, 당신의 심상(心象)에 잠기셔서 미소를 지으신다.

유다는 회당장이 그와 같이 오려고 하였으니 감히 개인적으로 결정을 내리지 못했다는 이야기를 한다. "요한, 작년에 그 사람이 우리를 어떻게 쫓아냈는지 기억나지?"

"기억나… 아니, 그 말씀을 선생님께 드리세."

예수께서 질문을 받으시고 헤브론 시내로 들어갈 것이라고 말씀하신다. 만일 주민들이 그들을 원하면 부를 것이고, 그러면 머무를 것이고, 그렇지 않으면 멎지 않고 지나갈 것이라고 하신다.

"따라서 우리는 요한의 집도 볼 것이다. 지금은 누구의 집이 되었느냐?"

"누구의 것도 아니라고 생각합니다. 쉬암마이는 떠나가서 다시는 돌아오지 않았습니다. 그 사람은 하인들을 데리고 갔고 가구들도 치웠습니다. 주민들은 그의 부당한 행위에 대해 복수하기 위해 둘러진 담장을 헐어버렸고, 집은 누구나 들어갈 수 있습니다. 적어도 정원은 그렇습니다. 그들은 세례자를 공경하기 위하여 정원에 모입니다. 쉬암마이는 암살당했다고 합니다. 왠지는 모르겠지만 … 여자 문제 때문인 것 같습니다…."

"틀림없이 궁중의 어떤 음모겠지!…" 하고 나타나엘이 수염 속에서 중얼거린다.

그들은 일어나서 헤브론을 향하여, 세례자의 집을 향하여 간다. 그들이 도착할 때 거기에는 빽빽이 모여 선 주민의 일단이 있다. 그들은 망설이고 호기심을 가지고 어색하게 나아온다. 그러나 예수께서는 미소로 그들에게 인사하신다. 그들은 대담해져서 서로 떨어진다. 그리고 작년에 무례하였던 회당장이 집단에서 나온다.

"당신께 평화가 있기를!" 하고 예수께서 즉시 인사하신다. "우리가 당신네 도시에 머무르는 것을 허락하십니까? 나는 마음에 드는 내 모든 제자들과 제자들 중 몇 사람의 어머니들과 같이 왔습니다."

"선생님, 하지만 선생님께서는 저희들에 대해서, 아니 제게 대해서 원한을 안 가지고 계십니까?"

"원한이요? 나는 원한이란 것이 어떤 것이지 모릅니다. 그리고 왜 내가 원한을 가져야 하는지도 모르겠습니다."

"지난 해에 저는 선생님께 모욕을 드렸습니다…."

"당신은 그렇게 할 권리가 있다고 믿고 알려지지 않은 사람에게 모욕을 주었습니다. 그리고는 당신이 깨달았고, 그렇게 한 것을 뉘우쳤습니다. 그러나 이것은 지나간 일입니다. 그리고 후회가 잘못을 없애는 것과 같이 현재도 과거를 없앱니다. 지금은 내가 당신에게 알려지지 않은 사람이 아닙니다. 그러면 당신은 내게 대해서 어떤 감정을 가지고 있습니까?"

"주님, 존경의 감정을 가지고 있습니다. 갈망의 … 감정을…"

"갈망이요? 내게서 무엇을 원하십니까?"

"선생님을 제가 아는 것보다 더 낫게 알기를 원합니다."

"어떻게요? 어떤 방법으로요?"

"선생님의 말씀과 선생님의 행동으로요. 여기서도 선생님의 인격과 가르치심과 능력을 알게 되었습니다. 그리고 저희들은 선생님께서 세례자의 구출과 무관하지 않으시라는 말도 들었습니다. 그러니까 선생님께서는 세례자를 미워하지 않으셨고, 요한의 자리를 빼앗으려고 하지 않으셨습니다! …세례자 자신도 선생님 덕택에 거룩한 요르단강의 계곡을 다시 보게 되었다는 것을 부인하지 않았습니다. 저희들이 선생님에 대해서 말하려고 요한을 찾아갔었는데 요한은 저희들에게 이렇게 말했습니다. '당신들은 어떤 분을 냉대했는지 모릅니다. 나는 당신들을 저주해야 할 것입니다. 그러나 그분이 용서하고 온유하라고 내게 가르치셨기 때문에 당신들을 용서합니다. 그러나 당신들이 주님과 또 주님의 종인 내게서 저주를 받고 싶지 않거든 메시아를 사랑하시오. 그리고 의심하지 마시오. 당신들은 이런 표로 메시아를 알아볼 수 있을 것입니다. 즉 평화의 정신, 완전한 사랑, 다른 어떤 것보다도 뛰어난 지혜, 천상의 가르침, 절대적인 온유, 모든 것에 미치는 능력, 전적인 겸손, 천사와 같은 순결. 당신들은 잘못 생각할 수가 없습니다. 당신들이 자기가 메시아라고 말하는 사람 곁에서 평화를 호흡하고, 그분의 사랑을, 그분에게서 발산하는 사랑을 마시고, 당신들의 어두움에서 빛으로 건너가고, 죄인들이 구원을 받고 육체가 고쳐지는 것을 보게 되거든 그때에는 이렇게 말하시오. 〈이분은 정말 하느님의 어린 양이시다!〉하고'. 저희는 선생님의 행동이 우리 요한이 말하는 그런 행동이라는 것을 압니다. 저희들을 용서해 주시고, 사랑해 주시고, 세상이 선생님께 기대하는 것을 저희들에게 주십시오."

"그 때문에 내가 여기 왔습니다. 나는 나를 받아들이는 어떤 곳에든지 다 주는 것을 요한의 도시에도 주려고 아주 멀리에서 왔습니다."

"저희들도 병자들이 있습니다. 그리고 저희들은 무식합니다. 특히 사랑과 착함에 대해서 무식합니다. 요한은 하느님에 대한 그의 전적인 사랑으로 강철과 같은 손과 불 같은 말을 가지고 있고, 저희 모두를 마치 거인이 풀잎을 구부리듯이 휘어잡으려고 합니다. 사람은 성인이기보다는 오히려 죄인이니까 많은 사람이 낙담하고 맙니다. 성인이 되기는 어려운 일이지요! …그런데 선생님께서는… 구부리지 않으시고 일으키시며, 소작법(燒灼法)을 쓰지 않으시고 방향제를 발라 주시며, 으스러뜨리지 않으시고 어루만져 주신다고 말들 합니다. 선생님께서는 죄인들에 대해 온정이 넘치고 어떤 병에 대해서든지, 특히 마음의 병에 대해서 능력을 가지고 계시다는 것을 압니다. 저희들의 교사들은 이제는 이렇게 할 줄을 모릅니다."

"병자들을 데려오시오. 그리고 전에는 거기서 살던 은총의 성전이 되었다가 이제는 버려지고 죄로 인하여 더럽혀진 저 정원에 모이시오."

헤브론 사람들은 제비들처럼 사방으로 흩어져 가고 회당장만이 남았다. 그는 예수와 제자들과 함께 정원 안으로 들어간다. 그리고 그들은 모두 장미나무와 포도나무가 제멋대로 자라서 얽힌 정자 그늘로 들어간다. 헤브론 사람들은 이내 돌아왔는데 들것에 실린 중풍환자와 어린 소경 계집애와 어린 벙어리와 사람들이 부축해서 같이 오는 무슨 병을 앓는지 알 수 없는 두 사람을 데리고 온다.

"그대에게 평화" 하고 병자가 올 때마다 예수께서 말씀하신다. 그런 다음 "당신들은 내가 어떻게 해주기를 바라시오?" 하고 부드럽게 물으신다. 그런 다음에는 그 불행한 사람들이 일제히 푸념을 하며 제각기 자기 이야기를 하려고 한다.

앉아 계시던 예수께서 일어나시고 어린 벙어리에게로 가셔서 당신 침을 그의 입술에 바르시며 "열려라!" 하는 굉장한 말을 하신다. 또 침이 축축한 당신 손가락으로 소경의 감긴 눈꺼풀을 적시면서 같은 말을 하신다. 그런 다음 중풍환자에게 손을 주시며 "일어나시오!" 하고 말씀하신다. 끝으로 두 병자에게 손을 얹으시며 말씀하신다. "주님의 이름으로 병이 물러가라!" 하고. 전에는 끙끙거리기만 하던 어린 벙어리가 분명히 "엄마!" 하고 말하고, 소녀는 빛을 향하여 떠진 눈꺼풀을 움직이고, 그에게는 모르는 존재였던 햇빛을 손가락으로 가려 눈을 보호하고 동시에 울기도 하고 웃기도 하며, 아직 빛에 익숙하지 못하기 때문에 눈을 반쯤 감으면서 또 바라다본다. 소녀는 나뭇잎들과 땅과 사람들을 바라다보고, 특히 예수를 쳐다본다. 중풍환자는 자신있게 들것에서 내려오고, 인정많은 들것메는 사람들은 빈 들것을 쳐들어 은총이 내려졌다는 것을 멀리있는 사람들에게 알게 한다. 그동안 두 병자는 기쁨의 눈물을 흘리면서 구세주를 공경하기 위하여 무릎을 꿇는다.

군중은 열광적인 호산나를 외친다. 유다 곁에 있던 토마는 그를 아주 강렬하게 뚫어지게, 그리고 아주 분명한 표정으로 들여다본다. 그래서 유다는 "내가 바보였네, 용서하게" 하고 대답하게 되었다.

환호 소리가 끝나자 예수께서는 말씀을 시작하신다.

"주께서 여호수아에게 이렇게 말씀하셨습니다. '이스라엘 백성에게 이렇게 말하여라. 내가 모세를 시켜 말한 대로 도피성을 지정하여라. 자기도 모르는 사이에 실수하여 살인한 사람이 피신할 성들을 지정하여라. 그 성읍들을 살인자가 피살자의 앙갚음을 할 근친에게서 벗어나 피할 곳으로 삼아라'. 그런데 헤브론은 그런 도시 중의 하나입니다.

그리고 이렇게 씌어 있습니다. '그리고 성읍의 장로들은 무죄한 사람을 그를 죽이려고 찾는 사람에게 내주어서는 안 된다. 오히려 그를 받아들여 그 성읍에서 살게 허락해야 한다. 그 살인자는 심판이 있기까지, 그리고 현직 대사제가 죽을 때까지 거기에 머물러 있어야 한다. 그런 다음에야 자기 성읍, 자기 집으로 돌아갈 수 있다.' 이 법에서는 이웃에 대한 자비로운 사랑이 지켜지고 마련되어 있습니다. 피고의 말을 들어보지 않고 그를 단죄하는 것과 분노의 폭발로 사람을 죽이는 것이 허락되지 않으므로 하느님께서 이 법을 정하신 것입니다.

도덕적인 차원의 죄악과 비난에 대해서도 이렇게 말할 수 있습니다. 알지 못하면서 비난하고 피고의 말을 들어보지도 않고 판결을 하는 것은 허용되지 않습니다. 그러나 오늘은 흔히 있는 잘못이나 죄라고 일컬어지는 것에 대한 비난과 단죄에 새로운 일련의 비난과 단죄가 덧붙여집니다. 그것은 하느님의 이름으로 오는 사람들에 대하여 사람들이 행하는 것과 관계가 있습니다. 여러 세기 동안 이런 일이 예언자들에 대하여 일어났고, 지금은 그리스도의 선구자와 그리스도에 대하여 일어나고 있습니다. 여러분은 이 일을 보고 있습니다. 세례자는 속임수로 세겜 지역 밖으로 유인되어 나가서 헤로데의 감옥에서 죽음을 기다리고 있습니다. 그것은 세례자가 거짓말과 타협에 절대로 동의하지 않을 것이기 때문입니다. 그의 목숨을 끊고 머리를 자를 수는 있을 것입니다. 그러나 그의 성실을 꺾지 못할 것이고 그가 신성하거나 초자연적이거나 도덕적인 모든 형태로 충실히 섬겨온 진리에서 그의 영혼을 떼어놓지도 못할 것입니다. 그리고 마찬가지로 그리스도를 곱절, 아니 열곱절이나 더 맹렬히 박해합니다. 그것은 그리스도가 헤로데에게만 '이것은 당신에게 허용되지 않습니다' 하고 말하는 데 그치지 않고, 죄를 발견하는 곳에 들어가거나 죄가 있다는 것을 아는 곳에 들어가면 어디에서나, 어떤 부류도 빼놓지 않고 '이것은 당신에게 허용되지 않소' 하는 이 말을 벼락 같은 소리로 공언하고, 또 그것을 하느님의 이름으로, 하느님의 영광을 위하여 하기 때문입니다. 이것이 어떻게 있을 수 있는 것입니까? 이제는 이스라엘에 하느님의 종이 없어진 것입니까? 아니, 있습니다. 그러나 그들은 '우상'입니다.

귀양간 사람들에게 보낸 예레미야의 편지에 다른 많은 말이 있는 가운데 다음과 같은 말이 있습니다. 그리고 거기 대해서 여러분의 주의를 끕니다. 그것은 성경에 있는 말씀은 어느 것이든지 성령께서 그 당시의 사건에 대하여 쓰게 하신 그 순간에 벌써 미래에 있을 어떤 사실과도 관계가 있는 가르침이 되기 때문입니다. 그러니까 이렇게 씌어 있습니다. '…당신들이 바빌론에 들어가면 금, 은, 돌, 나무로 만든 신들을 볼 것입니다. …외국인들이 하는 방식을 본받지 말고, 그것들을 무서워하지도 말고 두려워하지도 마시오. …그리고 마음 속으로 이렇게 말하시오. 〈주님, 당신만을 흠숭해야 합니다〉 하고'. 그리고 편지에는 장색이 만든 혀를 가지고 있는 그 우상들에 대한 특별한 지시가 있는데, 그 우상들은 창녀들을 꾸미기 위하여 우상들의 금을 벗겨 가면서 나중에 매음의 땀으로 더렵혀진 금을 빼앗아 우상을 꾸밀 생각을 하는 거짓 사제들을 나무라는 데 그 혀를 쓰지 않는 그런 우상입니다. 녹이 슬고 좀이 쏠 수 있으며, 사람이 얼굴을 씻어 주고 옷을 입혀 주어야만 때를 벗고 옷을 잘 입으며, 비록 왕홀과 도끼를 들고 있지만 혼자서는 아무것도 하지 못하는 그 우상들을 말입니다.

그리고 예언자는 이렇게 결론을 내립니다. '그러므로 그것들을 두려워하지 마시오'. 그리고 또 이렇게 계속합니다. '그 신들은 깨어진 그릇처럼 쓸 데 없습니다. 그것들의 눈에는 신전에 들어오는 사람들의 발이 일으키는 먼지가 가득 차 있고, 사람들은 그것들을 잘 가두어 둡니다. 마치 무덤에 가두는 것처럼 또는 왕을 모욕한 사람처럼 말입니다. 그것은 아무라도 그것들의 값진 옷을 빼앗아 갈 수 있기 때문입니다. 그것들은 신전에 마치 장작 모양으로 놓여 있기 때문에 등잔의 빛을 보지 못하고, 그래서 등잔들은 그것들을 그을려 검게 하는 데나 소용됩니다. 그러는 동안 올빼미와 제비와 다른 새들이 그것들의 머리 위로 날아다니면서 똥으로 더럽히고, 고양이들은 그 옷 속에 잠자리를 만들고 옷을 찢습니다.

그러므로 그것들을 두려워할 필요가 없습니다. 그것들은 죽은 물건들이니까요. 금도 그것들에게는 소용이 없고 과시하기 위한 것뿐입니다. 그리고 그것을 닦지 않으면 반짝이지 않으며, 그것들을 만들 때에도 아무것도 깨닫지 못했습니다. 불에 집어넣어도 깨어나지 못했습니다. 사람들은 그것들을 엄청난 돈을 주고 샀습니다. 그것들은 창피하게도 힘이 없기 때문에 사람이 마음대로 데리고 다닐 수 있습니다. …그러면 왜 그것들을 신이라고 부릅니까? 그것들에게 제물을 바치고 그것을 하는 사람들도 이해하지 못하고 보는 사람들도 믿지 않는 헛된 의식의 과장된 태도로 그것들을 숭배하니까 말입니다. 그것들에게 해로운 일을 하건 좋은 일을 하건 그것들은 거기에 무관심하고, 왕을 택하거나 물러나게 할 능력이 없고, 재물을 주거나 해를 끼칠 수도 없으며, 사람을 죽음에서 구해내지도 못하고 그를 지배하는 사람에게서 약한 사람을 구해내지도 못합니다. 그것들은 과부와 고아들을 불쌍히 여기지도 못합니다. 그것들은 산에 있는 돌과 같습니다.'… 그 편지는 대강 이렇게 되어 있습니다.

자, 보시오. 우리도 주님의 종들 가운데에 이제는 성인들을 가지지 못하고 우상들을 가지고 있습니다. 이 때문에 악이 선과 맞설 수가 있는 것입니다. 이제는 거룩하지 않고, 또 거짓 착한 외양 속에 그들의 소굴을 만드는 사람들의 지능과 마음을 지저분한 것으로 더럽히는 악이 말입니다.

그들은 이제 하느님의 말씀을 말할 줄을 모릅니다. 그것은 당연합니다. 그들은 사람이 만든 혀를 가지고 있어서 사탄의 말을 하지 않으면 사람의 말을 합니다. 그리고 죄없는 사람들과 가난한 사람들에게는 알맞지 않은 꾸지람밖에 할 줄 모르면서 유력자들의 타락을 보고는 입을 다물고 있습니다. 그것은 그들 모두가 타락했기 때문에 같은 잘못을 저지르고 있는 그들이 서로 비난할 수가 없기 때문입니다. 그들은 주님을 위해 탐욕스럽지 않고 맘몬을 위해 탐욕스러워서, 일체의 한도와 우리가 상상할 수 있는 모든 것을 지나치는 열광에 사로잡혀 음란과 범죄의 황금을 받고, 그것을 교환하고 훔치면서 일합니다. 먼지가 그들 위에 쌓여 부글부글 괴고 있으며, 그들이 잘 씻은 얼굴을 내보인다 해도 하느님의 눈은 그들의 더럽혀진 마음을 보십니다. 증오의 녹과 죄의 벌레가 그들을 쏠아먹는데, 그들은 자기들을 구원하기 위하여 거기에 대항하지를 못합니다. 그들은 저주를 왕홀과 도끼 모양으로 내두르지만, 그들이 저주를 받고 있다는 것을 알지 못합니다. 그들은 무덤에 들어 있는 시체들이나 감옥에 갇혀 있는 죄수들과 같이 그들의 생각과 증오 속에 갇혀 있으면서, 어떤 손이 그들을 거기서 끌어낼까 봐 겁이 나서 창살을 움켜쥐고 거기 남아 있습니다. 그것은 이 죽은 자들이 그곳에서는 그래도 어떤 물건, 즉 미이라인데, 사람 같지 않고 나무처럼 말라빠진 시체들이지만 그래도 미이라는 미이라인데, 밖에 나오면 세상이 본체만체하는 시대에 뒤떨어진 물건이 될 것이기 때문입니다. 세상은 생명을 찾고, 어머니의 젖가슴이 필요한 어린 아이와 같이 생명이 필요하며, 그래서 죽음의 역한 냄새를 찾지 않고 생명을 주는 사람을 찾고 있는 것입니다.

  그들은 성전에서 삽니다. 그렇습니다. 그런데 등잔, 즉 명예의 연기가 그들을 그을려 검게 하지만, 빛은 그들 안에 내려오지 않습니다. 모든 격정이 새와 고양이들처럼 그들 안에 도사리고 있고, 사명에 대한 열정은 그들에게 하느님의 불로 타겠다는 신비적인 고민을 주지 않습니다. 그들은 사랑에 반항합니다. 사랑이 그들을 찬란한 금으로 꾸미지 않는 것과 같이 사랑의 불이 그들을 타오르게 하지도 않습니다. 두 가지 표현과 근원을 가진 사랑이 말입니다. 그 표현에 있어서는 하느님과 이웃에 대한 사랑이고, 그 근원에 있어서는 하느님께 있는 사랑과 사람에게 있는 사랑인 것입니다. 하느님께서는 사랑하지 않는 사람에게서는 떠나시고, 그래서 그 첫째 샘이 마르고, 또 사람은 악의가 있는 사람을 떠나고, 그래서 그 둘째 샘이 마르기 때문입니다. 사랑이 없는 사람에게서는 애덕이 모든 것을 빼앗아갑니다. 그 사람들은 저주받은 돈에 매수되고, 이익과 권력이 요구하는 곳으로 끌려갑니다.

  안 됩니다. 이것은 용납되지 않습니다! 양심들을 사는 돈은 없습니다. 특히 사제들과 선생들의 양심을 사는 돈은 없습니다. 세상의 권력이 하느님께서 명하시는 행동과 반대되는 행동으로 이끌어가려고 할 때에 그 권력에 동의하는 것은 허용되지 않습니다. 그것은 정신적인 불능입니다, 그런데 '고자는 주님의 모임에 들어오지 못한다'는 말이 있습니다. 그러면 육체적으로 불능인 사람이 하느님의 백성의 일원이 될 수가 없는데, 정신적으로 불능인 사람이 하느님의 사제가 될 수 있습니까? 그러므로 나 진정으로 여러분에게 말하지만 지금 많은 사제와 선생이 영적인 남자다움을 잃었기 때문에 비난받아 마땅한 거세(去勢)에 휩쓸려 있습니다. 많은 사람이, 너무나 많은 사제와 선생이!

  곰곰히 생각하고, 관찰하고, 비교하시오. 여러분은 우리가 많은 우상을 가지고 있고 하느님이신 선의 사제는 별로 가지고 있지 못하고 있다는 것을 알 것입니다. 그렇기 때문에 도피성이 이제는 도피성이 아닐 수가 있는 것입니다. 이스라엘에서는 이제 아무것도 존중하지 않습니다. 그리고 거룩하지 않은 사람들이 거룩한 사람들을 미워하기 때문에 성인들이 죽어갑니다.

그러나 나는 여러분을 '오시오!' 하고 청합니다. 나는 여러분을 요한의 이름으로 부릅니다. 요한은 거룩했기 때문에 고통을 당했고, 내 앞장을 서 가면서 어린 양이 갈 길에서 더러운 것들을 치우려고 했기 때문에 사람들이 그를 해쳤습니다. 와서 하느님을 섬기시오. 때가 가까웠습니다. 구속을 준비없이 맞지 마시오. 씨를 뿌린 땅에 비가 오게 하시오. 그렇지 않으면 비가 와도 아무 소용이 없을 것입니다. 여러분, 헤브론의 여러분이 앞장을 서야 합니다! 여기서 여러분은 즈가리야와 엘리사벳과 같이 살았는데, 그분들은 하느님에게서 요한을 받을 만한 자격이 있는 성인들이었습니다. 이곳에서 요한이 그의 참다운 어린 아이의 순진함으로 은총의 향기를 풍겼고, 그의 광야에서는 타락을 막는 경탄할 만한 그의 은총의 향을 여러분에게 보냈습니다. 여러분의 요한을 실망시키지 마시오. 요한은 이웃 사랑을 말하자면 하느님다운 단계에까지 이끌어가서 광야의 가장 하찮은 주민을 동향인인 여러분을 사랑하듯이 사랑하게 되었습니다. 그러나 그는 틀림없이 여러분에게 구원을 얻어줄 것입니다. 그런데 구원은 주님의 목소리를 따르는 것이고 그분의 말씀을 듣는 것입니다. 이 사제의 도시에서 떼지어 하느님을 섬기러 오시오. 나는 지나가면서 여러분을 부릅니다. 여러분은 자비의 말씀을 한 마디만 듣고도 그들이 가던 길을 버리고 선행의 길로 오는 창녀들보다 못한 사람이 되지 마시오.

내가 이곳에 도착할 때에 '아니, 선생님께서는 원한을 품고 계시지 않습니까?' 하는 말을 들었습니다. 원한이요? 원! 천만에요! 내가 여러분에 대해 품고 있는 것은 사랑입니다! 그리고 여러분이 내 백성 가운데 있는 것을 보기를 바라고 있습니다. 모든 종류의 예속에서 벗어나게 하여 관능과 죄의 광야인 홍해 저편에 있는 하느님의 나라라는 참된 약속의 땅을 향한, 즉 큰 기쁨이 많고 평화가 가득 찬 영원한 땅을 향한 새로운 집단이동으로 내가 하느님께로 인도해 가는 백성 말입니다. …오시오! 사랑이 지나가고 있습니다. 사랑에 받아들여지기 위하여는 착한 뜻만 있으면 되는 것이니까 그 사랑을 따르기를 원하는 사람을 따를 수 있습니다."

예수께서는 놀랄 만큼 조용한 가운데 말씀을 끝마치셨다. 많은 사람이 그들이 들은 말을 숙고하고, 검토하고, 음미하고, 비교하는 것 같다.

이런 반응이 일어나는 동안 예수께서는 피로하시고 땀을 흘리시며 앉으셔서 요한과 유다와 말씀을 하신다. 그런데 정원 밖에서 큰 소리가 들려온다. 그 큰 소리는 분명치 않다가 나중에는 분명해진다. "저분이 메시아십니까? 저분이 메시아세요?" 그리고 그렇다고 대답하니까 불구자 한 사람을 앞으로 나아오게 하는데, 어떻게나 기형으로 생겼는지 몸이 S자와 같다.

"아이고! 마살라로구먼!"

"아니 저 사람은 너무나 보기 흉하게 생겼는데! 뭘 바라는 건가?"

"저 여자가 어머니야! 불쌍도 하지!"

"선생님, 남편은 그의 아들인 저 조생아 때문에 저 여자를 내쫓았습니다. 그래서 여기서 구걸을 해서 살아갑니다. 그러나 지금은 늙어서 죽을 날이 얼마 남지 않았습니다…"

조생아는— 그것은 틀림없는 사실이다— 이제 예수 앞에 와 있다. 그 사람은 어떻게나 몸이 굽었고 기형인지 예수께서는 그의 얼굴을 보실 수도 없을 지경이다. 그는 인간— 침팬지이 또는 인간— 낙타의 희화(戱華) 같다. 나이 먹고 불쌍한 어머니는 말도 못하고 그저 신음만 한다. "주님, 주님… 믿습니다…."

예수께서는 겨우 당신 허리에까지 오는 그 사람의 보기흉하게 된 어깨에 두 손을 얹으시고 하늘을 우러러 보시며 천둥 같은 목소리로 말씀하신다. "일어나서 주님의 길로 걸으시오." 그러자 그 사람은 경련을 느끼더니 지극히 완전한 사람처럼 일어나 껑충껑충 뛴다. 변화가 어떻게나 급격했던지 그 사람은 지금까지 그 비정상적인 자세에 고정시켜 놓았던 용수철을 제거한 것 같다. 이제는 그 사람이 예수의 어깨에까지 닿는다. 그 사람은 예수를 쳐다보더니 어머니와 함께 무릎을 꿇고 그의 구조자의 발에 입맞춤한다.

그런 다음 군중 속에서 일어나는 일은 이루 말할 수 없다. …그래서 예수께서는 본의 아니게 헤브론에서 묵으실 수밖에 없었다. 사람들이 예수를 떠나지 못하시게 하려고 나가는 길을 빨리 막았기 때문이다.

이렇게 하여 예수께서 지난해 이래로 몹시 변한 늙은 회당장의 집으로 들어가신다.

74. 유타에서. 이사악의 집에서 전도하시다

유타시 전체가 예수를 마중나온다. 그들은 어린이들의 미소와 주민들의 찬미 외에 산비탈에서 꺾은 들꽃들과 농사지은 것의 만물들을 가지고 마중나온다. 그래서 예수께서 시내에 발을 들여놓으시기도 전에 그 모든 착한 사람들에게 둘러싸이신다. 그들은 선발대로 파견된 가리옷의 유다와 요한의 기별을 받고, 구세주께 경의를 표할 수 있는 것으로 그들이 찾아낼 수 있는 것을 모두 가지고, 특히 그들의 사랑을 가지고 달려온 것이다.

예수께서 크고 작은 그 모든 사람에게 손짓과 말씀으로 끊임없이 축복을 하신다. 그들은 예수께로 바싹 다가와서 옷과 손에 입맞춤을 하고, 입맞춤으로 축복해 주십사고 아기들을 팔에 안겨 드린다.

사랑이 어떻게나 열렬한지 걸음을 걷지 못하게 할 지경이다. 그것은 마치 밀어올리는 밀물과도 같다. 나는 예수께서 걸어가시는데 발로 가시는 것보다는 오히려 이 물결에 들려 가시는 것으로 생각한다. 그리고 예수의 마음은 이 사랑이 당신께 드리는 기쁨으로 인하여 저 높이 청명한 가운데로 들려 올라가시는 것이 틀림없다. 예수의 얼굴은 하느님이신 사람으로서의 당신의 가장 기쁨의 순간에서처럼 빛난다. 그것은 기적을 행하실 때의 사람의 마음을 끄는 눈길을 가진 강렬한 얼굴이 아니고, 아버지와의 끊임없는 일치를 나타내실 때의 위엄있는 얼굴도 아니며, 잘못에 대항하실 때에 보이시는 준엄한 얼굴도 아니다. 그 모든 얼굴이 다른 빛으로 반짝인다. 그러나 지금의 빛은 당신의 온 자아(自我)의 긴장을 푸시는 때의 빛이다. 예수의 자아는 사방에서 공격을 받으셔서 당신의 지극히 작은 몸짓이나 말씀 또는 남의 말도 항상 살피실 수밖에 없으며, 세상의 계략에 둘러싸여 계시다. 세상은 해를 끼치는 거미처럼 하느님이시요 사람이신 하느님의 나비가 나는 것을 마비시키고, 그분의 정신을 사로잡아 세상을 구하지 못하시게 할 희망을 가지고, 세상의 가장 크고 죄되는 무지를 교육하지 못하시도록 그분의 말씀을 못하시게 입을 틀어막고, 그분의 손, 영원한 사제이신 그분의 손을 묶어 마귀와 육체가 타락시킨 사람들을 거룩하게 하지 못하시게 하며, 그분의 눈을 가려, 자선과 용서와 사랑인 그 눈길, 진짜 사탄의 저항이 아닌 어떠한 저항도 이기는 매력인 그 눈길이 마음들을 끌어당기지 못하시게 할 희망을 가지고 그 하느님이시요 사람이신 하느님의 나비 주위에 악마 같은 그물들을 친다.

오! 그리스도의 적들의 일도 그리스도에 대하여 아직도 이러하고 항상 이러하지 않습니까? 아직도 지식과 이간이, 아직도 증오와 질투가, 아직도 좋은 나무의 독이 든 가지처럼 인류 자체에서 나온 인류의 적들이, 그들이 그리스도를 미워하는 것보다도 훨씬 더 미워하는 인류를 죽이기 위하여 이 모든 것을 하지 않습니까? 그리스도를 미워하는 것보다 인류를 훨씬 더 미워한다는 것은 예수께서는 하느님이시고 그들은 티끌이기 때문에 예수에게서는 아무것도 빼앗아갈 수가 없는 반면에 인류는 비그리스도교화로 그의 기쁨을 빼앗아감으로써 적극적으로 미워하기 때문입니다.

그렇습니다. 그들은 그렇게 합니다. 그러나 그리스도께서는 충실한 마음들 속으로 피해 들어오시어, 거기서 내다보시고, 거기서 말씀하시고, 거기서 인류에게 강복하시고, 그리고… 그리고 당신을 그 마음들에게 주십니다. 그리고 이 마음들은… 이 마음들은 이 세상에 있으면서도, 그러나 자기 존재 전체에, 즉 관능과 기관과 감정과 생각과 정신과 또… 에까지도 감미로운 고통을 느낄 정도로 불타면서 무상의 기쁨을 가진 하늘에 이르게 됩니다. 눈물과 미소, 탄식과 노래, 심한 피로와 생명을 구성하는 활동도 우리의 동무들이고, 동무라기보다 오히려 우리의 존재 자체이기도 합니다. 과연 뼈가 살 속에 있고 혈맥과 신경이 피부 밑에 있는 것과 같이, 그리고 이 모든 것이 오직 하나의 사람을 이루는 것과 같이, 예수께서 당신을 우리에게 주셨기 때문에 생겨난 불타는 이 모든 것도 우리 안에, 보잘 것 없는 우리 인성 안에 있습니다. 그리고 영원히 계속 될 수 없을 이 순간에 우리는 무엇이 됩니까? 몇 순간 이상 계속 되면 우리는 타고 부수어져서 죽을 터이니까요. 우리는 이제 사람이 아닙니다. 우리는 이미 이 세상에서 사는 이성을 가진 동물이 아닙니다. 우리는, 우리는, 오 주님! 교만으로가 아니라 당신의 시선이 저를 태우고 열광하게 하므로 당신의 영광을 노래하기 위하여 이 말을 하게 내버려두십시오. …그때에는 우리가 세라핌이 됩니다. 그래서 지옥에 떨어진 사람들이 나타날 때에 그렇게 되는 것처럼 우리에게서는 사람들과 물질이 느낄 수 있는 불꽃과 열이 나오지 않는 것을 이상히 생각합니다. 과연 지옥에 떨어진 사람에게서 발산되는 반사광, 다만 한 줄기 나무를 태우고 금속을 녹일 정도로 지옥의 불이 세니, 오, 모든 것이 무한하시고 완전하신 하느님, 당신의 불은 어떠하겠습니까?

　우리는 열병으로 죽어가지 않고, 열병이 우리를 태우는 것이 아닙니다. 우리의 열병이신 당신이, 즉 사랑이 우리를 태우는 것입니다. 그리고 이 사랑으로 우리는 불살라지고, 죽고, 타서 없어지며, 그 사랑으로, 그 사랑에 의하여 이다지도 위대한 일에 저항할 수 없는 마음의 금선(琴線)이 갈기갈기 찢어집니다. 그러나 저는 표현을 제대로 하지 못했습니다. 사랑은 열광이고, 둑을 무너뜨리고 사랑이 아닌 것은 모두 휩쓸어 넘어뜨리는 폭포며, 사랑은 영혼에 있어서 아주 참되고 아주 생생한 열중한 감각이기 때문입니다. 그러나 마음이 느끼는 것을 영이 생각으로 빨리 나타내기 때문에 손은 미처 그 감각들을 옮겨쓰지 못합니다. 우리가 죽는다는 것은 참말이 아닙니다. 우리는 열 곱절이나 되는 생명으로 살고, 사랑과 지극한 행복을 누리는 자로 세상의 생명과 천상의 생명, 이렇게 두 가지 생명으로 삽니다. 오! 저는 확신합니다. 성부 성자 성령이신 당신, 한 분이시고 세 위이시며 창조주 하느님이신 당신이 아담에게 주셨던 결함도 없고 타락도 없고 한계도 없는 생명에 도달하고 그것을 능가한다는 것을. 그 생명은 당신께로 올라간 다음에 누리는 생명, 당신께로, 당신께로, 당신께로 가기 위하여 마치 성모님의 조용한 잠과 즐거운 승천이 그랬던 것과 같이 천사들의 사랑하는 품에 안겨서 여행한 후에 지상의 낙원에서 천국의 낙원으로 조용히 건너간 뒤에 하늘에서 즐거움을 누리는 생명의 전조(前兆)입니다.

　우리는 참된 생을 삽니다. 그러다가 이리로 돌아옵니다. 그리고 제가 지금 하는 것과 같이 그와 같은 초월에 놀라고 그것을 부끄러워하며 이렇게 말합니다. "주님, 저는 그렇게도 고상한 것에는 자격이 없습니다. 주님, 용서해 주십시오" 하고, 그러면서 교만에 빠지지 않았나 하고 두려워서 가슴을 칩니다. 그리고 그 찬란한 빛을 더 두꺼운 휘장을 드리워 가립니다. 그 찬란한 빛은 우리의 한계를 불쌍히 여겨서 더 완전히 왕성하게 계속 타오르지 않지만, 그래도 우리 마음 속에 모여서 하느님께서 원하시는 새로운 지복의 순간에 다시 힘있게 타오를 준비가 되어 있습니다. 우리는 하느님께서 당신의 불과 당신의 빛과 당신의 사랑으로 불타시는 지성소에 휘장을 드리웁니다. …그리고 기진맥진했지만 재생하여 다시 걸어가기 시작합니다. …세기는 하지만 감미로운 포도주에 취해서 말입니다. 이 포도주는 이성을 무디게 하지 않고 다만 그 눈과 생각을 내 예수님, 주님이신 당신이 아닌 것으로 향하지 못하게 합니다. 당신은 우리의 비참을 천주성에 연결시키는 고리이시고, 우리 죄를 위한 구속의 방법이시며, 우리 영혼을 위하여 지복을 창조하시는 분이십니다. 성자이신 당신은 우리로 하여금 이제와 영원히 당신 안에 살게 하시려고 당신의 상처입은 손으로 우리의 손을 성부와 성령의 영적인 손 안에 쥐어 주십시오. 아멘.

아니, 예수께서 당신의 사랑의 눈길로 유타의 주민들을 불태우시면서 저를 불사르시는 동안 제가 어디에 갔었습니까? 신부님은 제가 이제는 제게 대한 말을 아주 하지 않거나 아주 드물게 한다는 것을 알아차리셨을 것입니다. 얼마나 많은 말을 제가 할 수 있겠습니까! 그러나 받아쓰기를 하고 난 뒤에 즉시 저를 못 살게 구는 피로와 육체적 쇠약, 그리고 제가 앞으로 나아가는 데 따라 점점 더 강해지는 정신적인 수줍음이 제게 입을 다물라고 설득하고 강요합니다. 그러나 오늘은… 제가 너무 높이 올라갔습니다. 그런데 신부님도 아시다시피 성층권(成層圈)의 공기는 자제력을 잃게 합니다. …저는 성층권보다도 훨씬 더 높이 올라갔습니다. …그래서 저 스스로를 제어할 수가 없었습니다. …그리고 또 제가 생각하기에 저 사랑의 소용돌이에 휩쓸린 우리가 항상 입을 다물고 있으면 발사체(發射體)처럼, 아니 오히려 밀폐되고 과열한 가마솥처럼 터지고야 말 것입니다.

신부님, 용서하십시오. 그리고 이제는 계속합시다.

예수께서 유타에 들어가시니, 사람들은 장터로 모시고 갔다가, 그곳에서 이사악이 30년 동안 고통을 겪은 초라한 오두막집으로 모시고 간다. 그들은 설명한다. "저희들은 여기 와서 선생님에 대한 말을 하고, 회당에서처럼 기도를 합니다. 여기가 가장 참된 회당입니다. 그것은 저희가 여기에서 선생님을 알기 시작했고, 한 성인의 기도가 선생님을 다시 이리로 모셔왔기 때문입니다. 들어오셔서, 저희가 성인의 집을 어떻게 정리했는지 보십시오."

그 작은 집에 지난 해까지는 작은 방이 세 개가 있었다. 첫째 방은 불구인 이사악이 구걸을 하던 방이었고, 둘째 방은 광이었고, 셋째 방은 마당쪽으로 향한 작은 부엌이었다. 사람들은 그것들을 터서 방 하나를 만들었고, 모임에 쓰이는 걸상들이 있다. 마당에 있는 작은 가건물에는 얼마 안 되는 이사악의 가구를 유물 모양으로 넣어 두었고, 유타의 주민들이 존경하는 마음으로 마당을 덜 을씨년스럽게 만들어, 덩굴식물들을 심었는데, 이제는 그것들이 꽃으로 투박한 판자울타리가 뒤덮여서, 별로 높지 않은 지붕과 같은 높이에 마당 위에 그물처럼 얼기설기 엮어 놓은 밧줄을 따라 정자가 되기 시작한다.

예수께서는 그들을 칭찬하시며 말씀하신다. "우리는 여기에 묵을 수 있습니다. 여자들과 아이의 잠자리만 마련해 주기를 부탁합니다."

"아이고! 우리 선생님! 그건 절대로 안 됩니다! 저희들이 선생님을 모시고 이리로 올 터이니 저희에게 말씀을 해주십시오. 그러나 선생님과 선생님의 일행은 저희 손님들이십니다. 선생님과 하느님의 종들을 모시는 은혜를 베풀어 주십시오. 저희들의 마음을 언짢게 하는 오직 한 가지 일은 집이 있는 만큼 손님이 많지 않다는 것뿐입니다…."

예수께서는 승낙하시고 작은 집에서 나오셔서 사라의 집으로 가신다. 사라는 예수와 일행에게 저녁을 대접하는 그의 권리를 아무에게도 양보하지 않는다….

…예수께서 이사악의 집에서 말씀하신다. 사람들은 방과 마당을 꽉 메우고 집 앞의 빈 터에까지도 꽉 들어찼다. 예수께서는 모든 사람이 당신 말씀을 들을 수 있도록 방 한가운데로 가셔서 당신 목소리가 마당과 바깥 광장에서도 들리게 하신다.

예수께서는 누가 한 질문이나 어떤 사건으로 암시된 문제를 다루시는 모양이다. 예수께서는 이렇게 말씀하신다. "…그러나 이것은 틀림없습니다. 예레미야가 말한 것과 같이 그들은 시련을 겪을 때에 주님을 버린 것이 얼마나 고통스럽고 쓰라린 일인지를 알게 될 것입니다. 여러분, 어떤 죄에 대하여는 그 흔적을 초석(礎石)이나 붕소(硼素)로도 지울 수 없는 것들이 있습니다. 지옥의 불도 그 표적을 지우지 못합니다. 그것은 사라지지 않는 것입니다.

여기에서도 예레미야의 말이 올바른 것에 주의해야 합니다. 이스라엘의 우리 실력자들은 정말이지 예언자가 말하는 야생의 나귀들과 같습니다. 그들은 그들의 마음의 사막에 익숙해 있습니다. 왜그러냐 하면 어떤 사람이 하느님과 같이 있기만 하면, 비록 욥과 같이 가난하고, 혼자이고, 헐벗었더라도, 절대로 외롭지 않고, 절대로 가난하지 않고, 절대로 헐벗지 않고, 절대로 사막이 되지 않기 때문입니다. 그러나 저들은 하느님을 그들의 마음에서 내쫓았습니다. 그래서 그들은 메마른 사막에 있게 된 것입니다. 그들은 야생의 나귀들과 같이 바람에서 수컷의 냄새를 맡는데, 이것이 우리의 경우에는 그들의 격정 때문에 엄밀한 의미의 음란 이외에도 권력과 돈이라고 불리는 것으로서, 그들은 이 냄새를 따라가 죄를 저지르기까지에 이릅니다. 그렇습니다. 그들은 이 냄새를 따라가고 있고, 이 다음에는 더 따라갈 것입니다. 그들은 그들의 죄를 복수하실 하느님의 화살에 맞을 위험에 직면한 것이 그들의 벗은 발이 아니라 그들의 마음이라는 것을 알지 못합니다. 아무것도 아닌 것에, 혹은 더 나쁘게 죄가 되는 것에게 '당신이 내게는 아버지요, 당신이 나를 낳았습니다' 하고 정말로 말했고 또 지금도 말하고 있는 왕과 왕자들, 사제들과 율법학자들이 그때에는 얼마나 창피스럽겠습니까!

정말 잘 들어 두시오. 모세는 우상숭배하는 백성을 보고 분노해서 십계명판을 깨뜨렸습니다. 그리고 다시 산으로 돌아가 기도하고 흠숭하고 은총을 얻었습니다. 오랜 옛날에 있은 일입니다. 그러나 사람들의 마음에서 우상숭배는 사라지지 않았고 장차 사라지지도 않을 것이며, 오히려 밀가루 속에 넣은 누룩과 같이 커집니다. 지금은 각 사람이 그의 금송아지를 가지고 있습니다. 각 사람의 마음은 제단인데, 거기에서 하느님을 발견하기는 어렵기 때문에 이 세상은 우상의 수풀이 되었습니다. 어떤 나쁜 정열을 가지고 있지 않은 사람은 다른 나쁜 정열을 가지고 있고, 어떤 나쁜 욕망을 가지고 있지 않은 사람은 다른 이름을 가진 나쁜 욕망을 가지고 있습니다. 금전을 생각하지 않는 사람은 자기의 지위만을 생각하고, 순전히 관능만을 생각치 않는 사람은 이기주의에 사로잡혀 있습니다. 금송아지가 된 얼마나 많은 자아(自我)가 사람들의 마음의 숭배를 받습니까! 이 때문에 그들이 타격을 받고 주님을 부를 때 '너의 신들에게 호소하여라, 나는 너를 모른다' 하는 말을 듣는 날이 올 것입니다. 나는 너를 모른다! 하느님께서 어떤 사람에게 이 말씀을 하시면, 그것은 몹시 무서운 말입니다. 하느님께서는 인류를 창조하셨고, 각 사람을 개별적으로 아십니다. 그러므로 하느님께서 '나는 너를 모른다'고 말씀하시는 것은 당신의 의지의 온 힘을 다하여 당신의 기억에서 그 사람을 지워버리셨다는 표가 됩니다. 나는 너를 모른다! 하느님께서 이 판정을 내리시는 것이 지나치게 가혹한 일입니까? 그렇지 않습니다. 사람이 하늘을 보고 '나는 너를 모른다' 하고 외쳤고, 하늘도 사람에게 '나는 너를 모른다' 하고 대답한 것입니다. 메아리처럼 충실하게…

그리고 곰곰히 생각해 보시오. 사람은 감사의 의무와 자기 자신의 지능에 대한 존중으로 하느님을 알아야 합니다.

감사하는 마음으로 하느님을 알아야 합니다. 하느님께서는 사람을 창조하시고, 그에게 이루 말할 수 없는 생명이라는 선물을 주시고, 더 말할 수 없는 은총이라는 선물을 마련해 주셨습니다. 그 자신의 탓으로 은총이라는 선물을 잃고 나서 사람은 '내가 네게 은총을 돌려주겠다' 하는 굉장한 약속을 하는 것을 듣습니다. 모욕을 당하신 하느님께서 마치 당신이 속죄할 의무가 있는 죄지은 분이신 것처럼 모욕을 한 사람에게 말씀하시는 것입니다. 그리고 하느님께서는 약속을 지키셨습니다. 그래서 내가 사람에게 은총을 도로 주려고 여기 왔습니다. 하느님께서는 초자연적인 선물에만 그치지 않으시고, 당신의 신령한 본질을 낮추시어 사람의 살과 피의 벅찬 필수품들을 마련해 주시어 그에게 따뜻한 햇볕과 위안을 주는 물과 낟알과 포도나무와 갖가지 나무와 갖가지 짐승을 주십니다. 이렇게 해서 사람은 살기 위해 그에게 필요한 모든 것을 하느님에게서 받습니다. 하느님은 은혜를 베푸시는 분이십니다. 그러니까 그분께 감사를 드려야 하고, 그분을 알려고 힘씀으로써 그것을 그분께 보여드려야 합니다.

　자기 자신의 이성에 대한 존중으로 하느님을 알아야 합니다. 미친 사람이나 바보는 치료의 실제적인 가치를 이해하지 못하기 때문에 그들을 치료해 주는 사람들을 고맙게 여기지 않습니다. 그리고 그들을 씻어 주거나 음식을 먹여 주는 사람, 그들을 침대로 데려가거나 침대에 뉘는 사람, 그들이 위험을 피하도록 보살펴 주는 사람에 대해서 그들은 미워하는 마음을 가지고 있습니다. 그것은 그들의 고질로 인하여 짐승같이 되어 치료를 고문으로 생각하기 때문입니다. 하느님께 대한 그의 의무를 게을리하는 사람은 이성을 가진 자기 자신의 명예를 스스로 떨어뜨립니다. 바보나 미친 사람들만이 아버지와 외부사람, 은인과 원수를 구별하지 못하게 됩니다. 그러나 지능을 갖춘 사람은 아버지와 은인을 알고, 그가 나기 전에 일어난 일이거나 그의 아버지나 은인이 그에게 그 물건들의 이익을 얻게 했기 때문에 그가 알지 못하는 일에 대해서까지도 기꺼이 그들을 점점 더 알려고 합니다. 그러므로 우리가 지능을 가진 존재이고 짐승이 아니라는 것을 보여드리기 위해 주님께 대해 그렇게 해야 합니다. 그러나 이스라엘에는 아버지와 은인을 알아보지 못하는 저 미친 사람들과 같은 사람이 너무나 많습니다.

　예레미야는 이렇게 자문합니다. '처녀가 그의 의상을 잊을 수 있고 아내가 그의 허리띠를 잊을 수 있느냐?' 하고. 오! 있고말고요. 이스라엘은 그들의 의상을 잊어버리는 어리석은 처녀들과 그들의 허리띠를 잊고 창녀들의 야하게 번쩍거리는 옷을 입는 음란한 아내들로 이루어져 있습니다. 그리고 이것은 사회계층이 높아지는 데 따라서 그 비율이 더 커집니다. 그렇지만 지위가 더 높은 사람들은 백성에게 모범을 보여 주어야 할 것입니다. 그래서 노여움과 눈물을 곁들인 하느님의 다음과 같은 나무람은 이 사람들에게로 가는 것입니다. '어찌하여 너는 사랑을 찾기 위하여 네 행동의 성실성을 돋보이게 하려고 하느냐? 오히려 네 타락과 네 행동을 가르치고, 옷자락에 가난한 사람들과 죄없는 사람들의 피가 묻은 옷을 입은 네가 말이다.'

　여러분, 거리(距離)는 좋은 일이기도 하고 나쁜 일이기도 합니다. 내가 쉽게 말하는 곳에서 아주 멀리 떨어져 있는 것은 여러분이 생명의 말을 듣지 못하게 하기 때문에 나쁜 일입니다. 여러분은 그것을 한탄합니다. 그것은 사실입니다. 그러나 그것이 좋은 일이기도 합니다. 그것은 그 때문에 여러분이 죄가 술렁이고 타락이 넘치는 곳, 간사한 뱀이 내 일을 방해하고 사람들의 마음 속에 내게 대한 의심과 거짓말을 교묘히 주입시킴으로써 내게 영향을 끼치려고 색색거리는 곳에서 멀리 떨어져 있게 되기 때문입니다. 그러나 나는 여러분이 타락한 사람들에게서 멀리 떨어져 있는 것을 더 좋아합니다. 나는 여러분의 교육을 마련하겠습니다. 여러분은 하느님께서 우선 우리가 서로 알도록, 그러니까 우리가 서로 사랑하도록 마련하셨습니다. 나는 우리가 서로 만난 적이 없었는데도 여러분에게 알렸습니다. 이사악이 나를 여러분에게 알렸습니다. 나는 내 말을 여러분에게 하라고 많은 이사악을 보내겠습니다. 그뿐 아니라 하느님께서는 어디에서나 사람의 영과 단 둘이 말씀하실 수 있고, 당신의 가르치심으로 사람의 영을 완전하게 하실 수 있다는 것을 아시오.

고독이 여러분을 오류로 이끌어갈까 봐 걱정하지 마시오. 그렇지 않습니다. 여러분이 원치 않으면 주님과 그분의 그리스도에게 불충하지 않을 것입니다. 그뿐 아니라 정말 메시아에게서 멀리 떨어져 있지 못할 사람은 메시아가 그에게 마음을 열고 팔을 벌리며 '오시오' 하고 말한다는 것을 알기 바랍니다. 오고 싶은 사람들은 오시오, 그리고 남아 있고 싶은 사람은 남아 있으시오. 그러나 이 사람들이나 저 사람들이나 모두 성실한 생활로 그리스도를 전하시오. 너무나 많은 사람들의 마음에 도사리고 있는 불성실에 반대해서 그리스도를 권하시오. 끝까지 충실할 줄을 모르고 그리스도의 혼인잔치에 초대받은 영혼들의 의상과 허리띠를 잊어버리는 수없이 많은 사람들의 경솔에 반대해서 그리스도를 알리시오. 여러분은 내게 기쁘게 이런 말을 했습니다. '선생님께서 오신 뒤로 저희들 중에는 병자도 없었고 죽은 사람도 없었습니다. 선생님의 축복이 저희를 보호해 주었습니다' 하고. 그렇습니다. 건강은 중요한 것입니다. 그러나 내가 지금 온 것이 여러분에게 항상 모든 일에 정신의 건강을 주게 되도록 하시오. 이런 목적으로 여러분에게 강복하고, 여러분과 여러분의 자녀와 여러분의 밭과 여러분의 집과 여러분의 가축떼와 여러분의 과수원에 내 평화를 줍니다. 그것들을 위해 살지 말고 그것으로 살면서 그것들을 거룩하게 쓰고, 여분을 가난한 사람들에게 주시오. 그렇게 해서 아버지의 강복을 듬뿍 사고 하늘 나라에 자리를 마련하시오. 이제는 가보시오. 나는 남아서 기도하겠습니다…."

75. 가리옷에서. 예수께서 회당에서 말씀하신다

신부님, 신부님의 눈을 염려해서 알아들을 수 없는 몇 마디 단어를 다시 쓰기 위해 어제 쓴 것을 다시 읽습니다. 그것을 다시 읽으니 슬픕니다. …그것은 제가 제 영혼의 상태를 묘사하는 동안 느끼던 것에는 까마득하게 미치지 못합니다. 그렇지만 그때에 주님이 제게 느끼게 하시던 것을 표현하는 것을 도와달라고, 또 설명을 잘못할까 봐 겁이 나고, 고통에서 벗어나기 위해서— 그것도 고통이니까요, 아시겠어요?— 제 요한 성인을 불렀습니다. 요한 성인에게 이렇게 말했습니다. "당신은 이것들을 잘 아시지요. 그것들을 겪으셨으니까요. 그러니 저를 도와주세요" 하고. 그러니까 성인은 틀림없이 오셔서 그 변함없는 착한 어린이 같은 미소를 보여주시고 쓰다듬어 주셨습니다. 그러나 지금 저는 제 보잘 것 없는 말이 제가 느끼던 감정에는 멀리 미치지 못한다는 것을 깨닫습니다. …인간적인 것은 모두가 하찮은 것이고, 금처럼 값진 것은 초자연적인 것밖에 없습니다. 그러나 인간적인 것밖에 없습니다. 그러나 인간적인 것은 초자연적인 것을 묘사조차 할 수 없습니다.

가리옷의 회당 안이다. 바로 사울이 그리스도의 미래의 영광을 본 다음 죽어서 바닥에 누워 있던 그곳이다. 빽빽이 들어찬 집단 가운데 예수와 유다가 우뚝 솟아 있고— 두 사람이 제일 큰데, 두 사람이 다 얼굴이 환하다. 한 분은 당신의 사랑으로, 또 한 사람은 그의 고향도시가 선생님께 여전히 충실하고 성대하게 환영하는 것을 보고 기뻐서— 우선 가리옷의 유력자들이 있고, 그리고는 예수에게서 좀 더 떨어져서, 그러나 자루 속에 들어 있는 씨앗처럼 빽빽하게 주민들이 몰려 있고, 회당이 어떻게나 꽉 찼는지 문들을 열어놓았는데도 숨을 쉬기가 어려울 지경이다. 그리고 선생님을 환영하고 선생님의 말씀을 들으려고 결국은 말할 수 없는 무질서와 소음을 만들어 놓아 말을 들을 수 없게 해놓는다.

예수께서는 조용히 모든 것을 견디신다. 그러나 다른 사람들은 화를 내고

75. 가리옷에서. 예수께서 회당에서 말씀하신다

손짓을 하면서 "조용해요!" 하고 외친다. 그러나 그 외침은 마치 폭풍우가 몰아치는 동안 해변에서 지르는 소리와 같이 소음 속으로 사라진다.

유다는 법석을 떨지 않고, 높은 의자에 올라가서 군중 가운데 무더기로 매달려 있는 등들의 한복판을 두드린다. 속이 빈 금속이 울리고, 쇠사슬들이 서로 부딪히면서 악기들처럼 소리를 낸다. 사람들은 조용해지고, 마침내 예수의 말씀을 들을 수 있게 되었다.

예수께서는 회당장에게 "그 선반에 있는 열 번째 두루마리를 주십시오" 하고 말씀하신다. 그리고 그것을 받아서 펴시어 회당장에게 내미시며 "마카베오 하권의 역사의 제4장을 읽으십시오" 하고 말씀하신다.

그 말씀을 따라 회당장이 읽는다. 그러자 오니아스의 시련과 야손의 잘못과 메넬라오스의 배신과 도둑질이 청중의 생각 앞에 이렇게 쭉 전개되었다. 2장이 끝났다. 읽는 사람은 주의를 기울이고 들으신 예수를 쳐다본다.

예수께서는 그만하면 되었다는 손짓을 하시고 나서 대중에게로 몸을 돌리신다. "지극히 사랑하는 내 제자의 도시에서 나는 내가 가르칠 때에 흔히 하는 말은 하지 않겠습니다. 우리는 이곳에 며칠 동안 머무를 터인데, 이 사람이 그 말들을 여러분에게 하기를 원합니다. 나는 사도들과 대중 사이의 직접적이고 계속적인 접촉이 여기서부터 시작되기를 원하기 때문입니다. 이 접촉은 상부 갈릴래아에서 결정되었고, 그곳에서는 첫번째 희미한 빛이 보였습니다. 그러나 내 제자들의 겸손으로 인해서 그들은 그후 그늘 속으로 다시 들어갔습니다. 어떻게 할지를 모를까 봐 염려했고, 또 내 자리를 빼앗는 것이 될까 봐 걱정을 했던 까닭입니다. 그러나 그렇지 않습니다. 그들은 그렇게 해야 하고, 또 잘 해서 그들의 선생을 도울 것입니다. 그러므로 갈릴래아 – 페니카 경계와 유다의 땅을 오직 하나인 사랑으로 결합시키면서, 그리고 가장 남쪽으로 팔레스타인 국경에서 태양과 모래의 나라에 이르기까지 여기서 참다운 사도의 전도가 시작되어야 합니다. 선생이 이제는 군중들의 요구를 만족시킬 수 없게 되었고, 또 태양이 아직 그들과 같이 있어서 그 튼튼한 날개로 그들을 인도하는 동안에 새끼 수리들이 둥지를 떠나 처음 나는 것을 해보는 것이 당연하기 때문입니다.

요 며칠 동안, 그러니까 나는 여러분의 친구가 되고 위안이 될 것이고, 내 제자들은 말이 되어 내가 그들에게 준 씨를 뿌리러 갈 것입니다. 그러므로 여러분에게 일반을 위한 가르침은 주지 않겠습니다. 그러나 특전이 있는 것을 하나 주겠습니다. 그것은 예언입니다. 장차 인류 역사의 가장 소름끼치는 사건이

해를 가리고, 그래서 어두움 속에서 사람들의 마음이 그릇된 판단으로 이끌려 갈지도 모를 때를 위하여 이 예언을 기억해 두기를 부탁합니다. 나는 처음 순간부터 내게 친절을 베풀어 준 여러분이 잘못된 생각에 끌려 들어가기를 원치 않습니다. 나는 세상 사람들이 '가리웃은 그리스도의 적이었다'고 말할 수 있기를 원치 않습니다. 나는 공정합니다. 나는 내게 원한을 품었거나 나를 사랑하는 비판이 그 감정에 자극되어 여러분이 내게 잘못을 저지른 것으로 비난하는 것을 허용할 수가 없습니다. 식구가 많은 집안에서 모든 자식에게서 똑같은 성덕을 요구할 수는 없습니다. 마찬가지로 인구가 많은 도시에서 그것을 요구할 수는 없습니다. 그러나 나쁜 아들 하나 때문에 또는 좋지 않은 시민 한 사람 때문에 '온 집안이 또는 온 도시가 저주받아라' 하고 말하는 것은 사랑에 매우 어긋나는 일일 것입니다.

그러므로 잘 듣고 기억하고 항상 충실하시오. 그리고 내가 부당한 비난에 대하여 여러분을 변호하려고 할 정도로 여러분을 사랑하는 것과 같이 여러분도 죄가 없는 사람들을 사랑할 줄을 아시오. 항상, 그들이 어떤 사람이든지. 죄인들과 그들이 어떤 친척 관계가 있든지. 이제는 들으시오. 이스라엘에 보물을 약탈하고 조국을 배반할 사람들이 있는 때가 올 것입니다. 그들은 외국인들의 우정을 얻을 희망을 가지고 참다운 대사제에 대하여 나쁘게 말하면서 그가 이스라엘의 적과 동맹을 맺고 하느님의 아들들에게 못되게 군다고 비난할 것입니다. 그리고 그들의 목적을 달성하기 위해서는 죄를 범할 수도 있을 것인데, 그 죄에 대한 책임을 죄없는 사람에게 돌릴 것입니다. 그리고 역시 이스라엘에서 오니아스 때보다도 한층 더 비열한 사람이 자기가 대사제인 양 음모를 꾸미면서 이스라엘의 유력자들을 찾아가 금전으로 그들을 매수하고, 그보다 한층 더 비열하게 거짓말을 하여 그들을 타락시키는 때가 올 것입니다. 동시에 사실을 왜곡하여 잘못을 말하지 않고, 오히려 그의 파렴치한 목적을 추구하면서 하느님의 우정을 잃은 영혼들에 대해 더 쉽게 영향력을 행사할 수 있도록 풍습을 바꾸기 시작할 것입니다. 이 모든 것은 그의 목적을 달성하기 위해서 할 것입니다. 그리고 성공할 것입니다. 오! 물론 성공하고말고요! 왜냐하면 모리아산 위에 있는 주거 자체에는 불경건한 야손의 경기장 같은 경기장이 없지만, 사실에 있어서는 그 경기장들이 그 산의 주인들의 마음 속에 있습니다. 그들은 땅보다도 훨씬 더한 것, 즉 그들의 양심 자체를 팔 생각을 하고 있는 것입니다. 옛날의 잘못의 결과가 지금 나타나고 있어서, 볼 줄 아는 눈을 가진 사람은 사랑과 순결과 정의와 친절과 거룩하고 깊은 종교심이 있어야 할 곳에서 무슨 일이 일어나고 있는지를 봅니다. 그러나 벌써 사람을 떨게 하는 결과들이 있지만, 그들이 뿌린 씨에서 나온 열매들은 다만 두려움의 대상이 될 뿐 아니라, 하느님의 저주의 대상도 될 것입니다.

그래서 우리는 이제 예언 자체를 눈 앞에 보고 있습니다. 나 분명히 여러분께 말합니다만, 오랜 시간에 걸친 간사한 연기 덕택으로 자리와 신뢰를 빼앗아 간 그 사람이 최고의 사제, 참된 사제를 돈 때문에 원수들에게 넘겨줄 것입니다. 애정을 맹세하는 데에 속고 사랑의 행위로 사형집행인들에게 가리켜져서 일체의 정의가 무시된 채 죽임을 당할 것입니다. 나는 지금 나 자신에 대해서 말하고 있습니다만, 그들은 그리스도를 죽일 권리를 정당화하기 위하여 어떤 비난을 내놓을 것입니까? 그런 행동을 하는 사람들에게 어떤 운명이 마련될까요? 무서운 정의라는 즉각적인 운명이 마련될 것입니다. 개인적인 운명이 아니라 배반자의 공범자들에 대한 집단적인 운명일 것입니다. 가책으로 인하여 자기 자신에 대한 마지막 죄로 마귀와 같은 그의 일생을 끝마치게 될 그 사람의 운명보다도 더 길고 더 무서운 운명일 것입니다. 사실 이 마지막 죄는 일순간밖에 걸리지 않겠지만, 다른 벌은 길고 무서울 것입니다. 그 벌을 이 말에서 찾아내시오. '그는 분노가 치밀어 올라 안드로쿠스의 진홍색 옷을 벗겨 버린 다음 바로 그가 오니아스에게 불의를 저지른 그곳에서 죽이라고 명하였다.' 그렇습니다. 사제들의 특권계급은 살인을 행한 자들을 통해서보다도 그들의 자식들을 통해서 더 타격을 받을 것입니다. 그리고 공범인 일반대중의 운명은 '그 피의 목소리가 땅에서 나를 향하여 부르짖으니, 너는 저주를 받을 것이다 …' 하는 말에서 읽으시오. 그러니까 하늘의 선물을 보호할 줄을 모른 백성 전체에 대해 하느님께서 이렇게 말씀하실 것입니다. 내가 구속하러 온 것은 사실이지만 첫번째 구속으로 내 말을 들은 이 백성 중에서 살인자가 되어 구속을 받지 못할 사람들은 불행하겠기 때문입니다.

내 말은 끝났습니다. 내 말을 잘 기억해 두시오. 그리고 내가 범죄자라는 말을 듣거든 이렇게 말하시오. '아니오, 선생님이 그 말을 하셨소. 그것은 선생님이 말씀하신 것이 이루어진 것이고, 선생님은 세상의 죄를 위해 죽음을 당하신 희생이시오' 하고."…

회당에서는 사람들이 빠져나가는데, 모두가 예언과 예수께서 유다에 대하여 보이시는 존중에 대해 말하며 손짓을 한다. 가리옷의 사람들은 메시아가 한 제자의 도시, 바로 가리옷의 사도의 도시를 택하여 사도의 성직을 시작하심으로 그들에게 베푸신 영광으로, 그리고 또 예언의 선물 때문에도 흥분해 있다.

그 예언이 아무리 마음아픈 것일지라도 그것을 들었다는 것, 그리고 그의 앞서 사랑의 말씀을 들었다는 것은 큰 영광이기 때문이다.

회당 안에는 예수와 사도들의 무리가 남아 있다. 아니 그보다도 그들은 회당과 회당장의 집 사이에 있는 작은 정원으로 나온다. 유다는 앉았다. 그리고 운다.

"왜 우나? 그 이유를 알 수 없구먼…" 하고 다른 유다가 그에게 말한다.

"하지만 이거 봐, 나도 이 사람처럼 해야 할 거야. 자네들 들었지? 이젠 우리가 말을 해야 한단 말이야…" 하고 베드로가 말한다.

"그렇지만 우리는 벌써 산에서 그렇게 했단 말이야. 우린 점점 더 잘 하게 될 거야. 자네와 요한은 이내 할 수가 있었단 말이야" 하고 제베대오의 야고보가 그들을 격려하려고 말한다.

"제일 나쁜 건 내 경우야. …그렇지만 하느님께서 나를 도와주실 거야. 그렇지요, 선생님?" 하고 안드레아가 말한다.

가지고 나오신 두루마리들을 훑어보시던 예수께서 얼굴을 돌리시며 "뭐라고 말했느냐?" 하고 말씀하신다.

"제가 말을 해야 할 때에는 하느님께서 저를 도와주실 거라구요. 저는 할 수 있는 대로 선생님의 말씀을 잘 되풀이하도록 힘쓰겠습니다. 그렇지만 제 형은 무서워하고 있고 유다는 울고 있습니다."

"너 우느냐? 왜?" 하고 예수께서 물으신다.

"제가 정말 죄를 지었기 때문입니다. 안드레아와 토마가 그것을 말할 수 있습니다. 저는 선생님에 대해서 험담을 했는데, 선생님은 저를 '지극히 사랑하는 제자'라고 말씀하시는 것으로, 그리고 여기서 제가 가르치게 하시는 것으로 제게 상을 주십니다. …얼마나 큰 사랑입니까!"

"아니, 내가 너를 사랑한다는 것을 알지 못했단 말이냐?"

"알고 있었습니다. 그러나… 선생님, 고맙습니다. 다시는 험담을 하지 않겠습니다. 저는 암흑이고 선생님은 참으로 빛이시니까요."

회당장이 돌아와서 일행을 그의 집으로 청한다. 그리고 걸어가면서 예수께 이렇게 말한다. "선생님의 말씀을 곰곰히 생각해 봅니다. 제가 제대로 알아들었다면, 가리옷에서 선생님께서 마음에 드는 제자, 우리 시몬의 유다를 얻으신 것과 마찬가지로 여기서 비열한 자도 얻어 만나신다고 예언하시는 것이지요. 이 때문에 저는 매우 슬픕니다. 다행히도 유다가 그 비열한 자의 벌충을 하겠지요…."

"제가 거기 대해 온갖 노력을 다하겠습니다" 하고 다시 침착해진 유다가 말한다.

예수께서는 말씀을 안하신다. 그러나 대화자들을 바라다보시면서 팔을 벌려 "그렇게 될 거요" 하시는 것 같은 몸짓을 하신다.

76. 가리옷의 유다의 집에서

예수께서 모든 제자들과 동시에 유다의 아름다운 집에서 식탁에 앉으시려는 참이다. 그리고 선생님을 훌륭하게 모시기 위하여 별장에서 온 유다의 어머니에게 말씀하신다. "안 됩니다, 어머니, 어머니도 우리와 같이 계셔야 합니다. 여기에 있는 우리는 한 가족입니다. 이것은 우연히 온 손님들의 냉엄하고 어색한 잔치가 아닙니다. 제가 어머니의 아들을 데려갔습니다. 그러니 제가 어머니를 제 어머니로 생각하는 것처럼 저를 아들로 생각하시기를 바랍니다. 친구들아, 그렇지 않느냐? 그래야 우리 모두가 더 기쁘게 느껴지고 더 마음편하게 느껴지겠지?"

사도들과 두 마리아가 열렬히 응한다. 그래서 유다의 어머니는 눈에 눈물을 글썽거리며 선생님과 아들 사이에 앉을 수밖에 없다. 예수 맞은편에는 두 마리아가 있고, 그 가운데에 마륵지암이 있다. 하녀가 음식을 가져오니, 예수께서 음식을 바치시고 강복하신 다음 나누어 주신다. 이 점에 대하여는 유다의 어머니가 막무가내로 굽히지 않기 때문이다. 그런데 예수께서 음식을 나누어주실 때 언제나 유다의 어머니부터 먼저 시작하신다. 그로 인하여 여인은 점점 더 감격하고, 유다도 몹시 자랑스럽게 생각함과 동시에 생각에 잠기게 되기도 한다.

이야기들을 하는 중에 여러 가지 문제가 화제에 오른다. 그런데 예수께서는 유다의 어머니의 흥미를 끌려고 하시고 두 마리아와 맺어지게 하려고 애쓰신다. 여기에는 마륵지암이 대단히 유익하다. 그것은 "유다의 어머니도 모든 착한 여자들과 같이 마리아라는 이름을 가졌기" 때문에 벌써 유다의 어머니도 많이 사랑한다고 분명히 말하였기 때문이다.

"그럼 호숫가에서 우리를 기다리고 있는 여자는 사랑하지 않을 거란 말이냐? 요 고약한 녀석" 하고 베드로가 반쯤 정색을 하고 묻는다.

"아! 그분이 착하시면 많이 사랑할 거예요."

"그 점은 확실히 믿어도 된다. 모두가 그렇다고 말하고, 또 나도 그 사람이 자기 어머니와 내게 대해서 항상 다정스러운 것은 정말이지 사람이 착하다는 표라고 말해야겠다. 그렇지만 이름은 마리아가 아니란다. 그 사람은 이상한 이름을 가지고 있다. 아버지가 당신을 부유하게 만들어준 물건 이름을 딸에게 붙여주려고 해서 폴피레아라는 이름을 붙여주고자 하셨다. 주홍빛 옷감은 아름답고 값지다. 내 아내는 아름답지는 않다. 그렇지만 착하기 때문에 소중하다. 그리고 나는 그 여자를 조용하고 정숙하고 말이 없기 때문에 사랑했다. 세 가지 덕행인데… 얘야! 이 덕행들은 얻어만나기가 쉬운 것이 아니다! 나는 그 사람이 소녀에 지나지 않았을 적에 눈여겨 보았었다. 나는 물고기를 가지고 가파르나움에 내려가곤 했는데, 그 사람이 말없이 그물을 손질하거나 샘이나 집의 정원에서 일하는 것을 보곤 했었다. 그 사람은 이리저리 날아다니는 변덕스러운 나비 같지도 않았고, 수탉이 꼬끼오 하고 울 때마다 뒤돌아보는 경솔한 암병아리 같지도 않았다. 그 사람은 남자들의 목소리를 들어도 절대로 머리를 쳐드는 일이 없었고, 또 내가 그의 고운 마음씨와 많아늘인 훌륭한 머리에 반해서── 그 사람이 가진 훌륭한 것은 그것뿐이었다.── 또… 그렇지, 그의 가정에서 노예 같은 처지에 있는 것에 동정해서 처음으로 인사를 했을 때── 그때 그 사람은 열 여섯살이었다── 베일을 더 끌어내리면서 겨우 대답했고, 점점 더 집에 많이 남아 있었다. 얘야! 그 사람이 나를 악당으로 생각하지 않는다는 것을 알고 중매쟁이를 보내기까지에는 시간이 걸렸단다! …그러나 나는 그걸 후회하지 않는다. 내가 온 세상을 두루 돌아다닌다 해도 그 사람과 같은 다른 여자는 발견하지 못했을 거다. 그렇지요, 선생님, 그 사람이 착하지요?"

"매우 착하다. 그리고 이름이 마리아는 아니지만 마륵지암이 사랑하리라고 나는 확신한다. 그렇지, 마륵지암아?"

"예. 그분은 '엄마'라는 이름을 가지고 있어요. 그런데 어머니들은 착해요. 그래서 누구든지 어머니는 사랑해요."

그리고 유다가 낮 동안에 무슨 일을 했는지를 이야기한다. 내가 알아듣기로는 그가 일행이 온다는 것을 어머니에게 알리러 갔고, 그 다음 가리옷의 시골에서 동료 안드레아와 함께 말을 하기 시작하였던 것이다. 그리고 이렇게 말한다. "그래도 내일은 자네들도 모두 가기를 바라네. 나혼자만 뛰어가고 싶지는 않아. 할 수 있는 대로 유다 사람 하나와 갈릴래아 사람 하나와 가도록 하세. 가령 나는 요한과 같이 가고, 시몬은 토마와 같이 가고. 다른 시몬도 올 수 있었으면 좋겠는데! 자네 두 사람은(그러면서 알패오의 아들들을 가리킨다) 같이 가도 돼. 나는 그것을 알려고 하지 않는 사람들에게까지도 자네들이 선생님의 사촌이라는 걸 말했어. 그리고 자네 두 사람도(그는 필립보와 바르톨로메오를 가리킨다) 함께 가도 될 거야. 나는 나타나엘이 선생님을 따라온 교사라는 말을 했어. 이것이 사람들에게 깊은 감명을 주는 일이거든. 그리고… 자네들 세 사람이 남았지. 그렇지만 열성당원이 오면 한 쌍을 더 만들 수 있을 거야. 그리고 나는 사람들이 자네들 모두를 알기를 바라니까 서로 교대하세…." 유다는 매우 열의가 있다. "선생님, 저는 십계명에 대해서 말했습니다. 그러면서 이 지방 사람들이 가장 충실하지 않은 점이 어떤 것인지 제가 알고 있기 때문에 특히 그 점을 명백하게 설명하려고 애썼습니다…."

"유다야, 너무 세게 때리지 말아라. 부탁이다. 온화가 강경일변도보다 더 많은 것을 얻어낸다는 것과 너도 역시 사람이라는 것을 항상 기억하고 있어라. 그러므로 너 자신을 살펴보고 너도 얼마나 쉽게 실수를 하고, 너무 노골적인 비난에 대해서 네가 얼마나 화를 내는지 곰곰이 생각해 보아라" 하고 예수께서 말씀하신다. 그러는 동안 유다의 어머니는 얼굴을 붉히며 고개를 숙인다.

"선생님, 염려 마십시오, 저는 모든 일에 선생님을 본받으려고 힘씁니다. 그렇지만 우리가 바로 이 문으로 내다보는(그들은 문들을 열어놓고 식사를 한다. 그래서 높이 올라앉은 이 방에서는 아름다운 지평선이 내다보인다) 이 지방에 병을 고치고 싶어하는 불구자가 한 사람 있는데, 그 사람을 옮겨올 수가 없습니다. 저하고 같이 가시겠습니까?"

"유다야, 내일, 내일 아침에 틀림없이 가마. 그리고 다른 병자들이 있으면 내게 말해라. 그리고 데려오너라."

"선생님, 정말 제 고향에 은혜를 한껏 주려고 하십니까?"

"그렇다, 내게 해를 끼치지 않은 사람들에 대해서 내가 불공평했다는 말을 사람들이 하지 못하게 하려고 그러는 것이다. 나는 악인들에게까지도 좋은 일을 한다! 그러니 가리옷의 성실한 사람들에게 왜 좋은 일을 하지 않겠느냐? 나는 내게 대해 잊을 수 없는 추억을 남기고 싶다…."

"아니 뭐라구요? 우리가 다시는 여기 오지 않습니까?"

"또 올 것이다. 그러나…"

"저기 어머님이 오십니다. 어머니와 시몬이요!" 성모님과 시몬이 이 방이 있는 옥상으로 올라오는 층계를 올라오는 것을 보고 어린 아이가 외친다.

모두가 일어나서 도착하는 두 사람을 맞이하러 나간다. 외치는 소리, 인사하는 소리, 의자 움직이는 소리가 요란하다. 그러나 아무도 성모님이 우선 예수께 인사하시고 그 다음에는 유다의 어머니에게 인사하시는 것을 막지는 못한다. 유다의 어머니는 몸을 깊이 숙였다. 그런데 성모님은 반대로 그를 일으키시고, 마치 오래 떨어져 있다가 다시 만난 친한 친구처럼 껴안으신다.

그들은 다시 방으로 들어온다. 그리고 유다의 어머니는 방금 도착한 분들을 위하여 새로 음식을 가져오라고 하녀에게 시킨다.

"아들아, 옛다, 엘리사의 인사편지다" 하고 성모님이 말씀하시며 작은 두루마리 하나를 예수께 드린다. 예수께서 펴서 읽으신다. 그리고 말씀하신다. "저는 알고 있었습니다. 확신했어요. 어머니, 저와 엘리사 때문에 감사합니다. 어머니는 정말 병약한 사람들의 건강이십니다!"

"내가? 네가 그렇지, 나는 그렇지 못하다, 아들아."

"어머니께서 그러십니다. 그리고 어머니는 제 가장 큰 도움이십니다." 그리고 사도들과 여자 제자들을 향하여 말씀하신다. "에리사는 이런 말을 써보냈다. '제 평화, 돌아오십시오. 저는 선생님을 사랑하기만을 원하지 않고 섬기기도 원합니다' 하고. 이렇게 해서 우리는 한 여인을 번민과 우울에서 일으켜 세웠고 제자 한 사람을 얻었다. 우리가 다시 갈 것이다. 물론."

"엘리사는 또 여자 제자들도 알고 싶어한다. 엘리사는 천천히 나아간다. 그러나 계속적으로 나아간다. 가엾은 친구! 엘리사는 아직도 쇠약해지고 무서워하는 때가 있다. 그렇지, 시몬? 하루는 엘리사가 나하고 같이 외출을 하려고 했으나 그의 아들 다니엘의 친구 한 사람을 만났다. …그래서 우리는 그의 슬픔을 가라앉히느라고 몹시 애를 먹었다. 그러나 시몬은 정말 대단히 친절하다. 엘리사가 다시 세상에 나올 욕망을 느끼는데 벳수르의 사회에는 그에게 있어서 너무나 많은 추억이 있으니까 요안나를 부르라고 내게 권했다. 그리고 요안나를 부르러 갔었다. 요안나는 명절이 지난 다음 그의 유다의 훌륭한 장미밭이 있는 베델에 돌아갔다. 시몬은 장미나무들이 뒤덮인 언덕들을 지나가면서 꿈을 꾸는 것 같더라고, 낙원에 있는 것으로 생각했다고 말했다. 요안나는 즉시 왔다. 요안나는 죽은 아들들을 슬퍼하는 어머니를 이해하고 동정할 수 있었다! 엘리사는 요안나에게 많은 애착을 느꼈다. 그래서 내가 왔다. 요안나는 엘리사를 설득해서 벳수르에서 나와 그의 저택으로 가게 하려고 한다. 요안나는 그렇게 하는 데 성공할 것이다. 그 여자는 비둘기처럼 온순하지만, 그렇게 하고자 할 때에는 화강암처럼 단단하니까."

"돌아가는 길에 벳수르에 들리자, 그리고 헤어지자. 여자 제자들은 얼마 동안 엘리사와 요안나와 같이 있어요. 우리는 유다 지방을 두루 돌아다니자, 그리고 오순절에 다시 예루살렘에서 만나기로 한다…."

지극히 거룩하신 성모 마리아와 유다의 어머니 마리아가 함께 있다. 시내에 있는 집이 아니고 별장이다. 두 분만이 따로 있다. 예수와 사도들은 밖에 있다. 여자 제자들과 아이는 눈부신 사과밭에 있는데, 그들의 목소리가 빨랫터에서 두드리는 빨래방망이 소리와 섞여서 들려온다. 아마 아이가 놀고 있는 동안 여자 제자들은 빨래를 하고 있는 모양이다.

유다의 어머니는 방안 희미한 빛 속에 성모님 곁에 앉아서 말한다. "평화스러운 요 며칠이 제게는 기분좋은 꿈으로 남아 있을 것입니다. 너무 짧은 기간입니다! 너무요! 이기주의자가 되어서는 안 된다는 것과 여러분이 저 불쌍한 여인에게와 다른 많은 불행한 사람들에게로 가시는 것이 마땅하다는 것은 이해합니다. 그러나 제가 할 수만 있다면! 세월이 가는 것을 붙들거나 여러분과 같이 갈 수가 있었으면 좋겠는데요! …그러나 그렇게 할 수가 없습니다. 저는 아들 외에는 친척이 없어서 집의 재산을 제가 관리해야 합니다…."

"알겠습니다. …아드님과 헤어지시는 것이 괴로운 일이지요. 우리 어머니들은 항상 자식들과 같이 있고 싶어하지요. 그러나 우리는 자식들을 매우 숭고한 목적을 위해 바치니까 그들을 잃는 것이 아닙니다. 자식들이 하느님의 눈으로 보실 때 은총 속에 있고, 우리도 은총 속에 있으면 죽음조차도 우리의 자식들을 우리에게서 빼앗아가지 못합니다. 그러나 하느님의 뜻이 우리 자식들을 이 세상의 이익을 위해 세상에 주시려고 우리 품에서 빼앗아가시지만 그래도 우리는 아직 자식들을 이 세상에 가지고 있습니다. 우리는 언제나 그들에게로 갈 수가 있고, 또 그들의 업적에 대한 소문은 우리 마음을 어루만져주는 것과 같습니다. 그들의 업적은 그들의 영혼의 향기이니까요."

"어머님에게는 아드님이 어떠십니까?" 하고 유다의 어머니가 조용히 묻는다.

그러니까 지극히 거룩하신 성모 마리아는 "내 기쁨입니다" 하고 자신있게 대답하신다.

"어머님의 기쁨!!!…" 그리고는 유다의 어머니는 갑자기 울음을 터뜨리며 그의 슬픔을 감추려는 듯이 머리를 푹 숙인다.

"가엾은 어머니, 왜 우십니까? 왜요? 말씀해 주세요. 나는 어머니로서 행복합니다. 그러나 행복하지 못한 어머니들을 이해할 줄도 압니다…."

"그렇습니다. 행복하지 못한 어머니를! 그런데 저도 그 중의 한 사람입니다. 어머님의 아드님은 어머님의 기쁨이신데… 제 아들은 제게 고통입니다. 적어도 전에는 그랬습니다. 그러나 아드님과 같이 있은 뒤로 이제는 저를 덜 슬프게 합니다. 아이고! 어머님의 거룩하신 아드님을 위해서, 그분의 이익과 승리를 위해서 기도하는 모든 사람 가운데 지극히 복되신 어머님 다음으로는 어머님께 말씀드리는 이 불쌍한 여자만큼 기도를 많이 드리는 여자는 한 사람도 없습니다. …진실을 말씀해 주세요. 제 아들을 어떻게 생각하십니까? 우리는 서로 마주 앉아 있는 두 어머니이고, 우리 가운데에는 하느님이 계십니다. 그리고 우리는 우리 아들에 대해서 말하고 있습니다. 어머님은 아드님에 대해서 말하는 것이 쉽다고 생각하실 수밖에 없습니다. 그러나 저는… 저는 제 아들에 대해서 말하려면 애써 자제해야 합니다. 그렇기는 하지만 이 대화에서 어떠한 이익 또는 어떠한 고통이 제게 올 수 있는 것입니까! 그러나 고통이 온다 하더라도 어쨌든 그애 말을 한 것은 고통에 대한 진정이 될 것입니다….

벳수르의 그 여인은 아들들의 죽음으로 인해서 거의 미치다시피 되었었다지요? 그러나 아름답고 더없이 건강하지만 착하지 않고 덕행이 없고 마음이 곧지 못하고 감정이 건전하지 못한 제 유다를 보면서 그애가 하느님께 아주 잘못된다는 것을… 그것을 알기보다는 오히려 그애가 죽어서 슬퍼하는 것을 낫게 여기겠다는 생각을 가끔 했고 지금도 합니다. 이건 확실합니다. 어머님은 제 아들을 어떻게 생각하시는지 말씀해 주십시오. 솔직히 말씀해 주세요. 이 문제가 제 마음을 괴롭히는 것이 1년이 넘습니다. 그러나 그것을 누구에게 물어봅니까? 주민들에게요? 그 사람들은 메시아가 계시다는 것을 아직 알지 못했었고, 유다가 메시아를 따르려고 하는 것도 알지 못하고 있었습니다. 저는 그것을 알고 있었습니다. 그애는 과월절 후에 여기 와서 일시적인 기분을 느낄 때는 늘 그러는 것처럼 흥분해서 그 말을 난폭하게 제게 했습니다. 그리고 언제나 그런 것처럼 어미의 충고는 아주 업신여겼습니다. 예루살렘에 있는 그애의 친구들에게 물어볼 수 있었겠습니까? 거룩한 조심성과 경건한 바람이 그렇게 하지 못하게 저를 막았습니다. 그들은 성덕만 빼놓고는 모든 것을 가지고 있기 때문에 제가 사랑할 수가 없는 그들에게 '유다가 메시아를 따른다'고 말하고 싶지는 않았습니다. 저는 그애의 변덕이 다른 많은 변덕처럼 없어지기를 바랐습니다. 물론 그애가 반하게 해놓고 결혼을 하지 않은 이곳과 다른 곳의 여러 처녀와 저에게 눈물과 비탄을 자아낸 모든 변덕처럼 말입니다.

그애가 거기 가면 당연히 벌을 받을 수 있겠기 때문에 이제는 가지 않게 된 장소가 여러 군데 있다는 것을 알지 못하시지요? 성전에 채용되었던 것도 일시적인 기분이었습니다. 그애는 갈피를 잡지 못합니다. 도무지요. 그애 아버지를 하느님께서 용서해 주시기 바랍니다만, 그이가 그애를 망쳤습니다. 집의 두 남자가 제 말은 절대로 듣지 않았습니다. 저는 그저 울면서 가지가지 창피를 당해가며 사죄할 일밖에 없었습니다. …요안나가 죽었을 때에도— 그리고 아무도 그 말을 하지는 않았어도 저는 그 처녀가 젊은 시절을 줄곧 기다렸는데 유다가 결혼하기를 원치 않는다고 선언했기 때문에 홧병으로 죽었다는 것을 압니다. 예루살렘에서 키프로스에까지 지점을 가지고 있는 돈많은 여자에게 딸을 달라고 청하기 위해 친구들을 보냈다는 것이 잘 알려져 있었으니까 말입니다— 제가 아들의 공범자인 것처럼 죽은 처녀의 어머니가 저를 비난했기 때문에 많이, 많이 울어야 했습니다. 아니, 저는 공범자가 아니었습니다. 그렇지만 그애에게는 제가 아무것도 아닙니다.

지난 해에 선생님께서 여기 오셨을 때 선생님께서는 아셨구나 하는 것을 깨달았습니다. …그래서 하마터면 말씀을 드릴 뻔했습니다. 그러나 '제 아들을 무서워하십시오. 그애는 탐욕이 있고, 무정하고, 방탕하고, 교만하고, 변덕스럽습니다' 하고 말해야 한다는 것이 어미로서는 괴로운 일입니다. 그런데 그애는 사실 그렇습니다. 저는… 그렇게도 많은 기적을 행하시는 아드님께서 제 유다에게 기적을 하나 행하시도록 기도합니다. …그렇지만 어머님은 그애를 어떻게 생각하시는지 말씀해 주십시오."

어머니의 이 탄식에 대하여 비통한 표정으로 줄곧 침묵을 지키고 계시던 성모님은 그 곧은 마음으로 부인할 수가 없어서 조용히 말씀하신다. "가엾은 어머니! …제가 어떻게 생각하느냐구요? 그렇습니다, 부인의 아들은 요한과 같이 맑은 마음을 가지지 않았고, 온순한 안드레아 같지도 않고, 회개하기를 원하고 사실 회개를 한 마태오와 같은 결단력도 가지고 있지 못합니다. 잘 변하는 사람… 그렇습니다. 바로 그런 사람입니다. 그러나 부인과 내가 그를 위해 기도합시다. 울지 마세요. 어쩌면 아들을 자랑스럽게 여길 수 있기를 바라는 어머니의 사랑으로 아들을 실제보다 더 나쁘게 보는지도 모릅니다…."

"아닙니다! 아니예요! 저는 정확히 봅니다. 그래서 몹시 두렵습니다."

방 안에는 유다의 어머니의 탄식이 꽉 찼다. 그리고 어렴풋한 빛 속에서 주님의 어머니의 모든 의심을 분명하게 해주는 이 어머니의 고백을 들으신 다음 더 창백해진 성모님의 얼굴이 더 희어진다. 그러나 성모님은 자제하시고, 불행한 어머니를 당신께로 끌어당기셔서 어루만지신다. 그리고 유다의 어머니는 조심성의 둑이 한 번 무너지자 유다의 모든 무정과 요구와 난폭함을 어수선하게 열에 들뜬 듯이 이야기하고 이렇게 말을 맺는다. "아드님이 제게 대해서 다정스럽게 주의를 기울이시는 것을 볼 때에는 그애 때문에 부끄러워서 얼굴을 붉힙니다! 저는 선생님께 여쭈어보지는 않습니다. 그러나 선생님의 주의가 나타내는 친절 외에도 당신의 행위를 유다에게 '어머니는 이렇게 대접해 드리는 것임을 기억하여라' 하고 말씀하시려고 그렇게 행동하신다고 확신합니다. 지금은, 지금은 그애가 아주 착해보입니다. …아이고! 그것이 참말이면 좋겠어요! 저를 도와주십시오, 거룩하신 어머니의 기도로 제 아들이 하느님께서 주신 큰 은총에 부당한 사람이 되지 않도록 저를 도와주십시오! 그애가 저를 사랑하기를 원치 않고, 저를 낳아 길러 준 제게 대해 감사하는 마음을 가지기를 원치 않는다 해도 그건 아무것도 아닙니다. 그러나 그애가 예수님을 실제로 사랑하고 충실하고 감사하는 마음으로 예수님을 섬길 줄 알아야 합니다. 그렇게 되지 않는다면 그때에는… 그때에는 하느님께서 그의 목숨을 거두어 가시기를 바랍니다. 저는 그애를 무덤에 두는 편이 더 낫습니다. …그렇게 되면 마침내 그애를 차지하게 될 것입니다. 그애가 철난 뒤로는 제 자식노릇을 한 적이 정말 별로 없었으니까요. 악한 사도가 되기보다는 차라리 죽음을. 제가 이렇게 기도해도 됩니까? 어떻게 생각하세요?"

"주님이 가장 좋게 해주시도록 기도하시고, 이젠 울음을 그치세요. 나는 내 아들의 발 앞에 창녀들과 이방인들이 오는 것을 보았고, 그들과 더불어 세리들과 죄인들도 보았어요. 모두가 은총으로 어린 양같이 되었습니다. 마리아, 희망을 가지세요, 희망을. 어머니들의 노고가 자녀들을 구한다는 것을 모르세요? …"

그리고 동정어린 이 질문과 더불어 모든 것이 끝난다.

77. 간질병에 걸린 벳기나의 소녀

나는 예수의 일행이 벳수르에 돌아오는 것도 보지 못하였고, 몹시 보고 싶었던 베델의 장미밭도 보지 못하였다. 예수께서는 사도들하고만 계시다. 마륵지암까지도 여기에는 없다. 아이는 틀림없이 성모님과 여자 제자들과 같이 남아 있을 것이다. 이곳은 대단히 산이 많은 곳이다. 그러나 아직 침엽수, 아니 그보다도 잣나무 숲이 매우 많아서 향기롭고 몸에 좋은 송진 냄새가 사방으로 퍼진다. 그런데 이 푸르른 산들 가운데로 예수께서 사도들과 같이 서쪽으로 걸어가신다.

많이 변한 것 같고, 또 요안나를 베델에 있는 그의 소유지로 따라가기로 결정한 엘리사에 대하여 이야기하는 것이 들리고, 또 요안나의 친절에 대하여 말하는 것이 들린다. 그들은 언덕 못 미쳐에 있는 기름진 평야 쪽으로 한 바퀴 도는 일에 대하여도 말한다. 그리고 과거의 영광스러웠던 일들을 회상하며 이야기도 하고, 질문과 설명도 하고 예의바른 토론도 한다.

"저 산꼭대기에 올라가서는 거기에서 너희들에게 관계가 있는 모든 지방을 보여주마. 너희들은 거기에서 너희들이 하게 될 간단한 연설들에 대한 생각을 얻어내게 될 것이다."

"그렇지만, 주님, 저희들이 어떻게 합니까? 저는 적당치가 않습니다" 하고 안드레아가 한탄을 하는데, 베드로와 야고보도 가세한다."저희들이 제일 불행합니다!"

"아이고! 그일이라면! 나도 나을 게 없어. 금이나 은이야기라면 말할 수 있을 테지만, 이 일에 대해서는…" 하고 토마가 말한다.

"또 나는? 나는 뭣이었는데?" 하고 마태오가 묻는다.

"하지만 자넨 군중을 무서워하지 않고, 말을 할 줄 알아" 하고 안드레아가 대꾸한다.

"그렇지만 그건 다른 것에 대한 말이지…" 하고 마태오가 대답한다.

"허! 그건 맞는 말이야! …그렇지만… 결국 자넨 내가 무슨 말을 하려는지 벌써 알고, 내가 그말을 자네에게 한 것같이 행동한단 말이야. 자넨 우리보다 낫다는 게 사실이야" 하고 베드로가 말한다.

"그러나 이 사람들아, 고상한 이야기를 할 필요가 없다. 그저 너희들이 생각하는 것, 너희들이 확신하는 것을 말해라. 누가 확신이 있으면 언제든지 사람을 설득하는 것이다" 하고 예수께서 말씀하신다.

그러나 가리옷의 유다가 애원하며 말한다. "선생님이 많은 좋은 생각을 주십시오. 좋은 생각을 잘 내놓으면 많은 일에 도움이 될 수 있습니다. 여기에서는 아무도 선생님을 안다는 것을 표시하지 않는 것을 보면, 선생님께 대한 말을 듣지 못한 것 같습니다."

"그건 여기에 아직도 모리아산에서 불어 오는 바람이 많아서 그래. …그 바람은 말려죽이는 바람이거든…" 하고 베드로가 대답한다.

"그건 씨를 뿌리지 않았기 때문이야. 그렇지만 우리가 씨를 뿌릴 거야." 가리옷 사람이 그의 첫번 성공이 기뻐서 자신있게 대꾸한다.

산꼭대기에 이르렀다. 이곳에서는 넓은 파노라마가 펼쳐지고, 매우 다양하고 햇빛이 내리쬐는 산맥들이 얼기설기 뒤얽혀 있는 것을 이 산꼭대기를 뒤덮고 있는 잎이 무성한 나무 그늘에서 내려다보니 아름답다. 그 산맥들은 맞바람에 밀린 큰바다의 돌같이 굳어진 파도처럼 사방으로 밀려 나갔다. 그러다가 마치 고요한 만에서처럼 모든 것이 넓은 평야 못 미쳐 끝없이 펼쳐지는 찬란한 빛 속에서 가라앉으며, 거기에는 항구 어귀에 있는 등대 모양으로 작은 산 하나가 외따로 서 있다.

"자 다왔다. 마치 햇빛을 가득히 받으려는 것처럼 이렇게 산꼭대기에 펼쳐진 이 고장에 우리가 머무를 터인데, 이곳은 부채살처럼 펼쳐지는 역사적인 장소들의 축(軸)과 같은 곳이다. 이리들 오너라. 저기(북쪽으로)가 게리못이다. 여호수아를 기억하느냐? 기브온 사람들과 동맹을 맺어서 강력해진 이스라엘의 진지를 습격하려던 왕들이 패전한 곳이다. 그리고 아주 가까이에는 유다의 사제들의 도시 벳사메스가 있는데, 그곳은 펠리시데 사람들이 죄지은 펠리시데 사람들을 괴롭히는 재앙에서 구함을 받기 위하여 예언자와 사제들이 백성에게 부과한 황금으로 된 기원들을 곁들여 계약의 궤를 돌려준 곳이다. 그리고 저기 햇빛이 쨍쨍 비치는 사라아는 삼손의 고향이고, 조금 동쪽에는 그가 아내를 얻고 많은 영웅적인 일을 하고 어리석은 일을 저지른 땀나다가 있다. 그리고 저기는 그때 펠리시데인들의 진지였던 아제꼬와 소꼬가 있고, 좀 더 아랫쪽에는 유다의 도시 중의 하나인 스자노에가 있다. 그리고 이쪽으로 돌아서라. 여기는 다윗이 골리앗을 쳐부순 테리빈타의 계곡이다. 그리고 저기는 여호수아가 아모레아 사람들을 쳐부순 마체다이다. 또 돌아서라. 전에는 펠리시데 사람들의 것이었던 평야 한가운데에 있는 저 외딴 산이 보이지? 거기에는 골리앗의 고향인 겟이 있는데, 그곳은 사울의 미친 듯한 분노를 피하기 위해서 아키스 곁에서 피신을 했던 곳이기도 하다. 지혜로운 다윗왕은 그곳에서 미친 사람 행세를 했다. 그것은 세상 사람들이 현자들에 대항해서 미친 사람들을 보호하기 때문이다. 저 확 트인 지평선은 펠리시데인들의 매우 기름진 평야이다. 우리는 저리로 해서 람레까지 갈 것인데, 우선 벳기나에 들어가자. 너, 몹시 애원하는 눈으로 나를 쳐다보는 바로 너 필립보는 안드레아와 같이 저 마을로 해서 지나가거라. 너희들이 가는 동안 우리는 이 마을의 샘 곁이나 광장에 남아 있겠다."

"아이고! 주님! 저희들만 보내지 마시고, 주님도 같이 가 주십시오!" 하고

77. 간질병에 걸린 벳기나의 소녀

두 사람이 애원하며 말한다.

"가거라, 내 말은 끝났다. 순종하는 것이 내가 가서 아무 말도 하지 않고 있는 것보다 너희에게 더 도움이 될 것이다."

…그러니까 필립보와 안드레아는 무턱대고 마을을 지나가다가 마침내 조그마한 주막, 아니 싸구려식당 하나를 발견한다. 그 안에서는 간사한 중개상들이 목자들과 어린 양을 흥정하고 있다. 두 사도는 들어가다가 몹시 촌스러운 주랑(柱廊)이 둘러쳐진 안마당 한가운데에서 어리둥절해서 발을 멈춘다.

주막 주인이 달려와서 묻는다. "뭘 원하십니까? 방이오?"

두 사람은 서로 눈짓으로 의사를 묻는다. 매우 놀란 눈길이다. 아마도 그들이 말하기로 결정하였던 말 중에서 한 마디도 생각이 나지 않는 모양이다. 그러나 바로 안드레아가 먼저 다시 침착해져서 대답한다. "그렇습니다, 우리와 이스라엘의 선생님이 쓰실 방을 찾습니다."

"어떤 선생이오? 선생이 하도 많아서! 그렇지만 그 사람들은 훌륭한 양반들이라, 가난한 사람들에게 그들의 지혜를 갖다주려고 가난한 사람들이 사는 마을에 오지를 않아요. 가난한 사람들이 그들을 찾아가야지요. 게다가 그 사람들이 우리가 곁에 있는 것을 참아주는 것만도 은혜지요!"

"이스라엘의 선생님은 오직 한 분뿐이시고, 바로 가난한 사람들에게 기쁜 소식을 전하러 오십니다. 가난하고 죄인인 사람들이면 그럴수록 선생님이 더 찾으시고 가까이하십니다" 하고 안드레아가 조용히 대답한다.

"그렇지만, 그러면 돈을 못 벌겠군요!"

"선생님은 재물을 찾지 않으십니다. 선생님은 가난하시고 착하십니다. 선생님이 영혼 하나를 구하실 수 있었으면 하루를 보람있게 보내신 것이 됩니다" 하고 이번에도 안드레아가 대답한다.

"흠! 어떤 선생에 대해서 착하고 가난하다는 말은 처음 들어보는 걸요. 세례자는 가난하지만 엄격합니다. 다른 선생들은 모두가 엄하고 부자이고, 거머리처럼 탐욕스럽지요. 당신들 들었소? 세상을 두루 다니는 당신들, 이리 좀 오시오. 이 사람들은 가난한 사람들과 죄인들을 찾아 다니는 가난하고 착한 선생이 있다고 말하는군요."

"아! 에세네파 사람처럼 흰 옷을 입은 그 사람인 모양이군요. 나도 얼마 전에 예리고에서 그 사람을 보았소" 하고 중개상 한 사람이 말한다.

"아니오. 그 사람은 혼자요. 그분은 토마가 말하던 그 사람이 틀림없소. 왜냐하면 토마는 리반산의 목자들과 우연히 그분 이야기를 한 일이 있다니까 말이오" 하고 튼튼하게 생긴 키큰 목자가 대답한다.

"그래, 맞아! 그리고 그분이 리반산에 갔었으면 여기까지 올 거야! 자넨 눈이 날카롭단 말이야!" 하고 다른 사람이 외친다.

주막 주인이 손님들과 이야기하는 동안 두 사도는 마당 가운데 말뚝처럼 그대로 서 있다. 마침내 한 사람이 말한다. "어! 여보시오! 이리 오시오! 그 사람이 누구요? 당신들이 말하는 그 사람이 어디에서 온 사람이오?"

"나자렛에서 오신 요셉의 예수이십니다" 하고 필립보가 정색을 하고 말한다. 그리고는 누가 놀리기를 기다리기나하는 듯이 거기 그대로 서 있다. 그러나 안드레아가 덧붙인다. "그분은 예고되신 메시아이십니다. 당신들의 이익을 위해서 제발 부탁인데, 그분의 말씀을 들으시오. 당신들이 세례자 말을 했지요. 그런데 내가 세례자와 같이 있었소. 그랬는데 세례자가 지나가시는 예수를 우리에게 가리키면서 '세상의 죄를 없애는 하느님의 어린 양을 보아라' 하고 말했습니다. 예수께서 세례를 받으시려고 요르단강에 내려오셨을 때 하늘이 열리고 '이는 내 사랑하는 아들, 내 마음에 드는 아들이다' 하고 외치는 목소리가 들려왔고, 하느님의 사랑이 비둘기 모습으로 내려오셔서 그분 위에서 찬란히 빛났습니다."

"자 봐! 분명히 나자렛 사람이야! 그렇지만 그분의 친구라고 하는 당신들 말좀 해주시오…."

"친구가 아닙니다. 우리는 그분의 사도이고 제자인데, 구원을 받을 필요가 있는 사람은 그분에게 오도록 그분이 오신다는 것을 미리 알리라고 그분이 보내신 것입니다" 하고 안드레아가 고쳐 준다.

"좋소. 그러나 말좀 해주시오. 어떤 사람들이 말하는 것처럼 그 사람이 성인이오, 세례자보다 더 거룩한 분이오, 그렇지 않으면 또 어떤 사람들이 말하는 것처럼 마귀요? 당신들이 제자라면 같이 있을 테니 그 사람과 같이 있는 당신들이 솔직히 좀 말해 주시오. 그 사람이 음란하고 방탕하다는 게 사실이오? 창녀들과 세리들을 좋아한다는 것이? 그리고 강신술을 행하고, 사람들의 마음의 비밀을 알려고 밤에 귀신들을 불러낸다는 것이 사실이오?"

"아니 이 사람들에게 왜 그걸 물어보나? 차라리 그 사람이 착하다는 것이 사실이냐고 물어보게. 이 두 사람은 자네 말을 나쁘게 생각해서 우리의 좋지 못한 이야기를 선생한테 가서 일러 바칠 거야. 그러면 선생이 우릴 저주할 거야. 그럴 수도 있단 말이야! …그 사람이 하느님이건 마귀이건 아뭏든 잘 대우하는 것이 낫단 말이야."

이번에는 필립보가 말한다. "우리는 진정으로 보증할 수 있습니다. 나쁜 것이 아무것도 없고 숨겨야 할 것도 하나도 없으니까요. 우리 선생님은 성인 중의 성인이십니다. 선생님의 하루는 가르치시느라고 피로한 가운데 지나갑니다. 그러나 선생님은 지칠 줄을 모르시고 여기저기로 사람들의 마음을 찾아 다니십니다. 밤 시간은 우리를 위해 기도하시는 데 보내십니다. 그러나 그것은 선생님 자신의 이익을 위해서가 아니라 달리는 가까이할 수 없을 사람들에게 가까이 가시기 위해서 그러시는 것입니다. 선생님은 세리와 창녀들도 물리치지 않으십니다. 그러나 그것은 그 사람들을 구속하기 위해서입니다. 선생님이 다니시는 길은 구속의 기적과 병에 대한 기적으로 흔적이 남습니다. 바람과 바다도 선생님께 복종합니다. 그러나 선생님은 기적을 행하시는 데 아무의 도움도 필요없고, 사람들의 마음을 알기 위해 귀신들을 불러낼 필요도 없습니다."

"그런데 어떻게 그렇게 할 수가 있습니까? …당신은 바람과 바다가 그분에게 복종한다고 말했지만, 그것들은 이성이 없는 것인데, 어떻게 그것들에게 명령을 할 수 있단 말이오?" 하고 주막 주인이 묻는다.

"여보시오, 대답해 보시오. 당신 생각에는 바람과 바다에 명령하는 것이 더 어렵습니까? 그렇지 않으면 죽음에 명령하는 것이 더 어렵습니까?"

"여보시오! 아니 죽음에게는 명령을 못해요! 바다에는 기름을 뿌릴 수도 있고, 돛을 내걸 수도 있고, 또 슬기롭게 배를 타지 않을 수도 있지요. 그리고 바람에는 자물쇠로 대항할 수도 있어요. 그렇지만 죽음에는 명령을 못합니다. 죽음을 진정할 만한 기름도 없고, 우리의 작은 배에 올려서 죽음을 앞질러 갈 만큼 빠르게 할 돛도 없어요. 죽음을 막는 자물쇠도 없구요. 죽음이 오려고 들면 빗장을 질러도 통과합니다. 여보시오! 그 여왕한테는 아무도 명령하지 못해요!"

"그런데도 우리 선생님은 죽음도 지배하십니다. 죽음이 가까이 왔을 때에만 그러시는 것이 아니고, 죽음이 먹이를 덮쳤을 때에도 그러십니다. 사람들이 나임 읍내의 한 젊은이를 소름끼치는 무덤 구덩이에 묻을 참이었는데, 선생님이 '내가 당신께 명령하니 일어나시오!' 하고 말씀하시니 젊은이가 살아났습니다. 나임은 북극지방에 있지 않으니, 당신이 가서 볼 수도 있습니다."

"아니 이렇게? 여러 사람 앞에서요?"

"길에서, 나임 사람들 전부 보는 앞에서요."

주막 주인과 손님들은 말없이 서로 바라본다. 그리고 주막 주인이 말한다. "그렇지만 친구들을 위해서 그렇게 하겠지요?"

"아닙니다. 선생님을 믿는 모든 사람을 위해서 그렇게 하십니다. 또 그 사람들만을 위해서도 아닙니다. 선생님은 이 세상에 있는 연민 자체이십니다. 선생님께로 몸을 돌리고 아무 이익도 얻지 못하는 사람은 아무도 없습니다. 여러분 모두 들으시오. 여러분 가운데 가족 중에 혹 병으로나 의심이나 가책이나 유혹이나 무지로 인해서 고통받고 우는 사람이 없습니까? 기쁜 소식을 전하시는 메시아이신 예수님께 호소하시오. 선생님은 오늘 여기 오십니다. 그리고 내일은 다른 곳으로 가십니다. 지나가는 주님의 은총을 이용하지 않고 그냥 지나가게 하지 마시오." 점점 더 자신이 생긴 필립보가 이렇게 말한다.

주막 주인은 한 손으로 머리를 긁적거리고 입을 벌렸다 다물었다 하고, 허리띠의 술장식을 만지작거린다. …그러다가 이윽고 말한다. "해보겠습니다! …내게 딸이 하나 있는데, 지난 여름까지는 잘 있었는데, 그뒤 간질병에 걸렸어요. 그애는 짐승처럼 말없이 한구석에 쳐박혀 있습니다. 늘 거기 있어요. 그리고 제 어미가 무척 힘들게 옷을 입혀 주고 음식을 먹여 주어야 합니다. 의사들은 햇볕 때문에 그애 머리가 변질했다고 하고, 어떤 사람들은 실연을 해서 고민하는 것이라 말합니다. 일반 대중은 마귀가 들렸다고 합니다. 그렇지만 그애가 여기서 도무지 나간 일이 없는데, 어떻게 마귀가 들리지요? 어디에서 마귀가 들렸습니까? 당신 선생님은 뭐라고 합니까? 죄없는 사람에게도 마귀가 붙을 수 있다고 생각합니까?"

필립보는 자신만만하게 대답한다. "그렇습니다. 부모를 괴롭혀서 실망시키려고 그러는 거지요."

"그런데… 선생님은 간질병자들도 고친단 말이지요? 희망을 가져야 합니까?"

"믿으셔야 합니다" 하고 안드레아가 열심히 말한다. 그리고 세라센 사람들의 기적을 이야기해 주고 나서 끝으로 이렇게 덧붙인다. "죄인들의 마음에 무리지어 들어가 있던 그 마귀들이 그렇게 도망했는데, 어린 사람의 마음에 억지로 들어간 마귀가 어떻게 도망치지 않을 수 있겠습니까? 당신에게 분명히 말하지만, 선생님께 바라는 사람에게는 불가능한 일도 숨쉬는 것처럼 쉽게 됩니다. 나는 내 주님의 업적을 보았습니다. 그래서 선생님의 능력을 증언하는 것입니다." "아이고! 그럼 두 분 중에 누가 선생님을 모시러 갑니까?"

"내가 가겠습니다. 조금만 기다리시오." 그러면서 안드레아는 재빨리 간다. 그동안 필립보는 남아서 말을 한다.

마을의 작은 광장에 쨍쨍 내리쬐는 햇볕을 피하시려고 어떤 집 현관에 들어

77. 간질병에 걸린 벳기나의 소녀

가 계신 예수를 안드레아가 예수께로 달려가며 말한다. "선생님, 오십시오, 오세요. 주막 주인의 딸이 간질병이 걸렸는데, 아버지가 그애를 고쳐주십사고 선생님께 애원합니다."

"그러나 그 사람이 나를 알더냐?"

"아닙니다, 선생님. 저희가 선생님을 알게 하려고 애썼습니다…."

"그래서 성공했구나. 어떤 사람이 내가 약 없이 병을 고칠 수 있다고 믿게 되면 벌써 믿음의 길에서 앞으로 나아가 있는 것이다. 그런데 너희들은 어떻게 할지 모른다고 겁을 집어먹고 있었는데 무슨 말을 했느냐?"

"그 말씀조차도 드릴 수가 없습니다. 저희들은 선생님과 선생님의 업적을 어떻게 생각하는지를 말했습니다. 특히 선생님은 사랑이시고 연민이시라고 말했습니다. 세상 사람들이 선생님을 정말 잘 모릅니다!!!"

"그러나 너희들은 나를 잘 알고 있다. 그리고 이것으로 충분하다."

그들은 작은 주막에 도착하였다. 손님들이 모두 호기심을 가지고 문에 나와 있고, 그들 가운데 필립보와 주막 주인이 있는데, 주막 주인은 계속 혼자서 중얼거리고 있다. 그가 예수를 보자 마주 달려가며 말한다. "선생님, 주님, 예수님… 저는… 저는 믿습니다. 선생님이 선생님이시라는 것, 선생님이 모든 것을 아시고, 모든 것을 보시고, 모든 일에 정통하시고, 모든 것을 하실 수 있다는 것을 믿습니다. 제가 하도 단단히 믿기 때문에, 비록 제 마음에 죄가 많지만 제 딸을 불쌍히 여겨 주십사고 말씀드립니다. 제가 영법을 하는 데 있어서 부정직했던 까닭으로 제 딸이 벌을 받지 않게 해주십시오. 저는 맹세코 다시는 욕심을 부리지 않겠습니다. 선생님은 제 마음과 그 과거를 알고 계시고 제 마음이 지금 어떻게 생각하고 있는지도 아십니다. 선생님, 용서하시고 불쌍히 여기십시오. 저는 여기 제 집에 오는 모든 사람에게 선생님 말씀을 하겠습니다." 그 사람은 무릎을 꿇고 있다.

예수께서 그에게 말씀하신다. "일어나시오, 그리고 지금 가진 감정을 꾸준히 가지시오. 딸을 데려오시오."

"주님, 그애는 마굿간에 있습니다. 심한 더위는 병을 한층 더하게 합니다. 그래서 거기서 나오려고 하지 않습니다."

"괜찮습니다. 내가 그애 있는 데로 가겠소. 그것은 더위 때문에가 아니고, 마귀가 나오는 것을 느끼기 때문에 그러는 것입니다."

그들은 마당으로 들어간 다음에 어두운 마굿간으로 들어간다. 다른 사람들도 모두 뒤따른다. 머리가 헝클어진 소녀는 겁을 집어먹고 가장 어두운 구석에서 불안해 하고 있다. 그리고 예수를 보자 부르짖는다. "물러 가세요, 물러 가세요! 저를 성가시게 굴지 마세요. 당신은 주의 그리스도이고 나는 당신이 괴롭히는 자들 중의 하나입니다. 나를 가만 놔두세요. 왜 항상 내 뒤를 쫓아 다니십니까?"

"이 소녀에게서 나가서 물러가라. 명령이다. 네 먹이를 하느님께 돌려드리고 입을 다물어라!"

비통한 부르짖음 한 마디가 들리고, 갑자기 몸이 긴장이 풀리고, 몸이 짚 위로 쓰러진다. …그리고는 조용하고 마음아프고 놀란 질문들이 나온다. "내가 어디 있는 거예요? 내가 왜 여기 있어요? 저 사람들은 누구예요?" 그리고 여러 낯선 사람들이 보는 앞에서 찢어진 옷을 입고 베일도 안 쓰고 있는 것을 부끄러워하며 소녀가 "엄마" 하고 부른다.

"아이고! 영원하신 주님! 아니 저애가 나았군요!…" 그리고 시뻘건 주막 주인의 얼굴에서 어린애 같은 눈물이 흐르는 것을 보니 이상하게 느껴진다. …주막 주인은 행복하다. 그리고 울면서 예수의 손에 입맞춤할 줄밖에 모른다. 그 동안 어머니는 놀란 어린 아이들에게 둘러싸여 울면서 마귀에게서 풀려난 맏딸에게 입맞춤한다.

그것을 본 모든 사람이 한꺼번에 소리를 지르고, 다른 사람들은 기적을 보려고 달려온다. 마당에 사람이 가득 찼다.

"주님, 묵으십시오. 밤이 되어갑니다. 제 집에 머무르십시오."

"여보시오, 우린 일행이 열 세 사람이오."

"3백명이라도 아무것도 아닐 것입니다. 선생님의 말씀이 무슨 뜻인지 압니다. 그렇지만 주님, 탐욕스럽고 부정직한 사무엘은 죽었습니다. 제 마귀도 떠나 갔습니다. 이제는 새 사무엘입니다. 새 사무엘은 여전히 주막쟁이 노릇을 할 것입니다. 그러나 거룩하게 할 것입니다. 오십시오, 제가 선생님을 임금님같이 하느님같이 공경하게 저를 따라 오십시오. 선생님은 사실 임금이시고 하느님이십니다. 오! 선생님을 제게로 모셔온 오늘의 해는 축복받기를 바랍니다…."

78. 아스칼론으로 가는 길에 평야에서

햇볕이 쨍쨍 내리쬐는 평야이다. 햇볕은 다 여문 낟알을 볶다시피해서 벌써 빵을 연상시키는 냄새를 풍기게 한다. 해와 빨래와 낟알의 냄새, 즉 여름 냄새이다.

왜 이렇게 말하느냐 하면 어떤 달이든지, 또 하루의 어떤 시간이든지 그 독특한 냄새를 가지고 있기 때문이다. 마치 어떤 고장이든지 매우 예민한 감각과 매우 날카로운 관찰력에는 각기 독특한 냄새를 풍기는 것과 같다. 살을 에이는 듯한 바람이 부는 겨울날의 냄새는 안개낀 겨울날의 무거운 느낌을 주는 냄새나 눈이 풍기는 냄새와 다르다. 또 이 냄새들은 다가오는 봄냄새, 향기가 아닌 향기로 이렇게 봄을 알리는 냄새, 그러나 겨울 냄새와는 사뭇 다른 이 냄새와 얼마나 다른가! 아침에 일어나면 공기 냄새가 다르다. 그것은 봄의 첫번째 숨결이다. 그리고는, 또 그리고는 꽃이 핀 과수원냄새, 그 다음에는 정원과 익는 곡식 냄새, 또 그 안에는 막간 모양으로 소나기가 온 뒤의 흙냄새… 가 있다.

그리고 또 시간은 어떤가? 새벽 냄새가 오정의 냄새와 저녁이나 밤의 냄새와 같다고 말하는 것은 상식밖의 일일 것이다. 새벽의 신선한 냄새는 순결하고, 둘째 냄새는 즐겁고 명랑하고, 그 다음 냄새는 나른함을 풍기는 냄새이고, 또 낮 동안에 발산한 모든 냄새의 포화(飽和)이기도 하다. 그리고 마지막 냄새, 즉 밤의 냄새는 마치 대지가 그 자식들의 휴식을 받아들이는 엄청나게 큰 요람인 것처럼 조용하고 명상적이다.

또 장소는 어떤가? 오! 강가나 바닷가의 냄새는 새벽과 저녁이 아주 다르고, 오정 때와 밤이 아주 다르며, 폭풍우가 몰아칠 때와 고요한 때가 몹시 다르고, 바위가 많은 지방과 평평한 강변이나 해변이 아주 다르다! 그리고 썰물이 떨어뜨리고 가는 해초의 냄새는 어떤가? 마치 바다가 깊은 속을 열어서 저 밑의 아련 냄새를 들이마시게 하려는 것과 같다.

창조주의 무한은 너무나 큰 것이어서 당신이 창조하신 무한히 많은 물건 하나하나에 각기 독특한 빛과 빛깔과 향기와 소리와 형태와 높이를 줄 수 있었다. 이제는 이렇게 환상을 통해서나 볼 수 있고, 또 하느님을 사랑하고 하느님의 작품을 통하여, 그리고 그것들을 보는 데서 내가 얻은 기쁨을 위하여 그분께 기도를 드리는 것에 대한 기억을 통해서나 보게 되는 무한한 아름다움, 너는 얼마나 넓고 힘있고 무진장이고 지루한 줄을 모르게 하느냐! 네게는 지루함이 없고, 지루함을 가져다주지 않는다. 오히려 그 반대로, 내 주님의 우주, 너를 바라다보면 사람이 새로워진다. 너를 바라다보면 사람이 더 착해지고 더 깨끗해지며, 높이 올라가고 잊어버리고 한다. …오! 항상 너를 바라다보고 사람들의 열등한 것은 잊어버리고, 영혼을 통해서 그리고 영혼을 위하여 사람을 사랑하여 그들을 하느님께서 인도할 수 있었으면!

그래서 지금 사도들과 같이 익은 곡식이 가득한 저 평야를 통하여 길을 가시는 예수를 따라가면서, 그분의 찬란한 업적을 통하여 하느님에 대한 말을 하는 기쁨에 사로잡힘으로써 다시 내 주제에서 벗어났다. 피조물이 피조물 안에서 그가 사랑하는 것을 찬양하거나 그저 그가 사랑하는 피조물을 찬양하기 때문에 역시 그것도 사랑이다. 그런데 피조물과 조물주 사이의 관계가 이러하다. 조물주를 사랑하는 사람은 그분을 찬양하고, 조물주를 사랑하면 사랑할수록 조물주 자신 때문에 그리고 그분의 업적 때문에 더욱 더 찬양하게 된다. 그리고 이제는 내 마음에 침묵을 명하고, 숭배자로서가 아니라 충실한 편년사가(編年史家)로서 예수를 따라간다.

그러니까 예수께서는 낟알이 익어가는 밭들 사이를 지나가신다. 날씨는 덥고 이 지역은 무인지경이다. 밭에는 사람의 그림자 하나 없다. 여문 밀이삭과 여기저기에 나무들이 있을 뿐이다. 해와 낟알과 새와 도마뱀과 조용한 공기 속에는 꼼짝 하지 않고 있는 푸르른 덤불들, 이런 것이 예수를 둘러싸고 있다. 곡식 바다를 건너지르는 먼지끼고 눈부신 리본과 같은 큰 길을 예수께서 가시는데, 그 양쪽 끝 한쪽에는 작은 마을이 있고 또 한쪽에는 농가가 하나 있다. 다른 것은 아무것도 없다.

모두가 땀을 흘리며 말없이 걸어가고 있다. 그들은 겉옷을 벗었다. 그러나 비록 가볍다 하더라도 모직옷을 입었기 때문에 고통스러울 것이 틀림없다. 예수와 사촌 두 사람과 가리옷의 유다만이 아마포나 베로 지은 옷을 입었다. 예수와 가리옷 사람의 옷만이 분명히 흰 아마포로 만든 것이고, 다른 옷들, 즉 알패오의 아들들의 옷은 두껍기 때문에 아마포보다 더 무거워 보인다. 그리고 마침 바래지 않은 삼베 빛깔같이 어두운 상아빛깔 물감을 들였다. 다른 사람들은 늘 입는 옷들을 입었고, 머리에 쓴 아마포 두건으로 땀을 씻으면서 걸어간다.

그들은 한 네거리에 있는 나무숲에 이른다. 그리고 기분좋은 나무 그늘로 들어가서 그들의 수통의 물을 꿀꺽꿀꺽 마신다.

"물이 불에 올려놓았던 것처럼 뜨겁구먼" 하고 베드로가 투덜거린다.

"개울이라도 하나 있었으면 좋겠는데!" 하고 바르톨로메오가 한탄을 한다. "그러나 아무것도 없단 말이야, 아무것도! 조금만 있으면 난 물이 다 없어지고 말아."

"나는 산이 더 낫다고 말할 지경이야" 하고 더워서 얼굴이 시뻘겋게 된 제베대오의 야고보가 탄식한다.

"제일 좋은 건 배야. 서늘하고 아늑하고 깨끗하고, 아!" 하고 베드로가 말한다. 그의 마음은 호수와 그의 배로 간다.

"너희들의 말이 모두 옳다" 하고 예수께서 그들에게 용기를 주시려고 말씀하신다. "그러나 죄인들은 산에도 있고 평야에도 있다. 만일 그들이 우리를 '고운내'에서 내쫓지 않았더라면, 그리고 우리를 줄곧 추적하지 않았더라면 나는 이곳에 데벳달과 스밧달 사이에 왔을 것이다. 그러나 우리는 멀지 않아 바닷가에 이르게 될 것이다. 거기에는 더운 공기가 먼 바다에서 불어오는 바람으로 완화된다."

"허! 정말 그럴 필요가 있습니다! 여기서는 모두 죽어가는 곤들매기 같습니다. 그렇지만 밀들은 물이 없는데 어떻게 하기에 저렇게 아름답습니까?" 하고 베드로가 묻는다.

"지하수가 있어서 그것이 땅을 축축하게 유지하는 것이다" 하고 예수께서 설명하신다.

"물이 땅 밑에 있는 것보다 표면에 있는 것이 더 나을 텐데요. 땅 밑에 있으면 제게 무슨 소용이 있습니까? 저는 뿌리가 아니거든요!" 하고 베드로가 격렬하게 말한다. 그래서 모두 웃는다.

그러나 이어서 유다 타대오가 정색을 하고 말한다. "땅도 사람들과 같이 이기주의적이고 똑같이 메말라. 그들이 그 마을에 우리가 머물러서 안식일을 지내게 내버려두었더라면 우리가 그늘도 얻고 휴식도 하고 물도 얻었을 텐데 말이야. 그러나 그들이 우리를 내쫓았거든…"

"먹을 것도 구했을 텐데, 그것조차도 없단 말이야. 난 배가 고파. 과일이라도 있었으면 좋겠는데! 그렇지만 과일나무들은 아주 집 가까이에 있으니 누가 가겠어? 그 사람들이 모두 우리를 내쫓은 사람들과 같은 성질을 가진 사람들이라면 말이야!…" 하고 토마가 동쪽에 그들이 떠나온 마을을 가리키며 말한다.

"내 음식을 먹게. 나는 배가 몹시 고픈 때는 도무지 없어" 하고 열성당원이 말한다.

"내 것도 먹어라" 하고 예수께서 말씀하신다. "시장기를 더 느끼는 사람은 먹어라."

그러나 예수와 열성당원과 나타나엘의 음식을 함께 모아도 별것이 아닌 것 같다. 토마와 젊은 사도들의 놀란 시선이 그것을 웅변으로 말한다. 그러나 그들은 극히 적은 음식의 몫들을 조금씩 갉아먹으면서 말이 없다.

열성당원은 타는 듯한 지면에 푸르른 흔적이 습기가 있나 보다 하고 짐작하게 하는 곳으로 참을성있게 간다. 과연 모래바닥에 가느다란 물줄기가 하나 있는데, 빨리 사라지게 되어 있는 정말 실낱 같은 물줄기이다. 그는 멀리 있는 사람들이 와서 몸을 식히라고 소리를 지른다. 그러니까 모두가 거의 마른 그 작은 개울가를 따라 줄지어 늘어선 나무들의 불규칙적인 그늘을 따라 그리로 뛰어간다. 거기서 그들은 먼지투성이의 발을 씻고 땀이 흐르는 얼굴을 씻을 수 있다. 그런데 이제는 빈 수통에 물을 채워서 더 시원해지라고 그늘이 있는 물 속에 넣어둘 수가 있었다. 그들은 어떤 나무 아래 앉아 피곤해서 존다.

예수께서는 사랑과 동정으로 그들을 바라다보시며 고개를 저으신다. 물을 마시고 돌아온 열성당원이 그것을 보고 예수께 묻는다. "선생님, 왜 그러십니까?"

예수께서 일어나셔서 그에게로 가시어 한 팔로 그의 목을 껴안으시고 다른 나무 아래로 데리고 가시며 말씀하신다. "왜 그러느냐고? 나는 너희들이 피곤한 것이 괴롭다. 만일 내가 너희들을 가지고 무엇을 만들고 있는 중인지를 알지 못한다면 너희들에게 이렇게까지 궁핍을 겪게 하는 것이 마음이 편치 못할 것이다."

"궁핍이라니요? 아닙니다. 선생님! 이것이 저희 기쁨입니다. 선생님을 모시고 있으면 이 모든 것이 사라집니다. 저희들은 모두가 행복합니다, 정말입니다. 후회는 없습니다, 후회는…"

"입 다물어라, 시몬아. 인간성은 착한 사람들에게서도 부르짖는다. 그리고 인간적으로 말하면 너희들이 부르짖는 것이 잘못이 아니다. 나는 너희들을 너희들의 집과 가족과 이해관계에서 빼앗아 왔다. 그리고 너희들은 나를 따르는 것이 이런 것과는 사뭇 다른 것이라고 생각하고 왔다. …그러나 지금의 너희 부르짖음, 너희들 안에서 부르짖는 것이 언젠가는 가라앉을 것이다. 그때에는 박해를 당하고 사랑을 받지 못하고 중상을 당하고… 그보다 더 한 것, 한층 더한 것을 당하는 선생님을 따라 안개와 진흙탕, 먼지와 삼복더위를 무릅쓰고, 박해를 당하고 목마르고 피로하고 먹지도 못하며 그런 선생님을 따라오기를 잘했다는 것을 깨달을 것이다. 그때에는 너희 생각이 달라지고 모든 것을 다른 각도에게 보겠기 때문에 모든 것이 아름다워 보일 것이다. 그리고 너희를 내 어려운 길로 해서 인도한 것에 대해서 나를 찬미할 것이다…"

"선생님은 침울하시군요. 그리고 세상 형편을 보니 선생님이 침울하실 이유가 충분히 있습니다. 그러나 저희들은 그렇지 않습니다. 저희들은 모두 만족합니다…."

"모두? 자신있느냐?"

"선생님은 달리 생각하십니까?"

"그렇다, 시몬아, 달리 생각한다. 너는 언제나 만족하다. 너는 깨달았으니까. 다른 많은 사람은 그렇지 않다. 자는 사람들이 보이지? 저들이 자면서도 얼마나 많은 생각을 되새기고 있는지 아느냐? 또 제자들 중에 있는 모든 사람은 어떻고? 모든 것이 완전히 이루어질 때까지 그들이 충실하리라고 생각하느냐? 보아라. 너도 어릴 적에 한 일이 있는 이 오래된 놀이를 해보자 (그러면서 예수께서 돌틈에 나서 완전히 씨가 여문 아름다운 민들레 꽃을 하나 꺾으신다. 그것을 가만히 입으로 가져오셔서 훅 부신다. 그러니까 민들레꽃은 여러 개의 아주 작은 양산으로 갈라져서 아주 작은 대 위에 작은 장식 술을 똑바로 단 채 이리저리로 날아간다). 자 보아라. …내게 반한 것처럼 내 가슴에 다시 떨어진 것이 몇 개나 되느냐? 세어보아라. …스물 세 개가 있다. 그러면 다른 것들은? 보아라. 아직 날아다니는 것이 있고, 제 무게에 끌리듯이 벌써 다시 떨어진 것들도 있고, 제 깃털장식을 뽐내며 우쭐해서 올라가는 것들도 있고, 우리가 수통으로 저어 놓은 수렁에 떨어지는 것들도 있다. 그러나… 보아라, 보아… 내 무릎 위에 떨어졌던 스물 세 개 중에서 일곱 개는 사라졌다. 저 뒹벌의 날갯짓만으로 그것들이 날아가 버렸다! …그것들이 무엇이 겁났었느냐? 또는 무엇이 그것들을 끌어당겼느냐? 또는 무엇이 그것들을 끌어당겼느냐? 어쩌면 침이 무서웠는지도 모르겠고, 또는 까맣고 노란 아름다운 빛깔이나 기분좋은 모양이나 또는 무지개빛 날개에 끌렸는지도 모른다. …어떻든 거짓 아름다움을 따라서… 그것들은 갔다….

시몬아, 내 제자들도 이러할 것이다. 어떤 사람들은 마음의 동요로, 어떤 사람들은 변심으로, 어떤 사람들은 우둔함으로, 어떤 사람들은 교만으로, 어떤 사람들은 경박함으로, 어떤 사람들은 진창에 매력을 느껴서, 어떤 사람들은 무서워서, 어떤 사람들은 세상물정을 몰라서 떠나갈 것이다. 지금 내게 '저는 선생님을 따라 가겠습니다' 하고 말하는 사람 모두를 내 사명의 결정적인 순간에 내 곁에서 다시 만나게 될 것으로 생각하느냐? 내 아버지께서 창조하신 화초의 작은 털다발이 확실히 예순 개는 더 되었었다. …그런데 지금 내 품에는 일곱 개밖에 남지 않았다. 그것은 다른 것들은 제일 가벼운 놈들에게 예 하고 대담하게 만든 저 바람결에 날아가 버렸기 때문이다. 이렇게 될 것이다. 그래서 나는 내게 충실하게 남아 있기 위해 너희들 안에서 싸우고 있는 모든 것을 생각한다. …시몬아, 오너라. 물 위에서 춤추고 있는 저 잠자리들을 살펴보러 가자. 네가 쉬기를 더 원한다면 몰라도."

"선생님, 아닙니다. 선생님의 말씀으로 저는 슬퍼졌습니다. 그러나 선생님이 고쳐 주신 문둥병자, 선생님이 명예를 회복시켜 주신 박해받던 사람, 선생님이 동무들을 주신 외롭던 사람, 사랑을 얻고 주라고 하늘과 세상을 열어 주신 애정에 대한 향수를 느끼던 사람은 선생님을 버리지 않으리라고 생각합니다. …선생님… 유다를 어떻게 생각하십니까? 작년에 선생님은 그 사람 때문에 저와 함께 우셨지요. 그리고… 저는 모르겠습니다. …선생님, 그 잠자리 두 마리를 내버려두시고 저를 보시고 제 말씀을 들으십시오. 저는 이 말을 아무에게도 하지 않겠습니다. 동료들에게도 친구들에게도. 그러나 선생님께는 말씀드리겠습니다. 저는 유다를 아무래도 사랑하지 못하겠습니다. 솔직히 말씀드립니다만 제가 그를 사랑하고자 하는 욕망을 그가 물리칩니다. 그 사람이 저를 업신여겨서 그런 것은 아닙니다. 그보다도 오히려 다른 사람들보다 사람을 아는 경험이 더 많다고 그가 짐작하는 나이많은 열성당원과 같이 있는 것을 기쁘게 생각할 것입니다. 그러나 그의 행동방식 말입니다. 선생님께서는 그 사람이 진실해 보입니까? 말씀해 주십시오."

예수께서는 그 잠자리 두 마리가 물 표면에 내려앉아 그놈들의 무지개빛 겉날개로 작은 무지개를 꽂아 놓는 것에 정신이 팔리신 것처럼 한동안 침묵을 지키신다. 그 무지개는 호기심 많은 각다귀 한 마리를 끌어들여 탐욕스러운 곤충 한 마리에 의하여 으스러지게 하는 데 소용되는 귀중한 무지개이다. 그런데 이번에는 그 잠자리가 날아가다가 숨어 있던 두꺼비인지 개구리인지에 채진다. 그리고 두꺼비인지 개구리인지 그놈은 잠자리가 잡은 각다귀를 동시에 재빨리 먹어 치운다. 예수께서는 자연의 조그마한 비극을 보시기 위하여 거의 엎드리다시피 하셨기 때문에 몸을 일으키시면서 말씀하신다. "이런 것이다. 잠자리는 든든한 턱이 있어 풀을 먹을 수 있고 든든한 날개가 있어 각다귀를 떨어뜨릴 수 있다. 그리고 개구리는 입이 넓어서 잠자리를 삼킬 수가 있다. 각 존재물은 그들 특유의 힘이 있어 그것을 사용한다. 시몬아, 가자. 다른 사람들이 잠을 깬다."

"주님은 제게 대답을 안하셨습니다. 대답하려고 하지 않으셨습니다."

"아니, 대답했다! 내 나이많은 현자야, 곰곰히 생각해라. 그러면 찾아낼 것이다…." 예수께서는 모래톱을 다시 올라오셔서 잠이 깨서 당신을 찾는 제자들에게로 가신다.

79. 바리사이파 사람들과 다투심. 예수는 안식일의 주인이기도 하시다

아직 같은 장소이다. 그러나 해가 멀지 않아 지게 되었으므로 견딜 만하다. "저 집엘 가야 한다" 하고 예수께서 말씀하신다.

일행은 그리로 가서 그집에 이른다. 그리고 빵과 식량을 청한다. 그러나 관리인은 무정하게 거절한다.

"펠리시데 족속 같은 놈들! 독사 같은 놈들! 늘 똑같은 것들이야! 저것들은 같은 그루에서 나와서 독이 있는 열매를 맺는단 말이야" 하고 배가 고프고 피로한 제자들이 투덜거린다. "너희가 준 것과 같이 받아라."

"아니 왜 애덕을 거스리느냐? 지금은 모진 복수의 시대가 아니다. 가자. 아직 밤도 되지 않았고, 너희들은 배가 곯아서 죽지는 않을 것이다. 저 영혼들이 나를 갈망하게 되도록 희생을 좀 하여라" 하고 예수께서 격려하신다.

그러나 제자들은 밭 한가운데로 들어가서 밀이삭들을 자르기 시작한다. 그들은 이삭을 손으로 비벼 밀알을 먹기 시작한다. 나는 그들이 견딜 수 없이 배가 고파서 그런 것보다는 오히려 분해서 그러는 것으로 생각한다.

"선생님, 맛이 있습니다" 하고 베드로가 외친다. "선생님은 안 드십니까? 그리고 이 밀들은 두 가지 맛이 있습니다. …이 밭의 것 전부를 먹고 싶습니다."

"자네 말이 옳아! 이렇게 하면 그자들이 우리에게 빵을 주지 않은 것을 후회하게 될 거야" 하고 다른 사람들이 말한다. 그러면서 이삭들 사이로 다니며 아귀아귀 먹는다. 예수께서는 혼자서 먼지가 많은 길을 걸어가신다. 5,6미터 뒤에 열성당원과 바르톨로메오가 있다. 그러나 둘이서 이야기를 하고 있다.

덜 중요한 길이 큰길과 만나는 다른 네거리가 하나 나오고, 그곳에는 공격적인 바리사이파 사람 한떼가 멈춰 서 있다. 그들 덜 중요한 길 끝에 보이는 작은 마을에서 안식일 예배에 참례하고 돌아오는 것이 틀림없다. 그 마을은 넓게 퍼지고 평평한 것이 마치 커다란 짐승이 굴 속에 들어 있는 것 같다.

그들을 보신 예수께서는 부드럽게 미소짓고 바라다보시며 인사를 하신다.
"평화가 당신들과 함께 있기를."
 예수의 인사에 답례하기는 고사하고 바리사이파 사람들 중의 하나가 거만하게 묻는다. "당신은 누구요?"
 "나자렛의 예수요."
 "자 봐 그 사람이지?" 하고 그중의 한 사람이 다른 사람들에게 말한다. 그러는 동안 나타나엘과 시몬이 선생님께로 가까이 오고, 다른 제자들은 밭고랑으로 해서 길로 온다. 그들은 아직 밀알을 씹고 있고, 오므린 손에는 밀알들을 쥐고 있다.
 처음에 말한 바리사이파 사람이 아마 제일 세력있는 사람인 모양인데, 그 사람 다음 말을 들으시려고 걸음을 멈추신 예수와 말을 다시 시작한다. "아, 그럼 당신이 그 유명한 나자렛의 예수로군요? 그런데 당신이 어떻게 여기까지 왔소?"
 "여기에도 구원해야 할 영혼들이 있기 때문이오."
 "그일이라면 우리로 충분하오. 우리는 우리 영혼을 구할 줄 알고 우리에 딸린 영혼들도 구할 줄 아오."
 "그렇다면 당신들은 잘 하는 것입니다. 그러나 나는 기쁜 소식을 전하고 구원하라고 보냄을 받았소."
 "보냄을 받았다! 보냄을 받았다! 그런데 무엇이 그것을 증명하오. 당신의 행동은 확실히 그렇게 하지 못하오."
 "당신은 왜 그렇게 말하오? 당신의 생명을 중하게 여기지 않소?"
 "아! 그렇군요! 당신을 숭배하지 않는 사람들에게 죽음을 주는 것이 당신이지요. 그러면 당신은 사제 계급을 전부, 바리사이파와 율법학자 계급의 사람을 모두, 그밖에 많은 사람을 죽이려고 하는구려. 그들은 절대로 당신을 숭배하지 않고, 장차도 절대로 숭배하지 않을 테니까 말이오. 절대로, 알겠소? 이스라엘의 선민인 우리는 절대로 당신을 숭배하지도 않고 사랑하지도 않을 거요."
 "당신들에게 나를 사랑하라고 강요하지는 않고 '하느님을 흠숭하시오' 하고 말하오, 그것은…"
 "또는 당신이 하느님이니까 당신을 숭배하란 말이지요? 그러나 우리는 갈릴래아의 더러운 하층민도 아니고, 당신을 따르고 우리 선생님들을 저버리는 유다의 얼간이들도 아니오…."
 "여보시오, 화내지 마시오. 나는 아무것도 요구하지 않소. 나는 내 사명을 다하고 있소. 나는 하느님을 사랑하라고 가르치오. 그리고 십계명이 너무 잊혀져 있고, 더구나 잘못 적용되기 때문에 십계명을 다시 깨우쳐 주려고 다시 왔소. 나는 생명을, 영원한 생명을 주기를 원하오. 나는 육신의 죽음을 바라지 않고, 더구나 영신의 죽음은 더 바라지 않소. 당신에게 그것을 잃는 것을 중하게 여기지 않느냐고 물은 생명은 당신 영혼의 생명이오. 그것은 당신의 영혼이 나를 사랑하지 않더라도 나는 당신의 영혼을 사랑하기 때문이오. 그리고 나는 당신이 주님을 모욕하고 주님의 메시아를 업신여김으로써 당신의 영혼을 죽이는 것을 보니 괴롭소."

바리사이파 사람이 어떻게나 흥분하는지 경련을 일으키려는 것만 같다. 그는 자기 옷을 구기고, 가장자리 술 장식을 뜯고, 두건을 벗고 머리카락을 움켜쥐면서 외친다. "들어보시오! 들어봐! 이 사람이 나에게, 의인 시몬의 직계손이고 우지엘의 아들 요나타인 나에게 이런 말을 하고 있소. 내가 주님을 모욕하다니! 나는 무엇이 말려서 당신을 저주하지 않는지 모르겠소. 그러나…"

"두려움이 그렇게 못하게 하는 거요. 그러나 어디 해보시오. 그랬다고 당신이 잿더미가 되지는 않을 거요. 알맞은 때에 그렇게 될 거요. 그때에는 당신이 나를 부를 거요. 그러나 그때에는 당신과 나 사이에 붉은 시내, 즉 내 피가 있을 거요."

"좋소. 그러나 우선 스스로 거룩하다고 하는 당신이 왜 어떤 일들을 허락하오? 스스로 선생이라고 하는 당신이 왜 다른 사람들보다 먼저 당신의 제자들을 가르치지 않소? 당신 뒤에 있는 그들을 보시오! …자 보시오, 그들은 아직 손에 죄의 도구를 가지고 있소! 저들이 밀이삭을 잘랐는데, 오늘은 안식일이오. 저들은 자기들의 것이 아닌 밀이삭들을 잘랐소. 그러니까 그들은 안식일을 위반했고 도둑질을 했소."

"이 사람들은 배가 고팠소. 우리는 어제 도착한 마을에서 숙소와 음식을 청했소. 그런데 그 사람들은 우리를 쫓아냈소. 작은 노파 한 사람만이 자기의 빵을 나누어 주고 올리브를 한 줌 주었소. 그 노파는 다만 축복만을 청하면서 자기가 가졌던 것을 모두 주었으니, 하느님께서 백 배로 갚아 주시기 바랍니다. 우리는 한 마을을 걸었소, 그리고 율법에서 명하는 대로 멈추었소. 그리고 개울물을 마셨소. 그리고 석양에 저 집으로 갔소. …그들은 우리를 내몰았소. 당신도 보다시피 우리는 율법을 지킬 뜻을 가지고 있었소."

"그러나 당신들은 율법을 지키지 않았소. 안식일이 계속 되는 동안에는 육체노동을 할 수 없고, 또 남의 물건을 훔치는 일은 절대로 허락되지 않소. 내 친구들과 그일 때문에 분개했소."

"나는 그와 반대로 분개하지 않소" 하고 예수께서 말씀하신다. "당신들은 노베에서 다윗이 어떻게 하느님께 바친 신성한 빵을 집어서 자기도 먹고 일행에게 먹게 했는지 읽지 못했소. 거룩한 빵은 하느님의 집에 있는 것이고 하느님의 것이며 영원한 명령에 의해서 사제들에게만 주기로 되어 있소. '그 빵들은 아론과 그의 아들들의 것이니 그들은 그것을 거룩한 장소에서 먹어야 한다. 그것은 매우 거룩한 물건이기 때문이다' 하고 되어 있소. 그런데도 다윗은 그것들을 집어서 자기도 먹고 일행에게도 주었소. 그들이 시장했기 때문이었소. 그런데 거룩한 왕이 안식일에 하느님의 집에 들어가서 하느님께 바친 빵을 먹어서는 안 되는 그가 먹었는데도, 하느님께서 그 일이 있은 후에도 계속 당신 사랑을 왕에 대해 가지고 계셨던 것으로 보아 그 일이 죄로 간주되지 않았는데, 어떻게 당신은 우리가 하느님의 땅에서 하느님의 뜻으로 자라 여문 밀이삭을 잘랐다고 해서 우리를 죄인이라고 말할 수 있소? 새들의 것이기도 한데 하느님의 아들들인 사람들이 먹는 것을 당신이 거절하는 그 밀이삭을 말이오?"

"다윗은 그 빵을 청했었소. 그것을 청하지 않고 먹지는 않았었소. 이것은 사정이 전혀 다르오. 그리고 또 하느님께서 그 행위를 다윗에게 죄로 치지 않으셨다는 것은 사실이 아니오. 하느님께서 그를 엄하게 벌하셨소!"

"그러나 그 일 때문에 벌하신 것은 아니오. 그의 음란과 조사 등록 때문에 벌하신 것이지, 이 때문에…"

"오! 그만해두시오! 그것은 허락되지 않고, 또 허락되지 않소. 당신들은 그렇게 할 권리가 없고, 그렇게 못할 거요. 가시오. 우리 땅에 당신들을 받아들이지 않소. 우리는 당신들이 필요없소. 당신들에게는 볼일이 없소."

"우리는 가겠소."

"그리고 영원히, 이걸 잊지 마시오. 우지엘의 요나타는 그 앞에 당신이 나타나는 것을 다시는 절대로 원치 않는다는 것을. 가시오!"

"그렇소, 우리는 가오. 그러나 우리는 또 다시 만날 거요. 그리고 그때에는 요나타가 내게 대한 선고를 되풀이하고 내게서 세상을 영원히 구해내기 위해서 나를 보기를 원할 거요. 그러나 그때에는 하늘이 당신에게 '너는 그렇게 할 수 없다'고 말할 것이고, '너는 그렇게 할 수 없다'는 이 말은 일생을 두고, 또 저 세상에서까지도 당신의 마음 속에서 나팔 신호같이 울려 퍼질 거요. 안식일에 사제들이 성전에서 안식일 휴식을 어기지만 죄를 짓지 않는 것과 같이 주님의 종인 우리들도 사람이 우리에게 사랑을 거절하기 때문에 지극히 거룩하신 아버지의 사랑과 도우심을 받을 수 있소. 그러나 이 때문에 죄를 짓지는 않소. 여기에는 성전보다 훨씬 위대하고, 또 하느님께서 모든 것을 말씀의 발판으로 쓰이게 하셨으므로 창조된 것을 마음대로 가질 수 있는 사람이 있소. 그래서 나는 집어서 주는 거요. 세상이라는 어머어마하게 큰 식탁에 차려놓은 아버지의 밀이삭도 말씀과 같소. 나는 집어서 주오. 나는 자비이기 때문에 선인에게나 악인에게나 다 주오. 그러나 당신들은 자비가 무엇인지 모르오. 만일 당신들이 자비가 무엇인지를 알고, 내가 자비라는 것을 알면, 내가 자비만을 원한다는 것도 깨달을 거요. 만일 당신들이 자비라는 것이 무엇인지를 알았더라면 죄없는 사람들을 단죄하지는 않았을 거요. 그러나 당신들은 그것을 모르오. 당신들은 내가 당신들을 단죄하지 않는다는 것을 알지 못하고, 내가 당신들을 용서한다는 것과 당신들을 용서해 주시기를 아버지께 청하기까지 하리라는 것도 알지 못하오. 나는 자비를 원하지 빚을 원하지 않으니까 말이오. 그러나 당신들은 그것을 알지 못하오. 알려고도 하지 않소. 그런데 이것은 당신들이 내게 씌우는 죄보다도, 이 죄없는 사람들이 지었다고 당신들이 말하는 죄보다도 더 큰 죄요. 뿐만 아니라 안식일이 사람을 위해 만들어졌지 사람이 안식을 위해 만들어지지 않았다는 것과 사람의 아들이 안식일의 주인이기도 하다는 것을 아시오. 안녕히…"

예수께서는 제자들에게로 몸을 돌리시며 말씀하신다. "오너라. 이제는 멀리 떨어져 있지 않은 모래밭에 가서 잠자리를 찾자. 언제나 별들이 우리 동무가 되어줄 것이고, 이슬이 우리 몸을 식혀 줄 것이다. 이스라엘 백성에게 만나를 보내 주신 하느님께서 가난하고 당신께 충실한 우리에게로 음식을 마련해 주실 것이다." 그리고 예수께서는 성미 까다로운 그 집단을 버리시고 제자들과 같이 그 자리를 뜨신다. 그동안 밤은 처음 보랏빛 어두움과 더불어 내려깔린다….

그들은 마침내 돌무화과나무로 된 울타리를 하나 발견한다. 그 꼭대기에는 익기 시작한 가시돋친 돌무화과 열매들이 있다. 그러나 시장한 사람에게는 무엇이든지 맛있다. 그래서 손가락을 찔려가면서 제일 잘 익은 것들을 따 가지고, 밭들이 끝나고 모래 언덕이 시작되는 곳까지 간다. 멀리서 바닷소리가 들려온다.

"여기서 멈추자. 모래가 곱고 따뜻하다. 내일 우리는 아스칼론에 들어간다" 하고 예수께서 말씀하신다. 그리고 모두는 피곤해서 높은 모래 언덕 밑에 쓰러진다.

80. 예수님과 사도들이 아스칼론으로

새벽의 차가운 기운으로 잠자던 사람들이 깬다. 그들은 마른 풀이 드문드문 있는 언덕 밑에서 잠을 잔 모래 침대에서 일어나 모래 언덕 꼭대기로 기어 올라간다. 그들 앞에는 깊숙한 모래가 섞인 해변이 전개하고, 아주 가까운 곳과 조금 떨어진 곳에는 훌륭한 작물들이 자라는 땅이 있다. 말라붙은 개울의 흰 돌들로 인하여 모래의 금빛이 더 선명하게 돋보인다. 말라붙은 개울은 마른 뼈와 같은 그 흰 빛을 지닌 채 바다에까지 이르는데, 저 멀리 있는 바다에는 아침의 밀물과 특히 큰 바다를 주름지게 하는 가벼운 북풍으로 부풀어오른 물결이 반짝인다.

그들은 모래언덕 가장자리를 따라 말라붙은 개울에까지 가서, 개울을 지나 모래언덕을 다시 비스듬히 지나간다. 모래언덕은 그들의 발 밑에서 무너지는데, 모래가 아주 기복이 심해서 마치 움직이는 파도 대신에 움직이지 않고 마른 파도로 큰 바다를 연장하는 것 같다. 그들은 물에 젖은 해변에 이르렀다. 그래서 더 편하게 걸어간다. 요한은 떠오르는 아침 햇살을 받은 끝없는 바다의 광경에 정신을 빼앗긴 것 같다. 그는 그 아름다움을 마시는 것 같고, 그로 인하여 눈이 더 파래진다. 더 실제적인 베드로는 샌들을 벗고 옷을 치켜 올리고 게나 빨아먹을 수 있는 조개를 잡을 수 있을까 하고 바닷가의 물구덩이 속을 철벅거리며 걸어간다. 2킬로미터 가량 되는 곳에는 바닷가에 반달 모양으로 늘어선 바위들 위에 세워진 아름다운 도시가 있는데, 그 바위들 너머로 바람과 폭풍우가 모래를 옮겨다 놓았다. 그런데 만조가 되었다가 물이 빠지는 지금은 이 바위의 방벽이 이곳에도 드러나서 현초(顯礁)에 맨발을 다치지 않으려면 마른 모래 있는 데로 다시 올 수밖에 없다.

"주님, 어디로 해서 들어갑니까? 여기서는 넓은 성곽밖에 보이지 않는데요. 바다 쪽으로 해서는 들어갈 수가 없습니다. 도시가 활등같이 생긴 것의 제일 깊은 쪽에 있으니까요." 하고 필립보가 말한다.

"이리들 오너라. 어디로 들어가는지 나는 안다" 하고 예수께서 말씀하신다.

"이미 오신 적이 있습니까?"

"아주 어렸을 적에 한 번 왔었다. 그래서 기억은 잘 나지 않을 것이다. 그러나 어디로 해서 통과하는지는 안다."

"이상합니다! 저는 이걸 아주 여러번 알아차린 일인데요. …선생님은 절대로 길을 잘못 드시는 일이 없습니다. 때로는 저희들이 선생님께 길을 잘못 드시게 하지만, 선생님은! 선생님이 여행하시는 곳은 항상 다니시던 곳 같습니다" 하고 제베대오의 야고보가 지적한다.

예수께서는 빙그레 웃으신다. 그러나 대답은 하지 않으신다. 예수께서는 야채 재배자들이 도시를 목표로 야채를 가꾸는 작은 변두리 마을까지 자신있게 가신다. 작은 밭들과 채소밭들이 반듯하고 잘 가꾸어져 있다. 남자 여자들이 그 밭들을 가꾸는데, 지금은 우물에서 손으로 물을 긷거나 눈이 가려진 채 우물 주위를 도는 나귀 새끼에 의하여 물통들이 들어 올려지는 삐걱거리는 옛날식 장치로 우물물을 퍼 올려서 밭고랑에 물을 주고 있다. 그러나 그들은 아무 말도 하지 않는다. 예수께서는 "당신들에게 평화가 있기를" 하고 인사하신다. 그러나 그 사람들은 적의는 품고 있지 않다 하더라도 적어도 무관심한 채로 있다.

"주님, 여기서는 굶어 죽을 위험을 무릅쓰게 되겠습니다. 저 사람들이 선생의 인사를 이해하지 못하는군요. 이제는 제가 해보겠습니다" 하고 토마가 말한다. 그러면서 그가 처음 만난 야채 재배인에게 다가가서 말한다. "댁의 야채는 비쌉니까?"

"다른 야채 재배자들 것보다 더 비싸진 않지요. 비싸다 싸다 하는 건 돈주머니가 얼마나 두둑하냐에 달렸지요."

"말 잘했소. 그러나 당신도 보다시피 나는 배가 고파 죽어가진 않소. 나는 살이 쪘고 당신의 야채를 먹지 않고도 혈색이 좋소. 한 마디로 말해서 우린 열세 사람이고 물건을 살 수가 있소. 당신은 뭘 파오?"

"달걀, 야채, 햇편도(扁桃), 제철이 아니기 때문에 시든 사과, 올리브… 뭣이든지 다 있소."

"우리 모두가 먹게 달걀과 사과와 빵을 주시오."

"나는 빵은 없소. 시내에 들어가야 살 수 있어요."

"나는 지금 시장하지, 한 시간 후에 시장할 게 아니오. 당신이 빵이 없다고는 생각하지 않소."

"난 없어요. 아내가 지금 빵을 만들고 있는 중이오. 그렇지만 저기 저 노인이 보이지요? 저 사람은 언제나 빵을 많이 가지고 있소. 그 사람은 길가에서 살기 때문에 나그네들이 빵을 구하는 일이 많아요. 아나니아를 찾아가서 빵을 달라고 하시오. 이젠 달걀을 가져오겠소. 그러나 두 개에 1데나리온이라는 걸 아시오."

"사기꾼! 당신의 닭이 낳는 알은 아마 금으로 만든 알인 모양이지요?"

"아니오. 그렇지만 구린 내가 나는 닭들 가운데 있는 건 구미를 돋구는 일은 아니지요. 그래서 그만큼 값어치가 나가는 거요. 그리고 당신들은 유다인이 아니오? 그러니 돈을 좀 쓰시오."

"그냥 두시오. 그러면 돈을 잘 받은 셈이오." 그러면서 토마는 그 사람에 등을 돌린다.

"어! 여보시오! 이리 오시오. 더 싸게 드리지요. 1데나리온에 세 개요."

"네 개라도 안 사겠소. 당신이나 그 달걀을 마시오. 그래서 목구멍에 남아 있게 하시오."

"이리 오시오. 자, 얼마 주겠소?" 그러면서 야채 재배자는 토마를 따라온다.

"아무것도 싫소. 이제 안 사겠어요. 나는 시내에 들어가기 전에 간식을 하려고 했었는데, 이대로가 더 낫겠소. 나는 여관에서 왕의 이야기를 노래하고 훌륭한 식사를 하게 목소리와 입맛을 잃지 않겠소."

"한 드라크마에 두 개 주겠소."

"야아! 당신은 등에보다도 더 지독한 사람이구려. 달걀을 주시오. 그리고 성한 달걀이어야지 그렇지 않으면 돌아와서 얼굴을 지금보다도 더 노랗게 만들어놓을 거요." 그러면서 토마는 겉옷 접은 데에 적어도 두 다스는 담아 가지고 왔다갔다 한다. "선생님, 보셨습니까? 이 사기꾼들의 고장에서 물건 사는 건 이제부터 제가 하겠습니다. 이 사람들은 호주머니에 돈을 가득 넣어가지고 아내들을 위해 물건을 사려고 저희들에게 오는데, 팔찌가 그 사람들이 원하는 만큼 넉넉히 굵다는 법은 도무지 없습니다. 그리고 한없이 깎습니다. 그래서 제가 앙갚음을 하는 것입니다. 이제는 저 다른 엉큼한 사람을 보러 가십시다. 베드로, 자네 가세, 그리고 요한, 자네는 달걀들을 받게."

그들은 큰 길 옆에 밭을 가지고 있는 노인을 만나러 간다. 큰 길은 변두리 마을의 집들 곁을 지나 북쪽으로 향하여 시내로 들어간다. 그것은 포장이 잘 된 훌륭한 길이다. 틀림없이 로마인들이 만든 길일 것이다. 동쪽에 있는 도시의 성문은 이제 가까이 보인다. 문 저쪽으로는 곧게 계속되는 길이 보이는데 예술적인 특징을 지니고 있다. 그 길은 대리석 기둥으로 버티어진 이중(二重)의 그늘진 회랑으로 변하기 때문이다. 사람들은 시원한 그늘로 걸어가고 길 한가운데는 나귀와 낙타와 개와 말들에게 내맡긴다.

"안녕하세요? 빵을 파시겠어요?" 하고 토마가 묻는다.

노인은 듣지를 못하는 것인지, 들으려고 하지 않는 것인지 모르겠다. 정말이지 물 푸는 수차(水車) 삐걱거리는 소리가 어떻게나 요란스러운지 서로 말하는 소리를 들을 수 없을 지경이다.

베드로는 참을 수가 없게 되어 소리를 지른다. "영감님 삼손을 멈추세요! 그놈이 내 눈 앞에서 죽지 않게 숨이라도 좀 돌리게 내버려두세요. 그리고 우리 말을 들으세요!"

그 사람은 그의 암당나귀를 멈추고 말을 거는 사람을 반감을 가지고 바라다본다. 그러나 베드로는 이렇게 말해서 그의 감정을 누그러뜨린다. "여보세요! 삼손이라는 이름이 암당나귀에게 어울리는 이름이 아닙니까? 할아버지가 펠리시데 사람이면 이것이 마음에 들 텐데요. 이것은 삼손에게는 모욕이 되는 것이니까요. 할아버지가 이스라엘 사람이면 이것이 펠리시데 사람들의 패배를 연상시키는 것이기 때문에 마음에 들 거구요. 그러니…"

"나는 펠리시데 사람이오, 그리고 그걸 자랑스럽게 생각하오."

"잘 하시는 일입니다. 우리들에게 빵을 주시면 저도 할아버지를 찬양하겠습니다."

"하지만 당신은 유다인이 아니오?"

"저는 그리스도인입니다."

"그리스도는 어디 있소?"

"그리스도는 장소가 아닙니다. 사람입니다. 저는 그분에게 속해 있습니다."

"당신은 그 사람의 노예요?"

"저는 그누구보다도 더 자유롭습니다. 그분에게 속해 있는 사람은 하느님께만 속해 있으니까요."

"참말이오? 카이사르에게도 속하지 않는단 말이오?"

"체! 제가 따르고 제가 속해 있고, 또 그분의 이름으로 제가 빵을 청하는 그분에 비하면 카이사르가 뭡니까?"

"하지만, 세력있는 그 사람이 어디 있소?"

"저기를. 우리를 보고 웃는 저분이십니다. 저분은 그리스도이시고 메시아이십니다. 그 말을 들은 일이 없습니까?"

"들은 적이 있지요. 이스라엘의 왕이지요. 그분이 로마를 이길 겁니까?"

"로마요? 아니 온 세상을, 아니 지옥까지도 이기십니다."

"그럼 당신들은 그분의 장군들이오? 옷을 그렇게 입었는데? 아마 배신하는 유다인들의 박해를 피하려고 그러는 모양이지요?"
"그렇기도 하고 그렇지 않기도 합니다. 그러나 빵이나 주십시오. 그러면 먹는 동안 설명해 드리겠습니다."
"빵이요? 아니, 물도 주고 포도주도 주고 그늘에 의자도 주지요. 당신과 당신 친구와 당신의 메시아에게도. 그분을 부르시오."
그러니까 베드로는 예수께로 급히 달려간다. "오십시오. 오세요. 저 늙은 펠리시데 사람이 우리가 원하는 것을 준답니다. 그렇지만 그 사람이 선생님께 많은 질문을 해서 성가시게 할 것을 생각합니다. …저는 선생님이 누구시라는 것을 말해 주었습니다. …대강 말해 주었어요. 그러나 호의를 가지고 있습니다."
모두가 정원으로 간다. 거기에는 그 사람이 포도덩굴이 잔뜩 뒤덮인 정자 아래 있는 탁자 둘레에 걸상들을 갖다 놓았다.
"아나니아 할아버지에게 평화가 있기를. 할아버지의 자선 덕택으로 할아버지의 땅이 기름지게 돼서 훌륭한 소출을 내게 되기를 바랍니다."
"고맙습니다. 선생님께도 평화. 앉으십시오, 다들 앉으십시오. 아니베! 누비! 빵과 포도주와 물을 가져오너라. 즉시." 노인이 두 여자에게 명령한다. 한 여자는 아주 새까맣고 입술이 두껍고 머리가 짧고 곱슬곱슬하며, 또 한 여자는 좀 더 유럽형으로 생겼지만 얼굴빛이 매우 짙은 것으로 보아 아프리카 여자들일 것이 확실하다. 그리고 노인이 설명한다. "제 아내의 노예들의 딸들입니다. 아내는 죽었습니다. 그리고 아내와 같이 왔던 여자들도 죽었습니다. 그러나 딸들은 남아 있습니다. 나일강 상류지방과 하류지방 사람들이었지요. 제 아내가 그쪽 사람이었습니다. 그건 금지된 일이지요, 네? 그러나 저는 거기 개의치 않습니다. 저는 이스라엘 사람이 아니고, 하층 종족의 여자들은 온순하거든요."
"할아버지는 이스라엘 사람이 아니십니까?"
"어쩔 수 없이 이스라엘 사람이 되었습니다. 우리는 이스라엘을 멍에처럼 목에 메고 있으니까요. …그렇지만… 선생님은 이스라엘 분이시니 제가 말하는 것이 기분나쁘십니까?…"
"아니오, 그 때문에 기분을 상하지는 않습니다. 나는 다만 할아버지가 하느님의 목소리를 들으시기만 바랍니다."
"하느님은 우리에게는 말씀을 안하십니다."
"그것은 할아버지의 말입니다. 나는 지금 할아버지에게 말을 하는데, 이것이 하느님의 목소리입니다."

"그렇지만 선생님은 유다의 왕이신데요."

빵과 물과 포도주를 가지고 오던 여자들이 "왕"이라는 말을 듣고는, 그들의 주인이 "왕"이라고 부르는 의젓하고 미소를 머금고 있는 금발의 청년을 쳐다보면서 매우 놀라 걸음을 멈춘다. 그러다가 경의를 표하느라고 몸을 거의 땅에까지 구부리면서 물러선다.

"고맙소, 당신들에게도 평화가 있기를." 그리고 노인에게로 몸을 돌리시고 말씀하신다. "저 여자들은 어리군요. …할아버지도 일을 하실 수 있습니까?"

"아닙니다. 땅에 물을 주었으니까 기다리면 되는 것입니다. 말씀 좀 해주십시오. 아니베야, 너는 나귀를 끌러서 들여가라. 그리고 누비 너는 마지막 물통들을 비워라. 그리고… 주님, 여기 머무르시는 거지요?"

"그냥 일을 계속하세요. 나는 음식이나 좀 들면 되니까요. 그리고 아스칼론에 들어갑니다."

"아닙니다, 제겐 조금도 방해가 되지 않습니다. 그러십시오, 시내에 들어가십시오. 그러나 저녁에는 오십시오. 같이 식사를 하십시다. 서둘러라들! 너는 빵을 만들고 너는 제데오를 불러서 새끼 염소를 한 마리 잡아 달라고 해서, 오늘 저녁에 먹게 마련해라. 가라." 두 여자는 말없이 간다.

"그러면 선생님은 왕이십니까? 그러나 선생님의 무기는요? 헤로데는 어떻든 잔인합니다. 그는 우리들에게 아스칼론을 재건해 주었습니다. 그러나 그의 영광을 위해서입니다. 그리고 이제는! …그렇지만 이스라엘의 불명예는 저보다 선생님이 더 잘 아시지요. 어떻게 하실 것입니까?"

"나는 하느님에게서 내게 오는 무기 외에 다른 무기는 없습니다."

"다윗의 검이요?"

"내 말의 검입니다."

"아이고! 가엾은 몽상가! 그 칼은 무정한 사람들의 마음으로 끝이 부러지고 날이 무디어질 것입니다."

"그렇게 생각하세요? 나는 이 땅의 나라를 목표로 삼지 않습니다. 당신들 모두를 위해서 하늘 나라를 목적으로 하고 있습니다."

"우리 모두라니요? 펠레시데 사람인 저두요? 제 노예들두요?"

"모두요. 할아버지와 저 여자들과 아프리카의 삼림 가운데 있는 가장 미개한 사람까지두요."

"그렇게 큰 나라를 만들려고 하세요? 왜 하늘의 나라라고 부르십니까? 땅의 나라라고 부르실 수도 있을 텐데요."

"아닙니다, 잘못 생각하지 마세요. 내 나라는 참 하느님의 나라, 하늘에 계신 하느님의 나라입니다. 따라서 하늘 나라입니다. 사람은 누구나 육체라는 옷을 입고 있는 영혼인데, 영혼은 하늘에서나 살 수 있습니다. 나는 여러분의 영혼을 고쳐 주고, 거기에서 그릇된 생각과 원한들을 없애고, 인자와 사랑으로 하느님께로 데려가기를 원합니다."

"그 말씀은 대단히 제 마음에 듭니다. 다른 이스라엘 사람들은, 저는 예루살렘에 가지 않지만 다른 이스라엘 사람들은 오래 전부터 그렇게 말하지 않는다는 것을 압니다. 그러면 선생님은 저희들을 미워하지 않으십니까?"

"나는 아무도 미워하지 않습니다."

노인은 곰곰히 생각한다. …그러다가 묻는다. "그럼 저 두 노예도 선생님네 이스라엘 사람들처럼 영혼이 있습니까?"

"물론입니다. 저 여자들은 붙잡힌 짐승들이 아닙니다. 저 여자들은 우리가 사랑해야 하는 불행한 여자들입니다. 저 여자들을 사랑하세요?"

"저는 저 여자들을 학대하지 않습니다. 저는 저 여자들이 복종하기를 원합니다. 그러나 채찍을 쓰지는 않습니다. 그리고 잘 먹입니다. 잘 먹이지 않는 짐승은 일을 못한다는 말이 있습니다. 그러나 사람도 잘 먹지 못하면 좋은 일꾼이 되지 못합니다. 그리고 저 여자들은 제 집에서 태어났습니다. 저 여자들을 아주 어렸을 때부터 보았습니다. 이제는 제가 대단히 늙었기 때문에 저 여자들밖에 남지 않았습니다. 아시겠어요? 저는 80이 다 돼갑니다. 제 옛날 집에서 남은 것이라고는 저 여자들과 제데오밖엔 없습니다. 제 가구와 마찬가지로 저들에게 애착을 느낍니다. 저 여자들이 내 눈을 감겨 줄 것입니다…."

"그 다음에는요?"

"그 다음에는… 그건! 모르겠습니다. 저 여자들은 어딘가 고용살이를 들어갈 것이고, 제 집은 무너질 것입니다. 이것이 제 마음에 들지 않습니다. 제 집은 제가 일한 덕택으로 부유하게 되었습니다. 그런데 이 땅이 다시 모래밭이 되고 불모의 땅이 될 것입니다. …이 포도나무를 제 아내와 제가 심었습니다. 또 이 장미나무… 주님, 에집트의 장미나무입니다. 저는 이 장미나무에서 제 아내의 체취를 맡습니다. …제게는 이 장미나무가 아들같이 생각됩니다. …여기 이 밑에 묻혀서 이제는 먼지가 된 외아들… 괴로운 일입니다. …젊어서 죽어서 이런 꼴도 안 보고 죽음이 다가오는 것도 보지 않는 것이 낫습니다…."

"할아버지의 아들은 죽지 않았고, 할머니도 죽지 않았습니다. 영은 살아 남았습니다. 육체는 죽었습니다. 죽음을 무서워해서는 안 됩니다. 하느님께 바라고

80. 예수님과 사도들이 아스칼론으로

의롭게 사는 사람에게는 죽음도 생명입니다. 그것을 생각하세요. …나는 시내에 갔다가 저녁에 돌아오겠습니다. 제자들과 같이 자게 이 회랑을 빌려 주세요."

"안 됩니다, 주님. 빈 방이 여러 개 있습니다. 그 방들을 드리겠습니다."

유다가 돈을 탁자 위에 내놓는다.

"아닙니다. 돈은 안 받겠습니다. 나는 여러분에게 불쾌감을 주는 이 땅에서 태어났지만, 어쩌면 우리를 지배하는 사람들보다 더 나은지 모릅니다. 주님, 안녕히 다녀오십시오."

"아나니아 할아버지에게 평화."

두 여자 노예는 예수께서 떠나시는 것을 보려고 전에 농부였던 건강한 남자인 제데오와 함께 달려왔다. "당신들에게도 평화. 착하게 사시오. 안녕." 그러시면서 예수께서는 누비의 곱슬곱슬한 머리와 아니베의 반들반들하고 빳빳한 머리를 살짝 스치시고 남자에게 미소를 보내시고 떠나신다.

조금 후에 그들은 양쪽에 회랑이 있는 시내 중심으로 들어가는 곧바른 길로 해서 아스칼론으로 들어간다. 그 도시는 로마를 흉내내서 수반과 분수들이 있고, 집회에 쓰이는 광장들이 있고, 성곽을 따라서 탑들이 있으며, 가는 곳마다 헤로데의 이름이 붙어 있는데, 그것은 아스칼론 사람들이 그에게 박수갈채를 보내지 않기 때문에 헤로데 자신이 자화자찬하기 위하여 붙인 것이다. 사람의 내왕이 많은데, 시간이 지날수록 또 시의 중심지에 가까워질수록 더 많아진다. 도시는 개방적이고 통풍이 잘 되며 바다 쪽으로 환히 뚫려 있다. 바다는 잔뜩 휜 활 모양으로 된 해안을 따라 흩어져 있는 집들로 인하여 마치 장미빛 산호로 된 노루발에 물린 터키옥(玉)처럼 갇혀 있는 것 같아서 만 같지가 않고, 진짜 활 같고, 햇빛으로 온통 엷은 장미빛깔이 들여진 원의 일부분 같다.

"우리 일행을 네 그룹으로 가르자. 나 혼자 갈 터이다, 아니 그보다도 너희들을 떠나보내겠다. 그런 다음 내가 택하겠다. 가라, 세시 후에는 우리가 들어온 성문에서 다시 만나기로 한다. 신중하게 행동하고 참을성을 가져라." 그리고 예수께서는 가리옷의 유다와 혼자 남으셔서 그들이 떠나가는 것을 보신다. 유다는 이곳 사람들이 이교도들보다도 더 나쁘기 때문에 그들에게 말을 하지 않겠다고 선언하였다.

그러나 예수께서 말씀을 하지 않으시고 여기저기로 다니고자 하신다는 것을 깨닫고는 마음이 변하여 말한다. "선생님 혼자 계셔도 기분나쁘지 않으십니까? 저는 마태오와 야고보와 안드레아와 같이 갔으면 하는데요. 그 사람들이 제일 능력이 없거든요…."
"가거라, 잘 다녀오너라."
그래서 예수께서는 혼자서 시내를 일주하시며, 바삐 돌아가는 사람들 가운데를 알려지지 않은 채 이리저리 다니신다. 사람들은 예수를 눈여겨보지도 않는다. 두세 명의 호기심많은 어린이만이 예수를 아래위로 훑어보고, 선정적인 옷차림을 한 여자 한 사람이 의미심장한 웃음을 지으며 용감하게 마주 온다. 그러나 예수께서 아주 엄하게 바라보시기 때문에 얼굴이 홍당무처럼 새빨개져서 눈을 내리깔고 가버린다. 길 모퉁이에서 그 여자는 또 한 번 돌아다본다. 그리고 그 광경을 지켜본 서민 한 사람이 그 실패에 대하여 신랄하고 경멸적인 말로 놀리자 그 여자는 겉옷으로 몸을 감싸고 도망친다.
이와 반대로 어린이들은 예수의 주위를 돌며 쳐다보고, 예수께서 미소지으시는 것을 보고는 그들도 웃음을 짓는다. 그 중에서 더 용감한 어린이가 예수께 묻는다. "아저씨는 누구세요?"
"예수다" 하고 대답하시며 예수께서 그를 쓰다듬으신다.
"아저씬 뭐 하세요?"
"친구들을 기다리고 있다."
"아스칼론 사람들이에요?"
"아니다, 내 고장과 유다 사람들이다."
"아저씬 돈 많아요? 나는 돈이 많아요. 우리 아버지는 훌륭한 집이 있고, 그 안에서 양탄자를 만들어요. 와 보세요. 여기서 아주 가까워요."
그래서 예수께서 그 어린이와 둘이서만 가신다. 예수께서는 지붕을 덮은 길같은 매우 긴 현관으로 들어가신다. 저 안쪽에는 현관의 희미한 빛 때문에 더 선명해진 바다 한 구석이 햇빛을 쨍쨍 받아 반짝이고 있다. 그들은 울고 있는 허약한 계집아이를 하나 만난다.
"애는 디나예요. 애는 가난해요, 아세요? 우리 엄마가 애한테 먹을 걸 줘요. 애 엄마는 돈 벌이를 하지 못하게 됐어요. 애 아빠는 바다에서 죽었어요. 물건을 가져가고 가져오려고 가자에서 큰 강의 항구로 가는 중에 폭풍우를 만났어요. 그 물건들이 우리 아버지 것이었고, 또 디나의 아버지가 우리 배를 몰고 갔기 때문에 엄마는 지금 이 사람들을 생각해요. 그렇지만 아버지 없는 아이들이 아주 많아요. …아저씨는 어떻게 생각하세요? 고아이고 가난하게 사는 건 힘들 것 같아요. 우리 집에 다 왔어요. 내가 거리에 있었다고 말하지 마세요. 나는 학교에 있어야 했어요. 그렇지만 내가 이걸 가지고 동무들을 웃겼기 때문에 쫓겨났어요…." 그러면서 나무를 깎아 만든 꼭둑각시를 옷에서 꺼낸다. 연한 나무 조각을 깎아 만든 것인데, 매우 회화적(戱畫的)인 주걱턱과 코가 달려 있는 것이 정말 대단히 우스꽝스럽다.

예수께서는 입술 위에서 감도는 미소를 막연히 지으신다. 그러나 그 미소를 억제하시고 말씀하신다. "그건 선생님이 아니시지? 친척도 아니고? 그건 좋지 않아."

"아니예요. 이건 유다인들의 회당장이야요. 그 사람은 늙고 못 생겼어요. 그래서 우리가 늘 놀려먹어요."

"그것도 좋지 않다. 그분은 분명히 너보다 나이가 많지, 그리고…"

"아이구, 반쯤 등이 구부러지고 거의 눈이 멀고 아주 보기 싫게 생긴 늙은이야요!… 그 사람이 그렇게 생긴 것이 내 잘못은 아니야요!"

"맞았다. 그러나 노인을 놀리는 것은 잘못이다. 너도 늙으면 등이 굽고, 머리가 빠져서 숱이 많지 않고, 반소경이 돼서 지팡이를 짚고 다닐 테니까 보기 흉하게 될 거다. 네 얼굴도 그렇게 될 거야. 그러면? 그때 버릇없는 아이가 너를 놀리면 너는 좋겠니? 그리고 또 선생님을 화나게 하고 동무들을 방해하는 것은? 그것도 좋지 않은 일이다. 네 아버지가 그걸 아시면, 네게 벌을 주실 것이다. 그리고 네 어머니는 그 때문에 괴로워하실 것이다. 나는 그분들에게 아무 말도 하지 않겠다. 그러나 너는 내게 즉시 두 가지를 다오. 다시는 그런 과실을 저지르지 않겠다는 약속과 그 꼭둑각시를 다오. 누가 만들었니?"

"주님, 내가 만들었어요…" 하고 어린이가 이제는 그의 나쁜 짓이 중대하다는 것을 의식하고 풀이 죽어서 말한다. …그리고 이렇게 덧붙인다. "나는 나무를 가공하는 것이 아주 좋아요! 어떤 때는 양탄자에 있는 꽃이나 짐승들을 흉내내기도 해요. 정말이예요. …용이나 스핑크스, 그리고 다른 짐승들두요…."

"그런 건 해도 된다. 이 세상에는 아름다운 물건이 아주 많다! 그럼 약속을 하는 거지. 그리고 꼭둑각시는 내게 주고? 그렇지 않으면 이젠 우리가 친구가 아니다. 나는 그 꼭둑각시를 네 기념품으로 둬두고 너를 위해 기도하겠다. 이름이 뭐냐?"

"알렉산드르요. 그럼 아저씨는 나한테 뭘 줄래요?"

예수께서는 어쩔 줄을 모르신다. 언제나 가지신 것이 별로 없으니까! 그러나 곧 어떤 옷깃에 달린 매우 아름다운 고리쇠를 가지고 계신 것이 생각나서 배낭을 뒤져 그것을 찾아내시어 떼어서 어린이에게 주신다. "그럼 이제는 가자. 그러나 내가 떠나더라도 조심해라, 나는 떠나도 무엇이든지 다 안다. 그러니까 네가 고약하게 군다는 것을 알게 되면 돌아와서 네 엄마한테 모두 일러바칠 거다." 그렇게 합의가 되었다.
  그들은 집안으로 들어간다. 현관을 지나니 큰 안마당이 나오는데, 삼면에는 편물기계들이 있는 큰 방들이 있다.
  문을 열어 준 하녀는 아이가 모르는 사람과 같이 오는 것을 보고 놀라서 주인 여자에게 알린다. 주인 여자는 대단히 온화한 모습을 한 키가 큰 여자인데, 달려와서 "아니 아이가 혹 기분이 언짢았습니까?" 하고 묻는다.
  "아닙니다, 부인. 부인의 양탄자를 보라고 나를 데려온 것입니다. 나는 외지 사람입니다."
  "물건을 사시려는 것입니까?"
  "아닙니다. 나는 돈이 없어요. 그러나 아름다운 물건들을 좋아하고 부자인 친구들이 있습니다."
  여인은 쓸 데 없는 말을 늘어놓지 않고 이렇게 자기가 가난하다고 말하는 이 사람을 신기한 듯이 쳐다보며 말한다.
  "저는 선생님이 양반이신 줄 알았습니다. 선생님의 태도와 용모는 큰 양반의 태도와 용모입니다."
  "천만에요. 나는 그저 갈릴래아의 선생인 나자렛 사람 예수입니다."
  "우리는 장사를 하는 사람이라 편견을 가지고 있지 않습니다. 와서 보십시오."
  여인은 예수를 데리고 가서 선생의 지도를 받으며 처녀들이 힘을 기울여 만들고 있는 양탄자들을 보여준다. 양탄자들은 그림과 빛깔이 정말 매우 값지다. 크고 보드라운 것은 꽃이 만발한 화단이나 보석을 집어 넣은 만화경(萬華鏡)과 같다. 다른 것들에는 꽃들에 섞여서 말의 몸에 독수리의 머리와 날개를 가진 괴물들이나 인어나 용 같은 우의적(寓意的)인 모습들이나 우리네의 것과 비슷한 문장(紋章)에 있는 흰깃 독수리의 그림이 있다.
  예수께서는 감탄하신다. "부인은 매우 솜씨가 좋군요. 이 모든 것을 본 것이 기쁩니다. 그리고 부인이 착한 것이 기쁩니다."
  "어떻게 그것을 아십니까?"
  "그것은 부인의 얼굴에 나타납니다. 그리고 부인의 아들이 다 이야기를 해주었습니다. 하느님께서 거기 대한 상을 부인에게 주시기를 바랍니다. 그렇게 생각하지 않으면서도 부인은 자선을 가지고 있기 때문에 진리에 아주 가까이 와 있습니다."

"어떤 진리 말씀입니까?"

"지극히 높으신 주님의 진리 말입니다. 이웃을 사랑하고, 자기 집에서나 직공들에게 자선을 베풀고 불행한 사람들에게 자선을 행하는 사람은 그의 마음속에 벌써 진정한 종교를 가지고 있습니다. 이 소녀가 디나지요?"

"그렇습니다. 이애 어머니가 죽어갑니다. 후에는 제가 이애를 맡을 것입니다. 그러나 양탄자 일을 시키기 위한 것은 아닙니다. 이애는 너무 어리고 너무 약합니다. 디나야, 이 양반 곁으로 오너라."

불행한 아이들의 얼굴인 침울한 얼굴을 한 계집아이가 머뭇거리며 가까이 온다. 예수께서는 그 아이를 쓰다듬으시며 말씀하신다. "나를 엄마한테 데려다 주겠니? 엄마가 병이 나았으면 좋겠지? 그러면 나를 엄마에게 데려다 다오. 부인 안녕히 계십시오. 알렉산드르 잘 있어라, 그리고 착한 어린이가 되어라."

예수께서는 소녀의 손을 잡고 나오시며 "너 혼자냐?" 하고 물으신다.

"남동생 셋이 있어요. 막내는 아빠를 보지 못했어요."

"울지 말아라. 너는 하느님께서 네 엄마의 병을 낫게 하실 수 있다고 믿을 수 있니? 너는 당신이 만드신 사람들을 사랑하시고 또 특히 착한 어린이들을 사랑하시는 오직 한 분뿐이신 하느님이 계시다는 걸 알지? 그리고 하느님은 무엇이든지 다 하실 수 있다는 것도?"

"주님, 저는 그걸 알아요. 전에 내 남동생 똘메가 학교에 다녔는데, 학교에서는 유다인 아이들과 같이 있어요. 똘메를 통해서 우린 아주 많은 걸 알아요. 나는 하느님이 계시다는 것, 하느님의 이름이 야훼라는 것, 펠리시데 사람들이 하느님께 나쁜 짓을 했기 때문에 하느님이 우리를 벌하셨다는 것을 알아요. 히브리 아이들은 늘 그걸 가지고 우리를 나무라요, 그렇지만 그때에는 나도 없었구, 엄마 아빠도 없었어요. 그런데 왜…" 소녀는 눈물에 말이 막힌다.

"울지 말아라. 하느님께서는 너도 사랑하신다. 그래서 너와 네 엄마를 위해 나를 이리로 데려오셨다. 너는 하늘 나라를 세우러 오기로 된 메시아를 이스라엘 사람들이 기다린다는 것을 아니? 세상을 구속하고 구원할 예수의 나라를 말이다?"

"주님, 나도 알아요. 그리구 이스라엘 아이들은 '그땐 너희는 불행할 거다!' 하고 협박해요."

"그런데 너는 메시아가 어떻게 할 건지 아니?"

"메시아는 이스라엘을 위대한 민족을 만들고 우리는 아주 학대할 거야요."

"아니다, 메시아는 세상을 구하고 죄를 없애고 죄짓지 않도록 가르칠 것이다. 메시아는 가난한 사람, 병든 사람, 몹시 슬퍼하는 사람들을 사랑할 거다. 메시아는 부자와 건강한 사람과 행복한 사람들에게 그 사람들을 사랑하도록 가르칠 거다. 메시아는 하늘에서 영원하고 지극히 행복한 생명을 얻기 위해 착하게 살라고 권고할 거다. 메시아는 이렇게 하고, 아무도 학대하지 않을 거다."

"그런데 그분이 메시아인 줄 어떻게 알 수 있겠어요?"

"메시아는 모든 사람을 사랑하고, 자기를 믿는 병자들을 고쳐 주고, 죄인들을 구해서 사랑을 가르쳐 줄 것이니까."

"아이고! 엄마가 죽기 전에 메시아가 여기 왔으면! 난 단단히 믿겠어요! 메시아에게 많이 빌겠어요! 나는 메시아를 만날 때까지 찾아나서겠어요, 그리구 이렇게 말하겠어요. '나는 아빠가 없는 불쌍한 아인데, 엄마가 죽어가요. 나는 주님께 바래요' 하고. 그러면 내가 펠리시데 아이지만 메시아가 내 청을 받아 주리라고 확실히 믿어요."

소박하고 강한 믿음이 온통 소녀의 목소리에서 진동한다. 예수께서는 당신 곁에서 걸어가는 가엾은 소녀를 내려보시며 미소를 지으신다. 소녀는 이제는 가까워진 집 쪽을 바라다보고 있기 때문에 환한 이 미소를 보지 못한다.

그들은 막다른 골목 안에 있는 아주 초라한 오두막집에 이른다. "주님, 여깁니다. 들어가세요…" 작은 방 하나에 짚을 넣은 매트가 하나, 그리고 그 위에는 기진맥진한 육체가 누워 있다. 열 살에서 세 살까지의 어린 아이 셋이 짚매트 곁에 앉아 있다. 어디를 보나 비참과 굶주림의 광경이다.

"부인에게 평화. 불안해 하지 말고, 일어나지도 마시오. 나는 당신 딸을 만나서 당신이 병들었다는 것을 알고 왔소. 병이 나았으면 좋겠소?"

여인은 실낱 같은 목소리로 겨우 대답한다. "아이고! 주님!… 그렇지만 저는 이제 끝장입니다!…" 그러면서 운다.

"당신의 딸은 메시아가 당신을 낫게 할 수 있다는 것을 믿게 되었소. 그럼 당신은?"

"아이고! 저도 믿겠습니다. 그러나 메시아가 어디 계십니까?"

"당신에게 말하고 있는 내가 메시아요." 그러면서 병자의 곁에서 말씀을 속삭이시며 짚으로 된 매트 위로 몸을 구부리고 계시던 예수께서 몸을 다시 일으키시며 외치신다. "내가 명하오. 병이 나으시오."

어린 아이들은 예수의 위엄있는 태도에 거의 겁을 집어먹고, 어머니의 병상 둘레에 놀란 얼굴을 하고 있다. 디나는 두 손으로 그의 작은 가슴을 꼭 껴안는다. 희망과 지극한 행복의 희미한 빛이 그의 작은 얼굴에서 반짝인다. 디나는 숨을 헐떡이다시피 한다. 그만큼 감동이 심하다. 디나는 벌써 그의 마음이 속삭이고 있는 말을 하려고 입을 벌린다. 그리고 전에는 창백한 얼굴로 축 늘어져 있던 어머니가 지금은 마치 어떤 힘이 끌어당기고 깊이 스며들어가는 것처럼 일어나 앉고, 그 다음에는 구세주의 눈을 계속 똑바로 쳐다보면서 일어서는 것을 보고 디나는 "엄마!" 하고 기쁨의 함성을 지른다. 가슴을 부풀어오르게 하던 말을 한 것이다! …그리고는 또 한 마디 "예수님!" 하고 부른다. 그러면서 어머니를 껴안고 무릎을 꿇게 하면서 말한다. "경배하세요! 경배하세요! 똘메의 선생님이 예언자들이 예언한 메시아라고 말한 사람이 바로 이분이세요."

"참 하느님을 흠숭하고 착하게 사시오. 그리고 나를 기억하시오. 안녕." 그러면서 예수께서는 급히 나가신다. 그동안 두 여자는 행복해서 땅에 엎드린 채로 있다.

81. 아스칼론에서 전도하시고 기적을 행하신다

그들이 받은 명령에 따라 사도들의 무리는 하나씩 차례로 시의 성문 근처로 온다. 예수께서는 아직 거기 계시지 않다. 그러나 곧 성곽을 따라 나 있는 골목길로 해서 오신다.

"선생님은 성공을 하셨나 봐" 하고 마태오가 말한다. "얼마나 환히 웃으시는지 보란 말이야."

그들은 예수께로 마주 간다. 그리고 성문으로 해서 나와 변두리의 야채밭이 양 옆으로 있는 큰 길을 다시 간다.

예수께서는 "그래, 어떻게 되었느냐? 어떻게 했느냐?" 하고 물으신다.

"아주 나빴습니다" 하고 가리옷 사람과 바르톨로메오가 말한다.

"왜? 무슨 일이 있었느냐?"

"하마터면 그자들이 우릴 돌로 칠 뻔했습니다. 저희들이 빠져나와야만 했습니다. 이 야만인들의 고장을 떠나십시다. 사람들이 우리를 사랑하는 곳으로 가십시다. 저는 여기서는 다시는 말을 하지 않겠습니다. 벌써 말을 하지 않으려고 했는데 그러다가 끌려가게 됐고, 선생님은 또 저를 붙들지 않으셨습니다."

그렇지만 선생님은 사정을 아시지요…" 가리옷 사람은 화가 나 있다.
"그렇지만 무슨 일을 당했느냐?"
"아! 저는 마태오와 야고보와 안드레아와 같이 갔습니다. 저희들은 말하는 사람들의 말을 들을 만큼 시간의 여유가 있는 멋쟁이들이 모이는 장소인 재판관들의 광장으로 갔습니다. 저희들은 세리들과 손님들에게 말을 해버릇한 마태오가 말하는 것으로 결정했습니다. 마태오는 복잡한 상속 사건에 걸린 밭 문제로 다투고 있는 두 사람에게 이렇게 말했습니다. '없어지는 물건, 그리고 저 세상으로 가져가지도 못하는 것 때문에 서로 미워하지 말고 영원한 재산을 누릴 수 있도록 서로 사랑하시오. 그 영원한 재산은 우리가 승리자가 되어서 행복을 차지하기 위하여 이겨야 하는 나쁜 격정과 싸우는 것 외에 다른 싸움은 하지 않고도 마련합니다'라고 자네가 그렇게 말했지? 그리고 마태오가 말을 계속하는데 두세 사람이 들으려고 가까이 왔습니다. '세상이 평화를 차지하도록 세상에 이것을 가르치시는 진리의 말씀을 들으시오. 당신들은 이 때문에, 즉 없어지는 물건에 대한 지나친 욕심 때문에 사람들이 얼마나 고통을 당하는지 아시지요. 그러나 이 세상이 전부가 아닙니다. 하늘도 있고, 하늘에는 지금 이 세상의 하느님의 메시아가 있는 것과 같이 하느님이 계십니다. 메시아가 우리를 보내셔서 자비의 때가 왔다는 것을 여러분에게 전하고 〈하느님이 내 청을 들어주지 않으실 거야〉 하고 말할 수 있는 죄인이 없다는 것을 알리게 하십니다. 왜냐하면 죄인이 참으로 뉘우치면 용서를 받을 것이고, 청이 들어지고 사랑을 받고 하느님 나라에 초대를 받겠기 때문입니다' 하고 마태오가 말했습니다.
이제는 많은 사람이 모여 왔습니다. 어떤 사람들은 다소곳이 듣고 있었는데, 어떤 사람들은 질문을 했습니다. 이 때문에 마태오가 당황했습니다. 저는 연설을 중단하지 않으려고 절대로 대답을 하지 않습니다. 저는 말을 하고, 끝에 가서 각자에게 개별적으로 대답합니다. 그들이 말할 것을 기억해 두고 입을 다물라고 합니다. 그러나 마태오는 곧 대답을 하려고 했습니다! …그리고 저희들에게도 질문들을 했습니다. 또 이렇게 말하면서 비웃는 자들도 있었습니다. '또다른 미치광이가 있구먼! 저자는 틀림없이 저 이스라엘의 소굴에서 왔을 거야. 유다인들은 어디에나 파고 들어오는 개밀과 같은 자들이란 말이야! 그자들이 노상 지껄이는 이야기가 저런 거야! 그자들은 하느님을 한 패거리로 가지고 있단 말이야. 그자들 말을 들어보라구! 하느님은 그자들의 칼날과 날카로운 혀끝에 있어. 보라구, 보라구! 그자들이 이젠 그자들의 메시아에 대해서 말하고 있단 말이야. 오랜 세월이 흐르는 동안 늘 그랬던 것처럼 우리를 괴롭힐 또 다른 미치광이란 말이야. 그자와 저 족속은 염병이나 걸리라구 그래!'

그때에는 제가 더이상 참을 수가 없었습니다. 저는 사람들이 그에게 경의를 표하거나 하는 듯이 미소를 지으면서 계속 말하는 마태오를 뒤로 물러나게 하고 제가 예레미야에 의거해서 말하기 시작했습니다. '물이 북쪽에서 올라와서 황폐하게 하는 급류가 될 것입니다…' 그들이 떠드는 소리를 듣고 저는 이렇게 말했습니다. '왜냐하면 악의있는 족속인 당신들에 하느님께서 내리실 벌은 급류와 같은 요란스러운 소리를 낼 것이기 때문입니다. 그러나 그것은 당신들의 완고함을 벌하기 위하여 하느님의 백성의 우두머리들의 명령으로 움직이는 땅의 군대와 군사들, 그리고 하늘의 천사들의 투석수(投石手)들일 것입니다. 그들의 소리를 들으면 당신들은 힘이 빠질 것이고, 당신들로서는 모든 것이 당신들의 자존심과 용기와 당신들의 팔힘과 감정, 모두를 버릴 것입니다. 죄의 대피소의 찌꺼기요 지옥의 문인 당신들은 전멸할 것입니다. 당신들은 헤로데가 당신네 도시를 재건해 주었다고 다시 거만해진 겁니까? 그러나 당신들은 치료할 수 없을 만큼 대머리가 될 정도로 완전히 무너질 것이고, 당신들의 도시와 촌락에서 당신들의 계곡과 평야에서 가지가지 벌을 받게 될 것입니다. 예언은 아직 죽지 않았어요…' 그리고 더 계속하려고 했습니다. 그러나 그들이 저희들에게로 몰려왔습니다. 그런데 때마침 어떤 거리로 대상이 하나 지나갔기 때문에 겨우 도망칠 수 있었습니다. 벌써 돌들이 날아오고 있었거든요. 돌들은 낙타와 낙타부리는 사람들에게 맞았습니다. 그 때문에 싸움판이 벌어져 저희들은 줄행랑을 쳤습니다. 그런 다음 저희들은 변두리의 어떤 작은 마당 안에 조용히 있었습니다. 아! 저는 다시는 이곳에 오지 않겠습니다…"

"그러나 실례지만, 자네가 그 사람들의 기분을 상하게 했네! 그건 자네가 잘못한 거야! 이제는 그 사람들이 왜 그렇게까지 적의를 품고 와서 우리를 쫓아냈는지 알겠네" 하고 나타나엘이 외친다. 그리고 계속해서 말한다. "선생님, 들어오세요. 저희들은, 즉 요나의 시몬과 필립보와 저는 바다를 내려다보는 탑이 있는 쪽으로 갔습니다. 거기에는 키프로스와 그리이스와 그보다도 더 멀리로 가는 상품을 싣고 있는 배들의 선원과 선장들이 있었습니다. 그런데 그 사람들은 해와 먼지와 피로를 저주했습니다. 또 그들이 왕이 될 수도 있었는데 권력자들의 노예가 됐다고 말하면서 펠리시데 사람으로 태어난 그들의 운명을 저주했습니다. 그리고 예언자들과 성전과 저희들 모두에 대해서 모독하는 말을 하고 있었습니다. 저는 그곳을 떠나려고 했습니다. 그러나 시몬은 떠나려고 하지 않으면서 이렇게 말했습니다. '아니야, 그렇기는커녕! 저런 죄인들이야 말로 우리가 접근해야 하는 거야. 선생님은 그렇게 하실 터이고, 우리도 그렇게 해야 돼.' '그럼 자네가 말하게나' 하고 필립보와 제가 말했습니다. '능란하게 하지 못하면 어떻해?' 하고 시몬이 말했고, 저희들은 '그땐 우리가 도와줄께' 하고 대답했습니다.

그러니까 시몬은 배 위로 들어올리지 못한 큰 짐 위에 올라앉아 있는 땀을 뻘뻘 흘리는 두 선원에게로 미소를 지으며 다가가서 말했습니다. '짐이 무겁지요?' '무거운 정도가 아닙니다. 우리가 힘이 다 빠져서 그런 겁니다. 그런데 주인이 시키는 일이니까 짐싣는 일을 다 끝냈어야 할 참입니다. 주인은 물이 고요할 때에 닻을 올리려고 하거든요. 왜냐하면 오늘 저녁에는 바다가 더 거칠어질 것인데, 위험을 당하지 않으려면 그전에 암초들을 지나가야 하니까요.' '바다에 암초가 있습니까?' '그렇지요, 저기 물에 거품이 일고 있는 곳에요. 거기가 좋지 못한 목이지요?' '물이 흐르는 거지요? 맞아요! 남풍이 저 갑(岬)의 끝을 돌면서 거기서 해류와 부딪히는 거지요…' '당신은 뱃사람이요?' '밀물의 어부입니다. 그러나 물은 역시 물이고, 바람은 역시 바람이지요. 나도 물을 먹은 것이 한두 번이 아니고, 짐이 물 속으로 가라앉은 것도 여러번이었습니다. 우리 직업은 훌륭한 것이지요. 하지만 힘든 일입니다. 그러나 무슨 일에나 훌륭한 면과 고약한 면이 있고, 좋은 면과 나쁜 면이 있어요. 악인들만 있는 곳도 없고, 모든 사람이 잔인한 종족도 없습니다. 착한 뜻만 좀 가지면 사람들은 언제나 타협이 되고, 어디에나 선량한 사람들이 있다는 것을 알게 됩니다. 자! 내가 당신들을 도와주고 싶소' 그러면서 시몬은 필립보를 부르며 말했습니다. '자! 자넨 이쪽을 들게, 난 저쪽을 들 테니까, 그리고 이 선량한 선원은 우리를 저 배로 올라가서 화물창으로 안내하시오.'

펠레시데 사람들은 그렇게 하려고 하지 않았습니다. 그러다가 저희들이 하는 대로 내버려두었습니다. 짐을 제 자리에 갖다놓고 갑판에 있던 다른 짐들도 제 자리에 갖다놓고 나자, 시몬은 능란하게 배를 칭찬하고 바다와 바다에서 보는 몹시 아름다운 이 도시를 찬양하기 시작하고, 항해와 다른 나라들의 도시에 대한 관심을 보이기 시작했습니다. 그러니까 모두가 그를 둘러싸고 감사하고 칭찬했습니다. …그러다가 어떤 사람이 물었습니다. '아니, 당신은 어디서 온 사람이요? 나일강 지방에서 왔소?' '아니오, 갈릴래아 바다에서 왔어요. 그렇지만 당신들이 보다시피 나는 호랑이가 아닙니다.' '맞았소, 당신은 일자리를 구합니까?' '그렇습니다.' '당신이 좋다면 내가 당신을 쓰겠소. 보아하니 당신은 능력있는 뱃사람이군요' 하고 주인이 말하자 '오히려 내가 당신을 잡겠습니다.' '나를? 아니, 일자리를 구한다고 하더니만?' '맞습니다. 내 일은 사람들을 하느님의 메시아에게로 데려가는 것입니다. 그런데 당신은 사람이니 내가 당신에 대한 책임이 있는 것입니다.' '하지만 나는 펠리시데 사람인데요!' '그건 도대체 무슨 뜻입니까?' '당신들이 우리를 옛날부터 미워하고 박해한다는 뜻이지요. 당신네 우두머리들은 언제나 우리에게 이렇게 말했어요…' '예언자들 말이지요, 응? 그러나 이제는 예언자들이 외치지 않는 목소리가 되었어요. 이제는 오직 한 분, 위대하시고 거룩하신 예수님밖에 없어요. 예수님은 외치지 않으시고 오히려 다정한 목소리로 부르십니다. 그분은 저주하지 않으시고 축복하십니다. 그분은 병을 주지 않으시고 사라지게 하십니다. 그분은 미워하지 않으시고 사람들이 미워하기를 원치 않으시고, 오히려 모든 사람을 사랑하시고 우리더러 원수까지도 사랑하라고 하십니다. 그분의 나라에는 진 사람도 이긴 사람도 없을 것이고, 자유인도 노예도 없을 것이고, 친구도 원수도 없을 것입니다. 악을 낳는 이 유별(類別)은 없어질 것입니다. 이것들은 인간의 악의에서 생겨난 것입니다. 다만 그분의 제자들, 즉 사랑과 자유 속에서, 짐스럽고 고통스러운 모든 것을 이긴 승리 속에서 사는 사람들만이 있을 것입니다. 제발 부탁입니다. 내 말을 믿고 그분을 갈망하도록 하시오. 예언서들이 써졌지만, 그분은 예언자들보다 더 위대하시고, 그분을 사랑하는 사람들에게는 예언은 이제 없어졌습니다. 여러분의 도시인 이 아름다운 도시를 보시지요? 만일 여러분이 우리 주 예수, 하느님의 그리스도를 사랑하게 되면, 하늘에서 한층 더 아름답게 된 여러분의 도시를 다시 만날 것입니다.'

  시몬은 일상적이면서도 영감을 받은 말투로 이렇게 말했습니다. 그리고 모든 사람이 주의깊게 공손히 듣고 있었습니다. 그렇습니다. 공손히 듣고 있었어요. 그러다가 어떤 거리에서 몽둥이와 돌을 든 시민들이 아우성을 치면서 나왔습니다. 그 사람들은 저희를 보고, 저희들의 옷 때문에 외부 사람인 것으로 알아보고, 이제는 알겠네만 유다 자네와 같은 족속의 외부인이라는 것을 알아보고, 자네와 한 패거리라고 생각했단 말이야. 만일 뱃사람들이 저희들을 보호하지 않았더라면, 저희들은 꼴좋을 뻔했습니다. 그 뱃사람들이 종선(縱船)을 내려서 저희들을 우리가 오정 때에 있었던 채소밭들 근처 해변에 내려주었습니다. 거기서 이 고장 부자들을 위해 꽃을 가꾸는 사람들과 같이 돌아온 것입니다. 그렇지만 유다 자넨 모든 것을 망치네! 그 무례한 감정 표시는 무엇이란 말인가?"

"그건 진실이야."

"그렇지만 그걸 적용할 줄 알아야 해. 베드로도 거짓말은 안했어. 그렇지만 말할 줄은 알았단 말이야!" 하고 나타나엘이 대꾸한다.

"오! 나는! 나는 '선생님이 이렇게 부드러우실 거야. 그럼 나도…' 이렇게 생각하면서 선생님의 입장에 서려고 애쓴 거야" 하고 베드로는 솔직하게 말한다.

"나는 강경한 방식을 좋아해. 그게 더 위엄있단 말이야."

"자네의 고정관념이야! 유다 자네 생각은 옳지 않아. 선생님이 일년 전부터 자네의 이 점을 고쳐 주려고 하시지만, 자네는 고치려 들지 않아. 자네도 자네가 공격하는 저 펠리시데 사람들처럼 자네 잘못을 고집한단 말이야" 하고 열성당원 시몬이 반박한다.

"언제 이 점을 고쳐 주셨어? 그리고 또 각자가 자기 방식이 있어서 그것을 적용하는 거야."

열성당원 시몬은 이 말을 듣고 펄쩍 뛴다. 그는 잠자코 계신 예수를 쳐다본다. 예수께서는 전의 일을 상기시키는 그의 눈길에 당신의 동의를 나타내는 가벼운 미소로 응답하신다.

"그건 말이 안돼" 하고 알패오의 야고보가 조용히 말한다. "우리는 다른 사람들의 잘못을 고쳐 주기 전에 우리의 잘못을 고치기 위해 여기 와 있어. 선생님은 우선 우리의 선생님이셨어. 선생님이 우리더러 우리의 습관과 우리의 사상을 바꾸라고 하시지 않았다면 선생님이 아니셨을 거야."

"선생님은 지혜로우시니까 우리 선생님이셨어…."

"우리 선생님이셨다구? 지금도 우리의 선생님이셔" 하고 타대오가 정색을 하고 말한다.

"궤변이 많기도 하구먼! 지금도 우리 선생님이셔, 그래, 지금도 우리 선생님이셔."

"또 나머지 일에 대해서도 선생님이셔. 지혜에 대해서뿐이 아니야. 선생님의 가르치심은 우리에게 있는 모든 것에 적용된단 말이야. 선생님은 완전하시고, 우리는 불완전해. 그러니까 선생님같이 되도록 힘쓰세" 하고 알패오의 야고보가 조용히 충고한다.

"나는 무엇을 잘못했는지 모르겠어. 이 종족은 저주받은 종족이기 때문이야. 모두가 타락했단 말이야."

"그렇지 않아. 자넨 그렇게 말할 수 없어" 하고 토마가 감정을 폭발시킨다.

"요한은 가장 비천한 사람들, 즉 시장에 자기들이 잡은 생선을 가져가는 사람들에게 갔었네. 그리고 이 젖은 배낭을 보게. 이건 일곱 생선이야. 그 사람들은 이익을 포기하고 이걸 우리에게 주었단 말이야. 아침 생선이 저녁에 먹기에는 싱싱하지 못할까 봐 다시 바다로 가면서 우리를 꼭 데려가려고 했어. 꼭 갈릴래아 호수에 있는 것 같았어. 정말이지 그곳은 갈릴래아 호수를 연상시켰고, 친절한 얼굴들이 가득한 배들도 그걸 연상시켰고, 요한은 한층 더 그걸 연상시켰지. 요한은 또 한 사람의 예수님 같았어. 웃는 그의 입에서는 말들이 꿀처럼 달게 흘러내렸고, 그의 얼굴은 또 하나의 태양같이 빛나고 있었네. 선생님, 요한이 어떻게나 선생님 비슷한지! 저는 그 때문에 감격했습니다.

저희들은 부표들 사이에 쳐놓은 그물에 고기가 가득 걸리기를 기다리면서 세 시간 동안 바다에 있었습니다. 그 세 시간은 지극히 기쁜 세 시간이었습니다. 그런 다음 그 사람들은 선생님을 보고자 했습니다. 그러다 요한은 '가파르나움에서 만나기로 약속합니다' 하고 말했습니다. 마치 '당신네 마을의 광장에서 만나기로 약속합니다' 하고 말하는 것과도 같이 말입니다. 그런데도 그 사람들은 '가겠습니다' 하고 약속했습니다. 그리고 그것을 잘 기억해 두었습니다. 그리고 저희들은 그 사람들이 물고기를 너무 많이 주지 않도록 거절해야 했습니다. 그 사람들은 제일 고급 생선을 주었습니다. 이걸 구우러 가세. 오늘 저녁에는 어제 굶은 것을 보충하고 기력을 회복하게 큰 잔치를 벌이는 거야."

"그런데 자넨 무슨 말을 할 수 있었나?" 하고 가리옷 사람이 매우 놀라서 묻는다.

"특별한 말 한 건 아무것도 없어. 예수님에 대해서 말했어" 하고 요한이 대답한다.

"그렇지만 자네가 말하는 것처럼 요한도 예언자들을 인용했어. 하지만 요한은 예언자들을 뒤집어 놓았어" 하고 토마가 설명한다.

"뒤집어 놓다니?" 하고 가리옷 사람이 깜짝 놀라서 묻는다.

"그래. 자네는 예언자들에게서 신랄함을 끌어냈는데 요한은 부드러운 면을 끌어냈어. 결국 예언자들의 엄격함도 사랑이기 때문이야. 자네가 정 그렇게 말하고 싶다면 배타적이고 과격한 사랑이긴 하지만, 그래도 역시 모두 주님께 충실하기를 그들이 원하는 영혼들에 대한 사랑임에는 변함이 없어. 율법교사들 가운데에서 교육받은 자네가 이런 걸 곰곰이 생각해본 일이 있는지 모르겠네. 금도 더 아름답게 만들기 위해서 망치로 두드리고 도가니에 넣어서 정제하네. 미워서 그렇게 하는 것이 아니고 사랑으로 그렇게 하는 거지. 예언자들도 영혼들에 대해서 이렇게 한단 말이야. 나는 마침 금은세공사이기 때문에 이걸 이해하네. 요한은 즈가리야를 인용했는데, 그의 예언에서 하드락과 다마스커스에 대해 말했는데, '이것을 보고 아스칼론은 질겁을 하고 가자는 아카론과 마찬가지로 큰 고통을 당하리니 그것은 네 바람이 사라졌기 때문이다. 가자에서는 왕이 없어질 것이다' 하는 대목에 이르러서는 어떻게 되어서 이 모든 일이 일어났느냐 하면 사람이 하느님을 떠났기 때문이라고 설명하기 시작했어. 그리고 사랑의 용서이신 메시아가 오신 것에 대한 말을 하면서, 이 세상 사람들이 그들의 나라를 위해서 바라던 것과 같은 초라한 왕권 대신에, 메시아의 가르침을 따르는 사람들은 하늘에서 영원하고 무한한 왕권을 차지하게 될 것이라고 약속했어. 이 말을 하는 것은 아무것도 아니야, 그렇지만 요한이 말하는 것을 들으면! 음악을 듣는 것 같고, 천사들에게 들려서 높이 올라가는 것 같았어. 그래서 자네에게 몽둥이질을 준 예언자들이 우리에게 훌륭한 생선을 주었어."

유다는 어쩔 줄 몰라하며 입을 다문다.

"그럼 너희들은?" 하고 선생님이 사촌들과 열성당원에게 물으신다.

"저희들은 배의 널빤지 틈을 메우는 직공들이 일하는 조선소에 갔습니다. 저희들도 가난한 사람들에게로 가는 길을 택했습니다. 그러나 그들의 배 만드는 것을 감시하는 부유한 펠리시데 사람들도 있었습니다. 저희들은 누가 말을 할지 알지 못했습니다. 그래서 어린이들처럼 점수 놀이를 했습니다. 유다가 일곱 손가락, 제가 네 손가락, 시몬이 두 손가락을 내놓았습니다. 결국 유다가 말할 책임을 맡게 되어서 말을 했습니다" 하고 알패오의 야고보가 설명한다.

"무슨 말을 했나?" 하고 모두가 묻는다.

"나는 내가 누구라는 것을 솔직히 알리고, 그들이 극진한 대접에 대해서 그들을 같은 기원과 같은 목적, 그리고 같지는 않지만 사랑 가득한 바람을 가지고 있는 형제로 보는 나그네의 말을 받아들이는 호의를 베풀어 달라고 청하고, 그들을 아버지의 집으로 데려가서 하늘의 크나큰 기쁨 속에서 그들을 영원히 '형제'라고 부를 수 있는 호의를 베풀어 달라고 청했어. 그런 다음 이렇게 말했어. '우리의 예언자 소포니아가 이런 말을 했습니다. 〈바닷가 일대는 목자들이 양떼나 몰고 다니는 목장이 되고… 거기서 그들은 양떼에게 풀을 뜯기다가 저녁이 되면 아스칼론 집에 가서 쉬리라〉하고.' 그러면서 그 생각을 이렇게 부연해서 설명했어. '가장 높으신 목자가 여러분 가운데 오셨습니다. 화살을 지니고 오지 않으시고 사랑을 지니고 오셨습니다. 그분은 여러분에게 팔을 내밀고 당신의 거룩한 목장을 여러분에게 가리키십니다. 그분은 사람들이 경박한 어린 아이들같이 미워함으로 인해 그들 자신에게 가하고 있고 전에도 가한 커다란 불행에 대한 당신의 동정을 그들에게 말하기 위해서만 과거를 기억하십니다. 사람들은 형제들이기 때문에 서로 사랑했으면 많은 고통을 피할 수 있었을 텐데 말입니다. 이 땅은 최고의 목자의 종들인 거룩한 목자들의 목장이 될 것입니다. 그들은 여기에 그들의 가장 기름진 목장과 가장 좋은 양떼들을 가질 것임을 벌써 알고 있고, 그래서 그들의 인생의 황혼기에 가서 그들의 마음은 친한 친구들의 집의 더 친근한 여러분의 마음과 여러분의 자녀들의 마음을 생각하면 평안히 쉴 수 있을 것입니다. 그 마음들이 우리 주 예수를 선생님으로 모시겠기 때문입니다.' 그랬더니 그 사람들은 알아들었습니다. 그리고 제게, 아니 오히려 저희들에게 질문을 했습니다. 그러니까 시몬이 그의 병이 고쳐진 이야기를 했고, 형은 가난한 사람들에 대한 선생님 이야기를 했습니다. 그 증거가 여기 있어요. 우리가 길 가는 중에 만나는 거지들에게 줄 돈이 가득 들어 있는 돈주머니요. 저희에게도 예언자들이 해를 끼치지 않았습니다…."

가리옷 사람은 이제 한마디 말도 없다.

"자" 하고 예수께서 가리옷 사람의 기운을 북돋아주시려고 말씀하신다. "이 다음번에는 유다도 낫게 할 것이다. 유다는 잘 한다고 생각하고 그렇게 한 것이다. 그러니까 올바른 목적으로 행동했으므로 조금도 죄를 짓지 않았다. 그래서 유다에 대해서도 만족한다. 사도직은 쉬운 직업이 아니고, 배워지는 것이다. 한 가지 섭섭한 것은 그 돈을 좀 더 일찍 얻지 못한 것과 너희들을 만나지 못한 것이다. 시련을 겪고 있는 어떤 가족을 내가 돕는 데 소용되었을 터인데 말이다."

"저희들이 뒤로 돌아가도 괜찮습니다. 아직 시간이 있는 걸요. …그렇지만 선생님 죄송합니다만, 그 가정을 어떻게 발견하셨습니까? 선생님은 무슨 일을 하셨습니까? 정말 아무것도 안하셨습니까? 기쁜 소식을 전하지 않으셨습니까?"

"나? 나는 거닐었다. 내 침묵으로 어떤 창녀에게 '네 죄를 떠나라' 하고 말했고, 좀 장난꾸러기인 어린아이를 만나 선물을 교환하면서 복음을 전했다. 나는 그 어린이에게 마리아 살로메가 베다니아에서 내 옷에 달아 주었던 고리쇠를 주었고, 그 어린이는 그가 만든 이 물건을 내게 주었다" 그러시면서 예수께서는 당신 옷에서 풍자적인 꼭둑각시를 꺼내신다. 모두가 들여다보고 웃는다. "그리고 어떤 아스칼론 사람이 에집트와 다른 곳에 팔려고 만드는 호화로운 양탄자를 가 보았다. …그리고 아버지를 잃은 소녀를 위로해 주었고, 그의 어머니의 병을 고쳐 주었다. 그뿐이다."

"그런데 이것이 선생님께는 적은 일로 생각됩니까?"

"그렇다. 돈도 있어야 했을 텐데, 나는 돈이 없었기 때문이다."

"아니, 아무에게도 귀찮게 굴지 않은… 우리가 그리 도로 가세" 하고 토마가 말한다.

"그럼 자네 생선은 어떡하구?" 하고 제베대오의 야고보가 놀린다.

"생선? 여기 있네. 저주를 받은 자네들은 우리를 환대하는 노인 집에 가서 요리나 하기 시작하게. 우린 시내로 가네."

"그러자" 하고 예수께서 말씀하신다. "그러나 나는 멀리서 집만 가리켜 주겠다. 사람들이 많이 있을 터이니 나는 가지 않겠다. 가면 그들이 나를 붙들 것이다. 우리를 기다리는 주인의 초대를 모르는 체해서 그 사람에게 무례한 행동을 하고 싶지는 않다. 예의를 어기는 것은 언제나 애덕에 어긋나는 것이다."

가리옷 사람은 한층 더 고개를 숙이고 그로 인하여 얼굴이 빨개진다. 그만큼 그는 얼마나 여러 번 이 잘못을 저질렀는지를 생각하면서 얼굴빛이 변하는 것이다.

예수께서 말씀을 계속하신다. "너희들은 그 집으로 가서 소녀를 찾아라. 계집아이라곤 그 소녀밖에 없으니까 혼동할 수가 없다. 그 소녀에게 이 돈주머니를 주면서 이렇게 말하여라. '이것은 네가 믿을 줄 알았기 때문에 하느님께서 보내시는 것이다. 너와 엄마와 어린 동생들을 위해서' 아무 말도 더하지 말아라. 그리고 즉시 돌아오너라. 가자."

그리고 집단이 갈라진다. 예수와 요한과 토마와 사촌들은 시내로 가고, 다른 사람들은 펠리시데인 야채 재배인의 집으로 간다.

82. 예수께서 막달가드에서 이교도의 우상을 잿더미로 만드신다

아스칼론과 그 야채 재배지는 이제 하나의 추억에 지나지 않는다. 찬란한 아침나절의 시원한 공기를 마시며 바다쪽으로 등을 돌리시고 예수께서 제자들과 함께 녹음이 우거진 야산을 향하여 가신다. 기름진 평야에 서 있는 그 야산들은 나지막하지만 우아하다. 사도들은 잘 쉬고 또 만족하여서 아주 명랑하며 아나니아와 그의 노예들, 아스칼론, 그리고 그들이 디나에게 돈을 갖다주려고 시내로 다시 갔을 때 있었던 소란에 대하여 말한다.

토마가 이렇게 말한다. "나는 펠리시데인들의 중압(重壓)을 당할 운명에 있었어. 미움과 사랑은 말하자면 같은 모양으로 나타난단 말이야. 그래서 그들이 미워하는 것으로 고통을 당하지 않은 내가 하마터면 그들의 사랑으로 상처를 입을 뻔했어. 하마터면 그 사람들이 우리에게 선생님이 어디 계신지 말하게 하려고 우리를 옥에 가둘 뻔했어. 기적으로 흥분한 그 사람들이 말이야. 그리고 굉장한 소란이었어! 그렇지, 요한? 온 시내가 냄비처럼 끓고 있었어. 화가 나 있는 사람들은 아무리 타일러도 듣지 않고 유다인을 찾아서 마구 때려주려고 했어. 기적의 덕을 본 사람들이나 그들의 친구들은 그 사람들에게 신이 지나갔다고 믿게 하려고 했어. 말할 수 없는 혼란이었지! 그 사람들은 몇 달을 두고 말다툼을 할 거리가 생긴 셈이야. 난처한 일은 그 사람들이 혀로 싸우기보다는 오히려 몽둥이로 싸운다는 것이야. 어떻든… 저희들끼리니, 맘대로 하라지 뭐…."

"그렇지만… 그 사람들이 악의는 없어" 하고 요한이 지적한다.

"그래. 그 사람들은 그저 그 많은 일로 인해서 제 정신을 잃었을 뿐이야" 하고 열성당원이 대답한다.

길을 얼마만큼 가는 동안 예수께서는 말씀을 하지 않으신다. 그러다가 이렇게 말씀하신다. "자, 나는 언덕 위에 있는 저 작은 마을로 간다. 너희들은 계속 아조토 쪽으로 가거라. 예의바르고 온유하고 참을성을 가져라. 그들이 너희들을 조롱하더라도 마태오가 어제 한 것처럼 조용히 참아받아라. 그러면 하느님께서 너희를 도와주실 것이다. 황혼녘에 나와서 아조토 근처에 있는 연못 곁으로 오너라. 거기서 다시 만나자."

"하지만, 주님, 선생님 혼자 가시게 하지는 않겠습니다! 저 사람들은 난폭하거든요!… 그것은 무모한 일입니다" 하고 가리옷 사람이 외친다.

"내게 대해서는 걱정 말아라. 자, 유다야 가거라, 그리고 너는 신중하여라. 안녕. 평화가 너희와 함께 있기를."

열 두 사도는 별로 열광하지 않으며 간다. 예수께서 그들이 멀어져가는 것을 바라다보시다가 시원하고 그늘이 진 언덕길로 들어서신다. 언덕은 잘 가꾸어진 올리브나무, 호두나무, 무화과나무, 포도나무 숲으로 뒤덮여 있는데, 벌써 수확이 많으리라는 것을 알 수 있다. 평평한 곳에는 곡식을 심은 작은 밭들이 있고, 비탈에는 흰 염소들이 푸른 풀밭에서 풀을 뜯고 있다.

예수께서 마을의 첫째 집들이 있는 데 이르러서 마을로 들어가시려는데, 이상한 행렬을 만나신다. 울부짖는 여자들이 있고 여자들의 목소리와 번갈아가며 슬픈 노래를 부르는 남자들이 있는데, 모두가 걸어 나오는 염소 둘레에서 일종의 춤을 춘다. 그 염소는 눈이 가려졌고, 매를 맞아 상처를 입었고, 오솔길의 돌에 걸려 넘어져서 무릎이 피투성이가 되었다. 둘째 집단도 역시 소리를 지르고 울부짖으며 정말이 매우 투박스럽게 조각한 상 둘레에서 심하게 움직이며, 잉걸불을 담을 화로를 높이 쳐들고 가는데, 송진과 소금을 넣어서 불이 꺼지지 않게 하고 있다. 적어도 그렇게 생각되는 것은 첫번 것을 넣을 때는 송진 냄새를 풍기고 두번째 것을 넣을 때에는 소금이 그렇게 하는 것처럼 탁탁 튀었기 때문이다. 마지막 집단은 한 행자(行者)를 에워싸고 그 앞에 절을 하며 부르짖는다. "당신의 힘으로!"(남자들). "당신만이 그렇게 하실 수 있습니다!" (여자들). "신께 간청하십시오!"(남자들). "주술(呪術)을 치우십시오!"(여자들) "모태에 명하십시오!" "여인을 살려주십시오!" 그리고는 모두가 함께 요란스러운 소리로 "마녀를 죽이십시오!" 하고 외친다. 그리고는 다시 번갈아 가며 "당신의 힘으로!" "당신만이 그렇게 하실 수 있습니다!" "신에게 명령하십시오!" "우리에게 보게 하라고!" "염소에게 명령하십시오!" "마녀를 보여주라고!" 그리고는 굉장히 큰 소리로 "파라의 집을 미워하는 마녀를!" 하고 외친다.

예수께서는 마지막 집단의 한 사람을 불러 세우시고 가만히 물으신다. "무슨 일이 일어났소? 나는 외부 사람이오…."

염소를 때리고 잉걸불에 송진을 넣고 숨을 돌리기 위하여 행렬이 잠시 멈추었으므로 그 사람이 설명을 한다. "막달가드의 실력자 파라의 아내가 해산을 하면서 죽어갑니다. 그 여자를 미워하는 어떤 여자가 그에게 주술을 건 것입니다. 그 여자의 태내가 메워져서 아기가 나올 수가 없습니다. 우리는 마녀를 죽이려고 찾는 것입니다. 그래야만 파라의 아내가 무사할 것입니다. 우리가 마녀를 찾아내지 못하면 모태 여신의 가장 큰 연민을 얻기 위해 염소를 제물로 바칠 것입니다."(저 보기 흉한 인형이 여신이라는 것을 알겠다…).

"거기 멎으시오" 하고 예수께서 그 사람과 가까이 온 다른 두 사람에게 말씀하신다. "나는 여인을 고치고 사내아이를 살릴 수가 있소. 제관에게 이 말을 하시오."

"당신은 의사입니까?"

"의사보다 더한 사람이오."

82. 예수께서 막달가드에서 이교도의 우상을 잿더미로 만드신다

세 사람은 군중을 헤치고 우상숭배자 제관에게로 간다. 소문이 퍼진다. 다시 가기 시작하던 행렬이 멎는다. 여러 가지 빛깔의 야하게 번쩍거리는 옷을 입고 위엄을 갖춘 제관이 예수께 손짓을 하고 명한다. "젊은이, 이리 오시오!" 그리고 예수께서 그의 곁으로 가시자, "당신이 말하는 것이 참말이오? 만일 당신이 말하는 대로 되지 않으면 우리는 마녀의 혼이 당신 안에 화신(化身)한 것으로 생각해서 당신을 마녀 대신 죽일 것이니 조심하시오."

"그것은 참말이오. 나를 즉시 여인 곁으로 데려다 주시오. 그리고 그동안 염소를 내게 주시오. 내가 염소를 가져야 하오. 염소의 눈가리개를 벗기고 이리로 데려오시오."

사람들이 그렇게 한다. 멍하니 비틀거리며 피투성이의 염소가 예수께로 끌려오니, 예수께서는 그놈의 숱이 많은 검은 털을 쓰다듬으신다.

"이제는 무슨 일에든지 내게 복종해야 하오. 그렇게들 하겠소?"

"예!" 하고 군중이 외친다.

"자, 이제는 부르짖지 마시오. 송진을 태우지 마시오. 명령이오."

그들은 그곳을 떠나 마을로 다시 들어가, 가장 좋은 길로 해서 과수원 가운데 있는 어떤 집으로 간다. 부르짖는 소리와 울음소리가 활짝 열린 문들을 통해서 들려오고, 아기를 낳을 수 없는 여인의 비통하고 끔찍한 신음소리가 이 모든 소리를 누르고 들려온다.

사람들이 달려가 파라에게 알리니, 얼굴이 흙빛이 되고 산발을 한 그 사람이 우는 여자들과 행자들과 같이 나오는데, 그들을 위하여 구리로 만든 화로에 향과 마른 나뭇잎을 태워도 쓸 데 없다.

"제 아내를 살려 주십시오!" "제 딸을 살려 주십시오, 살려 주세요!" 하고 남자와 늙은 여자와 군중이 번갈아 가며 외친다.

"당신 아내를 살려 주겠소. 또 아내와 함께 사내아이도 살려 주겠소. 얼굴이 환하고 익어가는 올리브 빛깔을 한 두 눈이 유순하고 머리에는 그 염소털같이 새까만 머리카락이 난 사내아이니까 말입니다."

"그걸 어떻게 아십니까? 뭘 보십니까? 뱃속까지도 보십니까?"

"나는 무엇이든지 보고 꿰뚫어 보오. 나는 무엇이든지 다 알고 무엇이든지 다 할 수 있소. 나는 하느님이오."

예수께서 벼락을 때리셨다 해도 이만한 효과는 나타내지 못하였을 것이다. 모든 사람이 죽은 사람들처럼 땅에 엎드린다.

"일어나서 내 말을 들으시오. 나는 능력이 있는 하느님이고 내 앞에 다른 신을 용납하지 않소. 불을 피우고 이 조상을 불에 던지시오."

군중이 반감을 가진다. 군중은 여신을 불사르라고 명하는 수수께끼 같은 "신"을 의심하기 시작한다. 가장 흥분한 사람들은 제관들이다.

그러나 여인의 생명이 중요한 파라와 그의 아내의 어머니는 적의를 품은 군중에 반대한다. 파라는 이 마을의 유력자이다. 그래서 군중은 분을 가라앉힌다. 그러나 그 사람은 예수께 묻는다. "선생이 신이라는 것을 어떻게 믿을 수 있겠습니까? 그 증거를 하나 보여 주십시오. 그러면 하라시는 대로 하라고 명령하겠습니다."

"보시오. 이 염소의 상처들이 보입니까? 상처들이 벌어져 있지요? 피가 나지요? 짐승이 거의 죽어가고 있지요? 자, 나는 그렇지 않기를 원하오. 자, 보시오."

그 사람이 몸을 구부리고 들여다보다가… 외친다. "상처가 없어졌습니다!" 그러면서 땅에 엎드려 애원한다. "제 아내를, 제 아내를!"

그러나 행렬을 따라가던 제관이 말한다. "파라, 믿지 마시오. 우리는 이 사람이 누구인지 알지 못합니다! 신들의 복수를 두려워하시오."

그 사람은 신들과 아내라는 두 가지 두려움 가운데에서 갈팡질팡한다. …그는 묻는다. "선생은 누구십니까?"

"나는 하늘과 땅에 있는 존재요. 어떤 힘도 내게 굴복하고 무슨 생각이든지 나는 다 알고 있소. 하늘에 있는 이들이 내게 경배하고, 지옥에 있는 자들이 나를 두려워하오. 그리고 나를 믿는 사람들은 가지가지 기적이 행해지는 것을 볼 것입니다."

"저는 믿습니다! 저는 믿습니다. …선생님의 성함을!"

"사람이 된 주, 예수 그리스도요. 이 우상을 불에 던지시오. 나는 내 앞에 다른 신을 용납하지 않소. 이 향로들을 끄시오! 능력과 의지를 가지고 있는 것은 내 불뿐이오. 복종하시오, 그렇지 않으면 당신들의 헛된 우상을 잿더미로 만들고, 생명을 구해 주지 않고 가겠소."

아마포로 만든 옷을 입으시고 어깨에는 뒤로 늘어진 파란 겉옷을 걸치고 계신 예수님은 무서우시다. 번쩍이는 얼굴로 예수께서는 명령하는 태도로 팔을 들고 계시다. 사람들은 두려워한다. 이제는 아무도 말을 하지 않는다.…조용한 가운데 여인의 점점 더 기운없는 비통한 부르짖음이 들려온다. 그러나 그들은 복종하기를 망설인다. 예수의 얼굴은 점점 더 감히 쳐다볼 수도 없게 된다.

그것은 참으로 물질과 영혼을 불사르는 불과 같다. 향로들이 제일 먼저 예수의 뜻을 어쩔 수 없이 받아들이게 된다. 향로를 들고 있는 사람들은 향로의 열을 감당할 수가 없으므로 내던져야 한다. 그렇지만 숯불은 꺼져 있는 것 같다. …그리고 우상을 메고 있던 사람들은 막대기로 받쳐서 메고 있던 들것을 내려놓을 수밖에 없다. 신비스러운 불꽃이 핥고 지나가는 것처럼 나무가 타기 때문이다. 그리고 땅에 내려놓자마자 우상을 올려 놓은 들것은 불길에 휩싸인다.

사람들은 겁에 질려 달아난다….

예수께서는 파라에게로 몸을 돌리시고 말씀하신다. "그러면 당신은 정말로 내 능력을 믿을 수 있소?"

"믿습니다, 믿습니다. 선생님은 하느님이십니다. 선생님은 하느님 예수이십니다."

"아니오. 나는 세상을 구속하고 지극히 높은 하늘에 계신 한 분이시고 삼위이신 참다운 하느님께 대한 믿음을 세상에 주려고 살과 피와 영혼과 천주성을 가지고 온 이스라엘의 야훼, 아버지의 말씀이오. 나는 사람들에게 도움과 연민을 주어서 오류를 버리고 모세와 예언자들의 오직 한 분뿐이신 하느님이신 진리를 오게 하려고 왔소. 이것도 믿을 수가 있소?"

"믿습니다, 믿습니다!"

"나는 우상을 무너뜨리고 지혜를 가르치기 위하여 길과 진리와 생명을 사람들에게 가져왔소. 나는 세상에 대한 사랑과 사람들의 영원한 구원을 위하여 죽을 것이므로 세상이 구속될 것입니다. 이것도 믿을 수 있소?"

"믿습니다, 믿습니다!"

"나는 사람들이 참 하느님을 믿으면, 모든 사람과 짐승과 초목과 별들을 창조하신 지극히 높으신 분을 모시고 하늘에서 영원한 생명을 누리리라는 것을 그들에게 말하러 왔소. 이것도 믿을 수 있소?"

"믿습니다, 믿습니다!"

예수께서는 집안으로 들어가지도 않으신다. 다만 여인이 고통을 당하고 있는 방을 향하여 팔을 뻗으시고, 라자로를 부활시키실 때처럼 손을 펴시고 큰 소리로 외치신다. "하느님의 빛을 알기 위하여, 그리고 하느님이신 빛의 명령에 따라 빛으로 나오너라!" 그것은 천둥소리와도 같은 명령이다. 이 명령에 조금 후에 비명과 기쁨의 소리가 울려퍼지는 승리의 외침이 메아리치고, 그 다음에는 약하기는 하지만 아주 분명하고 점점 더 힘차지는 갓난 아기의 약한 울음소리가 메아리친다.

"당신의 아들이 이 세상에 인사를 하며 우는 것입니다. 아들을 가서 보고, 고향은 이 땅이 아니고 하늘이라고 지금도 말하고 이 다음에도 말해 주시오. 하늘을 위하여 아들을 크게 하고 당신도 아들과 같이 하늘을 위하여 커지시오. 진리가 당신에게 말하는 것입니다. 이 물건들은(그러시면서 마른 잎처럼 뒤틀려서 이제는 아무 소용도 없게 된 구리로 만든 향로들과 우상을 올려 놓았던 들것이 있던 자리를 나타내는 잿더미를 가리키신다) 도움도 구원도 가져다 주지 못하는 거짓말이오. 안녕히 계시오."

그리고 예수께서는 떠나려고 하신다. 그러나 한 여인이 배내옷으로 감싼 기운찬 갓난 아기를 안고 달려오면서 외친다. "파라, 사내아이예요. 아름답고 튼튼하고, 눈은 익어가는 올리브처럼 까맣고, 머리는 신성한 염소 새끼의 털보다도 더 까맣고 가늘어요. 그리고 당신 아내는 행복하게 쉬고 있어요. 이젠 아무 일도 없었던 것처럼 아프지 않아요. 당신 아내가 죽어가고 있었는데… 그 말이 있은 다음… 예측할 수 없던 일이 일어났어요."

예수께서는 빙그레 웃으신다. 그리고 그 사람이 그의 갓난 아기를 예수께 들어보이자 손가락 끝으로 아기의 머리를 만지신다. 파라의 탈퇴를 보고 분개하며 자리를 뜬 제관들을 빼놓고는 사람들이 갓난 아기를 보고 싶고 예수를 보기를 바라며 가까이 온다.

파라는 기적의 댓가로 예수께 물건과 돈을 드리려고 한다. 그러나 예수께서는 부드럽게 그러나 단호하게 말씀하신다. "아무것도 안 받겠소. 기적은 다만 그것을 베풀어주신 하느님께 충실한 것만으로만 보답을 받는 것이오. 다만 이 염소는 당신 읍내의 기념으로 내가 가지겠소." 그러면서 염소를 데리고 가신다. 염소는 예수께서 제 주인이기나 한 것처럼 그 곁에서 종종걸음을 친다. 염소는 다시 살아나서 행복하고, 저를 때리지 않는 사람과 같이 있는 것이 기뻐서 매애매애 운다. …예수와 염소는 아조토로 가는 큰 길로 다시 나오기 위하여 이렇게 언덕의 비탈을 내려온다….

저녁때쯤에 그늘이 진 연못 곁에서 제자들이 오는 것을 예수께서 보실 때 양쪽에서 다 깜짝 놀란다. 제자들은 예수께서 염소 한 마리를 데리고 계신 것을 보고 깜짝 놀랐고, 예수께서는 장사가 잘 안 된 사람들과 같은 일그러진 얼굴들을 보시고 깜짝 놀라신다.

"선생님, 완전한 실패였습니다. 그들이 저희를 때리지는 않았지만 읍내 밖으로 내쫓았습니다. 저희들은 들판을 헤맸고, 아주 비싼 값을 주고서야 음식을 장만할 수 있었습니다. 그렇지만 저희들은 친절하게 굴었는데요…" 하고 제자들은 비탄에 잠겨서 말한다.

"아무래도 좋다. 헤브론에서도 지난 해에는 우리를 내쫓았었는데, 이번에는 우리를 환영했다. 낙담해서는 안 된다."

"그럼 선생님은요? 이 짐승은 무엇입니까? 하고 그들이 묻는다.

"나는 막달가드에 갔었다. 나는 우상 하나와 향로들을 불살랐다. 그리고 사내아이 하나를 세상에 태어나게 했다. 그리고 기적을 행하면서 참 하느님을 전했고 우상 숭배 의식에 쓰기로 되어 있던 염소를 사례로 받아 왔다. 이 가엾은 짐승은 상처투성이였다!"

"그렇지만 지금은 몸이 성한데요! 그놈 아주 잘 생겼습니다."

"우상에게 바치기로 되어 있는 신성한 짐승이었다. …성하다고? 그렇다. 능력이 있는 것은 나이지 그들의 나무 토막이 아니라는 것을 그들에게 입증하기 위한 내 첫번째 기적이었다."

"그런데 이놈을 어떻게 하시려는 것입니까?"

"마륵지암에게 데려다 준다. 어제는 꼭둑각시, 오늘은 염소. 나는 마륵지암을 기쁘게 할 것이다."

"아니 그놈을 베델까지 데리고 가시려는 것입니까?"

"물론이지. 그렇게 하는 데 무엇이 기분에 거슬리는지 나는 모르겠다. 내가 목자이니 염소도 한 마리 가질 수가 있는 것이다. 그리고 이놈을 여자들에게 줄 것이니 여자들이 갈릴래아에 데리고 갈 것이다. 암염소새끼를 한 마리 구하자. 시몬아, 너는 염소들의 목자가 될 것이다. 양들이면 더 좋겠지. …그러나 세상에는 어린 양들보다는 염소 수컷들이 더 많다. …베드로야, 이것은 하나의 상징이다. 이것을 기억해 두어라. …너는 네 희생으로 염소들을 가지고 어린 양들을 만들어라. 오너라들. 과수원들 가운데 있는 저 마을까지 가자. 우리는 집들이나 또는 벌써 밭에 묶어 놓은 곡식단들 위에서 잠자리를 얻을 것이다. 그리고 내일은 얌니아로 간다."

사도들은 놀라고 슬퍼하고 낙심한다. 기적으로 인하여 놀라고, 기적을 행하시는 곳에 있지 못한 것을 몹시 슬퍼하고, 예수께서는 무엇이든지 다 하시는데 자기들은 능력이 없는 것 때문에 낙심한다. 그러나 예수께서는 반대로 매우 만족하시다! …그리고 예수께서는 "무익한 것은 아무것도 없다. 실패까지도 무익하지 않다. 그것은 너희들의 겸손을 단련하는 데 소용되기 때문이다. 그리고 말은 어떤 이름, 즉 내 이름을 울리게 하는 데 소용되고 사람들의 마음 속에 추억을 남겨놓는 데 소용되기 때문"이라는 것을 설득하는데 성공하신다. 그래서 얼마나 설득하는 힘을 가지셨고, 예수의 기쁨이 얼마나 빛나는지 제자들도 역시 다시 차분한 마음을 가지게 된다.

83. 얌니아로 가시면서 사도들을 가르치시다

"얌니아에서는 에크론으로 갑니까?" 사도들은 매우 기름진 들판을 지나가면서 묻는다. 들판에서는 낟알들이 햇볕을 받으며 마지막 잠을 자고 있다. 베어져 단으로 묶이어 밭에 누워서 그것들을 여물게 한 뜨거운 햇볕에서 마지막 잠을 자고 있다. 또 이제는 이삭의 장식이 없어지고 다른 곳으로 옮겨지기를 기다리는 짚만이 남아 마치 어마어마하게 큰 음산한 침대와 같이 음산한 것들도 있다.

그러나 밭들은 헐벗었지만 과수원들은 서둘러 익어가는 과일들, 새파랗고 신 과일에서 거의 익어가는 과일의 빛나는 연초록과 노랑과 분홍빛으로 옮아가는 과일들로 화려한 옷을 입고 있다. 무화과나무들은 탄력있는 껍질을 터뜨려서 그 열매들의 보석상자를, 달콤한 과일— 꽃의 보석 상자를 연다. 그러면 초록빛과 흰빛이 섞였거나 흰빛과 자주빛이 섞인 틈 아래로는 과육(果肉)보다 더 짙은 빛깔의 작은 씨가 오수수 박힌 투명한 젤라틴이 나타난다. 올리브나무들의 은록색 잎들 가운데에서 비취색 올리브들이 가벼운 바람에 흔들리고 있다. 든든하게 뿌리를 박고 서 있는 당당한 호두나무들은 보드러운 털이 깔린 껍데기 속에서 부풀어오르고 있는 과일들을 내보이고, 편도들은 주름이 잡히고 빛깔이 변하는 벨벨 같은 껍데기 속에서 마저 익어가고 있다. 포도나무들은 그 포도알들을 부풀리고, 햇볕을 잘 받는 몇몇 송이는 투명한 황옥 빛깔과 장차 포도알이 익었을 때의 루비 빛깔을 띠기 시작한다. 그러는 동안 평야나 낮은 언덕에 있는 선인장들은 손같이 생긴 살이 많은 주걱 모양 꼭대기에 명랑한 실내장식가가 이상하게 갖다 놓은 것 같은 산호빛 배주(胚珠)에 날이 갈수록 더 명랑한 빛깔을 띠게 한다. 그 손 같은 것들이 오므리면서 찌르는 상자 같은 것을 만들고, 이것들은 그것들이 자라게 하고 익게 하는 열매들을 하늘로 내밀고 있다.

따로따로 서 있는 종려나무들과 무더기로 자라는 캐롭나무들*은 벌써 아주

---
* 역주 : 지중해 연안산 콩과(科)의 상록수.

가까운 아프리카를 연상케 한다. 종려나무들은 부채처럼 생긴 그 단단한 잎으로 캐스터네츠 같은 소리를 울려퍼지게 하고, 진한 초록색의 캐롭나무들은 그 화려한 껍질을 아주 자랑스럽게 내밀고 있다. 구부러진 긴 뿔이 달리고 눈이 유순하면서도 예민한 크고 날쌘 흰 염소들과 검은 염소들이 선인장들을 뜯어먹고 벌어진 아티초크 같은 단단하고 두꺼운 잎으로 된 엄청나게 큰 붓대인 살찐 용설란들을 습격한다. 용설란들 한가운데에는 일곱 개의 가지가 달린 대성당의 촛대 같은 줄기가 우뚝 솟아 있고, 그 위에는— 기분좋은 향기를 풍기는 노랗고 빨간 꽃이 타오르는 듯이 피어 있다.

　아프리카와 유럽이 손을 잡고 땅을 찬란한 식물로 덮어 놓았다. 사도의 무리는 이제 평야를 버리고 야산으로 올라가는 오솔길을 들어선다. 바다를 내려다보는 야산의 이쪽 비탈은 문자 그대로 포도밭으로 덮여 있다. 이쪽 비탈은 돌이 많고 석회질이기 때문에 포도가 그 진을 참다운 시럽으로 만들어서 무엇인가 귀중한 물건으로 변할 수 있게 된다. 이제 사도들은 바다, 바다, 요한의 바다, 하느님의 바다를 발견한다. 그 바다는 엄청나게 큰 주름진 파란 비단 휘장을 친 모습을 드러내고, 먼 곳과 무한함과 능력에 대하여 말하고, 창조의 영광을 하늘과 해와 더불어 삼중창으로 노래한다. 그리고 평야는 겨우 몇 미터 높이밖에 안 되는 언덕 같은 것들로 아름다운 기복을 이루며 전개되는데, 이 기복들은 평평한 지대와 금빛 나는 모래언덕과 파란 바탕에 흰 빛깔을 바닷가에 세워놓는 도시들과 마을들로 이어진다.

　"참 아름답다! 참 아름다워!" 하고 요한이 흥분해서 속삭인다.

　"아니, 주님, 이 총각은 파란빛을 먹고 삽니다. 이것이 그의 운명인 모양입니다. 이 사람은 바다를 볼 때는 꼭 아내를 보는 것 같습니다!" 하고 베드로가 말한다. 그는 바닷물과 호숫물이 그리 다른 것으로 보지 않는다. 그리고 그는 사람좋은 웃음을 웃는다.

　"그렇다, 시몬아, 요한은 그의 운명을 가졌다. 너희 모두가 너희 운명을 가지고 있다."

　"오! 그럼! 저는 어디로 보내실 겁니까?"

　"오! 너는!…"

　"말씀해 주십시오. 친절을 베풀어 주세요!"

　"네 도시와 내 도시보다 더 크고, 막달라와 티베리아를 합친 것보다도 더 큰 곳에 보내겠다."

　"그러면 제가 거기서 길을 잃을 것입니다."

"겁내지 말아라. 너는 커다란 해골 위에 있는 개미 같을 것이다. 그러나 네가 지칠 줄 모르고 왔다갔다 하는 것으로 해골을 되살릴 것이다."

"저는 하나도 못 알아듣겠습니다. …더 분명하게 말씀해 주세요."

"알아듣게 될 거다, 알아듣게 될 거야!…" 그러시면서 예수께서는 빙그레 웃으신다.

"그럼 저는요?" "그럼 저는요?" 모두가 알기를 원한다.

"나는 이렇게 하겠다." 예수께서는 몸을 숙이시고— 일행은 가운데에는 아직 물이 많이 흐르고 있는 개울의 자갈이 많은 기슭을 따라 가고 있다. — 매우 작은 자갈 한 줌을 집으신다. 그것을 공중으로 던지시니 사방으로 흩어진다. "자 보아라. 내 머리카락 속에 남아 있는 것은 이 자갈 하나밖에 없다. 너희들도 이와 같이 흩어질 것이다."

"그런데 선생님은 팔레스티나를 나타내는 것이지요?" 하고 알패오의 야고보가 심각하게 말한다.

"그렇다."

"저는 팔레스티나에 남아 있을 사람이 누군지 알았으면 좋겠습니다" 하고 야고보가 또 묻는다.

"이 자갈을 기념으로 받아라" 하고 말씀하시면서 예수께서 당신 머리카락에 걸려 있는 사촌 야고보에게 주시며 빙그레 웃으신다.

"저를 팔레스티나에 남겨두실 수 없겠습니까?" 하고 베드로가 말한다. "제가 요령이 제일 없지만 그래도 제 집에서는 임기응변의 요령이 있으니까 제가 제일 적합합니다. 그러나 밖에 나가면!…"

"반대로 여기 남아 있기에 네가 제일 덜 적합하다. 너희들은 나머지 세상에 대해서 편견을 가지고 있어서, 우상숭배자들과 이방인들의 나라에서 복음을 전하는 것보다 신자들의 나라에서 전하는 것이 더 쉽다고 생각하고 있다. 사실은 그와 정반대인데 말이다.

만일 너희들이 진짜 팔레스티나의 높은 계급의 사람들과, 또 비록 이들보다 못한 정도이기는 하지만 일반 서민이 너희에게 무엇을 제공하는지를 곰곰이 생각하고, 또 팔레스티나를 미워하고 참다운 의미로서의 하느님을 알지 못하는 어떤 곳에서 우리가 유다에서와 갈릴래아와 데카폴리스에서보다 확실히 더 나쁜 대우를 받지 않는다는 것을 생각하면, 너희들의 선입관이 없어질 것이고, 하느님의 백성들보다는 참 하느님을 알지 못하는 사람들 믿게 하기가 더 쉽다고 말한 내 말이 옳다는 것을 알게 될 것이다. 하느님의 백성들이야말로 교묘한 우상 숭배자들이고, 교만하게 자기들이 완전한 사람이라고 믿고 있는 죄있는 사람들이며, 또 그대로 남아 있기를 원하는 것이다. 너희들은 땅과 바다 밖에 보지 못하는 곳에서 내 눈은 얼마나 많은 보석과 진주를 보는지 모른다! 팔레스티나가 아닌 많은 무리가 사는 땅이고, 팔레스티나가 아닌 인류의 바다 그것들은 바다로서는 찾는 사람들을 맞아 들여서 그들에게 그 진주들을 주기만 을 바라고, 땅으로서는 사람들이 파기만 하면 보석들을 내주려고 하고 있다. 보물이 어디에나 있다. 그러나 찾아야 한다. 어떤 흙덩어리에도 보물이 들어 있을 수 있고 씨에 영양을 줄 수 있으며, 깊은 바다 어디에나 진주가 숨어 있을 수 있다. 아니 뭐라고? 너희들은 혹 바다의 깊은 물이 무서운 폭풍우에 뒤집혀서 진주조개를 그 암석층에서 떼어내고 파도의 충격으로 그것들을 벌어지게 해서 노력하기를 원치 않는 게으름쟁이들과 위험을 무릅쓰려고 하지 않는 겁많은 사람들에게 주리라고 주장하겠느냐? 땅이 모래알을 나무로 변하게 해서 씨를 심지 않았는데 과일들을 너희에게 줄 것이라고 우기겠느냐? 이 사람들아, 그렇지 않다. 거기에는 피로와 일과 과감성이 필요하다. 그리고 무엇보다도 선입관을 가지지 말아야 한다.

　너희들이 펠리시데 사람들의 지방에 온 이 여행을 더하고 덜한 차이는 있어도 찬성하지 않는다는 것을 나는 안다. 이 땅들이 상기시키는 영광들까지도, 이스라엘을 큰 나라를 만들기 위하여 흘린 히브리인들의 피로 기름지게 된 이 밭들에 대해서, 그리고 유다를 영광스럽게 하여 강력한 나라를 만들기 위하여 그것들을 차지하고 있던 사람들에게서 하나씩 하나씩 빼앗은 이 도시들에 대해서 말하는 이스라엘의 영광도, 이 모든 것의 아무것도 너희로 하여금 이 순례를 사랑하게 하지는 못한다. 그리고 복음을 받아들이도록 분위기를 조성한다는 생각과 사람들을 구하겠다는 바람에 대해서도 말하지 않겠다. 이것도 너희를 설득하지 못할 것이니까. 이 여행의 타당성을 생각해 보라고 너희 정신에 제시하는 이유들 가운데 이런 것들은 넣지 않겠다. 이 생각은 아직 너희 이해를 넘어서는 것이다. 그러나 언젠가는 너희가 그것을 이해하게 될 것이고, 그때에는 너희가 이렇게 말할 것이다. '대단히 어려운 시간을 보내게 될 위험을 무릅쓰고 길고 고생스러운 길을 그렇게 멀리까지 가게 하신 것은 변덕이라고 생각했었고, 거드름 피우는 것이라고 생각했었고, 선생님의 사랑이 없는 표라고 생각했었다. 그런데 반대로 그것은 사랑이었고, 미래에 대한 배려였고, 선생님을 모시고 있지 못해서 길을 더 잃은 것같이 느껴지는 지금 우리의 길을 닦아 주시기 위한 것이었다. 그때에는 우리가 사방으로 뻗어 나가면서도 포도

나무가 우리에게 영양분을 준다는 것을 알고, 또 포도덩굴 곁에는 언제나 그것들을 버티어 주는 든든한 지주(支柱)가 있다는 것을 아는 포도덩굴 같았는데, 지금은 우리가 마치 포도나무 그루에서 영양분을 취하기는 하지만 이제는 기댈 지주가 없이 스스로 정자를 만들어야 하는 취목(取木)한 가지 같은 존재이기 때문이다.' 너희들은 이렇게 말할 것이고, 그때에는 내게 감사할 것이다.

또 그리고! …어둠에 둘러싸인 땅과 말이 없는 마음들과 사막과 같이 메마른 정신에 하느님을 섬김과 그분의 찬미를 위하여 그리고 거짓말의 악취를 이기기 위하여 반짝하는 불똥과 천상 합창의 음 몇 개와 하늘에서 오는 꽃부리들을 이렇게 떨어뜨리고 가는 것이 아름다운 일이 아니냐? 그것도 선생과 사도인 나와 너희들, 너희들과 내가 모두 오직 한 마음, 한 욕망, 한 뜻이 되어 함께 하는 것 말이다. 하느님께서 알려지시고 사랑을 받으시도록, 하느님께서 모든 나라를 당신 깃발아래 모으시도록, 하느님이 계신 곳에 모두가 그분과 함께 있도록 말이다. 이것이야말로 하느님에 대한 바람이고 욕망이고 갈망이다! 그리고 이것은 사람들의 바람이고 욕망이고 갈망이다. 사람들은 서로 다른 종족이 아니고 다만 하나뿐인 종족, 즉 하느님께서 창조하신 인종에 속해 있다. 그것은 그들이 모두 오직 한 분뿐이신 하느님의 자녀들인 만큼 하늘과 진리와 실제적인 사랑에 대한 같은 욕망과 같은 바람과 같은 갈망을 가지고 있기 때문이다….

여러 세기에 걸친 오류가 정신의 본능을 바꾸어 놓은 것같이 생각된다. 그러나 그렇지 않다. 오류는 영혼을 둘러싸고 있다. 그것은 영혼이 육체와 결합하여 있어서 사탄이 동물적인 사람에게 접종한 독의 결과를 겪기 때문이다. 또 이와 같이 오류가 마음을 둘러쌀 수도 있다. 그것은 마음도 육체와 결합하여 있어서 육체의 독의 영향을 받기 때문이다. 세 가지 사욕(邪慾)이 관능과 감정과 생각을 괴롭힌다. 그러나 영은 육체와 결합하여 있지 않다. 영은 사탄과 사욕이 그에게 가하는 타격으로 인하여 멍해질 것이다. 육체가 그의 앞에 세워놓는 벽과 그가 퍼져 있는 동물적인 사람의 끓는 피가 튀어서 묻는 것으로 인하여 거의 눈이 보이지 않게 될 것이다. 그러나 하늘과 하느님을 향한 그의 갈망을 바꾸지는 않았다. 영은 변할 수가 없다. 이 개울의 맑은 물을 보아라. 이 물은 하늘에서 내려왔고, 바람과 해의 영향으로 물이 증발하여 하늘로 돌아갈 것이다. 물은 내려오고 또 다시 올라간다. 원소는 파괴되지 않고 그 기원으로 돌아간다.

영은 그의 근원으로 돌아가기를 원한다. 돌들 틈에 있는 저 물이 너희들에게 말을 할 수 있으면 바람이 창공의 아름다운 밭들 사이로 몰고 다니게 다시 올라가기를 갈망한다고 말할 것이다. 새벽에는 시원하고 희게 또는 연분홍색으로, 해가 질 무렵에는 구리빛으로 혹은 또 별이 총총한 황혼에는 꽃과 같이 보라빛으로. 저 물은 대기 속에서 홀로 누리는 자유를 사랑하는데, 이 급류의 두 기슭 사이에 갇혀서 흙탕물로 변할 위협을 받으면서 뱀들이 두꺼비를 겁합이나 보면서 여기 있는 대신에, 사람들에게 하늘을 상기시키기 위하여 권운(卷雲)이 조금 벌어진 틈으로 내려다보는 별들에게 체 노릇을 하거나, 달이 밤의 추악한 것들을 보지 못하게 달에게 베일 노릇을 했으면 좋겠다고 너희에게 말할 것이다. 영들도 만일 감히 말할 수가 있으면 모두가 같은 말을 할 것이다. '우리에게 하느님을 주시오! 우리에게 진리를 주시오!' 하고. 그러나 영들은 그 말을 하지 않는다. 그것은 그들의 무서운 갈망을 가라앉히기 위하여 하느님을 찾는 **'숭고한 거지들'**인 영들의 애원을 알아보지 못하거나 이해하지 못하거나 조롱한다는 것을 영들이 알기 때문이다. 진리에 대한 영들의 갈망을 우리가 길에서 만나고, 또 너희들이 항상 만나게 될 저 우상숭배자들, 저 로마인들, 저 무신론자들, 저 불행한 사람들, 하느님에 대한 욕구를 가진 것으로 인해서 정치적으로나 가정의 이기주의로나 또는 타락한 마음에서 생겨나 여러 나라에서 발전한 이단으로 인하여 업신여김을 받는 저 사람들이 갈망하고 있다. 그들은 갈망하고 있는 것이다! 그래서 나는 그들을 불쌍히 여긴다. 존재하는 분인 나인데 내가 그들을 불쌍히 여기지 않겠느냐? 내가 사람과 참새를 불쌍히 여기기 때문에 그들에게 양식을 마련해 주는데, 그들이 참 하느님께 속하는 것을 막기 위하여 그 앞에 사람들이 장애물을 세워놓은 영들을, '우리는 배가 고픕니다!' 하고 말하면서 팔을 내미는 영들을 어찌하여 내가 불쌍히 여기지 않겠느냐? 너희들은 저들이 나쁘고 야만이고 하느님의 종교와 하느님 자신을 사랑하게 될 능력이 없다고 믿느냐? 너희들의 생각은 틀렸다. 저들은 사랑과 빛을 기다리는 영들이다.

오늘 아침 우리는 내 냄새를 맡으려고 온 그 덩치 큰 개를 쫓으려는 염소의 위협적인 울음소리에 잠이 깼다. 그리고 너희들은 우리가 그 밑에서 잠을 잔 나무에 그놈을 붙잡아맸던 밧줄을 홱 잡아뺀 다음 어떻게 그 위협적인 뿔을 내밀고 있는지를 보고 웃었다. 염소는 편이 기우는 싸움에서 큰 몰로스개의 공격을 받아 목이 물려 죽을 수도 있다는 것을 생각하지 않고 단숨에 나와 개 사이에 뛰어들었다. 너희 눈에는 야생의 염소와 같이 보이는 사람들의 경우도 마찬가지이다. 그리스도는 사랑이라는 것과 그리스도가 자기를 따르라고 그들에게 권한다는 것을 알게 되면, 그들은 그리스도의 신앙을 지키기 위하여 용맹히 몸을 일으킬 줄을 알 것이다. 그리스도는 그들을 권유한다. 그렇다. 그리고 너희들은 그들이 오도록 도와주어야 한다.

비유를 하나 들어보아라.

어떤 사람이 결혼해서 아내에게서 여러 자식을 얻었다. 그러나 그중 한 아들은 기형의 육체를 타고 나서 하등 종족에 속한 것 같았다. 그 사람은 그 아들을 자기의 수치로 생각하고, 비록 자식은 죄가 없었지만 그를 사랑하지 않았다. 아이는 가장 신분이 낮은 하인들 가운데에서 업신여김을 받으며 자랐다. 그래서 생각으로도 형들보다 못한 것으로 되어 있었다. 어머니는 그를 낳으면서 죽었기 때문에 아버지의 무정을 완화할 수도 없었고, 형들이 업신여기는 것을 막을 수 없었고, 그 아이의 야성적인 생각에서 나온 그릇된 관념들을 고쳐 줄 수도 없었다. 그 아이는 아버지가 사랑하는 아이들의 집 가까이에 억지로 용납하는 야수와 같은 아이였다.

이러한 상황 속에서 그 아이가 어른이 되었다. 그의 지각은 늦게 발달하였다. 그러나 결국 성숙하기는 하였다. 외양간에서 살면서 빵 한 덩어리와 누더기 옷이나 받고, 한 번도 입맞춤을 받지 못하고, 말 한 마디 듣지 못하며, 아버지의 집에 들어오라는 초청을 한 번도 받지 못하는 것은 아들 노릇을 하는 것이 아님을 깨달았다. 그래서 그의 굴 속에서 '아버지! 아버지!' 하고 탄식하면서 괴로워하고 또 괴로워하였다. 그는 그가 받는 빵을 먹었다. 그러나 그의 마음의 허기를 달래주는 것은 아무것도 없었다. 옷을 입고 있었으나 그의 마음에는 큰 추위가 그대로 남아 있었다. 그는 짐승들과 그를 동정하는 그 고장 사람 몇몇을 친구로 가지고 있었다. 그러나 그의 마음에는 고독이 있을 뿐이었다.

'아버지! 아버지!'… 이 부르짖음은 하인들과 형들과 동향인들도 들었다. 마치 그가 이성을 잃은 것과 같이 끊임없이 신음하고 있었다. 그래서 사람들은 그를 '미치광이'라고 불렀다. 마침내 그가 야수처럼 되었는데도 하인 한 사람이 감히 그를 보러 가서 '왜 아버지의 발 앞에 가서 엎드리지를 않습니까?' 하고 말했다. '그렇게 하고 싶지만 감히 그렇게 할 수가 없어…' '왜 집에 오지 않으세요?' '무서워' '그렇지만 오고 싶긴 하세요?' '가고 싶고말고! 그렇게 하고 싶어 죽겠어. 이 때문에 내 몸이 어는 것같이 느껴지고, 사막에 있는 것처럼 외로움을 느껴. 그렇지만 나는 아버지의 집에서 어떻게들 사는지 몰라.'

착한 하인은 그래서 그를 가르치기 시작하고, 그를 보기 흥하게 만들고 그에게서 그가 아버지에게 가증스런 존재라는 공포를 없애려고 이렇게 말했다.

'아버지는 당신을 받아들이기를 원하십니다. 그러나 당신이 아버지를 사랑하는지 알지 못하십니다. 당신은 항상 아버지를 피하니까요. …당신 아버지에게서 너무 엄하게 굴었다는 가책과 당신이 혼자서 헤매는 것을 보는 고통을 없애세요. 당신의 형들까지도 내가 당신의 마음 고통을 이야기했기 때문에 이제는 당신을 업신여기려고 하지 않습니다.' 그래서 이 가엾은 아들은 어느 날 저녁 그 친절한 하인에게 인도되어 아버지의 집으로 가서 외쳤다. '아버지, 저는 아버지를 사랑합니다! 저를 들어가게 해주세요!…'

늙고 침울하게 되어 그의 과거와 영원한 미래를 생각하고 있던 아버지는 그 목소리를 듣고 펄쩍 뛰며 말했다. '내 고통이 마침내 가라앉는구나. 흉하게 생긴 아들의 목소리에서 내 목소리를 들었고, 그의 피가 내 피이고 그의 살이 내 살이라는 것을 그의 사랑이 증명하기 때문이다. 그러니 그애는 와서 제 형들 가운데 자리잡게 하고, 내쫓겼던 아들을 아버지의 모든 아들들 가운데 다시 데려다 주어서 내 가족을 완전하게 만든 친절한 하인은 축복을 받아라.'

이것은 비유이다. 그러나 이 비유를 적용함에 있어서 너희들은 영적 기형을 가지게 된 사람들, 즉 이교인(離敎人)들과 이단자들과 갈라진 사람들을 생각해야 한다. 하느님은 그들의 아버지이시다. 그래서 하느님께서는 그들이 원해서 얻은 고의의 기형 때문에 그들을 엄하게 다루실 수밖에 없었다. 그러나 하느님의 사랑은 결코 약해지지 않았다. 하느님께서는 그들을 기다리신다. 그들을 하느님께로 데려오너라. 이것이 너희 의무이다.

나는 너희들에게 이렇게 말하라고 가르쳐 주었다. '우리 아버지, 오늘 우리에게 우리의 양식을 주십시오' 하고. 그러나 '우리의'라는 말이 무슨 뜻인지 아느냐?

그리스도의 제자로서의 너희 열두 사람을 말하는 것이 아니라, 사람으로서의 너희를 말하는 것이다. 이 청을 너희들은 모든 사람을 위하여, 지금 살아 있는 사람들과 이후에 살 사람들을 위하여 하는 것이다. 하느님을 아는 사람들과 하느님을 알지 못하는 사람들을 위하여. 하느님과 그분의 그리스도를 사랑하는 사람들과 사랑하지 않거나 잘못 사랑하는 사람들을 위하여. 내가 너희들에게 가르쳐 준 기도는 모든 사람을 위한 것이다. 이것이 너희 임무이다. 하느님과 그분의 그리스도를 아는 너희들은 모든 사람을 위하여 기도해야 한다. 나는 내 기도가 보편적인 것이고 세상이 계속되는 만큼 계속될 것이라고 너희들에게 말했다. 그러나 너희들은 예수의 교회의 사도와 제자로서의 너희 목소리와 마음을 다른 교회들에 속하는 사람들의 목소리와 마음과 합치면서 보편적인 정신으로 기도해야 한다. 비록 그 사람들이 사도들에게서 내려간 그리스도교를 믿는 사람은 아니더라도. 그리고 너희들은 아버지의 집안에 있고, 그들은 굶주리고 향수에 젖으면서 한 아버지의 집 밖에 있지만 모두가 형제들인 만큼 주의 그리스도인 참된 '빵'이 부정탄 음식들과 섞이는 다른 식탁에 차려지지 않고 사도들의 식탁에 차려져서 너희들에게와 같이 그들에게로 주어질 때까지 꾸준히 계속하여라. 아버지께서 저 '보기 흉한' 형제들에게 이렇게 말씀하시지 않는 동안은 꾸준히 계속하여라. '너희들에게서, 너희들의 목소리에서 내 외아들이요 맏아들인 사람의 목소리와 말을 들었기 때문에 내 고통이 가라앉는다. 너희들을 너희 아버지의 집으로 데려와서 내 가족이 전부 모이게 한 이 하인들은 축복받아라' 하고. 무한하신 하느님의 종들인 너희들은 너희 의향에 무한을 넣어야 한다.

알아들었느냐? 얌니아에 다 왔다. 한 번은 계약의 궤가 이리로 지나서 에크론으로 갔는데, 에크론에서는 그것을 그대로 간직하지 못하고 벳세메로 보냈다. 궤는 에크론으로 돌아왔다. 요한아, 나와 같이 가자. 너희들은 얌니아에 남아 있어라, 그리고 생각을 깊이 하고 말할 줄을 알아라. 평화가 너희와 함께 있기를."

그리고 예수께서는 요한과 염소를 데리고 가신다. 염소는 매애매애 울면서 개처럼 그들을 따라간다.

84. 예수께서 사도들과 같이 모딘을 향하여 가신다

얌니아를 지난 다음에는 북극성을 바라볼 때에 서쪽에서 동쪽으로 달려가는 야산들이 점점 높아지고, 그 뒤에는 더 높은 산들, 점점 더 높은 산들이 나타나는 것을 볼 수 있다. 먼 곳에는 저녁의 마지막 희미한 빛 속에 유다의 산들의 푸르고 자주빛인 꼭대기들이 옆모습을 나타낸다. 해는 남쪽에 있는 나라에서는 그런 것과 같이 빨리 졌다. 저녁놀의 타는 듯한 빨간 빛에서 한 시간도 안 되어 첫번째 별들이 반짝이게 되었다. 그래서 해로 인한 화재가 그렇게도 빨리 꺼져서 점점 더 두꺼워지는 빨간 자수정 빛깔의 장막 속으로 하늘의 붉은 빛을 사라지게 하는 것은 불가능할 것같이 보인다. 빨간 자수정 빛의 장막은 엷은 보라색이 되었다가 점점 희미해져서 점점 더 투명해지면서 환상적인 하늘이 나타나게 한다. 그 하늘은 파란빛이 아니라, 엷은 초록빛인데 그것이 이내 어두워지면서 새로 돋아나는 귀리 빛깔이 되어 왕의 외투 모양으로 금강석이 총총 박힌 밤 동안에 주조(主調)를 이룰 청람색(靑藍色)을 예고한다.

그리고 동쪽 하늘에는 벌써 이른 별들이 미소짓고 있고 동시에 낫 모양의 상현달도 웃고 있다. 땅은 별빛 아래, 그리고 사람들의 침묵 속에서 점점 더 낙원같이 되어간다. 지금은 죄지을 줄 모르는 것들이 노래하는 시간이다. 밤꾀꼬리가 노래하고, 물이 아르페지오를 연주하고, 나뭇잎들이 살랑거리고, 귀뚜라미들이 노래하고, 이슬을 보고 노래하며 오보에 소리를 내는 두꺼비도 노래한다. 어쩌면 저 하늘 높이에서 별들도 노래를 부르는지 모르겠다. ····우리보다 천사들과 더 가까이 있는 별들이.

더위의 불은 풀과 사람과 짐승들에게 기분좋은 이슬로 축축해진 밤공기 속에서 점점 더 꺼져간다!

예수께서는 요한이 데리러 갔던 얌니아에서 나오는 사도들을 언덕 아래에서 기다리신다. 예수께서는 가리옷 사람에게 돈주머니들을 주시고 어떻게 나누어 줄 지 지시를 하시며 아주 가만히 그와 말씀을 하신다. 그의 뒤에는 염소를 데리고 말이 없는 요한이 열성당원과 바르톨로메오 사이에서 걸어가는데, 이들은 안드레아와 필립보가 두각을 나타낸 얌니아에 대하여 말하고 있다. 더 뒷쪽으로는 다른 모든 사도들이 떼를 지어 오며 큰 소리로 이야기하고 펠리시데 땅에서 있었던 일들을 회고하며, 오순절에 맞추어서 멀지 않아 유다에 돌아갈 것에 대하여 분명히 기쁨을 나타낸다.

"그렇지만 정말 곧 유다로 가는 거야?" 뜨거운 모래밭으로 돌아다니느라고 매우 지친 필립보가 묻는다.

"선생님이 그렇게 말씀하셨어. 자네도 들었지" 하고 알패오의 야고보가 대답한다.

"내 동생은 분명히 그걸 알 거야. 그렇지만 그 애는 꿈속에 잠겨 있는 것 같아. 그들이 이 닷새 동안에 뭘 했는지는 수수께끼란 말이야" 하고 제베대오의 야고보가 말한다.

"맞아. 그래서 나는 그걸 알고 싶어 어쩔 수가 없어. 얌니아에서 있은 저··· 불순물 제거에 대해서 우리에게 보상하는 의미로라도 그건 알고 싶어. 불행을 피하기 위해서 우리 말 한 마디 한 마디, 우리 눈길 하나하나 또는 발걸음 하나하나까지도 조심해야 했던 닷새 동안 말이야" 하고 베드로가 말한다.

"그래도 우리는 잘 해냈어. 우린 이제 어떻게 하는 건지 알기 시작했단 말이야" 하고 마태오가 만족스러운 태도로 말한다.

"정말이지… 난 두세 번 떨었어. 그 빌어먹을 시몬의 유다 말이야! …아니 그 사람은 자제하는 걸 영영 배우지 못하고 말 건가?" 하고 필립보가 말한다.

"나이 먹으면 그렇게 될 거야. 그렇지만 말하자면 그 사람은 착한 의향으로 그러는 거야. 자네도 그 사람 말을 들었지? 선생님도 그렇게 말씀하셨어. 그 사람은 열성으로 그러는 거야…" 하고 안드레아가 가리옷의 유다를 변호하며 말한다.

"물론! 선생님은 더없이 인자하시고 슬기로우신 분이시니까 그렇게 말씀하셨지만, 나는 선생님이 그 사람을 칭찬하시는 것으로는 생각하지 않아" 하고 베드로가 말한다.

"선생님은 거짓말은 안하셔" 하고 타대오가 대꾸한다.

"거짓말을 안하시지. 그렇지만 당신 대답에 우리는 담을 줄 모르는 조심성을 전부 담으신단 말이야. 그리고 진실을 말씀하시면서도 피나는 듯한 정신적 고통을 아무에게도 느끼게 하지 않으시고, 분개하는 마음을 일으키지 않으시고, 비난을 불러일으키는 일 없이 그렇게 하신단 말이야. 허! 선생님은 선생님이시지!" 하고 베드로가 한탄한다.

점점 더 밝아지는 하얀 달빛을 받으며 걸어가는 동안 침묵이 조금 흐른다. 그러다가 베드로가 제베대오의 야고보에게 말한다. "요한을 불러보게. 그 사람이 왜 우릴 피하는지 모르겠어."

"그 말은 내가 즉시 해주지. 그것은 우리가 알려고 그를 귀찮게 하리라는 것을 알기 때문이야" 하고 토마가 말한다.

"맞아! 그리고 가장 조심성있고, 가장 현명한 두 사람과 같이 계시단 말이야" 하고 필립보가 확인한다.

"그래도 해봐. 친절을 좀 베풀어" 하고 베드로가 조른다.

그러니까 야고보는 친절을 베풀어 요한을 세 번 부른다. 요한은 듣지를 못한다. 아니면 듣지 못하는 체한다. 반대로 바르톨로메오가 돌아다본다. 야고보는 그에게 "내 아우더러 이리 오라고 말하게" 하고 말하고는 베드로에게 "그렇지만 나는 우리가 알게 되리라고는 생각하지 않네" 하고 말한다.

요한은 순종해서 즉시 와서 묻는다. "무슨 일이야?"

"여기 바로 유다로 가는 건지 알려는 거야" 하고 그의 형이 말한다.

"선생님이 그렇게 말씀하셨어. 말하자면 선생님은 에크론에서부터 뒤로 돌아오려고 하지 않으셨어. 그래서 자네들을 데려오라고 나를 보내려고 하신 거야. 그렇지만 이내 마지막 언덕까지 오시는 길을 택하셨어. 여기서도 유다로 가는 거지."

"모딘으로 해서?"

"모딘으로 해서."

"이 길은 안전하지 않은 길이야. 여기서는 악당들이 대상들을 기다리고 있다가 기습을 한단 말이야" 하고 토마가 반대한다.

"오! …선생님하고는! …선생님께 맞서는 것은 아무것도 없어!…" 그러면 요한은 그를 무엇인지 모를 어떤 추억으로 끌어가는 것 같은 얼굴을 들어 하늘을 쳐다보며 미소짓는다.

모두가 그것을 알아차린다. 그리고 베드로는 말한다. "이거 봐, 자네가 그런 얼굴을 하고 있는 걸 보니, 자넨 지금 별이 총총 박힌 하늘에서 어떤 희한한 이야기를 읽고 있는 거로구먼?"

"내가? 아니야…."

"그만해 둬! 자네가 세상에서 멀리 떨어져 있다는 건 돌들까지도 알고 있네. 이거 봐, 에크론에서 무슨 일이 있었나?"

"아니, 정말 아무 일도 없었어, 시몬. 고통스러운 일을 당했으면 행복하지 않을 거야."

"고통스러운 일 말고, 오히려 그 반대로 말이야! …자! 말해 봐!"

"그렇지만 선생님이 자네들에게 말씀하신 것에 덧붙일 것이 아무것도 없어. 그 사람들은 기적에 놀란 사람들처럼 친절했어. 그뿐이야. 선생님이 말씀하신 것 그대로야."

"아니야" 하고 말하며 베드로는 고개를 젓는다. "아니야, 아니야. 자넨 거짓말을 할 줄 몰라. 자넨 샘물처럼 맑단 말이야. 아니야, 자넨 얼굴빛이 변했어. 난 자네가 아주 어렸을 적부터 알고 있어. 자넨 절대로 거짓말을 할 줄 모를 거야. 마음으로 할 수 없고, 생각으로도 혀로도 할 수 없고, 빛깔이 변하기 때문에 피부로도 할 수 없을 거야. 자, 나이먹은 자네의 요나의 시몬에게로, 자네 친구 가까이로 이리 오게. 자네는 어리고 나는 벌써 어른이 되었을 때 생각이 나나? 내가 자넬 얼마나 귀여워했어? 자넨 이야기를 해달라고 하고, 자네가 말한 것처럼 '결코 파선을 하지 않고' 자넬 멀리 데려다주는 데 쓰일 작은 배들을 코르크로 만들어 달라고 했지. …지금도 자넨 멀리 가고 불쌍한 시몬은 바닷가에 그대로 내버려 두는구먼. 그리고 자네 작은 배는 결코 파선을 하지 않을 거야. 그 작은 배는 베싸이다에서 자네가 어릴 적에 강에 띄워, 강에서 호수로 흘러 내려가 가고 또 가라고 하던 그 작은 배들 모양으로 꽃을 잔뜩 싣고서 간단 말이야. 생각나나? 요한, 난 자넬 정말 사랑하네. 우리 모두가 자넬 사랑해. 자네가 우리 돛이고, 파선을 하지 않는 우리 배야. 자넨 우릴 자네 뒤로 데리고 간단 말이야. 왜 에크론의 기적 이야기를 우리에게 해주지 않는 거야?"

 말을 하는 동안 베드로는 한 팔로 요한의 허리를 껴안고 있었다. 그러나 요한은 질문을 교묘하게 피하려고 하면서 이렇게 말한다. "그런데 우두머리인 자네는 왜 내게 대해서 쓰는 그런 설득력있는 어조로 군중에게 말하지 않는 거야? 군중은 설득당할 필요가 있지만, 난 그럴 필요가 없단 말이야."

 "그건 자네하고는 마음이 편하니까 그래. 난 자넬 사랑한단 말이야. 그렇지만 군중은 내가 알지 못하거든" 하고 베드로는 변명을 늘어놓는다.

 "그리구 자네는 군중을 사랑하지 않는단 말이야. 그게 자네 잘못이야. 군중을 알지 못하더라도 사랑하란 말이야. 이렇게 생각하란 말이야. '군중이 우리 아버지의 것이다' 하고. 그러면 군중들을 자네가 아는 것같이 생각될 거고, 그들을 사랑하게 될 거야. 군중을 모두 요한이라고 생각하란 말이야."

 "말이야 쉽지! 독사와 고슴도치를 영원한 어린이인 자네와 바꿀 수 있기나 한 것처럼 말이야."

 "아이고 아니야! 나도 모든 사람들하고 같아."

 "아니다, 요한아. 모두와 같지는 않다. 우리는 아마 바르톨로메오와 안드레아와 열성당원을 빼놓고는 우리에게 무슨 일이 생겨서 행복하게 되었는지를 풀한 테까지도 벌써 말했을 거다. 그런데 너는 말을 안하고 있다. 그렇지만 네 형인 내게는 말해야 된다. 나는 네게 아버지 같은 사람이니까" 하고 제베대오의 야고보가 말한다.

 "아버지는 하느님이시고, 형님은 예수님이시고, 어머니는 마리아님이셔…."

 "그럼 피는 네겐 이제 중요하지 않게 됐단 말이냐?" 하고 야고보가 화가 나서 외친다.

 "화내지 말아. 나는 나를 만든 피와 모태인 아버지 어머니를 축복하고 같은 부모에게서 온 형도 축복해. 그것은 부모님이 나를 낳고 기르셔서 선생님을 따를 수 있게 해주셨기 때문이고, 형은 선생님을 따르기 때문이야. 어머니가 제자가 되신 뒤로는 어머니를 두 가지 명목으로 사랑해. 아들로서는 살과 피로, 같은 제자로서는 정신으로 사랑한단 말이야. 오! 선생님께 대한 사랑 안에 결합해 있는 것은 얼마나 기쁜 일이야!…"

 예수께서는 야고보의 성난 목소리를 들으시고 뒤로 도로 오셨는데, 요한의 마지막 말로 무슨 문제인지를 아시게 되었다. "요한을 귀찮게 하지 말아라. 요한을 괴롭히는 것은 아무 소용도 없다. 요한은 내 어머니를 많이 닮았다. 그러니까 말을 하지 않을 것이다."

"그러면 선생님이 말씀해 주십시오" 하고 모두가 애원하는 목소리로 말한다.

"자, 이렇다. 내가 요한을 데려간 것은 내가 하고자 하는 일에 요한이 가장 적합했기 때문이다. 나는 요한에게 도움을 받았고, 그 일로 요한은 완전하게 되었다. 그뿐이다."

베드로와 요한의 형 야고보와 토마와 가리옷 사람은 실망해서 입술을 쑥 내밀고 서로 바라다본다. 그리고 가리옷의 유다는 그의 실망을 보이는데 그치지 않고 이렇게 말한다. "왜 그를 완전하게 하십니까? 그 사람은 그렇지 않아도 제일 훌륭한데요?"

예수께서 그에게 대답하신다. "'각자가 자기 특유의 방식이 있고 그것을 사용한다'고 네가 말했지. 나는 내 방식이 있고, 요한도 그의 방식이 있는데, 그 방식이 내 방식과 많이 비슷하다. 내 방식은 완성될 수가 없다. 그러나 요한의 방식은 완성될 수 있다. 그리고 그렇게 되는 것이 좋기 때문에 나는 그렇게 되기를 원한다. 그렇기 때문에 그를 데리고 갔었다. 그것은 그 방식과 그 마음을 가진 사람이 내게 필요했기 때문이다. 그러니까 기분나빠 해서도 안 되고, 호기심을 가져서도 안 된다. 우리는 모딘으로 간다. 밤이 청명하고 시원하고 밝다. 달이 있는 동안은 걷자. 그리고 새벽까지 자기로 하자. 그 영광스러운 이름을 가진 마카베오 형제들의 무덤에 경의를 표하라고 두 유다를 데리고 가겠다."

"저희들만 선생님을 모시고 갑니까?" 하고 유다가 기뻐서 말한다.

"아니다, 모두 같이 간다. 그러나 마카베오 형제의 무덤에 참배하는 것은 너희들뿐일 것이다. 그것은 너희들이 싸움과 승리를 아주 영적인 분야로 가지고 가서 그들을 초자연적으로 본받을 줄 알게 하려고 그러는 것이다."

85. 예수께서 산적들에게 말씀하신다

일행이 계곡 속으로 점점 더 깊숙히 들어가는 동안 주님은 이렇게 말씀하신다. "우리가 가는 곳에서 너희들에게 말을 할 작정이다." 계곡은 돌이 많고 좁은 어려운 길로 해서 산을 공격하는데, 길이 올라가다가는 다시 내려가기도 하면서 지평선이 안 보이다가 다시 보이곤 한다. 마침내 베드로의 말마따나 염소나 편하게 느낄 것 같은 아주 가파른 내리받이로 해서 일행은 깊은 골짜기에 이르러 물이 많은 샘 곁에서 쉬면서 식사를 한다.

다른 사람들도 풀밭과 작은 숲 사이에 흩어져서 예수와 사도들이 하는 것처럼 식사를 한다. 이곳은 기분좋은 풀밭과 물이 있고 바람이 막혀 아늑하기 때문에 사람들이 머무르는 곳이다. 예루살렘으로 가는 순례자들도 있고, 아마 요르단강으로 가는 여행자들도 있으며, 성전에서 쓰일 어린 양들을 파는 장사치들도 있고, 양떼를 거느리고 있는 목자들도 있다. 어떤 사람들은 말이나 나귀를 타고 여행하지만, 대부분은 걸어서 가는 사람들이다. 대단한 축제기분인 혼인행렬까지도 하나 온다. 겨우 어린 아이 티를 면한 신부를 감싸고 있는 베일 밑으로는 금이 반짝인다. 팔찌와 목걸이가 번쩍번쩍하는 나이 지긋한 품위있는 두 부인과 두 하인 말고도 후행(後行)인 것 같은 남자 또 한 사람이 동행한다. 그들은 작은 장식 술과 방울을 단 나귀들을 타고 왔는데, 사람들의 눈길이 어린 신부를 범하는 것을 두려워하기라도 하는 듯이 구석진 곳으로 피해가서 음식을 먹는다. 후행인지 친척인지 되는 남자는 여자들이 먹는 동안 위협적인 태도로 보초를 선다.

사실로 그들은 매우 강한 호기심의 대상이 된다. 그리고 소금이나 칼이나 초 한 방울을 얻거나 빌러 간다는 핑계로 이 사람 또는 저 사람을 찾아가서 신부가 알려진 처녀인지 어디로 가는지, 그밖에 그와 비슷한 많은 일을 알려고 하는 사람이 언제나 있다. …과연 신부가 어디서 오고 어디로 가는지를 아는 사람이 있는데, 또 한 사람이 질이 좋은 포도주를 부어주며 일을 시키려고 부추기는 바람에 자기가 아는 것을 모두 이야기하는 것을 대단히 만족스러워 한다. 어떤 때는 두 집안과 신부가 궤에 넣어 가지고 가는 혼수와 신랑집에서 신부를 기다리는 재산 등등 아주 지극히 은밀한 세부사항까지도 폭로한다. 이렇게 해서 신부는 요빠의 부유한 상인의 딸이고, 예루살렘의 부유한 상인의 아들에게 시집가며, 신랑은 신부의 도착이 임박하였으므로 신혼살림 할 집을 꾸미려고 신부보다 먼저 갔고, 신부와 동행하는 신랑의 친구도 금강석과 진주를 가공하는 상인 아브라함의 아들이고, 신랑은 금은세공사이며, 신부의 아버지는 양철, 직물, 양탄자, 커어튼… 을 취급하는 상인이라는 것을 알게 되었다.

수다쟁이가 사도들의 무리 아주 가까이에 있었기 때문에 토마가 그의 말을 듣고 말한다. "아니, 신랑은 레위의 나타나엘이 아니오?"
"바로 그 사람이오. 그 사람을 아시오?"
"아버지와 거래를 했기 때문에 아버지는 잘 알지요. 나타나엘은 아버지만큼은 알지 못하구요. 거 아주 부유한 집안끼리의 혼인이군요!"
"그리고 신부는 행복하지요. 신부는 금을 뒤집어썼지요. 신부의 어머니의 친척이고 신랑의 친구의 아버지일 아브라함은 그것을 명예에 관한 일로 여겼고, 신랑과 신랑의 아버지도 그랬지요. 저 궤속에는 금 여러 달란트의 값어치가 들어 있다고 해요."
"감탄!" 하고 베드로가 휘파람을 불며 탄성을 올린다. 그리고 덧붙인다.
"어디 제일 중요한 상품이 나머지와 어울리는지 가서 자세히 봐야지." 베드로는 토마와 같이 일어나 혼인하러 가는 일행 둘레를 한바퀴 돌아보려고 가서 보석으로 뒤덮인 손과 손목만이 나타나고 귀와 목에서 반짝이는 빛이 스며나오는 천과 베일의 무더기 같은 세 여자를 자세히 들여다보고, 허세를 부리는 후행의 아래 위를 훑어본다. 그 사람은 어찌나 허세를 부리는지 처녀를 습격하러 간 해적들을 물리치는 것 같다. 그는 두 사도도 의심을 가지고 본다. 그러나 토마는 그에게 디디모라고 하는 토마의 이름으로 레위의 나타나엘에게 안부를 전해달라고 부탁한다. 화해가 이루어졌다. 화해가 너무도 잘 이루어져서 이들이 수다를 떨고 있는 동안 어린 신부는 겉옷과 베일이 벗겨져내려 육체와 의상의 우아함과 우상과 같은 호화로움을 한껏 뽐내면서 일어나 자신을 과시하게 되었다. 기껏해야 열 다섯이나 되었겠는데, 눈에 장난끼가 어리어 있다! 어린 신부는 부인들이 반대하는데도 불구하고 모양을 낸다. 땋아내린 머리를 풀었다가 값진 핀으로 다시 정돈하고, 보석으로 장식한 허리띠를 졸라매고, 신발의 끈을 풀고 벗었다가 다시 신고는 금으로 만든 버클로 꼭 죄고, 그러는 동안 찬란한 검은 머리, 아름다운 손과 우아한 팔, 가는 허리, 잘 발달한 가슴과 둔부, 나무랄 데 없는 작은 발, 땡그랑거리고 넘어가는 햇빛과 숲에 처음 피워놓은 불빛에 반짝이는 모든 목걸이를 보이게 되었다.
베드로와 토마는 돌아온다. 토마가 "아름다운 소녀야" 하고 말한다.
"더할 수 없이 요염한 여자야. 그 소녀는… 그렇지만 자네 친구 나타나엘은 금을 다루려고 달구고 있는 동안에 그의 침대를 뜨뜻하게 유지하는 사람이 있다는 것을 이내 알게 될 걸세. 그리고 그의 친구는 더할 수 없는 얼간이구. 신랑은 어린 신부를 잘 맡겼어!" 하고 베드로는 동료들 사이에 앉으며 말을 끝낸다.

"나는 다른 얼간이에게 말을 시키던 그 사람이 마음에 들지 않아" 하고 바르톨로메오가 투덜거린다. "그 사람이 알고 싶어 하던 것을 다 알고 나자 산쪽으로 갔어. …여긴 좋지 못한 곳이야. 그리고 산적들이 습격하는 데는 이상적인 때야. 달이 있는 밤에다 더위로 사람들은 지쳐빠지구, 나무에는 잎이 무성하구 말이야. 흠! 이곳이 나는 마음에 들지 않아. 그냥 길을 계속하는 것이 나았을 거야."

"게다가 그 얼간이는 그 많은 재물 이야기를 했지. 그리고 용사인 체하고 망령들 앞에서는 지키는 사람인 체하면서 실제로 있는 몸들은 보지 못하는 또 다른 바보는 어떻구! …자, 내가 불을 지키겠어. 누가 나와 같이 가겠어?" 하고 베드로가 말한다.

"나 시몬" 하고 열성당원이 대답한다. "나는 졸음을 잘 견디거든."

여러 사람, 특히 따로따로 여행하는 사람들이 일어나서 작은 떼를 이루고 떠났다. 양떼를 데리고 온 목자들과 혼인하러 가는 집단과 사도들의 집단과 어린 양을 팔러 가는 장사치 세 사람이 남아 있는데, 이 사람들은 벌써 잔다. 어린 신부도 하인들이 친 천막 속에서 부인들과 같이 자고 있다.

사도들은 자리를 구하고 예수께서는 기도하려고 외딴 곳으로 가신다. 목자들은 그들이 있는 곳 한가운데 큰 불을 피운다. 베드로와 시몬은 바르톨로메오에게 수상하게 보인 사람이 사라진 비탈진 오솔길에 불을 또 하나 피워놓는다.

시간이 흘러간다. 그리고 코를 골지 않는 사람도 꾸벅꾸벅 존다. 예수께서는 기도하신다. 완전히 고요하다. 벌써 하늘에 높이 올라온 달빛을 받아 반짝이고 있는 샘까지도 침묵을 지키는 것 같다. 달은 야영지는 완전히 비추지만 비탈은 빽빽한 나뭇잎에 가려 그늘져 있다.

커다란 양 지키는 개가 으르렁거린다. 목자 한 사람이 머리를 든다. 개가 일어서고 등마루의 털이 곤두선다. 개는 떡 버티고 서서 귀를 기울인다. 흥분한 것을 나타내는 은은한 으르렁거림이 더 세어질 때에는 몸을 떨기까지 한다. 시몬도 고개를 들고 졸고 있는 베드로를 흔든다. 거의 들리지 않는 바스락 소리가 숲쪽에서 들려온다.

"선생님을 찾아가서 모시고 오세" 하고 두 사람이 말한다. 그와 동시에 목자도 동료들을 깨운다. 그들은 모두 소리를 내지 않고 귀를 기울인다. 예수께서도 사도들이 부르러 가기도 전에 벌써 일어나셔서 두 사도에게로 가신다. 그들은 동료들 곁으로 모인다. 그러니까 목자들 가까이에 모인 셈인데, 그들의 개는 흥분한 표를 점점 더 뚜렷하게 나타낸다.

"자는 사람들을 모두 불러서 소리내지 말고 이리로 오라고 일러라. 특히 여자들과 하인들에게 궤들을 가지고 오라고 일러라. 다만 산적들이 있는 모양이라고 그들에게 말하여라. 그러나 여자들에게는 말하지 말고, 모든 남자에게 말하여라." 사도들은 선생님께 순종하려고 사방으로 흩어지고, 예수께서는 목자들에게 "불에 나무를 많이 집어넣어 불꽃이 크게 일어나게 하시오" 하고 말씀하신다. 목자들도 시키는 대로 한다. 그리고 그들이 몹시 불안해 하는 것같이 보이므로 그들에게 이렇게 말씀하신다. "안심하시오. 당신들은 양털 한 뭉치도 빼앗기지 않을 것입니다."

장사꾼들이 느닷없이 와서 중얼거린다. "아이고! 우리가 장사해서 남긴 돈을!" 그리고 세상에서 도둑들을 없애주지 못하는 로마와 유다인 통치자들에 대한 비난을 늘어놓는다.

"두려워 마시오. 당신들은 동전 한 푼 잃지 않을 것입니다" 하고 예수께서 그들의 용기를 돋우어 주시려고 말씀하신다.

여자들은 그 용감한 후행이 겁을 집어먹고 벌벌 떨면서 "이젠 죽었어요! 산적들의 손에 죽었어요!" 하고 겁을 주었기 때문에 겁을 집어먹고 울면서 온다.

"안심하시오. 당신들을 슬쩍 건드리지도 않을 것이고, 바라보지도 않을 것입니다" 하고 예수께서 그들의 기운을 돋우어 주시려고 말씀하시고, 그들을 겁을 집어먹은 사람들과 짐승들의 작은 떼 한가운데로 인도하신다.

나귀들이 울고, 개가 으르렁거리고, 양들이 매애매애 하고, 여자들은 흐느끼고, 남자들은 저주를 퍼붓고 여자들보다도 더 기운이 빠졌다. 그것은 심한 공포로 생긴 귀에 거슬리는 소리였다. 예수께서는 아무 일도 없는 듯이 태연하시다. 이렇게 소란스러운 가운데 이제는 수풀 속에 바스락소리가 들리지 않게 되었다. 그러나 숲속에 가까이 오는 산적들이 있다는 것은 나뭇가지를 꺾는 소리와 돌들이 굴러 내려가는 소리로 알 수 있다.

"조용하시오!" 하고 예수께서 명하신다. 그런데 어떻게나 엄하게 명하시는지 조용해졌다. 예수께서는 그 자리를 뜨셔서 숲을 향하여 야영지 끝으로 가신다. 그리고는 숲으로 몸을 돌리시고 말씀을 시작하신다.

"황금에 대한 저주받은 욕구는 사람들을 천한 감정으로 끌어갑니다. 사람은 다른 어느 것보다도 황금으로 자기의 정체를 드러냅니다. 저 금속이 사람을 홀리는 그 쓸 데 없는 광채로 얼마나 많은 악의 씨를 뿌리는지 보시오. 나는 지옥의 공기가 같은 빛깔을 가지고 있다고 믿습니다. 그만큼 사람이 죄인이 된 뒤로부터 황금은 지옥의 성질을 가지고 있습니다. 조물주께서는 당신의 뜻으로 만드신 땅이라는 이 거대한 청금석(靑金石) 속에 남겨두셔서 그 염(鹽)들과 더불어 사람에게 유익하게 되고 성전을 꾸미는 데 쓰이게 하셨습니다. 그러나 사탄은 하와의 눈에 입맞춤하고 사람의 자아(自我)를 괴롭혀 죄없는 그 금속에 해로운 맛을 붙여주었습니다. 그래서 그때부터 황금 때문에 사람을 죽이고 죄를 짓고 합니다. 황금으로 인하여 여자들이 요염하게 되고 육체의 죄에 끌려 갑니다. 황금으로 인해서 사람은 도둑이 되고, 횡령자, 살인자가 되고, 이웃에 대해서 무자비한 사람이 되고, 자기 영혼에 대해 냉혹하게 되어서 덧없는 물건에 전념하느라고 영혼의 참다운 유산을 빼앗고, 죽을 때에는 버려야 할 번쩍거리는 비늘 같은 것 몇 조각을 영혼에게 주기 위해 그에게서 영원한 보물을 빼앗아 갑니다.

  황금 때문에 다소간 가볍게, 또는 다소간 중하게 죄를 짓는 당신들, 당신들이 죄를 지으면 지을수록 당신들의 어머니와 선생님들이 당신들에게 가르친 것, 즉 세상에서 사는 동안에 행한 것에 대해서 상과 벌이 있다는 것을 더 비웃는 당신들. 당신들은 도대체 그 죄 때문에 하느님의 보호와 영원한 생명과 기쁨을 잃고, 마음 가득히 가책과 저주를 가지게 되고, 공포를, 사람들의 벌에 대한 공포를 부수품으로 가지게 될 터인데, 그것은 당신이 가져야 하겠는데 가지지 않은 공포, 하느님의 벌에 대한 거룩한 두려움에 비하면 아무것도 아니라는 것을 생각 못합니까? 당신들은 당신들의 비행이 중죄와 합쳐지면 그 때문에 무서운 최후를 맞게 될 수도 있다는 것을 생각하지 못합니까? 또 당신들이 황금 때문에 저지른 잘못이 피를 흘리게 하지는 않았더라도, 인색함으로 인해서 굶주리는 사람들에게 도움을 주기를 거부하고, 지위와 돈을 훔치고, 인색으로 인하여 저울눈을 속임으로써 이웃에 대해 가져야 할 사랑과 존경의 계율을 업신여겼으므로 영원하기 때문에 더 무서운 최후를 맞을 수 있다는 것을 생각하지 않습니까? 그렇습니다. 당신들은 그것을 생각하지 않습니다. 당신들은 이렇게 말합니다. '그건 어리석은 생각들이야! 나는 그 생각들을 무거운 내 황금으로 으깨버렸어. 그래서 그것들이 이젠 죽었어' 하고. 그러나 그것은 어리석은 생각이 아니고, 진리입니다. '내가 죽고 나면, 모든 것이 끝장이야' 하고 말하지 마시오. 아닙니다. 오히려 모든 것이 시작됩니다. 내세는 당신들이 상상하는 것과 같이 생각도 없고 세상에서 살았을 때 한 것에 대한 기억도 없고 하느님께 대한 갈망도 없는 심연이 아닙니다. 그것은 구세주에 의한 해방을 기다리는 일시적 중단일 것입니다. 내세는 의인들에게는 복된 기다림이고, 속죄할 것이 있는 사람들에게는 참을성있는 기다림이고, 지옥에 떨어진 사람들에게는 소름끼치는 기다림입니다. 첫번째 사람들은 고성소에서 기다리고, 두번째 사람들은 연옥에서 기다리고, 마지막 사람들은 지옥에서 기다릴 것입니다. 그리고 첫번째 사람들에게는 구세주를 따라 하늘에 들어감과 동시에 기다림이 끝날 것이고, 두번째 사람들에게는 그 시간 후에는 기다림이 바람으로 인하여 격려를 받을 터이지만, 마지막 사람들에게 있어서는 그들의 영원한 저주의 무서운 확실성을 어둡게 할 것입니다. 죄짓는 당신들, 이것을 생각하시오. 뉘우치는 데 너무 늦었다는 일은 절대로 없습니다. 당신들에 대해 하늘에서 쓰고 있는 판결을 참된 뉘우침으로 바꾸어 놓으시오. 죽은 사람의 영혼이 머무는 저승이 당신들에게는 지옥이 되지 않고, 속죄하는 기다림이 되게, 당신들의 의지 덕택으로 적어도 그것이라도 되게 하시오. 어두움이 아니라 어스름이 되게, 애를 끊는 듯한 괴로움이 아니라 향수가 되게, 절망이 아니라 바람이 되게 하시오.

자. 하느님과 싸우려고 하지 마시오. 하느님은 강하신 분이시고 인자하신 분이십니다. 당신들의 부모의 이름을 업신여기지 마시오. 이 샘의 탄식을 들으시오. 당신들이 살인자라는 것을 알고 당신 어머니들의 가슴을 찢어놓은 탄식과 같은 탄식을. 이 계곡에 부는 바람의 탄식을 들으시오. 이 탄식은 위협하고 저주하는 것 같습니다. 당신들의 아버지가 당신들의 행실을 저주하는 것과 같이. 가책이 어떻게 당신들의 마음에서 부르짖고 있는지 들으시오. 이 세상에서 충분한 얼마 안 되는 것과 하늘에서 가지게 될 모든 것을 가지고 편안한 만족을 누릴 수 있을 터인데 왜 고통을 당하기를 원합니까? 당신들의 정신에 평화를 주시오! 맹수에게서처럼 당신들에게 최악의 것을 두려워 하고 또 두려워 해야 하는 사람들에게 평화를 주시오! 불쌍하고 불행한 사람들인 당신 자신들에게 평화를 주시오! 눈을 들어 하늘을 쳐다보고, 당신들의 입에서 독이 든 음식을 뱉아버리고, 형제들의 피가 철철 흐르는 당신들의 손을 깨끗이 씻고, 당신들의 마음을 깨끗하게 하시오.

나는 당신들을 믿습니다. 그렇기 때문에 당신들에게 말하는 것입니다. 온 세상 사람이 당신들을 미워하고 무서워 하더라도 나는 당신들을 미워하지도 않고 무서워 하지도 않기 때문입니다. 오히려 나는 당신들에게 손을 내밀기만 하고 이렇게 말합니다. '일어나 오시오. 사람들 가운데에서 다시 온순한 사람이 되고, 사람들 가운데에서 다시 사람이 되시오' 하고. 나는 당신들을 조금도 무서워 하지 않기 때문에 이제 나는 이 사람들 모두에게 이렇게 말하겠습니다. '가엾은 형제들에 대해서 원한을 가지지 말고 가서 쉬시오. 그 형제들을 위해 기도하시오. 나는 여기 남아서 그 사람들을 사랑의 눈길로 보겠습니다. 그리고 장담하지만 이제 아무 일도 없을 것입니다. 왜냐하면 사랑은 난폭한 사람들을 누그러뜨리고 갈망하는 사람들을 만족시키기 때문입니다. 세상의 참된 힘인 사랑은 찬미받기 바랍니다. 알려지지 않고 능력있는 힘, 하느님이신 힘입니다' 하고."

그리고 야영하는 모든 사람을 향하여 돌아서시며 말씀하신다. "자, 자, 안심하시오. 여기에는 이제 악당들은 없고 무서워 하는 사람들, 우는 사람들이 있습니다. 우는 사람은 해치지 않습니다. 제발 저 사람들이 지금의 상태대로 계속 있었으면 좋겠습니다. 그것은 그들의 구속일 것입니다."

86. 베델에 도착

사도들의 무리가 데리고 가는 짐승에 변화가 있었다. 이제는 염소가 없어지고, 그 대신 양 한 마리와 작은 어린 양 두 마리가 있다. 젖이 통통 불은 살찐 양과 어린애들같이 명랑한 어린 양들이다. 새까만 염소보다는 덜 신기한 모습을 하고 있지만 모든 사람의 마음에 더 드는 아주 작은 양떼이다.

"나는 마룩지암을 행복한 작은 목동을 만들게 암염소가 한 마리 올 것이라고 너희들에게 말했었다. 그런데 너희들이 숫염소를 받아들이려고 하지 않았기 때문에 암염소 대신에 양들이 왔다. 그것도 베드로가 열망하던 것과 같이 흰 양이 말이다."

"그건 틀림없습니다. 저는 뒤에 벨제붓*을 달고 다니는 것 같았습니다" 하고 베드로가 말한다.

"과연 그렇습니다. 그놈이 우리와 같이 있은 뒤로는 난처한 사건의 연속이었으니까요. 저희들 뒤를 따라다니는 마력이었습니다" 하고 가리옷 사람이 성이 나서 확인한다.

"그럼 좋은 마력이었지. 우리가 무슨 나쁜 일을 당했느냐 말이야?" 하고 요한이 태연하게 말한다.

모두가 그의 무분별을 비난하려고 소리를 지른다. "아니, 자넨 모딘에서 사람

---

* 역주 : 마귀의 또 다른 이름.

들이 그들을 어떻게 비웃는지 보지 못했어?" "그리고 내 동생이 떨어진 것이 자넨 아무렇지도 않은 걸로 생각되나? 중상을 입을 수도 있었단 말이야. 다리가 부러지거나 척추가 부러졌더라면 우리가 어떻게 그를 데리고 왔겠어?" "그리고 어젯밤의 막간극(幕間劇)이 자네에겐 매력적으로 보였나?"

"나도 모두 보고 모든 것을 관찰했어. 그리고 우리가 좋지 못한 일을 아무것도 당하지 않았기 때문에 주님을 찬미했어. 악이 우리를 향해서 오기는 했어. 그러다가 언제나 그런 것처럼 도망쳤어. 그리고 만남은 분명히 모딘에서도 포도재배인들에게도 씨를 뿌리는 데 소용이 됐어. 그 사람들은 적어도 상처입은 사람을 만나게 되리라고 확신하고 달려 왔었지. 그리고 애덕을 어겼다고 생각하고 그것을 보상하려고 했어. 또 지난 밤 도둑들을 만난 것도 그랬어. 그 도둑들이 우리를 해치지 않았고, 우리는, 즉 베드로는 염소 대신으로 양들을 얻었는데, 그건 그 사람들이 구원을 받았다고 선물로 준 거였어. 그리고 가난한 사람들이 지금은 상인들이 준 돈주머니들과 여자들이 바친 것 덕택으로 돈을 많이 가지게 됐다. 그리고 모두가 예수님의 말씀을 들었는데, 그것이 더 가치가 있는 것이었어."

"요한의 말이 옳아" 하고 열성당원과 유다 타대오가 말한다. 그리고 유다 타대오는 이렇게 말을 맺는다. "갑자기 일어나는 모든 일이 정말이지 장래에 대한 분명한 지식이 있은 다음에 일어나는 것 같아 내가 떨어지는 바람에 늦어서 마침 그곳에 보석투성이의 여자들과 살찐 양떼를 거느린 목자들과 돈을 잔뜩 가진 저 상인들같이 산적들에게는 굉장한 희생물인 사람들과 동시에 있게 되다니! 예수님, 진실을 말씀해 주셔요. 어떤 일이 있을는지 알고 계셨어요?" 하고 유다 타대오가 예수께 묻는다.

"내가 여러번 너희들에게 말했지만, 나는 사람들의 마음 속을 꿰뚫어보고, 아버지께서 달리 처리하지 않으시면 장차 무슨 일이 있을지도 안다."

"그러면 왜 어떤 때 잘못을 저지르십니까? 적의를 품은 바리사이파 사람들에게나 아주 적대적인 도시에 가는 것같이 말입니다?" 하고 가리옷의 유다가 묻는다.

예수께서는 그를 뚫어지게, 아주 뚫어지게 들여다보시다가 조용히 그리고 천천히 말씀하신다. "그것은 잘못된 일들이 아니라, 내 사명의 필요들이다. 병자들에게는 의사가 필요하고, 무식한 사람들에게는 선생이 필요하다. 그런데 병자들과 무식한 사람들이 의사와 선생을 배척한다. 그러나 만일 그들이 착한 의사들이고 착한 선생들이면 그들을 배척하는 사람들에게 계속 간다. 그 사람들에게 가는 것이 그들의 의무이니까. 그래서 나는 그곳으로 간다. 너희들은 내가 가는 곳에서는 일체의 저항이 사라지기를 바라지. 나는 그렇게 할 수 있을 것이다. 그러나 나는 아무에게도 폭력을 쓰지 않고, 잘 알아 듣도록 타이른다. 강제권은 아주 예외적인 경우에만 사용되고, 하느님께 비춤을 받은 정신이 그 강제력이 하느님 계시다는 것과 하느님께서 가장 강하시다는 것을 확신하게 할 수 있다는 것을 깨달을 때와 많은 사람을 구원할 필요가 있을 때에만 사용된다."

"어젯밤과 같이 말이지요, 예?" 하고 베드로가 묻는다.

"어젯밤에는 산적들이 우리가 깨어서 그들을 맞을 준비가 되어 있는 것을 보고 겁을 집어먹은 거야" 하고 가리옷 사람이 분명히 업신여기는 태도로 말한다.

"아니야, 그자들은 말로 설득된 거야" 하고 토마가 말한다.

"맞아! 자넨 언제든지 기다릴 수 있어! 그 사람들은 말 몇 마디로 설득된 참으로 정다운 영혼들이었어. 그 말이 예수님의 말씀이었어도 말이야! 나는 우리 가족 전체와 나와 또 베싸이다의 많은 사람들이 아도민의 협로에서 습격을 당한 그때에 이걸 알게 되었어!" 하고 필립보가 대답한다.

"선생님, 말씀 좀 해주십시오. 어제부터 선생님께 이 말을 여쭈어보려고 했습니다. 아무 불행도 오지 않게 하는 것은 결국 선생님의 말씀입니까? 그렇지 않고 선생님의 의지입니까?" 하고 제베대오의 야고보가 묻는다.

예수께서는 미소를 지으시고 말씀을 안하신다.

마태오가 이렇게 대답한다. "나는 선생의 의지가 그 사람들의 마음의 냉혹함을 극복하시고, 말하자면 그것을 마비시켜 선생님으로 하여금 말씀을 하시고 구원하실 수 있게 한 것이라고 생각해."

"나도 그렇다고 생각해. 그렇기 때문에 선생님은 혼자서 거기 남아 계시면서 숲을 바라다보신 거야. 선생님은 당신의 눈길과 그 사람들에 대한 신뢰와 방어물도 안 가지신 당신의 침착으로 그 사람들을 굴복시키셨어. 선생님은 막대기 하나도 안 가지고 계셨거든!…" 하고 안드레아가 말한다.

"좋아. 그러나 이건 모두 우리가 하는 말이야. 우리들 생각이란 말이야. 나는 선생님의 의견을 알고 싶어" 하고 베드로가 말한다.

여기서 격렬한 토론이 일어났는데, 예수께서는 그냥 내버려두신다. 어떤 사람들은 예수께서 아무에게도 강요하지 않으신다고 분명히 말씀하셨으므로 저 산적들에게도 폭력을 쓰지 않으셨을 것이라고 말한다. 바르톨로메오가 이렇게 말한다. 반대로 가리옷 사람은 약간 토마의 지지를 얻어 사람의 눈길이 그렇게 많은 힘을 가진다고는 믿을 수 없다고 말한다. 그러니까 마태오가 이렇게 대꾸한다. "그런 힘도 가지고 있고 훨씬 그 이상의 힘도 가지고 있어. 나는 선생님의 말을 듣고 회개하기에 앞서 벌써 선생님의 눈길로 인해서 회개했어." 각자가 자기 견해를 고집하기 때문에 그렇다는 의견과 그렇지 않다는 의견이 격렬하게 대립한다. 요한은 예수처럼 말이 없다. 그리고 자기의 미소를 숨기려고 고개를 숙이면서 빙그레 웃는다. 베드로는 동료들의 논거가 그를 설득하기에 이르지 못하므로 다시 공격을 시작한다. 베드로는 예수의 눈길이 그 어느 누구의 눈길과도 다르다고 생각하고 또 그렇다고 말하면서 당신이 예수님, 즉 메시아이시기 때문에 그런 것인지, 또는 여전히 하느님이시기 때문에 그런 것인지 알고 싶어 한다.

예수께서 말씀하신다. "내가 분명히 말하지만, 나뿐 아니라 거룩함과 깨끗함과 결함이 없는 믿음으로 하느님과 융합된 사람은 누구든지 그렇게 할 수 있고, 그보다도 한층 더한 일을 할 수 있을 것이다. 어린이의 눈길도, 만일 그 어린이의 영이 하느님의 영과 결합하여 있으면, 삼손처럼 흔들지 않고서도 우상들의 사랑을 무너뜨릴 수 있고, 야수와 야수같은 사람들을 온순하게 만들 수 있고, 죽음을 물리치고 정신의 병을 이길 수 있으며, 마찬가지로 주님 안에 하나가 되고 주님의 연장이 된 어린이의 말로 병을 고치고, 뱀의 독을 없애고 여러 가지 기적을 행할 수 있다. 그의 안에서 하느님께서 행하시기 때문이다."

"아! 알았습니다!" 하고 베드로가 말하면서 요한을 보고, 보고, 또 본다. 그런 다음 지금까지 마음속으로 하던 일련의 추리의 결말을 지으면서 말한다. "이렇군요! 선생님은 하느님으로서, 또 하느님과 결합하신 사람으로서 그 힘을 가지고 계셨습니다. 그리고 하느님과의 일치에 이르거나 이미 이른 사람도 그와 같이 됩니다. 저는 알았습니다! 잘 깨달았습니다!"

"그러나 너는 그 일치의 비결이 어떤 것인지, 그 힘의 비밀이 어떤 것인지는 묻지 않느냐? 그러나 사람들은 똑같이 성공할 가능성은 가지고 있으면서도 모두가 그렇게 되지는 못한다."

"맞습니다! 하느님과 일치해서 사물들을 지배하는 그 힘의 비결은 어디에 있습니까? 기도나 또는 비밀의 말…."

"조금 전에 시몬의 유다는 우리가 겪은 모든 낭패를 염소에게 돌렸었다. 짐승들에게 붙어 있는 마력이란 것은 없다. 역시 우상 숭배이고 불행을 가져올 수도 있는 미신을 쫓아내라. 그리고 마력을 실현하기 위한 말투가 없는 것과 마찬가지로 기적을 행하기 위한 비밀의 말도 없다. 오직 사랑이 있을 뿐이다. 내가 어젯밤에 말한 것과 같이 사랑은 난폭한 자들의 마음을 가라앉히고 갈망하는 사람들을 만족시킨다. 사랑은 하느님이시다. 완전한 사랑의 공로로 완전히 차지한 하느님을 너희들 안에 모시고 있으면, 눈은 불이 되어 모든 우상을 불태우고 상(像)들을 쓰러뜨리고, 말은 힘이 된다. 사람들은 사랑이신 하느님께 반항하지 않는다. 마귀는 완전한 미움이기 때문에 마귀만이 사랑에 반항하고, 그와 더불어 마귀의 자식들도 사랑에 반항한다. 다른 사람들, 즉 격정에 사로잡히기는 했으나 마귀에게 자기를 스스로 팔아넘기지는 않은 약한 사람들은 사랑에 반항하지 않는다. 그들의 종교가 어떤 것이든, 아무리 믿음이 없건, 그들의 정신적인 천함의 수준이 어떠하건 그들은 위대한 승리자인 사랑의 영향을 받는다. 그렇게 되도록, 빨리 그렇게 되도록 힘써라. 그러면 너도 하느님의 아들들이 하는 것, 하느님을 모시고 있는 사람들이 하는 것을 할 것이다."

베드로는 요한에게서 눈을 떼지 않는다. 그리고 알패오의 아들들과 야고보와 안드레아도 지성이 활발히 움직이며 탐구한다.

제베대오의 야고보가 말한다. "아니, 그럼 주님, 제 아우에게 무슨 일이 있었습니까? 주님은 제 아우 말씀을 하시는 거지요. 기적을 행하는 어린이는 제 아우지요! 그렇습니까? 그래요?"

"요한이 무슨 일을 했느냐? 요한은 생명의 책을 한 장 넘겨서 읽었고, 그래서 새로운 신비들을 알게 되었다. 그뿐이다. 요한은 장애물들을 고찰하고, 어려운 점들을 따져보고, 이익이 되는 것을 계산하느라고 지체하지 않았기 때문에 너희들보다 앞서간 것이다. 그러나 그에게는 땅이 보이지 않는다. 이제는 땅이 보이지 않게 되었다. 요한은 빛을 보고 빛을 향해 간다. 꾸준히. 그러나 요한을 가만 놔두어라. 불꽃에 한층 더 불살라지는 영혼들은 그들에게 기쁨을 가득 채워주고 그들을 불사르는 열정 속에서 방해를 받아서는 안 된다. 그들을 불타게 내버려두어야 한다. 그것이 최고의 기쁨이고 가장 큰 피로이다. 하느님께서는 영혼 — 꽃들이 계속 햇볕을 쬐면 뜨거워서 타죽는다는 것을 아시기 때문에 그들에게 밤시간을 주신다. 하느님께서는 들에 있는 꽃들에게와 마찬가지로 이 영혼 — 꽃들에게 신비스러운 침묵과 이슬을 주신다. 하느님께서 사랑의 장사를 사랑 속에 가만히 놓아두실 때에는 너희들도 그를 내버려두어라. 제자들에게 정상적인 휴식을 취하게 하는 체육 선생들을 본받아라. …너희들도 요한이 벌써 도착한 그곳에 도착하게 되고, 그보다도 더 멀리 가게 되면 — 요한도 너희도 모두 그보다 더 멀리 갈 테니까 말이다 — 사랑에 사로잡히고 사랑의 연장이 된 영혼들이 느끼는 존경과 침묵과 그늘이 왜 필요한지 이해할 것이다. 너희들은 이렇게 생각하지 말아라. '그때에 나는 사람들이 아는 즐거움을 가지게 될 거다. 그런데 이웃의 마음은 마치 어린이들의 마음과 같이 이상한 것에 끌리기를 바라기 때문에 요한은 어리석은 사람이다' 하고. 그렇지 않다. 너희가 거기에 도달하면, 너희도 지금 요한이 가지고 있는 것과 같은 침묵과 그들에 대한 같은 소원을 가지게 될 것이다. 그리고 내가 너희들 가운데 있지 않게 되었을 때에는, 회개나 거룩함의 정도에 대해 판단을 해야 하기 때문에 너희들은 항상 겸손을 기초로 삼아야 한다는 것은 기억하여라. 만일 어떤 사람에게 교만이 남아 있으면 그의 회개에 대해 착각하지 말아라. 만일 다른 사람들이 '성인'이라고 말하는 어떤 사람들이 교만의 지배를 받으면, 그 사람이 성인이 아니라는 것을 확실히 알아라. 사기꾼과 위선자처럼 성인인 체하고 기적의 흉내를 낼 수는 있겠지마는 성인은 아니다. 그의 외관은 위선이고, 그의 기적들은 악마 놀음이다. 알아들었느냐?"

"예, 선생님…" 모두가 입을 다물고 생각에 잠긴다. 그러나 입은 다문 채로 있지만, 그들의 눈길과 그들의 얼굴 표정에서 그들의 생각을 분명히 짐작할 수 있다. 알고자 하는 큰 욕망이 에테르처럼 그들에게서 풍겨나와 그들 주위에 감돌고 있다….

열성당원이 동료들에게 따로 말을 하고 또 틀림없이 그들에게 더 입을 다물고 있으라고 권고할 기회를 가지기 위하여 그들의 주의를 딴 데로 돌리려고 애쓴다. 나는 열성당원이 사도들의 무리가운데에서 많은 역할을 한다는 느낌을 가진다. 그가 선생님을 썩 잘 이해한다는 것 말고도 그는 동료들의 조정인이고 화해자이고 조언자이다. 그는 이제 이렇게 말한다. "우리는 벌써 요안나의 땅에 와 있네. 저 대지에 있는 마을이 베델이고, 꼭대기에 있는 저 저택이 요안나가 태어난 성관(城館)이야. 공기 중에 있는 이 냄새를 맡나? 이건 아침 햇살에 향기를 풍기기 시작하는 장미들이야. 저녁에는 향기가 강하지. 그러나 이런 신선한 아침에 해가 떠오를 때 꽃잎들이 벌어지는 동안 아직 꽃잎에 맺혀서 수백만 개의 금강석처럼 반짝이는 이슬이 뒤덮여 있는 장미들이 보기에 더없이 아름답단 말이야. 해가 질 때에는 완전히 발달한 꽃들을 전부 따는 거야. 이리들 오게. 언덕 꼭대기에서 저쪽 사면의 비탈로 폭포처럼 넘쳐 흐르는 장미밭 전체를 어떤 지점에서 보여 주고 싶네. 이건 꽃의 폭포라고 할 수 있는데, 이것이 그 다음에는 밀물처럼 다른 언덕 두 군데로 다시 올라가네. 마치 꽃으로 뒤덮인 원형 경기장 같고, 꽃으로 된 호수 같아. 찬란해! 길의 경사가 더 가파르지만, 이길로 올라갈 만한 가치가 있어. 저기서는 이 낙원 전체가 내려다 보이니까. 그리고 우리는 성관에 이내 가게 될 거야. 요안나는 거기서 그들만이 이 모든 재산을 지키는 농부들 사이에서 자유롭게 살고 있어. 그러나 그 농부들은 이 계곡을 아름다움과 평화의 에덴 동산이 되게 하는 여주인을 몹시 사랑해서 헤로데의 모든 친위대원들보다 더 나을 정도야. 자, 보십시오, 선생님 친구들, 보게" 그러면서 그는 장미꽃이 뒤덮인 반원형으로 된 언덕들을 손으로 가리킨다.

바람과 너무 뜨거운 햇살과 우박을 막아줄 소임을 가진 아주 키가 큰 나무들 밑 어느쪽으로 눈을 돌리든지 보이느니 장미나무들이요, 또 장미나무들이다. 초목들을 가볍게 가리지마는 누르지는 않는 저 가벼운 피난처 밑으로 해가 퍼지고 공기도 퍼진다. 정원사들이 좋은 상태로 유지하는 그 피난처 아래서 세상에서 가장 아름다운 장미나무들이 행복하게 살고 있다. 가지각색 장미나무가 수천 수만 그루가 있다. 난쟁이 장미나무, 키가 작은 나무, 키가 큰 나무, 키가 매우 큰 나무들도 있다. 나무들 밑이나 푸르른 풀밭 위에 꽃으로 수놓은 방석 모양으로 무더기로 배치된 것들도 있고, 개울가에 나 있는 오솔길을 따라, 또는 언덕들을 전부 포함하는 동산 여기저기에 널려 있는 관개용수를 저장하는 못 주위에 둥그렇게 울타리를 이루기도 하고, 꽃으로 장식된 머리카락으로 나무들 둘레에 감기어, 이 나무에서 저 나무로 꽃줄장식과 화환을 이루기도 한다. 진짜 꿈과 같은 멋진 동산이다. 키도 가지가지, 색조(色調)도 가지가지가 있어 서로 어울리고, 차빛깔의 장미의 상아색을 다른 꽃부리들의 핏빛같이 새빨간 빛깔 곁에 배치하기도 하고, 어린 아이의 뺨과 같은 빛깔에서 가장자리로 가면서 분홍빛을 띤 흰빛깔로 약해져 가는 진짜 장미꽃들이 그 수의 덕택으로 여왕으로 군림하기도 한다.

모든 제자가 그 많은 아름다움 앞에서 깜짝 놀란 채로 있다.

"그렇지만 요안나는 이 모든 것을 가지고 뭘 하는 건가?" 하고 필립보가 묻는다.

"즐기는 거지" 하고 토마가 대답한다.

"아니야. 꽃에서 향유를 뽑아내서 꽃가꾸는 하인 수백 명과 향유를 뽑아내는 단골손님들에게 일거리를 주기도 해. 로마인들이 그 향유를 몹시 탐내지. 요나타가 지난번 수확의 회계서를 내게 보여주면서 그 말을 했어. 그런데 저기 알패오의 마리아 아주머니가 아이를 데리고 있구먼. 우리들을 보았어. 그래서 다른 사람들을 부르고 있어…."

과연 요안나와 두 마리아가 오는데, 마룩지암이 그들보다 앞서 껴안으려고 팔을 벌려 뛰어 내려온다. 여자들은 빨리 예수와 베드로를 향하여 와서 예수앞에 엎드린다.

"여러분 모두에게 평화가 있기를! 어머니는 어디 계신가요?"

"선생님, 장미밭에 엘리사와 같이 계십니다. 오! 엘리사는 병이 다 나았습니다! 엘리사는 세상과 과감히 맞서서 선생님을 따를 수 있습니다. 이 일에 저를 쓰신 것을 감사드립니다."

"요안나야, 네가 고맙다. 유다에 오는 것이 유익했다는 것을 알겠지? 마룩지암아, 여기 네 선물이 있다. 이 아름다운 꼭둑각시와 이 아름다운 양들, 마음에 드니?"

어린 아이는 너무 기뻐서 숨이 멎을 지경이다. 그가 예수께로 가니 예수께서는 꼭둑각시를 그에게 주시려고 몸을 굽히시고 그를 똑바로 들여다보시려고 그대로 계신다. 그러니까 어린 아이는 달려들어 목을 껴안으며 있는 힘을 다해서 힘껏 입맞춤한다.

"이렇게 해서 너는 양들처럼 온순해지고 이 다음에는 예수를 믿는 사람들의 착한 목자가 되는 거다. 그렇지?"

마룩지암은 기쁨으로 눈을 반짝이며 숨을 몰아쉬면서 예, 예, 예 하고 말한다.

"이제는 베드로에게로 가거라. 나는 어머니께로 가겠다. 저기 장미나무로 된 울타리를 따라 뛰어오시는 어머니의 베일 한 자락이 보인다."

예수께서는 성모님께로 달려가시어 오솔길이 꼬부라지는 곳에서 품에 안으신다. 성모님은 첫번 입맞춤을 하신 다음 아직 가쁜 숨을 몰아쉬시며 설명하신다. "엘리사가 뒤에 온다. …나는 네게 입맞춤하려고 뛰어 왔다. …왜냐하면 아들아 네게 입맞춤을 안할 수는 없는 일이었다. …그리고 엘리사 앞에서 그렇게 할 수가 없었다. 엘리사가 많이 변하기는 했다. …그러나 자기에게는 영원히 거부된 다른 사람들의 기쁨을 보고 그의 마음이 항상 고통을 겪는다. 저기 온다."

엘리사는 마지막 몇 걸음을 급히 옮기고는 예수의 옷에 입맞춤하려고 무릎을 꿇는다. 이제는 벳수르의 비극적인 여인이 아니라, 고통과 고통이 얼굴의 눈길에 남긴 흔적이 눈에 띄는 엄숙한 늙은 여인이다.

"선생님, 제가 잃었던 것을 돌려주신 것 때문에 이제와 영원히 찬미받으십시오."

"엘리사, 당신에게 점점 더 평화가 많이 있기를. 엘리사를 여기서 만나서 기쁩니다. 일어나시오."

"저도 기쁩니다. 주님, 주님께 말씀드릴 것과 청할 것이 너무도 많습니다."

"내가 며칠 동안 이곳에 머무를 것이니까 시간이 얼마든지 있을 것입니다. 같은 제자들을 소개할 터이니 이리 오시오."

"아이고! 그럼 주님은 제가 말씀드리고자 한 것을 벌써 알으셨군요? 주님의 생명인 새 생명에 다시 나고, 주님의 가족인 가족을 만들어 가지고, 주님의 아들들인 아들들을 다시 만나기를 원하는 것을. 벳수르의 제 집에서 노에미에 대한 얘기를 하시며 말씀하신 것과 같이. 주님, 저는 주님의 은총으로 새로운 노에미가 되었습니다. 그 때문에 주님은 찬미받으십시오. 저는 이제 슬픈 여자도 아니고 석녀(石女)도 아닙니다. 저는 다시 어머니가 될 것입니다. 그리고 마리아가 허락한다면 주님의 어머니도 아직 조금 되고, 게다가 주님의 가르침을 따르는 아들들의 어머니가 되겠습니다."

"예, 그렇게 되세요. 제 어머니는 그 때문에 질투를 하지 않으실 것이고, 엘리사가 여기 온 것을 후회하지 않도록 내가 엘리사를 사랑하겠습니다. 이제는 엘리사를 형제들처럼 사랑한다는 말을 엘리사에게 하고 싶어 하는 사람들에게로 갑시다." 그러면서 예수께서는 엘리사의 손을 잡고 그의 새 가족에게로 인도하신다.

여행은 끝나고, 이제는 오순절을 기다린다.

출판 허가서
신앙교리성성 제144 / 58 i 호
1994년 6월 21일

하느님이시요 사람이신 그리스도의 시
제3권 공생활 둘째 해(상)

1991년 5월 1일 초판
2023년 10월 30일 12쇄

저 자 마리아 발또르따
(Maria Valtorta)
역 자 안 응 렬
추 천 파 레 몬 드 (현우)
(Fr. Raymond Spies)
발행자 한상천
발행소 가톨릭 크리스챤

142-806 서울 강북구 미아9동 103-127
전 화 987-9333
F A X 987-9334
등 록 1979.10.25 제7-109호

값 29,000원

□허가없이 이 책을 전재. 일부를 복사할 수 없습니다.
□통신판매 02) 987-9333로 하시면 됩니다.

2000년 대희년(은총의 해)를 지내고,
우리는 희망찬 새 천년을 맞이 하였다.

그러나 우리는,
　　　우리 가정은,
더구나 나는 세속 일로 바쁘다고 핑계대면서
오늘도 그냥 아무런 변화없이 덤벙덤벙 지냈구나!
노력이 없다 보니,
은총 속에서 새 변화가 있을리 있겠는가?
그나마 다행한 일은,
주일미사 하는 것, (그러나 근무 5일제, 쉬는 신자들)
어쨌든 나는 신앙생활의 전부인양 자위할 수 있었다.

과연 저의 묵상(피정)은 언제 했었나?
　　　저희 가정의 묵상(피정)은 언제 했었나??
옛 생활을 청산하고 새 생활로 바뀌어야 하는,
새 천년에는 저(저희)부터 새롭게 꼭 변하고 싶다.

과거와 같이〈성가정〉, 습관화된 그 말로만 하지 마라.
이번에는, 참으로〈성가정!〉(작은 교회)을 이루고 싶다.
— 주님, 참회한 각자(가정)의 신앙고백이 되게 하소서!

그래서 여기「**예수님과 함께**」주님의 메시지 곧 성가정의 메시지를,
평생 동참하는 모든 신자의 각 가정에 전해드립니다.
반드시 먼저 본문을 세 번 반복해서 읽고 난 후,
성서와 같이, 일정에 따라 정성껏 묵상(피정)을 드리자!

· ·

1. 예수님의 눈으로 1·2·3·4·5·6·7
　　반양장

2. 예수님의 눈으로 1·2·3·4·5
　　양장(우리 가정의 묵상 기도서·한정판)

3. 하느님이시요 사람이신 그리스도의 시(1~10권)
　　반양장(전 10권)

4. 성 요셉의 생애(성가정 생활)
　　반양장

5. 수덕신비신학(그리스도인의 삶 / 1~5권)
　　아돌프 땅끄레 지음 · 정대식 신부 옮김
　　★ 완덕의 삶—나의 정화의 길, 빛의 길, 일치의 길
　　반양장

▶ 구매 연락처: (02) 987-9333~5 크리스챤 출판사